COLECCIÓN ALLCA XX ARCHIVOS

36

FONDO DE CULTURA ECONÓMICA

RAMÓN LÓPEZ VELARDE

OBRA POÉTICA

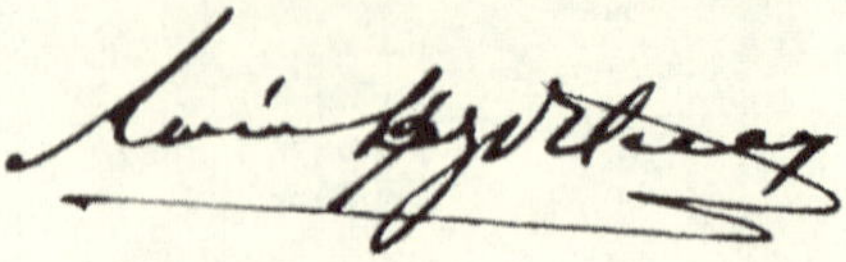

Ramón López Velarde

OBRA POÉTICA

Edición Crítica
José Luis Martínez
Coordinador

FONDO DE CULTURA ECONÓMICA
MÉXICO

ALLCA XX, UNIVERSITÉ PARIS X - Bat. F 411-412
200, Av. de la République - 92001 Nanterre Cedex (Francia)
Tel.: 01 40 97 76 61 - Fax: 01 40 97 76 15

Primera edición, 1998

CUIDADO DE LA EDICIÓN
Fernando Colla
Ricardo Navarro

ILUSTRACIÓN DE CUBIERTA
Rodolfo Nieto (México)

FOTOCOMPOSICIÓN
Anormi, S. L. - Madrid

IMPRESIÓN
Marco Gráfico, S. L. - Madrid

ENCUADERNACIÓN
Balboa - Madrid

PAPEL
Valoprint ahuesado, fabricado por
Arjo Wiggins-Guarro Casas, Barcelona

Impreso en España

CEP de la Biblioteca Nacional (España)

López Velarde, Ramón (1888-1921)

Obra poética / Ramón López Velarde: edición crítica, José Luis Martínez, coordinador, 1.ª edición Madrid; Barcelona; Lisboa; París; México; Buenos Aires; São Paulo; Lima, Guatemala, San José; Santiago de Chile: ALLCA XX, 1998.
(Colección Archivos: 1.ª ed.; 36)
I.S.B.N.: 84-89666-35-0
D.L.: M-38.116-1998

I. Martínez, José Luis, coord. II. ALLCA XX. III. Título. Serie: Colección Archivos (1.ª ed.); 36.

ÍNDICE GENERAL

I. INTRODUCCIÓN

II. EL TEXTO

III. CRONOLOGÍA BIOBIBLIOGRÁFICA

IV. LECTURAS DEL TEXTO

V. DOSSIER

VI. BIBLIOGRAFÍA

Este libro, que se aparta considerablemente, por su estructura y su metodología, de los otros volúmenes de la Colección Archivos, es el homenaje que hemos querido ofrecer a José Luis Martínez, gran erudito mexicano que culmina aquí su medio siglo de indagaciones velardeanas.

El Director de la Colección

I. INTRODUCCIÓN

Liminar

Gabriel Zaid

La poesía de Ramón López Velarde no es menos importante que el muralismo mexicano, y hasta puede señalarse como su antecedente inmediato. La resonancia nacional (y nacionalista) ha sido profunda en ambos casos. Pero la resonancia internacional ha sido muy distinta. Es cierto que Neruda celebró sus poemas y que Beckett (por encargo de Octavio Paz) tradujo algunos al inglés; que Borges y Bioy Casares memorizaron «La suave Patria». Pero lo más común es que las personas cultas del mundo occidental sepan del muralismo mexicano y no de López Velarde. Quizá porque los muralistas vivieron más, pasaron largas temporadas en París o en Nueva York, viajaron por el mundo y (algunos) fueron destacados militantes de la Internacional Comunista; mientras que López Velarde murió a los 33 años, nunca salió del país y militó en el partido erróneo: el Partido Católico Nacional. Quizá porque la fama, como dijo Rubén Darío de Léon Bloy, no prefiere a los católicos.

Su fama en México no está asociada al catolicismo, sino al nacionalismo, especialmente el nacionalismo revolucionario, que hasta hace poco fue la doctrina oficial de los gobiernos mexicanos. Asociación equívoca, pero no arbitraria, que se produce el año de su muerte (1921), poco antes de que apareciera «La suave Patria», poema excepcional que fue su consagración definitiva.

El nacionalismo de López Velarde era el de la nación cristiana perseguida por la Revolución francesa en Europa, y por las leyes de Reforma en México. Un nacionalismo de estirpe romántica que afirma los valores locales y tradicionales (lo que hoy se llama identidad) frente a la imposición violenta del progreso externo. Tanto en Europa como en México, la cultura católica, destronada como cultura oficial, se repliega a la provincia, como un Arca de Noé de los valores auténticos, mientras pasa el diluvio. Hasta que la paloma vuelve bajo el liderazgo de León XIII, cuyo largo papado (1878-1903) transforma esa militancia defensiva en apertura al mundo moderno, bajo la consigna nova et vetera: *unir lo nuevo con lo viejo. Esto produjo una efervescencia vanguardista en los medios católicos, de efectos muy notables en la creatividad social y cultural, a fines del siglo XIX y principios del XX, en Europa y en México.*

Los católicos mexicanos de vanguardia crearon cajas populares y cooperativas, fundaron una multitud de periódicos locales, criticaron la dictadura y participaron en la Revolución mexicana. Los invitó a sumar fuerzas el mismísimo Francisco I. Madero: «la unión de ustedes [el Partido Católico Nacional] con nosotros [el Partido Antirreeleccionista] aumentará la fuerza y el prestigio de ambos partidos, que, aunque de diferente nombre, tienen exactamente las mismas aspiraciones y principios». En particular, López Velarde, que a los quince años fue secretario de la Academia Latina León XIII (como seminarista), a los 22 (como pasante de derecho) fue secretario del Centro Antirreeleccionista de San Luis Potosí, fundado por Madero. Así también, como poeta, pasó del Arca de Noé (los temas del paisaje pastoril de la Arcadia provinciana, que los árcades obispos, sacerdotes y laicos celebraban con rigurosas formas neoclásicas) a la mala conciencia originalísima, que exalta los valores tradicionales de manera muy poco tradicional.

Para López Velarde y para muchos otros mexicanos, esta militancia tenía a la vista ejemplos europeos, especialmente belgas. En 1884, el partido católico belga llegó al poder y lo mantuvo por treinta años. En la Universidad Católica de Lovaina, con el apoyo de León XIII, estuvo el foco universitario del catolicismo renovado. En Bélgica, frente a París (como en Irlanda frente a Londres, como en México frente a Madrid, París y Washington), la reivindicación católica se integraba con la nacional y literaria. La provincia periférica, se enfrentaba a la metrópoli y respondía afirmativamente a la cuestión obvia: ¿existe una literatura belga (irlandesa, mexicana) o es simplemente una literatura francesa (inglesa, española) escrita en Bélgica (Irlanda, México)? Fue precisamente un movimiento católico, el de la revista La Jeune Belgique *(1881-1897), iniciada por estudiantes de Lovaina, la que llevó a las letras belgas a una conciencia literaria emancipada. Destacaron Verhaeren, Rodenbach y, sobre todo, Maeterlinck, que puso a Bélgica en el mapa de la literatura universal con su premio Nobel de 1911. Todos fueron leídos por López Velarde, y por la Europa insatisfecha con el positivismo, que buscaba una renovación espiritual.*

La afinidad de esta renovación con el nacionalismo revolucionario de los gobiernos mexicanos, aunque eran jacobinos (pero críticos del «orden y progreso» de la dictadura positivista), fue obvia para José Vasconcelos. Como rector de la Universidad y secretario de Educación Pública (1920-1924), reclutó a López Velarde y a los muralistas, todos los cuales (según el testimonio de Orozco) «comenzaron con asuntos derivados de la iconografía tradicional cristiana» (hasta el extremo chusco, señalado por Octavio Paz, del mural de la Escuela Nacional Preparatoria retocado por Siqueiros: pintó una hoz para tapar la cruz que había pintado antes). No sólo eso: convirtió la muerte de López Velarde en un acontecimiento nacional, hizo llegar «La suave Patria» a todos los maestros de la república en la revista El Maestro *(con un tiraje de*

60.000 ejemplares) y convirtió de hecho el poema en el paradigma de la cultura nacional revolucionaria. Más aún: invitó a los muralistas a que hicieran algo semejante. Hizo venir de Europa a Diego Rivera (que llegó días después de la muerte de López Velarde), y le encargó el mural del Anfiteatro Bolívar. Cuando fue a ver lo que estaba haciendo, lo regañó públicamente por pintar como si estuviera todavía en Europa, y lo conminó a visitar la provincia y abrir los ojos a la realidad nacional. El paradigma estaba claro.

En su corta vida, López Velarde tuvo mala suerte amorosa, económica y política. Pero tuvo reconocimiento de las tres generaciones literarias que entonces convivían: de José Juan Tablada (los modernistas), en 1914 (a los 26 años); de Julio Torri (los ateneístas), en 1916; de los jóvenes Xavier Villaurrutia, Salvador Novo, José Gorostiza y Carlos Pellicer (los futuros Contemporáneos), en 1921 Tuvo además buena suerte política póstuma: el «suntuoso entierro» ordenado por el presidente Obregón y los tres días de luto en las cámaras legislativas lo canonizaron en el santoral revolucionario. La Revolución lo exaltaba y se exaltaba en su muralismo poético, en su búsqueda de una nueva patria.

Sería un error pensar que el acontecimiento se redujo a eso. El verdadero acontecimiento fue literario. Sucedió en las palabras del poeta y en la conciencia del lector. Sucedió en la conciencia nacional, como una revelación. Manuel Gómez Morin lo dijo simplemente, al evocar aquellos años: «López Velarde cantaba un México que todos ignorábamos, viviendo en él».

Se entiende perfectamente que José Luis Martínez se haya ocupado tanto de López Velarde. Todos sus estudios tienen que ver con la autoconciencia nacional. Su principal trabajo puramente histórico, sobre Hernán Cortés, ha sido un esfuerzo por superar el trauma de la Conquista, que todavía deforma la conciencia mexicana. Pero, ante todo, ha sido el historiador de la emancipación literaria de México. Nadie ha leído tan completamente la literatura mexicana desde la Independencia, empezando por reunirla físicamente en su casa. Ninguna biblioteca pública o privada tiene una colección como la suya. Hace unos años, por ejemplo, se puso a leer toda la novela cristera (que nadie había leído, y que puede considerarse una prolongación de la novela de Revolución), para añadir tres páginas, después de meses de lectura, a La literatura mexicana del siglo XX, *cuya primera parte escribió.*

Cuando nadie creía en la importancia de historiar la literatura del México independiente, subestimada como floja, aburrida, decimonónica, estudió sus obras, su nacionalismo y la constitución de nuestra república literaria, que ya no era, ni quería seguir siendo, un virreinato literario. Hay cierto paralelismo en esta empresa con los trabajos de Ángel María Garibay y Miguel León-Portilla para la literatura indígena, de Alfonso y Gabriel Méndez Plancarte para las letras novohispanas, de Vicente T. Mendoza y Margit Frenk para la canción popular. Como José Luis Martínez, dedicaron esfuerzos menéndezpelayescos a campos literarios declarados inexistentes o de poco interés, hasta que demostraron lo contrario.

Su primer trabajo sobre López Velarde apareció en El Hijo Pródigo, *en el número de homenaje (39, 15 de junio de 1946) organizado por Xavier Villaurrutia, para conmemorar los 25 años de la muerte. En 1971, presidió las conmemoraciones del medio siglo, organizadas por la Secretaría de Educación, y aportó un trabajo fundamental: la edición de las* Obras, *publicadas por el Fondo de Cultura Económica. Fue el mejor homenaje posible, una revelación y un modelo editorial de lo que merecía López Velarde. Como si fuera poco, la segunda edición, publicada en 1990, superó notablemente la de 1971. Añadió un centenar de textos (sobre todo cartas) y mejoró el aparato crítico.*

Esta edición, para la Colección Archivos, es todavía mejor. Cotejó nuevamente los textos, así como las fechas de primera publicación, lo que ha dado lugar a 79 retoques menores, pero necesarios. El cotejo con los manuscritos que guarda la Academia Mexicana de la Lengua (entre los cuales está nada menos que un borrador de «La suave Patria») le sirvió para hacer un análisis revelador de las correcciones que hacía el poeta, y para publicar un poema inacabado, inédito. Además, a diferencia de las ediciones anteriores, incluye una selección amplia de los principales estudios publicados sobre la vida y la obra de López Velarde. Como curiosidad, recoge también tres traducciones de «La suave Patria»: al francés, al inglés y al latín.

Para redondear esta edición de la poesía completa de López Velarde, incluye una buena parte de su prosa literaria. Lo cual se justifica, tanto por la calidad poética de las prosas, como por la afinidad que existe entre versos y prosas, que se complementan. Por ejemplo: «Novedad de la Patria» tiene correspondencias evidentes con «La suave Patria». Que reverberan hasta hoy, porque la conciencia de sentirse responsables de la historia, manifiesta en esos textos admirables, se refleja también en los cuidados de su mejor editor.

INTRODUCCIÓN

José Luis Martínez

Constancia

A UN POCO más de cien años del nacimiento de Ramón López Velarde, su obra es un legado cada vez más vivo y entrañable, cada vez más rico y persuasivo. Unos podrán amarla por el aroma que cautivó de la provincia y por esa esencia del México más hondo que nos revela; otros por su cálido apoyo al prestigio y a la magia de la mujer; otros por ese encantamiento y esa gracia irónica con que su autor sabía levantar todos los asuntos que tocaba su pluma; otros por su don verbal, por su raro sentido para crear, con las viejas palabras, mundos recién nacidos, constelados de reflejos e intenciones; mas, por cualquier camino que lleguemos a ella, en México coincidimos, caso excepcional en este país de inconformes, en el gusto por la poesía y la prosa de Ramón López Velarde.

Su misma personalidad nos ayuda en este concierto de simpatías. No fue un triunfador ni un héroe. Con gesto tímido afrontaba los riesgos del mundo y entregaba su corazón a un juego de eternas pérdidas y frustraciones; veía con ojos de azoro los excesos y los prodigios del tiempo y seguía sintiéndose criatura de Dios que sufría en su conciencia y en sus sentidos el peso del misterio de la existencia y la angustia de las postrimerías. Y hasta el final de sus breves años, fue de la índole de los enamorados y de los perpetuamente maravillados por el prodigio del mundo. «Nada me desengaña, el mundo me ha hechizado», pudo repetir con Quevedo.

Pocos paralelos pueden encontrarse en la historia de nuestra poesía de este ya largo, sostenido y creciente aprecio por la obra de López Velarde. Año con año, desde el de su muerte, en 1921, se han sucedido los homenajes, los estudios, las ediciones. Se han conmemorado, en 1946 y 1951, los veinticinco y los treinta años de su muerte; en 1963 los setenta y cinco de su nacimiento; en 1970 los cincuenta de la publización de *Zozobra*; en 1971 los cincuenta años de su muerte; y en 1988, con gran despliegue de actividades, el primer centenario de su nacimiento. Sus restos fueron trasladados a la Rotonda de los Hombres Ilustres. Se han dedicado a su memoria juegos florales y certámenes y ha sido tema de numerosos libros y de centenares de estudios; se imitó en un tiempo abusivamente su poesía; se han investigado y divulgado las huellas de sus pasos, sus amores y amoríos, así como sus escritos olvidados y aun sus borradores. Todo lo ha soportado su prestigio que sigue en aumento.

El mejor fruto de este aprecio continuado ha sido el hecho de que su obra ha dejado de pertenecer en exclusiva a las minorías letradas para ser también un poco de todos. Tan raro privilegio lo han alcanzado muy pocos, y ellos son, a fin de cuentas, los que surcarán con credenciales más seguras el río del tiempo.

Los críticos y los investigadores discutirán cuál es el mejor López Velarde, si el de *La sangre devota*, provinciano e ingenuo, o el de *Zozobra* y *El son del corazón* que ha descubierto la fascinación del pecado; profundizarán en los secretos de su creación poética y en las fuentes que luego supo trasmutar; revelarán matices ignorados de su personalidad o secciones de su obra desconocidas, que nos permitirán comprenderlo mejor y enriquecerán su legado literario; y se detendrán ante la rara calidad de su prosa –sus ensayos, sus prosas líricas y sus artículos críticos–, que alcanza excelencias tan altas como las de su poesía. El mejor resultado de todos estos esfuerzas es esa doble conquista creciente que Ramón López Velarde y sus obras siguen haciendo, al mismo tiempo, de los letrados y de los humildes. Es ya, venturosamente, uno de nuestros patricios líricos, una de nuestras advocaciones y uno de los orgullos que pueden ostentar las letras para proclamar su misión y su sentido en cualquier época de la historia. Ramón López Velarde concertó y cristalizó nuestro moderno sentido y espíritu de nacionalidad; él nos reveló, con su sensibilidad imaginativa, las sombras y el secreto de nuestro corazón y de nuestros sentimientos, y su obra es el punto de partida de nuestra poesía moderna.

La vida breve

Los pasos de su vida pueden equipararse a los de millares de jóvenes provincianos que vienen a la metrópoli a probar las fuerzas de su talento. No puede destacarse en ella siquiera un rasgo excepcional: todo es el camino previsto. Nace el 15 de junio de 1888 en un pueblo de provincia, Jerez, Zacatecas. A los doce años es enviado a estudiar al Seminario Conciliar de Zacatecas, de donde pasa al de Aguascalientes. Hacia 1906 inicia sus estudios preparatorios en esta última ciudad, y, dos años más tarde, ingresa como estudiante de Jurisprudencia en la facultad de San Luis Potosí. En 1910 conoce a Francisco I. Madero que comenzaba su pasión revolucionaria. Se adhiere a su causa y colabora como secretario en un centro antirreeleccionista. No se entrega a la aventura de la Revolución sino que continúa su carrera que concluirá en 1911 en que recibe su título de abogado. Obtiene su primera ocupación como juez del lugar denominado Venado, S. L. P. En 1912 viene a la ciudad de México y el año siguiente vuelve a San Luis Potosí. Inconforme con su suerte o impelido por la tormenta revolucionaria, se traslada definitivamente a la capital, en 1914.

En periódicos y revistas de la ciudad de México publica con regularidad poemas, periodismo político, ensayos breves y crónicas, y aquí cumple el destino oscuro de los pretendientes sin título en la corte. Ocupa modestos puestos burocráticos y docentes, entabla rápidas y efusivas amistades entre el mundillo periodístico-bohemio y se inicia con arrojo, pero también con timidez y freno religioso, en un erotismo al alcance de sus posibilidades.

En 1916 aparece su primer libro –proyectado desde 1910– editado por *Revista de Revistas* en que entonces colaboraba. Su título y su mensaje delatan al provinciano que aún no olvida ni su provincia ni el fervor por su pureza: *La sangre devota*. De la inspiradora de sus primeros poemas, Josefa de los Ríos, Fuensanta para él, sabemos que había nacido también en Jerez, en 1880 –era pues ocho años mayor que el poeta–, y que murió en el Valle de México, la primavera de 1917. Podemos suponer, además, que este amor primero no pasó del límite de los versos y que, con él, perdió López Velarde las amarras que más profundamente lo sujetaban al mundo de su adolescencia. Hacia 1916 inicia una relación sentimental con Margarita Quijano, maestra culta y hermosa, hermana de don Alejandro y diez años mayor que el poeta. Su noviazgo con «la dama de la Capital» fue breve y ella lo concluyó «por mandato divino».

En su segundo libro, *Zozobra*, de 1919, puede advertirse ya la marca que habían dejado en su ánimo las experiencias de la ciudad –«flores de pecado» las llamaba. Tiene treinta y un años, continúa soltero y, amando a todas las mujeres, ninguna lo acompaña constante. En este año, su amigo de la escuela de Leyes en San Luis Potosí, Manuel Aguirre Berlanga, que es Secretario de Gobernación, lo lleva a trabajar a su lado. En mayo de 1920 la rebelión obregonista hace huir al Gobierno, el presidente Carranza es asesinado en Tlaxcalantongo el 21 de mayo, el poeta pierde su trabajo y decide no colaborar más con el Gobierno. Al fracaso sentimental se sumaba éste material, lo que debió anonadarlo. Un año más tarde, en 1921, muere en la madrugada del 19 de junio asfixiado por la neumonía y la pleuresía, en una casa de apartamentos de la Avenida Álvaro Obregón, entonces Avenida Jalisco. Lo habían matado dos de esas fuerzas malignas de las ciudades que tanto temiera: el vaticinio de una gitana que le anunció la muerte por asfixia y un paseo nocturno, después del teatro y la cena, en que pretendió oponerse al frío del valle, sin abrigo, porque quería seguir hablando de Montaigne.

El aprecio por su obra compleja surge caudaloso apenas ha desaparecido aquel hombre sin fortuna. El mes de noviembre del año de su muerte la revista *México Moderno* le dedica íntegro su número con diecisiete artículos y poemas en los que predomina el dolor de la pérdida sobre la lucidez de la comprensión, aunque de ella dan muestras las páginas de Genaro Fernández Mac Gregor y de

Alfonso Cravioto. En 1923 sus amigos forman un tomo con sus prosas: *El minutero.* En 1924 José Gorostiza pronuncia, en la Biblioteca Cervantes, una conferencia perspicaz y emocionada acerca de su obra. En 1932 otro grupo de amigos devotos reúne los poemas que habían permanecido inéditos o dispersos, en *El son del corazón.* En 1935 Xavier Villaurrutia publica el primer intento serio de comprensión y selección: los *Poemas escogidos* de Ramón López Velarde, a los que precede un estudio excepcional. En 1936 *Revista de Revistas* consagra la mayor parte de su número 1.362 al poeta: trece estudios, el «Retablo» de Tablada y una selección de su obra. En 1944 Francisco Monterde edita una *plaquette* de *La suave Patria* seguido de una nota crítica, y Arturo Rivas Sáinz publica en Guadalajara *El concepto de la zozobra,* el primer libro destinado íntegramente al estudio de la obra del poeta. El mismo año la Editorial Nueva España ofrece sus *Obras completas* que no recogen sino el material previamente dado en libros y no el disperso en revistas y archivos particulares. En 1946 se conmemora el primer cuarto de siglo de su muerte, con el mismo fervor que unía a los escritores de *México Moderno* a raíz de su desaparición. Y así, año tras año, hasta el presente. De nuestro ánimo podrían surgir aún la misma sensación de pérdida y el mismo entusiasmo en el elogio que movían a sus contemporáneos supervivientes; pero ¿de qué otra manera nos sería dable aprovechar la distancia sino para imponer cierta serenidad y objetividad a nuestro juicio sobre su obra?

Su obra y su tiempo

El período vital decisivo de la existencia de Ramón López Velarde –de sus veinte a sus treinta y tres años, de 1908 a 1921– queda casi totalmente comprendido en el período de nuestra historia política llamado de la Revolución. Cuando conoce a Madero, en 1910, tenía veintidós años; cuando muere, en 1921, el país inicia apenas una tentativa de paz e instituciones. A pesar de ese temperamento reaccionario que él mismo confesaba, debió convivir, pues, con una violencia que se le oponía. Y aunque lo lastimase, realizó una obra paralela en sentido al de aquel movimiento histórico. Aleccionante a este respecto es el ensayo «Novedad de la Patria», de *El minutero,* donde analiza nuestro concepto de la patria al que volvemos, después de años de sufrimiento, «por amor... y pobreza» para sentirla «menos externa, más modesta y probablemente más preciosa». En tal sentido, su exaltación amorosa de la provincia, primero, y su poema cívico, después, son la contribución «revolucionaria» de quien políticamente se sentía un «reaccionario».

Por ello, debe relacionarse esta actitud de la obra de López Velarde con el movimiento nacionalista que inician alrededor de 1910 el grupo de escritores del Ateneo de la Juventud. En los ensayos y conferencias ateneístas de estos años es perceptible la preocupación por el conocimiento de nuestra cultura y nuestro espíritu. Nuestros valores literarios, nuestra música, nuestra pintura, nuestro pasado arquitectónico se estudian por primera vez con el afán de integrar la comprensión nacional. De esas investigaciones, partirán luego algunas de las tendencias estéticas contemporáneas más importantes: colonialismo, atención al arte popular, independencia de la expresión plástica. Ramón López Velarde, aunque coetáneo de algunos de los ateneístas, no se une a ellos a su llegada a México. Aliado a una promoción intermedia (la de Frías, Núñez y Domínguez, Zavala, etcétera), continúa, sin embargo, aquella dirección para enriquecerla con el doble filo del descubrimiento de la fecundidad poética de la provincia y su drama moral, y las audacias verbales e imaginativas con que realizará su obra.

El mapa de afluentes

La formación literaria de López Velarde rompe en cierta manera los cauces establecidos. Recoge y afina algunas imágenes de Amado Nervo, poeta al que admiraba –«los ojos inusitados de sulfato de cobre», los altares decorados de la Cuaresma, la tortuga enigmática en el fondo del pozo– y, como lo ha señalado Octavio Paz (*Generaciones y semblanzas,* p. 350), la Damiana del Nervo de *Los jardines interiores* (1905) puede ser una prefiguración de Fuensanta.

Enrique González Martínez y Rafael López eran los poetas más prestigiados en los años en que escribe López Velarde (1908-1921). Casi nada puede advertirse de la influencia del primero; algo más del autor de *Con los ojos abiertos* (1912), en su gusto por el lenguajc plástico y en su apego mexicano. En cambio, su relación con José Juan Tablada –cuya importancia es uno de los primeros en advertir– significa una especie de intercambio de estímulos y de influencias. ¿Coincidencias con otros poetas con quienes convive? Muy escasas. Éstos prolongan un modernismo adelgazado, adicto al sentimiento y a la queja, y las tendencias innovadoras apenas son visibles en sus obras –excepción hecha de las insuficientes tentativas de José D. Frías.

Las fecundaciones más interesantes que recibe López Velarde llegan de fuera. Además de contactos aislados, con poetas españoles e hispanoamericanos de la época, como lo señaló Luis Noyola Vázquez (*Fuentes de Fuensanta,* 1947 y 1988), el peculiar tratamiento del encanto provinciano, la vida morosa, la fascinación de la liturgia, los amores ingenuos y la gracia de las pequeñas cosas, lo aprendió el poeta de Jerez de los *Poemas de provincia* (Madrid, 1910) del español Andrés González Blanco, un poeta ahora olvidado. Otras influencias importantes, ya no en los temas sino en el lenguaje, son en rasgos ocasionales la de Julio Herrera y Reissig y, sobre todo, del Lepoldo Lugones del *Lunario sentimental*

(1909). López Velarde consideraba a este último «el poeta sumo», el más hondo poeta de habla castellana, y lo deslumbró el chorro de metáforas irónicas del argentino. Junto a Lugones debe recordarse a Jules Laforgue –que pudo leer directamente o en traducciones. El francés y el mexicano, dice Allen W. Phillips,

> son innovadores en los temas y en el estilo; son audaces en la forma y la expresión. A la poesía de ambos son comunes las palabras rebuscadas, de las más variadas procedencias y giros violentos. Los dos salpican sus versos con deliberados prosaísmos, relacionados a menudo con visiones de la vida moderna, y enfrentan constantemente el lenguaje literario con otro más bien coloquial. El cultivo de lo sorprendente y lo inusitado les gusta mucho, y ordenan en inesperada yuxtaposición las percepciones más dispares. Verdad es que todas estas cualidades, compartidas por López Velarde y Jules Laforgue, se hallan también en el *Lunario* de Lugones; pero lo que los separa con toda claridad del argentino es una marcada diferencia tonal. En Lugones predomina lo burlesco y lo socarrón, lo festivo y lo pintoresco, lo exuberante y lo regocijado. Por el contrario, en Laforgue y en López Velarde la actitud es en cierto modo más profunda: los dos esconden una inherente tristeza bajo la máscara de la ironía[1].

Y Octavio Paz afina esta relación entre los tres poetas con la siguiente observación:

> Lugones jamás habría escrito esta frase de López Velarde, que Laforgue hubiera firmado y que es, simultáneamente, la cifra de su estilo y la definición de sí mismo: «Los pasos perdidos de la conciencia, el caer de un guante en un pozo metafísico...» Hay en estas líneas un presentimiento de algo que nunca vio: los cuadros de Chirico y otras cosas más...[2]

Algo del mundo melancólico y religioso del poeta belga Georges Rodenbach llegó a López Velarde –del cual se publican trece poemas, traducidos por Andrés González Blanco, en la *Revista Moderna* de julio de 1906 (Noyola Vázquez). Estas huellas acaso deberán limitarse a los primeros poemas, de tema religioso, de López Velarde, en los que apenas se insinuaba la confusión entre lo religioso y lo erótico, que no vienen del poeta belga.

Baudelaire y Virgilio

Entre las influencias significativas que recibe la poesía de López Velarde quiero referirme incidentalmente a la de Baudelaire y a la de Virgilio, aparte de las de

---

[1] Allen W. Phillips, *Ramón López Velarde, el poeta y el prosita,* II, b.
[2] Octavio Paz, *Generaciones y semblanzas,* p. 359.

poetas modernistas que sólo nos muestran las fuentes de su vocabulario. La primera de estas influencias ha sido mencionada con prolijidad por casi todos sus críticos; la segunda se presenta aquí por primera vez.

¿Llega Baudelaire a la poesía mexicana con López Velarde como se ha insinuado en algunos trabajos? Desde los remotos años de la *Revista Azul* (1894-1896) nuestros poetas modernistas frecuentaron la lectura de *Les fleurs du mal* con una devoción que no sólo puede comprobarse por las traducciones que allí figuran sino también por la huella que deja en las obras poéticas de Díaz Mirón, Gutiérrez Nájera, Nervo, Tablada y Valenzuela. Con López Velarde esta influencia no obtiene un progreso ni significativo ni profundo. Algunas veces, el autor de *Zozobra* y *El son del corazón* prefiere aligerarlo un poco de su carga terrible, mudando el escenario y la solución de algunas de sus escenas típicas que, en lugar del reinado del horror, prefieren el de una temerosa ternura: «Si soltera agonizas», «Me estás vedada tú». En un caso único, «Te honro en el espanto», aparecen un ambiente y un espíritu que han dejado de ser los de los afanes angélicos y de pecador arrepentido del resto de su obra para proclamarse tan satánico o perverso como pudo serlo su modelo. Aquí, por una vez al menos, han desaparecido las alusiones incorpóreas y las reservas morales para dejar su campo al vértigo del pecado. Pero éste es un caso excepcional y no revela sino la seducción que Baudelaire ejercía sobre nuestro poeta; no la huella ni la lección decisivas que señaló en su poesía. Como ha dicho acertadamente Villaurrutia, un abismo separa sus formas de arte, pero otro abismo de sus espíritus los hace miembros de una misma familia.

Mucho más lejano aún quedaría el arte de López Velarde del de Virgilio si no fuese por una notable semejanza, no advertida hasta hoy, que presenta la estrofa inicial de «La suave Patria» con la estrofa que abre *La Eneida.* Recordémosla en la traducción de Miguel Antonio Caro:

> Yo aquel mismo que en flauta campesina
> en otro tiempo modulé canciones,
> y dejando la selva peregrina
> causa fui que con ricas producciones
> satisficiese la región vecina
> de exigente cultor las ambiciones
> –obra grata a la gente labradora–
> de Marte hórridas armas canto ahora.

Superando las profundas diferencias estilísticas, es patente que la oposición básica en que se funda la estrofa de López Velarde –el antiguo cantor lírico que emprende un canto épico– es la misma de los versos de Virgilio, como lo es también la forma lógica que estructura a ambas. Si recordamos las dos estancias de López Velarde en el Seminario y el tipo de lecturas que allí son frecuentes, la posibilidad de una huella virgiliana –incidental y curiosa solamente– puede aceptarse sin reparos. (En los exámenes del Segundo Curso de Latinidad, en el Seminario Conciliar de Zacatecas, el 16 de agosto de 1902, López Velarde, como alumno sobresaliente, presentó el libro segundo de *La Eneida.*) Achacar la semejanza a una pluma intermedia o una coincidencia remota no hace sino complicar una evidencia que viene a aumentarnos modestamente el campo de nuestro conocimiento del poeta y depara una ficha inesperada a los estudiantes de «Virgilio en México».

Estos son algunos de los afluentes más notorios de la poesía en lengua española y en lengua francesa –los últimos, conducidos de manera principal por la tan leída e influyente antología, *La poesía francesa moderna,* obra de Enrique Díez-Canedo y Fernando Fortún (Madrid, 1913)– que llegan a López Velarde para contribuir a la elaboración de su poesía.

Todo poeta procede de una tradición, cuyas vetas elige. Lo importante es la transmutación que hace de ellas y la creación de una nueva amalgama. Podemos suponer que los acontecimientos del México de su tiempo condicionaban algunos de sus temas; pero el conjunto de su poesía, de sus invenciones verbales y del complejo mundo sentimental que en ella se manifiesta tienen algo de don gratuito y fortuito. El escritor López Velarde no fue extraordinario ni por sus hechos ni por su carácter ni por su cultura; era excepcional por su sensibilidad y su intuición. En su poesía y en sus prosas no hizo otra cosa que hablarnos de sí mismo y de sus experiencias bien cortas, pero lo hizo en un lenguaje transfigurado que para él «resumía los orbes y que nos aniña o nos entroniza, dentro de las regalías de su diapasón». Y supo de tal manera revelar el drama íntimo de su vulgaridad, y decirlo con tal magia verbal, que es comprensible la seducción que ha ejercido en varias generaciones de lectores y justificable el rango que ha ganado en el coro de nuestros poetas.

Evolución espiritual

«Yo, en realidad, me considero un sacristán fallido», escribía López Velarde hacia el final de su vida, en una de las mejores páginas de *El minutero.* Y allí mismo proclamaba que uno de los dogmas para él más querido, quizá su paradigma, era el de la Resurrección de la Carne. Ahora bien, ¿qué puede ocurrir a semejante sacristán fracasado que nada puede entender ni sentir sino a través de la mujer? Deberá entregarse con todas sus fuerzas a la esperanza de la Resurrección de la Carne, es decir a aquel último y feliz concierto entre el cuerpo y el alma venturosos que tan dramática lucha sostuvieron durante su existencia terrena. Los episodios de este conflicto pueden registrarse con singular precisión en los libros del poeta, que muestran, muy nítidamente, los pasos de su evolución espiritual. En *La sangre devota* cree aún en la posibilidad de satisfacerse con un tipo de amor lleno de inocencia y sencillez, y considera con ignorante desprecio los placeres más complejos:

Hambre y sed padezco: Siempre me he negado
a satisfacerlas en los turbadores
gozos de ciudades –flores de pecado–.
Esta hambre de amores y esta sed de ensueño
que se satisfagan en el ignorado
grupo de muchachas de un lugar pequeño.

Y con todo, al cabo de algunos años, tan plausibles propósitos habrán sido derrotados. Era necesario buscar la presencia femenina en todas sus formas y aun en aquéllas cuya seducción era paralela a su condición pecaminosa. Beber, en lugar del agua clara de la adolescencia, un licor cálido de uvas que le revela la síntesis de su Zodíaco, el León y la Virgen:

Ya no puedo dudar… Diste muerte a mi cándida
niñez, toda olorosa a sacristía, y también
diste muerte al liviano chacal de mi cartuja.
Que sean para bien…

escribe en *Zozobra.* Pero dura muy poco esta complacencia del placer que ocupa algunos de los poemas finales de *Zozobra* y otros de *El son del corazón,* poemas que constituyen, al mismo tiempo, la porción más baudeleriana de su obra. La desilusión del placer, irónica, se manifiesta pronto. Se equilibran en su espíritu, con iguales fuerzas, el deseo y esa conciencia del pecado que nunca llegó a abandonarlo. Y poco armado de seducciones y peor dotado de fortuna tuvo que resignarse, contra sus afanes mundanos, a ver triunfar al segundo sólo por su incapacidad de pecador:

He oído la rechifla de los demonios sobre
mis bancarrotas chuscas de pecador vulgar,

confesará en su libro póstumo. Y allí mismo, en la vecindad de la muerte, condensará su vida en esta síntesis:

Un día quise ser feliz por el candor,
otro día buscando mariposas de sangre,
mas revestido ya con la capa de polvo
de la santa experiencia, sé que mi corazón,
hinchado de celestes y rojas utopías,
guarda aún su inocencia, su venero de luz:
¡el lago de las lágrimas y el río del respeto!

Sentimiento de lo frustrado

Semejante evolución espiritual debió procurar al poeta necesariamente una doble vertiente de fracasos. Nutrido de esencial vocación para el bien –representado en su peculiar mitología por la pureza, la inocencia y la sencillez provincianas–, experimentó al mismo tiempo la seducción de lo que él sentía era el mal –las ciudades y su cortejo embriagador y maligno– y no supo al fin alcanzar ese clima vacío de satisfacción y equilibrio que no revela más que la debilidad o el cansancio de las pasiones. Inquieto e imaginativo, ávido de pureza y erotismo, abandonó un camino y no tuvo suficiente fuerza para perderse en el otro. El sentimiento de la frustración de cuanto anheló había de dominarlo y marca en su poesía una huella profunda y significativa. Todo en su obra aparece en función de lejanía perdida e inaccesible, de posibilidad o imposibilidad, de renunciamiento o derrota, de arrepentimiento o desencanto, que no son sino los módulos con que se llora un mundo extraviado. Existe, como para asegurar la fuerza del drama, ese breve episodio de efusión y plenitud amorosas, a que antes he aludido, y que constituye la porción de su obra poética en que con más evidencia se expresa la dualidad moral destacada por Xavier Villaurrutia. Pero el sabor constante es el de lo frustrado en todas las formas que incluía el mundo de sus deseos. En *La sangre devota* este sentimiento recorre una amplia gama que, partiendo de la castidad y la inocencia –vencidas y lejanas ya desde este primer libro–, llegará hasta el fracaso de sus afanes eróticos.

Contra lo que es frecuente afirmar de López Velarde, la pureza provinciana no existe en su libro antes mencionado sino como un deseo insatisfecho:

> ¿Por qué en la tarde inválida,
> cuando los niños pasan por tu reja,
> yo no soy una casta pequeñez
> en tus manos adictas
> y junto a la eficacia de tu boca?,

o como una lejanía nostálgica:

> ¿Imaginas acaso la amargura
> que hay en no convivir
> los episodios de tu vida pura?
>
> Me estás vedada tú... Soy un fracaso
> de confesor y médico que siente
> perder a la mejor de sus enfermas
> y a su más efusiva penitente.

El deseo y la plenitud amorosos tienen, en este primer libro, la misma dimensión de pérdida irrecuperable, tal como puede apreciarse en el poema «En las tinieblas húmedas», en que la sensación de aniquilamiento de la presencia amorosa se expresa en lívidas asociaciones:

> Toda tú te deshaces sobre mí como una
> escarcha, y el translúcido meteoro prolóngase
> fuera del tiempo, y suenan tus palabras remotas
> dentro de mí, con esa intensidad quimérica
> de un reloj descompuesto que da horas y horas
> en una cámara destartalada...

En muchos otros poemas podrían señalarse la nostalgia por la felicidad perdida de la provincia y las lágrimas vertidas por esa tristeza vaga que es al fin la conciencia de la imposibilidad de recobrar un mundo definitivamente ido. Pero más adelante, cuando el poeta ha experimentado otros goces, su sensación continúa siendo la misma que existía respecto a su erotismo adolescente, sólo que prefiere ahora darle un sesgo humorístico: aludir a sus humos de pirata reducidos por un amago de mareo o confesar que

> siempre que inicio un vuelo
> por encima de todo,
> un demonio sarcástico maúlla
> y me devuelve al lodo.

En *Zozobra* el sentimiento de lo frustrado adquiere otros matices. Se transforma por una parte en una breve estación de plenitud, en la que apenas aparecen rastros de derrotas, y luego en ese desencanto del placer, en ese arrepentimiento de los goces ya obtenidos, antes considerado. La estación amorosa triunfante puede precisarse cuando menos en tres poemas de *Zozobra* y en algunos más del libro póstumo de versos. En «Idolatría», que es una exaltación mucho más retórica que entrañable de los atributos de la mujer, y quizá porque no alude a ninguna de sus experiencias femeninas concretas, es patente esta efusión de su espíritu. Otro tanto acontece en «Ánima adoratriz», poema más complejo y profundo, en el que examina con imaginativa lucidez la condición de su sensualidad; y lo mismo pudiera decirse de «Todo», que por diferentes métodos y con cierto aire burlón llega a semejantes conclusiones. A la recopilación póstuma de versos pertenecen otros poemas: «El son del corazón», «El ancla», «En mi pecho feliz» y «El perro de San Roque», variaciones y reexposiciones serenas de su drama íntimo –carne y espíritu– en que se entrega confiado a la doble vocación que se ha descubierto y aun a cierto gozoso panteísmo muy lejano, con todo, del que proclama la poesía de González Martínez:

La redondez de la creación atrueno
cortejando a las hembras y a las cosas
con el clamor pagano y nazareno.

Pero al fin de su obra vuelve, como una nostalgia, el sentimiento de lo frustrado, aunque ya no lo proyecte hacia una posibilidad terrena sino a otra fatal, más allá de la muerte. De un poema de remembranzas provincianas, aún sin prevenciones fúnebres, «Mi villa», pasa a dos de sus poemas más oscuros, «El sueño de los guantes negros» y «El sueño de la inocencia», en los que la unión deseada con las realidades perdidas de la adolescencia se realiza sólo a través de la muerte. El ciclo se ha cumplido. Después de su salida al mundo, de su entrega y de su desilusión, retorna, finalmente, a sus orígenes. A causa de la dualidad dramática de su espíritu debió vivir el poeta frente a un mundo que nunca colmó su deseo, y poseedor de un deseo que nunca coincidió con la dádiva del mundo. Su existencia fue para él un tiempo de añoranzas y un campo de insatisfacciones –pasajeramente, de posesión– y el sentimiento más violento con que penetró su universo poético fue el de lo frustrado. Y si ello derrotó su vida, ello también condicionó no poco de la humedad lírica de su obra.

El amor y la muerte

En el mediodía de su vida y de su obra, Ramón López Velarde advirtió, como todos los grandes poetas, la patética cercanía del amor y la muerte. Frenesí de la vida, hambre de eternidad el primero, nada lo cerca y lo consume más que ese otro frenesí y esa eternidad helados y vacíos. Pero López Velarde, para insistir una vez más en su condición carnal, veía en la muerte, más que la negación de la vida o la creencia cristiana del tránsito a la existencia eterna, la destrucción de la carne. Quien todo lo había querido para su cuerpo tiene el supremo terror de su corrupción:

Señor Dios mío: no vayas
a querer desfigurar
mi pobre cuerpo, pasajero
más que la espuma de la mar,

suplica con ternura en «Gavota». La muerte fue, pues, para él, sobre todo la destructora del templo del amor y buscaba, como supremo reto, su último éxtasis erótico junto a la fúnebre presencia:

Antes de que tus labios mueran, para mi luto
dámelos en el crítico umbral del cementerio
como perfume y pan y tósigo y cauterio,

pide al final de «Hormigas», uno de sus poemas memorables. En «Tus dientes», después de haber trazado su cálido elogio, siente también la semilla de la muerte escondida en su belleza, y concluye el poema con un contraste muy cercano al gusto de Baudelaire.

Sus últimos poemas muestran con insistencia esta preocupación por la muerte, presencia obsesionante en sus imágenes eróticas, que puede registrarse, bajo múltiples formas, en «Treinta y tres», «Gavota», «Si soltera agonizas» y «Qué adorable manía». Pero es en un poema de *Zozobra,* «Te honro en el espanto...» –poema en el que es especialmente notoria su ascendencia baudeleriana–, donde esta dualidad amor y muerte alcanza su más conturbada expresión. Aquí todas las alusiones amorosas tienen una correspondencia fúnebre y el amor mismo se percibe como «un puente de abismo en que vamos tú y yo», como el límite de la vida y de la muerte, del bien y del mal, al que el poeta se abraza consciente de su fatalidad. Entre tan lívida experiencia y el amor sereno de las aldeanas de sus primeros poemas, media ciertamente un abismo que el poeta cruzó, sin posible retorno, en un breve lapso.

La creación poética

Acaso el don poético de Ramón López Velarde y el secreto de la seducción que ejerce radiquen, primordialmente, en su admirable capacidad para poblar el mundo del poema y expresarlo en un lenguaje en que los aciertos y las fortunas apenas pueden explicarse. Imaginación y expresión que, con todo y su evidencia, no pueden reducirse fácilmente a un esquema ni evolutivo ni metódico. Genaro Fernández Mac Gregor ha apuntado que la poesía de López Velarde pasa, de la objetividad del primer libro, a su propio mundo enigmático y diverso para el cual lo exterior sólo fungía como símbolo. Pero a su observación, justa sólo en parte, escapan poemas del primero y los siguientes libros que están fuera de la limitación que les impone. De hecho, frente a una poesía tan caprichosa, no es posible más que señalar, con todas las reservas, ciertas constancias y direcciones.

En *La sangre devota* el mundo imaginativo y temático está formado por objetos de la naturaleza, objetos culturales de carácter especialmente provinciano y de principios de siglo, nociones religiosas, litúrgicas y bíblicas, nociones morales. Pero el secreto de su magia poética no reside en el origen de sus materiales sino en su peculiar disposición en el poema. En algunos casos, los más elementales, el poeta no ha hecho sino poner en tensión expresiones del lenguaje común o aprovecharlas como decoración graciosa de su poema; pero en otros más elaborados, el acierto poético viene a consistir en la unión metafórica de dos elementos, comunes ambos, pero habitualmente no relacionados:

…rostro, como una indulgencia
plenaria

o bien:

…decía el «tú» de antaño
como una obra maestra…

Según puede advertirse, la mecánica de estos símiles es aún la más simple, mediante el adverbio; lo que no es tampoco una regla dentro de la elaboración de *La sangre devota,* ya que allí mismo es posible descubrir los siguientes versos que muestran un desarrollo imaginativo tan perfecto y evolucionado como los mayores aciertos de sus obras posteriores:

Tú misma, blanca ala que te elevas
en mi horizonte…

sólo serás en breve
un lacónico grito
y un desastre de plumas, cual rizada
y dispersada nieve.

El caso más común de este tipo metafórico de elementos no relacionados tiene una equivalencia con los elementos del drama, religiosidad y erotismo, que Villaurrutia ha señalado en la poesía de López Velarde. La peculiaridad verbal viene pues a elucidarnos la peculiaridad espiritual, y recíprocamente. Pero debemos recordar que, en el universo de nuestro poeta, el polo del bien o religiosidad se representa por motivos provincianos y de la infancia, íntimamente ligados, como lo muestra el centro de un solo verso admirable:

…tus dientes, cónclave de granizos…

revelador de esta asociación imprevista de elementos eróticos, litúrgicos y rurales con que el poeta nos descubre la intimidad de su espíritu. Pero pocas veces es posible separar una ilustración tan despojada de arborescencias. Según señalé al principio de esta sección, una de las mayores facultades poéticas de Ramón López Velarde es su capacidad para poblar el mundo del poema con un tejido rico y complejo.

Suele iniciarse con un *leit-motiv,* o para mayor precisión, con el intento de expresar un estado de ánimo o una realidad espiritual, y parte en su persecución mediante asociaciones libres, caprichosas y sin desarrollar una imagen prevista, como lo hacen casi todos los poetas, ni abandonar su propio mundo de nociones poéticas, símbolos y procedimientos verbales. Léase, desde este punto de vista, el poema «Hoy como nunca...», y se apreciará cómo muchos de sus hechizos residen en este zigzag de invisible velocidad en que, sin variar la oscilación entre los polos espirituales de su poesía, cada movimiento incluye un nuevo elemento y cada giro un hallazgo verbal.

Mas ya en posesión de su mundo poético, a partir de *Zozobra,* y entusiasmado con las infinitas posibilidades de la palabra, el poeta emprenderá una exploración que, si imprime modernidad a la última porción de su obra, no podría asegurarse con certeza que la llevara a una mayor plenitud lírica. Caracteriza a estos desarrollos metafóricos más complejos su carácter intelectual, por una parte, y su propensión a las audacias verbales. Los siguientes pasajes, tomados de *Zozobra:*

...el venero
que mantiene su estrofa concéntrica en el agua

repasa el cuerpo de la noche, como el de una
amante...

son quizá menos característicos de la poesía de López Velarde que cualesquiera otros; pero nos muestran hasta qué punto se adelantaba el poeta a las nuevas tendencias líricas. Pueden encontrarse, sin embargo, otras metáforas como ésta, de su libro póstumo, con que alude a la mujer:

y frente a los vertebrales
espejos de la belleza

cuyos elementos nos parecen familiares, expresados, no obstante, según ese juego imaginativo más intelectual y osado distintivo de sus últimos poemas.

Pero ¿irá a abandonarse el poeta al vértigo de los espejos verbales, perdiendo de vista aquella peculiaridad dramática de su espíritu que tan eficazmente delataran sus peculiaridades expresivas? A lo largo de sus tres libros poéticos es posible ir descubriendo, junto a composiciones en que predomina la necesidad de una expresión espiritual, otras cuya preocupación más franca son las palabras y aun los malabarismos verbales. En «Cercanía de López Velarde» (*Contemporáneos,* México, septiembre-octubre de 1930, núm. 28-29, pp. 128-129) Jaime Torres Bodet observa, con inteligencia, que lo provinciano de López Velarde no reside en su timidez sino en su audacia, lo que se manifiesta en una falta de mesura. «Así se justifica en López Velarde el sistemático esfuerzo de sustituir por el adjetivo grave, certero casi siempre, el esdrújulo, ampuloso y más o menos indefinido. Donde alguno podía decir: *universal,* apunta él, pintorescamente, *ecuménico.* Y donde otro escribiría: *un niño,* él ve, inmediatamente, *un párvulo.*»

Existen algunos poemas, sobre todo en *Zozobra,* en los que efectivamente el empleo de estos esdrújulos es sorprendente. Véanse, por ejemplo, los del poema «El minuto cobarde»: *hiperbólicos* minutos, *plétora* de vida, como un *tósigo,* exageraciones *pictóricas, exánimes* gallinas, *vértice* poroso, paciente *escrúpulo;* o los aún más abundantes de «Día 13»: corazón *retrógrado,* embriaguez como un *relámpago, lúgubres* arreos, *fúlgida* cuenta, licor *letárgico,* blancas y *fulmíneas* paradojas, *látigo* incisivo, vaso de mi *júbilo, consérvame* el radioso *vértigo,* su falda *lúgubre* era un *bólido.*

En estas empresas, no siempre sale bien librado el gusto poético, porque al fin López Velarde continuaba siendo tan «fuereño» en su persona como en su formación poética, aunque impusiera en una y otra condición ese sello de gracia tímida y audaz que lo distingue. Atacará las palabras y los giros novedosos con el mismo impulso con que emprende la conquista de la ciudad y su corte, y las nuevas palabras sonarán en su pluma con un timbre dueño al fin del insuperable sentido lírico que lo guiaba en sus trabajos literarios. Al mismo tiempo, procuraba traducir el mensaje de su espíritu y explorar el mundo verbal siguiendo las enseñanzas de dos poetas que influirán en la superficie de su poesía: Lugones y Herrera y Reissig. Su mensaje continuará siendo el mismo, pero su expresión se volverá cada vez más compleja y sutil. Los pasajes siguientes, tomados de poemas de *El son del corazón,* muestran dos tipos de desarrollos metafóricos, de significaciones diversas, pero realizados a base de una misma imagen, que atestiguan la complejidad expresiva alcanzada por la poesía de López Velarde:

> Soy la alberca lumínica en que nada,
> como perla debajo de una lente,
> debajo de las linfas Scherezada,

escribe para aludir concretamente a la presencia de la sensualidad en su temperamento; y para manifestar al amor la forma en que lo procura su deseo, dice que va

> como el cándido islote de burbujas
> navega por la taza de café.

Un ejercicio semejante puede reconocerse en los claroscuros que aparecen en su poesía, singularmente en su primer libro, lo que acaso condicione su función expresiva antes que decorativa. De nuevo, es el caso de una misma técnica estilística aplicada a la expresión de distintos conceptos. En el primer ejemplo:

> Mi corazón te dice: «Rosa intacta,
> vas dibujada en mí como un dibujo
> incólume, e irradias en mi sombra
> como un diamante en un raso de lujo»,

salvo un verso tan inválido como el segundo y una aclaración tan innecesaria, sino es para la rima, como la que concluye la estrofa, llega el juego de luz y sombra tras una gradación perfecta e incrementada por la sutil correspondencia litúrgica. Los siguientes pasajes figuran en un mismo poema, «A la patrona de mi pueblo», y atestiguan la versatilidad que, desde su primer libro, logró dar el poeta a sus esquemas lógicos:

Un triángulo sombrío
que preside la lúcida neblina

dice el primero de ellos que alude a Nuestra Señora de la Soledad. Y el siguiente dedicado a una estampa rural:

El cacerío de estallante cal;
el bienestar oscuro del rebaño.

Y en el último, variando el color blanco por el rojo, vuelve a expresar un concepto semejante al del primero de los ejemplos transcritos, aunque con menor calidad poética:

Y yo anhelo, Señora,
que en mi tiniebla pongas para siempre
una rojiza aspiración, hermana
del inmóvil incendio de tus torres.

Pero no siempre organizaba el poeta el mundo exterior y el interior según estas reducciones cromáticas. Con más frecuencia, sus métodos descriptivos propenden a juegos sensoriales de mayor complejidad. En los poemas más sencillos de *La sangre devota* parecen dominar los motivos visuales, aunque allí mismo pueden encontrarse ejemplos en que participan dos o más sentidos. «Mi prima Águeda», una de las composiciones más afortunadas de López Velarde, es comparable a un Cézanne al que se hubiera dotado de sonoridad. Volúmenes plásticos y sonidos esenciales componen su trazo intachable. Otras veces, ejercita las descripciones sinestéticas con tanto acierto como en los versos siguientes:

Esta manera de esparcir su aroma
de azahar silencioso en mi tiniebla,

que reúne sensaciones olfativas (*aroma*), acústicas (*silencioso*) y visuales (*tinieblas*) en torno a una sola especie metafórica. O bien, como ocurre en el poema «¿Qué será lo que espero?», siguiendo la propensión constante de su poesía, inventa un juego más libre y caprichoso de imágenes de todos los órdenes sensoriales que se resuelven en alusiones abstractas cuya expresión se confiere, en última instancia, a la misma materia acústica de las palabras:

> ¡ara mansa, ala diáfana, alma blanda,
> fragancia casta y ácida!

cantan, en un concierto de aes, los versos finales del poema en que, agotadas las imágenes posibles, se compara a la mujer amada «con una a colmada de presentes».

En lo que puede llamarse, no sin reservas, la segunda manera poética de Ramón López Velarde, es decir en su poesía contenida en *Zozobra* y en *El son del corazón,* surge, con plena decisión, un nuevo tipo de experiencias verbales que deben considerarse aparte de los desarrollos metafóricos complejos y de las formas descriptivas examinadas antes. Consiste este nuevo tipo en un procedimiento técnicamente más simple, pero poéticamente más arduo y que, por ello mismo, le ha ganado no poco de esa reputación de estrafalario y audaz de que disfruta; podríamos llamarlo de las expresiones sorprendentes, a falta de una denominación más adecuada. Y para mejor comprenderlo, iniciemos su descripción con un ejemplo:

> el perímetro jovial de las mujeres.

¿Qué otra cosa, si no la palabra «perímetro» nos parece sorprendente en este gracioso verso? Pero lo importante no es reconocer su carácter sino la forma en que actúa para parecernos original y acaso afortunada desde el punto de vista estrictamente poético. El procedimiento –empleado por algunos de los poetas cuya lectura frecuentaba López Velarde: Laforgue, Lugones, Herrera y Reissig, Darío–, semejante al de algunas de las metáforas de elementos no relacionados, consiste en este caso en la realización de un contraste entre la naturaleza física del sustativo (*perímetro*) y la naturaleza sentimental del adjetivo (*jovial*), todo ello referido a la mujer. A propósito de la prosa de Jorge Luis Borges, quien emplea con abundancia y éxito este tipo de adjetivación (obscenas ediciones; fango sagrado; infinitas aldeas), se me ha ocurrido llamarla adjetivación de signo contrario. Pero, como siempre, López Velarde rehúye el incurrir con demasía en sus experiencias. Los otros casos de expresiones sorprendentes superan la simple calidad de la adjetivación para intentar un tipo de contrastes imprevistos más ricos, como el que puede descubrirse en el siguiente pasaje:

> Tardes en que el teléfono pregunta
> por consabidas náyades arteras,
> que salen del baño al amor,

en el cual los contrastes, inesperados y afortunados, acontecen entre los sustantivos destacados (*teléfono, náyades*) y entre el sustantivo *náyades* y los adjetivos que lo califican (*consabidas, arteras*). Y para continuar las citas de un poema tan rico en audacias verbales como «Tierra mojada», mencionemos aún otros fragmentos:

> Tardes como una alcoba submarina
> con su lecho y su tina;
>
> tardes en que, oxidada
> la voluntad, me siento
> acólito del alcanfor,
> un poco pez espada
> y un poco San Isidro Labrador...

¿Qué método lógico es posible encontrar aquí si no es la asociación afortunada e inexplicable, pero a un paso de lo absurdo, de elementos imaginativos que no delatan más que la audacia verbal y el acierto en esa audacia de Ramón López Velarde?

En otras ocasiones el acierto es menos evidente. Así por ejemplo en esta estrofa:

> Me asfixia, en una dualidad funesta,
> Ligia, la mártir de pestaña enhiesta,
> y de Zoraida la grupa bisiesta,

el notorio adjetivo con que concluye podrá parecernos gracioso o gongorino, pero es evidente que la exigencia de las tres rimas consonantes que el poeta se impuso lo llevó de extremo en extremo. Ya *enhiesta* parece forzado aunque es eficaz, pero *bisiesta* es una de las típicas salidas, pintorescas y felices, de la poesía más evolucionada de López Velarde. Junto a los giros dudosos es pertinente mencionar también los afortunados:

> melómano alfiler sin fe de erratas,

aplicado a las piernas de Anna Pavlowa, reúne con singular encanto tres conceptos pertenecientes a esferas bien extrañas: la música, el implemento de costura y una expresión bibliográfica.

En relación con estas expresiones sorprendentes podrían analizarse aún los sustantivos adjetivados que aparecen en su poesía (*música cintura; camino rubí,* etcétera) y la mallarmeana inclinación de López Velarde a preferir, entre la palabra común y la técnica, culta o familiar, cualquiera de estas últimas; pero con ello no conseguiríamos ninguna lección sobre los caminos de su creación poética que no hayamos obtenido ya.

Ramón López Velarde fue un poeta que merece con verdad este nombre por haber llevado en su mente un mundo dramático y pleno de imágenes y haberlas expresado en un lenguaje constantemente renovado. Si ya en su primera obra aparecía su lenguaje lírico perfectamente conformado, en sus obras siguientes acogió todas las experiencias que estuvieron a su alcance e intentó traducir con ellas sus concepciones poéticas. Varía su espíritu en cada uno de sus tres libros de poesía; varía también su retórica, pero no varía ni se aumenta su temperatura lírica. El estudio de su retórica, el más importante sin duda, no ha quedado agotado y no podrá quedarlo fácilmente. Junto al esfuerzo visible surge con frecuencia el azar o el milagro, la adivinación o el capricho que hacen imposible la labor de jardinería en un prado en que se confunde lo selvático con lo intencionado. Poeta por don y por esfuerzo, pocos encontraremos en la historia de nuestra poesía con más temblor lírico que transmitirnos y con más enseñanzas que legarnos.

Poética

La doctrina propiamente estética de López Velarde se encuentra expuesta en unos cuantos ensayos fundamentales. En «La derrota de la palabra» postula la fidelidad al lenguaje y la exigencia de autenticidad del escritor: «Yo anhelo expulsar de mí cualquier palabra, cualquier sílaba que no nazca de la combustión de mis huesos.» En dos ensayos más, cuya importancia debe subrayarse: «El predominio del silabario» y «La corona y el cetro de Lugones», nos dejará su concepción de la poesía, esto es, su poética.

En estos ensayos, y en pasajes de algunos otros, abundan los apuntes certeros que fijan sus afinidades y sus desacuerdos: «Cuando Othón llegaba de San Luis con su cabeza al rape y embutida en los hombros, contemplábamos su marcha sobrecogidos, como párvulos ante una fiera suelta»; «La rabia está bien muerta. Apenas si la soportamos en Díaz Mirón»; «El asunto civil ya hiede»; «Gutiérrez Nájera, a quien tanto debemos y a quien amamos más cada día», y su lucidez para ver la poesía de Lugones como heredera y culminación de la de Góngora y para oponerse –en 1916, cuando aún dominaba ese criterio– a la idea de una buena y de una mala época de Góngora.

Apoyándose en estas precisiones, López Velarde va articulando su propia poética. En principio afirma lo que, recordando las ideas de José Vasconcelos, pudiera llamarse un *a priori estético* o una intuición de naturaleza emocional, cuando postula reiteradamente su reserva ante los caminos intelectuales para el conocimiento y su confianza en los datos sensibles: «Su originalidad –decía de González León– es la verdadera originalidad poética: la de los sentidos», y en aquellos mismos apuntes afirmará que «la poesía es el pasmo de los cinco sentidos», y aun insistirá en que, cuando las potencias del alma amenazan con confundirnos, «los sentidos siempre nos son fieles».

¿Qué nos revelará del mundo y de nosotros mismos el poeta cuyas palabras nacen de la combustión de sus huesos? La respuesta que nos propone López Velarde –en un pasaje revelador de su extraordinaria comprensión del fenómeno poético– es ésta: a partir de una cita de Juan Ramón Jiménez, «el ruido del mar en el teléfono», enumera el extraño tesoro que nos ofrece la poesía: «El roce de las ideas, el contacto con una vitrina de las piececillas desmontadas de un reloj, los pasos perdidos de la conciencia, el caer de un guante en un pozo metafísico, el esfuerzo de la burbuja, el filamento sanguíneo en una conjuntiva, el vagido de la hormiga que acaba de nacer, el aleteo de una imagen por los ámbitos de la fantasía, el sobresalto de las manecillas al ir a ayuntarse sobre las XII, la angustia del pabilo cuando va a gastarse el último gramo de cera, la disgregación del azúcar, el júbilo de las vajillas, el rubor de las sábanas de Desdémona antes de que vierta su sangre, el recelo de las patas del conejo y de las pezuñas del venado, la pesadumbre del azogue, la espuma veleidosa, la balanza con escrúpulos, la queda repentina de los armarios y el aleluya sincopado de la brisa.» En efecto, éste es un inventario de la «majestad de lo mínimo», del asombro permanente ante el mundo, aunque, nos previene, quienes se consagran a tales episodios minuciosos, «oyendo lo inaudito y expresando la médula de lo inefable, son seres desprestigiados».

El secreto de la creación poética reside, pues, en esa capacidad singular para percibir la «majestad de lo mínimo» y ha de emprenderse como un acto de posesión amorosa, con lujuria y concupiscencia. «Este género de concupiscencia –lima que pulveriza las hostilidades de la palabra– franquea los interiores más abstrusos de la conciencia, sus trascuartos y sus pasadizos, desmenuza su vibración y sujeta los más inasibles vislumbres de su efímera fisonomía. Guiños, parpadeos, esguinces, mohines... el gesto gradual y total de nuestra compañera recordada en las tinieblas, es para nosotros palmario como una estatua a mediodía, y permanece, como su faz. Nuestra emoción es una linterna sorda que horada la cúbica negrura de los aposentos, a deshora. Instante novelesco, de novela centrípeta. Los ojos del gato estallan, a la altura de un sillón. Se decanta la glosa del grillo. Los duendes andan en cabildeos. Hemos perdido la inteligencia del lenguaje usual y el Diccionario susurra. Accedemos al lecho de la conciencia, y sobre una fuente de aguas fundamentales, un surtidor deprime y encumbra su asta y se encariña con las fluctuaciones de su bandera gaseosa.»

Cuando avanzaba tan valientemente a lo desconocido en experiencias como éstas –tan coincidentes con la imaginación surrealista–, no podían seguirlo aquellos críticos que lo llamaron extraviado en las extravagancias, ni pueden seguirlo quienes ayer y hoy lo quieren sólo cantor nostálgico de su pueblo. En cambio, la lucidez con que supo escuchar el mensaje de su alma, «con esa intensidad con que en el abismo de la noche sentimos el latido infatigable de nuestras sienes y estamos escuchando el roce metódico de nuestra sangre en la almohada», lo hizo transcendente a sí mismo y a su tiempo.

Porque aprendió a percibir la majestad de lo mínimo, el pasmo de los sentidos, y antes de sacarlo a la luz lo hizo arder junto con sus huesos, creó una mitología del mundo provinciano, una imagen cordial de la patria y una vertiginosa geografía de las pasiones y de la sensibilidad. Por ello, la obra literaria de Ramón López Velarde es una lección de autenticidad espiritual y de curiosidad y búsqueda incesantes que nos enseñó el conocimiento por el amor y abrió el camino de otra edad poética.

Dos recursos no convencionales

En la versificación de López Velarde merece destacarse, en primer lugar, una peculiaridad: su gusto por las rimas consonantes y, en sus últimos poemas, el empleo de versos monorrimos, en pareados o en dísticos, como en la «Fábula dística», y en pasajes de «La niña del retrato», «El perro de San Roque», «Despilfarras el tiempo» y de «La suave Patria». En este último poema, solos o alternados con otras combinaciones, cuento 36 pareados y dísticos, y seis tercetos monorrimos. Y hay estrofas, como la que comienza «¡Y tu cielo nupcial!», que son una sucesión de siete pareados monorrimos.

Este tipo de rimas, que suele considerarse pesado y monótono, proviene de los orígenes de la poesía culta castellana y es la cuaderna vía, esto es, los cuartetos monorrimos del mester de clerecía de Gonzalo de Berceo. En los versos de López Velarde, el viejo arte recupera eficacia y, sin llegar nunca a los cuartetos, es como un eco inmediato, como un pensamiento que se completa, como una medalla con su anverso y reverso, sobre todo en los dísticos:

Diré con una épica sordina:
la Patria es impecable y diamantina.

El Niño Dios te escrituró un establo
y los veneros del petróleo el diablo.

Joven abuelo: escúchame loarte,
único héroe a la altura del arte.

y en tercetos como:

Suave Patria: tu casa todavía
es tan grande, que el tren va por la vía
como aguinaldo de juguetería.

Puede suponerse que este «primitivismos» de las rimas explica hasta cierto punto el éxito popular sobre todo de «La suave Patria». López Velarde dominaba la técnica de entrelazar rimas en juegos ingeniosos, pero al fin parecía confiar más en la fuerza de la repetición en los finales de versos, que tanto facilita la retentiva.

Los monorrimos en dos o tres versos fueron redescubiertos por el Modernismo. Rubén Darío se sirvió de pareados en numerosos poemas de *Prosas profanas* (1896 y 1901) y de *Cantos de vida y esperanza* (1905), y de los más raros tercetos monorrimos en «El faisán», del primero de esos libros, y en «Madrigal exaltado» y en «A Goya», del segundo. Salvador Díaz Mirón compuso pareados en pasajes de «Idilio», de *Lascas* (1901). Y Leopoldo Lugones empleó pareados en pasajes del «Himno a la luna» y de «El pescador de sirenas», y numerosas redondillas en el *Lunario sentimental* (1909). El recurso cayó en desuso en los poetas posteriores. Sin embargo, entre los recientes que han vuelto a emplearlos, hay un caso memorable y apenas conocido, del singular poeta que fue el nicaragüense Salomón de la Selva. Se llama «Pregón de la muerte de Helena» y se encuentra al final de un libro ambicioso: *Poema de los siete tratados. La ilustre familia. De Præclaris Familiæ Historiæ Libri Septen. Novela de dioses y de héroes,* con ilustraciones de Francisco Moreno Capdevila, México, 1952, pp. 310-318. El «Pregón» está compuesto en tercetos hexasílabos con monorrima asonante, y copio de él su principio:

¡Toda la belleza
del mundo hecha trenza
de oro en su cabeza!

Rubia y alta viuda,
como espiga rubia
y alta como luna.

Como espiga en campo
que ha sido segado
y que no segaron.

Rubia y alta y sola
Helena de Troya,
¡y el viento la azota!

En el hermoso poema de la argentina Silvina Ocampo, «Enumeración de la Patria» (1912) –que debe mucho al estímulo de «La suave Patria»–, se emplean también los pareados:

Oh, desmedido territorio nuestro,
Violentísimo y párvulo. Te muestro
En un infiel espejo: Tus paisanos
Esplendores, tus campos y veranos...

El otro recurso poético no convencional de que se sirve López Velarde es la repetición de vocablos, la redundancia intencionada, el ponderar algo consigo mismo. Se trata de una vieja figura retórica que el poeta aprovecha para lograr cierta gracia ingenua: «de los tesoros que atesora», «una granada virgen de virginales gajos», «linda congoja de la frente linda», «vas dibujada en mí como un dibujo». En una estrofa de «El retorno maléfico» hay una serie de estas redundancias que muestran que la poesía también puede hacerse a base de defectos manejados con talento y humor:

Las golondrinas nuevas, renovando
con sus noveles picos alfareros
los nidos tempraneros;
bajo el ópalo insigne
de los atardeceres monacales,
el lloro de recientes recentales
por la ubérrima ubre prohibida
de la vaca, rumiante y faraónica,
que al párvulo intimida;
campanario de timbre novedoso;
remozados altares;
el amor amoroso
de las parejas pares;
noviazgos de muchachas
frescas y humildes, como humildes coles...

Legado

Para ayudarnos a la comprensión de su obra y para afirmarnos el contenido de su mensaje, Ramón López Velarde reservó las páginas de *El minutero* y su único poema de inspiración cívica «La suave Patria». La recopilación de prosas apenas ha sido considerada por la crítica, no obstante la calidad de su estilo y su importancia documental para el conocimiento del poeta. Puede afirmarse, sin embargo, que si no existiese de López Velarde más que *El minutero,* esa obra bastaría para que mereciera un lugar destacado entre nuestros escritores. Si sus páginas estaban dedicadas a periódicos y revistas, nada queda en ellas de pasajero y, por el contrario, mucho será lo que permanezca. Hay en ellas un cordial equilibrio de emoción y pensamiento, de humor y penetración, que ennoblece casi todos sus temas. Algunas se resienten de ineficacia en su composición y otras no parecen sino comentos o anotaciones previas de varios de sus poemas; pero en no pocos de esos breves ensayos aprendemos sobre la intimidad espiritual y el pensamiento de López Velarde más de lo que pudiéramos extraer del resto de sus obras. Así por ejemplo, en «Novedad de la Patria», que tan penetrante y fértil doctrina nos ofrece, o en esas intensas confesiones eróticas o trascendentales de los ensayos titulados «Obra maestra», «La flor punitiva», «José de Arimatea» y «Eva», dignos de la más rigurosa antología.

El poema «La suave Patria» es excepcional en la poesía de López Velarde. Quien sólo había cantado su mundo íntimo y sus experiencias sensuales y mundanas, canta ahora a la Patria. Y aunque principia diciendo que adoptará por una vez la modulación grave, vuelve a emplear los elementos libres y líricos que eran su dominio. Rehúye el santoral heroico habitual, con la sola excepción de Cuauhtémoc, y hace su exaltación de la Patria con recuerdos de cosas nimias y personales, con adivinaciones proféticas, con rasgos de alegrías populares, con imágenes femeninas de la provincia y con un despliegue imaginativo fascinante.

Escrito en ocasión del primer centenario de la consumación de nuestra independencia, el mismo año de la muerte de su autor, «La suave Patria» es un poema que muestra la trasmutación de la experiencia personal de López Velarde en sus últimas composiciones –retorno nostálgico, por desencanto del mundo, a la pureza provinciana– en una experiencia nacional. En el ensayo «Novedad de la Patria», López Velarde anunciaba la obra de un gran escritor que quizá condensara el nuevo concepto de nuestra nacionalidad, y no es dudoso que él mismo se haya asignado semejante pretensión. La doctrina de su mayor poema es la del retorno a los orígenes, que él nos presenta revestidos con todas las galas, femeninas y tradicionales, con que su imaginación sentía a México. Pero al mismo tiempo es, técnicamente, la suma de las experiencias verbales de López Velarde en el resto de su obra, llevada –como apuntó Torres Bodet en su ensayo de 1930– a un intento de mayor popularidad. En ello precisamente radican los posibles reparos que puedan oponérsele. Poema de transición, pues, entre su manera íntima y su manera «nacional» –que no llegó a realizarse–, «La suave Patria» es un impuro canto lírico y un canto épico subjetivo y caprichoso. Pero acaso por razones tan oscuras como la de nuestra adhesión a la «x» del nombre de nuestro país, es para muchos mexicanos una especie de segundo himno nacional lírico, intocable y ya tradicional.

En relación estrecha con el poema antes considerado, la opinión más difundida ha querido ver en López Velarde un poeta que merece el singular título de «el cantor por antonomasia de la provincia», que suele añadírsele a su nombre en artículos, secciones antológicas y aun mentalmente a cualquier referencia a su personalidad o a su obra. Con tal definición se pretende caracterizar la naturaleza de su poesía, representada, de preferencia, por su primer libro, ya que los demás se consideran poco menos que intentos de descastamiento.

¿Puede corroborarse semejante afirmación si no es con un conocimiento superficial y anecdótico de la poesía de López Velarde? ¿Pueden separarse acaso, dentro del cerrado ciclo de su evolución espiritual, su etapa de añoranzas provincianas de su etapa de conturbaciones morales? ¿Tienen algo que ver con la provincia poemas tan complejos e intensos como «La última odalisca» o «Te honro en el espanto»? Aceptemos pues que, a causa de la misma complejidad espiritual y verbal de su poesía, nos hemos contentado con una calificación tan parcial cuanto confusa, que el poeta Ramón López Velarde supera en todos sentidos.

Poeta de su propio mundo, antes que de cualquier otro, López Velarde acertó a expresarlo en un mágico lenguaje poético cuya calidad tiene escasos paralelos. Cumplido ya el centenario de su nacimiento, su obra ha permanecido intocada por el tiempo y viva para cada una de las nuevas formas de sensibilidad poética. Cuanto de ella nos parece insuficiente o débil, es como la condición de la existencia de sus múltiples esplendores. Y no podemos llamarle un poeta malogrado o frustrado por haber muerto a los treinta y tres años con sólo cuatro libros. Por ellos cruza ya su relámpago y el resto, sus obras de adolescencia y las que dejó dispersas, o las que hubiera podido escribir en una vida más larga que la de Cristo, no sería otra cosa que las retocadas cenizas de un incendio concluido.

VI/1946-II/1971-XI/1988

LA PRESENTE EDICIÓN

La presente edición intenta reunir y ordenar todos los textos poéticos hasta ahora conocidos de Ramón López Velarde, así como ofrecer, en el aparato crítico –estudio preliminar, la presente explicación de fuentes, la cronología biobibliográfica y las notas textuales–, una síntesis de lo que hasta hoy sabemos de López Velarde y de los juicios más importantes que sobre su personalidad y su obra se han escrito, durante algo más de ochenta años. Así pues, en esta edición se juntan y se aprovechan los trabajos de los principales investigadores precedentes, gracias a los cuales nos es posible conocer y comprender más cabalmente la obra en verso de López Velarde.

Los libros iniciales

Los dos libros publicados bajo la supervisión del poeta, *La sangre devota* y *Zozobra,* y los dos que se publicaron posteriormente, pero que de hecho él había ya ordenado, *El minutero* y *El son del corazón,* se reproducen respetando escrupulosamente las ediciones originales y conservando los textos de homenaje que se les incorporaron en aquellas ediciones. En el caso del poema «La suave Patria», que concluye este último libro, se reproduce su versión original publicada en la revista *El Maestro.* A *La sangre devota* se agrega –como lo hicieron los editores de las *Obras completas* de 1944– el prólogo que su autor había preparado para la segunda edición. Las únicas adiciones que se han hecho a estos cuatro libros son, al pie de los textos, las fechas que se conocen hasta ahora con certeza. En primer lugar, cuando existe, la fecha de composición que el autor mismo puso originalmente al pie de su texto, y en segundo, la de su publicación por separado más antigua –en cuyo caso se pone solamente el año precedido de la abreviatura *c.* de *circa,* ya que la composición pudo ser muy anterior a la publicación–. Se han añadido estos datos considerando que pueden ser útiles para el estudio de la elaboración de la obra de López Velarde. Muchas de estas referencias proceden de las investigaciones reunidas por Allen W. Phillips, quien examinó pacientemente los periódicos y revistas de la época, en su estudio *Ramón López Velarde, el poeta y el prosista* (INBA, México, 1962).

Nuevos textos: 1945-1952

A partir de 1945 y hasta años recientes, varios investigadores realizaron múltiples y laboriosas exploraciones para rescatar la considerable obra, en prosa y verso, de López Velarde que quedaba dispersa. Antes de esa fecha, esporádicamente se habían publicado, en el periódico *El Universal* y en *Revista de Revistas*, de la ciudad de México, algunos textos desconocidos. Las investigaciones posteriores a 1945 fueron todas ellas tareas individuales, realizadas en varias ciudades, por lo que a menudo duplicaban sus hallazgos. En conjunto, estas investigaciones aumentaron la obra de López Velarde con 24 poemas de juventud (y, hecho digno de notarse, con ningún poema de sus años de madurez, posterior a 1915, ya que al parecer todos los poemas existentes de esta época fueron reunidos en el póstumo *El son del corazón*) y con un considerable repertorio de páginas en prosa.

Los trabajos que permitieron llegar a disponer de esta copiosa obra fueron los siguientes: en 1945 Alfonso de Alba publicó en la revista *Pan*, de Guadalajara (septiembre de 1945, núm. 4), un poema inédito; el mismo año, la revista *Estilo*, de San Luis Potosí, publicó en su primer número dos de los «Renglones líricos», proporcionados a la revista por Manuel Sancho, que fue gerente de *El Eco de San Luis*, donde López Velarde publicó en 1913 aquella serie, que años después divulgaría completa la revista *Cuadernos Americanos*. En 1948 y 1949, Carlos Villegas publicó en la revista *Armas y Letras*, de Monterrey, treinta y dos prosas líricas, ensayos y artículos de crítica literaria. En el número de homenaje a López Velarde de la revista *México en el Arte* (primavera de 1949, núm. 7), se publicaron los siguientes grupos de textos inéditos: once poemas, ocho ensayos, ocho cartas, además de manuscritos e iconografía, todo ello investigado por Carlos Villegas y Luis Noyola Vázquez. Este último publicaría posteriormente, además, una carta a María Nevares y el prólogo a *Senda huraña* de Jorge Adalberto Vázquez en *Letras Potosinas* (San Luis Potosí, mayo-junio de 1951, núm. 97), y un poema, «Muerta», en la revista *Alcance* (México, marzo de 1952, letra «g»). Mientras tanto, en Guadalajara, Emmanuel Carballo dio a conocer cinco poemas y cuatro prosas no coleccionadas, en la revista *Ariel* (septiembre-octubre de 1949 y mayo-junio de 1950, núms. 4 y 7-8), y después amplió estas investigaciones en su libro *Ramón López Velarde en Guadalajara* (Et Caetera, Guadalajara, 1952) y ofreció seis poemas inéditos más y un artículo de crítica literaria. En 1949 Alfonso de Alba reprodujo en su libro *La provincia oculta* (Cvltvra, México, 1949) una carta de López Velarde a Francisco González León, de 1912. En 1950 Jesús Silva Herzog rescató, en *Cuadernos Americanos* (México, septiembre-octubre de 1950, vol. IX, núm. 5), la serie completa de dieciocho ensayos que bajo el rubro de «Renglones líricos» había publicado López Velarde, en 1913, en *El Eco de San Luis*.

Las investigaciones de Elena Molina Ortega

En 1952 y 1953 Elena Molina Ortega publicó, en la Imprenta Universitaria, un *Estudio biográfico* y tres volúmenes importantes de textos de Ramón López Velarde: *Poesías, cartas, documentos e iconografía, El don de febrero y otras prosas* y *Prosa política* (1953).

En el primero de estos libros –*Poesías, cartas*...– publicaba veintiún poemas, de los cuales dieciocho habían sido reproducidos por los investigadores anteriores y tres se recogían por primera vez. Además, daba a conocer seis cartas, un recado y dos dedicatorias de libros y presentaba una excelente iconografía y copias de los principales documentos relativos al poeta, a su familia y a Josefa de los Ríos, Fuensanta.

En *El don de febrero y otras prosas,* reunía cincuenta y nueve textos dados a conocer previamente por otros investigadores, y ofrecía treinta y uno nuevos, que hacen un total de noventa ensayos, crónicas y artículos de crítica literaria. La recopilación de los textos que forman este libro será la ampliación más importante que se ha registrado al conocimiento de la obra de López Velarde, ya que un número considerable de estas páginas pueden estimarse tan valiosas como las que forman *El minutero.*

En el volumen llamado *Prosa política,* Elena Molina Ortega dio a conocer, por primera vez desde su aparición original, ciento cincuenta y cinco artículos de periodismo político, escritos entre 1909 y 1913, y cinco cartas dirigidas a Eduardo J. Correa. A pesar del escaso valor de estos artículos, son importantes para conocer las ideas políticas de juventud de López Velarde.

Investigaciones posteriores: 1953-1962

Después de la publicación de estos volúmenes ha continuado enriqueciéndose la obra de López Velarde. En 1953 Antonio Castro Leal publicó, en la Colección de Escritores Mexicanos, 68, el volumen: Ramón López Velarde, *Poesías completas* y *El minutero* (Editorial Porrúa, México, con reimpresiones posteriores) en el que, además de reproducir los tres libros iniciales de poesías y el de prosas, recogió los veinticuatro poemas de juventud –*Primeras poesías* (1905-1912)– que previamente habían sido dados a conocer, como antes se precisó, y que provenían en resumen como sigue: diez de las investigaciones de Luis Noyola Vázquez, siete de las de Emmanuel Carballo, cuatro de las de Carlos Villegas y tres de las de Elena Molina Ortega. En 1962, Allen W. Phillips publicó su libro *Ramón López Velarde, el poeta y el prosista* (INBA, México) en el que, además de estudiar la obra literaria del poeta, revisó las investigaciones precedentes y ofreció un cúmulo considerable de datos respecto a textos dispersos, fechas y lugares de publicación de poemas y prosas.

Investigaciones de 1972 a 1988

I. Poco después de la aparición de la primera edición de las *Obras,* el doctor Allen W. Phillips, que tanto ha contribuido al conocimiento de Ramón López Velarde, publicó un generoso comentario acerca de la presente edición (la de 1971), con el título de «La edición conmemorativa de Obras de López Velarde y algo más» (*Boletín Bibliográfico de la Secretaría de Hacienda,* México, 1º de diciembre de 1972, año XIX, núm. 480, pp. 20-23).

II. Después de un período de reposo en los estudios e investigaciones sobre López Velarde, ambos cobraron nuevo auge en 1988, en ocasión de celebrarse el centenario del nacimiento del poeta. Todas las siguientes noticias de nuevos textos proceden de este año.

El mismo doctor Phillips preparó: Ramón López Velarde, *Dos cartas inéditas y otros textos desconocidos,* Instituto Nacional de Bellas Artes de México, 1988, que no llegó a publicarse, en el cual daba a conocer facsímiles y transcripciones de dos cartas dirigidas por Ramón López Velarde a su padre, desde San Luis Potosí, el 13 de mayo y el 27 de agosto de 1908 –poco antes de la muerte de don José Guadalupe–. Asimismo, Phillips enviaba para su publicación un borrador fragmentario (seis hojas) de «La suave Patria» y tres hojas con apuntes de palabras sueltas.

Quien esto escribe encontró, en el legajo de manuscritos de López Velarde que guarda la Academia Mexicana, el borrador casi completo (trece hojas) de «La suave Patria», el cual se incluyó, con transcripciones, en este libro del doctor Phillips. Borradores y apuntes se han comentado en el estudio «El taller poético de López Velarde», aquí incluido.

III. Jesús Gómez Serrano, director del Archivo Histórico de Aguascalientes, en su estudio «Remedos de grandeza. El desarrollo económico y social de Aguascalientes, 1876-1910», incluido en *Minutos velardianos.* Ensayos de homenaje en el centenario de Ramón López Velarde (UNAM, Instituto de Investigaciones Estéticas, México, 1988), dio noticias de dos poemas y tres prosas de Ramón López Velarde, aparecidos en *El Observador,* de Aguascalientes: «Promesa» (versos), 1907; «Del suelo nativo» (versos), 1907; «Brozas poéticas», 1907; «¿Adán o Eva?», 1907; y «La canalla y Sancho», 1908. Este último, ya lo había dado a conocer el mismo investigador en *El Sol del Centro* (Aguascalientes, 19 de abril de 1987), y los textos de los otros cuatro tuvo la atención de enviármelos y se incluyeron en la edición de 1990.

IV. En el mismo volumen de *Minutos velardianos,* Elisa García Barragán dio a conocer el texto, al fin encontrado, de «Suiza», poema publicado en el número 2 de la revista *Bohemio,* de Aguascalientes, el 19 de agosto de 1906, y firmado por «Ricardo Wencer Olivares», seudónimo que, según Alejandro Topete del Valle, correspondía a López Velarde. El poemita parece una broma juvenil.

V. Guadalupe Appendini, constante divulgadora e investigadora de temas velardianos, en su libro *A la memoria de Ramón López Velarde* (Gobierno del Estado de Zacatecas, Jerez, Zacatecas, 15 de junio de 1988), recogió una de las dos cartas (la del 13 de mayo de 1908), dirigida por López Velarde a su padre –cuyo facsímil y transcripción publicó también el doctor Phillips–, una «Elegía a la muerte de Guadalupe López Velarde», del 12 de noviembre de 1908 –texto incompleto y con variantes respecto al que se mencionará en seguida–, y una carta dirigida a Pedro de Alba, el 26 de abril de 1916, que se incorpora en la edición de *Obras* de 1990.

VI. Del archivo de Eduardo J. Correa pasaron a manos del licenciado Manuel Vergara Garza «cinco poemas inéditos» de Ramón López Velarde, quien, por conducto del doctor Pablo Pérez y Fuentes, los dio para su publicación a la revista mensual, poco conocida, *Tecnópolis* (México, octubre de 1988, año XXVIII, núm. 332). Son los siguientes: «Eucaristía», «Rosa mística», «A doña Inés de Ulloa», «A mi padre» y «Promesa».

A los tres primeros, los he fechado, tentativamente, en alrededor de 1907, por su cercanía de tono con «Promesa», publicado en ese año en Aguascalientes (véase IV). En cuanto a la elegía «A mi padre», es de fecha cercana a la muerte de don José Guadalupe, en noviembre de 1908. Reproduzco esta versión, más limpia y completa que la mencionada en V.

Este mismo poema, «A mi padre», fue publicado una vez más, por Guillermo Sheridan, procedente de un álbum de recortes de prensa y dedicado «Para *El Debate*», en «Un poema recobrado de López Velarde», de *Cuadernos Americanos* (Nueva época, noviembre-diciembre de 1988, núm. 12, pp. 213-214).

VII. Gabriel Zaid estudió «Una declaración desconocida de López Velarde» (*Vuelta,* México, agosto de 1988, núm. 141), publicada en *El Universal,* el 20 de junio de 1917, acerca de los contendientes en la Primera Guerra Mundial y la conveniencia de romper relaciones con Alemania. El estudio de Zaid precisa el trasfondo político de esta encuesta y la coincidencia de la posición aliadófila de López Velarde con las de los demás entrevistados. La declaración se reproduce en el volumen de *Obras,* de 1990, y se añade otra, acerca del teatro en México, que rescaté de *El Universal Ilustrado,* también en 1917.

VIII. Ya iniciada la composición de la edición (de 1990), tuve noticia del importante descubrimiento de escritos de López Velarde hecho por Guillermo

Sheridan, quien accedió generosamente a facilitarme copia de su trabajo, también en proceso de edición por el FCE, cuyo título será el siguiente: Ramón López Velarde, *Correspondencia con Eduardo J. Correa y otros escritos juveniles 1905-1913,* Edición de Guillermo Sheridan (1991). El investigador logró tener acceso al archivo de Eduardo J. Correa, guardado por sus descendientes, archivo que fue arreglado por José Villalobos Franco, amigo de López Velarde desde los días de Aguascalientes y colaborador cercano del licenciado Correa. Además de ordenar los papeles de éste, entre ellos su Diario y su nutrida correspondencia con López Velarde, Villalobos Franco formó un álbum con autógrafos de poemas de López Velarde y otros, y ordenó con cuidado los escritos del poeta publicados en los periódicos y revistas que dirigió su jefe entre 1906 y 1913: *El Observador* y *El Debate,* de Aguascalientes; *El Regional* y *Nosotros* de Guadalajara, y *La Nación,* de la ciudad de México, entre otros.

Gracias a este afortunado descubrimiento de Sheridan, la edición de *Obras* de López Velarde de 1990 se aumenta con 4 poemas, 6 crónicas, un cuento, 8 críticas literarias, 11 artículos políticos y 39 cartas: 69 nuevos textos.

Sheridan consultó también el Diario y los escritos del licenciado Correa, lo que permitió revelar datos importantes y graves de su amistad con López Velarde y precisiones para la biografía del poeta. Y en el libro que recoge sus investigaciones, publica también algunos de los poemas de Correa, para mayor inteligencia de las cartas de López Velarde que se refieren a ellos y 19 de las cartas que envió al poeta jerezano.

Sumando estos nuevos textos a los antes mencionados, se llega a un total de 109 novedades: 11 poemas, 11 crónicas, 13 críticas literarias, un cuento, 27 artículos poéticos, 42 cartas, 2 declaraciones, un borrador y un apunte, que aumentan la edición de 1971 y aparecen incorporados en las secciones respectivas de la edición de las *Obras* de 1990, y las pertinentes a la presente de la *Obra poética.*

«Rigoletto», un esbozo olvidado

En la última revisión que hice en agosto de 1997 de los manuscritos de López Velarde que guarda la Academia Mexicana de la Lengua –por donativo que nos hizo el entonces Presidente de México, licenciado Luis Echeverría, el 4 de mayo de 1971–, caí en un esbozo poético que no había advertido en las revisiones anteriores. Se llama «Rigoletto» y nunca se ha publicado ni se ha divulgado su existencia.

Consta de trece versos irregulares, algunos de ellos con huecos o palabras ilegibles y escritos a lápiz en un par de hojitas. Además del título, no hay firma ni fecha. En suma, es un primer esbozo para desarrollar. Sin embargo, en la lista (Ms. núm. 23) de títulos para sus libros futuros, ya consideraba este «Rigoletto».

La indumentaria de colores detonantes que usa la muchacha del poema: medias negras, sombrero azul y falda amarilla, según López Velarde, anticipa unos versos de Octavio Paz:

Reina escarlata
(y muchacha de medias moradas
corriendo despeinada por el bosque)
Salamandra
Animal taciturno
Negro paño de lágrimas de azufre.

(Salamandra)

En el esbozo de López Velarde, los vestidos de la muchacha recuerdan los de variados colores que usaba Colombina desde la época de Goldoni. Quien trató de descifrar antes este laberinto de palabras, creyó leer Colombina en el amasijo final. Yo no la encuentro. En cambio, y aunque esté fuera del tema, creo que hay un «Av. Jalisco», que era el antiguo nombre de la calle en que vivía el poeta. Por otra parte, el nombre de la hija cuya virtud cuidaba Rigoletto, era Gilda, a la que no encuentro mencionada.

Incapaz de descifrar este esbozo lo entrego a los lectores a medio descifrar para que quien quiera se ejercite en hacerlo.

De todas maneras, la libertad de las alusiones a las piernas de negro –que también le gustaban a Julio Ruelas–, indica que el poema es de los últimos años. Y Ramón lo conservaba inédito porque no lo había concluido. Por esta misma razón no lo incluyo dentro de su obra poética, sino aquí, a continuación.

RIGOLETTO

Con tus piernas de negro, tu cabeza de azul,
tu falda de amarillo y tu tez ambarina
eres para los ojos y el corazón, divina.

Rigoletto se queja... tus dos medias negras
de la falda...
como dos misereres del fondo del infierno
¡Oh! secular milagro de la línea! ¡ y
de la carne nupcial que a los hombres seduce
líbranos de lo y lo soez
desde hoy, consoladora rubia cuando se queje,

He de verte con tu sombrero azul
y con tus piernas de negro,
con… Av. Jalisco
las semidesnudas, novedosa y divina.

Nuevas precisiones y puntos de vista

Además del descubrimiento de nuevos textos, en años recientes los estudiosos de López Velarde han hecho indagaciones y propuesto esclarecimientos interesantes respecto a la vida y la obra del poeta. Gabriel Zaid ha precisado la posición política de López Velarde, sus relaciones con Madero y el Plan de San Luis (*El Semanario,* 17 de enero de 1988); en qué sentido era «reaccionario» (*Sábado,* 11 de junio de 1988) y su criterio civilista y aliadófilo (*Vuelta,* número antes citado); y ha reconstruido la historia sentimental del poeta y la muchacha con «ojos inusitados de sulfato de cobre». Octavio Paz, además de ampliar su notable estudio «El camino de la pasión» con precisiones respecto a la influencia que varios poetas españoles, hispanoamericanos y franceses tuvieron en la obra de López Velarde (*Generaciones y semblanzas,* FCE, 1987, pp. 348-362), ha señalado las coincidencias temáticas del López Velarde de Fuensanta y la pintura coetánea de Julio Romero de Torres, y lo ha llamado «un gran poeta menor» (*Vuelta,* abril de 1987, y *Generaciones y semblanzas,* pp. 408-413). José Emilio Pacheco hizo una recapitulación de las «alusiones perdidas» en la poesía de López Velarde, con nuevas interpretaciones (*Proceso,* 27 de julio de 1988); y estudió las traducciones al inglés que hizo Samuel Beckett de poemas de López Velarde en *An Anthology of Mexican Poetry* (Indiana University Press, 1955), seleccionados por Octavio Paz (*La Jornada Semanal,* 3 de julio). Gerardo Deniz dio nuevas luces acerca del enigma del «ala de mosca» (*La Gaceta del FCE,* abril de 1988). Luis Mario Schneider rememoró las circunscancias de la muerte del poeta (*Minutos velardianos,* UNAM, 1988) y recogió poemas dedicados a López Velarde (*Universidad de México,* agosto de 1918), recopilación a la que añado éste de José D. Frías (*El Mundo Ilustrado,* 14 de junio de 1918), que copio por su rareza y calidad –diverso y anterior al «RLV. In Memoriam» de los *Versos escogidos* que da Schneider:

RETRATOS

RAMÓN LÓPEZ VELARDE

Por JOSÉ D. FRÍAS

Tiene una indiscutible figura de inocente
este bardo, funámbulo de las arduas metáforas
cuyas rebeldes alas
dan ondas a la fuente
de las evocaciones provincianas.

Ha gozado las uvas de Dionysos en cálidas
divagaciones. Y por sus líricos votos
se revela a los otros
lo que las hostias pálidas
confían al misterio de los coros
de las iglesias pródigas de oraciones inválidas.
(A fuerza de saber Teología Moral
no le inquietan las nupcias de la Virtud y el Mal.)

Yo pediré, en la tarde
más amarga, más lúgubre y más bella,
que reviva mi Fe –como una estrella
que de Herodes se oculta, pero que arde–
el Padre confesor López Velarde.

París, abril MCMXVIII,

y mencionado asimismo dos artículos necrológicos olvidados: de «Henry Jekyll» (Arqueles Vela) «La muerte de López Velarde» (*El Universal Ilustrado,* 23 de junio de 1921) y de Roberto Barrios, «El hombre de los espejos cóncavos y convexos» (*Ídem,* 30 de junio de 1921). Gonzalo Celorio hizo un análisis cordial de «Mi prima Águeda» (*Minutos velardianos*). Juan José Arreola dio curiosas noticias acerca de su tío, el padre José María Arreola, mencionado por López Velarde en un artículo poético; aclaró lo que es posible de San Silvino, el inventor de la oración continua, aludido en «Novedad de la Patria»; e hizo glosas muy agudas de la significación de pasajes de «La suave Patria», especialmente de «el golpe cadencioso de las hachas» y de «el bardo druida» (*Ramón López Velarde. Una lectura parcial,* Bancen, 1988). Luis Noyola Vázquez precisó que el padre del poeta, José Guadalupe, adoptó el apellido compuesto López Velarde, cuando debió llamarse López Morán; y dio noticias sobre las numerosas amadas del poeta, así como de otros pormenores biográficos (*Fuentes de Fuensanta. Tensión y oscilación de López Velarde,* ed. aumentada, FCE, 1988). Clementina

Díaz y de Ovando reconstruyó la vida cultural de México en el año del nacimiento del poeta, y Fausto Ramírez investigó las ideas artísticas existentes al momento de la muerte de López Velarde (*Minutos velardianos*). Carmen Cabrera Del Hoyo y Eugenio del Hoyo Cabrera recopilaron las recetas de *La cocina jerezana en tiempos de López Velarde* (FCE, 1988). Y Alberto Paredes y Severino Salazar sugirieron la posibilidad de que Ramón haya nacido en el rancho El Marecito, propiedad de los Berumen (la familia de la madre) y que, por razones de prestigio, lo llevaron a bautizar a Jerez, y trazaron, además, un pintoresco retrato del tío cacique don Marcelo Berumen (*La Jornada. Libros,* 11 de junio de 1988).

Estas precisiones y otras con que contribuye el editor han sido incorporadas en las notas que van al fin de las *Obras,* de 1990.

Los nuevos textos y los esclarecimientos recientes no modifican la obra sustancial ni cambian el esquema general de la vida de su autor, pero sí los enriquecen y los matizan en múltiples detalles. Sobre todo, dan constancia de la persistencia de nuestro interés por Ramón López Velarde.

Esta edición

La suma de los trabajos de todos los investigadores y estudiosos de la poesía de Ramón López Velarde hace posible y constituye la presente nueva edición.

En relación con los textos de López Velarde recogidos hasta ahora en libros, esto es, los tres iniciales de poesía: *La sangre devota, Zozobra* y *El son del corazón,* y el de prosa, *El minutero,* más las *Primeras poesías,* reunidos ya todos estos en la edición de Antonio Castro Leal, *Poesías completas* y *El minutero;* más los tres que publicó Elena Molina Ortega, *Poesías, cartas...*, *El don de febrero y otras prosas* y *Prosa política,* en la nueva edición de *Obras* se ofrecen un total de 145 nuevos textos: en la primera edición se añadieron 29 textos no recopilados en los libros señalados; y en la segunda edición se añaden 116 textos.

El conjunto de los escritos en verso hasta ahora conocidos de López Velarde se ha dispuesto en las cuatro secciones siguientes:

I *Primeras poesías*
II *La sangre devota*
III *Zozobra*
IV *El son del corazón*

El borrador de «La suave Patria» y los apuntes van incluidos en la sección llamada «El taller poético de López Velarde».

Ya se ha explicado, al principio de esta nota, lo referente a los que llamamos «libros iniciales», que su autor mismo cuidó o de hecho dispuso para su edición. En cuanto a los poemas de juventud –I, *Primeras poesías*–, descubiertos posteriormente, se han ordenado en forma cronológica, por sus fechas de composición o de publicación –que aparecen al pie–, y se reproducen de acuerdo con los textos iniciales.

El aparato crítico

Además del estudio inicial, de interpretación y valoración crítica, el resto de las informaciones, referencias, comentarios y elucidaciones se han dispuesto en dos partes: la «Cronología bibliográfica» y las «Notas textuales». Ambas se han aumentado considerablemente, con el propósito de recoger las múltiples noticias de publicaciones y las nuevas interpretaciones que han surgido en los últimos años, especialmente con motivo del centenario del poeta.

Respecto a la primera, se ha preferido refundir en ella las múltiples noticias biográficas que se han acumulado respecto a López Velarde, junto con las informaciones bibliográficas de toda especie, las referencias a comentarios importantes y a repercusiones y homenajes, de manera que el lector pueda ir siguiendo el conjunto del desarrollo de la vida, la obra y la fama de Ramón López Velarde.

Las «Notas textuales» –a las que se han añadido 52 apuntes en la presente edición– tienen el propósito de proyectar, respecto a ciertas alusiones, circunstancias y pasajes oscuros de los textos, algunas referencias, antecedentes o interpretaciones tentativas que puedan ayudar a la comprensión más íntima de una obra tan rica como la de López Velarde. Siempre que fue posible, se prefirió transcribir los comentarios ya existentes de los numerosos estudios e investigadores. En un campo como éste de la obra de López Velarde, en el que todos participamos, porque a todos incumbe, habrá sin duda otras interpretaciones y opiniones diversas a las que aquí se reúnen. Pero este desacuerdo será también una constancia de que seguimos interesados en una obra viviente cuyas palabras tienen algo que decirnos a cada uno. Finalmente, se prefirió no interrumpir la lectura de los textos con llamadas a las notas finales, de manera que sólo quien desee aclarar un pasaje o saber por qué escribió esto o aquello procure su consulta.

1971-1988-1998

II. EL TEXTO

OBRA POÉTICA

Ramón López Velarde

Establecimiento del texto y notas
José Luis Martínez

Primeras poesías

[1905-1912]

A UN IMPOSIBLE*

ME ARRANCARÉ, mujer, el imposible
amor de melancólica plegaria,
y aunque se quede el alma solitaria
huirá la fe de mi pasión risible.

Iré muy lejos de tu vista grata
y morirás sin mi cariño tierno,
como en las noches del helado invierno
se extingue la llorosa serenata.

Entonces, al caer desfallecido
con el fardo de todos mis pesares,
guardaré los marchitos azahares
entre los pliegues del nupcial vestido.

---

* Aguascalientes, *c.* 1905.–*Letras Potosinas,* San Luis Potosí, septiembre de 1948.–*México en el Arte,* México, 1949, núm. 7.

HUÉRFANO QUEDARÁ...*

HUÉRFANO quedará mi corazón,
alma del alma, si te vas de ahí,
y para siempre lloraré por ti
enfermo de amorosa consunción.

Triste renuncio a las venturas todas
de tu suave y eterna compañía,
hoy que se apaga, con la dicha mía,
el altar que soñé para mis bodas.

Y el templo aquel de claridad incierta
y tú, como las vírgenes vestida,
brillarán en la noche de mi vida
como la luz de la esperanza muerta.

* Julio de 1906.–*El Universal,* México, 22 de junio de 1924 (fragmento).

SUIZA*

Para *Bohemio*

AMANECE: se iluminan
los vetustos Lepontinos,
los aldeanos llevan leche
en los jarros blanquecinos,
y en los aires se dispersan
de los pájaros los trinos.

Perezosos van remando
los ancianos gondoleros,
de las vacas se perciben
los mugidos lastimeros,
y las nieves se deshacen
en los viejos ventisqueros.

Las campánulas se mecen
de la brisa al tibio halago;
y derrama el sol naciente
que matiza el cielo vago,
un reguero de colores
en la clámide del lago.

RICARDO WENCER OLIVARES

* *Bohemio,* Aguascalientes, México, 19 de agosto de 1906, núm. 2.

PUREZA*

LA PASIÓN con que te adoro es la espléndida pureza
de las flores del altar, es el lánguido desmayo
que domina a los amantes cuando sienten la cabeza
de la virgen desposada en su pecho descansar;
la pasión con que te adoro es tan blanca como rayo
de la luna, que se mira en la vidriera atravesar.

Son tan puros mis amores cual las ansias ignoradas
con que besan a la espuma los nenúfares del río
al brillar entre el boscaje las luciérnagas doradas;
las ternuras que te guardo no se han muerto con el frío:
son las únicas ternuras que han quedado inmaculadas
en el fondo cenagoso de mi espíritu sombrío.

Al sentir que vuela a ti mi fe última de niño
te consagro la sublime floración de mi cariño
porque brillas con fulgores de divina refulgencia
en las sombras impalpables que han envuelto mi existencia
cual destello cintilante de las luces de algún astro
o cual nítida blancura de una estatua de alabastro.

He mirado indiferente el amor de otras mujeres
porque sólo tú no dejas el hastío de los placeres,
porque sólo a tu mirada temblorosa de pasión
se arrodillan las más puras ilusiones de mi infancia,
y quisiera saturar el marchito corazón
de tu alma de querube con la púdica fragancia.

De mi alma contemplé la blancura ya perdida,
y al buscar amores castos por la senda del camino
sólo tú le respondiste al doliente peregrino,
pues mi espíritu manchado de tu espíritu es hermano,

* Para el álbum autográfico del joven artista José Villalobos Franco.–G. Sheridan, *R L V, Correspondencia...*, FCE, 1991.

y embalsama tu pureza los dolores de mi vida
cual perfuma la azucena el ambiente del pantano.

Fe levantas, sueño de oro, en mi alma que te espera,
cual se aleja en las mañanas de los días de primavera,
cuando trinan las calandrias en las verdes enramadas
la plegaria gemebunda de los bronces del santuario,
cual la hostia se levanta en las ondas azuladas
de los círculos ligeros que despide el incensario.

27 de noviembre de 1906

A UNA PÁLIDA*

Vos una claridad y yo una sombra

E. ROSTAND

DAMA de las eternas palideces,
con tu mirar tranquilo me pareces,
irradiando destellos de pureza
el hada del país de la tristeza.

Eres la imagen del dolor que implora,
y por eso mi pecho que te adora,
al mirar tu expresión contemplativa
te juzga una madona pensativa.

Tú despertaste mi pasión temprana,
y de mi juventud en la mañana
como un ensueño bondadoso fuiste
regando flores en mi senda triste.

Únjame la caricia de tu mano
y tus ojos que buscan el arcano
báñenme con tu luz, mientras me abismo
en sueños de inefable misticismo.

Pero ¡ay! que no podrá mi idolatría
tener la suerte de llamarte mía,
y seguiré tu amor a los reflejos
de una esperanza que me mira lejos.

Mas nunca te daré la despedida,
que en el rudo combate de la vida
me quedará, si tu cariño pierdo,
la amorosa penumbra del recuerdo.

Aguascalientes, 1906

---

* En el álbum de José Villalobos Franco.–G. Sheridan, *R L V, Correspondencia…*, 1991.

PROMESA*

Oh novia imposible,
tan casta y hermosa, tan pura y tan buena,
que tarde por tarde
en la muda ventana me esperas
y envejeces ansiando que pronto
termine mi ausencia,
me verás cuando pasen los años,
retornar por la mustia vereda
y con inquietudes
llamar a tu puerta;
que en la austera quietud de tu alcoba
donde todas las cosas conversan
de escenas pasadas,
de dichas pretéritas,
hallarán sempiterno reposo
mis fúnebres penas;
y tus manos surcadas de arrugas
me darán las caricias postreras,
caricias que saben
a miel de tristeza,
caricias que saben
a miel de colmenas,
pero no de colmenas sabrosas
que gusta la vida cuando es primavera
sino miel en que endulzan sus males
las almas enfermas
cuando ya la existencia tramonta
y la noche eterna
de las decepciones
su abanico de sombras despliega,
y el amor es tan sólo un ocaso
de santas memorias, de ilusiones muertas.

* *El Observador*, Aguascalientes, 22 de junio de 1907

Oh novia imposible,
tan pura y tan buena,
en estos renglones
hallarás mi sagrada promesa
de ir a tus brazos
que amantes me esperan.
Llegado a tus lares,
al volver a la casa risueña
en que envejeciendo
meditas mi ausencia,
ungirán las heridas de tu alma
mis frases ingenuas
mis versos antiguos,
al hablarte en la alcoba discreta
que el olor peculiar de otros días
en su ambiente amoroso conserva.

Volveré... mas hoy no, que es preciso
dar también al cariño una tregua,
y por eso de todos mis lutos
la cruz llevo a cuestas
sin que alumbre la luz de tus ojos
mi árida senda.
La sola ventura
que en la vía penosa me resta
es creer que al llamar a tu casa
mi mano de viejo que débil golpea,
no hallará a mi piadoso reclamo
cerradas las puertas.

No desmayes: espera y confía:
que buscando la dicha perpetua
de hospedar mi ternura en tu casa
me verás, apoyado en la reja,
una tarde sombría de invierno
retornar por la mustia vereda
para que se cumpla
la antigua promesa,
y llena de canas
la triste cabeza,
llamar a tu alma,
tocar a tu puerta.

DEL SUELO NATIVO*

A los hijos de Jerez, Zac.

En la amplitud benigna del contorno
y rompiendo el mutismo del paisaje
flotan como poema de consuelo
las estrofas metálicas
de las torres parleras;
retratan el matiz de la llanura
en su inmóvil pupila
las vacadas dispersas en la margen
del río que abandona en su corriente
sus vellones de armiño
y refleja del puente en las columnas
su música de acentos virgilianos;
y parece que el alma de las cosas
más imponentes del nativo suelo
me saluda con voces fraternales.

El rumor de una interna clarinada
resucita del fondo de mi mente
a los preclaros héroes del terruño
y me siento orgulloso de la sangre
que hincha mis arterias juveniles;
miro que están en pie los viejos muros
de la casa paterna
y con los hilos frágiles del sueño
reconstruyo el momento de la dicha;
los jardines fragantes
disipan con sus prados luminosos
las obstinadas nieblas de mi invierno,
y con su nota azul me torna alegre
la familiaridad de las montañas.

---

* *El Observador,* Aguascalientes, 23 de noviembre de 1907.

Vuelvo otra vez a tu clemente asilo,
tierra de amor donde mis ojos vieron
de la existencia las primeras luces,
y al llegar a tu abrigo me conforto
con el sano perfume de tus brisas;
en el mudo jardín de mi tristeza
evocan las escenas de la infancia
de la dicha los pájaros locuaces;
oigo la voz solemne del pasado
sonar alegremente en el silencio
de mis desolaciones interiores;
y al ver el apiñado caserío
que guarda entre sus muros paternales
a la mujer que iluminó mi senda
haciendo que brotara mi cariño
en románticas flores,
miro apuntar la aurora sonriente
en la noche sin fin de mi congoja,
charlando en los aleros de mi alma
la errante golondrina del recuerdo.

¡Oh tierra bendecida que idolatro
con el más reverente de los cultos,
con qué júbilo inmenso reconozco
la religiosidad de tus matronas
y la hidalga nobleza de tus hijos!
En tu regazo amante se mitiga
el rigor de mis duelos incurables,
me das el dulce título de hermano
y con ansias anhelo,
como en un insinuante panteísmo,
ser el bronce que suena en tus esquilas,
una roca prendida en tus picachos
o un álamo llorón junto a las tapias
de tu dormido y grave cementerio.

EUCARÍSTICA*

De la mañana el resplandor incierto,
cuando el órgano eleva sus cantares,
te he visto comulgar entre azahares
de la iglesia en el ángulo desierto.

Así también mi corazón ya muerto
llega de tu piedad a los altares,
implorando les des a mis pesares
la comunión de tu cariño yerto.

Pero tú te resistes, hostia ingrata,
a venir al enfermo peregrino,
y aunque tu eterna negación me mata

aguardo humildemente, amada mía,
de rodillas al borde del camino
la luz de mi radiosa eucaristía.

---

* *c.* 1907.–Vergara Garza, «Poemas inéditos de Ramón López Velarde», *Tecnópolis,* México, octubre de 1988.

ROSA MÍSTICA*

DEL fondo de mi alma oscura
van hasta ti mis dolores
como una sarta de flores
en empobrecida blancura.
Del ensueño a la luz pura,
en capilla de colores,
comulgué con tus amores
en un cáliz de amargura.
Al reír mis quince años
de los pesares huraños,
tu amor imposible vino
a traerme la tristeza
del monje que oculto reza
en el claustro capuchino.

La muerte ama con el vago
amor y las ansias puras
con que ama las alburas
de las estrellas, el lago.
Del invierno al frío halago,
en las gavetas oscuras
besan a las sepulturas
las flores del jaramago.
Y con afán imposible
ama la yedra flexible,
en el cálido misterio
de las paredes ruinosas,
las ramazones musgosas
del vetusto monasterio.

Así también, alma mía,
en una muerte profunda,

---

* *c.* 1907.–Vergara Garza, «Poemas inéditos de Ramón López Velarde», *Tecnópolis,* México, octubre de 1988.

de mi pasión moribunda,
la yerta melancolía.
Te adoro con la sombría
nostalgia meditabunda
que en el recuerdo se inunda
de tu pasada alegría.
Se consume tu existencia
como el dolor de una esencia;
y en el litúrgico llanto,
como responso de muerte,
tan solo puedo quererte
con amor de camposanto.

Conservas, mustios despojos
de la pretérita gracia,
tus palideces de acacia
y el carmín de tus sonrojos.
Fui, al besar tus labios rojos,
claveles de aristocracia,
alumno de la desgracia
en la escuela de tus ojos.
En el dulce misticismo
de un simbólico bautismo
inundaron mi cabeza
tus manos espirituales
con los divinos raudales
de tu inefable tristeza.

LA CANCIÓN DEL HASTÍO*

SI VIERAS, amiga,
qué espacio transcurre mi lenta existencia:
la marcha inmutable del tiempo fatiga
mi añeja dolencia;
mis torvos fastidios apenas mitiga
la gloria que llevo:
tu amor siempre nuevo,
tu afecto sencillo...
Y todas las noches mi dulce reclamo
escucha en tus rejas el viejo estribillo:
—¿Me quieres?
—¡Te amo!

Monótona corre mi vida, bien mío;
sus páginas tristes me dicta el hastío.
Los días son iguales
como ondulaciones
que van de los lagos sobre los cristales.
Prende la mañana
sus fulguraciones
sobre la sabana.
Y al morir el día
asoma la noche sus negros capuces
por la serranía,
y con sus arenas refleja el desierto
las últimas luces
del astro ya muerto.
En vanas quimeras
consumo mis días;
tus horas que mueren pasan cual viajeras,
con ellas las mías

* Para el álbum de José Villalobos Franco, 1907.—G. Sheridan, *Ramón López Velarde, Correspondencia...*, 1991.

y ante tu ventura
te digo muy quedo
que a veces hastiado medito con miedo,
cariñosa hermana,
en el día sombrío,
en las inclemencias del invierno frío
que en tus bucles deje la primera cana.

Tus páginas tristes me dicta el hastío...
tu amor es constante, lo mismo que el mío,
mis sueños
pequeños,
mi vida
escondida;
y noche por noche con suave reposo
llegando a tu reja
te digo amoroso
la frase de antaño, la cláusula vieja.

A DOÑA INÉS DE ULLOA*

BLANCA flor de los claustros, irrisorio
capricho de don Juan, me abraso en gana
de platicar contigo, bella hermana,
en la paz del oscuro locutorio.

Mi cabeza en tus senos, el mortuorio
recuerdo evocarás de noche arcana
en que oíste la voz de la campana,
en brazos del sacrílego tenorio.

De tus monjiles hábitos, contritos
absolución demandan mis delitos;
dales la luz de tu inviolada toca

a las tinieblas de mi noche oscura
y haz llover en mi erótica locura
los besos conventuales de tu boca.

* *c.* 1907.–Vergara Garza, «Poemas inéditos de Ramón López Velarde», *Tecnópolis,* México, octubre de 1988.

COLOR DE CUENTO*

¡Oh qué gratas las horas de los tiempos lejanos
en que quiso la infancia regalarnos un cuento!
Dormida por centurias en un bosque opulento,
despertaste a la blanda caricia de mis manos.

Y después, sin que fueran los barbudos enanos
o las almas en pena a turbar el contento
del señorial palacio, en dulce arrobamiento
unimos nuestras vidas como buenos hermanos.

Hoy se ha roto el encanto: ya la Bella Durmiente
no eres tú; la ilusión de trinos musicales
se fue para otros climas, y pacíficamente

celebraré contigo mis regios esponsales,
al rendir el espíritu, de rostro hacia el poniente,
en la paz evangélica de los campos natales.

* 1908.–E. Molina Ortega, *Poesías, cartas...*, 1952.

FRAGMENTO*

Lluvia eterna
¡cómo azotas
el cristal de mi ventana!
si parece
que tus gotas
son el llanto
de una pena sobrehumana!

---

* *El Observador,* Aguascalientes, 13 de junio de 1908.–G. Sheridan, *Ramón López Velarde, Correspondencia...,* 1991.

ELOGIO A FUENSANTA*

TÚ no eres en mi huerto la pagana
rosa de los ardores juveniles;
te quise como a una dulce hermana

y gozoso dejé mis quince abriles
cual un ramo de flores de pureza
entre tus manos blancas y gentiles.

Humilde te ha rezado mi tristeza
como en los pobres templos parroquiales
el campesino ante la Virgen reza.

Antífona es tu voz, y en los corales
de tu mística boca he descubierto
el sabor de los besos maternales.

Tus ojos tristes, de mirar incierto,
recuérdanme dos lámparas prendidas
en la penumbra de un altar desierto.

Las palmas de tus manos son ungidas
por mí, que provocando tus asombros
las beso en las ingratas despedidas.

Soy débil, y al marchar por entre escombros
me dirige la fuerza de tu planta
y reclino las sienes en tus hombros.

Nardo es tu cuerpo y su virtud es tanta
que en tus brazos beatíficos me duermo
como sobre los senos de una Santa.

---

* *Kalendas,* Lagos, 1908.–*México en el Arte,* México, 1949, núm. 7.

¡Quién me otorgara en mi retiro yermo
tener, Fuensanta, la condescendencia
de tus bondades a mi amor enfermo
como plenaria y última indulgencia!

A MI PADRE*

NUNCA, señor, pensé que el verso mío
cuando te hablara en él por vez primera
la música filial de los veinte años,
del huérfano infelice la voz fuera.

Nada valió la familiar plegaria;
moriste en plena vida, y ¡qué contraste
tocóles a los tuyos, muerto amado,
en la noche fatal que agonizaste!

Noche con paz de luna; también fuiste
noche más que ninguna tormentosa;
tus horas de martirio florecieron
en mi jardín, como sangrienta rosa.

Todo lo evoco, Padre: tus quejidos;
tus palabras postreras; la voz triste
con que te habló tu hermano sacerdote;
la mañana de otoño en que moriste;
los cirios –compañeros de velada–;
la madre y los hermanos, todos juntos;
el ataúd que sale de la casa;
el sollozante oficio de difuntos;
y ¡oh infinita bondad la de los padres!
los ojos muertos de tu faz piadosa
que me vieron por último con lástima
en las orillas de la negra fosa.

Supe después lo enormemente triste
que es la tristeza del hogar vacío
y lloré con la marcha de la madre
para tierras del norte. Mas confío

---

* 12 de noviembre de 1908.–Vergara Garza, «Poemas inéditos de Ramón López Velarde», *Tecnópolis,* México, octubre de 1988.

que te he de ver, oh Padre, para siempre
con mis pupilas de resucitado.

Aquel buen ángel que guardó el sepulcro
de Jesucristo, y que miró extasiado
la tierra redimida, y a las santas
mujeres que buscaban al Amado,
las consoló, verá concluir su oficio
cuando el último Adán encuentre abiertos
los eternos lugares de victoria
y no haya quien pregunte por sus muertos.

EL PIANO DE GENOVEVA*

PIANO LLORÓN de Genoveva, doliente piano
que en tus teclas resumes de la vida el arcano;
piano llorón, tus teclas son blancas y son negras,
como mis días negros, como mis blancas horas;
Piano de Genoveva que en la alta noche lloras,
que hace muchos inviernos crueles que no te alegras,
tu música es historia de poéticos males:
habla de encantamientos y de princesas reales,
de los pequeños novios que por robar los nidos
una tarde nublada se quedaron perdidos
en el bosque; y nos cuenta de la niña agraciada
que recibió regalos de sus once madrinas,
que no invitó a la otra a sus bodas divinas
y que sufrió por ello los enojos del hada.

Me pareces, oh piano, por tu voz lastimera,
una caja de lágrimas, y tu oscura madera
me evoca la visita del primer ataúd
que recibí en mi casa en plena juventud.

Piano de Genoveva, te amo por indiscreto;
de tu alma a todo el mundo revelas el secreto;
cuentas, uno por uno, todos tus desengaños.

Piano llorón, la hermosa más hermosa del valle
se nos ha vuelto triste porque tiene treinta años
y no hay por todo el pueblo quien ronde por su calle.

Genoveva, regálame tu amor crepuscular:
esos dulces treinta años yo los puedo adorar.
¡Ruégala tú que al menos, pobre piano llorón,
con sus plantas minúsculas me pise el corazón!

---

* 27 de diciembre de 1908.–*Pluma y Lápiz*, Guadalajara, 29 de enero de 1912.–*La Nación*, «Página literaria de los lunes», México, 27 de enero de 1913.

DEL SEMINARIO*

HOY que la indiferencia del siglo me desola
sé que ayer tuve dones celestes de contino,
y con los ejercicios de Ignacio de Loyola
el corazón sangraba como al dardo divino.

Feliz era mi alma sin que estuviese sola:
había en torno de ella pan de hostias, el vino
de consagrar, los actos con que Jesús se inmola
y tesis de Boecius y de Tomás de Aquino.

¿Amor a las mujeres? Apenas rememoro
que tuve no sé cuáles sensaciones arcanas
en las misas solemnes, cuando brillaba oro

de casullas y mitras, en aquellas mañanas
en que vi muchas bellas colegialas: el coro
que a la iglesia traían las monjas Teresianas.

* *El Regional,* Guadalajara, 29 de junio de 1909.

A LA TRAICIÓN DE UNA HERMOSA*

TÚ, que prendiste ayer los aurorales
fulgores del amor en mi ventana;
tú, bella infiel, adoración lejana,
madona de eucologios y misales;

tú, que ostentas reflejos siderales
en el pecho enjoyado, grave hermana,
y en tus ojos, con lumbre sobrehumana,
brillan las tres virtudes teologales:

no pienses que tal vez te guardo encono
por tus nupcias de hoy. Que te bendiga
mi señor Jesucristo. Yo perdono

tu flaqueza, y esclavo de tu hechizo,
de tu primer hijuelo, dulce amiga,
celebraré en mis versos el bautizo.

---

* *El Regional*, Guadalajara, 3 de agosto de 1909.

EN UN JARDÍN*

AL DECIR que las penas son fugaces
en tanto que la dicha persevera,
tu cara es sugestiva y hechicera
y juegan a los novios los rapaces.

Al escuchar la apología que haces
del mejor de los mundos, se creyera
que lees a Abelardo...
En voz parlera
dialogas con los pájaros locuaces.

De pronto, sin que tú me lo adivines,
cual por un sortilegio se contrista
mi alma con la visión de los jardines,

mientras oigo sonar plácidamente
los trinos de tu plática optimista
y el irisado chorro de la fuente.

* *El Regional,* Guadalajara, 8 de agosto de 1909.

FLOR TEMPRANA*

A Antonio Moreno y Oviedo

MUJER que recogiste los primeros
frutos de mi pasión, ¡con qué alegría
como una santa esposa te vería
llegar a mis floridos jazmineros!

Al mirarte venir, los placenteros
cantares del amor desgranaría,
colgada en la risueña galería,
la jaula de canarios vocingleros.

Si a mis abismos de tristeza bajas
y si al conjuro de tu labio cuajas
de botones las rústicas macetas,

te aspiraré con gozo temerario
como se aspira en un devocionario
un perfume de místicas violetas.

* *El Regional*, Guadalajara, 24 de julio de 1910.

AL VOLVER*

¡BIEN hayas oh lejano
y glorioso contento
de volver a mirarla!
¡Qué desgano
el del viaje de ahora, que me cubre
de una angustia de pésame!
Presiento
la fuga del amor en este octubre.

Corre la antigua posta en la llanura
barrida por los cierzos de contino;
el sol avaro apenas si fulgura
sobre la paz de otoño del camino,
y con fúnebres sones
que se dilatan por la carretera
van entonando en la mañana austera
coplas de desamor los postillones.

(Fuensanta: cuando ingreso a tu azul valle
la ternura de ayer se me alborota,
pero yo le aconsejo que se calle.
Mi corazón es una cuerda rota.)

Y te miro por fin… ¡Pero qué raros
se le aparecen a mi fe taimada
tu faz risueña y tus vestidos claros!
¡Oh, qué lejos te fuiste, enlutada!

Haces bien en reír de mis locuelas
ilusiones, ¡ay Dios!, de hacerte mía,
y en darlas un adiós, que es alegría
en el augurio de tus blancas telas.

---

* *El Regional,* Guadalajara, 28 de julio de 1910.

En la zona en que muertas a cuchillo
mis esperanzas yacen hoy deshechas
¿no miras, dulce amada,
la pagana visión de un amorcillo
que me dispara sus ardidas flechas,
pero que va volando en retirada?

ELLA*

ESTA novia del alma con quien soñé en un día
fundar el paraíso de una casa risueña
y echar, pescando amores, en el mar de la vida
mis redes, a la usanza de la edad evangélica,

es blanca como la hostia de la primera misa
que en una azul mañana miró decir la tierra,
luce negros los ojos, la túnica sombría
y en ungir las heridas las manos beneméritas.

Dormir en paz se puede sobre sus castos senos
de nieves, que beatos se hinchan como frutas
en la heredad de Cristo, celeste jardinero;

tiene piedades hondas y los labios de azúcar
y por su grave porte se asemeja al excelso
retrato de la Virgen pintado por San Lucas.

* *c.* 1910.–*México en el Arte,* México, 1949, núm. 7.

ALEJANDRINOS ECLESIÁSTICOS*

TÚ, FUENSANTA, me libras de los lazos del mal;
queman mi boca exangüe de Isaías los carbones;
por ti me dan los cielos profundas contriciones
y el ensueño me otorga su gracia episcopal.

Para comer las viandas del convite nupcial
en que se han desposado nuestros dos corazones,
tomo el báculo y ciño mis pies y mis riñones
cual se hacía en las fiestas del Cordero Pascual.

Las llaves con que he abierto tu corazón, mis llaves
sagradas son las mismas de Pedro el Pescador;
y mis alejandrinos, por tristes y por graves,

son como los versículos proféticos de un canto,
y hasta las doce horas de mis días de amor
serán los doce frutos del Espíritu Santo.

---

* *c.* 1910.–*México en el Arte,* México, 1949, núm. 7.

CUANDO CONTIGO ESTOY, DUEÑA DEL ALMA...*

CUANDO contemplo a veces
que plegando los labios enmudeces,
mi adoración pretende en su locura
bajar hasta tu alma a paso lento
y sorprender, en su mansión oscura,
como nota de luz tu pensamiento.

Cuando me miran, oh mujer, tus ojos
luminosos cual sol de primavera,
por oír anhelante
las pulsaciones de tus nervios flojos
y el rumor de tu pecho palpitante,
en mi pasión quisiera
el misterioso oído de los magos
que en las nocturnas sombras escondidos
escuchan, a la orilla de los lagos,
hasta sus más recónditos murmullos,
de las ramas los débiles crujidos
y la reventazón de los capullos.

Y al sospechar que los recuerdos llenas
de otro amor ya pasado con la historia,
me muerden el espíritu los celos
y quieren mis anhelos
extender con la sombra de mis penas
la noche del olvido en tu memoria.

---

* *c.* 1910.–*México en el Arte,* México, 1949, núm. 7.

A UNA AUSENTE SERÁFICA*

ÉSTOS, amada, son sitios vulgares
en que en el ruido mundanal se asusta
el alma fidelísima, que gusta
de evocar tus encantos familiares.

Añoro dulcemente los lugares
en donde imperas cual señora justa,
tu voz real y tu mirada augusta
que ungieron con su gracia mis pesares.

Y recuerdo que en época lejana,
por tus raras virtudes milagrosas
y tu amable modestia provinciana,

ebrio de amor te comparó el poeta
con la mejor de las piedras preciosas
oculta en pobres hojas de violeta.

Tuviste, en la delicia de mi sueño,
fuerza de mano que se da al caído
y la piedad de un pájaro agreño
que en la rama caduca pone el nido.

De tu falda al seráfico pergeño
cual párvulo medroso estoy asido,
que en la infantil iglesia de mi ensueño
las imágenes rotas han caído.

Yo sé que en mis catástrofes internas
no más quedas tú en pie, señora alta,
de frente noble y de miradas tiernas.

Condúceme en las noches inclementes,
porque sin ti para marchar me falta
el óleo de las vírgenes prudentes.

---

* *c.* 1910.–*México en el Arte,* México, 1949, núm. 7.

COSES EN DULCE PAZ...*

COSES en dulce paz, y son divinos
tus mirares y plácido tu gesto,
cuando escuchas la rima que he compuesto
para tus dedos ágiles y finos.

La candidez sin mancha de los linos
nieva y decora tu regazo honesto,
y en grato ir y venir tocan el cesto
las yemas de tus dedos marfilinos.

Mirándote coser, tan envidiosa
de tu aguja está el alma, que quisiera
tener, en la existencia fastidiosa,

la suerte de la aguja afortunada,
por quedar un momento prisionera
entre los dedos de la bien amada.

---

* *c.* 1910.–*Pluma y Lápiz,* Guadalajara, 8 de enero de 1912.

TEMA II*

A FUERZA de quererte
me he convertido, Amor,
en alma en pena.

¿Por qué, Fuensanta mía,
si mi pasión de ayer está ya muerta
y en tu rostro se anuncian los estragos
de la vejez temida que se acerca,
tu boca es una invitación al beso
como lo fue en lejanas primaveras?

Es que mi desencanto nada puede
contra mi condición de ánima en pena
si a pesar de tus párpados exangües
y las blancuras de tu faz anémica,
aún se tiñen tus labios
con el color sangriento de las fresas.

A fuerza de quererte
me he convertido, Amor, en alma en pena,
y en el candor angélico de tu alma
seré una sombra eterna...

---

* *El Regional*, Guadalajara, 23 de agosto de 1911.

EN TU CASA DESIERTA*

EL ALMA llena de recogimiento,
mudos los labios, me detengo en cada
lugar de tu mansión, ensimismada
cual si la fatigase un pensamiento.

El naranjo medita. En el momento
en que estoy en tu alcoba, la almohada
me dice que en la noche prolongada
tu rostro tibio la dará contento.

Honda es la paz... Pero la angustia crece
al mirar que no vuelves. Hace ruido
el viento entre las hojas, y parece

que en el patio se quejan los difuntos...
¡Es el naranjo, que al temer tu olvido
me está invitando a que lloremos juntos!

* *Pluma y Lápiz*, Guadalajara, 15 de enero de 1912.

UNA VIAJERA*

EN MI OSTRACISMO acerbo me alegré esta mañana
con el encuentro súbito de una hermosa paisana
que tiene un largo nombre de remota novela:
la hija del enjuto médico del lugar.
Antaño íbamos juntos de la casa a la escuela;
las tardes de los sábados, en infantil asueto,
por las calles del pueblo solíamos vagar,
y jugando aprendimos los dos el alfabeto.

Me saludó, y en medio de graciosos cumplidos,
su armonioso lenguaje me hizo reconocer
en ella a la cuentista de las horas de ayer
en la Plaza de Armas de musicales nidos.

¡Pobre amiga de entonces, pobre flor provinciana
que en metrópolis andas en ruidoso paseo;
pobre flor casadera, rosa que eres hermana
de las que se desmayan en humilde cacharro
esperando que vuelvas del viaje de recreo!

Para que no se manche tu ropa con el barro
de ciudades impuras, a tu pueblo regresa;
y sólo pido, en nombre de mi tristeza extática
que oyó con voz ingenua, que en la nocturna plática
hagas de mí un recuedo jovial de sobremesa.

---

* Aguascalientes, 1908-1909.–*Pluma y Lápiz*, Guadalajara, 12 de febrero de 1912.

TU VOZ PROFÉTICA*

¡Ay de dios, que tu palabra
me tiene embrujada
el alma!
Mi lírica
adolescencia
y tu existencia
gitana
se dicen en la ventana
cosas
de amor y buenaventura
en estas noches lluviosas.

Juran por Cristo, venerables dueñas,
que quien llora en el vientre de la madre
conoce del futuro; tú gemiste
antes de que nacieras, y por eso
tus artes de gitana me iluminan
en los discursos de tu voz profética.

Me haces la caridad de tu palabra,
y por oírte hablar quedan las cosas
enmudecidas religiosamente,
y yo me maravillo del concepto
que en tu boca, Fuensanta, se hace música,
y me quedo pendiente de tus labios
como quien se divierte con cristales.
Me embelesa el decoro de tu plática,
y ante tu vista escrutadora extiendo
la palma de las manos, y predices
mi destino en lenguaje milagroso.

Y sigues conversando, eres la clave
del dolor y del gozo; abarca todas

---

* *Pluma y Lápiz,* Guadalajara, 15 de abril de 1912.

las horas venideras, la mirada
de tus ojos sintéticos, bien mío.
Y con tu rostro ecuánime subyugas
oh tú, la bienpensada que conversas
cual si hubieses venido del misterio!

¡Si me quitan el regalo
de tus proféticos labios,
me muero de desencanto!
Dios quiera
que se conserve el prodigio
de tu palabra hechicera,
para decirme en voz baja
cosas
de amor y buenaventura
en estas noches lluviosas.
Y nuestro dulce noviazgo
será, Fuensanta, una flor
con un pétalo de enigma
y otro pétalo de amor.
¡Tú me dirás del enigma,
yo te diré del amor!

¡Ay de Dios, que tu palabra
me tiene embrujada
el alma!

EL ADIÓS*

A Franciso González León

FUENSANTA, dulce amiga,
blanca y leve mujer,
dueña ideal de mi primer suspiro
y mis copiosas lágrimas de ayer;
enlutada que un día de entusiasmo
soñé condecorar,
prendiendo, en la alborada de las nupcias,
en el gro nobiliario de tu pecho
una fecunda rama de azahar;
dime: ¿es verdad que ha muerto mi quimera,
y el idólatra de tu palidez
no volverá a soñar con el milagro
de la diáfana rosa de tu tez?

(Así interrogo en la profunda noche
mientras las nubes van
cual pesadillas lóbregas, y gimen,
a distancia, unos huérfanos sin pan.)

De las cercanas torres
baja el fúnebre son
de un toque de difuntos, y Fuensanta
clama en un gesto de desolación:
¿No escuchas las esquilas agoreras?

¡Tocan a muerto por nuestra ilusión!
Me duele ser crüel
y quitar de tus labios
la última gota de la vieja miel.

---

* *La Nación,* «Página literaria de los lunes», México, 3 de junio de 1912.

Mas el cadáver del amor con alas
con que en horas de infancia me quisiste,
yo lo he de estrechar
contra mi pecho fiel, y en una urna
presidirá los lutos de mi hogar.

(Hemos callado porque nuestras almas
están bien enclavadas en su cruz.
Me despido... Ella guía,
llevando, en un trasunto de Evangelio,
en las frágiles manos una luz.
Pero apenas llegados al umbral
—suspiro de alma en pena
o soplo del Espíritu del mal—,
un golpe de aire mata la bujía...

Aúlla un perro en la calma sepulcral.)

Fue así como Fuensanta y el idólatra
nos dijimos adiós en las tinieblas
de la noche fatal...

TUS VENTANAS*

A Artemio de Valle-Arizpe

TUS VENTANAS, con pájaros y flores,
tus ventanas que miran al oriente,
están esclarecidas con la gracia
de la aurora riente
que con primicias de su luz decora
la virtud de tu frente.

Tus ventanas de antigua arquitectura
en que el canario, a trinos, alborota
la paz de tu silencio provinciano;
ventanas en que flota,
para embriaguez de los amantes fieles,
la desmayada ofrenda del perfume
de rosas y claveles…

Tus ventanas, Amor, de cuya clave
quise colgar la jaula de mi dicha
para que la cuidaras como una ave;
ventanas de madera
en que en vano soñé dejar prendida
mi devoción como una enredadera…

Tus ventanas que miran al oriente
y madrugan, fragantes, de limpieza
¿esperaron una alba,
de cándida belleza,
o el regreso del novio
que anda en tierras de olvido,
o esperaron, acaso,
el milagro de un sol desconocido?

---

* Mayo de 1912.–*La Nación,* México, 1° de junio de 1912.

Ventanas que rondé
en la alborada de mis mocedades,
rejas con agua, y luz, y caracoles
en que Ella gusta de escuchar el sordo
fragor de las marinas tempestades;
rejas dignas de célebres idilios,
rejas de mi noviazgo adolescente,
que yo os mire de nuevo
¡oh ventanas, abiertas al oriente!

SE DESHOJABAN LAS ROSAS*

EN LOS prados de tu huerto,
a la luz del plenilunio
se moría cada flor;
y concurriendo a una extraña
complicidad de infortunio,
en el rosal de mi vida
se deshojaba el amor.

Bien pudiera el peregrino
hacer estación romántica
a la mitad del camino,
y desgranar un rosario
de cuentas sentimentales
por aquel deshojamiento
del alma y de los rosales.

¡Oh novia siempre querida,
cuyas pupilas llorosas
contemplaron la caída
de pétalos y esperanzas
sobre la faz de las cosas,
cuando en la calma nocturna
se deshojaban a un tiempo
las quimeras y las rosas!

---

* *La Nación*, «Página literaria de los lunes», México, 17 de junio de 1912.

RUMBO AL OLVIDO*

¡OH POBRES almas nuestras
que perdieron el nido
y que van arrastradas
en la fatal corriente del olvido!

Y pensar que extraviamos
la senda milagrosa
en que se hubiera abierto
nuestra ilusión, como perenne rosa.

Pudieron deslizarse,
sin sentir, nuestras vidas
con el compás romántico
que hay en las músicas desfallecidas.

Y pensar que pudimos
enlazar nuestras manos
y apurar en un beso
la comunión de fértiles veranos.

Y pensar que pudimos,
al acercarse el fin de la jornada,
alumbrar la vejez en una dulce
conjunción de existencias,
contemplando, en la noche ilusionada,
el cintilar perenne del Zodíaco
sobre la sombra de nuestras conciencias...

Mas en vano deliro y te recuerdo,
oh virgen esperanza,
oh ilusión que te quedas
en no sé qué lejanas arboledas
y en no sé qué remota venturanza.

---

* *La Nación,* «Página literaria de los lunes», México, 24 de junio de 1912.

Sigamos sumergiéndonos... Mas, antes
que la sorda corriente
nos precipite a lo desconocido,
hagamos un esfuerzo de agonía
para salir a flote
y ver, la última vez, nuestras cabezas
sobre las aguas turbias del olvido.

MUERTA*

POR DÉBIL y pequeña,
oh flor de paraíso,
cabías en el vértice
del corazón en fiesta que te quiso.

Salíamos al campo
y tu cuerpo minúsculo
se destacaba airoso
en la grana y el oro del crepúsculo.

¡Oh noches enlunadas,
oh provinciana orquesta,
oh, tu alma piadosa!
¡Oh mi incansable corazón en fiesta!

Y una noche moriste
con la paz de un lamento
que se va con la brisa
al brocado ideal del firmamento.

Se derramó tu espíritu
cual vaso de ambrosía,
y en tu mano difunta
puso mi amor una azucena pía.

Sorda estás para siempre,
el recuerdo me abrasa
y al tocar en la puerta
turba el ruido el silencio de la casa.

¡Oh ilusión fallecida
en abril! ¡Oh alma presta
a todos los ensueños
del incansable corazón en fiesta!

---

* *La Nación*, «Página literaria de los lunes», México, 4 de noviembre de 1912. Con el seudónimo-anagrama Álvaro de Monprez.

La sangre devota

[1916]

Consagro este libro a los espíritus
de Gutiérrez Nájera y Othón.

R. L. V.

PRÓLOGO A LA SEGUNDA EDICIÓN

ENEMIGO *de explicar mis procedimientos, aun en las ocasiones en que la crítica apta o la bajeza de la estulticia han tocado temas generales, quiebro hoy esa línea de silencio.*

Deseo afirmar *que por lealtad y legalidad conmigo mismo esta* segunda edición *es idéntica a la de 1916, sin cambio de una palabra, ni de un punto, ni de* una coma. *Una sola novedad: en el primer poema, el nombre de la mujer que dictó casi todas las páginas.*

Retocar el pasado es superchería. De tal modo soy fanático por la inmutabilidad de la obra de arte, que la hago extensiva a sus anexos. Por ello conservo, en las dedicatorias, a algunos individuos, eliminados, a la fecha, de la órbita de mi voluntad.

En la portada de la edición anterior, Herrán copió una figura femenina y la iglesia de Churubusco. Paréceme de justicia, dentro de la recta continuidad espiritual de que he hablando, mencionar *aquí a Angelita Díaz de León, para que viva lo que mis versos puedan defenderse de la capa de polvo del tiempo.*

EN EL REINADO DE LA PRIMAVERA

A JOSEFA DE LOS RÍOS
❀ *17 de marzo de 1880*
† *7 de mayo de 1917*

AMADA, es Primavera.
Fuensanta, es que florece
la eclesiástica unción de la cuaresma.

Hay un alivio dulce
en las almas enfermas,
porque abril con sus auras les va dando
la sensación de la convalecencia.

Se viste el cielo del mejor azul
y de rosas la tierra,
y yo me visto con tu amor... ¡Oh gloria
de estar enamorado, enamorado,
ebrio de amor a ti, novia perpetua,
enloquecidamente enamorado,
como quince años, cual pasión primera!

Y con la dicha de palomas que huyen
del convento en que estaban prisioneras
y se van lejos, bajo la promesa
azul del firmamento
y sobre la florida de la tierra,
así vuelan a verte en otros climas
¡oh santa, oh amadísima, oh enferma!
estos versos de infancia que brotaron
bajo el imperio de la Primavera.

TENÍAS UN REBOZO DE SEDA...

(A Eduardo J. Correa)

TENÍAS un rebozo en que lo blanco
iba sobre lo gris con gentileza
para hacer a los ojos que te amaban
un festejo de nieve en la maleza.

Del rebozo en la seda me anegaba
con fe, como en un golfo intenso y puro,
a oler abiertas rosas del presente
y herméticos botones del futuro.

(En abono de mi sinceridad
séame permitido un alegato:
entonces era yo seminarista
sin Baudelaire, sin rima y sin olfato).

¿Guardas, flor del terruño, aquel rebozo
de maleza y de nieve,
en cuya seda me adormí, aspirando
la quintaesencia de tu espalda leve?

SER UNA CASTA PEQUEÑEZ...*

(A Alfonso Cravioto)

FUÉRAME dado remontar el río
de los años, y en una reconquista
feliz de mi ignorancia, ser de nuevo
la frente limpia y bárbara del niño...

Volver a ser el arrebol, y el húmedo
pétalo, y la llorosa y pulcra infancia
que deja el baño por secarse al sol...

Entonces, con instinto maternal,
me subirías al regazo, para
interrogarme, Amor, si eras querida
hasta el agua inmanente de tu pozo
o hasta el penacho tornadizo y frágil
de tu naranjo en flor.

Yo, sintiéndome bien en la aromática
vecindad de tus hombros y en la limpia
fragancia de tus brazos,
te diría quererte más allá
de las torres gemelas.

Dejarías entonces en la bárbara
novedad de mi frente
el beso inaccesible
a mi experiencia licenciosa y fúnebre.

¿Por qué en la tarde inválida,
cuando los niños pasan por tu reja,
yo no soy una casta pequeñez
en tus manos adictas
y junto a la eficacia de tu boca?

* *Vida Moderna,* México, 3 de noviembre de 1915.

VIAJE AL TERRUÑO*

(A Enrique Fernández Ledesma)

INVITACIÓN

De tu magnífico traje
recogeré la basquiña
cuando te llegues, oh niña,
al estribo del carruaje.
Esperando para el viaje
la tarde tiene desmayos
y de sus últimos rayos
la luz mortecina ondea
en la lujosa librea
de los corteses lacayos.

No temas: por los senderos
polvosos y desolados,
te velarán mis cuidados,
galantes palafreneros.
Y cuando con mil luceros
en opulento derroche
se venga encima la noche,
obsequiará tus oídos
con sus monótonos ruidos
la serenata del coche.

EN CAMINO

Al fin te ve mi fortuna
ir, a mi abrigo amoroso,
al buen terruño oloroso
en que se meció tu cuna.
Los fulgores de la luna,
desteñidos oropeles,

* *Pluma y Lápiz,* Guadalajara, 6, 26 de febrero de 1910.

se cuajan en tus broqueles,
y van por la senda larga,
orgullosos de su carga,
los incansables corceles.

De la noche en el arcano
llega al éxtasis la mente
si beso devotamente
los pétalos de tu mano.
En la blancura del llano
una fantasía rara
las lagunas comparara,
azuladas y tranquilas,
con tus azules pupilas
en la nieve de tu cara.

La aurora su lumbre viva
manda al cárdeno celaje
y al empolvado carruaje
un rayo de luz furtiva.
Surge la ciudad nativa:
en sus lindes, un bohío
parece ver que del río
el cristal rompen las ruedas,
y entre mudas alamedas
se recata el caserío.

Como níveo relicario
que ocultan los naranjales,
del coche por los cristales
¿no distingues el Santuario?
Del esbelto campanario
salen y rayan los cielos
las palomas con sus vuelos,
cual si las torres, mi vida,
te dieran la bienvenida
agitando sus pañuelos.

LLEGADA

Por las tapias la verdura
del jazmín cuelga a la calle,
y respira todo el valle
melancólica ternura.
Aromarán la frescura
de tus carrillos sedeños
los jardines lugareños,
y en las azules mañanas
llegarán a tus ventanas,
en enjambre, los ensueños.

Escucharás, amor mío,
girando en eterna danza,
la interminable romanza
de las hojas... Y en el frío
mes de diciembre sombrío,
en el patriarcal sosiego
del hogar, mi dulce ruego
ha de loar tu belleza
cabe la muda tristeza
del caserón solariego.

Esparcirán sus olores
las pudibundas violetas
y habrá sobre tus macetas
las mismas humildes flores:
la misma charla de amores
que su diálogo desgrana
en la discreta ventana,
y siempre llamando a misa
el bronce, loco de risa,
de la traviesa campana.

A tus plácidos hogares
irán las venturas viejas
como vienen las abejas
a buscar los colmenares.

Y mi cariño en tus lares
verás cómo se acurruca
libre de pompa caduca,
al estrecharte mi abrazo
en el materno regazo
de la aromosa tierruca.

POBRECILLA SONÁMBULA...

(A Pedro de Alba)

CON PLANTA imponderable
cruzas el mundo y cruzas mi conciencia,
y es tu sufrido rostro como un éxtasis
que se dilata en una transparencia.

¡Pobrecilla sonámbula!
Pareces, en tu ruta de novicia,
ir diciendo al azar: «No me hagáis daño;
temo que me maltrate una caricia.»

Devuelves su matiz inmaculado
al paisaje ilusorio en que te posas
y restituyes en su integridad
inocente a los hombres y a las cosas.

Así cruzas el mundo
con ingrávidos pies, y en transparencia
de éxtasis se adelgaza tu perfil,
y vas diciendo: «Marcho en la clemencia,
soy la virginidad del panorama
y la clara embriaguez de tu conciencia.»

DOMINGOS DE PROVINCIA*

En los claros domingos de mi pueblo, es costumbre
que en la Plaza descubran las gentiles cabezas
las mozas, y sus ojos reflejan dulcedumbre
y la banda en el kiosko toca lánguidas piezas.

Y al caer sobre el pueblo la noche ensoñadora,
los amantes se miran con la mejor mirada
y la orquesta en sus flautas y violín atesora
mil sonidos románticos en la noche enfiestada.

Los días de guardar en pueblos provincianos
regalan al viandante gratos amaneceres
en que frescos los rostros, el Lavalle en las manos,

camino de la iglesia van las mozas aprisa;
que en los días festivos, entre aquellas mujeres
no hay una cara hermosa que se quede sin misa.

---

* *Kalendas,* Lagos, 11-12, diciembre de 1908.

MI PRIMA ÁGUEDA*

(A Jesús Villalpando)

MI MADRINA invitaba a mi prima Águeda
a que pasara el día con nosotros,
y mi prima llegaba
con un contradictorio
prestigio de almidón y de temible
luto ceremonioso.

Águeda aparecía, resonante
de almidón, y sus ojos
verdes y sus mejillas rubicundas
me protegían contra el pavoroso
luto...
Yo era rapaz
y conocía la *o* por lo redondo,
y Águeda, que tejía
mansa y perseverante en el sonoro
corredor, me causaba
calosfríos ignotos...
(Creo que hasta la debo la costumbre
heroicamente insana de hablar solo).

A la hora de comer, en la penumbra
quieta del refectorio,
me iba embelesando un quebradizo
sonar intermitente de vajilla
y el timbre caricioso
de la voz de mi prima.
Águeda era
(luto, pupilas verdes y mejillas
rubicundas) un cesto policromo
de manzanas y uvas
en el ébano de un armario añoso.

---

* *Vida Moderna,* México, 26 de enero de 1916.

A LA GRACIA PRIMITIVA DE LAS ALDEANAS*

HAMBRE y sed padezco: Siempre me he negado
a satisfacerlas en los turbadores
gozos de ciudades –flores de pecado–.
Esta hambre de amores y esta sed de ensueño
que se satisfagan en el ignorado
grupo de muchachas de un lugar pequeño.

Vasos de devoción, arcas piadosas
en que el amor jamás se contamina;
jarras cuyas paredes olorosas
dan al agua frescura campesina...

Todo eso sois, muchachas cortijeras
amigas del buen sol que os engalana,
que adivináis las cosas venideras
cual hacerlo pudiese una gitana.

Amo vuestros hechizos provincianos,
muchachas de los pueblos y mi vida
gusta beber del agua contenida
en el hueco que forman vuestras manos.

Pláceme en los convites campesinos,
cuando la sombra juega en los manteles,
veros dar la locura de los vinos,
pan de alegría y ramos de claveles.

En el encanto de la humilde calle
sois a un tiempo, asomadas a la reja,
el son de esquilas, la alternada queja
de las palomas, y el olor del valle.

---

* *c.* 1910.

Buenas mozas: no abrigo más empeños
que oír vuestras canciones vespertinas,
llegando a confundirme en las esquinas
entre el grupo de novios lugareños.

Mi hambre de amores y mi sed de ensueño
que se satisfagan en el ignorado
grupo de doncellas de un lugar pequeño.

LA BIZARRA CAPITAL DE MI ESTADO...*

(A Jesús B. González)

HE DE ENCOMIAR en verso sincerista
la capital bizarra
de mi Estado, que es un
cielo cruel y una tierra colorada.

Una frialdad unánime
en el ambiente, y unas recatadas
señoritas con rostro de manzana,
ilustraciones prófugas
de las cajas de pasas.

Católicos de Pedro el Ermitaño
y jacobinos de época terciaria.
(Y se odian los unos a los otros
con buena fe.)

Una típica montaña
que, fingiendo un corcel que se encabrita,
al dorso lleva una capilla, alzada
al Patrocinio de la Virgen.

Altas
y bajas del terreno, que son siempre
una broma pesada.

Y una Catedral, y una campana
mayor que cuando suena, simultánea
con el primer clarín del primer gallo,
en las avemarías, me da lástima
que no la escuche el Papa.

---

* *Vida Moderna*, México, 8 de diciembre de 1915.

Porque la cristiandad entonces clama
cual si fuese su queja más urgida
la vibración metálica,
y al concurrir ese clamor concéntrico
del bronce, en el ánima del ánima,
se siente que las aguas
del bautismo nos corren por los huesos
y otra vez nos penetran y nos lavan.

CUARESMAL

TU PAZ –¡oh paz de cada día!–
y mi dolor que es inmortal,
se han de casar, Amada mía,
en una noche cuaresmal.

Quizá en un Viernes de Dolores,
cuando se anuncian ya las flores
y en el altar que huele a lirios
el casto pecho de María
sufre por nos siete martirios;
mientras la luna, Amada mía,
deja caer sus tenues franjas
de luz de ensueño sideral
sobre las místicas naranjas
que, por el arte virginal
de las doncellas de la aldea,
lucen banderas de papel
e irisaciones de oropel
sobre la piel que amarillea.

Fuensanta: al amor aventurero
de cálidas mujeres, azafatas
súbditas de la carne, te prefiero
por la frescura de tus manos gratas.

Yo te convido, dulce Amada,
a que te cases con mi pena
entre los vasos de cebada
la última noche de novena.

Te ha de cubrir la luna llena
con luz de túnica nupcial
y nos dará la Dolorosa
la bendición sacramental.

Y así podré llamarte esposa,
y haremos juntos la dichosa
ruta evangélica del bien
hasta la eterna gloria.

AMÉN.

EN LAS TINIEBLAS HÚMEDAS…*

En las alas oscuras de la racha cortante
me das, al mismo tiempo, una pena y un goce:
algo como la helada virtud de un seno blando,
algo en que se confunden el cordial refrigerio
y el glacial desamparo de un lecho de doncella.

He aquí que en la impensada tiniebla de la muda
ciudad, eres un lampo ante las fauces lóbregas
de mi apetito; he aquí que en la húmeda tiniebla
de la lluvia, trasciendes a candor como un lino
recién lavado, y hueles, como él, a cosa casa;
he aquí que entre las sombras regando estás la esencia
del pañolín de lágrimas de alguna buena novia.

Me embozo en la tupida oscuridad, y pienso
para ti estos renglones, cuya rima recóndita
has de advertir en una pronta adivinación
porque son como pétalos nocturnos, que te llevan
un mensaje de un singular calosfrío;
y en las tinieblas húmedas me recojo, y te mando
estas sílabas frágiles, en tropel, como ráfaga
de misterio, al umbral de tu espíritu en vela.

Toda tú te deshaces sobre mí como una
escarcha, y el traslúcido meteoro prolóngase
fuera del tiempo; y suenan tus palabras remotas
dentro de mí, con esa intensidad quimérica
de un reloj descompuesto que da horas y horas
en una cámara destartalada…

---

* *Revista de Revistas,* México, 22 de agosto de 1915.

OFRENDA ROMÁNTICA

FUENSANTA: las finezas del Amado,
las finezas más finas,
han de ser para ti menguada cosa,
porque el honor a ti resulta honrado.

La corona de espinas,
llevándola por ti, es suave rosa
que perfuma la frente del Amado.

El madero pesado
en que me crucifijo por tu amor
no pesa más, Fuensanta,
que el arbusto en que canta
tu amigo el ruiseñor
y que con una mano
arranca fácilmente el leñador.

Por ti el estar enfermo es estar sano;
nada son para ti todos los cuentos
que en la remota infancia
divierten al mortal;
porque hueles mejor que la fragancia
de encantados jardines soñolientos,
y porque eres más diáfana, bien mío,
que el diáfano palacio de cristal.

Pero con ser así tu poderío,
permite que te ofrezca el pobre don
del viejo parque de mi corazón.

Está en diciembre, pero con tu cántico
tendrá las rosas de un abril romántico.

Bella Fuensanta,
tú ya bien sabes el secreto: ¡canta!

PARA TUS PIES

HOY te contemplo en el piano, señora mía, Fuensanta,
las manos sobre las teclas, en los pedales la planta,
y ambiciona santamente la dicha de los pedales
mi corazón, por estar bajo tus pies ideales.

Porque yo sé de tu planta ser de todas las más pura,
tu planta sabe las rutas sangrientas de la Pasión,
que por ir tras Jesucristo por calles de la Amargura
dejó el sendero de lirios de Belkis y Salomón.

Y así te imploro, Fuensanta, que en mi corazón camines
para que tus pies aromen la pecaminosa entraña,
cuyos senderos polvosos y desolados jardines
te han de devolver en rosas la más estéril cizaña.

En las tertulias de noches de prolongada vigilia,
en el piano me pareces moderna Santa Cecilia
que cual solícita novia, con sus armónicos pies,
con la magia de los ojos y el milagro del sonido,
venciendo horas y distancia me lleva siempre a través
de los valles lacrimosos, al Paraíso Perdido.

NUESTRAS VIDAS SON PÉNDULOS*

¿DÓNDE estará la niña
que en aquel lugarejo
una noche de baile
me habló de sus deseos
de viajar, y me dijo
su tedio?

Gemía el vals por ella,
y ella era un boceto
lánguido: unos pendientes
de ámbar, y un jazmín
en el pelo.

Gemían los violines
en el torpe quinteto...
E ignoraba la niña
que al quejarse de tedio
conmigo, se quejaba
con un péndulo.

Niña que me dijiste
en aquel lugarejo
una noche de baile
confidencias de tedio:
dondequiera que exhales
tu suspiro discreto,
nuestras vidas son péndulos...

Dos péndulos distantes
que oscilan paralelos
en una misma bruma
de invierno.

---

* *Revista de Revistas,* México, 21 de noviembre de 1915.

POEMA DE VEJEZ Y DE AMOR*

(A Amando J. Alba)

MI VIDA, enferma de fastidio, gusta
de irse a guarecer año por año
a la casa vetusta
de los nobles abuelos
como a refugio en que en la paz divina
de las cosas de antaño
sólo se oye la voz de la madrina
que se repone del acceso de asma
para seguir hablando de sus muertos
y narrar, al amparo del crepúsculo,
la aparición del familiar fantasma.

A veces, en los ámbitos desiertos
de los viejos salones,
cuando dialogas con la voz anciana,
se oye también, sonora maravilla,
tu clara voz, como la campanilla
de las litúrgicas elevaciones.

Yo te digo en verdad, buena Fuensanta,
que tu voz es un verso que se canta
a la Virgen, las tardes en que mayo
inunda la parroquia con sus flores:
que tu mirada viva es como el rayo
que arranca el sol a la custodia rica
que dio para el altar mayor la esposa
de un católico Rey de las Españas;
que tu virtud amable me edifica,
y que eres a mis ósculos sabrosa,
no como de los reyes los manjares,

* *Cultura,* Guadalajara, I, 9, octubre de 1909.

sino cual pan humilde que se amasa
en la nativa casa
y se dora en los hornos familiares.

¡Oh, Fuensanta: mi espíritu ayudado
de tus manos amigas,
ha de exhumar las glorias del pasado:
En el ropero arcaico están las ligas
que en el día nupcial fueron ofrenda
del abuelo amador
a la novia de rostro placentero,
y cada una tiene su leyenda:
«Tú fuiste, Amada, mi primer amor,
y serás el postrero.»

¡Oh, noble sangre, corazón pueril
de comienzos del siglo diecinueve,
para ti la mujer, por el decoro
de sus blancas virtudes,
era como una Torre de Marfil
en que después del madrigal sonoro
colgabas los románticos laúdes!

Yo obedezco, Fuensanta, al atavismo
de aquel alto querer, te llamo hermana,
y fiel a mi bautismo,
sólo te ruego en mi amoroso mal
con la prez lauretana.

Tu llanto es para mí linfa lustral
que por virtud divina se convierte
en perlas eclesiásticas, bien mío,
para hacerme un rosario contra el frío
y las hondas angustias de la muerte.

Los vistosos mantones de Manila
que adornaron a las antepasadas
y tienes en las manos delicadas,
me sugieren la época intranquila
de los días feriales
en que el pueblo se alegra con la Pascua,

hay cohetes sonoros,
tocan diana las músicas triunfales,
y la tarde de toros
y la mujer son una sola ascua.

También tú, con las flores policromas
que engalanan los clásicos mantones
de Manila, pudieras haber ido
a la conquista de los corazones.

Mas, ¡oh Fuensanta!, al buen Jesús le pido
que te preserve con su amor profundo:
tus plantas no son hechas
para los bailes frívolos del mundo
sino para subir por el Calvario,
y exento de pagano sensualismo
el fulgor de tus ojos es el mismo
que el de las brasas en el incensario.

Y aunque el alma atónita se queda
con las venustidades tentadoras
a las que dan el fruto de su industria
los gusanos de seda,
quiere mejor santificar las horas
quedándose a dormir en la almohada
de tus brazos sedeños
para ver, en la noche ilusionada,
la escala de Jacob llena de ensueños.

Y las alegres ropas,
los antiguos espejos,
el cristal empañado de las copas
en que bebieron de los rancios vinos
los amantes de entonces, y los viejos
cascabeles que hoy suenan apagados
y se mueren de olvido en los baúles,
nos hablan de las noches de verbena,
de horizontes azules,
en que cobija a los enamorados
el sortilegio de la luna llena.

Fuensanta: ha de ser locura grata
la de bailar contigo a los compases
mágicos de una vieja serenata
en que el ritmo travieso de la orquesta,
embriagando los cuerpos danzadores,
se acuerda al ritmo de la sangre en fiesta.

Pero es mejor quererte
por tus tranquilos ojos taumaturgos,
por tu cristiana paz de mujer fuerte,
porque me llevas de la mano a Sion
cuya inmortal lucerna es el Cordero,
porque la noche de mi amor primero
la hiciste de perfume y transparencia
como la noche de la Anunciación,
por tus santos oficios de Verónica,
y porque regalaste la paciencia
del Evangelio, a mi tristeza crónica.

Los muebles están bien en la suprema
vetustez elegante del poema.
Las arcas se conservan olorosas
a las frutas guardadas;
el sofá tiene huellas de los muslos
salomónicos de las desposadas;
entre un adorno artificial de rosas
surgen, en un ambiente desteñido,
las piadosas pinturas polvorientas;
y el casto lecho que pudiera ser
para las almas núbiles un nido,
nos invita a las nupcias incruentas
y es el mismo, Fuensanta, en que se amaron
las parejas eróticas de ayer.

Dos fantasmas dolientes
en él seremos en tranquilo amor,
en connubio sin mácula yacentes;
una pareja fallecida en flor,
en la flor de los sueños y las vidas;
carne difunta, espíritus en vela
que oyen cómo canta

por mil años el ave de la Gloria;
dos sombras adormidas
en el tálamo estéril de una santa.

ENVÍO

A ti, con quien comparto la locura
de un arte firme, diáfano y risueño;
a ti, poeta hermano que eres cura
de la noble parroquia del Ensueño;
va la canción de mi amoroso mal,
este poema de vetustas cosas
y viejas ilusiones milagrosas,
a pedirte la gracia bautismal.

Te lo dedico
porque eres para mí dos veces rico;
por tus ilustres órdenes sagradas
y porque de tu verso en la riqueza
la sal de la tristeza
y la azúcar del bien están loadas.

ME DESPIERTA UNA ALONDRA...

(A José Juan Tablada)

HASTA el ángulo en sombra en que, al soñar los leves
sueños de la mañana,
funjo interinamente de árabe sin hurí,
llega la dulce voz de una dulce paisana.
La alondra me despierta
con un tímido ensayo de canción balbuciente
y un titubeo de sol en el ala inexperta.

¡Gracias, Padre del día,
oh buen Pastor de estrellas cantado por Banville!
Gracias por el saludo en que esta embajadora
del alba, me ha traído un mensaje de abril;
gracias porque el temblor de su canto se funde
con las madrugadoras esquilas de mi tierra,
y porque el sol que tiembla en sus alas no es otro
que el que baña la casa en que nací, y el valle
azul, y la azul sierra.

¡Gracias porque en el trino
de la alondra, me llega,
por primer don del día, este don femenino!

PARA TUS DEDOS ÁGILES Y FINOS*

DOY a los cuatro vientos los loores
de tus dedos de clásica finura
que preparan el pan sin levadura
para el banquete de nuestros amores.

Saben de las domésticas labores,
lucen en el mantel su compostura
y apartan, de la verde, la madura
producción de los meses fructidores.

Para gloria de Dios, en homenaje
a tu excelencia, mi soneto adorna
de tus manos preclaras el linaje,

y el soneto dichoso, en las esbeltas
falanges de tus índices se torna
una sortija de catorce vueltas.

---

* *Pluma y Lápiz,* Guadalajara, 1, 8 de enero de 1912.

ME ESTÁS VEDADA TÚ...

¿IMAGINAS acaso la amargura
que hay en no convivir
los episodios de tu vida pura?

Me está vedado conseguir que el viento
y la llovizna sean comedidos
con tu pelo castaño.

Me está vedado oír en los latidos
de tu paciente corazón (sagrario
de dolor y clemencia),
la fórmula escondida
de mi propia existencia.

Me está vedado, cuando te fatigas
y se fatiga hasta tu mismo traje,
tomarte en brazos, como quien levanta
a su propia ilusión incorruptible
hecha fantasma que renuncia al viaje.

Despertarás una mañana gris
y verás, en la luna de tu armario,
desdibujarse un puño
esquelético, y ante el funerario
aviso, gritarás las cinco letras
de mi nombre, con voz pávida y floja,
¡y yo me hallaré ausente
de tu final congoja!

¿Imaginas acaso
mi amargura impotente?
Me estás vedada tú... Soy un fracaso
de confesor y médico que siente
perder a la mejor de sus enfermas
y a su más efusiva penitente.

CANONIZACIÓN*

PRIMER AMOR, tú vences la distancia.
Fuensanta, tu recuerdo me es propicio.
Me deleita de lejos la fragancia
que de noche se exhala de tus tiestos,
y en pago de tan grande beneficio
te canonizo en estos
endecasílabos sentimentales.

A tu virtud mi devoción es tanta
que te miro en altar, como la santa
Patrona que veneran tus zagales,
y así es como mis versos se han tornado
endecasílabos pontificales.

Como risueña advocación te he dado
la que ha de subyugar los corazones:
permíteme rezarte, novia ausente,
Nuestra Señora de las Ilusiones.

¡Quién le otorgara al corazón doliente
cristalizar el infantil anhelo,
que en su fuego romántico me abrasa,
de venerarte en diáfano capelo
en un rincón de la nativa casa!

Tanto se contagió mi vida toda
del grave encanto de tus ojos místicos,
que en vano espero para nuestra boda
alguna de las horas de pureza
en que se confortó mi gran tristeza
con los primeros panes eucarísticos.

* *Nosotros,* Aguascalientes, febrero de 1909.

NOCHES DE HOTEL

SE DISTRAEN las penas en los cuartos de hoteles
con el heterogéneo concurso divertido
de yankees, sacerdotes, quincalleros infieles,
niñas recién casadas y mozas del partido.

Media luz...
Copia al huésped la desconchada luna
en su azogue sin brillo; y flota en calendarios,
en cortinas polvosas y catres mercenarios
la nómada tristeza de viajes sin fortuna.

Lejos quedó el terruño, la familia distante,
y en la hora gris del éxodo medita el caminante
que hay jornadas luctuosas y alegres en el mundo:

que van pasando juntos por el sórdido hotel
con el cosmopolita dolor del moribundo
los alocados lances de la luna de miel.

MIENTRAS MUERE LA TARDE...*

NOBLE señora de provincia: unidos
en el viejo balcón que ve al poniente,
hablamos tristemente, largamente,
de dichas muertas y de tiempos idos.

De los rústicos tiestos florecidos
desprendo rosas para ornar tu frente,
y hay en los fresnos del jardín de enfrente
un escándalo de aves en los nidos.

El crepúsculo cae soñoliento,
y si con tus desdenes amortiguas
la llama de mi amor, yo me contento

con el hondo mirar de tus arcanos
ojos, mientras admiro las antiguas
joyas de las abuelas en tus manos.

* *El Regional,* Guadalajara, 8 de agosto de 1909.

DEL PUEBLO NATAL*

INGENUAS provincianas: cuando mi vida se halle
desahuciada por todos, iré por los caminos
por donde vais cantando los más sonoros trinos
y en fraternal confianza ceñiré vuestro talle.

A la hora del Ángelus, cuando vais por la calle,
enredados al busto los chales blanquecinos,
decora vuestros rostros –¡oh rostros peregrinos!–
la luz de los mejores crepúsculos del valle.

De pecho en los balcones de vetusta madera,
platicáis en las tardes tibias de primavera
que Rosa tiene novio, que Virginia se casa;

y oyendo los poetas vuestros discursos sanos
para siempre se curan de males ciudadanos,
y en la aldea la vida buenamente se pasa.

---

* *Pluma y Lápiz*, Guadalajara, 10, 25 de mayo de 1912.

HERMANA, HAZME LLORAR...*

FUENSANTA:
dame todas las lágrimas del mar.
Mis ojos están secos y yo sufro
unas inmensas ganas de llorar.

Yo no sé si estoy triste por el alma
de mis fieles difuntos
o porque nuestros mustios corazones
nunca estarán sobre la tierra juntos.

Hazme llorar, hermana,
y la piedad cristiana
de tu manto inconsútil
enjúgueme los llantos con que llore
el tiempo amargo de mi vida inútil.

Fuensanta:
¿tú conoces el mar?
Dicen que es menos grande y menos hondo
que el pesar.
Yo no sé ni por qué quiero llorar:
será tal vez por el pesar que escondo,
tal vez por mi infinita sed de amar.

Hermana:
dame todas las lágrimas del mar...

* *El Regional,* Guadalajara, 11 de julio de 1909.

EN EL PIÉLAGO VELEIDOSO*

ENTRÉ a la vasta veleidad del piélago
con humos de pirata...
Y me sentía ya un poco delfín
y veía la plata
de los flancos de la última sirena,
cuando mi devaneo
anacrónico viose reducido
a un amago humillante de mareo.

Mas no guardo rencor
a la inestable eternidad de espuma
y efímeros espejos.
Porque sobre ella fui como una suma
de nostalgias y arraigos, y sobre ella
me sentí, en alta mar,
más de viaje que nunca y más fincado
en la palma de aquella mano impar.

---

* *Revista de Revistas,* México, 7 de noviembre de 1915.

SUS VENTANAS*

(A Artemio de Valle-Arizpe)

Sus ventanas floridas,
que miran al oriente,
llevan buena amistad con las auroras
que, con primicias fúlgidas, esmaltan
el campo de victorias de su frente.

Aquella madrugada
apareció el Amor tras de su reja
y la dejó lavada
con el cristal cerúleo de su pozo…
¡Y todavía, adentro
de mi alma, hay un gozo
fluido, de mujer madrugadora
que riega su ventana y la decora!

Ventanas que rondé
en la alborada de mis mocedades;
rejas con caracoles
en que Ella gusta de escuchar el sordo
fragor de las marinas tempestades;
rejas depositarias
de aquellos soliloquios de noctívago
y de mi donjuanismo adolescente;
que yo os mire de nuevo
¡oh ventanas abiertas al oriente!

* *La Nación,* México, 10 de junio de 1912.

EN LA PLAZA DE ARMAS*

PLAZA de Armas, plaza de musicales nidos,
frente a frente del rudo y enano soportal;
plaza en que se confunden un obstinado aroma
lírico y una cierta prosa municipal;
plaza frente a la cárcel lóbrega y frente al lúcido
hogar en que nacieron y murieron los míos;
he aquí que te interroga un discípulo, fiel
a tus fuentes cantantes y tus prados umbríos.

¿Qué se hizo, Plaza de Armas, el coro de chiquillas
que conmigo llegaban en la tarde de asueto
del sábado, a tu kiosko, y que eran actrices
de muñeca excesiva y de exiguo alfabeto?

¿Qué fue de aquellas dulces colegas que rieron
para mí, desde un marco de verdor y de rosas?
¿Qué de las camaradas de los juegos impúberes?
¿Son vírgenes intactas o madres dolorosas?

Es verdad, sé el destino casto de aquella pobre
pálida, cuyo rostro, como una indulgencia
plenaria, miré ayer tras un vidrio lloroso;
me ha inundado en recuerdos pueriles la presencia
de Ana, que al tutearme decía el «tú» de antaño
como una obra maestra, y que hoy me habló con
ceremonia forzada; he visto a Catalina,
exangüe, al exhibir su maternal fortuna
cuando en un cochecillo de blondas y de raso
lleva el fruto cruel y suave de su idilio
por los enarenados senderos...
Mas no sé
de todas las demás que viven en exilio.

---

* *Revista de Revistas*, México, 20 de junio de 1915.

Y por todas inquiero. He de saber de todas
las pequeñas torcaces que me dieron el gusto
de la voz de mujer. ¡Torcaces que cantaban
para mí, en la mañana de un día claro y justo!

Dime, plaza de nidos musicales, de las
actrices que impacientes por salir a la escena
del mundo, chuscamente fingían gozosos líos
de noviazgos y negros episodios de pena.

Dime, Plaza de Armas, de las párvulas lindas
y bobas, que vertieron con su mano inconsciente
un perfume amistoso en el umbral del alma
y una gota del filtro del amor en mi frente.

Mas la plaza está muda, y su silencio trágico
se va agravando en mí con el mismo dolor
del bisoño escolar que sale a vacaciones
pensando en la benévola acogida de Abel,
y halla muerto, en la sala, al hermano menor.

POR ESTE SOBRIO ESTILO...*

ESTA MANERA de esparcir su aroma
de azahar silencioso en mi tiniebla;
esta manera de envolver en luto
su marfil y su nácar; esta única
manera con que porta la golilla
de encaje; esta manera de tornar
su mutismo en venero de palabras
y su boca en ahorro...
                                        Esta manera
que es reservada y que es acogedora,
con que viene a encontrar mis panegíricos;
esta manera de decir mi nombre
con mofa y mimo, en homenaje y burla,
como que sabe que mi interno drama
es, a la vez, sentimental y cómico;
esta manera con que en la honda noche,
de sobremesa en vagos parlamentos,
se abate su sonrisa desmayada
sobre el mantel; esta feliz manera
con que niega su brazo y con que otorga
la emoción, cuando vamos de paseo
por la alameda colonial y adusta...
Por este suspirante y sobrio estilo
de amor, te reverencio, estrella fiel
que gustas de enlutarte; generoso
y escondido azahar; caritativa
madurez que presides mis treinta años
con la abnegada castidad de un búcaro
cuyas rosas adultas embalsaman
la cabecera de un convaleciente;
enfermera medrosa; cohibida
escanciadora; amiga que te turbas

* *Vida Moderna,* México, 29 de septiembre de 1916.

con turbación de niña al repasar
nuestra común lectura; asustadizo
comensal de mi fiesta; aliada tímida;
torcaz humilde que zureas al alba,
en un tonor menor, para ti sola.
¡Bien hayas, creatura pequeñita
y suprema; adueñada de la cumbre
del corazón; artista a un mismo tiempo
mínima y prócer, que en las manos llevas
mi vida como objeto de tu arte!
Estrella y azahar: que te marchites
mecida en una paz celibataria
y que agonices como un lucero
que se extinguiese en el verdor de un prado
o como flor que se transfigurase
en el ocaso azul, como en un lecho.

14 de septiembre de 1915

LA TEJEDORA*

TARDE DE LLUVIA en que se agravan
al par que una íntima tristeza
un desdén manso de las cosas
y una emoción sutil y contrita que reza.

Noble delicia desdeñar
con un desdén que no se mide,
bajo el equívoco nublado:
alba que se insinúa, tarde que se despide.

Sólo tú no eres desdeñada,
pálida que al arrimo de la turbia vidriera,
tejes en paz en la hora gris
tejiendo los minutos de inmemorial espera.

Llueve con quedo sonsonete,
nos da el relámpago luz de oro
y entra un suspiro, en vuelo de ave fragante y húmeda,
a buscar tu regazo, que es refugio y decoro.

¡Oh, yo podría poner mis manos
sobre tus hombros de novicia
y sacudirte en loco vértigo
por lograr que cayese sobre mí tu caricia,
cual se sacude el árbol prócer
(que preside las gracias floridas de un vergel)
por arrancarle la primicia
de sus hojas provectas y sus frutos de miel!

Pero pareces balbucir,
toda callada y elocuente:
«Soy un frágil otoño que teme maltratarse»

---

* *Revista de Revistas,* México, 30 de mayo de 1915.

e infiltras una casta quietud convaleciente
y se te ama en una tutela suave y leal,
como a una párvula enfermiza
hallada por el bosque un día de vendaval.

Tejedora: teje en tu hilo
la inercia de mi sueño y de tu ilusión confiada;
teje el silencio; teje la sílaba medrosa
que cruza nuestros labios y que no dice nada;
teje la fluida voz del Ángelus
con el crujido de las puertas;
teje la sístole y la diástole
de los penados corazones
que en la penumbra están alertas.

Divago entre quimeras difuntas y entre sueños
nacientes, y propenso a un llanto sin motivo,
voy, con el ánima dispersa
en el atardecer brumoso y efusivo,
contemplándote, Amor, a través de una niebla
de pésame, a través de una cortina ideal
de lágrimas, en tanto que tejes dicha y luto
en un limbo sentimental.

BOCA FLEXIBLE, ÁVIDA...*

CUMPLO a mediodía
con el buen precepto de oír misa entera
los domingos; y a estas misas cenitales
concurres tú, agudo perfil; cabellera
tormentosa, nuca morena, ojos fijos;
boca flexible, ávida de lo concienzudo,
hecha para dar los besos prolijos
y articular la sílaba lenta
de un minucioso idilio, y también
para persuadir a un agonizante
a que diga amén.

Figura cortante y esbelta, escapada
de una asamblea de oblongos vitrales
o de la redoma de un alquimista:
ignoras que en estas misas cenitales,
al ver, con zozobra,
tus ojos nublados en una secuencia
de Evangelio, estuve cerca de tu llanto
con una solícita condescendencia;
y tampoco sabes que eres un peligro
armonioso para mi filosofía
petulante... Como los dedos rosados
de un párvulo para la torre baldía
de naipes o dados.

---

* *c.* 1916.

EL CAMPANERO*

ME CONTÓ el campanero esta mañana
que el año viene mal para los trigos.
Que Juan es novio de una prima hermana
rica y hermosa. Que murió Susana.
El campanero y yo somos amigos.

Me narró amores de sus juventudes
y con su voz cascada de hombre fuerte,
al ver pasar los negros ataúdes
me hizo la narración de mil virtudes
y hablamos de la vida y de la muerte.

–¿Y su boda, señor?
–Cállate, anciano.
–¿Será para el invierno?
–Para entonces,
y si vives aún cuando su mano
me dé la Muerte, campanero hermano,
haz doblar por mi ánima tus bronces.

* *El Regional,* Guadalajara, 29 de mayo de 1909.

A SARA*

(A J. de J. Núñez y Domínguez)

A MI PASO y al azar te desprendiste
como el fruto más profano
que pudiera concederme la benévola
actitud de este verano.

(Blonda Sara, uva en sazón: mi apego franco
a tu persona, hoy me incita
a burlarme de mi ayer, por la inaudita
buena fe con que creí mi sospechosa
vocación, la de un levita.)

Sara, Sara: eres flexible cual la honda
de David y contundente
como el lírico guijarro del mancebo;
y das, paralelamente,
una tortura de hielo y una combustión de pira;
y si en vértigo de abismo tu pelo se desmadeja,
todavía, con brazo heroico
y en caída acelerada, sostienes a tu pareja.

Sara, Sara, golosina de horas muelles;
racimo copioso y magno de promisión, que fatigas
el dorso de dos hebreos:
siempre te sean amigas
la llamarada del sol y del clavel; si tu brava
arquitectura se rompe como un hilo inconsistente,
que bajo la tierra lóbrega
esté incólume tu frente;
y que refulja tu blonda melena, como tesoro
escondido; y que se guarden indemnes como real sello
tus brazos y la columna
de tu cuello.

---

* *Revista de Revistas,* México, 3 de octubre de 1915.

LA TÓNICA TIBIEZA

¿CÓMO SERÁ esta sed constante de veneros
femeninos, de agua que huye y que regresa?
¿Será este afán perenne, franciscano o polígamo?

Yo no sé si está presa
mi devoción en la alta
locura del primer
teólogo que soñó con la primera infanta,
o si, atávicamente, soy árabe sin cuitas
que siempre está de vuelta de la cruel continencia
del desierto, y que en medio de un júbilo de huríes,
las halla a todas bellas y a todas favoritas.

No sé... Mas que en la hora reseca e impotente
de mi vejez, no falte la tónica tibieza
mujeril, providente
con los reyes caducos que ligaban las hoces
de Israel, y cantaban
en salmos, y dormían sobre pieles feroces.

¿QUÉ SERÁ LO QUE ESPERO?*

Tus otoños me arrullan
en coro de quimeras obstinadas;
vas en mí cual la venda va en la herida;
en bienestar de placidez me embriagas;
la luna lugareña va en tus ojos
¡oh blanda que eres entre todas blanda!,
y no sé todavía
qué esperarán de ti mis esperanzas.

Si vas dentro de mí, como una inerme
doncella por la zona devastada
en que ruge el pecado, y si las fieras
atónitas se echan cuando pasas;
si has sido menos que una melodía
suspirante, que flota sobre el ánima,
y más que una pía salutación;
si de tu pecho asciende una fragancia
de limón, cabalmente refrescante
e inicialmente ácida;
si mi voto es que vivas dentro de una
virginidad perenne y aromática,
vuélvese un hondo enigma
lo que de ti persigue mi esperanza.

¿Qué me está reservado
de tu persona etérea? ¿Qué es la arcana
promesa de tu ser? Quizá el suspiro
de tu propio existir; quizá la vaga
anunciación penosa de tu rostro;
la cadencia balsámica
que eres tú misma, incienso y voz de armónium
en la tarde llovida y encalmada...

---

* *Revista de Revistas,* México, 8 de agosto de 1915.

De toda ti me viene
la melodiosa dádiva
que me brindó la escuela
parroquial, en una hora ya lejana,
en que unas voces núbiles
y lentas ensayaban,
en un solfeo cristalino y simple,
una lección de Eslava.

Y de ti y de la escuela
pido el cristal, pido las notas llanas,
para invocarte ¡oscura
y radiosa esperanza!
con una *a* colmada de presentes,
con una *a* impregnada
del licor de un banquete espiritual:
¡ara mansa, ala diáfana, alma blanda,
fragancia casta y ácida!

1º de agosto de 1915

TUS HOMBROS SON COMO UNA ARA...

¿QUÉ ELOCUENCIA, desvalida
y casta, hay en tu persona
que en un perenne desastre
a las lágrimas convida?

La frente, Amor, hoy levanto
hasta tu busto en otoño
que es un vaso de suspiros
y una invitación al llanto.

Tus hombros son como una ara
en que la rosa contrita
de un pésame sin sollozos
húmeda se deshojara.

Cuando conmigo estás sola
¿qué lágrimas ideales
te dan un súbito manto
con una súbita aureola?

Te vas entrando al umbrío
corazón, y en él imperas
en una corte luctuosa
con doliente señorío.

Tus hombros son buenos para
un llanto copioso y mudo...
Amor, suave Amor, Amor,
tus hombros son como una ara.

UN LACÓNICO GRITO...*

Yo te digo: «Alma mía, tú saliste
con vestido nupcial de la plomiza
eternidad, como saldría una ala
del nimbus que se eriza
de rayos; y mañana has de volver
al metálico nimbus,
llevando, entre tus velos virginales,
mi ánima impoluta
y mi cuerpo sin males.»
Mas mi labio, que osa
decir palabras de inmortalidad,
se ha de pudrir en la húmeda
tiniebla de la fosa.

Mi corazón te dice: «Rosa intacta,
vas dibujada en mí con un dibujo
incólume, e irradias en mi sombra
como un diamante en un raso de lujo.»
Mi corazón olvida
que engendrará al gusano
mayor, en una asfixia corrompida.

Siempre que inicio un vuelo
por encima de todo,
un demonio sarcástico maúlla
y me devuelve al lodo.

Tú misma, blanca ala que te elevas
en mi horizonte, con la compostura
beata de las palomas de los púlpitos,
y que has compendiado en tu blancura
un anhelo infinito,

* *Vida Moderna,* México, 12 de enero de 1916.

sólo serás en breve
un lacónico grito
y un desastre de plumas, cual rizada
y dispersada nieve.

A LA PATRONA DE MI PUEBLO*

SEÑORA: llego a Ti
desde las tenebrosas anarquías
del pensamiento y la conducta, para
aspirar los naranjos
de elección, que florecen
en tu atrio, con una
nieve nupcial... Y entro
a tu Santuario, como un herido
a las hondas quietudes hospicianas
en que sólo se escucha
el toque saludable de una esquila.

Vestida de luto eres,
Nuestra Señora de la Soledad,
un triángulo sombrío
que preside la lúcida neblina
del valle, la arboleda que se arropa
de las cocinas en el humo lento;
la familiaridad de las montañas;
el caserío de estallante cal;
el bienestar oscuro del rebaño,
y la dicha radiante de los hombres.

Señora: cuando ingreso a la comarca
que riges con tus lágrimas benévolas,
y va la diligencia fatigosa
sobre la sierra, y van los postillones
cantando bienandanza o desamor,
súbita surge la lección esbelta
y firme de tus torres, y saludo
desde lejos tu altar.

---

* *Revista de Revistas,* México, 30 de enero de 1916.

Tú me tienes comprado en alma y cuerpo.
Cuando la pesarosa
dueña ideal de mi primer suspiro,
recurre desolada
a tus plantas, y llora mansamente,
nunca has dejado de envolverla en el
descanso de tus hijas predilectas.
Me acuerdo de una tarde
en que, como una reina
que acaba de abdicar,
salía por el atrio de naranjos
y llevaba en la frente
el lucero novísimo
de tu consolación.

Confortándola a Ella, Tú me obligas
como si con la orla
dorada de tu manto
agitases un soplo
del Paraíso a flor de mi conciencia.
Porque siempre un lucero
va a nacer de tus manos
para la hora en que Ella
te implore, Tú me tienes
comprado en cuerpo y alma.

En las noches profanas
de novenario (orquestas
difusas, y cohetes
vívidos, y tertulias
de los viejos, y estrados
de señoritas sobre
la regada banqueta)
hay en tus torres ágiles
una policromía de faroles
de papel, que simulan
en la tiniebla comarcana un tenue
y vertical incendio.

Y yo anhelo, Señora,
que en mi tiniebla pongas para siempre

una rojiza aspiración, hermana
del inmóvil incendio de tus torres,
y que me dejes ir
en mi última década
a tu nave, cardíaco
o gotoso, y ya trémulo,
para elevarte mi oración asmática
junto al mismo cancel
que oyó mi prez valiente,
en aquella alborada en que soñé
prender a un blanco pecho
una fecunda rama de azahar.

Y PENSAR QUE PUDIMOS...*

Y PENSAR que extraviamos
la senda milagrosa
en que se hubiera abierto
nuestra ilusión, como perenne rosa...

Y pensar que pudimos
enlazar nuestras manos
y apurar en un beso
la comunión de fértiles veranos...

Y pensar que pudimos
en una onda secreta
de embriaguez, deslizarnos,
valsando un vals sin fin, por el planeta...

Y pensar que pudimos,
al rendir la jornada,
desde la sosegada
sombra de tu portal y en una suave
conjunción de existencias,
ver las cintilaciones del Zodíaco
sobre la sombra de nuestras conciencias...

* *Revista de Revistas,* México, 30 de enero de 1916.

Zozobra

[1919]

A RAMÓN LÓPEZ VELARDE

Dedicatoria en un ejemplar
de *Con los ojos abiertos.*

RAMÓN LÓPEZ VELARDE: está franca la puerta
para tu audacia lírica. Pasa y siéntate. Un
bello sitial de púrpura deseara. En liza abierta
has burlado al solemne dios, el lugar común.

La Academia está insomne, pues cual un maleficio
la enloquece, a sus años, tu embrujado café.
Tu adjetivo tendría, si hubiera Santo Oficio,
coroza y vela verde en un auto de fe.

Imagino tu sensualidad de católico
en la misa del Arte. Sutilmente diabólico
distraes a los fieles con tu ambigua actitud.

Diácono que con manos perfumadas de sándalo,
en tu cáliz elevas hostias rojas, escándalo
de Sancho, que comulga lívido de inquietud.

1917
RAFAEL LÓPEZ

HOY COMO NUNCA...*

A Enrique González Martínez

HOY, como nunca, me enamoras y me entristeces;
si queda en mí una lágrima, yo la excito a que lave
nuestras dos lobregueces.

Hoy, como nunca, urge que tu paz me presida;
pero ya tu garganta sólo es una sufrida
blancura, que se asfixia bajo toses y toses,
y toda tú una epístola de rasgos moribundos
colmada de dramáticos adioses.

Hoy, como nunca, es venerable tu esencia
y quebradizo el vaso de tu cuerpo,
y sólo puedes darme la exquisita dolencia
de un reloj de agonías, cuyo tic-tac nos marca
el minuto de hielo en que los pies que amamos
han de pisar el hielo de la fúnebre barca.

Yo estoy en la ribera y te miro embarcarte:
huyes por el río sordo, y en mi alma destilas
el clima de esas tardes de ventisca y de polvo
en las que doblan solas las esquilas.

Mi espíritu es un paño de ánimas, un paño
de ánimas de iglesia siempre menesterosa;
es un paño de ánimas goteado de cera,
hollado y roto por la grey astrosa.

No soy más que una nave de parroquia en penuria,
nave en que se celebran eternos funerales,
porque una lluvia terca no permite
sacar el ataúd a las calles rurales.

---

* *c.* 1917.

Fuera de mí, la lluvia; dentro de mí, el clamor
cavernoso y creciente de un salmista;
mi conciencia, mojada por el hisopo, es un
ciprés que en una huerta conventual se contrista.

Ya mi lluvia es diluvio, y no miraré el rayo
del sol sobre mi arca, porque ha de quedar roto
mi corazón la noche cuadragésima;
no guardaba mis pupilas ni un matiz remoto
de la lumbre solar que tostó mis espigas;
mi vida sólo es una prolongación de exequias
bajo las cataratas enemigas.

TRANSMÚTASE MI ALMA...*

Transmútase mi alma en tu presencia
como un florecimiento
que se vuelve cosecha.

Los amados espectros de mi rito
para siempre me dejan;
mi alma se desazona
como pobre chicuela
a quien prohíben en el mes de mayo
que vaya a ofrecer flores en la iglesia.

Mas contemplo en tu rostro
la redecilla de medrosas venas,
como una azul sospecha
de pasión, y camino en tu presencia
como en campo de trigo en que latiese
una misantropía de violetas.

Mis lirios van muriendo, y me dan pena;
pero tu mano pródiga acumula
sobre mí sus bondades veraniegas,
y te respiro como a un ambiente
frutal; como en la fiesta
del Corpus respiraba hasta embriagarme
la fruta del mercado de mi tierra.

Yo desdoblé mi facultad de amor
en liviana aspereza
y suave suspirar de monaguillo;
pero tú me revelas
el apetito indivisible, y cruzas
con tu antorcha inefable
incenciando mi pingüe sementera.

18 de marzo de 1916

---

* *Vida Moderna,* México, 28 de marzo de 1916.

EL VIEJO POZO*

El viejo pozo de mi vieja casa
sobre cuyo brocal mi infancia tantas veces
se clavaba de codos, buscando el vaticinio
de la tortuga, o bien el iris de los peces,
es un compendio de ilusión
y de históricas pequeñeces.

Ni tortuga, ni pez; sólo el venero
que mantiene su estrofa concéntrica en el agua
y que dio fe del ósculo primero
que por 1850 unió las bocas
de mi abuelo y mi abuela... ¡Recurso lisonjero
con que los generosos hados
dejan caer un galardón fragante
encima de los desposados!
Besarse, en un remedo bíblico, junto al pozo,
y que la boca amada trascienda a fresco gozo
de manantial, y que el amor se profundice,
en la pareja que lo siente,
como el hondo venero providente...

En la pupila líquida del pozo
espejábanse, en años remotos, los claveles
de una maceta; más la arquitectura
ágil de las cabezas de dos o tres corceles,
prófugos del corral; más la rama encorvada
de un durazno; y en época de mayor lejanía
también se retrataban en el pozo
aquellas adorables señoras en que ardía
la devocación católica y la brasa de Eros;
suaves antepasadas, cuyo pecho lucía

* *c.* 1916.

descotado, y que iban, con tiesura y remilgo,
a entrecerrar los ojos a un palco a la zarzuela,
con peinados de torre y con vertiginosas
peinetas de carey. Del teatro a la Vela
Perpetua, ya muy lisas y muy arrebujadas
en la negrura de sus mantos.
Evoco, todo trémulo, a estas antepasadas
porque heredé de ellas el afán temerario
de mezclar tierra y cielo, afán que me ha metido
en tan graves aprietos en el confesionario.

En una mala noche de saqueo y de política
que los beligerantes tuvieron como norma
equivocar la fe con la rapiña, al grito
de «¡Religión y Fueros!» y «¡Viva la Reforma!»,
una de mis geniales tías,
que tenía sus ideas prácticas sobre aquellas
intempestivas griterías,
y que en aquella lucha no siguió otro partido
que el de cuidar los cortos ahorros de mi abuelo,
tomó cuatro talegas y con un decidido
brazo las arrojó en el pozo, perturbando
la expectación de la hora ingrata
con un estrépito de plata.

Hoy cuentan que mi tía se aparece a las once
y que, cumpliendo su destino
de tesorera fiel, arroja sus talegas
con un ahogado estrépito argentino.

Las paredes del pozo, con un tapiz de lama
y con un centelleo de gotas cristalinas,
eran como el camino de esperanza en que todos
hemos llorado un poco... Y aquellas peregrinas
veladas de mayo y de junio
mostráronme del pozo el secreto de amor:
preguntaba el durazno: «¿Quién es Ella?»,
y el pozo, que todo lo copiaba, respondía
no copiando más que una sola estrella.

El pozo me quería senilmente; aquel pozo
abundaba en lecciones de fortaleza, de alta
discreción, y de plenitud...
Pero hoy, que su enseñanza de otros tiempos me falta,
comprendo que fui apenas un alumno vulgar
con aquel taciturno catedrático,
porque en mi diario empeño no he podido lograr
hacerme abismo y que la estrella amada,
al asomarse a mí, pierda pisada.

TU PALABRA MÁS FÚTIL...*

MAGDALENA, conozco que te amo
en que la más trivial de tus acciones
es pasto para mí, como la miga
es la felicidad de los gorriones.

Tu palabra más fútil
es combustible de mi fantasía,
y pasa por mi espíritu feudal
como un rayo de sol por una umbría.

Una mañana (en que la misma prosa
del vivir se tornaba melodiosa)
te daban un periódico en el tren
y rehusaste, diciendo con voz cálida:
«¿Para qué me das esto?» Y estas cinco
breves palabras de tu boca pálida
fueron como un joyel que todo el día
en mi capilla estuvo manifiesto;
y en la noche, sonaba tu pregunta:
«¿Para qué me das esto?»

Y la tarde fugaz que en el teatro
repasaban tus dedos, Magdalena,
la dorada melena
de un chiquillo... Y el prócer ademán
con que diste limosna a aquel anciano...

Y tus dientes que van
en sonrisa ondulante, cual resúmenes
del sol, encandilando la insegura
pupila de los viejos y los párvulos...
Tus dientes, en que están la travesura
y el relámpago de un pueril espejo

---

* *Vida Moderna,* México, 10 de mayo de 1916.

que aprisiona del sol una saeta
y clava el rayo férvido en los ojos
del infante embobado
que en su cuna vegeta...

También yo, Magdalena, me deslumbro
en tu sonrisa férvida; y mis horas
van a tu zaga, hambrientas y canoras,
como va tras el ama, por la holgura
de un patio regional, el cortesano
séquito de palomas que codicia
la gota de agua azul y el rubio grano.

25 de abril de 1916

PARA EL ZENZONTLE IMPÁVIDO...*

He vuelto a media noche a mi casa, y un canto
como vena de agua que solloza, me acoge...
Es el músico célibe, es el solista dócil
y experto, es el zenzontle que mece los cansancios
seniles y la incauta ilusión con que sueñan
las damitas... No cabe duda que el prisionero
sabe cantar. Su lengua es como aquellas otras
que el candor de los clásicos llamó lenguas arpadas.
No serían los clásicos minuciosos psicólogos,
pero atinaban con el mundo elemental
y daban a las cosas sus nombres...
Sigo oyendo
la musical tarea del zenzontle, y lo admiro
por impávido y fuerte, porque no se amilana
en el caos de las lóbregas vigilias, y no teme
despertar a los monstruos de la noche. Su pico
repasa el cuerpo de la noche, como el de una
amante; el valeroso pico de este zenzontle
va recorriendo el cuerpo de la noche: las cejas,
y la nuca, y el bozo. Súbitamente, irrumpe
el arpegio animoso que reta en su guarida
a todas las hostiles reservas de la amante...

¿Hay acaso otro solo poeta que, como éste,
desafíe a las incógnitas potestades, y hiera
con su venablo lírico el silencio despótico?
Respondamos nosotros, los necios y cobardes
que en la noche tememos aventurar la mano
afuera de las sábanas...
El zenzontle me lleva
hasta los corredores del patio solariego
en que había canarios, con el buche teñido
con un verde inicial de lechuza, y las alas

* *Vida Moderna*, México, 29 de junio de 1916.

como onzas acabadas de troquelar. También
había por aquellos corredores, las roncas
palomas que se visten de canela y se ajustan
los collares de luto... Corredores propicios
en que José Manuel y Berta platicaban
y en que la misma Berta, con un gentil descoco,
me dijo alguna vez: «Si estos corredores
como tumbas, hablaran ¡qué cosas no dirían!»
Mas en estos momentos el zenzontle repite
un silbo montaraz, como un pastor llamando
a una pastora; y caigo en la lúgubre cuenta
de que el zenzontle vive castamente, y su limpia
virtud no ha de obtener un premio en Josafat.
Es seguro que al pobre cantor, que da su música
a la erótica letra de las lunas de miel,
lo aprisionaron virgen en su monte; y me apena
que ignore que la dicha de amar es un galope
del corazón sin brida, por el desfiladero
de la muerte. Deploro su castidad reclusa
y hasta le cedería uno de mis placeres.

Mas ya el sueño me vence... El zenzontle prolonga
su confesión melódica frente a las potestades
enemigas, y corto aquí mi panegírico
para el zenzontle impávido, virgen y confesor.

QUE SEA PARA BIEN...*

YA NO PUEDO DUDAR... Diste muerte a mi cándida
niñez, toda olorosa a sacristía, y también
diste muerte al liviano chacal de mi cartuja.
Que sea para bien...

Ya no puedo dudar... Consumaste el prodigio
de, sin hacerme daño, sustituir mi agua clara
con un licor de uvas... Y yo bebo
el licor que tu mano me depara.

Me revelas la síntesis de mi propio Zodíaco:
el León y la Virgen. Y mis ojos te ven
apretar en los dedos —como un haz de centellas—
éxtasis y placeres. Que sea para bien...

Tu palidez denuncia que en tu rostro
se ha posado el incendio y ha corrido la lava...
Día último de marzo; emoción, aves, sol...
Tu palidez volcánica me agrava.

¿Ganaste ese prodigio de pálida vehemencia
al huir, con un viento de ceniza,
de una ciudad en llamas? ¿O hiciste penitencia
revolcándote encima del desierto? ¿O, quizá,
te quedaste dormida en la vertiente
de un volcán, y la lava corrió sobre tu boca
y calcinó tu frente?

¡Oh tú, reveladora, que traes un sabor
cabal para mi vida, y la entusiasmas:
tu triunfo es sobre un motín de satiresas
y un coro plañidero de fantasmas!

---

* *Revista de Revistas,* México, 4 de junio de 1916.

Yo estoy en la vertiente de tu rostro, esperando
las lavas repentinas que me den
un fulgurante goce. Tu victorial y pálido
prestigio ya me invade… ¡Que sea para bien!

EL MINUTO COBARDE*

A Saturnino Herrán

En estos hiperbólicos minutos
en que la vida sube por mi pecho
como una marea de tributos
onerosos, la plétora de vida
se resuelve en renuncia capital
y en miedo se liquida.

Mi sufrimiento es como un gravamen
de rencor, y mi dicha como cera
que se derrite siempre en jubileos,
y hasta mi mismo amor es como un tósigo
que en la raíz del corazón prospera.

Cobardemente clamo, desde el centro
de mis intensidades corrosivas,
a mi parroquia, al ave moderada,
a la flor quieta y a las aguas vivas.

Yo quisiera acogerme a la mesura,
a la estricta conciencia y al recato
de aquellas cosas que me hicieron bien...

Anticuados relojes del Curato
cuyas pesas de cobre
se retardaban, con intención pura,
por aplazarme indefinidamente
la primera amargura.

Obesidad de aquellas lunas que iban
rodando, dormilonas y coquetas,
por un absorto azul
sobre los árboles de las banquetas.

---

* *Revista de Revistas*, México, 27 de agosto de 1916.

Fatiga incierta de un incierto piano
en que un tema llorón se decantaba,
con insomnio y desgano,
en favor del obtuso centinela
y contra la salud del hortelano.

Santos de piedra que en el atrio exponen
su casulla de piedra a la herejía
del recio temporal.

Garganta criolla de Carmen García
que mandaba su canto hasta las calles
envueltas en perfume vegetal.

Cromos bobalicones,
colgados por estímulo a la mesa,
y que muestran sandías y viandas
con exageraciones
pictóricas; exánimes gallinas,
y conejos en quienes no hizo sangre
lo comedido de los perdigones.

Canteras cuyo vértice poroso
destila el agua, con paciente escrúpulo,
cn cl monjil reposo
del comedor, a cada golpe neto
con que las gotas, simples y tardías,
acrecen el caudal noches y días.

Acudo a la justicia original
de todas estas cosas;
mas en mi pecho siguen germinando
las plantas venenosas,
y mi violento espíritu se halla
nostálgico de sus jaculatorias
y del pío metal de su medalla.

12 de agosto de 1916

LA MANCHA DE PÚRPURA*

ME IMPONGO la costosa penitencia
de no mirarte en días y días, porque mis ojos
cuando por fin te miren, se aneguen en tu esencia
como si naufragasen en un golfo de púrpura,
de melodía y de vehemencia.

Pasa el lunes, y el martes, y el miércoles... Yo sufro
tu eclipse, ¡oh creatura solar!, mas en mi duelo
el afán de mirarte se dilata
como una profecía; se descorre cual velo
paulatino; se acendra como miel; se aquilata
como la entraña de las piedras finas;
y se aguza como el llavín
de la celda de amor de un monasterio en ruinas.

Tú no sabes la dicha refinada
que hay en huirte, que hay en el furtivo gozo
de adorarte furtivamente, de cortejarte
más allá de la sombra, de bajarse el embozo
una vez por semana, y exponer las pupilas,
en un minuto fraudulento,
a la mancha de púrpura de tu deslumbramiento.

En el bosque de amor, soy cazador furtivo;
te acecho entre dormidos y tupidos follajes;
como se acecha una ave fúlgida; y de estos viajes
por la espesura, traigo a mi aislamiento
el más fúlgido de los plumajes:
el plumaje de púrpura de tu deslumbramiento.

* *Revista de Revistas,* México, 16 de junio de 1916.

INTROITO*

Para el libro
de Enrique Fernández Ledesma

ÉRAMOS aturdidos mozalbetes:
blanco listón al codo, ayes agónicos,
rimas atolondradas y juguetes.

Sin la virtud frenética de Orfeo,
fiados en la campánula y el cirio,
fuimos a embelesar las alimañas
cual neófitos que buscan el martirio.

En la misma espesura se extraviaba
la primeriza luz de nuestra frente,
y ante la misma fiera, reacia y sorda,
cesaba nuestro cántico inocente.

De aquella planta que regamos juntos
eran cofrades la senil vihuela,
los pupitres manchados de la escuela,
la bíblica muchacha que adoraste,
los días uniformes, el contraste
de un volumen de Bécquer y *Fabiola,*
la soprano indeleble que aún nos mima
con el ahínco de su voz pretérita,
y el prístino lucero que te indujo
al apurado trance de la rima.

¿Qué hicimos, camarada, del tanteo
feliz y de los ripios venturosos,
y de aquel entusiasta deletreo?

* En: *Con la sed en los labios* de Enrique Fernández Ledesma, México, México Moderno, 1919.

Hoy la armonía adulta va de viaje
a reclamar a una centuria prófuga
el vellón de su casto aprendizaje.

Mi maquinal dolencia es una caja
de música falible que en lo gris
de un tácito aposento se desgaja.

Y el alma, cera ayer, se petrifica
como los rosetones coloniales
de una iglesia con lama, que complica
su fachada borrosa con el humo
inveterado de los temporales.

1916

DÍA 13*

MI CORAZÓN retrógrado
ama desde hoy la temerosa fecha
en que surgiste con aquel vestido
de luto y aquel rostro de ebriedad.

Día 13 en que el filo de tu rostro
llevaba la embriaguez como un relámpago
y en que tus lúgubres arreos daban
una luz que cegaba al sol de agosto,
así como se nubla el sol ficticio
en las decoraciones
de los Calvarios de los Viernes Santos.

Por enlutada y ebria simulaste,
en la superstición de aquel domingo,
una fúlgida cuenta de abalorio
humedecida en un licor letárgico.

¿En qué embriaguez bogaban tus pupilas
para que así pudiesen
narcotizarlo todo?
                    Tu tiniebla
guiaba mis latidos, cual guiaba
la columna de fuego al israelita.

Adivinaba mi acucioso espíritu
tus blancas y fulmíneas paradojas:
el centelleo de tus zapatillas,
la llamarada de tu falda lúgubre,
el látigo incisivo de tus cejas
y el negro luminar de tus cabellos.

Desde la fecha de superstición
en que colmaste el vaso de mi júbilo,
mi corazón oscurantista clama

---

* *El Universal Ilustrado,* México, 5 de junio de 1917.

a la buena bondad del mal agüero,
que si mi sal se riega, irán sus granos
trazando en el mantel tus iniciales;
y si estalla mi espejo en un gemido,
fenecerá diminutivamente
como la desinencia de tu nombre.

Superstición, consérvame el radioso
vértigo del minuto perdurable
en que su traje negro devoraba
la luz desprevenida del cenit,
y en que su falda lúgubre era un bólido
por un cielo de hollín sobrecogido…

NO ME CONDENES...

YO TUVE, en tierra adentro, una novia muy pobre:
ojos inusitados de sulfato de cobre.
Llamábase María; vivía en un suburbio,
y no hubo entre nosotros ni sombra ni disturbio.
Acabamos de golpe: su domicilio estaba
contiguo a la estación de los ferrocarriles,
y ¿qué noviazgo puede ser duradero entre
campanadas centrífugas y silbatos febriles?

El reloj de su sala desgajaba las ocho;
era diciembre, y yo departía con ella
bajo la limpidez glacial de cada estrella.
El gendarme, remiso a mi intriga inocente,
hubo de ser, al fin, forzoso confidente.

María se mostraba incrédula y tristona:
yo no tenía traza de una buena persona.
¿Olvidarás acaso, corazón forastero,
el acierto nativo de aquella señorita
que oía y desoía tu pregón embustero?

Su desconfiar ingénito era ratificado
por los perros noctívagos, en cuya algarabía
reforzábase el duro presagio de María.

¡Perdón, María! Novia triste, no me condenes:
cuando oscile el quinqué y se abatan las ocho,
cuando el sillón te mezca, cuando ululen los trenes,
cuando trabes los dedos por detrás de tu nuca,
no me juzgues más pérfido que uno de los silbatos
que turban tu faena y tus recatos.

Diciembre de 1916

DESPILFARRAS EL TIEMPO*

PROLÓNGASE tu doncellez
como una vacua intriga de adjedrez.

Torneada como una reina
de cedro, ningún jaque te despeina.

Mis peones tantálicos
al rondarte a deshora,
fracasan en sus ímpetus vandálicos.

La lámpara sonroja su balcón;
despilfarras el tiempo y la emoción.

Yo despilfarro, en una absurda espera,
fantasía y hoguera.

En la velada incompatible,
frústrase el yacimiento espiritual
y de nuestras arterias el caudal.

Los pródigos al uso
que vengan a nosotros a aprender
cómo se dilapida todo el ser.

Tu destino y el mío, contrapuestos,
vuelcan el apogeo de la vida
febril e insomne que se va, en la ida
de un cofre que rebosa
y se malgasta en una fecha ociosa.

Las monedas excomulgadas
de nuestro adulto corazón
caen al vacío, con
lúgubre opacidad, cual si cayera
una irreparable sordera.

---

* *Pegaso,* México, 21 de junio de 1917.

Y frente al ínclito derroche
de los tesoros que atesora
el yacimiento de las almas, algo
muy hondo en mí, se escandaliza y llora.

Noviembre de 1916

HIMENEO*

A la señora Laura Martínez de Alba

Resígnanse los novios
con subconsciente pánico,
al soso parabién
del concurso inorgánico.

Al fin, va la consorte
al pecho del anciano, cuyo porte
patriarcal solemniza
las bodas de su vástago
que lo trajeron de su hogar del Norte.

Y la agobiada mano agricultora
sumérgese en el raso de la espalda,
como la Tradición en el dechado
de la Aurora.

Sobre la luz del raso
se retarda y se engríe
la mano, como una rancia pena
en un tablero vívido que ríe.

Mano agrietada, rígida y terrosa,
que en el vaso metálico se posa,
cual si fuera una nuez
sobre la nitidez
de prístina bandeja inoficiosa…

* *El Universal Ilustrado,* México, 15 de junio de 1917.

LAS DESTERRADAS*

A Rafael Pimentel

YA la provincia toda
reconcentra a sus sanas hijas en las caducas
avenidas, y Rut y Rebeca proclaman
la novedad campestre de sus nucas.

Las pobres desterradas
de Morelia y Toluca, de Durango y San Luis,
aroman la Metrópoli como granos de anís.

La parvada maltrecha`
de alondras, cae aquí con el esfuerzo
fragante de las gotas de un arbusto
batido por el cierzo.

Improvisan su tienda
para medir, cuadrantes pesarosos,
la ruina de su paz y de su hacienda.

Ellas, las que soñaban
perdidas en los vastos aposentos,
duermen en hospedajes avarientos.

Propietarias de huertos y de huertas copiosas,
regatean las frutas y las rosas.

Con sus modas pasadas
y sus luengos zarcillos
y su mirar somero,
inmútanse a los brillos
de los escaparates de un joyero.

* *Pegaso,* México, 15 de marzo de 1917.

Y después, a evocar la sandia tropa
de pavos, y su susto manifiesto
cuando bajaban por aquel recuesto...

¡Oh siestas regalonas,
melindre ante la jícara que humea,
soponcio ante la recua intempestiva
que tumba las macetas de las pardas casonas;
lotería de nueces,
y Tenorio que flecha el historiado
postigo de las rejas antañonas!

Paso junto a las lentas fugitivas: no saben
en su desgarbo airoso y en su activo quietismo,
la derretida y pura
compensación que logra su ostracismo
sobre mi pecho, para ellas holgadamente
hospitalario, aprensivo y munificente.

Yo os acojo, anónimas y lentas desterradas,
como si a mí viniese
la lúcida familia de las hadas,
porque oléis al opíparo destino
y al exaltado fuero
de los calabazates que sazona
el resol del Adviento, en la cornisa
recoleta y poltrona.

MI CORAZÓN SE AMERITA...*

A Rafael López

MI CORAZÓN LEAL, se amerita en la sombra.
Yo lo sacara al día, como lengua de fuego
que se saca de un ínfimo purgatorio a la luz;
y al oírlo batir su cárcel, yo me anego
y me hundo en la ternura remordida de un padre
que siente, entre sus brazos, latir un hijo ciego.

Mi corazón leal, se amerita en la sombra.
Placer, amor, dolor... todo le es ultraje
y estimula su cruel carrera logarítmica,
sus ávidas mareas y su eterno oleaje.

Mi corazón, leal, se amerita en la sombra.
Es la mitra y la válvula... Yo me lo arrancaría
para llevarlo en triunfo a conocer el día,
la estola de violetas en los hombros del alba,
el cíngulo morado de los atardeceres,
los astros, y el perímetro jovial de las mujeres.

Mi corazón, leal, se amerita en la sombra.
Desde una cumbre enhiesta yo lo he de lanzar
como sangriento disco a la hoguera solar.

Así extirparé el cáncer de mi fatiga dura,
seré impasible por el este y el oeste,
asistiré con una sonrisa depravada
a las ineptitudes de la inepta cultura,
y habrá en mi corazón la llama que le preste
el incendio sinfónico de la esfera celeste.

---

* *Pegaso,* México, 15 de marzo de 1917.

DEJAD QUE LA ALABE...*

¿EXISTIRÁ? ¡Quién sabe!
Mi instinto la presiente;
dejad que yo la alabe
previamente.

Alerta al violín
del querubín
y susceptible al
manzano terrenal,
será a la vez risueña
y gemebunda,
como el agua profunda.

Su índice y su pulgar,
con una esbelta cruz,
esbelto persignar.
Diagonal de su busto,
cadena alternativa
de mirtos y nardos,
mientras viva.

Si en el nardo canónico
o en el mirto me ofusco,
Ella adivinará
la flor que busco;
y, convicta e invicta,
esforzará su celo
en serme, llanamente,
barro para mi barro
y azul para mi cielo.

Próvida cual ciruela,
del profano compás
siempre ha de pedir más.

---

* *c.* 1917.

Retozará en el césped,
cual las fieras del *Baco*
de Rubens;
y luego... la paloma
que baja de las nubes.

Riéndose, solemne;
y quebrándose, indemne.

Que me sea total
y parcial,
periférica y central;
y que al soltar mi mano
la antorcha de la vida,
con la antorcha caída
prenda fuego a mis lacios
cabellos, que han sido antes
ludibrio de las uñas
de las bacantes.

Que me rece con rezos abundantes
y con lágrimas pocas;
más negra de su alma
que de sus tocas.

TUS DIENTES*

TUS dientes son el pulcro y nimio litoral
por donde acompasadas navegan las sonrisas,
graduándose en los tumbos de un parco festival.

Sonríes gradualmente, como sonríe el agua
del mar, en la rizada fila de la marea,
y totalmente, como la tentativa de un
Fiat Lux para la noche del mortal que te vea.
Tus dientes son así la más cara presea.

Cuídalos con esmero, porque en ese cuidado
hay una trascendencia igual a la de un Papa
que retoca su encíclica y pule su cayado.

Cuida tus dientes, cónclave de granizos, cortejo
de espumas, sempiterna bonanza de una mina,
senado de cumplidas minucias astronómicas,
y maná con que sacia su hambre y su retina
la docena de Tribus que en tu voz se fascina.

Tus dientes lograrían, en una rebelión,
servir de proyectiles zodiacales al déspota
y hacer de los discordes gritos, un orfeón;
del motín y la ira, inofensivos juegos,
y de los sublevados, una turba de ciegos.

Bajo las sigilosas arcadas de tu encía,
como en un acueducto infinitesimal,
pudiera dignamente el más digno mortal
apacentar sus crespas ansias… hasta que truene
la trompeta del Ángel en el Juicio Final.

---

* *Pegaso,* México, 15 de marzo de 1917.

Porque la tierra traga todo pulcro amuleto
y tus dientes de ídolo han de quedarse mondos
en la mueca erizada del hostil esqueleto,
yo los recojo aquí, por su dibujo neto
y su numen patricio, para el pasmo y la gloria
de la humanidad giratoria.

MEMORIAS DEL CIRCO

A Carlos González Peña

LOS CIRCOS trashumantes,
de lamido perrillo enciclopédico
y desacreditados elefantes,
me enseñaron la cómica friolera
y las magnas tragedias hilarantes.

El aeronauta previo,
colgado de los dedos de los pies,
era un bravo cosmógrafo al revés
que, si subía hasta asomarse al Polo
Norte, o al Polo Sur, también tenía
cuestiones personales con Eolo.

Irrumpía el payaso
como una estridencia
ambigua, y era a un tiempo
manicomio, niñez, golpe contuso,
pesadilla y licencia.

Amábanlo los niños
porque salía de una bodega mágica
de azúcares. Su faz sólo era trágica
por dos lágrimas sendas de carmín.
Su polvorosa apariencia toleraba
tenerlo por muy limpio o por muy sucio,
y un cómico bonete era la gloria
inestable y procaz de su occipucio.

El payaso tocaba a la amazona
y la hallaba de almendra,
a juzgar por la mímica fehaciente
de toda su persona
cuando llevaba el dedo temerario

hasta la lengua cínica y glotona.
Un día en que el payaso dio a probar
su rastro de amazona al ejemplar
señor Gobernador de aquel Estado,
comprendí lo que es
Poder Ejecutivo aturrullado.

¡Oh remoto payaso: en el umbral
de mi infancia derecha
y de mis virtudes recién nacidas
yo no puedo tener una sospecha
de amazonas y almendras prohibidas!

Estas almendras raudas
hechas de terciopelos y de trinos
que no nos dejan ni tocar sus caudas…

Los adioses baldíos
a las augustas Evas redivivas
que niegan la migaja, pero inculcan
en nuestra sangre briosa una patética
mendicidad de almendras fugitivas…

Había una menuda cuadrumana
de enagüilla de céfiro
que, cabalgando por el redondel
con azoros de humana,
vencía los obstáculos de inquina
y los aviesos aros de papel.

Y cuando a la erudita
cavilación de Darwin
se le montaba la enagüilla obscena,
la avisada monita
se quedaba serena,
como ante un espejismo,
despreocupada lastimosamente
de su desmantelado transformismo.

La niña Bell cantaba:
«Soy la paloma errante»;

y de botellas y de cascabeles
surtía un abundante
surtidor de sonidos
acuáticos, para la sed acuática
de papás aburridos,
nodriza inverecunda
y prole gemebunda.

¡Oh memoria del circo! Tú te vas
adelgazando en el frecuente síncope
del latón sin compás;
en la apesadumbrada
somnolencia del gas;
en el talento necio
del domador aquel que molestaba
a los leones hartos, y en el viudo
oscilar del trapecio…

TIERRA MOJADA...*

TIERRA mojada de las tardes líquidas
en que la lluvia cuchichea
y en que se reblandecen las señoritas, bajo
el redoble del agua en la azotea...

Tierra mojada de las tardes olfativas
en que un afán misántropo remonta las lascivas
soledades del éter, y en ellas se desposa
con la ulterior paloma de Noé;
mientras se obstina el tableteo
del rayo, por la nube cenagosa...

Tarde mojada, de hálitos labriegos,
en la cual reconozco estar hecho de barro,
porque en sus llantos veraniegos,
bajo el auspicio de la media luz,
el alma se licúa sobre los clavos
de su cruz...

Tardes en que el teléfono pregunta
por consabidas náyades arteras,
que salen del baño al amor
a volcar en el lecho las fatuas cabelleras
y a balbucir, con alevosía y con ventaja,
húmedos y anhelantes monosílabos,
según que la llovizna acosa las vidrieras...

Tardes como una alcoba submarina
con su lecho y su tina;
tardes en que envejece una doncella
ante el brasero exhausto de su casa,
esperando a un galán que le lleve una brasa;
tardes en que descienden

---

* *Pegaso*, México, 21 de junio de 1917.

los ángeles, a arar surcos derechos
en edificantes barbechos;
tardes de rogativa y de cirio pascual;
tardes en que el chubasco
me induce a enardecer a cada una
de las doncellas frígidas con la brasa oportuna;
tardes en que, oxidada
la voluntad, me siento
acólito del alcanfor,
un poco pez espada
y un poco San Isidro Labrador…

COMO EN LA SALVE...*

¡Oh bienaventuranza fértil de los que saben
ir gimiendo y llorando deprecativamente,
como en la Salve, que es un óleo y una fuente!

Yo también supe antaño de la bondad del cielo
que en mis acerbos pésames llovía,
y compuse mi Salve, con la fe de un cruzado
bajo los muros de Antioquía.

Mas hoy es un vinagre
mi alma, y mi ecuménico dolor un holocausto
que en el desierto humea.
Mi Cristo, ante la esponja de las hieles, jadea
con la árida agonía de un corazón exhausto.

¡Señor, Tú que colocas
resina en la corteza impenitente
y agua entrañable en las adustas rocas,
hazme casto y humilde para poder llorar
la bienaventuranza de aquel llanto deshecho
que fertiliza y lava el pecho,
y verás cómo mi alma se atavía
y trueca su congoja en alborozo
para escalar los muros de Antioquía!

---

* *Pegaso,* México, 21 de junio de 1917.

LA ESTROFA QUE DANZA*

A Antonia Mercé

YA BROTAS de la escena cual guarismo
tornasol, y desfloras el mutismo
con los toques undívagos de tu planta certera
que fiera se amanera al marcar hechicera
los multánimes giros de una sola quimera.

Ya tus ojos entraron al combate
como dos uvas de un goloso uvate:
bajo tus castañuelas se rinden los destinos,
y se cuelgan de ti los sueños masculinos,
cual de la cuerda endeble de una lira, los trinos.

Ya te adula la orquesta con servil
dejo libidinoso de reptil,
y danzando lacónica, tu reojo me plagia,
y pisas mi entusiasmo con una cruel magia
como estrofa danzante que pisa una hemorragia.

Ya vuelas como un rito por los planos
limítrofes de todos los arcanos;
las almas que tu arrullo va limpiando de escoria
quisieran renunciar su futuro y su historia,
por dormirse en la tersa amnistía de tu gloria.

Guarismo, cuerda, y ejemplar figura:
tu rítmica y eurítmica cintura
nos roba a todos nuestra flama pura;
y tus talones tránsfugas, que se salen del mundo
por la tangente dócil de un celaje profundo,
se llevan mis holgorios al azul pudibundo.

* 1917.

LA DONCELLA VERDE*

En la muerte de José Enrique Rodó

En la quieta impostura virginal de la noche
que cobija al amor con un tenue derroche
de luceros, padrinos del erótico abrazo,
el mundo de Rubén Darío se contrista
por el cordial filósofo que sembró en el regazo
de América esperanzas, por el espectro artista
que hoy arroba al Zodíaco con su arenga optimista.

Yo alabo al confesor de la Santa Esperanza
y a la doncella verde en la misma alabanza.
Esperanza, doncella verde, tu vestidura
es el matiz de una corteza prematura.
Esperanza, en el arco iris, tu cabellera
ameniza los cielos como una enredadera.
Esperanza, los astros en que titila el verde
son el feudo en que moras y en que tu luz se pierde.

Los ojos vegetales con que miras y salvas
parodian a la felpa rústica de las malvas.
En la luz teologal de tus dos ojos claros
se surten las luciérnagas, las joyas y los faros.
Rayan la oscuridad del más oscuro mes
las puntas de esmeralda de tus ínclitos pies.
Y tapizas el antro submarino, y la armónica
cuita de los cipreses, y la paleta agónica.

¡Oh doncella, que guardas los suspiros más graves
del hombre, como guarda un llavero sus llaves:
un relámpago anuncia que el instante se acerca
en que tiñas de ti las aguas de mi alberca,
y a tu paso, fosfórica e inviolable mujer,
mi corazón se abre, pronto a reverdecer!

---

* 1917.

Y bajo la impostura virginal de la noche
que cobija al amor con un tenue derroche
de luceros, un mito saludable me afianza
y alabo al confesor de la santa Esperanza
y a la doncella verde en la misma alabanza.

EL RETORNO MALÉFICO

A D. Ignacio I. Gastélum

MEJOR será no regresar al pueblo,
al edén subvertido que se calla
en la mutilación de la metralla.

Hasta los fresnos mancos,
los dignatarios de cúpula oronda,
han de rodar las quejas de la torre
acribillada en los vientos de fronda.

Y la fusilería grabó en la cal
de todas las paredes
de la aldea espectral,
negros y aciagos mapas,
porque en ellos leyese el hijo pródigo
al volver a su umbral
en un anochecer de maleficio,
a la luz de petróleo de una mecha
su esperanza deshecha.

Cuando la tosca llave enmohecida
tuerza la chirriante cerradura,
en la añeja clausura
del zaguán, los dos púdicos
medallones de yeso,
entornando los párpados narcóticos,
se mirarán y se dirán: «¿Qué es eso?»

Y yo entraré con pies advenedizos
hasta el patio agorero
en que hay un brocal ensimismado,
con un cubo de cuero
goteando su gota categórica
como un estribillo plañidero.

Si el sol inexorable, alegre y tónico,
hace hervir a las fuentes catecúmenas
en que bañábase mi sueño crónico;
si se afana la hormiga;
si en los techos resuena y se fatiga
de los buches de tórtola el reclamo
que entre las telarañas zumba y zumba;
mi sed de amar será como una argolla
empotrada en la losa de una tumba.

Las golondrinas nuevas, renovando
con sus noveles picos alfareros
los nidos tempraneros;
bajo el ópalo insigne
de los atardeceres monacales,
el lloro de recientes recentales
por la ubérrima ubre prohibida
de la vaca, rumiante y faraónica,
que al párvulo intimida;
campanario de timbre novedoso;
remozados altares;
el amor amoroso
de las parejas pares;
noviazgos de muchachas
frescas y humildes, como humildes coles,
y que la mano dan por el postigo
a la luz de dramáticos faroles;
alguna señorita
que canta en algún piano
alguna vieja aria;
el gendarme que pita...
...Y una íntima tristeza reaccionaria.

COMO LAS ESFERAS...

MUCHACHITA que eras
brevedad, redondez y color,
como las esferas
que en las rinconeras
de una sala ortodoxa mitigan su esplendor...

Muchachita hemisférica y algo triste
que tus lágrimas púberes me diste,
que en el mes del Rosario
a mis ojos fingías
amapola diciendo avemarías
y que dejabas en mi idilio proletario
y en mi corbata indigente,
cual un aroma dúplice, tu ternura naciente
y tu catolicismo milenario...

En un día de báquicos desenfrenos,
me dicen que preguntas por mí; te evoco
tan pequeña, que puedes bañar tus plenos
encantos dentro de un poco
de licor, porque cabe tu estatua pía
en la última copa de la cristalería;
y revives redonda, castiza y breve
como las esferas
que en las rinconeras
del siglo diecinueve,
amortiguan su gala
verde o azul o carmesí,
y copian, en la curva que se parece a ti,
el inventario de la muerta sala.

---

* *El Universal Ilustrado,* México, 12 de octubre de 1917.

A LAS VÍRGENES

¡Oh vírgenes rebeldes y sumisas:
convertidme en el fiel reclinatorio
de vuestros codos y vuestras sonrisas
y en la fragua sangrienta del holgorio
en que quieren quemarse vuestras prisas!...

¡Oh botones baldíos en el huerto
de una resignación llena de abrojos:
lloráis un bien que, sin nacer, ha muerto,
y a vuestra pura lápida concierto
los fraternales llantos de mis ojos!...

¡Hermanas mías, todas,
las que, contentas con el limpio daño
de la virginidad, vais en las bodas
celestes, por llevar sobre las finas
y litúrgidas palmas y en el paño
de la eterna Pasión, clavos y espinas;
y vosotras también, las de la hoguera
carnal en la vendimia y el chubasco,
en el invierno y en la primavera;
las del nítido viaje de Damasco
y las que en la renuncia llana y lisa
de la tarde, salís a los balcones
a que beban la brisa
los sexos, cual sañudos escorpiones!

¡El tiempo se desboca; el torbellino
os arrastra al fatal despeñadero
de la Muerte; en las sombras adivino
vuestro desnudo encanto volandero;
y os quisieran ceñir mis manos fieles,
por detener vuestra caída oscura
con un lúbrico lazo de claveles
lazado a cada virginal cintura!

¡Vírgenes fraternales: me consumo
en el álgido afán de ser el humo
que se alza en vuestro aceite
a hora y a deshora,
y de encarnar vuestro primer deleite
cuando se filtra la modesta aurora,
por la jactancia de la bugambilia,
en las sábanas de vuestra vigilia!

EL MENDIGO

Soy el mendigo cósmico y mi inopia es la suma
de todos los voraces ayunos pordioseros;
mi alma y mi carne trémulas imploran a la espuma
del mar y al simulacro azul de los luceros.

El cuervo legendario que nutre al cenobita
vuela por mi Tebaida sin dejarme su pan,
otro cuervo transporta una flor inaudita,
otro lleva en el pico a la mujer de Adán,
y sin verme siquiera, los tres cuervos se van.

Prosigue descubriendo mi pupila famélica
más panes y más lindas mujeres y más rosas
en el bando de cuervos que en la jornada célica
sus picos atavía con las cargas preciosas,
y encima de mi sacro apetito no baja
sino un pétalo, un rizo prófugo, una migaja.

Saboreo mi brizna heteróclita, y siente
mi sed la cristalina nostalgia de la fuente,
y la pródiga vida se derrama en el falso
festín y en el suplicio de mi hambre creciente,
como una cornucopia se vuelca en un cadalso.

FÁBULA DÍSTICA*

A Tórtola Valencia

No merecías las loas vulgares
que te han escrito los peninsulares.

Acreedora de prosas cual doblones
y del patricio verso de Lugones.

En el morado foro episcopal
eres el Árbol del bien y del mal.

Piensan las señoritas al mirarte:
con virtud no se va a ninguna parte.

Monseñor, encargado de la Mitra,
apostató con la Danza de Anitra.

Foscos mílites revolucionarios
truecan espada por escapularios,

aletargándose en la melodía
de tu imperecedera teogonía.

Tu filarmónico Danubio baña
el colgante jardín de la patraña.

La estolidez enreda sus hablillas
cabe tus pitagóricas rodillas.

En el horror voluble del incienso
se momifica tu rostro suspenso,

* *El Universal Ilustrado,* México, 18 de enero de 1918.

mas de la momia empieza a trascender
sanguinolento aviso de mujer.

Y vives la única vida segura:
la de Eva montada en la razón pura.

Tu rotación de ménade aniquila
la zurda ciencia, que cabe en tu axila.

En la honda noche del enigma ingrato
se enciende, como un iris, tu boato.

Te riegas cálida, como los vinos,
sobre los extraviados peregrinos.

La pobre carne, frente a ti, se alza
como brincó de los dedos divinos:
religiosa, frenética y descalza.

HORMIGAS*

A LA CÁLIDA vida que transcurre canora
con garbo de mujer sin letras ni antifaces,
a la invicta belleza que salva y que enamora,
responde, en la embriaguez de la encantada hora,
un encono de hormigas en mis venas voraces.

Fustigan el desmán del perenne hormigueo
el pozo del silencio y el enjambre del ruido,
la harina rebanada como doble trofeo
en los fértiles bustos, el Infierno en que creo,
el estertor final y el preludio del nido.

Mas luego mis hormigas me negarán su abrazo
y han de huir de mis pobres y trabajados dedos
cual se olvida en la arena un gélido bagazo;
y tu boca, que es cifra de eróticos denuedos,
tu boca, que es mi rúbrica, mi manjar y mi adorno,
tu boca, en que la lengua vibra asomada al mundo
como réproba llama saliéndose de un horno,
en una turbia fecha de cierzo gemebundo
en que ronde la luna porque robarte quiera,
ha de oler a sudario y a hierba machacada,
a droga y a responso, a pabilo y a cera.

Antes de que deserten mis hormigas, Amada,
déjalas caminar camino de tu boca
a que apuren los viáticos del sanguinario fruto
que desde sarracenos oasis me provoca.

Antes de que tus labios mueran, para mi luto,
dámelos en el crítico umbral del cementerio
como perfume y pan y tósigo y cauterio.

---

* *El Universal Ilustrado,* México, 14 de diciembre de 1917.

LA NIÑA DEL RETRATO*

DELINQUIRÍA
de leso corazón
si no anegara con mi idolatría,
en lacrimosa ablución,
la imagen de la párvula sombría.

Retrato para quien mi llanto mana
a la una de la mañana,
reflejando en su sal, que va sin brida,
la minúscula frente desmedida...

Cejas, andamio
del alcázar del rostro, en las que ondula
mi tragedia mimosa, sin la bula
para un posible epitalamio...

La niña del retrato
se puso seria, y se veló su frente,
y endureció los dos ojos profundos,
como una migajita de otros mundos
que caída en brumoso interinato,
toda la angustia sublunar presiente.

Fiereza desvalida, hecha a mirar
el mar...

Boca en bisel, como un espejo afable
que no hable...

Medias de almo color, para que vaya
por la cernida arena de la playa...

---

* *El Universal Ilustrado,* México, 1º de marzo de 1918.

Las deleznables manos,
que cavan pozos enanos,
son carceleras de los océanos...

Linda congoja de la frente linda,
la que inerme y tiránica se brinda
por modelo de copa y de coyunda
y de lira rotunda...

Retrato de iniciales sinfonías:
tus cinco años son cinco bujías
a cuya luz el alma llora;
por eso a ti me abro
como a la honestidad versicolora
de un diminutivo candelabro.

Los invisibles hombros, cual quimera
en que un genio marítimo retoza,
no columbran siquiera
la adoración venidera
que los ha de rozar, como se roza
el codo de una estricta compañera.

Párvula del retrato;
seriedad prematura;
linda congoja de un juego nonato
que enfrente del fotógrafo se apura;
pelo de enigma, como los edenes
enigmáticos desde donde viene;
víspera bella que cantas
en la Octava de mi más negra hora:
hoy hice un alto por mojar tus plantas
con sangre de mis ojos, y miré
que salías del óvalo de bruma,
como punto final que se incorpora
y como duende de relojería,
a dar en los relojes de mi fe
la campanada de la dicha suma.

Niña, venusto manual:
yo te leía al borde de una estrella,

leyéndote mortífera y vital;
y absorto en el primor de la lectura
pisé el vacío…
                    Y voy en la centella
de una nihilista locura.

IDOLATRÍA

LA VIDA MÁGICA se vive entera
en la mano viril que gesticula
al evocar el seno o la cadera,
como la mano de la Trinidad
teológicamente se atribula
si el Mundo parvo, que en tres dedos toma,
se le escapa cual un globo de goma.

Idolatremos todo padecer,
gozando en la mirífica mujer.

Idolatría
de la expansiva y rútila garganta,
esponjado liceo
en que una curva eterna se suplanta
y en que se instruye el ruiseñor de Alfeo.

Idolatría
de los pies lunares y solares
que lunáticos fingen el creciente
en la mezquita azul de los Omares,
y cuando van de oro son un baño
para la Tierra, y son preclaramente
los dos solsticios de un único año.

Idolatría
de la grácil rodilla que soporta,
a través de los siglos de los siglos,
nuestra cabeza en la jornada corta.

Idolatría
de las arcas, que son
y fueron y serán horcas caudinas
bajo las cuales rinde el corazón
su diadema de idólatras espinas.

Idolatría
de los bustos eróticos y místicos
y los netos perfiles cabalísticos.

Idolatría
de la bizarra y música cintura,
guirnalda que en abril se transfigura,
que sirve de medida
a los más filarmónicos afanes,
y que asedian los raucos gavilanes
de nuestra juventud embravecida.

Idolatría
del peso fenenino, cesta ufana
que levantamos entre los rosales
por encima de la primera cena,
en la columna de nuestros felices
brazos sacramentales.

Que siempre nuestra noche y nuestro día
clamen: ¡Idolatría! ¡Idolatría!

LA LÁGRIMA...

ENIGMA
de la azucena esquinada
que orna la cadavérica almohada;

encima
del soltero dolor empedernido
de yacer como imberbe congregante
mientras los gatos erizan el ruido
y forjan una patria espeluznante;

encima
del apetito nunca satisfecho
de la cal
que demacró las conciencias livianas,
y del desencanto profesional
con que saltan del lecho
las cortesanas;

encima
de la ingenuidad casamentera
y del descalabro que nada espera;

encima
de la huesa y del nido,
la lágrima salobre que he bebido.

Lágrima de infinito
que eternizaste el amoroso rito;
lágrima en cuyos mares
goza mi áncora su náufrago baño
y esquilmo los vellones singulares
de un compungido rebaño;
lágrima en cuya gloria se refracta
el iris fiel de mi pasión exacta;
lágrima en que navegan sin pendones

los mástiles de las consternaciones;
lágrima con que quiso
mi gratitud, salar el Paraíso;
lágrima mía, en ti me encerraría,
debajo de un deleite sepulcral,
como un vigía
en su salobre y mórbido fanal.

ÁNIMA ADORATRIZ*

MI VIRTUD de sentir se acoge a la divisa
del barómetro lúbrico, que en su enagua violeta
los volubles matices de los climas sujeta
con una probidad instantánea y precisa.

Mi única virtud es sentirme desollado
en el templo y la calle, en la alcoba y el prado.

Orean mi bautismo, en alma y carne vivas,
las ráfagas eternas entre las fugitivas.

Todo me pide sangre: la mujer y la estrella,
la congoja del trueno, la vejez con su báculo,
el grifo que vomita su hidráulica querella,
y la lámpara, parpadeo del tabernáculo.

Todo lo que a mis ojos es limpio y es agudo
bebe de mis droláticas arterias el saludo.

Mi ángel guardián y mi demonio estrafalario,
desgranando granadas fieles, siguen mi pista
en las vicisitudes de la bermeja lista
que marca, en tierra firme y en mar, mi itinerario.

Como aquel que fue herido en la noche agorera
y denunció su paso goteando la acera,
yo puedo desandar mi camino rubí,
hasta el minuto y hasta la casa en que nací
místicamente armado contra la laica era.

Dejo, sin testamento, su gota a cada clavo
teñido con la savia de mi ritual madera;
no recojo mi sangre, ni siquiera la lavo.

---

* *El Universal*, México, 26 de enero de 1919.

Espiritual al prójimo, mi corazón se inmola
para hacer un empréstito sin usuras aciagas
a la clorosis virgen y azul de los Gonzagas
y a la cárdena quiebra del Márques de Priola.

¿En qué comulgatorio secreto hay que llorar?
¿Qué brújula se imanta de mi sino? ¿Qué par
de trenzas destronadas se me ofrecen por hijas?
¿Qué lecho esquimal pide tibieza en su tramonto?
Ánima adoratriz: a la hora que elijas
para ensalzar tus fieles granadas, estoy pronto.

Mas será con el cálculo de una amena medida:
que se acaben a un tiempo el arrobo y la vida
y que del vino fausto no quedando en la mesa
ni la hez de una hez, se derrumbe en la huesa
el burlesco legado de una estéril pavesa.

A LAS PROVINCIANAS MÁRTIRES

ME ENLUTO por ti, Mireya,
y te rezo esta epopeya.

Mis entrañables provincianas mías:
no sospeché alabar vuestro suicidio
en las facinerosas tropelías.

Antes que sucumbir al bandolero
se amortizaron las sonoras alas
que aleteaban en el fiel alero.

Cúspide del teatro pueblerino:
en un martirologio de palomas
tú las viste volar a su destino.

El novio llorará a su mártir perla,
y que luego lo mate la nostalgia
de no haber acertado a defenderla.

La amó porque tejía, y por su traza
del ángel custodio, cual la amó el gatito
juguetón con la bola de su hilaza.

¡Pobre novio aldeano! ¡Ya no teje
su perla, ya no lee el Oficio Parvo!
¡El cabriolé del novio va sin eje!

Me enluto por ti, Mireya,
y te rezo esta epopeya.

Honorable pajar de la cosecha
honorable: tu incendio es la basílica
en que se ahoga la virgen deshecha.

¡Morir al fuego, si olían tan bien
y tenían su alma como el plúmbago
y un guardarropa como un almacén!

Gemirán las cocinas en que antes
las Mireyas criollas fueron una
bandeja de pozuelos humeantes.

Gime también esta epopeya, escrita
a golpes de inocencia, cuando Herodes
a un niño de mi pueblo decapita.

Santas de los terruños, cuerpos caros
y gratas almas: ved que me he hecho añicos
y azul celeste, y luz, para rezaros.

Me enluto por ti, Mireya,
y te rezo esta epopeya.

LA ÚLTIMA ODALISCA*

MI CARNE pesa, y se intimida
porque su peso fabuloso
es la cadena estremecida
de los cuerpos universales
que se han unido con mi vida.

Ámbar, canela, harina y nube
que en mi carne al tejer sus mimos,
se eslabonan con el efluvio
que ata los náufragos racimos
sobre las crestas del Diluvio.

Mi alma pesa, y se acongoja
porque su peso es el arcano
sinsabor de haber conocido
la Cruz y la floresta roja
y el cuchillo del cirujano.

Y aunque todo mi ser gravita
cual un orbe vaciado en plomo
que en la sombra paró su rueda,
estoy colgado en la infinita
agilidad del éter, como
de un hilo escuálido de seda.

Gozo... Padezco... Y mi balanza
vuela rauda con el beleño
de las esencias del rosal:
soy un harén y un hospital
colgados juntos de un ensueño.

Voluptuosa Melancolía:
en tu talle mórbido enrosca

---

* *El Universal Ilustrado,* México, 11 de abril de 1919.

el Placer su caligrafía
y la Muerte su garabato,
y en un clima de ala de mosca
la Lujuria toca a rebato.

Mas luego las samaritanas,
que para mí estuvieron prestas
y por mí dejaron sus fiestas,
se irán de largo al ver mis canas,
y en su alborozo, rumbo a Sion,
buscarán el torrente endrino
de los cabellos de Absalón.

¡Lumbre divina, en cuyas lenguas
cada mañana me despierto:
un día, al entreabrir los ojos,
antes que muera estaré muerto!

Cuando la última odalisca,
ya descastado mi vergel,
se fugue en pos de nueva miel
¿qué salmodia del pecho mío
será digna de suspirar
a través del harén vacío?

Si las victorias opulentas
se han de volver impedimentas,
si la eficaz y viva rosa
queda superflua y estorbosa,
¡oh, Tierra ingrata, poseída
a toda hora de la vida:
en esa fecha de ese mal,
hazme humilde como un pelele
a cuya mecánica duele
ser solamente un hospital!

EL CANDIL*

A Alejandro Quijano

En la cúspide radiante
que el metal de mi persona
dilucida y perfecciona,
y en que una mano celeste
y otra de tierra me fincan
sobre la sien la corona;
en la orgía matinal
en que me ahogo en azul
y soy como un esmeril
y central y esencial como el rosal;
en la gloria en que melifluo
soy activamente casto
porque lo vivo y lo inánime
se me ofrece gozoso como pasto;
en esta mística gula
en que mi nombre de pila
es una candente cábala
que todo lo engrandece y lo aniquila,
he descubierto mi símbolo
en el candil en forma de bajel
que cuelga de las cúpulas criollas
su cristal sabio y su plegaria fiel.

¡Oh candil, oh bajel, frente al altar
cumplimos, en dúo recóndito,
un solo mandamiento: venerar!

Embarcación que iluminas
a las piscinas divinas:
en tu irisada presencia
mi humildad se esponja y se anaranja,

* *El Universal Ilustrado,* México, 15 de mayo de 1919.

porque en la muda eminencia
están anclados contigo
el vuelo de mis gaviotas
y el humo sollozante de mis flotas.

¡Oh candil, oh bajel: Dios ve tu pulso
y sabe que te anonadas
en las cúpulas sagradas
no por decrépito ni por insulso!

Tu alta oración animas
con el genio de los climas.

Tú conoces el espanto
de las islas de leprosos,
el domicilio polar
de los donjuanescos osos,
la magnética bahía
de los deliquios venéreos,
las garzas ecuatoriales
cual escrúpulos aéreos,
y por ello ante el Señor
paralizas tu experiencia
como el olor que da tu mejor flor.

Paralelo a tu quimera,
cristalizo sin sofismas
las brasas de mi ígnea primavera,
enarbolo mi júbilo y mi mal
y suspendo mis llagas como prismas.

Candil, que vas como yo
enfermo de lo absoluto,
y enfilas la experta proa
a un dorado archipiélago sin luto;
candil, hermético esquife:
mis sueños recalcitrantes
enmudecen cual un cero
en tu cristal marinero,
inmóviles, excelsos y adorantes.

TODO...

A José D. Frías

SONÁMBULA y picante,
mi voz es la gemela
de la canela.

Canela ultramontana
e islamita,
por ella mi experiencia
sigue de señorita.

Criado con ella,
mi alma tomó la forma
de su botella.

Si digo carne o espíritu,
paréceme que el diablo
se ríe del vocablo;
mas nunca vaciló
mi fe si dije «yo».

Yo, varón integral,
nutrido en el panal
de Mahoma
y en el que cuida Roma
en la Mesa Central.

Uno es mi fruto:
vivir en el cogollo
de cada minuto.

Que el milagro se haga,
dejándome aureola
o trayéndome llaga.

No porto insignias
de masón
ni de Caballero
de Colón.

A pesar del moralista
que la asedia
y sobre la comedia
que la traiciona,
es santa mi persona,
santa en el fuego lento
con que dora el altar
y en el remordimiento
del día que se me fue
sin oficiar.

En mis andanzas callejeras
del jeroglífico nocturno,
cuando cada muchacha
entorna sus maderas,
me deja atribulado
su enigma de no ser
ni carne ni pescado.

Aunque toca al poeta
roerse los codos,
vivo la formidable
vida de todas y de todos;
en mí late un pontífice
que todo lo posee
y todo lo bendice;
la dolorosa Naturaleza
sus tres reinos ampara
debajo de mi tiara;
y mi papal instinto
se conmueve
con la ignorancia de la nieve
y la sabiduría del jacinto.

JEREZANAS

A María Enriqueta

JEREZANAS, paisanas,
institutrices de mi corazón,
buenas mujeres y buenas cristianas...

Os retrató la señora que dijo:
«Cuando busque mi hijo
a su media naranja,
lo mandaré vendado hasta Jerez.»
Porque jugando a la gallina ciega
con vosotras, el jugador
atrapa una alma linda y una púdica tez.

Jerezanas,
os debo mis virtudes católicas y humanas,
porque en el otro siglo, en vuestro hogar,
en los ceremoniosos estrados me eduqué,
velándome de amor, como las frentes
se velaban debajo del tupé.

Acababan de irse
el polisón y la crinolina,
pero alcancé las caudalosas colas
que alargan el imán del ave femenina
de las cinturas hasta las consolas.

Así se reveló, por las colas profusas,
mi cordial abundancia,
y también por los moños enormes que en mi infancia
trocaban a las plantas bizantinas
en rondel de palomas capuchinas.

Jerezanas,
genio y figura

del tiempo en que los ávidos pimpollos
teníamos, de pie,
la misma clementísima estatura
que tenía, sentada, nuestra Fe.

Jerezanas,
traslúcidas y beatas dentaduras
en que se filtra el sol, creando en cada boca
las atmósferas claroscuras
en que el Cielo y la Tierra se dan cita
y en que es visitada Bernardita.

Jerezanas,
de quienes aprendí a ser generoso,
mirando que la mano anacoreta
era la propia que en la feria anual
aplaudía en el coso
y apostaba columnas de metal
en el escándalo de la ruleta.

Jerezanas,
grito y mueca de azoro
a las tres de la tarde, por el humor del toro
que en la sala se cuela bobeando, y está
como un inofensivo calavera
ante la señorita tumbada en el sofá.

Jerezanas,
panes benditos,
por vosotras, el Miércoles de Ceniza, simula
el pueblo una gran frente llena de *Jesusitos.*

Jerezanas,
abísmase mi ser
en las aguas de la misericordia
al evocar la máquina de coser
que al impulso de vuestra zapatilla,
sobre mi vocación y vuestros linos
enhebraba una bastilla.
Dios quiera que esté salvada
la máquina de acústicos galopes,

por la cual fue mi ayer melódica jornada
y un sobresalto mi vida
ante los pulcros dedos hacendosos
resbalando a la aguja empedernida.

Jerezanas,
he visto el menoscabo
de los bucles que alabo,
de los undosos bucles
que enjugaron sin mofa mis pucheros,
de los bucles rielantes,
cabrilleo lunar, blanco de la llovizna
y trono de los lápices caseros;
he visto revolar la última brizna
de vuestras gracias proverbiales;
he visto deformada vuestra hermosura
por todas las dolencias y por todos los males;
he visto el manicomio en que murmura
vuestra cabeza rota sus delirios;
he visto que os ganáis
el pan con las agujas a la luz del quinqué;
he sido el centinela de vuestros cuatro cirios;
pero ninguna chanza del presente
logra desprestigiaros, porque sois el tupé,
los moños capuchinos y la gruta de Lourdes
de la boca indulgente.

*

Jerezanas,
colibríes de tápalo y quitasol,
que vagabundas en la gloria matutina
paraban junto a mis rejas,
por espiar la joyante canción de mi madrina
rememorando a Serafín Bemol:
«Si soy la causa de lo que escucho,
amigo mío, lo siento mucho...»

Jerezanas,
a cuyos rostros que nimbaba el denso
vapor estimulante de la sopa,

el comensal airado y desairado
disparaba el suspiro a quemarropa.

Jerezanas,
que al cumplir con la ley
de la anual comunión, miráis a la primera
golondrina de marzo en la Casa del Rey
de los Reyes; la párvula golondrina que entró
a enseñaros su pecho de mamey.

Jerezanas,
cuyo heroico destino
desemboca en la iglesia y lucha con el vino,
vistiendo santos
o desvistiendo ebrios, con la misma
caridad de los cantos
que os hinchan las arterias en el cuello.

Jerezanas,
briosas cual el galope que me llenó de espantos
al veros devorar la llanura y el río
sobre el raudo señorío
del albardón de las abuelas;
erguidas como la araucaria,
y débiles como el futuro
de un huevecillo de canaria.

Jerezanas,
cuando el sol vespertino amorate
vuestros vidrios, y os heléis
en el diario silencio del inútil combate,
tomad las fechas de mi vida
como hilas del pañuelo de un hermano
para curar vuestra herida
según la vieja usanza,
y para abrigar el nido
del pájaro consentido.

Jerezanas,
yo aspiro a ser el casto reyezuelo
de los días en que os sentí
probadas por el Cielo.

Marchitas, locas o muertas,
sois las ondas del manantial
que ondula arriba de lo temporal,
y en el eterno friso de mi alma
cada paisana mía se eslabona
como la letra de la Virgen:
encima de una nube y con una corona.

TE HONRO EN EL ESPANTO…

Ya que tu voz, como un muelle vapor, me baña
y mis ojos, tributos a la eterna guadaña,
por ti osan mirar de frente el ataúd;
ya que tu abrigo rojo me otorga una delicia
que es mitad friolenta, mitad cardenalicia,
antes que en la veleta llore el póstumo alud;
ya que por ti ha lanzado a la Muerte su reto
la cerviz animosa del ardido esqueleto
predestinado al hierro del fúnebre dogal;
te honro en el espanto de una perdida alcoba
de nigromante, en que tu yerta faz se arroba
sobre una tibia, como sobre un cabezal;
y porque eres, Amada, la armoniosa elegida
de mi sangre, sintiendo que la convulsa vida
es un puente de abismo en que vamos tú y yo,
mis besos te recorren en devotas hileras
encima de un sacrílego manto de calaveras
como sobre una erótica ficha de dominó.

DISCO DE NEWTON

Omnicromía de la tarde amena...
El alma, a la sordina,
y la luz, peregrina,
y la ventura, plena,
y la Vida, una hada
que por amar está desencajada.

Firmamento plomizo.
En el ocaso, un rizo
de azafrán.
Un ángel que derrama su tintero.
La brisa, cual refrán
lastimero.
En el áureo deliquio del collado,
hálito verde, cual respiración
de dragón.
Y el valle fascinado
impulsa al ósculo a que se remonte
por los tragaluces del horizonte.

Tiempo confidencial,
como el dedal
de las desahuciadas bordadoras
que enredan su monólogo fatal
en el ovillo de las huecas horas.

Confidencia que fuiste
en la mano de ayer
veta de rosicler,
un alpiste
y un perfume de Orsay.

Tarde, como un ensayo
de dicha, entre los pétalos de mayo;
tarde, disco de Newton, en que era
omnícroma la primavera
y la Vida una hada
en un pasivo amor desencajada...

HUMILDEMENTE...

A mi madre y a mis hermanas

CUANDO me sobrevenga
el cansancio del fin,
me iré, como la grulla
del refrán, a mi pueblo,
a arrodillarme entre
las rosas de la plaza,
los aros de los niños
y los flecos de seda de los tápalos.

A arrodillarme en medio
de una banqueta herbosa,
cuando sacramentando
al reloj de la torre,
de redondel de luto
y manecillas de oro,
al hombre y a la bestia,
al azar que embriaga
y a los rayos del sol,
aparece en su estufa el Divinísimo.

Abrazado a la luz
de la tarde que borda,
como al hilo de una
apostólica araña,
he de decir mi prez
humillada y humilde,
más que las herraduras
de las mansas acémilas
que conducen al Santo Sacramento.

«Te conozco, Señor,
aunque viajas de incógnito,

y a tu paso de aromas
me quedo sordomudo,
paralítico y ciego,
por gozar tu balsámica presencia.

»Tu carroza sonora
apaga repentina
el breve movimiento,
cual si fuesen las calles
una juguetería
que se quedó sin cuerda.

»Mi prima, con la aguja
en alto, tras sus vidrios,
está inmóvil con un gesto de estatua.

»El cartero aldeano
que trae nuevas del mundo,
se ha hincado en su valija.

»El húmedo corpiño
de Genoveva, puesto
a secar, ya no baila
arriba del tejado.

»La gallina y sus pollos
pintados de granizo
interrumpen su fábula.

»La frente de don Blas
petrificóse junto
a la hinchada baldosa
que agrietan las raíces de los fresnos.

»Las naranjas cesaron
de crecer, y yo apenas
si palpito a tus ojos
para poder vivir este minuto.

»Señor, mi temerario

corazón que buscaba
arrogantes quimeras,
se anonada y te grita
que yo soy tu juguete agradecido

»Porque me acompasaste
en el pecho un imán
de figura de trébol
y apasionada tinta de amapola.

»Pero ese mismo imán
es humilde y oculto,
como el peine imantado
con que las señoritas
levantan alfileres
y electrizan su pelo en la penumbra.

»Señor, este juguete
de corazón de imán,
te ama y te confiesa
con el íntimo ardor
de la raíz que empuja
y agrieta las baldosas seculares.

»Todo está de rodillas
y en el polvo las frentes;
mi vida es la amapola
pasional, y su tallo
doblégase efusivo
para morir debajo de tus ruedas.»

El son del corazón

[1919-1921: 1932]

MIS ENCUENTROS CON EL BUEN RAMÓN

I

1917.–Sonora. El general Manzo me invita a visitarlo en La Misa. No llego sino hasta Ortiz. Sin vehículo para proseguir el viaje, en la Estación Ortiz vivo tres días. Son veinte los habitantes de la Estación. No se puede charlar ni con cuatro. Me voy a la playa árida de un arroyo seco. Tengo un libro salvador: *¡La sangre devota!* Lo leo cinco, ocho, once veces...

Desde entonces me son familiares Fuensanta, la tierra colorada de Zacatecas, el campanero hermano y las ilustraciones prófugas de las cajas de pasas.

II

1917.–En México. Con un amigo –el cabezón Nájera– voy al teatro. Trabaja Consuelo Mayendía. Distingo desde la fila undécima a un caballero, vestido de negro, que está en la segunda. Digo al cabezón:

–Te aseguro que aquél es el poeta Ramón López Velarde.

Lo abordamos a la salida. Se comprueba.

–¿Es usted Ramón López Velarde?

–Sí, señor. Mucho gusto...

Somos amigos.

III

Nos encontramos frecuentemente en el restorán, en la calle, en el bar. Trabaja él en la Secretaría de Gobernación, con Aguirre Berlanga. Es abogado y lo disimula muy bien.

Por las noches, desde su oficina a oscuras, conversa por teléfono con misteriosa dama. ¿Sería aquella «alta como una buena intención»?

IV

1921.–Muere. Esa mañana, al leer la noticia, voy a Chapultepec. Acompaño al general Obregón –Presidente de la República– en su paseo matinal por el bosque.

–Ha muerto un gran poeta –le digo. Y le cuento de Ramón y le recito sus versos, que impresionan al poeta que existía en Obregón.

Al mediodía, en la Universidad, Vasconcelos llega alborozado:

–¡Qué gran Presidente tenemos! –dice–. Acabo de hablarle de López Velarde y me recitó sus versos.

–Hágale suntuoso entierro, por cuenta del gobierno –había ordenado el invencible Manco.

Ante la alegría del Rector, yo sólo recordé las poesías lópez-velardescas que acababa de recitar y la formidable memoria del general Obregón.

V

En la Cámara de Diputados.

–Voy a proponer que se enlute la tribuna durante tres días por la muerte de Ramón.

Tal digo a Jesús B. González. Encantado Jesús B. me ofrece colaborar en la redacción de la iniciativa. De él y mía son las primeras firmas.

A sostener la proposición sube a la tribuna otro gran amigo nuestro y del bardo zacatecano: el doctor Pedro de Alba.

VI

Lo enterramos en el Panteón Francés. Discursos. Muchos oradores. Y versos. Bellos versos...

Yo envío una corona, con un listón blanco. En él pongo esta inscripción a letras negras: «Fuensanta...». Y son exactamente cinco los puntos suspensivos, que quieren decir: Ruega a Dios por él.

VII

A Zacatecas. Vamos en caravana lírica hasta veinte hombres de letras o cosa parecida. El gobernador de aquel Estado –Rodarte– hace justicia a López Velarde, grabando su nombre en un crestón de la Bufa y poniéndolo también en Jerez, en la casa en que nació Ramón.

Rafael López preside la caravana lírica y es prominente animador del grupo el melenudo dibujante García Cabral.

Cuando estamos en lo alto de la Bufa, un tren llega a Zacatecas, culebreando por los lomeríos. Todos sentimos la justeza del verso del extraño poeta jerezano:

> El tren va por la vía
> como aguinaldo de juguetería

VIII

¿Mi último encuentro con López Velarde?

Este libro.

Quinta Niní. Cuernavaca, julio de 1932.

DJED BÓRQUEZ

RAMÓN LÓPEZ VELARDE

UNA MÚSICA VAGA, desentonada y en sordina que alcanza a los oídos a través de un paisaje quieto, pero rico de olores y colores; una zurda orquesta que descompasa la obra de un genio, como aquella chirimía de indígenas que encontré una tarde magnífica de Tabor y de amor, acompañando a un cadáver al cementerio, y moviéndose en los surcos morenos al ritmo antitético y apenas reconocible de la *Marcha fúnebre* de Chopin: algo del encanto equívoco de estas evocaciones producen los versos de Ramón López Velarde.

La musicalidad es lo primero que en ellos sorprende... antes de entenderlos. Es una suave brisa que acaricia o que hace daño vagamente; es un suspiro apasionado o burlón; sentimos estupor ante las asociaciones de sustantivos poéticos y de adjetivos tomados a una tecnología bárbara, adjetivos que a veces huelen a yodoformo; una confusión de lampos, de grisallas, de silencios inexplicables que mantienen hipnotizado al ensueño, pero que, al principio, la razón no acepta. Arte ingenuo y decepcionado que se expresa en una monotonía de canto llano, roto, sin embargo, por la acentuación rara del ritmo irregular. Manso ritmo ordinario, con olores a incienso y a manzana, a ropa almidonada y a guayabate monjil. Aun sin prestar atención a lo que expresa, su cadencia nos trae ya un dejo provinciano persistente.

Y en verdad, el poeta es sólo un provinciano, un zagal que estaba destinado a tañer su bucólica zampoña en la paz pueblerina y que, por ironía de la suerte, ha venido a amargar su alma y a complicar su canto en la gran sirte de esta capital. Era, antes de su éxodo, un primitivo, un pequeño, atónito ante la vida y que la copiaba con la candidez de los precursores en el arte de la pintura.

Su temperamento lo asimilaba a los primitivos alemanes: en él la inelegancia de las formas y lo sumario de la factura estaban compensados ampliamente por sus dotes de invención y de movimiento, por el sentido agudo del valor expresivo del detalle, por la gravedad del pensamiento y del sentimiento. Tenía su manera el agrado de una rosa silvestre en una tabla de alfalfa florecida; su conciencia escuchaba el mensaje de la poesía, con el aire tímido y sobrecogido con que Dante Gabriel Rossetti pinta a María al recibir la Anunciación. Hubiera podido ser cormano del monje Gualterio de Coincy, que escribía sus fábulas piadosas en una celda con vista a un huerto cerrado. Él y su escuela dirigían su arte ingenuo a probar la debilidad humana: el hombre es una criatura muy infeliz y muy impotente, incapaz de todo si Dios no lo asiste y no sostiene su voluntad vacilante.

Allá, en su pueblo natal, acólito e inocente, absorbió la paz de la vida eclesiástica y casera sin incidentes; su sueño se envolvía en un rebozo de seda; veía con ojos amigos la plaza provinciana de las domínicas; placíanle los talles y las nucas campesinas de sus conterráneas, las penumbras frescas de su parroquia colonial; las naderías que conmovían al pueblo. Garzón, tuvo que prender los vuelos de su imaginación a las cosas nimias, y sus amores candeales fueron a su prima Águeda, a Fuensanta, la primera novia, a quien rendía dulía diciéndole las jaculatorias con que venerara a la Virgen de su parroquia.

Entonces era su poesía puramente objetiva, bien que ya presagiara clausura en el microcosmos.

Poco a poco descubriera su propio mundo enigmático y diverso. De objetivo se tornó subjetivo y, por ende, más lírico, y pronto, de lo exterior usó únicamente como símbolo. Siguió empleando las mismas imágenes familiares y dilectas, los mismos temas provincianos; pero entrañó en ellos un significado: el viejo pozo verdinoso y taciturno que, en medio a la casona, copia el primer lucero de la noche, fue su maestro.

Como su alma naciera sensible y dependiente, el misticismo la envolvió maternal en sus plumones; genuflecto se halla ante el misterio, y se promete que, a la hora del cansancio final, los callos de sus rodillas le han de ser viático.

La civilización, el poco de civilización que encierra la Ciudad de los Palacios, ha instilado al poeta un veneno más letal que los de Medea. Al correr por sus venas lo ha metamorfoseado, en cierto modo, hasta el punto de que, a veces, se duda cuál es su verdadera fisonomía espiritual.

Esa estatua de San Cristóbal rústico, los músculos que se acusan bajo las ropas un tanto desgarbadas, tales atrevimientos en sus versos modernos –ásperos y túrgidos como el deseo de un egipán–, su voluntario hermetismo, lo harían digno de ser incluido por Verlaine en su galería de poetas malditos. Recuerda a Rimbaud hasta por aquella «su cara de ángel en destierro». Esa faz suele ser pacata; pero bien observada es ambigua, por cierto movimiento hacia atrás de la cabeza; por una ceja en rasgo de eñe que sombrea a un ojo sarcástico y sutil; por la boca sensual de sonrisa infantil.

Su franca risa suena en ocasiones más irónica que todos los relinchos de los «houyhnhnms»* de Swift.

¿Será un sacristán erótico? ¿Oirá algunas veces las misas negras de Gilles de Rais? A mí me parece que hasta su tercer pecado capital es ingenuo y que iría, a lo más, a las cristianas celebraciones que, en el siglo de Elagábal, impulsaban a

* Personajes de los *Viajes de Gulliver*. [E.]

los fieles a entregarse mutuamente a la hora del Perdón, en una basílica incipiente y ante un Krestus colosal clavado en una Tau, que simbolizaba el principio de la vida, por derivación del oriental culto del sol.

Es, en suma, un neorromántico, un descendiente de René y de Obermann. Ellos experimentaron todas las ansias y todas las inquietudes; quisieron cubrir a la creación en un gigantesco abrazo y, al verse muy pequeños para darlo, se rebelaron.

El romántico de hoy siente lo mismo, mas no llega hasta la rebelión. ¿Es una fuerza o una lacra?

López Velarde es romántico aun por el hecho de que todavía tiembla ante la mujer. (¡Líbranos, Señor, de la Jactancia!) Su drama, él lo dice, es a la vez sentimental y cómico, y por sus versos pasan amores otoñales, deslumbrantes enlutadas en día nefasto, mujeres cuyos nombres tienen desinencia en diminutivo, doncelleces que se prolongan como vacuas intrigas de ajedrez...

Ésa es su obsesión, aun cuando lo liberen, a ratos, las remembranzas de sus frescas provincianas, las propicias «pasajeras» de los días lluviosos, los giros hieráticos de Tórtola Valencia o el taconeo de estrofa de Antonia Mercé.

Por sobre esta teoría remonta, sin embargo, un sueño: el de la mujer que sea barro para su barro y azul para su cielo. Dejemos que la alabe... antes de que se convenza.

Se hace minúsculo conscientemente («ser una casta pequeñez») y dilucida su drama interior con un gesto resignado y lento. Lo decora con todo lo nimio, con todo lo insignificante, y logra así renovar el bagaje lírico con que se expresan los sentimientos... aun el amor.

Ni en ritmo ni en ideas tiene miedo a la séptima inarmónica y obtiene con ella efectos prodigiosos, disonancias que dan a su verso un encanto único, ironía miserable e íntima.

¿Cómo logra fijar algunos aspectos de la belleza que pasa suspensa en la fluidez de su vida? Desde su rincón, su alma, que tiene por única virtud el sentirse desollada, atisba; le interesa todo lo que no tiene fin preciso, los despilfarros de fuerza y de pasión, lo fútil, lo que nadie mira, lo sencillo y suave, la debilidad, el pecado, la tristeza. Y todo eso lo traspone en imágenes, en imágenes puras.

La idea es dinámica y la imagen estática. El poeta quiere detener, con un gesto de amante en desespero, el instante fugaz y así lo clava como una mariposa en un cartón de entomologista, con el agudo alfiler de su propia inquietud. Quiere que su creación sea un resumen de su conciencia total del momento y obstinadamente anota todas sus coincidencias.

Todos los artistas que crean según la estética de la intuición hacen otro tanto: asocian sus estados emotivos a todas las circunstancias materiales exteriores, a las más nimias, que serán las más personales; pero éste, que es un máximo ensimismado, prende sus estados interiores uno al otro, los describe ambiguamente y resulta, a las veces, ininteligible para los profanos. Y es que se necesita una profunda consonancia para intuir todos los estratos de la conciencia de otro espíritu y adivinar así las alusiones a ellos.

De su gramática no hay que hablar, porque ya Rafael López le auguró excomunión mayor.

Mas sí cabe hablar, al paso, de su filosofía, aunque haya en el mundo más cosas de las que puedan soñarse en ella. Es desencantada y amarga. El poeta ha dicho valientemente que asistirá con sonrisa depravada a las ineptitudes de la inepta cultura; que toda la ciencia, la zurda ciencia, cabe en la axila de una danzarina, y que la norma de la vida es Eva montada en la razón pura.

¡Que en honor de estas afirmaciones, por los milenarios, descalzas y purificadas las juventudes vayan en peregrinación a su sepulcro, que ha de estar ornado de una imagen bifronte: por un lado un Salicio plorante, por el otro un pecador que tendrá en la mano un candil en forma de nave!

GENARO FERNÁNDEZ MAC GREGOR

EL SON DEL CORAZÓN*

UNA MÚSICA íntima no cesa,
porque transida en un abrazo de oro
la Caridad con el Amor se besa.

¿Oyes el diapasón del corazón?
Oye en su nota múltiple el estrépito
de los que fueron y de los que son.

Mis hermanos de todas las centurias
reconocen en mí su pausa igual,
sus mismas quejas y sus propias furias.

Soy la fronda parlante en que se mece
el pecho germinal del bardo druida
con la selva por diosa y por querida.

Soy la alberca lumínica en que nada,
como perla debajo de una lente,
debajo de las linfas, Scherezada.

Y soy el suspirante cristianismo
al hojear las bienaventuranzas
de la virgen que fue mi catecismo.

Y la nueva delicia, que acomoda
sus hipnotismos de color de tango
al figurín y al precio de la moda.

La redondez de la Creación atrueno
cortejando a las hembras y a las cosas
con el clamor pagano y nazareno.

¡Oh Psiquis, oh mi alma: suena a son
moderno, a son de selva, a son de orgía
y a son mariano, el son del corazón!

---

* *El Universal Ilustrado*, México, 24 de julio de 1919.

EL ANCLA

ANTES de echar el ancla en el tesoro
del amor postrimero, yo quisiera
correr el mundo en fiebre de carrera,
con juventud, y una pepita de oro
en los rincones de mi faltriquera.

Abrazar a una culebra del Nilo
que de Cleopatra se envuelve en la clámide,
y oír el soliloquio intranquilo
de la Virgen María en la Pirámide.

Para desembarcar en mi país,
hacerme niño y trazar con mi gis,
en la pizarra del colegio anciano,
un rostro de perfil guadalupano.

Besar al Indostán y a la Oceanía,
a las fieras rayadas y rodadas,
y echar el ancla a una paisana mía
de oreja breve y grandes arracadas.

Y decir al Amor: «–De mis pecados,
los más negros están enamorados;
un miserere se alza en mis cartujas
y va hacia ti con pasos de bebé,
como el cándido islote de burbujas
navega por la taza de café.
Porque mis cinco sentidos vehementes
penetraron los cinco Continentes,
bien puedo, Amor final, poner la mano
sobre tu corazón guadalupano...»

TREINTA Y TRES*

La edad del Cristo azul se me acongoja
porque Mahoma me sigue tiñendo
verde el espíritu y la carne roja,
y los talla, al beduino y a la hurí,
como una esmeralda en un rubí.

Yo querría gustar del caldo de habas,
mas en la infinidad de mi deseo
se suspenden las sílfides que veo
como en la conservera las guayabas.

La piedra pómez fuera mi amuleto,
pero mi humilde sino se contrista
porque mi boca se instala en secreto
en la feminidad del esqueleto
con un escrúpulo de diamantista.

Afluye la parábola y flamea
y gasto mis talentos en la lucha
de la Arabia Feliz con Galilea.

Me asfixia, en una dualidad funesta,
Ligia, la mártir de pestaña enhiesta,
y de Zoraida la grupa bisiesta.

Plenitud de cerebro y corazón;
oro en los dedos y en las sienes rosas;
y el Profeta de cabras se perfila
más fuerte que los dioses y las diosas.

¡Oh, plenitud cordial y reflexiva:
regateas con Cristo las mercedes
de fruto y flor, y ni siquiera puedes
tu cadáver colgar de la impoluta
atmósfera imantada de una gruta!

* *México Moderno*, México, 1º de noviembre de 1921.

ANNA PAVLOWA

PIERNAS
eternas
que decís
de Luisa La Vallière
y de Thaís...

Piernas de rana,
de ondina
y de aldeana;
en su vocabulario
se fascina
la caravana.

Piernas
en las cuales
danza la Teología
funerales
y epifanía.

Piernas:
alborozos y lutos
y parodias de los Atributos.

Piernas
en que exordia
la Misericordia
en la derecha,
y se inicia
en la otra la Justicia.

Piernas
que llevan del muslo al talón
los recados del corazón.

Piernas
del reloj humano,

certeras como manecillas,
dudosas como lo arcano,
sobresaltadas
con la coquetería de las hadas.

Piernas
para que circuyas
el espíritu, que se desarma
entre tus aleluyas;
si la violeta de Parma
tuviese piernas,
serían las tuyas.

Mística integral,
melómano alfiler sin fe de erratas,
que yendo de puntillas por el globo
las libélulas atas y desatas.

¡Te fuiste con mi rapto y con mi arrobo,
agitando las ánimas eternas
en los modismos de tus piernas!

GAVOTA*

SEÑOR, Dios mío: no vayas
a querer desfigurar
mi pobre cuerpo, pasajero
más que la espuma de la mar.

Ni me des enfermedad larga
en mi carne, que fue la carga
de la nave de los hechizos,
del dolor el aposento
y la genuflexión verídica
de su trágico pavimento.

No me hieras ningún costado,
no me castigues a mi cuerpo
por haber vivido endiosado
ante la Naturaleza
y frente a los vertebrales
espejos de la belleza.

Yo reconozco mi osadía
de haber vivido profesando
la moral de la simetría.

Amé los talles zalameros
y el virginal sacrificio;
amé los ojos pendencieros
y las frentes en armisticio.

No tengo miedo de morir,
porque probé de todo un poco,
y el frenesí del pensamiento
todavía no me vuelve loco.

* *México Moderno,* México, 1º de noviembre de 1920.

Mas con el pie en el estribo
imploro rápida agonía
en mi final hostería.

Para que me encomiende a Dios,
en la hostería, una muchacha,
con su peinado de bandós;
y que de ir por los caminos
tenga la carne de luz
de los perones cristalinos.

Y que en sus manos, inundadas
de luz, mi vida quede rota
en un tiempo de gavota.

EN MI PECHO FELIZ

NO HE BUSCADO poder ni metal,
mas viví en una marcha nupcial...
Me parece que por amar tanto
voy bebiendo una copa de espanto.

Claroscuro de noche y de día;
corazón y cabeza y hombría,
los tres nudos que tiene mi ser
a la buena y la mala mujer.

En mi pecho feliz no hubo cosa
de cristal, terracota o madera,
que abrazada por mí, no tuviera
movimientos humanos de esposa.

¡Desdichado el que en la hora lunar
en su lecho no huele azahar!

Desposémonos con la sencilla
avestruz, con la liebre y la ardilla.

LA ASCENSIÓN Y LA ASUNCIÓN

VIVE CONMIGO no sé qué mujer
invisible y perfecta, que me encumbra
en cada anochecer y amanecer.

Sobre caricaturas y parodias,
enlazado mi cuerpo con el suyo,
suben al cielo como dos custodias…

Dogma recíproco del corazón:
¡ser, por virtud ajena y virtud propia,
a un tiempo la Ascensión y la Asunción!

Su corazón de niebla y teología,
abrochado a mi rojo corazón,
traslada, en una música estelar,
el Sacramento de la Eucaristía.

Vuela de incógnito el fantasma de yeso,
y cuando salimos del fin de la atmósfera
me da medio perfil para su diálogo
y un cuarto de perfil para su beso…

Dios, que me ve que sin mujer no atino
en lo pequeño ni en lo grande, diome
de ángel guardián un ángel femenino.

¡Gracias, Señor, por el inmenso don
que transfigura en vuelo la caída,
juntando, en la miseria de la vida,
a un tiempo la Ascensión y la Asunción!

SI SOLTERA AGONIZAS...

AMIGA que te vas:
quizá no te vea más.

Ante la luz de tu alma y de tu tez
fui tan maravillosamente casto
cual si me embalsamara la vejez.

Y no tuve otro arte
que el de quererte para aconsejarte.

Si soltera agonizas,
irán a visitarte mis cenizas.

Porque ha de llegar un ventarrón
color de tinta, abriendo tu balcón.
Déjalo que trastorne tus papeles,
tus novenas, tus ropas, y que apague
la santidad de tus lámparas fieles...

No vayas, encogido el corazón,
a cerrar tus vidrieras
a la tinta que riega el ventarrón.

Es que voy en la racha
a filtrarme en tu paz, buena muchacha.

1921, *póstuma*

EL PERRO DE SAN ROQUE

YO SÓLO SOY un hombre débil, un espontáneo
que nunca tomó en serio los sesos de su cráneo.

A medida que vivo ignoro más las cosas;
no sé ni por qué encantan las hembras y las rosas.

Sólo estuve sereno, como en un trampolín,
para asaltar las nuevas cinturas de las Martas
y con dedos maniáticos de sastre, medir cuartas
a un talle de caricias ideado por Merlín.

Admiro el universo como un azul candado;
gusto del cristianismo porque el Rabí es poeta;
veo arriba el misterio de un único cometa
y adoro en la Mujer el misterio encarnado.

Quiero a mi siglo; gozo de haber nacido en él;
los siglos son en mi alma rombos de una pelota
para la dicha varia y el calosfrío cruel
en que cesa la media y lo crudo se anota.

He oído la rechifla de los demonios sobre
mis bancarrotas chuscas de pecador vulgar,
y he mirado a los ángeles y arcángeles mojar
con sus lágrimas de oro mi vajilla de cobre.

Mi carne es combustible y mi conciencia parda;
efímeras y agudas refulgen mis pasiones
cual vidrios de botella que erizaron la barda
del gallinero, contra los gatos y ladrones.

¡Oh, Rabí, si te dignas, está bien que me orientes:
he besado mil bocas, pero besé diez frentes!

Mi voluntad es labio y mi beso es el rito...
¡Oh, Rabí, si te dignas, bien está que me encauces;
como el can de San Roque, ha estado mi apetito
con la vista en el cielo y la antorcha en las fauces!

VACACIONES*

De tu pueblo a tu hacienda te llevabas
la cabellera en libertad y el pecho
guardado por cien místicas aldabas.

Metías en el coche los canarios,
la máquina de Singer, la maceta,
la canasta del pan... Y en el otoño
te ibas rezando leguas de rosarios.

René, el gigante perro del pastor,
en un galope como si nadara,
te escoltaba, buscándote la cara.

Y detrás del René blanco y gigante
en aquel mapamundi de ilusión
cabalgaba sin brida el estudiante.

René hacía tres veces el camino
yendo y viniendo desde ti hasta mí,
ladrando porque no y porque sí.

René, acróbata de tu portezuela,
venía a hacer brincar su corazón
escandaloso, arriba de mi arzón.

Luego mordía a las mulas; pero ellas,
al peligroso paso de tu río,
sólo pedían, por sacarte salva,
transfigurarse en un tiro de estrellas.

A ti la voz confidencial del campo
de mañana llamábate la hija
mayor de la comarca, y en la tarde
de todo lo creado la idea fija.

---

* *México Moderno,* México, 1 de noviembre de 1920.

Del mapamundi del amor, no más
yo en estas vacaciones sobrevivo;
pero fuera del mundo van un coche,
un estudiante de Santo Tomás
y un perro que les ladra sin motivo.

¡QUÉ ADORABLE MANÍA...!

¡Qué adorable manía de decir
en mi pobreza y en mi desamparo:
soy más rico, muy más, que un gran visir:
el corazón que amé se ha vuelto faro!

Cuando se cansa de probar amor
mi carne, en torno de la carne viva,
y cuando me aniquilo de estupor
al ver el surco que dejó en la arena
mi sexo, en su perenne rogativa:
de pronto convertirse al mundo veo
en un enamorado mausoleo...

Y mi alma en pena bebe un negro vino,
y un sonoro esqueleto peregrino
anda cual un laúd por el camino...

Por darme el santo y seña, la viajera
se ata debajo de la calavera
las bridas del sombrero de pastora.

En su cráneo vacío y aromático
trae la esencia de un eterno viático.
¡Y al fin, del fondo de su pecho claro,
claro de Purgatorio y de Sión,
en el sitio en que hubo el corazón
me da a beber el resplandor de un faro!

1921, *póstuma*

MI VILLA

SI YO JAMÁS hubiera salido de mi villa,
con una santa esposa tendría el refrigerio
de conocer el mundo por un solo hemisferio.

Tendría, entre corceles y aperos de labranza,
a Ella, como octava bienaventuranza.

Quizá tuviera dos hijos, y los tendría
sin un remordimiento ni una cobardía.

Quizá serían huérfanos, y cuidándolos yo,
el niño iría de luto, pero la niña no.

¿No me hubieras vivido, tú, que fuiste una aurora,
una granada roja de virginales gajos,
una devota de María Auxiliadora
y un misterio exquisito con los párpados bajos?

Hacia tu pie, hermosura y alimento del día,
recién nacidos, piando y piando de hambre
rodaran los pollitos, como esferas de estambre.

Quiero otra vez mis campos, mi villa y mi caballo
que en el sol y en la lluvia lanza a mitad del viaje
su relincho, penacho gozoso del paisaje.

Corazón que en fatigas de vivir vas a nado
y que estás florecido, como está la cadera
de Venus, y ceniciento cual la madera
en que grabó su puño de ánima el condenado:
tu tarde será simple, de ejemplar feligrés
absorto en el perfume de hogareños panqués
y que en la resolana se santigua a las tres.

Corazón; re reservo el mullido descanso
de la coqueta villa en que el señor mi abuelo
contaba las cosechas con su pluma de ganso.

La moza me dirá con su voz de alfeñique
marchándose al rosario, que le abrace la falda
ampulosa, al sonar el último repique.

Luego resbalaré por las frutales tapias
en recuerdo fanático de mis yertas prosapias.

Y si la villa, enfrente de la jocosa luna,
me reclama la pérdida de aquel bien que me dio,
sólo podré jurarle que con otra fortuna
el niño iría de luto, pero la niña no.

LA SALTAPARED

VOLANDO del vértice
del mal y del bien,
es independiente
la saltapared.

Y su principado,
la ermita que fue
granero después.

Sobre los tableros
de la ruina fiel,
la saltapared
juega su ajedrez,
sin tumbar la reina,
sin tumbar al rey...

Ave matemática,
nivelada es
como una ruleta
que baja y que sube
feliz, a cordel.

Su voz vergonzante
llora la doblez
con que el mercader
se llevó al canario
y al gorrión también
a la plaza pública,
a sacar la suerte
del señor burgués.

Del tejado bebe
agua olvidadiza
de los aguaceros,
porque trasparente
su cuerpo albañil
gratuito nivel.

Y al ángel que quiere
reconstruir la ermita
del eterno Rey,
sirve de plomada
la saltapared.

EL SUEÑO DE LOS GUANTES NEGROS*

SOÑÉ que la ciudad estaba dentro
del más bien muerto de los mares muertos.
Era una madrugada del Invierno
y lloviznaban gotas de silencio.

No más señal viviente, que los ecos
de una llamada a misa, en el misterio
de una capilla oceánica, a lo lejos.

De súbito me sales al encuentro,
resucitada y con tus guantes negros.

Para volar a ti, le dio su vuelo
el Espíritu Santo a mi esqueleto.

Al sujetarme con tus guantes negros
me atrajiste al océano de tu seno,
y nuestras cuatro manos se reunieron
en medio de tu pecho y de mi pecho,
como si fueran los cuatro cimientos
de la fábrica de los universos.

¿Conservabas tu carne en cada hueso?
El enigma de amor se veló entero
en la prudencia de tus guantes negros.

¡Oh, prisionera del valle de México!
Mi carne [urna] de tu ser perfecto;
quedarán ya tus huesos en mis huesos;
y el traje, el traje aquel, con que su cuerpo
fue sepultado en el valle de México;
y el figurín aquel, de pardo género
que compraste en un viaje de recreo.

---

* En lugar de los puntos suspensivos que indicaban las palabras ilegibles en el original, se añaden, entre corchetes, posibles complementos de un colaborador anónimo.

Pero en la madrugada de mi sueño,
nuestras manos, en un circuito eterno
la vida apocalíptica vivieron.

Un fuerte [ventarrón] como en un sueño,
libre como cometa, y en su vuelo,
la ceniza y [la hez] del cementerio
gusté cual rosa [entre tus guantes negros].

1921, *póstuma*

EL SUEÑO DE LA INOCENCIA

SOÑÉ QUE COMULGABA, que brumas espectrales
envolvían mi pueblo, y que Nuestra Señora
me miraba llorar y anegar su Santuario.

Tanto lloré, que al fin mi llanto rodó afuera
e hizo crecer las calles como en un temporal;
y los niños echaban sus barcos papeleros,
y mis paisanas, con la falda hasta el huesito,
según se dice en la moda de la provincia,
cruzaban por mi llanto con vuelos insensibles,
y yo era ante la Virgen, cabizbaja y benévola,
el lago de las lágrimas y el río del respeto...

Casi no he despertado de aquella maravilla
que enlazara mis Últimos óleos con mi Bautismo;
un día quise ser feliz por el candor,
otro día, buscando mariposas de sangre,
mas revestido ya con la capa de polvo
de la santa experiencia, sé que mi corazón,
hinchado de celestes y rojas utopías,
guarda aún su inocencia, su venero de luz:
¡el lago de las lágrimas y el río del respeto!

AGUAFUERTE*

(Alfonso Camín)

ALFONSO, inquisidor estrafalario:
te doy mi simpatía, porque tienes
un aire de murciélago y canario.

Tu capa de diabólicos vaivenes
brota del piso, en un conjunto doble
de Venecias y de Jerusalenes.

Equidistante del rosal y el roble
trasnochas, y si busco en la floresta
de España un bardo de hoy, tu ave en fiesta
casi es la única que me contesta.

* *El Heraldo Ilustrado,* México, 31 de diciembre de 1919.

LA SUAVE PATRIA*

PROEMIO

YO QUE sólo canté de la exquisita
partitura del íntimo decoro,
alzo hoy la voz a la mitad del foro,
a la manera del tenor que imita
la gutural modulación del bajo
para cortar a la epopeya un gajo.

Navegaré por las olas civiles
con remos que no pesan, porque van
como los brazos del correo chuan
que remaba la Mancha con fusiles.

Diré con una épica sordina:
la Patria es impecable y diamantina.

Suave Patria: permite que te envuelva
en la más honda música de selva
con que me modelaste por entero
al golpe cadencioso de las hachas,
entre risas y gritos de muchachas
y pájaros de oficio carpintero.

PRIMER ACTO

Patria: tu superficie es el maíz,
tus minas el palacio del Rey de Oros,
y tu cielo, las garzas en desliz
y el relámpago verde de los loros.

El Niño Dios te escrituró un establo
y los veneros del petróleo el diablo.

---

* *El Maestro.* Revista de Cultural Nacional, México, n.º III, 1º de junio de 1921.

Sobre tu Capital, cada hora vuela
ojerosa y pintada, en carretela;
y en tu provincia, del reloj en vela
que rondan los palomos colipavos,
las campanadas caen como centavos.

Patria: tu mutilado territorio
se viste de percal y de abalorio.

Suave Patria: tu casa todavía
es tan grande, que el tren va por la vía
como aguinaldo de juguetería.

Y en el barullo de las estaciones,
con tu mirada de mestiza, pones
la inmensidad sobre los corazones.

¿Quién, en la noche que asusta a la rana,
no miró, antes de saber del vicio,
del brazo de su novia, la galana
pólvora de los fuegos de artificio?

Suave Patria: en tu tórrido festín
luces policromías de delfín,
y con tu pelo rubio se desposa
el alma, equilibrista chuparrosa,
y a tus dos trenzas de tabaco sabe
ofrendar aguamiel toda mi briosa
raza de bailadores de jarabe.

Tu barro suena a plata, y en tu puño
su sonora miseria es alcancía;
y por las madrugadas del terruño,
en calles como espejos se vacía
el santo olor de la panadería.

Cuando nacemos, nos regalas notas,
después, un paraíso de compotas,
y luego te regalas toda entera,
suave Patria, alacena y pajarera.

Al triste y al feliz dices que sí,
que en tu lengua de amor prueben de ti
la picadura del ajonjolí.
¡Y tu cielo nupcial, que cuando truena
de deleites frenéticos nos llena!
Trueno de nuestras nubes, que nos baña
de locura, enloquece a la montaña,
requiebra a la mujer, sana al lunático,
incorpora a los muertos, pide el Viático,
y al fin derrumba las madererías
de Dios, sobre las tierras labrantías.
Trueno del temporal: oigo en tus quejas
crujir los esqueletos en parejas,
oigo lo que se fue, lo que aún no toco
y la hora actual con su vientre de coco,
y oigo en el brinco de tu ida y venida,
oh trueno, la ruleta de mi vida.

INTERMEDIO

CUAUHTÉMOC

Joven abuelo: escúchame loarte,
único héroe a la altura del arte.

Anacrónicamente, absurdamente,
a tu nopal inclínase el rosal;
al idioma del blanco, tú lo imantas
y es surtidor de católica fuente
que de responsos llena el victorial
zócalo de ceniza de tus plantas.

No como a César el rubor patricio
te cubre el rostro en medio del suplicio:
tu cabeza desnuda se nos queda,
hemisféricamente de moneda.

Moneda espiritual en que se fragua
todo lo que sufriste: la piragua
prisionera, el azoro de tus crías,
el sollozar de tus mitologías,
la Malinche, los ídolos a nado,

y por encima, haberte desatado
del pecho curvo de la emperatriz
como del pecho de una codorniz.

SEGUNDO ACTO

Suave Patria: tú vales por el río
de las virtudes de tu mujerío;
tus hijas atraviesan como hadas,
o destilando un invisible alcohol,
vestidas con las redes de tu sol,
cruzan como botellas alambradas.

Suave Patria: te amo no cual mito,
sino por tu verdad de pan bendito,
como a niña que asoma por la reja
con la blusa corrida hasta la oreja
y la falda bajada hasta el huesito.

Inaccesible al deshonor, floreces;
creeré en ti, mientras una mejicana
en su tápalo lleve los dobleces
de la tienda, a las seis de la mañana,
y al estrenar su lujo, quede lleno
el país, del aroma del estreno.

Como la sota moza, Patria mía,
en piso de metal, vives al día,
de milagro, como la lotería.

Tu imagen, el Palacio Nacional,
con tu misma grandeza y con tu igual
estatura de niño y de dedal.

Te dará, frente al hambre y al obús,
un higo San Felipe de Jesús.

Suave Patria, vendedora de chía:
quiero raptarte en la cuaresma opaca,
sobre un garañón, y con matraca,
y entre los tiros de la policía.

Tus entrañas no niegan un asilo
para el ave que el párvulo sepulta
en una caja de carretes de hilo,
y nuestra juventud, llorando, oculta
dentro de ti el cadáver hecho poma
de aves que hablan nuestro mismo idioma.

Si me ahogo en tus julios, a mí baja
desde el vergel de tu peinado denso
frescura de rebozo y de tinaja,
y si tirito, dejas que me arrope
en tu respiración azul de incienso
y en tus carnosos labios de rompope.

Por tu balcón de palmas bendecidas
el Domingo de Ramos, yo desfilo
lleno de sombra, porque tú trepidas.

Quieren morir tu ánima y tu estilo,
cual muriéndose van las cantadoras
que en las ferias, con el bravío pecho
empitonando la camisa, han hecho
la lujuria y el ritmo de las horas.

Patria, te doy de tu dicha la clave:
sé siempre igual, fiel a tu espejo diario;
cincuenta veces es igual el AVE
taladrada en el hilo del rosario,
y es más feliz que tú, Patria suave.

Sé igual y fiel; pupilas de abandono;
sedienta voz; la trigarante faja
en tus pechugas al vapor; y un trono
a la intemperie, cual una sonaja:
la carreta alegórica de paja.

24
abril
1921

EL VERSO INOLVIDABLE...

La síntesis diferencial de este poeta asciende como un trémolo de aristocracias sobre la hora vacía de las hemorragias nacionales. Enfrentándolo con la realidad externa que lo nutrió, se llega a la conclusión de que el yo irreductible rebasa los datos de la experiencia común y proyecta en hipótesis viables las construcciones del povenir.

Aquél se evade cotidianamente a zonas de abnegación, donde se argentan los ideales por congelaciones sucesivas y de donde se vuelve con el sentido ingrávido de la escarcha y la alondra; el que logra, por un esfuerzo sostenido, prender en la noche de la Patria una bella curva espiritual; quien perfecciona el coloquio con los sistemas planetarios que bailan en las franjas del sol coladas por la rendija; quien, además de todo esto, encadena sus emociones, las combina en los sagrarios intangibles de la personalidad consciente y las filtra por el ojo de una aguja para que caigan libres de escoria, merece ser llamado héroe de la epopeya siglo veinte que vivimos.

Por nudos de discreto heroísmo trepaba López Velarde a los cables que nos tiran las constelaciones.

Hoy, que estamos familiarizados con los retratos vertiginosos de la pantalla, recordamos con júbilo el busto del poeta y reaparece en las películas de la memoria con sus guiños y valores plásticos y espirituales. Pero como aquí el fotógrafo operaba con las falanges ardorosas de la vida, se nos representa cual un malabarista que equilibrase la magia interna y la magia del mundo; surge de nuevo con su sonrisa modelada por el septimino de las cañas panidas; en su máscara leemos la teoría de nostalgias y silencios fecundos, y volvemos a ver su cabeza patricia y denodada y su aspecto de angelote escapado de frisos preestelares.

Cuando la madrépora emocional de López Velarde iba a abrir cardinalmente su millón de brazos, resplandecientes de corales y sorpresas, murió trocando en sonrisas el último latido. Dicen que, al ungir su frente, ¡amanecía!

Éste es el hombre que dio un salto mortal e inmortal, al pasar de su fino ensayo de *La sangre devota* a *Zozobra* y *El minutero*. Su sentimentalismo primitivo es más tarde resplandor nervioso; su anarquía ilimitada y difusa tiende a lo exquisito ilimitado y sus simples emociones estéticas conviértense en sensibilidad mental. De este modo, el amorfo iridiscente de la subconciencia: automatismo psíquico, dictado de los sueños, imágenes espontáneas, endopatía; todo el cortejo de inasibles que acompañan a los fenómenos misteriosos que acaecen en nuestra red nerviosa y en los altos centros cerebrales adquieren carta de ciudadanía en los versos y en la prosa de este cantor infortunado.

En la Provincia armonizará un derroche de luces vegetales por monteríos y huertas; en la ciudad urdió, con la risa de la mujer y el juego de arbitrarias cataratas, una metafísica de cristales. Pero no sólo se libertó del terruño charanguero y entumecedor, sino también de la urbe, esa amortajada con el llanto de la decadencia y el hipo de los bárbaros. Fue cuando empezó a tatuar con sus conceptos acerados las encinas de la selva intocada para convertirse en el arquitecto de sí mismo, el arquitecto que levantaba sus palacios imaginarios con coordenadas, que antes parecían abstrusas, por estar hechas con puntos medulares, y que hoy son claras de «claridad desesperante». Su ubicuidad permitíale ser el metaforista bizarro que ritmaba su profetismo intelectual con la mecánica del pelele, y el *flâneur* abstraído, que luego se gastaba la broma de tomar un camión astroso. ¡Oh, dúctil Sagitario, cazador de imposibles estrellas cinemáticas! Fue el lustre de su vida en que se dedicó a ensamblar hallazgos de raro calibre, hasta conseguir precipitados quimiocerebrales casi absolutos, como éste:

Mi carne pesa, y se intimida
porque su peso fabuloso
es la cadena estremecida
de los cuerpos universales
que se han unido con mi vida.

Ámbar, canela, harina y nube
que en mi carne al tejer sus mimos,
se eslabonan con el efluvio
que ata los náufragos racimos
sobre las crestas del diluvio.

Mi alma pesa, y se acongoja
porque su peso es el arcano
sinsabor de haber conocido
la Cruz y la floresta roja
y el cuchillo del cirujano.

Y aunque todo mi ser gravita
cual un orbe vaciado en plomo

que en la sombra paró su rueda,
estoy colgado en la infinita
agilidad del éter, como
de un hilo escuálido de seda.

¡Así habla el Demiurgo! ¡Su yo depurado trasciende al egoísmo y se hace impersonal!

Baja a veces su imperio alcanforado con el terrible cedazo que ya no cierne sino polen de rosales y levaduras del trasmundo, para asombrarnos con su poema «Humildemente», o reconducirnos a «La suave Patria» por una coordinación de síntesis espontáneas forjadoras de un collar de endecasílabos supremos. Sus dedos hortelanos vuelven a oler a jenjibre y manzanilla, derraman sus ánforas glucosas de albérchigos y guayabas, mueven a su paso las corolas un *allegro* de estambres y cruza, rúbrica feliz, por los pasajes de su inventiva, «el relámpago verde de los loros». ¡Arpegios incorruptibles! ¡Mieles de Dios!

He aquí al poeta que odiaba el grito y las contorsiones de los versificadores impacientes. He aquí al hombre que quemaba diariamente las etiquetas de la literatura y que hoy se instala en las ágoras de la República resucitado con el aliento de las vírgenes lejanas, sostenido por la parábola que radiaron sus flechas cosmogénicas y consagrado por el óleo latino.

Con el decurso de los días aparecen los botareles y armadura de una fábrica que por su inquietud espiritual desborda los cálices apolíneos y que, aprovechando la disimetría de cien torres, se estiliza góticamente en el azul...

Entendiendo el ideal en el arte como la armonía de las formas futuras y, dentro de esto, el perfeccionamiento de la humanidad por la belleza, ninguno de nuestros poetas alcanza timbres tan nobles como Ramón López Velarde.

Efectivamente, en la breve y condensada obra que nos legó resaltan la anatomía y virtudes de la mujer y las excelencias del territorio, miniadas con el pincel de la comprensión, el cariño y el desinterés. De nuestro acervo literario ésta es la sola vibración lírica cuyos elementos orquestan la rapsodia mexicana que se alza como una arquitectura barroca cimentada en basaltos y obsidiana, revestida de tezontle, ónices y tecali, y rematada por logias opalinas y tímpanos aéreos que se resuelven en gamas ornitológicas y vuelos de colibrí.

Como aceptó la divina amargura de vivir en continuidad poética de los objetos preciosos que nos rodean, escogió a la mujer para descansar de las tareas espirituales que asedian al constructor moderno. Los que le creen romántico no recuerdan que dejó caer en los escudos de su vía crucis estas lágrimas de oro: «El hijo que no he tenido es mi verdadera obra maestra.» Por lo demás, su mano inverosímil hizo de la estatua femenina una delicia avasalladora que finge, bajo las ropas negras, un tratado en marfil de escalofríos.

Su otro oasis fue la Provincia. Rasgando pequeños horizontes, nos reintegró a una Patria efectiva, sin truenos, una Patria que, aunque interinamente padece el sarpullido de las fobias, suele caracterizarse como un contacto de almas y estrellas.

Pero el poeta frecuenta otros parajes. Las sendas se le motean de precipicios; su sibila, aconsejada por la serpiente, no hace sino gritarle negaciones; sus miembros distiéndense en los crepúsculos hasta tocar las violetas del nubarro. Las telas fantásticas de *Zozobra* y *El minutero* se enriquecen con el toque gris de plata y los sulfuros que poblaran las concepciones de un redivivo Greco. El sismo medular provoca perturbaciones indelebles que evidencian el patetismo raigal.

Mas, la voluntad alerta, prende en cada jirón del enigma el brote insinuante de unos labios, aterciopela cada sollozo con un acorde y hace abortar en las entrañas de los profundos ébanos nocturnos nácares, plumones, caricias y delirios. Y resulta lo excepcional en poesía; dentro de la negra inmensidad arde la afirmación de la estrella, la mujer y el cocuyo, reivindicando alegría. ¡Inquietud y elegancia!

A esto hay que agregar una complicación pictórica de primer orden, una bruma leonardesca de ágatas, perlas y cianuros que subliman los cuadros del poeta y hacen de los paisajes un derivado del reposo animal y una secuencia de la fluidez del pensamiento. Almas y formas humanas se encaminan por prados, arroyos y roquedales, sumándose a ellos y amalgamándose en las lejanías, para converger en perspectivas abstractas, plenas de futuricidades excesivas...

Esta manera de López Velarde no es aparente: es una integración de infinitesimales que sólo alcanzan los creadores, cada uno de los cuales vive su distinta eminencia, más allá de las escuelas pasadas y presentes.

Como en el verso inolvidable, su ojo, cada mañana, era el príncipe del día.

Finalmente, los elementos (psico-estructurales) de que se sirvió López Velarde para realizar la trunca delicia de su ensueño son, sin duda, el nuevo aporte de quilate-rey que vuelca en el tesoro social de la belleza. Estos elementos son la rima, el ritmo y el adjetivo. Vale la pena aventurar una impresión fervorosa.

Rima. Con su rima –mentís solemne a los flojos buzos del lenguaje– dio circulación al oro de las minas estáticas, timbrando el mercado con remates desconcertantes. Sus consonancias y asonancias son frutos esenciales que caen estilizados del paraíso de la idea.

Ritmo. Ritmo velado y letárgico que corresponde a las actitudes de un sonámbulo innovador. Música cerebral y doliente que se va imponiendo como la gracia de los rostros queridos y que al fin nos conquista a fuerza de diarios sortilegios. Pocas veces se da el caso en la historia de las literaturas de un ritmo que sea exponente de las modalidades internas del artista, que vaya, como en el presente caso, por las líneas quebradas del pensamiento de la vida.

Adjetivo. Monstruoso vástago de Laforgue y Herrera Reissig es el adjetivo velardeano. Es de Laforgue por su audacia orbal, proveniente de energías insospechadas, caída de los hospitales saturnianos y de las faunas y floras invertebradas y geométricas de Orión. Vale como un lingote rico de heliotropos y electrones. Es de Herrera Reissig por su química descompuesta y su cromatismo espectral, pues fue extraído de terciopelos submarinos y suscitado por las aventuras de la luz y el sonido en las gargantas, en las cabelleras, en las encías amadas, en los valles y en el diálogo del lucero y el pozo. Sumado al sustantivo precipita cobaltos faraónicos y ocelados, únicos para esmaltar la causa de un destino. A veces es el adjetivo del Espíritu Santo robado al filón bíblico y a los bronces purísimos que rodará por calles y azoteas el ángelus del día...

Tal el hombre que vislumbró la presencia trágica del alma y que, equilibrando la emoción y el conocimiento, logró el armónico trascendente.

López Velarde es acreedor a una viva corona de gratitudes, porque estando dotado como pocos para operar en el vacío, supo contenerse y darnos el acento cuajado de su espíritu. Supo decirnos lo estupendo anímico y evitar los saltos bruscos apoyándose en la ironía, como tangente que alegra los márgenes del drama, aunque sin concederle intelectual regalía.

Fue un dignatario de su Patria y hubiese llegado a ser sintonizador de ondas trasoceánicas, arquetipo de esta humanidad que se traslada sólo Dios sabe a qué generosas maravillas.

¡Que se alcen sobre su tumba, en este aniversario, nuestras cumbres mayores, en una alba salutación de ventisqueros!

RAFAEL CUEVAS

NOTAS EXPLICATIVAS

PRIMERAS POESÍAS

(p. 5) A UN IMPOSIBLE: Antes de este poema, sólo se conoce el principio de una estrofa que, según cuenta Francisco Monterde (*El Hijo Pródigo,* México, núm. 39, junio de 1946), alguien recordaba haber visto escrita por el poeta en el interior de la puerta de su casa de Jerez:

Ya me voy de esta casa querida
donde todas las dichas viví...,

versos que acaso escribió hacia 1900, cuando contaba doce años y salió de su casa paterna para ir a estudiar a Zacatecas. La puerta apolillada fue sustituida y los versos desaparecieron.

(p. 7) SUIZA: Este poemita, que parece escrito en broma, con disparates como el de «los ancianos gondoleros del lago», apareció el 19 de agosto de 1906, en el núm. 2 de *Bohemio,* la revista que publicaban en Aguascalientes Enrique Fernández Ledesma, Pedro de Alba y J. Villalobos Franco. De *Bohemio* sólo se conocen los números 1, 2 y 9, correspondiente este último al 4 de septiembre de 1907. Las tres estrofas de «Suiza» van firmadas por Ricardo Wencer Olivares. Alejandro Topete del Valle cuenta que Pedro de Alba le refirió que, en una humorada de Fernández Ledesma, le asignó este seudónimo a López Velarde (Elisa García Barragán, «"Suiza", un desconocido y exótico López Velarde. *Bohemio*», *Minutos velardianos,* UNAM, Instituto de Investigaciones Estéticas, México, 1988, pp. 95-98).

(p. 23) ELOGIO A FUENSANTA: Respecto al origen de este nombre poético, «Fuensanta», se han propuesto varias teorías. Alfonso Méndez Plancarte («La "Fuensanta" celeste», «Las "Fuensantas" de Campos y Grilo» y «El cantor de "Fuensanta" en la Península», *El Universal,* México, 9, 16 y 23 de mayo de 1949) piensa que el nombre puede provenir de un cuento de Rubén M. Campos de 1902 en la *Revista Moderna* o de ciertos poemas del poeta español Antonio Fernández Grilo. Por su parte, Luis Noyola Vázquez cree que el nombre pudo recordar a la heroína de *El loco Dios,* de Echegaray, e informa que, en los años potosinos de López Velarde, eran representadas en el Teatro de la Paz, de San Luis Potosí, comedias de Echegaray –entre ellas la mencionada– y de

Zorrilla, por la compañía de Tomás Borrás, Comedias que, por otra parte, influirían en el teatro de Othón («Génesis de un poema, "No me condenes", de Ramón López Velarde», *Letras Potosinas,* San Luis Potosí, núm. 97, mayo-junio de 1951). En fin, tanto Noyola Vázquez como Allen W. Phillips se refieren a un misterioso poema, «Epístola a Fuensanta», que apareció por primera vez en la revista *La Provincia,* de Aguascalientes (núm. 3, 15 de junio de 1904), y se reprodujo en el periódico *La Nación,* de México (22 de julio de 1912), firmado por Guillermo Eduardo Symonds, autor que Phillips no discute, aunque más bien lo considera un precursor o antecedente de López Velarde, mientras que Noyola Vázquez piensa que «oculta a López Velarde». Sin embargo, el estilo es por completo diferente al del poeta de *La sangre devota* y se trata, por otra parte, de «una descarnada confesión, llena de amargura, en que el poeta alude reiteradamente a su pobreza». Antes de decidir si el autor de esta «Epístola a Fuensanta» es o no López Velarde, recordemos que éste, en 1904, sólo tenía dieciséis años, aunque ya había iniciado su relación sentimental con Josefa de los Ríos.

Fuensanta es un antiguo nombre geográfico y de pila español, de la región andaluza. Hay un Embalse de la Fuensanta, del río Segura, en Murcia, y el lugar da nombre también a un marqués de la Fuensanta del Valle.

Octavio Paz ha llamado la atención sobre un cuadro del pintor cordobés Julio Romero de Torres, *Ángeles* y *Fuensanta,* pintado en 1909, que representa a dos mujeres: la segunda, enlutada y con una carta abierta en las manos, hace recordar a la Fuensanta creada por López Velarde en su poesía. A pesar de que, como señala Paz, el primer poema de López Velarde, en «Elogio de Fuensanta», fue escrito un año antes de que se pintara el cuadro del español, la coincidencia de ambos al escoger el mismo nombre femenino «revela que estamos ante un verdadero *motivo* de la época. Ese nombre, como otros parecidos, era un talismán y un símbolo estético, sexual y espiritual» («Fuensanta: imán y escapulario», *Generaciones y semblanzas. Escritores y letras de México, México en la obra de Octavio Paz,* Fondo de Cultura Económica, México, 1987, t. II, páginas 408-415).

(p. 37) A UNA AUSENTE SERÁFICA: De este mediano poema, tan justamente excluido de *La sangre devota,* se conservan dos versiones manuscritas, con variantes, de las cuales se ha preferido la que el poeta pensaba incluir en la primera edición frustrada (1910) de su primer libro. En el tercer verso del segundo soneto, en ambas versiones se lee claramente al fin de verso «agreño», palabra que no existe en ningún diccionario. Elena Molina Ortega y Antonio Castro Leal han corregido poniendo «agoreño», que tampoco existe en el diccionario. Dejo el «agreño», original, suponiendo que puede ser un regionalismo o una deformación de agreste.

(p. 38) COSES EN DULCE PAZ...: En el manuscrito de la primera edición que López Velarde proyectó en 1910 de *La sangre devota,* este soneto era la segunda parte de «Para tus dedos ágiles y finos», que figura en la edición de 1916 de aquel libro.

(p. 41) UNA VIAJERA: «La hija del enjuto médico del lugar» es, según Luis Noyola Vázquez (*Fuentes de Fuensanta,* México, 1947, p. 75), Eloísa Villalobos, «una de sus primeras asiduidades amorosas». La alusión del tercer verso, «que tiene un largo nombre de remota novela», la ha aclarado Emmanuel Carballo (*Ramón López Velarde en*

Guadalajara, Guadalajara, 1952, p. 18) señalando que debe referirse probablemente a *Julia o la nueva Eloísa* (1761), larga novela sentimental en forma epistolar, de Rousseau. En la crónica «De mis días de cachorro» (en *Don de febrero*) López Velarde vuelve a hablar de la «hija del enjuto médico del lugar», ahora llamándola Elisa Villamil.

(p. 46) TUS VENTANAS: Es una primera versión de «Sus ventanas», de *La sangre devota.*

(p. 49) RUMBO AL OLVIDO: Es una primera versión de «Y pensar que pudimos…», de *La sangre devota.* En la primera parte de «El taller poético de López Velarde» (adelante, pp. 259 y ss.) examino esta reelaboración.

LA SANGRE DEVOTA

(p. 70) CUARESMAL: Ya Amado Nervo había descrito los adornos de los altares mexicanos en los días cuaresmales, en «Nuestro Amo está expuesto», de *Jardines interiores* (1905):

hay tiestos
rizados de musgo, naranjas doradas,
con mil flamulillas de oropel que crujen
al soplo del viento…

Respecto a los propios usos de Jerez –que eran los de la mayoría de los pueblos mexicanos– Eugenio del Hoyo recuerda: «Viernes de Dolores. En todas las casas, ricas y humildes, se ponían los "altares". Días antes, en fechas exactas, se sembraban los vasos de trigo, de cebada, de chía, de alpiste en arena húmeda; se cortaban con primor los adornos de "papel picado" y se decoraban con "oro volador" docenas de naranjas» (*Jerez, el de López Velarde,* Gráfica Panamericana, México, 1956, p. 68).

(p. 72) EN LAS TINIEBLAS HÚMEDAS…: «Varias veces hizo Ramón, aun en tiempo de sobresaltos revolucionarios, el recorrido del centro a su colonia (Roma) como un peregrino de la noche… En esos paseos de medianoche compuso íntegramente algunos de sus poemas, como aquel que se llama "En las tinieblas húmedas"; grababa los versos en su memoria fiel y al llegar a su alcoba escribía cabalmente al reverso de un sobre o de una carta, sentado al borde de su lecho» (Pedro de Alba, *Ramón López Velarde, Ensayos,* UNAM, México, 1958, p. 16).

(p. 76) Amando J. de Alba: 1881-1942. Canónigo, orador sagrado y poeta jalisciense de Encarnación de Díaz. Publicó un tomo de poesías, *El alma de las cosas* (Imprenta Anáhuac, Guadalajara, 1918; 2.ª ed. Imprenta de Fortino Jaime, 1932). De Alba fue amigo muy cercano de López Velarde, desde los días de Aguascalientes, entre 1906 y 1908, y además de esta dedicatoria, lo recordará en la crónica «El capellán», de 1916. Véase: Emmanuel Carballo, «López Velarde, González León y Amando J. de Alba», *Letras Potosinas,* San Luis Potosí, mayo-junio de 1951, núm. 97, pp. 6-8.

(p. 97) BOCA FLEXIBLE, ÁVIDA...: Para la génesis de este poema, véase la nota acerca de «Día 13", de *Zozobra* en la página 237 de estas «Notas explicativas».

(p. 98) EL CAMPANERO: En *El Diario del Hogar,* el 10 de junio de 1909, en la sección «Musa extranjera» se publicó este poema en una versión descuidada.

(p. 100) LA TÓNICA TIBIEZA: Mucho se ha supuesto sobre el mundo erótico de Ramón López Velarde. María Ibargüengoitia (*La poesía de López Velarde,* Cvltvra, México, 1936, pp. 62-65) lo supuso un tímido sexual o un «tímido superviril»; Luis Noyola Vázquez (*Fuentes de Fuensanta,* México, 1947, p. 75) afirma, por el contrario, que «su deseabilidad erótica era continua, tanto que no se le iba día sin sacrificar a Cipris y Afrodita»; y Pedro de Alba, quien fue su amigo muy cercano, confirma que «nunca negó sus debilidades, y aun los amores mercenarios los rodeaba de entrañable fuerza» («Las mujeres y los amigos de López Velarde», *Novedades,* México, 8 de enero de 1961). Penetrando un poco más allá de las anécdotas, Benardo Ortiz de Montellano («Sombra y luz de Ramón López Velarde», *Papel de Poesía,* Saltillo, núm. 35, junio de 1946) advirtió, con finura de juicio, que «gran parte del elíptico barroquismo de la expresión velardeana se debe a este deseo de expresar, con delicadeza, situaciones eróticas e intimidades indecibles tan apremiantes para el claroscuro de su sinceridad arrebatada y manifiesta –en su poesía– entre lo impuro del amor conocido y la pureza del amor virginal que alienta su obra». A sus contingentes huríes, «las halla a todas bellas y a todas favoritas», aunque siga oponiéndoles el casto e inaccesibles ideal de Fuensanta.

ZOZOBRA

(p. 114) HOY COMO NUNCA...: En sus tres primeras estrofas, este poema es una dramática despedida a Josefa de los Ríos, a quien López Velarde probablemente visitó en sus últimos días. Ella debió de venir a la ciudad de México para curarse, ya que murió, en el Valle de México, el 7 de mayo de 1917.

Fuensanta fue siempre frágil, tenía la obsesión de su muerte inminente y, al parecer, padecía una afección cardiaca que al fin la venció a los treinta y siete años. Después de la cuarta estrofa, el poeta vuelca en sí mismo la agonía y, en una conturbadora sucesión de imágenes litúrgicas, siente que su vida es una «prolongación de exequias» y que no habrá de ver más «el rayo del sol sobre mi arca».

(p. 117) EL VIEJO POZO: «*Buscando el vaticinio de la tortuga*»: En julio de 1900 estaban con Rubén Darío, en el bar Calisaya, de Montmartre, algunos amigos, entre ellos Nervo y Gómez Carrillo. Cuando las cosas llegaron a su punto, Darío improvisó el soneto –dedicado a Nervo– que comienza:

La tortuga de oro camina por la alfombra
y traza por la alfombra un misterioso estigma;
sobre su carapacho hay grabado un enigma,
y un círculo enigmático se dibuja en su sombra.

(En 1910, Darío refundió el soneto, vagamente recordado, en dos estrofas acaso más felices a las que llamó «Armonía»:

La tortuga de oro marcha sobre la alfombra.
Va trazando en la sombra
un incógnito estigma:
la sombra del enigma,
de lo que no se nombra.
¡Aun cuando a veces lo pienso,
el misterio no abarco
de lo que está suspenso
entre el violín y el arco!...)

Años más tarde, cuando Nervo rememoró imágenes de infancia («Las varitas de virtud», *Ellos,* 1912), recordó, en un patio lamoso, un «viejo pozo de brocal agrietado... que servía de guarida a una tortuga que desde el fondo y a través del tranquilo cristal del agua nos miraba, estirando, cuando nos asomábamos, su cabeza de serpiente, como un dios asiático».

Aquella enigmática tortuga de oro y esta otra, interrogante, pudieron estar presentes en esta visión infantil de López Velarde. Años después, retornará con García Lorca el enigma de «la danza que sueña la tortuga».

Por otra parte, el relato de Nervo prosigue con los recuerdos de una tía –al igual que el poema de López Velarde– que creía en los tesoros ocultos y las consejas populares acerca de entierros, fantasmas y «varitas mágicas». Las tortugas en el fondo de los pozos caseros eran una curiosa costumbre mexicana. Decíase que purificaban el agua, alimentándose de las alimañas que encontraban.

(p. 126) EL MINUTO COBARDE. *A Saturnino Herrán*: De Aguascalientes, y amigo de López Velarde desde su juventud, el pintor Saturnino Herrán (1887-1918) realizaría una obra muy cercana en intención a la del poeta. Como él, Herrán se interesa por los temas nativos y quiere darles una dignidad artística, abandonando las convenciones del academismo entonces en boga. Justino Fernández señala que él fue «el eslabón que unió la tradición clasicista y mexicanista, pero totalmente renovada, con esa corriente que llegó a su cima en nuestros días con Diego Rivera» (*El arte del siglo XIX en México,* Imprenta Universitaria, México, 1967, página 152).

Además de este poema de *Zozobra,* López Velarde dedicó a Herrán dos comentarios muy inteligentes a su arte en «El Cofrade de San Miguel» y «Oración fúnebre», y un apunte acerca de las presencias femeninas que acompañaron las últimas horas del artista, todos ellos en *El minutero.*

(p. 129) INTROITO: *Enrique Fernández Ledesma* (1888-1939), zacatecano como López Velarde, fue su amigo desde los años juveniles del Instituto de Aguascalientes. Este poema «Introito» figura al frente de su único libro de versos, *Con la sed en los labios* (Ediciones México Moderno, 1919), que lleva también, como *La sangre devota,* portada del

pintor Saturnino Herrán. La inspiración de Fernández Ledesma estaba demasiado cerca de las mismas fuentes nativas que señoreaba la magia de López Velarde. Su camino propio habría de encontrarlo en los ensayos en que evoca cuanto fue el encanto y la gracia de nuestro siglo XIX.

(p. 131) DÍA 13: «Quizás no existan en la poesía de México de todos los tiempos versos en los que junto a una invocación reverente se toquen las cuerdas profundas de un amor que calcina hasta los huesos, poemas en los que alternan un culto casi místico con el vigilante sentido pagano, como aquellos que López Velarde dedica a la mujer que descubriera en el agorero "Día 13" de sus años de juventil fortaleza. Las palabras adquieren una significación inesperada, los sentidos corporales se agudizan, las imágenes participan de la sencillez del lenguaje de los niños y del complicado sensualismo de un trovador oriental sin que falten las místicas expresiones de un devoto de Jesús de Galilea» (Pedro de Alba, *Ramón López Velarde. Ensayos,* UNAM, México, 1958, pp. 12-13).

¿Quién era esta mujer descubierta un «Día 13»? José Emilio Pacheco (*Antología del modernismo 1884-1921,* UNAM, México, 1970, t. II, p. 128) dice al respecto: «López Velarde cortejaba desde que llegó a México, a Margarita, hermana de Alejandro Quijano. Margarita es la protagonista de *Zozobra* y del enigma de amor más intenso y más indescifrable de toda la poesía mexicana. La frustración de esta idolatría engendró sus mejores poemas y lo llevó a aferrarse de nuevo ya no a Fuensanta sino a su recuerdo espectral.»

Considero válida esta identificación que todos los indicios parecen confirmar. Posteriormente, el doctor Jesús López Velarde, hermano del poeta, ha ratificado estos hechos: «Ramón tuvo... otro amor en plena juventud: Margarita Quijano. Al punto de pedirle que se casara con él» (Entrevista con Guadalupe Appendini, *Excélsior,* 2 de febrero de 1971). La prosa de López Velarde «La dama en el campo» *(Don de febrero),* fechada el 26 de febrero de 1916, es una hermosa fantasía dedicada a esta «Señorita de nombre de flor», a la que imagina, a ella tan urbanizada, «¿cómo se vería vestida de negro, en el febrero amarillo de la cosecha?». En estas mismas páginas, López Velarde recuerda que en *La sangre devota* ha «llamado a la inspiradora de esta crónica, boca flexible, ávida de lo concienzudo; figura cortante que se escapó de una redoma de alquimia o de una asamblea de vitrales oblongos».

Pedro de Alba (*ibidem,* p. 10) nos informa que «cultivaba amistad con la elegida que inspiró varios poemas del libro *Zozobra;* admirable y excepcional mujer en quien se conjugaban las dotes intelectuales y los encantos femeninos». Los poemas dedicados a Margarita Quijano son, en principio, cuando menos uno de los últimos de *La sangre devota*: «Boca flexible, ávida...», de acuerdo con lo que antes ha expresado el mismo poeta, y de *Zozobra*: «Que sea para bien», «La mancha de púrpura», «Día 13», «Despilfarras el tiempo», «Tus dientes», «La niña del retrato» y «La lágrima», según Pedro de Alba y en atención a las alusiones de cada uno de estos poemas.

(p. 133) NO ME CONDENES...: Luis Noyola Vázquez ha identificado a esta María: «Ojos inusitados de sulfato de cobre.» (La curiosa comparación había aparecido ya en Amado Nervo: «Unos ojos verdes, color de sulfato de cobre», según principia el poema «Dominio», de *Serenidad,* 1914.) Su nombre es María Magdalena Nevares Cázares, chihuahuense avecindada en San Luis Potosí, y ella habría de ser «el segundo y más

humano de sus amores… A María Nevares se dirige indistintamente con los nombres de María y Magdalena. López Velarde conoció a María en la casa del senador porfirista don Francisco Albésztegui, en San Ángel, D. F., por presentación que le hizo el entonces pasante de leyes don Manuel Gómez Morín, en diciembre de 1911. Ramón quedó vivamente impresionado por los extraños ojos de aquella muchacha, con quien había de tener una larga correspondencia [una de esas cartas se recoge en la presente edición] que abarca desde el año de 1912 hasta el de 1921 en que murió el poeta. Todavía en abril Ramón emprendió viaje a San Luis para expresar a la señorita Nevares su condolencia por la muerte de su señor padre.» (Luis Noyola Vázquez, «Génesis de un poema, "No me condenes" de Ramón López Velarde», *Letras Potosinas,* San Luis Potosí, núm. 97, mayo-junio de 1951, p. 11.)

En 1971. Joaquín Antonio Peñalosa se entrevistó con María (*El Sol de San Luis,* 26 de enero de 1971), ya casi ochentona, quien le refirió pormenores de su vida y sus relaciones con Ramón. Contaba que le había escrito cinco o seis cartas que rompió, pero que «nunca me escribió versos». Discretamente, soslayaba aquello de que «Yo tuve, en tierra adentro, una novia muy pobre», porque el pobre era Ramón, mientras que María era una señorita de familia acomodada, que tocaba el piano, cantaba y pintaba. Exigencias abusivas de la rima. Gabriel Zaid ha enhebrado los hilos de esta historia sentimental en *Un amor imposible de López Velarde,* UNAM, México, 1986.

Por otra parte, Pedro de Alba, acerca de los amores y amoríos de López Velarde, escribió discretamente una década más tarde: «Sé el nombre de alguna muchacha de Aguascalientes, que es a la que se refiere en "No me condenes", noviazgo efímero y pasajero…» («Las mujeres y los amigos de Ramón López Velarde», *Novedades,* México, 8 de enero de 1961.)

Allen W. Phillips sugiere con razón (*Ramón López Velarde, el poeta y el prosista,* INBA, México, 1962, pp. 200-201) que este poema está relacionado con la prosa de *El minutero,* «Mi pecado» –que sólo se publicó después de la muerte del poeta–, en que cuenta una historia semejante, de seducción y abandono, tras la cual se sintió culpable: «Desde la siniestra imparcialidad con que estoy mirándola, me confieso traidor, egoísta y necio… Mi iniquidad rayó tu horóscopo diamantino con una estría de duelo.»

(p. 137) LAS DESTERRADAS: La Revolución dejó un eco discreto pero persistente en la obra de López Velarde. Después de su firme y temprana adhesión a Madero, en sus artículos políticos irá siguiendo el azaroso curso de la política, al mismo tiempo que en su obra literaria deja llegar sólo, transfiguradas, las repercusiones de aquella transformación social que más le afectaban: el regreso al terruño que verá primero extrañado –en la prosa «En el solar» de *El minutero*–, en los días de su aventura electoral (1912), y luego angustiado, en «El retorno maléfico», cuando ve las mutilaciones que la metralla había hecho en su paraíso infantil. Su región había sido una de las que más sufrieron con las acciones revolucionarias. La batalla y la toma de Zacatecas, en junio de 1914, de las más cruentas, lo quebrantaron con la injusta muerte de su tío, el sacerdote Inocencio López Velarde, el mismo que lo había bautizado. Y como una de las acciones laterales de la batalla famosa, hubo también una toma de la villa de Jerez, por el general Pánfilo Natera, con las consiguientes matanzas y expoliaciones. Creció entonces el éxodo de las familias de la región que venían a la capital, empobrecidas e inexpertas, a buscar seguri-

dad, tema que Mariano Azuela habría de narrar tan comprensivamente en *Las tribulaciones de una familia decente* (1918) y, sobre todo, en *La luciérnaga* (1932). El drama melancólico del éxodo de las jerezanas, que López Velarde preferirá ver, con ternura y humor, en su perspectiva femenina, ha sido explicado por Eugenio del Hoyo: «Algunas familias "de posibles" iban a pasar temporadas a Zacatecas; cuando tenían noticia de que el peligro se alejaba, volvían a Jerez para salir de nuevo bajo nueva alarma. Y así, poco a poco, ya no volvían; si acaso, alguno de los varones hacía viajes rápidos a cuidar de los bienes o a malbaratarlos para poder sostenerse en su nueva, inusitada situación. Llegó un momento en que la vida en Jerez se hizo imposible, y entonces no sólo los ricos sino las gentes de la clase media, los artesanos y muchísimas gentes pobres abandonaron el pueblo –¡muchos de ellos para no volver jamás!– y de Zacatecas pasaron a México, a Torreón, a Aguascalientes, a Guadalajara» (*Jerez el de López Velarde*, 1956, p. 106).

(p. 139) MI CORAZÓN SE AMERITA... *A Rafael López*: Rafael López (1873-1943), aunque quince años mayor que López Velarde, fue uno de sus amigos más cercanos en la ciudad de México. Se conserva la dedicatoria que puso López Velarde en un libro, que dice: «A Rafael López, en cuya gloriosa compañía he pasado las horas más alegres de mi juventud» (8 de enero de 1920). Rafael López dejó constancias de su admiración por López Velarde en los espléndidos sonetos, «A Ramón López Velarde», con que le dedicó su propio libro, *Con los ojos abiertos*, y que va al frente de *Zozobra*, y en "Colofón" que cierra *El minutero*. Y a pesar de ser el menor, sería López Velarde el que dejó una huella en la poesía de López, como puede advertirse en uno de sus últimos poemas: «Venus suspensa».

(p. 139) Tercera estrofa: «Salvo el último verso que, de un salto a las estrellas –como en la balada de Banville–, nos traslada de nuevo, no sin contusiones, a la ironía y a la ternura de la sexualidad, la estrofa vive de sus solas resonancias lingüísticas. En efecto, al referirse a su corazón, el poeta se detuvo en esta palabra: "mitra", de la que el contenido fisiológico le parece menos real que el otro, suntuario, de la mitra de los arzobispos. Por eso ha recordado, enseguida, la "estola de violetas» y el "cíngulo de los atardeceres". Por eso también –mirando el espejo con el espejo y pasando de una metáfora a otra, sin contacto con la realidad– llega a esta refracción de los valores sensibles de la palabra "alba" que puede ser entendida, aquí, en sus dos significados: lo mismo como la túnica blanca de los sacerdotes, que como la claridad cotidiana, ciertamente angustiosa, que precede a la salida del sol» (Jaime Torres Bodet, «Cercanía de López Velarde», *Contemporáneos*, México, septiembre-octubre de 1930, núm. 28-29, p. 119).

(p. 139) Cuarta estrofa: Octavio Paz ha llamado la atención, con perspicacia crítica, acerca de la singular evocación de los rituales aztecas que hay en esta estrofa: «En un extraño arrebato, cólera y desesperación, sueña con arrancarlo [su corazón] de su pecho y alzarlo en triunfo "a conocer el día". Esta evocación del sacrificio azteca resulta insólita, pues ni amaba a nuestro pasado indígena ni lo conocía mucho. Se trata de una verdadera irrupción de un mundo que yacía enterrado en lo más profundo de su ser. La memoria inconsciente del antiguo rito se hace más precisa en la última estrofa del poema. Desde la cumbre –¿montaña o pirámide?– lanzaría su corazón a la "hoguera solar"... En pocas ocasiones fue López Velarde un poeta violento y nunca lo fue tanto como en este poema. Pero la purificación por el fuego, el regreso a los elementos, no le podía dar la

inmortalidad sino la impasibilidad. Arrojar su corazón a la hoguera era aniquilar su espíritu, disolverlo en la indiferencia cósmica» («El camino de la pasión [Ramón López Velarde]», *Cuadrivio*, 1965, pp. 123-124).

Respecto a esta misma experiencia o imagen de lo que podríamos llamar sacrificio u ofrenda solar, Elena Molina Ortega ha consignado «una inapreciable confidencia que debo a persona allegada al poeta, quien la recibió de él la noche misma de la fecha», y que acaso puede ofrecernos una interpretación diversa de este mismo pasaje. La «confidencia» es la siguiente. «El 15 de junio de 1918 cumplía López Velarde treinta años; llegaba a la cumbre de su destino, y quiso pasar esa tarde en el campo, enteramente solo, hasta ver morir el sol.

«Su sed de infinito necesitaba soledad, silencio, anchura de horizonte. Mucho tiempo permaneció de pie en una de las lomas cercanas a Mixcoac, ensimismado en honda contemplación de su propia alma y del paisaje; y en el momento de hundirse el sol, sintiendo que nada más podría darle ya la vida, ofreció la suya con absoluta conciencia, con efusiva gratitud por sentirse, en esa hora suma, transido de un amor maravilloso y de una paz tan grave y tan dulce como la de aquella tarde» (Elena Molina Ortega, *Ramón López Velarde. Estudio biográfico,* Imprenta Universitaria, México, 1952, pp. 54-55).

(p. 147) TIERRA MOJADA...: *«acólito del alcanfor»:* en el cambiante juego de imágenes eróticas del poema, este verso, «acólito del alcanfor», es acaso el que hoy nos parece de significación más incierta. Uno de los viejos usos del alcanfor o del aceite alcanforado era el de ser antiséptico, anestésico y estimulante vascular. Así pues, acaso el sentido de este verso pueda ser una idea de frío aséptico y anestésico, al que en seguida va a oponerse la imagen erótica siguiente («Un poco pez espada»), para equilibrarse, en fin, con el recuerdo de la tonada infantil que cierra el poema: «San Isidro Labrador, quita el agua y pon el sol.»

(p. 150) LA ESTROFA QUE DANZA: Empujadas por la primera guerra, en 1917 vinieron a presentarse en México las bailarinas entonces famosas Antonia Mercé, «La Argentina» y Tórtola Valencia, la primera en el Teatro Colón y la última en el Arbeu. Carlos Pellicer, recordando su amistad con López Velarde, dice que, «además de muchas otras cosas, nos unió la admiración por esas dos grandes bailarinas» (entrevista con Carlos Pellicer por Carmen Aguilar Zínser, *Excélsior,* México, 6 de febrero de 1971). Por ello, además de «La estrofa que danza», dedicado a Antonia Mercé, López Velarde escribió también otro poema, «Fábula dística», dedicado a Tórtola Valencia, y aun otro más, que se publicaría después de su muerte, en elogio a las piernas de «Anna Pavlowa». Alejandro Quijano relató también el entusiasmo que tuvo López Velarde por «La Argentina» y cómo su poema, publicado originalmente en la revista *Pegaso,* apareció también en los programas de lujo de la función de beneficio de la Mercé, lo que dio ocasión a que estos versos fueran, en el teatro mismo, «objeto de comentarios, reservados unos, adversos otros, admirativos muchos» («López Velarde, claque de "La Argentina"», *El Universal,* México, 22 de junio de 1924).

(p. 151) LA DONCELLA VERDE. *En la muerte de José Enrique Rodó:* El uruguayo José Enrique Rodó (1871-1917) fue muy leído en México hacia estos años, acaso por influen-

cia de Pedro Henríquez Ureña, quien prologó la selección de escritos de Rodó que apareció, en el número 2 del tomo I de la benemérita Colección Cultura. Este cuaderno (1916) pudo ser conocido por López Velarde y quizá también los *Cinco ensayos* de Rodó, que publicó Rufino Blanco Fombona, en Madrid, 1915, donde se reúnen los ensayos sobre Montalvo, Bolívar y Darío, el *Ariel* y *Jacobinismo y liberalismo.* Rodó murió, solitario y desilusionado, en Palermo, Italia, el primero de mayo de 1917. El poema de López Velarde recoge el espíritu de las parábolas idealistas que hay en los *Motivos de Proteo* (1909) del maestro uruguayo.

(p. 153) EL RETORNO MALÉFICO: Además de las tristes experiencias del retorno al pueblo asolado por la Revolución –«en el pavor de la guerra civil, los zorros llegaban a los atrios y a los jardines», escribió «En el solar» de *El minutero*–, que ya han sido comentadas en la nota al poema «Las desterradas», de *Zozobra.* Jaime Torres Bodet ha analizado muy finamente la eficacia poética de la segunda estrofa de «El retorno maléfico», en estos términos: «Cuando López Velarde, en una espléndida evocación de las aldeas y los campos atravesados por la cólera revolucinaria, escribe:

Hasta los fresnos mancos,
los dignatarios de cúpula oronda,
han de rodar las quejas de la torre
acribillada en los vientos de fronda,

un extraño malestar, de devoción mística, nos sobrecoge. Y, como toda expresión poética, cuando es realmente acertada, nos parece también misteriosa y difícil como un milagro, buscamos con inquietud los orígenes de una adivinación que, a mi juicio, reside sólo en el juego de estos dos términos: la evocación significativa de la torre y la calidad de la palabra *dignatarios* que, aplicada a los fresnos amputados por la metralla y reunida a la *cúpula oronda* del final del verso comentado, les da enseguida una solemnidad y una resignación de sacerdotes cristianos de martirologio» («Cercanía de López Velarde», *Contemporáneos,* México, septiembre-octubre de 1930, núms. 28-29, p. 118).

(pp. 153-154, sigue) Tuvo que enterarse [López Velarde] de las cosas que pasaron en Jerez. Un sujeto llamado Daniel Venegas, hombre del general Justo Ávila, villista, se apoderó de Jerez. Una mañana, enloquecido de poder y tequila, ese sujeto mató a una mujer que se negó a revelar el escondite de su hija. La arrastró con el caballo. A un sacerdote, el padre Gallardo, y a su madre, los arrojó vivos a una caldera. Se ensañó con un notable del pueblo, Enrique Raigosa, y lo despedazó poco a poco. La esposa iba detrás de ellos, gritando como una loca, recogiendo los pedazos que Venegas le amputaba a su marido. Un par de días más tarde, Justo Ávila lo mandó matar, pero el daño ya estaba hecho. Fue terrible.» (Guillermo Sheridan, *Un corazón adicto: La vida de Ramón López Velarde,* Tezontle, FCE, México, 1989, cap. V, p. 171.)

(p. 158) EL MENDIGO: «*El cuervo legendario que nutre al cenobita / vuela por mi Tebaida sin dejarme su pan*»: «La Tebaida –explica José Emilio Pacheco en "Las alusiones perdidas (para un glosario de López Velarde)", *Proceso,* México, 27 de junio de 1988– es la región del alto Egipto, a la orilla izquierda del Nilo, cercana a Tebas y frente a los gran-

des templos de Luxor y Karnak. Durante la Edad Media, en la Tebaida se establecieron los anacoretas cristianos para aislarse de toda relación social y entregarse a la penitencia. El más célebre de los anacoretas es San Antonio Abad, quien repartió sus bienes entre los pobres y se fue a vivir al desierto de la Tebaida por espacio de ochenta años.»

En la simbología cristiana, añado, el cuervo que le trae en el pico un trozo de pan es el atributo tanto de San Antonio Abad como de San Pablo el Eremita. Ambos eran, pues, anacoretas o eremitas, que vivían aislados, y no cenobitas, como dice López Velarde, puesto que éstos vivían en cenobios o monasterios.

(p. 159) FÁBULA DÍSTICA. *A Tórtola Valencia:* véase la nota a «La estrofa que danza» (p. 148). Respecto al dístico:

Y vives la única vida segura:
la de Eva montada en la razón pura,

Luis Noyola Vázquez ha hecho notar «que recuerda inevitablemente una genial viñeta de Julio Ruelas en la *Revista Moderna,* que muestra a Sócrates cabalgado por una bella mujer» (*Fuentes de Fuensanta,* 1947, p. 38). Esta imagen, a su vez, es una caprichosa trasposición de *Le lai d'Aristote,* el precioso cuento francés de Henri d'Andeli, de la primera mitad del siglo XIII, cuya intención es probar, a costa de Aristóteles, la omnipotencia del amor contra el que no prevalece ninguna humana sabiduría. Juan José Arreola («El lay de Aristóteles», *Confabulario,* Fondo de Cultura Económica, 1952) ha vuelto a contar admirablemente el viejo cuento: «Una noche Aristóteles soñó que caminaba en la hierba a cuatro pies, bajo la primavera griega, y que la musa cabalgaba sobre él...»

(p. 162) LA NIÑA DEL RETRATO: Como se apuntó en el comentario al poema «Día 13», «La niña del retrato» es otro de los poemas inspirados por Margarita Quijano. Guadalupe Appendini descubrió su identidad como la «Dama de la capital», amor frustrado de López Velarde, y logró entrevistarla por primera vez en 1971, al cumplirse cincuenta años del fallecimiento del poeta. En *Excélsior,* el 10 de marzo de 1975 la misma periodista e investigadora, en un reportaje intitulado «Margarita Quijano guardó el secreto hasta su muerte» dio noticia de la muerte de la profesora Quijano el 30 de febrero de 1975, cuando contaba 97 años. Había nacido en Baja California, el 11 de marzo de 1878, siendo hija mayor del ingeniero Fiacro Quijano y de Clotilde Sánchez. Alejandro Quijano, el académico y escritor, fue el tercero de los nueve hijos. En su reportaje, Guadalupe Appendini reprodujo cinco fotos de Margarita el 31 de agosto de 1971, en fotos de Aarón Sánchez, y tres fotos más de ella: en 1917, cuando fascinó al poeta, en 1935, así como «La niña del retrato». Es una niña de cinco años sentada sobre un manto o alfombra. Nos mira de frente con una carita serena y linda; su pelo es negro, corto y está peinada con sencillez, de raya en medio. Lleva un traje blanco con adornos. Uno de sus brazos está flexionado y el otro está extendido. Tiene medias blancas y unas botitas brillantes. Su encanto está transfigurado en el poema que le dedicó López Velarde. La foto de Margarita, en 1917, cuando contaba 39 años y la enamoraba el poeta, es una garbosa mujer vestida con elegancia. Tiene un peinado alborotado y un tocado blanco. En el cuello lleva una cinta negra con algún adorno. Su perfil es noble y son notables los ojos oscuros de mirar sereno, con cejas pobladas, y una boca plena.

(p. 165) IDOLATRÍA: *«y en que se instruye el ruiseñor de Alfeo»:* Me parece que ésta es una broma o un disparate de López Velarde, salvo que yo ignore algo conocido. Alfeo es el nombre del principal río del Peloponeso griego. Y según una leyenda, Alfeo era un cazador que, enamorado de la ninfa Aretusa, la persiguió hasta agotarla. Diana intervino y al cazador enamorado lo convirtió en río, y a la ninfa en la fuente que lleva su nombre en Siracusa. En ninguna de las versiones de la leyenda hay ruiseñor, aunque puede haberlos en las márgenes del río. «El ruiseñor de Alfeo» no parece, tampoco, el nombre literario de un poeta o un cantante.

En el soneto «Colofón», que puso Rafael López al fin de *El minutero,* en el segundo cuarteto se repite lo de «el ruiseñor de Alfeo».

(p. 165): *«en la mezquita azul de los Omares»*: la mezquita azul de Istambul debe su nombre al color de los preciosos mosaicos, azulejos y vitrales que dominan su decoración interior, y fue construida por Ahmet, primer sultán otomano de este nombre, en 1609-1616. «Los Omares» es un error de López Velarde, ya que estos fueron califas musulmanes de Arabia, muy lejos de Istambul. Debió escribir Osmanes –Osmanlí en turco y Otomanos en Occidente–, nombre genérico de la dinastía de sultanes turca, uno de cuyos sucesores fue Ahmet, el constructor de la mezquita azul.

(p. 167) LA LÁGRIMA...: «Aquel poema de íntima y dolorosa desgarradura, que se titula "La lágrima"... fue el poema de la derrota sentimental y de la herida sangrante. El dolor cósmico y el naufragio en el vacío atestiguan la liquidación de su grande amor de madurez y plenitud. Después de que se malograron los planes que él había imaginado compuso ese poema de varonil desolación como palabra final y no quiso hablar más con persona alguna sobre la mujer que había sido oriente ilusionado de una época radiosa de su vida» (Pedro de Alba, *Ramón López Velarde,* 1958, pp. 16-17). Se refiere a su rompimiento con Margarita Quijano. Ver nota acerca del poema «Día 13» (p. 235).

(p. 169) ÁNIMA ADORATRIZ: *«a la clorosis virgen y azul de los Gonzaga / y a la cárdena quiebra del Marqués de Priola»*: La familia italiana de los Gonzaga, que gobernó Mantua del siglo XIV al XVIII, era licenciosa y violenta (véase María Bellonci, *Secretos de los Gonzaga.* Trad. de Marcos Lara, FCE, México, 1986), menos uno de sus retoños, el que sería San Luis Gonzaga (1568-1591), jesuita que pereció cuidando a los apestados de Roma. La virginidad y el piadoso heroísmo de San Luis Gonzaga solían enseñarse en México por los jesuitas como un modelo y, al menos desde principios de nuestro siglo, fueron comunes las Congregaciones de San Luis Gonzaga, para jóvenes que llevaban una medalla con listón azul. López Velarde juega en este verso asignando a la familia las características de uno de sus hijos.

Guillermo Sheridan ha precisado (*Vuelta,* agosto de 1991, núm. 177, p. 56) que *El marqués de Priola* es el título y el personaje de un drama de Henri León Lavedan, de 1901, que cuenta la historia de un libertino cuyos excesos lo llevaron a contraer neurosífilis. El drama se representó en México, en el Teatro Arbeu, en 1910.

(p. 171) A LAS PROVINCIANAS MÁRTIRES: *«Me enluto por ti, Mireya, / y te rezo esta epopeya»:* Los tristes amores de Mireya y Vicente, narrados por el poeta provenzal

Frédéric Mistral (1830-1914) en el precioso poema *Miréio* (1859), de ambiente campesino, son el tema inicial de este poema, que luego se refiere a las «Mireyas criollas».

(p. 173) LA ÚLTIMA ODALISCA: «Por tu referencia volví a leer "La última odalisca" de nuestro Ramón López Velarde. ¡Qué poeta, qué pasmosa simultaneidad de cerebro y corazón, cómo supo hacer que convergieran el pasado y el futuro en los latidos de su corazón! Ése fue un arcángel, un serafín de Dios, que cayó un instante en la tierra y rebotó sobre nuestro barro con ímpetu tal que se nos fue.» José Juan Tablada, carta a Rafael López desde Nueva York, el 10 de septiembre de 1922 (Nina Cabrera de Tablada, *José Juan Tablada en la intimidad*, 1954, página 181).

«En otro poema, "La última odalisca", López Velarde nos revela en qué consiste esa fascinación [el amor y la muerte]: en el talle de la "voluptuosa melancolía" –siempre la unión de los opuestos– el placer escribe su "caligrafía" y la muerte "su garabato". Placer y muerte son las dos caras de una misma medalla... La muerte lo aterra como fin o extinción del hombre; y simultáneamente, lo seduce porque *es el elemento abismal del abrazo*» (Octavio Paz, «El camino de la pasión [Ramón López Velarde]», *Cuadrivio*, 1965, p. 102).

«*Mi carne pesa, y se intimida*»...: José Emilio Pacheco, en su comentario a este pasaje, recuerda que Octavio Paz («El camino de la pasión», *Cuadrivio*), al sugerir que se estudien las creencias de López Velarde, indica que por entonces empezaba a divulgarse en México el budismo y la filosofía india y llama la atención sobre el sabor oriental de las dos primeras estrofas de «La última odalisca»: panteísmo, reencarnación y karma, y recuerda, asimismo, que A. W. Phillips (*Ramón López Velarde, el poeta y el prosista*) subraya el uso relativamente frecuente de palabras que evocan el mundo árabe (*hurí, beduino, la Arabia Feliz, Zoraida,* etcétera) y que le sirven para simbolizar su sensualidad y otras facetas eróticas. En cuanto a las fuentes literarias de este arabismo cree, con razón, que la principal debe ser *Las mil y una noches,* en la traducción que hizo Vicente Blasco Ibáñez siguiendo la versión francesa de J. C. Mardrus. «Pero tal vez la obsesión del harén –y por contagio la abundancia de imágenes de Arabia– no responda en López Velarde a un simple anhelo promiscuo de poligamia. Quizá tenga un sentido más espiritual. Sólo el harén –pluralidad en que cada mujer sigue siendo única– puede reconciliar en su imaginación la pasión casta –hacia Fuensanta y hacia Margarita– con la avidez que le despiertan las otras, las "consabidas náyades arteras". Como tantos hombres que llevan dentro de sí la noción cristiana de culpa, López Velarde no ama a las que desea y no desea a las que ama. Sigue creyendo que el deseo es pecado y profanación de la inocencia virginal. Nervo –que también estaba "entre dos aguijones"– resolvió el conflicto de alma y carne al encontrar a Ana Cecilia, y ello fue en detrimento de su poesía. López Velarde no encontró a la "hurí" (el término es suyo: la criatura de un paraíso en que las bienaventuranzas pueden, sin culpa, dar rienda suelta a su sexualidad) capaz de permitirle conocer el absoluto amor que vuelve a los opuestos complementarios. O no quiso encontrarla porque la convivencia y la domesticidad amansarían la fiereza del amor-pasión y las "victorias opulentas / se han de volver impedimentas". De esta indigencia del hombre, de esta fatalidad, nació la plenitud del poeta (José Emilio Pacheco, *Antología del modernismo. 1884-1921,* UNAM, México, 1970, t. II, pp. 162-163).

(p. 174) «*y en un clima de ala de mosca*»: Este verso inquietante ha provocado varias interpretaciones y esclarecimientos. Hacia 1970, José Emilio Pacheco escribió: «Todos

los comentaristas que han reparado en esta línea la juzgan una imagen visual que sugiere calor y sensualidad. Aunque Valéry dijo que no existe el verdadero sentido de un texto, supongo que el "clima de ala de mosca", es una imagen auditiva para indicar frenesí, exasperación. La estrofa se compone de líneas ascendentes que van de la pasividad ("Voluptuosa melancolía" seguida del lento verbo "enroscar") a la actividad, del zumbido al estruendo: "la lujuria toca a rebato"» (*ibidem,* p. 163).

Años más tarde, Ulalume González de León, en un suplemento dominical de *El Universal,* hizo una encuesta entre escritores para preguntarles qué les sugería la ya famosa «ala de mosca». Entre ellos, Gerardo Deniz contestó: «Yo sabía, aunque no sé desde cuándo ni de dónde lo saqué, que *ala de mosca* es un tejido transparente para ropa interior. Pero indagué en vano en todos los diccionarios para confirmarlo y decírselo a Pacheco. ¿Y a que no sabes dónde encontré por fin lo que buscaba...? En una prosa del propio López Velarde, "Anatole France", de *El minutero.* Hay una frase *que empieza como la estrofa* (fíjate bien) y una mujer; no es ropa interior pero sí (está) vestida con esa tela» (Gerardo Deniz, «Una curiosidad velardeana: el ala de mosca», *Gaceta del FCE,* abril de 1978, núm. 208, p. 40).

El pasaje en cuestión del «Anatole France», dice:

> Lo supo todo y de todo gustó. Su experiencia, desencantada y voluptuosa, como una dama vestida de ala de mosca, que portase en el pecho una roja flor, esquivó el rompezabezas desaseado del Mundo.

Luis Miguel Aguilar conoció esa tela: «Sólo me tocó ver la tela de ala de mosca –ya rumbo al desuso absoluto– en mantillas, cuando las mujeres todavía las usaban para ir a misa» (*La Jornada,* México, 8 de mayo de 1985).

En fin, según el Diccionario de la Academia, se llama «ala de mosca» al «color negro que tira a pardo o verdusco».

(p. 175) EL CANDIL: *«¡Oh candil, oh bajel, frente al altar»*: De sus estancias en San Luis Potosí, López Velarde conservó el recuerdo del hermoso candil de prismas, en forma de barco, que en el templo de San Francisco pende al centro del crucero. Se cuenta que fue un exvoto de alguien que se salvó de un naufragio.

(p. 178) TODO: *«Del día que se me fue / sin oficiar»*: Aunque oficiar, según el diccionario académico, es ayudar a los oficios divinos, López Velarde le da aquí el significado de hacer oficio de varón o copular. Recuérdese lo apuntado a propósito del poema «La tónica tibieza» (nota de p. 235).

(p. 178) *«Cuando cada muchacha / entorna sus maderas»*: Respecto a estos enigmáticos versos, Rodolfo Usigli sugirió a José Emilio Pacheco la siguiente explicación: hacia 1920 existía la «zona roja» de Cuauhtemotzín donde las prostitutas «solían acodarse a sus medias puertas para atraer a los transeúntes y entornar la mitad superior cuando estaban descansando entre dos faenas, para anunciar que seguían de guardia pero se concedían lo que ahora se llama un *coffee break*» (Pacheco, *ibidem,* p. 163). Una imagen característica de estas escenas ha quedado en una fotografía de Edward Weston.

Recuérdese, además, la observación de Ortiz de Montellano, ya citada, según la cual el barroquismo del lenguaje de López Velarde se origina en el deseo de «expresar, con delicadeza, situaciones eróticas e intimidades indecibles...».

(p. 178) *«y la sabiduría del jacinto*: «El jacinto está considerado algunas veces como símbolo de la prudencia cristiana, de la paz de la mente y del deseo del cielo. Su simbolismo se deriva de la mitología pagana, y se basa en la leyenda de un hermoso joven, Jacinto, quien fue muerto accidentalmente por Apolo mientras jugaba con el disco. Apolo hizo entonces que el jacinto creciera de la sangre del joven» (George Ferguson. *Signs and Symbols in Christian Art,* Oxford University Press, Nueva York, 1966, p. 32).

(p. 180) JEREZANAS: *«Jesuitos»*: En Zacatecas, es nombre familiar de las cruces de ceniza que los fieles reciben en la frente los Miércoles de Ceniza.

(p. 187) HUMILDEMENTE...: La parte más moderna, más innovadora y secreta de la poesía de López Velarde –que pudiera representarse en poemas como «La última odalisca», entre los más logrados, o en «Idolatría» o «La doncella verde» entre los insuficientes– recibió desde el principio manifestaciones de incomprensión o malquerencia, de quienes preferían que el poeta siguiera siendo, incansablemente, el de las dulces odas y elegías a los morosos encantos lugareños. Una de estas manifestaciones de incomprensión, que debió leer el mismo López Velarde, la escribió José de Jesús Núñez y Domínguez y dice así: «Pero ¡ay! que ese López Velarde de que hablo ["el de jardines en que a los sones de la banda municipal, las señoritas repasan el rosario fastidioso de las horas"] está a punto de naufragar en un ponto de adulaciones perniciosas... Del poeta de *La sangre devota* al de "La doncella verde"... media una distancia sensible. El cantor de la vida provinciana..., extraviado ahora por el sendero de las extravagancias, acopla versos y más versos, atropellando deliberadamente el ritmo, ejecutando malabarismos musicales ingratos al oído, sutilizando la metáfora hasta convertirla en nebulosa, perdiéndose en la oscuridad de figuras incomprensibles a fuerza de quintaesenciadas» (José de J. Núñez y Domínguez, *Los poetas jóvenes de México y otros estudios literarios nacionalistas,* Bouret, México, 1918, p. 22).

Me parece que a críticas de esta naturaleza, si no es que a ella misma, se referían Ramón López Velarde y Enrique Fernández Ledesma en esta conversación, según la ha relatado el último de ellos: «A propósito de estos fenómenos, que constituyen lo que ha dado en llamarse la estética arbitraria de Ramón... hablábamos de la torpeza y necedad con que un personaje literario había comentado "La última odalisca", que era el más reciente poema de mi amigo. Éste, tras de arropar su desdén en una sonrisa escéptica, exclamó: "–¿Es posible que tales hombres, con tal ceguedad, intenten depurar el mundo? Por sonreírme de su asombro, he de escribir un poema tan simple, tan cristalino, tan llano, que los desconcierte. Dirán que he vuelto a lo que juzgan mi sencillez de expresión; pero nunca sabrán que en ese poema no les dejé ver sino lo que yo quise que vieran...

«A raíz de estas confidencias nació "Humildemente", obra maestra de emoción, de vigor... y de técnica» (Enrique Fernández Ledesma, «Ramón López Velarde», *México Moderno,* 19 de noviembre de 1921, Año I, núms. 11 y 12, p. 264).

(p. 187) «Cuando me sobrevenga / el cansancio del fin, / me iré como la grulla / del refrán, a mi pueblo»: En el *Diccionario de refranes,* de Juana G. Campos y Ana Barella (Anejos del Boletín de la Real Academia Española, Madrid, 1975), encuentro el refrán número 2,829 que puede convenir a los versos de López Velarde: «A tu tierra, grulla, aunque sea con un pie», que también aparece en la colección de Francisco Rodríguez Marín, *Más de 21.000 refranes castellanos* (Madrid, 1926, p. 49). El refrán no me suena oído en México y no está incluido en la obra de Darío Rubio, *Refranes, proverbios, dichos y dicharachos mexicanos* (2ª ed., Editorial A. P. Márquez, México, 1940, 2 vols.).

EL SON DEL CORAZÓN

(p. 200) EL SON DEL CORAZÓN: *«Soy la fronda parlante en que se mece / el pecho germinal del bardo druida / con la selva por diosa y por querida»*: «Mencionar a los druidas podría ser simplemente una de esas acciones eruditas a las que Ramón es tan dado, tanto, que a veces fatigamos las enclopedias en vano, como diría Borges, que por cierto recitaba *Suave Patria* de memoria. Decir la palabra *druida* es culturalmente fácil, pero imposible resulta dar, en unas líneas venturosamente rimadas, la sensación de que estamos en el claro de un bosque celebrando los misterios de un culto profundamente impregnado de esa humedad de entraña fragante y numinosa que a partir de las raíces sumergidas nos dice desde las hojas más altas (como en la balada de Julio Torri), musicalmente, la voz de nuestra madre la tierra»: Juan José Arreola, *Ramón López Velarde. Una lectura parcial,* Fondo Cultural Bancen, México, 1988, p. 98.

(p. 201) EL ANCLA: *«y oír el soliloquio intranquilo / de la Virgen María en la Pirámide»:* El sentido general de este poema es el deseo de correr el mundo, de poseerlo todo, antes de retornar, ya pacificado, a su propio reino provinciano. Pero entre los caprichos que quisiera satisfacer, todos ellos de marcado exotismo oriental (El Nilo, Cleopatra, Indostán y Oceanía), desliza este enigmático deseo de «oír el soliloquio intranquilo / de la Virgen María en la Pirámide». Me parece que no es posible encontrar una interpretación totalmente satisfactoria de este enigma. Sin embargo, existe una casi convincente. José Emilio Pacheco me ha informado que la investigadora norteamericana Katty Flannery le ha propuesto la siguiente: este pasaje puede referirse a los templos cristianos construidos sobre las antiguas pirámides o adoratorios prehispánicos, como en Cholula o quizá en la Villa de Guadalupe.

Así como en el final del poema «Mi corazón se amerita...», cuando López Velarde habla de lanzar su corazón «desde una cumbre enhiesta... como sangriento disco a la hoguera solar» (véase nota de la página 239) y Octavio Paz ha interpretado este pasaje como una evocación inconsciente del sacrificio azteca, que irrumpe de pronto en la imaginación poética de López Velarde, así también, en este caso, puede tratarse de una asociación que, siguiendo los caminos secretos de la creación poética que hacen surgir sin motivación aparente las viejas imágenes sumergidas, evoque el llamado, la palabra solitaria e intranquila de la Virgen María –que ha sido traída circunstancialmente de otro mundo terrestre– en su nuevo alojamiento, superpuesto a las pirámides mesoamericanas, y aún habitado por las antiguas potencias idolátricas.

(p. 202) TREINTA Y TRES: *«yo quería gustar del caldo de habas»*: Eugenio del Hoyo escribe: «Aquí el "caldo de habas", a mi juicio, representa el ascetismo cristiano, la "cuaresma opaca"; y las guayabas en conserva, la sensualidad ardida y mahometana que lo apartaba, indomable, del camino de salvación» (*Jerez, el de López Velarde,* 1956, p. 94). Al respecto, José Emilio Pacheco agrega los siguientes comentarios: «La estrofa parece transparente en un sentido menos edificante: el insípido caldo de habas, platillo predilecto de nuestra clase media hasta los cuarenta, es el símbolo de la vida conyugal y la domesticidad que a veces atraen a López Velarde; pero el mundo ("Harén y Hospital") está lleno de mujeres que encienden sus deseos y evocan el conflicto infantil entre la obligatoriedad de la sopa y la tentación y la dulzura del postre» (*Antología del modernismo. 1884-1921,* UNAM, México, 1970, t. II, pp. 163-164).

(p. 202) «y gasto mis talentos en la lucha / de la Arabia Feliz con Galilea»: «En el segundo siglo de nuestra era, el gran astrónomo y geógrafo alejandrino Tolomeo (Claudius Ptolomaeus) dividió Arabia en tres partes: Arabia Pétrea (Hejaz, donde hoy se encuentran las ciudades sagradas de La Meca y Medina), Arabia Feliz (Omán y Yemen), y Arabia Desierta (el Negev). En la segunda acepción del término latino *Felix*: fértil, fructífera, feraz, propicia al cultivo o en jerga tecnocrática de hoy, "con vocación agrícola". José Emilio Pacheco, «Las alusiones perdidas (para un glosario de López Velarde)» *Proceso,* México, 27 de junio de 1988, núm. 608, p. 52.

(p. 202) «Me asfixia, en una dualidad funesta, / Ligia, la mártir de pestaña enhiesta, / y de Zoraida la grupa bisiesta»: «Ligia es la protagonista de *Quo Vadis?* (1895), la novela del escritor católico y nacionalista polaco Henrik Sienkiewicz (1846-1916) que obtuvo el Premio Nobel 1905. Muchos años antes de su versión hollywoodense en los cincuenta, *Quo Vadis?* ya era popular en México. Podría decirse que, aun sobre *Fabiola, Quo Vadis?* ha sido La Novela por excelencia y con mayúscula para el catolicismo mexicano… Quizá a alguna desconocida u olvidada novela francesa debamos la alusión a Zoraida; o tal vez a algún cuento entre el mar de historias que forman *Las mil y una noches»*: José Emilio Pacheco, «Las alusiones perdidas…», *Ibid.*

Sorprendentemente, no hay Zoraidas en *Las mil y una noches,* como puede comprobarse en los Censos de personajes reales e imaginarios, que van al final de la traducción de Rafael Cansinos-Asséns. Gutierre Tibón informa que «Zoraida es un nombre árabe diminutivo de Zarádat, "argolla", tal vez con el valor metafórico de "sujeción", "mujer cautivadora". En el santoral, es una doncella mora de España convertida al cristianismo y martirizada en Valencia (siglo XII)»: Gutierre Tibón, *Diccionario etimológico comparado de nombres propios de personas,* FCE, México, 1986, p. 248.

El indudable origen de la Zoraida de López Velarde me fue posible aclararlo gracias al cervantista y sabio Manuel Alcalá. Zoraida es la heroína de un lindo «cuento de amor» que aparece en el *Quijote* (parte primera, caps. 37-42 y 47). Allí se cuenta la historia de una «mora bellísima», llamada Zoraida, hija del rico y bondadoso Agi Morato, que quiere ser cristiana y ayuda a librarse de la esclavitud a un cautivo español con el que, ya en España y tras muchas peripecias, se casa bajo el nombre de María. (El curioso puede leer: Jaime Oliver Asín, *La hija de Agi Morato en la obra de Cervantes,* Madrid, 1948, según el cual el nombre de Zoraida corresponde al árabe Turayyā y significa Pléyades, párrafo 30, página 83.)

En cuanto a la «grupa bisiesta» de Zoraida, ésta sí debe proceder de *Las mil y una noches,* de cuyos personajes femeninos es tan frecuente ponderar la amplitud de las caderas como un atributo supremo de belleza.

(p. 203) ANNA PAVLOWA: Véase la nota a «La estrofa que danza», de *Zozobra* (p. 238), respecto al entusiasmo que experimentó López Velarde por las bailarinas que visitaron la ciudad de México en aquellos años.

(p. 203) *«Piernas / eternas / que decís / de Luisa La Vallière / y de Thais»:* La duquesa de La Vallière (1644-1710) fue una de las favoritas de Luis XIV y terminó su vida como monja carmelita. En cuanto a Thais y sus piernas, José Emilio Pacheco nos recuerda que «su escritor predilecto [de López Velarde], Anatole France (1844-1924) publicó en 1890 *Thais,* que cuatro años después inspiró la ópera de Massenet. France cuenta la historia de Pafnuncio, anacoreta que en la mejor tradición de nuestros santos llevó una vida de crápula antes de retirarse a la Tebaida. En un acceso depresivo, Pafnuncio recuerda a la hermosísima cortesana Taís (como se escribe en español) y siente que debe redimirla de sus pecados [esta Taís fue santificada]... Antes hubo otra Taís: la cortesana ateniense que en medio de una orgía indujo a Alejandro Magno de Macedonia a incendiar el palacio de los reyes persas de Persépolis. Muerto Alejandro, Taís se casó con Ptolomeo y se convirtió en la reina de Egipto» («Las alusiones perdidas...», *Ibid.*).

(p. 205) GAVOTA: *«con su peinado de bandós»:* Bandós no se registra en los diccionarios de la lengua ni en el de mexicanismos. Es un galicismo derivado de *bandeu,* plural *bandos,* que nombra un peinado femenino que divide los cabellos en medio de la cabeza peinándolos hacia los lados.

(p. 207) EN MI PECHO FELIZ: *«corazón y cabeza y hombría»:* En la edición original, de *El son del corazón,* de 1932, falta este verso. Apareció en la edición de *Obras completas* de Ramón López Velarde, de la Editorial Nueva España, 1944, p. 190, subsanando una omisión indudable.

(p. 209) SI SOLTERA AGONIZAS...: «Por esa época –cuenta Pedro de Alba– Ramón cultivaba el trato con una amiga nuestra a la que solía invitar al cine Santa María todos los domingos. La trataba con un tono de hermano mayor y le decía "mi sobrinita". Esta muchacha le dio tema para los versos "Si soltera agonizas..."; fue un capítulo de limpia amistad que tampoco tuvo el efecto de flechazo y terminó en un trato cándido y sencillo» («Las mujeres y los amigos de Ramón López Velarde», *Novedades,* México, 8 de enero de 1961). Completando esta información, Allen W. Phillips (*Ramón López Velarde, el poeta y el prosista,* 1962, p. 200) relata que, en conversación con el doctor Jesús López Velarde, hermano del poeta, le informó que la inspiradora de «Si soltera agonizas...» fue una muchacha laguense: Margarita González, a la que le escribió López Velarde siete cartas, a Lagos, en 1920.

(p. 210) EL PERRO DE SAN ROQUE: *«del gallinero, contra [los] gatos y ladrones»:* En la edición original de *El son del corazón* faltaba el *los,* para completar la cuenta silábica. Se añadió en la edición de 1944.

(p. 210) «como el can de San Roque, ha estado mi apetito / con la vista en el cielo y la antorcha en las fauces!»: «San Roque es el santo invocado para protegerse contra el cólera y todas las epidemias y enfermedades infecciosas. Nació en Montpellier en 1293, vendió sus inmensas posesiones para ayudar a los pobres y los enfermos y marchó en peregrinaje a Roma. Encontró Italia asolada por la peste y se dedicó a atender a las víctimas de la plaga. Contagiado, se retiró al bosque y hubiera muerto de hambre de no ser por un perro que día a día le llevó comida. Así en nuestras iglesias San Roque es representado con un bordón de peregrino y a sus pies siempre aparece el fiel perro»: José Emilio Pacheco, «Las alusiones perdidas...» *Ibid.*

(p. 214) MI VILLA: *«una granada roja de virginales gajos»:* «Granada roja» dice la edición original de 1932, pero en la edición de 1944 se pone *granada virgen,* también posible. Se mantiene la versión de 1932.

(p. 218) EL SUEÑO DE LOS GUANTES NEGROS: «En otro poema escrito pocos días antes de su muerte, "El sueño de los guantes negros", renace la amada que se había vuelto para él una sombra de ultratumba... Estas llamadas a muerte se vuelven agudas y perentorias en los últimos poemas de López Velarde; como si hubiera recibido un mensaje urgido de Fuensanta. "El sueño de los guantes negros" quedó escrito en un "borrador", a lápiz y con algunas líneas ilegibles como un símbolo de su vida trunca» (Pedro de Alba, *Ramón López Velarde,* 1958, pp. 48-49).

«Un intenso poema que no llegó a terminar, "El sueño de los guantes negros", relata la unión de los enamorados. En la primera línea el poeta nos dice que se trata de un sueño. Su claridad alucinante, sus colores netos y su dibujo estricto, la precisión con que emerge ese paisaje de fin de mundo y las resonancias concéntricas, la aparición de las dos figuras fantasmales en el centro de esa inmensa cuenca de sal y, en fin, hasta las dos o tres líneas en blanco, hacen de este poema una verdadera visión, en el sentido religioso de la palabra: un sueño con los ojos abiertos... ¿Creía en la resurrección de la carne o creía que creía? Tal vez "El sueño de los guantes negros", que es el poema de la resurrección, podría responder a esta pregunta. El núcleo de esta composición, su línea cardinal, no es una respuesta sino una interrogación: "¿conservabas tu carne en cada hueso?". López Velarde se hace la misma pregunta que nosotros. Y no puede contestarla: "el enigma de amor se veló entero...". La respuesta es un misterio indescifrable. No se percibirá el sentido de esa duda terrible si no se sabé qué y quién es Fuensanta en la mitología del poeta» (Octavio Paz, «El camino de la pasión [Ramón López Velarde]», *Cuadrivio,* 1965, pp. 95 y 114).

(p. 221) AGUAFUERTE: Se publicó al frente del libro *Alabastros* de este poeta español, Alfonso Camín, residente en México.

(p. 222) LA SUAVE PATRIA: «"La suave Patria" quedó fundida en su molde permanente dos meses antes del tránsito del poeta. Por las fechas en que sufrió la agresión de la implacable enfermedad, Ramón estaba corrigiendo las pruebas de su poema. Fiebre, cansancio y sensación de asfixia agobiaban a nuestro paciente... Una de sus últimas conversaciones fue con Agustín Loera y Chávez. Agustín me pidió que yo lo introdujera a la

estancia de Ramón: quería no solamente saludarlo sino al mismo tiempo hacerle entrega de su sueldo devengado como redactor en la revista *El Maestro*. Fue el último empleo que tuvo Ramón; lo aceptó gracias a la insistencia afectuosa del licenciado José Vasconcelos. Él no quería puesto visible en el gobierno; tenía sus razones de orden político... Esta escena ocurrió la víspera de su muerte; pocos días después apareció por primera vez "La suave Patria" en el número en turno (1º de junio) de la revista *El Maestro*» (Pedro de Alba, *Ramón López Velarde*, 1958, pp. 60-62).

«Su "Suave Patria" no sólo me conmovió como una obra maestra, sino como una reliquia que llevara el sudor de su agonía. ¡Qué clarividencia doble, de moribundo y de gran poeta! Tiene el ritmo de sus últimos pasos sobre la tierra.» José Juan Tablada, carta a Rafael López, desde Nueva York, el 2 de agosto de 1921 (Nina Cabrera de Tablada, *José Juan Tablada en la intimidad*, 1954, p. 175).

«Principiaré por decir que "La suave Patria" tolera las complicidades sentimentales, no las ideológicas. Cualesquiera que hayan sido sus opiniones políticas, y nunca fueron muy ardientes, López Velarde no confundía el arte con la prédica ni el poema con la arenga. Tenía una aversión natural por los sistemas y las ideas, prefería los seres y las cosas: "La Patria no es una realidad histórica o política sino íntima." Con esta declaración, contemporánea de la redacción del poema, López Velarde se sitúa, sin proponérselo, en el antípoda de la pintura mural mexicana que, precisamente, se iniciaba en esos años... El verdadero equivalente de "La suave Patria" no está tanto en la pintura o en el cine como en el teatro. Ni lírico ni heroico –su tono: la "épica sordina"– es un poema dramático, dividido en dos actos, con un proemio y un intermedio... Espectáculo para la vista y el oído, "La suave Patria" se parece, más que a la pintura mural, a la música de Silvestre Revueltas. El poema, en su género, es perfecto» (Octavio Paz, «El camino de la pasión [Ramón López Velarde]», *Cuadrivio*, 1965, pp. 87 ss.).

«El poema de López Velarde emparienta con los de Landívar y Heredia, que iniciaron la descripción poética de la patria mexicana. Un parentesco hispanoamericano lo liga también con Bello, por el consejo final, advertencia prudente, en que muestra a la Patria el camino de la ventura: el destino agrícola –igual que el poeta de las geórgicas americanas lo señaló a sus coterráneos un siglo antes.

»Otros lazos continentales se explican por tendencias convergentes, dentro de la estela del modernismo: en viaje de regreso hacia lo autóctono, pasado el deslumbramiento de lo extraño, descubre López Velarde la "novedad de la Patria"; le ha orientado Leopoldo Lugones –el de las *Odas seculares*–, desde la Argentina. El lírico, en épico trance –hay que anotar el discreto precedente de Silva, en Caracas–, resuelve el tema con desinterés y hondura insuperables» (Francisco Monterde, «La suave Patria de López Velarde», *Cultura mexicana*, México, 1946, pp. 297-298).

(p. 222) «Como los brazos del correo chuan / que remaba la Mancha con fusiles»: Derivando del nombre de Jean Chouan, jefe de los campesinos rebeldes de la Vendée y de Bretaña, durante la Revolución francesa, se llamaba *chouans*, o en español *chuanes*, a sus partidarios. Monterde (*ibidem*, p. 296) dice que el poeta recuerda en este pasaje una página de Barbey d'Aurevilly, de *Le Chevalier des Touches* (1864, cap. IV), como lo ha precisado José Emilio Pacheco.

(p. 222) «al golpe cadencioso de las hachas, / entre risas y gritos de muchachas / y pájaros de oficio carpintero»: Eugenio del Hoyo ha hecho notar que esta tala de árboles y el ruido

de los pájaros habían sido descritos por López Velarde en su crónica «La Alameda» (1916) de *Don de febrero,* en la que narra que de niño era llevado a ver la tala de los grandes árboles de la Alameda de Jerez, y que entonces escuchó también el ruido de los «carpinteros» *(Glosa a «La suave Patria»,* Zacatecas, 1988, pp. 29-30).

Juan José Arreola propone una interpretación más lírica a este pasaje: «La abolición de un árbol parece un acto esencialmente vengativo, celoso y masculino. ¿El hombre abomina la erección surgida de la tierra? ¿Abate el árbol de la vida que le sigue dando a comer frutos prohibidos? Aquí el sentido de los versos va mucho, pero mucho más allá de lo que a primera, a segunda o tercera vista parece. La tala de árboles, operación mil veces nefasta cuanto irresponsable en nuestros días, fue una tarea vital y ceremonial y festival entre los druidas que coreaban cantando y riendo las muchachas, en vísperas de ser nuevas madres de mujeres. La tala aquí en "La suave Patria", como en los tiempos antiguos es una feliz cosecha de madera: cortamos a la tierra su vellón, así como hacemos en la esquila anual de los rebaños... Afortunadamente, todo lo hacemos entre risas y gritos de muchachas, que celebran a sabiendas su triunfo de mujeres: ¿de dónde viene *madre* si no es de *mater,* materia o madera? "Hijo de buena madre, hombre de buena madera... "Y he aquí que los pájaros de oficio carpintero se añaden poéticamente a la tarea, y en un agujero del tronco hacen su nido, así como los bardos druidas su templo aclarando con sus hachas verbales la espesura del intrincado bosque del misterio original» (*Ramón López Velarde. Una lectura parcial,* pp. 99-100).

(p. 223) «Sobre tu Capital, cada hora vuela / ojerosa y pintada, en carretela»: José Emilio Pacheco comenta así estos versos: «López Velarde rescata en estos famosos versos una imagen que desaparecerá muy poco después al generalizarse el automovilismo. Las "cortesanas" –esto es, las prostitutas de lujo– solían anunciarse paseando por la Avenida Madero (como se llaman San Francisco y Plateros desde el régimen carrancista) en coches de alquiler de cuatro asientos y cubierta plegadiza: las carretelas de bandera azul que, para 1921, hacían agónica competencia a los "libres" (nombre que dimos hasta hace pocos años a los taxis)... Sobre López Velarde como *flâneur* véase "La avenida Madero" (en EDF 1952): "No hay una de las veinticuatro horas en que la Avenida no conozca mi pisada. Le soy adicto a sabiendas de su carácter utilitario, porque racionalmente no podemos separarla de las engañosas cortesanas que la fatigan en carretela..."»

Pacheo señala, asimismo, la preocupación de López Velarde por la norteamericanización progresiva de México, que ya se advertía en aquellos años, preocupación que se encuentra en la base de «La suave Patria»: «Quieren morir tu ánima y tu estilo... Sé siempre igual, fiel a tu espejo diario» (José Emilio Pacheco, *Antología del modernismo 1884-1921,* 1970, t. II, pp. 164-165).

Recuérdese, por otra parte, que la novela de Agustín Yáñez que describe la vida de veinticuatro horas de la ciudad de México se llama, siguiendo la alusión del segundo de estos versos, *Ojerosa y pintada* (1960).

(p. 224) «y la hora actual con su vientre de coco»: En el trueno del temporal, el poeta percibe inicialmente una admonición de las postrimerías, pero él la transformará en imágen erótica («crujir los esqueletos en parejas»); y a continuación, una visión simultánea del tiempo: el pasado («oigo lo que se fue»), el futuro («lo que aún no toco») y el presente («la hora actual con su vientre de coco»). Con este último verso nos dice que el presente, la hora actual, es una época vacía, hueca o sólo llena de agua como los cocos;

dícese «cabeza de coco», o si se prefiere «vientre de coco», para decir que están huecos, o sólo llenos de un líquido inocuo. El poeta prefiere «vientre», porque tiene cierto aire femenino, y quizá juega también imperceptiblemente con la acepción mexicana del «coco» que asusta a los niños. Así pues, desatada la síntesis de plurales significaciones, viene a decirnos: el tiempo presente tiene huecas las entrañas, carece de sentido, y es como un espantapájaros o espantaniños.

(p. 224) «que de responsos llena el victorial»: «Victorial» sólo se registra en los diccionarios de la lengua como nombre de una planta. Su sentido como registro de victorias es comprensible. Es un latinismo que usó, a mediados del siglo XV, Gutierre Díez de Games, en *El victorial. Crónica de don Pero Niño.* La preciosa crónica castellana se dio a conocer a fines del siglo XVIII y la divulgó en nuestro siglo Ramón Iglesia. No es probable que López Velarde la conociera o tuviera noticia de la primera edición de Sancha, de 1782. Creo, más bien, que la sugestiva palabra pudo haberla tomado el poeta de *Il Vittoriale,* nombre que puso D'Annunzio al palacio en forma de barco, a orillas del lago de Garda, en que se refugió por estos años. En el poema «Que sea para bien», de *Zozobra,* ya había empleado la palabra: «Tu victorial y pálido / prestigio.»

(p. 224) «No como a César el rubor patricio / te cubre el rostro en medio del suplicio»: Éste es uno de los pasajes de «La suave Patria» cuya elegancia espiritual y cuyas resonancias humanistas no se han advertido. Posiblemente la alusión parte del recuerdo de lecturas clásicas, en los días del Seminario, y creo que procede concretamente de este pasaje de la vida de Cayo Julio César, en Suetonio: «Viendo entonces puñales levantados por todas partes, envolvióse la cabeza en la toga y bajóse con la mano izquierda los paños sobre las piernas, a fin de caer más noblemente, manteniendo oculta la parte inferior del cuerpo» (*Los doce Césares,* traducción de Jaime Arnal).

(p. 224) «...los ídolos a nado, / y por encima, haberte desatado / del pecho curvo de la emperatriz / como del pecho de una codorniz»: Francisco Monterde señala que «el momento en que cuajó el poema –proximidad de dos centenarios: el de la caída de Tenochtitlán, con la prisión de Cuauhtémoc (1521), y el de la consumación de la Independencia (1821); año de 1921: revisión y revelación; mexicanidad en crisis– aclara sus características. El nacionalismo, avivado, llevaba a la exploración de temas locales, para echar los cimientos artísticos de lo propio» (*ibidem,* p. 298).

José Emilio Pacheco amplía el comentario: «Toda la estrofa resume admirablemente, y sugiriendo sin nombrar, los últimos momentos del Imperio azteca. "La piragua prisionera": como se sabe, tras noventa días de batalla terminó el sitio de México-Tenochtitlán. Toda la ciudad había quedado en ruinas y llena de cadáveres. Cuauhtémoc rechazó cada oferta de rendición y cuando ya no pudo encontrar medios de resistencia en la isla, abandonó Tlatelolco, el último reducto, para continuar la lucha en las montañas. Intentó cruzar el lago en una piragua que llevaba insignias reales. Juan García Olguín reconoció la embarcación del último *Tlatoani,* lo aprehendió y llevó ante Cortés. "El sollozar de tus mitologías" y "los ídolos a nado" son imágenes de una eficacia que no requiere elucidación. "Haberte desatado del pecho curvo de la emperatriz" alude al hecho de que Ichcaxóchitl ("Copo de algodón") –la reina niña o *Tecuichpo* ("princesita"), hija predilecta de Moctezuma, viuda de Cuitláhuac– fue separada para siempre de su esposo e incorporada al serrallo que Cortés instaló en Coyoacán. Fruto de la violación fue Isabel Cortés Moctezuma. Antes de que naciera su hija, Ichcaxóchitl pasó a manos de un oscuro lugarteniente del conquistador» (José Emilio Pacheco, *ibidem*, pp. 165-166).

(p. 226) «para el ave que el párvulo sepulta / en una caja de carretes de hilo»: «Aquel hilo de La Cadena, cuyos carretes venían en cajitas de cartón, firmes y bien hechas que nos servían a los niños de aquel lejano entonces, para muchísimas cosas» (Eugenio del Hoyo, *Glosa a «La suave Patria»*, p. 80).

(p. 226) «...la trigarante faja»: Guillermo López de Lara, en *Hablando de López Velarde* (Ediciones Ateneo, México, 1973, pp. 304-309) y Eugenio del Hoyo, en *Glosa a «La suave Patria»*, han reivindicado el sentido iturbidista de esta alusión, recordando también que en 1921, fecha del poema, se celebraba el centenario de la consumación de nuestra independencia. «En la Historia de México, la palabra trigarante tiene una profunda y singular significación: Agustín de Iturbide» (Del Hoyo, *ibid.*, pp. 91-92).

(p. 226) «La carreta alegórica de paja»: Como las viejas catedrales, la poesía de Ramón López Velarde tiene rincones secretos que, ocasionalmente, podemos ir aclarando. Uno de estos pasajes misteriosos es la alusión con que concluye «La suave Patria»:

Sé igual y fiel; pupilas de abandono;
sedienta voz, la trigarante faja
en tus pechugas al vapor; y un trono
a la intemperie, cual una sonaja:
¡la carreta alegórica de paja!

No es posible aclarar los significados de todas las imágenes de la poesía de López Velarde, porque algunas de ellas son sólo capricho, juego verbal. Pero muchas otras, o bien son transparentes o bien, si son oscuras, podemos intentar desarmarlas para adivinar su sentido. En este caso, ¿qué significa esa imagen que cierra un poema tan importante como éste? ¿Qué quiere decirnos López Velarde cuando sugiere a la Patria que, además de ser «igual y fiel», tenga «un trono a la intemperie, cual una sonaja: ¡la carreta alegórica de paja!»?

En las esclarecedoras notas que José Emilio Pacheco ha puesto a «La suave Patria» en su *Antología del modernismo, 1884-1921* (UNAM, Biblioteca del Estudiante Universitario, vol. 91, México, 1970, p. 166), para ilustrar este pasaje transcribe la opinión que en una carta le comunicó Rodolfo Usigli, según la cual «la alusión (*la carreta alegórica de paja*) fue tomada de la historia de Booz, posiblemente a través del «Booz endormi» de Víctor Hugo. La alegoría tal vez represente a la cultura antigua en el hombre viejo (Booz) y a la moderna en la doncella, dándose las manos en torno a la carreta que lleva la cosecha».

A continuación, recoge Pacheco el juicio de Octavio Paz acerca del mismo punto: «"La suave Patria" es un poema dramático con un fin de fiesta: la aparición de la "carreta alegórica de paja", trono rústico de Pomona-Guadalupe-Tonantzin» (*Cuadrivio,* Joaquín Mortiz, México, 1965, p. 89).

Comencemos con la historia bíblica de Booz. En el Libro de Rut, 3, se relata el hermoso episodio en el cual la moabita Rut, que se ha quedado sin marido, va a espigar en los campos de su pariente Booz y, para buscar la gracia de éste, decide acostarse a sus pies en el lugar en que Booz, fatigado de las labores agrícolas, duerme junto a un montón de cebada. Es, pues, un idilio rústico sobre la paja, pero no hay ni carreta ni ruidoso trono que permitan relacionar esta escena con la alusión de López Velarde.

En el poema de Hugo, «Booz endormi» (*Le légende des siècles,* VI), se repite básicamente la misma historia, enriquecida por la imaginación del gran poeta. Hay paja, por supuesto, de trigo y de cebada, cajas para guardar los granos, ruedas de molino, perfumes de asfódelo, «L'ombre était nuptiale, auguste et solennelle» y, mientras Rut pensaba y Booz dormía, bogaba por el cielo una «faucille d'or dans le champ des étoiles». Pero no hay nada más que pueda parecerse a «la carreta alegórica de paja». Debió existir una carreta para transportar la cosecha, pero ésta no aparece ni en la historia bíblica original ni en el poema de Hugo.

El juicio de Octavio Paz, según el cual «la carreta alegórica de paja» representa un trono rústico para la divinidad protectora, a la vez pagana, cristiana y azteca, es una interpretación de la posible alusión alegórica que contiene la imagen, pero no es una opinión sobre su origen y su significado.

Aventuro una teoría más: «la carreta alegórica de paja» de López Velarde procede de la pintura de Hieronymus Bosch, *El Bosco, El carro de heno,* con las significaciones alegóricas que hay en esta obra. *El carro de heno,* parte central de un tríptico, es, según M. Gauffreteau-Sévy (*Jerôme Bosch,* Les Éditions du Temps, París, 1966), un «símbolo de las riquezas temporales, y objeto de la codicia de la multitud. Todos se aprietan en torno al carro para apoderarse del heno, precioso e irrisorio. Unos hombres trepan por el flanco del montículo, provistos de escaleras o de ganchos. Un hombre, medio aplastado por una rueda del carro, no por eso abandona su botín: algunas briznas de hierba seca. Se pegan, se roban, se degüellan por la posesión de este bien absurdo, mientras una tropa de monstruos arrastra a toda la multitud hacia el infierno».

Pero en lo alto del carro de heno hay otra escena cuya serenidad contrasta con la agitación que hay en torno al carro. A la sombra de un arbusto una pareja rústica se abraza; y junto a ellos, reposa otra pareja, formada por un trovador y una doncella que tiene en su regazo la partitura musical que él interpreta. Son, pues, dos escenas idílicas flanqueadas por un ángel que mira a las alturas y un diablo azuloso que toca una larga flauta. ¿No podría ser éste el «trono a la intemperie», en el que suena la música y murmura el amor, sobre «la carreta alegórica de paja»?

Ahora bien, de acuerdo con Gauffreteau-Sévy, *El carro de heno* del *Bosco* «es una sátira de la locura de los hombres» y tradicionalmente se ha visto en esta obra una ilustración de estas palabras de Isaías:

Toda carne es hierba
y todo su esplendor como flor del campo.
La flor se marchita, se seca la hierba,
en cuanto le dé el viento de Yahvé
(pues, cierto, hierba es el pueblo).
(40,6,7)

«Pero a la vanidad de los bienes perecederos –añade– se agrega aquí la avidez de los hombres en procurárselos.» Jacques Combe piensa que la obra del *Bosco* más bien debe relacionarse con el proverbio flamenco que dice: «El mundo es un monte de heno y cada uno toma lo que puede coger de él.»

No existe constancia ni indicio que pruebe que López Velarde haya conocido *El carro de heno* del *Bosco.* A lo largo de su obra en prosa, aparte de los estudios sobre Saturnino Herrán, sólo hay breves menciones sobre el *Baco* de Rubens, Fra Angélico y el Tiziano, a propósito de su *Magdalena.* Sin embargo, no es inverosímil que López Velarde, amigo de pintores, lo haya conocido y él, tan amante de fantasmagorías eróticas, haya sentido la fascinación del mundo del *Bosco.* Apoyado en esta probabilidad, considero que la extraña alusión con que concluye «La suave Patria» pudo haber sido inspirada por esta imagen del pintor flamenco. En todo caso, hay una coincidencia sorprendente en los dos elementos de aquella alusión y esta imagen: el trono a la intemperie y la carreta alegórica de paja. ¿Qué otra carreta más *alegórica* existe que la que pintó el *Bosco*?

Ahora bien, aceptando que de allí procediera la alusión del poeta, ¿qué significado tendría? Creo que podría ser el siguiente: el poeta propone a la Patria, asunto del poema, que permanezca igual y fiel a sí misma. Esa identidad la ve López Velarde representada en ciertos atributos femeninos: las lánguidas pupilas y la voz anhelante, ornados con un emblema patrio: la banda tricolor cruzada sobre el pecho ardiente de las mujeres. El poeta propone, asimismo, que la Patria conserve su realidad agrícola y, en ella, un sitio culminante, abierto a todos los vientos y con ruidosa alegría, el amor y la belleza, por encima de la locura de los hombres que se destrozan en su codicia por bienes ilusorios.

APÉNDICES

EL TALLER POÉTICO DE LÓPEZ VELARDE

Las correcciones de *La sangre devota*

El creador prefiere ocultar los pasos previos para la realización de su obra, que da a conocer sólo cuando ha llegado al término de su trabajo. En ocasiones, después de cierto tiempo, y casi siempre en el caso de una nueva publicación, retoca, rehace o desecha sus obras anteriores. Raras veces, y más bien en el caso de papeles póstumos, cuando la voluntad del autor no puede ya intervenir para destruirlos, nos es posible asomarnos a los esbozos previos, a los tanteos inciertos, que precedieran a la obra consumada.

En la literatura mexicana son contadas las posibilidades conocidas de examinar las correcciones que han sufrido las obras importantes, y aún más raras las de conocer las primeras versiones o los borradores de las creaciones memorables. Se han registrado los retoques y modificaciones de fondo que hizo Mariano Azuela a la primera versión de *Los de abajo.* José Vasconcelos enmendó o más bien expurgó sus memorias, pero no con propósitos literarios sino políticos y morales. Conocemos algunos de los cambios que hizo Salvador Díaz Mirón a las primeras versiones de sus poemas, antes de fijarlas en *Lascas.* Antonio Castro Leal ha estudiado las correcciones que hizo Rafael López a los poemas de su libro de juventud, al recogerlos en sus años de madurez. Se han reunido las sucesivas etapas de los «Esquemas para una oda tropical» de Carlos Pellicer. Y muchos otros poetas, que han disfrutado de vida para hacerlo, retocan a menudo sus obras o excluyen del todo las que consideran, con nuevo juicio, más débiles.

En el caso de la poesía de Ramón López Velarde, y como una rendija más para entrever los secretos de su taller poético, tenemos la fortuna de conocer algunas de sus correcciones, reelaboraciones y borradores.

López Velarde había preparado en 1910, para su publicación en Guadalajara, un manuscrito del libro que se llamaría *La sangre devota.* El proyecto no llegó a realizarse y el libro sólo se imprimió en México, en 1916. Este reposo de seis años le dio oportunidad de revisar a fondo y ampliar su primera obra, y de iniciarla con bases más sólidas. Se conserva –en guarda de la Academia Mexicana– el manuscrito del libro de 1910. En el número que la revista *México en el Arte* (primavera de 1949, número 7) dedicó al poeta, se reprodujo en facsímil parte de este manuscrito. Comparándolo con el libro publicado en 1916, puede advertirse que, de los veinte poemas que aparecen en el proyecto de 1910, siete fueron excluidos y trece pasaron retocados a *La sangre devota.* Esta edición, a su vez, consta de treinta y siete poemas, los trece salvados más veinticuatro nuevos, escritos en los decisivos años intermedios. Los trece poemas «antiguos» fueron: «En el reinado de la primavera», «Viaje al terruño», «Domingos de provincia», «A la gracia primitiva de las aldeanas», «Cuaresmal», «Ofrenda romántica», «Para tus pies», «Poema de vejez y de amor», «Para tus dedos ágiles y finos», «Canonización», «Noches de hotel», «Mientras muere la tarde» y «Del pueblo natal». Y los desechados –que ahora conservamos incorporados a las «Primeras poesías»– fueron: «Elogio a Fuensanta» (p. 23), «Flor temprana» (p. 31), «Ella» (p. 34), «Alejandrinos eclesiásticos» (p. 35), «Cuando contigo estoy, dueña del alma» (p. 36), «A una ausense seráfica» (p. 37), y «En un jardín» (p. 30), poemas dulcemente sentimentales de su amor por Fuensanta, superados en malicia y elaboración por los poemas salvados del escrutinio.

En cambio, creo que podrá aceptarse que los textos más logrados y hermosos de este primer libro son los veinticuatro nuevos poemas, escritos entre 1910 y 1916. Baste recordar, entre ellos, «Mi prima Águeda», «La bizarra capital de mi Estado», «Por este sobrio estilo», «Boca flexible, ávida», «Qué será lo que espero» e «Y pensar que pudimos…», para reconocer, por una parte, el seguro gusto con que López Velarde eligió de su primer proyecto los mejores y, sobre todo, la maduración y la afirmación de su sensibilidad poética en los años de 1910 a 1916, cuando rehízo *La sangre devota.* En estos años, al arrobo sentimental y a la devoción por las cosas de su pueblo y su mundo religioso, añadió una sensualidad más ávida, rasgos de humor e ironía, sensibilidad plástica y conocimiento poético.

En la portada de 1910 había puesto como epígrafe o subtítulo: «Salmos viejos en lírica nueva», curiosa inversión de la sentencia de André Chénier; y una dedicatoria: «A la memoria de mi padre», quien había muerto dos años antes. En cambio, en la edición de 1916 desaparece el inútil subtítulo y la dedicatoria ya no es familiar sino literaria: «Consagro este libro a los espíritus de Gutiérrez Nájera y Othón.»

Las correcciones de López Velarde a algunos de los poemas que salva son pequeñas pero reveladoras de su cuidado. Dos poemas, «En el reinado de la primavera» y «Para tus pies», pasan sin retoque alguno. En otros, añade o quita comas o pone entre guiones una exclamación («¡Oh rostros peregrinos!») en «Del pueblo natal»; o quita el artículo *la* en el subtítulo de la tercera parte de «Viaje al terruño». Suprime dos dedicatorias: a José Elizondo de «Noches de hotel», y a Luis Rosado Vega –con quienes debió de enemistarse– de «A la gracia primitiva de las aldeanas», poema este último en el cual, en el verso 27 que decía:

Buenas mozas: no abrigo más *ensueños*

cambió la última palabra por *empeños*, para evitar la repetición del final del verso 31:

Mi hambre de amores y mi sed de *ensueño*.

En el «Poema de vejez y de amor», que es extenso, hay varias correcciones menudas de signos ortográficos; en la cuarta estrofa, las «*dos* ligas» de la abuela pasaron a ser «*las* ligas»; en la undécima estrofa, el poeta consideró excesivo, con cierta razón, soñar en dormirse sobre los «*muslos* sedeños» de Fuensanta, y los cambió por los «*brazos* sedeños»; y en la última estrofa había escrito *conubio*, con una sola *n*, y en la edición de 1916, él o el cajista añadieron la segunda *n*.

En «Para tus dedos ágiles y finos» había escrito el sexto verso:

lucen en el *manual* su compostura,

y, en lugar de *manual*, puso *mantel*, lo cual es más casero y expresivo. Además, en la edición de 1916 sacrificó el segundo soneto, «Coses en dulce paz», que originalmente seguía al anterior, tan logrado como éste, probablemente porque la imagen que finaliza este último soneto: envidiar la suerte de la aguja prisionera entre los dedos de la amada, es forzada.

En «Canonización», había escrito en el cuarto verso:

que *en la* noche se exhala de tus tiestos

y corrigió, «que *de* noche» y añadió una coma después de «zagales», en el décimo verso.

El poema «Rumbo al olvido», que había publicado en 1912 –después de la recopilación frustrada de 1910–, es una primera versión de «Y pensar que pudimos...», que figura en *La sangre devota*. Su reelaboración es interesante por la sensibilidad poética que muestra López Velarde para convertir un poema patético en una ligera evocación nostálgica de algo que pudo ser, pero que no se intenta ya rescatar del olvido. Hay una rigurosa supresión de estrofas y composición de otras nuevas. De la primera versión, salva la segunda y la cuarta estrofas; y a la tercera, en ambas versiones, le hace modificaciones afortunadas:

(versión de 1912)

Pudieron deslizarse,
sin sentir, nuestras vidas
con el compás romántico
que hay en las músicas desfallecidas

(versión de *La sangre devota)*

Y pensar que pudimos,
en una onda secreta
de embriaguez, deslizarnos
valsando un vals sin fin, por el planeta...

(La gracia ondulante de esta segunda versión me recuerda, sin más razón que el tema del vals, un poema amado en la juventud, el «Pequeño vals vienés», de García Lorca.)

En el mismo poema, «Y pensar que pudimos...», la quinta estrofa de 1912, y la cuarta y final de 1916, en *La sangre devota,* muestra una transformación igualmente feliz:

(1912)

Y pensar que pudimos,
al acercarse el fin de la jornada,
alumbrar la vejez en una dulce
conjunción de existencias,
contemplando, en la noche iluminada,
el cintilar perenne del Zodíaco
sobre la sombra de nuestras conciencias...

(1916)

Y pensar que pudimos,
al rendir la jornada,
desde la sosegada
sombra de tu portal y en una suave
conjunción de existencias,
ver las cintilaciones del Zodíaco
sobre la sombra de nuestras conciencias...

Las dos estrofas finales, sexta y séptima, de la primera versión, en las que se agudizaba el patetismo de la separación desaparecieron.

Un caso semejante es el de «Tus ventanas», también de 1912, que se transforma en «Sus ventanas» en *La sangre devota* de 1916. En este segundo par de poemas la reelaboración parece haber sido hecha de memoria. Antonio de Valle-Arizpe, hermano de Artemio, a quien el poema está dedicado, refiere en carta del 3 de junio de 1949, dirigida a Jesús López Velarde, que Ramón había escrito «Tus ventanas» en el álbum de Antonio, el cual permaneció extraviado en los años de la Revolución, aunque al fin lo recuperó. Y añade que, sin tener copia de la primera versión, «en la segunda, tuvo que reconstruirlo Ramón para que formara en su libro, teniendo sólo el pensamiento primordial, y uno que otro verso que guardó en su memoria» (Elisa García Barragán y Luis Mario Schneider, *Ramón López Velarde, álbum*, UNAM, México, 1988, p. 87).

«Este lindísimo poema –opina Antonio de Valle-Arpize– es mejor en la primera versión que en la segunda.» Y tiene razón. La primera, más extensa con 36 versos en cinco estrofas, tiene el atractivo de contarnos los adornos que ilustraban aquellas ventanas que miraban al oriente: «su antigua arquitectura», su fragante limpieza desde la madrugada, el canario alborotador con sus trinos, las macetas de rosas y claveles, y los caracoles, en que «ella gusta de escuchar el sordo / fragor de las marinas tempestades». En la segunda versión, más breve, de sólo 23 versos en tres estrofas, se han olvidado la arquitectura, el canario y las macetas, y sólo queda el lavado mañanero, los caracoles y el recuerdo de los noviazgos adolescentes. El poema ha perdido sus apoyos concretos y con ello algo de su ingenuo encanto.

Los borradores de «La suave Patria»

Todas las correcciones hasta aquí señaladas lo son a poemas ya hechos, que fueron retocados o reelaborados, como en el último caso. Para acercarnos aún más al taller poético de López Velarde, disponemos de un documento que, así su análisis tenga algo de profanación de una intimidad, nos permite reconocer que los aciertos expresivos y la magia de «La suave Patria» no se dieron gratuitamente sino que implicaron una ardua búsqueda.

Don Jesús López Velarde había entregado a Allen W. Phillips, el distinguido estudioso de la obra del poeta, junto con copias de otros papeles de Ramón López Velarde, fragmentos de un borrador de «La suave Patria», en seis hojitas de diversos tamaños. Al encargarme de la edición de estos textos, recordé que la Academia Mexicana de la Lengua guarda un importante conjunto de manuscritos del poeta y, con el ánimo de cotejar las copias con su original para resolver algunas dudas, encontré no sólo los originales de las seis hojitas, cuya copia tenía Phillips, sino siete hojas más, trece en total, que forman un borrador casi completo de «La suave Patria». Comuniqué mi encuentro al profesor Phillips quien aceptó incluirlo, con facsímiles y transcripciones, en su obra: *Ramón López Velarde, Dos cartas inéditas y otros textos desconocidos,* México, INBA, 1988, que no llegó a publicarse.

Los apuntes de este borrador no tienen fecha, y no disponemos de ningún indicio respecto a la lentitud o rapidez con que trabajara López Velarde sus poemas. En la revista *El Maestro,* de la que era redactor y en cuyo número 3, de junio de 1921 –cuando ya había muerto el poeta–, se publicó por primera vez «La suave Patria». Había aparecido, en el número 1, de abril del mismo año, su ensayo «Novedad de la Patria», sin fecha, que tiene tantos temas coincidentes con la intención del poema. Si éste está fechado el 24 de abril de 1921, puede suponerse que su elaboración se haya iniciado a principios de ese año, y que primero concluyera el ensayo, y un poco más tarde, el poema.

El borrador existente, manuscrito a veces de difícil lectura, registra vacilaciones entre varias posibilidades, no está aún completo, y sólo indica, como partes del poema, el «Proemio» y el «Principio del drama. Cuauhtémoc». El «Primero» y el «Segundo acto» aún no están marcados y sus materiales se encuentran mezclados. Aunque algunas de las hojitas tienen números de orden, se halla más bien en desorden, si pensamos en la continuidad actual del poema. Al parecer, López Velarde lo iba elaborando a base de unidades temáticas, que luego organizará en secuencias, con gradaciones y temas afines, muy bien logradas en la fase final. He aquí, frente a frente, el borrador existente y la versión definitiva del poema:

LA SUAVE PATRIA

(Borrador)

PROEMIO

1*
Yo que solo canté la exquisita
partitura del íntimo decoro,
alzo hoy la voz a la mitad del foro,
a la manera del tenor que imita
(para cortar a la epopeya un gajo)
la *gutural* modulación del bajo.

Navegaré por los dramas civiles
con remos que no pesan, porque van
como los brazos del correo chuan
que remaba la Mancha con fusiles.

Y diré, en una épica sordina,
que la Patria es sagrada y diamantina
y en una inmóvil aria silenciaria
diré que no hay en su bandera trina
ni mancha secular ni mancha diaria.

(Versión definitiva)

PROEMIO

Yo que sólo canté de la exquisita
partitura del íntimo decoro,
alzo hoy la voz a la mitad del foro,
a la manera del tenor que imita
la gutural modulación del bajo,
para cortar a la epopeya un gajo.

Navegaré por las olas civiles
con remos que no pesan, porque van
como los brazos del correo chuan
que remaba la Mancha con fusiles

Diré con una épica sordina:
La Patria es impecable y diamantina.

* Los números indican el orden de los fragmentos en el borrador.

8

Suave Patria: permite que te envuelva
en la más honda música de selva
con que me modelaste por entero
al golpe cadencioso de las hachas,
entre risas y gritos de muchachas
y pájaros de oficio carpintero.

Suave Patria: permite que te envuelva
en la más honda música de selva
con que me modelaste por entero
al golpe cadencioso de las hachas,
entre risas y gritos de muchachas
y pájaros de oficio carpintero.

PRIMER ACTO

Patria: tu superficie es el maíz,
tus minas son la casa del Rey de Oros,
tu cielo, las garzas en desliz
y el relámpago verde de los loros.

Patria: tu superficie es el maíz,
tus minas el palacio del Rey de Oros,
y tu cielo, las garzas en desliz
y el relámpago verde de los loros.

El Niño Dios te (dejó) escrituró un establo
y te dio los veneros del petróleo el diablo,
tu llanura es
un silencio, y tu selva un buscapiés,

En tu provincia del reloj
las campanadas caen como centavos
y en el aire saludan
a los palomos colipavos.

El Niño Dios te escrituró un establo
y los veneros del petróleo el diablo.
Sobre tu Capital,, cada hora vuela
ojerosa y pintada, en carretela;
y en tu provincia, del reloj en vela
que rondan los palomos colipavos,
las campanadas caen como centavos.

10

Patria: tu mutilado territorio
se viste de percal y de abalorio

Patria: tu mutilado territorio
se viste de percal y de abalorio.

Suave Patria: tu casa todavía
es tan grande que el tren (es en)
va por la vía
(velocidades) como aguinaldo de
juguetería.

Suave Patria: tu casa todavía
es tan grande, que el tren va por la vía
como aguinaldo de juguetería.

Y en el barullo de las estaciones
con tu mirada de mestiza pones
la inmensidad sobre los corazones.

Y en el barullo de las estaciones,
con tu mirada de mestiza, pones
la inmensidad sobre los corazones.

5

Quien, en la noche que asusta a la rana,
en tu noche diocesana
no miró, antes de saber del vicio,
del brazo de su novia, la galana
pólvora de los fuegos de artificio

¿Quién, en la noche que asusta a la rana,
no miró, antes de saber del vicio,
del brazo de su novia, la galana
pólvora de los fuegos de artificio?

Suave Patria: en tu tórrido festín
luces policromías de delfín;
(para) y con tu pelo rubio se desposa
el alma, (la) equilibrista chuparrosa,
y a tus dos trenzas de tabaco, sabe
ofrendar aguamiel, toda mi briosa
raza de bailadores de jarabe.

Suave Patria: en tu tórrido festín
luces policromías de delfín,
y con tu pelo rubio se desposa
el alma, equilibrista chuparrosa,
y a tus dos trenzas de tabaco, sabe
ofrendar aguamiel toda mi briosa
raza de bailadores de jarabe.

7
Sobre las madrugadas del terruño,
en calles como espejos, se vacía
el santo olor de la panadería
y con monedas de   cuño

Patria, la Capital (una) es tu alcancía
y dame de mortaja
el delantal de la que va en su trono
al aire libre
alegórica   (la carreta de paja).

Tu barroco suena a plata, y en tu puño
su sonora miseria es alcancía;
y por las madrugadas del terruño,
en calles como espejos, se vacía
el santo olor de la panadería.

10
Cuando nacemos nos regalas notas,
después,   de las compotas
y luego te regalas toda entera,
suave Patria, alacena y pajarera.

Al triste y al feliz dices que sí
que en tu lengua de amor, prueben de ti:
la picadura del ajonjolí.

Cuando nacemos, nos regalas notas,
después, un paraíso de compotas,
y luego te regalas toda entera,
suave Patria, alacena y pajarera.

Al triste y al feliz dices que sí,
que en tu lengua de amor prueben de ti
la picadura de ajonjolí.

6
¡Y tu cielo nupcial, que cuando truena
de deleites frenéticos nos llena!
Trueno de nuestras nubes, que nos baña
de locura, enloquece a la montaña,
requiebra a la mujer,
incorpora a los muertos
y al fin derrumba las madererías
de Dios sobre las tierras labrantías.
Trueno de temporal: oigo en tu voz
el crujido de todas las parejas
de esqueletos que se amaron
las   como la hoz

¡Y tu cielo nupcial, que cuando truena
de deleites frenéticos nos llena!
Trueno de nuestras nubes, que nos baña
de locura, enloquece a la montaña,
requiebra a la mujer, sana al lunático,
incorpora a los muertos, pide el Viático
y al fin derrumba las madererías
de Dios, sobre las tierras labrantías.
Trueno del temporal: oigo en tus quejas
crujir los esqueletos en parejas,

8
oigo lo que perdí (hora), lo que aún coco
y el bien (hora) actual con su vientre
y oigo en el brinco de tu ida y venida
la ruleta oh trueno, de mi vida.

oigo lo que se fue, lo que aún no toco
y la hora actual con su vientre de coco,
y oigo en el brinco de tu ida y venida,
oh trueno, la ruleta de mi vida.

Principio del drama
Cuauhtémoc

2
Joven abuelo, escúchame loarte:
único héroe a la altura del arte.
Ni a héroes de verdad ni a fementidos
ensalcé, que la lira es estandarte
y son su todos sus sonidos;
pero hablo de tus mártires latidos.

Y te (canta feliz) reza un nopal algo rosal,
anacrónicamente, absurdamente,
y al mismo idioma vencedor imantas
cual surtidor de vaticana fuente
que te da el continental
zócalo de ceniza de tus plantas.

13
aunque escribo Méjico con jota,
la estatua no pedí para Cortés.

No como a César el rubor patricio
te escondió el rostro enmedio del suplicio;
tu cabeza desnuda se nos queda,
hemisféricamente, de moneda.

(Tus cabellos...

Moneda espiritual en que se fragua
todo lo que sufriste: la piragua
prisionera, el azoro de tus crías
el sollozo de tus mitologías
la liviandad de la M...

INTERMEDIO

CUAUHTÉMOC

Joven abuelo: escúchame loarte,
único héroe a la altura del arte.

Anacrónicamente, absurdamente,
a tu nopal inclínase el rosal;
al idioma del blanco, tú lo imantas
y es surtidor de católica fuente
que de responsos llena el victorial
zócalo de cenizas de tus plantas

No como a César el rubor patricio
te cubre el rostro en medio del suplicio:
tu cabeza desnuda se nos queda,
hemisféricamente, de moneda.

Moneda espiritual en que se fragua
todo lo que sufriste: la piragua
prisionera, el azoro de tus crías,
el sollozar de tus mitologías,
la Malinche, los ídolos a nado,
y por encima, haberte desatado
del pecho curvo de la emperatriz
como del pecho de una codorniz.

(variante quizá posterior)

2

No como a César el rubor patricio
te cubrió el rostro enmedio del suplicio;
tu cabeza desnuda se nos queda,
hemisféricamente, de moneda.

Moneda espiritual en que se fragua
todo lo que sufriste: la piragua
prisionera, el azoro de tus crías,
el sollozo de tus mitologías,
la Malinche, los ídolos a nado,
y por encima, haberte desatado

3

del pecho curvo de la emperatriz
como del pecho de una codorniz.

4

Suave Patria: tú vales por el río
de (alas humanas) las virtudes de tu mujerío;
tus hijas atraviesan como hadas
o destilando un invisible alcohol,
vestidas con las redes de tu sol,
cruzan como botellas alambradas.

10

Suave Patria: te amo no cual mito
sino por tu verdad de pan bendito
como a niña que asoma por la reja
con la blusa corrida hasta la oreja
y la falda bajada hasta el huesito.

11

Inaccesible al deshonor, floreces
creeré en ti mientras una mejicana
en su tápalo lleve los dobleces
de la tienda, a las seis de la mañana,
y al estrenar su lujo, quede lleno
el país, del aroma del estreno.

SEGUNDO ACTO

Suave Patria: tú vales por el río
de las virtudes de tu mujerío;
tus hijas atraviesan como hadas,
o destilando un invisible alcohol,
vestidas con las redes de tu sol,
cruzan como botellas alambradas.

Suave Patria: te amo no cual mito,
sino por tu verdad de pan bendito,
como a niña que asoma por la reja
con la blusa corrida hasta la oreja
y la falda bajada hasta el huesito.

Inaccesible al deshonor, floreces;
creeré en ti, mientras una mejicana
en su tápalo lleve los dobleces
de la tienda, a las seis de la mañana,
y al estrenar su lujo, quede lleno
el país, del aroma del estreno.

6
Viviendo de milagro, Patria mía
vives al día,
en una lotería.

Como la sota moza. Patria mía,
en piso de metal, vives al día,
de milagro, como la lotería.

tu imagen, el Palacio Nacional
con tu misma grandeza y con tu igual
estatutra de niño y de dedal.
Ceñida con la banda trigarante,
pero él (sacude) se quita de la diestra
el guante
como un regicida solterón.

Tu imagen, el Palacio Nacional,
con tu misma grandeza y con tu igual
estatura de niño y de dedal.

11
Te el Emperador
y un higo San Felipe de Jesús.

Te dará, frente al hambre y al obús,
un higo San Felipe de Jesús.

Suave Patria, vendedora de chía:
quiero raptarte en la cuaresma opaca,
sobre un garañón, y con matraca,
y entre los tiros de la policía.

Tus entrañas no niegan un asilo
para el ave que el párvulo sepulta
en una caja de carretes de hilo,
y nuestra juventud llorando oculta
dentro de ti el cadáver hecho poma
de aves que hablan nuestro mismo idioma

Tus entrañas no niegan un asilo
para el ave que el párvulo sepulta
en una caja de carretes de hilo,
y nuestra juventud, llorando, oculta
dentro de ti el cadáver hecho poma
de aves que hablan nuestro mismo idioma.

10
frescura de rebozo y de tinaja,
y si tirito, dejas que me arrope
en tu respiración azul de incienso
y en tus carnosos labios de rompope.

Si me ahogo en tus julios, a mí baja
desde el vergel de tu peinado denso
frescura de rebozo y de tinaja,
y si tirito, dejas que me arrope
en tu respiración azul de incienso
y en tus carnosos labios de rompope.

9
Por tu balcón de palmas bendecidas
el Domingo de Ramos, yo desfilo
lleno de sombra porque tú trepidas.

Por tu balcón de palmas bendecidas
el Domingo de Ramos, yo desfilo
lleno de sombra, porque tú trepidas,

Quieren morir tu ánima y tu estilo,
cual van muriéndose las cantadoras
que en las ferias, con su bravío pecho
empitonaban la camisa, han hecho
la lujuria y el ritmo de las horas.

Quieren morir tu ánima y tu estilo,
cual muriéndose van las cantadoras
que en las ferias, con el bravío pecho
empitonando la camisa, han hecho
la lujuria y el ritmo de las horas.

12
Patria: yo sé de tu dicha la clave;
sé fiel a tu (sencillo) espejo diario;
cincuenta veces es igual el *ave*
taladrada en el hilo del rosario,
y es más feliz que tú, Patria suave.

Patria, te doy de tu dicha la clave:
sé siempre igual, fiel a tu espejo diario;
cincuenta veces es igual el *Ave*
taladrada en el hilo del rosario,
y es más feliz que tú, Patria suave.

12
Sé fiel a tu conciencia y a tu cara;
un te *quiero* es igual a *otro te quiero,*
y sin joya rara
has de construir el altar venidero
con igual de arenas de hormiguero.

Sé igual y fiel y fiel; (y dame de
mortaja
(los ojos) pupilas de abandono;
el delantal de)
la sedienta voz; la Trigarante faja
en tus pechugas al vapor y un trono
la intemperie, cual una sonaja
la (aire): la carreta de la paja.
Que alegórica

Sé igual y fiel; pupilas de abandono;
sedienta voz; la trigarante faja
en tus pechugas al vapor; y un trono
a la intemperie, cual una sonaja:
¡la carreta alegórica de paja!

24
abril
1921

Como puede apreciarse por el cotejo del borrador y el poema concluido, el principio y el fin ya estaban decididos y casi logrados. Pero en el camino, aunque ya existían cerca de su forma final muchos de los aciertos expresivos y algunos de los pasajes más hermosos, a veces los primeros apuntes eran desafortunados y aun pueden parecernos escalofriantes, si los comparamos con la eficacia de los versos que conocemos.

El poema, de 33 estrofas, está compuesto en endecasílabos –de cuenta no siempre segura–, con rimas consonantes en pareados o tercetos monorrimos, o bien en estrofas con rimas alternadas. Esta exigencia de la rima estuvo a punto de hacerlo caer, en la tercera estrofa del «Proemio», en el borrador, en estos versos lamentables:

y en una inmóvil aria silenciaria
diré que no hay en tu bandera trina
ni mancha secular ni mancha diaria.

que tuvo el acierto de suprimir, limitándose a los dos versos rotundos:

> Diré, con una épica sordina:
> la Patria es impecable y diamantina.

Algo semejante ocurrió con la primera estrofa de la sección dedicada a Cuauhtémoc. Después de los dos espléndidos primeros versos, que subsisten, se había metido en un innecesario alegato para señalar su renuencia a ensalzar a «héroes de verdad» o a «fementidos», que tuvo el acierto de tachar también.

La segunda estrofa de esta sección presentaba la dificultad de expresar varias ideas que debían enlazarse razonablemente: el rosal español que rinde homenaje al nopal emblemático del héroe indio; el idioma del blanco imantado por el del indio, lo que creaba una fuente universal para llenar de elogios a quien había sufrido ver sus plantas convertidas en cenizas: notoria exageración. La solución lograda por el poeta no es perfecta, aunque ha conseguido mejoras considerables; no es necesarios que el rosal le rece al nopal, basta con que se incline ante él; lo de «vaticana fuente» era impropio, y en cambio, «católica» tiene el sentido original de universal; y en cuanto a la sustitución de «continental» por «victorial», para calificar el «zócalo de ceniza» de los pies de Cuauhtémoc, es extraño el uso de este latinismo, muy raro en español y que puede venir del italiano. Aun con estos cambios, ésta es una de las estrofas más confusas y débiles del poema, iniciada con ese inútil y cacofónico par de adverbios en *mente,* de los que hubiera podido prescindir.

De las estrofas tercera y cuarta de esta sección dedicada a Cuauhtémoc, existen dos borradores. En el que parece más antiguo, había apuntado dos versos, que felizmente olvidó, porque nada aumentaban a la exaltación del héroe indígena y chocaban con el tono positivo del poema:

> aunque escribo Méjico con jota
> la estatua no pedí para Cortés.

Tenía aún dudas para el precioso recuerdo de César, y todavía no encontraba el emocionante remate de la estrofa final («Moneda espiritual»), pues había insinuado en un verso «la liviandad de la Malinche», del que tachó el calificativo. Y en el verso anterior, al escribir finalmente «el sollozar de tus mitologías», en lugar del aislado «sollozo», que había puesto en los dos borradores, hizo ganar en amplitud y penetración histórica a esta expresión afortunada. Los *Coloquios* de los doce frailes con los señores y sacerdotes indios, celebrados en 1524 y recogidos por el padre Sahagún, pudieran tener como epígrafe este verso: «el sollozar de tus mitologías».

En las estrofas siguientes del borrador aparecen ya limpios o a punto de estarlo, con frecuencia en dísticos, muchos de los mayores aciertos expresivos del poema: la Patria y su maíz, sus minas y sus cielos; los dones del establo y del petróleo; y están cerca de su limpieza final las secuencias de los fuegos de artificio, del cielo nupcial, del estreno de los tápalos, de las aves sepultadas, del tórrido festín, de los bailadores de jarabe, de la «honda música de selva», del «santo olor de la panadería», del elogio del mujerío, de los calores y los fríos y de las cantadoras de las ferias. Y sólo faltan unos cuantos temas: las horas de la Capital, el barro que suena a plata y el rapto en la Cuaresma. En un par de casos, se tiene la impresión de que, si hubiera fallado el gusto de López Velarde, el poema se hubiese estropeado con pasajes tan planos como el que había puesto después de los tres versos del Palacio Nacional:

Ceñida con la banda trigarante,
es la casa de la Federación;
pero él se quita de la diestra el guante
como un regicida solterón.

(¿Quién sería el señor que se quitó el guante y a qué rey pensaría matar?)

Ya se apuntó que López Velarde sabía cómo quería terminar el poema, con la idea de la conservación de la identidad y con ciertas imágenes de esa identidad, que cerraría con la «carreta alegórica de paja». Pero, en el borrador, después del rosario y sus Aves iguales, había puesto una continuación alternativa, que tuvo el acierto de suprimir del todo:

Sé fiel a tu conciencia y a tu cara;
un te *quiero* es igual a *otro te quiero*
y sin joya rara
has de construir el altar venidero
con igual de arenas de hormiguero.

Imágenes, como la del tren de juguetería, que hoy nos parecen inconmovibles en su sencillez, presentaban dudas y otras posibilidades. Aún no había encontrado el sujeto para calificarlo con «frescura de aroma y de tinaja», que luego sería «el vergel de tu peinado denso». En otro caso, tenía la rima «coco» y no sabía con qué aparearla. Y, para rimar con «terruño», había apuntado tentativamente «cuño»; y creía que la Capital podía ser la «alcancía» de la Patria, antes de resolver estas dudas con los versos conocidos:

Tu barro suena a plata, y en tu puño
su sonora miseria es alcancía;

y dejar la Capital para otros menesteres.

Estos aciertos, esbozos, dudas y tropiezos dan una idea de la ardua elaboración que requirió el poema antes de alcanzar el despliegue imaginativo, la fluidez y la estructura con que fue concluido. La disposición final, con un Proemio de circunstancias, un Primer Acto para la Patria física, un Intermedio para exaltar a Cuauhtémoc, y un Segundo Acto, final, para la Patria íntima y femenina, disposición que da a «La suave Patria» su armonía y plenitud, aún no estaba realizada. La magia verbal de las imágenes, los dísticos luminosos, las secuencias que se desploman y encrespan, y aun los caprichos y fantasías menos obvios, todo requirió una búsqueda, una elección y una severa poda de lo inútil. Escribir un poema es inventarlo y organizarlo de la nada, verso a verso, hasta que sea como una flor o un puñal o una fuente.

Registros de palabras

El botánico y el zoólogo recogen plantas o animales raros; el novelista registra observaciones y frases, y el compositor apunta donde puede la frase musical que aletea en su mente. «El cura rojo», Antonio Vivaldi, interrumpió una vez la misa que celebraba para ir a la sacristía a apuntar un tema de fuga que le había venido a la cabeza, y luego volvió a acabar su misa. La Inquisición lo consideró loco y le prohibió decir más misas. De manera semejante, el poeta, que cavila en el poema que proyecta, apunta también sus temas, un verso que se le da hecho o palabras sueltas que podrá utilizar para sus rimas o porque le gustan como sugestivas o hermosas.

En uno de los bolsillos de la última chaqueta que usó Ramón López Velarde, sus parientes encontraron, junto a otros papeles, tres hojitas con palabras sueltas. Jesús López Velarde entregó una copia de estas hojitas al investigador Allen W. Phillips, que proyectaba publicar en el volumen que antes se ha mencionado.

Van en seguida estos apuntes:

Lista de palabras sueltas

1. Festín
   Puestas las mesas sobre las sillas
   Delfín
   Diocesana
   San Felipe de Jesús
   azúcar cande

Colipavo
Chuparrosa
estrenar dobleces
Rompope
Ajonjoli
Garañón
Capirotada

(Núm. 24 de los *Manuscritos*)

2. Diamantista
Tigre, signo del infinito, ochos
Cajas, hilos de carretes, pajaritos, esqueletos…
Momento, dominación femenina por la voz… Pectoral…
Desprestigio desamor objeto exangüe
Fárrago…
Aliteración
Tenor. Cielos de mujeres…
Sobresalto de los tendones rod. bailarín…
Sus brazos dued. sobre la mesa. Sublime P.
Vestida de topo, vestida de tinto…
Rostros especulares, esferas del presente y porvenir
Ojos pendencieros
armisticio
Pie estribo hostería
Sabihonda
Viña, impío, aliciente, bandós
Con el pie en el estribo

3. En un tiempo de gavota
Obra maestra…
Suplicio fantasía
Disimulo
Coquetería
Pestañeo
Vertebrado
Picada de pájaro
Bisiesta
Camarlengas
Claraboya
Precio esquivar ante líneas

Polígama sustentación
Bailadores de jarabe
Donas
Alacena y pajarera
César
Puerta cochera
Gotera

(Núm. 22 de los *Manuscritos*)

Las listas de palabras y temas anotados por López Velarde, sobre todo las de la primera y la tercera hojas, deben ser de sus últimos meses de vida, pues tienen relación con los textos postreros que escribió: el ensayo «Novedad de la Patria» y el poema «La suave Patria». Algunos de la segunda hoja fueron aprovechados en otros textos, como en el ensayo «Obra maestra» –el tema del soltero comparado al tigre enjaulado– y en el poema «Gavota», que aunque fechado hacia 1920 es ya una anticipación de su muerte. Otras palabras y temas no fueron, a lo que creo, utilizados. En una página de *El minutero* desarrolló el tema de «El bailarín», y en «Urueta» empleó «el sobresalto de los tendones».

Al reverso de cartas que recibió en 1919 y 1920, hizo también anotaciones. Se encuentran en los *Manuscritos* números 19 y 15, cuyo contenido se reproduce a continuación:

*Núm. 19**

a la manera del tenor que...
la modulación
civiles
que remaban la Mancha con fusiles
épica sordina
tabaco
luna rosa
... sanicamente, absurda
me Gustados de feos...
zócalo
de la ceniza de sus plantas...
botellas alambradas
una grandeza solitaria

del pecho curvo de la emperatriz
como del pecho de una codorniz
Cortés
piragua
que no supiste serlo
hiel
amigo
mataron triquiñuelas de pala...
deshonestidades de cuartel
el alma llevadera del trapecio
aletas
de tu frac
drepúblicas de santos y poetas

* Anotaciones a lápiz al reverso de una carta que envió a Ramón López Velarde, A. M. del Campo, presidente de la Junta de Beneficencia Privada, de la Secretaría de Gobernación, nombrándolo su representante jurídico en la testamentaría del señor Félix Cuevas, el 13 de mayo de 1919.

de señorita criolla que madruga
de la vista diaria
Deserción...
días ilustres
penca esca...

*Núm. 15**

Embriaguez líneas Fis.
psicolafians
Lineal. Un bien
Dones árbol apacible
conque murió San Juan
«Cese voluntad, no habrá infierno»: San Bernardo. Apetitos
Dimensiones
Público y privado, esfera
económica con jaspe de
sarcasmo
mímica. Prestancia
mirada marítima
Prof. Arrebatados por los cabellos
Puntas de los pies, signo
de admiración
Telares alba

J. L. M.

* Anotaciones a lápiz de Ramón López Velarde al reverso de la carta que le envió J. M. Benítez, el 4 de febrero de 1920.

MANUSCRITOS DE RAMÓN LÓPEZ VELARDE QUE GUARDA LA ACADEMIA MEXICANA DE LA LENGUA

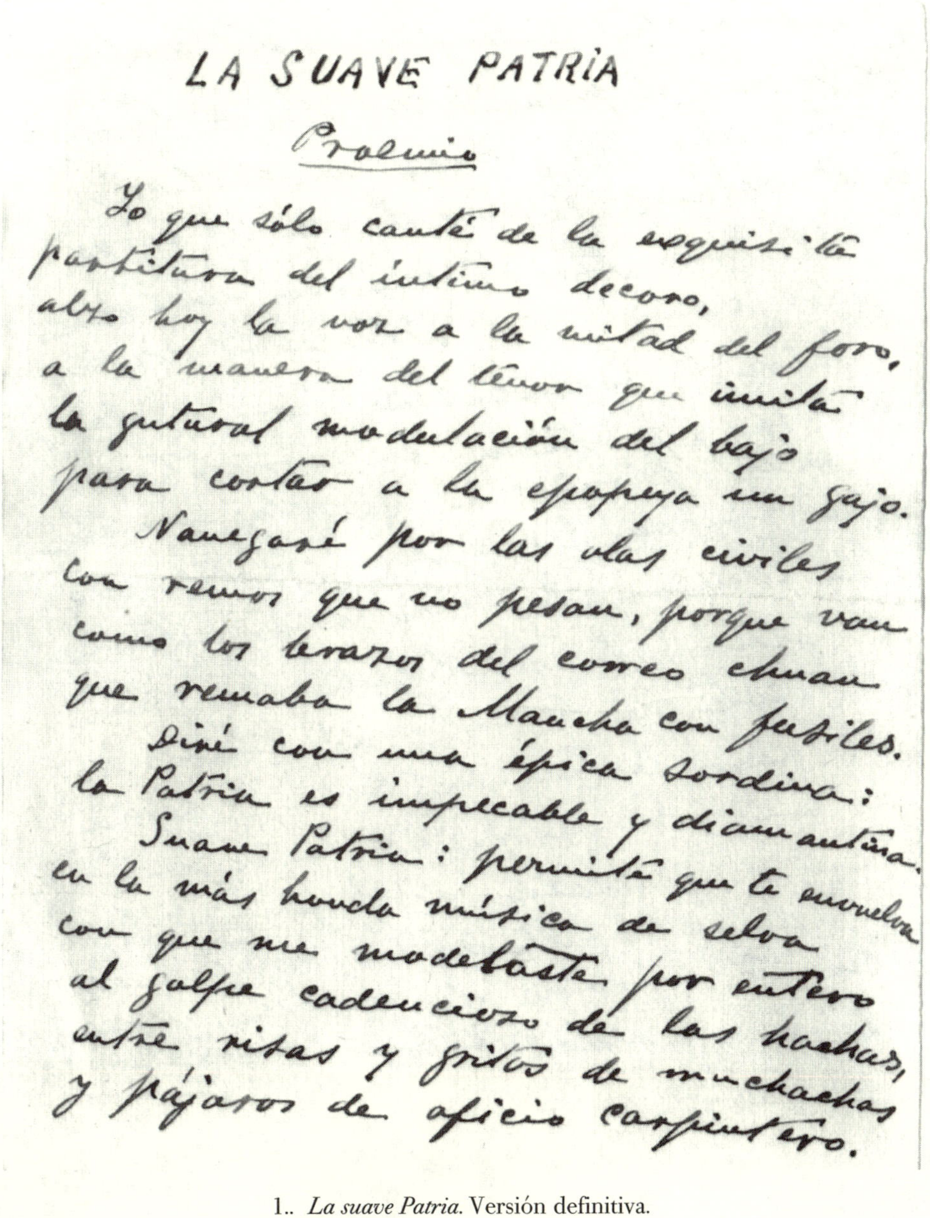

LA SUAVE PATRIA

Proemio

Yo que sólo canté de la exquisita
partitura del íntimo decoro,
alzo hoy la voz a la mitad del foro,
a la manera del tenor que imita
la gutural modulación del bajo
para cortar a la epopeya un gajo.
Navegaré por las olas civiles
con remos que no pesan, porque van
como los brazos del correo chuan
que remaba la Mancha con fusiles.
Diré con una épica sordina:
la Patria es impecable y diamantina.
Suave Patria: permite que te envuelva
en la más honda música de selva
con que me modelaste por entero
al golpe cadencioso de las hachas,
entre risas y gritos de muchachas
y pájaros de oficio carpintero.

1.. *La suave Patria.* Versión definitiva.

Primer Acto

Patria: tu superficie es el maíz,
tus minas el palacio del Rey de Oros,
y tu cielo las garzas en desliz
y el relámpago verde de los loros.
El Niño Dios te escrituró un establo
y los veneros del petróleo el diablo.
Sobre tu Capital, cada hora vuela
ojerosa y pintada, en carretela;
y en tu provincia, del reloj en vela
que rondan los palomos colipavos,
las campanadas caen como centavos.
Patria: tu mutilado territorio
se viste de percal y de abalorio.
Suave Patria: tu casa todavía
es tan grande que el tren va por la vía
como aguinaldo de juguetería.
Y en el barullo de las estaciones,
con tu mirada de mestiza, pones
la inmensidad sobre los corazones.

¿Quién, en la noche que asusta a la rana,
no miró, antes de saber del vicio,
del brazo de su novia, la galana
pólvora de los fuegos de artificio?

Suave Patria: en tu tórrido festín
luces policromías de delfín,
y con tu pelo rubio se desposa
el alma, equilibrista chuparrosa,
y a tus dos trenzas de tabaco sabe
ofrendar aguamiel toda mi briosa
raza de bailadores de jarabe.

Tu barro suena a plata, y en tu puño
su sonora miseria es alcancía;
y por las madrugadas del terruño,
en calles como espejos, se vacía
el santo olor de la panadería.

Cuando nacemos, nos regalas notas,
después, un paraíso de compotas,
y luego te regalas toda entera,
suave Patria, alacena y pajarera.

Al triste y al feliz dices que sí,
que en tu lengua de amor prueben de ti
la picadura del ajonjolí.
¡Y tu cielo nupcial, que cuando truena
de deleites frenéticos nos llena!
Trueno de nuestras nubes, que nos baña
de locura, enloquece a la montaña,
requiebra a la mujer, sana al lunático,
incorpora a los muertos, pide el Viático,
y al fin derrumba las madererías
de Dios, sobre las tierras labrantías.
Trueno del temporal: oigo en tus quejas
crujir los esqueletos en parejas,
oigo lo que se fué, lo que aún no toco
y la hora actual con su vientre de coco,
y oigo en el brinco de tu ida y venida,
oh trueno, la ruleta de mi vida.

<u>Intermedio</u>

<u>Cuauhtémoc</u>

Joven abuelo: escúchame loarte,
único héroe a la altura del arte.

anacrónicamente, absurdamente,
a tu nopal inclínase el rosal;
al idioma del blanco, tú lo imantas
y es surtidor de católica fuente
que de responsos lleva el victorial
zócalo de ceniza de tus plantas.

No como a César el rubor patricio
te cubre el rostro enmedio del suplicio:
tu cabeza desnuda se nos queda,
hemisféricamente, de moneda.

Moneda espiritual en que se fragua
todo lo que sufriste: la piragua
prisionera, el azoro de tus crías,
el sollozar de tus mitologías,
la Malinche, los ídolos a nado,
y por encima, haberte desatado
del pecho curvo de la emperatriz
como del pecho de una codorniz.

Segundo Acto

Suave Patria: tú vales por el río
de las virtudes de tu mujerío;

tus hijas atraviesan como hadas,
o destilando un invisible alcohol,
vestidas con las redes de tu sol,
cruzan como botellas alambradas.
Suave Patria: te amo no cual mito
sino por tu verdad de pan bendito,
como a niña que asoma por la reja
con la blusa corrida hasta la oreja
y la falda bajada hasta el huesito.
Ynaccesible al deshonor, floreces;
creeré en tī mientras una mejicana
en su tápalo lleve los dobleces
de la tienda, a las seis de la mañana,
y al estrenar su lujo, quede lleno
el país, del aroma del estreno.
Como la sota moza, Patria mía,
en piso de metal, vives al día,
de milagro, como la lotería.
Tu imagen, el Palacio Nacional,
con tu misma grandeza y con tu igual

estatura de niño y de dedal.
Te dará, frente al hambre y al obús,
un higo San Felipe de Jesús.
Suave Patria, vendedora de chía:
quiero raptarte en la cuaresma opaca,
sobre un garañón, y con matraca,
y entre los tiros de la policía.
Tus entrañas no niegan un asilo
para el ave que el párvulo sepulta
en una caja de carretes de hilo,
y nuestra juventud, llorando, oculta
dentro de ti, el cadáver hecho poma
de aves que hablan nuestro mismo idioma.
Si me ahogo en tus julios, a mí baja
desde el vergel de tu peinado denso
frescura de rebozo y de tinaja,
y si tirito, dejas que me arrope
en tu respiración azul de incienso
y en tus carnosos labios de rompope.
Por tu balcón de palmas bendecidas
el Domingo de Ramos, yo desfilo

lleno de sombra, porque tú trepidas.
  Quieren morir tu ánima y tu estilo,
cual muriéndose van las cantadoras
que en las ferias, con el bravío pecho
empitonando la camisa, han hecho
la lujuria y el ritmo de las horas.
  Patria, te doy de tu dicha la clave:
sé siempre igual, fiel a tu espejo diario;
cincuenta veces es igual el _ave_
taladrada en el hilo del rosario,
y es más feliz que tú, Patria suave.
  Sé igual y fiel; pupilas de abandono;
sedienta voz; la trigarante faja
en tus pechugas al vapor; y un trono
a la intemperie, cual una sonaja:
la carreta alegórica de paja.

Ramón López Velarde

24
abril
1921

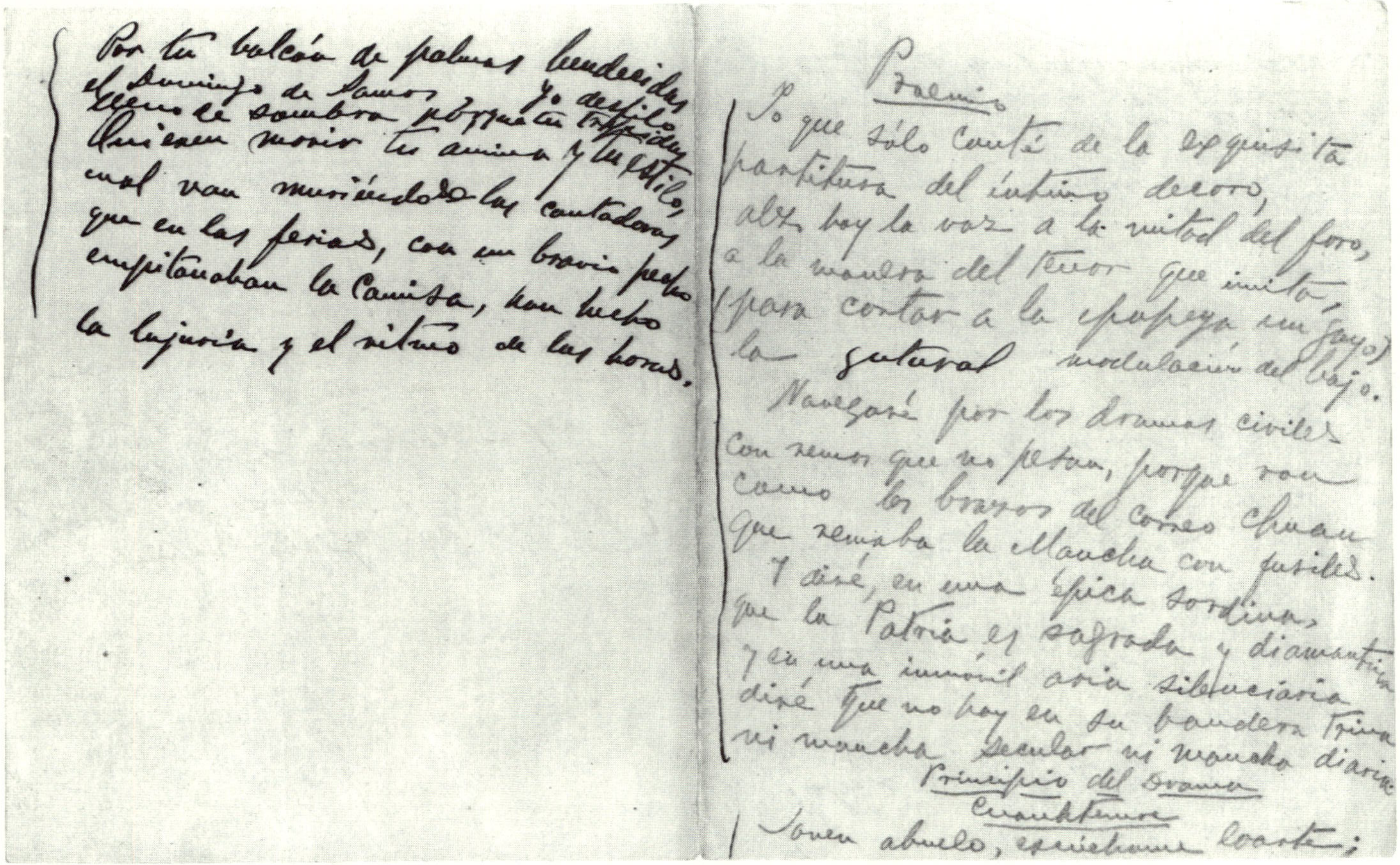

2. *La suave Patria.* Borrador.

Patria: tu superficie es el maíz,
tus minas, son la casa del Rey de Oros,
y tu cielo, las garzas en desliz
y el relámpago verde de los loros.

El Niño Dios te ~~(dejó)~~ escrituró un establo
y te dió los veneros del petróleo el diablo.

tu llama es
un silencio, y tu selva un buscapiés
¿En tu provincia, del reloj
las campanadas caen como centavos
y en el aire saludan
a los palomos colipavos.

¿Quién, en la noche que asusta a la rana,
en tu noche diocesana
no miró, antes de saber del vicio,
del brazo de su novia, la galana
pólvora de los juegos de artificio

3

Suave Patria: tú vales por el río
de las virtudes de tu mujerío;
tus hijas atraviesan como hadas,
o destilando un invisible alcohol,
vestidas con las redes de tu sol,
cruzan como botellas alambradas.

del pecho curvo de la emperatriz
como del pecho de una codorniz.

Viviendo de milagros, Patria mía
vives al día.
en una estampa
Tu imagen, el Palacio Nacional
con tu misma grandeza y con tu idéntica
estatura de niño y de dedal.
Ceñido con la banda trigarante,
es la casa de la Federación;
pero él se saca quita de la diestra el guante
como un regicida solterón.

¡Y tu cielo nupcial, que cuando truena
de deleites frenéticos nos llena!
Trueno de nuestras nubes, que nos baña
de locura, enloquece a la montaña,
requiebra a la mujer,
incorpora a los muertos,
y al fin derrumba las madererías
de Dios sobre las tierras labrantías.
Trueno del temporal: oigo en tu voz
el crujido de todas las parejas
de esqueletos, que se aman
los cosecha la con su hoz

y hora
viejo lo que perdí, lo que aun coso
y el bien actual con su vientre
y viejo en el brinco de tu ida y venida
la ruleta [illegible] de mi vida.

Suave Patria: permite que te envuelva
en la más honda música de selva
con que me modelaste por entero
al golpe cadencioso de las hachas,
entre risas y voces de muchachas
y pájaros de oficio carpintero.

Sobre las madrugadas del terruño,
en calles como espejos, se vacía
el santo olor de la panadería.
Y con monedas de [illegible] niño
Patria, la Capital (gruta) alcancía

y dame de mortaja
el delantal de la que va en un tren
al aire libre
alegórica [illegible] las carretas de paja.

único héroe a la altura del arte. 2
Mi a héroes de verdad ni a fementidos
Insolaré, que la lira es estandarte
y son [illegible] todos sus sonidos;
pero hablo de tus mártires latidos.
Y te ~~[illegible]~~ rezo un nopal algo rosal,
anacrónicamente, absurdamente,
al mismo idioma vencedor [illegible]
cual surtidor de vaticano fuente
que te [illegible] en el continental
Zócalo de ceniza de tus plantas.

N. como a César el rubor patricio
te cubrió el rostro en medio del suplicio;
tu cabeza desnuda se nos queda,
hemisféricamente, de moneda.
Moneda espiritual en que se fragua
todo lo que sufriste: la piragua
prisionera, el azoro de tus crías,
el sollozo de tus mitologías,
la Malinche, los ídolos a nado,
y por encima, haberte desatado

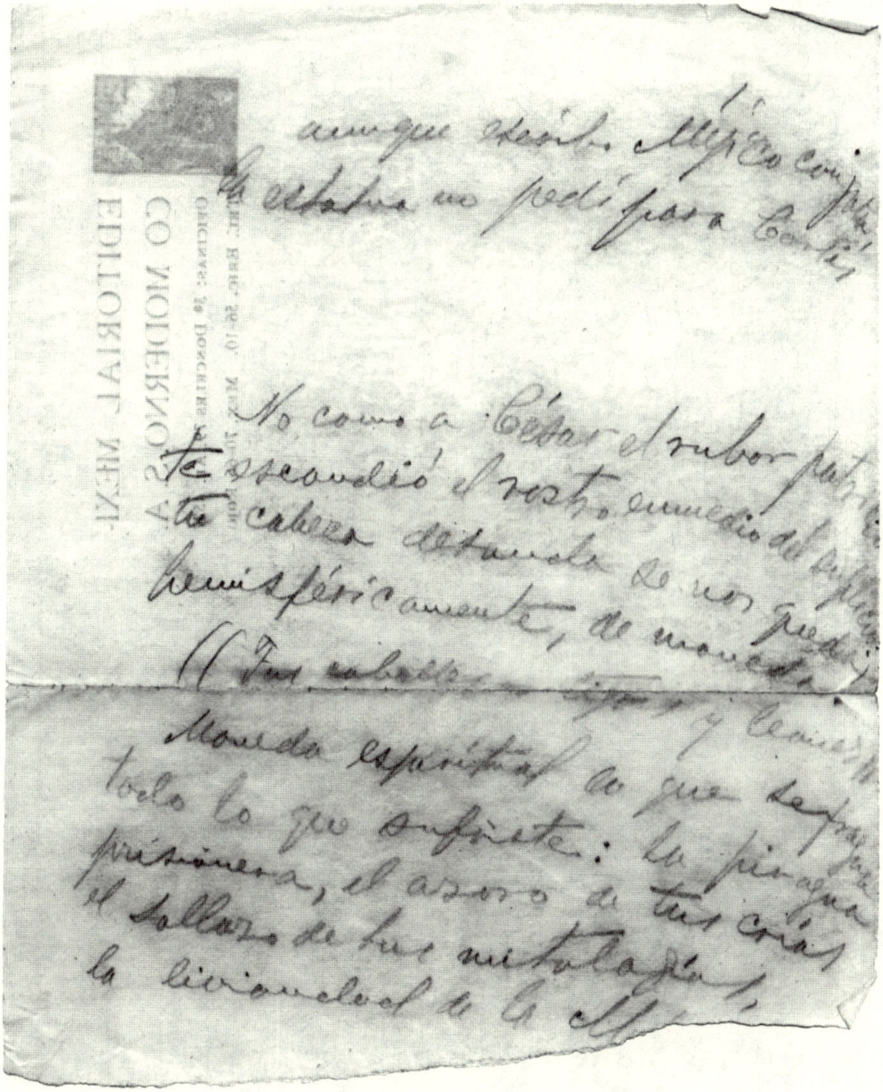
aunque escribo México con [illegible]
la estatua me pedí para Cortés

No como a César el rubor patricio
te escondió el rostro en medio del suplicio:
tu cabeza desnuda se nos queda,
hemisféricamente, de moneda.
((Tus cabellos [illegible] y [illegible]
Moneda espiritual en que se fragua
todo lo que sufriste: la piragua
prisionera, el azoro de tus crías,
el sollozo de tus mitologías,
la liviandad de la M[...]

inaccesible al deshonor, floreces;
creeré en ti mientras una mejicana
en su tápalo lleve los dobleces
de la tienda, a las seis de la mañana,
y al estrenar su lujo, quede lleno
el país, del aroma del estreno.

Tus entrañas no niegan un asilo
para el ave que el párvulo sepulta
en una caja de carretes de hilo,
y nuestra juventud llorando oculta
dentro de ti el cadáver hecho poma
de aves que hablan nuestro mismo idioma.

Es el Emperador
y su hijo San Felipe de Jesús.

Suave Patria: en tu tórrido festín
luces policromías de delfín;
y con tu pelo rubio se desposa
el alma, equilibrista chuparrosa,

y a tus dos trenzas de tabaco, sabe
ofrendar aguamiel toda mi briosa
raza de bailadores de jarabe.

Patria: tu mutilado territorio
se viste de percal y de abalorio.
Suave Patria: tu casa todavía
tan grande que el tren va por
y grande y son tus trenes en la vía
(velocidades) como aguinaldo de juguetería.

Y en el barullo de las estaciones
con tu mirada de mestiza pones
la inmensidad sobre los corazones
al triste y al feliz dices que sí:
que en tu lengua de amor, prueben de ti
la picadura del ajonjolí.

Suave Patria: te amo no cual mito
sino por tu verdad de pan bendito,
como a niña que asoma por la reja
con la blusa corrida hasta la oreja
y la falda bajada hasta el huesito.

Cuando nacemos, nos regalas notas,
después, de las compotas
y luego te regalas toda entera,
suave Patria, alacena y pajarera.

presencia de rebozo y de tinaja
y si tinito, dejas que me arrope
en tu respiración azul de incienso
y en tus carnosos labios de rompope.

Patria: yo sé de tu dicha la clave;
sé fiel a tu (sencillo) espejo diario;
cincuenta veces es igual el Ave
taladrada en el hilo del rosario,
y es más feliz que tú, Patria suave.
Sé fiel a tu conciencia y a tu [illegible];
un tu quiero es igual a otro tu quiero;
y sin joya rara
has de construir el altar venidero
con igual de arenas de hormiguero.
Sé igual y fiel y fiel; (y dame de mortaja
el delantal de) (las pupilas de abandono;
la sedienta voz; la trigarante faja
en tus pechugas al vapor, y un trono
al (aire) a la intemperie, cual una sonaja
(las) la carreta alegórica de paja.

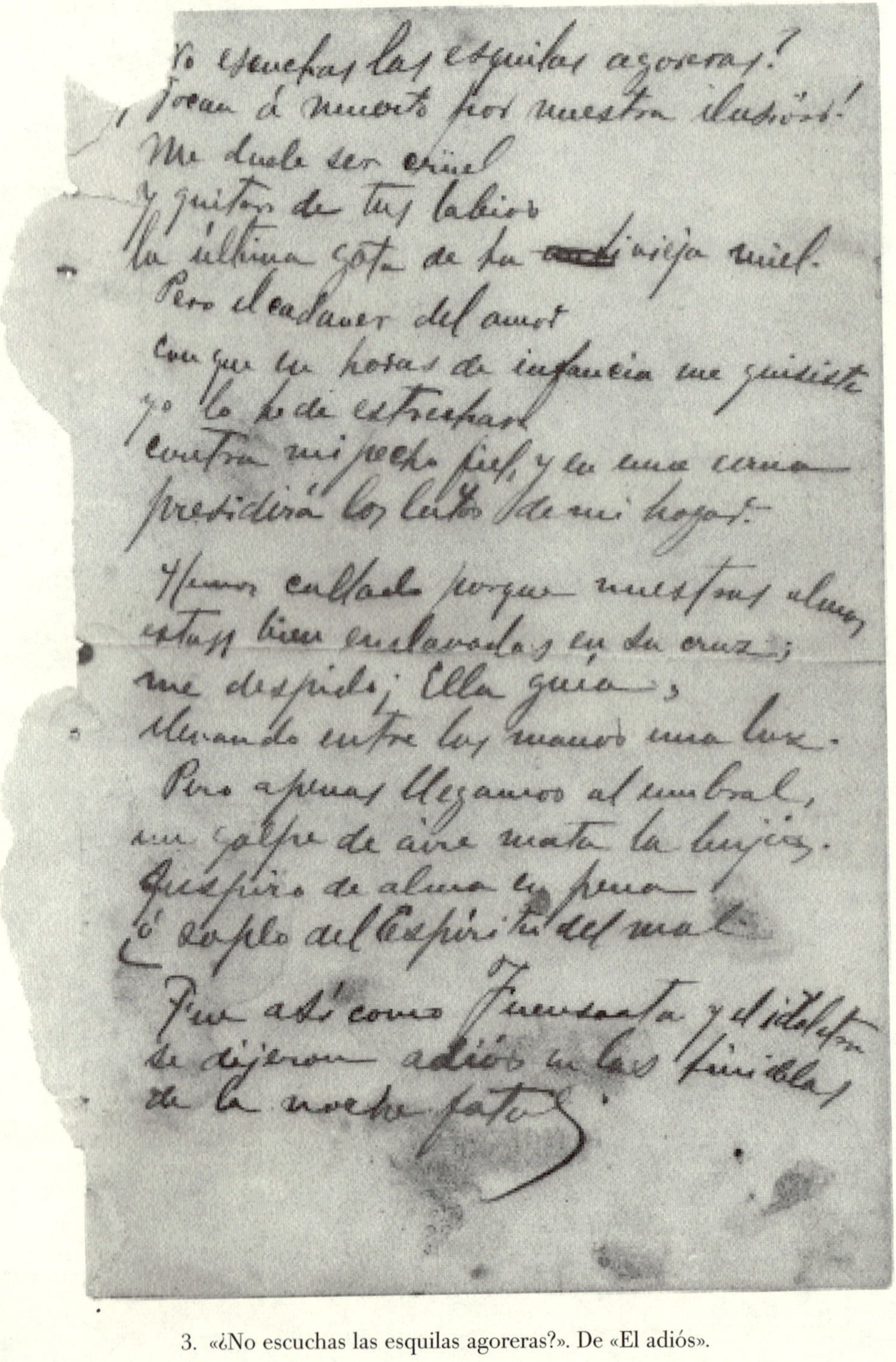
¿No escuchas las esquilas agoreras?
Tocan á muerto por nuestra ilusión!
Me duele ser cruel
y quitar de tus labios
la última gota de la vieja miel.
Pero el cadáver del amor
con que en horas de infancia me quisiste
yo lo he de estrechar
contra mi pecho fiel, y en una cama
presidirá los lutos de mi hogar.

Hemos callado porque nuestras almas
están bien enclavadas en su cruz;
me despido; Ella guía,
llevando entre las manos una luz.
Pero apenas llegamos al umbral,
un golpe de aire mata la bujía.
¿Suspiro de alma en pena
ó soplo del Espíritu del mal?

Fue así como Fuensanta y el idólatra
se dijeron adiós en las tinieblas
de la noche fatal.

3. «¿No escuchas las esquilas agoreras?». De «El adiós».

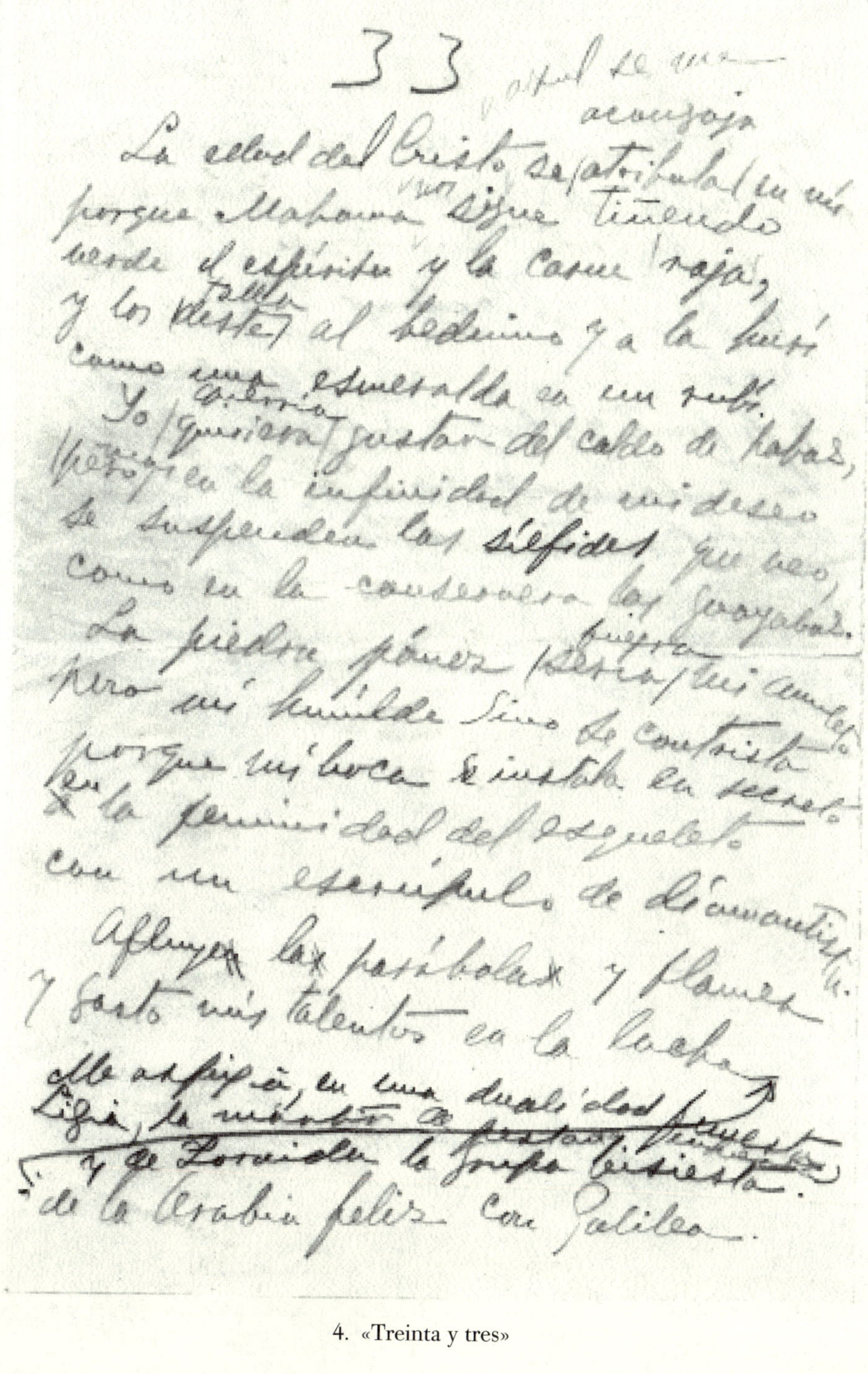

33

La sed del Cristo se atribula en mí
porque Mahoma sigue teniendo
verde el espíritu y la carne roja,
y los talles al beduino y a la hurí
como una esmeralda en un rubí.
Yo quisiera gustar del caldo de habas,
pero en la infinidad de mi deseo
se suspenden las sílfides que veo
como en la conservera las guayabas.
La piedra pómez fuera mi amuleto
pero mi humilde sino se contrista
porque mi boca se instala en secreto
en la feminidad del esqueleto
con un escrúpulo de diamantista.
Aflojo las parábolas y flamea
y gasto mis talentos en la lucha
~~Me asfixia en una dualidad [illegible]~~
~~[illegible]~~
y [illegible] la [illegible]
de la Arabia feliz con Galilea.

4. «Treinta y tres»

Plenitud de cabeza y corazón;
oro en los dedos y en las sienes rosas;
y el profeta (perfilado de cabras en)
más fuerte que los leones y las diosas.
¡Oh plenitud cordial y reflexiva:
regateas con Cristo las mercedes
de fruto y flor, y aunque quieras puedes
tu cadáver colgar en la impalpable
atmósfera amarrado a una fruta!

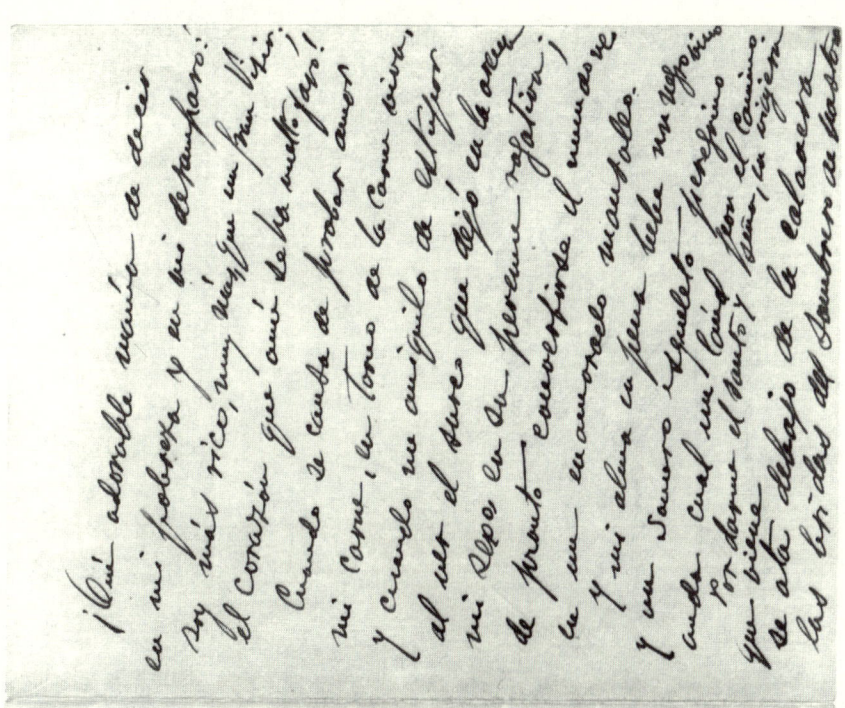

5. «¡Qué adorable manía...!»

En su cráneo vacío y aromático
trae la esencia de un átomo itálico.

Y, al fin, del fondo de su pecho claro,
claro de Purgatorio, y de Sión,
en el sitio en que hubo el corazón
me da a beber el resplandor de un faro.

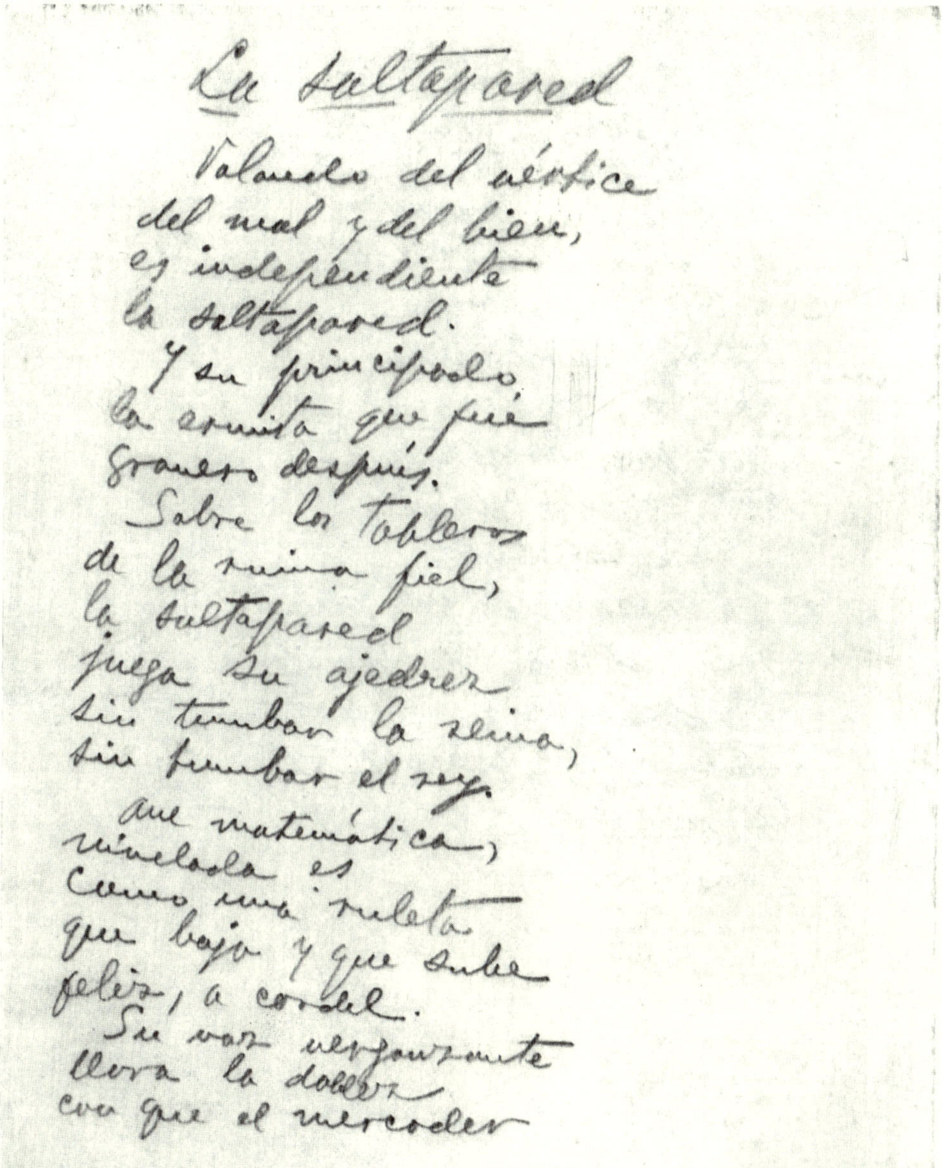
La saltapared

Volando del vértice
del mal y del bien,
es independiente
la saltapared.
Y su principado
la ermita que fué
granero después.
Sobre los tableros
de la ruina fiel,
la saltapared
juega su ajedrez
sin tumbar la reina,
sin tumbar el rey.
Que matemática,
nivelada es
como una ruleta
que bajo y que sube
feliz, a cordel.
Su voz vergonzante
llora la doblez
con que el mercader

6. «La saltapared».

Se llevó al canario
y al gorrión también
a la plaza pública,
a sacar la suerte
del señor burgués.
Del tejado bebe
agua olvidadiza
de los aguaceros,
por que trasparenta
su cuerpo albañil
gratuito nivel.
Y al ángel que quiere
reconstruir la ermita
del Eterno Rey,
sirve de plomada
la saltapared.

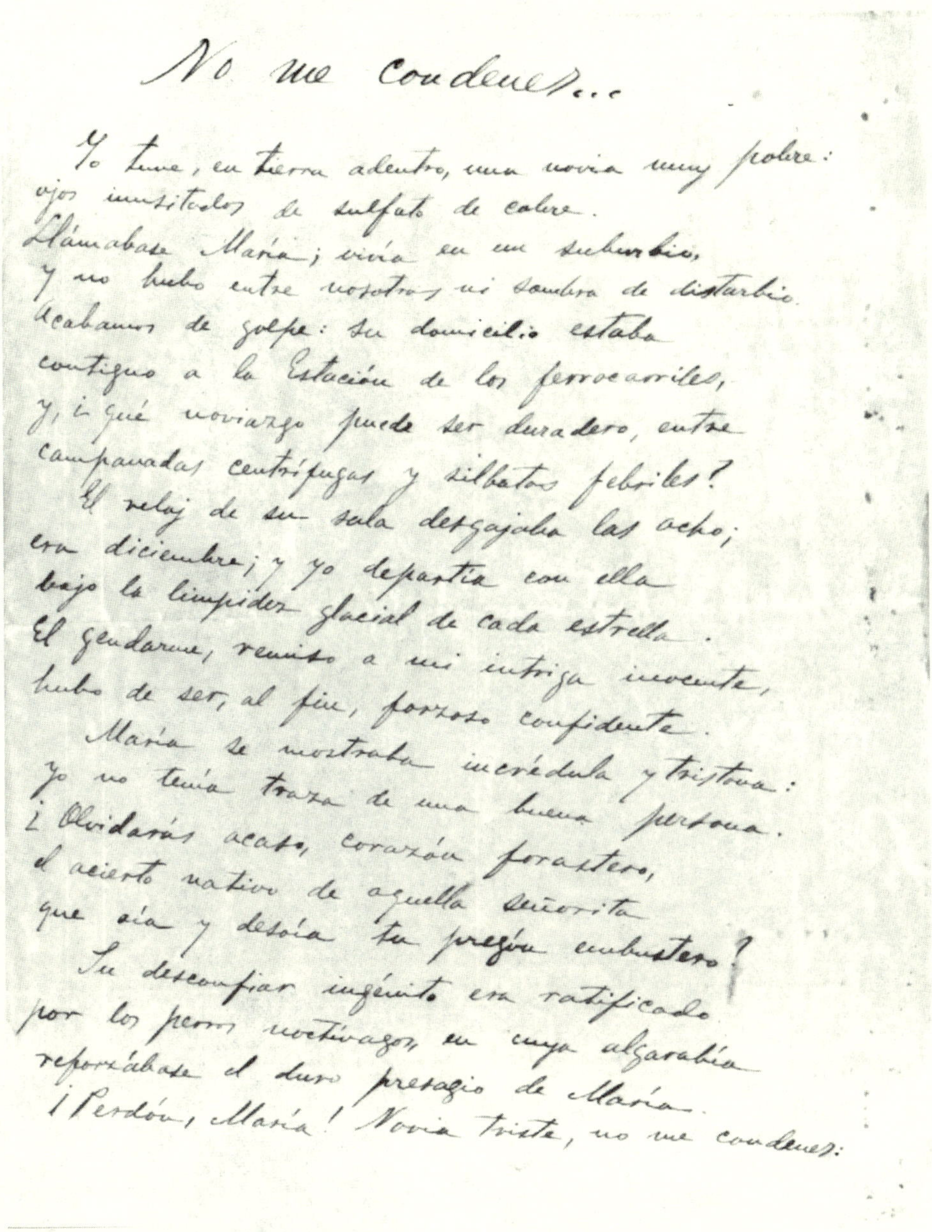

No me condenes...

Yo tuve, en tierra adentro, una novia muy pobre:
ojos inusitados de sulfato de cobre.
Llámabase María; vivía en un suburbio,
y no hubo entre nosotros ni sombra de disturbio.
Acabamos de golpe: su domicilio estaba
contiguo a la Estación de los ferrocarriles,
y, ¿qué noviazgo puede ser duradero, entre
campanadas centrífugas y silbatos febriles?
El reloj de su sala desgajaba las ocho;
era diciembre; y yo departía con ella
bajo la limpidez glacial de cada estrella.
El gendarme, remiso a mi intriga inocente,
hubo de ser, al fin, forzoso confidente.
María se mostraba incrédula y tristona:
yo no tenía traza de una buena persona.
¿Olvidarás acaso, corazón forastero,
el acierto nativo de aquella señorita
que oía y desoía tu pregón embustero?
Su desconfiar ingénito era ratificado
por los perros noctívagos, en cuya algarabía
reforzábase el duro presagio de María.
¡Perdón, María! Novia triste, no me condenes:

7. «No me condenes…».

cuando oscile el quinqué, y se abatan las ocho,
cuando el sillón te mezca, cuando ululen los trenes,
cuando trabes los dedos por detrás de tu nuca,
no me juzgues más pérfido que uno de los silbatos
que turban tu faena y tus recatos.

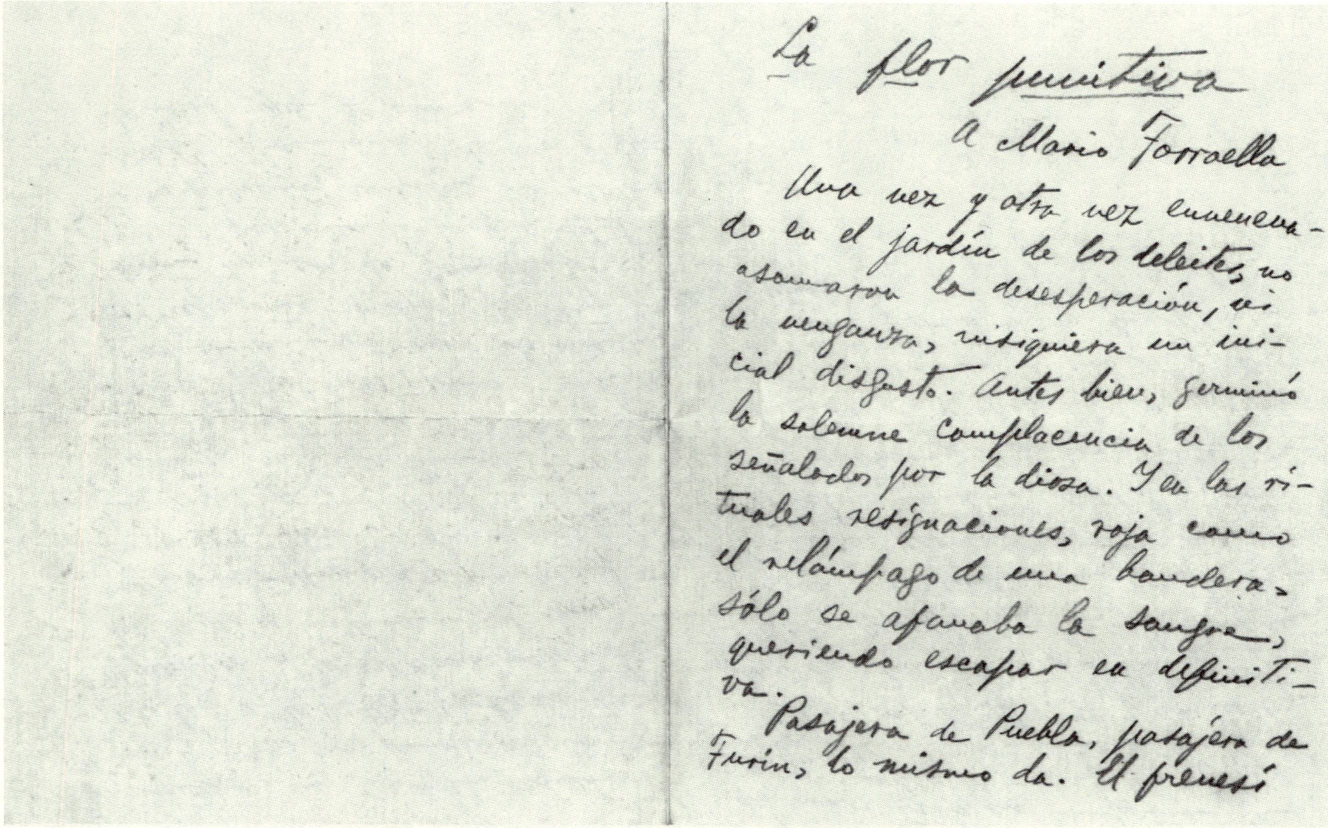

La flor punitiva

A Mario Torroella

Una vez y otra vez encenagado en el jardín de los deleites, no asomaron la desesperación, ni la venganza, ni siquiera un inicial disgusto. Antes bien, germinó la solemne complacencia de los señalados por la diosa. Y en las rituales resignaciones, roja como el relámpago de una bandera, sólo se afanaba la sangre, queriendo escapar en definitiva.

Pasajera de Puebla, pasajera de Turín, lo mismo da. El frenesí

8. «La flor punitiva» (a Mario Torroella).

masculino, sin caer en estulticia o en bajeza, no puede exigir legalidad a las distribuidoras de experiencia, provisionalmente babilónicas. Estimamos, al contrario, que sazonando nuestra persona, la libren de lo insulso y le inculquen el vital sentido de que toda raíz es amarga.

Los rectores de la multitud, llámense políticos, sabios o artistas, producirían obra más ilustre si se repartiese entre ellos un prudente número de contagios.

Si pagar es lo propio del hombre, paguemos nuestras supremas dichas, abominando de esa salubridad que organiza las islas del mar Egeo en compañía de seguros.

Un orangután en primavera divide sus chanzas entre los viejos verdes y los jóvenes en blanco. El furor de gozar gotea su plomo derretido sobre nuestra hombría; inútil y cobarde querer salvarnos de la crapulosa angustia. Al cabo, una ancianidad sin cuarentena suspirará por la mesa de operaciones.

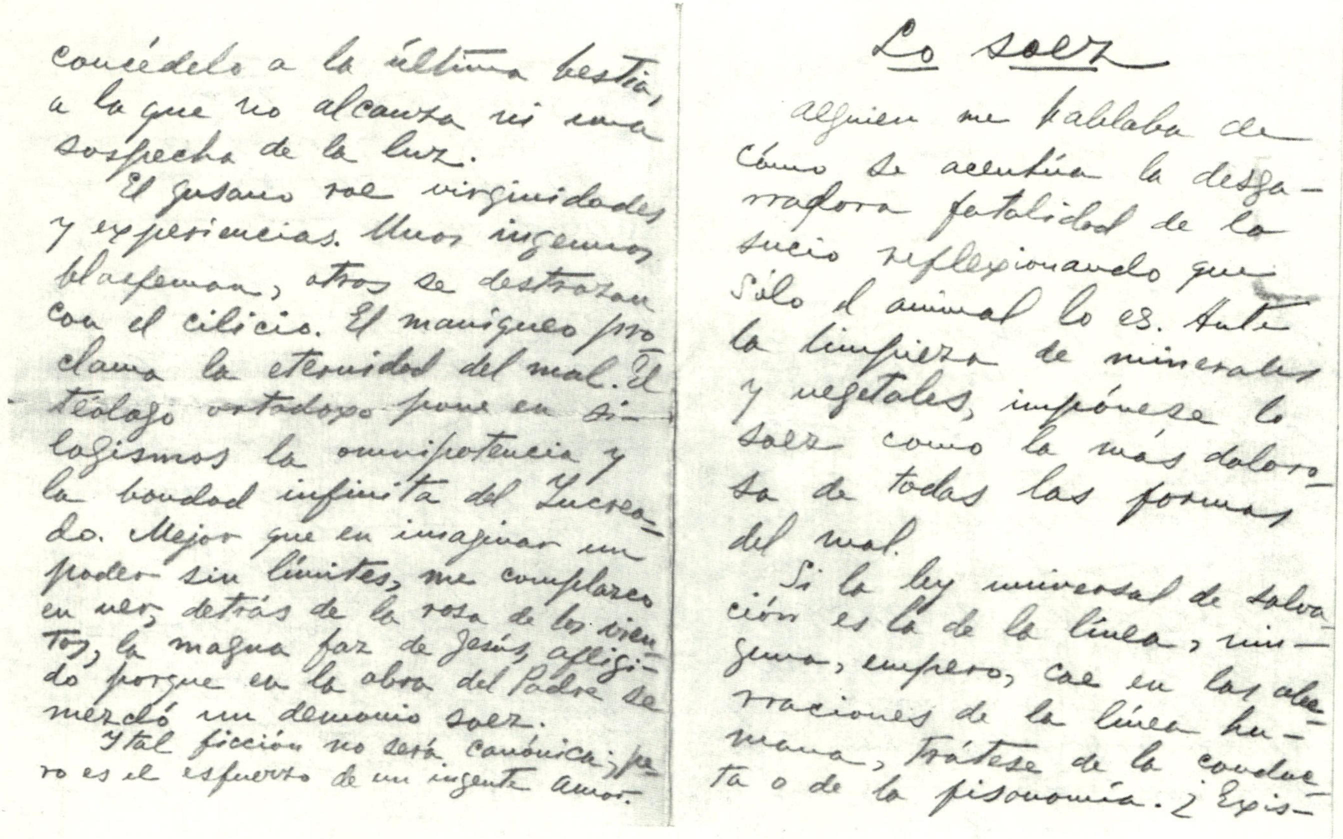

concédelo a la última bestia, a la que no alcanza ni una sospecha de la luz.

El gusano roe virginidades y experiencias. Unos ingenuos blasfeman, otros se destrozan con el cilicio. El maniqueo proclama la eternidad del mal. El teólogo ortodoxo pone en silogismos la omnipotencia y la bondad infinita del Increado. Mejor que en imaginar un poder sin límites, me complazco en ver, detrás de la rosa de los vientos, la magna faz de Jesús, afligido porque en la obra del Padre se mezcló un demonio soez.

Y tal ficción no será canónica; pero es el esfuerzo de un ingente amor.

Lo soez

Alguien me hablaba de cómo se acentúa la desgarradora fatalidad de lo sucio reflexionando que sólo el animal lo es. Ante la limpieza de minerales y vegetales, impónese lo soez como la más dolorosa de todas las formas del mal.

Si la ley universal de salvación es la de la línea, ninguna, empero, cae en las aberraciones de la línea humana, trátese de la conducta o de la fisonomía. ¿Exis-

9. «Lo soez»

te algún sér más heroico que la mujer en el momento de resistir la luz? Y, viceversa, ¿hay alguna especie zoológica que envejezca tan trágicamente como la hembra humana? El gesto convertido en mueca me ultraja no ya en mis raíces de poeta sino en mi propia dignidad moral.

Yo sé que aquí han de sonreír cuántos me han censurado no tener otro tema que el femenino. Pero es que nada puedo entender ni sentir sino a través de la mujer. Por ella, acatando la rima de Gustavo Adolfo, he creído en Dios; sólo por ella he conocido el puñal de hielo del ateísmo. De aquí que a las mismas cuestiones abstractas me llegue con temperamento erótico.

Tierra el sol, tierra el firmamento, tierra la luz... Así me duele el mal cuando despeña al corazón en enigmas tan sórdidos como el de la virgen sepultada, que lo que negó al amante más esclarecido de rostro, de voluntad y de pensamiento,

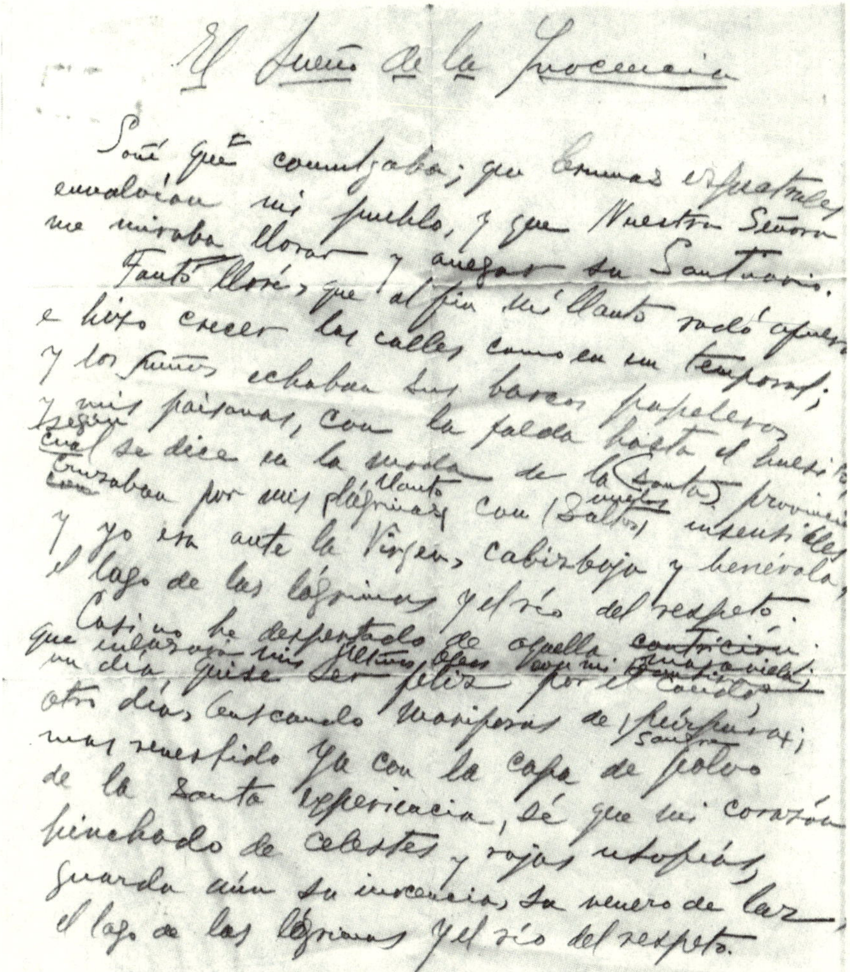
El Sueño de la Inocencia

Soñé que comulgaba; que lunas espectrales
envolvían mi pueblo, y que Nuestra Señora
me miraba llorar y anegar su Santuario.
Tanto lloré, que al fin mi llanto rodó afuera
e hizo crecer las calles como en un temporal;
y los niños echaban sus barcos papeleros,
y mis paisanas, con la falda hasta el huesito,
según cual se dice en la moda de la (santa) provincia,
cruzaban por mis lágrimas llanto con (saltos) ángeles insensibles
Y yo era ante la Virgen, cabizbajo y benévola,
el lago de las lágrimas y el río del respeto.
Casi no he despertado de aquella contrición
que inflamaron mis últimos años [illegible]
un día quise ser feliz por el camino
otro día, buscando mariposas de púrpura (sangre);
mas revestido ya con la capa de polvo
de la santa experiencia, sé que mi corazón
hinchado de celestes y rojas utopías,
guarda aún su inocencia, su venero de luz,
el lago de las lágrimas y el río del respeto.

10. «El sueño de la inocencia».

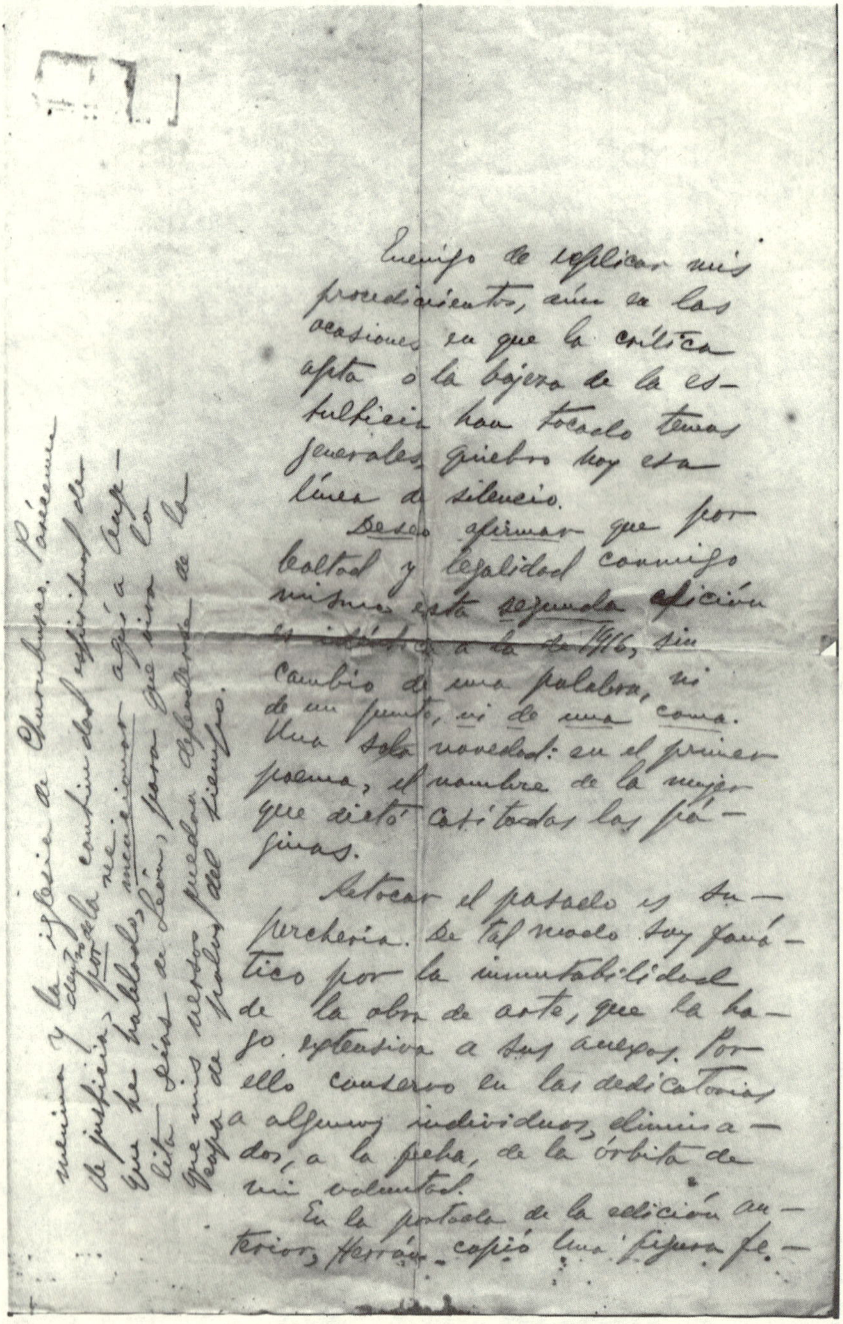

Enemigo de explicar mis procedimientos, aún en las ocasiones en que la crítica apta o la bajeza de la estulticia han tocado temas generales, quiebro hoy esta línea de silencio.

Deseo afirmar que por lealtad y legalidad conmigo mismo esta segunda edición es idéntica a la de 1916, sin cambio de una palabra, ni de un punto, ni de una coma. Una sola novedad: en el primer poema, el nombre de la mujer que dictó casi todas las páginas.

Retocar el pasado es superchería. De tal modo soy fanático por la inmutabilidad de la obra de arte, que la hago extensiva a sus anexos. Por ello conservo en las dedicatorias a algunos individuos, eliminados, a la fecha, de la órbita de mi voluntad.

En la portada de la edición anterior, Herrán copió una figura fe-

menina y la iglesia de Churubusco. Paréceme de justicia, por dentro de la continuidad espiritual de que he hablado, mencionar aquí a Chepita Ríos de León, para que viva lo que mis versos puedan defenderla de la capa de polvo del tiempo.

11. <Prólogo a la 2.ª edición de *La sangre devota*>. «Enemigo de explicar mis procedimientos».

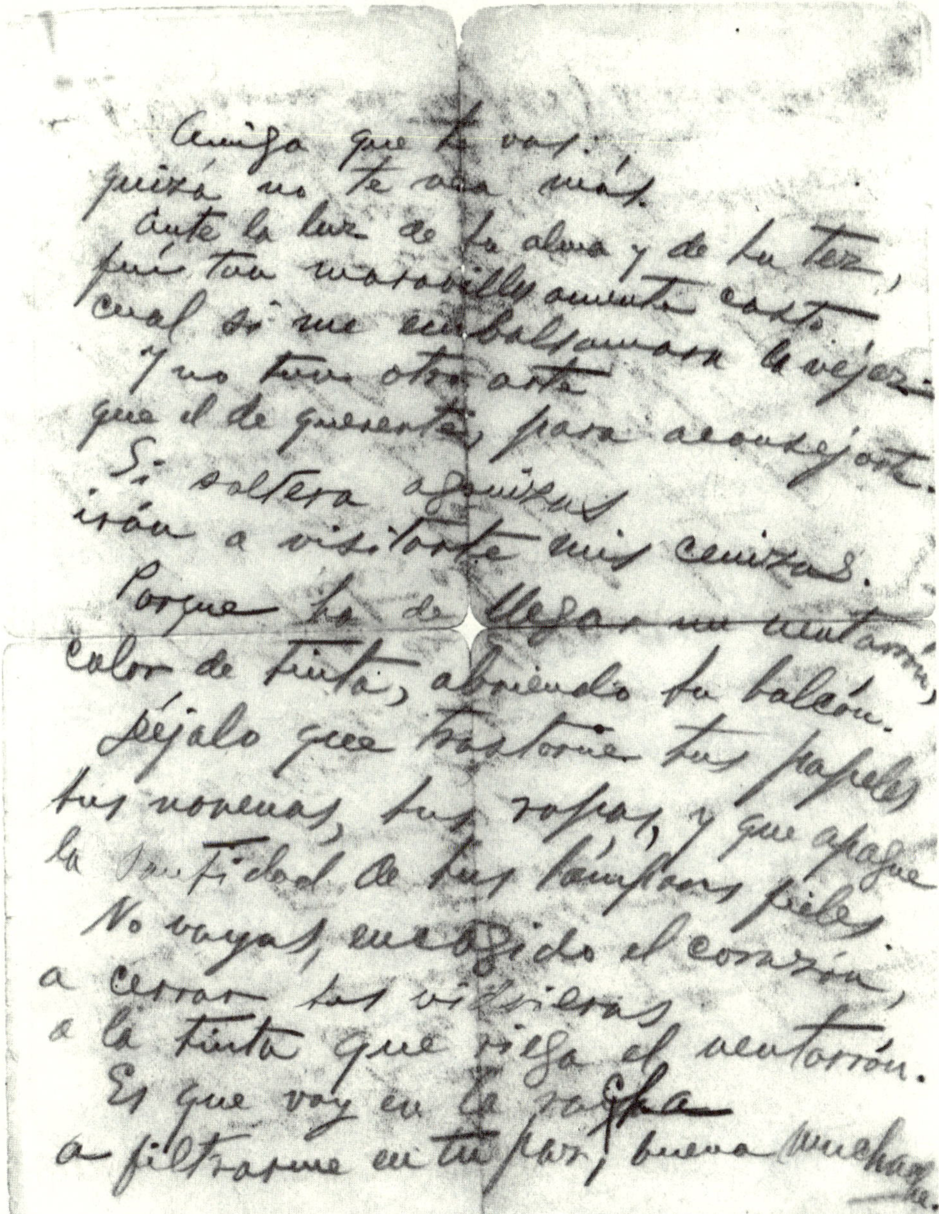

Amiga que te vas:
quizá no te vea más.
Ante la luz de tu alma y de tu tez,
fui tan maravillosamente casto,
cual si me embalsamara la vejez.
Y no tuve otro arte
que el de quererte, para aconsejarte.
Si soltera agonizas
irán a visitarte mis cenizas.
Porque ha de llegar un ventarrón
color de tinta, abriendo tu balcón.
Déjalo que trastorne tus papeles
tus novenas, tus ropas, y que apague
la santidad de tus lámparas fieles.
No vayas, encogido el corazón,
a cerrar tus vidrieras
a la tinta que riega el ventarrón.
Es que voy en la racha
a filtrarme en tu paz, buena muchacha.

12. «Amiga que te vas…» «Si soltera agonizas».

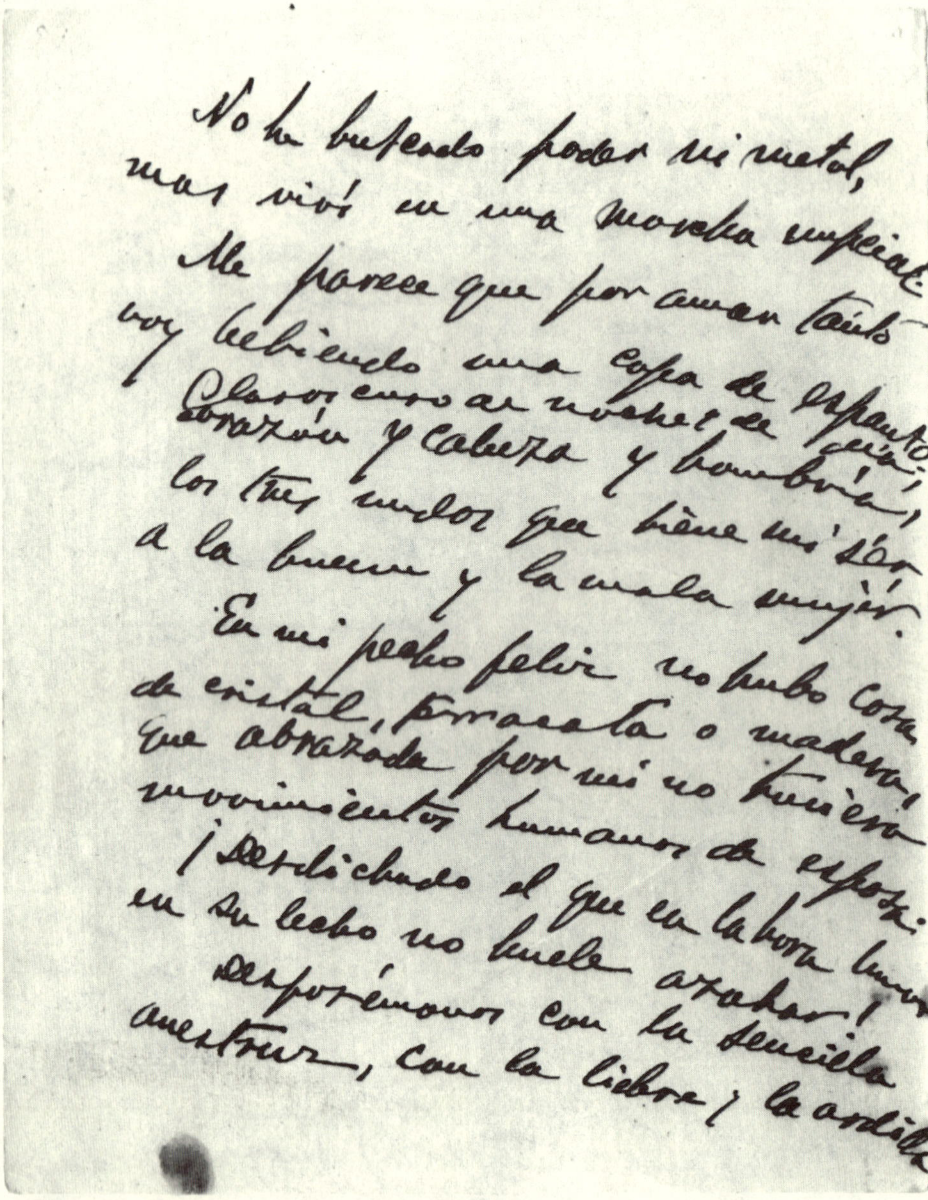

No he buscado poder ni metal,
mas vivo en una morada especial:
Me parece que por amar tanto
voy bebiendo una copa de espanto
Claroscuro de noche de día
corazón y cabeza y hombría;
los tres modos que tiene mi ser
a la buena y la mala mujer.
En mi pecho feliz no hubo cosa
de cristal, terracota o madera
que abrazada por mí no tuviera
movimientos humanos de esposa.
¡Desdichado el que en la hora buena
en su lecho no suele acabar!
Desposémonos con la sencilla
avestruz, con la liebre y la ardilla

13. «No he buscado poder ni metal»…, «En mi pecho feliz».

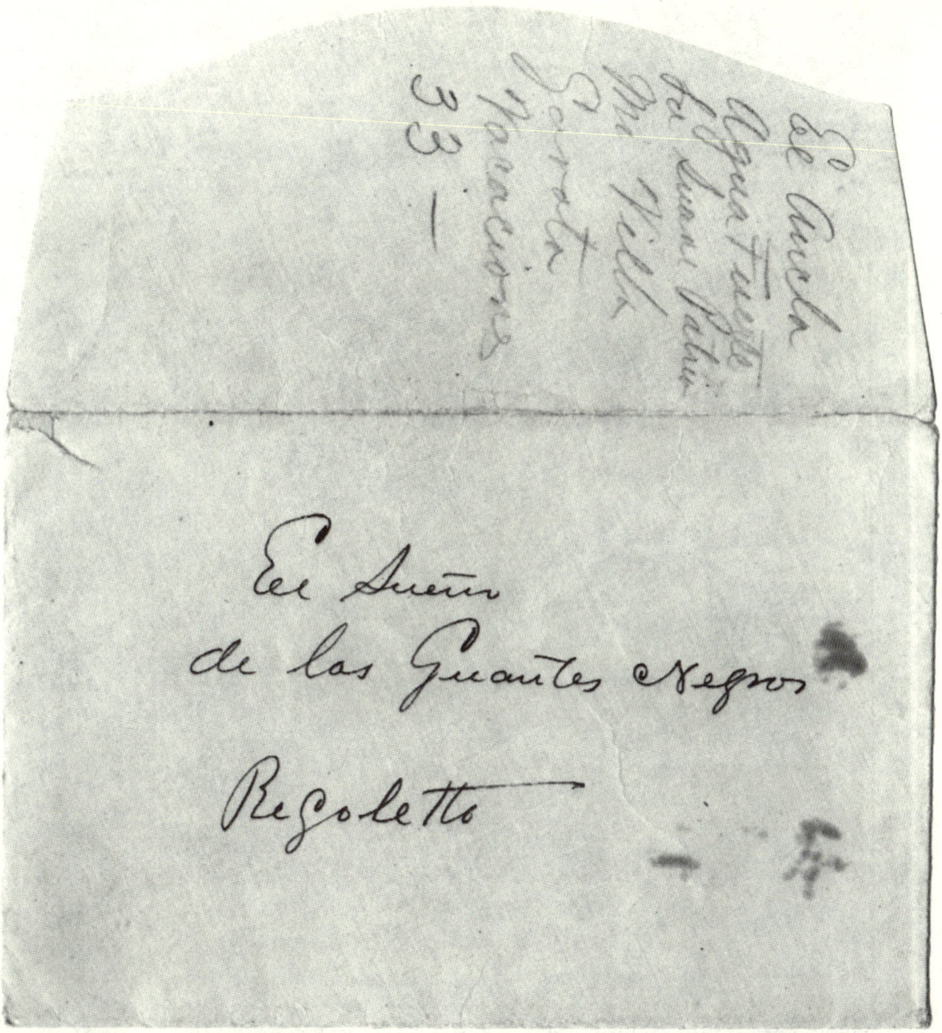

14. «El sueño de los guantes negros».

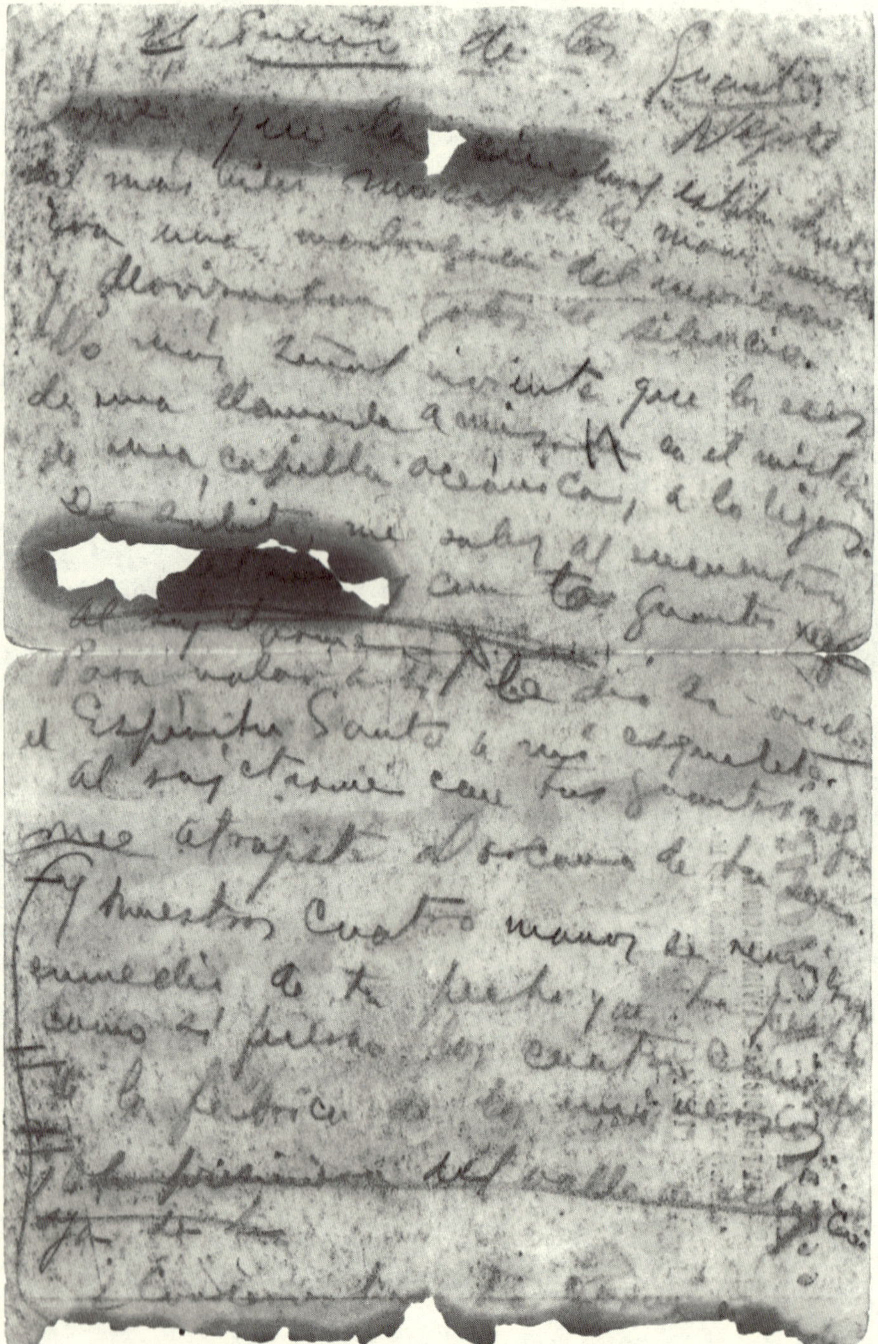

El [illegible] de los [illegible]

[illegible] que la [illegible] [illegible]

el mas [illegible] [illegible] de los [illegible] [illegible]

Era una [illegible] de las manos [illegible]

y [illegible] [illegible] del [illegible]

Yo [illegible] [illegible] [illegible] de silencio.

[illegible] que la [illegible]

de una llamada a [illegible] en el [illegible]

de una capilla oceánica, a lo lejos.

De [illegible] me [illegible] al [illegible]

[illegible] con tus [illegible]

al [illegible] [illegible]

Para [illegible] le dio [illegible] [illegible]

el Espíritu Santo [illegible] [illegible]

al [illegible] con tus [illegible]

me atrapaste [illegible] de tu [illegible]

y nuestras cuatro manos [illegible]

[illegible] de tu pecho [illegible] [illegible]

[illegible] [illegible] los cuatro [illegible]

la fábrica [illegible] [illegible]

[illegible] del valle [illegible]

[illegible]

"EXCELSIOR"
EL PERIODICO DE LA VIDA NACIONAL
4a. Nuevo México, 86 Apartado 120 bis.
MEXICO, D. F.
TELEFONOS: ERICSSON, 62-08
MEX. 10-24 NERI
9-71

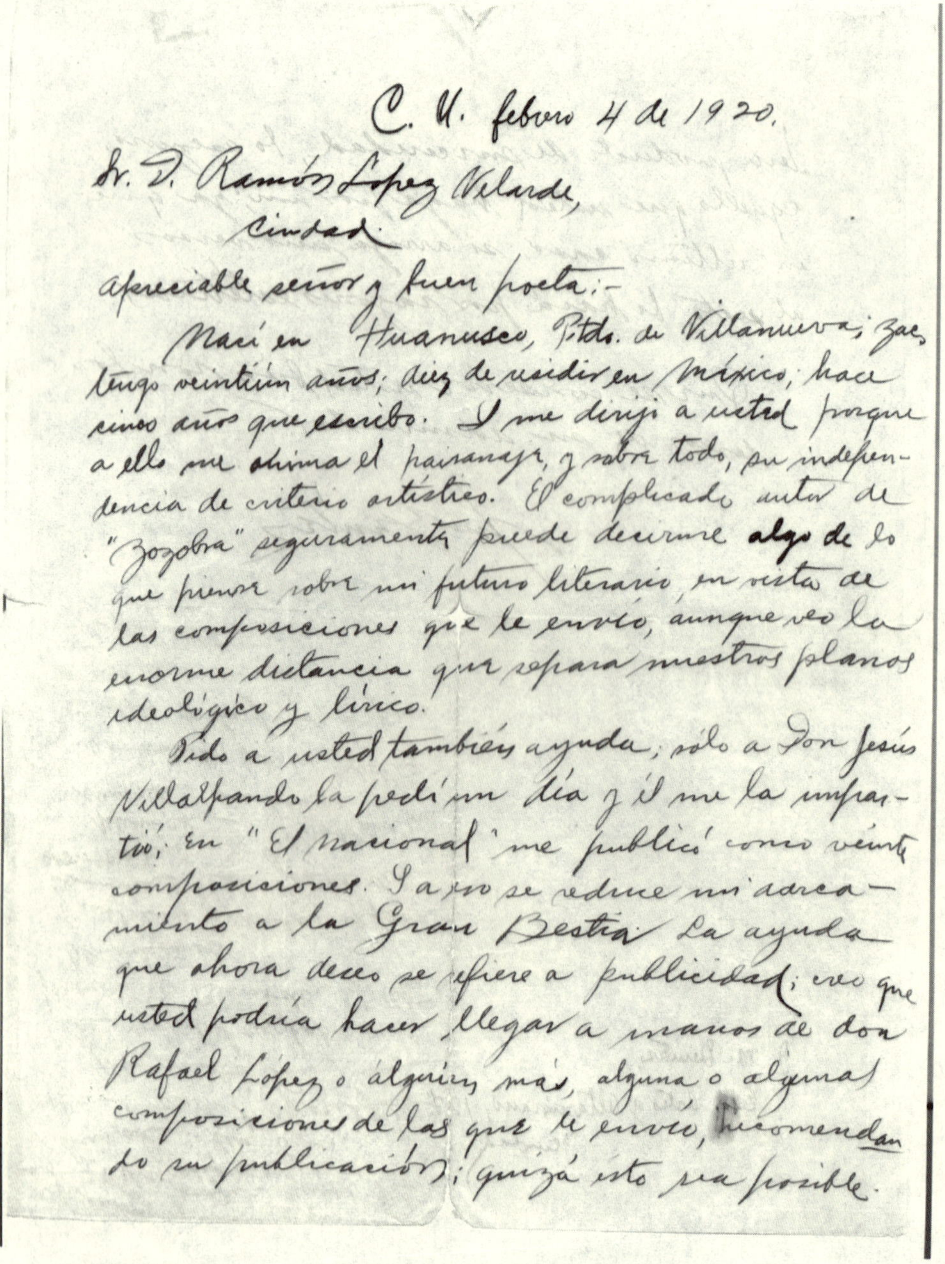

C. U. febrero 4 de 1920.

Sr. D. Ramón López Velarde,
Ciudad.

Apreciable señor y buen poeta:-

Nací en Huanusco, Ptdo. de Villanueva, Zac.; tengo veintiún años; diez de residir en México; hace cinco años que escribo. Y me dirijo a usted porque a ello me anima el paisanaje, y sobre todo, su independencia de criterio artístico. El complicado autor de "Zozobra" seguramente puede decirme algo de lo que piense sobre mi futuro literario, en vista de las composiciones que le envío, aunque veo la enorme distancia que separa nuestros planos ideológico y lírico.

Pido a usted también ayuda; sólo a Don Jesús Villalpando la pedí un día y él me la impartió; en "El Nacional" me publicó como veinte composiciones. Y a eso se reduce mi acercamiento a la Gran Bestia. La ayuda que ahora deseo se refiere a publicidad; creo que usted podría hacer llegar a manos de don Rafael López o alguien más, alguna o algunas composiciones de las que le envío, recomendando su publicación; quizá esto sea posible.

15. Carta de J. M. Benítez a Ramón López Velarde, fechada el 4 de febrero de 1920. Anotaciones de RLV.

Será producto de sinceridad, lo aseguro, aquello que usted haga por mí, ya que en último caso, si arroja mis versos al cesto, lo hará por razones estéticas.

Que se conserve usted bien son los deseos de su admirador.

J. M. Benítez

J. M. Benítez,
Esq. Artes y Altamirano, 127.
Ciudad

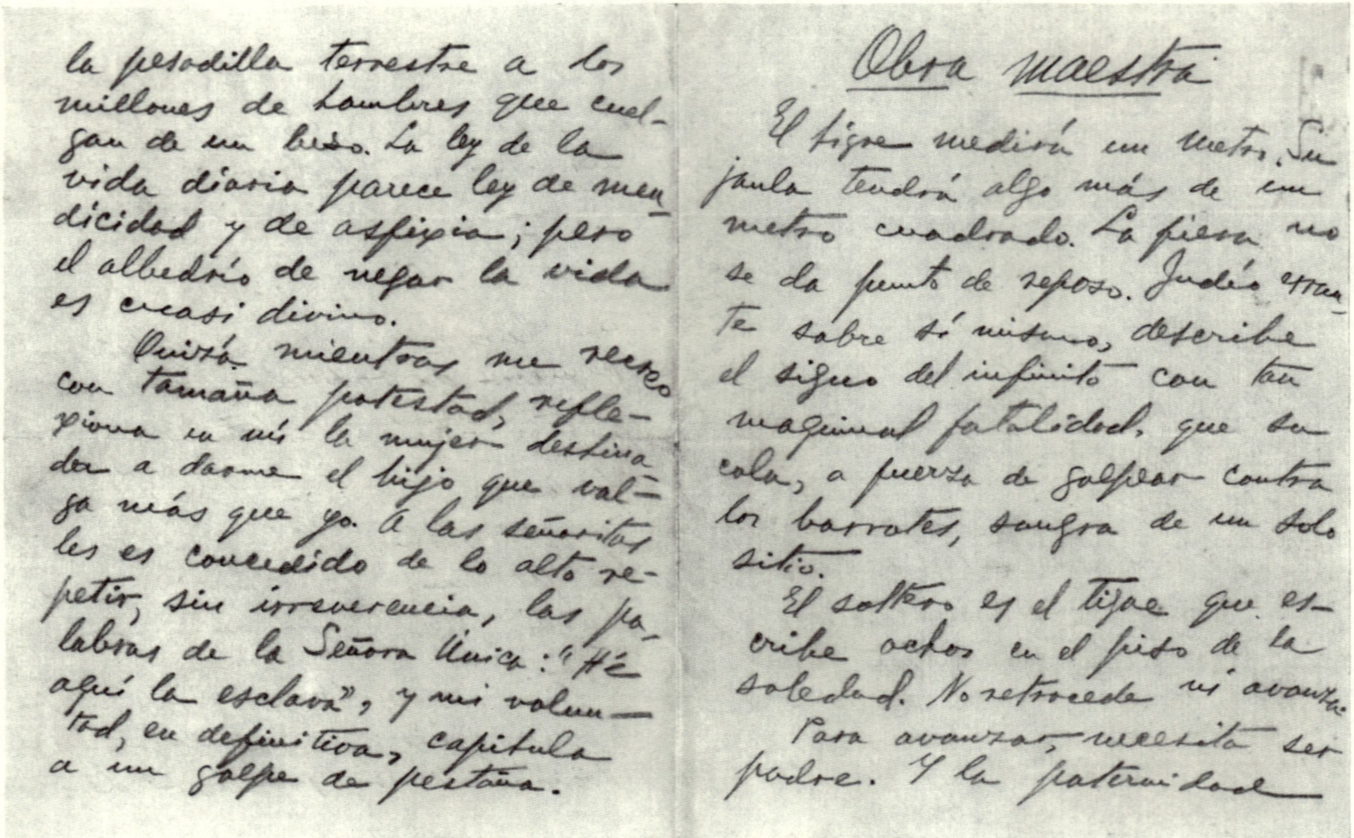

Obra maestra

El tigre medirá un metro. Su jaula tendrá algo más de un metro cuadrado. La fiera no se da punto de reposo. Judío errante sobre sí mismo, describe el signo del infinito con tan maquinal fatalidad, que su cola, a fuerza de golpear contra los barrotes, sangra de un solo sitio.

El soltero es el tigre que escribe ochos en el piso de la soledad. No retrocede ni avanza.

Para avanzar, necesita ser padre. Y la paternidad —

la pesadilla terrestre a los millones de hombres que cuelgan de un beso. La ley de la vida diaria parece ley de mendicidad y de asfixia; pero el albedrío de negar la vida es casi divino.

Quizá mientras me recreo con tamaña potestad, reflexiona en mí la mujer destinada a darme el hijo que valga más que yo. A las señoritas les es concedido de lo alto repetir, sin irreverencia, las palabras de la Señora Única: "He aquí la esclava", y mi voluntad, en definitiva, capitula a un golpe de pestaña.

16. «Obra maestra».

asusta porque sus responsabilidades son eternas.
Con un hijo, yo perdería
la paz para siempre. No
es que yo quiera dirimir esta cuestión con orgullos o necias presunciones. ¿Quién
enmendará la plana de la fecundidad? Al tomar el lápiz,
me ha hecho temblar el
riesgo del sacrilegio, por
más que mis conclusiones se
derivan precisamente de lo
que en mí pueda haber de
clemencia, de justicia, de vocación al ideal y hasta de
cobardía.

Espero que mi humildad no
sea ficticia, como no lo es
mi miedo, al dar a la vida
un solo calificativo: el de
formidable.
En acatamiento a la bondad
que lucha con el mal, quisiera
ponerme de rodillas para seguir trazando estos renglones
temerarios. Dentro de mi temperamento, echar a rodar nuevos corazones sólo se concibe por una fé continua y
sin sombras o por un amor extremo.
Somos reyes porque con las tijeras previas de la noble sinceridad podemos salvar de

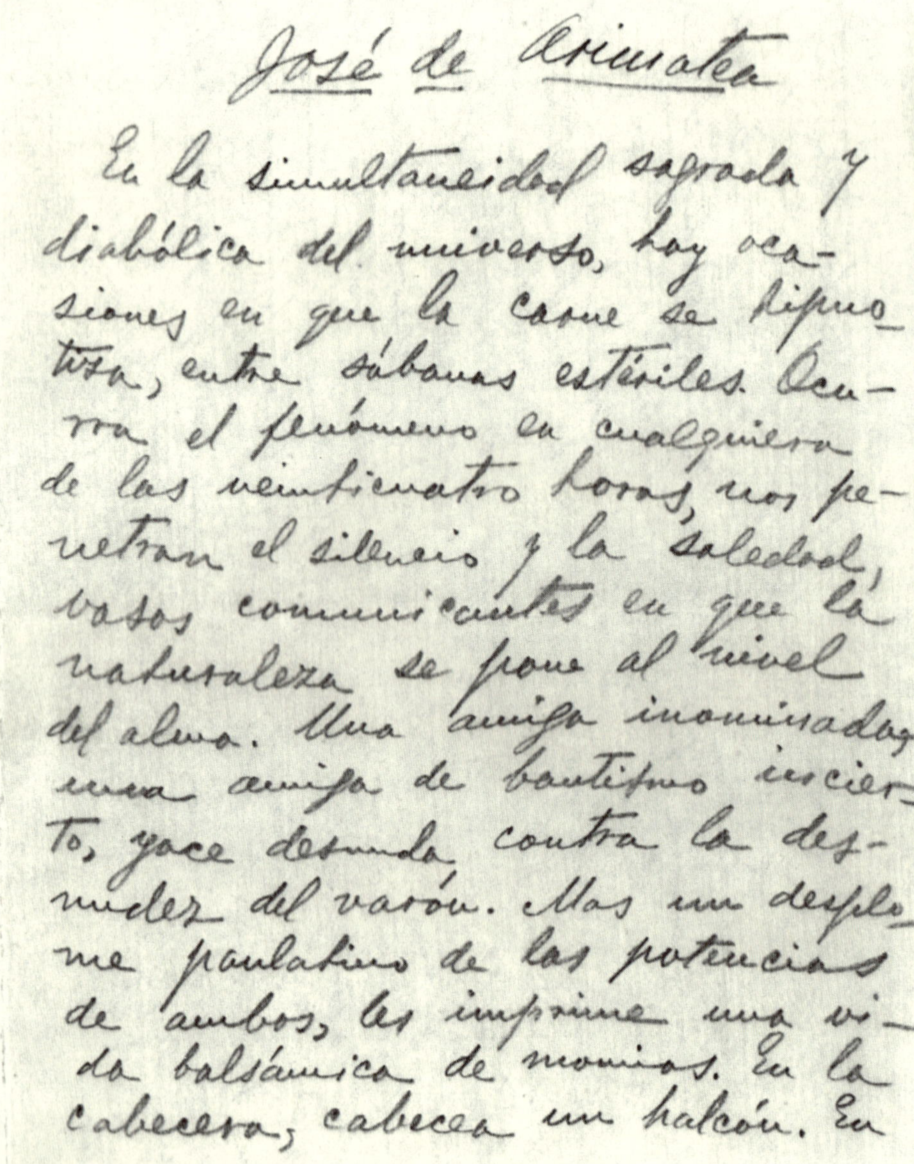

José de Arimatea

En la simultaneidad sagrada y diabólica del universo, hay ocasiones en que la carne se hipnotiza, entre sábanas estériles. Ocurra el fenómeno en cualquiera de las veinticuatro horas, nos penetran el silencio y la soledad, vasos comunicantes en que la naturaleza se pone al nivel del alma. Una amiga innominada, una amiga de bautismo incierto, yace desnuda contra la desnudez del varón. Mas un desplome paulatino de las potencias de ambos, les imprime una vida balsámica de momias. En la cabecera, cabecea un halcón. En

17. «José de Arimatea».

la mecedora, sobre las ropas revueltas de la pareja, el gato se sacude, con el sobresalto humano de quien va a hundirse en las antesalas soñolientas de la Muerte. Nada se encamina, nada actúa siquiera. La respiración de ella, que casi no es suya, altérnase con la nuestra, que casi no es nuestra. Dentro de la alcoba, un clima de perla de éter, un esfumarse de algo en ciernes o de algo en fuga. De súbito, al definirse el aguijón vital, brincamos cien leguas, para no vulnerar a la virgen privilegiada con semejante ejecutoria narcótica, a la amiga ungida por José de Arimatea.

Pero mi hijo negativo lleva tiempo de existir. Existe en la gloria trascendental de que ni sus hombros ni su frente se agobian con las pesas del horror, de la santidad, de la belleza y del asco. Aunque es inferior a los vertebrados en cuanto que carece de la dignidad del sufrimiento, vive dentro del nió como el ángel absoluto, prójimo de la especie humana. Hecho de rectitud, de angustia, de intransigencia, de furor de gozar y de abnegación, el hijo que no he tenido es mi verdadera obra maestra.

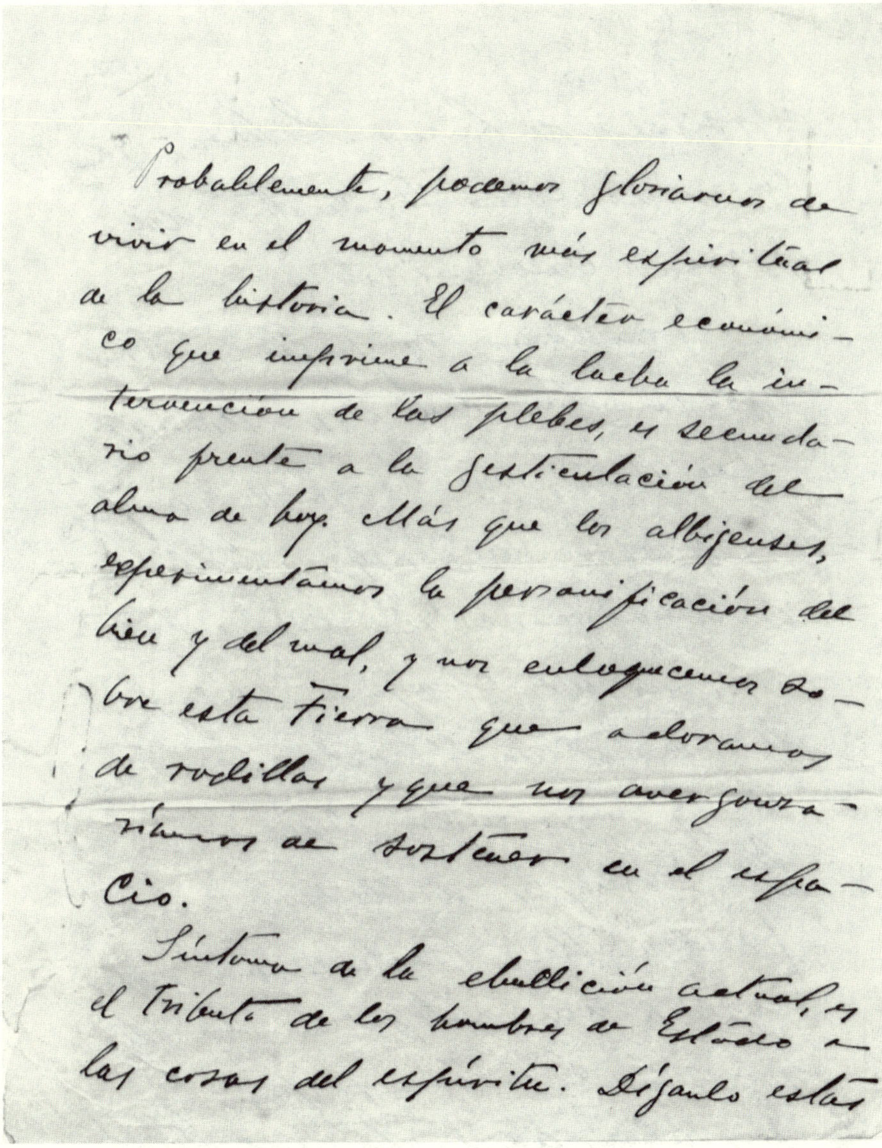

Probablemente, podemos gloriarnos de vivir en el momento más espiritual de la historia. El carácter económico que imprime a la lucha la intervención de las plebes, es secundario frente a la gesticulación del alma de hoy. Más que los albigenses, experimentamos la personificación del bien y del mal, y nos enloquecemos sobre esta Tierra que adoramos de rodillas y que nos avergonzaríamos de sostener en el espacio.

Síntoma de la ebullición actual, es el tributo de los hombres de Estado a las cosas del espíritu. Dejando estas

18. <Una traducción de «Lucas Ribera» (fragmento)>: «Probablemente, podemos gloriarnos».

2

versiones de Lucas Ribera, ya conocido como traductor del poema salomónico.

Traducir es jugar peligrosamente con dos idiomas. Uno lleno, que habrá de romperse, y otro vacío, que habrá de llenarse, en el momento mismo del choque. Vasos de cristal antípodas, naciendo y muriendo sucesivos, los lenguajes se besan como pueden. Una traducción equivale a un antifaz. En ella perecen las líneas para que se salve, acaso, la gota esencial.

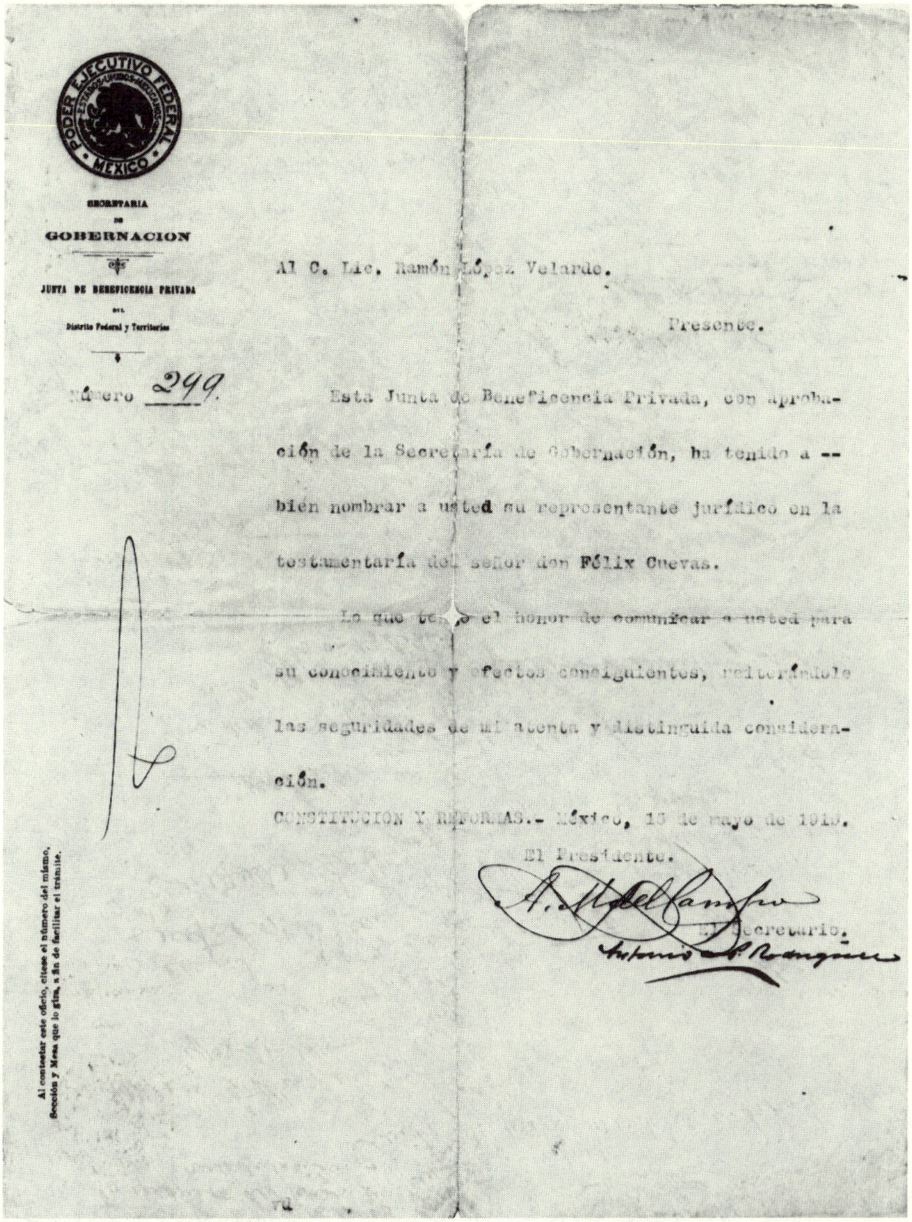

SECRETARIA DE GOBERNACION

JUNTA DE BENEFICENCIA PRIVADA DEL Distrito Federal y Territorios

Número 299.

Al C. Lic. Ramón López Velarde.

Presente.

Esta Junta de Beneficencia Privada, con aprobación de la Secretaría de Gobernación, ha tenido a -- bien nombrar a usted su representante jurídico en la testamentaría del señor don Félix Cuevas.

Lo que tengo el honor de comunicar a usted para su conocimiento y efectos consiguientes, reiterándole las seguridades de mi atenta y distinguida consideración.

CONSTITUCION Y REFORMAS.- México, 13 de mayo de 1919.

El Presidente.

A. M. del Campo

El Secretario.

Al contestar este oficio, cítese el número del mismo, Sección y Mesa que lo gira, a fin de facilitar el trámite.

19. Sin título. Frases sueltas al reverso de of. de la Sría. de Gobernación, que firma A. M. del Campo, el 13 de mayo de 1919.

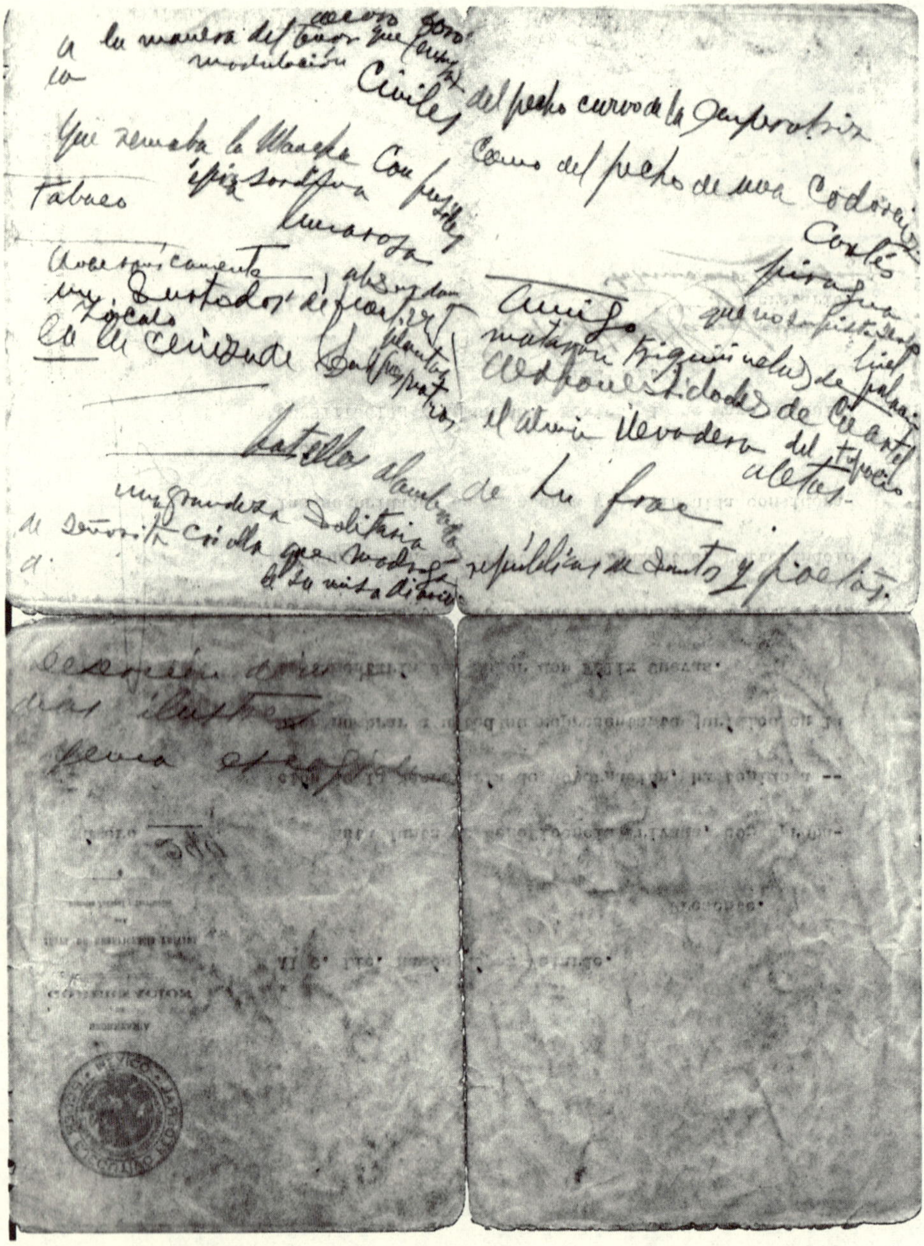
Civiles
del pecho curvo de la emperatriz
como del pecho de una codorniz
Tabasco
Amigo
repúblicas de santos y poetas

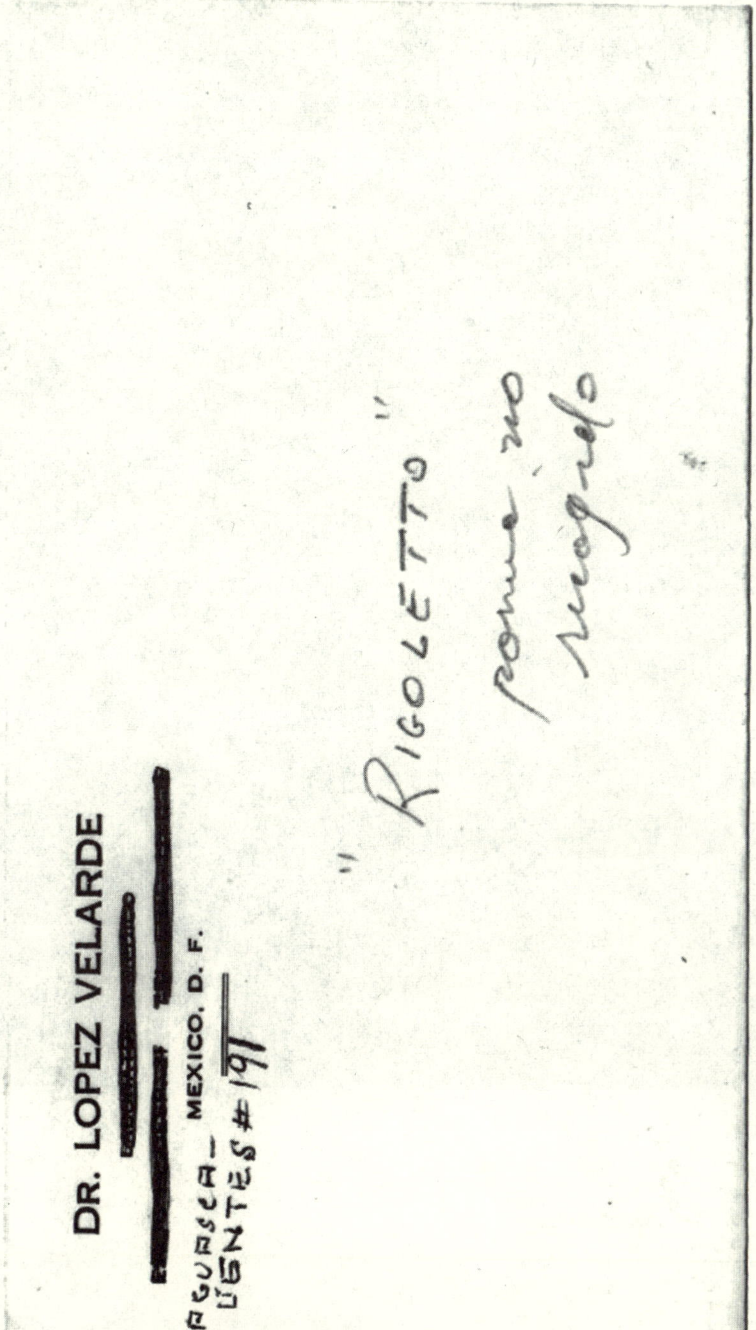

20. «Rigoletto». Sobre anexo: «Poema no recogido».

Un Poema Inédito de Ramón López Velarde

EL ADIOS

(A Francisco González León).

Fuensanta, dulce amiga,
blanca y leve mujer,
dueña ideal de mi primer suspiro
y mis copiosas lágrimas de ayer;
enlutada que un día de entusiasmo
soñé condecorar,
prendiendo, en la alborada de las nupcias,
en el gro nobiliario de tu pecho
una fecunda rama de azahar;
dime: ¿es verdad que ha muerto mi quimera,
y el idólatra de tu palidez
no volverá a soñar con el milagro
de la diáfana rosa de tu tez?

(Así interrogo en la profunda noche
mientras las nubes van
cual pesadillas lóbregas, y gimen,
a distancia, unos huérfanos sin pan).

De las cercanas torres
baja el fúnebre son
de un toque de difuntos, y Fuensanta
clama en un gesto de desolación:

¿No escuchas las esquilas agoreras?
¡Tocan a muerto por nuestra ilusión!
Me duele ser cruel
y quitar de tus labios
la última gota de la vieja miel.
Mas el cadáver del amor con alas
con que en horas de infancia me quisiste
yo lo he de estrechar
contra mi pecho fiel, y en una urna
presidirá los lutos de mi hogar.

21. «El adiós» (a Francisco González León). Poema impreso.

(Hemos callado, porque nuestras almas
están bien enclavadas en su cruz.
Me despido... Ella guía,
llevando, en un trasunto de Evangelio,
en las frágiles manos una luz.
Pero apenas llegados al umbral
—suspiro de alma en pena
o soplo del espíritu del mal—,
un golpe de aire mata la bujía...

Aúlla un perro en la calma sepulcral).

Fue así como Fuensanta y el idólatra
nos dijimos adiós en las tinieblas
de la noche fatal...

un golpe de aire mata la bujía...

Aúlla un perro en la calma sepulcral.)

Fue así cómo Fuensanta y el idólatra
nos dijimos adiós en las tinieblas
de la noche fatal...

Ramón López Velarde

Méjico, 15 abril 1912

Este poema fue localizado en una correspondencia de don Francisco González León por el joven escritor Alfonso de Alba, que amablemente nos lo ha proporcionado.

Alfonso de Alba, que disfrutó con distinción la amistad y el afecto de González León, es autor de una obra sobre Lagos de Moreno. Piensa utilizar, en un próximo libro, el material inédito que el poeta laguense dejó en sus manos.

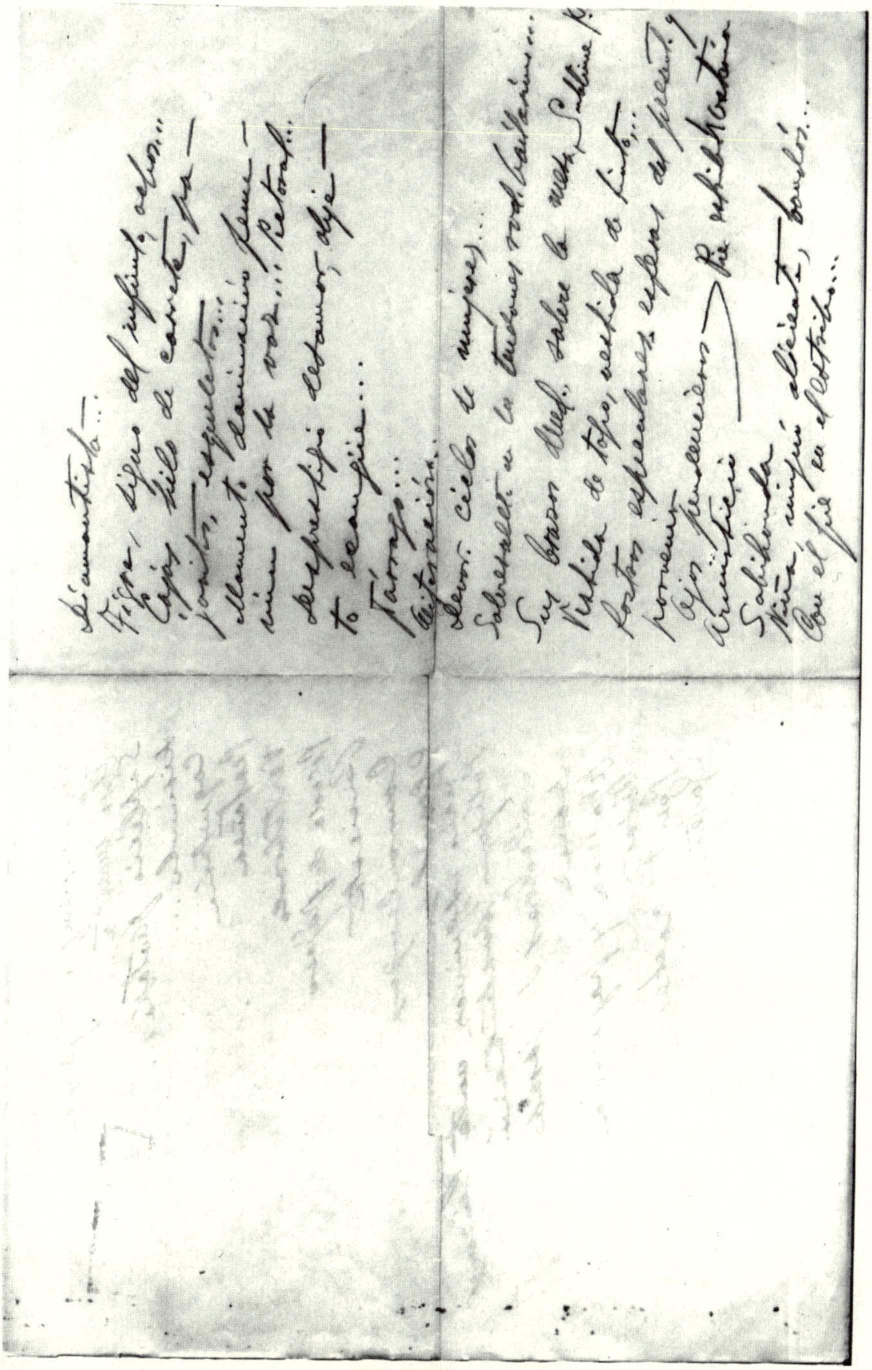

22. Sin título. Palabras sueltas.

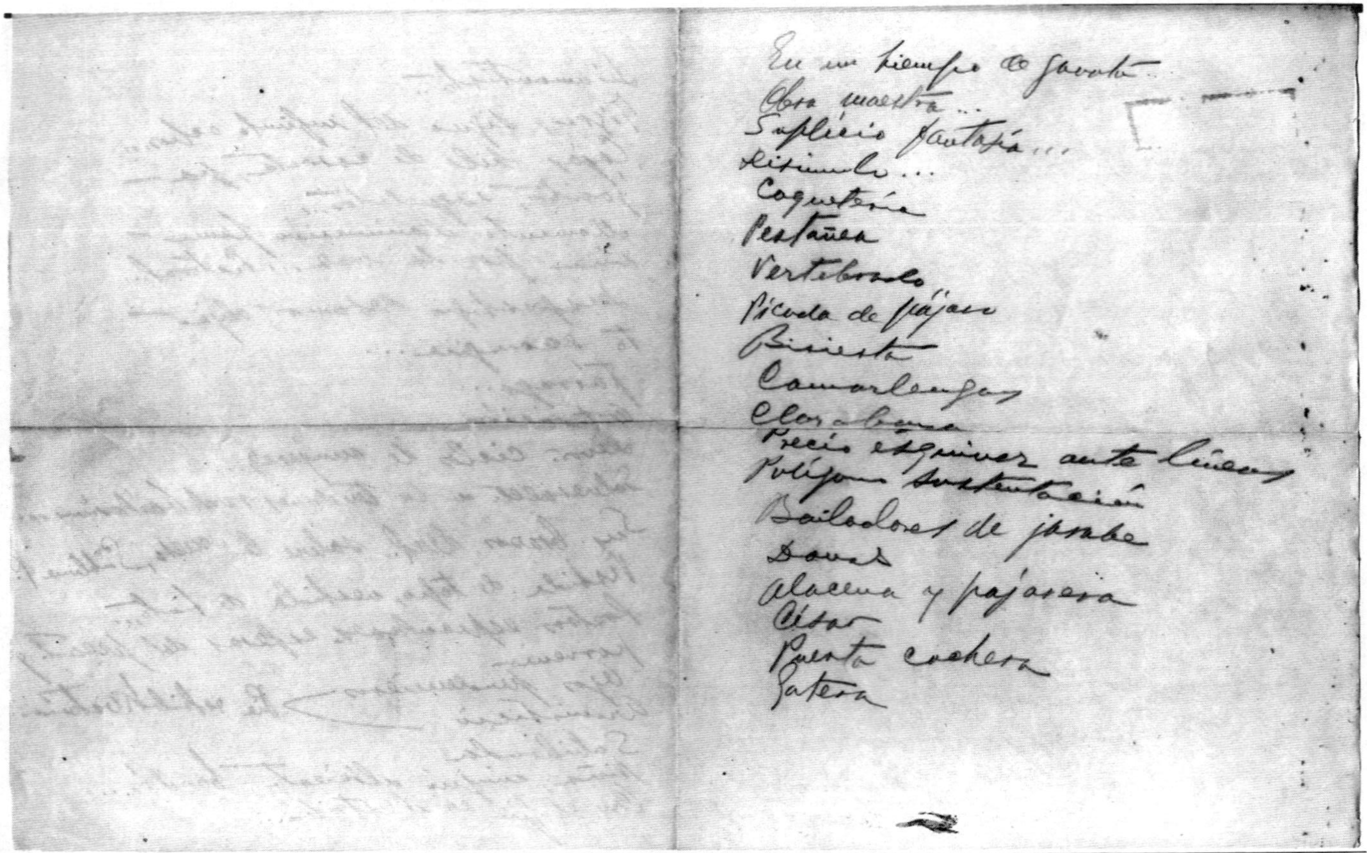

En un tiempo de gavota
Obra maestra...
Suplicio fantasía...
Disimulo...
Coquetería
Pestaña
Vertebrado
Picada de pájaro
Bisiesta
Camarlengas
Claraboya
Precio esquivez ante líneas
Polígono sustentación
Bailadores de jarabe
Dovela
Alacena y pajarera
César
Puerta cochera
Gatera

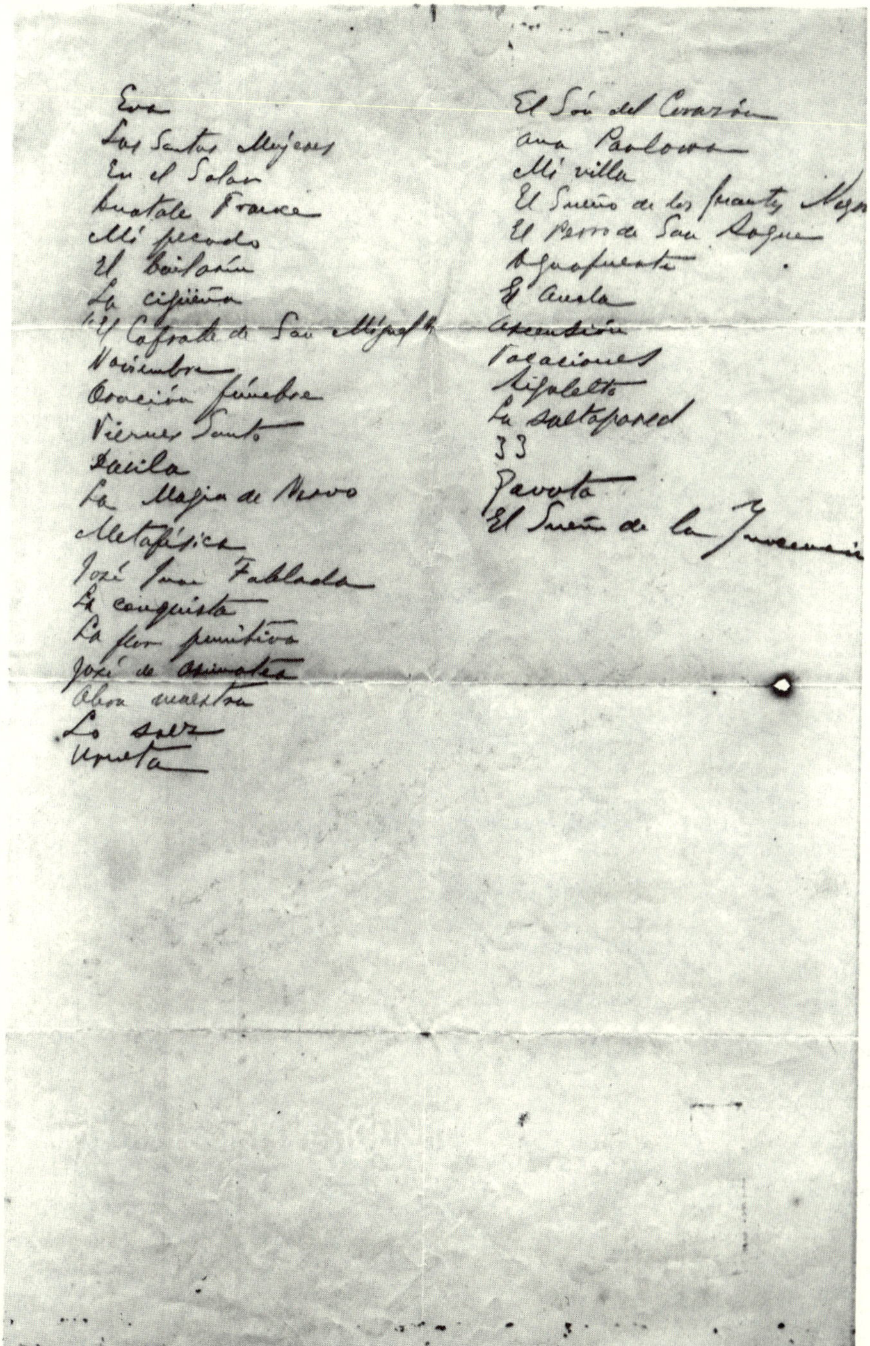
Eva
Las Santas Mujeres
En el Salón
Anatole France
Mi pecado
El bailarín
La cigüeña
El Cofrade de San Miguel
Noviembre
Oración fúnebre
Viernes Santo
Ávila
La Magia de Nervo
Metafísica
José Juan Tablada
La conquista
La flor primitiva
José de Arimatea
Obra maestra
La sed
Urueta

El Son del Corazón
Ana Paolowa
Mi villa
El Sueño de los Infantes Magos
El Perro de San Roque
Aguafuerte
El Aula
Ascensión
Vacaciones
Rigoletto
La saltapared
33
Gavota
El Sueño de la Juventud

23. Sin título. Títulos de diversos poemas y prosas.

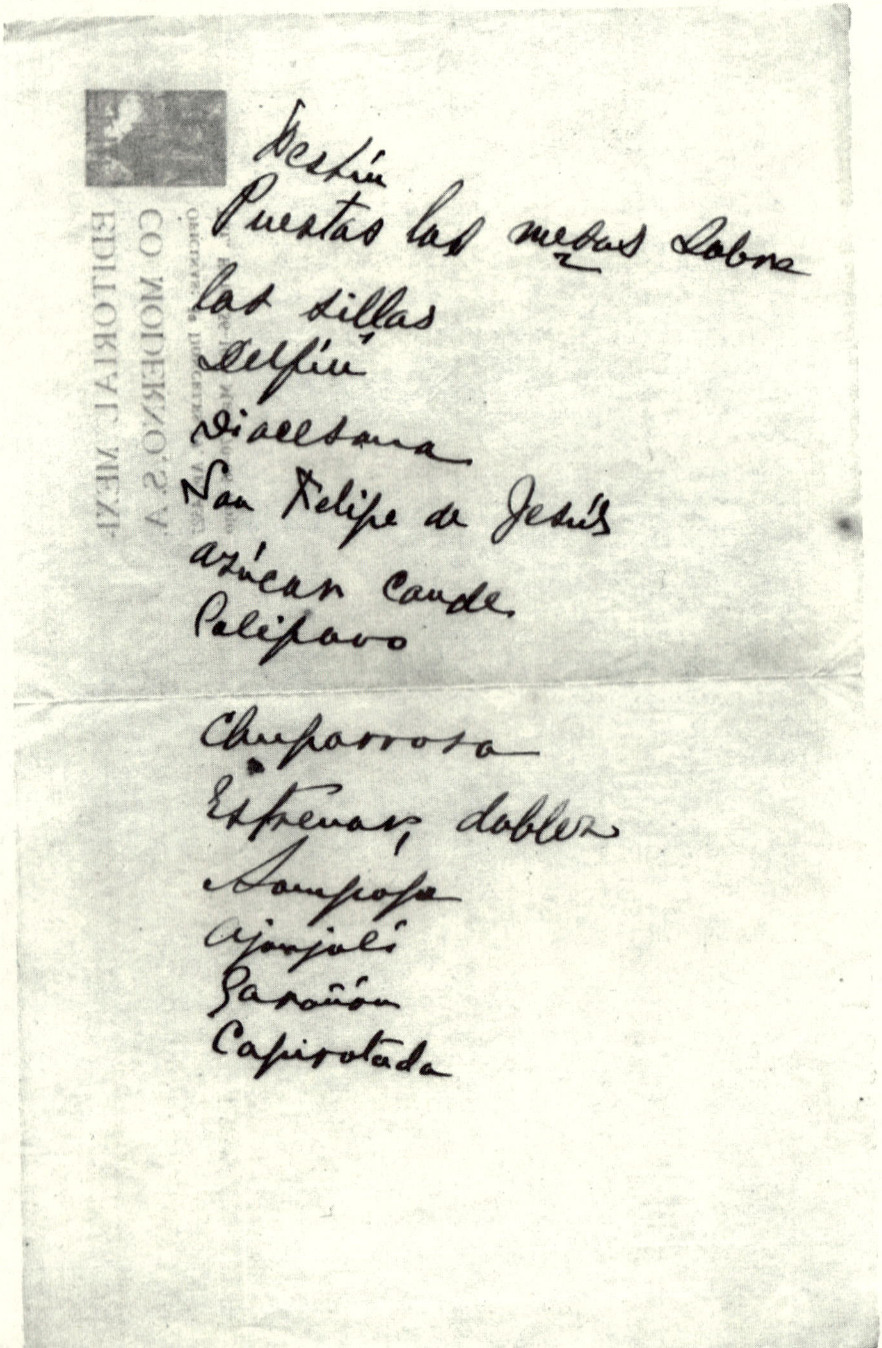
Destín
Puestas las mesas sobre
las sillas
Delfín
Diacitrona
San Felipe de Jesús
azúcar cande
Palipavo

Chuparrosa
Estrenar, doblez
Zompopo
Ajonjolí
Garañón
Capirotada

24. Sin título. Palabras sueltas.

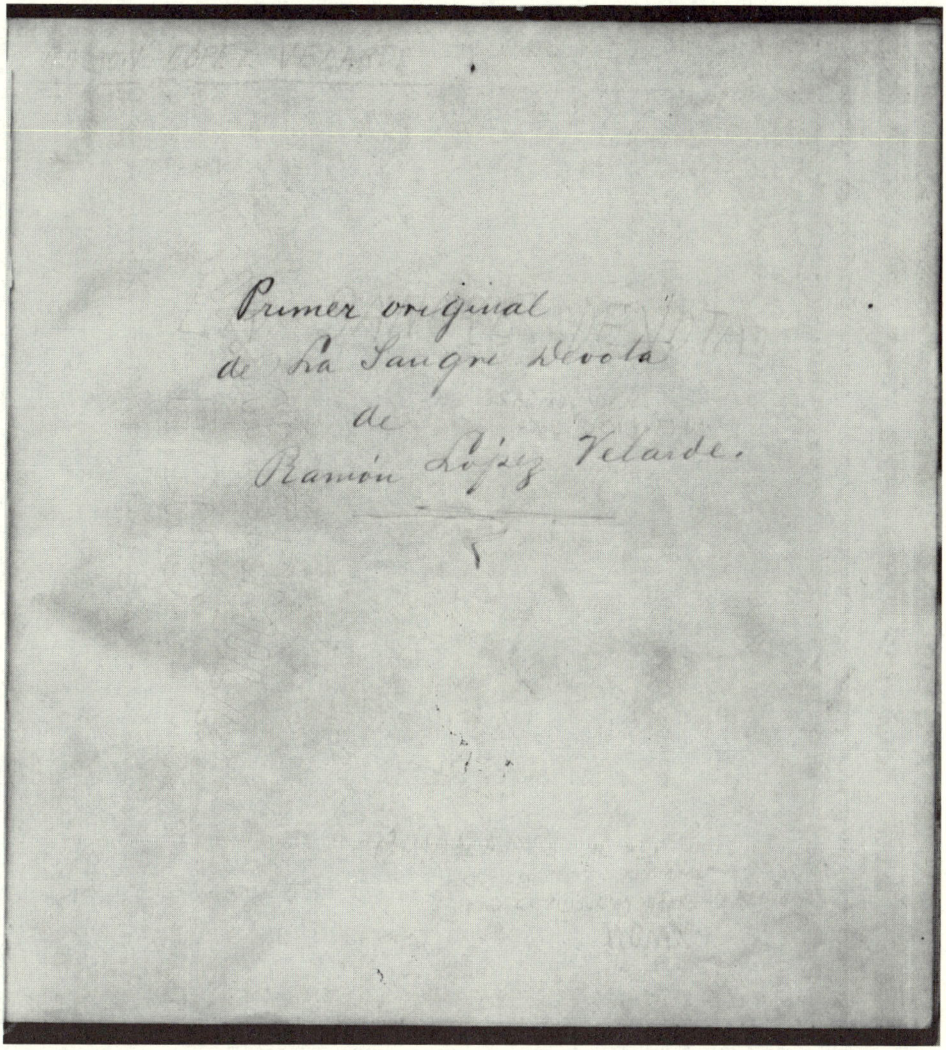

25. *La sangre devota*. Primer formato de 1910.

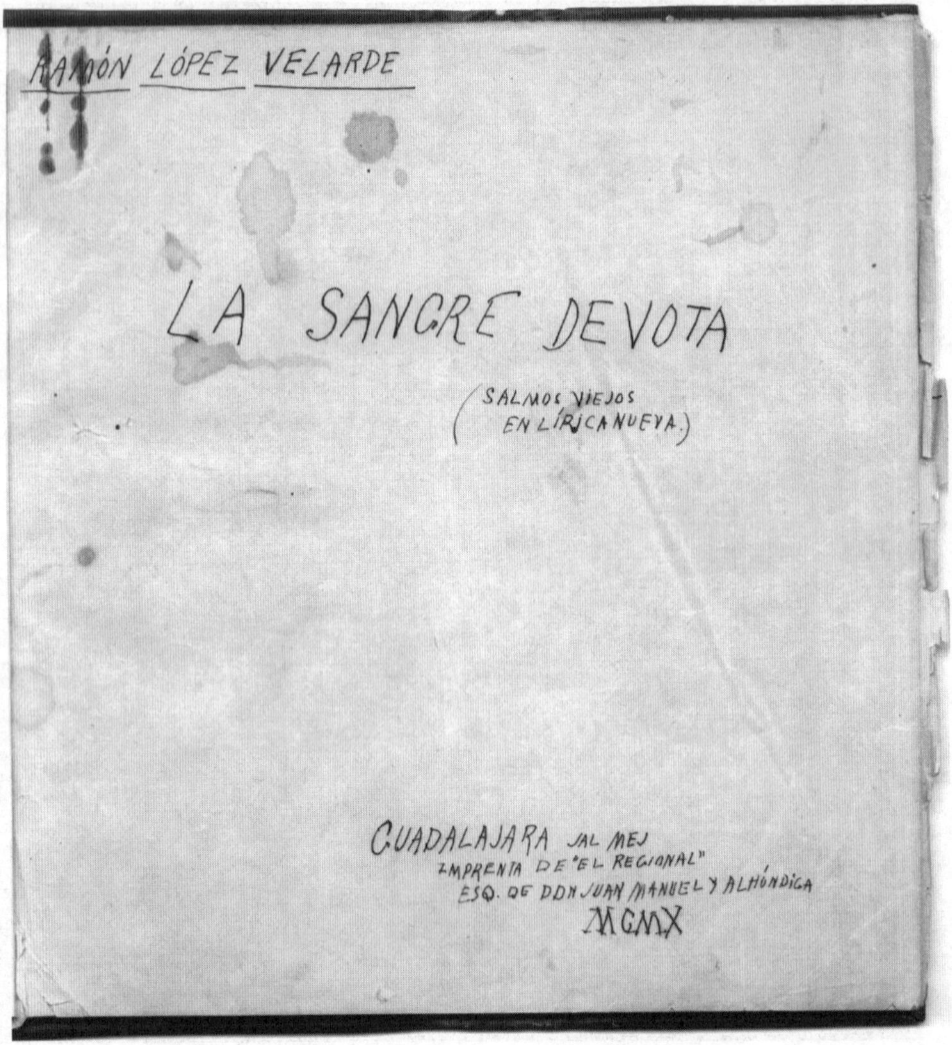
RAMÓN LÓPEZ VELARDE
LA SANGRE DEVOTA
(SALMOS VIEJOS EN LÍRICA NUEVA.)
GUADALAJARA JAL MEX
IMPRENTA DE "EL REGIONAL"
ESQ. DE DON JUAN MANUEL Y ALHÓNDIGA
MCMX

A LA MEMORIA
DE MI PADRE

En el reinado de la Primavera

Amada, es Primavera.
Fuensanta, es que florece
la eclesiástica unción de la cuaresma.
Hay un alivio dulce
en las almas enfermas,
porque Abril con sus auras les va dando
la sensación de la convalecencia.
Se viste el cielo del mejor azul
y de rosas la Tierra,
y yo me visto con tu amor... ¡oh gloria
de estar enamorado, enamorado,
ebrio de amor á ti, novia perpetua,
enloquecidamente enamorado,
como quince años, cual pasión primera!
Y con la dicha de palomas que huyen
del convento en que estaban prisioneras
y se van lejos, bajo la promesa
azul del firmamento
y sobre la florida de la Tierra,
así vuelan á verte en otros climas,
oh Santa, oh Amadísima, oh Enferma,
estos versos de infancia que brotaron
bajo el imperio de la Primavera.

1

Elogio á Fuensanta

Tú no eres en mi huerto la pagana
rosa de los ardores juveniles;
te quise como una dulce hermana

y gozoso dejé mis quince abriles
cual un ramo de flores de pureza
entre tus manos blancas y gentiles. (2)

Humilde te ha rezado mi tristeza
como en los pobres templos parroquiales
el campesino ante la Virgen vieja.

Antífona es tu voz; y en los corales
de tu rústica boca, he descubierto
el sabor de los besos maternales.

Tus ojos tristes, de mirar incierto,
recuérdanme dos lámparas prendidas
en la penumbra de un altar desierto.

Las palmas de tus manos son ungidas
por mí que provocando tus asombros
las beso en las ingratas despedidas.

Soy débil, y al marchar por entre escombros
me dirige la fuerza de tu planta
y reclino las sienes en tus hombros.

Nardo es tu cuerpo y su virtud es tánta
que en tus brazos beatíficos me duermo
como sobre los senos de una Santa.

¡Quién me otorgara en mi retiro yermo
tener, Fuensanta, la condescendencia
de tus bondades á mi amor enfermo,
como plenaria y última indulgencia!

Flor temprana

A Antonio Moreno y Oviedo

Mujer que recogiste los primeros
frutos de mi pasión, ¡con qué alegría
como una santa esposa te vería
llegar á mis floridos jazmineros!

Al mirarte venir, los placenteros
cantares del amor desgranaría,
colgada en la risueña galería,
la jaula de canarios vocingleros.

Si á mis abismos de tristeza bajas,
y si al conjuro de tu labio, cuajas
de botones las rústicas macetas,

Te aspiraré con gozo temerario
como se aspira en un devocionario
un perfume de místicas violetas.

Ella

Esta novia del alma con quien soñé en un día
fundar el paraíso de una casa risueña
y echar, pescando amores, en el mar de la vida
mis redes, á la usanza de la edad evangélica;

es blanca como la hostia de la primera misa
que en una azul mañana miró decir la Tierra,
luce negros los ojos, la túnica sombría
y en ungir las heridas las manos beneméritas.

Dormir en paz se puede sobre sus castos senos
de nieve, que beatos se hinchan como frutas
en la heredad de Cristo, Celeste Jardinero;

tiene piedades hondas y los labios de azúcar,
y por su grave porte se asemeja al excelso
retrato de la Virgen pintada por San Lucas.

Alejandrinos eclesiásticos

Tú, Fuensanta, me libras de los lazos del mal;
queman mi boca exangüe de Isaías los carbones;
por Ti me dan los cielos profundas contriciones
y el Ensueño me otorga su gracia episcopal.

Para comer las viandas del convite nupcial
en que se han desposado nuestros dos corazones,
tomo el báculo y ciño mis pies y mis riñones
cual se hacía en las fiestas del Cordero Pascual.

Las llaves con que he abierto tu corazón, mis llaves
sagradas, son las mismas de Pedro el Pescador;
y mis alejandrinos, por tristes y por graves,

son como los versículos proféticos de un canto,
y hasta las doce horas de mis días de amor
serán los doce frutos del Espíritu Santo.

Viaje al terruño

A Enrique Fernández Ledesma

Invitación

De tu magnífico traje
recogeré la basquiña
cuando te llegues, oh niña,
al estribo del carruaje.
Esperando para el viaje
la tarde tiene desmayos
y de sus últimos rayos
la luz mortecina ondea
en la lujosa librea
de los corteses lacayos.

No temas: por los senderos
polvosos y desolados,
te velarán mis cuidados,
galantes palafreneros.
Y cuando con mil luceros
en opulento derroche
se venga encima la noche,
obsequiará tus oídos
con sus monótonos ruidos
la serenata del coche.

En camino

Al fin te ve mi fortuna
ir, á mi abrigo amoroso,

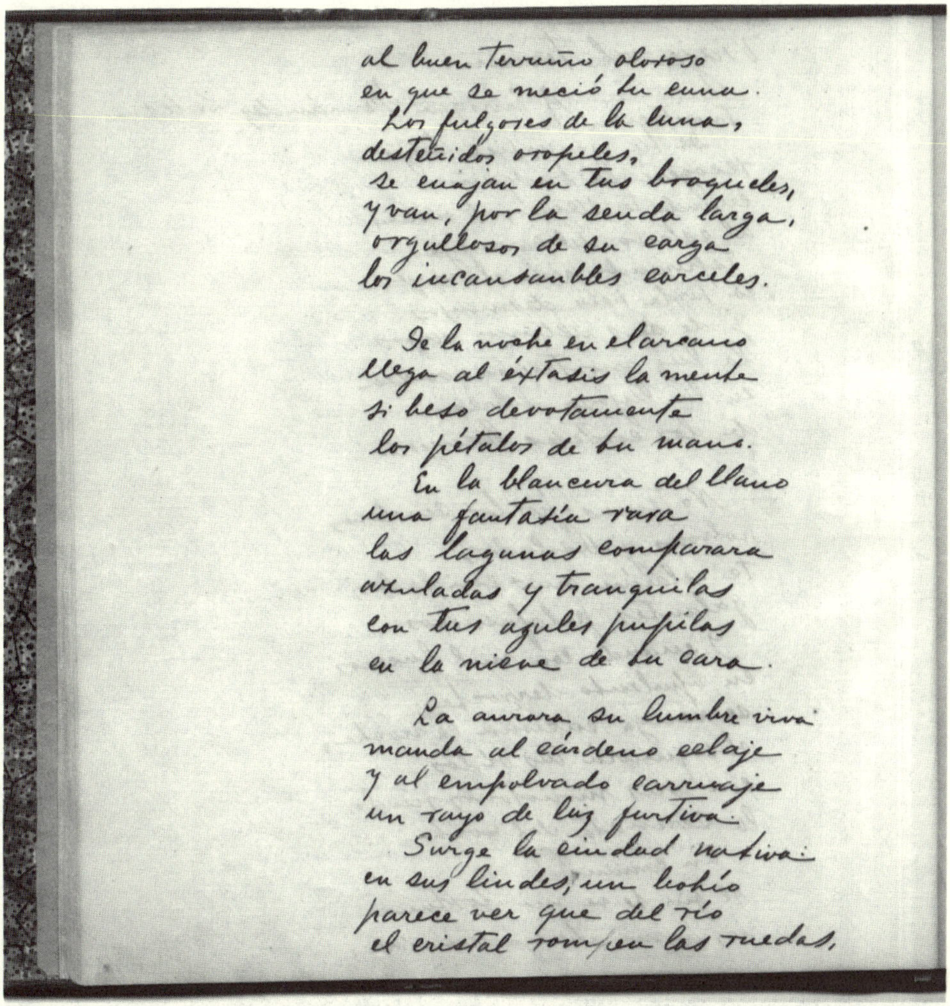
al buen terruño oloroso
en que se meció tu cuna.
Los fulgores de la luna,
desteñidos oropeles,
se cuajan en tus broqueles,
y van, por la senda larga,
orgullosos de su carga
los incansables corceles.

De la noche en el arcano
llega al éxtasis la mente
si beso devotamente
los pétalos de tu mano.
En la blancura del llano
una fantasía rara
las lagunas comparara
azuladas y tranquilas
con tus azules pupilas
en la nieve de tu cara.

La aurora su lumbre viva
manda al cárdeno celaje
y al empolvado carruaje
un rayo de luz furtiva.
Surge la ciudad nativa
en sus lindes, un bohío
parece ver que del río
el cristal rompen las ruedas,

y entre mudas alamedas
se recata el caserío.

Como níveo relicario
que ocultan los naranjales,
del coche por los cristales
¿no distingues el santuario?
Del esbelto campanario
salen y rayan los cielos
las palomas con sus vuelos,
cual si las Torres, mi vida,
te dieran la bienvenida
agitando sus pañuelos.

La llegada

Por las tapias la verdura
del jazmín, cuelga á la calle,
y respira todo el valle
melancólica ternura.
Aromarán la frescura
de tus carrillos sedeños
los jardines lugareños,
y en las azules mañanas
llegarán á tus ventanas,
en enjambre, los ensueños.

Escucharás, ~~dueño~~ amor mío,
girando en eterna danza

13

la interminable romanza
de las hojas... Y en el frío
mes de diciembre sombrío,
en el patriarcal sosiego
del hogar, mi dulce fuego
ha de loar tu belleza
cabe la muda tristeza
del caserón solariego.

Esparcirán sus olores
las pudibundas violetas
y habrá sobre tus macetas
las mismas humildes flores;
la misma charla de amores
que su diálogo desgrana
en la discreta ventana,
y siempre llamando á misa
el bronce, loco de risa,
de la traviesa campana.

A tus plácidos hogares
irán las venturas viejas
como ~~llegan~~ vienen las abejas
á buscar los colmenares.
Y mi cariño en tus lares
verás cómo se acurruca
libre de pompa caduca,
al estrecharte mi abrazo
en el materno regazo
de la aromosa tierruca.

Domingos de Provincia

En los claros domingos de mi pueblo, es costumbre
que en la Plaza descubran las gentiles cabezas
las mozas, y sus ojos reflejan dulcedumbre
y la banda en el kiosco toca lánguidas piezas.

Y al caer sobre el pueblo la noche ensoñadora
los amantes se miran con la mejor mirada
y la orquesta en sus flautas y violín atesora
mil sonidos románticos en la noche enfiestada.

Los días de guardar en pueblos provincianos
regalan al viandante gratos amaneceres
en que, frescas las ~~caras~~ rostros, el Ripalda en las manos,

camino de la iglesia van las mozas aprisa;
que en los días festivos, entre aquellas mujeres
no hay una cara hermosa que se quede sin misa.

Ramón López Velarde

A la gracia primitiva de las aldeanas

A Luis Rosado Vega.

Hambre y sed padezco: siempre me he negado
á satisfacerlas en los turbadores
gozos de ciudades —flores de pecado—;
esta hambre de amores y esta sed de ensueño
que se satisfagan en el ignorado
grupo de muchachas de un lugar pequeño.

Vasos de devoción, arcas piadosas
en que el amor jamás se contamina;
jarras cuyas paredes olorosas
dan al agua frescura campesina;
todo eso sois, muchachas cortijeras
amigas del buen sol que os engalana,
que adivináis las cosas venideras
cual hacerlo pudiese una gitana.
Amo vuestros hechizos provincianos,
muchachas de los pueblos, y mi vida
gusta beber del agua contenida
en el hueco que forman vuestras manos.
Pláceme en los convites campesinos,
cuando la sombra juega en los manteles,
veros dar la locura de los vinos,
pan de alegría y ramos de claveles.

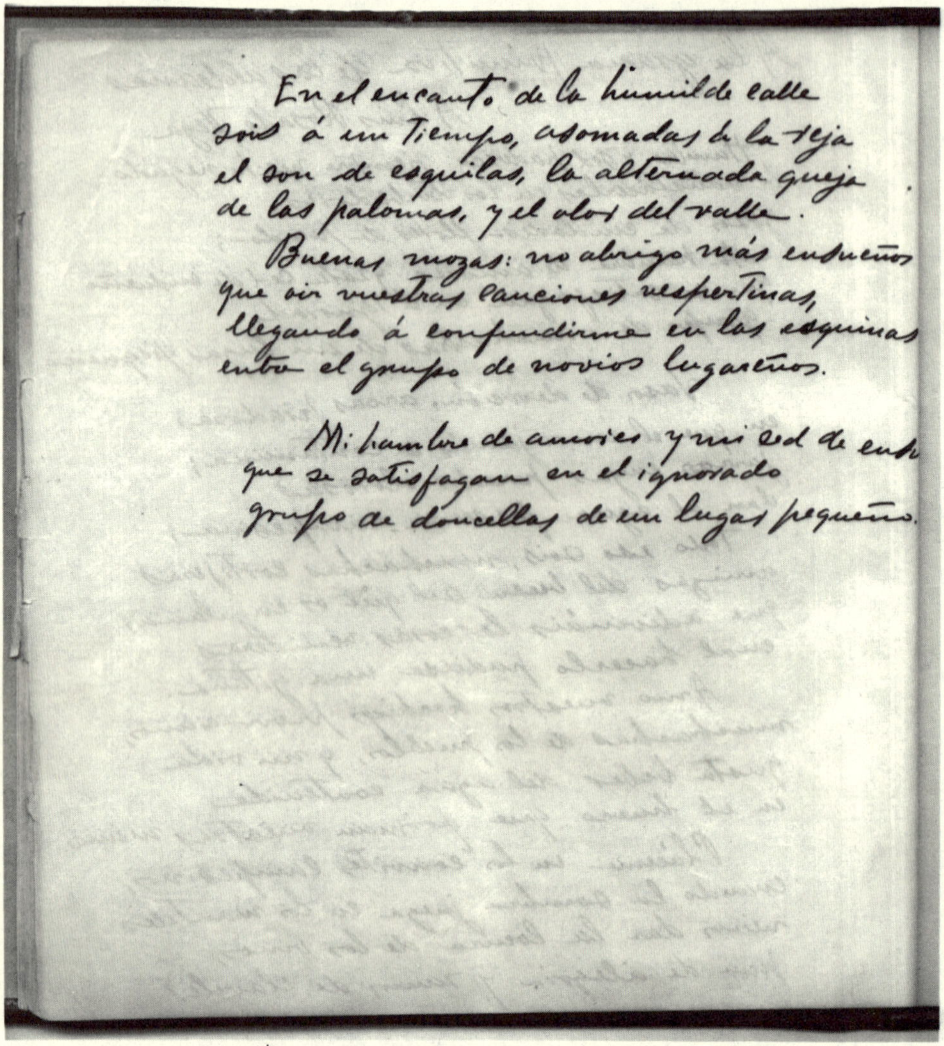
En el encanto de la humilde calle
sois á un tiempo, asomadas á la reja
el son de esquilas, la alternada queja
de las palomas, y el olor del valle.
Buenas mozas: no abrigo más ensueños
que oir vuestras canciones vespertinas,
llegando á confundirme en las esquinas
entre el grupo de novios lugareños.

Mi hambre de amores y mi sed de ens
que se satisfagan en el ignorado
grupo de doncellas de un lugar pequeño.

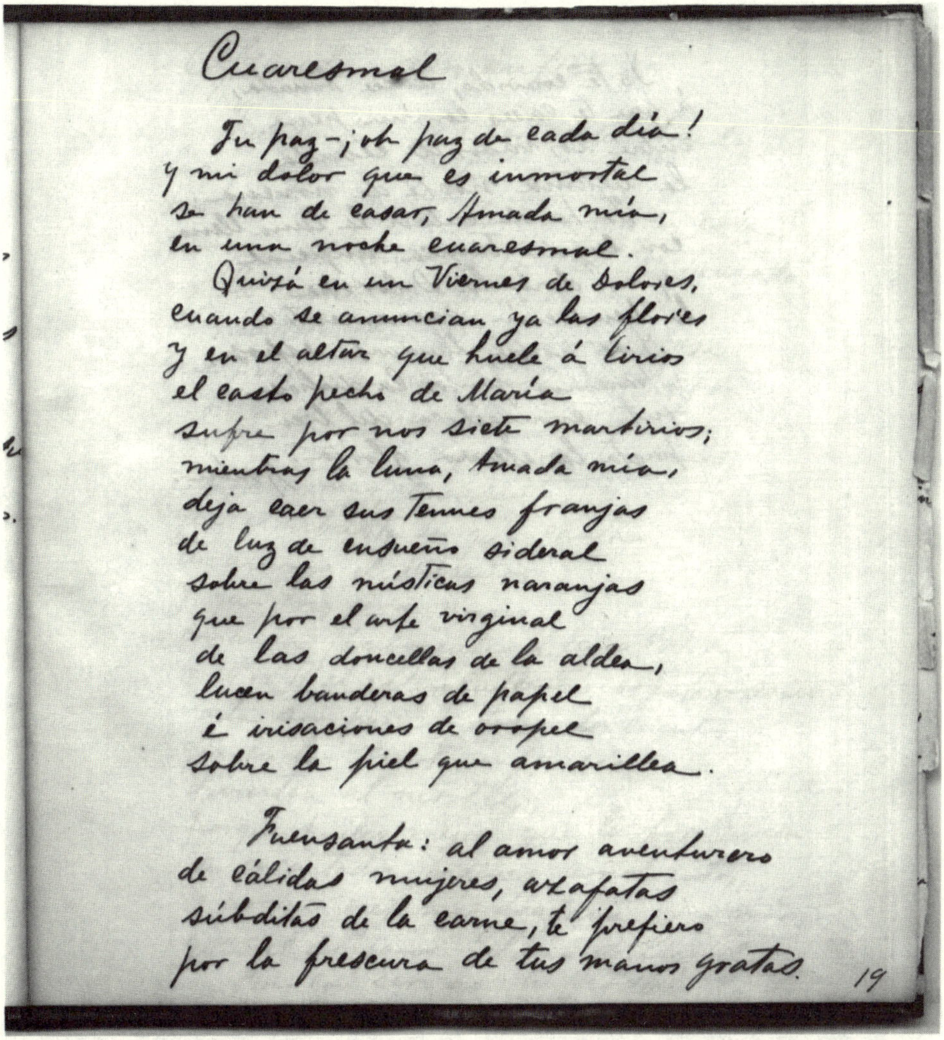

Cuaresmal

Tu paz—¡oh paz de cada día!
y mi dolor que es inmortal
se han de casar, Amada mía,
en una noche cuaresmal.
Quizá en un Viernes de Dolores,
cuando se anuncian ya las flores
y en el altar que huele á lirios
el casto pecho de María
sufre por nos siete martirios;
mientras la luna, Amada mía,
deja caer sus tenues franjas
de luz de ensueño sideral
sobre las rústicas naranjas
que por el arte virginal
de las doncellas de la aldea,
lucen banderas de papel
é irisaciones de oropel
sobre la piel que amarillea.

Fuensanta: al amor aventurero
de cálidas mujeres, azafatas
súbditas de la carne, te prefiero
por la frescura de tus manos gratas.

19

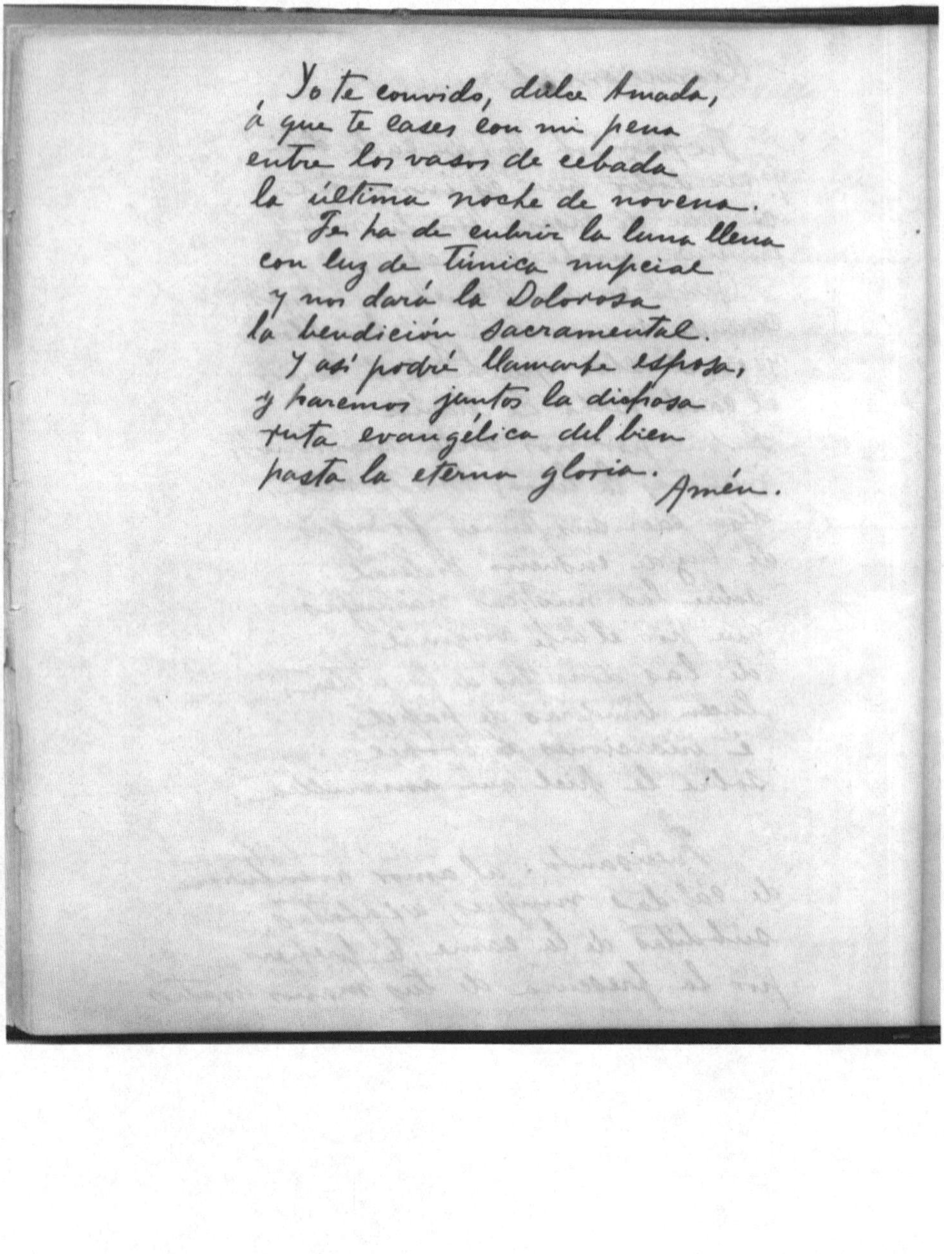

Yo te convido, dulce Amada,
á que te cases con mi pena
entre los vasos de cebada
la última noche de novena.
Te ha de cubrir la luna llena
con luz de túnica nupcial
y nos dará la Dolorosa
la bendición sacramental.
Y así podré llamarte esposa,
y haremos juntos la dichosa
ruta evangélica del bien
hasta la eterna gloria. Amén.

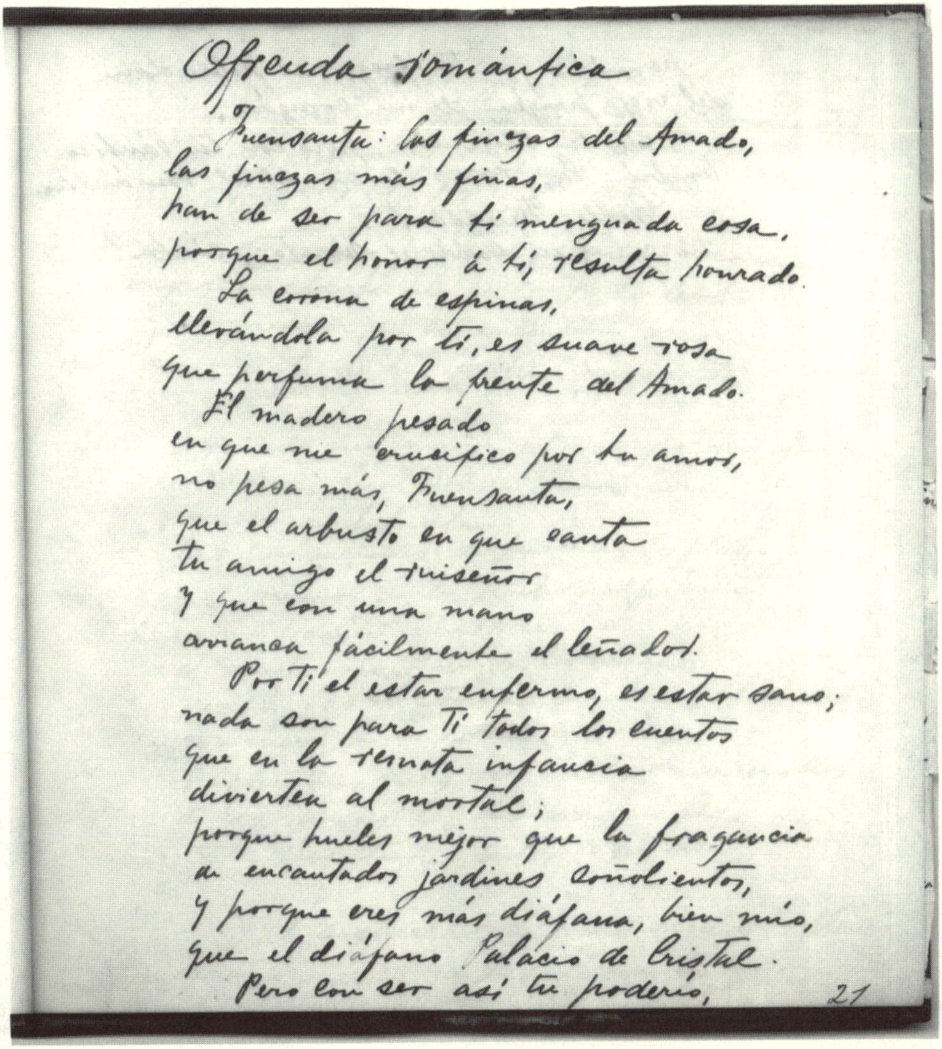

Ofrenda romántica

Fuensanta: las finezas del Amado,
las finezas más finas,
han de ser para ti menguada cosa.
porque el honor à ti, resulta honrado.
La corona de espinas,
llevándola por ti, es suave rosa
que perfuma la frente del Amado.
El madero pesado
en que me crucifico por tu amor,
no pesa más, Fuensanta,
que el arbusto en que canta
tu amigo el ruiseñor
y que con una mano
arranca fácilmente el leñador.
Por ti el estar enfermo, es estar sano;
nada son para ti todos los cuentos
que en la remota infancia
divierten al mortal;
porque hueles mejor que la fragancia
de encantados jardines soñolientos,
y porque eres más diáfana, bien mío,
que el diáfano Palacio de Cristal.
Pero con ser así tu poderío,

21

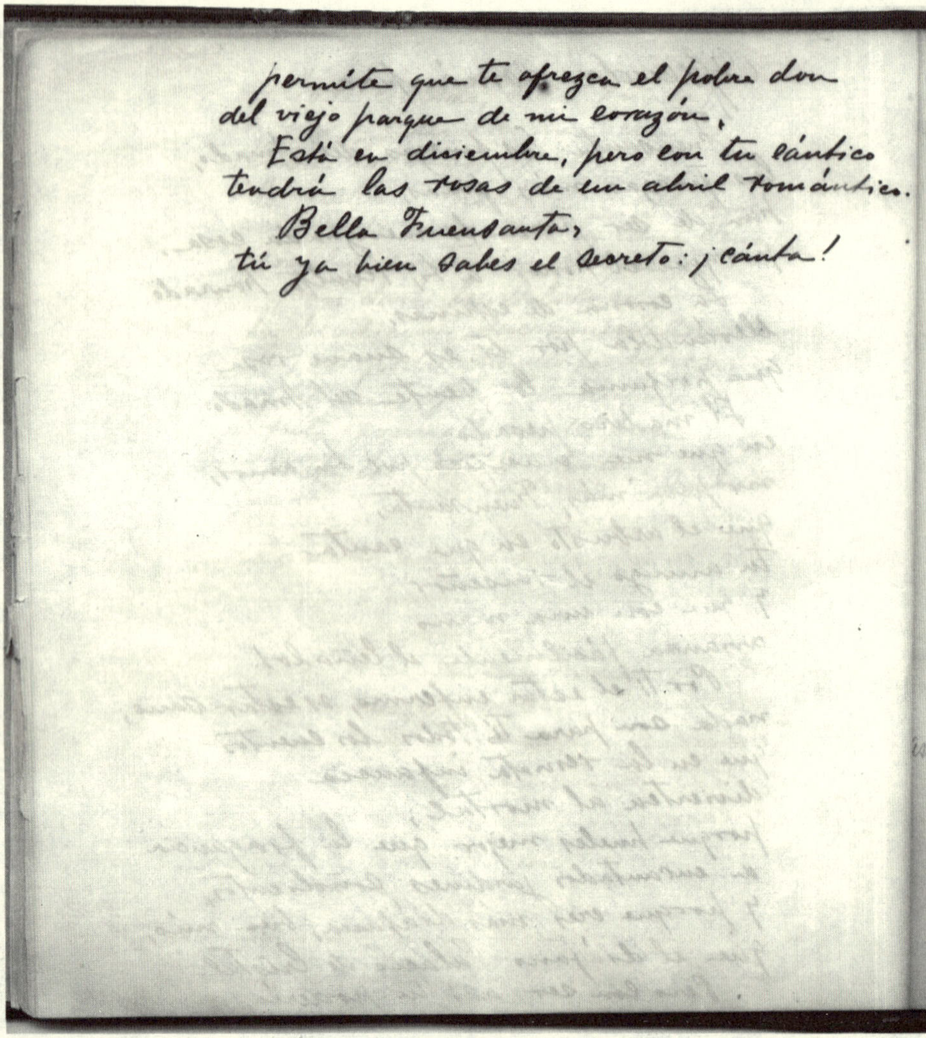

permite que te ofrezca el pobre don
del viejo parque de mi corazón.
Está en diciembre, pero con tu cántico
tendrá las rosas de un abril romántico.
Bella Fuensanta,
tú ya bien sabes el secreto: ¡canta!

Cuando contigo estoy, dueña del alma...

A ~~Francisco Reyes Barrientos~~

Cuando contemplo á veces
que plegando los labios enmudeces,
mi adoración pretende en su locura
bajar hasta tu alma á paso lento
y sorprender, en su mansión oscura,
como nota de luz tu pensamiento.

Cuando me miran, oh mujer, tus ojos
luminosos cual sol de primavera,
por oír anhelante
las pulsaciones de tus nervios flojos
y el rumor de tu pecho palpitante,
en mi pasión quisiera
el misterioso oído de los magos
que en las nocturnas sombras escondidos
asomados escuchan, á la orilla de los lagos,
hasta sus más recónditos murmullos
de las ramas los débiles crujidos
y la reventazón de los capullos.

Y al sospechar que tus recuerdos llenas
de otro amor ya pasado con la historia,

me muerden el espíritu los celos
y quieren mis anhelos
extender con la sombra de mis penas
la noche del olvido en tu memoria.

A una ausente seráfica

Estos, amada, son sitios vulgares
en que en el ruido mundanal se asusta
el alma fidelísima, que gusta
de evocar tus encantos familiares.

Añoro
~~Evoco~~ dulcemente los lugares
en donde imperas cual señora justa;
tu voz real y tu mirada augusta
que ungieron con su gracia mis pesares.

Y recuerdo que en época lejana,
por tus raras virtudes milagrosas
y tu amable modestia provinciana,

ebrio de amor te comparó el poeta
con la mejor de las piedras preciosas
oculta en pobres hojas de violeta.

Tuviste, en la delicia de mi sueño,
fuerza de mano que se da al caído
y la piedad de un pájaro agreño
que en la rama caduca pone el nido.

De tu falda al seráfico pergeño
cual párvulo medroso estoy asido,
que en la infantil iglesia de mi ensueño
las imágenes rotas han caído.

Yo sé que en mis catástrofes internas
no más quedas tú en pie, señora alta,
de frente noble y de miradas tiernas;

Condúceme en las noches inclementes,
porque sin tí para marchar me falta
el óleo de las vírgenes prudentes.

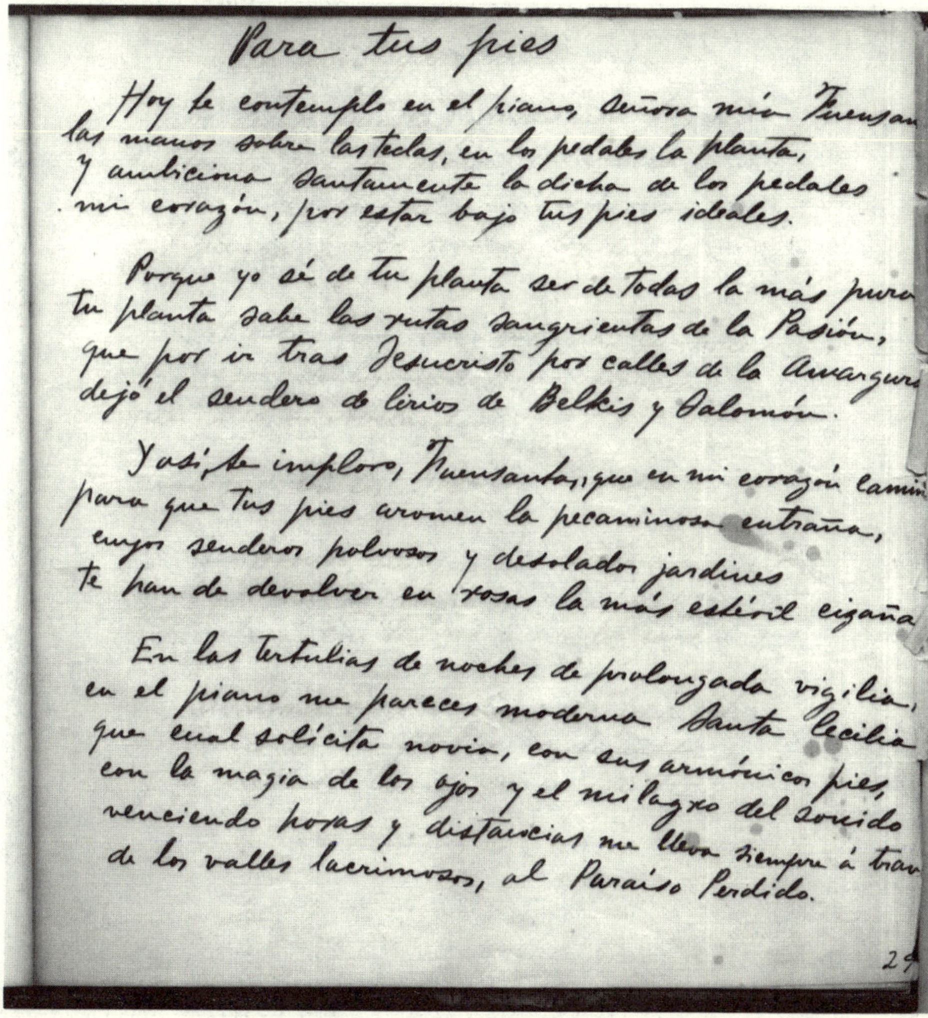

Para tus pies

Hoy te contemplo en el piano, señora mía Fuensan
las manos sobre las teclas, en los pedales la planta,
y ambiciona santamente la dicha de los pedales
mi corazón, por estar bajo tus pies ideales.

Porque yo sé de tu planta ser de todas la más pura
tu planta sabe las rutas sangrientas de la Pasión,
que por ir tras Jesucristo por calles de la Amargura
dejó el sendero de lirios de Belkis y Salomón.

Y así, te imploro, Fuensanta, que en mi corazón camin
para que tus pies aromen la pecaminosa entraña,
cuyos senderos polvosos y desolados jardines
te han de devolver en rosas la más estéril cizaña

En las tertulias de noches de prolongada vigilia,
en el piano me pareces moderna Santa Cecilia
que cual solícita novia, con sus armónicos pies,
con la magia de los ojos y el milagro del sonido
venciendo horas y distancias me lleva siempre á trav
de los valles lacrimosos, al Paraíso Perdido.

29

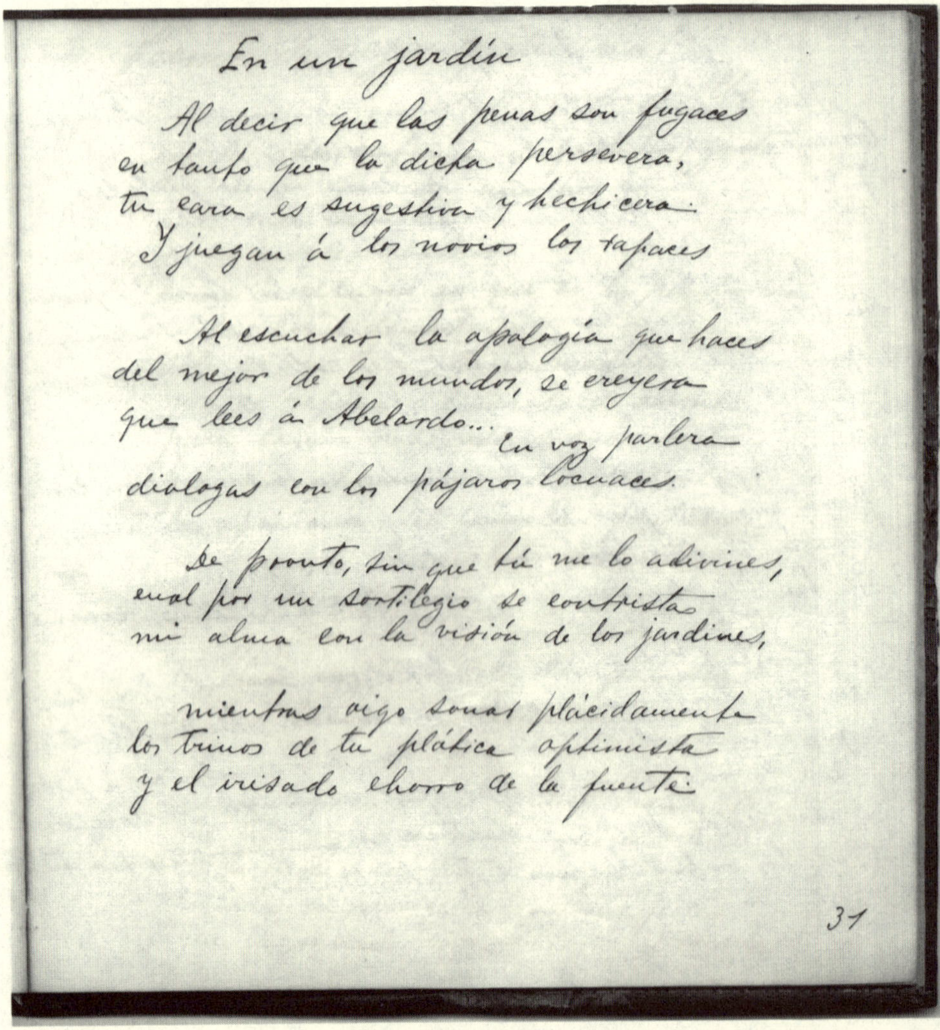

En un jardín

Al decir que las penas son fugaces
en tanto que la dicha persevera,
tu cara es sugestiva y hechicera
y juegan á los novios los rapaces

Al escuchar la apología que haces
del mejor de los mundos, se creyera
que lees á Abelardo... tu voz parlera
dialogas con los pájaros locuaces.

De pronto, sin que tú me lo adivines,
cual por un sortilegio se contrista
mi alma con la visión de los jardines,

mientras oigo sonar plácidamente
los trinos de tu plática optimista
y el irisado chorro de la fuente

31

Poema de vejez y de amor

A Amando J. Alba.

Mi vida, enferma de fastidio, gusta
de irse á guarecer año por año
á la casa vetusta
de los nobles abuelos,
como á refugio en que en la paz divina
de las cosas de antaño
sólo se oye la voz de la madrina
que se repone del acceso de asma
para seguir hablando de sus muertos
y narrar, al amparo del crepúsculo,
la aparición del familiar fantasma.
A veces, en los ámbitos desiertos
de los viejos salones,
cuando dialogas con la vox anciana,
se oye también, sonora maravilla,
tu clara voz, como la campanilla
de las litúrgicas elevaciones.

—

Yo te digo en verdad, buena Fuensanta
que tu voz es un verso que se canta
á la Virgen, las tardes en que Mayo
inunda la parroquia con sus flores
que tu mirada viva es como el rayo

que arranca el sol á la custodia rica
que dió para el Altar Mayor la esposa
de un católico Rey de las Españas;
que tu virtud amable me edifica,
y que eres á mis ósculos sabrosa,
no como de los reyes los manjares,
sino cual pan humilde que se amasa
en la nativa casa
y se dora en los hornos familiares.

Oh Fuensanta: mi espíritu, ayudado
de tus manos amigas,
pudo exhumar las glorias del pasado.
En el ropero arcaico están dos ligas
que en el día nupcial fueron ofrenda
del abuelo amador
á la novia de rostro placentero,
y cada una tiene su leyenda:
"Tú fuiste, Amada, mi primer amor"
"Y serás el postrero."
¡Oh noble sangre, corazón pueril
de comienzos del siglo diecinueve,
para ti la mujer, por el decoro
de sus blancas virtudes,
era como una Torre de Marfil

en que después del madrigal sonoro
colgabas los románticos laúdes!
Yo obedezco, Fuensanta, al atavismo
de aquel alto querer, te llamo hermana,
y fiel á mi bautismo
sólo te ruego en mi amoroso mal
con la prez lauretana.
Tu llanto es para mí linfa lustral
que por virtud divina se convierte
en perlas eclesiásticas, bien mío,
para hacerme un rosario contra el frío
y las hondas angustias de la muerte.

Los vistosos mantones de Manila
que adornaron á las antepasadas
y tienes en las manos delicadas,
me sugieren la época intranquila
de los días feriales
en que el pueblo se alegra con la Pascua,
hay cohetes sonoros
tocan diana las músicas triunfales,
y la tarde de toros
y la mujer son una sola ascua.
También tú, con las flores policromas
que engalanan los clásicos mantones
de Manila, pudieras haber ido

35

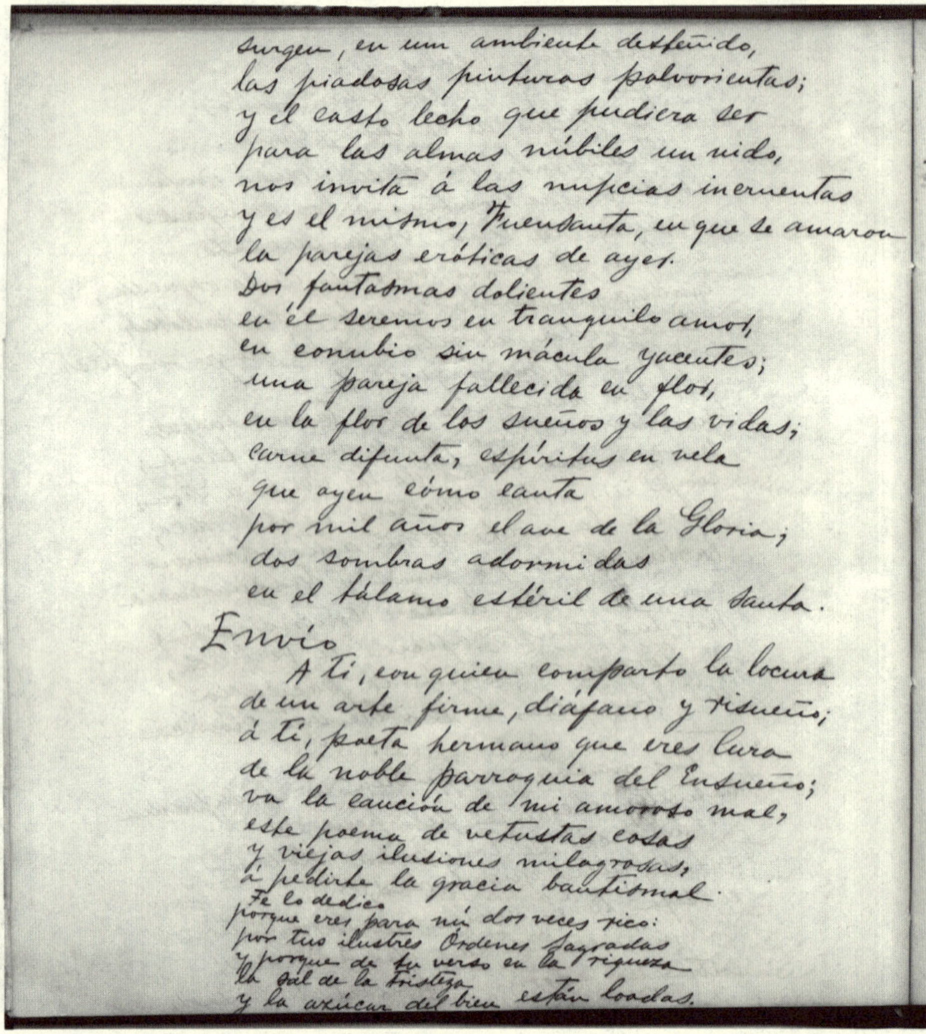
surgen, en un ambiente desteñido,
las piadosas pinturas polvorientas;
y el casto lecho que pudiera ser
para las almas núbiles un nido,
nos invita á las nupcias incruentas
y es el mismo, Fuensanta, en que se amaron
la parejas eróticas de ayer.
Dos fantasmas dolientes
en él seremos en tranquilo amor,
en conubio sin mácula yacentes;
una pareja fallecida en flor,
en la flor de los sueños y las vidas;
carne difunta, espíritus en vela
que oyen cómo canta
por mil años el ave de la Gloria;
dos sombras adormidas
en el tálamo estéril de una Santa.

Envío

A ti, con quien comparto la locura
de un arte firme, diáfano y risueño;
á ti, poeta hermano que eres cura
de la noble parroquia del Ensueño;
va la canción de mi amoroso mal,
este poema de vetustas cosas
y viejas ilusiones milagrosas,
á pedirte la gracia bautismal.
Te lo dedico
porque eres para mí dos veces rico:
por tus ilustres Ordenes Sagradas
y porque de tu verso en la riqueza
la sal de la tristeza
y la azúcar del bien están loadas.

á la conquista de los corazones.
Mas, oh Fuensanta, al buen Jesús le pide
que te preserve con su amor profundo:
tus plantas no son hechas
para los bailes frívolos del mundo
sino para subir por el Calvario,
y exento de pagano sensualismo
el fulgor de tus ojos es el mismo
que el de las brasas en el incensario.
Y aunque el alma atónita se queda
con las venustidades tentadoras
á las que dan el fruto de su industria
los gusanos de seda,
quiere mejor santificar las horas
quedándose á dormir en la almohada
de tus muslos sedeños
para ver, en la noche ilusionada,
la escala de Jacob llena de ensueños.

Y las alegres capas,
los antiguos espejos,
el cristal empañado de las copas
en que bebieron de los rancios vinos
los amantes de entonces, y los viejos
cascabeles que hoy suenan apagados
y se mueren de olvido en los baúles,
nos hablan de las noches de verben…

de horizontes azules,
en que cobija á los enamorados
el sortilegio de la luna llena.
Fuensanta: ha de ser locura grata
la de bailar contigo á los compases
mágicos de una vieja serenata
en que el ritmo travieso de la orquesta,
embriagando los cuerpos danzadores,
se acorda al ritmo de la sangre en fiesta.
Pero es mejor quererte
por tus tranquilos ojos taumaturgos;
por tu cristiana paz de mujer fuerte;
porque me llevas de la mano á Sión,
cuya inmortal lucerna es el Cordero;
porque la noche de mi amor primero
la hiciste de perfume y trasparencia
como la noche de la Anunciación;
por tus santos oficios de Verónica,
y porque regalaste la paciencia
del Evangelio, á mi tristeza crónica.

———

Los muebles están bien en la suprema
vetustez elegante del poema:
Las arcas se conservan olorosas
á las frutas guardadas;
el sofá tiene huellas de los muslos
salomónicos de las desposadas;
entre un adorno artificial de rosas

Para tus dedos ágiles y finos

Doy á los cuatro vientos los loores
de tus dedos de clásica finura
que preparan el pan sin levadura
para el banquete de nuestros amores.

Saben de las domésticas labores,
lucen en el manual su compostura
y apartan, de la verde, la madura
producción de los meses fructidores.

Para gloria de Dios, en homenaje
á tu excelencia, mi soneto adorna
de tus manos ~~excelsas~~ preclaras el linaje,

Y el soneto dichoso, en las esbeltas
falanges de tus índices se torna
una sortija de catorce vueltas.

+

Coses en dulce paz, y son divinos
tus mirares y plácido tu gesto
cuando escuchas la rima que he compuesto
para tus dedos ágiles y finos.

La candidez sin mancha de los linos
nieva y decora tu regazo honesto
y en grato ir y venir tocan el cesto
las yemas de tus dedos marfilinos.

Mirándote coser, tan envidiosa
de tu aguja está el alma, que quisiera
tener, en la existencia fastidiosa,

la suerte de la aguja afortunada,
por quedar un momento prisionera
entre los dedos de la bien amada.

Canonización

Primer amor, tú vences la distancia.
Fuensanta, tu recuerdo me es propicio.
Me deleita de lejos la fragancia
que en la noche se exhala de tus tiestos,
y en pago de tan grande beneficio
te canonizo en estos
endecasílabos sentimentales.

A tu virtud mi devoción es tanta
que te miro en altar, como la Santa
Patrona que veneran tus zagales
y así es como mis versos se han tornado
endecasílabos pontificales.

Como risueña advocación te he dado
la que ha de subyugar los corazones:
permíteme rezarte, novia ausente,
Nuestra Señora de las Ilusiones.

¡Quién le otorgara al corazón doliente
cristalizar el infantil anhelo,
que en su fuego romántico me abrasa,
de venerarte en diáfano capelo
en un rincón de la nativa casa!

41

Tánto se contagió mi vida toda
del grave encanto de tus ojos místicos,
que en vano espero para nuestra boda
alguna de las horas de pureza
en que se confortó mi gran tristeza
con los primeros panes eucarísticos.

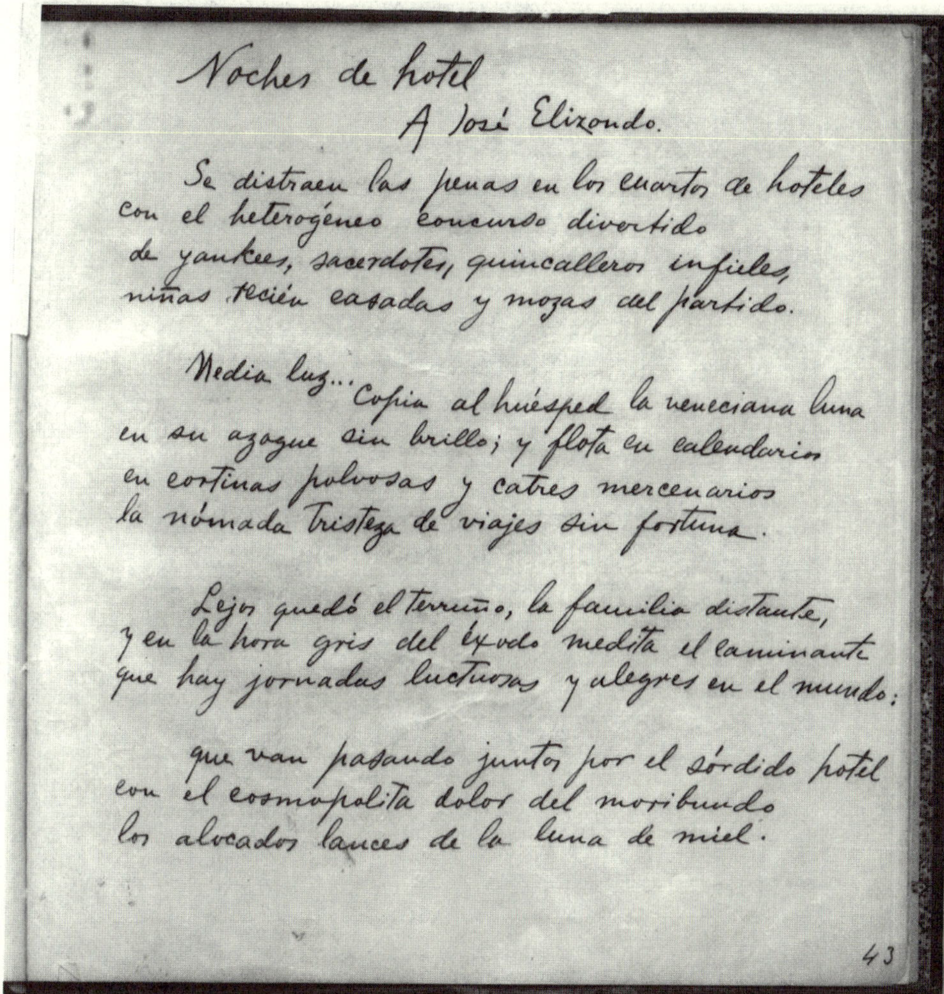

Noches de hotel

A José Elizondo.

Se distraen las penas en los cuartos de hoteles
con el heterogéneo concurso divertido
de yankees, sacerdotes, quincalleros infieles,
niñas recién casadas y mozas del partido.

Media luz... Copia al huésped la veneciana luna
en su azogue sin brillo; y flota en calendarios
en cortinas polvosas y catres mercenarios
la nómada tristeza de viajes sin fortuna.

Lejos quedó el terruño, la familia distante,
y en la hora gris del éxodo medita el caminante
que hay jornadas luctuosas y alegres en el mundo:

que van pasando juntos por el sórdido hotel
con el cosmopolita dolor del moribundo
los alocados lances de la luna de miel.

43

Mientras muere la tarde...

Noble señora de Provincia: unidos
en el viejo balcón que ve al poniente,
hablamos tristemente, largamente,
de dichas muertas y de tiempos idos.

De los rústicos tiestos florecidos
desprendo rosas para ornar tu frente
y hay en los fresnos del jardín de enfrente
un escándalo de aves en los nidos.

El crepúsculo cae soñoliento,
y si con tus desdenes amortiguas
la llama de mi amor, yo me contento

con el hondo mirar de tus arcanos
ojos, mientras admiro las antiguas
joyas de las abuelas en tus manos.

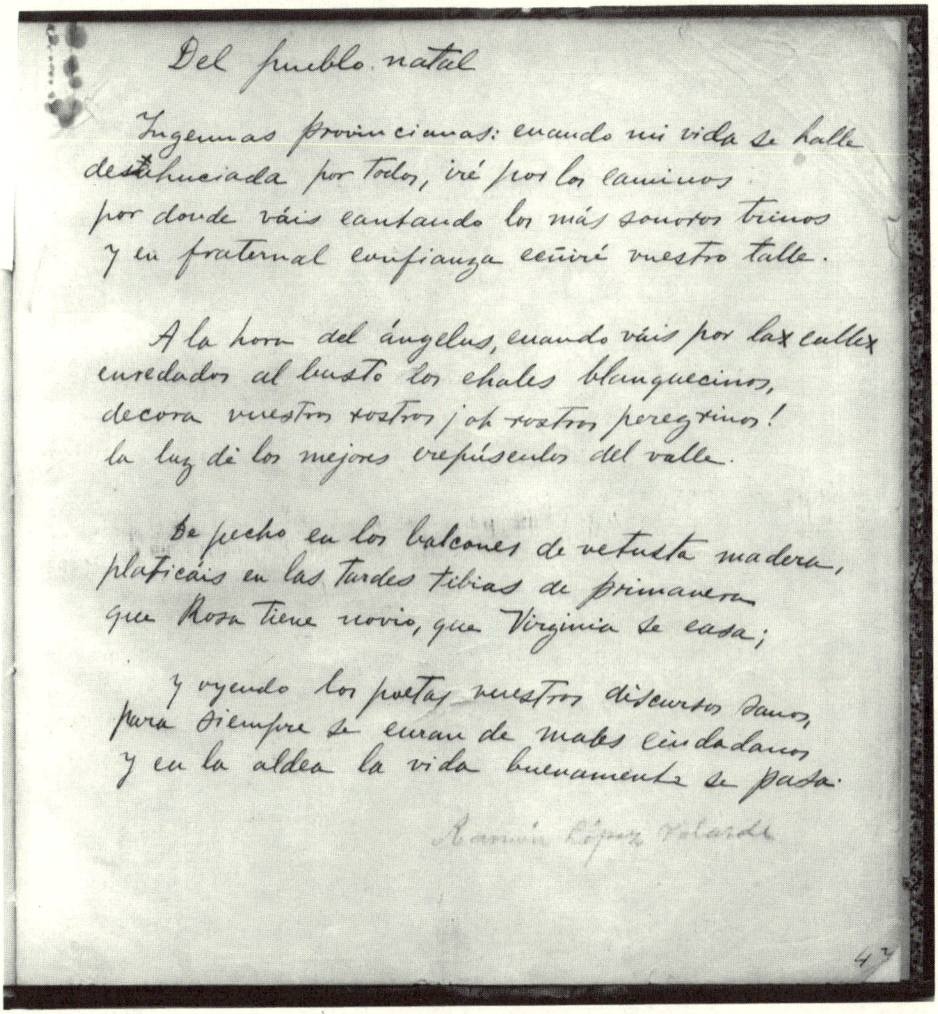

Del pueblo natal

Ingenuas provincianas: cuando mi vida se halle
desahuciada por todos, iré por los caminos
por donde váis cantando los más sonoros trinos
y en fraternal confianza ceñiré vuestro talle.

A la hora del ángelus, cuando váis por las calles
enredados al busto los chales blanquecinos,
decora vuestros rostros ¡oh rostros peregrinos!
la luz de los mejores crepúsculos del valle.

De pecho en los balcones de vetusta madera,
platicáis en las tardes tibias de primavera
que Rosa tiene novio, que Virginia se casa;

y oyendo los poetas vuestros discursos sanos,
para siempre se curan de males ciudadanos
y en la aldea la vida buenamente se pasa.

Ramón López Velarde

47

TRES VERSIONES DE «LA SUAVE PATRIA»

DOUCE PATRIE*

PROLOGUE

Moi qui n'ai chanté que l'exquise
Musique de mon intimité,
J'élèverai ma voix au milieu du forum
Comme un ténor qui, d'une basse,
Imite le chant guttural,
Pour dérober un rameau à l'épopée.

Et je naviguerai sur les flots politiques
Avec des rames sans lourdeur,
Qui sont comme les bras du courrier chouan
Ramant sur la Manche avec ses deux fusils.

Je dirai donc d'une sourdine épique:
Pureté du diamant, telle est ma patrie.

Douce patrie: permets que je t'enveloppe
Dans la profonde musique des bois
Qui, toute ma vie, m'a pétri
Aux coups cadencés de ses haches,
Parmi les cris et les rires des filles
Et des oiseaux faisant métier de charpentier.

---

* Traducción al francés por Emilie Noulet. En: *Anthologie de la poésie ibéro-américaine* (choix, introduction et notes de Federico de Onís). Unesco-Nagel, 1956; reproducido en: Jean-Clarence Lambert, *Les poésies mexicaines,* Editions Seghers, París.

PREMIER ACTE

Ta surface, ô Patrie, c'est le maïs,
Tes mines, le palais du roi des Ors*
Et ton ciel, les glissades des hérons
Et l'éclair vert des perroquets.

L'Enfant Divin t'accorda une étable
Et le diable, les sources du pétrole.

Chaque heure vole sur ta capitale
Peinte, les yeux cernés, dans un landau;
Dans tes provinces, du clocher qui veille
Cerclé de pigeons queue-de-paon,
Comme des sous cuivrés, tombent les coups de cloche.

Patrie: ton territoire mutilé
S'habille de percale et de verroterie.
Douce Patrie: ta maison toutefois
Est si grande que le train passe sur la voie
Comme un jouet d'étrennes.

Et dans le brouhaha des gares,
Avec ton regard de métis,
Tu verses l'immensité dans nos cœurs.

Qui, dans la nuit où s'épouvante la grenouille,
N'a regardé au bras de son aimée,
Avant de connaître le vice,
Les brillantes fusées des beaux feux d'artifice?

Douce Patrie: dans ton festin torride,
Des couleurs du dauphin tu t'es parée;
A tes blancs cheveux se marie
Ton âme, équilibriste ailée;
A tes tresses couleur tabac
Ma fougueuse lignée des danseurs de «jarabe»**
Sait offrir l'hydromel.

---

* Allusion au jeu de cartes espagnol où des séries d'ors, d'épées, de bâtons et de coupes remplacent les séries de trêfles, de cœurs, de piques et de carreaux (N. du T.).

** Jarabe: danse traditionnelle de caractère populaire (N. du T.).

Ta boue sonne comme l'argent; et dans ton poing
Sa criante misère est une pauvre épargne;
Au petit jour, sur tes vieilles contrées,
Dans les rues comme des miroirs, se coule
La sainte odeur de la boulangerie.

A nos berceaux, tu nous offres des chants
Et puis un paradis de confitures,
Et plus tard tu te donnes tout entière
Douce Patrie: crédences et volières.

Aux malheureux, aux heureux, tu dis: oui
Afin qu'en ta langue d'amour, ils sentent
La saveur piquante du sésame.

Ah! ton beau ciel nuptial dont le tonnerre
Nous comble de délices frénétiques!

Tonnerre de nos nuages qui nous remplit
De folie; qui affole la montagne
Qui vient troubler la femme et guérir le dément,
Et soulever les morts, quêter le viatique,
Tu abats enfin les chantiers de Dieu
Au-dessus de nos terres labourées!

Tonnerre de l'orage, dans tes plaintes
J'entends craquer deux à deux les squelettes.
J'entends ce qui fut et ce qui sera
L'heure présente, au ventre d'ogre.
J'entends dans le bond de tes va-et-vient.
Ô Tonnerre, la roulette de mon destin!

INTERMÈDE
(CUAUHTÉMOC)

Ô jeune ancêtre, écoute ma louange,
O seul héros à la hauteur de l'art!

Anachroniquement, absurdement,
Le rosier s'incline vers ton nopal;

Des Blancs, tu aimantes l'idiome
Qui nourrira la catholique source,
Remplissant de répons le socle victorieux
Qui se dresse sur tes cendres.

Au rebours de César, la pourpre patricienne
Ne couvrit pas ton front au milieu du supplice;
Elle nous appartient, ta tête nue
Qui sert, dans l'hémisphère, de monnaie.

Monnaie spirituelle où s'est figé
Tout ce que tu souffris et la pirogue
Captive; et l'effroi de tes bêtes,
Le sanglot de tes dieux;
La Malinche et les idoles à l'eau,
Puis enfin ton arrachement
Du sein gonflé de ton impératrice
Comme du sein d'une perdrix.

DEUXIÈME ACTE

Douce Patrie: il est à ta louange;
Le fleuve de vertus qu'on peut voir chez tes femmes.

Comme des fées, elles traversent les chemins
Ou, répandant un invisible alcool,
Vêtues des résilles de ton soleil,
Elles passent comme des bouteilles grillagées.

Douce Patrie: je te chéris non comme un mythe,
Mais pour ta vérité de pain bénit,
Comme la jeune fille qui paraît à la grille,
Le corsage fermé jusqu'à l'oreille
Et la jupe tombant jusques à la cheville.

Inaccessible au déshonneur, tu brilles;
Et je croirai en toi tant qu'une Mexicaine
Portera ineffacés les plis de son châle
Aux heures matinales,
Et quand, en l'étrennant, dans un parfum nouveau.

Son luxe remplira tout le pays!
Telle une jeune catin, ô patrie,
Sur ton sol de métal, tu vis au jour le jour
Par miracle, comme la loterie!

Ton symbole, le Palais National,
A sa propre grandeur et sa stature
Qui est celle d'un enfant ou d'un dé.

Tu riras de la faim, tu riras de l'obus,
Grâce à saint Philippe de Jésus.

Douce Patrie, vendeuse de liqueurs:
Je veux t'enlever, moi, dans un soir de carême,
Avec un âne, avec une matraque,
Entre les coups de feu des policiers.

Tes entrailles assurent un abri
A l'oiseau que l'enfant veut enterrer
Dans une boîte à bobines de fil,
Car, en pleurant, notre jeunesse cache en toi
La dépouille qui se fait vase de parfums
De nos oiseaux qui parlent notre langue.

Si j'étouffe pendant l'éclat de tes juillets,
Du verger de ta dense chevelure,
Descend une fraîcheur de voile et de cuvier:
–Si je grelotte, tu permets que je me couvre
De l'encens bleu de ton haleine
Et de tes lourdes lèvres enivrantes.

Sous tes balcons de palmes qu'on vient de bénir
Je passe, le Dimanche des Rameaux,
Et suis plein d'ombre en te sentant frémir.

Ils désirent mourir, et ton âme et ton art,
Comme elles sont en train de mourir, nos chanteuses
Qui dans les foires, les seins provocants
Pointant sous la chemise, nous valurent
Et le rythme des heures et la luxure.

Ô ma Patrie, voici la clef de ton bonheur:
Sois toujours fidèle à ton miroir quotidien;
L'*Ave* est cinquante fois identique
Qu'un fil de chapelet perfore,
Et plus heureux pourtant que toi, douce Patrie.

Sois à toi-même pareille et fidèle,
Yeux de langueur, voix altérée, triple ceinture
Autour des seins haletants; et un trône
A ciel ouvert agitant ses grelots:
L'allégorique charrette de paille!

SWEET LAND*

INTROIT

I who have sung only the exquisite
score of personal decorum,
today, at center stage, raise my voice
in the manner of a tenor's imitations
of the bass's deep-throated tones
to carve an ode from an epic poem.

I shall navigate through civil waves
with weightless oars, like that
patriot of yore who, with only a rifle,
rowed across the Englis Channel.

In a muted epic I shall tell that
our land is diamantine, impeccable.

---

* Traducción al inglés por Margaret Sayers Peden. En: *Song of the heart* (selected poemes by Ramón López Velarde; illustrations by Juan Soriano). Austin, University of Texas Press, 1995.

Sweet Land: let me engulf you
in the deepest music of the jungle,
music that molded my expression,
sounds of the rhythmic cadences of axes,
young girls' cries and laughter,
and birds of the carpenter proffesion.

ACT ONE

Patria: your surface is the gold of maize,
below, the palace of gold medallion kings,
your sky is filled with the heron's flight
and green lightning of parrots' wings.

God-the-Child deeded you a stable,
lust for oil was the gift of the devil.

Above your Capital the hours soar,
hollow-eyed and rouged, in a coach-and-four,
while in your provinces the hours
roll like *centavos* from insomniac
clocks with fan-tail dove patrols.

Patria: your maimed terrain
is clothed in beads and bright percale.

Sweet Land: your house is still
so vast that the train rolling by seems
only a diminutive Christmas toy.

And in the tumult of the stations,
your brown-skinned face imparts
that immensity to every heart.

Who, on a dark and ominous night
has not, before he knew wrong, held
tight his sweetheart's arm to watch
the splendor of a fireworks display?

Patria: in your tropical abundance
you shimmer with the dolphin's iridescence;

the soul, an aerialist hummingbird,
plights its troth with your golden hair,
and, as offering to your tobacco braids,
my lively race of *jarabe* dancers
bring their honeyed maguey waters.

Your soil rings of silver, and in your hand
even poverty's piggy-bank rattles a tune,
and in early mornings across the land,
through streets like mirrors, spread
the blessed aromas of fresh-baked bread.

When we are born, you give us notes,
and compotes worthy of Paradise,
then, Sweet Land, your whole being,
all the bounty of earth and air.

To the sad and the joyful you say *sí,*
that on your loving tongue they savor
your tangy flavor of sesame.

When it thunders, your nuptial sky
fills us with frenzy and delight.
Thunderous clouds, that drench us
with madness, madden the mountain,
mend the lunatic, woo the woman,
raise the dead, demand the Viaticum,
and then, finally, fling God's lumber
across tilled fields shaken with thunder.

Thunderous storm: I hear in your groans
the rattling of coupled skeletons,
I hear the past and what is to come,
I hear the present with its coconut drum.
And in the sound of your coming and going
I hear life's roulette wheel, spinning, spinning...

INTERMISSION

CUAUTHÉMOC

Forever-young grandfather, hear my praise
for the only hero worthy of art.

Anachronistic, farcical,
the rose bows to your nopal;
you magnetize the Spaniard's language,
the spout from which flow Catholic prayers
to fill the triumphant *zócalo* where
the soles of your feet were scorched to ash.

Unlike Cesar, no patrician flush
suffused your face during your pain;
today, your unwreathed head appears,
hemispherically, on a coin.

A spiritual coin upon which is etched
all you suffered: the hollowed-out pirogue
of your capture, the chaos of your creatures,
the sobbing of your mythologies,
the swimming idols, and the Malinche,*
but most to bewail is your having been severed
from the curved breast of the empress
as from the breast of a quail.

SECOND ACT

Suave Patria, this is your omen:
the river of virtues of your women.
Your daughters move like sylphs, or,
distilling an invisible alcohol,
webbed in the netting of your sun,
file by like graceful demijohns.

* Malinche: Cortés's Indian translator, a symbol of betrayal.

Patria, I love you not as myth
but for the communion of your truth,
as I love the child peering over the rail,
in a blouse buttoned up to her eartips
and skirt to her ankle of fine percale.

Impervious to dishonor, you flower.
I shall believe in you as long as
at the dawn hour one Mexican woman
carries home dough in her shawl,
and from the oven of its inauguration
the aroma spreads across the nation.

Like a Queen of Hears, *Patria,* tapping
a vein of silver, you live miraculously,
for the day, like the national lottery.

Your image is the Palacio Nacional,
the same grandeur, and the identical
stature of a boy and a thimble.

In the face of hunger and mortar, Felipe de Jesús,*
saint and martyr, will give you a fig.

Suave Patria, gentle vendor of *chia,***
I want to bear you away in the dark of Lent,
riding a fiery stallion, disturbing
the peace, and dodging shots from police.

Patria, your heart will always have room
for the bird a youngster tenderly
entombs in an empty spool box;
yes, in you our young hide, weeping,
the dried-apple cadavers
of birds that speak our own tongue.

If I am stifling in your July, send me

* On the day of his crucifixion in Japan, a dead fig tree/ sprang miraculously back to life at his home.

** Drink made of sage seeds, lemon juice, and sugar.

from the orchard of your hair the cool air
that brings shawls and dripping clay pitchers;
then, if I shiver, let me draw warmth
from your plump rum-punch lips
and your blue-incense breath.

Before your blessed-palm draped balcony
I pass with heavy heart, knowing
you tremble on this Palm Sunday.

Your spirit and style are dying out,
like the vanishing goddes of song
in a country fair–indomitable bosom
challenging straining bodice–
who evoked lust along with life's rhythm.

Patria, I give you the key to happiness:
be faithful forever to your likeness:
fifty repeats of the *Ave* are carved
on the beads of the rosary, and it is
more fortunate than you, *Patria suave.*

Be constant, be true, your glory
your eyes of abandon and thirsting voice;
tri-color sash* across misty breasts,
and an open air throne like a resonant timbrel:
allegory's straw cart!

* Referring to the red, green, and white of the Mexican flag.

PATRIA SUAVIS*

PROOEMIUM

Ille ego inter quondam modulantes
partitiones íntimi decoris,
audacte loquor mediis in foris,
more viri tenoris imitantis
bassi gútturis modulantem artem
ut cantus épici decerpam partem.

Civiles undas navigandas peto
in remis sine póndere, qui eunt
ut bracchia legati olim fuerunt
navigantia in fretis cum sclopeto.

In quadam dicam épica buccina:
Patria intacta est, adamantina.

Patria suavis: sine ut te convolvam
in altissima musica per silvam,
in qua me virum effinxisti ex íntegro
ad securium rhytmicos stridores,
per puellarum risus et clamores
et aves carpentarias officio.

ACTUS PRIMUS

Patria: zea mays tuum est solum,
aula fodinae sunt Regis Aurorum,
árdeae sunt labentes tuum caelum
atque víride fulgur psittacorum.

Divus Puer tibi rescripsit stábulum
et venas pétrei ólei diábolus.

* Versificación latina de Tarsicio Herrera Zapién. En: *Poemas mexicanos universales,* México, UNAM, Facultad de Filosofía y Letras, 1989.

Supra Metrópolím it hora varia
extenuata ornátaque in angaria;
et in provinciis vivi horologii
ubi columbi spléndidi circúmeunt,
ictus campanae sicut nummi ruunt.

Patria: tua vasta tellus mútila
indúitur tela atque sphåera rútila.

Patria suavis: adhuc domum tuam
tantam video, ut mácchina eat viam
quasi emptum donu(m) ad deliciam meam.

Sub strepítibus, inter stationes,
cum tuo hybrido intúitu, repones
immensas supra corda extensiones.

Quis, in nocte quae facit ranam pávidam,
non aspexit, adhuc nescius vitii,
dum bracchium dat sponsae, illam fúlgidam
nitratam terram ignis artificii?

Patria suavis: tórridis in festis
delphinates boatus prae te gestis,
sponsamque ducit tuam comam áuream
mínimus ales, ánimus funámbulus
ambisque tuis taeniis tabacchorum
hidromeli scit omne genus másculum
porrígere «jarabe» saltatorum.

Crepat argentum tuo in pugno argil-la.
ejus gárrula egestas est capsel-la;
et in natalis óppidi dilúculis,
effúnditur, in viis quasi spéculis,
odor sanctus e panis manans cel-la.

Nascéntibus largiris nobis notas,
paradisum per pomas dein coctas,
tandem, te ipsam largiris ad íntegrum,
Patria suavis, cel-la cibi et pásserum.

Trístibus et felícibus te ánnuis,
et in amoris lingua tua pórrigis
acúmina mordentia inde a sésamis.

Et caelum nuptiale quod tonítribus
phrenéticis nos replet voluptátibus!

Tónitrus nubilorum, nos inundans
dementia, montemque item dementans,
blanditus féminam, sanans lunáticum,
mórtuos érigens, quáerens Viáticum.

Demum lignorum córruens congéries
Tonantis, omnes ségetum per series.

Hiemis tónitrus: tuum per planctum
géminum audio stridorem mortuum;

absentia audio, rem nondum tactam,
et abdóminis coci horam nunc actam,
in saltuque quo fugis et is retro,
tónitrus, vitae globum in te adverto.

TRANSITUS
CUAUTHÉMOC

Júvenis ave: exaudi meam laudem,
qui solus heros merúisti carmen.

Anachrónico et tum absurdo more,
rosarium ad tuum cactum nítitur;
albi hóminis loquela(m) arripuísti
et cathólicae fontis facis rorem
a quo victoriosum fulcrum tégitur
cinéreum quo plantis institisti.

Caésaris instar, non rubor patricii
vultum tegit in medio suplicii;

nobis relinquis tuum caput nudum,
hemisphaerii more, ilustrans nummum.

Spiritualis nummus in quo fúnditur
quidquid es passus; scaphus qui prehénditur
tuique nati extérriti terrore,
mythologiae tuae udae moerore,
Malinche illa atque idoli qui natabant,
et potíssimum, te dum elongabant
a curvo sinu tuae imperatricis
ut a sinu cujusdam coturnicis.

ACTUS SECUNDUS

Patria suavis: vales propter flumen
virtutum per mulierum examen.
Et filiae magarum instar ruunt,
aut non visis stillantes in spirítibus,
tuique solis decoratae rétibus,
quasi lagenae catenatae fluunt.

Patria: flagro te non more mythi,
sed veritate panis benedicti,
ut puellam cernentem per cratículam
subúcula elevata usque ad aurículam
pedesque tenus ferens lumbu(m) amicti.

Dedécori, foecunda, intacta duras;
tibi fidam dum virgo mexicana
ferat in tegumento plicaturas
apothecae, prima hora matutina;
tum, dum boatum áperit, impletur
odore natio, qui tum nascetur.

Ut péditis pagella, mea Patria,
metalli in solo pérvivis quotidie,
miráculis, ut vivit ludens álea.

Signum tuum Aula est Nationalis,
magnitudine tua et mole aequali
cum púero et suente digitali.
In fame et béllico tormento dabit
Jesu Philippus, ficum quem curavit.

Patria, quae capítium exponis;
in dorso rápere te vellem ásini
quadragésimae in sonu crepitáculi,
inter custodum nitri explosiones.

Tua víscera non negant asylum
pro álite quem párvulus sepeliat
in capsa cóllocant qua fabri filum;
et nostra pubes, dum íngemit, celat
cadaver intra te versum in mala
álitum nostra uténtium loquela.

Descendit, quando súffocor in juliis,
ex tuae comae ubérrimo horto denso
vassium frigus et amicti rústici;
si contremisco, sinis ut me amiciam
in tuo hálitu cáerulo ab incenso
propter «rompope» labiis deliciam.

Tuo in podio, palmis benedictum
in Domínica in Palmis, me progressum
vide, nam tremis, umbris impeditum.

Ánima(m) et stylum volunt in the occídere,
ut paulatim occidunt modulantes,
diebus festis opulento in péctore
dum subúculam ímpetunt, pro témpore
luxuriem et rhytmum recreantes.

Gáudii, Patria, lárgior clavem:
spéculo mane tu fida diario:

quiquagenties idem manet Ave
filo transversum constans in rosario,
et laetior te est, Patria suavis.

Fida et eadem es: cessationum
pálpebrae, sicca vox et triplex fascia
super péctora ardentia; habe thronum
quasi crótalum, situm suber astra:
paleae signo onusta tua plaustra!

La prosa

(Antología)

INTRODUCCIÓN

Los nuevos textos

Los poemas de juventud, las prosas líricas y crónicas, los ensayos y estudios de crítica con que se ha enriquecido la obra literaria de López Velarde a partir de 1945, han modificado y ampliado considerablemente la imagen que teníamos de su personalidad y de su obra.

Los nuevos poemas de López Velarde muestran su aprendizaje poético. Fueron escritos de 1905 a 1912, es decir, entre los diecisiete y los veinticuatro años de su autor. Los más tardíos se publicaron pues cuatro años antes de la aparición de su primer libro: *La sangre devota* (1916). Quiero señalar que todos estos poemas fueron desechados conscientemente al no ser incluidos en aquel libro, salvo los que pasaron a él en versiones corregidas. Y el poeta sabía perfectamente lo que hacía. Aun los más interesante, como «Una viajera» o «El adiós», desentonan un poco junto a los de su primer libro, en los que ya se mostraba no sólo la nostalgia provinciana y las confidencias eróticas, sino también el penetrante sentido de las palabras y las imágenes poéticas, y el propio y ya conformado estilo mental de Ramón López Velarde.

¿Nuevo «Minutero»?

Los ensayos, prosas líricas y crónicas de López Velarde, que dejó dispersos, y hoy forman *Don de febrero y otras crónicas,* son la más importantes y valiosa contribución literaria de los nuevos textos del poeta jerezano. Algunas de estas páginas son también sólo ensayos juveniles, pero otras son ya obras de madurez, en el mismo nivel de calidad de las que forman *El minutero,* y ofrecen nuevos aspectos de gran interés.

Las prosas líricas y crónicas que escribe de 1907 a 1912 son aún aprendizaje titubeante, de gusto inseguro y que tienden a perderse en la sensiblería. Pero aun en estas primeras prosas hay una excepción al menos: «Aquel día», página ya hermosa de 1909 que luego retocará ligeramente y publicará de nuevo dentro de la serie «Renglones líricos», de 1913. A partir de esta serie, iniciada en septiembre de 1913 con «Hoja de otoño», llena de las imágenes obsesivas de la muerte hacia la que camina Fuensanta, ya se reconoce al López Velarde dueño de sus recursos expresivos y penetrado de su peculiar mundo imaginativo. En otro sentido, las prosas de esta segunda etapa parecen ser exploraciones o esbozos de los temas que luego van a cristalizar en sus poemas, como el tema de la barca fúnebre, que cobrará toda su tensión en poemas como «Hoy como nunca»; o bien como la frase que termina la prosa «Dichosa miseria», de 1913: «La muerte y la vida se dan la mano sobre el negro abismo», o esta otra: «Ya que nos abrazamos en un vaivén de eternidad, en un columpio de tinieblas, en un desfiladero de tinieblas» («La derrota de la palabra», de 1916), temas que van a volver intensificados, años más tarde, en el poema «Te honro en el espanto», de *Zozobra,* convertidos en:

> sintiendo que la convulsa vida
> es un puente de abismo en que vamos tú y yo.

Existe, pues, en estas prosas una evolución paralela a la que se ha reconocido en la poesía: la época de aprendizaje y titubeos, la de fino y melancólico romanticismo, lleno de aromas pueblerinos y delicadezas sentimentales –toda la serie de «Renglones líricos», al menos–, y luego la época cuyo signo más notorio es la ciudad: reflexiones más agudas, más cultas y en las que el aroma pueblerino se ha vuelto malicia, humor e ironía sentimental –como en «La provincia mental», «Susanita y la cuaresma», «La escuela de Angelita», «Toros», todas de 1916– y las experiencias de juventud se han trocado en sabiduría. Pero en casi todas estas nuevas prosas permanece constante la gracia y fluyen los aciertos expresivos y la simpatía cordial y humana que nos han hecho amar al López Velarde de *El minutero.*

¿Cuáles de estas nuevas prosas merecerían formar un estricto segundo volumen de *El minutero?* He aquí una lista tentativa: «Mundos habitados», «Aquel día», «Sonámbula», «Su entierro», «Hacia la luz», «Don de febrero», «Clara Nevares», «La provincia mental», «La dama en el campo», «La derrota de la palabra», «La Madre Tierra», «El predominio del silabario», «Malos réprobos y peores bienaventurados», «La Avenida Madero», «Melodía criolla». Quince ensayos o crónicas, casi la mitad de los que formaron *El minutero,* pero dignos de proseguirlo.

El hombre de letras

Cuando sólo conocíamos de él sus libros iniciales, nos habíamos formado la idea de un López Velarde más lleno de imágenes e intuiciones que de letras, un poco «ingenio lego», como se veía a Cervantes antes de los estudios de Américo Castro. Sus estudios y notas de crítica literaria nos han convencido de nuestra equivocación. El López Velarde que aquí se muestra es un escritor que discurre con familiaridad entre libros y tendencias, más seguro en algunos campos, a veces incomprensivo o rezagado en otros, pero que tenía el acierto de olvidarse de libros siempre que era preciso. Algo llegó a saber de literatura francesa; conocía bien la poesía española, hasta Antonio Machado y Juan Ramón Jiménez, y percibía claramente las notas falsas de la época: Villaespesa, por ejemplo; admiraba rendidamente a Lugones, a quien consideraba el primer poeta de lengua española de su tiempo; juzgó con discernimiento a sus inmediatos antecesoros: Díaz Mirón, Othón y Nervo, a quienes dedicó páginas memorables; comprendió, uno de los primeros, la importancia de las innovaciones de Tablada, a pesar de que guardara reservas frente a algunas de sus experiencias; y fue lector constante, y en ocasiones crítico severo, de sus contemporáneos: González Martínez, González León, Valle-Arizpe, López, Núñez y Domínguez Reyes, Caso, Torri, y supo alentar a los entonces más jóvenes poetas, como Carlos Pellicer Cámara, José Gorostiza Alcalá, Bernardo Ortiz de Montellano, que junto a Martín Gómez Palacio y José Antonio Muñoz comenzaban a ser famosos hacia 1920.

Su crítica de Amado Nervo, por ejemplo, es singularmente perspicaz. Tras de confesar que para él Nervo es «el poeta máximo nuestro», se anticipa a un juicio de nuestro tiempo al señalar la ineficacia lírica del Nervo confidencial y consolador. Pues, dice López Velarde, «el propósito de consolar, por máximas de mayor o menor crédito, paréceme extranjero en la estética que se atiene a su propia virtud melódica para aliviar las fatigas y los desamparos adamitas». Y qué justas observaciones éstas: «Su seña particular –de Nervo– es la coquetería.» «Sus suertes, dinámicas todas, se disimulaban en giros dóciles, emanados de la penumbra seminarista y fomentados en la curvatura de la experiencia patética.»

El criollismo literario

No es la menor la penúltima de las revelaciones que nos entregan los nuevos textos en prosa de López Velarde. Me refiero a la teoría que acerca del sentido de su propia poesia –y del empeño común en que participaban junto a él artistas como el pintor Saturnino Herrán, el músico Manuel M. Ponce y el entonces poeta Enrique Fernández Ledesma– hace principalmente en dos ensayos: «Enrique Fernández Ledesma» y «Melodía criolla». En estas páginas revela la conciencia del camino que seguía en su obra de madurez y los propósitos que lo guiaban en esa experiencia. En su artículo sobre Fernández Ledesma cuenta cómo ambos buscaron el tono propio y cómo su objetivo era la dignificación de los asuntos nacionales con el hallazgo de lo que él llama el «criollismo», que se aleje de «lo criollo de hamaca, de siesta tropical» y que no sea tampoco ni peninsular ni indígena, «sino este café con leche que nos tiñe», como dice en «Melodía criolla», donde traza, además, una graciosa teoría de nuestras canciones populares, sentimentales y lacrimosas. Y recuérdese cómo en «Novedad de la Patria», de *El minutero,* nos proponía –en aquellos años de transformación social y de confusión estética– el regreso a una nacionalidad íntima y a una patria «menos externa», más modesta, y probablemente más preciosa, y nos invitaba a comenzar a observar la patria «que ni siquiera sabemos definir».

Criollismo estético, esto es, no sólo lo provinciano y lo pueblerino y no sólo el color local, sino algo más que nos lleve a descubrir y hacer duradero en el arte el aroma profundo y peculiar de México, lo mismo el de las plazas de Jerez que el de los campos yermos y el de las avenidas urbanas, y lo mismo el de las novias provincianas que el de las «consabidas náyades arteras» de la artera capital.

J. L. M.

De *El minutero*
[1916-1921: 1923]

A LA
O M
L E
B D M
A E O
T RAMÓN LÓPEZ R
E V I
R E A
L
A
R
D
E
† EN MÉXICO
A D. MCMXXI
R. I. P.

1

CONSAGRO a su memoria este Retablo:
Un lucero nos guía hasta el establo
Donde su numen –Niño Dios de cera–
Junto al asno y el buey del Nacimiento,
Que humildad y potencia diéranle con su aliento,
De Reyes y pastores los tributos espera.

*

Pues las dádivas de monarcas y zagales
Que timbraron sus versos, adornaron su cuna:
Joyas y flores, oro y marfil, mirra y panales
Hechos de sol y magas perlas hechas de luna!

2

Leyenda del Retablo: «No se ha visto
Poeta de tan firme cristiandad.
Murió a los treinta y tres años de Cristo
Y en poético olor de santidad.

*

«Fue en la vida el agreste actor de pastorela
Que canta villancicos, todo música y miel,
Y al fin, cambiado en ángel, sobre el torvo Luzbel,
Con un verso de oro entre los labios… vuela!

*

«La Belleza le dio un ala; la otra el Bien,
Viva así por los siglos de los siglos! Amén.»

3

ESCOLIO

Hermano cuyos éxtasis venero
cobijados bajo tu gran sombrero
Negro y tímidamente mosquetero.

*

El olor de azahar y los cocuyos
Dentro de las magnolias fueron tuyos.

*

Y tus metales que juzgaron vanos,
Como engendros de luna, los insanos,
Cuajaron oro virgen en mis manos.

*

Y tu poesía que dijeron rara,
Rezumando emoción es agua clara
En botellones de Guadalajara.

*

(Pues con sudor de su barro mortal
Cuaja el Poeta prismas de cristal

Para que el vulgo vea al triste mundo
Frisado, misterioso y profundo.)

*

Fue tu barro también un incensario
Ante Xochiquetzal; mas tu fervor
Católico, ciñó el escapulario
Y a la par desgranabas un rosario
Perfumado con ámbares de amor...

*

Tus júbilos ingenuos sobre la pena están
Cual sobre negro lucen, ardientes y sencillas,
Azules amapolas y rojas «maravillas»
Las jícaras que bruñe Michoacán.

*

Así en la laca nítida y brillante
De tus cóncavos versos turbadores
Bebiendo el agua zarca, entre las flores,
Mira su propio rostro el caminante!

4

Poeta municipal y rusticano,
Tu Poesía fue la Aparición
Milagrosa en el árido peñón,
Entre nimbos de rosas y de estrellas,
Y hoy nuestras almas van tras de tus huellas
A la Provincia en peregrinación...

5

Gracias...! Porque alargaste hasta la cuna
Rústica y pobre tu rayo de luna...
Y le pusiste letra al pertinaz
Cántico de la fuente abandonada
Que sintió los enigmas de tu faz
En su propio misterio reflejada.

*

(La fuente: compotera de azulejos
Del silencioso patio de las monjas,

Que los limones guarda y las toronjas
En dorada conserva de reflejos...

*

Y donde aún, tal vez, alma beata
Pero siempre golosa, en la oportuna
Medianoche, hurga mieles con la plata
Cómplice de los rayos de la luna.)

*

Porque brillo de séricos mantones
De Manila, tendiste en los balcones
De la natal casona, pobre y fea,
Al paso de las lentas procesiones.

*

Y en la plaza polvosa de la aldea
Despertaste un nidal de ruiseñores,
Entre ígneas corolas de oro y plata,
Dejando oír tu honda serenata
Y encendiendo tus luces de colores.

*

Pues florece en jardines de esperanza
De la Patria la gran noche sombría,
Cuando en ardiente cornucopia lanza
Tu cohete de luz su pedrería...

*

Y al clamor de la gente pueblerina
Que anhelados prodigios adivina,
Oros llueve, como si desde el cielo
Por darnos luz, el Padre Ilhuicamina
Arrojara los astros a su duelo!

*

Por los poemas que con miel de flores
Amasó tu alma –monja en penitencia–
Y como los monjiles alfajores
Huelen a mirra y saben a indulgencia.

*

Por tus poemas tan sabrosos como
Las mulitas del Corpus, que en el lomo

Llevaron hasta nuestra niñez, en sus huacales,
Fragantes y jugosas las primicias frutales.

*

Porque entre albas cortinas y entre flores
De tu jardín y germinada chía,
Y naranjas con oros voladores,
Encuadras tu sentida poesía
En un altar de Viernes de Dolores.

*

Porque en tus versos armonizas y unes
Con el afán de indígenas telares
Copal de misas, ocios de San Lunes
Y aromas de verbenas populares.

*

Porque colgaste de tus rimas rudas
Y con pólvora sabia, hasta la escoria,
Quemaste a la Retórica, ese Judas,
En jubiloso Sábado de Gloria...

*

Porque vestiste tu ímpetu, de charro,
Y de china poblana tu alegría,
Y a nuestra sed, en tu brillante jarro
De florecido y oloroso barro,
Brindabas inebriante poesía...!

6

JACULATORIA

Un gran cirio en la sombra llora y arde
Por él... y entre murmullos feligreses
De suspiros, de llantos y de preces,
Dice una voz al ánimo cobarde:
«Qué triste será la tarde
Cuando a México regreses
Sin ver a López Velarde»...!

Nueva York
Agosto
de
1921

JOSÉ JUAN TABLADA

OBRA MAESTRA

El tigre medirá un metro. Su jaula tendrá algo más de un metro cuadrado. La fiera no se da punto de reposo. Judío errante sobre sí mismo, describe el signo del infinito con tan maquinal fatalidad, que su cola, a fuerza de golpear contra los barrotes, sangra de un solo sitio.

El soltero es el tigre que escribe ochos en el piso de la soledad. No retrocede ni avanza.

Para avanzar, necesita ser padre. Y la paternidad asusta porque sus responsabilidades son eternas.

Con un hijo, yo perdería la paz para siempre. No es que yo quiera dirimir esta cuestión con orgullos o necias pretenciones. ¿Quién enmendará la plana de la fecundidad? Al tomar el lápiz me ha hecho temblar el riesgo del sacrilegio, por más que mis conclusiones se derivan, precisamente, de lo que en mí pueda haber de clemencia, de justicia, de vocación al ideal y hasta de cobardía.

Espero que mi humildad no sea ficticia, como no lo es mi miedo al dar a la vida un solo calificativo: el de formidable.

En acatamiento a la bondad que lucha con el mal, quisiera ponerme de rodillas para seguir trazando estos renglones temerarios. Dentro de mi temperamento, echar a rodar nuevos corazones sólo se concibe por una fe continua y sin sombras o por un amor extremo.

Somos reyes, porque con las tijeras previas de la noble sinceridad podemos salvar de la pesadilla terrestre a los millones de hombres que cuelgan de un beso. La ley de la vida diaria parece ley de mendicidad y de asfixia; pero el albedrío de negar la vida es casi divino.

Quizá mientras me recreo con tamaña potestad, reflexiona en sí la mujer destinada a darme el hijo que valga más que yo. A las señoritas les es concedido de lo Alto repetir, sin irreverencia, las palabras de la Señora Única: «He aquí la esclava...» Y mi voluntad, en definitiva, capitula a un golpe de pestaña.

Pero mi hijo negativo lleva tiempo de existir. Existe en la gloria trascendental de que ni sus hombros ni su frente se agobien con las pesas del horror, de la santidad, de la belleza y del asco. Aunque es inferior a los vertebrados, en cuanto que carece de la dignidad del sufrimiento, vive dentro del mío como el ángel absoluto, prójimo de la especie humana. Hecho de rectitud, de angustia, de intransigencia, de furor de gozar y de abnegación, el hijo que no he tenido es mi verdadera obra maestra.

EN EL SOLAR

CONTRA mi voluntad emprendí el temido regreso al terruño. Después de siete años volví a recorrer las leguas y leguas de alcaparras, hasta alcanzar el puente pegado a mi lugar, el puente sin arcos, el dramático puente sin concluir a cuya vista se detienen los carruajes si la henchida cólera del río los excomulga. Trunco dolor del puente, cuya inutilidad apenas sirve a las golondrinas, estas amantes comisionadas que se esforzarán en acompañarme, volando al ras de la banqueta.

Se me destina, en la casona, la sala de la derecha. Fantasmas, fantasmas, fantasmas. A las diez de la noche, logro escaparme. En un cielo turquí, el relámpago flagela edredones de nube. La ciudad jerezana me tienta con un mixto halago de fósil y de miniatura. Divago por ella en un traspiés ideal y no soy más que una bestia deshabitada que cruza por un pueblo ficticio. En el pavor de la guerra civil, los zorros llegaban a los atrios y a los jardines. Yo dejo de merodear, porque he despertado la suspicacia de un galán. Metido ya en el lecho, como en un sarcófago, el reloj del Santuario deja caer las doce. El trueno rueda y todo se vuelve nugatorio.

La diana con que me despiertan los pájaros me persuade de que han heredado el esmero poético, guardándose libres de las ideas módicas y del sonsonete zafio en que incurren los parnásides.

El viaje es electoral. En ello radica la inevitable contribución a lo chusco. Soy llamado decadentista y apático. Pago mi impuesto al sainete sublunar y me compenso con la alhaja del Escorpión, que ha estado fulgiendo en la desnudez azul como la inmarcesible animalidad del cielo.

He hecho un descubrimiento: ya no sé comer. De convite en convite, mimado por la urbanidad legendaria de aquí, he comprendido mi decadencia. Ni los genuinos manteles calados, ni el pan legitimista que se desborda por la mesa, retando al perfume de los rosales, ni siquiera la leche ártica, en vasos que no se abarcan con los dedos de Artajerjes, han podido mover mi apetito. Las señoritas escurren su sonrisa sobre el enfaldo, los niños también se festejan a mi costa. Yo comía al igual de ellas y de ellos. Ahora, en la honesta abundancia lugareña, la ponzoña de mis sentidos solicita, para responso del opíparo ayer, el magno, el ensordecedor, el loco gemido que sólo la madre de los árabes pudo prestar.

NOVEDAD DE LA PATRIA*

EL DESCANSO material del país, en treinta años de paz, coadyuvó a la idea de una Patria pomposa, multimillonaria, honorable en el presente y epopéyica en el pasado. Han sido precisos los años del sufrimiento para concebir una Patria menos externa, más modesta y probablemente más preciosa.

El instante actual del mundo, con todo y lo descarnado de la lucha, parece ser un instante subjetivo. ¿Qué mucho, pues, que falten los poetas épicos hacia afuera?

Correlativamente, nuestro concepto de la Patria es hoy hacia dentro. Las rectificaciones de la experiencia, contrayendo a la justa medida la fama de nuestras glorias sobre españoles, yanques y franceses, y la celebridad de nuestro republicanismo, nos han revelado una Patria, no histórica ni política, sino íntima.

La hemos descubierto a través de sensaciones y reflexiones diarias, sin tregua, como la oración continua inventada por San Silvino.

La miramos hecha para la vida de cada uno. Individual, sensual, resignada, llena de gestos, inmune a la afrenta, así la cubran de sal. Casi la confundimos con la tierra.

No es que la despojemos de su ropaje moral y costumbrista. La amamos típica, como las damas hechas polvo –si su polvo existe– que contaban el tiempo por cabañuelas.

Un gran artista o un gran pensador podrían dar la fórmula de esta nueva Patria. Lo innominado de su ser no nos ha impedido cultivarla en versos, cuadros y música. La boga de lo colonial, hasta en los edificios de los señores comerciantes, indica el regreso a la nacionalidad.

De ella habíamos salido por inconsciencia, en viajes periféricos sin otro sentido, casi, que el del dinero. A la nacionalidad volvemos por amor... y pobreza.

Hijos pródigos de una Patria que ni siquiera sabemos definir, empezamos a observarla. Castellana y morisca, rayada de azteca, una vez que raspamos de un cuerpo las pinturas de olla de sindicato, ofrece –digámoslo con una de esas locuciones pícaras de la vida airada– el café con leche de su piel.

Literatura –exclamará alguno de los que no comprenden la función real de las palabras, ni sospechan el sistema arterial del vocabulario. Pero poseemos, en

* *El Maestro,* México, abril de 1921.

verdad, una Patria de naturaleza culminante y de espíritu intermedio, tripartito, en el cual se encierran todos los sabores.

El país se renueva ante los estragos y ante millones de pobladores que no tienen otros ejercicios que los de la animalidad. ¿Por virtud de qué fibras se operará esta adivinanza?

En las pruebas de canto, los jurados charlan, indiferentes a las gargantas vulgares. Hasta que una alumna los avasalla. Es el momento arcano de la dominación femenina por la voz. Así ha sonado, desde el Centenario, la voz de la nacionalidad.

Hay muchos desatentos. Gente sin amor, fastidiada, con prisa de retirar el mantel, de poner las sillas sobre la mesa, de irse.

Tampoco escasean los amantes, fieles en cada rompe y rasga, calaveras de las siete noches de la semana, prontos a aplaudir las contradicciones mismas, diseminadas por el territorio, que se resumen en la vasta contradicción de la capital.

En este tema, al igual que en todos, sólo por la corazonada nos aproximamos al acierto. ¿Cómo interpretar, a sangre fría, nuestra urbanidad genuina, melosa, sirviendo de fondo a la violencia, y encima las germinaciones actuales, azarosas al modo de semillas de azotea?

Un futuro se agita en la placidez diocesana de nuestros hábitos. A veces creemos que va a morir el pintor del mundo. Que la turbamulta famélica aniquilará los diamantes tradicionales, los balances del pensamiento, los finiquitos de la emoción.

¿Quedará prudencia a la nueva Patria? Sus puertas cocheras guardan todavía los landós en que pasearon aquellas señoras, camarlengas de las Vírgenes, y las familias que oyen hablar de Lenin se alumbran con la palmatoria del Barón de la Castaña...

La alquimia del carácter mexicano no reconoce ningún aparato capaz de precisar sus componentes de gracejo y solemnidad, heroísmo y apatía, desenfado y pulcritud, virtudes y vicios, que tiemblan inermes ante la amenaza extranjera, como en los Santos Lugares de la niñez temblábamos al paso del perro del mal.

Bebiendo la atmósfera de su propio enigma, la nueva Patria no cesa de solicitarnos con su voz ronca, pectoral. El descuido y la ira, los dos enemigos del amor, nada pueden ni intentan contra la pródiga. Únicamente quiere entusiasmo.

Admite de comensales a los sinceros, con un solo grado de sinceridad. En los modales con que llena nuestra copa, no varía tanto que parezca descastada, ni tan poco que fatigue; siempre estamos con ella en los preliminares, a cualquiera hora oficial o astronómica. No cometamos la atrocidad de poner las sillas sobre la mesa.

FRESNOS Y ÁLAMOS*

LA FLOTA azul de fantasmas que navegan entre la vigilia y el sueño, esta mañana, en el despertar de mi cerebro, tuvo por fondo los álamos y los fresnos de mi tierra. ¡Álamos en que tiembla una plata asustadiza y fresnos en que reside un ancho vigor! ¿Tan lejos están de mí la Plaza de Armas, el jardín Brilanti y la Alameda, que me parecen oasis de un planeta en que viví ochocientos años ha?

Cuando yo versificaba y gemía infantilmente bajo aquellas frondas, todavía no sospechaba que había de escribir la confesión que más o menos reza así: «Mi vida es una sorda batalla entre el criterio pesimista y la gracia de Eva. Una batalla silenciosa y sin cuartel entre las unidades del ejército femenino y las conclusiones de esterilidad. De una parte, la tesis reseca. De otra, las cabelleras vertiginosas, dignas de que nos ahorcásemos en ellas en esos momentos en que la intensidad de la vida coincide con la intensidad de la muerte; los pechos que avanzan y retroceden, retroceden y avanzan como las olas inexorables de una playa metódica; las bocas de frágil apariencia y cruel designio; las rodillas que se estrechan en una premeditación estratégica; los pies que se cruzan y que torturan, como torturaría a un marino con urgencia de desembarcar, el cabo trigueño o rosado de un contingente prohibido.»

No, yo no sospechaba llegar a decir tal cosa. Mi tristeza, aunque tumultuaria, era simple como la conciencia de las vírgenes que comulgan al alba y después de comulgar rezan dos horas, y después de rezar dos horas, al volver a su casa, beben agua por un laudable escrúpulo. Mi primer soneto no miró venir el cortejo vívido de los goces materiales, ni mi primera lágrima vio dibujarse en lontananza la confortante silueta de Epicuro. ¿Qué pensarían álamos y fresnos si descubriesen, en el rostro de su habitual visitante de aquella época, las huellas del placer?

Hoy mi tristeza no es tumulto, sino profundidad. No tormenta cuyos riesgos puedan eludirse, sino despojo inviolable y permanente del naufragio.

Pocas emociones habrá más voluptuosas que la altanería del alma, que se nutre de su propio acíbar y rechaza cualquier alivio exterior. Llevo dentro de mí la rancia soberbia de aquella casa de altos de mi pueblo —esquina de las calles de la Parroquia y del Espejo— que se conserva deshabitada y cerrada desde tiempo inmemorial y que guarda su arreglo interior como lo tenía en el momento de fallecer el ama. No se ha tocado ni una silla, ni un candelabro, ni la

* *Revista de Revistas,* México, 17 de junio de 1923.

imagen de ningún santo. La cama en que expiró la antigua señora se halla deshecha aún. Yo soy como esa casa. Pero he abierto una de mis ventanas para que entre por ella el caudal hirviente del sol. Y la lumbre sensual quema mi desamparo, y la sonrisa cálida del astro incendia las sábanas mortuorias, y el rayo fiel calienta la intimidad de mi ruina.

¡Oh fresnos y álamos que oísteis mi imploración en versos titubeantes! Fresnos y álamos: ¡ya nada imploro! Estoy sereno como en aquellas siestas de otoño en que me llevaban de la mano a contemplar cómo ardían vuestras hojas en montículos a que prendía fuego el jardinero. Recuerdo con una exactitud prolija el humo compacto y el crujido de la hojarasca que se retorcía, confesora y mártir. Sólo que, a mi serenidad, se han agregado dos elementos que me eran ajenos cuando estudiaba el silabario: el dolor y la carne. Voy respirando, fresnos y álamos, no vuestra fragancia, sino el ambiente absurdo de una habitación de la que acaban de sacar un cadáver y exhibe los cirios aún no consumidos y la oleada del sol como un aliento femenino.

Oigo el eco de mis pasos con la resonancia de los de un trasnochador que camina por un cementerio...

1921, *póstuma*

LA ÚLTIMA FLECHA*

YA SE DISPARA, como en la crisis del poema, la última flecha del arco del Arquero. La aproximación del 31 de diciembre tapa el sol con la trepidante cortina de dardos que nublaba el horizonte clásico. Paralelamente, un sector del alma enlútase al consumarse y consumirse la aljaba del año. La vejez será, en conclusión, una sombra de flechas; y los inocentes, degollados, teñirán de tragedia su arco sin estrenar. Quienes apuntamos –centauros o amazonas– a media carrera, vemos en el cielo un hemiciclo, enfrente de nosotros, cuyo azul será desflorado por el tiro que siga. Tal vez la cumbre de la vida nos da, como sensación principal, la de nuestra situación entre dos firmamentos: uno carbonizado y otro flameante, como casulla de abril. Y ante el seguro temor de que el carbón se propague a la casulla, quisiéramos fijar el tiempo desbocado, como se fija un corcel, por la brida, en un tronco; y entregarnos a lo estacionario, a lo anodino, o, cuando más, tomar dosis

* *Revista de Revistas,* México, 1916.

homeopáticas de ironía y de emoción, de piedad y de licencia, como en la cuarteta de Herrera Reissig:

> Rezar un avemaría
> rimados por la cintura,
> y sorprendernos el cura
> en esa impropia armonía

Pero ¿cuál de nuestros huesos escapará a la calcinación? El rédito que nos cobran las doce vértebras del año es la ceniza de las muestras. Libemos entonces hasta las heces.

Yo consideraba, poco ha, en el taller de un pintor amigo, el monumento erigido a los muertos en el cementerio de Père Lachaise. Del doble cortejo que, por la derecha y por la izquierda, entra al Orco, las figuras que más atraen mi conmiseración radical son las de las niñas y las de los ancianos puros. Porque a las unas y a los otros se les arrebata el rédito sin que hayan disfrutado el capital. En cambio, las parejas ya no pujantes, todavía no seniles, acceden al umbral plutónico en el instante ideal: el que separa la vigencia de la decrepitud. El brazo masculino y el brazo femenino concentraron su última flecha, y para no sostener un arco inoficioso, se adelantan hacia el reino plutónico.

No cualquiera logra el desenfado desdeñoso de un Montaigne, para decir: «Que la muerte me atrape cultivando las coles de mi jardín imperfecto.» Somos demasiado terrenales, y si aceptamos el agotamiento, no acordamos que se frustre la labor. A la sola enunciación de un prematuro punto final, reitérase el balido de un cordero inmolado en un prólogo sumarísimo.

Complementariamente, nos aterra el fantasma de la vida en la abolición del ser, cuando se arrastra un esqueleto valetudinario, un pensamiento inhibido y un corazón en desuso. ¡Fútil apéndice, no te deseo! Tu posibilidad es dañina como el estrambote, notoriamente menguado, de unos versos discutibles. Como el quinto acto de una comedia que se desenlazó en el tercero. Como el reseco epílogo de una dama jugosa. Como el bostezo del entusiasmo. Que lo que fue mariposa no parodie a los reptiles. Que el poderío de nuestos miembros no se liquide como el de los osos cegatones y reumáticos de los circos.

¡Gallardos votos! Pero formulados con un cómico olvido de nuestra cobardía y de nuestra vileza sustanciales. Excelentes mendigos que saboreamos la migaja del mediodía y repudiamos la vespertina… ¿Quién nos dice que en la hora impotente no mendigaremos las migajas de la migaja? Este puntapié, no muy filosófico, que reservamos para el cascarón de la vida, bien puede convertirse, llegado el momento, en el anhelo de una moratoria indefinida para besar los personales harapos. Y tal oprobio no esplenderá, como el de Job, porque se reducirá a una prosaica voluntad de nutrición. Lloremos a Sagitario pidiendo limosna.

Uno de los aciertos de expresión que más me han conmovido en mis lecturas, pertenece a Lemaître. Hállase, si mi memoria no claudica, en el comento de *La leyenda dorada* en que el estilista repuja la narración de las Once Mil Vírgenes. Éstas, en grupos sucesivos, iban recibiendo la muerte en una pradera, bajo la saeta. Y al morir lanzaban «pequeños gritos modestos». ¡Pequeños gritos modestos! En estos tres vocablos se resume toda una facultad literaria. Y si he traído a cuento los «pequeños gritos modestos» que la saeta provocaba en las gargantas virginales, ha sido para conminar a los lectores a que escuchen el vasto e indomable grito del año que agoniza. Porque nuestras flechan han ido matando a las Horas, cuyas quejas compendiadas y humildes se suman hoy para engrandecer la voz de protesta del año que fallece. La caprichosa sensibilidad humana admite como fungible la Hora, mas no el Año. Y el volumen del grito del 31 de diciembre no es, en realidad, más que el caudal de los «pequeños gritos modestos» que, en la pradera del martirio, hemos arrancado a las doncellas.

¡Y las cándidas mártires estaban hechas de nuestra propia sangre modeladas por nuestra propia fantasía, caldeadas por nuestra propia pasión! Hemos sido suicidas y seguiremos siéndolo. Sólo los inmortales no se suicidan. Nosotros, pobres Anquises y míseras Ledas, nos gastamos sin remedio, por más que la divinidad nos penetre. Confundimos el lecho con el sepulcro y sabemos, por una pávida experiencia, que la aceleración de aquél puede llevarnos, del vértigo de la vida, al Orco.

Nuestra última flecha será milagrosa, porque seremos tan veloces que alcanzaremos a dispararla y a recibirla, desempeñando, en un solo acto, el flechador y la víctima.

LA FLOR PUNITIVA

A Mario Torroella

UNA VEZ y otra vez envenenado en el jardín de los deleites, no asomaron ni la desesperación, ni la venganza, ni siquiera un inicial disgusto. Antes bien, germinó la solemne complacencia de los señalados por la diosa. Y en las rituales resignaciones, roja como el relámpago de una bandera, sólo se afanaba la sangre, queriendo escapar en definitiva.

Pasajera de Puebla, pasajera de Turín, lo mismo da. El frenesí masculino, sin caer en estulticia o en bajeza, no puede exigir legalidad a las distribuidoras de experiencia, provisionalmente babilónicas. Estimemos, al contrario, que sazonando nuestra persona la libren de lo insulso y le inculquen el vital sentido de que toda raíz es amarga.

Los rectores de la multitud, llámense políticos, sabios o artistas, producirían obra más ilustre si se repartiese entre ellos un prudente número de contagios.

Si pagar es lo propio del hombre, paguemos nuestras supremas dichas, abominando de esa salubridad que organiza las islas del Mar Egeo en compañía de seguros.

Un orangután en primavera divide sus chanzas entre los viejos verdes y los jóvenes en blanco. El furor de gozar gotea su plomo derretido sobre nuestra hombría; inútil y cobarde querer salvarnos de la crapulosa angustia. Al cabo, una ancianidad sin cuarentena suspirará por la mesa de operaciones.

MEDITACIÓN EN LA ALAMEDA

Próspero Garduño es una incompatibilidad manifiesta. Una evidente incompatibilidad entre su nombre y su filosofía. Próspero es pesimista. Próspero Garduño no se ha casado, porque teme llevar a una blanca heroína, vestida de blanco, a la Torre de la Fecundidad. Próspero se ha levantado hoy con la cabeza llena de ocio, de amor y de buen tiempo, que diría un ingenio del Renacimiento.

Nuestro hombre sale de su casa, fincada en la Plaza de Armas. Corta un ángulo de las banquetas de la plaza. Toma la acera de la cárcel y del juzgado. Pasa por *El Paraíso*, «cantina y billares». A poco dobla la esquina del atrio del Santuario, esquina por donde se asoma una rama con tres naranjas verdes aún. Y siguiendo por la calle larga, si queréis, de Las Flores, llega a la Alameda.

Una vez allí, el ocio, el amor y el buen tiempo antes dichos le llevan a meditar. Y medita: «Hay horas en que la naturaleza es como un baño de deleites, con una traición bien escondida. Este sol que me envuelve con tibiezas femeninas no querrá mañana calentar mi sangre. El vino que tantas veces ha magnificado a mis ojos el panorama natal ha de negarme su generosidad. Sobre estas bancas rústicas, bajo estos álamos, se sentarán parejas en júbilo y en salud, y yo estaré enfermo. Me enterrarán en el cementerio en que los artífices lugareños han ido poniendo lápidas y lápidas mordidas por un cincel novato. Mis ojos, que se recrearon en las tapias en que se desborda la rosa té, se corromperán velozmente. Mis pies, que quiebran estas hojas de álamo con placer, hasta con liviandad, como si pisasen una alfombra galante, serán pasto del gusano. Y también mi pecho. Y también mis manos que dieron limosna y sostuvieron la lira, y se apoyaron en los árboles como en un semejante y resbalaron por colinas más blandas que las frecuentadas por Salomón. ¿A qué inquietud? ¿A qué labor? Quedaré sepultado y todas las mujeres de mi pueblo se sentirán un poco viudas. Me echarán de menos los niños que en el "jardín chico" se sentaban en la misma banca que yo, frente al Teatro Hinojosa. Eso será todo. Vale más la vida estéril que prolongar la corrupción más allá de nosotros. Que, como decía Thales, no quede línea nuestra. ¿Para qué abastecer el cementerio? Viviré esta hora de melodía, de calma y de luz, por mí y por mi descendencia. Así la viviré con una intensidad incisiva, con la intensidad del que quiere vivir él solo la vida de su raza.»

Sonaban las doce. Próspero Garduño, engreído con sus conclusiones estériles, regresaba a su casa; pero en la calle de Las Flores lo hizo vacilar una tapia en que se desbordaban fecundamente el verdor y las rosas de una huerta. Y en el atrio del santuario, la rama de las tres naranjas, verdes aún, asomaba su réplica fecunda. Y era también fecunda la réplica de algarabía de las niñas que salían de la escuela. Y en la plaza era fecunda la réplica de algunas madres jóvenes, que llevando a sus retoños en cochecillos se defendían del sol de junio con claras sombrillas en que jugaba la copia oscura de los ramajes. Y Próspero Garduño sintió que su pensamiento era doloroso junto a aquellas madres jóvenes que llevaban sombrillas.

SEMANA MAYOR*

UNA de estas noches tomaba yo en un café la colación que se usa entre gentes de buena conciencia. Era ya la hora solapada en que se nace, se muere y se ama. Con todo, México fingía una necrópolis. Yo, sin ser la Capital, sentíame otra necrópolis. Con la diferencia de que en mí no se recataban alumbramientos, ni agonías, ni el vértigo equidistante de la cuna y la fosa.

Me limitaba a estar un poco triste, según corresponde a un coetáneo de la filosofía médica y de los histólogos que padecen de literatura. Carmelita, mesera 5, con un 5 dorado en un redondel de luto, evolucionaba a mi alrededor, zalamera y ladina. Carmelita, mesera 5, va a ser suprimida por la moral del Gobierno del

* *Pegaso,* México, 1917.

Distrito. ¿Qué habría opinado sobre esto Monsieur Bergeret? ¡Pobres sacerdotisas del café con leche! No pude ponerme a tono con Carmelita, mesera 5, porque su problema económico, agravado por la virginidad del Palacio Municipal, nublábame de conmiseraciones baladíes. Y como si no fuera bastante la carga melancólica de la fecha, he aquí que en el tablado de la dudosa orquesta descubro, de violín, a mi antiguo conocido, el sacristán de Tercera Orden en San Luis Potosí. Los que no sois clericales (¡oh hazaña!) no estáis capacitados para sentir la tragedia de un sacristán convertido en violinista. Yo interrumpí mi colación para ir a preguntar al sacristán qué pieza acababan de tocar. Con el rubor consiguiente a su metamorfosis, me mostró su papel pautado: *Beatiful spring*. ¡Cristo me valga! ¿Querrán Alfonso Cravioto, Juan León o José Romano Muñoz hacer algo por la educación de mi sonoro sacristán? ¡Si se negasen a ello en atención a que se trata de un violín reaccionario!...

Yo, en realidad, me considero un sacristán fallido. En mi quiebra matizo la Semana Mayor con mi violín jornalero. Y recuerdo los Jueves Santos en que Matilde, que era alta como una buena intención, glacial como los éteres, blanca como un celaje de plenilunio y fértil como un naranjo, lucía, por la breve ciudad, su mantilla y su cintura afable. Matilde visitaba los *Monumentos*. La patricia negrura de su traje frecuentaba los templos en el día eucarístico. Mi punible promiscuidad asocia siempre a Matilde con las palabras de la Cena: «He deseado ardientemente comer esta Pascua con vosotros.» (¡No poder citar en latín para que no me juzguen pedante!) Porque la ciudad era espléndidamente solar y porque las señoritas de rango que poblaban sus calles vestían de tiniebla ritual, aquellos Jueves Santos sugeríanme una espaciosa moneda de plata manchada de tinta.

Matilde, gota de tinta, celaje, éter, naranjo, buena intención; yo sé que hoy penas, desterrada y alcanzada de dinero, y sin temor a convertirte en estatua de sal vuelves la cabeza al predio vernáculo. En la Semana Mayor de tu destierro, para consolarte, yo te ofrecería, en la palma de la mano, una reducción de la moneda de plata manchada de tinta. Como las aldeas microscópicas que, edificadas en un cartoncillo, halagan el instinto de posesión de los niños.

Los Viernes Santos, en torno de la Cruz viuda, con sábana o sin ella en los brazos, según la exégesis de los capellanes, apretábanse, compungidas, las gotas de tinta sin que la computación les estorbase soslayar a los novios. Por las vertientes del Calvario ascendían las almas de la *Agua Florida*, de la *Agua de Colonia*, de *Las Flores de Amor*... toda la perfumería bonachona que duerme un año para desperezarse en la ceremonia del *Pésame*. ¡Ceremonia patibularia, contrita, perfumada y amatoria!

Matilde se casó. Si antes la califiqué de glacial, es porque me helaba su talle fugitivo, como los éteres al evaporarse. Pero pocas personitas he conocido tan efusivas como ella. Su ternura brindaba el apasionado buen gusto de una madreselva que hablase. Matilde, al casarse, me produjo una pena de las hondas. Con mi escasa afición a la lógica, yo la había soñado fértil y estéril. Una noche, al filo de las diez, la vi andar por la Plaza de Armas, con precavida lentitud. Supe luego que cumplía con una indicación facultativa. La madreselva justificaba su nombre, su cruento nombre.

Matilde, celaje, gota de tinta, naranjo, éter, buena intención y madreselva: en los atardeceres desamparados en que la ventisca de marzo sacude las frondas de mi ansiedad, y en que la uña ilustre de la luna disemina calosfríos vesánicos, me encamino a tu calle para asomarme a tus vidrieras y aliviarme con tu figura, todavía adorable. Estiro el cuello, atisbando a tu sala improvisada. Tus hijos juegan, y su juego, que es prenda de la eternidad del dolor, me amarga los sueños retrógrados que te forjaban fértil y estéril. Tus hijos juegan. Tú tienes en el regazo una bola de hilaza, o consultas tu portamoneda, o te miras al espejo, superviviente de tu ruina. Y en la Semana Mayor de tu mayor duelo, yo te ofrecería en la palma de la mano, para consolarte, una reducción de la moneda de plata con gotas de tinta...

LA SONRISA DE LA PIEDRA*

¿QUEDA un poco de polvo del artista que hizo sonreír a la piedra? Debiera haber sido incorruptible la mano que encendió en la bárbara piedra, siglos atrás, esa indecisión crepuscular de la sonrisa, esa indecisión que es como un cariñoso correctivo de la prudencia a los sueños.

No sé si hay algo más difícil que iluminar una estatua con el gesto supremo de inteligencia en que amanece la sabiduría o se pone la esperanza, como un astro iluso. Quizá sólo esto es más difícil: turbar a una mujer cuya frente inhumana jamás se contrae.

Sobre la catedral cantada por Verhaeren permanecerá la figura angélica. Ahí estará en pie el buen ángel, decapitado y mutilado por una cultura que se escribe con K. El tablero de fecundidad y de armonía de la Champagne no mirará difundirse por sus planteles la beata sonrisa de la torre. En las tardes dramáticas, cuando se espese el silencio después del bombardeo, la catedral se quejará sordamente; y en las noches de nevada lunar se dirán su secreto las torres, como inválidas que no quieren despertar a Reims. Y la escultura sin brazos y sin cabeza, en un

---

* *Revista de Revistas,* México, enero de 1916.

lenguaje imposible, irá diciendo desde su hornacina: «Yo vivía la vida eminente del templo. Mi belleza, vecina de las nubes y madrina de los hombres, era tal que si Monsieur Anatole France me hubiese contemplado detenidamente, no habría escrito su *Revuelta*. Mi rostro, halagüeño y abstraído, era una vacilación constante entre la gravedad del firmamento y la inquietud efímera de abajo. Pero mi simpatía a la tierra era firme, y nunca pensé en abrir mis alas, cuando ascendía el concierto de las campanas, para ascender con él. Paciente y leal me he mantenido en la paz; y leal y paciente me hallo en presencia de la guerra; en presencia de los diplomáticos, que se llaman cristianos; en presencia de un monarca luterano, que traba alianza con una potestad católica para la cruzada del dinero; en presencia de la ingenuidad conservadora que por razones de bautismo se pone de parte del protestantismo feudal y providencial que desbarata la colmena de Bélgica... Mis labios sellaban la ciudad con un sello feliz. Mis labios habrían hecho pensar en un beso a la comarca, si no careciesen de fisonomía sexual. Mis labios lo mismo pertenecen a un paladín de las milicias celestes que a una virgen transida por la flecha del martirio. Por eso mi cara fue siempre grata por igual a los mancebos y a las doncellas. Pensaban los primeros, al verla, en San Miguel; y las segundas, en aquellas remotas hermanas que, llevadas desnudas a la presencia de los procónsules, extendían milagrosamente la cabellera sobre todo su cuerpo, adquiriendo así un súbito manto de oro frente a la lujuria. Hice germinar en cada doncella la ilusión de una túnica inesperada que protegiese sus intimidades contra el mal en acecho. A cada mancebo ofrecí la perspectiva de un laurel fúlgido, capaz de irradiar en la penumbra de la conciencia como las joyas que se olvidan en un cofre. Los invasores llegaron con su metralla a cortar mi ejercicio sutil sobre el planeta, mi tarea de embellecimiento sobre la humanidad, mi sacerdocio aristocrático, sobre todo. No abandoné mi región favorita al sonar el concierto pío de las campanas; tampoco la abandoné al silbar el estrago. Hoy medito en el día ineludible de mi restauración.»

Tal dice el ángel.

¡Oh cabeza sin sexo, en que las ondas de pelo enmarcan la frente como con espuma! ¡Oh pelo espumoso, sobre cuya agitación se sostiene la leve corona para fingir un sueño real en un golfo cantante! ¡Oh corona rota! ¡Oh manos arrancadas y abatidas!

Danos, buen ángel, la límpida maestría del artista que supo esculpir en tu carne hasta lo más enorme, como el pensamiento, y sugerir hasta lo más leve, como las pestañas... Depura nuestras almas y enséñanos a fijar en la piedra de la adversidad la sonrisa heroica... Tú que fuiste amigo cordial de los pájaros, del alba y del ocaso, y les permitiste posarse sobre tus hombros y contestaste en voz baja la algarabía impertinente de sus preguntas, danos una frecuencia ideal de pájaros en el espíritu... Nosotros fomentamos la esperanza de que te restaure una mano incorruptible, y de mirar en tu melodía íntegra no sólo el equilibrio musical de Reims, sino el de la «dulce Francia» de Roland.

EL BAILARÍN

HOMBRE PERFECTO, el bailarín. Yo envidio sus laureles anónimos y agradezco el bienestar que transmite con la embriaguez cantante de su persona. El bailarín comienza en sí mismo y concluye en sí mismo, con la autonomía de una moneda o de un dado. Su alma es paralela de su cuerpo, y cuando el bailarín se flexiona, eludiendo los sórdidos picos del mal gusto, convence de que entrará al Empíreo en caudalosas posturas coreográficas.

La sordidez, resumen de nuestras desdichas, no le alcanza. Él es pulcro y abundante. Al embestir a su pareja, se encabrita y se acicala. Sus pies van trenzando la parsimonia y el rijo. El pecho de la paloma, jactándose de ser estéril, rebota como la rosa de los vientos. El bailarín está endiosado en su propia infecundidad.

Y a pesar de ello, la modestia de su arrebato excede a la de las llamas infinitesimales que devoran, en brincos de gnomo, una esquela vergonzante.

No hay desinterés igual al suyo. Danza sobre lo utilitario con un despego del principio y del fin. Los desvaríos de la conciencia y de la voluntad humana le sirven de tramoya. En medio de las pesadillas de sus prójimos, el bailarín impulsa su corazón, como el columpio en que se asientan la Gracia y la Fuerza.

El bailarín, corrector honorario de lo contrahecho y de lo superfluo, esmaltará los frisos de ultratumba con sus móviles figuras de ayuntamiento y de plegaria.

Mas la chanza terrestre impide que este elogio acabe con solemnidad. Las larvas somos incapaces de vivir en serio, porque pertenecemos al melodrama. Y mi ditirambo, ¡oh bailarín!, es el fervor de un lego que no sabe bailar.

JOSÉ DE ARIMATEA

EN LA SIMULTANEIDAD sagrada y diabólica del universo, hay ocasiones en que la carne se hipnotiza entre sábanas estériles. Ocurra el fenómeno en cualquiera de las veinticuatro horas, nos penetran el silencio y la soledad, vasos comunicantes en que la naturaleza se pone al nivel del alma.

Una amiga innominada, una amiga de bautizo incierto, yace desnuda, contra la desnudez del varón. Mas un desplome paulatino de las potencias de ambos les imprime una vida balsámica de momias. En la cabecera, cabecea un halcón. En la mecedora, sobre las ropas revueltas de la pareja, el gato se sacude, con el sobresalto humano de quien va a hundirse en las antesalas soñolientas de la Muerte. Nada se encarniza, nada actúa siquiera. La respiración de ella, que casi no es suya, altérnase con la nuestra, que casi no es nuestra. Dentro de la alcoba, un clima de perla de éter, un esfumarse de algo en ciernes o de algo en fuga. De súbito, al definirse el aguijón vital, brincamos cien leguas, para no vulnerar a la virgen privilegiada con semejante ejecutoria narcótica, a la amiga ungida por José de Arimatea.

LO SOEZ*

ALGUIEN me hablaba de cómo se acentúa la desgarradora fatalidad de lo sucio, reflexionando que sólo el animal lo es. Ante la limpieza de minerales y vegetales, impónese lo soez como la más dolorosa de todas las formas del mal.

Si la ley universal de salvación es la de la línea, ninguna, empero, cae en las aberraciones de la línea humana, trátese de la conducta o de la fisonomía. ¿Existe algún ser más heroico que la mujer en el momento de resistir a la luz? Y viceversa, ¿hay alguna especie zoológica que envejezca tan trágicamente como la hembra humana? El gesto, convertido en mueca, me ultraja, no ya en mis raíces de poeta sino en mi propia dignidad moral.

Yo sé que aquí han de sonreír cuantos me han censurado no tener otro tema que el femenino. Pero es que nada puedo entender ni sentir sino a través de la mujer. Por ella, acatando la rima de Gustavo Adolfo, he creído en Dios; sólo por ella he conocido el puñal de hielo del ateísmo. De aquí que a las mismas cuestiones abstractas me llegue con temperamento erótico.

Tierra el sol, tierra el firmamento, tierra la luz... Así me duele el mal cuando despeña al corazón en enigmas tan sórdidos como el de la virgen sepultada,

* *México Moderno*, México, 1921.

que lo que negó al amante más esclarecido de rostro, de voluntad y de pensamiento, concédelo a la última bestia, a la que no alcanza ni una sospecha de la luz.

El gusano roe virginidades y experiencias. Unos ingenuos blasfeman, otros se destrozan con el cilicio. El maniqueo proclama la eternidad del mal. El teólogo ortodoxo pone en silogismos la omnipotencia y la bondad infinita del Increado. Mejor que en imaginar un poder sin límites, me complazco en ver, detrás de la rosa de los vientos, la magna faz de Jesús, afligido porque en la obra del Padre se mezcló un demonio soez.

Y tal ficción no será canónica; pero es el esfuerzo de un ingente amor.

EVA

PORQUE tu pecado sirve a maravilla para explicar el horror de la Tierra, mi amor, creciente cada año, se desboca hacia ti, Madre de las víctimas. Tu corazón, consanguíneo del de la pantera y de el del ruiseñor, enloqueciéndose ante la ira de Jehová, que te produjo falible y condenable, se desenfrenó con la congoja sumada de los siglos. La espada flamígera te impidió mirar el laicismo pedestre que habría de convertir al verdugo de Abel en símbolo de la energía y de la perseverancia. Pon mi desnudez al amparo de la tuya, con el candor aciago con que ceñiste el filial cadáver cruento. Mi amor te circuye con tal estilo, que cuando te sentiste desnuda, en vez de apelar al follaje de la vida, pudieras haber curvado tu brazo por encima de los milenios para pescar mi corazón. Yo te conjuro a fin de que vengas, desde la intemperie de la expulsión, a agasajar la inocencia de mis ojos con el arquetipo de tu carne. Puedo merecerlo, por haber llevado la vergüenza alícuota que me viene de ti, con la ufanía de los pigmeos que, en la fábula de nieve, conducen el cadáver cuyas blancas encías envenenó la fruta falaz.

COLOFÓN

QUEDA AQUÍ, para siempre detenida
por un polvo de tumba, la preclara
mano que estos minutos señalara
en el reloj del tiempo y de la vida.

Minutos donde el ruiseñor de Alfeo,
de la flor del silencio viola el broche,
mientras el vuelo aloja un centelleo
en las pupilas ciegas de la noche.

Hay el minuto azul de la belleza,
el que viste el sayal de la tristeza,
el minuto carnal, surto en el manto

solemne del amor trágico y fuerte.
Y yo agrego el minuto del espanto
que fue un siglo en la alcoba de la muerte.

RAFAEL LÓPEZ
[1921]

Del *Don de febrero y otras crónicas*
[1909-1917]

MUNDOS HABITADOS*

MIRANDO el último eclipse de la reina de la noche, que dirían los abuelos románticos, mientras la luna recobraba con lentitud su zona iluminada, asemejándose a una dignidad eclesiástica que mitigara su faz luminosa con oscuro solideo en la cabeza astral, el espíritu dábase a gratas divagaciones estelares, no obstante lo poco que he contemplado el cielo. Me intrigaba también algo incipiente de capricho científico, no obstante mi lectura escasa, por no decir nula, de Verne. Pero ello es que el impulso interior a lo desconocido nos arrastra inevitablemente, y que de las cosas ignotas el cielo cosmográfico es lo que nos llama con voz humana, o al menos como de hombres la escuchamos, ya que de la hermosa posibilidad se habla en los libros, ya que Marte se empeña en hacérsenos sospechoso. Y bien, ¿por qué no? Aduzcan otras razones de lógica ordinaria; hablen los sabios de hipótesis admisibles en la ciencia de la naturaleza; los filósofos hablen de conveniencias ontológicas y hablen los mismos moralistas ortodoxos empeñados en extender el número de las creaciones divinas. Yo me expreso con una razón más fácil y poderosa. ¿Cuál?, diréis. Mi cansancio incurable de lo terreno, mi aburrimiento del vulgar patrón en que están calcados los hombres, mi fastidio de la fisonomía corriente de las consabidas mujeres. Es fuerza que existan otras cosas y personas distintas más allá de la eclíptica. Cuando en la médula de las generaciones venideras se albergue, como un mal corrosivo, el fastidio heredado de los padres decadentes, los multiplicados gestos de hastío sobre el planeta monótono se trocarán en alegre expresión de los rostros al dar con la gracia de invencibles fuerzas impulsoras para los globos de la gran aventura, al descubrir un recurso para llevar atmósfera por el vacío, atmósfera que una travesura metereológica depara al pulmón hasta el desembarque en la estrella remota. La añosa poesía de los príncipes de los cuentos que se iban a buscar esposa a desconocidos países se quedará corta ante la amable realidad. Ya no sólo el príncipe, también el villano y la clase media decorarán su vida con

* *El Regional,* Guadalajara, 20 de junio de 1909.

la expedición aérea ciudades planetarias que tendrían bastante con su novedad para subyugar al viajero.

Todos dejarán la casa en que nacieron en el secundario cuerpo celeste; todos se despedirán de la familia consternada, y vencedores de la lluvia, del aire y del vacío, tocarán el término de su éxodo audaz en la ciudad nueva como el más original de los sueños, como el alma misma de lo imprevisto; tan nuevo que por sus calles nos consideramos indignos de andar si no nos descalzamos; que su luz nos llegue; que el idioma de sus habitantes nos deje mudos, siendo así ciegos que todo lo ven y sordos que lo oyen todo; ciudad tan nueva que cada una de sus mujeres se llame Novísima; ciudad tan nueva que el beso de sus hijas haga decir a las bocas humanas que lo reciban: ¡Oh frescura, anticipo de los ósculos eternos!; ciudad tan nueva que en ella diga el cuerpo: ¡Me han dado a luz por segunda vez!; ciudad tan nueva que el alma prorrumpa: ¡Amigo y padre Platón, acompáñame en esta metempsicosis en que el amor resucita cada momento que vive! –Los inocentes enamorados que hoy se duelen de penas del querer, de la ausencia por unas míseras leguas, deben de considerar el horror de distancias que sólo sondea la pupila telescópica. Eva en Canopo, Adán en Vega de la Lira. ¿Qué decís?– Pero a la ida corresponde el regreso. Los argonautas volverán dueños de un amor insólito encontrado en la peregrinación por los astros. Vuelto el adolescente a cualquiera de las cinco partes del mundo, presentará en la casa familiar a Novísima cuya voz es un címbalo de la gloria, su carne como de niebla, sus ojos dos lucernas mágicas y su alma océano de paz siempre nueva. Y el padre terreno, la madre y los hermanos terrenos, los consanguíneos terrenos, oirán hacer al argonauta, quién sabe si astral o terrenal, el celeste panegírico de la esposa celeste.

AQUEL DÍA…*

I

AQUELLA mañana salimos al campo, en los corceles domésticos, bajo la gloria del sol. En la excursión hípica semejabas el retrato viviente de esas nobles figuras femeninas que con agilidades de Diana cabalgadora se miran representadas en los cuadros cinegéticos. Una epicena bandada de gorriones atravesó frente a nosotros

* *El Regional,* Guadalajara, 10 de octubre de 1909.

con rumbo al sur, y tú sonreíste a la faz del sol que llevábamos delante y que proyectaba sobre la llanura nuestras dos sombras y la de las ocho patas de los caballos, con proyección interminable, como la interminable languidez de tu sonrisa. ¿Por qué tan desconsolada tu sonrisa? Y mi pregunta se heló en tu silencio, más inclemente que el frío del amanecer; se heló en la sonrisa con que me respondiste, más desconsolada sonrisa que todas las otras tuyas; se heló en el galope que imprimiste a las cabalgaduras, como si fuéramos persiguiendo una fuga de ilusiones o de esperanzas pérfidas que nos huyeran con dirección al abismo infranqueable, o de nuestros corazones que se nos hubieran escapado.

¡Oh el contagio de tu sonrisa! Aquel mohín de tus labios, encerrador de todos los hastíos, me hizo pensar en la casa vista en sueños, en la fundación de una casa a que daríamos el nombre huraño de una Orden de religiosos pesimistas, acaso la Venerable Orden Tercera de Nuestra Madre la Melancolía: ahí desgranaría sus arenas invariables la clepsidra de nuestra vida monótona, y la mansión podría llenarse con tu sonrisa desconsolada, y el hueco de mi corazón prófugo con algo de tu fe salvada del naufragio y con un poco de piedad amorosa que escondieras en las entrañas.

Aquella mañana salimos a cabalgar al campo, bajo la naciente gloria del sol…

II

Por la tarde salimos a coger rosas de la Pasión y lirios pálidos. Y tu sonrisa permanecía inexorable. Era como si te burlaras de lo sensual, por indigno, y de lo platónico, por soso. Yo tuve miedo de ti y me asomé, temblando, al abismo de mi sentimiento. Y estabas ahí, dueña de mi luz y de mi sombra, acurrucada en el más hondo seno de mi emoción con tu cetro místico y con tu blanca túnica de doncella pronta el martirio y que tiene, como sola arma, una perenne sonrisa. Y me embriagué de tu tristeza sonriente, y regresamos, bajo los ojos fiscales de las primeras estrellas, con nuestra cosecha florida.

Lirios pálidos y rosas de la Pasión: nosotros os cogimos aquella tarde que fuimos al valle…

III

En la noche enlunada vagamos a campo traviesa, por mieses y arboledas. Tu sonrisa, a la luz lunar, era como la mueca doliente de una novia de ultratumba. Presa de susto me llevé al sitio del corazón ambas manos, temeroso de un ataque de hipertrofia. Pero no pulsé latido alguno… me había olvidado de que en la mañana fuimos al campo a cabalgar tras de los corazones prófugos. Las constelaciones tuvieron para mi olvido una sonrisa fúlgida. Pero la tuya me venía de más lejos que la de los astros. Y juzgué irremediable mi destino de ir soportando la sonrisa de tu amor muerto, sin lograr, como el Duque de Gandía, la suerte de mirar en descomposición a la amada. Tú eres una preciosa carga para siempre fragante.

Aquella noche enlunada volví del campo al amparo de tu sonrisa y de las fúlgidas constelaciones.

SONÁMBULA*

PASAS por la vida, serenamente, escudada en tu sueño…

Porque tu sueño es alto y te acoges a él como a la sombra de una mano protectora que desde el plácido firmamento se abriese sobre ti, con la solicitud con que los cálices de los floripondios se abren sobre las mariposas sedientas de miel.

Tu sueño, amiga, sonríe con la gracia pura con que en los lienzos de los pintores platónicos abren sus labios las doncellas idealizadas por la nobleza de un pincel que supo de amor.

Te envuelves en tu sueño como en un manto inconsútil cuyo poder de magia y de belleza obliga a los nardos, a las menudas margaritas y hasta a los profanos claveles a inclinarse ceremoniosamente cuando marchas entre ellos, con más rendido homenaje que el que tributan al paso de Flora, los rosales del país de Arcadia.

Cuando en la noche bañada en fulgor lunar, cantan los pájaros de los corredores de tu casa en la fiesta de una sonora vigilia, vas contemplándolos de jaula en jaula, y en la unción parsimoniosa de tu sueño cruzas las manos sobre el pecho y, al acercarte a la madreselva, esparce la delicia más intensa de su perfume.

El optimismo del sueño con que sueñas enciende en tus pupilas un destello de dicha íntima, y a tus condiscípulas de la infancia que con los años se han vuelto tristes, las llamas a una saludable alegría y les anuncias un futuro halagüeño, con alboradas de diafanidad, con mediodías acariciadores y con atardeceres de poema bucólico; y si hubieses leído a Teócrito (lectura que, por cierto, no te hace falta), repetirías su hermosa sentencia a tus compañeras de la niñez: «Las Horas, que los dioses han hecho tardías, ríndense al fin a nuestros deseos, y siempre traen a los mortales algún don consolador.»

Y así vas, sonámbula que camina por senderos en que florece el prodigio, atravesando la tierra con el andar indescriptible de un fantasma.

* «Vidrios de colores», *La Nación*, México, 25 de octubre de 1912.

Ojos de sonámbula, entrecerrados como si mirasen un gentil paisaje interior: en vano fluirá en honor vuestro el romanticismo de los madrigales, porque sólo pertenecéis a un sueño de otras vidas. Mano fina, que evocas los dedos frágiles de las infantas: no ha de esplender en ti el oro del anillo nupcial, porque tu dueña se desposó, en una tarde de graves meditaciones, con una visión de ultratumba. Cabeza esbelta, nido de generosos y sutiles pensamientos: nunca descansarán sobre tus oscuras madejas los botones de azahar, porque en una hora de primavera escuchaste la voz de una estrella remota y te abatiste bajo la fragancia de abril. Rostro en que se refleja la luz de los inextinguibles astros: no concurrirás a los regocijos del mundo, porque sólo vives para decorar el espectáculo de un ensueño extrahumano.

¿Qué miran, alma adentro, tus pupilas dormidas? Miran la perspectiva de paraísos cuyos frutos superan los fabulosos del jardín de las Hespérides; las damas de vestidos blancos, como armiño, que desfilan en las narraciones de los cuentos legendarios; los paladines sin miedo y sin tacha de las crónicas vetustas; castillos aéreos, cisnes y palomas dramáticos, panoramas de encanto, idilios patéticos... Todo lo existente engrandecido, dignificado, purificado.

Y de esta contemplación extática en que te gozas cotidianamente, ha salido tu bondad como de un crisol.

Bondadosa y tierna exhala siempre de tu boca un acento caritativo para la queja de la anciana, para el llanto del niño huérfano, para el dolor del enfermo y para el lamento de los pordioseros. Por eso van contigo, formando séquito, las gratitudes lugareñas; y cuando paseas por las márgenes del río, las lavanderas te saludan con patriarcales cumplimientos en los que suena el nombre de Dios; y cuando te asomas a las rejas de madera, escuchas las bendiciones de los menesterosos a quienes das pan; y para ti suenan los trinos de las aves errantes que hallan sustento en tus graneros, y los toques de la esquila que se compró con tu riqueza, y los acordes de la orquesta aldeana que se sostiene con la contribución de tu entusiasmo bélico.

Y vas por la vida irguiendo la frente y cruzando sobre el foco de piedad de tu pecho las blancas manos; como una sonámbula que recorre la vía florecida y aromática de un poema ideal.

SU ENTIERRO*

TARDE GRIS y húmeda fue la del entierro de aquella bondad muerta en flor el primer día de noviembre. Su ataúd, al atravesar las calles aldeanas y la llanura escueta, entre la llovizna pertinaz y el deshojamiento de los álamos, evocaba el cantar fúnebre y amoroso: «llevaba una mano fuera, por ella la conocí». El gris y la humedad de aquella tarde de su entierro nublaron de llanto los ojos de las mozas, que suspiraban desoladas, y ensombrecieron la vida de más de un amigo…

La casa olía a cirios y a rosas mustias, a las rosas que exhalaban densos perfumes en torno de su lecho de muerte. Por las habitaciones pasaban los rostros de pesadumbre de las hermanas y la madre, enlutadas como fantasmas de leyenda. Mujeres devotas murmuraban rezos en un ángulo de la capilla ardiente, desmantelada y fría; en la alcoba inmediata se aspiraban las drogas inútiles y parpadeaba una lámpara de aceite; el viento hacía sonar, con un quejido lúgubre, los árboles del patio; la lluvia se anunciaba con rachas glaciales, y cuando llegó el último concurrente al sepelio, la caja azul salió de la capilla en hombros familiares, en medio de sollozos crueles como una agonía y del azoro de los chiquillos.

Así dejó Ella su casa, la casa en que estallaron sus risas locas de la niñez; en que persiguió, entre las macetas y por los corredores, las alas pintadas y volubles de la primera mariposa; en que enseñó a elevar la prez, como columnita de incienso, a la inmensidad azul; en que vistió la primera falda de señorita, y en que contempló, en el cielo diáfano de la alborada juvenil, el volar de ilusión y de magia del primer ensueño.

Pasó el ataúd por las calles, entre los comentarios plañideros de las gentes que se asombraban, y entró en el valle.

En las ramazones desnudas, se prendían los chales de la neblina, como sudarios; las vacas que abrevaban en el río mugían dolorosamente; los toques de la esquila parroquial se desmayaban como lamentos de otras vidas; sobre las cabezas del cortejo caía el agua, y la memoria resucitaba los octosílabos de Rosado Vega:

---

* «Vidrios de colores», *La Nación*, México, 1º de noviembre de 1912.

Dicen que cuando murió
tan bella y tan joven era,
que hasta la misma madera
de su caja floreció.

Por fin, en el panteón rústico en que crecen juntas la ortiga y la campánula, se quedó la amiga muerta en flor a dormir el último sueño en el oscuro limo de la fosa.

El séquito de dolientes regresó a la aldea entre el rumor de la lluvia, los ayes del viento y las campanadas del crepúsculo.

Todos lamentaron que la gentil espiga hubiese caído bajo la hoz.

Las manos de Ella habían ungido llagas, con bálsamos de una caridad incansable; de su boca había manado el raudal cristalino de las palabras consoladoras; en sus pupilas brillaba siempre una lumbre piadosa; lo mismo daba pan a las mendigas que alpiste a los pájaros, y reía con los niños jubilosos, y compartía las penas de los ancianos, y era, en suma, un rosal de generosa fragancia digno de lucir sus pétalos en los jardines de Asís.

Figura gentil y blonda que te hundiste en las tinieblas de ultratumba, como una flor náufraga que desaparece en el turbio oleaje: en tu sepulcro hace guardia la gratitud de los poderosos y de los humildes. No has muerto para nosotros, porque la marcha del olvido no alcanza a cubrirte en la cima de los corazones que se llenaron del prestigio de tu gracia y de la ambrosía de tu bondad y que recibieron el tesoro de tus claras virtudes como los cofres que se iluminan con el reflejo de las joyas que encierran.

Yo no sé en qué constelación del Paraíso fulge tu espíritu, en la fiesta de inmortalidad; pero miro a lo alto para recibir, con las sonrisas del Zodíaco, la limosna ideal de tu saludo a distancia.

Juzguen con grosería materialista, los que miran en el último adiós la ruptura definitiva del hilo de oro que mantiene unidos los corazones. Entretanto, los que creemos en el alma incorruptible y diáfana, seguimos atentos al prodigio, esperando que en la maleza en que cayeron heridos los nuestros ondee el pañuelo que nos dijo adiós hace años; que en la penumbra solitaria suene la voz que se apagó en un invierno lejano, la voz cuyo timbre comenzamos a olvidar; que en la vigilia del duelo romántico frente al quinqué agonizante, se pose en nuestro hombro la mano que estrechamos en minutos de emoción, mientras los luceros cintilaban y trascendía la esencia de la madreselva; que se nos aparezca la boca breve y fina cuyo mohín peculiar hemos recordado en esta arboleda y en aquella plaza, porque en la arboleda se cerró sentimentalmente; y que la sombra de aquellas pestañas vuelva a protegernos, como en horas idas.

Y antes de dar reposo a la pluma, el cronista consagra un recuerdo a la tarde gris y húmeda en que Ella fue sepultada: la neblina se prendió a las ramazones como un sudario, el cencerro de los ganados sonó con desconsuelo y la lluvia pertinaz se abatió sobre la comarca, como un llanto.

HACIA LA LUZ*

Para una enferma

TE HABLO de amor y sonríes... pero sonríes con la melancolía de la que sabe que no puede entrar con pie ágil y espíritu gozoso en la barca que se mece sobre el espejo del mar... ¡pobre Alma! Sonríes ante el fervor de mis palabras como diciéndome: No puedo, estoy enferma.

Piensas que es lamentable que yo vibre de pasión por tus pálidas manos y tu pálida frente, si tus manos están más cerca de la sombra de la tumba que del anillo nupcial, y si tu frente ha de recibir el contacto de los gusanos en vez del de la corona de azahar. Juzgas que te invito a una loca fiesta de amor para que tu corazón palpite como un péndulo precipitado, cuando una sacudida brusca de la noble entraña te mataría. Consideras que es triste que yo quiera llevarte por senderos de idilio, con flores aromáticas y pájaros cantores, cuando comienzas a avanzar con rumbo a la muerte, como si caminases por la ruta desolada a cuyo fin está el patíbulo...

¡Mas cuánto yerras, Amor! Sí, es cierto, ya lo sé... Estás enferma y en riesgo de morir. El corazón que se ha estremecido por mí, pletórico de ternura, no funciona bien. El médico uncioso que juntó su cabeza a tu pecho para oír el ritmo con que se agita la entraña enamorada, descubrió que es insuficiente para dar salida al caudal de sangre generosa. ¡Gracioso simbolismo el de tu enfermedad! Eres un vaso frágil en que ni la sangre ni el amor pueden contenerse, ¡pobrecilla urna que te rompes al dilatarse el tesoro que encierras!

Sí, estás enferma... probablemente se agravará tu mal y morirás; pero ¿acaso he creído, al soñar con tu garganta de nieve, que será eterna? Yo adoro tu cuerpo por ser la envoltura gentil de tu alma. Si mañana tu alma se liberta, mi amor perdurará sobre el pecho y las manos y los ojos adorados que se pudran en la

---

* *El Eco de San Luis,* San Luis Potosí, 3 de septiembre de 1913.

tiniebla húmeda del ataúd, y aguardaré la hora de mi liberación para ir contigo. Y nuestras almas, mecidas por un soplo de otros mundos, se columpiarán libando la esencia de la misma flor inmortal como dos mariposas diáfanas...

Presiento la catástrofe.

Despertarás una mañana gris, creyendo oler en tu lecho un vaho de tumba, un hálito rancio. Afuera, la llovizna caerá en el patio. Te sentirás triste y sofocada. En tus ojeras habrá la sombra de la agonía, y pensarás en mí, y te sentirás cada vez más sofocada. La muerte entrará en la alcoba, haciendo sonar sus articulaciones descarnadas, con un ruido de goznes viejos. Llegándose a tu lecho, apoyará sus puños glaciales y sarmentosos sobre tu corazón, hasta asfixiarte. Darás un grito, la noble entraña se agitará por última vez como bestezuela oprimida y sobre el lecho habrá un cadáver.

Mas... ¿qué importa? Una fosa es lo mismo que una cuna. Morirnos es ir hacia la luz. Cuando el oro oscuro de tu cabellera y tus manos vírgenes y tu boca poética y tu blanco pecho no sean más que un despojo helado, más que la desolación de una rosa difunta, bogarás por el éter luminoso, como una alma de selección.

Amada: la barca va y viene sobre el lomo inquieto del mar... Tripulemos en ella. Si la fatiga te agobia, te llevaré del brazo a la barca. ¿Ves? Ya estamos sobre el enorme espejo, que se divierte bordando espuma. Remamos, con el abismo debajo de nosotros. Nuestro amor sabe remar, como los paganos que ofrecían sacrificios a Neptuno. De súbito, el cielo se encapota, el relámpago amarillea en el horizonte, el monstruo ruge por sacudirnos de su lomo encrespado. Una ola negra se mira venir. No tiembles, Amada. La ola negra, gigantesca, se tragará la barca; nos dormiremos en el océano pavoroso, para despertar en los Campos Elíseos. En la luz...

TRISTÁN

DON DE FEBRERO*

SOY DEUDOR a febrero de un singular espectáculo: el de un alma femenina que, frente a mi isla de meditación, sufre los embates de locos vientos, sobre el mar, sobre las selvas, muy arriba...

* 28 de febrero de 1915, Ramón López Velarde, *El don de febrero...* Recopilación de Elena Molina Ortega, 1952.

Y tal espectáculo me reconcilia con el pobre febrero, mes equívoco que se disputan la persistencia de la nieve y el asomar de las rosas. Febrero me es grato por la primera vez.

Esta mujer, cuya alma se sacude en un torbellino superior, escribe con una despreocupación familiar que desdeña las retóricas y con una alteza de visionaria. Sus manuscritos revelan, desde la primera línea, un anhelo despótico de cosas perennes y una fiera intensidad. Escribe, con mayúsculas absolutistas, Verdad y Vida. Se va de la tierra en fugas de éxtasis y, suspendida en el azul cenit, las tardes se fatigan mirándola vibrar en apetitos sobrehumanos, angustiarse por el sumo saber y torturarse con una tortura cósmica. Yo la tendría por una infanta medioeval si no hiciesen contraste con su severidad aristotélica una inquietud contemporánea y un panteísmo prolijo.

No sé por qué amable fatalismo me ha concedido febrero el don de distinguir, desde mi isla de rumores iniciales, sobrias fuentes y arboleda parca, el alma que, como un punto de plata náufrago en la inmensidad vespertina, es llevada y traída por vientos contrarios, y que paga así su afán mitológico de enclavarse en el Zodíaco, igualando la soberanía del León o la radiosa compostura de la Virgen. No sé cómo la niebla de mi meditación, eficaz para arropar la colina, el agua y la arboleda insulares, no lo ha sido para impedirme ver el alma femenina que, sobre el océano, se desgarra queriendo hallar la síntesis del pensamiento y la cifra de la pasión para sustentarlas, sobre su mano morena y pálida, como joyas gemelas.

Sólo sé que estas horas de febrero en que los dioses, indulgentes o irónicos, me otorgan mirar cómo sangra un espíritu en las alturas, son horas que se irisan con un matiz sentimental, con el rosado matiz que la gota de sangre de un ideal martirio, al ir cayendo, diluyese en la atmósfera. Y en esta atmósfera me recojo, como dentro de una vasta piedra preciosa, a gustar, con la emoción de los primeros simbolistas, el acto escénico de la doncella del cenit.

Si no temiera que alguna gaviota me comentase con un grito cómico, yo diría a la doncella del cenit, entre galante y doctoral: «Frente alucinada, pupila fantasmagórica, rostro desteñido en tenaces desvelos, corazón pávido: la sabiduría no es para nosotros un hallazgo, sino una fatalidad; lo eterno, sin que lo persigas, vendrá sobre ti. Saborea con quietud la uva de cada momento, sin cuidarte de las viñas bíblicas ni de los racimos ontológicos. Abandona la eminencia vertiginosa en que sangras y gimes, y si quieres seguir copiándote en un espejo de agua, desciende a sentarte en el brocal de un pozo de provincia. Estos pozos provincianos han reproducido, en su fondo de paz y de refrigerio, el peinado de tirabuzones de nuestras abuelas, los ojos curiosos de los rapaces, los cuellos de los corceles favoritos sueltos en el patio, el cántaro con su cuerda, la maceta con sus tallos curvos y sus flores invertidas... Generaciones y generaciones de mujeres sencillas han mantenido su equilibrio interior escuchando el consuelo de cristal y la promesa fluida que suben de un pozo.»

Pero mi voz ni siquiera llegará a Ella, y desde mi isla meditativa, la miraría perderse en un huracán de metafísica, sobre la selva erizada y el ponto bravío.

CLARA NEVARES*

OCHO DE DICIEMBRE... Día como un listón blanco y azul en la vida de Clara Nevares... Misa de Inmaculada... Templos fríos...

Tales fueron mis primeros pensamientos al despertar en la fecha apuntada. Hay una Clara Nevares en todas las cabeceras importantes de todas las regiones. Decid Tepatitlán, Fresnillo, Matehuala o Coatepec. Lo mismo da. La Clara de mi crónica, amada hace lustros por mi niñez lírica y boba, va hoy viviendo los años de abdicación en que las mujeres nada esperan ni nada quieren del hombre, y en que, para conservarse bellas, necesitan ser adoradas, según descubrimiento de no sé qué parisiense, de éstos que escriben para la perdición de las almas.

La fatalidad nos separó, es cierto; pero yo he pensado en Ella diciendo en un monólogo interior, sobre el lecho de mi pereza:

«Día ocho de diciembre... Ella habrá madrugado, lavándose, con agilidad de paloma, brazos, cuello y rostro. Vestida de negro, habrá dirigídose a la parroquia, pasando por la panadería, por la panadería fecunda, con su buen olor goloso; habrá atravesado la Plaza de Armas, todavía en sombras; habrá cortado el portal, habrá seguido por la calle en que se ve una placa de mármol, conmemorativa de la estancia en el pueblo de un personaje sospechoso, allá por 1859 o 1863; habrá mirado al sereno sobre una escalera, en la mitad del arroyo, apagando la mecha de un farol; y habrá entrado en la parroquia. En las naves, irrumpirá la iniciativa gozosa de una orquesta y se oirán canarios que exhiben en su plumaje desde un verde tierno de lechuga hasta el amarillo intenso de las onzas que se acaban de troquelar. Ella ha estado hincada cerca del púlpito, y después del ofertorio ha recordado que lejos, demasiado lejos, hay una tristeza que la quiere, y se ha dicho: "Ofreceré la comunión por él." ¡Oh, cielos, mi vida tiene una clave y un fin, pues hay un pecho limpio que comulga por mí! Se ha persignado para salir de la parroquia. Ha emprendido la vuelta a su casa. Ya adentro de su zaguán se quita el manto. Va al comedor. Quizá está sola, sola con su vaso de leche, coronado con

---

* *El Nacional Bisemanal,* México, 22 de diciembre de 1915.

una pulcritud de espuma. Quizá reflexiona que en la silla inmediata a la suya he asistido no pocas veces a sus desayunos elementales. Quizá canta bajo, bajito. No sé, a punto fijo, por qué siento la necesidad de levantar los brazos al cielo, como una lira, imitando a Francis Jammes en la agonía de sus alejandrinos invernales.»

Mi vida es una sorda batalla entre el criterio pesimista y las unidades del ejército femenino. Una batalla sorda y sin tregua entre las conclusiones de esterilidad y la gracia de Eva. De una parte la tesis severa. De otra, las cabelleras vertiginosas, dignas de que en ellas nos ahorcásemos cuando la intensidad de la vida coincida con la intensidad de la muerte; las bocas que fingen fragilidad y que son feroces; los flancos que prestan su línea a la cúpula de las catedrales y al cristal en que bebemos, los pechos que avanzan y retroceden, retroceden y avanzan, como las olas inexorables de una playa metódica; las rodillas que se estrechan como en una premeditación estratégica; los pies que se cruzan y que son crueles, como lo sería, ante los ojos del nauta, con urgencia de desembarcar, el cabo trigueño o rosado de un continente prohibido. ¿Quién será mi vencedora en esa lid en que me place ser tocado por hierros encendidos? ¿Lo será una mundana? ¿Lo será una regional, de las que tan bien esconden las armas del sexo, sumergiéndolas en un prestigio honesto? Quizá no muy tarde, en un cansancio de lo hueco y de lo complicado, acuda sencillamente a Clara; el reloj de muestra negra y manecillas doradas, que en la fachada de la parroquia ha soportado lluvias, huracanes y el estrago de la guerra, marcará una vez más el triunfo de la sangre siempre segura, sobre las ideas, siempre vacilantes.

Al llegar aquí, me acuerdo de Paco Izaguirre. Paco Izaguirre se llama un confeccionador de versos, paisano mío, que ha dedicado su existencia a cortejar a Clara. Esto me liga a él con una maciza simpatía. ¿Quién tiene mejores títulos para nuestra simpatía que el que ama a la misma mujer que nosotros? Y luego, si la rivalidad es meramente teórica... Por mi parte, os confieso que a no mediar los sonetos dulzones de Paco y sus prosas rimadas explosivas, entraríamos en intimidad. Si rehúyo su trato, es sólo por ponerme a salvo de la recitación de su oda a Pípila o de su monólogo «El veterano y la niña», dicho con éxito memorable en el curato, en una distribución de premios.

¡Pequeñez humana! Caigo en la cuenta de que este tono zumbón que voy gastando contra Paco me lo dicta la envidia. Porque él hará desapacibles madrigales y feas prosas, pero (¡y el pero es de cuantía!) él es feliz. Ha realizado el prodigio de no dejar de ver a Clara, ni un día.

Él la perseguirá por la Alameda; irá a su zaga por la banqueta de las casas consistoriales, entre la segunda y la última llamada del rosario; pasará por sus rejas cuando Ella limpia los floreros que en la mesa de tortuga asedian al quinqué, mientras el sol espejea en el tejuelo que, en la esquina, sustenta el nombre de la calle. Tal vez en este mismo instante, en que malbarato el despertar del ocho de diciembre, revolviéndome en el lecho, Paco Izaguirre, en una de las puertas de la panadería, baraja en el caletre ripios acechando el paso de Clara. Y la saludará, y Ella le devolverá el saludo en un giro imperceptible de cabeza y abatiendo la frente en una inclinación de medio grado. Como en el tránsito señoril de una quimera...

LA PROVINCIA MENTAL*

POCO HA, me dictó este título Eduardo Colín; por lo tanto, confieso honradamente que no es mío. Hablábamos de la pintoresca ingenuidad de los pensadores de los pueblos, que para exhibir tendencias progresistas o conservadoras, se ponen la ropa usada de un publicismo bajo tierra.

En el lugarejo a que hoy me referiré, los polos mentales no eran el Jefe Político y el Cura. Acabado de salir de las aulas, fui a aquella cabecera a ejercer una salomónica justicia de primera instancia, y desde luego descubrí que los polos mentales eran don Marcos F. Galván, comerciante en ropa, y don Simón Puente, Administrador del Timbre. Uno y otro trataron, desde el mismo día que llegué al pueblo, de ganarme a su partido, porque ganarme a mí equivalía a ganar al Juzgado. Don Marcos era Rousseau vendiendo franelas y muselinas, y don Simón era Sardá y Salvany cobrando impuestos. El señor Puente abrevaba con delicia en *El liberalismo es pecado;* el señor Galván hallaba su paraíso en los folletos del doctor don Agustín Rivera y en *Amores y orgías de los Papas.* El Administrador del Timbre estaba suscrito a *El Tiempo;* el comerciante a *La Patria.* Pronto perdieron los dos la esperanza de incorporarme a sus filas.

El Cura, tolerante y socarrón como el Jefe Político, me invitaba todas las noches a mirar las estrellas con un mal telescopio de su propiedad. Y mirábamos las estrellas desde el empedrado de la calle real, frente a la tienda de don Asunción Jayme; el Cura en sotana y sin capa, en una cínica violación de las Leyes de Reforma; yo sin sombrero y faltando vergonzosamente a mi protesta de cumplir y hacer cumplir los códigos fundamentales. Se prolongaban tales horas de pretensión astronómica, y don Marcos F. Galván y sus parciales se daban a gestas en

* *El Nacional Bisemanal,* México, 29 de enero de 1916.

presencia de aquel Concordato a la mitad del arroyo. Se me tuvo por adicto al retroceso.

Yo, en realidad, era adicto a María Jayme (que poseía una cabellera tenebrosa, como para ahorcarse en ella); a Teresa Toranzo (cuyos ojos, como esmeraldas expansionistas, cintilaban, para mi ruina, entre los renglones de los autos de formal prisión); a Josefina Gordoa (que se me aparecía en las demandas ejecutivas mercantiles) y a Lupe Nájera (carilla anémica, voz de pésame y de canción gemebunda, y uno de los más graves riesgos de mi celibato).

Don Simón Puente y los suyos me pusieron en entredicho a poco andar. Habían celebrado que mi juiciosa juventud no perdiese la misa de los domingos y que cultivase el trato del señor Cura y que hubiera aceptado examinar, fin de curso, a las niñas de la escuela parroquial. Pero toda mi pía fama se derrumbó. Dieron al traste con ella dos números de mi programa cotidiano: el empinar el codo, a la una de la tarde, en La Favorita, en compañía del Jefe Político, del coronel Medina y del dueño de la tienda, tres bebedores célebres, y el acudir a las nueve de la noche, a la cantina y a los billares de don Miguel Mendoza, masonete impulsivo y boquiflojo. Mi misa dominical se tomó por irreverente cita con mis amigas; mi inteligencia con el Párroco quedó en punible despreocupación; mi activo papel en los exámenes de la escuela parroquial fue explicado por la oportunidad de hablar con Lupe Nájera...

Todo se renueva en estas cabeceras de Guanajuato, de San Luis, de Zacatecas... Renuévase el árbol, y la belleza de la mujer, y el agua. Todo, sí, menos el pensamiento, que se momifica en una tradición feudal o se cristaliza en la ñoñez jacobina. Yo no lo deploro: antes me alegro de que los iracundos y pueriles sectarios lleven trazas de poder ofrecernos siempre un sabroso sainete de ideas. Me alegro, porque es saludable asistir a los escenarios en que disputan el candor y la petulancia.

Entrada la noche, la luz de la panadería y de la botica cortará sobre la calle los cuadrilongos de las puertas. Si hay luna, el ahorro municipal apagará sus faroles. En una trastienda se leerán las crónicas del Congreso Constituyente, en medio de una atención pasmada y de un silencio formal. En el púlpito de la parroquia, un clérigo, de los que sitiaron a Alejandría en las cruzadas, se aventurará a afirmar que la escasez de lluvias es un castigo de lo alto por la maldad de los incrédulos y de los protestantes. (Alusión al vendedor de fideos y tallarines, que tapiza sus muros con carteles en que hay versículos del Génesis.) A través de muchas ventanas, cerradas con un ajuste preciso, se oirá el sordo caer de los padrenuestros y las avemarías. Nos sentiremos en un palenque vetusto, bajo el que hierven creencias irreconciliables, próximas a estallar.

LA DAMA EN EL CAMPO*

YA ENTRETENGO estas horas con un sabroso capricho: el de trasladar al campo la mujer más sugestiva de la Capital. Si me fuese dado convertir a la dama en pastora, yo pondría en tal conversión el más delicioso proceder poético y mi más vigorosa humanidad. ¿Sonríe usted, señorita, de nombre de flor? Que su sonrisa bañe este capricho.

Verdad es que ser la más sugestiva entre medio millón resulta fabuloso; pero tal fábula corresponde a un estado simple y habitual de mi conciencia, y por ello, a riesgo de una segunda sonrisa de la dama a que aludo, paso a exponer cómo la presa de la ciudad se tomaría en el decoro del campo, por virtud de algunos singulares recursos que me dicta no sé qué genio cordial.

Usted, tan urbanizada, ¿cómo se vería vestida de negro, en el tablero amarillo de la cosecha? Yo nunca la he mirado vestida de negro, por más que lo he deseado. Imaginarla de luto en lo raso de una llanada, entre maíz o entre paja, bajo el resplandor metálico de la tarde, vale tanto como imaginar mi propia tristeza en medio de caricias sensuales. Usted, vestida de negro y sentada sobre la cosecha, me daría la emoción del luto de Flérida. O quizá me haría pensar en el de Elisa, la mansa pasión de Garcilaso.

En *La sangre devota* he llamado a la inspiradora de esta crónica boca flexible, ávida de lo concienzudo; figura cortante que se escapó de una redoma de alquimia o de una asamblea de vitrales oblongos; y, aún, la he reconocido como el armonioso peligro de mi filosofía petulante, de mi filosofía que pretende que la vida se le entregue, en lugar de entregarse él a la vida. A tal panegírico, de carácter civil, he querido agregar hoy mi elogio rústico y deseo que éste trascienda a la harina, a tierra mojada y Carta Pastoral leída en el púlpito de la aldea.

¡Qué gallarda debe ser la dama galopando, en un corcel animoso, por lo plano del valle y la curva de las laderas! Quizá se fatigue; pero, aun en su fatiga, ha de ir fascinante su pelo, descompuesto por el galope; quizá se asfixie, pero la asfixia agravará, con un carmín incipiente, la tentación de su palidez... Si el vértigo la postra, siempre habrá a la mano la raíz protuberante de un árbol para que repose, y encima de su desmayo caerán bien, en un descanso retardado, las flores de su nombre. Las tres potencias del alma y los cinco sentidos corporales esperarán, en silencio, que se recobre.

---

* *El Nacional Bisemanal,* México, 26 de febrero de 1916.

Ella, que no prescinde de su sombrilla, apenas pique el sol, ni de su paraguas sin latitud, apenas se esboce una nube, había de soportar los excesos del verano. Que se recalentasen sus arterias, en bochornosas giras por sembradíos y por vergeles… Que un colibrí confundiese con un mirto sus labios tónicos… Que un chubasco inopinado y descortés la empape con fruición, calándola hasta los huesos… Que, de regreso al pueblo, en un caserío ensimismado, un feliz entre los felices la besara al cuello, como se besaría la carne húmeda de Ceres…

No he querido insinuar, señorita, que mejorase a usted trasplantarla de la ciudad al campo. Todo vive convenientemente en su ser auténtico. Tampoco he querido, al hablar de «La dama en el campo», zurcir un ensayo, pariente (de lejos siquiera) de los que debemos a la maestría de Julio Torri. Menos ha contado en mi intención un paralelo tácito entre las heroínas de la letrilla bucólica y las de la edad ciudadana. Sólo he pretendido captar el matiz que ganaría la naturaleza si usted concurriese a mi paisaje de soledad, de vehemencia y melodía. Ignoro si mi objetivo podría resistir la voluptuosidad de penetrarse de esta suma: el olor civilizado de usted más el indómito de la tierra. Y sospecho que cumplido el plazo en que tuviera usted que ser devuelta a la ciudad, la soberana indiferencia del campo se conmovería un poco…

LA DERROTA DE LA PALABRA*

YO QUIERO hablaros esta mañana de la derrota de la palabra. Es decir, el retorno del lenguaje a la edad primitiva en que fue instrumento del hombre y no su déspota. Pienso, a las veces, que los bárbaros artistas que crearon la rueda y el hacha y los vocablos para designarlas fueron espíritus menos toscos que el ciudadano de hoy, aguja de fonógrafo, aguja muerta. Me complacería despertar el horror al industrialismo de la palabra; mas protesto que se halla lejos de mí cualquiera intención de propaganda, y que hasta preferiré que se opine diversamente de mi criterio. La igualdad de las ideas, uniformadas como soldados rasos, me produce el mismo malestar que me causaría ver un rostro idéntico en todas las mujeres.

Pocas cosas habrá más vanas que hablar por hablar. Y pocas cosas son tan del gusto de los mexicanos como hablar por hablar. Nos encanta el lenguaje como fin

---

* Conferencia pronunciada en la Universidad Popular, el domingo 26 de marzo de 1916. *Vida Moderna*, 12 de abril de 1916.

último, y todos nos difundimos en huecas tiradas, desde la tierna mecanógrafa hasta el poeta de ínfulas. En los círculos propiamente literarios, el abuso de la palabra ha sido fomentado, en ocasiones, por la hojarasca de la prosa peninsular, y en ocasiones por la inhumana tendencia de los parnasianos. Fuera de los círculos literarios, los factores que contribuyen a sostener la palabrería son menos técnicos, pero no menos efectivos. Desde luego, la vulgaridad de espíritu lleva a las gentes a declamar. Quien carece de vida interior, natural es que simule tenerla, mareando con discursos teatrales. Así, para fingir personalidad médica, gastan saliva los merolicos, recitando aparatosamente las excelencias curativas de la víbora que exhiben enroscada en un brazo. Aquí viene a pelo referirme también a la comodidad que representa, en una sociedad que no lee ni medita, repetir por boca de ganso, tercamente y profusamente, la opinión preestablecida. Siempre constituirá una facilidad democrática la compra de ropa hecha. Bien vista la cuestión, es útil el charlatán que soba y soba lo que otros han pensado; como es útil el sastre que vende ropa hecha. Y no concibo que se tolere al sastre y al mismo tiempo se deteste al periodista que, por diez centavos, nos sirve todas las mañanas poesía hecha, política hecha, reportazgo como corbata roja y editorial como falda pantalón.

La palabra se ha convertido de esclava en ama cruel. Ya no acude con docilidad cuando la llamamos. Hoy por hoy, la palabra tiraniza al hombre y pretende cabalgar a toda hora sobre él, y espolearlo, e infundirle una locuacidad cómica. Las víctimas de la palabra se cuentan por millares. He de citar una, una en quien España cifró muy grande esperanza. Todos habéis advertido, sin duda, la degeneración verbal de Villaespesa, que edita un libro cada dos meses.

La palabra, que en la niñez del mundo se plegó tan mansamente a traducir la vibración de los hijos de Adán, parece haber imitado el empleo de esas señoritas que, sumisas y blandas en el noviazgo, después de firmadas las actas se cambian en epidemia o en ley marcial. No hay quien no conozca a más de algún marido golpeado. Y si la palabra es la mujer del literato, yo os aseguro que a casi todos nuestros literatos los golpean sus mujeres.

¿Los literatos célibes? A éstos cabe mayor desventura, porque son arañados, prematuramente, por la novia.

La inversión, en el arte literario, del procedimiento racional, del procedimiento vital, ha colmado la medida de lo absurdo. Ya el espíritu no dicta a la palabra; ahora la palabra dicta al espíritu. ¡Infeliz dictado el de una esclava a su señor! Hoy se dice: Tengo esta frase que suena bien; pero ¿qué voy a pensar o a sentir, para expresarlo, y encajar, al expresarlo, esta frase que suena bien? El académico tiene su bodega atestada de frases; el modernista ha abarrotado frases; pero ¿qué pensarán o sentirán el académico y el modernista para poner en juego sus frases? He aquí el campo en que ha vencido la palabra y en que convendría su derrota.

Estos falsos artistas, que pretenden extraer de la palabra el jugo de la vida, mantienen un paralelo, no sé si lamentable o risible, con los sabios caducos que, en la abolición de su sexo, se desvelan por engendrar una sucesión plasmogénica. ¡Pobres Faustos, a cuyos hombros ningún poder diabólico ni celeste ceñirá el jubón de las fiestas viriles! ¡Pobres Faustos que en siglos y siglos de reseca vigilia no lograrán levantar en infolios ni probetas los surtidores mágicos, los surtidores que la espada ardiente de la juventud provoca en la pena!

Tanto el escritor que sigue la tradición como el que va con la caravana actual poseen recetas dignas de envidiarse en cualquiera cocina. El escritor de actualidad posee, por ejemplo, esta receta: Patos heroicos. Después de cocidos, se parten en cuartos, se untan de salsa de Marquina, se les cubre con una capa de versos de la «Marcha triunfal» de Darío; se dejan sazonar, y ya fuera de la lumbre, se adornan con picos de cóndores de Chocano. El tradicionalista no sabrá preparar los patos heroicos; pero es dueño de la receta que sigue, para el estofado clásico: Se corta un lomo de cerdo en trozos delgados; se pone en una sartén de las bodas de Camacho; se le mezclan perejil de don José María de Pereda y vinagre de don Juan Valera; se pone al fuego manso de una redacción de notario público, cuidando que no se queme; y se sirve adornado con arcaísmos del Cid.

Nuestros hombres de pluma aderezan párrafos y estrofas como guisotes. Así es como el ejercicio de las letras se ha vuelto industria de chalanes y filón de trapaceros.

La palabra se ha divorciado del espíritu. Apenas se toca con él por un solo punto. Se ha creído que el lujo de la expresión y, en general, el ornato retórico, deben buscarse lejos del temblor de las alas de Psiquis. Yo me inclino a juzgar que, por el contrario, para conseguir la más aquilatada elegancia de la expresión, nada hay mejor que cortar la seda de la palabra sobre el talle viviente de la deidad que nos anima. Si un preciosismo artificial o una fría corrección purista nos inducen a cortar púrpuras y brocados sobre patrones de gramática o de retórica, para vestir el alma, corremos el riesgo de que la armoniosa y recóndita deidad deseche el brocado y la púrpura, porque no los ajustamos previamente a su talle de mariposa. Antes de borrajear el papel, hay que consultar cada matiz fugaz del ala de la mariposa. Yo pienso que el alma del hombre más rudo atesora, en sus alas, matices fugitivos y múltiples. Quien sea capaz de mirar estos matices, uno por uno, y capaz también de trasladarlos, por una adaptación fiel y total de la palabra al matiz, conseguirá el esplendor auténtico del lenguaje, y lo domeñará. Por eso resulta formidable el poder de los meditativos, desde el príncipe Góngora hasta Darío y hasta Lugones: porque ellos en su cuarto de hora de oración mental han descendido a repliegues de la conciencia no sospechados por los que, al ras del barbecho, se emboban en un parloteo fútil. Ya lo ha dicho el doctor González Martínez, con la felicidad con que él dice todo: El alma se agita con sus goces exclusivos, con su instinto propio y con su dolor particular. La traducción de esta individualidad no se consigue con proclamas de los dientes para afuera, ni con manifiestos a flor de piel.

En más de una ocasión he querido convencerme de que la actitud mejor del literato es la actitud de un conversador. La literatura conversable reposa en la sinceridad. Quienes conversan se despojan de todo propósito estéril. En la mesa de los banquetes rige la cordialidad; los vinos y los manjares, en su eficacia expansiva, consolidan la mutua confianza; los invitados procuran mostrarse unos a otros sus interiores, exactamente, naturalmente; pero al filo de los brindis, los comensales se cohíben y una rígida expectación señorea al concurso. Es que ha llegado el momento de la alocución tiesa. La vida ha dejado de vivirse y va a recitarse.

Dramaturgos y novelistas echan mano de los mismos expedientes embusteros. El dramaturgo, valiéndose de una estrategia superpuesta, calculará, como cualquier tribuno de conmemoración cívica, el pasaje en que el público debe aplaudir. No importa que el recurso traspase las lindes de lo burdo. Un marido habrá salido de casa, el seductor se habrá colado en ella, como el más aventajado discípulo de los burladores de Sevilla; la pérfida consorte acogerá al nieto de don Juan de Mañara. De pronto, el marido los sorprenderá. Habrá entonces un rugido con una variante de aquello del *Drama nuevo*: ¡Tiembla la esposa infiel, tiembla la ingrata! La adúltera se arrojará sobre el marido y le tapará los ojos. El seductor, aprovechando la coyuntura, se esconderá adentro de un armario. El marido, echando por tierra a su Alicia, disparará su revólver a diestra y siniestra. Uno de los tiros atravesará el armario y dará muerte al burlador. El público aplaudirá el castigo del culpable.

En la novela, se busca igualmente el efectivismo. No parece sino que todos los caballeros de pluma en ristre se proponen como modelos a esos pretendientes sin blanca que para asaltar la caja fuerte de una acaudalada, virgen o viuda, explotan la linda estampa, y discurren por ahí hechos unos brazos de mar. Hoy, como siempre, con desplantes fanfarrones, se desembarca en la isla ruidosa de la fama y en el puerto de un matrimonio cotizable. Los candidatos al laurel y al tálamo se ponen a escote.

El alma solitaria en lo más íntimo de su castillo abrupto atina a distinguir al paje sincero del pretendiente mercenario. Si yo quisiera hablar en este día con mi alma, la diría así: «Te amo por tu milagrosa facultad de silencio, porque tácitamente viertes sobre mí tu emoción, y te envuelves en la mía, recostándote sobre los minutos, como sobre esclavos sordomudos. Solitaria y orgullosa, sólo te cuelgas de mi cuello cuando somos una pareja perdida en el vacío de la soledad y en el caos del silencio. Nuestras miradas se cruzan en un efluvio teosófico y se copian como dos espejos paralelos. Mis labios terrenales no te han hablado y ya sabes el orden en que besaría yo tu boca y tu nuca y tus párpados. ¡Oh, alma, sibila inseparable, ya no sé dónde concluyes tú y dónde comienzo yo: somos dos vueltas de un mismo nudo fulgurante, de un mismo nudo de amor! Por volcánica, me adhiero a ti; por taciturna, me espantas. Paréceme que en tu odio a la palabra llegarás a mutilarme arrancándome de cuajo la lengua, y precipitándola, desde la ojiva, sobre los perros de tu feudo. En tu boca, sedienta de placer, no se enlaza la vocal con la consonante; cuando el placer se encona como un cauterio, prorrumpes en un grito inarticulado. Ya que nos abrazamos en un vaivén de eternidad, en un columpio de tinieblas, sobre un desfiladero de tinieblas, que sea con nosotros el silencio absoluto. Que la paz de las criptas en que duermen las estatuas yacentes nos invada. Que como en las criptas, se tamice en nosotros la sonrisa de la luz. Y que nuestro beso, como el beso de mármol de las estatutas yacentes, sea insaciable y sin tregua.»

Quizá la más grave consecuencia del lenguaje postizo y pródigo consista en el abandono del alma. Bajo el despilfarro de las palabras, el alma se contrista, como una niña que quiere decirnos su emoción y que no puede, porque se lo impide el alboroto de un motín. Sabe callar el alma como una enamorada, pero la aflige que su galán sea desatento, y que por esparcirse en oratorias superficiales, la olvide neciamente. De mi parte, confieso que para recibir el mensaje lacónico de mi propia alma, me reconcentro con esa intensidad con que en el abismo de la noche sentimos el latido infatigable de nuestras sienes y estamos escuchando el roce metódico de nuestra sangre en la almohada. El alma finca sus delicias en transmitirnos su confidencia; pero exige para ello una soledad y un silencio de alcoba. Yo anhelo expulsar de mí cualquiera palabra, cualquiera sílaba que no nazca de la combustión de mis huesos. Y si me urge desterrar el más borroso vestigio de cosas extrañas a mis sustancias, es porque en mi alma convulsa hay una urgencia de danza religiosa y voluptuosa de un rito asiático. Y la danzante no abatirá sobre mis labios su desnudez ni su frenesí mientras me oiga mascullar una sílaba ociosa

LA MADRE TIERRA*

NUESTROS ABUELOS se morían sin miedo por la suerte que al cuerpo le había de caber en el oscuro limo de la fosa. La religión aleccionaba a los antepasados con el ejemplo de Jesús que estuvo en el sepulcro y con la secular costumbre de dar a los cadáveres eclesiástica sepultura. Varones penitentes que sufristeis la heroica mortificación; bravos libertinos que sin miedo os ibais a la aventura carnal; monjas

---

* *Vida Moderna,* México, 13 de julio de 1916.

expertas en ver el cielo cada día en la perspectiva de éxtasis; abuelas que con todo y vuestros años luengos y vuestros hijos innúmeros parecíais entre los cuatro cirios, por la beatitud del rostro, novias y difuntas antes del tálamo; vosotros mismos, incrédulos de antaño, ¿no es verdad que quedabais tranquilos con dormir el último sueño en la tierra que los hombres llamaron Madre desde el momento inicial de la Mitología?

Hasta el lenguaje de los años pretéritos impedía que naciera la duda: el polvo volvía al polvo. No había que temer.

Pero nosotros, lectores de gacetillas espeluznantes, testigos de fenómenos vegetativos en los cadáveres, sabedores de quién sabe qué estadísticas elocuentes y contemporáneos de los hornos crematorios, no tenemos siquiera, como compensación de la cotidiana inquietud de la vida moderna, la creencia firme en la paz del sepulcro. Una filosofía cavilosa nos enerva, y tememos, con el mayor de los espantos, una incorporación entre los tablones de la caja, si ésta dura aún, de nuestros huesos de siglo vigésimo, perezosos para la virtud e impotentes para el mal. Las mujeres grávidas hacen pensar a nuestro pesimismo en la diaria procreación de seres que se destinan a la vida, a la muerte, a la asfixia con que la tierra, por desconocidos modos, atormenta la carne, los huesos y el polvo de los muertos.

En estas congojas, que como fantásticas se desechan de los lugares comunes y averiguados del mezquino saber de la humanidad, ¿a quién ocurrir en demanda de salvación? ¿A quién volveré mis ojos para ser curado del horror a la tumba, horror que es para mí herencia paterna? Recurro a ti, a quien he amado. A ti, mujer otoñal que llegas al descenso de la vida sin haber escuchado teorías inquietantes. Recurro con fe íntegra a ti, señora crepuscular, en cuya adoración se consumen en irresistible incendio romántico sesenta meses de mi juventud; a ti, cosecha que regocijaste a mozos labradores que hoy apenas son un recuerdo en tu mente de mujer derrotada por el tiempo; a ti, fruta de pasadas vendimias para mi boca adolescente; a ti, que en épocas en que nos conocimos tenías el corazón como playa en que los barcos deshechos auguraban lo irremediable de tu naufragio pasional; a ti, que en las amortiguadas pupilas tienes luz de cuarto menguante que hace claras las rutas de mi ensueño taimado. Cuando me enamoré de tu encanto (lo que sabes, no obstante la clausura perpetua de mis labios) no conocía aún al novísimo novelista para quien el amor es la gran melancolía del sexo. Segura estás de que mi cabeza se ha ennoblecido con pensares que son tuyos; de que mi espalda habría sufrido lluvias pertinaces por tener contigo coloquios en la reja mohosa de olvido; de que el día óptimo para mi pecho sería el en que tu oreja se llegara auscultando la entraña enferma, y segura también estás de que mi rodilla nunca omitirá la genuflexión que te debe. Libra, pues, mis rodillas, mi pecho, mi espalda y mi cabeza de una cruel y anticipada animación en el seno de la tierra. Sáname de este miedo pueril, que para lograrlo tienes la gracia, en sus dos grandiosos sentidos: en el grave de la teología y en el risueño que es belleza de la mujer, fuerza de canto, armonía de la línea y virtud del verso. Hazme amar a la Madre Tierra.

EL PREDOMINIO DEL SILABARIO*

PUBLICÓ UN DIARIO, semanas atrás, unos renglones críticos que no eran precisamente un modelo de atingencia, y en los cuales se deploraba, con evidente ingenuidad, «la falta de vigor de nuestros poetas líricos». Se suspiraba por los de «rabias» y se censuraba la importancia concedida al tema femenino. También se expresaba tristeza por no haber aparecido quien «engarce» estrofas cívicas que aludan al momento actual. Se hablaba, además, de un «nirvana soso».

Todo lo cual acusa la incurable tendencia a situar el vigor poético en la laringe, opinión que, por otra parte, se adapta a maravilla a las efemérides de la señorita Mendoza.

Desgraciadamente (para los que creen que los poetas combaten, según la apolillada metáfora) pasó ya la época en que los Gargantúas del verso se desgañitaban frente a las copas de ajenjo, pasmando a un auditorio de beodos.

La rabia está bien muerta. Apenas si la soportamos en Díaz Mirón. Fuera de él, los rabiosos no nos suscitan otro deseo que el de inyectarles un suero oportuno, para que no cunda su baba.

El asunto civil ya hiede. Ya hedía en los puntos de la pluma beatífica de aquellos señores que compusieron odas para don Agustín de Iturbide.

Sólo la mujer no envejece. «Mientras exista una mujer hermosa...» dijo quien sabía lo que decía. Hoy no las llamaremos las bellas, como en la edad de la crinolina, del daguerrotipo, de la grandilocuencia y de los currutacos; pero ellas serán una instancia cada día más premiosa y seguiremos indefinidamente viéndolas pasar, blancas o trigueñas, como invitaciones implícitas. Del revuelo de sus cabellos y de sus faldas irá pendiente nuestro destino. Todas las noches morirá Valentín, en el umbral de su hermana a manos del rondador que ha vendido su alma al diablo; e imagino que casi no habría quien no se decidiera a ser tardíamente homicida si con ello aseguraba una vibración exótica en su estro de sesentón, gracias a Mefistófeles.

---

* *Vida Moderna,* México, 31 de agosto de 1916.

La razón, divinazada antaño, se agrieta y se arruina; y el pragmatismo quizá coadyuva a la consolidación de la mujer en la poesía (que hoy como nunca quiere ser integral) revalidándonos la sensación de que el ateísmo se empequeñece junto a una nuca rellena y de que el gobierno del pueblo por el pueblo no puede citarse frente a unos lindos tobillos. El pensamiento, en su fracaso, es sostenido alegóricamente por los cinco sentidos corporales.

Recordamos con placer misericordioso el tiempo en que buscábamos la verdad con el mismo espíritu simple con que un chicuelo, a hurtadillas, indaga el jarabe y las confituras. Y es un recuerdo de más sápida huella el del anochecer lluvioso en que, por el bosque salpicado de luciérnagas, oprimíamos un codo en que se articulaban un flexible calor y un raso persistente. De la diversidad de recuerdos se deduce que es más humano preferir, para encerrarlo en estancias métricas, el del codo que jugaba entre nuestros dedos.

En una aldea potosina, que se empieza a desvanecer, me llamaron a completar el jurado que calificaba a las niñas de la escuela parroquial. Un vicario muy joven, clérigo ejemplar, preguntaba a las pequeñas por Adán, por Abel, por Noé... A mi derecha quedó sentada Teresa, con sus veinticinco años, con su presunción inocente de gran heredera y, sobre todo, con sus desmedidos ojos, como piedras lúbricas indecisas entre lo verde y lo azul. La asignatura grata al vicario anonadábase al margen de Teresa, porque en las piedras lúbricas de sus ojos hubiera visto Noé las uvas que lo perdieron, y Abel la torva llama de su verdugo, y Adán la piel de la serpiente.

El lenguaje literario de hoy no se casa con la popularidad. Juan Ramón Jiménez ha escrito estas palabras singulares: «el ruido del mar en el teléfono». ¿Existe algo menos popular que la facultad de emocionarse al oír el ruido del mar en el teléfono? El roce de las ideas, el contacto con una vitrina de las piececillas desmontadas de un reloj, los pasos perdidos de la conciencia, el caer de un guante en un pozo metafísico, el esfuerzo de la burbuja, el filamento sanguíneo en una conjuntiva, el vagido de la hormiga que acaba de nacer, el aleteo de una imagen por los ámbitos de la fantasía, el sobresalto de las manecillas al ir a ayuntarse sobre las XII, la angustia del pabilo cuando va a gastarse el último gramo de cera, la disgregación del azúcar, el júbilo de las vajillas, el rubor de las sábanas de Desdémona antes de que se vierta su sangre, el recelo de las patas del conejo y de las pezuñas del venado, la pesadumbre del azogue, la espuma veleidosa, la balanza con escrúpulos, la queja repentina de los armarios y el aleluya sincopado de la brisa, no suenan bastante para ganar un plebiscito.

Los que se consagran a tales episodios minuciosos, escudriñando la majestad de lo mínimo, oyendo lo inaudito y expresando la médula de lo inefable, son seres desprestigiados. Su desprestigio sólo podría compararse con el de un médico que, en una llanada en que se descornasen búfalos, atendiera las luxaciones de los mosquitos. La falta de vigor de ese médico estaría patente a los moradores del país.

Consideremos la suerte de Anatole France si lanzase su candidatura en oposición a la de cualquier plumista, español o americano, autor de una novela pornográfica por mes. France es el padre de Coignard, de Bonnard, de Bergeret... France ha consumado *Le Lys rouge*, es decir, un milagro de estilo, una pujanza ideológica, una sobriedad de factura, una sensación selecta, inaccesible a los humanos. France es la literatura francesa con un coeficiente que jamás había alcanzado. Siendo todo esto, France sería apenas falto de vigor para los electores. Llegaría a las urnas como un anémico, incapaz de contender con Felipe Trigo o con don Vicente Blasco Ibáñez.

Pero los que se alarman ante lo que ellos llaman la lírica débil pueden dormir a pierna suelta. Mientras el mundo sea mundo, el cuarterón de las vocales privará sobre los herméticos recreos, y el deleite de unir la *b* con la *a* superará a las recónditas orgías en que se dilapida una incoercible y fastuosa vid.

MALOS RÉPROBOS Y PEORES BIENAVENTURADOS*

PESTE, Hambre y Guerra... En el trisagio, palabras suplicatorias; en la provincia, calamidades que van dejando huérfanas a mis amigas. Las malas noticias han ido llegando, sucesivas y trágicas, como el desprendimiento de las hojas en la última semana de septiembre. Huérfana la sal, es decir, aquella blanca, de cuerpo valiente y voz miedosa; huérfana la miel, es decir, aquella rubia, hija del Administrador de Rentas, muñeca nimia que departía conmigo cuando paseábamos por las huertas, y en el síncope de la luz, bajo las ramas agobiadas de frutas y entre las campanadas agónicas, y que después me escribió una carta, con la letra romboidal de las alumnas del Sagrado Corazón; huérfana la cera, es decir, aquella paliducha que recortaba en papel de China mantelillos y servilletas; huérfana la granada, es decir, aquella encendida que, en una trascendencia a la vez poética e industrial, olía siempre a jabón de Reuter...

Ante la orfandad de la granada, de la cera, de la miel y de la sal, mi apetito se desarma, siquiera sea perentoriamente, y mis codicias más urgentes podrían desfilar sin que cejase la casta invasión. Remotas lágrimas expurgan mi deseo, y un dolor al que no asisto vuelve insípidas las más picantes venustidades. Todavía la

* *Vida Moderna*, México, 12 de octubre de 1916.

desgracia ajena aniquila el ardor propio. Me abandono a la parvada luctuosa que, sobre sus alas de virginidad y de tortura, me repatria al paisaje inocente. Soy una malicia inerme que viaja sobre un plumaje mártir, por un firmamento de fe, hacia un panorama sin mancilla.

Los agnósticos al uso, los prácticos banales, los que Molière llamaba pequeños impertinentes, hallarán risible esta derrota de la lujuria por el sufrimiento. Yo la hallo, sencillamente, melancólica. Anhelamos un placer incesante y nuestra voluntad claudica. En la incongruencia humana, la virtud degenera con los asomos del vicio y éste se reseca con el hálito de aquélla. Cuando doña Elvira se aparece a Don Juan a excitarlo a arrepentimiento, el burlador comenta: «Ella ignora que mientras me habla de los suplicios eternos, yo descubro una seducción imprevista y un agrado nuevo en su aire lánguido, en su vestido despreocupado y en su llanto, que resucitan en mí el fuego.» ¿Cuál de nuestros espíritus fuertes es capaz de semejante impenitencia? ¿Cuál de ellos, imitando a Baudelaire, llamará cortesana incompleta a la que en su primera noche de cementerio no sabe provocar el celo de los muertos? Confesémoslo: todas nuestras obras, las buenas y las malas, son miserables. La moda, que ha inventado las capillas como calabazates y las masonerías como pantomimas, es el hazmerreír de San Pedro y de Belcebú. Muerta la edad heroica a manos de los enciclopedistas, hoy las gentes apenas se salvan y apenas se condenan. El infierno echa de menos a los grandes réprobos y el paraíso suspira por los ilustres bienaventurados. Un contemporáneo del presidente Wilson (ora lea *Los misterios de Nueva York*, ora deje de leerlos) llegado al cielo hará que los justos se aparten de su insignificancia; y llegado al infierno, su inanidad le valdrá el desprecio de los pecadores indeficientes, que verán en él el desdoro de su libertinaje. Si rezamos a la moda, en una capilla de moda, guiados por un sacerdote de moda, justo es que nos salvemos fortuitamente. Y si nuestro pecado no contraviene los reglamentos de policía y, en consecuencia, no mete en actividad al gendarme 2748, se explica que nos condenemos por casualidad. ¿Puede aspirar a otro destino una generación menguada y tibia? Leconte de Lisle puso en verso las ridículas bondades, y si publicásemos nuestra confesión sólo constarían en ella cómicos hurtos, glotonerías de sainete y sucias aberraciones. La maldad del hombre moderno extenderá el fastidio por el valle de Josafat, sin que el fastidio sea óbice al asco; y Belcebú, comprendiendo que en sus dominios no deben caer los que en romance liso y llano son unos pobres diablos, podría dar un toque de interés al bostezo del Juicio Universal solicitando que los réprobos de las últimas centurias no tuviesen otro castigo que la prosa de su pecado. Con ello se lograría que fueran precipitados en el vórtice del crujir de dientes únicamente los que no se cohibieran en él, y nadie haría papelones de afeminado tapándose las orejas y apretando los ojos ante la blasfemia, el llanto y la obscenidad eternos.

Hoy por hoy, quizá nuestra única grandeza moral consiste en la pugna que nos roe las entrañas. Somos polinomios cuyos términos discordes hierven sin tregua.

Las potencias del alma y los sentidos corporales se baten y se neutralizan; y cuando triunfan las potencias, su triunfo encierra el sarcasmo de la infidelidad que prevalece sobre la fidelidad. El alma nunca nos es fiel: nos baja su dádiva como un capricho. Los sentidos siempre nos son fieles: ver, oír, oler, gustar y tocar son infinitivos que trotan en torno nuestro como lebreles adictos. Cuando los dispersa una potencia espiritual, sobreviene la desazón que nos causaría una mujer de rango que, al visitarnos, expulsase a los gatos, y a los caballos, y a todas las bestias leales de la casa. La adversidad es la dama despótica que mejor sabe ahuyentar a nuestros brutos.

Si con un afán sincrético, diputásemos sagrada la totalidad de la persona; si integrásemos el misticismo de la vida con la carne; si apartando las papeletas oficiales de lo elevado y de lo rastrero, redujésemos las palpitaciones más disímiles a una sola palpitación inefable, seríamos entonces tan armoniosos, tan puros y tan resueltos que las lágrimas de la mujer deseada no nos aplacarían. De la misma suerte que un valle lacrimoso no nos apacigua el propósito de poseerla, y justamente la traza de llanto que recibe de la escarcha, de la lluvia o del rocío, nos incita con más agudo estilo.

¿Dejaremos de ser algún día animales incoherentes que se desgastan en alternativas penosas? Yo no lo espero seriamente. Lo prohibido y lo lícito ahogarán en la cuna al infante predestinado a arrebatar con las manos de fuego la cintura de la desgracia, y no descenderá de la nube de los amables desatinos la señora cuya mano, superlativamente espiritual y superlativamente ávida, acaricia el lomo del gato, la anca del corcel y el hocico del perro.

Uno de los episodios para mí más sugestivos de las costumbres campestres es el que realizan con desenfado mimo las señoritas principales al ofrecer en la palma de la mano terrones de azúcar a los belfos de los caballos. Mi simpatía, en un vuelo raudo, se dirige a las desmesuradas llanuras y a las cuadras en que una caritativa doncella, con sombrero de paja y con falda rameada de claveles, soporta los dientes, torpemente comedidos, de un alazán o de un overo, al que da azúcar, con benevolencia y con apaño. Pero reconozco, no sin pesadumbre, que el simbolismo de tal episodio es un desatino más.

Prosigamos en la triste grandeza de la alternativa que nos roe las entrañas y saludemos con rendimiento al cordero y al gallo, ya que carecemos de la castidad del uno, encomiada por la Antigua y la Nueva Ley, del rijo indefectible del otro, cuya mirada redonda, que se ribetea de una digna púrpura, vislumbra los hombros, acogedores y consoladores, de las huríes.

LA AVENIDA MADERO*

PLATEROS... San Francisco... Madero... Nombres varios para el caudal único, para el pulso único de la ciudad. No hay una de las veinticuatro horas en que la Avenida no conozca mi pisada. Le soy adicto, a sabiendas de su carácter utilitario, porque racionalmente no podemos separarla de las engañosas cortesanas que la fatigan en carretela, abatiendo, con los tobillos cruzados, la virtud de los comerciantes del Bajío, accidentalmente en ésta por exigencias de El Fiel Contraste, La Fantasía o El Ancla de Oro. Loemos la eficacia de estas carretelas que, evocadas por el nostálgico traficante de tabacos, rebozos o piloncillo, son un bálsamo para las contribuciones subidas, los pagarés y los saqueos. No quiero hablar del caso en que los tobillos arrogantes, admirados de buena fe por el Jockey Club, La Esmeralda o Mercaderes, hayan menoscabado la salud de Celaya o de León. El triste señor Aranda o Anaya o Almanza comprendería entonces, al regresar con sus carros de mercancías, la justicia en que abundaba Platón al decir que el primero de los bienes es la felicidad corporal.

Tratándose de entusiasmos cívicos, cuando vine a México a radicarme, yo tenía ya la ropa tendida a secar. Por ello he sido un observador suficiente de las congestiones políticas, menos cuando en la banqueta del Cine Palacio, al consumarse el Cuartelazo, me robaron mi reloj unos energúmenos que vitoreaban a la Ciudadanía. Mis sentimientos antimilitaristas alcanzaron la forma del rencor de bolsillo con aquella sustracción, que no he podido reparar, no ya con un reloj de pulsera, de geometría arbitraria, de los que ama Rebolledo, pero ni con un inesperado Ingersoll.

En un café situado frente a San Felipe conocí al autor de *Lascas*. Al soberano citareda que, como observaba Rafael López, días atrás, versificaba gloriosamente cuando aún rugía la canalla. Estuvo magnífico, grandilocuente e insolente. Nos recitó, entre otras obras suyas, un romance a Cleopatra, de tal calidad que parecía desprenderse de la boca misma de Apolo. Nadie me ha deslumbrado, en su trato personal, como aquel hombre.

Recuerdo la tempestad que se alzó en la Cámara de Diputados con la declaración de un orador de que la Avenida era el vicio ambulante. No flota en ella, ciertamente, olor a santidad; pero tampoco escasean los honestos vehículos. Acuden matrimonios en que *él* y *ella* son ruinas fisiológicas, mas sin ninguna sospecha civil

* *Pegaso,* México, 8 de marzo de 1917, tomo I, número 1.

ni canónica. Acuden familias de riqueza intempestiva y de indumentaria chillante, mas sin portillo moral. Acuden los vestigios de nuestra llamada aristocracia, fieramente colonial y erizada de ayunos y de abstinencias. Acudes tarde por tarde, vara de nardos, tú, lucero de la Avenida, dueña de *landau*, de patronímicos rancios y de tedio crónico. Acudes a la angostura del paseo a demandar inútilmente de los cordones de lechuguinos un estímulo vital. Te sabes de memoria todos los tramos (Gante-Bolívar... Motolinía-Isabel la Católica...) sin que te consuele la mímica de Fradiávolo y sin que te rejuvenezca la ñoñez de Fifí.

Estas muchachitas, que para atravesar de una a otra acera se cogen de la mano y construyen así la tímida cadena (a la una, a las dos, a las tres), temen a los automóviles fundamentalmente. Manuel Othón juzgaba que los automóviles andan en calcetines. Además, estas muchachitas que ensayan a la una, a las dos, a las tres, apretando en el puño la medalla de María Auxiliadora, carecen del sentido de la circulación porque sus pies y sus ojos conservan la beatitud de las celebraciones caseras en el terruño, cuando las cuitadas, en un foro deleznable, eran las heroínas del cuadro plástico, y encarnaban a las Siete Virtudes, con estrellas de latón en la frente, y corona de lentejuelas patéticas, y túnicas de éter, mientras que la precaria escena tornábase multicolora por la profusión de bengalas inverosímiles. A mí no me es lícito reírme de las doncellitas que se precaven del tráfico, porque allá, en tiempos, suspiré a hurtadillas por alguna humildad y mojé la almohada en vasallaje a María de Lourdes Valdés, quiero decir, a la Paciencia. Ahora, ¡Dios mío!, «ya no hay princesa que esperar»...

En cambio, existe derecho, existe obligación de divertirse con los cocheros a quienes se les dispara la librea. Automedontes trogloditas que nuestros hombres de pro exhiben, para lustre del dudoso blasón, con sombrero hereditario, escarapela incoherente, casaca de rana y calzón celeste. Si el sitio de Troya se repitiese, probablemente no vendría Aquiles a buscar entre nosotros auriga de pelo de alambre.

He comprendido a las sociedades protectoras de animales al asistir a la tragedia de los caballos que, en las fechas lluviosas, azotan contra el barro.

Desde la esquina del Salón Rojo he sentido renacer una salvaje piedad en favor de las explotadas bestias que pugnan por incorporarse, y más aún, en favor de los caídos y decaídos corceles que hacen el muerto y, sin brizna de amor propio, abandónanse al látigo de la negra fortuna. Exactamente como un padre pobre que se ha reproducido dieciocho veces. Conocí a un demente que me despertaba a deshora para repetirme: «Plateros fue una *calle*, luego una *rue*, y hoy es una *street*.»

No creo lo último.

Pero me inquieta el porvenir al pensar en los letreros en inglés de la Avenida y en el templo protestante que la flanquea.

Pegaso vuela sobre la Avenida.

Sobre el hormiguero, sobre el espejismo de lujo, sobre los trenes del placer, sobre el azoro forastero, mécese *Pegaso.*

Mas, si no lo ayudáis un poco, azotará, alicaído, como cualquier caballejo de coche de sitio.

MELODÍA CRIOLLA*

LA LLEGADA de Manuel M. Ponce me incita a retocar un tema que alguna vez he apuntado: el criollismo de nuestro arte.

No somos ni hispanos ni aborígenes, pese a los que se llaman tradicionalistas o progresistas. Aquello de: «en indio ser mi vanidad se funda», hállase tan desacreditado como la ingenuidad metafórica de los «cachorros de España». En consecuencia, los vagidos populares del arte, y aun el arte formal, cuando se anima de una pretensión nacionalista, deben contener no lo cobrizo ni lo rubio, sino este café con leche que nos tiñe. Afortunadamente, tal convicción se va extendiendo de día en día entre los que trabajan con mayor seriedad.

La música sabe que ése es su camino. Los más decorosos compositores que han laborado para la multitud han sorteado lo peninsular y lo indígena, para permanecer criollos. Así Rosas; así Abundio Martínez; así Villalpando que con su marcha ha trastornado a la mitad de los mexicanos; así Campodónico, con su *Club verde;* así Alberto M. Alvarado; así el rapsoda jalapeño Garrido, autor de *Cuando escuches este vals;* así cuantos han sido capaces de acertar con la vibración genuina.

La música y la letra de las canciones típicas nos orean la cabeza como un relente que viene de los prados de ayer, a beneficiarnos en la desazón ciudadana. No nos cerremos –neciamente orgullosos– a la melodía nativa. Hagámonos como niños, según la sacra sentencia; que el relente que nos busca (proceda de un punto del Atlántico o del Pacífico, o del riñón de los Andes, o de la Mesa Central) pueda persuadirnos con su ideología primaria y con la impericia de su susurro. Como aquella historieta. «Para conseguir amor de una molinera hermosa, fue al molino un pescador, y a su puerta suplicó, más ella se burló de él, diciéndole: no te aflijas tú por mi amor, no puede ser que pretendas tú mi querer... Mas el tiempo transcurrió, y la molinera cruel, vieja y sola se quedó, sin belleza ni doncel. Al

* *c.* 1917. *Armas y Letras,* Monterrey, 31 de octubre de 1948.

antiguo pescador quiso entonces conquistar, más él repitió el cantar: no te aflijas tú por mi amor; no puede ser que pretendas tú mi querer ni mi amor.» Semejante trova, glosada con los rasgueos de una guitarra no muy enciclopédica, no deleitará a los asiduos del Arbeu; pero vale de receta contra la anemia y la hipocondría. Yo lo fío.

Sería ilícito prescindir aquí de una mención, siquiera, de los «gallos». La licencia para un «gallo» consíguese previamente, a no ser que, por lo avanzado de la noche, la iniciativa urja; o que el Presidente Municipal o Jefe Político vaya a figurar en la zambra. En este último caso, el desahogado funcionario (de autoridad divina o plebiscitaria, según cuadre a los principios del lector) firmará, sobre la marcha y sobre las piedras del arroyo, la licencia. Cada uno de los de la partida conducirá la lega orquesta al umbral de su pastora. Y cuando los legos de la orquesta hayan cesado en su traspiés acústico, temblará la voz báquica del interesado: «Quiero llorar y lágrimas no tengo...» Nota importante: del zaguán que recibe tamaños honores suele salir, intempestivo, algún patriarca o mancebo a quien no agrada cumplidamente que se arrulle el sueño de su familia. Y Orión y la Osa Mayor miran originarse, de la reyerta espinosa, cuestiones de derecho civil, penal y administrativo, y casos de conciencia para los teólogos de aquellas latitudes.

Mas ni el alzacuello ni el gorro frigio estorban que se siga cantando por boca del gallo, de ganso o de tórtola. Predomina la tonada de infortunio. El sonorense Silvestre Rodríguez compone *Suspiros y lágrimas*. Siempre «la vieja lágrima». Los ejemplos abundan: «Te vas y en la mar te alejas, sobre los riscos de blanca espuma que dora el sol... Mañana, bajo otro cielo, bajo otro sol, verás perderse la tierra donde llorando me quedo yo.» «Sobre tus alas trémulas lleva mi pensamiento; dame a beber tus lágrimas, dame a aspirar tu aliento.» «Adiós, ángel de amor, mi bien, encanto de mi vida, se va tu trovador para jamás volver...» «Vertiendo amargas y sentidas lágrimas paso las horas de mi vida aquí, porque no estoy en los terrenos áridos del triste valle donde yo nací.» «Yo vivo sollozando, porque el destino quiera que lejos de tu lado me vaya a consumir; y aunque se rompa el pecho y el corazón se muera, mandato del destino, se tiene que cumplir.» «Los que llorar sabemos, los seres sin ventura, amamos del otoño la augusta soledad; así queda nuestra alma, después de la amargura, sin dicha y sin placeres, hundida en el pesar.»

No son estas canciones de Ronsard. Ni requiérese harta ciencia para declararlo. En cambio, se necesita un corazón vigilante para no olvidar que esa lánguida atmósfera nos nutrió y que ese pesimismo acompasado mecía, en la heredad, los festones de la hiedra.

De *Crítica literaria*

LA CORONA Y EL CETRO DE LUGONES*

LÁZARO P. FEEL [Rafael López] acaba de comentar la decisión de un jurado que quiso instituir a Marquina sucesor de Rubén Darío. Según Feel, no están al cabo del acierto quienes juzgan que se hereda el sitial de la lírica. El cronista de *Revista de Revistas* contradice, de paso, la opinión de que en nuestra historia literaria se extiende una laguna desde Sor Juana hasta Gutiérrez Nájera, a quien tanto debemos y a quien amamos más cada día. Yo comparto esa opinión, la he predicado en todos los casos y no quiero, en éste, callar que en el período citado no descubro más que lo sandio y lo ripioso.

Abundo en el sentir principal: hay coronas que no se heredan y cetros que no son dinásticos. Confieso que viviendo aún Darío, Leopoldo Lugones se me aparecía, a las vegadas, como el más excelso o el más hondo poeta de habla castellana. Nunca supe cuál de los dos era superior, y para colocarlos armoniosamente dentro de mí, fijaba en el cenit al padre de Eulalia y en un caótico nadir al inconmensurable autor de *El libro fiel*. Pero muerto el hierofante que nos cantó de los pinos, de los pájaros, de las islas, del lobo, de la cena con Margarita, del tiempo terco, de los claros clarines, de la musa de carne y hueso, de Pan bajo las viñas, del Luxemburgo otoñal, de la serpiente de ojos de diamante, del universo, en fin, ¿quién puede compararse, sin pecar de necio, con Lugones? ¿Qué atleta resistirá, al ser confrontado con el gigante Lugones? La soledad de Lugones es la soledad de los obeliscos, para usar la expresión de un singular francés. De Lugones, nuevo Sansón, puede decirse el elogio del versículo de los Jueces: «Creció el niño y lo bendijo el Señor.»

Reconozco que el éxito de Darío aventaja en extensión al de Lugones porque éste carece de esa facultad especial del nicaragüense, que tal vez no admite análisis, pero que yo llamaría facultad internacional. Probablemente, cuando la humanidad sea más ducha, el prestigio de los ilustres gemelos cubrirá la misma

* *Vida Moderna,* México, 19 de octubre de 1916.

área. Esto será por las fechas en que el señor abate Jerónimo Coignard alcance el poder representativo de Don Quijote. Un poco tarde, porque los tipos teatrales logran mucho contra los tipos meramente cerebrales.

Y los tipos de Lugones son insólitos, reacios, esotéricos, híspidos. He fomentado el capricho de imaginar el deleite de Góngora si leyese a su continuador y trasegase su esencia, la misma de las *Soledades,* la misma del romance de Angélica y Medoro, la misma de los sonetos (entre otros aquel inolvidable «A una dama blanca vestida de verde»); esencia que destilaba pura entre las manos del racionero de la Catedral de Córdoba y que hoy triunfa, en un apogeo límpido, en la alquitara del gran argentino. Góngora al abrir una senda para los elegidos, en ocasiones se enredaba en su propia sotana: si mirara el desembarazo de sus pósteros, les mandaría, desde el Renacimiento, una sonrisa como una sanción; y si, reanudando su tarea, versificara en el siglo XX, yo temería que los más seguros maestros se desconcertaran y titubearan. Quienes no se desconcertarían un punto serían los bonachones que reparten cédulas académicas y que todavía disertan, con un candor que los enaltece, sobre la buena época de Góngora y sobre la mala. Nuestros catedráticos de literatura nunca insistirán bastante en patentizar la incompetencia y la cobardía de tal distingo.

La reducción de la vida sentimental a ecuaciones psicológicas (reducción intentada por Góngora) ha sido consumada por Lugones. El sistema poético hase convertido en sistema crítico. Quien sea incapaz de tomarse el pulso a sí mismo, no pasará de borrajear prosas de pamplina y versos de cáscara. Lo evidente y lo explícito se hacen oír con un ceceo cada vez más insufrible, y recordamos a Wilde siempre que un caballero nos reseña, en letras de molde, episodios suyos, «con el escrúpulo de los iliteratos».

Uno de los merecimientos, para mí más dignos de loor, de Lugones, estriba en su lujuria de creador. No pretendo intrigar a los moralistas: aludo a la lujuria del oficio, a la morbidez del estilo, requisito imprescindible para cuantos persigan obra duradera. Lujuria que vale lo que un propósito a la vez minucioso e integral, como el que hay en el remangue de una falda que permite ver un pie encubierto por la lenidad de una media, y bajo la media una vena serpeando rítmica en una ladera del empeine. Sin este atributo lujurioso, Lugones no habría podido decir:

En estupor trocáronse los duelos…

Ni aquel octosílabo:

Tus lentos ojos de pálida…

Ni esto:

> El mar, lleno de urgencia masculina,
> bramaba alrededor de tu cintura...

Ni aquellos dos vocablos, casados astutamente y aplicados a su propio corazón en el momento en que, ante una amada virginal, friolenta y moribunda, prorrumpe en misereres la dolorida entraña del gigante:

> ...tecla herida...

Este género de concupiscencia –lima que pulveriza las hostilidades de la palabra– franquea los interiores más abstrusos de la conciencia, sus trascuartos y sus pasadizos, desmenuza su vibración y sujeta las más inasibles vislumbres de su efímera fisonomía. Guiños, parpadeos, esguinces, mohínes... el gesto gradual y total de nuestra compañera en las tinieblas es para nosotros palmario como una estatua a mediodía, y permanente, como su faz. Nuestra emoción es una linterna sorda que horada la cúbica negrura de los aposentos, a deshora. Instante novelesco, de novela centrípeta. Los ojos del gato estallan, a la altura de un sillón. Se decanta la glosa del grillo. Los duendes andan en cabildeos. Hemos perdido la inteligencia del lenguaje usual, y el Diccionario susurra. Accedemos al lecho de la conciencia, y sobre una fuente de aguas fundamentales, un surtidor deprime y encumbra su asta y se encariña con las fluctuaciones de su bandera gaseosa.

Justo es hablar, en plural, de poetas eminentes. Pero Lugones es el poeta sumo. A su lado, todos resultan acólitos. Y si alguien hubiese que con tal apreciación sintiera su prestigio menoscabado, demostraría que su latín no basta a ayudar la misa de Lugones. Él medita con un vigor único: por esa oración mental, que se exacerba en un modo de hacer prolijo y pomposo, vence a todos los portaliras para adentro y a todos los portaliras para afuera. A los primeros –por más que calen océanos profundos– los ahorca con una sonda parienta del abismo, para lo cual no existen escondites submarinos. A los segundos –así bruñan y cincelen como favoritos de la Estética– los acogota con dedos espasmódicos, dueños de las plumas del pavo real, del rentintín del oro, de la tersura del nardo y del cabrilleo del sol en el zinc. Quizá la maravilla de este hombre pudiera plantearse así: una médula socrática encerrada en un lujo sin tasa. Él repetiría con verdad la orgullosa declaración de Banville en las *Odas funambulescas*: «Abrí mis labios encantados y devolví a los hombres de los dioses la púrpura insultada.»

Me dolería concluir esta sumaria exposición sin mencionar otra de las virtudes de Lugones: su dinamismo. En un atingente volumen, indica Azorín la idiosincrasia estática de los clásicos y la dinámica de los modernos. Esta virtud se intensifica de tal manera en Lugones, que llega a polarizarse. ¡Qué lejos estamos de los inofensivos ejercicios de los abuelos! Pero si el procedimiento de hoy muerde con acritud, también vivifica, también galvaniza. A su contacto, como al de una varilla imantada en un imán cósmico, las partículas muertas suben con presteza, como las burbujas en una copa, y el esqueleto de los astros difuntos recobra su envoltura lozana, sus vergeles, sus rebaños y sus ríos. Efectuar semejantes reanimaciones sin derrochar fósforo ni sangre (como lo apetecen las personas mansas) sería cómodo y, además, sería el fracaso un poco difícil de la cruenta ley del arte.

Tal vez en un futuro distante (dos o tres siglos) se juzgue superficial nuestra alma y primeriza nuestra expresión, por más que nos resistamos a suponerlo; pero, en cualquier evento, el mejor voto que podemos elevar en pro de esa edad es que nazca en ella un representante como Lugones, sintético y sincrónico.

MEGALOMANÍAS. MAQUETAS*

TALES son los títulos de los volúmenes, en verso, de Francisco González León, de quien publicamos en nuestro número pasado algunos poemas inéditos. Esta nota bibliográfica se desvía afectuosamente de los volúmenes mencionados, para consignar algunos de los caracteres de González León y de su obra general. Escasamente conocido aquí (apenas si publicó algo en la *Revista Moderna*), González León vive como un ermitaño en Lagos, Jal. Peina los cincuenta, entregado a la farmacia. Su juventud, según he sabido, fue de zambra y de ilusión. Por su clausura actual, clausura de celda, han de divagar el presumido golpe de las tijeras de sastres difuntos, la risa de más de una actriz dadivosa y un insistente son de vihuelas. Todo en vano. Un pardo clericalismo es quien manda.

Su obra es moderna, por el alma. Hondo y atingente, González León, en mi sentir, no es inferior al temperamento de Nervo. Y juzgo que el temperamento del ermitaño de Lagos aventaja al de ciertos poetas nuestros, de los conceptuados como primates. Su ejecución es desmañada. Ello no me resfría. Más bien me hala-

---

* *Pegaso,* México, 31 de mayo de 1917.

ga, como la flora silvestre que abraza los muros de un templo, lejos del Arzobispado de Guadalajara. Quizá un día pueda yo ocuparme con la extensión debida de este poeta, a quien estimo consanguíneo y a quien ruego me perdone de haber violado sus retiros, por presentarlo a la ponzoñosa celebridad.

FRANCISCO GONZÁLEZ LEÓN*

UNA VEZ más escribo sobre el poeta aristócrata, simple, original y monástico. Ahora, con alguna mayor extensión que antes. Y llevo la pluma por el papel con el fácil deleite con que, en días de colegiatura, nos asomamos al pupitre vecino a mirar las frutas condiscípulas que hurtaban Pedro, Juan o Francisco. («Decid, niño, ¿cómo os llamáis.»)

La simplicidad de González León no es constante, como la de Francis Jammes, sino una simplicidad con paréntesis laberínticos. Es simple por certero y laberíntico por hondo. Su certera simplicidad lo faculta para decir que unas manos «exhalan el aroma de un lápiz acabado de tajar». Y su agudeza de minero lo faculta para ir descubriendo yacimientos de fábula. Es, conjuntamente, la flor a la intemperie y el metal soterrado. Después de esto, importa poco que su versificación, arbitraria con frecuencia, disuene a los oídos de los profesionales y de los legos.

Es también monástico. La juventud licenciosa y fastuosa se ha convertido en una sensible cicatriz que se refugia en el ópalo de la tarde. Vistamos estameñas, porque no somos ya más que cicatrices que conjugan la desesperanza y el desamor. La sustancia de la vida se ha compuesto con un prefijo negativo... Tal parece murmurar, breviario en mano, el dolorido colega, para confusión de gramáticos y psicólogos: «Más que un beso, prefiero una mirada...» Sí, quizá lo declara sinceramente; pero cabe siempre el temor de que la platónica preferencia se explique porque los labios, hoy clericales, de clero regular, hayan, en el siglo, esculpido gratas arcillas, como esculpirá un recental... o Marco Antonio. (¿Qué hará, en este momento, la conocida de talle azul que me ha hecho pensar a la vez en los becerros y en los triunviros?)

La aristocracia de González León se aplica a cosas nuestras, a cosas patrias. Él ha puesto su alcurnia al servicio de lo mejicano, acaso sin deliberación especial.

---

* 1° de agosto de 1917. Prólogo a *Campanas de la tarde* de Francisco González León, México Moderno, 1922.

De cualquier modo, su tarea se suma al esfuerzo del arte criollo, tema en que yo he insistido, en diversas prosas. Quienes alimenten prejuicio verán, en más de una página de este libro, cómo lo típico puede tratarse por un estro linajudo. La inopia no está en los asuntos, sino en la mente de muchos que lo han abordado en el verso, en la novela, en el teatro.

Su originalidad es la verdadera originalidad poética: la de las sensaciones. La razón pura (con la que algunos han querido, en vano, versificar) hállase lejos de su temperamento. En este aspecto, ha sido él más afortunado que otros de celebridad continental que han diputado hacedero, por una lamentable desviación, el verso intelectual. González León nunca se ha desviado, él sabe que la poesía es el pasmo de los cinco sentidos, y para ellos trabaja. La originalidad, en mi concepto, es el sexo mismo del poeta, y, por ello, no puedo dejar de encomiarla cuando la encuentro, neta y pródiga, como en este monje de emociones intermedias. Todas las prensas de todas las latitudes vomitan a todas horas millones de libros, y cuando sobre ese desbordamiento se marca una originalidad igual a la de González León, inclínase uno a disculpar la existencia de los eunucos, de los copleros con cetro de bufones, que se exponen, desvalidos y vacíos como ceros, a la guerra de los monstruos de ayer y de hoy, y a la amenaza latente de los monstruos del porvenir.

POESÍA Y ESTÉTICA*

(*José Juan Tablada*)

NO SIN gozo, registro aquí el florecimiento cordial y mental a que asistimos. Los picos alfareros de las golondrinas han trabajado. El barro de los nidos se ha puesto a cantar por el sur y por el norte, por levante y por occidente. Escultores de quince años, poetas que aún no pican el Árbol de la Vida, pintores catecúmenos, músicos Gonzagas... todo un bando innúmero que ocupa líneas limítrofes del arte y de la virginidad. Esta plausible abundancia de pingüinos –entre los cuales apuntan ya cuantiosas promesas– significa, posiblemente, una represalia del espíritu contra la materia. Los millares de aspirantes a la lira vincúlanse, por ley recóndita, con la liquidación de los Bancos.

* *Pegaso,* México, 29 de junio de 1917.

Yo debo confesar que estaba prevenido contra los jóvenes halcones como los llama Rafael López. Pero también he de decir aquí que me han desarmado, convenciéndome de su aptitud apolínea. Es verdad que sigo incrédulo de no pocos mancebos, sin ponderación y sin enmienda, mas en último análisis, me he vuelto partidario de esa hábil adolescencia en que militan, entre otros muchos, José Antonio Muñoz, Martín Gómez Palacio y Carlos Pellicer Cámara. En su compacta legión vibra y sobra el ímpetu y ondean las esperanzas ilesas. Alégrome de poder declarármeles adicto…

Y porque su vocación es elegante, hoy he querido atraer sus ojos sobre una figura en que se encierra una de las más severas aristocracias de nuestra poesía: José Juan Tablada.

De paso en ésta, ha accedido a obsequiarnos prosas y versos, de su cosecha inédita. Si nos envanecemos con tales dádivas, que serán el deleite del público de *Pegaso,* nuestra vanidad se empareja con nuestra gratitud. No sonría, José Juan.

Tablada es para mí, por su cultura, por su temperamento, por su vida, el tipo del literato. Prepara varias obras y editará próximamente, quizá en tierra yanqui, *El bestiario piadoso* (verso y prosa), un *Breviario erótico* (prosa) y un volumen de versos con asuntos de Nueva York.

El día de 1914 en que Jesús Villalpando me llevó a Coyoacán a casa de Tablada, el poeta nos retuvo indefinidamente y nos atendió en su mesa como un gentilhombre. Nos leyó, entre el humo de sus pebeteros orientales, el prólogo y un capítulo de su *Hiroshigué.* Nos recitó en su jardín, en presencia de los sapos y las otras bestias predilectas, los poemas en que los alaba. Nos hizo sentarnos en el umbral de su pagoda. Nos mostró las repetidas cartas autógrafas de Lugones, un retrato de la esposa del Gigante, con dedicatoria para la esposa de Tablada, y cartas de la señora de Lugones. Pinturas, ídolos, rosas votivas, arcones del virreinato… un bello día. Con una nube: un criado japonés avisó en japonés la muerte de unos pájaros japoneses, por brusquedad del clima del Valle. Aquel dolor antípoda no dejó de ensombrecernos. Pero fue momentáneo. Tablada asegura siempre el bienestar de sus huéspedes con fetiches insólitos y preciosos.

La producción del autor del divulgado «Ónix» va en derechura a la estética. Sus disciplinas estéticas son ineludibles, enérgicas, crueles, inhumanas. Por eso la alcurnia de Tablada es una alcurnia esotérica, de horca y cuchillo. Sus palabras, en verso o en prosa, aguijonean a los lectores del feudo, entorpecidos en los menesteres de clerecía y de juglaría. Clérigos y juglares han rimado, y es bien que sigan rimando, para que no falte un propicio consonante en la aspereza de los caminos, ni en la puerta de las posadas, ni en el altar. Pero que no trove el señor Ingenieros, porque… no hay para qué.

LA MAGIA DE NERVO*

Se me acababa de revelar la magnitud del estro de Samuel Ruiz Cabañas. A la una de la mañana, todavía dentro del gozo de la revelación, regresaba a dormir, cuando un periodista me dijo: «Le voy a dar una noticia que le impresionará mucho: murió Amado Nervo.» Contra la previsión del informante, quedé impasible. En ello reconocí la eternidad del muerto, porque vivir o morir es secundario para él, en presencia de la perpetuidad de su obra. Para mí, él es el poeta máximo nuestro, y nadie puede lastimarse si lo digo, pues hablo, más que de otra cosa, de las preferencias del corazón. En aquella hora de que vengo platicando, busqué en el cielo la Lira... No la encontré.

Aún vivía él cuando me tentaba el deseo de formular mi disentimiento de su labor de los últimos años. Me abstuve, empero, por no lastimarlo en su carne mortal. Hoy, si me escucha, me entenderá, viendo en las salvedades de mi individual sentir la honradez de mi alabanza. Filialmente (ya que él, con el Duque, nos inculcó los principios poéticos y nos enseñó los áulicos ademanes del espíritu) me confieso reacio a sus prosas y a sus versos catequistas, alejados de la naturaleza artística y, en ocasiones, en pugna con ella. El propósito de consolar, por máximas de mayor o menor crédito, paréceme extranjero en la estética que se atiene a su propia virtud melódica para aliviar las fatigas y los desamparos adamitas. Creo que de la confusión de estas normas surgieron sus renglones postreros, sin la carne mágica y sin el pecado sideral. «En paz», «El día que me quieras», «Si tú me dices ven», son, ciertamente, egregios poemas, pero en ninguno de ellos se especula. Fulge en ellos la entereza del poeta, sin atrofia de doctrina, sin teoremas que humillen la conducta humana, sin gravidez de locución, sin rodeos a la invencible inquietud. Éste es para mí el Nervo encantador que me sé de memoria, pleno, sobresaltado, místico, abundante de gracia, fiel a sí mismo, de urbanas y ágiles maneras, amartelado con cada creatura y que por la concurrencia de todos los atributos en su mirada, sin velos pudo cumplir el encargo de los poetas, trágicamente sacerdotal, mortalmente funambulesco.

Yo amaba de tal modo a nuestro as de ases, que cuando lo sentí desleírse, dejé su lectura. De tal modo, que me resistí a hablar con él, por guardar su fantasma, y

---

* *Amado Nervo y la crítica literaria.* «Prosa inicial» de Guillermo Jiménez. «Noticia biográfica» de J. M. González de Mendoza, México, Andrés Botas, s.f. [1919].

solamente por causa insuperable lo traté, al fin, en una noche del pasado octubre. Una magnética señora, hecha de blanco, de negro y de verde, juntaba las miradas masculinas en su tricromía. Él, monopolizándola, nos privó de ella... Hoy que se han apagado los ojos del adivino, los nuestros, encendidos aún sobre la tierra bruja, le abonan aquel daño.

«Tu dios es muy abstruso; yo prefiero tus labios; dame un beso.» Estas palabras de Blanca al teólogo de *Los jardines interiores* resumen el secreto de su categoría de fascinador. Idealismo o realismo son cuestiones accesorias para el verdadero poeta, que no trata de anteponer los atributos a la unidad específica, ni ésta a aquéllos. El filósofo puede descomponer los seres; al poeta no le interesa, en función principal, ni le está permitido, porque su naturaleza es, ante todo, la integridad. La naranja no es, en la lira, positiva ni aristotélica; es, simplemente, naranja. Una sola cosa sabemos: que el mundo es mágico. El Dios mayúsculo, los batallones politeístas de demiurgos y de demonios que pueblan el éter, los santos ángeles custodios, nuestros prójimos y lo que pretendemos gobernar, armonizan el pulso orgiástico del día y de la noche. Vamos de la vigilia al sueño como del deleite de un rubí al encantamiento de una perla. Despiertos, precisamos la cítara; dormidos, remedamos la palpitación nebulosa de las cuerdas. ¿Qué hacemos sino vivir en un donjuanismo trascendental?

Eso hizo Nervo en grado heroico, trenzando con la facultad heliotrópica la potencia nocturnal, y ésa es la clave de su rango. En consecuencia, mi impasibilidad ante su muerte es el polo contrario a la apatía, es la fusión hímnica de las energías reverenciales.

Nuestra dicha reside en que el rotundo universo, lejos de ser razonable, cada mañana resucite investido de la radical intriga de esas herméticas que nunca hemos sabido poseer con destreza. Si del misterio nos alimentamos, que se tupa hasta en los episodios que el criterio ramplón juzga averiguados. ¿Por qué nos hechiza un brazo? ¿Por qué algunos estadistas predican lo sublime pedestremente? ¿Por qué el pez rojo no se despinta en el agua? Al tomar un baño ruso, asistí, en un atardecer, a uno de estos enigmas, fundamento del sabor de la vida, explicados de antemano por las gentes insulsas. Bajo los focos incandescentes, un caballero sujetaba a un pequeñuelo suyo para obligarlo a recibir la regadera; el niño, aleteando con el brazo libre, lloraba simpáticas desesperaciones; seis bañistas se interrumpieron, para contemplar en una inmovilidad indefinida, el drama de la ranita. Aquellos hombres tenían encima citas galantes, negocios y rosarios, y todo se olvida merced a una miniatura de Adán. ¿Cómo el hombrecito gemebundo podía parar, con su pie de alfeñique, la codicia, la oración y el placer?

En tal bruma, trivial por sus figuras exteriores, ingente por su médula, respira la poesía moderna, satisfecha de sus sobresaltos sin pausa. Nervo respiró, como pocos, en la deliciosa congoja de confundir todas las nociones de cultura en el esqueleto de lo vital. La cabellera de Leonor, los duelos danzarines, los saraos mortales, la gitana de Praga, la sonoridad del ataúd materno, el sollozo del viento en la torre, el portal y el huerto llovidos, la neurótica enlutada, la estrella de Belén, las hostias perseguidas del mártir, las cornejas en el desván, el crucifijo y la pistola, Luis de Baviera, el alma de las tumbas, las caderas rítmicas de Adela, el edén escondido en los pliegues de la sombra, los misales y los cuatro coroneles de la reina, forman el repertorio del prestidigitador, su repertorio de alucinantes vértebras.

Su seña particular es la coquetería. Embozada, impropia para convertir los bastones en víboras; apta para sacar del tintero lunas bienhechoras. Sus suertes, dinámicas todas, se disimulan en giros dóciles, emanados de la penumbra seminarista y fomentados en la curvatura de la experiencia patética. Uno de sus recursos capitales estriba, justamente, en fingirse imperito. «¿Cómo creer, marquesa, que vuestro afán responda a mi afán?» Aquí se oculta la espada, como bajo el manto de los obispos feudales. Esta marquesa, ante quien él comparece agobiado de ineptitudes, es representativa de las almas que lo leen, marquesas cautivadas por el sortilegio de su peligrosa modestia.

En la técnica y en el fondo, su poder consiste en su maña. Hay númenes que imperan gracias al violento azafrán; él impera porque es el bachiller que conoce la combinación de la caja de caudales.

Vano sería honrarlo por elocuencia. Derrotó a la palabra, ciñéndose a decir lo que nacía de la combustión de sus huesos. Satisfizo el calosfriante deber de erizar los cabellos al roce del rito funámbulo. Jugó los bastos asirios, las copas de Pompeya, las espadas vigilantes del Santo Sepulcro y los oros gandules. Lo honramos por justicia.

Te honramos porque barajaste los cuatro horizontes como las cuatro letras con que se escribe la Vida. Te honramos, oh mago, porque en el ejercicio espeluznante de la belleza necesitamos robustecernos minuto a minuto. Porque la insidia de lo torpe no cesa. Porque la miseria se obstina en degradarnos. Porque al huir del firmamento visible un luminar, los heliotropos de las almas han de exhalarse. Óyenos y fortifícanos.

SOBRE EL POETA Y LA ESTÉTICA*

Sobre lo que deben ser el escritor y el poeta, López Velarde tenía conceptos precisos y exactos. Una vez, habiéndole pedido yo su opinión acerca del personalismo en el arte me dijo:

En mi sentir, el poeta debe ser no sólo personal, sino personalísimo. Hay que beberse las distancias de lo infinito para dar la nota más individual. Quizá la norma superior consiste en tomar las perspectivas de lo eterno e incorporarlas a la obra de arte, como Eolo encierra a los huracanes en su odre. La misma poesía de las cosas humildes es rectora, jamás subordinada.

Y hablando de la sencillez de la estética, expresó:

Lo sencillo es lo directo, a saber: lo que más rápidamente relaciona la conciencia con el asunto. En este sentido, lo más simple será lo más meritorio, como la recta es más ventajosa que la curva. Por ello, a los ojos vulgares, los poetas que se distinguen por su claridad espiritual son oscuros, porque el vulgo es comodino y prefiere que se hable con los torpes giros sociales, incapaces de diferenciar la modalidad expresiva del alma. La suprema nitidez obliga a las buenas gentes a quedarse en tinieblas, como les ocurriría si en lugar de un foquillo eléctrico, tuviesen a Sirio a un lado de la cama. Casi todos los que han pedido claridad literaria en el curso de los siglos, han pedido, realmente, una moderación de luz, a fin de guardarse la retina sin choques, dentro de una penumbra rutinaria que les permita andar sin tropiezo.

---

* Abel García Calix, «Cabezas literarias. Ramón López Velarde», *El Mundo Ilustrado*, México, 26 de julio de 1923.

De *las Cartas*

A JOSÉ JUAN TABLADA*

Lic. R. López Velarde
Lic. F. Martín del Campo

Desp: Av. F. I.. Madero Núm. 1
Teléfonos: Eric. 85-54. Mex. 73
Apartado Postal: 170

Méj. 18 de junio 1919

Señor don José Juan Tablada,
en Caracas

Muy querido amigo: Calculo que llegaría a sus manos la que le dirigí a Bogotá. Hoy me refiero a su muy grata y muy interesante de abril.

Rafael López, que la considera, como yo, un verdadero documento, quiere que la publiquemos. ¿Da usted su autorización? Yo creo que omitiendo lo relativo a los periodistas, podrá y debería ver la luz. ¿Qué me dice?

Por otra parte, la propaganda que ha hecho usted allá de nuestras cosas es conocida y apreciada aquí más de lo que usted mismo se figura. Todos hemos recibido los periódicos que usted afectuosamente nos envía.

Llegando al punto de su poesía ideográfica, quiero hablarle con absoluta sinceridad, como si me confesara, declarándole, desde luego, que sabré cumplir, espontáneo y gustoso, su encargo, que tanto me honra, de «preservar su obra de odiosas contaminaciones».

Mi actitud, en suma, es de espera. Hasta hoy, lo ideográfico me interesa, más que por sí mismo, por usted que lo cultiva. Desde que conocí lo de Apollinaire, se me quedó la impresión de algo convencional, y esa impresión persistió después de reproducirse aquí los poemas de usted en La Habana: *Los ojos de la máscara* me iluminarán, seguramente, ayudándome a concluir mi criterio. Hoy

---

* R. López Velarde, *Poesías, cartas, documentos e iconografía,* recopilación de Elena Molina Ortega, México, Imprenta Universitaria, 1952.

por hoy, dudo con duda grave de que la poesía ideográfica se halle investida de las condiciones serias del arte fundamental. La he visto como una humorada, capaz, es claro, de rendir excelentes frutos si la ejercita un hombre de la jerarquía estética de usted. De cualquier modo, le repito que sabré estar a su lado, con mi convicción de que la prosapia de su musa es una garantía permanente de respetabilidad, aun en los procedimientos más desusados de la belleza. No se resfríe por mis confesiones; al cabo, yo antepongo la personalidad de usted a los sistemas exteriores, y me dispongo, además, a entender mejor todo lo que deba esclarecerse en mi conciencia. ¿Cuándo aparecerán *Los ojos de la máscara?* Dígame también, si no es indiscreto rogárselo, un poco de su vida personal. ¿Está contento?

Ya sabe que lo quiero y admiro.

NOTAS EXPLICATIVAS

EL MINUTERO

(p. 301) OBRA MAESTRA: Alí Chumacero considera que López Velarde es fundamentalmente «el hombre solo» y que esta soledad es una de las claves para llegar a su poesía: «En lo hondo de su espíritu la única compañía inseparable fue su propia soledad. De ahí que, cuando evoca la figura femenina, elogia algo que apenas podría manejar entre sus manos, habla casi siempre de una posibilidad, de una materia abatible por sus sentidos. La insatisfacción de sus originales deseos, la inviolable presencia de las doncellas que tanto recuerda y una muy precisa habilidad poética para ensalzar las formas agradables a sus ojos cavaron en su alma el pozo que, entre lágrimas y rezos, fue su generoso compañero. De ningún poeta nuestro siento tan de cerca ese privado responso que a sí mismo se designa el poeta jerezano» («Ramón López Velarde, el hombre solo», *El Hijo Pródigo,* México, junio de 1946, vol. XII, núm. 39, p. 145). El más grave de los responsos que se dirigió a sí mismo López Velarde fue «Obra maestra»: «El soltero es el tigre que escribe ochos en el piso de la soledad. No retrocede ni avanza.»

(p. 307) EN EL SOLAR: El viaje «electoral» a que se refiere lo hizo en 1912, con ocasión de su candidatura como diputado suplente por Jerez. Véase adelante la «Cronología biobibliográfica».

(p. 308) NOVEDAD DE LA PATRIA: Este ensayo se publicó en el primer número de la revista *El Maestro,* de abril de 1921, dos meses antes de la muerte de López Velarde, y de la aparición, en la misma revista, de su poema «La suave Patria». Siguiendo un procedimiento mental frecuente en él, de ir dibujando y ajustando progresivamente su pensamiento y sus concepciones poéticas, «Novedad de la Patria» viene a ser como la exposición doctrinal previa a su poema mayor. Frente a la idea porfiriana de una Patria pomposa y retórica, nos propone conocer, tras de los años de sufrimiento o de revolución, «una Patria menos externa, más modesta y probablemente más preciosa». Y más adelante, agrega: «Hijos pródigos de una Patria que ni siquiera sabemos definir, empezamos a observarla. Castellana y morisca, rayada de azteca...» Hay un ímpetu de renovación, de reconstrucción, y López Velarde nos invita a participar en él con sinceridad y con amor, a tomar conciencia de nosotros mismos, de nuestras contradicciones y de nuestros enigmas.

(p. 308) «la oración continua inventada por San Silvino»: «¿Dónde pudo leer a propósito de la oración continua y dónde a propósito de San Silvino? ¿Fue en el Seminario de Aguascalientes? ¿O fue una lectura arbitraria y fortuita la que le reveló el secreto del espiritualista ruso? Nunca lo sabremos. Pero lo cierto es que la "oración continua" es posible desde que los chinos inventaron la "máquina para rezar", esto es, una cinta de papel escrito que discurre interminablemente desde uno hasta el otro extremo ligado y continuo, por uno y por otro lado, como la banda de Moebius, que no tiene revés ni derecho, pero que dice lo que debe decir»: Juan José Arreola, *Ramón López Velarde. Una lectura parcial,* p. 84.

(p. 308) «se alumbran con la palmatoria del Barón de la Castaña»: Carlos Monsiváis y Manuel Alcalá recuerdan que en la benemérita colección de *Cuentos de Calleja,* aquellos cuadernitos que por unos centavos compraban los niños de antes, había una serie de cuentos del Barón de la Castaña, que eran adaptaciones de las *Aventuras del Barón de Münchhausen* (1785-1786), obra muy popular alemana de Rudolf Erick Raspel y Gottfried Bürger, que tradujo al francés Téophile Gautier e ilustró Gustav Doré. En México hay traducción de Salvador Abascal, de la de Gautier, publicada por Editorial Jus, en 1946.

La alusión de López Velarde no se refiere a las aventuras del Barón sino a costumbres anticuadas.

(p. 310) FRESNOS Y ÁLAMOS: En los pasajes centrales de un texto de 1915, «Clara Nevares» (*Don de febrero*), se encuentra una primera versión de este ensayo. Las correcciones y la elaboración que López Velarde hizo son muy ilustrativas de la depuración que imponía a sus escritos de madurez, a los que elegía para sus libros. La primera y la tercera secciones de «Clara Nevares», tan llenas de ternura y malicia, aunque anecdóticas, desaparecerán en la versión definitiva para dar, en cambio, un desarrollo más rico e intenso a la reflexión central acerca de lo que podría llamarse la tristeza de la carne o la experiencia trascendente del erotismo frente a «las conclusiones de esterilidad».

(p. 311) LA ÚLTIMA FLECHA: *«Ya se dispara, como en la crisis del poema, la última flecha del arco del Arquero»:* El poema aludido es «Año nuevo», de Rubén Darío (*Prosas profanas y otros poemas,* 1896 y 1901), que dice en su parte central: «Ya la aljaba de Diciembre se fue toda por el arco del Arquero. / A la orilla del abismo misterioso de lo Eterno, / el inmenso sagitario no se cansa de flechar; / le sustenta el frío Polo, le corona el blanco Invierno, / y le cubre los riñones el vellón azul del mar. // Cada flecha que dispara, cada flecha es una hora; / doce aljabas cada año, para él trae el rey Enero; / en la sombra se destaca la figura vencedora del Arquero.»

(p. 312) «Como en la cuarteta de Herrera Reisig: "Rezar un avemaría / rimados por la cintura, / y sorprendernos el cura / en esa impropia armonía"»: En la edición de Herrera Reissig, de Alicia Migdal, en la Biblioteca Ayacucho, vol. 46, p. 185, los versos son parte del poema «Divagación romántica. A la manera de Schumann», de *c.* 1906. Y en la edición de *Obras completas* de Julio Herrera y Reissig, de O. M. Bertani (Montevideo, 1913, 4 vols., t. III), la cuarteta es del «Poema violeta», dentro del libro *Las lunas de oro.*

(p. 312) «el desenfado desdeñoso de un Montaigne, para decir: "que la muerte me atrape cultivando las coles de mi jardín imperfecto"»: El pasaje se encuentra en «Que filosofar es aprender a morir», *Ensayos,* lib. I, cap. XIX.

(p. 313) *«Nosotros, pobres Anquises y míseras Ledas»*: Anquises, uno de los héroes troyanos y padre de Eneas, iba a tener un hijo de una diosa, pero su indiscreción lo perdió y fue castigado por Júpiter. Leda, esposa de Tíndaro, rey de Esparta, fue amada por Júpiter que adoptó la figura de un cisne.

(p. 313) LA FLOR PUNITIVA: A propósito de este ensayo en el que López Velarde transforma en grave e irónica reflexión una experiencia abominable –la del contagio venéreo–, cabe volver a recordar la aguda observación de Bernardo Ortiz de Montellano (ver nota a «La tónica tibieza» de *La sangre devota* en la página 233), según la cual «gran parte del elíptico barroquismo de la expresión velardeana se debe a este deseo de expresar, con delicadeza, situaciones eróticas e intimidades indecibles...»

(p. 314) MEDITACIÓN EN LA ALAMEDA: Estas reflexiones acerca de su determinación de no tener hijos para no «prolongar la corrupción más allá de nosotros» son el tema de los cuentos que se conocen de López Velarde y, además del presente ensayo, de dos más de *El minutero*: «Obra maestra» y «Fresnos y álamos».

(p. 317) LA SONRISA DE LA PIEDRA: Roberto Núñez y Domínguez cuenta («La sonrisa de la piedra», *Revista de Revistas*, México, 21 de junio de 1936) que, una mañana de enero de 1916, cuando López Velarde acababa de corregir las galeradas del que sería su primer libro, *La sangre devota*, le enseñó en una página de *L'Illustration* «una colección de fotografías que mostraban los bárbaros estragos hechos por los obuses alemanes en la famosa Catedral de Reims..., pero lo que más impresión causaba era un grupo de cabezas de ángeles deterioradas por el terrible cañoneo». Tras de alguna resistencia, ya que López Velarde argumentaba que su «fuerte no era la prosa», escribió esta crónica que fue muy elogiada por sus compañeros de redacción: Roberto Núñez y Domínguez, Manuel Horta, José D. Frías y Nicolás Rangel, y que todos festejaron luego, ya que consideraban que aquel había sido el «bautizo como prosista» de López Velarde.

Respecto a la calidad estética de la última parte de este ensayo, Allen W. Phillips ha escrito que «estos párrafos son de primera categoría, no sólo por la descarga emocional, sino también en virtud del esfuerzo estilístico que ha conseguido intensificar el tono de veneración del escritor ante el ángel heroico. Tras las palabras de la estatua misma, que ocupan la mayor parte de la prosa, se cambia ahora la perspectiva: es el poeta quien se dirige a ella con una serie de ruegos» (*Ramón López Velarde, el poeta y el prosista*, 1962, p. 306).

(p. 319) EL BAILARÍN: Las observaciones centrales de este agudo ensayo: «El bailarín comienza en sí mismo y concluye en sí mismo», «No hay desinterés igual al suyo. Danza sobre lo utilitario con un despego del principio y del fin» y «la embriaguez cantante de su persona», tienen una coincidencia notable con las de Paul Valéry en su diálogo socrático *L'âme et la danse* (1921) y en *Degas danse dessin* (1936), que concibe la danza como una fiesta del movimiento gratuito y como una liberación de nuestro cuerpo.

«El bailarín», de López Velarde, es el motivo inicial de las *Ofrendas coreográficas para Ramón López Velarde*, que presentó el Ballet Independiente, dirigido por Raúl Flores Canelo, durante la celebración del centenario del poeta, en junio de 1988, en Zacatecas y en la Ciudad de México.

DON DE FEBRERO Y OTRAS CRÓNICAS

(p. 328) SU ENTIERRO: *«llevaba una mano fuera, por ella la conocí»:* En esta conmovida evocación del entierro de una muchacha amiga, el poeta recuerda el cantar popular que recoge Bécquer al fin del ensayo «La Venta de los Gatos»:

En el carro de los muertos
ha pasado por aquí:
llevaba una mano fuera,
por ella la conocí.

(p. 349) LA AVENIDA MADERO: Esta crónica apareció como editorial-presentación de la revista *Pegaso* (1917), que dirigieron Enrique González Martínez, Ramón López Velarde y Efrén Rebolledo. Ello explica las demandas que aparecen al final.

Por lo que se refiere a las costumbres que describe en el primer párrafo, acerca de «las engañosas cortesanas que la fatigan en carretela, abatiendo, con los tobillos cruzados, la virtud de los comerciantes», véase la nota a los versos: «Sobre tu capital, cada hora vuela / ojerosa y pintada, en carretela», de «La suave Patria» (p. 252).

(p. 351) MELODÍA CRIOLLA: Manuel M. Ponce (1882-1948), zacatecano y amigo de López Velarde, realizó en el campo de la música una obra de intención paralela –en algunos aspectos– a la del poeta, o a la del pintor Saturnino Herrán: la creación de un arte nacionalista o «criollista», como dice López Velarde. Ponce, que regresó a México en septiembre de 1917, después de una estancia de dos años en La Habana, se había interesado sistemáticamente por el estudio y la revalorización de la música popular y tradicional mexicana. El tema del criollismo en el arte lo había esbozado ya López Velarde en su ensayo sobre el poeta «Enrique Fernández Ledesma» de 1916.

CRÍTICA LITERARIA

(p. 353) LA CORONA Y EL CETRO DE LUGONES: Respecto a este ensayo, central para la expresión de la estética de López Velarde, véase la sección llamada «Poética» en la introducción general a esta obra (pp. XLII-XLIV).

(p. 356) MEGALOMANÍAS. MAQUETAS: del poeta laguense Francisco González León (1862-1945), se publicaron en Lagos, ambos en 1908. Acerca de las relaciones y posibles influencias o coincidencias entre las obras poéticas de González León y López Velarde se ha escrito mucho. Los hechos son los siguientes: González León, sin salir prácticamente de su pueblo, escribe tardía y esporádicamente. Después de los dos libros iniciales, de 1908, el siguiente, *Campanas de la tarde,* con prólogo de López Velarde, no aparecerá hasta 1922. Pero algunas poesías sueltas se publicaban en periódicos y revistas

de Guadalajara, donde también colaboraba López Velarde. Además, éste debió conocer los manuscritos del laguense para escribir el prólogo fechado en 1917. En 1909, López Velarde lo menciona por primera vez en «Margarita» (*Don de febrero*); en 1912 le dedica un poema, «El adiós» (*Primeras poesías*), y le escribe una carta enviándoselo; en 1916, en «El capellán» (*Don de febrero*), recuerda que el padre Mireles «me reveló a ese privilegiado temperamento que se sume en la indiferencia de Lagos» (esta evocación debe fijarse en sus vacaciones en Jerez, acaso hacia 1909); en 1917, en fin, López Velarde escribe la breve reseña acerca de los libros iniciales de González León y el prólogo a *Campanas de la tarde*, cuya edición no verá.

Existió pues, de parte de López Velarde, un conocimiento y aprecio, que venía al menos desde 1909, por la poesía de González León. Y es evidente, por otra parte, que pueden encontrarse coincidencias entre las obras de uno y otro y que, asimismo, López Velarde se sintió atraído por la delicada poesía que del mundo cotidiano de los pueblos percibía el poeta de Lagos, al que acaso nunca conoció. Mas, por encima de estas coincidencias o influencias, la poesía de López Velarde habría de dar una dimensión mucho más compleja y rica, que no existía en aquellos tenues y sutiles apuntes, y habría de penetrarlos de una sensualidad y de una audacia y magia verbal que no se encuentran en la obra del solitario poeta de Lagos. Para un estudio detenido de esta relación literaria pueden leerse: Allen W. Phillips, *Ramón López Velarde, el poeta y el prosista*, INBA, México, 1962, pp. 78 ss., y del mismo investigador: *Francisco González León, el poeta de Lagos*, INBA, México, 1964, pp. 58 ss., y de Antonio Castro Leal, «Prólogo» a Ramón López Velarde, *Poesías completas y El minutero*, Porrúa, México, 1953, y reeds., pp. XIV ss.

(p. 358) POESÍA Y ESTÉTICA. [*José Juan Tablada*]: Respecto a la amistad entre López Velarde y Tablada y a sus relaciones literarias, ver las cartas que se cambiaron y la nota correspondiente.

Los libros que Tablada proyectaba (quinto párrafo, en la página 359), y que aquí se mencionan, no llegaron a publicarse.

En el párrafo final, López Velarde recuerda «Ónix», el poema de la primera época de Tablada que alcanzó fama en el periodo modernista. Aquel poema que comenzaba: «Torvo fraile de templo solitario», y en el que se veían denunciados la corrupción y el desamparo del alma moderna, se publicó en la *Revista Moderna*, el 17 de junio de 1894, y figuró en *El florilegio* (1899).

LAS CARTAS

(p. 364) A JOSÉ JUAN TABLADA, DEL 18 DE JUNIO DE 1919: Esta importante carta de López Velarde, en la que expone sus reservas frente a la nueva tendencia ideográfica que había seguido Tablada en *Li-Po y otros poemas*, tuvo una no menos interesante respuesta de Tablada en la que éste hace una defensa, no tanto de la innovación sino más bien del espíritu de búsqueda o de ruptura en la poesía. Ésta es la respuesta de Tablada aparecida en *El Universal Ilustrado* (13 de noviembre de 1919):

«Mi querido amigo: ¿Vio usted en *Social* de La Habana unos poemas míos que llamo "ideográficos", dos madrigales y una "Impresión de La Habana"? Pues bien, ellos son los *avant coureurs* de toda una obra, más de treinta poemas que integrarán mi próximo volumen: *Los ojos de la máscara.* Hace muchos años leí en la *Antología griega* de Planudes, que un poeta heleno había escrito un poema en forma de "ala" y otro en forma de "altar"; supe por mis estudios chinos que en el templo de Confucio se canta cierto himno cuyos caracteres escriben, con el movimiento de su danza, los coreógrafos, sobre el pavimento. Por fin vi aquello de Jules Renard: «les fournis, elles sont: 3333333333»: ...con lo que sugieren tan admirablemente la inquieta fila de hormigas... En New York hace 5 años hice los "Madrigales ideográficos". Luego vi algunos intentos semejantes de pintores cubistas y algún poeta modernista. Pero no eran más que un balbucir. Mis poemas actuales son un franco lenguaje; algunos no son simplemente gráficos sino arquitectónicos: "La calle en que vivo" es una calle con casas, iglesias, crímenes y almas en pena. Como la "Impresión de La Habana" es ya todo un paisaje. Y todo es sintético, discontinuo y por tanto dinámico; lo explicativo y lo retórico están eliminados para siempre; es una sucesión de estados y sustantivos; creo que es poesía pura...

»Lo que me dice de la ideografía me interesa y me preocupa. Le parece a usted convencional... ¿más convencional que seguir expresándose en odas pindáricas, y en sonetos, como Petrarca?... La ideografía tiene, a mi modo de ver, la fuerza de una expresión "simultáneamente lírica y gráfica", a reserva de conservar el secular carácter ideofónico. Además, la parte gráfica sustituye ventajosamente la discursiva o explicativa de la antigua poesía, dejando los temas literarios en calidad de "poesía pura", como lo quería Mallarmé. Mi preocupación actual es la síntesis, en primer lugar porque sólo sintetizando creo poder expresar la vida moderna en su dinamismo y en su multiplicidad; en segundo, porque para subir más, en llegando a ciertas regiones, hay que arrojar lastre... Toda la antigua *mise en scène,* mi vieja guardarropía, ardió en la hoguera de Thais convertida...

»Cinco años permanecí absolutamente desinteresado de los viejos modos de expresión, buscando otros más idóneos para mis nuevos propósitos. ¡Un lustro! La entomología moderna ha descubierto que la cigarra permanece diecisiete años en un limbo subterráneo antes de surgir y cantar su himno al sol, que estremece el éter primaveral y perdura en las noches del trópico...

»Si usted, mi querido amigo, no fuera tan grande poeta, si en sus obras no manifestara un ejemplo tan encantador de liberación personal, tomaría a mal esa frase suya: "Dudo que la poesía ideográfica se halle investida de las condiciones serias del arte fundamental". Estas condiciones y ese arte ¿no serán, en último análisis, el respeto a la tradición que nos abruma, nos iguala, impidiendo con la tiranía de sus cánones la diferenciación artística de las personalidades?...

»Más bien creo, y me lo confirma su actitud expectante, en que aún no tiene usted documentación abundante para hacer un juicio definitivo. Además, mi poesía ideográfica, aunque semejante en su principio a la de Apollinaire, es hoy totalmente distinta; en mi obra el carácter ideográfico es circunstancial, los caracteres generales son más bien la síntesis sugestiva de los temas líricos puros y discontinuos, y una relación más enérgica de acciones entre el poeta y las causas de emoción... Mis libros *Un día* y *Li-Po* le explicarán mis propósitos mejor que esta exégesis prematura... JOSÉ JUAN TABLADA.»

Las relaciones literarias entre Ramón López Velarde y José Juan Tablada, que fueron tan fecundas para ambos poetas, han sido estudiadas con detenimiento por Allen W. Phillips («Una amistad literaria: Tablada y López Velarde», *Nueva Revista de Filología Hispánica,* Homenaje a Alfonso Reyes, México, julio-diciembre de 1961, tomo XV, núms. 3-4, pp. 605-616) y por J. M. González de Mendoza («Tablada y López Velarde», *Rueca,* México, Invierno 1951-1952, vol. IX, núm. 20, pp. 41-47).

Desde su instalación en México, en 1914, López Velarde buscó a Tablada: le envió algunos poemas manuscritos y lo visitó en su casa de Coyoacán, guiado por Jesús Villalpando (ver ensayo «Poesía y estética» en la sección de *Crítica literaria,* páginas 358). En ese mismo año, Tablada «dio el espaldarazo» literario a López Velarde al comentar sus poemas en *El Mundo Ilustrado* (ver texto de Tablada en la *Cronología bibliográfica*). Acaso fue el mismo Tablada el que llevó a López Velarde a colaborar, como lo hizo esporádicamente, en aquella revista. En 1916 López Velarde da muestras de su estimación por Tablada al dedicarle su poema «Me despierta una alondra», de *La sangre devota.* Tablada permanece fuera de México –desterrado– de fines de 1914 a 1918. Sin embargo, López Velarde sigue recordándolo y, en 1917, publica en *Pegaso* una crónica muy interesante, «Poesía y estética», sobre la nueva poesía en la que muestra su admiración por Tablada. En 1919 ambos poetas se cambian cartas en las que discuten y explican sus credos estéticos, a propósito de la poesía ideográfica. En 1920 López Velarde escribe sobre Tablada una crónica para *Revista de Revistas,* de rara lucidez y modernidad. Finalmente, a raíz de la muerte de López Velarde, en 1921 Tablada enviará de Nueva York una alta constancia de su poesía y del afecto que guardaba a su amigo en el «Retablo a la memoria de Ramón López Velarde», y cambia con su amigo Rafael López cartas en las que expresa su desolación y el aprecio que tenía por el poeta.

III. CRONOLOGÍA BIOBIBLIOGRÁFICA

Establecida por
José Luis Martínez

1888

En el año en que Nietzsche publica *Ecce Homo,* Pérez Galdós *Miau,* Verlaine *Amour,* Strindberg *Alegato de un loco* James *Los papeles de Aspern,* Hostos *La moral social,* Darío *Azul…,* Rabasa *El cuarto poder* y *Moneda falsa,* y Puga y Acal *Los poetas mexicanos contemporáneos*; en que aparece el primer número del *National Geographic Magazine*; en que se representan *Ubu roi* de Jarry, *La señorita Julia* de Strindberg y *La dama del mar* de Ibsen; en que Satie compone las *Gymnopédies,* Mahler la primera sinfonía y Juventino Rosas el vals *Carmen;* en que Rodin esculpe *El pensador,* Seurat pinta *El circo* y *Las modelos* y Van Gogh *Las barcas en la playa* y *Los girasoles;* en que nacen Giorgio de Chirico, Thomas Stearns Eliot y Maurice Chevalier, y mueren el mariscal Bazaine y el emperador de Alemania Federico III, y en que Porfirio Díaz se reelige para un tercer periodo, el 15 de junio, a la una de la mañana, nace en Jerez, Zacatecas, José Ramón Modesto López Velarde Berumen y es bautizado el 21 del mismo mes en la iglesia parroquial de Jerez.

Nació bajo el signo de Géminis, característico del artista o del inventor, signo aéreo y mudable de personalidades incansables, versátiles, agudas, exuberantes y expresivas, regido por Mercurio, auspiciado por el berilio y la aguamarina, y cuyo color afín es el amarillo, y el metal, el mercurio. Es el primogénito de sus padres, el licenciado José Guadalupe López Velarde, originario de Paso de Sotos, hoy Villa Hidalgo, Jalisco, y María Trinidad Berumen, de Jerez. El nombre original del padre era Guadalupe López Morán; cambió su segundo apellido por Velarde, probablemente –supone Luis Noyola Vázquez– porque en La Barca, Jalisco, hubo un Velarde, de riqueza legendaria, apodado «el burro de oro». José María Berumen y su hermano Marcelo, padre y tío de Trinidad, madre del poeta, eran propietarios de los fundos llamados Rosales y El Marecito, cercanos a Jerez. Sus padres casaron el 19 de agosto de 1887, él de treinta y cuatro años, ella de diecisiete. Además de Ramón, tuvieron ocho hijos más: Jesús, Trinidad, María Guadalupe, Pascual, Guillermo, Leopoldo –superviviente en 1988– Aurora y Esperanza, gemelas estas últimas. Su infancia, hasta los doce años, pasa en Jerez y asiste a la escuela «de las Cervantes». De estos años vendrán principalmente los recuerdos e imágenes de la vida provinciana que surgirán en *La sangre devota.*

1896

Su tío materno, Pascual, que se encontraba enfermo, y la mujer de éste, llevan a Ramón, de ocho años, a la ciudad de México, que apenas vislumbra. El 22 de febrero escribe una carta a sus padres.

1900

En octubre su padre lo lleva a Zacatecas para que ingrese en el Seminario Conciliar. Comienza a estudiar Mínimos. Lo impresiona la adustez y la «noble calidad del alma» de «El señor rector» el canónigo don Domingo de la Trinidad Romero.

1901 y 1902

Cursa los dos primeros años de Humanidades con premios de Primer Orden y con la nota de Perfectamente Bien. En el examen del segundo curso de latinidad, el 16 de agosto de 1902, como alumno sobresaliente, presenta el libro segundo de *La Eneida* de Virgilio.

1902 a 1905

Pasa a Aguascalientes con su familia, y viven en la calle de Apostolado 12, para proseguir sus estudios en el Seminario Conciliar de Santa María de Guadalupe, siempre con buenas calificaciones y premios. Forma parte de la Academia Latina de León XIII de dicho Seminario.

En 1902 coincide en Aguascalientes con Enrique Fernández Ledesma, también zacatecano y de su misma edad, y con el pintor Saturnino Herrán, un año mayor. En un artículo del 25 de diciembre de 1925, de *Revista de Revistas,* en que «Amadís de Gaula» entrevista a Fernández Ledesma, éste hace recuerdos de su niñez. «Saturnino, Ramón y yo –cuenta–, jugábamos a los piratas [...] que leíamos en los cuentos que nos compraban nuestros padres y en las novelas de Julio Verne. En una ocasión, reproducíamos escenas de *Simbad el marino.* Ramón era Simbad, Saturnino un bandido de Persia y yo un mercader de diamantes. Empezamos por representar la leyenda oriental en su orden; y en un momento en que el "bandido" quiere arrebatar sus tesoros a Simbad, estando presente el mercader, ambos se precipitan sobre el malhechor, y lo sujetan con amarras. Pero el caso es que al hacerlo, Ramón atropelló seriamente, sin intención alguna, a Saturnino, y éste se puso a llorar a todo grito; lo que dio motivo a que el "bandido" no le volviera a hablar a Simbad, hasta que el "mercader", mediante unos cuantos dulces y bebida de horchata, los reconcilió». (Agradezco estos informes a Víctor Muñoz.)

Hacia 1902 o 1903, a los catorce o quince años, inicia su relación sentimental con Josefa de los Ríos cuando él y su hermano Jesús iban de vacaciones a Jerez. Llegaban a la casa del tío Salvador, casado con Soledad, hermana de Josefa o Pepa de los Ríos. Celebraban tardes literarias, en que Pepa cantaba y Ramón leía sus primeros versos, y hacían paseos al rancho de Rosales, como lo contará en el poema «Vacaciones». «No era bonita Pepa –recordará el doctor Jesús López Velarde–, pero era agradable, tenía un trato único y era muy simpática y bondadosa.» «A Ramón le gustaban las muchachas más bien feonas», comentará el hermano Leopoldo en 1988. La que sería Fuensanta había nacido, también en Jerez, el 16 de marzo de 1880. Tenía, pues, veintitrés años cuando el poeta contaba quince.

1905 a 1907

Escribe, en 1905, «A un imposible», el poema más antiguo que de él se conoce.

Deja el Seminario para ingresar en el Instituto de Ciencias de Aguascalientes, donde hace los estudios de Preparatoria. Sus calificaciones son desiguales: sobresale en gramática, lógica, geografía y física pero es reprobado en literatura por el licenciado José María González.

1906

Publica, en Aguascalientes, la revista *Bohemio,* junto con Enrique Fernández Ledesma, Pedro de Alba y José Villalobos Franco. En el número 2, del 19 de agosto, aparece el poema «Suiza», firmado por «Ricardo Wencer Olivares», seudónimo –de acuerdo con informaciones de Alejandro Topete del Valle– con el que Fernández Ledesma bautizó a López Velarde.

1907

Vacaciones en Jerez. En *El Observador,* de Aguascalientes, que dirigía el licenciado Eduardo J. Correa, publica poemas y crónicas, y artículos políticos en 1907 y 1908.

En marzo de 1907, el periodista Manuel Caballero, iniciador en México de los reportajes, hace circular un Número Proyecto de una nueva *Revista Azul* con un programa antimodernista y en contra del «decadentismo». Pedro Henríquez Ureña, Alfonso Reyes y los escritores que luego formarán el grupo del Ateneo de la Juventud, protestan airadamente contra lo que consideran una profanación de la memoria de Gutiérrez Nájera. Pero la empresa de Caballero tuvo también sus defensores. En el número 4, del 28 de abril de 1907, de la nueva *Revista Azul* se reproducen dos «contraprotestas», una de la Juventud Literaria de Puebla, encabezada por el presbítero Federico Escobedo y firmada además por Eduardo Gómez Haro, Rafael Cabrera, Alfonso G. Alarcón, Atenedoro Monroy y otros poblanos; y otra de un grupo de Aguascalientes, fechada el 14 de abril de 1907, entre cuyos firmantes están Enrique Fernández Ledesma, José Villalobos Franco, Ramón López Velarde y Eduardo J. Correa. Su «Contraprotesta» dice así:

> Ha llegado a nuestro conocimiento la manifestación ruda y de todo punto injustificada con que algunos escritores modernistas han pretendido atacar el viril programa de *Revista Azul*. Por estar dicho programa enteramente de acuerdo con nuestras convicciones artísticas y por ser *Revista Azul* el órgano defensor de los fueros del purismo castellano a la vez que el fustigador del modernismo, creemos un deber hacer constar nuestro fervor por la nobilísima causa que alienta el referido programa, a la vez que protestar enérgicamente contra la punible manifestación a que aludimos.
>
> La vieja bandera tiene sus adeptos. ¡Viva esa bandera!

Los textos que recogen esta trifulca literaria se encuentran en: Fernando Curiel, *Tarda necrofilia. Itinerario de la segunda Revista Azul* (se incluye facsímile), UNAM, México, 1996.

Años más tarde, como para hacer olvidar estos excesos de juventud, López Velarde se acercará a una de las empresas de los ateneístas al pronunciar una notable conferencia, «La derrota de la palabra», en la Universidad Popular el domingo 26 de marzo de 1916.

1908

En enero pasa a San Luis Potosí para estudiar la carrera de Derecho en el Instituto Científico y Literario, hoy Universidad Autónoma. En noviembre, muere su padre, el licenciado J. Guadalupe López Velarde, en Aguascalientes, al que dedica una elegía. Su madre y sus hermanos vuelven a vivir a Jerez, en casa de los tíos Sinesio y Luisa. Otro tío, Salvador, sostiene los estudios de Ramón y Jesús, que estudia Medicina.

1908-1909

Colabora en *El Debate* (1908-1909), y en *Nosotros* (1909) –donde aparece su poema «Canonización»–, de Aguascalientes. En *El Regional* (1909-1914), y en su suplemento *Pluma y Lápiz*, que publicaba en Guadalajara el licenciado Eduardo J. Correa, quien llegaría a ser gran amigo del poeta, López Velarde comienza a publicar con regularidad artículos políticos, prosas y versos, de septiembre de 1909 a abril de 1912. En *Cultura* (1909), también de Guadalajara, hay prosa y versos suyos.

1909

En carta al licenciado Correa (de San Luis Potosí, el 17 de junio de 1909) le pide que informe en su periódico que en San Luis un grupo de estudiantes se ha organizado para «hacer propaganda a la idea antirreeleccionista». Junto a López Velarde estaban sus compañeros Pedro Antonio de los Santos –hermano de Gonzalo N. Santos– y el coahuilense Manuel Aguirre Berlanga.

El 14 de octubre de 1909 publica en *El Regional* «Madero», uno de sus artículos políticos importantes, y que es el primer elogio nacional que se escribía sobre las ideas políticas de Francisco I. Madero en *La sucesión presidencial* (San Pedro, Coahuila, diciembre de 1908).

En carta del 15 de noviembre dice a su amigo Correa: «Soy doliente de una larga e intensa pasión, fallecida este otoño, Fuensanta, amigo mío, es un cadáver en mi ánima.»

1910

Proyecta publicar su primer libro, *La sangre devota*, en la imprenta de *El Regional*, de Guadalajara. El proyecto no se realiza, por la propia autocrítica del poeta, y el libro sólo aparecerá, muy modificado, seis años más tarde.

En marzo López Velarde y sus compañeros antirreeleccionistas fundan el centro oposicionista de San Luis. López Velarde es el secretario. En junio, cuando Madero es trasladado como detenido a San Luis, con la ciudad por cárcel, los pasantes de Derecho Santos y López Velarde toman su defensa legal. El poeta conoce al apóstol, lo acompaña al teatro y a excursiones por los alrededores de la ciudad.

1911

El 19 de junio va a la ciudad de México, quizá con propósitos políticos y por breves días. Al volver a San Luis Potosí se detiene en Aguascalientes (carta a E. J. Correa del 9 de agosto de 1911).

El 31 de octubre obtiene su título de abogado en San Luis Potosí. A principios de noviembre va a Venado, S. L. P., como Juez de Primera Instancia. Sólo permanece un mes en ese lugar. Su última actuación está fechada el 7 de diciembre de 1911.

1912

Hace su tercer viaje a la ciudad de México. Viene junto con su hermano Jesús y se alojan en Dolores 9, en la casa de asistencia de doña María del Rayo Anaya, frente al teatro Ideal. Su hermano cuenta que el poeta fue a visitar al presidente Madero quien lo nombró actuario de un juzgado, cargo que desempeñó por poco tiempo, en vista de su repugnancia para ejecutar lanzamientos judiciales.

Conoce a María Magdalena Nevares, potosina, «que había de ser el segundo y más humano de sus amores» (Noyola Vázquez), con la que se cartea largamente o a la que visita en San Luis.

Comienza a colaborar en *La Nación*, de la ciudad de México, órgano del Partido Católico Nacional, nuevo periódico de su amigo Eduardo J. Correa. López Velarde publica prosas en la sección «Vidrios de colores», artículos políticos diarios (130) en «Instantáneas», con los seudónimos «Esteban Marcel» o «Marcelo Estébanez», escribe editoriales y cubre otras secciones.

El Partido mencionado lanza su candidatura como diputado suplente por Jerez, teniendo como propietario al doctor Francisco Hinojosa. Triunfa su contrincante, el licenciado Aquiles Elorduy. Las experiencias del «regreso al terruño, después de siete años», las relata en «En el solar», una de las prosas de *El minutero*.

1913

Deprimido por el asesinato de Madero, regresa a San Luis Potosí donde escribe semanariamente, para *El Eco de San Luis*, la serie denominada «Renglones líricos» bajo el seudónimo de «Tristán».

1914

Empujado por la tormenta revolucionaria se traslada definitivamente a la ciudad de México. Cuando los villistas entraron en Zacatecas y liquidaron al ejército huertista, el 23 de junio de 1914 sacrificaron al sacerdote Inocencio López Velarde, tío del poeta y quien lo había bautizado, lo que causó su indignación, y provocó un incidente con Jesús Urueta.

El 7 de junio, en *El Mundo Ilustrado,* José Juan Tablada se refirió en su crónica a «Un nuevo poeta», Ramón López Velarde, que le había enviado algunos poemas manuscritos. Ésta fue la primera crítica autorizada que recibió, antes de publicar su primer libro. Tablada escribía en este comentario: «Sigo leyendo otros versos manuscritos del mismo autor con la creciente emoción de encontrar un nuevo astro que se revela con sencillas músicas y fragancias encantadoras. Son los versos de López Velarde flores de prados campesinos, claveles de macetas que, abriéndose sobre los viejos tiestos de Talavera, arden entre la penumbra de nuestros hondos corredores coloniales. Su perfume recuerda el aroma que exhalan los herbarios de Francis Jammes...»

El 9 de septiembre es nombrado profesor interino de literatura en la Escuela Nacional Preparatoria, y en 1915 cubre las ausencias de Enrique González Martínez y de Enrique Fernández Granados.

1915

En la confusión de gobiernos que ocurrió durante la Convención de Aguascalientes, se rumoró que en el breve gobierno de seis meses de Roque González Garza, Ramón López Velarde había sido titular de la Secretaría de Instrucción Pública, del 16 al 20 de enero de 1915. Así lo informaron algunos periódicos, y así consta en la *Enciclopedia de México,* bajo «Gabinetes», t. 5, p. 31 en la 1ª ed. de 1971, y bajo «Gobernantes», en el t. 6, p. 3.373, de la 2ª ed. de 1987. Sin embargo, lo desmintió el periódico *El Radical,* el martes 19 de enero de 1915, en una gacetilla que dice:

> Algunos colegas han venido informando que el señor licenciado Ramón López Velarde, jefe de la Sección Universitaria del Ministerio de Instrucción Pública y Bellas Artes, es el encargado accidental de la propia Secretaría, por ausencia del Ministro del Ramo.
>
> Mas hemos sido informados que es inexacta tal noticia, y se nos dijo que quien está encargado del Ministerio de Instrucción Pública es el señor Joaquín Ramos Roa, jefe de la Sección Administrativa.

El cargo que según esta noticia ocupaba López Velarde es una novedad y acaso sólo duró breves días.

Escribe para varios periódicos y revistas de la ciudad de México: *Revista de Revistas,* de 1914 a 1917; *El Nacional Bisemanal,* de 1915 a 1916; *Vida Moderna,* de 1915 a 1916; *El Universal Ilustrado,* de 1917 a 1920; *México Moderno,* en 1920, y es codirector, junto con Enrique González Martínez y Efrén Rebolledo, de la revista *Pegaso,* en 1917.

Además de sus antiguos amigos de Aguascalientes que se han trasladado a la capital, López Velarde traba amistad con otros escritores de renombre: Enrique González Martínez, Rafael López, José Juan Tablada, Manuel Horta, Alejandro Quijano y tantos más.

1916

Por estos años conoce, un «Día 13», a Margarita Quijano, maestra culta de la Normal, «figura cortante y esbelta» de «fúlgidos plumajes», hermana de Alejandro Quijano, y al parecer diez años mayor que el poeta, a quien corteja apasionadamente. Ella será la inspiradora de uno de los últimos poemas de *La sangre devota,* de algunos de los poemas más importantes de *Zozobra* y de una prosa, «La dama en el campo», publicada el 26 de febrero de 1916. El rompimiento de esta ilusión quedó transfigurado en el poema «La lágrima».

Se publica su primer libro, *La sangre devota,* editado por *Revista de Revistas.* Uno de los primeros juicios, de singular perspicacia, que se escriben acerca de su poesía es de Julio Torri, que redacta diez líneas en las que dice: «Con elegante portada de Saturnino Herrán, publica nuestro excelente amigo López Velarde un tomo de poesías. Las hay en *La sangre devota* muy bellas, que recuerdan vagamente el panteísmo de Francis Jammes; otras, de originalidad no rebuscada, delatan al poeta que va descubriendo su camino, y que empieza a dominar los recursos de su arte. López Velarde es nuestro poeta de mañana, como lo es González Martínez de hoy, y como lo fue de ayer, Manuel José Othón. Nuestros parabienes al autor de *Sangre devota,* obra en que se han ocupado los críticos de varias publicaciones periódicas, suceso que nos ha sorprendido muy gratamente. Esto nos quita el placer de dedicar mayor espacio al libro de López Velarde. T.» (*La Nave,* México, mayo de 1916, número único, p. 125).

En *Vida Moderna,* del 29 de marzo, aparece una «Máscara» de López Velarde, dibujo al carbón de Saturnino Herrán; y el 2 de febrero, en *El Nacional,* una caricatura por Santiago R. de la Vega. Aún no han sido encontradas estas imágenes.

Genaro Estrada publica en este mismo año, 1916, su excelente antología *Poetas nuevos de México* (México, Ediciones Porrúa) en la que recoge seis poemas de López Velarde, cuatro de *La sangre devota* y dos de *Zozobra,* precedidos de una nota introductoria. En ella dice Estrada que la publicación de *La sangre devota* «colocó a su autor en la primera fila de nuestros poetas jóvenes», y reproduce a continuación dos de los primeros comentarios acerca de este libro:

Antonio Castro Leal escribió:

> Este poeta es, por una parte, un poeta profundamente sentimental, que no ha olvidado el país en que nació, ni las muchachas de su tierra, ni la virgen de su parroquia, ni la plaza de su ciudad; y su libro es humilde, sencillo, pintoresco, y su arte firme, diáfano, risueño. Es un poeta provinciano [...] Como es un amante poeta de provincia, es un poeta cristiano. Los cosmopolitas tienen ideas demasiado generales sobre la religión. Hay que haber visto desde pequeño su parroquia para tener esa fe suave y legendaria, esa unción inconsciente y cordial. Es un poeta silencioso [...] Este poeta es, por otra parte, un poco extraño y empieza a mostrar un arte paulatinamente oscuro y difícil. Estas nuevas cualidades nacieron de las viejas cualidades. Nada nos hace tan extraños como la simplicidad [...] Nada nos da fama de oscuros como la percepción diáfana de las cosas, porque es el modo excepcional de percibirlas. (Antonio Castro Leal, «*La sangre devota,* libro de versos de Ramón López Velarde», *El Nacional,* 2 de febrero de 1916.)

Y Jesús Villalpando, compositor y su antiguo amigo, comentó:

> Hasta ciertos desfallecimientos de estilo, o desentonos, que se notan dentro de la homogenidad de la obra y la forma descuidada en que vació tantos primores, son lógicos en él y en todo sinceros con su íntima personalidad. Son intencionales. Así descuida los preciosismos de la rima para dejar un gran campo a la emoción; prefiere que haya una sola consonancia en los cuartetos; usa frecuentemente el verso blanco; dispone de la asonancia como rima a su antojo, empleándola en versos pareados o en impares, y aprovecha combinaciones métricas originales, como la de 9 con 14, cuando necesita que sean armónicas con el desarrollo de su expresión. Y, sin embargo, a pesar de estas deficiencias, su forma se oye noble y suavemente rítmica, a causa de que el poeta posee un arma formidable para triunfar en este duelo a muerte, que siempre ha existido entre el pensamiento y la forma: el manejo del adjetivo como alma del estilo. (Jesús Villalpando, «Un libro integralmente personal», *Vida Moderna,* 27 de marzo de 1916.)

Otra constancia de la repercusión que tuvo en los ambientes literarios y estudiantiles la poesía de López Velarde es la siguiente. De julio a noviembre de 1918, un grupo de estudiantes de Preparatoria: Luis Enrique Erro, Octavio G. Barreda, Guillermo Dávila y Fernando Velázquez Subikurski publicaron una burlona e irrespetuosa revista llamada *San-ev-ank* –combinación de las primeras letras o sílabas de los seudónimos o anagramas de Barreda, Dávila y Velázquez Subikurski–. Aparecían en ella toda clase de bromas y sátiras contra los escritores del momento o los maestros universitarios, al lado de los primeros poemas o estudios de escritores que luego serían notables. Una de estas raras colaboraciones serias apareció en el número 7, del 22 de agosto de 1918, y en ella un poeta fervoroso, que firma «Sub-y-baja», escribe que «la juventud de

México no concuerda con la actitud espiritual de López Velarde» y que «ha llegado el momento» de que «dejando a un lado todo malabarismo de la forma, seria y notablemente haga su labor...». Aquélla era, típicamente, la reacción de un poeta adicto a la línea grave y meditabunda de González Martínez, entonces en su apogeo –como observaba Torri– en contra de una nueva poesía más libre, personal e imprevisible, como era la que se anunciaba en el primer libro de López Velarde. Los muchachos de *San-ev-ank*, por conducto de «Gabriel David», dieron respuesta en el número siguiente a aquella reconvención, diciendo: «No es atributo de la juventud, como presuntuosamente opinaron "Sub-y-baja" en las columnas de *San-ev-ank*, juzgar a los poetas que, como López Velarde, pasaron ya el periodo de gestación y han entrado al de la madurez. López Velarde es un poeta, entre nosotros, raro, penetrado eso sí hasta lo más hondo de la tenaz influencia de *El lunario sentimental*. Para juzgarlo, son necesarias una límpida serenidad de espíritu y una percepción finísima y clara, muy difíciles de obtener a los veinte años.» Nunca se publicó el artículo formal sobre la obra de López Velarde que se anunciaba a continuación pero, en cambio, dos meses más tarde, en el número 13, del 24 de octubre de 1918, de la misma revista, aparecieron unos «Versos de Ramón López Velarde», y en un recuadro: «Del libro en preparación *Lo que sobra* original del autor de *La sangre rebota*.» Aquélla era una parodia, medianamente feliz, de uno de los aspectos más débiles de la poesía de López Velarde y que, precisamente por su cómica exageración, exhibía los riesgos del «provincianismo». He aquí el curioso *pastiche*:

A las gatas anónimas de mi pueblo

Como los oradores pueblerinos
a vosotras, también, gatas eclécticas,
gala de mis destinos,
llegan mis estrofas irrevocables.

Usáis de la paciencia a cada paso,
gatas anónimas y es cuando el «niño»
con desprecio cursi pide un pedazo
de salchicha o un beefsteak a la parrilla
en bisoño pambazo.

No os dejéis, mondas gatas de mi pueblo
Jerez de Zacatecas,
de histéricas mansedumbres cóncavas
y heredadas de ímpetus aztecas.

saturadas de páchuli y amponas
como auténticos globos terrestres
de este Cosmos consuetudinario
de animales silvestres.

Deberíais dar activos sidrantes
o alguna otra substancia muy rara
a esos «niños» de acera
que los desapartara
de la vía comunal.

Raciocinio es carbonato de sosa
y por tal las mutuas inteligencias
de todas vosotras conjuntamente
han de destruir esas inconveniencias.

Hasta luego gatas! os digo, sólo.
Iré a redimiros
con mi báculo de pastor, sin dolo
de ninguna especie,
con el ánima desapercibida
de aquellas naderías anárquicas
que a nada conducen en la vida.

Octavio G. Barreda contaba que a López Velarde le había hecho gracia aquella caricatura de su propia poesía y que la travesura juvenil fue el origen de una amistad del poeta con los jóvenes de *San-ev-ank*.

En cuanto se publica el primer libro de López Velarde surgen los imitadores, no de su complejidad sustancial sino de sus temas aparentes: Manuel Martínez Valadez, en Guadalajara, inicia el desfile de libros provincianos con *Visiones de provincia* (1918) y *Alma solariega* (1923); Enrique Fernández Ledesma, coterráneo del poeta, le sigue en 1919 con su libro *Con la sed en los labios;* de Lagos, Jalisco, Francisco González León, que con anterioridad había iniciado su obra con *Megalomanías* y *Maquetas* (1908), que López Velarde había leído, publica *Campanas de la tarde* (1922), y luego *De mi libro de horas* (1937); Severo Amador, zacatecano, pasa de un volumen de cuentos, *Bocetos provincianos* (1907), a unos *Cantos de la Sierra* (1918) y a *Las baladas del terruño* (1931, póstumo) en que deriva a lo folklórico el tema provinciano; Alfredo Ortiz Vidales, moreliano, publica en 1923 *En la paz de los pueblos*. Y esta relación, que no incluye sino las obras inmediatas y francamente de tema provinciano, pudiera aumentarse con las prolongaciones incidentales que se han sucedido, sobre todo entre los poetas de provincia, casi sin interrupción.

1917

El 8 de marzo aparece el primer número de la revista semanal *Pegaso,* que dirigían Enrique González Martínez, Efrén Rebolledo y Ramón López Velarde –aunque el segundo no publicara nada en ella–, personalidades relevantes de la poesía del momento. En la revista convivían la literatura con la información noticiosa, los espectáculos y los deportes. López Velarde publicó en *Pegaso* algunos de sus poemas y prosas más hermosos. La revista tuvo corta vida, pues sólo llegó a julio del mismo año.

Muere en el Valle de México, el 7 de mayo, Josefa de los Ríos, después de larga enfermedad. En la segunda edición que prepara López Velarde de *La sangre devota,* inscribe su nombre, el de «la mujer que dictó casi todas las páginas», y las fechas de su nacimiento y muerte, al frente del poema que abre el libro, «En el reinado de la primavera».

1918

Termina su noviazgo con Margarita Quijano, «la dama de la capital», que ella concluye «por mandato divino».

Muere el pintor Saturnino Herrán, de Aguascalientes, gran amigo de López Velarde y a quien dedica un ensayo de *El minutero.* El pintor estuvo internado en el sanatorio del doctor Luis Rivero Borrell y allí iba a visitarlo López Velarde. Conoció entonces a la pianista Fe Hermosillo, hermana de la esposa del doctor Rivero Borrell. Fe y Ramón se enamoraron, siguieron viéndose y el poeta le propuso matrimonio. Pero el doctor fue designado para ocupar un cargo diplomático en París y Fe tuvo que acompañarlos. Según el recuerdo de su hermana, Fe pidió a Ramón que la esperara dos años, pero en 1921 Ramón moriría. Además de pianista notable, Fe era dulce, inteligente y comprensiva. Enrique Fernández Ledesma contaba que, en su agonía, el poeta decía «Fe... Fe». Algunos creyeron que se refería a la fe religiosa, y Enrique, que sabía del amor de su amigo, lo interpretó como un llamado a la novia lejana. (Carmen Aguilar Zínser, «Antes de morir, Ramón nombró a Fe Hermosillo», *Excélsior,* 18 de febrero de 1971.)

1919

Se publica su segundo libro, *Zozobra,* en edición de *México Moderno,* la revista literaria más distinguida de aquellos años. Es el libro de su madurez poética. El poeta cuenta treinta y un años.

El licenciado Ramón López Velarde abre un bufete, asociado con el licenciado Francisco Martín del Campo, en Avenida Madero 1, apartado postal 170.

Es secretario particular o auxiliar del Secretario de Gobernación en el gabinete del presidente Venustiano Carranza, Manuel Aguirre Berlanga, su antiguo compañero de Leyes en San Luis Potosí.

1918-1919

La desbandada del Partido Católico Nacional y las persecuciones del gobierno de Carranza contra sacerdotes y obispos exacerbaron el partidismo católico de Eduardo J. Correa, quien había perdido sus periódicos. Como lo ha expuesto Guillermo Sheridan (Ramón López Velarde, *Correspondencia con Eduardo J. Correa...*, FCE, México, 1991, pp. 36-43), siguiendo el archivo del licenciado Correa, hacia estos años se realiza el distanciamiento de los que habían sido grandes amigos. Para Correa, López Velarde había abandonado la militancia católica y se había «enfrascado en la privada discordia de una fe quebradiza» y era «un alma más que se ha perdido en los espejismos de la modernidad».

1920

Al ocurrir la derrota del gobierno del presidente Carranza, quien decide trasladarse a Veracruz, López Velarde va en uno de los trenes que llevan al gobierno, pero tiene que dejarlo antes de la villa de Guadalupe (carta a Margarita González, del 11 de junio de 1920). Asesinado Carranza en Tlaxcalantongo el 21 de mayo, López Velarde pierde su trabajo en Gobernación. Desde entonces se negó a colaborar en ningún puesto público con el gobierno de la República, aunque pasó pobrezas.

1921

El 11 de febrero es designado profesor de Literatura Mexicana e Hispanoamericana, con clase terciada, en la Facultad de Altos Estudios; y en marzo vuelve a sus clases de lengua y literatura castellanas en la Escuela Nacional Preparatoria, de las que había sido suspendido en 1916.

En abril viaja a San Luis Potosí para dar el pésame a María Nevares por la muerte de su padre.

Desde su fundación, también en abril, es colaborador de planta de la revista *El Maestro* que publicaba en la Universidad Nacional de México José Vasconcelos.

Hacia el mes de mayo, charla en la Avenida Madero con su compadre Eduardo J. Correa, de quien se había distanciado. Correa le sugiere que, estando próximo el santo de la madre del poeta, le ofrezca como en otros años una comunión y se prepare con ejercicios espirituales. En respuesta, López Velarde le cuenta que planea viajar al Viejo Mundo «y que deseaba gozar intensamente de la belleza de las circasianas», pero que a su vuelta atendería su sugestión (apunte de Correa, en Sheridan, *op. cit.*, p. 40).

El 19 de junio, a la una y veinte minutos de la madrugada, cuatro días después de cumplir treinta y tres años, Ramón López Velarde muere, asfixiado por la neumonía y la pleuresía, en el departamento que ocupaba con su familia en Avenida Jalisco 71, hoy Álvaro Obregón. Lo había confesado y le había administrado los santos óleos el sacerdote jesuita Pascual Díaz, más tarde arzobispo de México, al que pregunta «si ya la Iglesia admitía la cremación de los cadáveres para que incineraran el suyo» (apunte de Correa, *ibid.*). El último poema que corrige para la imprenta es «La suave Patria», fechado el 24 de abril, que se publica en la revista *El Maestro* de ese mes de junio. Por instrucciones del presidente Obregón, José Vasconcelos, rector de la Universidad, dispone los funerales por cuenta del gobierno. A iniciativa de Juan de Dios Bojórquez, Jesús B. González y Pedro de Alba, la Cámara de Diputados se enluta por tres días en homenaje al poeta. Su féretro es conducido a la entrada del Paraninfo Universitario. En el Panteón Francés pronuncian oraciones fúnebres Alfonso Cravioto, Alejandro Quijano y Enrique Fernández Ledesma.

La revista *México Moderno,* que dirigían Enrique González Martínez y Genaro Estrada, dedica a López Velarde su número de noviembre (año I, núms. 11 y 12), que incluye artículos y poemas de Alfonso Cravioto, Enrique González Martínez, José Juan Tablada, Enrique Fernández Ledesma, José Vasconcelos, «Ricardo Arenales» (luego «Porfirio Barba Jacob»), Antonio Castro Leal, Pedro de Alba, Rafael Heliodoro Valle, Genaro Fernández Mac Gregor, Alfonso Camín, Rafael López, José D. Frías, Alejandro Quijano, José Gorostiza Alcalá, Luis Augusto Kegel y Juan E. Coto. Previamente, en el número correspondiente al mes de junio (año 1, núm. 10) en que murió el poeta, la revista insertó un volante para expresar su duelo, con el siguiente texto:

> Ramón López Velarde, el poeta mexicano por antonomasia, que auscultó con originalísimo talento el ritmo insospechado de nuestra vida provinciana, llevando a una poesía nueva y universal por sus secretos de selección y sus purezas estéticas los latidos de una raza, ha muerto. El 19 de junio de 1921 es un día de luto para la poesía castellana.
>
> *México Moderno,* revista de la que él fue uno de sus más entusiastas fundadores y colaborador asiduo, publica hoy dos de sus prosas póstumas corregidas aún por su mano [«Lo soez» y «La cigüeña»] –mano siempre generosa y leal, movida por la única aristocracia auténtica, la del talento y la bondad– y llora con la desapari-

ción del poeta la doble fatalidad que le arrebata al gran artista y al purísimo amigo.

A continuación, se anunciaba que el siguiente número de la revista se «consagraría íntegro a su glorificación» publicando los artículos o poemas que antes se han enumerado.

Carlos Pellicer dedica su primer libro, *Colores en el mar y otros poemas* (Editorial Cvltvra), «A la memoria de mi amigo Ramón López Velarde, joven poeta insigne, muerto hace tres lunas en la gracia de Cristo.»

En septiembre, Enrique Díez-Canedo publica en *Índice*, de Madrid, una breve y perspicaz nota acerca de López Velarde. En este primer comentario español, Díez-Canedo destaca el valor de «La suave Patria» del poeta que «en el momento de morir estaba llegando a una manera totalmente suya» y señala ya las fuentes de López Velarde que más tarde se precisarán: «una manera que mirarían con agrado Góngora y Jules Laforgue y Julio Herrera y Reissig, desde el cielo de los poetas, y en la que reconocerían parentesco, aquí en la tierra de los hombres, Díaz Mirón, Leopoldo Lugones y Luis Carlos López» (*Conversaciones literarias*. Segunda serie: 1920-1924, Joaquín Mortiz, México, 1964, pp. 58-59).

Eduardo J. Correa escribe, sin fecha, una extensa y amarga nota necrológica de López Velarde que había sido su íntimo amigo y compadre. Tras de recordar los años en que el poeta colaboró en los periódicos católicos de Correa, reconoce que, después, «el huracán revolucionario arrebató a nuestro bardo», quien «no resistió a la seducción de los enemigos». Como poeta, Correa cree que López Velarde «equivocó el camino. Nos parece –agrega– más admirable en sus principios que a través de *Zozobra*.» Y en el penúltimo párrafo de su artículo, Correa dice:

> Por las faltas en que incurriera, ha sufrido un castigo póstumo. Su espíritu así lo verá serenamente desde la eternidad. Desgarrando el velo del misterio [...] creemos que, si le hubiera sido posible, hubiera renunciado a los honores que a sus despojos se tributaron, especialmente a ese Inri de ignominia con que el Rector de la Universidad lo mancillara, haciendo constar en la esquela mortuoria que López Velarde era redactor de ese folleto disolvente y malvado que Vasconcelos edita, propaga y difunde con los dineros de esta Nación paupérrima y exhausta: *El Maestro*. ¡Tremendo castigo para la explicable debilidad del poeta! (Texto completo en Sheridan, RLV, *Correspondencia*, FCE, 1991, p. 43).

1923

El 19 de junio, segundo aniversario de su muerte, aparece la colección de prosas *El minutero*, en la Imprenta de Murguía, al cuidado de Enrique Fernández Ledesma, uno de sus amigos más cercanos.

1924

Al cumplirse su tercer aniversario, José Gorostiza pronuncia, en la Biblioteca Cervantes, una conferencia acerca de «Ramón López Velarde y su obra», en la que hace notar cómo su condición de *payo,* en su sentido noble, hacía que el poeta tuviera «los cinco sentidos abiertos al mundo de afuera».

La página literaria de *El Universal,* «El museo de las letras», a cargo de Enrique Fernández Ledesma, dedica un homenaje a López Velarde el 22 de junio. Además de textos alusivos e iconografía, se publica una carta inédita y, por primera vez, el poema «El sueño de los guantes negros». En septiembre, un grupo de poetas, artistas, historiadores y periodistas, invitados por el gobernador Fernando Rodarte, va a Zacatecas para descubrir, en el Cerro de la Bufa, una placa que dice: «Zacatecas, al poeta jerezano Ramón López Velarde.» Participan en el grupo Enrique Fernández Ledesma, José D. Frías, Nicolás Rangel, Rafael López, Ernesto García Cabral, Manuel Horta, Jesús B. González y Juan de Dios Bojórquez. Otra placa semejante se coloca en Jerez, en la casa en que nació López Velarde.

Homenaje de *Revista de Revistas* (núm. 856 del 3 de octubre), con colaboraciones de Xavier Villaurrutia, José Gorostiza, Francisco Monterde, Manuel Horta, Carlos González Peña, J. de J. Núñez y Domínguez, Enrique Fernández Ledesma, Martín Gómez Palacio y Samuel Ruiz Cabañas.

1930

La Escuela Nacional Preparatoria, de la UNAM, organiza una ceremonia, el 13 de noviembre, para dedicar un aula en homenaje a Ramón López Velarde. En el acto intervienen el doctor Pedro de Alba y Alejandro Gómez Arias; Áurea Procel lee poemas y hay números musicales. El folleto alusivo a la ceremonia reproduce poemas y algunos de los estudios que anteriormente se han divulgado.

Jaime Torres Bodet publica, en *Contemporáneos* (Mexico, septiembre-octubre de 1930, núms. 28 y 29), «Cercanía de López Velarde», ensayo que analiza la poética de López Velarde y la significación de su provincianismo.

1931

La revista de crítica *Crisol,* órgano del Bloque de Obreros Intelectuales, recuerda el décimo aniversario de la muerte del poeta con un folleto que contiene textos en prosa o verso, alusivos, de Jesús S. Soto, Miguel D. Martínez Rendón,

Enrique Fernández Ledesma, Rafael López, Samuel Ruiz Cabañas, José de J. Núñez y Domínguez, Rafael Lozano, Héctor Pérez Martínez, José D. Frías, Alfonso Cravioto, Francisco Monterde y Martín Gómez Palacio. En la parte central, se reproducen cuatro poemas de López Velarde. Las ilustraciones son de A. P. Gallien, L. Chávez y Fermín Revueltas.

1932

El Bloque de Obreros Intelectuales edita, en los Talleres Tipográficos de Alfredo del Bosque y con ilustraciones de Fermín Revueltas, *El son del corazón,* como homenaje «al cantor por antonomasia de la provincia». Se reúnen en este libro los poemas de López Velarde posteriores a *Zozobra.* El volumen lleva, además, los siguientes textos: «Mis encuentros con el buen Ramón» por Djed Bórquez (del BOr), «Ramón López Velarde», por Genaro Fernández Mac Gregor –el artículo publicado en *México Moderno,* 1921– y «El verso inolvidable» de Rafael Cuevas.

1935

Xavier Villaurrutia publica, en la Editorial Cvltvra, los *Poemas escogidos* de Ramón López Velarde precedidos de un ensayo que iniciará el reconocimiento de la complejidad y la riqueza de aquel universo poético. La selección se reeditará, por Nueva Cultura, en 1940, y aumentada, se convertirá en *El León y la Virgen* (México, 1942), volumen 40 de la Biblioteca del Estudiante Universitario.

1936

Revista de Revistas, que editó el primer libro de López Velarde, le dedica la mayor parte de su número correspondiente al 21 de junio, con estudios –en su mayor parte ya publicados con anterioridad– y una selección de su obra en prosa y verso, que contribuye decisivamente a la difusión popular del poeta.

María Ibargüengoitia publica, en la Editorial Cvltvra, *La poesía de López Velarde.*

1941

Homenaje de la revista *Papel de Poesía* (núm. 11, agosto), de Saltillo, Cohahuila, con colaboraciones de Xavier Villaurrutia, Arturo Rivas Sáinz, Rafael del Río y Federico Berrueto Ramón.

Editorial Cvltvra publica la segunda edición de *La sangre devota.*

1944

«Al cumplirse los veintitrés años de la fecha en que el autor acabó de escribir su obra», Francisco Monterde edita, en la Imprenta Universitaria, con grabados de Julio Prieto, una *plaquette* en gran formato el poema «La suave Patria» seguido de una nota crítica.

Arturo Rivas Sáinz publica, en Guadalajara, *El concepto de la zozobra,* primer libro importante dedicado íntegramente al estudio de la obra del poeta.

La Editorial Nueva España, en su Colección Atenea, publica unas *Obras completas* de López Velarde que recogen los tres libros de poemas, *La sangre devota, Zozobra* y *El son del corazón,* y las prosas de *El minutero.*

1946

Para conmemorar los veinticinco años de su muerte, la revista *El Hijo Pródigo,* de Octavio G. Barreda, que dirigía entonces Xavier Villaurrutia, le consagra su número correspondiente al 15 de junio (año IV, vol. XII, núm. 39), con estudios de José Luis Martínez, Francisco Monterde, Alí Chumacero, Ermilo Abreu Gómez, Rafael Solana y Arturo Rivas Sáinz, más un *collage*-homenaje de Agustín Lazo, iconografía y selecciones de versos y prosas del poeta. Los cinco poemas seleccionados por Villaurrutia fueron: «En las tinieblas húmedas...», «Tus dientes», «El mendigo», «Hormigas» e «Idolatría»; y las siete prosas: «Obra maestra», «Mi pecado», «Novedad de la Patria», «Fresnos y álamos», «La flor punitiva», «Lo soez» y «José de Arimatea».

1947

Con prólogo de Enrique González Martínez, Luis Noyola Vázquez publica *Fuentes de Fuensanta. La ascensión de López Velarde,* valiosa investigación que ha precisado el conocimiento de las lecturas formativas del poeta.

1948

Carlos Villegas inicia, en la revista *Armas y Letras,* de Monterrey, la investigación sistemática de los textos dispersos de López Velarde. Antes de esa fecha se habían publicado esporádicamente textos desconocidos, en *El Universal,* de México, y en las revistas *Pan,* de Guadalajara, y *Estilo,* de San Luis Potosí. A la empresa se suman Luis Noyola Vázquez, con los poemas, ensayos y cartas que publica, en 1949, *México en el Arte* (véase abajo); Emmanuel Carballo, en las revistas *Ariel* (1949 y 1950) y *Et Caetera* (1952) de Guadalajara, donde divulga nuevos poemas y prosas; Jesús Silva Herzog, que reproduce en *Cuadernos Americanos* (1950) los ensayos que bajo el rubro de «Renglones líricos» había publicado López Velarde en *El Eco de San Luis;* y en 1952 y 1953, Elena Molina Ortega, que reúne o redescubre los textos anteriores y descubre algunos más para formar sus tres libros de nuevos textos de López Velarde.

1949

El Instituto Nacional de Bellas Artes dedica el número 7, primavera de 1949, de su revista *México en el Arte,* cuyo coordinador es Jaime García Terrés, a López Velarde. La revista contiene estudios de Francisco de la Maza, Carlos Villegas, J. M. González de Mendoza, Luis Noyola Vázquez, Xavier Villaurrutia, Vicente T. Mendoza y Francisco Díaz de León, aunque el primero y los dos últimos se refieren a temas sólo conexos con el poeta. Además de por la calidad de los estudios y las hermosas ilustraciones de Julio Prieto y Alberto Beltrán, el número es muy interesante por los textos desconocidos de López Velarde –poesías, crónicas, cartas–, los manuscritos, la iconografía y la bibliografía que reúne, y por el cuidado tipográfico y crítico con que fue realizado este homenaje.

Se publica *Jerez, el de López Velarde,* por Eugenio del Hoyo, que evoca minuciosamente el ambiente de la villa del poeta.

1951

Al cumplirse treinta años de la muerte del poeta, el gobernador de Zacatecas, José Minero Roque, promueve la creación, en Jerez, del Museo Ramón López Velarde en la casa en que nació y pasó su infancia. Al efecto se constituye un Patronato Nacional cuyo primer Presidente Ejecutivo es Enrique González Martínez, hasta su muerte en febrero de 1952, luego sucedido por Agustín Yáñez. Como órgano del Patronato se publican quince números de una breve revista, *Alcance,* dirigida por Emmanuel Palacios, y consagrada a recoger noticias y textos del poeta.

Arturo Rivas Sáinz publica, en México, Editorial Jus, un nuevo libro sobre el poeta: *La redondez de la creación. Ensayo sobre Ramón López Velarde.*

Para conmemorar el XXX aniversario de la muerte de López Velarde publican números de homenaje: el suplemento cultural *El Nacional* (México, 22 de julio de 1951, núm. 225), con colaboraciones de Alfonso Reyes, Enrique Fernández Ledesma, Pedro de Alba, Fernando Sánchez Mayáns, Andrés Henestrosa, Miguel Álvarez Acosta, Juan Macedo López, José Mancisidor, Ricardo Arenales, Ricardo Cortés Tamayo, Enrique González Martínez, Luis Noyola Vázquez y Gerónimo Baqueiro Fóster, y *Letras Potosinas* (San Luis Potosí, mayo-junio de 1951, núm. 97), con colaboraciones de Rodolfo Carlos Elías, Emmanuel Carballo, Luis Noyola Vázquez y Manuel Ramírez Arriaga.

1952

Elena Molina Ortega publica, en la Imprenta Universitaria, tres volúmenes dedicados al estudio y a la investigación de López Velarde: *Ramón López Velarde, estudio biográfico;* Ramón López Velarde, *El don de febrero y otras prosas;* Ramón López Velarde, *Poesías, cartas, documentos e iconografía.* A pesar de ciertos descuidos, son trabajos imprescindibles para el conocimiento de la personalidad y la obra del poeta. El segundo de estos libros reúne textos que enriquecen efectivamente su obra.

Emmanuel Carballo publica en Guadalajara, *Ramón López Velarde en Guadalajara,* en que estudia y recoge los poemas y artículos que publicó el poeta en *El Regional,* de aquella ciudad, de 1909 a 1912.

Guy Lévis Mano traduce al francés once poemas de López Velarde que aparecen en la *Anthologie de la poésie mexicaine* seleccionada por Octavio Paz y editada por la UNESCO en París.

1953

Aparece *Prosa política* de López Velarde, recopilación de Elena Molina Ortega, editada también por la Imprenta Universitaria.

En el volumen 68 de la Colección de Escritores Mexicanos, de Editorial Porrúa, se publican *Poesías completas* y *El minutero,* de Ramón López Velarde, edición y prólogo de Antonio Castro Leal. En la sección de poesía, se recogen, además de los tres libros conocidos, los poemas de juventud (1905-1912) que se descubrieron en los años inmediatos.

1954

Se publica *Vida y pasión de López Velarde,* por Baltasar Dromundo, estudio que obtuvo el primer premio al tema biográfico en los VIII Juegos Florales de Zacatecas, celebrados en honor de Ramón López Velarde en 1954.

1958

Pedro de Alba, amigo muy cercano de López Velarde, reúne en el opúsculo número 21 de Filosofía y Letras, edición de la Universidad Nacional Autónoma de México, ocho ensayos divulgados por separado con anterioridad, acerca de Ramón López Velarde, que contienen noticias y juicios de primera mano.

Federico Berrueto Ramón publica, en Saltillo: *Entraña y voz de López Velarde.*

Samuel Beckett traduce al inglés once poemas de López Velarde que aparecen en *An Anthology of Mexican Poetry,* seleccionada por Octavio Paz, en edición patrocinada por la UNESCO y la OEA, de Indiana University Press.

1961

Émilie Noulet traduce al francés «La suave Patria» (*Douce Patrie*) de López Velarde, que se recoge en *Les poésies mexicaines,* de Jean-Clarence Lambert, autor de una perspicaz nota introductoria (Éditions Seghers, París).

1962

Allen W. Phillips publica, en la editorial del Instituto Nacional de Bellas Artes, *Ramón López Velarde, el poeta y el prosista,* el estudio más comprensivo y riguroso que existe hasta ahora sobre el tema.

1963

Al cumplirse setenta y cinco años de su nacimiento, por decreto del Presidente Adolfo López Mateos, los restos del poeta son trasladados a la Rotonda de los Hombres Ilustres, del Panteón Civil de Dolores. Otro gran poeta habla en esta ocasión: José Gorostiza, quien pronuncia una preciosa evocación e indagación acerca del *Perfil humano y esencia literarias de Ramón López Velarde.*

Octavio Paz publica, en la *Revista Mexicana de Literatura* (núms. 11-12), «El camino de la pasión (Ramón López Velarde)» que luego recogerá en *Cuadrivio* (Joaquín Mortiz, México, 1965). Aunque comienza por ser un comentario al libro de Phillips, el ensayo es uno de los más penetrantes y sugestivos acerca de la poesía y la personalidad de López Velarde. Con anterioridad, Paz había escrito otro ensayo sobre «El lenguaje de López Velarde» (*México en la Cultura, Novedades,* 5 de marzo de 1950), recogido en *Las peras del olmo* (Universidad Nacional Autónoma de México, 1957). Posteriormente, en el volumen *Generaciones y semblanzas. Escritores y letras de México,* tomo II de *México en la obra de Octavio Paz* (Fondo de Cultura Económica, México, 1987), se reunieron estos estudios «ampliando los párrafos consagrados a la influencia que distintos poetas españoles, hispanoamericanos y franceses tuvieron en la obra de López Velarde» (1986), y añadiendo un *Post scriptum,* «Fuensanta: imán y escapulario».

Se publica, en Santiago, el folleto *Presencia de Ramón López Velarde en Chile,* que recuerda la inauguración, el 17 de septiembre de 1963, del Refugio Ramón López Velarde ofrecido por México a la Sociedad de Escritores de Chile. El Presidente Alessandri donó al efecto el edificio número 7 de la calle del Almirante Simpson. Contiene textos de Gustavo Ortiz Hernán, Guillermo Atías y una prosa, «R L V», de Pablo Neruda, más una selección de poemas y prosas de López Velarde preparada por el propio Neruda.

1970

El 10 de junio, la Biblioteca Nacional de México organiza un homenaje en memoria de Ramón López Velarde, con motivo de los cincuenta años de la publicación de *Zozobra.* En la ceremonia intervinieron Porfirio Martínez Peñaloza, Luis Noyola Vázquez y Antonio Leal, quien da lectura y comenta textos poéticos.

1971

La Secretaría de Educación Pública decide honrar la memoria de Ramón López Velarde, al cumplirse cincuenta años de su muerte, con la celebración de diversos actos y la realización de publicaciones. Se recuerdan especialmente los siguientes: la Universidad Nacional Autónoma de México celebró, el 23 de junio, un homenaje en la Sala José María Vigil de la Biblioteca Nacional, en la que intervinieron Allen W. Phillips, Joaquín Antonio Peñalosa y Luis Noyola, y se inauguró una exposición alusiva, montada por Othón Lara Barba. La Academia Mexicana efectuó una sesión pública, el viernes 25 de junio, en la que hablaron el director Francisco Monterde y Allen W. Phillips, y Carlos Pellicer leyó poemas de López Velarde. Y el Gobierno del Estado de Zacatecas, la UNAM y la Corresponsalía del Seminario de Cultura Mexicana organizaron en Zacatecas y en Jerez una Semana de Ramón López Velarde, del 29 de marzo al 4 de abril. Intervinieron Mauricio Magdaleno, Salvador Azuela, Francisco Díaz de León, Pablo Castellanos, Alejandro Topete del Valle, Amalia C. de Castillo Ledón, Francisco Monterde, J. Jesús Reyes Ruiz y Eugenio del Hoyo; hubo números musicales y Juan de Santiago Silva leyó poemas de López Velarde.

En el curso del año se publicó mensualmente el hermoso *Calendario de Ramón López Velarde,* editado por la Secretaría de Educación Pública. Lo coordinó María del Carmen Millán y Alí Chumacero y Fedro Guillén recopilaron textos del poeta y las más notables páginas que la crítica le ha consagrado, con excelentes ilustraciones.

Otra de las publicaciones patrocinadas por la Secretaría de Educación fue la primera edición de las *Obras* de López Velarde, al cuidado de José Luis Martínez, que editó el Fondo de Cultura Económica.

1973

Guillermo López de Lara publica *Hablando de López Velarde,* Ediciones Ateneo, México, en la que subraya los aspectos religiosos y nacionales del poeta y el prosista.

1975

El 30 de marzo, a la edad de 97 años, muere en la ciudad de México Margarita Quijano, inspiradora del poeta al que sobrevivió 54 años. Había nacido en Baja California el 11 de marzo de 1878.

1984

Tarsicio Herrera Zapién traduce al latín «La suave Patria» y registra las huellas de Horacio y Virgilio en la obra del poeta: *López Velarde y Sor Juana, feministas opuestos,* Editorial Porrúa, México. Años más tarde, Eugenio del Hoyo registra las citas y alusiones clásicas en la obra de López Velarde: *Glosas a La suave Patria,* Diócesis de Zacatecas, 1988.

Luis de Tavira organiza el espectáculo teatral *Novedad de la Patria,* con versos de «La suave Patria» y música popular de Zacatecas, que se graba en un disco de la serie Voz Viva, de la UNAM.

1987

El Presidente de la República, Miguel de la Madrid Hurtado, el gobernador del Estado de Zacatecas, Genaro Borrego Estrada, y autoridades educativas y culturales asisten en el Teatro Hinojosa, de Jerez, Zacatecas, la mañana del 21 de junio, a la ceremonia en la cual se constituye la Comisión para Conmemorar el Centenario del Natalicio de Ramón López Velarde, cuya presidencia se encarga a José Luis Martínez.

1988

Gracias a la colaboración que se establece entre la Secretaría de Educación Pública, el Gobierno del Estado de Zacatecas, el Departamento del Distrito Federal, el Instituto Nacional de Bellas Artes, la Universidad Nacional Autónoma de México, la Universidad Autónoma Metropolitana, la Universidad Autónoma de Zacatecas, la Universidad de Guadalajara y el Fondo de Cultura Económica, el programa de homenajes a Ramón López Velarde, con ocasión del centenario de su nacimiento, pudo ser amplio y variado y se extendió durante todo el año y en varios lugares de la República. El programa incluyó la acuñación de dos medallas conmemorativas, una en bronce y otra en plata; la fundición de un pequeño busto del poeta en bronce; la emisión de un sello postal; la designación como Jardín Ramón López Velarde del que se encuentra sobre la Avenida Cuauhtémoc de la ciudad de México, frontero al Centro Médico, donde se instaló un monumento con un busto del poeta; la remodelación de la casa de López Velarde en Jerez, Zacatecas, y la adquisición de la casa de Avenida Álvaro Obregón 71 y 73, en la colonia Roma, en que vivió y murió el poeta, casa que se convirtió en La Casa del Poeta, de la Delegación Cuauhtémoc; la impresión de varios carteles conmemorativos; la lectura de fragmentos de la obra de López Velarde en radio y televisión; la difusión de datos biográficos y textos de López Velarde en las escuelas primarias y secundarias del país; la Ofrenda Coreográfica para Ramón López Velarde del Ballet Independiente de Raúl Flores Canelo, presentada en el Teatro Calderón, de Zacatecas, y en el Palacio de Bellas Artes, de México, la exposición fotográfica Imágenes Poéticas de Ramón López Velarde Cien Años Después, realizada por el Taller de la Imagen, de Lázaro Blanco, presentada en el Museo Mural Diego Rivera, de México; la creación del Museo Imaginario, ámbito-objeto sobre el mundo de López Velarde, creado por Hugo Hiriart y José Barreiro, exhibido en el pórtico del Teatro Calderón, de Zacatecas, y en otros lugares de la República; y la entrega de la Medalla Ramón López Velarde, del Gobierno de Zacatecas, a Allen W. Phillips, Elena Molina Ortega y José Luis Martínez, de manos del gobernador del Estado, Genaro Borrego Estrada.

La noche del 14 al 15 de junio –fría y lluviosa–, un grupo de jóvenes escritores, encabezados por Vicente Quirarte, viajó a Jerez para dar a Ramón López Velarde «mañanitas», acompañado por bandas de música y jóvenes de la ciudad; y la mañana del día 15 asistió a la misa de muertos que se dijo en la parroquia en memoria del poeta, misa a la que fueron enlutadas las jerezanas.

Los actos del centenario tuvieron su iniciación solemne en la velada-homenaje, celebrada en el Teatro Calderón, de Zacatecas, a las 19 horas del miércoles 15 de junio. Con la asistencia del Presidente de la República, en la velada dijo un discurso el gobernador del Estado; se ejecutó la *Cantata a la Patria,* de Blas Galindo, por la Orquesta Sinfónica de Guanajuato, la Orquesta de Cuerdas y el Coro de Zacatecas; Aurora Molina leyó textos de López Velarde, y Juan José Arreola pronunció una alocución.

Del 16 al 18 de junio, en el Museo Pedro Coronel, de Zacatecas, se celebraron las Jornadas López Velarde, con la participación de Elsa Cross, Merlin H. Foster, Elisa García Barragán, Enriqueta Ochoa, José María Pino Méndez, José Luis Martínez, Gonzalo Celorio, Víctor Muñoz, Howard Quackenbush, Vicente Quirarte, Filiberto Soto Solís, Jorge von Ziegler, Armando Adame, Griselda Álvarez, Juan José Arreola, Carmen de la Fuente, Vicente Magdaleno, Luis Mario Schneider, Felipe Garrido, Hermann Bellinghausen, Roberto Cabral del Hoyo, Jorge Esquinca, Raúl Renán, Guillermo Samperio, Víctor Sandoval y la Tribuna Zacatecana. Estas Jornadas se repitieron en el Palacio de Bellas Artes y en la Capilla del Palacio de Minería, de la ciudad de México, con las intervenciones adicionales de Emmanuel Carballo, Beatriz Espejo, Pavel Grushko –poeta soviético que tradujo al ruso «La suave Patria» y comparó la obra del mexicano con la de S. Essenin–, Eduardo Lizalde, Clementina Díaz de Ovando, Fernando Curiel, Gabriel Magaña, Fausto Ramírez, Evodio Escalante, David Huerta, Alejandro Sandoval y Alejandro Toledo.

El Tercer Encuentro de Poetas del Mundo Latino se llevó a cabo en Zacatecas, del 12 al 15 de octubre, en homenaje a López Velarde; la Universidad Femenina de México organizó una mesa redonda y un recital dedicados a López Velarde; el 9 de diciembre, en la Sala Ponce de Bellas Artes, se estrenó la cantata *A Ramón López Velarde,* con letra y música de Ernesto Juárez; el grupo «Ala vuelta», de Rocío Becerril y Graciela Cervantes, presentó, en diciembre, el ballet *El son del corazón,* en teatros de la ciudad de México; y Luis de Tavira presentó el espectáculo teatral *Zozobra,* en El Galeón, Centro de Experimentación Teatral.

Las revistas literarias y los suplementos culturales de las ciudades de México, Guadalajara, San Luis Potosí y Aguascalientes dedicaron números de homenaje a López Velarde. Entre ellos, se destacan los siguientes: *La Gaceta del Fondo de Cultura Económica,* abril, núm. 208; *Vuelta,* agosto, núm. 141; *Universidad de México,* agosto, núm. 451; *Sábado,* 11 de junio, núm. 558; *La Jornada. Libros,* 11 de junio; *La Jornada Semanal,* 3 de julio; *El Semanario Cultural de Novedades,* 17 de enero, núm. 300; *Proceso,* 27 de junio, núm. 608; *Tierra Adentro,* octubre-noviembre, núm. 45, así como informaciones, artículos y crónicas especialmente en *Excélsior, Unomásuno* y *La Jornada.*

La cosecha más duradera se encuentra en los libros dedicados a López Velarde que se publicaron en el curso de 1988 y se listan en seguida: NOVEDADES: *Minutos velardianos.* Ensayos de homenaje en el centenario de Ramón López Velarde, UNAM; Elisa García Barragán-Luis Mario Schneider, *Ramón López Velar-*

de, Álbum, UNAM; Allen W. Phillips, *Retorno a López Velarde;** Felipe Garrido, compilador, *López Velarde para jóvenes* (*poesía*) y *López Velarde para jóvenes* (*prosa*); Luis Mario Schneider, *Ramón López Velarde en La Nación;* Felipe Garrido y Vicente Quirarte, *Contemporáneos de Ramón López Velarde;* Luis Noyola Vázquez, *Fuentes de Fuensanta. Tensión y oscilación de López Velarde,* FCE; Eugenio del Hoyo, *Glosas a la Suave Patria,* Diócesis de Zacatecas, Guadalajara; Carmen Cabrera de Del Hoyo y Eugenio del Hoyo Cabrera, *La cocina jerezana en tiempos de López Velarde,* FCE; Guadalupe Appendini, *A la memoria de Ramón López Velarde;* Juan José Arreola, *Ramón López Velarde. Una lectura parcial,* Fondo Cultural Bancen; Gabriel Zaid, *Un amor imposible de López Velarde,* UNAM; Vicente Quirarte, J. Francisco Conde, Blanca Rodríguez, Edelmira Ramírez, Margarita Alegría, Severino Salazar y Josefina Morales, *El retorno benéfico. Homenaje a Ramón López Velarde* (*1888-1988*), Universidad Autónoma Metropolitana, y Guillermo Sheridan, *Un corazón adicto. La vida de Ramón López Velarde,* FCE, 1989. NUEVAS EDICIONES: Ramón López Velarde, *La suave Patria,* Comentario final de Francisco Monterde, Ilustraciones de Julio Prieto, UNAM; Carmen de la Fuente, *López Velarde y su mundo intelectual y afectivo;* Allen W. Phillips, *Ramón López Velarde, el poeta y el prosista;* Arturo Rivas Sáinz, *El concepto de la zozobra;* Emmanuel Carballo, *López Velarde en Guadalajara;* Juana Meléndez, *La suave Patria de Ramón López Velarde;* Pedro de Alba, *Ramón López Velarde. Ensayos;* Roberto Padilla Uribe, *González León y López Velarde. Vida y obra;* Eugenio del Hoyo, *Jerez el de López Velarde,* FCE; y la nueva edición de las *Obras.* Varios libros más proyectados se encuentran aún en proceso. Es de notarse la nutrida participación de los jóvenes en estas celebraciones y estudios. En fin, se reimprimieron el disco de López Velarde de la colección Voz Viva, de la UNAM, y otros más dedicados también al poeta.

1989

Se publica *Visiones y versiones. López Velarde y sus críticos 1914-1987,* compilación de Emmanuel Carballo, editada por los cuatro organismos asociados. Buena recopilación. Juan F. Noyola, *El contenido social de la poesía de Ramón López Velarde,* FCE, Tezontle, Ensayo escrito por Noyola cuando tenía 21 años. Lleva un Preliminar de Juanis Ugalde.

---

* Los libros sin especificación de casa editorial fueron editados conjuntamente por las entidades gubernamentales y culturales que participaron en este homenaje.

1992

Se publica *Íntima patria* (ensayo), de José Luis M. Suárez, Colección de Escritores Veracruzanos, Gobierno del Estado de Veracruz. Acercamiento analítico a *La suave Patria.*

1995

Aparece *Song of the heart,* Selected poems by RLV, Translated from the Spanish by Margaret Sayers Peden, Art by Juan Soriano, University of Texas Press, Austin. Veintinueve poemas incluida «La suave Patria» en cuidadosas versiones bien ilustradas por Soriano.

1996

Subsiste en México la costumbre periodística de celebrar el 28 de noviembre, Día de los Inocentes, con bromas por lo general de intención política. El periódico de la ciudad de México, *La Jornada,* incluyó entre sus bromas de este día el siguiente *pastiche* de «La suave Patria»:

DESCUBREN POEMA INÉDITO DE RAMÓN LÓPEZ VELARDE

Gran sensación ha causado en círculos intelectuales, o ni eso, el descubrimiento de un original del vate zacatecano Ramón López Velarde, cincelador, si alguno, del mármol nacional. Aunque hay dudas sobre su origen, la Coalición de Comisiones del caso Colosio, experta en descubrimientos, filtró la noticia de su autenticidad. Juzgue el lector si es genuino:

Yo, que nunca confié en la asombrosa
capacidad del grupo que gobierna
me rectifico con disculpa tierna
para alabar la táctica rumbosa
que préstamos pidió fajo tras fajo
hasta volver al peso un estropajo.

Circularé por entre los imeca,
con pulmones sintéticos, que harán
que al respirar me sienta supermán
y al mutar de garganta no haga mueca.
Afirmaré con ánimo expiatorio:
la Patria vive pero en velorio.

Pretty Patria, acepta que te alabe
con un quizás, un pue'que y un quiénsabe.
En su nicho feliz, tus dirigencias
ni ven ni escuchan a sus adversarios,
ellas nomás reclaman incensarios
y al cabo tú te quedas en «Urgencias».

ÚLTIMO ACTO

Country: tu tierra cultivable es la azotea
tu patrimonio el feudo de Salinas
y tu futuro, refulgente sea
si te acomodas a vivir en ruinas.
Desde el cielo te ordenan que seas casta
o no te alcanzará pa la canasta.

La Jornada, México, 28 de diciembre de 1996 (Día de los Inocentes)

IV. LECTURAS DEL TEXTO

LA INDAGACIÓN DE LAS FIGURAS FEMENINAS

José Luis Martínez

La poesía de López Velarde ha dado origen a numerosos estudios acerca de sus temas, de las particularidades de su elaboración, de los significados de sus imágenes, de las tensiones morales que manifiesta, de su mundo sensorial y emotivo y de su mensaje nacional. Pero, al mismo tiempo, y desde hace al menos cuatro décadas, se han escrito muchas páginas para aclarar la personalidad y las relaciones que tuvieron con el poeta cuantas muchachas quedaron iluminadas en sus versos y sus prosas. Ahora sabemos la breve historia de Josefa de los Ríos, Fuensanta; se ha desvelado el misterio de la profesora de literatura en la Normal, Margarita Quijano, oculto tantos años; se ha aclarado que María Magdalena Nevares, la novia potosina de «ojos inusitados de sulfato de cobre», no era «muy pobre» sino una señorita educada y de familia acomodada; y presuminos que la prima Águeda fue quizá sólo una afortunada invención plástica. Y, además de estas figuras más notorias, se han rescatado también los nombres de muchas otras muchachas, sin historia precisa, que dejaron alguna huella en la obra de López Velarde: Eloísa Villalobos, «hija del enjuto médico del lugar»; Teresa Toranzo, tendera ojizarca, y Lupe Nájera, maestra cantora, ambas de El Venado; Genoveva Ramos Barrera, la potosina que tocaba el piano; Josefina Gordoa, otra potosina que le gustaba de lejos; dos Susanas Jiménez, una de San Luis y otra de Jerez, con la que se carteaba; la «sobrinita» Margarita González, a la que escribió varias cartas; la «muchachita hemisférica y algo triste», quizás jerezana, que preguntaba por el poeta; y las capitalinas, además de la profesora Margarita Quijano, la pianista Fe Hermosillo, Virginia Pedrazzi y las casuales azafatas, náyades y Zoraidas, sin contar los elogios que dedicó a bailarinas famosas de la época, Anna Pavlowa, Tórtola Valencia y Antonia Mercé.

Ramón Velarde fue ciertamente un adolescente, un mozo y un hombre lleno de presencias femeninas, así fueran más bien inalcanzables. Sin embargo, no es el caso ahora de ponderarlas sino tratar de aclarar por qué esas huellas en la obra del escritor han interesado a tantos de sus estudiosos: Allen W. Phillips, Octavio Paz, Elena Molina Ortega, Luis Noyola Vázquez, José Emilio Pacheco,

Guadalupe Appendini, Gabriel Zaid, Luis Miguel Aguilar, Gonzalo Celorio, Vicente Quirarte y tantos otros, entre los que se cuenta el que esto escribe.

Otros poetas mexicanos, anteriores o contemporáneos del jerezano, han celebrado también a sus amadas, a sus obsesiones y a sus ensueños femeninos: Ignacio Ramírez, Manuel Acuña, Manuel M. Flores, Manuel Gutiérrez Nájera, Salvador Díaz Mirón, Manuel José Othón, Amado Nervo, José Juan Tablada, Enrique González Martínez, Efrén Rebolledo y Alfonso Reyes. Algunos de sus poemas de tema femenino son espléndidos. Con todo, la única presencia femenina que ha merecido curiosidad y estudios ha sido Rosario de la Peña, exaltada por Ramírez, Acuña y Flores, entre los citados. Pero ella ha sido considerada sobre todo por su condición de musa excepcional y casi nada por ella misma como mujer. Los biógrafos de Othón han identificado a la inspiradora de «En el desierto, Idilio salvaje», la «india brava» Guadalupe Jiménez; y otros han contado lo poco que puede saberse de Ana Cecilia Luisa Dailliez, la «amada inmóvil» de Nervo.

Frente a estas escasas indagaciones acerca de las presencias femeninas en las obras de los poetas señalados, sorprende la abundancia y el entusiasmo de las dedicadas a las mujeres relacionadas con López Velarde. ¿Cuál es la motivación? Creo que no se trata de calidad poética, ya que muchos poemas dedicados a mujeres por otros poetas son joyas de nuestra poesía. Pero entonces, ¿por qué han atraído a sus estudiosos los poemas de esta índole del autor de *Zozobra*? La imantación puede explicarse por el hecho de que a las mujeres en la poesía de Velarde las sentimos encarnadas, vivientes y nos atraen por la gracia cordial y burlona conque están pintados sus humildes encantos y galas, por la intensidad de los rasgos con que el poeta ilustra sus entusiasmos, por la maestría verbal con que transfigura a Fuensanta, a la prima Águeda, a la «dama de la capital» o a sus ocasionales servidoras eróticas. Pensamos que, de alguna manera, nos acercamos más al conocimiento de su poesía si sabemos quiénes fueron, cómo eran y qué relaciones reales tuvieron sus inspiradoras con el poeta.

No tendría sentido afirmar que López Velarde tuviera una fascinación por la mujer mayor que las de otros poetas –Manuel M. Flores, Efrén Rebolledo o Alfonso Reyes, por ejemplos de grandes amadores que nos han dejado preciosos poemas eróticos–, sino que tuvo una peculiar capacidad para describirlas, para dar vida a sus imágenes, rehuyendo siempre los clisés o los tópicos, y para entrar en su pequeño mundo y convertirlo en gracia y en esplendor verbal. Ninguno de sus poemas cuenta una experiencia erótica consumada y ninguno hace revelaciones mayores. En sus versos y prosas todo es recuerdo, ensueño, deseo, transfiguración, esto es, frustración. Pero acaso porque las presencias femeninas nunca llegaron a convertirse en realidad plena, mantuvieron prestigio en su ánimo e intensidad en sus evocaciones.

VI/1988

VERSOS DE AUGUSTO GENIN, PROSAS DE EFRÉN REBOLLEDO Y UN NUEVO POETA*

José Juan Tablada

Tablada inicia su nota comunicando al lector que sobre su mesa de trabajo, listos para ser leídos, reposan dos libros y una carta. Los libros a que se refiere son Poèmes d'Amour *de Genin y* Caprichos *de Efrén Rebolledo; la carta, del poeta zacatecano.*

Y por fin, una carta con varios poemas manuscritos originales del joven poeta Ramón López Velarde...

Tablada comenta superficialmente los libros recibidos y, al final de su nota, dice:

Hojeo los versos manuscritos de Ramón López y leo este bello soneto:

Del pueblo natal

Ingenuas provincianas: cuando mi vida se halle
desahuciada por todos, iré por los caminos
por donde vais cantando los más sonoros trinos
y en fraternal confianza ceñiré vuestro talle.

A la hora del Ángelus, cuando vais por la calle,
enredados al busto los chales blanquecinos,
decora vuestros rostros –¡oh rostros peregrinos!–
la luz de los mejores crepúsculos del valle.

De pecho en los balcones de vetusta madera,
platicáis en las tardes tibias de primavera
que Rosa tiene novio, que Virginia se casa;

* *El Mundo Ilustrado,* México, Año XXI, tomo III, 7 de junio de 1914.

y oyendo los poetas vuestros discursos sanos
para siempre se curan de males ciudadanos,
y en la aldea la vida buenamente se pasa.

Y sigo leyendo otros versos del mismo autor, con la creciente emoción de encontrar un nuevo astro que se revela con sencillas músicas y fragancias encantadoras. Son los versos de López Velarde; flores de prados campesinos, claveles de macetas que abriéndose sobre los viejos tiestos de Talavera, arden entre la penumbra de nuestros hondos corredores coloniales. Su perfume recuerda el aroma que exhalan los herbarios del divino Francis Jammes.

Son versos de penetrante encanto, que habré de comentar en próximo artículo, pues anuncian sin duda la aparición de un nuevo poeta intenso y noble...

RAMÓN LÓPEZ VELARDE*

Genaro Estrada, Antonio Castro Leal y *Jesús Villalpando*

Ramón López Velarde nació en Jerez, Estado de Zacatecas, el 15 de junio de 1888. Ha pasado en provincia la mayor parte de su vida, partiendo el tiempo entre los estudios de la jurisprudencia y las labores del periodismo. En Aguascalientes fue asiduo colaborador en *La Provincia,* revista literaria, y en la ciudad de México fue redactor del diario *La Nación,* en el cual comenzó a formar su reputación de poeta y de cronista. Ahora escribe crónicas y ensayos, al margen de la vida provinciana y de asuntos literarios diversos. El único libro que ha publicado, *La sangre devota,* fue recibido con general aprobación y colocó a su autor en la primera fila de nuestros poetas jóvenes. A propósito de este libro ha escrito Antonio Castro Leal: «Este poeta es, por una parte, un poeta profundamente sentimental, que no ha olvidado el país en que nació, ni las muchachas de su tierra, ni la Virgen de su parroquia, ni la plaza de su ciudad; y su libro es humilde, sencillo, pintoresco, y su arte firme, diáfano, risueño. Es un poeta provinciano. Ya no existe en la poesía la diferencia entre vida del campo y vida de ciudad: hoy el campo ha desaparecido y nuestros más sobrios poetas no dormirían al raso, alimentados de manjares de églogas. El viejo ideal campestre cantado por la poesía latina, fue sustituido por el ideal de la provincia, que es una ciudad pequeña, que es el antiguo campo modificado por las ventajas de la agrupación social y de la división del trabajo, y que ha conservado la tranquilidad, la castidad, la bondad de los primitivos campos. Como es un amante poeta de provincia, es un poeta cristiano. Los cosmopolitas tienen ideas demasiado

---

* Genaro Estrada, *Poetas nuevos de México.* México, Porrúa, 1916. En el prólogo a esta antología, Estrada no menciona explícitamente a López Velarde. En la nota introductoria a los poemas seleccionados del zacatecano («A la gracia primitiva de las aldeanas», «A Sara», «La bizarra capital de mi Estado», «A la patrona de mi pueblo», «Se trasmuta mi alma» y «Hoy como nunca»), el antólogo reproduce fragmentos de dos juicios, uno de Antonio Castro Leal aparecido en *El Nacional,* el 2 de febrero de 1916 con el título de «*La sangre devota,* libro de versos de Ramón López Velarde» y otro de Jesús Villalpando, «Un libro integralmente personal», que salió en la revista *Vida Moderna* el 29 de marzo de 1916.

generales sobre la religión: hay que haber visto desde pequeño su parroquia para tener esa fe suave y legendaria, esa unción inconsciente y cordial. Es un poeta silencioso. El romanticismo parece haber descubierto el olifante de Roldán; fue sonoro hasta ensordecer, desarrolló los sentimientos más ruidosos y las manifestaciones ruidosas de los demás sentimientos. Desde que la poesía se intelectualizó, la música guerrera del verso se tornó en la música socrática de las ideas, interior y misteriosa. Por eso se ha dicho que en el arte contemporáneo existe una marcada corriente de misticismo. El misticismo es un recogimiento para una consagración religiosa: en el arte contemporáneo existe nada más el recogimiento, nada más el amor del silencio, la soledad de la discreción... Este poeta es, por otra parte, un poco extraño y empieza a mostrar un arte paulatinamente oscuro y difícil. Estas nuevas cualidades nacieron de las viejas cualidades. Nada nos hace tan extraños como la simplicidad: imaginaos un hombre que usara sombreros nada más que en estío, y que no llevara zapatos sino en terreno pedregoso. Nada nos da fama de oscuros como la percepción diáfana de las cosas, porque es el modo excepcional de percibirlas.»

«Hasta ciertos desfallecimientos de estilo, o desentonos, que se notan dentro de la homogeneidad de la obra y la forma descuidada en que vació tantos primores, son lógicos en él y en todo sinceros con su íntima personalidad. Son intencionales. Así, descuida los preciosismos de la rima para dejar un gran campo a la emoción; prefiere que haya una sola consonancia en los cuartetos; usa frecuentemente el verso blanco; dispone de la asonancia como rima a su antojo, empleándola en versos pareados o en impares, y aprovecha combinaciones métricas originales, como la de 9 con 14, cuando necesita que sean armónicas con el desarrollo de su expresión. Y, sin embargo, a pesar de estas deficiencias, su forma se oye noble y suavemente rítmica, a causa de que el poeta posee un arma formidable para triunfar en ese duelo a muerte, que siempre ha existido, entre el pensamiento y la forma: el manejo del adjetivo como alma del estilo» (Jesús Villalpando).

LA SANGRE DEVOTA POR EL LIC. RAMÓN LÓPEZ VELARDE*

Julio Torri

Con elegante portada de Saturnino Herrán, publica nuestro excelente amigo López Velarde un tomo de poesías. Las hay en *La sangre devota* muy bellas, que recuerdan vagamente el panteísmo de Francis Jammes; otras, de originalidad no rebuscada, delatan al poeta que va descubriendo su camino, y que empieza a dominar los recursos de su arte. López Velarde es nuestro poeta de mañana, como lo es González Martínez de hoy, y como lo fue de ayer, Manuel José Othón. Nuestros parabienes al autor de *La sangre devota,* obra en que se han ocupado los críticos de varias publicaciones periódicas, suceso que nos ha sorprendido muy gratamente. Esto nos quita el placer de dedicar mayor espacio al libro de López Velarde.

---

* *La Nave,* México, nº 1, mayo de 1916, p. 125.

RAMÓN LÓPEZ VELARDE*

José de J. Núñez y Domínguez

En América, muertos Casal, Silva y Gutiérrez Nájera, tañían la zampoña Rubén Darío, el magno; Lugones, Leopoldo Díaz, Nervo, Valencia, etc. Ellos recogieron la buena cosecha y supieron de la poesía simplicista, de la poesía sencilla que huye del vocablo torcido y encuentra en la diafanidad de la expresión su encanto más bello y su timbre más glorioso.

Porque, ciertamente, a la huracanada racha revolucionaria sucedió la bonanza. Rodenbach encontró en los burgos flamencos la deliciosa poesía objetiva y subjetiva a la par, y Francis Jammes entretejió en su corona las *fioretti* del seráfico hermano de Asís. Luego, los poetas modernos de España siguieron estas huellas lumíneas, y Díez Canedo y, sobre todo, Andrés González Blanco, trovaron con temas de provincia. Realizaban idéntica labor a la de Azorín en su prosa enjuta y variada.

He allí, a mi modo de ver, los antecedentes de López Velarde. En su libro *La sangre devota* enterró la visión de su tierra natal, en poemas olientes –para no hacer quedar mal a la rancia expresión– a tomillo y a romero. Sus versos «A la gracia primitiva de las aldeanas», que principian: «Vasos de devoción, arcas piadosas...», destilan el zumo de las vides bíblicas. Son linfa roqueña que hace funambulerías en umbráculos de violetas y clavellinas, y luego, entre guijas de rosicler, va arrastrando «cadáveres de rosas», hasta morir, gluguteando, en la raigambre de una ceiba pensativa.

Ninguno como él para trazar bocetos de la vida del «Interior» de la República. Nadie como él para describir

> Las noches profanas
> de novenario (orquestas
> difusas, y cohetes
> vívidos, y tertulias

* José de J. Núñez y Domínguez, *Los poetas jóvenes de México y otros estudios literarios,* París-México, Librería de la Vda. de Ch. Bouret, 1918, pp. 16-22.

de los viejos, y estrados
de señoritas sobre
la regada banqueta).

Noches que hemos vivido todos aquellos que nacimos en la hosquedad de la serranía o en el poblachón melancólico, adonde no llega aún el ferrocarril a interrumpir «el himno de los bosques».

Su poesía es de niñas dolientes de ojazos de antílope y jazmines en la noche de los cabellos; de callejas que se retuercen como si sufrieran, al amparo de las tapias cargadas de enredaderas; de voces de esquilas y de jardines en que a los sones de la banda municipal, las señoritas repasan el rosario fastidioso de las horas. Aboceta, ya lo dije, y en ello radica uno de sus aciertos, porque la poesía moderna no gusta de la prolijidad, y en eso, una vez más, va del brazo de su hermana la pintura. Una impresión de lo saliente, unos cuantos toques vigorosos y reveladores, y el lector llenará las lagunas espirituales con su propia ilusión y su interpretación propia del paisaje y de la vida [...]

Pero ¡ay! que ese López Velarde de que hablo está a punto de naufragar en un ponto de adulaciones perniciosas. En dos años que han transcurrido desde la publicación de su primer libro, la metamorfosis ha resultado tremenda. Del poeta de *La sangre devota* al de «La doncella verde» –la más reciente producción de López Velarde que conozco– media una distancia sensible. El cantor de la vida provinciana que en su libro de introducción esbozó ciertas tendencias al «versolibrismo», mostrando decorosas rebeldías hacia los cánones establecidos en materias prosódicas, extraviado ahora por el sendero de la extravagancia, acopla versos y más versos, atropellando deliberadamente el ritmo, ejecutando malabarismos musicales ingratos al oído, sutilizando la metáfora hasta convertirla en nebulosa, perdiéndose en la oscuridad de figuras incomprensibles a fuerza de quintaesenciadas.

RAMÓN LÓPEZ VELARDE*

Enrique Fernández Ledesma

Sin concluir porque sea ésta mi contribución definitiva para honrar la amada sombra de Ramón López Velarde, permítaseme, al emprender este boceto de crítica acerca de su gran numen, evocar la teoría de Mallarmé, que da a las palabras un vigor de concentración capaz de representar, por sí mismas y como nexos aislados, la idea íntegra, el color, la forma, el peso, el matiz y aun la calidad olfativa de la materia o abstracción que se encarece con ellas.

Por más que parezca metafísica, esta teoría, aplicada a López Velarde, exhibe aristas de aguda clarividencia. Porque ese fue el hechizo del arte de Ramón: depurar los valores expresivos del idioma, transformando su fisonomía con un malicioso *maquillage* y libertándola, así, del estatismo académico.

El vocablo, martirizado hasta las heces de su jugo, culminó, en las manos del poeta, en virtudes inexploradas, en intenciones inauditas, en predestinaciones únicas.

Agotando las sumas y las restas de la sintaxis, puso, en cada palabra de sus poemas, una voz cantante. Y en esa voz una idea móvil, como la armonía de orquestación en un conjunto sinfónico. Cierto que ese conjunto irrumpe, a veces, en rebeldías debussyanas; pero esa es su condición, puesto que se debate dentro de una periferia genial.

Fernández Mac-Gregor, en un estudio escrito y pensado con una sagacidad que lo enaltece, ha dicho que ni en ritmo ni en ideas tiene López Velarde miedo a la séptima inarmónica. No sólo no teme la discordancia, sino que la busca para completar perfecciones sugestivas, yendo más allá de la forma, y obligando al espíritu a suspenderse en arritmias de emoción. Con todo, jamás bucea en exotismos volanderos o en complicaciones ajenas a su conflicto medular.

Todos los asuntos de su poética nacen de las entrañas de lo auténtico. Con una extraordinaria probidad íntima consagró en cada renglón de sus poemas el

---

* *México Moderno,* 1º de noviembre de 1921, núms. 11-12, pp. 262-271.

fulgor de sus prismas vitales. Prismas que, para los que puedan ser sus exégetas, espejearán como facetas de diamante. Éste fue su secreto para hacerse inmortal.

El señorío de su orgullo no toleró jamás tramoyas complacientes. Prefirió ser arbitrario, no consigo mismo, sino con el corro de lectores que intentaban intuirlo. Su obra cogió, con frecuencia, materiales tan íntimos, tan personales, tan ocultos, del ser y de la vida de Ramón, que no bastarán una inteligencia sagaz y un decidido temperamento de crítica, para desentrañar el tumulto de enigmas que trepidan en sus poemas.

Dice Alfonso Cravioto, con mucho talento, que Ramón dio a su provincia vastedades de universo menor. Yo añado que esa preeminencia en el corazón, y por ende, en el arte de López Velarde, se suspendió siempre sobre cada instante de su vida. La vida de Ramón, hasta en sus mínimos reflejos, fue su universo. A él acudió el poeta por los materiales hiperbólicos que tanto alarman al vulgo literario, y en él tiñó las cuerdas de la lira con el rubor de su pureza o con la sangre de sus ritos.

Distribuyó sus materiales inconfundibles, sus materiales *suyos,* sus materiales únicos, con un íntimo y aguzado despotismo. No importaba que fueran opacos para la extraña conciencia, con tal que inundasen de luz y de sabiduría las crestas de sus océanos. En ese despotismo se envolvió siempre, ante los comentarios inocentes de sus críticos, sonriendo, a la postre, cuando se habló de su ingenuidad y se aseguró que no tenía el espíritu adormilado.

Un rumor nimio, un matiz imperceptible, un titubeo de inquietud, una evocación sonámbula, un parpadeo de la conciencia, eran bastantes para dar al poeta la clave de su emoción. No la describía, ni la definía siquiera, puesto que para él era límpida. La estilizaba hasta el martirio, y la arrojaba, pura como un diamante, entre aguas cerúleas.

Alerta a su conciencia y a su mundo, ¿cómo había de hacer concesiones al Sentido Común? Los dardos de su parábola abrieron una muesca en la carne de los gramáticos, y ya el ilustre Rafael López dijo que tuvo insomne a la Academia, y que Sancho, lívido de inquietud, comulgó sus hostias prohibidas.

Dejó López Velarde que la cuerda de la estulticia se desenrollase en las manos de sus semejantes, mientras él se mecía en su universo. Enardecido en sus propias piras, todos los hallazgos de su mundo fueron para él. Por eso, la contada asamblea de sus lectores sospecha esos hallazgos en la sombra y en la penumbra. A veces –pocas veces– a plena luz.

A propósito de estos fenómenos, que constituyen lo que ha dado en llamarse la estética arbitraria de Ramón, departíamos él y yo una noche, de sobremesa en El Globo. Hablábamos de la torpeza y de la necedad con que un personaje literario había comentado «La última odalisca», que era el más reciente poema de mi amigo. Éste, tras de arropar su desdén en una sonrisa escéptica, exclamó:

—¿Es posible que tales hombres, con tal ceguedad, intenten depurar el mundo? Por sonreírme de su asombro, he de escribir un poema tan simple, tan cristalino, tan llano, que los desconcierte. Dirán que he vuelto a lo que juzgan mi sencillez de expresión; pero nunca sabrán que en ese poema no les dejé ver sino lo que yo quise que vieran…

A raíz de estas confidencias nació «Humildemente», obra maestra de emoción, de vigor… y de técnica:

Cuando me sobrevenga
el cansancio del fin…

Deliberadamente asequible, conserva, en su simplicidad, lo que López Velarde llamaba *garra,* esto es, la virtud mágica de emoción y de expresión para zarpar en la conciencia.

Sus arbitrariedades, o sea su rebeldía a ser complaciente con los ojos de la multitud, se fincan en las exploraciones de su universo que, como he dicho, era los accidentes de su ser y de su vida. Con esos accidentes, sublimados hasta la tortura, escribió estos renglones:

Mi alma pesa y se acongoja
porque su peso es el arcano
sinsabor de haber conocido
la Cruz y la floresta roja
y el cuchillo del cirujano…

Emoción hermética, para los que no atinen a dilucidar la esfinge. De tal emoción nace este corolario:

…soy un harem y un hospital
colgados juntos de un ensueño.

Llevaba en sí todo el magnetismo de la vida y todos sus hechizados arrobos. «La vida es una pura prestidigitación» —solía decir—. Pero él era el mágico. Transformaba, por sí y para sí, los más elementales pasajes del momento. Su magia lo llevaba a limbos de sensibilidad casi hiperestética y a intensidades expresivas de perfección única:

Y aunque todo mi ser gravita
cual un orbe vaciado en plomo
que en la sombra paró su rueda,
estoy colgado a la infinita
agilidad del éter, como
de un hilo escuálido de seda.

Puede decirse que auscultó el corazón universal:

Vivo la formidable
vida de todas y de todos.

Cada latido humano fue para él un sobresalto de júbilo, de piedad, de amor o de horror. Un sobresalto que ondulaba en su carne con el fluir de su sangre; en su carne, que viene a ser siempre la ecuación de su sensibilidad y de su filosofía. Ese sobresalto llegaba, a veces, al frenesí del iluminado, y así navegaba en su ser, marcando con una fiel y cálida probidad las pulsaciones del instante. Él dice:

Uno es mi fruto:
vivir en el cogollo
de cada minuto...

Pero si todos los tumultos humanos, de sabor y de escalas contradictorias, se destilaban por su fisiología, conservando su calidad específica, el espíritu, con una neutralidad límpida, compendiaba el análisis, estilizaba la emoción y resolvía, en un esquema final perfecto, los mórbidos elementos vitales dispersos en zozobras divinas. De este sistema de depuración, nace, en López Velarde, la prodigiosa dualidad de espíritu y materia, que hay en su arte.

Estaba engarzado fuertemente a la Vida. Discernió y saboreó lo que la Vida le deparaba, en adversidades, en asombros, en deleites. Puede decirse que su ser fue un gran tímpano que recogió siempre las ondas conmovidas del mundo, hasta en sus vibraciones agonizantes. A cada latido se ofrecía entero, sin restricciones, con el júbilo fatal de un oficiante que entrega su sangre y sus nervios a las solicitaciones de un rito despótico:

Mi única virtud es sentirme desollado
en el templo y la calle, en la alcoba y el prado...

La piedad en él no fue acomodaticia. Demacrada la Pureza o exangüe la Lujuria, él encontraba, en los repliegues de su compunción, donde había diluido átomos de sadismo, la generosa munificencia:

Espiritual al prójimo, mi corazón se inmola
para hacer un empréstito sin usuras aciagas
a la clorosis virgen y azul de los Gonzagas
y a la cárdena quiebra del Marqués de Prïola.

Daba el tesoro de su entraña, a todo lo limpio y agudo, así a la concreta feminidad como a la abstracción más abstracta:

Todo me pide sangre: la mujer y la estrella,
la congoja del trueno, la vejez con su báculo,
el grito que vomita su hidráulica querella,
y la lámpara, párpadeo del tabernáculo.

Las aras cruentas de su martirologio eran, a la vez, manteles de pureza donde reposaba el espíritu y donde el desinterés era renunciación caritativa:

Dejo sin testamento su gota a cada clavo
teñido con la savia de mi ritual madera;
no recojo mi sangre, ni siquiera la lavo...

La amalgama de materia, en el más íntegro sentido de humanidad, y de espíritu, en el plano de las estilizaciones casi místicas, que constituían el eje central del ser de Ramón, queda consignada con los relieves de una divisa, en estos renglones:

Si en el mirto canónico
o en el nardo me ofusco,
Ella adivinará
la flor que busco;
y convicta e invicta
esforzará su celo,
en serme, llanamente,
barro para mi barro
y azul para mi cielo...

Su síntesis de expresión, que fue la espuma de su arte, no se realizó jamás en análisis escuetos de laboratorio. Ondulaban en ella las riendas del espíritu y los vuelcos del corazón. Así, después de apurar la congoja en sus alambiques, todavía anhelante de dolor de belleza, exclama:

Santas de mi terruño, cuerpos caros
y gratas almas; ved que me he hecho añicos
y azul celeste, y luz, para rezaros...

¡Qué forma tan única de interpretar las visiones y de devolverlas, ya sublimadas! En su prodigioso poema póstumo, excusándose ante sí mismo de poner la planta en los dinteles de lo épico, recuerda *que él sólo cantó la exquisita partitura del íntimo decoro.*

Salva a su *Suave Patria* de lo inicuo, en cuanto que la retira de los hollados requiebros cívicos. Y crea un depurado símbolo.

Para poner en la tradición de los siglos la perenne lozanía del mártir emperador, le llama a Cuauhtémocd *joven abuelo* y para compendiar el frenesí del trueno en la tormenta, dice:

...y al fin derrumba las madererías
de Dios sobre las tierras labrantías.

Resuelve su visión en esta hipérbole, instantánea como un pestañeo:

Y tu cielo, las garzas en desliz
y el relámpago verde de los loros...

Elabora la estatua viva de la hembra de Cuauhtémoc, con sólo tres renglones:

...y por encima, haberte desatado
del pecho curvo de la emperatriz
como del pecho de una codorniz.

Para expresar, en su síntesis final, que los colores patrios quedan en el seno sudoroso de la criolla, y que ésta es una entidad simbólica en su carromato chirriante, usa este giro estupendo:

...; pupilas de abandono;
sedienta voz; la trigarante faja
en las pechugas al vapor, y un trono
a la intemperie, cual una sonaja:
la carreta alegórica de paja.

¿Imagináis los escrúpulos de este magno poeta para sortear las ignominias de un canto civil? Con razón José Juan Tablada, en carta última, exclama, con esa titilante inteligencia tan propia de él: *¡Qué manera de estrangular la Retórica en el corazón de la Epopeya!*

En toda su obra supo equilibrar la balanza que sostenían sus manos y que vigilaban sus ojos. En un platillo, el lastre atormentado del cerebro; en el otro, la impedimenta angustiosa del corazón. Y entre ambos términos, sobre el fiel fidelísimo de la balanza, un polvo de hechicería, una lágrima franciscana y un crisantemo escéptico, en el que todos los pétalos, menos uno, fueron Negación.

López Velarde veló por el fiel de su balanza. Con el espíritu alerta y el corazón en llamas sostuvo la equidad de su arte, pesando, con pasión, hasta la dosimetría impalpable.

Dracmas, escrúpulos y granos arrojó en la balanza su mano bizantina, mientras las pupilas acuciosas medían el justo nivel y un gesto beato aprobaba la tarea, a la vez falible e infalible. ¡Dúplice gesto, rectificado, apenas, por la sonrisa maliciosa de un cardenal renacentista!

Fue equilátero en su poética y en su prosa. En ambas funciones del arte usó idénticas balanzas de perfección. Él mismo decía que los poetas, cuando son maestros en la disciplina artística, descuellan en la prosa. La de él asume la misma depuración heroica de su verso.

Alguien ha dicho, en un artículo incongruente y apresurado, que López Velarde no era pensador. ¡Error inocente! Lo fue, y de estirpe excelsa. Si su vocación de poeta no lo hubiese subyugado, habría escrito los Tratados de la Razón. Su libro de prosas *El minutero* es un haz de dardos filosóficos. Es también el patrimonio de nuestros siglos venturosos, porque en él se dilatan los temblores humanos y el instinto se engarza en las vértebras de la conciencia.

Sus prosas son los espejos ustorios del idioma. En ellas hierve el fuego de las revelaciones novísimas. Exentas de tambores y de fanfarrias, mantienen en su trama el esbelto esqueleto de la forma, donde la idea –aún enardecida– otorga la dignidad de armonía. Nada de impulsivismos a mano airada. El tumulto, si lo hay –que siempre lo hay– queda en la flor de la médula. Éste es su valor concluyente.

López Velarde escribió en castellano y amó su lengua... pero no se aclimatará en España. Los españoles, a pesar de la gran sombra de Ganivet y de las rectificaciones de Pérez de Ayala, siguen siendo detonantes. No importa que Ortega y Gasset piense por media península, ni que Machado cante en el roble de los dioses. Un desfile de tenores lamentables merodea por los jardines de Apolo, y los paladares que gustan del Rioja y del Cariñena no catarán el vino velardeano.

El exponente de valores líricos españoles que se despeña, aun en las revistas culminantes, con instintos de horda, parece confirmar mi vaticinio. Ya los nombres ilustres de Marquina, Díez Canedo, Juan Ramón Jiménez, Carrere y dos o tres más, se aíslan en sus heredades para que pase la langosta.

Un español, tumultuoso, para no faltar a la tradición, pero que lleva en sus jaulas al ruiseñor de América: ese poeta mórbido que se llama Camín, ha sentido conmigo, en la dignidad del espíritu, el vilipendio de las letras peninsulares hacia los racimos apolíneos.

Que López Velarde vuelque sus cornucopias en Lutecia. O que oficie en el Quirinal. En Francia o en Italia danzarán en su pulso los minutos sonámbulos. En Francia. Que lo traduzca Maeterlinck, ya que se abatieron las alas de Laforgue y de Rodenbach. Que lo traduzca Maeterlink para lanzarlo a la avidez de la inquietud francesa, que tanto y tanto sabe canalizar la fantasía en los dechados de la expresión.

¡La expresión de López Velarde! Sus anzuelos se cuelgan de los planos de lo irreal, porque se desentienden de los materiales asequibles al literato. En él, la función descriptiva es de laya inferior para su arte. No describe: sugiere, sugiere siempre. Y con tal señorío, con tan nimio apaño, con penetración tan cabal de los valores emocionales, con tan honda vibración de espíritu, que su alma, para usar una expresión suya, es una *equilibrista chuparrosa* infatigablemente suspendida sobre el enigma del mundo.

El vocablo de López Velarde, ordenado por él, incrustado por él entre las líneas de un poema, pierde el inocente uniforme que le conoce todo el mundo y que le vistieron la Academia y el Uso. Sirviendo a López Velarde, como a un gran señor encerrado en su alcázar huraño, se atavía con una librea de magia y de deslumbramiento. ¡Heteróclita y única librea que abre las puertas al concepto prócer y a la técnica egregia, y que ni siquiera se preocupa –porque desdeñaría tal preocupación– de retirar con el pie al Lugar Común!

La potencia expresiva de López Velarde va más allá de las fuerzas humanas. Es heroica en el máximo término del heroísmo. Derrumbando los muros de la retórica académica, crea un léxico de perfección y da a la palabra ductilidades de hechicería. Los mismos vocablos indigentes se tocan con un penacho excelso, cuando él los requiere.

Nadie ha creado un arte tan palpitante, tan lleno de sollozos de belleza como López Velarde. De ese arte cuelgan los gajos de la vida como cerezas del mundo, a la vez humildes y soberbias.

Ese arrobo de expresión se mece en el magnetismo de la carne con una inagotable gama de matices vitales; se suspende del instinto, y realiza sinfonías ideológicas como ésta, de estos renglones inéditos:

En mi pecho feliz no hubo cosa
de cristal, terracota o madera,
que abrazada por mí, no tuviera
movimientos humanos de esposa.

Su expresión se deforma en los lampos escalofriantes de la belleza. Apura los horizontes intangibles y se remonta al éter de la hipérbole. Ya en el éter, abraza a una sombra adorada y dice:

Viaja de incógnito el fantasma de yeso,
y cuando salimos del fin de la atmósfera,
me da medio perfil para su diálogo
y un cuarto de perfil para su beso...

Todo lo sintió y lo presintió su médula, licuando las visiones en rocío espiritual de amor y de tortura.

Depuró al idioma de sus escorias vergonzantes; sopló en la redoma de los mundos con la sabiduría de un fakir; llevó cerca del costado izquierdo, en su mano de San Jorge de Donatello, los palafrenes de la forma, y libertó los conceptos, aguzándolos en sus geniales esmeriles. Hizo la apoteosis del instinto, y abrió, a golpes de conciencia, un tajo en la mezquindad de su generación.

Dejó una ruta de rubí serpenteada de nardos. Éste fue su testamento. Que nuestros poetas de hoy lo recojan, porque ellos, con los de América, impondrán sus tutelas a la lengua de Cervantes... pero que no engrían demasiadamente en sus juventudes y en sus triunfos de cenáculo; que no respiren, aliviados, porque Ramón López Velarde haya cerrado los ojos, y que no alcen las manos al sol, en ademanes délficos. Hay que recordar al gran obelisco que se nos queda de monumento, y hay que ser fervientes y humildes para acogerse a su sombra.

¿Qué poeta hace aroma y melodía de la muerte? ¿Quién, ante la Deidad Tremenda, baraja los destinos de un fúlgido instante, convirtiéndolos en temblores de eternidad? Él, sólo él, en esta estupenda realización de forma:

...Un sonoro esqueleto peregrino
anda cual un laúd, por el camino.

Este clamor supremo de evocación, del poeta supremo, fundiéndose y difundiéndose en las entrañas del universo, es la convulsión del genio que serpentea en los pulsos de la inmortalidad.

En la inmortalidad se ha envuelto el poeta. Como su *joven abuelo* contemplará las centurias, pero su brazo no arrojará la flecha del ardido patricio. Arropado en la gloria, abrirá su clámide y suspenderá, sobre los reinos de la naturaleza, los tres dedos extendidos de su mano papal.

México, agosto de 1921

RAMÓN LÓPEZ VELARDE. EL POETA DEL AMOR Y DE LA MUERTE*

Pedro de Alba

Los que fuimos amigos fieles y admiradores devotos de López Velarde debemos decir algo que, aunque sea sin relieve literario, lo presente a los ojos de los que no tuvieron la fortuna de gozar de su trato con el doble prestigio de que estuvo investido: Era una bella síntesis de virtudes estéticas y de cualidades humanas.

Existía una concordancia estricta entre su vida y su obra, la misma dignidad que respaldaba los actos más nimios de su vida se descubre hasta en los renglones más sencillos que haya escrito. Honradez y sinceridad de hombre bueno y de artista extraordinario, armonía en todas sus facultades. Él tendía diariamente la red de sus nervios, a la vez sencilla y complicada, para recibir la más mínima vibración de cuanto le rodeaba, percibía con tal exactitud la confidencia de los seres y de las cosas que llegaba al goce y al sufrimiento por caminos desconocidos para la mayoría de los mortales. Él mismo hacía residir su mayor fuerza de expresión en los datos apremiantes y complejos que recibía de sus sentidos, datos que acataba humilde y sumiso para no desfigurarlos y luego con su propia sangre, según reza el verso del Dante, daba vida a su obra en la plena integridad de pensamiento y de emoción. Facultad de vivir en la forma más pura y elevada, lucha modesta y grandiosa para devolver en el paisaje ilusorio, según su propia frase, *su integridad inocente a los hombres y a las cosas.* Esfuerzo heroico de verlo todo con ansia de comprensión absoluta y ante la impotencia de la palabra sintetizarlo en imágenes que tienen los atributos esenciales del objeto, y dar de ese modo la idea cabal de un estado de ánimo.

¡Qué otra cosa fueron la estética de Góngora en lo que se refiere a los sentidos y la de Mallarmé en lo que hace a las ideas! Empeño de sugerirlo todo con el brillo del color, con la agilidad del movimiento, con la cadencia de la música, con un auténtico perfume espiritual.

---

* *México Moderno,* año 1, núms. 11-12, 1º de noviembre de 1921, pp. 278-282.

En un tiempo cultivó López Velarde el trato de Góngora, la lectura de Gracián y la amistad intelectual de Mallarmé, amó y admiró a estos supremos artífices, su estirpe era partícipe de la misma aristocracia que adornó a tan admirables maestros; sin proponérselo fue un paladín de las más bellas creaciones conceptistas y simbolistas y no porque se complaciera en hacer un arte *que no fuera para los muchos,* según la expresión de Góngora, fue que su horror al lugar común y a los caminos trillados, lo llevó por el camino de la originalidad a crearse su propia manera. En sus últimos años fue tal su afán de verlo todo en sí mismo y por sí mismo que se abstuvo de toda lectura y de toda influencia, ya no leía autor alguno, cada vez auscultaba más intensamente y descubría con mayor certeza, el ritmo propio de la vida. El Tiempo y la Mujer, temas esencialmente vitales, ocupan en la obra de López Velarde el sitio predilecto, eran el polo positivo y el polo negativo de su vida, vida *colgada en la infinita agilidad del éter, como de un hilo escuálido de seda,* según nos dice en «La última odalisca», imagen fiel de su existencia, porque estaba a merced del más leve impulso del viento y resonaban en su interior los cambios del ambiente con la exactitud de un vivo aparato de precisión; de esta manera nos habla en «Ánima adoratriz»:

Mi virtud de sentir se acoge a la divisa
del barómetro lúbrico, que en su enagua violeta
los volubles matices de los climas sujeto
con una probidad instantánea y precisa.

Sentía una angustia torturante al ver dibujarse sobre el fondo del tiempo su propia vida y las siluetas femeninas, nos dice en «Suave Patria»:

Sobre tu Capital, cada hora vuela,
Ojerosa y pintada en carretela…

y en «Tu palabra más fútil», había escrito, con acierto genial:

…, y mis horas
van a tu zaga, hambrientas y canoras,
como va tras el ama, por la holgura
de un patio regional, el cortesano
séquito de palomas que codicia
la gota de agua azul y el rubio grano.

Expresión cándida y diáfana del hambre y sed de amor que padecía. Él que recibía la luz de cada día como un bello don milagroso y que decía a su Creador que era su *juguete agradecido* pagaba religiosamente su diario tributo como nos lo dice en «El minuto cobarde»:

En estos hiperbólicos minutos
en que la vida sube por mi pecho
como una marea de tributos
onerosos,...

y con gran piedad fraternal al pensar en el estrago del tiempo, que ha convertido la sonrisa en mueca, dice «A las vírgenes»:

¡El tiempo se desboca, el torbellino
os arrastra al fatal despeñadero
de la Muerte;...

El mismo título de su libro póstumo *El minutero* nos revela su esfuerzo por fijar contornos a las cosas más complejas y dar vida a los momentos más fugaces.

El tiempo, al que justamente veía como a un enemigo emboscado, era su polo negativo; en tanto que la mujer, por encima de todo, era su polo positivo. Amábanlo todas las mujeres a quienes trataba, por su exquisita sabiduría, por su gesto atinado y por su actitud de reverencia y deben amarlo todas las mujeres de México porque ha sido su cantor más elevado y su panegirista más comprensivo; no fue él quien dijo:

Suave patria: tú vales por el río
de las virtudes de tu mujerío...

no fue él quien nos habló con palabra colorista en la que reviven nuestras impresiones de franco romanticismo y de fina sensualidad, en cuadros de auténtico olor y sabor provincianos de una prima Águeda que era:

(luto, pupilas verdes y mejillas
rubicundas) un cesto policromo
de manzanas y uvas
en el ébano de un armario añoso.

De la «Gracia primitiva de las aldeanas»:

Vasos de devoción, arcas piadosas
en que el amor jamás se contamina:
jarras cuyas paredes olorosas
dan al agua frescura campesina...

de las muchachas de Zacatecas:

señoritas con rostros de manzana,...
ilustraciones prófugas
de las cajas de pasas.

y sobre todo, de su Fuensanta, *la del sobrio estilo,*

..., creatura pequeñita
y suprema, adueñada de la cumbre
del corazón; artista a un mismo tiempo
mínima y prócer, que en las manos llevas
mi vida como objeto de tu arte!...

Y después de la muerte de Fuensanta, incógnita que ha de aclararse por expreso deseo del poeta en la segunda edición de *La sangre devota,* aparece la amada de la ciudad, la que al principio quiso llevarse a su tierra en aquella crónica que tituló: «La dama en el campo» y que a la postre fue ella la que lo asimiló a la Capital. En vez de verla como a Fuensanta, en las misas de la madrugada del pueblo, la veía, en las misas cenitales de la ciudad, con su:

...agudo perfil; cabellera
tormentosa; nuca morena, ojos fijos;
boca flexible, ávida de lo concienzudo,
hecha para dar los besos prolijos
y articular la sílaba lenta
de un minucioso idilio, y también
para persuadir a un agonizante
a que diga amén.

No la pintaba con su sombrero de pastora sobre un campo sembrado; sino que en un «Día 13», fecha de superstición, la encontró en pleno corazón de la urbe, y le dijo:

Adivinaba mi acucioso espíritu
tus blancas y fulmíneas paradojas:
el centelleo de tus zapatillas,
la llamarada de tu falda lúgubre,
el látigo incisivo de tus cejas
y el negro luminar de tus cabellos.

En la multiplicidad de visiones que viven en sus imágenes calosfriantes, en los sobresaltos de sus adjetivos rotundos e inusitados, era siempre él, el artista sincero e íntegro que jamás vio la vida como un espectáculo, sino que pasó por ella como por un campo en que se agitan las más fuertes pasiones; sobrecogido, absorto, torturado, humilde e inerme como creador y pensador que quiso penetrar en la médula de los hombres, y en la esencia del Universo e interrogó diariamente a los magos que saben del misterio del amor y de la muerte.

* * *

Esta vida es una brujería, decía López Velarde ante del desfile de fantasmas y paisajes que se barajaban en su imaginación de artista inquieto y clarividente y esa sensación de magia se hizo más aguda en los últimos días que pasara entre nosotros. En las noches de angustia y pesadilla contemplaba desde su aposento la luna en creciente y en sobrecogido silencio escuchaba el concierto musical de los mundos. ¡El mundo es una brujería! Al amanecer, después de haber luchado con el dolor implacable y con la asfixia progresiva, se embelesaba con el ruido de la ciudad que despierta, silbatos de fábrica y estrépito del tráfico, que se dibujaban sobre una tímida luz. ¡La vida es una brujería! Abochornado en el caliginoso mediodía de junio, envuelto en nubes de polvo que no respetaban su habitación bien cerrada, se inundaba de alborozo, a pesar de que sabía que eran sus últimas horas, al oír el repiqueteo de las primeras lluvias de la estación, lluvias que le hablaban de los campos de sus ancestros y de su provincia, lluvias que le habían dicho al oído las bellas cosas de que nos habla en sus poemas: «Tierra mojada» y «En las tinieblas húmedas». ¡La Vida es una brujería!

¡Él sabía que caminaba a su fin y no se revelaba, él que ante los absurdos y los dolores de la vida tuvo la dignidad de un taumaturgo se veía envuelto en las sombras y no podía sino invocar al misterio de cuanto le rodeaba!

Pasó por la vida como un taumaturgo, revistiendo de belleza y de bondad las cosas grandes y las humildes: el amor, la amistad, el cariño de los suyos, su paisaje de provincia y sus horas de la Capital, todo era destilado, purificado con su virtud inmanente de sublime transmutación y las cosas de la vida humilde nos las presentaba con los prestigios del heroísmo y de la belleza.

Él que fue un taumaturgo, un creador de cosas bellas y un bondadoso artífice de actos puros, fue traicionado por los genios de las tinieblas, celosos de su facultad de volver limpio todo lo que tocaban sus manos y luminoso cuanto atravesaba por su imaginación.

RAMÓN LÓPEZ VELARDE*

Enrique Díez Canedo

Murió en México, el 19 de junio último, a los treinta y tres años. Había impreso dos libros poéticos: *La sangre devota*, en 1916, y *Zozobra*, en 1919. Deja inédita una serie de poemas en prosa: *El minutero*.

Ramón López Velarde, como se le ve en esos libros, y en los cármenes últimos, harto curiosos, que publica la prensa de su país, supo elaborar, en apretados versos de curvatura gongorina, unos cuantos temas del vivir de hoy, en ese tono ambiguo que se cierne sobre unas alas irónicas sin disimular desolaciones íntimas: voz del que canta en la oscuridad para ahuyentar el miedo y del que pone en el cantar la decisión que por dentro le falta.

Son, en este sentido, reveladores, los versos de «La suave Patria», su última poesía. Le cortan «un gajo a la epopeya»; y nunca, en las pintorescas evocaciones palpitantes de realidad transfigurada en un arte exaltado que evoca modernas escenografías, latió un más fino amor filial que en esta *suave patria*, no coronada de laureles, ni plantada con apostura militar; no es imponente, majestuosa de esta manera:

> Patria: tu superficie es el maíz,
> tus minas el palacio del Rey de Oros,
> y tu cielo las garzas en desliz.

Los dos breves «actos» de este poema, con su proemio y su intermedio, atestiguan que López Velarde, en el momento de morir, estaba llegando a una manera totalmente suya, iniciada, por atisbos, en sus libros primeros; una manera que mirarían con agrado Góngora y Jules Laforgue y Julio Herrera y Reissig, desde el cielo de los poetas, y en la que reconocerían parentesco, aquí en la tierra de los hombres, Díaz Mirón, Lepoldo Lugones y Luis Carlos López.

Septiembre de 1921.

---

* *Conversaciones literarias, segunda serie 1920-1924,* México, Joaquín Mortiz, 1964, pp. 58-59.

RAMÓN LÓPEZ VELARDE Y SU OBRA*

José Gorostiza

La obra de Ramón López Velarde se explica por una actitud de curioso. En la provincia, el hombre es una pieza de maquinaria: campesino, comerciante, poeta; pero el provinciano que viaja asume caracteres de descubridor o de conquistador; se transforma en un *payo*. Eso era López Velarde, si se me permite dar a la palabra un sentido noble.

Iba por esas calles –a la una, a las siete– con los cinco sentidos abiertos al mundo de afuera, porque el payo es sensual (digamos descubridor) antes que conquistador o sentimental. «Perdone usted –parecía decir– yo descubrí el color, el aroma, el sonido. Son míos por consiguiente; pero me agradará mucho que usted los advierta y los goce.»

* * *

Así, un día cualquiera, descubrió cierta armonía de las palabras. El amor de las palabras, acaso. La sensible enamorada de lo lánguido, la opaca de lo sonoro, pidiendo desposarse indestructiblemente en el lugar común de mañana.

Recordemos que Erixímaco concibió el amor como armonía de elementos opuestos en apariencia; las sílabas largas y las breves, pensaba, se aman en cuanto dejan de oponerse para producir una armonía: el ritmo. Con él, López Velarde debió vislumbrar el mundo alígero de las palabras; debió seguir sus peregrinaciones sentimentales, de labio en labio, sedientas de armonía. ¿Podré explicar *lo raro* de su obra por una necesidad de lenguaje eterno?

De *Sangre devota* a *Zozobra* se sigue un proceso creciente de complicación; pero, al mismo tiempo, las expresiones bellas son más frecuentes y de una sencillez inusitada. *Zozobra* es un libro de crisis que, si López Velarde solucionó en los preciosos endecasílabos de *La suave Patria,* confirma mi creencia de que *lo raro* fue un accidente de la evolución de su lenguaje, y no el fin propuesto de su obra, que nadie se propondrá nunca, teniendo la honradez artística y personal de Ramón, escribir con el único objeto de que no se le entienda.

---

* *Revista de Revistas,* México, Año XIV, nº 738, 29 de junio de 1924, pp. 28-29. –José Gorostiza, *Prosa,* Universidad de Guanajuato, 1969, pp. 101-109.

Lo supondremos descubriendo y adueñándose del mundo, como un niño. Habría querido nombrar las cosas; pero el nombre es un hecho inviolable, al cual debemos acomodarnos con regocijo porque «los nombres son consecuencia de las cosas» según el viejo proloquio. Quedaban, después, las posibilidades del adjetivo y de la imagen.

La poesía era familiar a Ramón, le gustaba en lo antiguo y en lo moderno; pero el payo quería algo nuevo, aunque hubiese precisado ensayar las primeras combinaciones del primer poeta. ¿Por qué atribuir humildad o discreción a las violetas, si él las descubría *misántropas*? ¿Las cejas de una mujer no parecen, por alguna sugerencia extraña, *látigos incisivos*?

Debo advertir, para evitar confusiones, que no me refiero precisamente al provinciano cuando digo *payo*. Ramón pudo nacer aquí, o en Londres, sin mengua de esa cualidad importantísima que consiste en descubrir el aspecto nuevo de las cosas más familiares, así suceda por error como al piloto de Chesterton, cuando –creyendo descubrir una isla ignorada– desembarcó en la propia Inglaterra.

El problema quedó determinado a realizar una nueva armonía de las palabras. Al principio, el desacierto era poco frecuente porque Ramón no pudo desligarse de la tradición literaria sino paso a paso; escribía sonetos, rimaba con cierta regularidad, y todavía incluyó en *La sangre devota* algunas décimas de excelente factura. Después, al madurar sus propósitos líricos, surgía el magnífico poeta sobre la ya grande oscuridad del desacierto.

Todos los de Ramón, reales o aparentes, pueden explicarse por cualquiera de dos razones: el adjetivo inadecuado o la imagen violenta. Dice por ejemplo:

> Mas hoy es un vinagre
> mi alma, y mi *ecuménico* dolor un holocausto
> que en el desierto humea.

Seguramente, debemos entender por *ecuménico* un dolor impersonal, el dolor de la especie; pero la costumbre reserva a los concilios esa palabra, y una violación del lenguaje (la más inteligente de las costumbres) entraña la no inteligencia, aunque cinco o diez formaran algo como un lenguaje nuevo. Y bien, el adjetivo más simple es la cualidad sobresaliente de una cosa, la blancura de un lirio o la delicadeza de una mano; pero Ramón quería la cualidad oculta o dar la de un objeto a otro. Así, dice:

> Cobardemente clamo, desde el centro de mis intensidades *corrosivas*...

De ese modo, su adjetivo *(corrosivas)* llega a ser el complemento de una imagen repentina, cuyo primer término es el nombre *(intensidades)* con todo lo propio a su naturaleza implícito.

Luego viene un procedimiento especial en la imagen propiamente dicha. De la blancura del lirio a la de una mano se pasa sin esfuerzo para decir «mano de lirio»; pero como ningún poeta querrá reproducir los deliciosos lugares comunes, López Velarde, fugándose de la más ligera ocasión de caer en ellos, pasa de uno al otro término de sus imágenes por un tercero cuya esencia no siempre podemos comprender. Así, nos dice:

¡Pobre novio aldeano! Ya no teje
su perla, ya no lee el Oficio Parvo!
¡El cabriolet del novio va sin eje!

Un ejemplo más claro: En los días de vigilia debemos no comer carne, mas, si la comemos, será preciso abstenerse del pescado. ¿Podríamos saltar de ese precepto cristiano a la calidad de una doncella? Oigamos a Ramón:

En mis andanzas callejeras
del jeroglífico nocturno,
cuando cada muchacha
entorna sus maderas,
me deja atribulado
su enigma de no ser
ni carne ni pescado.

Pero, como dije antes, el magnífico poeta surge de su oscuridad para dar ejemplo de sencillez. Permitidme citar solamente estos tres versos:

...el cortesano
séquito de palomas que codicia
la gota de agua azul y el rubio grano.

Y una maravilla de simple sugerencia:

el pozo del silencio y el enjambre del ruido.

Sin embargo, deseo intentar la apología del error, señalando cómo, el de López Velarde, después de comprendido su origen, resulta solamente poesía reprimida más allá de las proporciones del poema. Aun para equivocarse es necesario un poco de genio. Ya sin él, y partiendo de Ramón, el estridentismo se erigió en escuela del desacierto, a semejanza de un niño malcriado que, no distinguiendo la rebanada más pequeña de un pastel, se la toma por grande.

Si mientras prosigue un camino confuso, realiza López Velarde la expresión sencilla, podemos explicar su poesía por una necesidad de lenguaje eterno, de palabra que canta con igual belleza en cualquier tiempo o espacio susceptibles de memoria.

* * *

También un día, quizá antes de ser poeta, descubrió a la mujer. Toda la poesía de Ramón es la presencia o la ausencia de una mujer. ¡Sea loado por ello!

Desconozco su vida íntima, pero sugeriré por mi cuenta una pequeña historia sentimental, a riesgo de caer en mentira: *La sangre devota* es un libro de amor a Fuensanta, de amor religiosamente concebido como alabanza de su persona. Ramón pudo responder, a quien le hubiese preguntado, como Dante: «Señoras mías, el objeto de mi amor fue el saludo de esa dama.»

Pero de *Zozobra* desaparece Fuensanta. No oímos ya *las finezas más finas del amado.* Y se nos dice que:

> La vida mágica se vive entera
> en la mano viril que gesticula
> al evocar el seno o la cadera...

Sin embargo, presumo que Fuensanta vive aún en la poesía de *Zozobra* como sensación de ausencia, cuando su devoto amante llora una lágrima por encima

> del desencanto profesional
> con que saltan del lecho
> las cortesanas.

Ahí, entre los dos libros, un fracaso del sentimiento. ¿Particularidades? Interrogad a la memoria por vuestros veinte años. Os dará la figura de un perfecto amante, invadido por una melancolía de casa en ruinas, porque el amor se jacta de incompleto, como el primer acorde de una música que se proseguirá fuera de nuestros sentidos.

* * *

La patria fue, sin duda, el descubrimiento más plausible de López Velarde, porque, teniéndola al alcance de la mano, nadie antes de él quiso enterarse de su existencia. Repetíase indefinidamente la primavera o el otoño de los poetas franceses junto a la oda a Morelos, cuando Ramón descubre la patria *suave.* Le dijo sus mejores versos como para reafirmar las alusiones y alabanzas de su obra entera.

Personas familiarizadas con literaturas y países extranjeros, advierten lo mexicano de nuestros escritos en cierto matiz espiritual, de por sí indefinible, que suele resolverse en actitudes especiales de cortesía, de medio tono delicado, y aun en sonoridad característica del verso. Podemos admitirlo, desde luego, observando que somos así natural e involuntariamente.

Pero López Velarde nos enseña otra cosa: Tenemos tierra y cielo propios, es decir paisaje; tenemos maneras de expresarnos, es decir idioma, y por último, costumbres o vida regular e inconfundible. Los tres elementos, paisaje, idioma y costumbres son la mejor base para un mexicanismo de dentro a afuera.

Del estío al invierno no conocemos una transición sensible sino durante una semana, cuando el brazo no sostiene impermeable o abrigo; sin embargo, se escriben a menudo poemas a un otoño sentimental, rumoroso por las hojas secas o la lentitud de una llovizna prematura. Y tampoco falta quien, escribiendo un hai-kai, cite al Fujiyama porque el único volcán que puede ver, el Popocatépetl, se llama feo y no es mundialmente conocido.

Ese poema de otoño y ese hai-kai contienen la visión propia de un mexicano; diré mejor, la versión mexicana de un autor francés o japonés. ¿Qué es lo nuestro de esas poesías? La forma solamente, ya sea dureza del verso o concepción delicada o proporciones endebles. El espíritu no nos pertenece ni nos pertenecerá mientras la forma no se anime con la poesía del suelo.

Lo difícil consiste en que nuestro mexicanismo necesita ser aceptado universalmente como una expresión de humanidad. Si no es posible, será mejor que se continúe sacudiendo la monotonía de las noches con numerosos ensayitos, dramas sintéticos y poemas breves, mientras una ligera llovizna inunda las calles e impide cosas de mayor provecho.

* * *

He analizado la poesía de López Velarde para caer, ligando mis temas, en la idea final de que pudiera distinguirse por una armonía de dos sustancias sutilísimas, el amor y la patria, realizándose en formas animadas por un soplo de inmortalidad.

* * *

Murió Ramón López Velarde a los treinta y tres años de su edad. Sepultamos su cuerpo con pompa, como para compensarle una vida de pobreza. Sus amigos, sus compañeros, sus admiradores, parecían unánimemente desconcertados por la tragedia. Nadie quería confesarlo, pero la muerte de Ramón fue una tragedia pavorosa.

Ahora puedo decirlo: La muerte no fue para él un accidente natural de la vida, sino el golpe repentino e inexplicable que, de vez en vez, tienta la resignación de los hombres. Se iba algo trunco; se restaba algo incompleto.

Vine aquí, señores, a proyectar esa obra trunca sobre un plano distante, para descubriros su complemento necesario. Como si alguien jugara al rompecabezas con nuestra vidas, se distribuyen y ordenan minuciosamente, pero cuando abandona el juego nos apresuramos a concluirlo por nuestra cuenta, porque en medio de un perecer infinito no podemos concebir sino lo eterno.

Lega Ramón como conviene al testamento de un pobre, sólo semillas. Por la memoria de su nombre os pido, amigos de él y amigos míos, recogerlas y sembrarlas sin el interés de la cosecha. ¡Será rico de espíritu quien la levante y todo él difundirá su riqueza!

Recuerdo, para terminar, unas palabras de Ramón:

> ...en la fiesta
> del Corpus, respiraba hasta embriagarme
> la fruta del mercado de mi tierra.

Y, pues concurren ahora el Corpus y su aniversario, imagino que deberé dejar su alabanza al aroma de las frutas. ¡Que los dioses os libren, señores, de la enfermedad, de la vejez y de la muerte!

UN DISCÍPULO ARGENTINO DE LÓPEZ VELARDE*

Enrique González Rojo

La muerte inesperada halló a López Velarde joven, en producción plena. Su obra quedó trunca, incompleta, pero viviente y alentadora. Discutida y atacada en vida del poeta, ahora se exalta, se magnifica, marca un camino y constituye un ejemplo. Su gran virtud ha sido, en realidad, la de enseñarnos a ver las cosas de la patria con una mirada nueva y un espíritu ortodoxo, lleno de amor y de fuerza. La riqueza de las imágenes y de los adjetivos imprevistos en un metro que raras veces dejó de ser tradicional –católico–, hizo de la obra de Ramón López Velarde un esfuerzo personal, original en la literatura mexicana.

Tuvo discípulos, en México. Algunos de ellos, acompañándolo en vida, a la zaga de sus pasos y descubrimientos; otros, póstumos, que parecen haber nacido de su muerte y, en cierto modo, viven de su memoria. En el extranjero, hasta ahora, ha sido un desconocido o un incomprendido. Más bien lo último. Los accesorios de espacio y de lenguaje –audaz y sorprendente– le imponían una limitación para las inteligencias lejanas. Pero en esta poesía de tono elegíaco y doloroso condenada por su autor a torturarse a sí misma, a morir varias veces y renacer más pura, había un sentido nuevo, una recreación continua del arte.

Los dos aspectos –distintos, definidos– de la obra de López Velarde han corrido diversa suerte. El primero de ellos, superficial, formal, muy personal en último caso, ha constituido una falange de jóvenes enamorados líricamente de la provincia, sin ahondar en ella, como lo hacía el maestro; y de viejos catalogadores de palabras mexicanas, de temas mexicanos, que no pueden introducir en sus repertorios una chispa de poesía que los anime. López Velarde tenía la provincia en sí mismo. De ahí la ingenuidad mezclada a la sabiduría, la timidez de mano de la audacia. De ahí también esa visión pura y complicada a la vez, de los seres y de las cosas –relaciones sutiles, religiosas, entre el paisaje y el alma.

El nacionalismo de López Velarde nace de una lucha, de una pasión os-

---

* *Contemporáneos*, México, nº 2, julio de 1928, pp. 215-220.

cura en el espíritu del poeta. Espectador de los años crueles de la revolución mexicana, miraba las ruinas ambientes en los paisajes maravillosos de la tierra y de los hombres. Era demasiado católico para ser revolucionario; había en su alma un fermento de reacción inevitable. Un complejo, fácil de comprender en un hombre que iba a la vanguardia del arte y a la retaguardia de la política, lo lanzó a esa exaltación piadosa –nostálgica, dolorida– de las bellezas de la vida y del paisaje de México. En el poema central de esta manera del poeta, «La suave Patria», los reproches ocultos van unidos a algunos de sus mejores versos.

Como la sota moza, Patria mía,
en piso de metal, vives al día
de milagro, como la lotería.

Tu imaen, el Palacio Nacional,
con tu misma grandeza y con tu igual
estatura de niño y de dedal.

Y todo un poema, «El retorno maléfico», deja transparentar, más que ningún otro, esta agonía de su pensamiento:

Mejor será no regresar al pueblo,
al edén subvertido que se calla
en la mutilación de la metralla…

Y la fusilería grabó en la cal
de todas las paredes
de la aldea espectral,
negros y aciagos mapas,
porque en ellos leyese el hijo pródigo
al volver a su umbral
en un anochecer de maleficio,
a la luz de petróleo de una mecha,
su esperanza deshecha…

…Y una íntima tristeza reaccionaria.

El «nacionalismo» de Ramón López Velarde no es –como recientemente lo ha dicho un crítico– una expresión de la vida y el alma nacional, en un sentido objetivo, sino de su vida y alma propias. Pero el sentido recóndito de su obra huye continuamente de la comprensión de las mayorías. Parece gozarse en permanecer oculto, impuro, mezclado en la veta a metales de bajo precio. Muy pocos son los que han sabido extraerlo, desligado de impurezas, para mostrarlo en su esplendor de buena ley. Abundan los prosélitos, pero faltan los discípulos inteligentes.

En ese panorama curioso de la literatura argentina, donde el ímpetu criollo se desorienta ante la inmigración, se funde en ella, se quiere crear una tradición que no existe y da pasos de costado creyendo que son al frente, López Velarde ha encontrado un prosélito –¿un discípulo?–. Este hecho no debe parecernos inusitado, porque ya es tiempo de que López Velarde traspase las fronteras. Su poesía honda, llena de sugerencias, no debe quedar solamente entre nosotros, para delectación de una minoría depurada.

Ricardo E. Molinari, autor de *El imaginero,* es uno de los poetas jóvenes que ampara la Editorial Proa de Buenos Aires. Este volumen, de hermosa presentación se abre con una cita de Bocángel y se cierra con un verso de Mallarmé. En ese punto de relación en que se coloca el poeta argentino, entre el francés y Bocángel, el equilibrio es emocionante, por difícil. Pero estos epígrafes engañosos nada tienen que ver con la obra de Molinari. Inútilmente buscamos en ella el vínculo que la liga, espiritual y formalmente, a Mallarmé. Ese afán purificador –retórico en gran parte– del poeta francés, está por completo ausente y en contradicción con *El imaginero.*

Nos encontramos en presencia de un «nacionalismo» tímido, complicado con modalidades nuevas, no tanto en la factura de los versos como en el ángulo desde el cual se enfoca el arte. El «Poema de la niña velazqueña» –sin duda el acierto del libro– contiene los mejores elementos de esta clase de poesía, que se construye con una emotividad romántica sobre complicaciones modernas de estilo.

Cuando no se llega a una realización discreta –lo que sucede a menudo en el libro de Molinari– el prosaísmo aparece en su desnudez anti-rítmica. Bocángel se queda en el umbral y Mallarmé huye por la puerta trasera. Sólo quedan, guardando el templo, un esfuerzo de novedad y una influencia. Esta influencia es la de Ramón López Velarde.

La «Elegía a la muerte de un poeta joven» nos lo confirma a *priori.* Y, aunque la crítica no necesita para ello de esta prueba circunstancial, los siguientes versos:

yo he de vivir
como la vainilla
honesta, en su frasco
y en su alacena.

(«Hostería»)

...que era metal labrado
y compotero

(«El imaginario»)

nos recuerdan casi a la letra las frecuentes asociaciones que hacía López Velarde, entre su alma pura, de emanaciones aromáticas, y la canela, la vainilla, el ajonjolí. Su espíritu –alacena– conservaba ese perfume tradicional de las viejas arcas, donde yacían revueltos, en la familia, las especias, las compotas, todo un pasado honesto de provincia. Cuando Molinari huye de estas relaciones caseras, cae entonces, con las mismas palabras, en las citas religiosas de López Velarde:

Yo quebraré la tierra labrantía
como lo hicieron mis hermanos;
y encenderé una vela
a San Isidro Labrador...

(«Poema del almacén»)

Pero hay ciertas cosas de técnica difusa que se escapan a un análisis rápido como éste. Ese algo pavoroso que forma el estilo inconfundible de los poetas que tienen una poderosa personalidad. Así, quien lea los siguientes versos de *El imaginero,* no podrá menos que reconocer en ellos la influencia clara, precisa, sin lugar a dudas, del poeta mexicano.

...tu dedal
que ha de servir de mausoleo
y catedral...

...la lentitud perpleja
de tu minutero...

(*El imaginero*)

Vives en una presencia
que jamás es escándalo...

(«Tres poemas para una soledad»)

Y seguiríamos citando versos y más versos de la mayoría de los poemas contenidos en el libro de Molinari. Los anteriores, para nuestro objeto, son suficientes. El poeta de *El imaginero,* por desgracia, se ha limitado a la primera de las influencias que parten de López Velarde, es decir, la meramente formal. Hubiéramos querido que algo del espíritu del maestro hubiera pasado a las páginas del primer libro del poeta argentino, interesado solamente en la expresión verbal del poeta nuestro. Ese algo hubiera merecido elogios, no censuras. Éstas se vienen a la mente cuando las palabras recuerdan otras palabras y todo se vuelve palabras. El libro de Molinari está hecho con las palabras de López Velarde.

CERCANÍA DE LÓPEZ VELARDE*

Jaime Torres Bodet

La primera impresión que produce, a la lectura, una poesía de Ramón López Velarde es precisamente la de haber penetrado, de pronto, en una casa saqueada. Pero, inmediatamente, del desorden visible, las incoherencias mismas van tranquilizando nuestro sentido de la propiedad. Sí, ha habido violencia, pero los saqueadores no se han llevado consigo nada de lo que habían venido a robar. La cortina ha desaparecido de la puerta que protegía, pero no ha desaparecido de la casa: ahora vibra, como una túnica, sobre el busto de una Minerva, estilo Imperio, de 1810. El espejo no ha huido del marco que lo encerraba. Se ha vuelto de espaldas, cara al muro, acaso para no presenciar la escena del robo que nuestra llegada al salón –es decir, nuestra curiosidad en la lectura– ha conseguido evitar.

Habituados a la insensibilidad de los adjetivos elocuentes, los lectores de 1918 nos sentíamos ofendidos, ante los poemas de *La sangre devota* y los de *Zozobra*, aun no coleccionados, por algo que era, precisamente, un triunfo de la sensibilidad. Cuando López Velarde, en una espléndida evocación de las aldeas y de los campos atravesados por la cólera revolucionaria, escribe:

> Hasta los fresnos mancos,
> los dignatarios de cúpula oronda,
> han de volver las quejas de la torre
> acribillada en los vientos de fronda…

un extraño malestar, de devoción mística, nos sobrecoge. Y, como toda expresión poética, cuando es realmente acertada, nos parece también misteriosa y difícil como un milagro, buscamos con inquietud los orígenes de una adivinación que, a mi juicio, reside sólo en el juego de estos dos términos: la evocación significativa de la torre y la calidad de la palabra *dignatario* que, aplicada a los fresnos amputados por la metralla y reunida a la *cúpula oronda* del final del

* *Contemporáneos,* núms. 28-29, México, septiembre-octubre de 1930, pp. 111-135 (fragmento).

verso comenzado, les da, en seguida, una solemnidad y una resignación de sacerdotes cristianos de martirologio.

Otra estrofa de un poema sin título reproduce en *Zozobra,* con vocablos diferentes, esta misma experiencia de transiciones idiomáticas puras. La cito porque se refiere también a imágenes plásticas del culto y a la decorativa tradición visual del catolicismo, que López Velarde reitera:

> Mi corazón leal, se amerita en la sombra.
> Es la mitra y la válvula... Yo me lo arrancaría
> para llevarlo en triunfo a conocer el día,
> la estola de violetas en los hombros del alba,
> el cíngulo morado de los atardeceres,
> los astros y el perímetro jovial de las mujeres.

Salvo el último verso que, de un salto a las estrellas –como en la balada de Banville–, nos traslada de nuevo, no sin contusiones, a la ironía y a la ternura de la sexualidad, la estrofa toda vive de sus solas resonancias lingüísticas. En efecto, al referirse a su corazón, el poeta se detuvo en esta palabra: «mitra», de la que el contenido fisiológico le parece menos real que el otro, suntuario, de la mitra de los arzobispos. Por esto ha recordado, en seguida, la «estola» de violetas y el «cíngulo de los atardeceres». Por eso también –mirando el espejo con el espejo y pasando de una metáfora a otra, sin contacto con la realidad– llega a esa refracción de los valores sensibles de la palabra «alba» que puede ser entendida, aquí, en sus dos significados: lo mismo como la túnica blanca de los sacerdotes, que como la claridad cotidiana, ciertamente angustiosa, que precede a la salida del sol.

Esta combinación de religiosidad devota y de poética intrepidez, estas sujeciones a los cánones del dogma y estas rebeldías a los de la gramática se repiten, de un extremo a otro de la obra de López Velarde en forma tal que se implica deliberada. Así tenemos, en «Todo», acaso la composición más perfecta de *Zozobra,* esta declaración:

> En mí late un pontífice
> que todo lo posee
> y todo lo bendice;
> la dolorosa Naturaleza
> sus tres reinos ampara
> debajo de mi tiara,
> y mi papal instinto
> se conmueve
> con la ignorancia de la nieve
> y la sabiduría del jacinto.

Y, páginas adelante, en aquella deliciosa estampa sensual que principia «Te honro en el espanto de una alcoba perdida...», el dístico en que describe a la amante:

Ya que tu abrigo rojo me otorga una delicia
que es mitad friolenta, mitad cardenalicia...

O, por último, estos versos, sorprendidos en una poesía anterior, de carácter evidentemente juvenil:

Y una catedral y una campana
mayor que cuando suena, simultánea,
en las avemarías, me da lástima
que no la escuche el Papa

Porque la cristiandad entonces clama
cual si fuese su queja más urgida
la vibración metálica
y al concurrir ese clamor concéntrico
del bronce en el ánima del ánima
se siente que las aguas
del bautismo nos corren por los huesos
y otra vez nos penetran y nos lavan.

Tratando de descubrir, en la obra de López Velarde, algunos ejemplos de expresiones poéticas desviadas verdaderamente del sentido útil de los vocablos, se tropieza, sin quererlo, con el prestigio más dramático de su influencia: el fervor. ¿Quién se atrevió a decir alguna vez, que forma y fondo eran cosas opuestas?

El fervor, en el lirismo de López Velarde, no está –por fortuna– y ésta es su superioridad específica sobre el Belarmino de la novela de Pérez de Ayala, en el juego de azar de las palabras con las imágenes. En este sentido, ¿cuántos poetas de hoy –y no exceptúo a muchos de los mejores– pudieran afirmar haber salido, realmente, del período verbal de Belarmino?

Hay un estilo de palabras, que López Velarde sintió –que padeció muchas veces–, pero de cuyas estrategias no se satisfizo nunca. Latía en él, si no el pontífice laico con que orgullosamente se compara, sí un apasionado apetito humano que restringió, en su obra, el campo del artista puro, sin que, de tales limitaciones, su cantidad de poeta pudiera realmente sufrir. Las cualidades que le legó no serán de la misma limpieza y del mismo desinterés que las expresivas que hasta ahora hemos advertido, pero, en cambio, dan la impresión de ser más durables. Y –¿por qué no?– también más valiosas.

Para entender la poesía de López Velarde, debe partirse de un postulado que no la limita tanto cuanto la sitúa. López Velarde fue siempre, y constantemente, un poeta de la provincia. De la provincia mexicana son, no sólo el acento religioso de sus mejores poemas, sino el calor y la ternura de la ensoñación amorosa, la inculta sustitución del sentido personal por el auténtico en los adjetivos y los sustantivos de que su anécdota se sirve. Pero, por encima de todo, pertenece a la provincia mexicana ese vago estremecimiento del paisaje que no está nunca al margen de sus poesías –como sucede en las de los escritores de la ciudad cuando salen al campo– sino tejido con su materia última, digerido en su sustancia, disuelto por su intimidad.

El significado de la provincia ha sido tan cruelmente modelado por la novela del siglo XIX, que casi resulta peligroso elogiarla, en nuestros días, como un remedio de lentitud a la velocidad de que nos hallamos enfermos. Y, sin embargo, es preciso reconocer que, a pesar de sus intrigas familiares y de sus antipatías de campanario –o acaso por coincidencia con la actitud moral que estas mismas debilidades suponen– la provincia ha sido, siempre a partir del romanticismo, la gran proveedora de nuestros poetas. Este fenómeno, que no sabríamos limitar a México, no es tampoco característico de la América española, ni, en última instancia, complementario de la psicología racial hispánica que ha defendido siempre, en punto a escuelas líricas, una devota subordinación y concordia con el paisaje. Francia, tan disciplinada al yugo de la capital, no expresa, en las reputaciones que París autoriza, sino la consagración artística de los esfuerzos que las provincias le muestran. Veinte siglos antes, en la Roma de Augusto, ¿qué otro encanto traía, a la corte del emperador, el poeta de las *Geórgicas*?

La delicadeza escrupulosa que Ramón López Velarde demostró dentro del artificio, ha sorprendido a muchos de sus comentaristas y les ha hecho dudar, erróneamente, de la calidad regional de su estética. Comprueba una equivocada interpretación de lo que es la provincia el creer que su simplicidad esté más alejada del artificio que la complicación de nuestras ciudades. Quien lo dude, debe reflexionar un instante acerca de todas las violencias que la sensibilidad del siglo XVIII tuvo que hacerse a sí misma para llegar, en una refinada decadencia, a percibir la *naturalidad* de Rousseau.

Placen a la vida mecánica de la urbe la simplificación de la elegancia y el concepto, cada vez más desnudo, del individuo. Si esta monotonía del mayor número no se formase, la coexistencia de cinco millones de habitantes en Berlín o de siete millones en Londres ocasionaría a cada minuto una colisión inmoderada de épocas y, en Nueva York, una verdadera lucha de razas. El sentido de la policía –y, en cierto modo, el de la civilización– exigen siempre el sacrificio de algunos de nuestros valores originales. De éstos, por desgracia, el lirismo no es el más lento en desaparecer.

Cuadra al contrario al demorado ritmo en que la vida de provincia se desarrolla, una abundancia de lentitud, indispensable al florecimiento de las manías. Por eso la mitología democrática, es decir, la novela burguesa de Dickens o de Balzac, prefiere instalarse sobre el escenario de la provincia. Y, cuando un *Padre Goriot* o un *Oliverio Twist* surgen en un rincón de la urbe, escogen alguno de esos barrios herméticos en que la limitación de los caracteres evoca, dentro de las grandes ciudades, la tensión individual de los odios y las antipatías de las pequeñas aldeas.

Hemos oído hablar, no hace mucho tiempo, a un ingenio extraordinariamente sutil, de la deshumanización del arte. ¿Qué había en el fondo de esta expresión? ¿Se trataba, acaso, de un hastío del hombre por el hombre? ¿Era el principio de una terrible ingratitud de la criatura para con el creador?

Tanto se ha dicho ya en torno a esta doctrina, tanto se calla, que, de las reflexiones más erróneas de quienes la comentan, podemos desprender esta interpretación: El arte, como fruto del nuevo tipo de colaboración social que la ciudad representa, exige de cada obra un mínimo de humanidad, o, lo que es lo mismo, un *mínimum* de discrepancias vitales, dentro de un *standard* de similitud superior. Concebida en tales términos, la sugestión de Ortega y Gasset coincide con la doctrina moral de un Boileau y se expresa merced al gran ejemplo clásico con que la época de un Luis XIV la ilustra.

¿Qué es, en efecto, un clásico –ha dicho alguna vez André Gide– sino un escritor modesto? ¿Y qué debe entenderse por modestia, en materia artística, sino esta prudencia de lo personal y esta no exhibición de lo humano de cada quien, que nos pondría en condiciones de ignorarlo todo acerca de la vida de Racine o de Descartes, si no hubiesen estado allí los biógrafos que la reseñan?

El caso de la edad clásica que inspira esta interpretación misma de la modestia en literatura indica hasta qué punto una al menos de las actividades superiores del arte es incompatible con el desarrollo de la timidez. Me refiero, concretamente, a la poesía lírica.

Si apartamos por un momento los hallazgos de algunos poemas de La Fontaine –y, especialmente, del «Adonis»– ¡qué pobre en realizaciones líricas se nos presenta el siglo de Pascal y de Madame de La Fayette, tan rico, en cambio, en máximas morales, en novelas psicológicas y en comedias de caracteres. Perseguida del escritor, la humanidad se refugia en el argumento, por la misma razón por la que, ahuyentándola de la anécdota, la encubrimos con la sensibilidad.

Pero ocurre que el lirismo requiere precisamente, para su éxito, un «desarrollo monstruoso del yo»; es decir, un apogeo de las condiciones circunstanciales del artista que no puede divorciarse de cierta individual exhibición del hombre. De aquí el concepto de la poesía de circunstancia.

Tal apogeo del hombre, no siempre contenido por los escrúpulos del artista, es idéntico al que traiciona, en determinados retratos de provincia, el rebuscamiento torpe, pero personal –y, digámoslo de una vez– absolutamente lírico, del problemático elegante de la población. Ahora bien, lo que el hombre del mundo exige –y ha exigido siempre– en sobriedad y en impersonalidad de adornos a su semejante, es lo que el crítico de gusto pide, con insistencia, al buen escritor. Y, en esta discreción de las maneras, coinciden lo mismo el *honnete homme* para cuya delicada aprobación componía Molière el Alcestes de *Le Misanthrope,* que el «varón discreto» que inspiraba a Gracián el fino continente ideológico de sus Tratados.

Sucede, por desgracia, que el público formado exclusivamente por estas asambleas de *honnetes gens* y estos cenáculos de *discretos* no es nunca el más apropiado para juzgar del ímpetu o de la cantidad de una producción lírica. Por esto se explican muchas aberraciones del gusto. Y así se llega a perdonar la crueldad de aquel *parterre* de reyes que, hace aproximadamente un siglo, en un teatro de Viena, pudo preferir –por lealtad misma con su cultura– la gracia civilizada de una ópera de Rossini a la sublime y solitaria aspereza del júbilo en la *Novena sinfonía.*

La manera en que afirmo que la provincia contribuye a la poesía no es añadiéndole oscuridad impersonal, sino acentuándole personales particularidades. Siento, por otra parte, que esta contribución no haya sido percibida frecuentemente por conducto de la pereza, que es una capacidad de la delicia, sino por el de la lentitud, que representa una incapacidad de la rapidez. Y, cuando clasifico a Ramón López Velarde entre los poetas de la provincia, no entiendo restringirle ninguna especie de méritos. La universalidad de una obra no está forzosamente proporcionada al cosmopolitismo de su escenario normal, ni corre parejas con las dimensiones de la aspiración de su autor. *Ouvert la nuit,* de Paul Morand, es más genuinamente francés y, en el fondo, más restringido –a pesar de la ubicuidad europea de sus personajes– que inglés *El artista adolescente,* de Joyce, que no juega con latitudes de carta geográfica, ni busca otra amplitud que la de su sinceridad.

Quienes, al sentido provinciano que encuentro en la obra de López Velarde, oponen el atrevimiento de su insumisión para la poesía post-simbolista no me han entendido, puesto que lo provinciano de la actitud que señalo en él no reside en la timidez –más frecuente en las grandes ciudades que en las pequeñas aldeas–, sino en la audacia. Un hombre de la ciudad no necesita dar voces especialmente violentas para seducir la atención de su público. Con detenerse unos minutos, en un momento dado, en el cruce de dos avenidas congestionadas por el tráfico, habrá violado tantos complicados mecanismos de la sociabilidad que esta sola lentitud tomará, casi, las proporciones de una verdadera rebeldía. En cambio, en provincia, ¡qué sucesión de delirios ha de fingir el hombre de talento para que los parientes de su familia –por el solo hecho de haberle visto nacer– no lo desprecien indefinidamente!

De aquí, en el inteligente de la provincia, una falta de mesura, aun en el acierto, que lo separa enseguida del inteligente de la ciudad. Por esta falta, de cuyo margen se enriquecen las incertidumbres del gusto, se deslizan –como por un cauce propio– los caudales de un inconfundible lirismo. Así se justifica en López Velarde el sistemático esfuerzo de sustituir por el adjetivo grave, certero casi siempre, el esdrújulo, ampuloso y más o menos indefinido. Donde alguno podía decir: *universal,* apunta él, pintorescamente, *ecuménico.* Y donde otro escribiría: *un niño,* él ve, inmediatamente, *un párvulo.* Muchos, temerosos de una alusión demasiado indiscreta, no nos atreveríamos, al hablar de nosotros mismos, a afirmar, con el desenfado con que él lo hace: mi *persona.* Mas él se expresa así, por la misma razón que obliga a los Brummels de una provincia a instalarse, todos los días, dentro de la solemnidad aparatosa del chaqué. Y lo curioso es que su admirable intuición poética no naufragase en estas faltas de tacto que, gracias a las evocaciones completas en que las descubrimos, no resultan jamás verdaderas faltas de gusto.

Gocemos, en efecto, del «párvulo» de que antes, desprendido él de la atmósfera del poema en que lo sorprendimos, nos habíamos apresurado a sonreír. El poeta, al referir el retorno maléfico al hogar destruido por la batalla, insinúa, entre las ruinas, un delicado trozo de paisaje rural, plagado deliberadamente de giros en desuso y de vocablos envejecidos:

Las golondrinas nuevas, renovando
con sus noveles picos alfareros
los nidos tempraneros;
bajo el ópalo insigne
de los atardeceres monacales,
el lloro de recientes recentales
por la ubérrima ubre prohibida
de la vaca rumiante y faraónica
que al párvulo intimida...

¡Qué bien se explica aquí insertada después de la estampa escolar de la vaca *faraónica,* esa visión del pequeño *párvulo* intimidado, que, antes, nos parecía una mera pedantería de colegial!

No tengo a mano –y lo deploro– las excelentes páginas que José Gorostiza leyó acerca de la obra de Ramón López Velarde en una de las conferencias organizadas por la Biblioteca Cervantes, de México, en 1924. No obstante, si la memoria no me traiciona, creo poder afirmar que ya en ellas se proponía cierto aspecto del provincialismo de su poesía como un recato y una ternura del sentimiento dentro del panorama de la edificación nacional. El comentario a esta parte del lirismo de López Velarde me llevaría por lo pronto a sitios que no quiero tocar de paso; que no me resigno tampoco a dejar para el convenio precario de una alusión. El problema del arte mexicano se encuentra ligado con dificultades técnicas, históricas y políticas demasiado complejas para creerlo resuelto por una simple buena intención de nuestro patriotismo... No deja de ser curioso, sin embargo, el hecho de que «La suave Patria» sea precisamente el poema en que López Velarde, al querer superar las fronteras de su regionalismo –de su comprensión deliciosamente parcial de las cosas–, se haya visto precisado también a disminuir el hermetismo patético de su expresión. Comparados con «Todo», con «Tierra mojada», con «Mi corazón se amerita...», con «Hoy como nunca...», los versos de «La suave Patria» dan la impresión de una renuncia deliberada a los modos esquemáticos de pensar que la poesía de *Zozobra* había llevado hasta la desnudez despojada y despejada del álgebra. No quiero decir con estas reticencias que «La suave Patria» implique un decaimiento del poeta, sino un propósito de vulgarización en sus procedimientos, el deseo de vestirse con una cultura... Los hallazgos felices abundan todavía. Citaré algunos, que están ya en todas las bocas y que, a pesar de ello, no han perdido aún su sabor esencial y fragante:

> El relámpago verde de los loros.
>
> En calles como espejos, se vacía
> el santo olor de la panadería.
>
> Oigo lo que se fue, lo que aún no toco,
> y la hora actual con su vientre de coco.
> Desde el vergel de tu peinado denso...
>
> Como la sota moza, Patria mía,
> en piso de metal, vives al día.[1]

Cito muchos. Y considero que son todavía más numerosos que los citados los que el temor de parecer prolijo no me autoriza a añadir. Pero, a cambio de estas sorpresas, de estas *iluminaciones,* ¡cuántas lentitudes y cuántas indecisiones de estilo que las estrofas de *Zozobra* no contenían!

Por ejemplo

> Suave Patria: te amo no cual mito,
> sino por tu verdad de pan bendito,

[1] Sería interesante hacer notar hasta qué punto se anticipó en las conquistas de cierta poesía española, rica en imágenes –como la de Federico García Lorca–, esta manera de la sensibilidad de López Velarde para lo plástico.

Inaccesible al deshonor, floreces;

No como a César el rubor patricio
te cubre el rostro en medio del suplicio:

El alma, equilibrista chuparrosa...

Cada uno de estos renglones encierra el eco de un vicio, la torpeza de un aprendizaje, el reflejo de una retórica extraña. El segundo parece de un discípulo de Quintana. El tercero recuerda la fraseología académica de Santos Chocano. El último evoca las peores imitaciones sentimentales de Gutiérrez Nájera. En los más graves errores cometidos por López Velarde antes de «La suave Patria» había, en cambio, tales acentos de integridad personal, del mundo poético aparte, que no me es posible elogiar esta poesía suya, demasiado célebre, sino como un magnífico ensayo de transición. De transición hacia mayor popularidad... Pero no hacia mayor temperancia.

Le peor que puede ocurrir a ciertos ángeles es que un profesor de gramática los enseñe a leer y a escribir. Lo más grave que puede ocurrir a ciertos poetas es perder sus límites, hacer más abundante su léxico, cambiar su profundidad por una promesa –casi siempre ficticia– de mayor extensión. No sé por qué imagino que Ramón López Velarde se hallaba, cuando la muerte lo arrebató de nuestro lado, en trance de este peligro. Por una parte su mundo –de formas artificiales y herméticas– necesitaba, como el de todo gran poeta, de una sustitución del Diccionario de la Real Academia por el tratado del «cosmos», de Belarmino. (Hay metáforas, en efecto, que sólo a través de otras metáforas se pueden comprender.) Pero, desde otro punto de vista, el contacto con una cultura al alcance de todos, eso que José Bergamín ha llamado con tanta exactitud «la decadencia del analfabetismo», le inducía a traducir los decretos de su reino alucinado al lenguaje de todos los días. Y esta actitud, que supone una desconfianza de la magia, afirma siempre una abdicación.

«Toda el agua del mar no bastaría a lavar de nuestra obra una sola mancha de sangre intelectual», escribió en una página luminosa, la pluma de uno de los más crueles maestros de la sensibilidad contemporánea. Frente al espectáculo de la poesía de López Velarde, repito esta frase de Isidoro Ducasse y comprendo que encierra, sin quererlo, la oración fúnebre de un gran poeta.

RAMÓN LÓPEZ VELARDE*

Bernardo Ortiz de Montellano

Aún debemos señalar, en la misma categoría, a otro poeta: Ramón López Velarde. No extrañéis que buena parte de estas notas la ocupen los poetas. Desde el siglo XVII, con Sor Juana, en la poesía se distingue nuestra literatura, escaseando los grandes novelistas y dramaturgos. Poesía, arqueología y pintura, es, hasta hoy, nuestra verdadera aportación al arte universal.

Heredero de la castigada estética de Díaz Mirón, que comenzaba a trabajar por cuenta propia en el adjetivo y en la imagen, Ramón López Velarde es el intérprete de la provincia mexicana y de algunos rasgos de nuestro paisaje. Orientábase a la interpretación lírica del complejo espíritu mexicano cuando lo dibujó la muerte. Sensibilidad erótica y católica, su sobresalto de niño sorprendido en el pecado, consciente y temeroso entre el juicio de sus sentidos y el juicio final, pagano y creyente –antinomia que por razón histórica existe en nuestros pueblos–, religioso de los aspectos externos, sensuales, del catolicismo; ojos de acólito, azorado entre los riesgos furtivos de una ciudad de pasiones que atormentan su corazón intacto de provincia. Poesía de complejos y timideces que busca, afanosamente, para expresarse con dignidad –aspecto mexicano de su lenguaje– los más complicados adjetivos, las palabras selectas. Creador de imágenes y de conflictos, para explicar su Yo profundo, se anticipa a las nuevas expresiones de la poesía en América, alejándose de los caminos tradicionales. Es un rebelde. Luchando por desarrollarse con más sinceridad y libertad que sus antecesores, para penetrar a zonas adumbradas de la conciencia que éstos no distinguieron, define, dentro del hecho social «revolución», su aspecto revolucionario en la literatura mexicana. Podemos asegurar que en su conflicto entre lo individual y lo colectivo, lo heredado y lo sustantivo de su moral, de sus sentidos y de su intuición artística, lo encontramos *revolucionario* con más exactitud que en su poema «La suave Patria» y en su «tristeza reaccionaria» a la vista de la provincia destruida por la voracidad natural de las ametralladoras.

* «Esquema de la literatura mexicana moderna», *Contemporáneos,* México nº 37, junio de 1931, pp. 195-210 (fragmento).

Si es *criolla* la poesía de González Martínez, la de López Velarde es *mestiza,* es decir, nos revela las potencias espirituales del mestizo. Falta aún, en nuestra literatura, el poeta que sienta por el indígena, sin limitarlo a falsificarlo como lo intentaron los poetas del siglo XIX.

HACERNOS SONREÍR*

Martín Gómez Palacio

La obra de Ramón López Velarde mucho ha dado que decir a nuestros críticos jóvenes. ¿Será, como se pretende, el padre de la actual generación de poetas? ¿Será un innovador en el sentido de Góngora? No creo que negar ambos asertos que preceden disminuya la significación de nuestro ilustre primate. Hay jóvenes poetas a quienes les es extraña la corriente maravillosa de adjetivo y de verbo que brota, completamente nueva, del apagado astro, y en cuanto a retorsiones del idioma, en este particular no creo que el insigne malogrado se haya él mismo propuesto ninguna revolución. López Velarde tiene un valor en concreto como artista que fue. En esta calidad, es sencillamente superior a su talento, que es lo más que puede decirse de un artista. Sobre sus metáforas, se burla siempre su conciencia infantil o escéptica. Al concluir la lectura de uno de sus poemas, nos sentimos enfrente de una alma que parece decir algo que no dijo la poesía, que muchas veces la rectifica. Una vez que, a cambio de unos versos que yo le mostré, me hizo él conocer unos suyos (cortesía exquisita porque era mayor que yo), me dijo textualmente: «Convénzase usted; para nuestros abuelos el mejor poeta era el que los hacía llorar: en los tiempos que alcanzamos, el mejor poeta es el que nos hace sonreír.» Ésta es una filosofía que resume en gran parte la obra del llorado Ramón.

* *Crisol*, edición especial, junio de 1931.

EL POETA MÁS ORIGINAL DE MÉXICO*

Arturo Torres Rioseco

El entusiasmo de José Juan Tablada por la obra de Ramón López Velarde era justo. El autor de *La sangre devota* y de *Zozobra* es el poeta más original que ha tenido México en los tiempos modernos. Provinciano de origen y de corazón, tiene toda la suavidad y el sentimentalismo de las ciudades pequeñas y humildes. No desdeñó López Velarde este don inicial de su vida, sino que lo cultivó hasta la amargura y fue, a través de su propia alma, hasta el hondón del alma mexicana. A pesar del retorcimiento de su retórica; de sus imágenes audaces y violentas; de sus salidas de tono, de sus inauditos caprichos de concepción y de expresión, la claridad de su lirismo es claridad latina. Huyó del lugar común con mortal pavor y para ello usó a veces métodos de escandaloso prosaicismo que deben de haber turbado profundamente a los modernistas y a los académicos y exaltó el alma de su provincia hasta hacerla universal. Verdad es que uno de sus últimos poemas, «La suave Patria» populariza su manera en un noble esfuerzo de divulgación estética, en una dilatación nacionalista que le honra, pero que violentaba un tanto sus límites de creador con límites geográficos. López Velarde dio la clave de muchas reformas poéticas, pero no hizo escuela: la mayor parte de sus imitadores se han perdido en el mar de sus metáforas y desorientados se han echado a correr en busca de imágenes meramente literarias, que él despreciaba en alto grado. Su poesía es vital, ingenua a fuerza de sinceridad, atrevida en la humildad de su actitud, con toda la audacia de la sencillez y la verdad. Usó el adjetivo en forma magistral, en nuevas connotaciones que parecen caprichosas, con una intrepidez heroica, que deslumbró a sus contemporáneos. Estilizado hasta la angustia, su verso se tuerce, crepita, es relámpago lírico.

---

* *El Libro y el Pueblo,* México, Tomo XI, nº 6, junio de 1933.

RAMÓN LÓPEZ VELARDE*

Eduardo Colín

La aparición de este poeta fue para México un acontecimiento del que no nos dábamos bien cuenta. Desde luego se notó su singularidad. El hombre era también muy otro del común de los escritores: atento, corriente y lleno de frescura. Sólo cuando hablaba asuntos de pensar o de belleza –lo que hacía con breves frases– tenía un gesto de iluminación, como hondo azoro.

Vivió un tiempo en la provincia y después en la burocracia secundaria capitalina. Merodeaba largamente por las calles y murió muy joven, de modo inesperado. Ni historia académica ni política tuvo, ni una gran novela personal, y sin embargo entendía doble, hasta triplemente muchas cosas (hay que ver sus prosas de crítica); amó con efusión y sería un índice en su tierra.

Con el ciclo de *Lascas, Elevación* y *Senderos ocultos* culminaba un período brillante de la poesía en México que, para persistir –tierra del lirismo fatal es Hispanoamérica–, necesitábanse dos cosas: superar, llevándolo a un grado último, lo hecho, aun con riesgo de romperse en la tensión, o seguir una vía distinta.

Ambas cosas ensayó este recién llegado, aunque de modo fugaz –y eso efímero que hay en él es es uno de sus atractivos–; acentuó, adelgazó el modernismo («cuelga -ha dicho-, en medio del éter cual de escuálido hilo de seda»), en ocasiones hasta lo esotérico, y viró después en otro rumbo. Sumirse en el sueño beato (toca el piano Fuensanta y trasládase al Paraíso y Ella es «éxtasis dilatado en transparencia»), y lo mismo la manera de muchos de sus versos, muy sacada de su espíritu (de su subfondo), donde a veces se quedaban sin llegar a corporizarse, a realizarse completamente: todo esto es de simbolista. Y su fino amaneramiento, su atracción por la liturgia, su sadismo, hasta son de un «decadente».

Pero el ver las cosas directas, la otra faz de lo que él es, su verismo llano, simple («Te amo, Patria, no cual mito, sino por tu verdad de pan bendito»), lo presentan como precursor de una actitud nueva.

---

* *Rasgos,* México, Imprenta de Manuel León Sánchez, 1934, pp. 37-46.

Hoy se deja en literatura y otros órdenes lo genérico y muy abstracto, lo monumental, diríamos, ya gastado por eso, y prefiérese lo concreto, aun lo nimio. (Nada más la circunstancialidad, «una casta pequeñez» desea ser López Velarde, que sintió desde temprano este sentido de ahora.)

El país, de igual manera, se volvía hacia sí mismo, a su realidad próxima, como todas las naciones en esa hora de etnicismos de la guerra –y nosotros demasiado a sólo lo autóctono. Había, pues, una relación entre la época, nuestro gesto nacional y Ramón López Velarde, y por eso reputósele al poeta de ese aguado indigenismo. En efecto, nos regala percepciones y emoción sólo de México; sobre todo visiones físicas («Patria, tu superficie es el maíz», «si me ahogo en tus julios a mí baja frescura de rebozo y de tinaja») y vestigios, aunque raros, de nuestra historia, de nuestros aborígenes: «deja loarte –habla a Cuauhtémoc–, único héroe a la altura del Arte».

Como la última revolución –explosión material, económica, más que nada– no engendró su poemita, y todo hecho tiende a un plano superior, a formarse su lirismo, o a aspirar a él, se ha apelado a este poeta, el mejor de estos años, para ver en él lo extremo (en el fondo limitado, artificial) de cierto nacionalismo.

Y tal punto necesita revaluarse con respecto a López Velarde, por el mérito de su obra –aunque corta y no muy explícita–; no es el poeta definitivo que unos claman, le faltó caudal entero, vasto, y una estética bien dominada; me refiero a su conjunto; tiene versos, por una parte, antológicos, dignos de un florilegio.

Y precisa el aclararlo. Es poesía nuestra la suya, pero natural, amplia, con lo sápido y frescuras del barro íntimo y hasta a veces la intuición de un ser grande y hondo, México, aunque no bien desentrañado, sólo husmeado entre vislumbres, pero junto con los otros elementos que nos forman: con la trama de lo español, en él latente, en su amor y decoro caballeresco; ama (cuando no tiéntalo el diablo) ideal, con devoción, como un Gabriel y Galán, que es lo que hay más castellano; sus mujeres son doncellas nobles, preclaras. Dulcineas cual de romances, aunque déjales sus gracias y tibieza real, doméstica, e insinúalas al alma. Su otra marca de Castilla, y más fuerte, es lo católico, casi en él consustancial y hasta a ratos más profundo que lo erótico, y su tinte patrio, por lo menos en lo mejor suyo. *La sangre devota,* que es un rezo, un fervor a la fe romana extendido, descarriado a otros asuntos; en momentos es ya sólo tremar místico, al oír una «campana mayor que cuando suena», entonces siéntese «que nos tornan las aguas del bautismo», que nos corren al «fondo de los huesos» y «otra vez nos penetran y nos lavan». Y esto está ya muy lejos del nativismo y primitivismo.

Además, no es autor del campo éste –ni del pueblo– donde está lo más vernáculo, sino loa las más veces los poblados de provincia, las casonas señoriales (su tristeza es «reaccionaria», él mismo dice), y la clase media, la suya. El Poeta (con mayúscula) de nuestro «ager» y del indio brotará –si acaso aparece– y no podría ser de otra manera, del riñón mismo de lo indígena.

Y ya vimos, al hablar del sutil y del complejo, su faceta refinada; sobre todo en *Zozobra* y *El minutero* está inquieto, hasta a veces torturado de pensar (aunque sea a su modo) y revuelto de culturas; va su *psiquis* hacia todas direcciones cardinales. Usa formas de expresión de un europeo, subconciencia filtradísima de un Rimbaud e impulsiones por exhalar global, universalmente un tema (de la alquimia mallarmeana). Esto último le gustaba sobre todo; refería lo cotidiano a lo trascendente, dislocábalo y lanzábalo en lo Abscóndito. Percibía de reojo, y marcábalo, se diría, por *close-ups,* el guiño cósmico que hacen las cosas (lo que le hubiera llevado a una gran poesía, si lo ataca más plenamente, sin zurdeces, con recursos menos frustros). ¡Y esto es todo menos localismo!

Su arte es criollo. Y «criollismo» proponía él darle por nombre, no tomando ese vocablo en sentido de un etnógrafo (él era mestizo), sino en otro orden cultural: como signo de la mezcla de lo nuestro y lo aportado, lo civil –civilizado– unido a lo agreste, que es la fórmula, en América, real y culta (y la única posible) del nacionalismo. No es un típico o un folklórico; es el bardo de los rasgos generales del país. Ése es su nacionalismo.

Tal Ramón López Velarde interesa más, sin duda, porque así es verdad latiente, que los dos en que se ha falseado: «el poeta sumo, de esta hora» –como algunos lo señalan, estimándolo un paradigma, un maestro– lo que quítale su irrumpir y temblor de augurio, lo auroral que hay en su deficiencia (y es su encanto virgen); y «el poeta de lo natal», lo indígena, del terruño únicamente, de un matiz sólo de México, siendo que él lo buscó íntegro, en su real complejidad.

RAMÓN LÓPEZ VELARDE*

Federico de Onís

Mejicano, de Jerez (Zacatecas). Periodista y profesor. El tema de su poesía es local, regional: la provincia, que a veces se extiende hasta abarcar la patria mejicana; la emoción es vernacular, tradicional, católica; el arte es innovador y universal. Su breve obra, cortada por la muerte temprana, revela una gran originalidad poética que no rehúye ser continuadora de la poesía anterior –Díaz Mirón, Herrera y Reissig, ironía y prosaísmo postmodernistas– ni se detiene ante las innovaciones más audaces, necesarias para lograr la propia expresión. López Velarde avanza en la creación de un nuevo barroquismo, que en formas diversas vino a ser carácter general de la poesía posterior y que en la suya es una personal y feliz combinación de sentimentalismo romántico, naturalismo irónico, imaginismo puro y culteranismo rebuscado, que hacen de él probablemente el más original y valioso poeta de Méjico posterior al modernismo.

---

* *Antología de la poesía española e hispanoamericana* (1882-1932), Centro de Estudios Históricos, Madrid, 1934, p. 967.

LA POESÍA DE RAMÓN LÓPEZ VELARDE*

Xavier Villaurrutia

Encuentro

Para usar una expresión del gusto de Ramón López Velarde, no por ello menos, sino más exacta, diré que el nuestro fue lo que pudiera llamarse un encuentro tangencial. Otros lo trataron diaria o frecuentemente, penetrando en el círculo de sus costumbres, o acaso hiriendo el centro de su intimidad; acompañándolo en las horas plenas o dejándolo solo en los momentos vacíos de que, más tarde, habrían de salir los poemas que contienen «un mensaje de singular calosfrío». Otros que no yo.

Para que nuestro encuentro fuera algo más que un misterioso y tangencial contacto, llegué demasiado tarde a su lado, puesto que él se fue de manera imprevista del nuestro. Ávida e incierta, la curiosidad del adolescente me llevó a buscarlo sin un objeto preciso, definido. Acaso, inconscientemente, trataba yo de conocerlo de viva voz, de cuerpo presente. Desde luego, diré que mi objeto no era conocer sus ideas o sus juicios sobre los demás y sobre sí mismo. No me interesaba lo primero, y para lo segundo me bastaba el silencioso diálogo que yo podía renovar a cualquier hora con el libro que me lo había revelado: *Zozobra.* Más bien mi curiosidad de adolescente quería saciarse con unos cuantos datos físicos, con unas cuantas señas particulares: su estatura, el color de su piel, el timbre de su voz, el brillo o la falta de brillo de sus ojos.

Su cara de un color moreno claro, y sus grandes manos de un dibujo muy preciso y muy fino, surgían del *jaquet* que cubría habitualmente un cuerpo grande y sólido, un cuerpo de gigante. Del color del clima en que, como en uno de sus poemas, la lujuria toca a rebato, el *jaquet* tenía un cambiante brillo verdinegro de «ala de mosca».

Algo había en su figura que hacía pensar, indistintamente, en un liberal de

* Ramón López Velarde, *Poemas escogidos,* estudio de Xavier Villaurrutia, Editorial Cvltvra, México, 1935; nueva edición aumentada, 1940, pp. 9-38.

fines del siglo pasado y en un sacerdote católico de la iglesia del interior, que gozara de unas vacaciones en la capital. En ambos casos la provincia lo acompañaba, viajaba con él, rodeándolo con un halo de luz o de sombra.

Nada había en sus palabras que desconcertara. Ningún brillo. Ningún deseo de brillar. Palabras lentas que buscaban su sitio en la frase que a veces moría, cuando Ramón López Velarde juzgaba que ya no era indispensable que siguiera viviendo, aun antes de terminar. Si había algo desconcertante en su persona, ese algo era, cosa rara, la sencillez.

Salvador Novo y yo lo visitamos unas cuantas veces en la Escuela Nacional Preparatoria, donde era profesor de literatura española. Lo esperábamos a la salida del aula y cambiábamos con él breves y entrecortadas frases. Aún tengo la sensación de que los diálogos se acababan demasiado pronto. Y también de que, a veces, como cuando sin esperar el final de clase entrábamos en el aula, y López Velarde suspendía rápidamente la lección, despidiendo, aturdido, a los alumnos, una curiosa turbación y un pudor infantil e inexplicable lo colocaban delante de nosotros en la situación de minoridad e inferioridad que lógicamente nos correspondía a Salvador y a mí.

Cuando, muy pronto, supo que escribíamos versos, nos manifestó suavemente el deseo de conocerlos. Salvador Novo escribía bellos poemas un poco a la manera de las parábolas de González Martínez. Una tristeza prematura y una lección moral, también prematura, impulsaban estos ejercicios de la adolescencia que pronto abandonaría con la misma facilidad, con el natural desembarazo con que los había adoptado, cuando empezó a escribir sus novísimos *XX poemas*. Yo escribía versos en que los simbolistas franceses, Albert Samain sobre todos, dejaban su música, su atmósfera y no pocas veces sus palabras. Y tan fuera de mí había colocado, desde entonces, la lección de la poesía de Enrique González Martínez, que, sin dejar de sentir respeto por ella y acaso para mantenerla intacta, me prohibía glosarla, repetirla. En cambio, la influencia más remota e imprecisa la aceptaba sensualmente, como quien recibe una vaga emanación, un perfuje lejano.

No recuerdo con exactitud la opinión que Ramón López Velarde nos dio de aquellos versos. He dicho que no eran precisamente sus ideas ni sus opiniones las que me habían llevado a conocerlo. Creo, sin embargo, que admiró la prodigiosa facilidad –novia de entonces y de siempre– de Salvador Novo, y, ahora lo recuerdo, por encima de ello, algunas expresiones atrevidas que contenía un poema: «La campana», que ya eran, o al menos pugnaban por ser diferentes de las del tono general señalado por el poeta de *Parábolas*. Nada en absoluto recordaría yo de lo que hablamos acerca de mis versos, si Ramón López Velarde, después de decirme algo muy general y seguramente muy vago, aunque no más vago que mi poesía de entonces, no hubiera colocado el índice pálido, largo y, no obstante, carnoso, debajo de una línea de uno de mis manuscritos, subrayando entre todos, y repasándolo varias veces, un verso:

bruñe cada racimo, cada pecosa pera.

Se trata de una «Tarde» en que las leídas en los libros de Samain se confundían con las vividas por mí en una casa de Tlalpan adonde acostumbraban llevarme a pasar el estío. El sol en su trayectoria, visto fuera y dentro de la casa, era el personaje del poema y el sujeto del verso debajo del que amplificado, enorme, vi resbalar lenta y pendularmente el índice de la mano derecha de Ramón López Velarde, al tiempo que decía: «Es extraordinario cómo ha captado usted estas dos cosas. En efecto, el sol bruñe, ésa es la palabra, los racimos. ¡Y qué definitivamente retratadas por usted quedan las peras, no sólo por el lustre, sino también y precisamente, por las pecas! Eso es: las peras son pecosas.»

No estoy seguro de que éstas hayan sido sus palabras, pero no eran otras las ideas que expresó con un fervor que las mías de ahora son incapaces de revivir y que, más que por el tono de la voz, se exteriorizó en aquel momento por el brillo que sus ojos que, como dos bruñidas uvas negras, se encontraron un largo momento con los míos que lo espiaban.

Ésta fue la única entrevista de que puedo recordar algo más que la vaga emoción física que la presencia de Ramón López Velarde producía en el adolescente de quince años que era yo entonces. No recuerdo si volví a verlo en otra ocasión. Recuerdo, sí, que a los pocos días supe que el poeta se hallaba enfermo. Luego, indirectamente, su agonía y su muerte. No podría decir sin mentir, o, cuando menos, sin exagerar, que la muerte de Ramón López Velarde me produjo una emoción intensa y durable. Creo que al saberlo no sentí sino un momentáneo choque interno, y luego nada más.

Su poesía

La madurez de una vida, como la madurez del día, no se revela en la hora incierta del atardecer, sino en el momento pleno, cenital y vibrante del mediodía en que el sol, cumplida ya su trayectoria ascendente, parece detenerse a contemplar, hurtando la sombra a seres y cosas, los frutos de su carrera antes de empezar un descenso que es, al mismo tiempo, un regreso. Desaparecido en el mediodía de su vida, la muerte no vino a derribar las esperanzas, ni a segar promesas en flor, porque Ramón López Velarde había realizado ya las primeras y cumplido las segundas. Su viaje fue el perfecto viaje sin regreso.

Tres libros de versos, de los cuales el tercero, publicado después de la muerte del poeta, encierra junto a unos cuantos poemas concluidos, perfilados, otros que son esquemas incompletos y borrosos, sin otro valor que el de servir al estudio de la peculiar manera que tenía de completar sus versos hasta alcanzar, por medio de una acomodación buscada y calculada, expresiones imprevistas, y un libro de prosa que contiene páginas poéticas de indudable mérito, constituyen la obra de Ramón López Velarde. Pero la rara calidad de esta obra, el interés que despierta y la irresistible imantación que ejerce en los espíritus que hacen algo más que leerla superficialmente, hacen de ella un caso singular en las letras mexicanas. Si contamos con poetas más vastos y mejor y más vigorosamente dotados, ninguno es más íntimo, más misterioso y secreto que Ramón López Velarde. La intimidad de su voz, su claroscuro misterioso y su profundo secreto han retardado la difusión de su obra, ya no digamos más allá de nuestras fronteras, donde no se le admira porque se le desconoce, sino dentro de nuestro país, donde aun las minorías le han concedido rápidamente, antes de comprenderlo, una admiración gratuita y ciega.

La admiración ciega es, casi siempre, una forma de la injusticia. Al menos así lo creo al pensar que Ramón López Velarde es más admirado que leído y más leído que estudiado. Una admiración sin reservas, una lectura superficial y un contagio inmediato con los temas menos profundos de su obra bastaron para llevarlo directamente a la gloria sin hacerlo pasar por el purgatorio, y menos aún por el infierno en el que, según confesión propia, Ramón López Velarde creía.

Después de un número de la revista *México Moderno* (1921) consagrado a honrar la memoria del poeta, en que, entre muchos estudios más conmovidos que atentos y más sentimentales que certeros, se distinguía por la agudeza crítica uno de Genaro Fernández MacGregor, apenas si recuerdo la conferencia en que José Gorostiza trazó el precioso retrato del «payo» que Ramón López Velarde no ocultó jamás, y un estudio de Eduardo Colín, entrecortado como todos los suyos. No obstante, la gloria del poeta ha ido creciendo como una bola de nieve al rodar del tiempo tomando una forma que le es ajena, demasiado esférica y precisa, demasiado simple si pensamos que se trata de una poesía poliédrica, irregular y compleja. Los prosélitos de Ramón López Velarde han contribuido no poco a desvirtuar la personalidad del poeta y a simplificar de una sola vez, injustamente, los rasgos de una fisonomía llena de carácter, cambiante y móvil. He dicho sus prosélitos y no sus discípulos, pues creo que Ramón López Velarde, poeta sin descendencia visible, no ha tenido aún el discípulo que merece. De su obra se ha imitado la suavidad provinciana de la piel que la reviste, el color local de sus temas familiares y aun el tono de voz, opaco y lento, con que gustaba confesar, junto a los veniales pecados, las angustias más íntimas y oscuras que sus admiradores y sus prosélitos se han apresurado a perdonarle sin examinarlas, sin considerar que la complejidad del espíritu del poeta se expresa, precisamente, en ellas.

Serpientes de la tipografía y del pensamiento, las interrogaciones circundan y muerden: ¿La complejidad espiritual de la poesía de López Velarde es real y profunda? ¿Fue necesaria la oscuridad de su expresión? ¿Su inesperado estilo fue el precio de su voluntad de exactitud, o solamente de su deseo de singularizarse? ¿Las metáforas de su poesía eran rebuscadas o inevitables?...

Imposible atender todas las incitaciones que, casi al mismo tiempo, se formulan en mi interior. Pero, ¿cómo no alzar, de alguna de ellas siquiera, y aunque sólo sea para no caer en el vicio de la admiración sin la conciencia, la punta del velo que las mantiene secretas?

La verdad es que la poesía de Ramón López Velarde atrae y rechaza, gusta y disgusta alternativamente y, a veces, simultáneamente. Pero una vez vencidos disgusto y repulsa, la seducción se opera, y admirados unas veces, confundidos otras, interesados siempre, no es posible dejar de entrar en ella como en un intrincado laberinto en el que acaso el poeta mismo no había encontrado el hilo conductor, pero en el que, de cualquier modo, la zozobra de su espíritu era ya el premio de la aventura.

A los ojos de todos, la poesía de Ramón López Velarde se instala en un clima provinciano, católico, ortodoxo. La Biblia y el Catecismo son indistintamente los libros de cabecera del poeta; el amor romántico, su amor; Fuensanta, su amada única.

Pero éstos son los rasgos generales, los límites visibles de su poesía, no los trazos más particulares ni las fronteras más secretas. Ya en su primer libro, *La sangre devota,* Ramón López Velarde borra, de una vez por todas, la aparente sencillez de su espíritu y señala dos épocas de su vida interior diciendo:

Entonces era yo seminarista
sin Baudelaire, sin rima y sin olfato

Y, no obstante, sus imitadores han querido seguir viendo en él al seminarista que no ha descubierto los secretos de la rima, los placeres de los sentidos y el nuevo estremecimiento de Baudelaire. En realidad, de allí en adelante, y ya para siempre, se establecerá expresamente el conflicto que hace de su obra un drama complejo, situado en

las atmósferas claroscuras
en que el Cielo y la Tierra se dan cita.

En un epigrama perfecto de luz y síntesis, un raro escritor mexicano ha concentrado el drama de ciertos espíritus diciendo de uno de ellos que «nunca pudo entender que su vida eran dos vidas». En efecto, ¡cuántos espíritus llegan a la muerte sin haber prestado atención a las ideas contradictorias que entablan inconciliables diálogos en su interior! ¡Cuántos otros se empeñan y aun logran ahogar o por lo menos desoír una de estas dos voces, para obtener una coherencia que no es sino la mutilación de su espíritu!

Ramón López Velarde no pertenece a esta triste familia. Su drama no fue el de la ignorancia ni el de la sordera espiritual, sino el de la lucidez. Bien pronto se dio cuenta de que en su mundo interior se abrazaban en una lucha incesante, en un conflicto evidente, dos vidas enemigas, y con ellas dos aspiraciones extremas que imantándolo con igual fuerza lo ponían fuera de sí.

Con una lucidez magnífica, comprendió que su vida eran dos vidas. Y esta aguda conciencia, ante la fuerza misma de las vidas opuestas que dentro de él se agitaban, fue lo bastante clara para dejarlas convivir y, por fortuna, no lo llevó a la mutilación de una de ellas a fin de lograr, como lo hizo Amado Nervo, una coherencia simplista y, al final de cuentas, una serenidad vacía.

Me pregunto si es otro el significado, la clave misma del título y del contenido de su libro más importante, que la angustiosa *zozobra* de su espíritu ante la realidad de dos existencias diversas que, coexistiendo en su interior, pugnaban por expresarse y que se expresaban al fin, en los momentos más plenos de su poesía, no sólo alternativa sino simultáneamente.

Cielo y tierra, virtud y pecado, ángel y demonio, luchan y nada importa que por momentos venzan el cielo, la virtud y el ángel, si lo que mantiene el drama es la duración del conflicto, el abrazo de los contrarios en el espíritu de Ramón López Velarde, que vivió escoltado por un ángel guardián, pero también por un «demonio estrafalario».

Éxtasis y placeres lo atraen con idéntica fuerza. Su espíritu y su cuerpo vivirán bajo el signo de dos opuestos grupos de estrellas:

> Me revelas la síntesis de mi propio zodíaco:
> el León y la Virgen.

¿Qué recuerdos de lecturas infantiles acerca de los paraísos que la fantasía de los musulmanes creó para los bienaventurados, y qué visión de coloridas estampas de los mismos dejó en López Velarde el trauma que perdura como una obsesión a través de toda su obra?

Si en su constante sed de veneros femeninos no encuentro maneras de conciliar su religiosidad cristiana y su erotismo; si, en un principio, en *La sangre devota* se pregunta:

> ¿Será este afán perenne franciscano o polígamo?

halla luego en los paraísos mahometanos una manera de prolongar su religiosidad, pero también su erotismo. Entonces, en una primera afirmación, se atreve y dice:

> funjo interinamente de árabe sin hurí

y buscando oscuros antecedentes genealógicos en las ramas del árbol de su ser, no sabe si su devoción está presa en la locura del primer teólogo que soñó con la primera mujer

> o si atávicamente soy árabe sin cuitas
> que siempre está de vuelta de la cruel continencia
> del desierto, y que en medio de un júbilo de huríes
> las halla a todas bellas y a todas favoritas.

En vez de borrar uno de los dos aspectos contradictorios de su ser, aprende a hacerlos convivir dentro de sí fomentando un incesante diálogo, un conflicto que se nutre de sí mismo. De este modo concilia monoteísmo y poligamia, Cristo y Mahoma:

> Yo, varón integral,
> nutrido en el panal
> de Mahoma
> y en el que cuida Roma
> en la Mesa Central

dice en *Zozobra,* y luego, años más tarde, en el poema «Treinta y tres» de *El son del corazón,* se oye de nuevo la voz desvelada por el insoluble problema del hombre que en vez de cerrar en falso sus llagas, sus preocupaciones, sus conflictos, ha aprendido a vivir con ellas abiertas la angustia de sus males:

> La edad de Cristo azul se me acongoja
> porque Mahoma me sigue tiñendo
> verde el espíritu y la carne roja,
> y los talla, al beduino y a la hurí,
> como una esmeralda en un rubí.

Y en el mismo poema:

> Afluye la parábola y flamea
> y gasto mis talentos en la lucha
> de la Arabia feliz con Galilea.

¡Qué importa que en un momento se atreva a llamar funesta la dualidad que sabemos le ha producido también goces infinitos,

Me asfixia en una dualidad funesta,
Ligia, la mártir de pestaña enhiesta,
y de Zoraida la grupa bisiesta

si la cristiana Ligia y la infiel Zoraida lo abrazarán ya para siempre!

Placer y dolor, opulencia y miseria de la carne, delicia de un paraíso presente y tristeza de un obligado y terrenal destierro a cambio de la promesa de un paraíso sin placeres, son las pesas que oscilan en su balanza.

Cuando Ramón López Velarde quiere dar de sí mismo una fórmula, cuando intenta objetivar su drama interior, sólo halla la imagen de algo que, suspendido entre estos dos muros, oscila, como un péndulo incesantemente sobre ellos:

Estoy colgado en la infinita
agilidad del éter, como
de un hilo escuálido de seda

o bien:

Soy un harem y un hospital
colgados juntos de un ensueño.

Y concretando todavía más, objetivando más precisamente, descubre su símbolo al compararse, en un poema precioso, con el candil en que suspende sus llagas como prismas.

En el minuto baudeleriano de religiosidad que ya no se distingue del frenesí amoroso, cuando lo vemos salir con las manos y el espíritu vacíos, de vuelta de una inmersión en el océano de su propia angustia, yo lo imagino, como en dos de sus versos de una desolación incomparable, meciéndose sobre los abismos que se abren dentro y fuera de sí, «con el viudo / oscilar del trapecio».

La sangre que circula en los más recónditos vasos de Ramón López Velarde no es, pues, constantemente, sangre devota. Ésta se turba, se entibia y aun cede ante el impulso de una corriente de sangre erótica al grado que por momentos llegan a confundirse, a hacerse una sola, roja, oscura, compuesta y misteriosa sangre.

Nunca este poeta está más cerca de la religiosidad que cuando ha tocado el último extremo del erotismo, y nunca está más cerca del erotismo que cuando ha tocado el último extremo de la religiosidad:

Cuando la última odalisca
ya descastado mi vergel
se fugue en pos de nueva miel,
¿qué salmodia del pecho mío
será digna de suspirar
a través del harem vacío?

El que fungió interinamente de árabe solitario se siente ahora definitivamente abandonado. Y a la sola idea de que el placer de los sentidos pueda no existir en él, en un momento dado, en el momento en que «la eficaz y viva rosa» de su virilidad quede superflua y estorbosa, en el último espasmo del miedo se confesará muerto en vida, árabe sin hurí:

¡Lumbre divina en cuyas lenguas
cada mañana me despierto:
un día, al entreabrir los ojos,
antes que muera estaré muerto!

¿Será necesario decir que esta dualidad de Ramón López Velarde está muy lejos de ser un juego retórico exterior y puramente verbal y que, en cambio, se halla muy cerca de la profunda antítesis que se advierte en el espíritu de Baudelaire? También en Ramón López Velarde, «la antítesis estalla espontaneamente en un corazón también católico, que no conoce emoción alguna cuyos contornos no se fuguen en seguida, que no hallen al punto su contrario, como una sombra, o, mejor, como un reflejo».

Y, no obstante, su obra sigue siendo vista con ojos que se quedan en la piel sin atravesar a bucear en los abismos del cuerpo en que el hombre ha ido ocultando al hombre. Y Ramón López Velarde sigue siendo para todos un simple poeta católico que expresa sentimientos simples. Me pregunto: ¿Será posible ahora seguir hablando de sentimientos simples en la poesía de Ramón López Velarde? Pienso en las reveladoras palabras de André Gide: «Lo único que permite creer en los sentimientos simples es una manera simple de considerar los sentimientos».

No es una casualidad el hecho de que el nombre del gran poeta francés haya surgido en más de una ocasión al considerar uno de los aspectos más personales de López Velarde. Él mismo ha confesado haber sido uno antes y otro después de conocer a Baudelaire. ¿Este conocimiento era preciso y lúcido? ¿Leía Ramón López Velarde a Baudelaire en francés? ¿Lo conoció solamente a través de traducciones españolas: la de Marquina, por ejemplo? No es la forma lo que Ramón López Velarde toma de Baudelaire, es el espíritu del poeta de *Las flores del mal* lo que le sirve para descubrir la complejidad del suyo propio.

Ya he dicho que, según confesión expresa, gracias a Baudelaire descubrió López Velarde no sólo la rima, sino también y sobre todo el olfato, el más característico, el más refinado, el más precioso y sensual de los sentidos que poeta alguno como Baudelaire haya puesto en juego jamás.

Sería injusto y artificial establecer un paralelo entre ambos poetas, e imposible anotar siquiera una imitación directa o señalar una influencia exterior y precisa. Entre la forma de uno y otro no media más que… un abismo. Pero si un abismo separa la forma del arte de cada uno, otro abismo, el que se abre en sus espíritus, hace de Baudelaire y de Ramón López Velarde dos miembros de una misma familia, dos protagonistas de un drama que se repite a través del tiempo con desgarradora y magnífica angustia.

La agonía, el vacío, el espanto y la esterilidad, que son temas de Baudelaire, lo son también de nuestro poeta. Y si la religiosidad de López Velarde se resuelve en erotismo, siguiendo un camino inverso, pero no menos dramático, el erotismo de Baudelaire se convierte, en último extremo, en plegaria:

> Ah! Seigneur! donnez-moi la force et le courage
> de contempler mon coeur et mon corps sans dégout.

Ciertos versos de nuestro poeta, los versos más ciertos, comunican un indefinible calosfrío baudeleriano cuando son la expresión de un espíritu atormentado:

> con la árida agonía de un corazón exhausto

o cuando nos dice:

> voy bebiendo una copa de espanto

o bien cuando, en «Ánima adoratriz», desea que la vida se acabe precisamente al mismo tiempo que el placer

> y que del vino fausto no quedando en la mesa
> ni la hez de una hez, se derrumbe en la huesa
> el burlesco legado de una estéril pavesa.

En idéntida obsesión de la muerte, Ramón López Velarde confiesa angustiado que la pródiga vida

> ...se derrama en el falso
> festín y en el suplicio de mi hambre creciente,
> como una cornucopia se vuelca en un cadalso.

Y más aún cuando sobrepone las imágenes de la vida plena y de la muerte inevitable. Así en el final del poema en que ha cantado con sensual arrobamiento los dientes de una mujer, acomodados a la perfección en el acueducto infinitesimal de la encía, se detiene y, de pronto, pasando sin transición del madrigal erótico a la visión macabra, dice:

> Porque la tierra traba todo pulcro amuleto
> y tus dientes de ídolo han de quedarse mondos

De todos los poemas de Ramón López Velarde, tres de *Zozobra*: «La lágrima», «Hormigas», «Te honro en el espanto», ilustran mejor que los versos sueltos que he subrayado, esta afinidad de atmósfera, de obsesiones y aun de expresiones que López Velarde no fue a buscar, sino a reconocer como suyas en Baudelaire.

Influencias precisas han sido señaladas en la obra de Ramón López Velarde. Se ha hablado de Luis Carlos López. Con igual justicia puede hablarse de Julio Herrera y Reissig. Y con mayor exactitud de Leopoldo Lugones. Pienso que más que de una influencia de la poesía de Luis Carlos López en la de López Velarde, sería exacto señalar ciertas afinidades superficiales y de orden puramente temático. Estas afinidades aparecen sólo en *La sangre devota*, y conviene subrayar que el levísimo aire de familia lo da la provincia, semejante, si no igual en todas partes, en Colombia y en México. Pero el tono irónico y amargo, el relieve caricaturesco o satírico, no siempre limpiamente logrado en la poesía de Luis Carlos López, está ausente de la de López Velarde. Ciertas expresiones de Julio Herrera y Reissig y el uso de palabras rebuscadas hacen que algunos versos del uruguayo puedan ser confundidos, en una primera lectura, con otros de Ramón López Velarde. Pero el gusto –ese don que mantiene al poeta en equilibrio– es siempre mejor en el mexicano que en Herrera y Reissig, que, junto a indudables aciertos de expresión, coloca, sin parecer distinguirlos, verdaderos fracasos de su ambición por lograr imágenes inesperadas. Además, el amor a lo decorativo por lo decorativo, que es un vicio de la poesía «modernista», no aparece, por fortuna, en la poesía del mexicano López Velarde.

Una tentativa por alcanzar la expresión lugoniana le parecen a Antonio Castro Leal ciertos poemas de Ramón López Velarde. Hay mucha finura y verdad en esta observación, que ilustra citando unos versos de López Velarde:

Mi virtud de sentir se acoge a la divisa
del barómetro lúbrico que en su enagua violeta
los volubles matices de los climas sujeta
con una probidad instantánea y precisa

a los que es fácil añadir éstos en que habla de

los astros y el perímetro jovial de las mujeres,

el centelleo de tus zapatillas,

la llamarada de tu falda lúgubre,

el látigo incisivo de tus cejas.

Y aun otros en que el Lugones del *Lunario sentimental* hace acto de presencia:

> Obesidad de aquellas lunas que iban
> rodando, dormilonas y coquetas,
> por un absorto azul
> sobre los árboles de las banquetas.

En realidad, tanto como una influencia patente en ciertos efectos de técnica aprendida en la magnífica escuela del *Lunario sentimental*, y en la intención de dar, por los medios menos usuales, en el blanco, es un ejemplo para Ramón López Velarde la poesía de Lugones. Lugones era, para nuestro poeta, «el más excelso, el más hondo poeta de habla castellana». «La reducción de la vida sentimental a ecuaciones psicológicas –reducción intentada por Góngora– ha sido consumada por Lugones», escribía López Velarde en un artículo en el que, también, habla con mucha lucidez del papel que representa el sentido crítico en la creación poética. «El sistema poético se ha convertido en sistema crítico», decía. Mejor juez de sí mismo que de los demás, la predilección de López Velarde por Lugones es inteligente y revela y afirma, además, su temperamento frente al del poeta argentino. Las palabras que acerca del lugar común escribió Lugones en el prólogo del *Lunario sentimental* parecen no haber sido olvidadas jamás por Ramón López Velarde.

Pero tal vez no sea preciso ir a buscar la clave psicológica de la composición poética en Ramón López Velarde más allá de la pasión atenta que ponía en alcanzar imágenes inesperadas, relaciones sutiles y al mismo tiempo precisas entre los seres y las cosas. Idéntica pasión ponía en odiar, como al peor enemigo, el lugar común, la expresión borrosa y gastada, moneda que pasa de mano en mano sin dejar ni permitir una huella, lisa y convencional, sin otro valor que cl quc lc asigna la costumbre.

De buena gana habría creado todo un lenguaje para su uso personal, como dicen que parece haber sido el propósito de Góngora, a quien amaba con pasión. Pero dar nuevos nombres a las cosas lo habría confinado en el círculo de la razón perfecta; es decir, en el círculo de la locura. Como a todo buen poeta, le quedaba el recurso de hacer pasar los nombres por la prueba de fuego del adjetivo: de ella salían vueltos a crear, con la forma inusitada, diferente, que pretendía y muy a menudo alcanzaba a darles. Recobrando una facultad paradisíaca, diose, como Adán o como Linneo, a nombrar las cosas, adjetivándolas de modo que en sus manos los párpados son los «párpados narcóticos»; la cintura, «la música cintura», y el camino, «el camino rubí». Fue así como se convirtió en el creador, en el inventor de expresiones, de «flores inauditas».

A través de toda la obra de Ramón López Velarde, desde las páginas de *La sangre devota* hasta los poemas que formaron *El son del corazón*, la presencia de la Biblia se hace sentir. Mas no como una fuente de imagénes decorativas –a las que los poetas llamados modernistas fueron tan afectos–, sino como un alimento indispensable para la nutrición del espíritu y para la expresión de su personalidad.

Como un cuerpo abrazado estrechamente al suyo, la llevó a través de toda su vida poética, no como un botín de guerra ni como una romántica carga, sino como un cuerpo al que, a fuerza de amarlo, llegara a no distinguirlo del suyo propio.

La mitología cristiana no le sirve, como la mitología greco-latina a Góngora para hacer más culta y ornamentada su poesía, sino para hacerla más sincera, como si formara parte de una vida vivida o al menos deseada por Ramón López Velarde.

Cuando en un poema de *La sangre devota* quiere quedarse a dormir en la almohada de los brazos de seda de una mujer, nuestro poeta confiesa ingenuamente que es

> para ver, en la noche ilusionada,
> la Escala de Jacob llena de ensueños.

Las mujeres que pasan por sus poemas tienen nombres bíblicos: Ruth, Rebeca, Sara. A esta última la encuentra ya no pérfida como la onda, sino flexible «como la honda de David».

En un curioso *ritornello*, en varias poesías aparece el nombre de Sión. A veces le pide a una mujer que lo lleve a Sión de la mano; otras, queda desolado al ver que las mujeres que van rumbo a Sión lo abandonan. También se asoma al pecho de una mujer y lo halla «claro de Purgatorio y de Sión».

Hubiera querido ser uno de los reyes de Israel, cuando el miedo –que en López Velarde tiene caracteres de obsesión– de llegar a la hora «reseca e impotente de la vejez» lo asalta. Clama entonces porque no le falte la tibieza de la compañía de la mujer providente

> con los reyes caducos que ligaban las hoces
> de Israel, y cantaban
> en salmos, y dormían sobre pieles feroces

Halla, sobre todo en el Antiguo Testamento, el zumo concentrado de las vidas que son a un tiempo salud, religiosidad, alegría y deleite y que le darán, no la embriaguez innoble de Noé, sino la embriaguez perfecta de la lucidez.

Así, desde las alusiones paradisíacas, cuando se confiesa:

> Alerta al violín
> del querubín
> y susceptible al
> manzano terrenal

o cuando quisiera con una lágrima de gratitud «salar el paraíso», hasta el curioso cuadro, que hace pensar en una adorable composición de El Bosco, en que se imagina en la Tebaida bajo un vuelo de cuervos:

El cuervo legendario que nutre al cenobita
vuela por mi Tebaida sin dejarme su pan,
otro cuervo transporta una flor inaudita,
otro lleva en el pico a la mujer de Adán,
y, sin verme siquiera, los tres cuervos se van.

Las cuarenta noches del Diluvio dejaron en López Velarde una impresión que aparece en sus poemas convertida en alusiones o en imágenes referidas a un estado de ánimo personal:

Ya mi lluvia es diluvio, y no miraré el rayo
del sol sobre mi arca, porque ha de quedar roto
mi corazón la noche cuadragésima.

O bien:

Ámbar, canela, harina y nube
que en mi carne al tener sus mimos,
se eslabonan con el efluvio
que ata los náufragos racimos
sobre las crestas del Diluvio.

Otra vez no es el Génesis, sino el Éxodo. La plasticidad y el misterio de la cortina de humo y de fuego que servía de guía a Moisés y a los israelitas al salir de Egipto reaparece con igual misterio y con singular intimidad cuando dice a una mujer:

Tu tiniebla
guiaba mis latidos, cual guiaba
la columna de fuego al israelita.

Y luego, el libro de los Números, con el precioso mito de las doce tribus, le sirve para comparar los dientes de una mujer con el maná

con que sacia su hambre y su retina
la docena de tribus que en tu voz se fascina.

Menos que el Antiguo, el Nuevo Testamento le sirve para alcanzar plenamente la expresión de sus particulares y angustiadas voces. No obstante, cuando imagina un retorno, un retorno maléfico a su pueblo, piensa en el hijo pródigo de la parábola contada por San Mateo, que regresa, ahora, a un pueblo mexicano, despedazado por la metralla de la guerra civil:

Y la fusilería grabó, en la cal
de todas las paredes
de la aldea espectral,
negros y aciagos mapas,
porque en ellos leyera el hijo pródigo
al volver a su umbral,
en un anochecer de maleficio,
a la luz de petróleo de una mecha,
su esperanza deshecha.

Y al cantar a las provincianas mártires, revive, en una anécdota de su pueblo natal, la crueldad de Herodes diciendo:

Gime también esta epopeya, escrita
a golpes de inocencia, cuando Herodes
a un niño de mi pueblo decapita.

Su primera vocación de seminarista no está ausente de este amor a la Biblia que, amada en el amado transformada, ni las más profanas aventuras de los sentidos lograrían arrancarle después.

La religión católica con sus misterios y la Iglesia Católica con sus oficios, símbolos y útiles, sirven a Ramón López Velarde para alcanzar la expresión de sus íntimas y secretas intuiciones. Su vocación de seminarista se halla, como en el caso de la Biblia, presente en este conocimiento preciso de la forma que la Iglesia ha aprobado para celebrar los oficios divinos. Pronto se advierte en su poesía una familiaridad con objetos y símbolos que está muy lejos de ser rebuscada. Además, la obsesión intensa de ciertas atmósferas donde se mezcla la riqueza de los ornamentos y su contrario: la miseria de la grey astrosa que asiste, no a las catedrales magníficas, sino a las oscuras y miserables iglesias.

Una estrofa de un poema de *Zozobra* nos da la clave de sus preferencias:

Mi espíritu es un paño de ánimas, un paño
de ánimas de iglesia siempre menesterosa;
es un paño de ánimas goteado de cera,
hollado y roto por la grey astrosa,

descubriendo la correspondencia entre el drama de su espíritu y el que parece alentar –y alienta– en los recintos en que la religión de Cristo representa, como en un misterioso teatro, sus oficios y recibe, como espectadores y actores a un solo tiempo, a sus fieles.

Y más aún: Ramón López Velarde parece no estar conforme al comparar su espíritu con un paño de ánimas; necesita, para ser exacto, que el paño de ánimas se halle manchado, hollado, roto; necesita añadir estos epítetos para hacer más palpable su miseria. De igual modo, cuando se compara con una nave de parroquia, se apresura a añadir: «de parroquia en penuria».

La pasión de Cristo es también su pasión. Su alma es el vinagre; su dolor, una ofrenda, y Cristo no es el Cristo de todos, sino el suyo:

> Mas hoy es un vinagre
> mi alma, y mi ecuménico dolor un holocausto
> que en el desierto humea.
> Mi Cristo ante la esponja de las hieles, jadea
> con la árida agonía de un corazón exhausto.

El vinagre, la esponja, las hieles y también los clavos y las espinas de la pasión de Cristo son también instrumentos de su pasión eterna, que es la pasión amorosa.

Óleos, cíngulos, custodias y cirios aparecen en sus poemas con particular e íntimo significado. Y aun en los accidentes del paisaje exterior y en sus transformaciones encuentra una relación poética con los objetos litúrgicos. Es así como halla:

> La estola de violetas en los hombros del Alba,
> el cíngulo morado de los atardeceres.

Las llamas del purgatorio y del infierno de la mitología cristiana asoman sus lenguas de fuego en la poesía de López Velarde como en los cuadros de ánimas de las iglesias. Y aun en la boca de una mujer reaparecen:

> Tu boca, en la que la lengua vibra asomada al mundo
> como réproba llama saliéndose de un horno.

Y de su corazón nos dice:

> Yo lo lanzara un día como lengua de fuego
> que se saca de un ínfimo purgatorio a la luz.

Otras veces la poesía de la Salve, que es para Ramón López Velarde un óleo y una fuente, lo hace temblar con un temblor infantil.

Y así, en interminable teoría, sacramentos y misterios de la religión cristiana le sirven para hacer más expresivos los estados de un alma en que, con temperamento erótico, se abraza, indistintamente, de la mujer y de la religión. «Una virgen fue mi catecismo», confiesa en *El son del corazón.* Y en el mismo libro:

Dios, que me ve que sin mujer no atino
en lo pequeño ni en lo grande, diome
de ángel guardián un ángel femenino.

Y así como a la religión misma la impregna de un sentido erótico, todo cuanto mira y toca, aun lo más inerte, se humaniza y estremece al menor contacto con el poeta:

En mi vida feliz no hubo cosa
de cristal, terracota o madera,
que, abrazada por mí, no tuviera
movimientos humanos de esposa.

Expresada con lucidez extraordinaria, escondida en una de las páginas de *El minutero,* hallamos la conciencia de este modo singular de ser: «Nada puedo entender ni sentir sino a través de la mujer. De aquí que a las mismas cuestiones abstractas me llegue con temperamento erótico.» Hasta la muerte lo acompañó el temperamento erótico, que, como su poesía, no conoció decadencia ni ocaso, porque –consecuente con su propia profecía– su sed de amor fue como una argolla empotrada en la losa de su tumba.

En la poesía mexicana, la obra de Ramón López Velarde es, hasta ahora, la más intensa, la más atrevida tentativa de revelar el alma oculta de un hombre; de poner a flote las más sumergidas e inasibles angustia; de expresar los más vivos tormentos y las recónditas zozobras del espíritu ante los llamados del erotismo, de la religiosidad y de la muerte.

LA SUAVE PATRIA DE LÓPEZ VELARDE*

Francisco Monterde

Sin intentar la explicación que espíritus curiosos reclaman desde opuestos puntos cardinales, se traza este comentario sobre el molde y el contenido, el cómo y el porqué de los últimos versos que pudo concluir López Velarde: *La suave Patria.*

Debe recuperar el poema su título y forma originales, que habían modificado, en libros y periódicos, tipógrafos indolentes.

Una de las vicisitudes sufridas, no de las menores, consistió en la amputación de la palabra inicial del título, que era y debe ser, completo, *La suave Patria;* con artículo determinado, porque se trata en él de esta patria: *la Patria.* Así lo publicó la revista *El Maestro,* en el número correspondiente al mes en que murió el poeta: junio de 1921.

Plan y forma del poema

Con la iniciación, el proemio, declara en primera persona, de modo romántico -esto es, todavía fuera de lo objetivo-, que abandona la lírica, por una épica mesurada. Adopta el verso heroico, en el que se toma alguna libertad al distribuir los acentos rítmicos. Tras la afirmación del enunciado, la invocación se sitúa en lo épico; mas al dividir el poema en tres partes, prefiere la terminología del dramaturgo: dos actos y un intermedio, retrospectivo, a manera de pausa.

En el primer acto, nuevo Adán, hace el descubrimiento de la Patria; topografía y orografía elementales: pastora y minera, tentada por la industria. Las horas en la ciudad vuelan, cortesanas; en la provincia, caen lentamente. El territorio mutilado, vestido con decoro en su pobreza, es muy amplio aún: el ferrocarril, que parece de juguetería, sugiere un viaje simultáneo por el espacio

* «Comentario final» a R L V, *La suave Patria,* Ediciones en gran formato, con grabados en madera de Julio Brielo, Imprenta Universitaria, México, 1944; edición facsimilar, 1988.

y el tiempo. En las estaciones, mirada de mestiza; en la adolescencia, la novia, los fuegos de artificio. Policromía y tórrida abundancia; fauna y flora. El brío de la raza. Barro que tiene, vacío, sonoridad de plata. El terruño; madrugada en calles limpias, olorosas a pan. Música y dulces: regalos para el gusto. Cielo claro, de pronto ensombrecido por el temporal. Paréntesis de metereología barroca: pasado, porvenir y presente.

Intermedio. Cuauhtémoc el héroe: punto de intersección y alianza, al encontrarse dos civilizaciones; efigie de numismática. Estampa de su captura. Llanto de los dioses caídos.

En la última parte, elogia a la Patria en las mujeres mexicanas. Mito y verdad. Pudor, honra, abnegación diaria, lujo humilde. Imprevisión y penuria. La grandeza del Palacio Nacional y la del país; ambos, de infantil estatura. En la escasez y los combates, el amparo de San Felipe de Jesús y su higuera milagrosa. Quiere raptar, con escándalo, a la Patria; de entrañas acogedoras para lo que sepulta en ellas, brinda frescura en el verano, tibieza en el invierno. Pasión y peligro: muerte del alma y del estilo patrios. Consejo: persistencia, fidelidad; dichoso cultivo de la tierra.

Génesis

Ante la precipitada huida del país hacia el futuro, el poeta que se formó en medio de la tranquilidad provinciana: Zacatecas, Aguascalientes, San Luis Potosí, toma el pulso a la Patria en la «vasta contradicción» de su capital, y medita –romántico desplazado en tránsito hacia el simbolismo– su poema que, como lo mejor de nuestra literatura, es fruto de nostalgia.

Contemporáneos del autor, percibimos totalmente el mensaje; pero sus metáforas y reminiscencias ya intrigan a los extraños: mañana, cada frase requerirá una exégesis, aunque no se realice la desvinculación, el presentimiento de López Velarde.

Quien sepa de las lecturas de novelistas galos –fraternalmente compartidas con Enrique Fernández Ledesma–, advertirá, desde luego, que el poeta civil recuerda una página de Barbey d'Aurevilly, cuando habla del correo de los chuanes: toque de exotismo, singular en el postmodernista.

Aludido con recato, México está presente, con las fabulosas riquezas de suelo y subsuelo; ciudad y campo, alternados.

Este último suscita en él añoranzas; de su madurez, el poeta retrocede a la juventud –profundidad y aristas del paisaje zacatecano, cantadoras de la feria de San Marcos, grave cuaresma potosina– y a la infancia: Jerez, verde alivio en el árido terreno; calles rectas; casas –a veces góticas miniaturas– ufanas de sus decorativas pajareras…

Conexiones

Esto es lo accesorio: detalles del cuadro; lo medular está en la naturaleza persistente. Por ello, el poema de López Velarde emparenta con los de Landívar y Heredia, que iniciaron la descripción poética de la patria mexicana. Un parentesco hispanoamericano lo liga también con Bello, por el consejo final, advertencia prudente en que muestra a la Patria el camino de la ventura: el destino agrícola –igual que el poeta de las geórgicas americanas lo señaló a sus conterráneos un siglo antes.

Otros lazos continentales se explican por tendencias convergentes, dentro de la estela del modernismo: en viaje de regreso hacia lo autóctono, pasado el deslumbramiento de lo extraño, descubre López Velarde la «novedad de la Patria»; le ha orientado Leopoldo Lugones –el de las *Odas seculares*–, desde la Argentina. El lírico, en épico trance –hay que anotar el discreto precedente de Silva, en Caracas–, resuelve el tema con desinterés y hondura insuperables.

El momento en que cuajó el poema –proximidad de dos centenarios: el de la caída de Tenochtitlán, con la prisión de Cuauhtémoc (1521) y el de la consumación de la Independencia (1821); año de 1921: revisión y revelación; mexicanidad en crisis– aclara sus características. El nacionalismo, avivado, llevaba a la exploración de temas locales, para echar los cimientos artísticos de lo propio –no por simple reacción regionalista, como acontece en el post-romanticismo hispano. Entre ajenos fracasos, con fina sensibilidad, López Velarde eleva los giros familiares a la categoría de experiencias poéticas; ennoblece lo típico, que sólo había sido antes materia de versos cotidianos, en «Fidel» y quienes cantaron lo popular con tono apenas diferenciado, sin relieve que permitiera distinguir los romances costumbristas de unos y otros.

Hallazgos

Las sorpresas, los hallazgos barrocos de *La suave Patria* tienen algo de la plástica finisecular, con su leve humorismo involuntario, que halló López Velarde –nexo entre la capital y las ciudades del interior– en recargadas esculturas de residencias presuntuosas. Como los contrastados óleos que vio en su mocedad, en galerías olvidadas, aquéllas influyeron, vagamente, en la elaboración de sus imágenes. Lo demás –que no es lo de menos–, lo mismo que en todo poeta, corresponde a su personal manera de reaccionar estimulado por las sensaciones; proviene de la actitud que adoptó ante la vida, como abogado y burócrata, un tanto escéptico, mas sin perder la fe heredada.

Por el camino de la estilización heroica, llega a la interpretación de la Patria

–cuya novedad reveló en prosa que es antecedente del canto–; de la Patria íntima, suya y nuestra: *la suave Patria.*

En desacuerdo con tal epíteto, se concibió una réplica, para buscar la explicación de la Patria por el rumbo de las asperezas; mas al escribir se olvidó el instante en que los versos pasaron de la reflexión a las rimas: la tregua tras un decenio de violencia desatada entre hermanos, a cuyas consecuencias alude. Precisamente porque había sido, hasta entonces, dura la Patria, para muchos de sus hijos, él la suaviza esperando; no ignora la dureza –la palpó, mas la olvida, consciente–, y anulado lo efímero, confía en la continuidad de la tradición, en lo perdurable.

SISTEMA ARTERIAL DEL VOCABULARIO*

Arturo Rivas Sáinz

Aseguramos que el símil y sobre todo la metáfora son una especie de definición, porque ambos circunscriben y delimitan aquella sola faceta de las cosas, que se requiere en una construcción poética:

El mundo poético metafórico consta de dos hemisferios. Ambos se componen de las coordenadas comunes; pero, generalmente, uno de aquéllos está hecho de objetos simplemente poetizables, mientras que el otro se compone de objetos poetizantes. En el primer hemisferio caben todos los seres; en el segundo nomás los seres bellos –o los seres preferidos–.

La poetización metafórica, por tanto, consiste en actualizar la potencia poética de lo puramente poetizable, por su identificación con lo que ya es bello en acto. Tal identificación se realiza en la metáfora –meta, fora– que es precisamente translación, en este caso a la belleza.

Por ejemplo: los dientes pertenecen al hemisferio poetizable; el granizo y la espuma, en las predilecciones de López Velarde, a la zona de lo bello. Transportar los dientes a la espuma o al granizo, es poetizarlos –«dientes, cónclave de granizo, cortejo de espumas...»–.

Pero eso no sólo es poetización; sino también definición: en primer lugar se definen recíprocamente los extremos metafóricos –«granizo» determina a «dientes»; éstos determinan, precisan y ajustan a «granizo»–. No se trata ya de cualquier espuma; sino de la espuma dental, de los dientes, de la espuma que es los dientes. No se trata de cualesquiera dientes; sino de los dientes graníceos, que por su blancura y menudez, parecen granizos, vienen pareciendo granizos desde los romances. En segundo lugar, se define el nuevo ente poético que resultó de la fusión. Los extremos, al tocarse, encierran su entidad en un círculo cerrado y unitario, que es como la limitación, la definición del nuevo ser.

En esta definición que es la metáfora, aunque no con rigor lógico, podríamos ver, en el término substantivo, la equivalencia de lo genérico y, en el

* *El concepto de la zozobra,* Guadalajara, Jalisco, EOS, 1944.

término adjetivo, la de lo específico –género próximo, los dientes; diferencia específica, la espuma–.

Mas ¿qué clase de exactitud podría exigirse de estas definiciones metafóricas? Seguramente, sólo una exactitud poética, es decir, no una conformidad del entendimiento con la cosa; sino sencillamente una conformidad de la cosa con la imaginación, con la intención o con las preferencias.

Con las preferencias, porque aquellos dos hemisferios no están natural y fatalmente divididos, sino que se separan por el ecuador del gusto especial y distinto de cada poeta. Éste queda, por tanto, definido en sus metáforas, porque, aunque el término-base metafórico puede ser cualquier brizna de la realidad, el término metafórico arquitectural tiene que ser escogido por el creador, que de ese modo delimita y amojona lo boreal y lo austral de sus predilecciones.

El examen de las metáforas velardeanas, por tanto, puede llevarnos al advertimiento de su mundo predilecto: al de las cosas que integran la zona tórrida de sus preferencias, a donde el poeta traslada los seres de su ordinaria circunstancia y donde, de cierta manera, los transforma. Porque la metáfora es también metamorfosis, trueque de realidad real en realidades preferidas, poéticas.

La realidad real es la mitad substantiva de la metáfora; la preferida es la parte adjetival. Aquélla es el ser; ésta, el modo de ser. Por tanto, en la metáfora se verifica una suerte de adjetivación; pero difiere de la adjetivación ordinaria en que no conforma la substancia, determinándola o calificándola; sino primeramente deformándola y en seguida transformándola.

El procedimiento metafórico tiene, por tanto, tres instancias: la primera es símil, o mejor dicho, la comparación, que no siempre exige semejanza –los dientes son como el granizo–; la segunda es la deformación –los dientes son de granizo–; la tercera es la metamorfosis o transformación –los dientes son granizo–.

Estas tres etapas o instancias son absolutamente necesarias, pues no se da metáfora sin previa, aunque a menudo inconsciente comparación, ni puede haber transformación sin deformación previa. Las dos primeras instancias son las que mejor limitan y separan las mitades metafóricas, pues una vez realizada la transformación, nada queda ya del mundo natural. La materia inicial sobrevive solamente en la posibilidad del análisis; pero no como aislada y señera realidad. Sin embargo, basta esa virtual existencia de los elementos tropológicos, para que uno de ellos, substancial, quede limitado y circunscrito, es decir, adjetivado por el otro.

La metáfora, impura, es un compuesto corruptible y por tanto siempre dispuesto a la descomposición y autonomía de sus partes. Analicemos algunas, velardeanas, cogidas al azar, ya que sería imposible examinarlas todas:

LO CORPÓREO				
	TÉRMINOS SUSTANTIVOS	TÉRMINOS ADJETIVOS		
		SENSUALES	AFECTIVOS	SIMBÓLICOS
(a)	cuerpo	vaso	quebradizo	
	rostro	alcázar		
	garganta	blancura	sufrida	
	cejas	andamios		
	dientes	granizos		
		espumas		
		litoral		
	encías	arcadas	sigilosas	
	corazón	disco	sangriento	
	LO ESPIRITUAL			
(b, 1)	espíritu			paño de ánimas
	conciencia			ciprés
	tú			
	yo	epístola	moribunda	
	alma	nave	en penuria	vinagre
(b, 2)	amor			argolla empotrada en la loza de una tumba
	fatiga		cáncer	
	LO OBJETIVO			
(c)	temporal	humo		
	esfera celeste	incendio sinfónico		
	violetas		misantropía	
	ondulación del agua	estrofa concéntrica		
	pozo	pupila líquida		

Según el cuadro anterior, la materia poetizable del mundo velardeano está constituida: a) por las cosas del cuerpo; b) por las del espíritu y c) por las del mundo real objetivo. Mas la deformación de esas cosas se verifica proyectándolas hacia el mundo poetizante sensual –espuma, granizo, alcázar, blancura, humor, incendio, pupila, estrofa, etc.–; de lo afectivo –quebradizo, sufrido, sangriento, moribundo, misantropía, etc.–; de los simbólico –paño de ánimas, ciprés, vinagre, epístola, nave de parroquia, argolla, empotrada, cáncer–.

Lo sensual, lo afectivo y lo simbólico son, consiguientemente, las diferencias específicas que completa la definición de López Velarde y su poesía. Lo sensual se resuelve en música, en aroma y en color, principalmente; lo afectivo en angustia y en zozobra; lo simbólico en expresión de signos-imágenes de los mismos estados afectivos.

Existen dos clases de simbolismos: uno de sugerencia, que dio nombre a una escuela literaria y otro de signo. El primero hace resaltar el valor numérico y pitagórico, rítmico y melódico del verso, aprovechando sus virtudes musicales. Como el impresionismo pictórico, con quien ha sido justamente comparado, atiende más a los aspectos accidentales de las cosas, que a su objetividad sustantiva. Para ambas tendencias vale más que el ser, el modo de ser, la impresión sensual que penetra y envuelve los objetos. Más que éstos mismos valen los huecos que se dan a menudo entre ellos y que llegan a ser el verdadero motivo del cuadro o del poema, como si los sentidos, descarriados, se engolosinaran mejor en los accidentes del vacío, igual que sucede en esas pinturas de Dalí, en que los contornos de las figuras se convierten en contornos de huecos figurados, o como en los cuadros de Monet, que más parecen expresión de los «pasajes», que de las mismas cosas. Un poco de ese simbolismo sugerente, aunque en forma *sui generis,* se advierte en la lírica de López Velarde:

1, por los estados de ánimo que, aun sin grandes recursos musicales, sugiere en sus poemas; por la transformación de las situaciones espirituales en paisajes; pero sobre todo:

2, por esa frecuente preferencia de lo accidental, que abstrae del campo poético la substancia, dejando solas la relación y el accidente:

1) Fuera de mí, la lluvia; dentro de mí el clamor
cavernoso y creciente de un salmista;
mi conciencia, mojada por el hisopo, es un
ciprés que en una huerta conventual se contrista.

2,a) Águeda era
(luto, pupilas verdes y mejillas
rubicundas) un cesto policromo
de manzanas y uvas
en el ébano de un armario añoso

2,b) y ella era un boceto
lánguido: unos pendientes
de ámbar, y un jazmín
en el pelo.

En el primer ejemplo queda simbolizada una estación anímica, en la translación de una eclíptica en que se confunden lo interior y lo exterior, lo subjetivo y lo objetivo.

En el segundo –a) y b)– dos mujeres quedan reducidas a luz y color, como en los cuadros de Renoir, aunque aquí, también a perfume, sabor y suavidad. Y esto, aunque parezca raro, es también rigor y exactitud: color y luz representan cosas y las espejan. Son sus imágenes; son sus signos; son sus símbolos.

No puede, pues, pensarse que López Velarde se descarría de su «moral de la simetría» y de la exactitud, aunque el impresionismo pictórico y el simbolismo literario sean aparentemente expresión de vaguedades. Porque la exactitud que puede exigirse a la manifestación de lo vago y nebuloso tiene que ser una precisión de lo impreciso. Expresar imprecisamente lo impreciso, ahora bien, es precisión.

La otra forma de simbolismo es la del nombre que, por un doble juego de inclusión y exclusión de significado, es despojado de su significación ordinaria, para convertirse en el signo de otra cosa inusitada: las «hormigas», por ejemplo, pierden su sentido entomológico, para convertirse en el bullicioso hervor de la sangre; la «harina», sinecdóquicamente, es tomada por el pan que, a su vez, simboliza el doble trofeo de los labios y los senos; el «paño de ánimas» deja de serlo, para trocarse en la imagen-signo del espíritu... Así, las cosas van poco a poco introduciéndose en el sueño, en la poesía.

3.–En la adjetivación de López Velarde hay, cuando menos, dos señales de rigor: una, la variedad y frecuencia de sus alusiones matemáticas. Muchas de éstas no son adjetivos en el sentido gramático, pero adjetivan la obra en general, sugiriendo una intensión de exactitud –estrofa concéntrica, carrera logarítmica, perímetro jovial, acueducto infinitesimal, cuerda, ejemplar, rítmica cintura, tangente dócil, muchachita hemisférica, guarismo, total, periférico, central...–. La otra señal es la determinación de las cosas por su característica más sutil, por la nota delicada que pasa desapercibida para la percepción vulgar. La percepción se hace, en nuestro poeta, al través de una microscópica sensibilidad –como explicaremos más adelante–.

Resulta de lo anterior que, en nuestro poeta, todos los adjetivos o expresiones adjetivadas son determinativos, pues aun cuando expresan la cualidad, lo hacen para la plena identificación de la substancia, que es verde, suave o fragante, no porque tenga esos accidentes simplemente; sino porque necesita diferenciarse de las otras. Ésa es la causa de que estos adjetivos no tengan la fungiente movilidad de los de Alberti, a veces, de los de Neruda. De cuando en cuando sin embargo, sucede que uno de ellos, resbalándose, vaya a parar en una substancia ajena:

a) Un encono de hormigas en mis venas voraces

b) Mas contemplo en tu rostro
la redecilla de medrosas venas
como una azul sospecha
de pasión, y campo de trigo en que latiera
una misantropía de violetas.

c) ¡Y todavía, dentro
de mi alma, hay un gozo
fluido, de mujer madrugadora
que riega su ventana y la decora!

d) Plaza de Armas, plaza
de musicales nidos

Lo voraz, en el primer ejemplo, pertenece lógicamente a las hormigas; pero, como «hormigas» se ha identificado con «sangre» y sangre, por una sinécdoque, equivale a venas, resulta que «venas» y «hormigas» están poéticamente identificadas y que, por tanto, la adjetivación que pertenece a aquéllas, también a éstas pertenece. Por esa misma razón podría decirse «hormigas azules», pues las venas lo son.

En el segundo ejemplo, por un trueque original y fantástico, «venas» y «sospechas» se cambian adjetivos: la redecilla venosa da su azul a la sospecha y ésta entrega los peces de la medrosidad en la red azulenca de las venas.

En el tercer ejemplo, la fluidez del agua, simplemente sugerida, se translada al gozo. En el último, lo musical de los pájaros musicaliza los propios nidos, en un juego psicológico de poéticos transportes.

El procedimiento anterior, con todo, es excepcional: las notas que se añaden a los seres en esta poesía son casi siempre deslindes y determinaciones. No numerales, posesivas o demostrativas, en el sentido técnico; sino poéticamente determinativas. Adjetivos macizos y enteros, aun cuando se refieren a lo vagoroso y nublo.

LA TEMÁTICA VELARDEANA*

Luis Noyola Vázquez

No encuentro de momento mejor ubicación previa del poeta entre los convergentes enfoques de sus críticos, que esta instantánea de Eduardo Colín: «...No es el autor del campo éste, ni del pueblo, en realidad –donde está lo más vernáculo–, sino loa los poblados de provincia, las casonas señoriales (su tristeza es «reaccionaria», él mismo lo dice) y la clase media, la suya.»

En esta fase de su poesía está presente, cercana, la sombra de un poeta menor español, Andrés González Blanco, cuyos *Poemas de provincia,* muy inferiores sin duda a los excelentes logros del mexicano, le proporcionan un registro «gregoriano» a sus canciones[1].

Hay cierto paralelismo emocional en expresiones como éstas:

> Y pensar que en las tardes de verano
> no habrá quién te acompañe
> y que en estos crepúsculos poéticos
> cruzarás sola la desierta calle.
>
> ¡Y pensar que no encuentras
> un corazón rendido que te ame!...
> ¡Y pensar que, si a mí no me quisieses,
> murieras sin haber querido a nadie!...
>
> ANDRÉS GONZÁLEZ BLANCO
> («Poema X», p. 23)
>
> Y pensar que extraviamos
> la senda milagrosa...
> Y pensar que pudimos
> enlazar nuestras manos

---

* *Fuentes de Fuensanta. La ascensión de López Velarde,* México, Prólogo de Enrique González Martínez, Turangas del Valle, México, 1947, pp. 21-34 (fragmento).

[1] Andrés González Blanco, *Poemas de provincia,* Casa editora, Sucesores de Hernando, 1910.

y apurar en un beso
la comunión de fértiles veranos...
Y pensar que pudimos,
en una onda secreta
de embriaguez, deslizarnos,
valsando un vals sin fin, por el planeta

RAMÓN LÓPEZ VELARDE
(«Y pensar que pudimos»)

Puede advertirse ya, en el simple cotejo de la ortografía, que López Velarde atempera su emoción con una ecuanimidad nacional y que trasciende el tópico provinciano en alas de un afán dionisiaco y planetario.

Novenas de provincia
novenas
que amenguaban el tedio
de aquella población tan soñolienta!...
Y la lluvia caía
fuera
con un rumor de sílabas
de letanía lenta...

Dificultoso el tránsito
por las calles en cuesta...
Tintineo de lluvia;
conversaciones sueltas
de las niñas que en grupos
narraban sus tristezas;

(GONZÁLEZ BLANCO)

Podría prolongarse a cien o más el número de versos en que se glosa el vivir provinciano casi con el mismo léxico.

En las noches profanas
de novenario...
...estrados de señoritas sobre
la regada banqueta...
Altas
y bajas del terreno que son siempre
una broma pesada.
Tarde de lluvia en que se agravan
al par que una íntima tristeza

un desdén manso de las cosas
y una emoción sutil y contrita que reza.

(López Velarde)

Existe ciertamente esa analogía de la vida en provincia, «semejante, si no igual, en todas partes» como apunta Villaurrutia, desechando una probable concomitancia del poeta nuestro con el colombiano Luis Carlos López. Pero respecto de López Velarde y González Blanco, el asunto es bien distinto. No se trata sólo de coincidencia en parecidos temas provinciales. Es que el inventario lírico es el mismo: acervo litúrgico, *armoniums*, voces femeninas en el coro, lecciones de Eslava, campanadas del ferrocarril insomne.

Se llamaba Natalia. Tenía un sortilegio...

(González Blanco)

Llamábase María; vivía en un suburbio...

(López Velarde)

No pasaría de ahí el reflejo, si no hubiese otra más profunda transminación en la manera imprevista y novedosa de articular la metáfora, que en López Velarde es de una segura maestría, y en González Blanco es el balbuceo –o quizá sólo el buceo–, de una técnica todavía indecisa, pero ya orientada:

Y suena ese silbido de tus locomotoras,
que turban el silencio de la tarde serena
–voces de civilización dominadoras–
como el bramar de un tigre que aplasta una colmena.

(*Poemas de provincia*, LXXIII).

El libro de aquel «mozo leído» como se autotitulaba el poeta español, es inasimilable para nuestro gusto moderno (justamente 300 páginas compactas de versos, la mayor parte alejandrinos), e incluye «Las tardes en un convento», un «Itinerario poético» y «Los poemas eclesiásticos». Según el crítico chileno Armando Donoso, «es uno de los más bellos libros líricos de estos últimos años». Tal escribía en 1919, cuando apenas preludiaban Huidobro y Neruda sus acordes revolucionarios. Y agregaba que «no es propiamente el rasgo irónico sino la reminiscencia íntima, el tono familiar y despectivo (¿retrospectivo?) lo que caracteriza su obra con un sello especial e inconfundible».

La influencia de González Blanco fue transitoria, y sólo discernible en una pequeña parte de la obra de nuestro poeta. Simultáneamente le llegaron influencias de Rodenbach y Francis Jammes, traducidos con discreción por González Blanco. (Buena parte de la poesía hispanoamericana se resiente de la influencia de la traducción.) Ambos se encontraron circundados por el ambiente restringido de las ciudades provincianas, y no es extraño por ello que buscasen la evasión por la puerta falsa del adjetivo desusado, pedantesco a veces, como apostilla con acierto Jaime Torres Bodet, en una «Cercanía de López Velarde» que si no fuese por el exceso de sol europeo, pudo haber sido una fotografía perfecta. La circunscripción ahogadora del medio, trae consigo la desmesura en el ademán del poeta para poder adueñarse de la atención pública. «Así se justifica en López Velarde el sistemático esfuerzo de sustituir por el adjetivo grave, certero casi siempre, el esdrújulo, ampuloso y más o menos indefinible.» El poeta español abunda en giros que lo evidencian:

...Angostas callejuelas
laberínticas,
de aquella melancólica
capital de provincia
desoladamente burocrática
y levítica,
donde sólo estas fiestas eclesiásticas
el eterno fastidio distraían...

Esa válvula de escape del adjetivo, juntamente con la yuxtaposición de imágenes disímiles, son los aportes más directos del poeta español al mexicano.

Estación: eres como un sarcasmo humorístico
con tu extraña apariencia fabril y siderúrgica,
como un rostro de hermosa, antes radiante y místico,
que desfiguró una operación quirúrgica.

Y no es solamente la novedad «buscada», sino cierto diabolismo internacional, una suerte de regodeo macabro:

Y hay en ese fastuoso y enorme decorado
de tu retembladora y vasta marquesina
algo de aquel horror magnífico y sagrado
de un buitre estrangulando a una golondrina.

De cuya tendencia hay abundantes muestras en *Zozobra* y en *El son del corazón*, especialmente en poemas como «Te honro en el espanto», «Ánima adoratriz», «La lágrima», «La última odalisca», «El sueño de los guantes negros», etcétera.

La notación cronológica, tan usual en esos calendarios julianos del corrido popular («año de mil novecientos –en el quince que pasó– corrió el caballo mojino –una carrera veloz»), sufre la corrección gregoriana de los poetas cultos. Así precisa González Blanco una proyección sentimental personalísima:

¿Por qué extraño portento yo revivo mi vida
en esta serenata tantas veces oída,
que estaba en moda en 1850?

Mientras que López Velarde –más obediente al sentido de la vista que al de la audición– lee en el venero de «El viejo pozo»:

...su estrofa concéntrica en el agua
y que dio fe del ósculo primero
que por 1850 unió las bocas
de mi abuelo y mi abuela...

La fecha marca el hito miliar en ambos poetas. El nudo romántico. Pero en López Velarde, a fuerza de concreción, asume una severidad clásica:

No he buscado poder ni metal,
mas viví en una marcha nupcial.

González Blanco, es explícito, hasta orillar al trance anecdótico:

Yo no envidio las riquezas ni las púrpuras ducales
ni los labios mentirosos de las mustias cortesanas
ni los vastos territorios de los príncipes reales,
ni las joyas que se ostentan en las frentes soberanas.
Sólo envidio un episodio de mis tardes provincianas;
episodio que aún me impregna de aromas sentimentales,
haciéndome que recuerde unos labios conyugales
que besarán hoy los labios de un empleado de aduanas.

A veces coinciden en el predominio del oído y a los dos conturba la misma escoleta de voces femeniles:

Cómo recuerdo aquel coro en que alzaba
su voz dorada de impúber soprano,
bajo el compás de las misas de Eslava...

(GONZÁLEZ BLANCO)

De toda ti me viene
la melodiosa dádiva
que me brindó la escuela
parroquial, en una hora ya lejana,
en que unas voces núbiles
y lentas ensayaban,
en un solfeo cristalino y simple
una lección de Eslava.

(LÓPEZ VELARDE)

El aire y la lluvia, como conductores del fuego erótico del poeta (supletorios del acto posesivo y personeros de su presencia material), tienen un modo semejante de manifestarse. En González Blanco:

Cuando yo me haya ido de aquella población
acaso en una tarde lluviosa e invernal
sientas latir con ansia tu virgen corazón,
y quedes pensativa detrás de tu balcón.
Y en tanto que la noche silenciosa desciende
a esa hora en que el suave quinqué aún no se enciende
pensarás con ternura: –Fui amada de un poeta
que vino expresamente aquí a morir de amor.

Sin tanta reminiscencia personal, buscando en la tinta un fluido más eficaz que la palabra escrita, López Velarde vaticina:

...Ha de llegar un ventarrón
color de tinta, abriendo tu balcón.
Déjalo que trastorne tus papeles,
tus novenas, tus ropas, y que apague
la santidad de tus lámparas fieles...
Es que voy en la racha
a filtrarme en tu paz, buena muchacha.

Hay especialmente un poema, «No me condenes», en que la orientación general suscitada por el poeta hispano es indubitable. Las proximidades de la estación, las campanas de la salida de trenes, el quinqué y sus oscilaciones, la mecedora, el «acierto nativo», los «ojos inusitados», todo se asocia en la forma usual de los *Poemas de provincia*. A excepción de la intromisión de un gendarme y la traza del poeta, carente de bonhomía, detalles que con seguridad le vienen de la manera típica de «Samuel» (Luis G. Ledesma)[2].

---

[2] Poeta zacatecano autor de la *Musa festiva,* libro semejante a *Posturas difíciles,* de Luis Carlos López, y de más segura influencia que éste en López Velarde.

La memoria auditiva es peculiar y tensa en los dos poetas:

> Ilusión de los valses
> oídos en provincia
> en tardes de verano
> prolongadas y tibias;
> valses que me infiltraron
> deseos de otras vidas,
> llenas de los placeres
> que aún no conocía…
>
> (GONZÁLEZ BLANCO, XCIII)

> ¿Dónde estará la niña
> que en aquel lugarejo
> una noche de baile
> me habló de sus deseos
> de viajar, y me dijo
> su tedio?
>
> Gemía el vals por ella
> y ella era un boceto
> lánguido…
> Germían los violines
> en el torpe quinteto.
>
> (LÓPEZ VELARDE)

González Blanco hace deambular un sexteto de músicos ciegos y desafinar a una charanga municipal, y en achaque de repertorio habla de gavotas, arias, romanzas y consabidos valses.

> ¿Soñadora de formas núbiles, no te afecta
> esta romanza ingenua que, ya llore o ya ría,
> balbucea, gimiendo las cosas que algún día
> conmovieron tu alma, antes sencilla y quieta?

Es curioso cómo asocian los dos poetas la emoción de la música con la del viaje. Dice González Blanco:

> Viaje de novios: música romántica selecta.
> Qué raudal de impresiones en ti derramaría
> esta música llena de una melancolía,
> tan pasada de moda, pero aún tan perfecta.

Y López Velarde en la cuarteta ya citada:

Y pensar que pudimos,
en una onda secreta
de embriaguez, deslizarnos
valsando un vals sin fin por el planeta…

Pero no sólo en las sensaciones de amor está presente la música; idéntica propensión asociativa se observa cuando tratan de la muerte.

Cuando esté agónico y desfallecido,
y me sintáis ya próximo a morir,
recordarme aquel vals…

(GONZÁLEZ BLANCO, LIII)

Y que en sus manos, inundadas
de luz, mi vida quede rota
en un tiempo de gavota.

(LÓPEZ VELARDE, «Gavota»)

La concordancia en evocaciones musicales es manifiesta:

Música que suscita el recuerdo de un talle
abrazado una noche en baile callejero.

(GONZÁLEZ BLANCO)

Dónde estará la niña
que en aquel lugarejo
una noche de baile…

(LÓPEZ VELARDE)

Íntimamente asociada a la idea del baile y de la música preséntase en los dos cantores provinciales la idea de la moda. Véase cómo la coincidencia del atraso en el vestuario matiza la poesía de ambos:

Paso mis horas recordando las miradas
y el piano de aquellas muchachas invioladas
que pasaban las tardes mirando figurines
en una ilustración de modas atrasadas.

(GONZÁLEZ BLANCO, «Tardes en un convento», XIII)

...con sus modas pasadas
y sus luengos zarcillos
y su mirar somero
inmútanse a los brillos
de los escaparates de un joyero.

(LÓPEZ VELARDE, «Las desterradas»)

Pero el atuendo se atenúa en el peninsular en presencia de aquello que precede a la moda en orden de importancia (el amor por ejemplo, o la vida conyugal).

(Fuera, las otras vírgenes aún pasean sus modas
como ella las paseaba cuando aún era soltera:
frufrú de enaguas, cintas y lazos de los trajes...
Pero ahora ya sólo al prometido espera
para que bese, trémulo, sus pechos entre encajes...)

Mientras que en López Velarde acompaña inseparablemente a la mujer en todas las etapas de la vida.

...Creeré en ti, mientras una mexicana
en su tápalo lleve los dobleces
de la tienda, a las seis de la mañana,
y al estrenar su lujo, quede lleno
el país, del aroma del estreno.

(«La suave Patria»)

Y la nueva delicia, que acomoda
sus hipnotismos de color de tango
al figurín y al precio de la moda.

(«El son del corazón»)

...y el traje, el traje aquél, con que tu cuerpo
fue sepultado en el valle de México;
y el figurín aquél, de pardo género
que compraste en un viaje de recreo.

(«El sueño de los guantes negros»)

Ni en el dintel de lo desconocido abandona López Velarde la propensión de revestir a la mujer con los atavíos de la moda. Y es que en ello se descubre su familiaridad con la muerte, pero una familiaridad no refinada, a lo Huysmans, ni morbosa, a la manera de Baudelaire –con quien cierta crítica se empeña en buscarle analogías–, sino con la simple y diáfana familiaridad que peculiariza al mexicano, y que le viene de la infancia, en la que sus juguetes son ataúdes y sus golosinas calaveras de dulce.

(Tus entrañas no niegan un asilo
para el ave que el párvulo sepulta
en una caja de carretes de hilo...)

En un admirable poema, desafortunadamente trunco, una ignota viajera:

Se ata debajo de la calavera
las bridas del sombrero de pastora,

del propio modo que en un grabado de Posada.

Y en otro poema:

El enigma de amor se veló entero
en la prudencia de tus guantes negros.

En este sereno cotejo de dos poetas, me parece encontrar en su dispar sentido de la moda, la huella de sus diversas nacionalidades. El español habla de la moda en su claro sentido de ornamento de la beldad, de *mise en scene* de placeres carnales. Hay un poema íntegro, el XVII de su *Itinerario Poético,* que es simplemente una encendida loa del traje femenino, encubridor de encantos y gentilezas:

Crujido de las enaguas planchadas que me fascina;
medias caladas que calzan pies de mujer elegante;
entrevisto paraíso por entre la pierna fina;
demi mondaines tentadoras, atractivas e insinuantes.

López Velarde, a pesar de que según profirió Alfonso Cravioto en la oración fúnebre ante su tumba, «fue medularmente provinciano hasta lo *payo*», jamás se destorrentó por la vertiente de lo cursi, a la que se muestra muy proclive en su facundia erótica don Andrés González Blanco. Más parece convenir a este último el calificativo del crítico, un tanto apresurado en su apreciación, como dictada tal vez por el apremio de asistir a una ceremonia oficial. No obstante encuentro en tal pieza oratoria mucha mayor enjundia que en los sucesivos panegíricos de dos generaciones de literatos repetidores.

López Velarde fue siempre, en todo momento, «heroicamente refinado hasta lo delicuescente», como agregó de inmediato el sutil escritor ateneísta. De ahí su sentido finísimo de la moda, como vestidura de la muerte y velo de la inocencia. De ahí que en la humildad sedeña del rebozo, su olfato delicado, de que decía carecer, al igual que de la rima, percibiese los aromas de todas las edades.

RAMÓN LÓPEZ VELARDE, EL HOMBRE SOLO*

Alí Chumacero

Enemigo de dudas religiosas, pero amigo de tinieblas terrenales, fue Ramón López Velarde en sus íntimos procesos de creación poética. Una amarga soledad y una inconsolada penumbra en que destacan las figuras y los recuerdos que han de ayudar al dibujado dintorno de su poesía, renacen cotidianamente evocadas al correr de sus trabajos literarios. Su verso no fue regido sólo por insatisfacción, desilusión ante un mundo que ya hecho le resultó ajeno al mundo por él imaginado, sino que en la lucidez misma de su sentimiento, de donde arrancaba su poesía, López Velarde previó un desajuste que sólo podría ser salvado, desde la soledad en que se movió, con la presencia en carne y hueso de esa obsesiva compañera que, desde la muerte de Josefa de los Ríos –su inolvidable Fuensanta–, jamás cruzó el umbral de su imaginación. En tinieblas vivía el hombre, de manera que la «zozobra», prefigurada y presentida en su primer libro, proviene en su conciencia de la angustia de estar solo; más claramente, de la amargura de vivir sin mujer, incompleto, preso dentro de su desolación:

> Dios, que me ve que sin mujer no atino...

Porque en lo hondo de su espíritu la única compañía inseparable fue su propia soledad. De ahí que, cuando evoca la figura femenina, elogia algo que apenas podría manejar entre sus manos, habla casi siempre de una posibilidad, de una materia abatible por sus sentidos. La insatisfacción de sus originales deseos, la inviolable presencia de las doncellas que tanto recuerda y una muy precisa habilidad poética para ensalzar las formas agradables a sus ojos, cavaron en su alma el pozo que, entre lágrimas y rezos, fue su generoso compañero. De ningún poeta nuestro siento tan cerca ese privado responso que a sí mismo se designa el poeta jerezano.

* *El Hijo Pródigo*, nº 39, México, 15 de junio de 1946, pp. 145-148.

Si la sensualidad significa sufrimiento, en Ramón López Velarde se complica y a la vez se castiga por una aspiración religiosa que le veda emplear diversas expresiones que no sean las puramente poéticas. El florecimiento de esa vida sensual es disímil de la de Baudelaire, pues en éste correspondía en alguna forma al mundo que habitaba, en tanto que en Ramón López Velarde fue la hoguera que alimentó su propia fantasía. El súbito descubrimiento, o la revelación, de los dos signos del zodíaco que lo ordenan y desconciertan –el León y la Virgen– es la contradictoria convivencia que lo lleva hacia la «perseverancia sinónima de la vida». Lucha que habría de ser dominada por su inicial situación, tornándola a su ritmo normal, a ese impulso que llevaba al poeta a ser de nuevo el hombre cansado de esperar a la esposa que lo salvaría de su esterilidad. Al fin sus ímpetus se vuelven lágrimas y decepción. No hay ya el oleaje impelido por la fantasía, sino un desplome iluminado por las torpes vías de conocimiento que son los sentidos: «Hoy mi tristeza no es tumulto, sino profundidad. No tormenta cuyos riesgos puedan eludirse, sino despojo inviolable y permanente del naufragio... Y la lumbre sensual quema mi desamparo, y la sonrisa cálida del astro incendia las sábanas mortuorias, y el rayo fiel calienta la intimidad de mi ruina.»

Pocas veces puso en práctica aquello de que, en su verso, se sintió capaz. Religión o timidez, el caso es que sólo evocaba la resignada contemplación de lo que pudo haber sido, el recuerdo de castas mujeres, de vírgenes identificadas con la substancia de la provincia. No fue prolijo, en cambio, al describir la justa realización de aquello que su deseo le exigía:

A tu virtud, mi devoción es tanta

si mi voto es que vivas dentro de una
virginidad perenne y aromática

Prolóngase tu doncellez

Ante tanta amada virtud supo a menudo que su existencia era paralela a la de la exigida mujer que podría haber hecho de él un hombre diferente:

Dos péndulos distantes
que oscilan paralelos
en una misma bruma
de invierno.

Es el discreto lamento de un hombre que, a la postre, quedó solo. Aunábase todo en la vida para comprobar aquel verso suyo: «Y pensar que pudimos»... Tal era la conclusión a que llegaba este medroso y nuevo David provinciano: «Cobardemente clamo, desde el centro de mis intensidades corrosivas.»

Abrumada ante un nugatorio presente que le negaba la realización de sus aspiraciones, la poesía de Ramón López Velarde se soporta en un persistente añorar la infancia en su provincia. Era una de las posibles expresiones de su defensa, del abrigo de sus necesidades. Un mundo infantil, lleno de aromas y de ruidos, invade su poesía, cubriendo su desamparo y su desesperación. Es la contraluz de su verdadera vida, la que transcurre entre los mortales. Por ello, cuando proyecta una visión poética del mundo, concibe preferentemente doncellas, castidad, limpieza en las conciencias.

En *Zozobra* hay una vuelta a los recuerdos y a las leyendas que en su familia se contaban. Aflora en su poesía la imagen de algún pariente, llegan a la memoria las personas más cercanas y las sensaciones que en su vida infantil le habían dejado su gente y su pueblo. La mujer misma, vista a través de esos recuerdos, no significa –como en el concepto bíblico– el Mal que ha de derribarlo de su castidad, sino la provinciana homogénea del Bien. Encontramos, de paso, una diferencia de actitud con el poeta de *Las flores del mal.* Baudelaire llevó su experiencia hasta los últimos reductos del ser. Luego supimos que, también él, era católico. López Velarde, en cambio, dejó las preocupaciones metafísicas en manos de la Iglesia Católica. En los momentos más comprometidos, su resolución no expresa dudas: la vuelta, contrito y resignado, al Cristo en quien cree, no la hace por medio de los sentidos ni por intermediarios ningunos, sino hablando directamente, con el temor en los labios:

> Señor Dios Mío: no vayas
> a querer desfigurar
> mi pobre cuerpo, pasajero
> más que la espuma del mar,

Pero cuando baja los ojos y mira en torno, todo asolado y en tinieblas, entonces las figuras femeninas, la plaza de su pueblo, el lejano baile, su interno drama «sentimental y cómico», cualquier imagen que sea útil en el poema, está evocada con la sensación que lleva implícita el mérito de la bondad y la virtud de la limpieza corporal y espiritual. En esa salubridad de símbolos, la mujer –contenta «con el limpio daño de la virginidad»– no lo aleja de Dios, no es considerada su enemiga, sino sólo el medio más directo de comunicación con la tierra: «Yo sé que aquí han de sonreír cuantos me han censurado no tener otro tema que el femenino. Pero es que nada puede entenderse sino a través de la mujer.» Ella era, poéticamente, el cristal por el que veía los problemas de los hombres. Si Dios estaba salvaguardado por su religión, la mujer le prestaba fantasía para mirar las cuestiones humanas. Él mismo llegó a afirmar que, ante su vida de «árabe sin hurí», siente cómo «vive conmigo no sé qué mujer invisible y perfecta», tal si en sí mismo reconciliara esa ausencia que fue la mayor fatiga de su vida. Esa funesta fatiga que le hizo exclamar, dichosamente:

> ...soy árabe sin cuitas
> que siempre está de vuelta de la cruel continencia
> del desierto, y que en medio de un júbilo de huríes,
> las halla a toda bellas y a todas favoritas.

Como nota diferente de lo connatural a la poesía velardeana, en algunos versos de *Zozobra* se habla de placeres realizados. De aquello que en *La sangre devota* es sólo anuncio o deseo, en su segundo libro –y solamente en dos poemas– hallamos la velada confesión. Sin embargo, no abandona el característico tono sentimental, y la situación que continúa guardando frente a la vida sensual tampoco es muy variable. No es del todo claro lo que quiere expresar fatuamente cuando dice en el poema «Para el zenzontle impávido»: «Deploro su castidad reclusa y hasta le cedería uno de mis placeres.» En el fondo, el hombre no pudo jamás sobreponerse al poeta.

En diversas expresiones de la poesía de Ramón López Velarde prevalece el sentido de la vista. No quiero decir que sea una poesía de luz y de color la suya, ni mucho menos regocijada por las formas bellas que ahí cruzan, sino que para López Velarde el acto de ver fue la ventana por donde entraba lo que habría de remover sus tinieblas. Miró con deseo y en el mirar detuvo el vuelo de sus otros sentidos. Desde su «viudo oscilar» vio el mundo frente a sus ojos, y en él aquélla que hubiera querido fuera barro para su barro y azul para su cielo.

Miraba solamente, pues parecía que la mujer le estaba vedada, como si fuera algo ajeno a sus impulsos, a la decisión de su fantasía. De ahí se precipita el choque entre lo que su pensamiento le proporciona y la contradictoria realidad en que se ha de mover. El ambiente donde López Velarde creció no fue propicio a su mundo imaginativo: estuvo muy por debajo de sus dimensiones. Así lo provinciano, carácter temático de su espíritu, hecho entraña de su expresión poética, tuvo que ser por fuerza un signo dolorosamente casto. A la provincia recurrió como hijo pródigo que no encuentra nada de lo soñado. La ciudad, en las brumas de su conciencia, era desilusión. Así también, cuando presiente que el camino no ha sido recorrido con justicia por su pie –como en el último poema de *Zozobra*– habla de regresar a su pueblo a postrarse ante Cristo, arrepentido de su imaginación y dueño de la idéntica tristeza que desde antes de salir le acompañaba:

Todo está de rodillas
y en el polvo las frentes;
mi vida es la amapola
pasional, y su tallo
doblégase efusivo
para morir debajo de tus ruedas.

Así era López Velarde, ese resignado hombre que consideraba malsana la violencia. En el poema anterior relata cómo habría de llegar de hinojos ante ese nuevo mundo que hacía tantos años ocupaba su fantasía: el mundo de la provincia. Vería nuevamente «las rosas de la plaza, los aros de los niños y los flecos de seda de los tápalos» y el mundo original entraría virgen por sus ojos

Por los ojos, efectivamente, entraba el primer verso. Ellos fueron los supremos hacedores que iniciaron su tristeza:

Me impongo la costosa penitencia
de no mirarte en días y días, porque mis ojos,
cuando por fin te miren, se aneguen en tu esencia
como si naufragasen en un golfo de púrpura,
de melodía y de vehemencia.

Contemplándote, Amor, a través de una niebla

Al ver, con zozobra,
tus ojos...

En las postrimerías de su obra, es decir, de su vida misma –en el libro póstumo *El son del corazón*– se percibe un agotamiento expresivo que no reafirma la agilidad y la madurez de *Zozobra.* Había de ser «La suave Patria» (fechada el 24 de abril de 1921) el síntoma de un remozamiento en su poesía. Su soledad, sus problemas interiores, la plenitud de su angustia, cobraban por medio de ese gajo de epopeya una nueva virtud efusiva. Con todo, regresaba a uno de sus postulados originales: «Suave Patria; tú vales por el río de las virtudes de tu mujerío». En verdad este bello poema –compuesto con el gusto por la palabra y por la imagen– era un descanso para después volver, si la muerte no lo hubiera asaltado a tan temprana edad, a las tinieblas en que viajaba su vida de soltero. Existencia que en sí misma quemó lo más amargo de sus naves, estancadamente desesperada de no encontrar ese barro para su barro y aquel azul para su cielo. Porque «el soltero es el tigre que escribe ochos en el piso de la soledad. No retrocede ni avanza».

RAMÓN LÓPEZ VELARDE*

Carlos González Peña

Una evolución de la poesía mexicana la inicia Ramón López Velarde. Aunque cultivó con sello originalísimo la prosa, como de ello da fe su obra póstuma *El minutero,* fueron las musas su principal dedicación. Comenzó por aportar a la lírica el tema regional, la nota provinciana. Trajo a ella la sensación de olor y de color, el ritmo austero y la queja en sordina, el sentimiento uncioso, y la gracia, y la melancolía de su terruño natal, en el primero de los libros de versos que produjo: *La sangre devota.* Su poesía de entonces –como observa Fernández MacGregor– era puramente objetiva; después se torna subjetiva, y usa de lo exterior únicamente como símbolo. «Se hace minúsculo conscientemente ("ser una casta pequeñez") y dilucida su drama interior con un gesto resignado y lento. Lo decora con todo lo nimio, con todo lo insignificante, y logra así renovar el bagaje lírico con que se expresan los sentimientos... aun el amor. Ni en ritmo ni en ideas –a juicio del mismo crítico– tiene miedo a la séptima inarmónica y obtiene de ella efectos prodigiosos: disonancias que dan a su verso un encanto único.» Prende, en suma, «sus estados interiores uno al otro, los describe ambiguamente y resulta, a veces, ininteligible para los profanos». Semejante transformación es la que se advierte en su segundo libro: *Zozobra* y en los que integran el volumen publicado después de su muerte: *El son del corazón.* Había roto del todo con la tradición; y seguía por una nueva ruta a cuyo término el súbito tránsito le impidió llegar, y en la que, si no acertó con una «manera» que pudiéramos llamar definitiva ni acaso hubo de alcanzar el pleno desenvolvimiento soñado, por lo menos tuvo la virtud de influir en sus contemporáneos, siendo por muchos respectos el precursor del inmediato grupo de poetas.

* *Historia de la literatura mexicana,* México, Porrúa, 1948.

OTRO TIPO DE POESÍA BARROCA*

Pedro Henríquez Ureña

Otro tipo de poesía barroca, en que la complicación y novedad de las imágenes que se dan la mano con una cariñosa ternura por las cosas comunes y cotidianas, apareció con Ramón López Velarde, que retrató la vida pintoresca de las viejas ciudades del centro de México y finalmente trazó una breve síntesis del país con su *Suave patria.*

* *Las corrientes literarias en la América Hispánica,* México, Fondo de Cultura Económica, 1949.

UN SENTIDO DE RAMÓN LÓPEZ VELARDE*

Xavier Villaurrutia

Después de la publicación de un estudio «La poesía de Ramón López Velarde» en mi libro *Textos y pretextos* y al frente de tres ediciones de poesías escogidas, me había propuesto no escribir más sobre la poesía de Ramón López Velarde. Quería dejar a los lectores el placer de nuevos, sorprendentes descubrimientos, y a los críticos el orgullo de compartirlos con el público. Pero ciertas incomprensiones recientes y una mezquina tendencia a volver a considerar al autor de *Zozobra* como un simple poeta provinciano, cuando no como un provinciano simple, y a reducirlo a una dimensión que, a mi parecer, debió haber quedado para siempre fuera de toda crítica seria, me invitan a volver a detenerme, un instante siquiera, a escoger un aspecto, un solo aspecto más de su obra, a fin de destacar otra de las numerosas aristas de su espíritu.

En el segundo poema de *La sangre devota,* en cuatro versos encerrados en la cárcel de los paréntesis, y en un a modo de sincero e ingenuo «aparte», Ramón López Velarde hace una declaración, una confesión, distinguiendo dos épocas de su vida:

> (En abono de mi sinceridad
> séame permitido el alegato:
> entonces era yo seminarista
> sin Baudelaire, sin rima y sin olfato.)

En el último verso y, más concretamente, al detenerse en la palabra «olfato», un comentarista de López Velarde ha creído pertinente no reconocer a esta palabra su pleno significado: «olfato, uno de los sentidos»; sino, caprichosamente, y quitándole, porque sí, el sentido, reducirla a un sinónimo de «malicia». Me parece que la falta de malicia, de olfato, de «sagacidad para descubrir o entender lo que está disimulado o encubierto», está, en este caso, en quien no parece haber aspirado, respirado, olido los perfumes, fragancias, olores y

---

* *México en el Arte,* nº 7, Primavera de 1949, pp. 60-62.

hálitos –como el propio poeta se complace en llamarlos– que con una gran frecuencia se desprenden –emanan, me atrevería a decir– de los poemas de López Velarde.

En el poema ya mencionado, en la estrofa anterior a la que he citado, aparece la primera expresión de una sensación olfativa en la poesía del autor de *La sangre devota:*

> Del rebozo en la seda me anegaba
> con fe, como en un golfo intenso y puro,
> a oler abiertas rosas del presente
> y herméticos botones del futuro.

Y en el mismo poema e inmediatamente después, confirmando el ejercicio del refinado sentido del olfato, Ramón López Velarde interroga:

> ¿Guardas, flor del terruño, aquel rebozo
> de maleza y de nieve,
> en cuya seda me adormí aspirando
> la quintaesencia de tu espalda leve?

De aquí en adelante, y una vez que López Velarde ha expresado que se anega y adormece en los olores –como Baudelaire lo hacía muy personalmente en los sonidos– como en un golfo intenso, las expresiones en que el sentido del olfato se muestra alerta y despierto, así sea para embriagar, son numerosas y significativas.

Las sensaciones olfativas del autor de *Zozobra* se refieren sobre todo a la mujer y a la tierra. El poeta confiesa su bienestar en la cercanía de los hombros y al aspirar la fragancia de los brazos de una mujer:

> Yo, sintiéndome bien en la aromática
> vecindad de tus hombros y en la limpia
> fragancia de tus brazos...

En «A la gracia primitiva de las aldeanas», la mujer y la tierra se funden cuando compara a las muchachas de provincia con

> jarras cuyas paredes olorosas
> dan al agua frescura campesina.

Y el poeta mismo, en el poema «Tierra mojada», que es toda una emanación fragante, reconoce estar hecho de barro, justamente por el olor que se desprende de la tierra:

Tierra mojada de las tardes líquidas.

* * *

Tierra mojada de las tardes olfativas.

* * *

Tierra mojada, de hálitos labriegos,
en la cual reconozco estar hecho de barro.

Otras veces, las sensaciones olfativas se mezclan naturalmente con las sensaciones del gusto, del sabor:

...el denso
vapor estimulante de la sopa.

* * *

absorto en el perfume de hogareños panqués.

* * *

porque oléis al opíparo destino
y al exaltado fuero
de los calabazates...

* * *

Las arcas se conservan olorosas
a las frutas guardadas.

* * *

Gemirán las cocinas en que antes
las Mireyas criollas fueron una
bandeja de pozuelos humeantes.

* * *

¡Morir al fuego, si olían tan bien!

Expresiones a las que hay que añadir la que ha quedado grabada en la memoria de los devotos de Ramón López Velarde:

en calles como espejos se vacía
el santo olor de la panadería.

La mujer emana en los poemas de López Velarde:

un perfume amistoso en el umbral del alma...

o bien, en poética correspondencia con otros sentidos, el oído o el gusto:

> ...la cadencia balsámica
> que eres tú misma, incienso y voz de armonium.
>
> * * *
>
> Y te respiro como a un ambiente
> frutal, como en la fiesta
> del Corpus respiraba hasta embriagarme
> la fruta del mercado de mi tierra.
>
> * * *
>
> Las pobres desterradas, de Durango y San Luis,
> aroman la Metrópoli como granos de anís.

Y en el poema «En las tinieblas húmedas», al sentir frente a una mujer la simultánea ambivalente reacción de una pena y un goce:

> Trasciendes a candor como un lino
> recién lavado, y hueles, como él, a cosa casta.

La dualidad espiritual del autor de *Zozobra,* la oscilación de su espíritu en un compás binario, se expresa también con relación a sus sensaciones olfativas:

> ...y mi balanza
> vuela rauda con el beleño
> de las esencias del rosal.
>
> * * *
>
> cual un aroma dúplice, tu ternura naciente
> y tu catolicismo milenario.

Y su pasión amorosa, relacionada con la pasión de Cristo, lo hace decir:

> La corona de espinas,
> llevándola por ti, es suave rosa
> que perfuma la frente del Amado.

Y aun pide a Fuensanta que, para perfumarlo, pise su corazón:

> Y así te imploro, Fuensanta, que en mi corazón camines,
> para que tus pies aromen la pecaminosa entraña.

El aliento de una mujer es, para Ramón López Velarde, una respiración azul:

Y si tirito dejas que me arrope
en tu respiración azul de incienso…

mientras que un hálito verde es para él una «respiración de dragón». La tierra es «olorosa» o «aromosa»; y los lirios y los significativos azahares, junto con las rosas y las violetas «misántropas» o pudibundas exhalan sus particulares fragancias en sus poemas, en los que del mismo Valle de México se desprende un olor:

Y en el altar que huele a lirios.

* * *

esparcirán sus olores
las pudibundas violetas

* * *

…la alternada queja
de las palomas, y el olor del Valle.

* * *

Me deleita de noche la fragancia
que de noche se exhala de tus tiestos

* * *

Esta manera de esparcir su aroma
de azahar silencioso en mi tiniebla

* * *

cuyas rosas adultas embalsaman
la cabecera de un convaleciente.

* * *

aspirar los naranjos
de elección, que florecen
en tu atrio, con una
nieve nupcial.

* * *

como el olor que da tu mejor flor.

* * *

que mandaba su canto hasta las calles
envueltas en perfume vegetal.

* * *

el azahar que embriaga.

* * *

¡Desdichado el que en la hora lunar
en su lecho no huele azahar!

* * *

Expresiones de sensaciones olfativas que culminan en el dístico que hace pensar —una vez más— en ciertas expresiones de Baudelaire:

En su cráneo vacío y aromático
trae la esencia de un eterno viático.

«Acólito del alcanfor», Ramón López Velarde, cuya niñez está, según confesión propia, «toda olorosa a sacristía», en uno de sus más bellos poemas, «Humildemente», al paso del Santísimo, siente que todos los sentidos pierden su eficacia para dejar que el olfato goce la perfumada presencia:

Te conozco, Señor,
aunque viajes de incógnito,
y a tu paso de aromas
me quedo sordomudo,
paralítico y ciego,
por gozar tu balsámica presencia.

No pretendo haber recogido todas las expresiones poéticas de sensaciones relativas al olfato en la poesía de López Velarde. Aún he guardado algunas de mis anotaciones, y no me he referido a las que es fácil encontrar en su prosa. Tampoco afirmo que las sensaciones olfativas sean las únicas ni siquiera las dominantes en su obra poética, pero sí me parecen significativas.

Con los sentidos abiertos, el poeta logra asir, aprehender lo que, para el que no tiene el don de la poesía, es inasible, y descubrir lo encubierto y sacar a la luz lo oculto. Con el ejercicio refinado del refinado sentido del olfato, Ramón López Velarde nos hace, a través de sus expresiones poéticas, aspirar, respirar, oler perfumes y fragancias que de otro modo pasarían inadvertidos.

Los olores, los perfumes, las fragancias tienen, acaso por impalpables, por inasibles, no sé qué de misterioso y secreto. La sensación de eternidad, por ejemplo, ¿no nos llega, a veces, a través de un perfume? ¿Y un perfume no nos da, a su vez, la sensación de una emanación eterna?

LÓPEZ VELARDE EN SU TIEMPO*

José María González de Mendoza

No es fácil, corrido ya casi un tercio de siglo, dar idea de la impresión que produjeron los poemas de Ramón López Velarde en su prístina novedad. Una imagen de ella puede ser la piedra arrojada en un estanque: las quietas aguas se alborotan, y ondas concéntricas llevan hasta las orillas el testimonio irrecusable del inesperado trastorno. El «verso sincerista», la «tarde inválida», las «pieles feroces» y demás parentela, así como las voces que tomaba el poeta al vocabulario eclesiástico, fueron guijarros de a kilo arrojados en la conformista alberca. «Ecuménico», sobre todo, hizo abrir el diccionario a decenas de personas.

Recuérdese el momento. El máximo poeta, gloria nacional, celebridad de América, era el dulce Amado Nervo. A Díaz Mirón, silencioso desde lustros antes, se le había incorporado ya a la cohorte de los clásicos. El *viejecito* Urbina vivía en el extranjero, lo mismo que José Juan Tablada, que aún no recogía en *Al Sol y bajo la Luna* la opima cosecha de su «época media». González Martínez comenzaba a publicar en la capital los libros de su luminoso mediodía y a reunir en torno suyo a quienes estaban ahítos de cisnes. A otros poetas admirábamos también. El modernismo o la fina alegoría simbolista; la nota tradicional o la blanda melancolía romántica: todo ello ofrecía atractivos a nuestro eclecticismo, mas no precisamente el de la novedad.

Ésta, la encontrábamos en la moda que principiaba: la afición literaria a los tiempos virreinales, lo que Genaro Estrada en su delicioso *Pero Galín* llamó después, con ingenio, «la hora del *habedes*». Gustaban esas variaciones sobre temas pretéritos: virreyes, damas, galanes, hidalgos de aventura y de amoríos, doctos monjes, soldados fanfarrones y crepúsculos en jardines otoñales, fuentes de plata bajo la luna, pavanas y galanteos, toda una literatura de superficial *versallismo,* a la Rubén Darío, corregido por la clara luz del Valle de México. Por lo general, tales evocaciones, poco o nada fieles a lo histórico, se constreñían a los tiempos corridos entre el reinado de Felipe III y el de Carlos III; antes, el desgarramiento de la Conquista quedaba demasiado reciente; después,

---

* *México en el Arte,* nº 7, Primavera de 1949, pp. 25-29.

se iniciaba la era moderna con la preparación de la independencia. La predilección del *colonialismo* iba a la corte del Virrey Marqués de Mancera: Sor Juana Inés de la Cruz, con su romántica historia de doncella retirada del mundo al claustro por razones ignotas, resultaba una amable figura central en los cuadritos de época. Pero, sobre todo, el Marqués había inventado las *mancerinas* para tomar el chocolate; y el chocolate, castizamente llamado *soconusco,* es la esencia de la literatura *colonialista.*

Estudiar aquella moda, a la que permanece devoto el muy magnífico señor don Artemio de Valle-Arizpe, sapiente y amenísimo evocador de nuestro pasado, saldría del marco de este artículo. Aquí sólo cabe bosquejar su causa –que ya apunté hace veinte años en un estudio trunco, e inédito, titulado «La sensibilidad de Francisco Monterde García-Icazbalceta»–, y ello porque contribuye a conocer el ambiente en que Ramón López Velarde surgió a la celebridad.

Por extraño que parezca, el *colonialismo* fue una repercusión de la gran sacudida revolucionaria. México vivía entonces una de las épocas aciagas de su historia. Eran los años de los *bilimbiques* y de los *cartones,* del *Automóvil gris* y de los *avances,* del general *Aspirina* y de las *máquinas locas.* Años en que las turbas, desbordadas, se daban el contento de saquear la casa de un poeta: la de José Juan Tablada, en Coyoacán, destruyendo libros y objetos de arte al par que el manuscrito de *La nao de China,* novela en la que el alto poeta había trabajado durante lustros y que la incontenible marejada arrebató para siempre a las letras mexicanas.

Los escritores resentían con acuidad aquellos trastornos, pues son hombres de ciudad, y precisamente el hombre del agro, con el rifle en las manos, era exactor de las ciudades, sea «castigándolas» –así se dijo de la capital, en 1915–, por no haberse rebelado contra la usurpación huertista, sea simplemente considerándolas «país conquistado» en virtud de una confusión no siempre involuntaria entre las tropas gobiernistas que las ocupaban y la población pacífica. De ese estado de espíritu de los escritores –no contradicho porque algunos, menos contemplativos, se lanzaran a la contienda e inclusive alcanzaran altos grados militares–, vaya aquí el testimonio de un coetáneo. El *Vate* Frías, en su crónica «Estampa de Toluca» (en *Revista de Revistas,* 24-VIII-1921), recordaba: «Mi estancia en Toluca hace más de un lustro (o sea hacia 1915-1916), ha sido la más fecunda almáciga de terrores de mi existencia. Aquellos hombres no muy vistosamente uniformados –ya que utilizaban la indumentaria nacional reducida a su mínima expresión–, los que entonces llamaban algunos políticos del Norte "nuestros hermanos del Sur", me tuvieron siempre en la bien incómoda situación de un pájaro que no puede volar y tiene la desgracia de mirar su nido bajo una perenne fiesta de gavilanes». El poeta «minúsculo Arquímedes en una grotesca y peligrosa Siracusa», leía la *Crítica de la razón pura* «entre el escándalo de las pistolas ebrias y los fusiles alevosos».

Reflejo de tales años de sangre y de lágrimas queda en la obra de Ramón López Velarde. «El retorno maléfico», por ejemplo, evoca

> el edén subvertido que se calla
> en la mutilación de la metralla.

Y no es posible leer sin un nudo en la garganta, como suele decirse, el poema «A las provincianas mártires», inspirado por el suicidio colectivo de las castas vírgenes que prefirieron la muerte a la deshonra bajo el desenfreno de bandidos sin otra ley que sus bestiales apetitos. «En la comedia popular mexicana –escribía poco después José Juan Tablada, en su crónica "El pintoresco pueblo de México" (julio de 1921; reproducida en *Revista de Revistas,* 10-I-1937)–, se crispa la máscara de la Tragedia. En el oscuro analfabetismo en que vive la mayoría del pueblo de México, se alza imperando aún el numen ancestral Huitzilopochtli, el impecable fetiche que, sin tregua, exigía millares de víctimas humanas. Las revoluciones exaltan y refrendan el poderío de la siniestra deidad, y todo sería sombra si no fuera porque la vivaz cultura mexicana, la obra de los intelectuales, de los pensadores, de los artistas, pintores, músicos y poetas, asoma y brota sin cesar, milagrosamente, como los verdugales en el trono de un gran árbol derribado a hachazos».

Los escritores metropolitanos, apartados por la guerra mundial –la primera– del espejismo que Europa tuvo para sus mayores, sólo podían volver los ojos a México. Pero el México real era entonces áspero y triste. La lucha hacía suspirar por la paz; la zozobra, por el sosiego. El *colonialismo* vino a ser, pues, la exteriorización de un deseo subconsciente: el que aspiraba a un México pulido, urbano, amable. La imprecisa documentación permitía situar en la época virreinal todas las bellezas y perfecciones apetecidas. No de otro modo puso Wagner el templo del Graal en la vertiente española de los Pirineos, que nunca vio.

Más arriba he citado el *versallismo* y el nombre de Rubén Darío. Lo hice adrede porque, ellos también, algo tuvieron que ver con los orígenes del *colonialismo.* La generación precedente, la de *Revista Moderna,* había difundido el amor a Francia, la Francia tradicional en la literatura, la de los siglos XVII y XVIII, la de Versalles y el Trianón. El sufrimiento de Francia, hollada por el invasor desde 1914, avivaba aquella ternura y, ésta, el gusto por el *versallismo,* por el «aire antiguo de pausados giros». También, pues, bajo esos influjos miraban al pasado mexicano los escritores *colonialistas.*

La moda puede parecer más tardía si se recuerda, por ejemplo, el *Visionario de la Nueva España,* de Genaro Estrada, impreso en 1921, o *El corcovado,* de Ermilo Abreu Gómez, que es de 1924. Pero la *Arquilla de marfil* en donde Mariano Silva y Aceves reunió cuentos y estampas de ambiente colonial, salió a la luz en 1916. Y de 1917 son los *Vitrales de capilla,* de Manuel Horta, y los *Cuentos y diálogos* de Julio Jiménez Rueda, que encierran delicadas páginas de aquel estilo. Ha de tenerse en cuenta, además, que no pocas de las estampas y prosas recogidas en los libros *colonialistas* se publicaron antes en periódicos.

En ese México de política revuelta y de poesía asentada apareció Ramón López Velarde y Berumen. Aislado, como sus émulos, de la influencia directa de Europa a causa de la guerra y de la revolución, volvió sobre cuanto le rodeaba su mirada curiosa y tierna. Le atraía el medio en que vivió, el México de la Provincia y el todavía muy provinciano de la capital, sobre la que, por añadidura, se había volcado mucha parte de la población provinciana, en fuga de los desmanes consecutivos a la encarnizada guerra civil:

Ya la Provincia toda
reconcentra a sus sanas hijas en las caducas
avenidas, y Rut y Rebeca proclaman
la novedad campestre de sus nucas.
Las pobres desterradas
de Morelia y Toluca, de Durango y San Luis,
aroman la Metrópoli como granos de anís.

Se ha señalado que la obra de López Velarde no alcanza su plenitud en los poemas escritos en la Provincia, sino en los compuestos en México, cuando evoca su lar a través de una sensibilidad catalizada por la capital. Le era necesaria la acción de ésta para apreciar agudamente lo que dejaba tras sí. ¿Lo dejaba, en realidad? Digamos, mejor, que lo traía consigo, vinculado a su espíritu. No necesitó de la capital para verlo, sí para verlo con nitidez. Ella, además, puso en su visión un matiz suavemente humorístico. En las «noches de hotel», en «la impensada tiniebla de la muda ciudad», la memoria le representaba las mujeres provincianas que conocía, con sus sencillas virtudes y su dulzura; le representaba también los peculiares rasgos de contorno, las expresivas notas de color, genéricos de su lugar natal y de las poblaciones en que vivió hasta los veintitrés años. Pero era poeta, y el *quid divinum* que hace al poeta le llevó al acierto genial de descubrir en los aspectos peculiares de la vida provinciana no lo meramente pintoresco, no lo superficial, sino lo que constituye su esencia; y esa esencia es lo mexicano, es el espíritu mexicano.

Pronto se advirtió el vasto alcance de la novedad que el poeta jerezano traía a la urbe. De la pluma de José Juan Tablada, atento siempre a escuchar las voces nuevas y a estimular a los escritores jóvenes, salió uno de los primeros elogios. Se encuentra en la crónica titulada «Versos de Augusto Genin; prosas de Efrén Rebolledo; un nuevo poeta», aparecida en *El Mundo Ilustrado* (7-VI-1914). El correo ha puesto en manos del cronista los *Poèmes d'amour,* de Genin, los *Caprichos,* de Rebolledo, «y por fin, una carta con varios poemas manuscritos originales del joven poeta Ramón López Velarde». Reproduce Tablada «este bello soneto»: «Del pueblo natal», y agrega: «Y sigo leyendo otros versos del mismo autor, con la creciente emoción de encontrar un nuevo astro que se revela con sencillas músicas y fragancias encantadoras. Son los versos de López Velarde de flores de prados campesinos, claveles de macetas que, abriéndose sobre los viejos tiestos de Talavera, arden entre la penumbra de nuestros hondos corredores coloniales. Su perfume recuerda el aroma que exhalan los herbarios del divino Francis Jammes. Son versos de penetrante encanto, que habré de comentar en próximo artículo, pues anuncian sin duda la aparición de un nuevo poeta intenso y noble...»

El prometido artículo resultó remotísimo: esa crónica es la última de Tablada que publicó entonces *El Mundo Ilustrado*. El poeta de «Onix» salió al desierto. Pero su voz de heraldo había de resonar en largos ecos.

En la *Revista de Revistas,* un crítico anónimo publicó el 30 de enero de 1916 un comentario titulado: «Un nuevo libro de versos: *La sangre devota*», del que entresacaré algunos párrafos. Comienza por recordar que López Velarde es «nuestro constante y aplaudido colaborador» y que en las prensas de aquel semanario se imprimió el volumen, al que saluda «con una clarinada jubilosa»; y vaticina: «estamos ciertos de que su aparición causará en nuestro medio literario la más viva sorpresa y tendrá la acogida más lisonjera. Rompiendo todos los moldes conocidos, sobre los cuales calcan hasta ahora su producción los rimadores mediocres, el bardo de *La sangre devota* presenta su obra vernal». A vueltas de aspirar el libro «aromas palustres» y «el olor saludable de los huertos sellados», agrega: «marca un nuevo sendero en nuestra poesía y es el más original de todos los publicados últimamente». He aquí lo que acerca de la hermosísima producción del poeta de *La sangre devota* dijo ha poco un crítico: «La completa libertad de su pensamiento, la intimidad y el atrevimiento formal de su emoción, que nos hacen ver siempre los estremecimientos de la vida amorosa en las provincias, son peculiares dotes, distintivos caracteres de esta musa juvenil y madura a un tiempo mismo. La complejidad de este poeta resulta no del sentimiento, sino de la manera de expresarlo. Obtiene por milagro de un arte ingenuo (en el más noble y evangélico sentido del vocablo) la imagen más propia para darnos la sensación que desea; y el adjetivo viene a sus manos como un ave familiar enjoyada de plumas maravillosas. Piensa ordinariamente con sinceridad, y nos la muestra, y a pesar de lo que él llama *las tenebrosas anarquías del pensamiento y de la conducta,* su espíritu se viste de aquella luz no usada de que habló el Maestro, para decirnos su inquebrantable y avasallador entusiasmo por las muchachas de provincia, por la provinciana de nombre arcaico: Fuensanta, que a través de las páginas de ese libro va dibujándose clara y firmemente con el relieve de las amadas inmortales.» Y concluye el anónimo comentarista: «Sin que se vea en él la pretensión de pescar símiles inauditos o metáforas difíciles, a lo Jules Renard, frecuentemente halla los rasgos inconfundibles que establecen definitivamente las personalidades. Es con feliz frecuencia Nuevo...»

Vale la pena insistir, extractando otra opinión coetánea, la de Antonio Castro Leal, en su artículo «*La sangre devota,* libro de versos de Ramón López Velarde», publicado en *El Nacional* (2-II-1916): «Este poeta es, por una parte, un poeta profundamente sentimental, que no ha olvidado el país en que nació, ni las muchachas de su tierra, ni la Virgen de su parroquia, ni la plaza de su ciudad; y su libro es humilde, sencillo, pintoresco, y su arte firme, diáfano, risueño.» Descubre el sagaz crítico, y explica, las características del poeta: provinciano, cristiano, silencioso. Pero, añade: «Este poeta es, por otra parte, un poco extraño y empieza a mostrar un arte paulatinamente oscuro y difícil. Estas nuevas cualidades nacieron de las viejas cualidades... Su poesía tiene entonces imágenes sutiles, expresiones inteligentes y temas inopinados.» La encuentra, a veces, «complicada», cuando no «absurdamente pintoresca», mas también reconoce que, en ocasiones, posee «notable fuerza de sugestión» y que «la expresión es inesperada y satisfactoria». Y agrega: «...nuestro poeta, más bien que los temas ha renovado el modo de tratarlos por la simplicidad de su lenguaje, porque olvidó la futilidad de pensar en el estilo, porque su verso es flexible y fácil, tan fácil como un líquido; pero sobre todo por su moderna visión de las cosas».

El poeta, «a veces sutil y absurdo», además de su manera de ver y de hacer ver la Provincia traía la originalidad de sus imágenes, la audacia de su adjetivación. Tocamos aquí el segundo factor que determinó la pronta celebridad de López Velarde. Jesús Villalpando, en su artículo «Un libro integralmente personal», publicado en la revista *Vida Moderna* (29-III-1916), escribía: «Hasta ciertos desfallecimientos de estilo, o desentonos, que se notan dentro de la homogeneidad de la obra y la forma descuidada en que vació tantos primores, son lógicos en él y en todo sinceros con su íntima personalidad. Son intencionales. Así descuida los preciosismos de la rima para dejar un gran campo a la emoción; prefiere que haya una sola consonancia en los cuartetos; usa frecuentemente el verso blanco; dispone de la asonancia como rima a su antojo, empleándola en versos pareados o en impares, y aprovecha combinaciones métricas originales, como la de 9 con 14, cuando necesita que sean armónicas con el desarrollo de su expresión. Y, sin embargo, a pesar de estas deficiencias, su forma se oye noble y suavemente rítmica, a causa de que el poeta posee un arma formidable para triunfar en ese duelo a muerte que siempre ha existido entre el pensamiento y la forma: el manejo del adjetivo como alma del estilo.»

Citaré, finalmente, el certero comentario del doctor Enrique González Martínez, cuando apareció *Zozobra* (1919). En él mezcla el elogio con la censura, igual que lo dulce con lo amargo en alguno de sus récipes de terapeuta. Saco la referencia de la reproducción parcial que figura en el semanario *Biblos,* órgano de la Biblioteca Nacional, redactado por Francisco Monterde (25-VI-1921): «Posee, al par que una emoción delicada y profunda que ya hemos apuntado, el don de la imagen nueva y de la expresión atrevida. Es raro que en alguno de sus poemas no se encuentre, cuando menos, una expresión bella y novedosa, una emoción que no sea a la vez suya y encantadora, una imagen que no sea un hallazgo de fina sutileza. Dentro del recinto erótico en que se mueve casi exclusivamente, sabe desflorar los viejos tópicos con mano sabia y con habilidad suprema. En esto es absolutamente sincero. Yo pienso que las *sorpresas* que quiere darnos las ha recibido él de la vida antes que nosotros. Recluido por muchos años en su terruño natal, la urbe metropolitana le ha descubierto muchos horizontes que no le eran familiares, y con una ingenuidad de artista nos va dando cuenta de sus descubrimientos y nos habla de ellos como si para los demás fuera aquello fundamentalmente nuevo. Esto se llama en buenos términos descubrir el Mediterráneo, pero como el poeta no tiene el ojo vulgar ni el espíritu adormilado, sus atisbos resultan de una fineza recóndita y de un sabor primitivo y humano. Allí cobran su mejor fuerza. Las reminiscencias de su provincia lejana, que no ha dejado de estar nunca cerca de su corazón, añaden sabor a sus poemas, y hasta el contraste de su sensualidad melancólica y su ortodoxia patente, ayuda al claro-oscuro sentimental.»

Más bien que un tema nuevo, López Velarde trajo a nuestra literatura una nueva manera de ver y de sentir un viejo tema: lo mexicano, la patria. El simún ardiente de 1915 disipó espejismos, barrió brumas, nos descubrió que México no estaba en las exuberancias sonoras ni en el trompeteo épico, menos aún en la imitación de lo ajeno. Estaba en la vida apacible de la Provincia, en la suavidad de las muchachas pueblerinas, en la austeridad del paisaje. Las costumbres que van muriendo, el exotismo *familiar* –valga la antítesis–, de todos los días, el colorido y frescor del arte popular, adquirían en la poesía de López Velarde un inesperado mérito. Nos hizo verlos con ojos nuevos. Y un enternecimiento un poco piadoso, un poco sonriente, un enternecimiento como el que despiertan los niños pequeñuelos, sucedió a la indiferencia que lo habitual y cotidiano engendra.

Ya no sorprenden sus audacias: ¡hemos conocido, después, tantas otras amparadas por los más detonantes «ismos»! Pero ellas le dan talla de precursor: abrió la puerta, en México, a las ulteriores innovaciones. El resultado es que el fluir del tiempo, en vez de alejarnos al poeta nos lo acerca. Fue en sus días, de los nuestros; propiamente, el *vate,* como decían los romanos, el adivino: porque, para siempre, «La suave Patria» despertará eco emocionado en el corazón de los mexicanos.

LA POÉTICA LOPEZVELARDEANA*

Henrique González Casanova

Ramón López Velarde es el gran poeta del tránsito del modernismo al ultraísmo. Su admirada personalidad llega hasta nuestros ojos con el prestigio de sus trajes negros y de su extraña, tierna mirada. En su obra muchos de los elementos del modernismo se agudizan hasta tornarse netamente peculiares; así, por ejemplo, la ironía y la gracia, la captación y sublimación de la circunstancia inmediata, el uso de vocabulario inusitado y la tendencia adjetiva, contra la que se rebeló la sustantiva poesía de González Martínez. Su poesía es un ejemplo de buena pedantería provinciana. El provinciano, alguien lo ha hecho notar, cultiva el vocabulario hasta extremos ridículos; los ejemplos de este fenómeno en nuestra literatura son múltiples. Son singulares, en nuestra poesía, el de Díaz Mirón y el de López Velarde. El rebuscamiento de aquél lo condujo al cultismo, el de éste lo llevaría a otra clase de barroco, más conceptual y más sentimental; a veces, parece incluso que usa mal de las palabras cuando en realidad está descubriendo un sentido más íntimo, en grácil alegoría que cristaliza su a veces sencilla y a veces compleja pasión por lo que les es más inmediatamente propio y personal. «Hirió de muerte con su palabra idónea a la expresión vetusta.» La pedantería de Díaz Mirón consiste en su desdén por su circunstancia, y en la elección del vocablo refinado y culto, de una precisión exasperante; la de López Velarde, en su aceptación de las realidades más nimias y en el epíteto que les aplica, desproporcionado. Es precisamente esta desproporción de donde emerge, reveladora y significativa, toda la trama de nuestra psicología rural, en donde lo artificial se confunde con lo ingenuo, lo extremadamente culto con lo vulgar y lo sencillo en contrapunto a veces chocante y chocarrero, pero que estremece de ternura al que se reconoce en esa senbilidad y al que reencuentra en ella un dejo familiar, remoto ya, pero cordialmente íntimo. Con López Velarde la poesía modernista, que se inicia en México en la ciudad provinciana de afanes cosmopolitas, se torna expresión de la provincia ciudadana y nacional. Y se llega al momento en que la creación universal de nuestros poetas no ha de

* *México en el Arte,* nº 10-11, diciembre de 1950.

ser más, necesariamente, producto de un desarraigo de su circunstancia, sino asunción consecuente de todos sus valores, aislados, síntesis de los mismos y expresión de lo nacional.

La generación del Ateneo, que luchó tanto por establecer la continuidad de nuestra memoria y conciencia nacionales, tuvo en Ramón López Velarde su poeta inesperado; sin disimulo nos dio la imagen poética de la patria en sus más distantes y distintos elementos: el pueblo está vivo en su obra, lo chocarrero de la poesía popular se halla plenamente asimilado en sus figuras y metáforas disparatadas que, insisto una vez más, son reveladoras de una situación real, idealizada y hecha inteligible por el don de su palabra. Su poesía, llena de tintes localistas, expresa todo lo que nos es esencial, y nos es grata por corresponder, en su primitivismo aparente y en su complejidad formal, a nuestro complicado mundo, que se afana, en su multiplicidad, por ser único y peculiar.

Lo anecdótico, lo colonial, lo autobiográfico, el paisaje natural y civil, los seres humanos, a veces inefables, que transcurren por sus poemas o los motivan, el accidente y el suceso, se integran nítidamente en el ritmo y en la armonía de sus composiciones, y tanto, que muchos de los aciertos fonéticos de su vocabulario sorprenden, y sin lograr captar en acción ese mundo en constante devenir que es el nuestro, y que él supo aprehender en su instante inmediato, revelando así mucho de su pasado aún vigente, y no poco de su porvenir en germen.

Si López Velarde construyó con su poesía un sólido zócalo en el que pudieran establecerse sin temor al más mínimo bamboleo los nuevos poetas que llevaran las voces nacionales, ya sin la contraseña de color local de fácil identificación, al amplio panorama del mundo; si reveló maneras de ser, tan nuestras, que de una vez por todas pudieran ser asumidas y sustentadas como principio de su peculiaridad, sin necesidad de afirmar y exhibir constantemente sus detalles, no por ello se realizó, ni podía haber sido de tal manera, el fenómeno de la universalización plena de nuestra lírica. Sus sucesores que no arrancan sólo de él, sino de Tablada y González Martínez, como se ha dicho ya, por lo que respecta a la poesía, y de la generación del Ateneo de México, por lo que toca a la filosofía nacional, han de participar todavía y extraviarse en los caminos de la experimentación.

TABLADA Y LÓPEZ VELARDE*

José María González de Mendoza

Tanto como jactarse de haber descubierto el Mediterráneo sería descubrir en el *Ex voto,* de José Juan Tablada, la influencia, inclusive cierta imitación, de «La suave Patria». El poeta declara:

> Y tus metales que juzgaron vanos
> Como engendros de luna, los insanos,
> Rindieron oro virgen en mis manos.

Oro virgen: el de aquel admirable poema, compuesto «a la memoria de Ramón López Velarde». La semejanza de *manera* es intencional, acorde con el tema. El prematuro fin de su entrañable amigo impresionó a Tablada profundamente. Sea testimonio de ello la carta que el 2 de agosto de 1921, en papel con membrete de su Librería de Latinos, en 118 East 28th. Street, escribió desde Nueva York al poeta Rafael López:

> Mi querido Rafael:
>
> Desde que leí hace días tus versos a Guadalajara iba a escribirte felicitándote y diciéndote mi admiración por ese poema, definitivo, perfecto... Pero vino luego la muerte de nuestro querido Ramón, que me dejó atónito y me llenó de estupor. Por más que las hecatombres que han asolado a nuestra patria y al mundo nos hayan familiarizado con la muerte, en este caso la desgracia sobrepasó toda previsión. Yo siempre imaginé a Ramón sobreviviéndome, fuerte, longevo, patriarcal, lleno de sabiduría y de progenie en una casona de su provincia amada. Y su desaparición me ha consternado. Cuando vuelva a México y no lo vea, voy a sentir como si en el lugar de la Alameda encontrara un gran socavón. Me imagino el golpe que tú habrás recibido. No he podido ver los versos que le hiciste. De lo que se dijo en su funeral lo que más me conmovió fue la oración de Fernández Ledesma, a quien te ruego des mi pésame. Su *Suave Patria* no sólo me conmovió

* *Ensayos selectos,* Tezontle, México, Fondo de Cultura Económica, 1970.

como obra maestra, sino como una reliquia que llevara el sudor de su agonía. ¡Qué manera única de ahogar la retórica en el corazón de la epopeya! ¡Qué clarividencia doble, de moribundo y de gran poeta! Tiene el ritmo de sus últimos pasos sobre la tierra... Ese poema y tu *Guadalajara* son pedazos del alma patria; son aerolitos arrancados de las minas siderales donde resplandece la nebulosa del espíritu de la raza. Él y tú sois de la estirpe de Ilhuicamina. Y eso es hacer patria inmortal y eterna.

La señora Nina Cabrera viuda de Tablada tuvo la deferencia de enviarme desde Nueva York, donde reside, el borrador de esa carta, manuscrita por José Juan. Omito en la transcripción lo que atañe a otras cuestiones, ajenas a López Velarde. Me envió asimismo la carta mediante la cual Rafael López acusó recibo a Tablada del *Ex voto.* Es del 31 de agosto de 1921. También suprimo, al transcribirla, cuanto no concierne directamente al poema o al cantor de Fuensanta:

Mi querido José Juan:

Antier recibí tus versos a Ramón y ayer me envió Genaro Estrada el ejemplar de lujo que me anunciabas en tu última carta. No tengo idea de haber conocido otra cosa tuya de tan altos quilates de belleza como ese poema; el temblor humano se enrosca en ellos como nervio vibrante y sangriento; la emoción cristiana, verdaderamente extraordinaria en la altanería de tu numen, los llena de resplandores inefables. Mis amigos y yo hemos vuelto a ver a Ramón con las ingenuidades y virtudes que lo hacían incomparable; se conoce que al escribir esos versos, no sólo mojaste la pluma en la tinta que te es privativa, sino también en la trémula, palpitante y diáfana tinta del cariño; casi en cada estrofa tienes un hallazgo y de cada renglón cae una perla. Los dioses te guarden por la forma en que sabes despedir de esta tierra lúgubre a los que queremos.

Esa idea de hacer la impresión en papeles que nos recuerdan los aguinaldos de los serenos, también nos conmovió hasta las lágrimas. Las lágrimas son los mejores diamantes que has cuajado en tu poema, y tienen más brillo que los astros que haces arrojar al padre Ilhuicamina en el duelo. Hacerme llorar a mí, que llevo en los ojos la obsidiana ancestral ennegrecida todavía con tantas cosas ateas, es prodigioso.

Hoy justamente es el día de San Ramón, y escribiéndote, me parece que al lado tuyo dejo un ramo de flores en el sepulcro de nuestro muerto. Que su memoria nos sea favorable para comulgar, puro el corazón, en puras cosas de belleza.

El *ex voto* está impreso en papeles de colores. Juan José preparó cada pliego tiñiéndolo con anilina. De ahí la ilusión a «los aguinaldos de los serenos».

Sobre una modalidad de la variada obra de Tablada se extiende también la influencia velardeana, por supuesto, en nada mengua la originalidad fundamental de la creación. Me refiero a *La feria,* libro publicado en 1928, pero cuyo contenido, en buena parte, ya se conocía en 1922. Aunque los temas vernáculos están tratados ahí con acento personal, es innegable que de la semejanza temática resulta cierta analogía con algunos poemas de López Velarde, sobre todo con lo que podríamos llamar «lo pictórico» de «La suave Patria». Por lo demás, anticipa esa influencia el *Ex voto*:

Poema municipal y rusticano
Tu Poesía fue la Aparición
Milagrosa en el árido peñón,

Entre nimbos de rosas y de estrellas;
Y hoy nuestras almas van tras de tus huellas
A la Provincia, en peregrinación...

Sin embargo, recuérdese que lo más característico en la *manera* de López Velarde es la adjetivación, encaminada a lograr efectos de sorpresa: fue un gran poeta no *por* sus audacias en este terreno, sino *a pesar* de ellas; en cambio, en el *Ex voto* y en los poemas de *La feria* el adjetivo es apropiado, justo. Diferencia comprensible: mediaban diecisiete años entre las edades de ambos poetas, y en tanto que la técnica ya no tenía secretos para el mayor, el más joven, arrebatado a nuestras letras prematuramente,

...a los treinta y tres años de Cristo
y en poético olor de santidad,

no concluyó de formarse un medio de expresión cabal. Nunca lo lloraremos bastante los escritores de la generación que, en *El Universal Ilustrado,* propuse —sin éxito— que se llamase «de Zozobra».

La amistad entre los dos poetas comenzó en 1914. El doctor Pedro de Alba ha referido —en *Papel de Poesía* (Saltillo, junio de 1946)— que él llevó a Ramón a casa de Tablada, en Coyoacán. *El Imparcial* había publicado en su página literaria, de la que José Juan estaba encargado, «A la gracia primitiva de las aldeanas», poema de López Velarde, con una nota «en que lo presentaba como exponente de la nueva poesía de la España peninsular». Al recordarle ese error, Tablada «no se atrojó» y con naturalidad dijo que en el poema había encontrado «un sabor castizo y que al no tener referencias precisas sobre el autor la creyó peninsular».

El punto es curioso, y amerita aclaraciones.

Tablada fue jefe de redacción de *El Imparcial* desde principios de enero a últimos de julio de 1913; durante un par de semanas, después de la «Decena Trágica», lo reemplazó Gonzalo de la Parra. Comentaba la actualidad en la doble columna titulada «La Semana»; por excepción, el primer comentario –5 de enero de 1913– se tituló «Crónica de la Semana». No aparece constancia de que estuviese expresamente encargado de la página «Extra para los suscriptores», que el doctor de Alba llama «literaria» y que más bien era un magazine en el cual la literatura sólo constituía una de las aportaciones. Hacia fines de 1913 figura editor de ella don Francisco José Ariza, a quien, el 6 de enero de 1914, sin encontrar el poema, de lo cual nada puede inferirse, dado que el vandalismo de ciertos lectores mutiló muchos de los ejemplares; verosímilmente lo buscado estuvo en algunas hojas arrancadas o en cualquiera de los trozos recortados.

Dos hechos delimitan el lapso para la búsqueda: Tablada regresó de París a principios de 1912; y el 7 de junio de 1914 es la fecha de la crónica en la que dedicó a la poesía de López Velarde unos párrafos, que se titula «Versos de Augusto Genin; prosas de Efrén Rebolledo; un nuevo poeta». Fue la última que publicó en *El Mundo Ilustrado*: pocos días después salió al destierro, que le tuvo alejado de México durante tres años.

El «nuevo poeta» le habían remitido por correo varias poesías, manuscritas. De ellas reproduce «Del pueblo natal», «bello soneto»; y dice su emoción de encontrar, al seguir leyendo, «un nuevo estro que se revela con sencillas músicas y fragancias encantadoras». Califica los versos con metáforas florales. Su «penetrante encanto» le recuerda el que exhalan «los herbarios del divino Francis Jammes». Y se promete comentarlos en próximo artículo, que su destierro dejó nonato.

Para López Velarde, aquella crónica de Tablada –quien siempre estuvo atento a escuchar voces nuevas y a estimular a los artistas jóvenes– fue, si se me permite decirlo con una imagen al gusto de la época, el espaldarazo que le armaba caballero de la poesía. Esto podrá sorprender ahora, mas tales eran entonces las costumbres literarias: los «consagrados» anunciaban así el advenimiento de los noveles. Que Tablada presentó a López Velarde a la gente de letras, lo asienta un coetáneo, José de J. Núñez y Domínguez, en su libro *Los poeta jóvenes de México* (1918), al hablar del grupo que llama de «transición». El artículo preparó el terreno para la triunfal aparición, al comenzar 1916, de *La sangre devota*.

López Velarde tenía profunda admiración hacia Tablada. Le dedicó en su primer libro el poema «Me despierta una alondra». Con frase a menudo citada, le llamó «el artista más completo que poseemos». Y en una crónica –de marzo de 1920, reproducida en *Revista de Revistas* (10-I-1937)– le calificó de «poeta de arte eximio» y de «fruto que nos envidiaría la madurez de los cenáculos europeos».

Ocasión de este último juicio fue el retorno de Tablada a México –26 de febrero de 1920–, concluidas sus andanzas diplomáticas por Sudamérica.

Cuando estuvo en Venezuela, donde editó «Un día...» (1919), solía enviarme diarios y revistas con poesías o artículos suyos, a fin de que yo los distribuyese entre amigos dilectos. Uno de ellos era López Velarde, y tres o cuatro veces le llevé algunos de esos periódicos a su bufete, entonces en la avenida Madero 1. La casa ya no existe. Recién llegado Tablada, le visité en su cuarto del Hotel Regis. Allí encontré a Ramón, y los tres charlamos largo rato. José Juan le preguntó qué había escrito últimamente y él mencionó «El sueño de los guantes negros» –el cual, sea dicho de paso, y «El sueño de la inocencia», podrían considerarse como anticipaciones de la poesía onírica, que Bernardo Ortiz de Montellano cultivo con no menor fortuna que talento–. Elogié el poema con entusiasmo, pues pocos días antes se lo había oído recitar; en *Revista de Revistas* (23-VI-1946) conté ya el episodio. A ruego de Tablada, Ramón recitó sus poemas. Recitó asimismo otro del que desde entonces grabóseme en la memoria este verso:

El niño iría de luto, pero la niña no.

Se titula «Mi villa» y está recogido en *El son del corazón.*

La influencia a que al principio aludí; los estímulos que en Tablada encontró López Velarde; todo cuanto caracterizó a la amistad entre ambos poetas y que apenas dejo esbozado, daría materia para un estudio interesante, inclusive para una tesis de maestro en letras: aviso a los jóvenes que huellan los patios y corredores del viejo caserón de Mascarones.

1951-1952

CROQUIS EN PAPEL DE FUMAR*

Alfonso Reyes

La persona física y moral de López Velarde ha dejado una impresión de blancura. En su persona poética hay mucho que explorar. Desentendámonos de influencias: el inevitable *Lunario sentimental* y, creo yo, la *Antología francesa moderna* de Díez Canedo y Fortún. Desentendámonos de minucias técnicas: conceptismo y gongorismo espontáneos y también cultivados, barrocos de la Nueva España o como se llame, etc. Si nos atenemos al saldo, resaltar tres notas principales, concertadas por el solo hecho de coexistir; que aquí nunca fueron felices los intentos de sistematización racional. El ser es mucho más que razón, y no hay confesión más amplia del ser que la poesía.

Tales notas o aspectos son, brevemente enumerados, el agua corriente, el cristal del agua congelada y el rumor del agua subterránea.

El *agua corriente*. Nitidez, candor, religión de devocionario, música popular, feria, provincia, sentimientos elementales, rubores y armonías coloristas, costumbrismo en azul y en rosa. Pienso en un Aduanero Rousseau (chaqué y ramo de flores), en un Francis Jammes muy mexicano:

Mi madrina invitaba a mi prima Águeda
a que pasara el día con nosotros...

En la referencia familiar, todo el terruño; en la referencia al hábito de «pasar el día», toda la aldeana lentitud, tiempo remansado en lago, presente durable.

El *agua en cristal*. Estabilidad, equilibrio, escultura y esmalte, casi parnasianos; un decir justo, que se inmoviliza en la meta:

Patria: tu superficie es el maíz,
tus minas, el palacio del Rey de Oros,
y tu cielo, las garzas en desliz
y el relámpago verde de los loros.

---

* *Marginalia. Primera Serie 1946-1951*. México, Tezontle, 1952, pp. 151-153.

O bien la exactitud, el laconismo clásico ya intocable:

Joven abuelo: escúchame loarte,
único héroe a la altura del arte.

El *agua profunda.* Algo del «nuevo calosfrío» que Hugo halló en Baudelaire. Voz patética, sensualidad y miedo, simbolismo más o menos consciente, sonambulismo «suprarrealista», *avant la lettre.* Se oye un hondo ruido de *catavotro*:

Voy bebiendo una copa de espanto
......
Hermana:
dame todas las lágrimas del mar
......
Lágrima mía, en ti me encerraría,
debajo de un deleite sepulcral,
como un vigía
en su salobre y mórbido fanal.
......
Un encono de hormigas en mis venas voraces

Tu boca, en que la lengua vibra asomada al mundo
como rérproba llama saliéndose de un horno
......
Tardes en que, oxidada
la voluntad, me siento
acólito del alcanfor,
un poco pez espada
y un poco San Isidro Labrador

La complejidad, la trama de estos motivos se establece, desde luego, merced a recursos de cultura; pero, sobre todo, de sensibilidad. El fruto de nuestra América hereda, sin querer saberlo ni detenerse a analizarlo, la savia de muchas tradiciones.

Véase cómo puede brotar la imagen, cómo la cabal expresión, de un vago recuerdo infantil: En Jerez perduró de algún modo el prehistórico matrimonio de rapto. El padre nunca daba a la hija, que tanto fuera confesar su ineptitud para mantenerla, grave desdoro. El novio comenzaba por arrebatarla, a reserva de sellar las paces ante los hechos consumados. Hasta hace poco, las novicias se salían de su casa y se refugiaban junto a alguna familia amiga antes de las nupcias. Los parientes no asistían a la iglesia, y ellas se casaban llorando (¿No ha recordado el poeta, por ahí, el pañuelo de lágrimas, indispensable en las bodas?). La reconciliación, a los pocos días, lo arreglaba todo. En la mente de

López Velarde se agitan estas visiones, mezcladas con las mitologías del valiente y del bandido enamorado, tema de los «corridos». La patria se le vuelve mujer. La quiere con apetito, con dolor y con sangre. Y ¿qué le dice?

...quiero raptarte en la cuaresma opaca,
sobre un garañón, y con matraca,
y entre los tiros de la policía.

Vida corta. ¿Malograda? Hay también una Providencia Poética. Tal vez haya destinos a los que conviene la indecisión, el acre sabor de la juventud. Tal vez...

1951

CARÁCTER Y SER DEL MEXICANO EN LA POESÍA DE LÓPEZ VELARDE*

Emilio Uranga

Aquí vamos nuevamente a dibujar ese clásico perfil de nuestra manera de ser, esa interpretación o revelación que «corresponde» a la realidad con un escaso margen de arbitrariedad en nuestras cosas, se nos ha reforzado la creencia de haber atinado, con esa imagen, en el verdadero punto de gravitación, en la ubicación certera de nuestro ser. Presentíamos, al meditar nuestra constante histórica y natural, pero nos ha regocijado verla desprenderse sin violencia de una serie de testimonios que son, a su vez, autoridades. Invocaremos los nombres de Fray Diego Durán, Alfonso Reyes, Xavier Villaurrutia y Ramón López Velarde, como el de los autores que con claridad de veras han discernido aquella clásica estructura, y mostraremos que en su unanimidad aportan una prueba más de la objetividad del esquema. En cierto modo nos entregaremos a un repaso de evidencias, a un recitado de convicciones. Para resaltar de modo conveniente la peculiaridad de esa imagen la hubiéramos querido confrontar con la propuesta por Samuel Ramos y penetrar en el problema de por qué, al parecer, se dan dos pinturas a primera vista inconciliables, de nuestro modo de ser, quédese el proyecto para otra ocasión, aunque al final algo avanzaremos.

Hemos llamado la atención en otra parte sobre el valioso testimonio de Fray Diego Durán acerca del carácter del mexicano[1]. Se trata, hemos dicho, de un modo de ser oscilatorio o pendular que remite a un extremo y luego a otro, que hace simultáneas las dos instancias y que nunca mutila una en beneficio de la otra. El carácter no se instala, por decirlo así, *sobre* las dos agencias, sino *entre* ellas. La palabra náhualt lo acuña con toda perfección, *nepantla,* en medio, a mitad, en el centro. Tenemos así desprendida en pureza la categoría cardinal de nuestra ontología, sin turbio préstamo de la tradición occidental, autóctona, para regocijo de nuestro afán de originalistas. Los contenidos entre los que se

* *Análisis del ser del mexicano,* Colección México y lo Mexicano, 4. México, Porrúa y Obregón, 1952, pp. 80-94 (fragmentos).

[1] *Historia Mexicana,* nº 3.

oscila son, por de pronto, indiferentes en cuanto a su materia, no hay de su parte un límite que invalidara la forma que los engarza. En el caso que sirve de asidero a la ideación, a la eidetización, de Fray Diego Durán, se trata de las dos leyes, la cristiana y la aborigen, en el de Alfonso Reyes el esquema lo llenará la hipocresía y el cinismo, y en el de López Velarde, la religiosidad y el amor, para decirlo con la interpretación de Villaurrutia. Podríamos también hacer figurar la pareja de lo «decente» y lo «pelado», la de brutalidad y delicadeza, la de fragilidad y dureza, etc. Lo que conviene retener como decisivo no es, empero, el contenido, cuanto el esquema, que llamamos concediendo a los hábitos para rescatar más tarde, lógico, de pendulación, de oscilación, de vaivén o de zigzag. En una palabra: la zozobra. Porque es equivalente hablar de una lógica de oscilación y hablar de zozobra. Este peculiar movimiento ontológico que es la zozobra no corresponde ni al lineal de la lógica formal, ni al espiral de la lógica dialéctica. Los contradictorios se excluyen en una lógica formal, y para construir una imagen del carácter que se legitime hay que rechazar uno de ellos y consagrar el otro. En la dialéctica, se superan los extremos, se ayuntan para dar origen a uno tercero que absorbe en su seno los contrarios y los sublima perfectivamente en un término eminente. En cambio, la zozobra es un no saber a qué atenerse, o lo que es lo mismo, un atenerse a los dos extremos, un acumular, un no soltar presa, sino asir los dos cabos de la cadena. El juego incesante de vaivén, la marcha y contramarcha no tiene fin, «nuestras vidas son péndulos», para acuñarlo en expresión de López Velarde, que tendrá siempre en mi ontología la última palabra.

La zozobra remite a los extremos. Remite moviendo y no aludiendo meramente. Pero lo que la zozobra tiene quizás de más hondo es un dolor peculiar, un sufrimiento privatísimo. La desgarradura que como inevitable yace en el tipo de ser que revela la zozobra es incurable. No se cierra nunca. Es una hendidura que no puede obturarse, que no cicatriza, una herida permanente. La inmersión en lo originario se anuncia en el alarido incontenible que se escapa cuando tocamos con el dedo esta llaga, esta marca de fuego, indeleble y sangrienta. El movimiento de la zozobra tiene algún parecido con el de la tejedora. Es un triste y manso ajetreo que va zurciendo la vida, o mejor sería decir, que se deja tejer, en una pasividad cuya definición es de difícil consecución. En ese movimiento pendular hay una síntesis pasiva, un lograrse las cosas por el azar doloroso de los encuentros heterogéneos. Reunir en una sola ecuación los elementos que componen este modo de ser accidental no es hacedero. Hay remitencia, movimiento, dolor, desgarradura, sangría y síntesis. Sólo un análisis muy ceñido de la poesía de López Velarde permitiría calibrar con eficacia las frágiles esencias que aquí se entremezclan. Su jerarquización pediría una labor de exégesis prescindida, inútil es decirlo, por una inteligencia alertísima y una sutilidad emotiva casi impalpable. Avancemos, empero, algunas precisiones.

Tarde de lluvia en que se agravan
al par que una íntima tristeza
un desdén manso de las cosas
y una emoción sutil y contrita que reza.

(«La tejedora»)

Todos los «elementos» de nuestro carácter están aquí presentes, pero lo que más importa: engarzados, tejidos en una forma de unificación. Primero la emotividad, después la inactividad y, finalmente, la melancolía, nuestra manera de rumiación o de secundariedad.

El fondo del carácter lo da la melancolía, representada con toda adecuación por la imagen de la «tarde de lluvia». Lo gris y lo lloroso de su incurable ajamiento quedan sin más sugeridas. La desgana, figura, como dijimos en nuestro *Ensayo de una ontología del mexicano*, correctamente perfilada como «un desdén manso de las cosas» (pp. 137 a 138). La emotividad aparece como sutil, como delicadeza, pero se le matiza con lo contrito e implorante. Sobre ello volveremos. El dolor de la zozobra está representado en este verso de López Velarde como una «íntima tristeza». La sangre «devota» mana, pero con una suavidad, con una lentitud apenas perceptibles. El desvivirse es moroso, suavísimo, la vida escapa por un intersticio casi invisible. La exterioridad del desangrarse está reducida al mínimo. Esa herida no es, sin7o que se hace, se está tejiendo incesantemente como en un proceso sutil de cicatrización a la inversa, de obstaculizada coagulación. Ello es lo que importa sobremanera comprender. Ese carácter se va tramando, se va formando por la zigzagueante desgarradura de cada instante. El azar es así el artificie de nuestra quedísima evasión. Las imágenes resisten a la sugerencia de la intuición, porque se trata de representar un proceso de síntesis que no es de consolidación, sino de desmembramiento, pero sin una una previa sustancia que trabajara en su desmoronamiento desde adentro. Todo es, en cierto sentido, más bien exterior que interior, porque no hay un núcleo resistente a horadar, sino que desde el principio está ahí una fisura que nos impele a comprender la génesis de su distorsión, y no de su cicatrización.

La tarde de lluvia, el elemento exterior o noemático, se empareja con el carácter, elemento noético, cambiando o prestándose significaciones que permiten entender uno por la otra, y a la inversa. Este «encuentro» es azaroso, o mejor sería decir que todo el verso surge como captación de una situación azarosa. La confrontación «agrava», «al par», la inactividad y la emotividad. Los dos rasgos del carácter sufren una potenciación, son lanzados de la corriente mansa a la bravía. La herida ontológica, de que mana la tristeza sentida como íntima, ilumina, nutre, comunica el carácter sentido más primario que el manejado cada día sin acentuación; sumerge en lo originario. Tenemos así una especie de recrudecimiento de la ancestral herida por su confluencia con una tarde de lluvia. Nada sería más inepto que pensar en un enlace causal, y no motivado o movido por un ámbito climático que reblandece con sus insinuaciones un modo de ser y lo lleva a palpar en cercanía su incurable desgarradura.

El sabor de culpa o de deuda que sugiere lo contrito no está echado en el olvido. Esa herida, esa fisura saben a culpa. Ello es inevitable. No podemos con la existencia desgarrada alardear de inocentes. Y de la culpa, sin intermediario de ninguna especie, brotan la plegaria, el rezo, la oración. Rezar es la voz de la culpa. La deuda implora, no puede menos. Pero si hablamos de oración, por lo pronto nada tiene que hacer aquí una religión determinada. Ni tampoco indeterminada, porque si la religión es religación con lo divino, vinculación, la culpa en su origen no remite a ninguna religación. La deuda habla en el rezo, pero no de religación a lo divino. Es éste un añadido y una solución al enigma en que zambulle. Que la oración alude es innegable, que conoce su destinatario es dudoso. Se reza simplemente y no se hace cuestión de un receptor de esa oración.

> Tejedora: teje en tu hilo
> la inercia de mi sueño y tu ilusión confiada;
> teje el silencio; teje la sílaba medrosa
> que cruza nuestros labios y que no dice nada;
> teje la fluida voz del *Ángelus*
> con el crujido de las puertas:
> teje la sístole y la diástole
> de los penados corazones
> que en la penumbra están alertas.
>
> («La tejedora»)

El hilo de la vida que en un movimiento zigzagueante teje, abre la herida, no está torcido por una mano providente, o lógica, sino aventurera y azarosa. La tejedora no es una sabia calculadora de los efectos y de las conclusiones, sino la abandonada inspiración de lo accidental. La lógica tampoco selecciona la clase de hilos a trenzar, porque en esta operación de síntesis pasiva que es la vida las agencias se mezclan sin ningún respeto a los géneros, no se reconoce ningún derecho de pulcritud al lino frente al burdo henequén. El azar es, por esencia, lo híbrido, el maridaje de géneros incompatibles, de contradictorios. Si nos representáramos el universo como una ilimitada seriación de hilos paralelos que corren cansadamente adosados sin pretensiones de entrecruzamiento el azar no tendría ningún papel que jugar. Como en el universo de Epicuro la caída vertical de los átomos tiene que soportar una inflexión para que su encuentro se opere y este clinamen, esta brisa que tuerce y comunica, es el lecho del azar, el surco desviado que en su irrumpir atravesado fecunda lo heterogéneo, comunica lo específico y encerrado en una definición lineal. La confluencia de las series heterogéneas es el azar y la zozobra no es otra cosa sino el desnudo esqueleto de ese vaivén universal que hace comunicar a las criaturas de todo género unas con otras, es el movimiento de error que en un cuadro de paralelas ha corrido la tinta y permite que en su desangre lateral se fertilice lo vecino y lo lejano.

López Velarde pide que se teja en un mismo hilo la inercia del sueño y la ilusión confiada. Repárese en que son agencias contrarias. Si una está presente con ello anula a la otra, pero lo que la lógica hace imposible la vida, en su síntesis de azar lo consigue. En cierto sentido se pone en manos del azar la faena de conciliar los contrarios, de mezclar los géneros diversos. Un sueño para realizarse pediría actividad, quehacer. Pero la inercia del sueño conspira de modo decisivo en contra de su encarnación en lo real, priva o mutila a todo ideal de la fuerza con que modelaría las cosas y las transformaría en bienes. Soñar e inercia se contraponen. Pero la pereza se quiere hacer comulgar con una ilusión confiada, no ponerla en entredicho. Dejando intacta la ilusión, no revelar que depende de una inercia, lo que vendría a provocar la más radical de las desilusiones. Esta síntesis imposible es la que nuestro poeta deja en tarea a su tejedora. A continuación encarga también que los silencios de los amantes se tejan, no hay palabras, no hay diálogos, y, por tanto, no hay síntesis activa de expresiones, sino incomunicados silencios que el azar comunicará y formará en unidad. La misma petición de ayuda para que se enlacen las sílabas medrosas, y de modo más patente en cuanto a la operación de encuadrar diversidades, de formar híbridos, en los dos versos siguientes: la fluida voz del *Ángelus* y el crujido de las puertas. Nada más disparatadamente distante y nada que muestre más las instancias contrarias entre las cuales se opera la comunicación. Más clara la alusión cuando concreta la zozobra, la oscilación, como sístole y diástole, movimientos del corazón que dan la imagen perfecta del vaivén de la zozobra. Lo cordial simboliza que ese oscilar es más de índole emotiva que volitiva. No se oscila como entre dos polos en que la voluntad no sabe preferir, sino entre dos «corazonadas», entre dos afectos. El matiz de tristeza es evocado una segunda vez al hablar de «penados corazones». Y el verso final.

Hemos dicho que en el movimiento de la zozobra núcleo mismo del azar, o lecho del azar, hay un surco en que se espera que caiga algo. De ahí ese rezo, esa imploración. Forjar el carácter como zozobra es un llamado al azar, una invocación o incitación. Es recogerse en un alveolo en actitud de expectación. El hueco en que se ha preparado el lecho al azar tiene algo de sombrío, de cavernoso, no se puede decir que sea una hendidura bañada por la luz. Es un claroscuro, un crepusculario, una «penumbra». Pero en el fondo de esa cueva alumbra la atención, la esperanza, la vigilia del implorante. Hay que comprender la situación que aquí tratamos de sugerir en toda su articulada estratificación de matices. Los corazones zozobrantes y apenados yacen en una oquedad penumbrosa, pero desde ahí están alertas. Repárese en la combinación de opacidad y lucidez. Sumergirse en la originaria zozobra parece ser un movimiento que lleva hacia lo oscuro, hacia la anulación de la conciencia, pero en el punto extremo de entrega a lo crepuscular brilla lo alerta, la antena sutil presta a recibir el mensaje.

Decíamos que en esa primaria voz de la culpa hay una imploración, pero negábamos que llamara directamente a un Dios. En verdad la situación se aclara si nos fijamos en que el movimiento de la tejedora lo que aspira a conseguir es la síntesis de las conciencias, o sea la intersubjetividad. Salirse de la conciencia insular y alcanzar la comunitaria. Éste es el término del movimiento en que se presta atención al azar. No es aquí lugar para entrar en largas explicaciones filosóficas. Baste con decir que asistimos a ese tránsito de lo solitario a lo popular, de lo individual a lo colectivo.[2] Para López Velarde ese poder de extraversión y de comunicación es el amor:

> Divago entre quimeras difuntas y entre sueños
> nacientes, y propenso a un llanto sin motivo,
> voy, con el ánima dispersa
> en el atardecer brumoso y efusivo
> contemplándote, Amor, a través de una niebla
> de pésame, a través de una cortina ideal
> de lágrimas, en tanto que tejes dicha y luto
> en un limbo sentimental.
>
> («La tejedora», *El León y la Virgen*)

Llegamos así al término provisional de nuestra escaramuza caracteriológica y podemos con algún atrevimiento proponer una síntesis, una conformación unitaria de las diferentes capas de sentido que el análisis nos ha facultado para discernir. Sobre el fondo del carácter sentimental, en que se anudan la emotividad, la desgana y la melancolía, y en que se abre su camino el habla primigenia de la culpa que reza e implora, destácase o, en metáfora de profundidad, húndese como en mar, como bajel, la zozobra, que en incesante vaivén y oscilación remite de un extremo a otro, teje instancias que pueden ser contrarias o simplemente diversas. Lo sentimental forma la atmósfera, el horizonte, el recipiente en que la zozobra ejecuta su insobornable número de marcha y contramarcha como el

---

[2] O en el lenguaje filosófico, que se opera el tránsito de la cuarta a la quinta de las meditaciones cartesianas de Husserl.

«viudo oscilar del trapecio...» («Memorias del circo», p. 74). La zozobra hallábase suspensa en un *limbo* sentimental, no oscila, por decirlo así, en el interior de una bóveda enrarecida y no cualificada, sino precisamente coloreada, tinturada, y de atmósfera sentimental.[3] Por ello hemos dicho que más que moción de la voluntad es la zozobra vaivén emotivo, sentimental. Carácter sentimental y zozobra implícanse como fondo y forma.

He descubierto mi símbolo
en el candil en forma de bajel
que cuelga de las cúpulas criollas
su cristal sabio y su plegaria fiel.

(«El candil», *El León y la Virgen*)

Otra serie de consideraciones se ligan a la naturaleza de la tristeza que es la zozobra, a su condición de herida, a la apertura al azar y al quehacer de tejedora en que se engarzan las subjetividades para modelar la forma comunitaria.

La zozobra es, por lo pronto, una tristeza íntima. El adjetivo parece dar a entender que se trata de una tristeza que, como *a priori* sentimental, precede y condiciona todo dolor grande o pequeño que departe la experiencia, el vivir. Antes de que nos haga tristes alguna pérdida concreta de un objeto o de una persona de nuestro mundo circundante, somos una pérdida radical, condicionante, incurable. Las tristezas con que nos asedia la vida nos recuerdan la fundamental, la que somos, como a Platón las cosas del mundo le recordaban, le ponían en trance de rememorar las ideas. Somos tristes innatamente, por partida de nacimiento, y es que originariamente somos una pérdida, una penuria, una deuda, una carencia.

No soy más que una nave de parroquia en penuria,
nave en que se celebran eternos funerales,
porque una lluvia terca no permite
sacar el ataúd a las calles rurales

(«Hoy, como nunca...»)

Esta tristeza, correlato de la carencia que es nuestro ser, pues pérdida y tristeza se dan como anverso y reverso, se cualifica precisamente como desgarradura, como herida. De todas las formas que podemos describir como entrañando una carencia, una privación, la herida, esa desgarradura de lo que vive es la que

[3] Conviene insistir en que oscilación un tanto sentimental y oscilación solitaria son equivalentes. Por eso cuando dice «estoy colgado...» no por ello se excluye lo sentimental, sino que simplemente se subraya la soledad.

peculiariza el dolor de la zozobra. Duele el ser zozobrante, como duele una herida, un desgarramiento en el tejido vivo, en la carne con vida. No es otro el dolor, que en su generalidad indeterminada pudiera remitir a otros sentidos. Tristeza, pérdida y herida van dibujando el perfil de la zozobra, lo van precisando.

> Mi espíritu es un paño de ánimas, un paño
> de ánimas de iglesia siempre menesterosa;
> es un paño de ánimas goteado de cera,
> hollado y roto por la grey astrosa.
>
> («Hoy, como nunca...»)

Los motivos de tristeza, de penuria y de rotura encuentran su expresión inequívoca. La zozobra revela un ser «al par» menesteroso y roto.

Ahora bien, esa herida, carencia que produce un dolor triste, es manifestación de un movimiento y, por tanto, no es algo estático, sino permanentemente dinámico, movido. No es, rigurosamente hablando, una herida, sino un estarse hiriendo sin parar, un desangrarse. La zozobra opera una pequeña e íntima hemorragia, un escurrirse o deslizarse de la sangre. A López Velarde se le ocurrió adjetivar a la sangre y llamarla «devota». La ocurrencia tiene su explicación. Como ser menesteroso, o como privación, la zozobra habla de culpa, de deuda, y reza, ora o implora. Esa herida, por su condición culpable, quiere decirnos algo que no podemos menos de ubicar en el recinto de lo «devoto», que para ser exactos quizás habríamos que diferenciar del recinto de lo «santo» o religioso. Lo devoto frente a lo religioso lo rizaría la cualidad de lo «popular», de lo comunitario en un sentido muy singular. La religión que balbucea o frasea la zozobra no tiene, quizás primariamente, el sentido de una comunicación con Dios, sino con el prójimo, con el otro yo. El habla de la culpa es una imploración, una evocación, con su matiz mágico, de comunidad, de emparejamiento. Suscita o llama la compañía. Es el papel que desempeña, en la poesía que comentamos, la tejedora. En ese caso se puede decir que López Velarde nos hace asistir al trance de la formación de la intersubjetividad, que nos inicia en el misterio complicadísimo de la plasmación de una comunicación. Salir de la soledad individual y engranarse con la soledad ajena para formar la comunidad no es un movimiento fácilmente explicable. Revivir esta ocurrencia trivial requiere de una agudeza de análisis que en filosofía sólo quizás existe como ejemplo el de Husserl. El pensador alemán nos hace asistir a este tránsito en su quinta meditación cartesiana.

La Tejedora representa ese papel de engarce en que las subjetividades hasta entonces aisladas se ponen en comunión, se comunican. El movimiento es aquí, por así decirlo, patente, está al descubierto y el poeta nos lo muestra en su rica y colorida nervadura. Pero en otras dos poesías, de un interés ontológico primordial, hemos de encontrar, o bien ignorado el movimiento, o bien suspendido y negado. Veamos lo primero.

Todos recordarán aquella que empieza:

¿Dónde estará la niña
que en aquel lugarejo
una noche de baile
me habló de sus deseos
de viajar, y me dijo
su tedio?

(«Nuestras vidas son péndulos»)

La niña ignora que en mí también su drama tiene su correspondencia, que no es una «mónada sin ventanas», dentro de la cual se consuma el horroroso sacrificio de su sentimiento, sin que se entere de su agonía otra conciencia. Se vive ya *entre* y no dentro, pero la niña no lo sabe.

E ignoraba la niña
que al quejarse de tedio
conmigo, se quejaba
con un péndulo.

El confidente es un péndulo, un resonador que trae sin amortiguamiento a su subjetividad el dolor ajeno, el tedio del prójimo. La zozobra está representada como un movimiento de acarreo del sufrimiento ajeno. Y esta forma de comunicación y de comunión no es pasajera, forma un hábito, no muere al momento para dejar su lugar a una impenetrable apatía, sino que me arrastra a lo largo de toda la vida, como si la herida de la comprensión de lo extraño nos gravara una vez más de modo definitivo.

Niña que me dijiste
en aquel lugarejo
una noche de baile
confidencias de tedio:
dondequiera que exhales
tu suspiro discreto,
nuestras vidas son péndulos...

Intersubjetividad, pues, operada, pero a la par, ignorada. No es el caso grave. El acento mayor, la dolorosa frustración encuéntrase en la negación, en el rehusarse a la intersubjetividad. López Velarde lo ha vivido en una de sus poesías más profundas, desde nuestro punto de vista, la que con mayor hondura ha cogido nuestro entrañable modo de ser, aquella que empieza:

Prolóngase tu doncellez
como una vacua intriga de ajedrez.

Ya los acordes iniciales nos iluminan la situación en todos sus recodos. La doncellez es una virginidad que culpablemente se prolonga. Compararla a un juego complicado y vacío como el ajedrez nos deja entrever que, si bien el sentido de lo lúdico es primordial en nuestro modo de ser, hay que entenderlo de cierta manera. El juego, por el simple hecho de ser juego y entrañar el azar, no es lo preferible. El sentido de la vida como juego es superior quizás a la vida como deber, pero siempre que ese juego sea de intersubjetividades y no de soledades. La comunicación con el prójimo es el campo privilegiado del azar y quien a él se rehúsa se condena a la inútil, a la «excomulgada» tarea de jugar solitarios. El choque, el «disloque» que inevitablemente produce ver apareados lo solitario y el juego, informa con suficiente retórica de que el «verdadero juego» no es éste. Muy por el contrario, aquí yace una negación funesta.

La lámpara sonroja tu balcón
despilfarras el tiempo y la emoción.

Yo despilfarro, en una absurda espera,
fantasía y hoguera.

Hemos dicho que la actitud de espera en que el azar de la comunicación se suscita, combina a la vez lo iluminado y lo sombrío. Pero cuando la luz no es signo de una conciencia de espera, sino de empecinamiento en el hermetismo, cuando, como se dice vulgarmente, «no se pierde la conciencia», entonces no hay posible entrega, o se frustra, porque el movimiento de aceptación no soporta esa impertinente luminaria de la razón con todos sus rayos desplegados como púas y alambres protectores. Esa lámpara que sonroja el balcón es tan engañosa como el color de las mejillas que, lejos de ser un signo de salud, es frecuente símbolo de fiebre, de enfermedad. No hay comunicación, la intersubjetividad no se forma, no hay un *entre,* sino dos *dentros* en que se consume la vida.

López Velarde siente que esa operación interrumpida es un despilfarro, una dilapidación. Quien vive este cortocircuito de la comunión, a quien se le frustra, no puede menos que confesar que se le va el ser, que se le escurre entre las manos. Porque a nuestro ser no hay poder capaz de retenerlo en soledad. Dicho de otra manera: la soledad nos pone en presencia del desmoronamiento de nuestra entraña, de nuestro irreparable *deserse.* Una de las desfiguraciones más criminales es aquella que nos invita a quedarnos en soledad con la esperanza de tocar con ello el suelo seguro, de entrar en posesión de un caudal imperecedero. Pero la soledad no es una ventura de preservación del ser, sino de perdición. Sólo la comunidad «asegura», afirma.

> Los pródigos al uso
> que vengan a nosotros a aprender
> cómo se dilapida todo el ser.

La situación está delimitada con extrema claridad. Cuando la intersubjetividad está interrumpida y las dos soledades se amurallan en el dudoso prestigio de su insularidad, el proceso de dilapidación del ser se produce con un movimiento de pendulación vertiginosa y zozobrante. En este caso la zozobra opera como verdadera sangría, como hemorragia. En la soledad se palpa la suprema impotencia de nuestro ser, la impotencia o imposibilidad de poder con él, de comprenderlo, de prenderlo.

El espectáculo de la dilapidación del ser no es de índole capaz de suscitar regocijo y alegría; por el contrario, grita con imperiosa voz el sacrilegio y la impiedad. La sangre que mana no es ya devota, sino como dice aquí López Velarde, excomulgada. Si la comunión pide el recinto de lo devoto como su horizonte adecuado, el de la soledad suscita la atmósfera de lo inhospitalario, de lo impío.

> Y frente al ínclito derroche
> de los tesoros que atesora
> el yacimiento de las almas, algo
> muy hondo en mí se escandaliza y llora.
>
> («Despilfarras el tiempo»)

Quedamos, pues, en que la intersubjetividad se puede presentar como operada, como ignorada o como negada e interrumpida.

En este rápido bosquejo de la enseñanza que encierra la poesía de López Velarde nos ha guiado la intención de poner al desnudo las líneas maestras de nuestro carácter. Hagamos nuevamente un alto en el camino y resumamos.

Nuestro carácter es sentimental, lo que quiere decir que combina la frágil emotividad, la desganada actividad y la melancólica secundariedad de todos sus componentes. Por la emotividad somos frágiles, sensibles, todo nos llega y todo nos hiere. La desgana nos hace ver el mundo con un manso desdén y la melancolía nos impulsa a repasar lo vivido, con doliente recordación. Este ca-rácter constituye un fondo sobre el cual la zozobra, como péndulo, oscila y zigzaguea. En la zozobra hay movimientos fundamentales de formación de una intersubjetividad, con todas sus modalidades.

UN POETA SINGULAR*

Julio Jiménez Rueda

La vuelta a la provincia se realiza por medio del verso y la prosa. Es una de las formas de encontrar las más puras esencias de la nacionalidad. En el verso esta tendencia dio vida a la obra de uno de los más grandes poetas del México contemporáneo: Ramón López Velarde. Anteriormente a él ya había inspirado los versos de Francisco González León, autor de *Maquetas* (1908) y sobre todo *Campanas de la tarde* (1922). Antonio Moreno y Oviedo se sitúa también en esta trayectoria.

Muy corta es la obra de Ramón López Velarde... Se disponía a trasfundir el alma de la provincia en el alma de la patria. «Supo transmutar –dice José Luis Martínez– su drama casi vulgar en una de las expresiones líricas más complejas, profundas y hermosas; descubrió todo un continente poético: la provincia, fecundo luego para una legión de prosélitos; exploró el lenguaje con osadía y fortuna admirables, y acertó a expresar una nota que puede considerarse la distintiva y peculiar de la sensibilidad mexicana.» «La suave Patria» iba a ser el primer atisbo de esa integración nacional. La provincia, la ciudad, la iglesia de la villa, la muchacha que va a misa, la feria, los múltiples objetos grandes y pequeños que forman la utilería, el problema nacional del petróleo, todo se mezcla y funde en una síntesis de seducción incomparable en este poeta singular. En su obra se aprecian direcciones precisas para los poetas nuevos. Comenzó a tener escuela. Era el poeta mejor dotado de la generación posterior a la modernista.

---

* *Historia de la literatura mexicana,* México, Ediciones Botas, 1953.

RAMÓN LÓPEZ VELARDE*

Antonio Castro Leal

En 1910, año en que estalla la revolución mexicana, Ramón López Velarde había ya reunido algunos poemas que, bajo el título de *La sangre devota,* pensaba publicar en la imprenta de *El Regional,* periódico de Guadalajara que dirigía su amigo el poeta Eduardo J. Correa. El libro no llegó a publicarse entonces y, con ciertos aumentos y modificaciones, apareció después en la ciudad de México, editado por *Revista de Revistas,* un año antes de la promulgación de la Constitución de 1917.

La labor poética de López Velarde que recoge dicho libro pertenece, en su mayor parte, a los años más movidos y cruentos de la Revolución. Al desaparecer del escenario histórico Porfirio Díaz y el grupo de sus amigos, cambió la fisonomía del país: empezó a declinar rápidamente, en la capital y en las principales ciudades, la influencia de la vida europea que, sin grandes ventajas, iba sustituyendo o expulsando algunos de los gustos, las tradiciones, los hábitos y las costumbres de la vida mexicana. Las peregrinaciones de los que huían de «la bola», y las expediciones y campañas de las fuerzas contendientes mezclaron a gente de todas las regiones del país; finalmente, grandes núcleos provincianos se desbordaron sobre la capital, y México fue gobernado sucesivamente por los diversos grupos vencedores, que venían siempre del interior de la República.

En el campo de la poesía la producción escaseaba; las voces de los grandes poetas se iban apagando. Salvador Díaz Mirón, que al inaugurarse el monumento de la Independencia (1910) habían recitado una oda a Hidalgo que decepcionó a sus antiguos admiradores, desapareció en su provincia hasta su malhadado colaboracionismo con Victoriano Huerta. Después de *Puestas de sol* (1910), Luis G. Urbina publicó otro libro admirable, que pasó inadvertido: *Lámparas en agonía* (1914), y al año siguiente partió al extranjero. Amado Nervo estaba desligado, desde su ingreso al servicio diplomático del medio literario mexicano. Lo que José Juan Tablada producía entonces era de poco valor,

* «Prólogo» a López Velarde, *Poesías completas y El minutero,* Colección de Escritores Mexicanos, 68. México, Editorial Porrúa, 1953, pp. VII-XX.

como lo prueba su libro *Al sol y bajo la luna* (1918), y –temperamento de naturaleza femenina– esperaba ser fecundado nuevamente, lo cual sucedió a poco en su contacto con el hai-kai, primero, y con López Velarde, después.

En México quedaron Enrique González Martínez (1871-1952), que en 1909 publicó *Silenter,* un libro original que abría una nueva perspectiva poética, y después, *Los senderos ocultos* (1911), que lo consagró definitivamente; y en segundo lugar, Rafael López (1873-1943), profesor de literatura en la Escuela Normal para Maestros y jefe de un pequeño cenáculo literario, que sacó en 1912 su libro *Con los ojos abiertos,* en el que figuraba «La leyenda de los volcanes», poema premiado en los juegos florales de la Escuela Nacional de Jurisprudencia. No era difícil optar entre los dos caminos: González Martínez era la voz de la poesía nueva, espiritual y de leve ropaje transparente, y Rafael López, el esplendor verbal y lírico de ascendencia modernista y, a veces, el himno altisonante y heroico, con algo de Díaz Mirón y de Santos Chocano.

Pero mientras los poetas jóvenes de la capital seguían por la noble senda de González Martínez –aunque para imitar obra tan reflexiva y pura les faltaban experiencias y técnicas–, la poesía, superado ya definitivamente el modernismo, se labraba dos nuevos cauces que, con el tiempo, habrían de acrecentar sus aguas: los temas provincianos y los conflictos del alma devota de Ramón López Velarde, y la fiesta de los sentidos y las emociones de Carlos Pellicer. La producción de ambos es casi contemporánea en su difusión pública, pues *La sangre devota* se publicó en 1916, y gran parte de los poemas de *Colores en el mar* (1921) fueron dados a conocer en reuniones y revistas literarias desde 1915. En otra ocasión estudiaremos la obra y la influencia de Carlos Pellicer, a quien no creo que se le haya hecho justicia todavía como exponente de una nueva corriente poética en México.

Ramón López Velarde empezó a escribir versos cuando estudiaba en el Seminario Conciliar de Santa María de Guadalupe, en Aguascalientes. Ya en 1906 –con Enrique Fernández Ledesma, Pedro de Alba, José Villalobos Franco, Rafael Sánchez y los dibujantes Valdepeñas y Romo Alonso– fundó una revista literaria, *Bohemio,* que, para no desmentir la tradición que preside a tales esfuerzos, murió al segundo número. La primera poesía que conservamos de López Velarde es de 1905: «A un imposible». Son quejas de amor en cuartetos, lo mismo que la siguiente, «Huérfano»... Su primer soneto celebra una ausencia con alusiones a la historia de Blanca Nieves: «Color de cuento». Además de las lecturas clásicas de sus cursos de latinidad –que acaso no tuvieron sobre él influencia para ser ejercicios literarios y sentirlos expresión de un mundo lejano–, se aficionaría a los poetas en su lengua, de España y América, especialmente los románticos de última hora y los modernistas.

La primera influencia, a mi parecer determinante y decisiva, en la obra de López Velarde es la del poeta laguense Francisco González León (1862-

1945), de quien supo, según cuenta en un artículo «El capellán», por el padre Mireles, bizarro y culto personaje, atento siempre a la producción literaria del interior de la república. Después de *Megalomanías,* poemas sobre motivos palaciegos de la corte de Francia, que la crítica recibió mal, González León publicó en Lagos de Moreno otro libro, *Maquetas* (1908), colección de versos sobre lo que habría de ser entonces su dominio indiscutible: la vida provinciana, su tranquilo y reducido escenario, sus apacibles personajes, sus vicisitudes sentimentales y sus inocentes placeres. Esa influencia se hizo sentir tanto sobre la visión como sobre la técnica de López Velarde. Le enseñó a ver la provincia como material artístico, a sentirla en sus perfiles literarios, y le suministró al mismo tiempo determinados modos de expresión: metro, imágenes, adjetivos, fórmulas verbales.

López Velarde debe haber conocido muy bien *Maquetas,* del que cita, al parecer de memoria, ocho versos en su artículo ya mencionado sobre el padre Mireles. Y precisamente «El piano de Genoveva», poema escrito el mismo año en que se publicó ese libro, parece señalar el principio de la influencia de González León. No se trata, está claro, de una copia o imitación servil: esa fuente no hizo más que favorecer y apresurar el desarrollo de modos de ver y de decir que ya existían y estaban a punto de desarrollarse en López Velarde. A partir de ese momento se siente que la mayor parte del pequeño grupo de las primeras poesías presenta, como un fondo pintoresco de la vida sentimental, una visión congruente de la provincia. Respecto al metro, observemos que de las nueve primeras composiciones, dos estaban escritas en cuartetos endecasílabos, dos en alejandrinos aconsonantados, una en tercetos y cuatro eran sonetos: sólo a partir de la décima («Al volver») opta López Velarde por el metro usual de González León (la silva, con algunos versos sin aconsonantar), quc sc prcstaba a maravilla para la expresión de pensamientos de ritmo cambiante y para confidencias informales y entrecortadas.

En 1916 publica López Velarde en México su primer libro, *La sangre devota,* que causó una grata impresión. Por los temas de muchas de sus composiciones coincidía con la nueva apreciación de la vida y los gustos provincianos que trajo consigo el movimiento nacionalista provocado por la Revolución. Composiciones como «Los domingos de provincia», «Mi prima Águeda», «A la gracia primitiva de las aldeanas», «La bizarra capital de mi Estado», «Del pueblo natal», «En la Plaza de Armas» y «A la patrona de mi pueblo», así como el ambiente –unas veces religioso y otras de vida familiar– que servía de fondo autobiográfico a algunos de sus poemas eróticos, presentaban con auténtica emoción y atrevida novedad momentos y personajes, emociones y recuerdos de la provincia. En este libro original la provincia adquirió, en el cuadro de la poesía nacional, la categoría de un tema literario.

Pero, además de todo eso, el libro contenía una serie de poemas de un lirismo conmovido y profundo, arrebatado y a veces desconcertante. La riqueza y la complejidad de los sentimientos no habían sido, afortunadamente, sacrificadas, porque el poeta disponía de medios de expresión eficaces y apropiados, a la vez barrocos y sintéticos, que, al mismo tiempo, perseguían los perfiles y respetaban los claroscuros de las emociones. Esta parte del libro es como una apasionada biografía espiritual, llena de anhelos y temores, de sobresaltos y esperanzas, y revelaba una fina naturaleza emotiva y una sensibilidad delicada y punzante. No tenían antecedentes en nuestra lírica composiciones como «En las tinieblas húmedas», «Me estás vedada tú», «Hermana, hazme llorar...», «Por este sobrio estilo», «A Sara», «Tus hombros son como un ara», «Un lacónico grito» e «Y pensar que pudimos».

El libro fue bien recibido por la crítica del momento, lo que no dejó de notar que «marcaba un nuevo sendero en nuestra poesía y que era el más original de todos los publicados últimamente»; otro escritor aseguró que se trataba de «un libro integralmente personal»; y yo mismo, que entonces hacía mis primeras armas en la crítica, me atrevía a decir en un artículo de *El Nacional* (2 de febrero de 1916) que el poeta tenía «imágenes sutiles, expresiones inteligentes y temas inopinados», que su poesía ostentaba con frecuencia «notable fuerza de sugestión», que «la expresión es inesperada y satisfactoria», y declaraba finalmente que el poeta sorprendía «sobre todo por su moderna visión de las cosas».

En 1916 López Velarde se instala definitivamente en la ciudad de México. Es profesor de literatura en la Escuela Nacional Preparatoria y en la Escuela Nacional de Altos Estudios (después Facultad de Filosofía y Letras). Era amigo de casi todos los escritores de México. Escribía en algunos periódicos y revistas. Sus lecturas se habían multiplicado, aunque, a decir verdad, nunca fue un gran lector. Creo que nunca pudo apreciar los méritos de una obra que no estuviera escrita en español, y, además, se rehusaba a leer a los grandes autores extranjeros en traducciones, declarando que sólo los leería en su lengua original, lo cual era condenarse a no leerlos nunca porque no tenía interés en el aprendizaje de los idiomas.

Admiraba profundamente a Leopoldo Lugones. En su artículo «La corona y el cetro de Lugones» declara que éste es «el poeta sumo», que «a su lado todos resultan acólitos»; de su estilo hace los más cálidos elogios: «franquea los interiores más abstrusos de la conciencia, sus trascuartos y sus pasadizos, desmenuza su vibración y sujeta los más inasibles vislumbres de su efímera fisonomía». No hay duda que la expresión novedosa y certera, sutil y oblicua de Lugones le llamaba poderosamente la atención porque coincidía con necesidades y anhelos estilísticos propios. De la influencia de Lugones ha quedado huella en algunos de sus poemas:

Mi virtud de sentir se acoge a la divisa
del barómetro lúbrico que en su enagua violeta
los volubles matices de los climas sujeta
con una probidad instantánea y precisa.

(«Ánima adoratriz»)

Los astros y el perímetro jovial de las mujeres...

(«Mi corazón se amerita»)

El centelleo de tus zapatillas,
la llamarada de tu falda lúgubre,
el látigo incisivo de tus cejas...

(«Día 13»)

A la influencia particular del *Lunario sentimental* se deben –según ha observado Xavier Villaurrutia– estos versos:

Obesidad de aquellas lunas que iban
rodando, dormilonas y coquetas,
por un absorto azul
sobre los árboles de las banquetas.

(«Del minuto cobarde»)

En el mismo año en que se publica *La sangre devota* recibe el doctor Pedro de Alba algunos originales del poeta laguense Francisco González León. Los lee en compañía de López Velarde y deciden formar, con la mayor parte de ellos, un volumen que llevaría por título *Campanas de la tarde*. En 1917 López Velarde publica, con una breve nota suya, algunos de esos poemas en la revista *Pegaso* (31 de mayo de 1917) y escribe el prólogo del libro. Aunque éste está fechado el 1° de agosto de 1917, el libro, ignoro por qué circunstancia, no se publicó hasta 1922. En una carta a González León escribía Pedro de Alba: «Ramón López Velarde y yo hemos leído todos sus poemas...» Y después: «Ahora que leímos Ramón y yo, a cada momento me decía él: "Estas cosas solamente González León las hace; son sencilleces de Francis Jammes y elegancias de Samain, son finuras francesas; vamos a ver qué dice la plebe literaria de todas estas raras bellezas"...»

Por segunda vez toma contacto López Velarde con la obra de González León y se renueva la influencia que había ejercido sobre él ocho años antes. Nada más que ahora el contacto produce efectos más extraordinarios, desproporcionados, como si la inspiración de López Velarde, ya en plena madurez, no necesitara más que un leve toque para encender todas sus luces. En cuanto al tratamiento y desarrollo de los temas, compárese nada más «El pozo» de González León con «El viejo pozo» de López Velarde. No será para nadie difícil notar que este último ha enriquecido el tema, de manera que la composición del poeta laguense parece un amable vals romántico y la de López Velarde una opulenta orquestación en la que el vals se ha transformado en un poema sinfónico.

En cuanto al estilo, distingamos entre las imágenes y los adjetivos, y ciertas fórmulas verbales como la reiteración, de la que López Velarde obtenía efectos sorprendentes:

A las ineptitudes de la inepta cultura…

Las golondrinas nuevas renovando
con sus noveles picos alfareros…

El amor amoroso
de las parejas pares…

Esta recitación la encontró López Velarde en *Campanas de la tarde*, aunque no hay duda de que en González León su efecto no es tan expresivo:

De aquellas tan complejas
primeras emociones
de la primera edad…

Y en mi pecho
toda una pascua pascual
bajo la tarde eclesiástica…

Juraría que me arrulla
el arrullo de todo un palomar…

Y chirrían los chirridos
de mohosa cerradura…
Y tu mano nevó nieves en la pasta de un *Lavalle*…

En las imágenes y la adjetivación también se puede reconocer la influencia de González León, aunque López Velarde supera en mucho al modelo. Por ejemplo, en la pintura del paisaje utilizando ciertos objetos litúrgicos encontramos en el poeta laguense: «Veo en el cielo un azul escapulario», que se sublima y transforma en el magnífico verso de López Velarde: «El cíngulo morado de los atardeceres.» Copio a continuación algunos versos de *Campanas de la tarde,* en los que el lector encontrará fácilmente adjetivos o comparaciones que inspiraron a López Velarde, dándole pie para crear imágenes propias:

Vieja emoción
dormida en algún rincón
del oblicuo corazón...

La mirada moradora
de evangélicas pupilas...

Y tu voz donde se han contaminado
las inéditas arias de mis quejas...

La eterna catecúmena campana...

Senectud del monástico mutismo...

Las canteras unánimes de aquel
auténtico brocal
del solariego pozo primordial...

El insolvente bienestar del río
donde se arruga un calosfrío de acero...

En cada ventana el alma asomaba
la inquietud de una indómita ignorancia...

Tardes en que se diría
que aun el crepitar de un mueble
fuera una profanación
de absurda cacofonía
y herética intromisión...

Pero todas estas sugerencias y pequeñas deudas, tan enriquecidas y bien aprovechadas por López Velarde, no quitan a sus versos ni su profunda originalidad, ni su fuerza de revelación sincera y apasionada que encontramos en casi todos los poemas que reunió en su segundo libro: *Zozobra* (1919). Por su arrebatada entonación lírica, por su unidad y riqueza psicológica, por su tono de confesión a la que el arte no ha quitado su valiente frescura, por la novedad de introspección y dibujo, por la habilidad y finura poética con que expresa los más delicados matices de sus sentimientos y emociones, y por el alto y sostenido nivel de su realización técnica, este libro merece colocarse entre aquellos en que los grandes poetas mexicanos, en los momentos más brillantes de su carrera, han puesto lo mejor de su arte y de su espíritu: *Lascas,* de Díaz Mirón; los *Poemas rústicos,* de Othón; *Puestas de sol,* de Urbina, y *Los senderos ocultos,* de González Martínez.

Es *Zozobra* el libro de un alma apasionada que canta el amor en su «insaciable voluptuosidad» y en sus más castas consolaciones; a las antiguas delicias sentimentales del provinciano que enhebraba en la soledad idilios platónicos, se han agregado ahora las placenteras experiencias que ofrecen las grandes ciudades. La gama que va de la inalcanzable Fuensanta hasta las «consabidas náyades arteras», pasando por otras creaturas amorosas que se levantan como estatuas entre esos dos extremos, enriquece el paisaje psicológico del poeta. Lo enriquece y lo complica al conjugarse con la santidad de los recuerdos, las exigencias de la devoción, los imperativos del catolicismo y los pavores en que el alma ha vivido; las facetas del decorado mundo interior se oscurecen o iluminan según el juego de péndulo en que se mueve el alma entre el cielo y la tierra, la carne fresca y el deber exigente, el «motín de las satiresas» y el «coro plañidero de fantasmas». En esa función a veces se tocan los extremos: ¡con qué deleite irrumpirían los potros del placer en las castas praderas provincianas! Pero si éstas son inválidas, ¿qué refugio inmaculado quedaría para el alma después de los desencantos del placer? El goce de la unión con la mujer amada lo amarga el peligro de crear nuevas víctimas para el dolor; y las obligaciones del amante no pueden ser indefinidas ante el temor de que, a su vejez, «la última odalisca se fugue en pos de nueva miel». «Nada puedo entender ni sentir –decía López Velarde– sino a través de la mujer: por ella he creído en Dios, y sólo por ella he conocido el puñal de hielo del ateísmo.»

Quien quiera conocer las ricas variaciones de este drama en una versión en la que ha puesto sus encantos y temblores un género de poesía que nadie había ensayado antes en México, que lea este espléndido libro o, por lo menos, sus poemas más característicos: «Hoy como nunca...», «La mancha de púrpura», «Mi corazón se amerita», «Tierra mojada», «A las vírgenes», «El mendigo», «Hormigas», «Idolatría», «La lágrima» y «La última odalisca».

Después de *Zozobra* siguió escribiendo López Velarde, como lo acostumbraba, sin descanso pero sin prisa. Solía escribir sus poemas con lápiz y guardarlos en el bolsillo, de donde los sacaba para leerlos a los amigos. En ocasiones dejaba en blanco los lugares que deberían ocupar los adjetivos, para cuando los encontrara a su gusto. Recuerdo que en el Teatro Ideal, en un entreacto, me leyó su poema «El retorno maléfico» en una versión a la que –según me hizo observar– le faltaban ciertos adjetivos (entre ellos el del verso «goteando su gota *categórica*»). A esta costumbre de escribir con lápiz y traer por algún tiempo los originales en el bolsillo, revueltos con cartas y otros papeles, se deben las irremediables lagunas de su poema «El sueño de los guantes negros».

López Velarde murió el 19 de junio de 1921, cuatro días después de haber cumplido los treinta y tres años. Las poesías que dejó a su muerte fueron reunidas en *El son del corazón* (1932); algunas de ellas están seguramente en su versión final, unas cuantas esperaban acaso revisión y las demás quedaron inconclusas. En la modulación lírica se mantiene el tono de *Zozobra,* y las composiciones de mayor mérito son «Treinta y tres», «Gavota», «Mi villa» y «El sueño de los guantes negros». La joya de la colección es su canto «La suave Patria», en el que celebró a México reviviendo, en una serie de frescos sintéticos y decorativos, los aspectos más característicos y pintorescos de la vida nacional: hábitos, fiestas, tradiciones, paisajes, bailes, manjares, alegría y rasgos de la vida diaria popular y ciudadana. De este poema ha nacido toda una literatura de feria y de color local, que nunca ha alcanzado la fuerza de trazo, la elegancia sintética y la valentía de colorido del original.

Dejó también López Velarde una interesante obra en prosa, formada por los artículos que sobre diversas materias escribió para periódicos y revistas de provincia y de la capital. Parte de dichos artículos fueron reunidos por Enrique Fernández Ledesma en *El minutero* (1923), que incluye comentarios líricos, retratos literarios, críticas, recuerdos de provincia, fragmentos autobiográficos, variaciones sobre temas del momento o simples divagaciones. Algunas veces, como sucede en los poemas en prosa de Baudelaire, tocan algún tema que ya ha sido tratado en verso por el poeta. La prosa de López Velarde tiene algunas de las virtudes de su poesía: es rica de color, novedosa, barroca y significativa. Merecerían figurar en una antología fragmentos como «Mi pecado», «Fresnos» y álamos», «Anatole France», «La sonrisa de la piedra» y «La cigüeña».

Pero no hay duda de que es en la poesía en donde López Velarde tiene un sitio de honor, al lado de nuestros más grandes poetas, de Sor Juana Inés de la Cruz, de Gutiérrez Nájera y Salvador Díaz Mirón, de Othón y Luis G. Urbina, de Amado Nervo y Enrique González Martínez.

UNA VOZ NUEVA*

Max Henríquez Ureña

A la misma generación que tan importante labor realizó en el Ateneo y en la Universidad Popular pertenecía Ramón López Velarde (1888-1921), cuya primera aportación a la lírica fue la emoción de la vida provinciana. Después, en «La suave Patria», dio, con vívido colorido, una síntesis armoniosa y original de todo el país, y alcanzó sorprendentes efectos al incorporar, dentro de la aristocracia de su expresión poética, la mención oportuna de lo cotidiano y lo común.

A veces hallamos en sus versos un reflejo del *diabolismo poético* que encontró cabal interpretación gráfica en los dibujos de Julio Ruelas:

De súbito me sales al encuentro,
resucitada y con tus guantes negros.
Para volar a ti le dio su vuelo
el Espíritu Santo a mi esqueleto.

Al sujetarme con tus guantes negros
me atrajiste al océano de tu seno,
y nuestras cuatro manos se reunieron
en medio de tu pecho y de mi pecho,
como si fueran los cuatro cimientos
de la fábrica de los universos.

¿Conservarás tu carne en cada hueso?
El enigma de amor se veló entero
en la prudencia de tus guantes negros...

(«El sueño de los guantes negros»)

Hay en la poesía de López Velarde imágenes sinestésicas que revelan su afinada sensibilidad (así cuando dice que en una madrugada invernal «lloviznaban

---

* *Breve historia del modernismo,* México, Fondo de Cultura Económica, 1954, pp. 499-500 (fragmento).

gotas de silencio»); pero también encontramos que su inspiración sufre reiteradamente la atracción de lo macabro: «mi vida es sólo una prolongación de exequias bajo las cataratas enemigas», o bien:

> Antes de que tus labios mueran para mi luto,
> dámelos en el crítico umbral del cementerio
> como perfume y pan y tosigo y cauterio.

Pero aunque por momentos el barroquismo, a veces macabro, de su expresión poética recuerde los tiempos del modernismo, su acento es otro, su voz es una voz nueva, y los dos únicos libros de versos que publicó (*La sangre devota,* 1916; *Zozobra,* 1919), así como el volumen póstumo *El son del corazón,* son jalones que señalan nuevos derroteros. Sus prosas, también excelentes, han sido recogidas en ediciones póstumas.

EL MÁS GRANDE POETA MEXICANO DE ESTE SIGLO...*

Luis Alberto Sánchez

Ramón López Velarde, el más grande poeta mexicano de este siglo, fue saludado como el continuador de González Martínez, hasta por aquello de retorcerle el cuello a la elocuencia. Espíritu impar, López Velarde representa lo más cernido de la poesía vernácula, lo más alto de la expresión criolla, llena de vitalidad, de certeza, de plasticidad y sencillez. Poesía de hogar, pero en vez de humillar el verso, como Carriego y Yerovi (Argentina y Perú, respectivamente), elevó a categoría estética lo cotidiano, coincidiendo con Jorge Luis Borges, el sublimador del carrieguismo suburbano.

* *Nueva historia de la literatura americana,* Editorial Guarania, Buenos Aires, 1954.

LÓPEZ VELARDE Y LA PEQUEÑA PROPIEDAD*

Arturo Arnáiz y Freg

Resulta un poco misterioso el hecho de que si aceptamos que fuera de las grandes ciudades mexicanas en los campos, todo era dolor y explotación ejercida por un grupo minoritario de hacendados ausentistas, resulta muy extraño que precisamente en esos años, uno de nuestros más grandes poetas haya iniciado, con una riqueza de recursos y una originalidad de medios hasta entonces no alcanzada, la descripción de la civilización elegante y complicada de un pequeño pueblo agrícola de la Mesa Central. López Velarde hablando del poeta mexicano con el que sintió mayor afinidad nos dice: «La aristocracia de González León se aplica a cosas nuestras, a cosas patrias. Él ha puesto su alcurnia al servicio de lo mexicano, acaso sin deliberación especial.» Y este otro aviso que debemos tomar en cuenta.

El autor de *Zozobra* leyó los ensayos de Montaigne y –como ocurre siempre–, sólo encontró lo que buscaba. De ellos rescata esta sentencia: «Cuando el tiempo, como guardián inexorable, os arrastre por las postrimerías invernales, volved siempre la cabeza a vuestra florida edad.»

¿Cómo unir todos los testimonios dramáticos sobre la escasez y la miseria que se vivían en los campos de México con las descripciones que el poeta nos hace de la vida en su Villa de Jerez. Cuando evoca los «desayunos de geórgica» y las cenas suculentas y de un regusto peninsular que trascendían a clasicismo de posada cervantesca, se pregunta él mismo: «¿Se cenaba en la casa del Caballero del Verde Gabán?»

Y podemos evocar otra imagen de abundancia cuando en su crónica «El caminante» hizo «con fervor patético» el elogio de su tierra en agosto de 1912.

López Velarde describe cómo, desde la cumbre más eminente se vuelve a mirar al valle, y en voces que se llevaba el viento, un caminante dice:

---

* «Discurso de ingreso pronunciado por don Arturo Arnáiz y Freg, el día 17 de junio de 1961», *Memorias de la Academia Mexicana de la Historia,* México, D.F., abril-junio de 1961, tomo XX, nº 2 (fragmento).

«¡Bien hayas, tierra noble y hospitalaria que embelesaste mi espíritu con el espectáculo saludable de tu vida: Del reloj antiguo del campanario se desprenden las horas en armonías trémulas que se esparcen por la serenidad del ambiente y sobre el tablero ceniciento de tus llanuras. Y, con la misma regularidad de las horas, ruedan las existencias de la comarca. En ti, generosa tierra, los árboles dan frutos, que lo mismo embalsaman la atmósfera que el jardín ideal de los paraísos interiores; tus auras benignas refrescan, con su contacto de suavidad, el sueño con que florecen las juventudes y la desesperanza en que se marchitan las vejeces. En ti agoniza el trajín mundano con la mansedumbre fatal de una ola. En tus huertos rústicos, en tus casas aldeanas, en tus calles muertas y en la fecundidad de tus sementeras, se abre la rosa de la paz. La sombra bienhechora de tus alamedas protege los paseos vespertinos de las mozas y de los párvulos. Tu sol vivifica, tarde por tarde, los cuerpos y el anhelo de los ancianos que se sientan en corro en el atrio a recibir la limosna de luz para las pupilas caducas, y la merced del calor para los huesos fríos.

»Tu prestigio provinciano, ¡oh tierra acogedora! luce en seres y cosas: en la paloma que dibuja la espiral de sus vuelos sobre la torre blanca; en el mugido de las vacas que empañan con su vaho, cada tarde, la linfa del río; en la gallina descarriada que cacarea, dando picotazos en las baldosas de la plazuela; en el desmayo de las músicas del anochecer y en la columna de humo de la choza en la limpidez natural.

»Nada más puedo pedirte, oh tierra dadivosa, porque todo me lo has concedido. Me diste el perfume de égloga de tus campos, la jovialidad de tus habitantes; el ensueño de la luz de la luna sobre tu caserío, que se duerme entre el sonsonete del grillo y el ladrar de los mastines; la gracia volandera de los pájaros que rayan el cielo, con algarabía de locura feliz; la lección fértil de la escuela de tu vendimia, y también me otorgaste como corona para mi ventura, el sonreír de la más hermosa de tus hijas.»

Y después de esta estampa de bienestar y de abundancia, vuelvo a preguntarme: ¿Qué factores hicieron posible que Jerez de Zacatecas llegara a ser ese oasis en el que el poeta buscaba «la paz evangélica de los campos natales», y «la soledad sonora» de su vida provinciana?

Tengo para mí que este conflicto no puede ser comprendido si sólo se usan caminos literarios. No parece ser éste un problema de influencias, sino la resultante de una realidad geográfica y de una estructura social de tipo peculiar.

Una de las primeras descripciones de nuestra Jerez de la Frontera es la que en 1605 hizo don Alonso de la Mota y Escobar, Obispo de Nueva Galicia. Señala cómo fue fundada «para hacer fortaleza y resguardo contra los indios chichimecas en la fuerza de la guerra y para que fuese como centinela y reparo de los alredores de la ciudad de Zacatecas». «Acabada la guerra y viendo que este valle era fertilísimo y abastado de pastos de grande apruebo para ganados, se convirtieron los soldados en labradores y tienen haciendas y heredades gruesas de maíz.»

Mota y Escobar seguía diciendo en esos años iniciales del siglo XVII: «Tiene lindos cotos de muchos conejos, venados y corzos, y así la califico como una de las más sanas viviendas que hay en toda la Nueva Galicia; lleva la tierra maravillosamente todas las frutas de Castilla y todo género de hortaliza.»

El cronista agrega: «Es este valle de temple frío, sano, alegre y apacible, corren lindos aires y hay maravillosas aguas, y pasa por medio de la villa un arroyo de agua perpetuo.»

Y a lo largo de su descripción señala: «Suelen faltar las aguas del cielo.»

Hagamos un paréntesis y evoquemos ahora cómo dice esto mismo, tres siglos después, Ramón López Velarde:

> ¡Y tu cielo nupcial, que cuando truena
> de deleites frenéticos nos llena!
> Trueno de nuestras nubes, que nos baña
> de locura, enloquece a la montaña,
> requiebra a la mujer, sana al lunático,
> incorpora a los muertos, pide el Viático,
> y al fin derrumba las madererías
> de Dios, sobre las tierras labrantías.

* * *

El *Censo General del Estado Libre de Zacatecas* practicado por D. Manuel G. Cosío nos da una imagen muy precisa de cómo era la Villa de Jerez en 1830.

Contaba con 14.383 habitantes, de ellos 424 eran labradores, 70 artesanos, 14 comerciantes, dos maestros de escuela, diez estudiantes, 320 jornaleros, ningún fraile, ninguna monja, un abogado, un médico, un cura y ocho clérigos. El 31 de diciembre de 1830 había en la cárcel de Jerez 16 hombres y 3 mujeres. La propiedad territorial estaba distribuida de este modo: seis haciendas de campo con dos ranchos anexos a ellas y había también 29 ranchos independientes.

Ya para entonces la paulatina concentración de la propiedad preocupaba a las autoridades. El 16 de mayo de 1831, el gobernador del Estado de Zacatecas D. Francisco García Salinas –justamente famoso–, publicó un decreto admirable en el que establecía que, con los fondos públicos, el gobierno del Estado compraría los mayores latifundios para «hacer felices» con su distribución en pequeños sorteos, a los habitantes de las regiones inmediatas. De esta manera aquél gran Estado de Zacatecas, anterior a la subdivisión que le impuso el centralismo santannista propició el desarrollo de nueva riqueza agrícola mediante la creación de millares de pequeñas propiedades.

Pero donde brota de pronto una nueva luz es de un libro muy elogiado pero, como ocurre con tantas obras valiosas, en general, poco leído. Aludo a la obra notable *Legislación y Jurisprudencia sobre Terrenos Baldíos* publicada en 1895 por D. Wistano Luis Orozco. Ese notable jurista jalisciense hace en cerca de mil páginas un estudio muy amplio de los graves daños que al país había hecho la aplicación inmoral e injusta de las Leyes sobre terrenos baldíos.

Y así afirmaba: «[Hemos llegado a] un trastorno completo en el propósito de la legislación y en los ideales de la democracia; pues mientras el fin supremo de las leyes de baldíos y de colonización es alargar el beneficio de la propiedad agraria a los que carecen de ella, en nombre de esas mismas leyes se arroja de sus posesiones a los pobres campesinos, o se les obliga a rescatarlos mediante dolorosos sacrificios.»

Ese libro constituye una protesta valerosa y bien fundada contra la voracidad de los latifundistas mexicanos, en los años finales del siglo XIX.

Wistano Luis Orozco consideraba un bien social la distribución de la tierra entre el mayor número posible de individuos y conocía los graves daños que al país causaba la concentración de la propiedad rústica en las manos de un grupo privilegiado.

En su libro, encontramos páginas excelentes en las que se ocupa de la grave crisis agrícola que vivía la nación.

Ocurría entonces con la gran propiedad agraria un problema muy semejante al que, hasta en etapas muy recientes –hasta la promulgación de la nueva Ley Minera hecha por el gobierno actual–, sucedía con las grandes concesiones mineras. México está resuelto a respetar y prolongar las concesiones mineras que se utilizan para producir, pero no puede ni podrá seguir tolerando que una minoría agresiva acumule concesiones de explotación minera que sólo les sirven para no producir.

Y cuando hace sesenta y seis años Wistano Luis Orozco aludía a la vieja disputa sobre las ventajas del grande, del mediano y del pequeño cultivo de la tierra, escribe:

«Dicen los partidarios de las grandes explotaciones agrícolas que, estando provistas de buenos capitales circulantes, son dirigidas por hombres versados en la ciencia agronómica, que pueden aprovecharse en ellas el uso de las máquinas y la división acertada del trabajo; que se pueden hacer economías en los gastos de producción; que se pueden formar grandes rebaños», etc.

Y comenta en seguida: «Nada podríamos contestar a todo esto, en los términos en que se ponderan las ventajas de la grande explotación agrícola.»

«Puede economizarse, puede aprovecharse, pueden criarse ganados, pueden usarse máquinas, etc., etc. Note bien el lector este sistema de discurrir; todo gira en el mundo de las posibilidades. ¿Quién puede negar la posibilidad de todas esas ventajas? Pero nos ocupamos de un asunto enteramente práctico: no se trata, pues, de saber lo que es posible suceda en las grandes propiedades agrarias, sino de saber lo que *de hecho acontece con ellas* en relación al cultivo de la tierra y aprovechamiento general de la riqueza de un país.

»Sobre esto, sólo puede guiarnos una observación atenta de hechos reales e indubitables, que nos conduzcan por vía de inducción al establecimiento de ciertas conclusiones y de ciertas leyes generales.

»Procedamos, pues, por este método.»

Y agrega entonces: «Al Sudoeste de Zacatecas se extienden dos Partidos de enorme extensión territorial: Jerez y Villanueva.»

«La ciudad de Jerez está situada en un hermoso valle a catorce leguas de Zacatecas. La ciudad de Villanueva está situada a ocho leguas o menos, al Oriente Sur de Jerez, en un valle mucho más hermoso todavía, que extiende sus vastas llanuras desde las cercanías de Zacatecas hasta las montañas del Plateado, en una extensión de más de 140 kilómetros. Jerez fue fundada a las orillas de un río; Villanueva fue fundada también a las orillas de un río; Jerez fue fundada por españoles; Villanueva fue fundada también por españoles. Dicen que por mucho tiempo se disputaron la primacía esas dos ciudades.

»El viajero que visita hoy a Jerez, encuentra una ciudad pintoresca que respira bienestar por todos sus poros. Iglesias suntuosas, habitaciones espléndidas, jardines hermosísimos, un comercio activo en el cual se invierten fuertes sumas de numerario; un teatro amplio; un buen colegio de instrucción primaria y secundaria; una penitenciaría casi terminada; un buen hospital, vastas alamedas en su derredor; todas las comodidades, en fin, de una sociedad civilizada. La población es sana, fuerte y alegre. Los hombres son notablemente corpulentos; las mujeres hermosas, el pueblo aseado, trabajador y morigerado.

»El viajero que visita a Villanueva, encuentra todo lo contrario. Una ciudad que debe contar más de diez mil habitantes, volviéndose ruinas por todas partes. Ni un solo edificio notable: iglesias muy pobres; no hay teatro, hospital ni hoteles. Las casas consistoriales en estado lastimoso; no hay parques, no hay alamedas alrededor; el comercio languidece en la inacción; el pueblo es humilde, vive en la mayor miseria, la raza está degenerada: las discordias domésticas tienen dividida a la clase acomodada de aquella sociedad.

»¿En qué consiste una diferencia tan profunda entre estas dos ciudades situadas sobre el mismo paralelo, sobre tierras igualmente fértiles, en un clima igualmente sano, nacidas bajo condiciones etnológicas, morales y religiosas enteramente iguales?

»¿Es caso que Jerez dispone de muchas industrias que no tiene Villanueva?

»No; esta ciudad tiene sobre Jerez la ventaja de poseer industrias de alfarería y obrajería que no tiene Jerez. El valle de Villanueva es mucho más extenso que el de Jerez; el camino de Zacatecas a Guadalajara, tanto por el rumbo de Juchipila como por el rumbo de Colotlán, pasa por Villanueva y no por Jerez. El camino real de Villanueva a Zacatecas es mucho mejor que el de Zacatecas a Jerez. Sin atender más que a los elementos naturales de riqueza, Villanueva debía tener muchas más prosperidades que sus vecinos.

»Debemos, pues, buscar en otras causas la razón de este fenómeno económico tan notable, de la enorme superioridad de bienestar que tiene Jerez sobre Villanueva.

»La razón de todo esto consiste en la gran diferencia con que está repartida la propiedad agraria en uno y en otro valle.

»Doscientas treinta y ocho mil setecientas sesenta y dos hectáreas y noventa y seis aras de tierra en manos de seis individuos, a lo menos en cuanto a la administración de las haciendas. Ninguno de estos hacendados vive en Villanueva. Todas estas haciendas tienen tienda de raya y no dejan ni un peso al comercio de la Cabecera. Las más grandes de ellas tienen capellán y cementerio, de manera que no contribuyen ni con sus cadáveres a la población de Villanueva. La Quemada suele arrendar pastos en buenas condiciones para el mantenimiento de ganados.

»Las demás haciendas, por un autocrático capricho de sus dueños, no arriendan pastos ni para un cabrito a nadie, y a ningún precio.

»Nada de esto. Esas haciendas son otros tantos desiertos inmensos; vastas y mudas soledades, sin cultivos, sin ganados, sin habitaciones humanas; soledades que se extienden desde las cercanías de Zacatecas hasta las cercanías de Tabasco, en una extensión de más de 35 leguas, ocupada por las haciendas de Malpaso, La Encarnación y Tayahua; vastas riquezas perdidas que no sirven a Dios, al hombre ni al diablo.

»¿De qué vive, pues, aquella gente de Villanueva?

»De su escaso comercio, de lánguidas y atrasadas industrias de alfarería, obrajería, herrería, etc., de los pocos recursos que les suministran para la agricultura y la ganadería los siguientes terrenos:

»Unas pocas tierras del fundo legal, que ignoramos cómo estén repartidas. Un sitio llamado de Morones repartido entre 42 propietarios. Diez caballerías de tierra llamadas de la Magdalena o del Jaral, repartidas entre varios propietarios pobres. Uno o dos sitios repartidos entre tres o cuatro comerciantes ricos, quizá algún otro pequeño predio cuyo nombre se nos escapa en estos momentos. Supongamos unas 7,196 hectáreas, cuando mucho, para más de 10,000 habitantes, mientras seis haciendas ejercen el monopolio de 238,762 hectáreas y 96 aras.

»Sucede, pues, que si el observador se sienta por la tarde en algún sofá de la plaza de Armas de Villanueva recogerá algunos piojos blancos que ha dejado por allí el pobre pueblo. Sangrienta y tristísima expresión de las condiciones económicas a que puede llegar una sociedad caída bajo el yugo corruptor de nuestro feudalismo rural.

»La propiedad está repartida de muy diverso modo en Jerez. Todas las tierras de su fértil valle y todas las tierras montañosas que los circundan por el Este y el Noreste están distribuidas lo menos entre 2,000 propietarios. Ya hemos dicho que el nivel común a que tiende la propiedad en esa zona es un sitio de ganado mayor. Por bajo de esa medida típica, se cuentan numerosísimos lotes de una, dos, tres a diez caballerías de tierra. Arriba de la medida típica, hay algunas pocas y hermosas haciendas, como Santa Fe, de cinco sitios: El Tesorero, dividida en fracciones de tres a cuatro sitios. Todo aquel extenso valle está salpicado de rancherías; por todas partes se ven los maizales o los trigales en frutos, los ganados pastando, o los trabajadores recogiendo las bienhechoras cosechas.

»No vaya a creer el lector que aquello es el reino de Sosostris descrito por Fenelón.

»Estas pinceladas suponen grandes vacíos; y ni siquiera es Jerez una de las partes más hermosas de nuestro fecundo suelo; pero la buena distribución de la tierra hace de aquella comarca una de las más felices del país, y ya hemos dicho lo que es la ciudad de Jerez, gracias a esa buena distribución agraria.

»Estas dos grandes zonas conjuntas de Jerez y Villanueva se prestan, pues, admirablemente para hacer un paralelo de los efectos económicos que respectivamente producen la grande y la pequeña propiedad territorial.»

* * *

Señoras y Señores:

La tarea de historiador es un esfuerzo tenaz de comprensión o no es nada. Por eso busca siempre nuevos testimonios y, logra establecer a veces, relaciones nuevas entre los hechos que han alcanzado ya los honores de la imprenta.

El emocionante testimonio de Wistano Luis Orozco sobre esa Villa de Jerez en la que vivía ya Ramón López Velarde ilumina una multitud de hechos que hasta ahora no habían tenido cabal explicación.

TRES PROCEDIMIENTOS IMAGINATIVOS*

Allen W. Phillips

Algunas predilecciones imaginativas

Con la mayor brevedad quisiéramos señalar ahora cómo en la obra de López Velarde ciertos motivos de orden espiritual aparecen constantemente reelaborados en imágenes que se agrupan en una misma familia expresiva por sus elementos constitutivos idénticos. En primer lugar, la insistente predilección por una serie de metáforas de suspensión y oscilación. No es mera casualidad que estas metáforas reaparezcan a lo largo de su verso y su prosa, sino que intencionadamente corresponden a determinados estados de ánimo que el poeta se empeña en representar bajo formas imaginativas. En una poesía de *La sangre devota,* el poeta identifica su propia vida, y la vida de la niña que, en una lejana noche de baile, le decía confidencias de tedio, con un par de péndulos. En vaivén constante, su vida y la de la niña son:

Dos péndulos distantes
que oscilan paralelos
en una misma bruma
de invierno.
(LSD, «Nuestras vidas son péndulos»)

La intención de López Velarde, en este caso, no parece rebasar la de afirmar en tono nostálgico los lazos de simpatía que todavía existen entre dos almas dolorosas y extraviadas, que marcan un siempre idéntico y paralelo compás, no obstante la distancia que ahora las separa. Desde luego, el *péndulo,* que nunca sale de su curva, implica una nota de regularidad, monotonía y tedio, en consonancia admirable con el tono del poema.[1] En otra ocasión, cuando quiere expresar

---

* *Ramón López Velarde, el poeta y el prosista,* México, Instituto Nacional de Bellas Artes, 1962, pp. 215-236 (fragmento).

[1] Este mismo es el motivo central de una sugestiva prosa de factura lírica y de tema temporal. La fantasía del poeta contempla, en la penumbra, a la señorita Virginia sentada en una mecedora. El

una idea de finalidad, de desolación y de vacío, después de ver cómo retroceden y se esfuman las memorias del circo que recuerda de su juventud en Aguascalientes, el poeta da con estos sugestivos versos finales:

...y en el viudo
oscilar del trapecio...
(zoz, «Memorias del circo»)

Sin embargo, más nos interesa llamar la atención sobre otras imágenes del mismo tipo, cuyo significado espiritual ha sido enriquecido notablemente porque en ellas López Velarde, al buscar una ecuación personal, ha proyectado sus más inquietantes conflictos interiores.

Aunque es sumamente aventurado buscar en los símbolos de López Velarde un contenido conceptual bien definido, consecuente e inmutable, nos parece legítimo creer que las imágenes que ahora nos ocupan se inspiran, en último análisis, en su afán de vivir plenamente la vida. Es decir, en virtud de la intensidad con que se entrega a la vida, su ser ávido se desgarra por las incitaciones opuestas que tienen su origen en la tantas veces expresada dualidad de su alma. ¿No es esto precisamente lo que nos dice al evocar las notas múltiples que se oyen en el diapasón de su corazón? Finalmente llegan a fundirse en la última estrofa del poema:

¡Oh, Psiquis, oh mi alma: suena a son
moderno, a son de selva, a son de orgía
y a son mariano, el son del corazón!

(Son, «El son del corazón»)

En perpetuo vaivén espiritual, determinado por la moral de simetría que profesa, se siente igualmente atraído por las fuerzas del bien y del mal, de la pureza y la sensualidad, oscilando de un extremo a otro sin poder optar definitivamente por uno solo. De ahí el drama angustioso de su alma, su sed de saborearlo todo, y el motivo principal de su zozobra. Indecisión e incertidumbre. Vacilación y fluctuación. Ya vimos cómo López Velarde, en un hermoso poema,

---

vaivén rítmico y exacto de su sillón es un símbolo de los fracasos y culminaciones de su vida insertos en un mismo movimiento de flujo y reflujo, entre lo sublime y lo vulgar. Al final de este poema en prosa, la habitación se deshumaniza y hasta se suspende el tiempo: «La señorita Virginia ha inmovilizado el tiempo; su palidez absorbe las perspectivas incoloras del pasado; su mano corta el presente como si segase un talle efímero, y el porvenir retrocede a cobijarse en la bruma de sus ojeras. Ha dado al quinqué la seguridad con que perdura en la lámina de un libro selecto, la tamizada luz de una vigilia de ensueño. Ha desarmado a Saturno de su guadaña secular, y se mece sobre la guadaña. El rigor geométrico de sus cejas, que son arcos de tiniebla sedosa, difunde la eternidad sobre el espíritu. Ella y yo velamos en una velada absoluta» (DF, «Al vaivén del sillón», pp. 333-334).

pudo encontrar su símbolo personal en el candil que colgaba en cierto templo de San Luis Potosí; esa fusión espiritual se acentúa en la penúltima estrofa de la composición:

Paralelo a tu quimera,
cristalizo sin sofismas
las brasas de mi ígnea primavera,
enarbolo mi júbilo y mi mal
y suspendo mis llagas como prismas.[2]

(Zoz, «El candil»)

No carece de interés señalar de paso cómo en el mismo poema todo se inmoviliza, se paraliza y enmudece en un rapto de veneración ante el altar del templo. Lo que quizá no pasa de ser una intuición en «El candil», se concreta en la paralización de todo movimiento ante la presencia de Dios, motivo ampliamente desarrollado en un poema de inspiración netamente religiosa, «Humildemente». El tema de la suspensión llega sin duda a su más alta y sugestiva configuración poética en «La última odalisca», poesía ya comentada con cierto detalle, en la cual aparecen todas las más íntimas preocupaciones angustiosas de López Velarde: el erotismo y la religión, la sensualidad y la muerte. El poeta, en un momento de extrema tensión, se halla suspendido sobre el abismo, entre el Cielo y la Tierra:

estoy colgado en la infinita
agilidad del éter, como
de un hilo escuálido de seda.

....

soy un harem y un hospital
colgados juntos de un ensueño.

(Zoz., «La última odalisca»)

En estos logrados versos es bien patente el deseo de hallar una fórmula novedosa y personal, que consiga expresar un peculiar estado de ánimo, referido al tema principal del poema: la angustia que siente el poeta ante la inevitable impotencia de su cuerpo. Las repetidas alusiones anteriores al peso, tanto físico como espiritual, añaden a la idea de suspensión la de caída inminente, por lo «escuálido» del hilo que lo sostiene en el aire. En otra composición, de franca sensualidad, el tiempo arrastra a las vírgenes al despeñadero de la Muerte, y el

---

[2] En esta poesía aparece también el tema de la plenitud vital y la íntegra experiencia humana, desarrollado más ampliamente en «Todo», de *Zozobra,* y en «Gavota» de *El son del corazón.*

poeta quiere ceñirlas con sus manos fieles para detener su oscura caída (Zoz, «A las vírgenes»). En estrecha relación con ese tema de la suspensión, aparece casi con igual insistencia el del vuelo, en otras poesías de López Velarde. En «Un lacónico grito» confiesa que, cada vez que comienza su vuelo por encima de la tierra y sus naturales limitaciones, interviene «un demonio sarcástico» para frustrar su intento. El motivo del vuelo aparece luego en «Tierra mojada» y en «El mendigo», ambos de *Zozobra,* y se reviste de gran importancia en ciertos poemas de proyecciones cósmicas recogidas en su poemario póstumo, que reafirma el retorno final a Fuensanta. En un momento el poeta sube al cielo, abrazado su cuerpo con el de la amada, y la visión sideral termina con estos versos:

¡Gracias, Señor, por el inmenso don
que transfigura en vuelo la caída,
juntando, en la miseria de la vida,
a un tiempo la Ascensión y la Asunción!

(Son., «La Ascensión y la Asunción»)

En otro poema del mismo libro se evoca la figura de la amada muerta, y el alma del poeta se lanza a su encuentro:

Para volar a ti, le dio su vuelo
el Espíritu Santo a mi esqueleto.

(Son., «El sueño de los guantes negros»)

Pero frente a esa posibilidad de vuelo, afirmada en los versos de la última etapa, no olvidemos con qué frecuencia se había apoyado López Velarde en imágenes del signo contrario. Por ejemplo:

Niña, venusto manual:
yo te leía al borde de una estrella,
leyéndote mortífera y vital;
y absorto en el primor de la lectura
pisé el vacío...

Y voy en la centella
de una nihilista locura.

(Zoz., «La niña del retrato»)

El viejo pozo de *Zozobra* también tenía un secreto de amor: una sola estrella que se reflejaba en el agua. El poeta, ya alejado de la enseñanza de «aquel taciturno catedrático» de su juventud, revela su anhelo amoroso en los tristes versos finales de la composición:

porque en mi diario empeño no he podido lograr
hacerme abismo y que la estrella amada,
al asomarse a mí, pierda pisada.

(Zoz., «El viejo pozo»)

Por último, recordemos brevemente la prosa «Magdalena», mujer simbólica no sólo del drama espiritual de López Velarde, sino también del drama humano:

> ...Imán de apetitos y vaso de sueños, representa de manera cumplida a la humanidad loca, solicitada por la tierra bestial y atraída por las perspectivas que se dibujan más allá de lo azul, diáfanas como la esencia de la luz y gratas como una brisa de paz... Ella supo del mal, y del mal se elevó con la misma graciosa seguridad con que las aves heridas en la maleza vuelan un día, libres del dolor y de los breñales inclementes. Por eso es humana y fraternal y comprende nuestras flaquezas (DF, «Magdalena», pp. 156-157).

De nuevo, las solicitaciones opuestas y el deseo del vuelo se combinan en ese fragmento, una confirmación más de que la compleja fusión de motivos –caída, suspensión, vuelo– simboliza el conflicto básico de su alma. Hay, pues una especie de euforia vital que lleva a López Velarde a querer conocer la vida por los cuatro costados, y, precisamente por este afán le pide a Dios misericordia en el momento de su última agonía. Así, después de haberse entregado con toda intensidad a la vida, sueña con la posibilidad de elevarse por sus mismas experiencias humanas y en virtud de ellas a un nuevo clima de perfección espiritual.

El arte de lo nimio y lo cotidiano

Al comentar los ideales estéticos de López Velarde, ya observábamos cómo se emocionaba ante todas las cosas, por insignificantes y vulgares que fueran, y cómo éstas no tenían en la poesía una jerarquía preestablecida. Con singular fortuna poetizó López Velarde lo nimio y lo minúsculo, lo ordinario y lo cotidiano. Sabía descubrir una fuente del más acendrado lirismo en los objetos familiares, acercándose a ellos con ternura y viendo en ellos nuevos valores. Así se va ensanchando en el postmodernismo el terreno lírico, con nuevos temas más humildes. En esa dirección estética, López Velarde pudo captar en las cosas notas apenas advertidas por el ojo normal. Simultáneamente muchos escritores, en muchas latitudes, buscaban la misma salida del modernismo exótico y literalizado. Es decir, la mera presencia de esos temas tiene cierta importancia histórica, y agrupa a López Velarde con otros muchos poetas que hacían lo mismo en la segunda década del siglo actual. Sin embargo, creemos que en el poeta mexicano ese procedimiento poético era más que una simple reacción retórica contra la poesía modernista y que constituye más bien un modo peculiar de ver la realidad sin desdeñar las cosas ordinarias que le servían de apoyo para la expresión de sus conflictos íntimos.

En una prosa crítica de 1915 recuerda con característico tono burlón su propio pasado, «...cuando aún empeñaba yo polémicas y aún creía que el cerebro humano está mejor constituido que el ojo de la mosca para el fin del conocimiento» (DF, «Un filósofo de la comodidad», pp. 167-170). Esta pintoresca afirmación no carece de sentido si la relacionamos con su repetido menosprecio de lo racional y también con su teoría de la poetización de lo minúsculo, teoría que surgió al ocuparse de cierto crítico que se había quejado de la falta de vigor de la poesía mexicana:

> Los que se consagran a tales episodios minuciosos, escudriñando la majestad de lo mínimo, oyendo lo inaudito y expresando la médula de lo inefable, son seres desprestigiados. Su desprestigio sólo podría compararse con el de un médico que, en una llanada en que se descornasen búfalos, atendiera las luxaciones de los mosquitos. La falta de vigor de ese médico estaría patente a los moradores del país (DF, «El predominio del silabario», p. 262).

Una de las muchas cualidades estéticas que elogia en su amigo el pintor Saturnino Herrán –de hecho, las suyas propias– es ésta: «...pero con los hombres y las cosas que se le mostraban sin superchería, ejercitaba esa circunspección afectuosa que se deriva de considerar, en la máquina del universo, al ente más inferior y a la actividad más servil, participando de la magia pasional en que susurra el diálogo del cometa con la luciérnaga» (Min., «Oración fúnebre», p. 320). Y precisamente ese diálogo del cometa y la luciérnaga, fusión simbólica de lo trascendente y lo mínimo, es el que entabla López Velarde en su prosa y verso.

No es necesario aludir aquí a todas las poesías en que aparecen materiales pueblerinos y minúsculos. La nómina sería larga y fatigosa. Nuestra intención es otra: mostrar cómo el poeta se vale, para la expresión de su propia intimidad, de cosas que antes fueron consideradas antipoéticas. Con frecuencia y con indudable acierto en la mayoría de los casos, López Velarde representa aun sus más trascendentales conflictos espirituales mediante imágenes plasmadas con elementos de la vida cotidiana. En un momento de crisis espiritual, por ejemplo, su pasado tiende a esfumarse ante nuevas incitaciones amorosas, proceso que, naturalmente, no deja de herirle el alma. Ese doloroso sentimiento interior se objetiva en una imagen diáfana y sencilla, cuya eficacia reside en su familiaridad, la cual, a su vez, ayuda a la más exacta representación del estado de ánimo del poeta por parte del lector. Los versos dicen así:

Los amados espectros de mi rito
para siempre me dejan;
mi alma se desazona
como pobre chicuela
a quien prohíben en el mes de mayo
que vaya a ofrecer flores en la iglesia.

(Zoz., «Transmútase mi alma...»)

De mayor interés localista son quizá los siguientes versos que, en una estampa campesina, revelan cómo el poeta va en persecución de la amada:

También yo, Magdalena, me deslumbro
en tu sonrisa férvida; y mis horas
van a tu zaga, hambrientas y canoras,
como va tras el ama, por la holgura
de un patio regional, el cortesano
séquito de palomas que codicia
la gota de agua azul y el rubio grano.

(Zoz., «Tu palabra más fútil...»)

En *La sangre devota*, la mujer de las «misas cenitales» es, según confiesa López Velarde, un peligro para su filosofía petulante. Este riesgo queda reducido luego a las proporciones de un juego infantil:

...Como los dedos rosados
de un párvulo para la torre baldía
de naipes o dados.

(LSD, «Boca flexible, ávida...»)

En los versos que ahora citamos, determinados por una intención estética análoga, el procedimiento se ha enriquecido:

De mis pecados,
los más negros están enamorados;
un miserere se alza en mis cartujas
y va hacia ti con pasos de bebé,
cómo el cándido islote de burbujas
navega por la taza de café.

(Son., «El ancla»)

No sólo se apoya López Velarde en objetos ordinarios, para representar su emoción, sino que, una vez más, el tema trascendental del amor y de la religión está configurado en imágenes que sugieren primero lo diminutivo y luego lo cotidiano: *pasos de bebé, el cándido islote de burbujas* y *la taza de café.* Desde luego, son ampliamente sugestivas esas dos imágenes por sí mismas; pero lo que más asombra quizá es su atinada fusión imaginativa, aunque superficialmente están tan alejadas la una de la otra. Sin embargo, si se toma en cuenta el sentido total del poema, el acierto de la aproximación del movimiento parejo del bebé y de las burbujas parece aún más evidente. Los vehementes sentidos del poeta le han hecho correr mucho mundo, en viajes exóticos. Ahora, desengañado, está de vuelta de todas esas experiencias mundanas, y dispuesto a entregarse al amor final, a un amor «guadalupano». El violento impulso amoroso lo ha llevado a probarlo todo; pero, cansado de esos placeres efímeros y puramente carnales, se acerca purgado y purificado, por decirlo así, a la única amada capaz de darle una felicidad completa. Para expresar ese estado de ánimo, se aniña el poeta, y de ahí arrancan las fórmulas expresivas que implican la idea de inocencia, de castidad, de ternura y de candor, cualidades ahora recobradas. Vemos, pues, este poema como una posible alegoría de la vida amorosa del poeta: una entrega a la sensualidad que no dejó de causarle desengaños y un retorno final a un amor más puro, tema obsesionante en sus últimos versos. Sin querer multiplicar inútilmente las transcripciones, tan sólo quisiéramos llamar la atención sobre una estrofa de otro poema en la que se objetiva su más agudo drama espiritual a base de símbolos de tipo hogareño:

> Yo querría gustar del caldo de habas,
> mas en la infinidad de mi deseo
> se suspenden las sílfides que veo,
> como en la conservera las guayabas.
>
> (Son., «Treinta y tres»)[3]

En el cuarteto citado hay varias cosas notables. Primero, a las dos cosas cotidianas (*caldo de habas, las guayabas*) se opone una imagen suntuosa y literaria (*las sílfides*). Desde luego, la primera alusión gustativa lleva un sentido del todo opuesto a la sensualidad que se concreta en las sílfides suspendidas ante su infinito deseo erótico. Además, mediante el verbo *querría,* López Velarde afirma de nuevo la imposibilidad de volver a su etapa de inocencia y pureza, pues la imperiosa atracción femenina no se lo permite. Es éste el conflicto que no pudo resolver entre la carne y el espíritu, la tierra y el cielo. Esta estrofa no deja de relacionarse íntimamente con una prosa de *El minutero* en la cual se

---

[3] Según Eugenio del Hoyo, precisamente el «caldo de habas» nunca faltaba en la comida de vigilia en aquel Jerez de fines del siglo pasado, y sigue diciendo, con respecto a la estrofa citada: «Aquí, el "caldo de habas", a mi juicio, representa el ascetismo cristiano, la "cuaresma opaca"; y las guayabas en conserva, la sensualidad ardida y mahometana que lo apartaba, indomable, del camino de la salvación...», *Jerez, el de López Velarde,* p. 94.

alude al mismo problema espiritual con una sorprendente analogía de temas e imágenes:

> He hecho un descubrimiento: ya no sé comer. De convite en convite, mimado por la urbanidad legendaria de aquí, he comprendido mi decadencia. Ni los genuinos manteles calados, ni el pan legitimista que se desborda por la mesa, retando al perfume de los rosales, ni siquiera la leche ártica, en vasos que no se abarcan con los dedos de Artajerjes, han podido mover mi apetito... Ahora, en la honesta abundancia lugareña, la ponzoña de mis sentidos solicita, para responso del opíparo ayer, el magno, el ensordecedor, el loco gemido que sólo la madre de los árabes pudo prestar. (Min., «En el solar», p. 234)

Por otra parte, conviene señalar aquí rápidamente cómo a menudo lo que en sí es grande se reduce a dimensiones minúsculas. Veamos tres ejemplos de esta técnica:

> Quiero a mi siglo; gozo de haber nacido en él;
> los siglos son en mi alma rombos de una pelota.
> (Son., «El perro de San Roque»)

> cual si fuesen las calles
> una juguetería
> que se quedó sin cuerda.
> (Zoz., «Humildemente»)

> Suave Patria: tu casa todavía
> es tan grande, que el tren va por la vía
> como aguinaldo de juguetería.
> (Son., «La suave Patria»)

Hemos visto ya en otros versos con qué frecuencia López Velarde contrasta metáforas tradicionalmente bellas y aptas para la poesía con otras de factura más cotidiana. Leamos un solo ejemplo más en que nos sorprende el salto de lo magnífico a lo modesto:

> de los bucles rielantes,
> cabrilleo lunar, blanco de la llovizna
> y trono de los lápices caseros...
> (Zoz., «Jerezanas»)

En virtud de esta actitud de ternura y también de asombro ante las realidades más humildes, López Velarde enriqueció su verso y su prosa, captando nuevas facetas de las cosas más conocidas y señalando atinadamente sutiles e inesperadas relaciones entre ellas. Para nosotros, lo más notable de esa dirección de su obra estriba en la expresión de los grandes temas espirituales mediante imágenes calcadas sobre una realidad más bien vulgar y nimia.

Percepciones sensoriales

Para Ramón López Velarde, la suprema obligación del poeta lírico es la de provocar sensaciones, idea que no se cansa de reiterar en sus prosas. Por eso vio en Francisco González León la verdadera originalidad poética, que consiste en la fuerza de las sensaciones. Esa sensualidad tan anhelada y tan esencial se opone a la vanidad de los cerebralismos, con los cuales, según López Velarde, jamás se ha podido versificar. Como el pintor Saturnino Herrán, él «no dudó entre los desvaríos mentales y los brazos palpables de la vida» (Min., «Oración fúnebre», p. 322). De ahí los leves reparos que hizo a la obra de Alfonso Reyes y a la de González Martínez: temía precisamente que en ellos la razón y el intelectualismo desvirtuaran la emoción total. En otra ocasión escribe:

> La razón divinizada antaño, se agrieta y se arruina; y el pragmatismo quizá coadyuva a la consolidación de la mujer en la poesía (que hoy como nunca quiere ser integral) revalidándonos la sensación de que el ateísmo se empequeñece junto a una nuca rellena y de que el gobierno del pueblo por el pueblo no puede citarse frente a unos lindos tobillos. El pensamiento, en su fracaso, es sostenido alegóricamente por los cinco sentidos corporales. (DF, «El predominio del silabario», p. 260)

Y desarrolla con cierta insistencia la idea de la fidelidad de los sentidos:

> ...Las potencias del alma y los sentidos corporales se baten y se neutralizan; y cuando triunfan las potencias, su triunfo encierra el sarcasmo de la infidelidad que prevalece sobre la fidelidad. El alma nunca nos es fiel: nos baja su dádiva como un capricho. Los sentidos siempre nos son fieles: ver, oír, oler, gustar y tocar son infinitivos que trotan en torno nuestro como lebreles adictos... (DF, «Malos réprobos y peores bienaventurados», p. 266).[4]

---

[4] Afirma además, refiriéndose a su amigo Saturnino Herrán: «Su sensualidad –huelga declararlo– fundamenta su obra. ¿Acaso los propios tipos dorados de Fra Angélico, no significan la sublimidad de los cinco sentidos? El alma es despótica y nos otorga su dádiva cuando le place; los sentidos, humildes y vivaces como las ardillas, nos sostienen con una perseverancia sinónima de la vida. Toca al artista aprovechar la fidelidad de estos sagrados animales en la esquivez del tiempo...» (Min., «Oración fúnebre», p. 321)

Es evidente, pues, la importancia que López Velarde concede a los cinco sentidos corporales, en su propia creación y concepto del mundo. Sin embargo la obra de arte se hace, no con meras sensaciones, sino con la imaginación creadora que las configura y las convierte en valores estéticos. Ahora bien: a partir del impresionismo literario, se extrema la aventura sensorial hasta tal punto que los sentimientos y las emociones se materializan en visiones metafóricas determinadas por los sentidos mismos. Y, como advierten Amado Alonso y Raimundo Lida en su medular estudio del impresionismo, lo esencial es que se sensualiza lo físico y lo psíquico.[5] En las páginas siguientes no vamos a intentar una psicología de los sentidos del poeta López Velarde, ni tampoco una nómina interminable de los varios estímulos sensoriales que aparecen en su obra.[6] Tan sólo nos referiremos a unos cuantos ejemplos que nos parecen significativos desde el punto de vista del estilo.

Sin duda, el más operante de los sentidos en cualquier escrito suele ser el visual. En López Velarde, las percepciones ópticas son comunes e insistentes. Su poesía se baña a veces de luces refulgentes, y quizá con mayor frecuencia de las luces grises crepusculares, pero él no extrema las dramáticas notas de color como los poetas parnasianos, buenos coleccionistas de objetos bellos y exóticos, que se esmeraron tanto en la captación de formas plásticas. Quisiéramos comentar sólo tres aciertos metafóricos de López Velarde, cuya eficacia se debe principalmente a percepciones visuales.

López Velarde representa así la triste destrucción que ha sufrido su pueblo durante la Revolución:

> Y la fusilería grabó en la cal
> de todas las paredes
> de la aldea espectral
> negros y aciagos mapas…
>
> (Zoz., «El retorno maléfico»)

---

[5] Amado Alonso y Raimundo Lida, «El impresionismo lingüístico», en *El impresionismo en el lenguaje* (Buenos Aires, 1936), pp. 158-161.

[6] De hecho, se ha estudiado ya este tema de López Velarde, con largas estadísticas. Arturo Rivas Sáinz, en su libro *La redondez de la creación,* divide el continente visual (pp. 37-57) en varias categorías (colores, matices de color, oscuridad y refulgencia); el acústico (pp. 61-66) en sonidos (humanos, animales, instrumentales) y ruidos (cristalinos, metálicos, acuáticos, vocales y otros); el olfativo (pp. 81-86) en olores aromáticos, etéreos, frutales, balsámicos, fragantes, ambrosiacos, ardientes, rancios, repugnantes, humanos; el gustativo (pp. 89-101) en sensaciones directas u objetivas e indirectas o figuradas; y, por último, el háptico (pp. 105-116) en otras muchas categorías (dérmicas: frío, calor, vibración, dolor, humedad, sequedad, blandura, duro; sinestésicas: movimiento, gravedad, sensaciones internas; estáticas; orgánicas; ajustadas tales categorías al esquema de Aloys Muller. Sin duda, estos esquemas tienen algún valor; pero, aunque Rivas Sáinz reconoce que establecer los materiales de un poeta es sólo explicarlo a medias, agregan muy poco al estudio del estilo de López Velarde.

Esta imagen sugestiva es sencillamente admirable por su exactitud: vemos con toda claridad las formas múltiples e irregulares dibujadas por los balazos en las paredes blancas de la aldea. La plasticidad de la imagen se acentúa por el contraste de colores implícito en la blancura de la cal y el negro del dibujo. Sin embargo, la fuerza de esta hermosa metáfora eminentemente visual rebasa el mero apunte descriptivo. Tres adjetivos (*espectral, negros, aciagos*) son portadores de toda la descarga emocional del escritor al presenciar la mutilación de su pueblo. El primero (*espectral*) sugiere desolación y abandono, así como una posible continuación de la cal blanca del primer verso; el segundo (*negros*), además de su color, encierra el sentido de mal agüero y maleficio y la misma idea se completa en el último calificativo (*aciagos*), cuya función es la de insistir, con nota de presagio, en la imposibilidad de rehacer la vida. De otro poema destacamos esta estrofa:

> Mi carne es combustible y mi conciencia parda;
> efímeras y agudas refulgen mis pasiones
> cual vidrios de botella que erizaron la barda
> del gallinero, contra los gatos y ladrones.
>
> (Son., «El perro de San Roque»)

El procedimiento poético es ahora diferente, porque la intención de López Velarde es representar la intensidad de sus pasiones mediante una extraordinaria imagen de naturaleza óptica. Primera, obsérvese cómo a la *carne* se opone la *conciencia*. Pero hay además otra oposición, entre el ardor (*combustible*) de los deseos y la nota ascética expresada por el adjetivo *parda*, color que asociamos con el sayal. El empleo aquí del adjetivo *parda*, referido a la conciencia del poeta, sugiere también la nota de indecisión y de titubeo, una actitud típica de la constante oscilación de López Velarde entre los dictados de la *carne* y la *conciencia*. En el segundo verso los adjetivos (*efímeras, agudas*) y el verbo (*refulgen*) no sólo acentúan la vehemencia de la pasión, sino que también anticipan la admirable imagen visual que sigue, elaborada con objetos que hubiera desdeñado un poeta modernista. Por lo demás, esta estrofa es un buen ejemplo de una de las notas diferenciadoras del impresionismo literario, porque se ha sensualizado una experiencia interna mediante una metáfora determinada por una percepción sensorial. Con cierta frecuencia en López Velarde, el análisis de las experiencias psíquicas se afina por imágenes del mismo tipo. En «A la gracia primitiva de las aldeanas» el poeta vive dentro de sí mismo la emoción de las aldeanas y todavía cree en la posibilidad de satisfacer en ellas sus deseos amorosos. Ayuda a la expresión de ese contenido psíquico una serie de percepciones sensoriales, de sonoridad y de olor:En el encanto de la humilde calle

sois a un tiempo, asomadas a la reja,
el son de esquilas, la alternada queja
de las palomas, y el olor del valle.

(LSD «A la gracia primitiva de las aldeanas»)

Por lo novedoso de las metáforas sensoriales, citemos estos tres versos, en los cuales López Velarde sutiliza su expresión del candor y de la castidad de la amada, en una visión olfativa:

...he aquí que en la húmeda tiniebla
de la lluvia, trasciendes a candor como un lino
recién lavado, y hueles, como él, a cosa casta...

(LSD «En las tinieblas húmedas...»)

Con menos frecuencia López Velarde sensualiza lo físico, representando una realidad externa a través de sus propias sensaciones, como en el párrafo inicial del poema en prosa «José de Arimatea»:

> En la simultaneidad sagrada y diabólica del universo, hay ocasiones en que la carne se hipnotiza entre sábanas estériles. Ocurra el fenómeno en cualquiera de las veinticuatro horas, nos penetran el silencio y la soledad, vasos comunicantes en que la naturaleza se pone al nivel del alma. (Min., «José de Arimatea», p. 351)

Y a veces compara la realidad exterior con su propio estado de ánimo:

Tierra mojada de las tardes olfativas
en que un afán misántropo remonta las lascivas
soledades del éter, y en ellas se desposa
con la ulterior paloma de Noé...

(Zoz., «Tierra mojada...»)

Comentadas ya dos imágenes eminentemente visuales, quisiéramos transcribir ahora un ejemplo final que comprueba con qué originalidad y precisión expresa López Velarde percepciones esencialmente ópticas. Se trata de una metáfora afinadísima: el poeta sueña con una muchacha que lo encomiende a Dios en sus últimos momentos de vida, y la evoca así:

y que de ir por los caminos
tenga la carne de luz
de los perones cristalinos.

(Son., «Gavota»)

Las cosas en sí suelen llevar implícitas ciertas sugestiones de color. Este procedimiento, no privativo de él desde luego, aparece en «Mi prima Águeda», uno de los mejores logros poéticos de *La sangre devota,* rebosante de sugestivas sonoridades.[7] La estrofa final ilustra cómo el poeta representa la impresión visual de su prima, mediante equivalencias que recuerdan los colores de su vestido y sus más destacados atributos físicos:

Águeda era
(luto, pupilas verdes y mejillas
rubicundas) un cesto policromo
de manzanas y uvas
en el ébano de un armario añoso.

Con menos novedad, sin duda, en otro poema de su más temprana cosecha, López Velarde establece entre los colores de la naturaleza (*llano, lagunas*) y las cualidades de la mujer (*ojos, cara*) una parecida equivalencia imaginativa:

En la blancura del llano
una fantasía rara
las lagunas comparara,
azuladas y tranquilas,
con tus azules pupilas
en la nieve de tu cara.

(LSD, «Viaje al terruño»)

De más importancia nos parece mostrar cómo un sentido de color pierde su valor meramente sensorial, al convertirse en símbolo espiritual. En una ocasión, refiriéndose a la dualidad de su alma, dirá López Velarde:

La edad del Cristo azul se me acongoja
porque Mahoma me sigue tiñendo
verde el espíritu y la carne roja,
y los talla, al beduino y a la hurí,
como una esmeralda en un rubí.

(Son., «Treinta y tres»)

Con marcada insistencia aparecen, tanto en la prosa como en el verso, palabras referidas a la mujer que sugieren luz en su sentido alegórico de pureza y de

[7] En el poema se encuentran estas alusiones sonoras: «resonante de almidón», «en el sonoro corredor», «en la penumbra quieta», «un quebradizo sonar intermitente de vajilla» y «el timbre caricioso de la voz». Acertadamente, José Luis Martínez dice que esta composición es como un Cézanne dotado de sonoridad. («Examen de López Velarde», p. 169.)

castidad. En un poema («¡Qué adorable manía...!») el corazón de Fuensanta que ha amado López Velarde se torna *faro*. En otro, se ve con toda claridad el contraste entre el apetito sensual del poeta y la luz femenina que es capaz de purificarlo:

> He aquí que en la impensada tiniebla de la muda ciudad,
> eres un lampo ante las fauces lóbregas
> de mi apetito...
>
> (LSD, «En las tinieblas húmedas...»)

El empleo reiterado de la palabra *antorcha* representa simbólicamente la sensualidad y vitalidad del poeta. Así se utiliza en «Transmútase mi alma...», en «Dejad que la alabe...», ambos de *Zozobra*, y así también los siguientes versos:

> como el can de San Roque, ha estado mi apetito
> con la vista en el cielo y la antorcha en las fauces!
>
> (Son., «El perro de San Roque»)

De esta manera, ciertas palabras suelen despojarse de sus cualidades sensuales, para cargarse más bien de sentido espiritual. Y no olvidemos que López Velarde estructura todo un poema a base de un solo color y sus matices distintos. Los versos finales de este poema, dedicado a José Enrique Rodó, dicen así:

> Yo alabo al confesor de la santa Esperanza
> y a la doncella verde en la misma alabanza.
>
> (Zoz., «La doncella verde»)

Al lado de las abundantes percepciones visuales, son casi igualmente insistentes las sonoras. López Velarde dedica una atención especial al timbre de la voz femenina, tan a menudo evocada en sus páginas de prosa y verso. Además, se oyen infinitas veces las campanas y esquilas de su tierra, casi siempre con tono de nostalgia. Tan sólo citamos un ejemplo significativo, en el cual el sonido de una campana de la catedral de Zacatecas despierta en el alma del poeta otra sensación interior no menos real que el estímulo exterior:

> y al concurrir ese clamor concéntrico
> del bronce, en el ánima,
> se siente que las aguas
> del bautismo nos corren por los huesos
> y otra vez nos penetran y nos lavan.
> (LSD, «La bizarra capital de mi Estado»)

Los sonoros trinos de los pájaros también tienen un papel de importancia en la expresión de otras sensaciones interiores (LSD, «Me despierta una alondra»). Así el canto del zenzontle lleva al poeta a meditar sobre sus grandes temas: el amor y la muerte (Zoz., «Para el zenzontle impávido»). El papel del pájaro, como ya hemos dicho, rebasa el mero motivo convencional y, sobre todo, está íntimamente fundido con el tema de la belleza femenin («Plaza de Armas», «Las desterradas», «Jerezanas»). Los versos tantas veces citados de «La suave Patria»: «y tu cielo, las garzas en desliz/y el relámpago verde de los loros», logran captar en su vuelo un momento dinámico del paisaje mexicano. Otra poesía significativa, «El mendigo» (de *Zozobra*), es una alegoría de la vida del poeta en la cual intervienen tres cuervos simbólicos. Hasta el poeta percibe la muerte de la amada, antes evocada como blanca ala en su horizonte, símbolo de su anhelo infinito, en una hermosa serie de imágenes sonoras y visuales:

sólo serás en breve
un lacónico grito
y un desastre de plumas, cual rizada
y dispersada nieve.

(LSD, «Un lacónico grito»)

Las otras sensaciones –olfativas, gustativas, táctiles– suelen considerarse inferiores. En todo caso, pocas veces son estímulos determinantes, si bien florecen profusamente en imágenes.[8] A grandes rasgos, puede decirse que el olfato quedó un poco al margen de la literatura hasta que Baudelaire lo resucitó como exquisita sensación a mediados del siglo pasado. Justamente dice López Velarde:

entonces era yo seminarista
sin Baudelaire, sin rima y sin olfato.

(LSD, «Tenías un rebozo de seda...»)

López Velarde abunda en imágenes olfativas: aromas, perfumes y fragancias de toda clase. Fuera de Rivas Sáinz, autor de las nóminas o estadísticas que ya hemos recordado, Villaurrutia estudió el sentido olfativo en los versos de López Velarde para combatir, una vez más, la arraigada tendencia a considerarlo como simple poeta de provincia, e hizo ver cómo esa percepción sensorial se relaciona preferentemente con la mujer y con su tierra.[9] Veamos, en unos pocos ejemplos, cómo el poeta percibe metafóricamente notas olfativas en objetos esencialmente inodoros:

---

[8] Alfonso Reyes, *Tres puntos de exegética literaria,* México: El Colegio de México, 1945, p. 53.

[9] Xavier Villaurrutia, «Un sentido de Ramón López Velarde», *México en el Arte* (nº 7, primavera de 1949), pp. 60-62).

(a) ...Diste muerte a mi cándida
niñez, toda olorosa a sacristía...

(b) si mi voto es que vivas dentro de una
virginidad perenne y aromática

(c) cual un aroma dúplice, tu ternura naciente
y tu catolicismo milenario...

Creemos que se ha exagerado, con ejemplos a veces no convincentes, la importancia de las sensaciones gustativas en López Velarde.[10] No obstante conviene notar que a menudo las alusiones gustativas evocan la sensualidad femenina:

(Blonda Sara, uva en sazón:...)

Sara, Sara, golosina de horas muelles;
racimo copioso y magno de promisión, que fatigas
el dorso de dos hebreos:

(LSD, «A Sara»)

o, con menos frecuencia, tienen una función distinta:

y que eres a mis ósculos sabrosa,
no como de los reyes los manjares,
sino cual pan humilde que se amasa
en la nativa casa
y se dora en los hornos familiares.
(LSD, «Poema de vejez y de amor»)

De las muchas sensaciones táctiles, solamente citamos un ejemplo sugestivo y enérgico:

...Su pico
repasa el cuerpo de la noche, como el de una
amante; el valeroso pico de este zenzontle
va recorriendo el cuerpo de la noche: las cejas,
y la nuca, y el bozo...

(Zoz., «Para el zenzontle impávido»)

---

[10] Arturo Rivas Sáinz, *ob. cit.*, pp. 89-101.

Junto con la atrevida personificación de la noche acariciada por el pico erótico del pájaro, estos versos no dejan de producir, con toda su sensualidad morosa, una profunda impresión del tacto.

Es evidente que López Velarde no se contenta con manifestar las sensaciones corrientes que llegan a su sensibilidad poética por vía normal. Por lo contrario, su constante afán de probarlo todo y experimentarlo todo, le hace cultivar ciertas percepciones más exquisitas y más rebuscadas. Semejante procedimiento no habrá de sorprendernos, si recordamos el tono macabro y grotesco que matiza cierta porción de su obra, como ya señalamos antes. No estará de más recordar también que el amor se relaciona a veces con visiones terroríficas de la muerte. Unos cuantos ejemplos bastarían para ver cómo logra crear atmósferas de escalofrío y objetivar sensaciones morbosas y raras:

(a) Ya te adula la orquesta con servil
dejo libidinoso de reptil,
y danzando lacónica, tu reojo me plagia,
y pisas mi entusiasmo con una cruel magia
como estrofa danzante que pisa una hemorragia.

(b) lágrima mía, en ti me encerraría,
debajo de un deleite sepulcral
como una vigía
en su salobre y mórbido fanal.

(c) ya que tu abrigo rojo me otorga una delicia
que es mitad friolenta, mitad cardenalicia,
....
mis besos te recorren en devotas hileras,
encima de un sacrílego manto de calaveras,
como sobre una erótica ficha de dominó.

También de su prosa pueden extraerse ejemplos parecidos que muestran hasta dónde llega López Velarde en la expresión de sensaciones raras. He aquí unas frases de la conversación subterránea que mantienen unos gusanos después de cebarse en los cadáveres de sus víctimas:

> ...Mi primer mordisco sobre los labios fue como el roce de un cordoncillo de seda. La boda, no obstante, se sacudió... Mi primer mordisco a su cerebro fue como el pellizco de unas uñas desalmadas. El cerebro trepidó... Min., «Caro data vermíbus», p. 342)

La metáfora sinestésica, recurso predilecto del escritor impresionista, que se interesa no en las cosas como son, sino en cómo le parecen en un momento dado, se caracteriza desde luego por la armónica mezcla de los varios estímulos sensoriales, conciliándose en una sola imagen las sensaciones procedentes de centros diversos. La sinestesia no es nada nuevo, sino que tiene una larga historia en todas las lenguas. Pero a partir de Baudelaire y de sus célebres «correspondencias» se convierte en un procedimiento lírico muy cultivado por los poetas y escritores esteticistas del período modernista. El poeta que más sistemáticamente cultivó la metáfora sinestésica en el modernismo hispanoamericano fue Herrera y Reissig, y hasta ensayó él la audición coloreada en una conocida poesía. Un estudio de las sinestesias de un escritor sólo debiera tener en cuenta las muy enérgicas, dejando de lado los casos fronterizos en que no se vea una clara intención de hacer novedosas síntesis sensoriales. Como toda metáfora, las sinestesias pierden su energía imaginativa, al pasar por el uso al cauce normal de la lengua. En la obra de López Velarde se encuentran muy pocos casos de verdadera sinestesia, aunque sí suelen combinarse, una tras otra, distintas percepciones sensoriales. No hay en él ningún caso deslumbrante[11] como los que se hallan en los hispanoamericanos Martí, Darío, Herrera y Reissig, Lugones, González Prada, Díaz Mirón, González Martínez, o en los peninsulares Valle Inclán, Miró, Juan Ramón Jiménez, García Lorca y Antonio Machado. En esta nómina quizá sorprenda la inclusión de Machado y González Martínez; pero en su poesía hay curiosos e intencionados casos de legítima sinestesia. En la poesía de López Velarde, José Luis Martínez cita como ejemplo de sinestesia los siguientes versos, donde se reúnen el olfato, el sonido y la vista en una sola imagen:[12]

> Esta manera de esparcir su aroma
> de azahar silencioso en mi tiniebla...
>
> (LSD, «Por este sobrio estilo...»

Indudablemente esos hermosos versos incorporan, como otros que podrían citarse, las sensaciones indicadas; pero no sabemos hasta qué punto se trate de una verdadera e intencionada sinestesia. Es cuestión, desde luego, de grado de intensidad. Habrá otros casos todavía tímidos de cruces sensoriales:

> si de tu pecho asciende una fragancia
> de limón, cabalmente refrescante
> e inicialmente ácida;
> ....

---

[11] Rivas Sáinz parece reconocer el mismo hecho: «En esa composición de sensaciones, no obstante ser un juego sensual en que distintos sentidos se trenzan y enlazan en sabores diferentes, matizándose mutuamente, apenas, sin embargo, se da la sinestesia, tan socorrida por otros modernistas. Los distintos objetos de los sentidos, casi siempre quedan encomendados al órgano respectivo, sin confusiones: los ojos ven, los oídos oyen, el tacto toca, la boca prueba y saborea...», *ibidem*, pp. 95-96.

[12] José Luis Martínez, *ob cit.*, p. 169.

la cadencia balsámica
que eres tú misma, incienso y voz de armonium
en la tarde llovida y encalmada...
....
¡ara mansa, ala diáfana, alma blanda,
fragancia casta y ácida!

(LSD, «¿Qué será lo que espero?»

Quizá de más valor sintético será este verso, donde López Velarde, en un rapto nostálgico, rememora el caballo que lanza:

su relincho, penacho gozoso del paisaje

(Son., «Mi villa»)

verso que, por cierto, no deja de tener algún parentesco con otro de Herrera y Reissig («exulta con cromático relincho una potranca»). En su prosa hallamos un excelente caso de sinestesia: «...y el silencio se materializa para que lo gocemos por el olfato...» (Min., «Oración fúnebre», p. 323). He aquí, finalmente, estos bellos versos:

Era una madrugada del invierno
y lloviznaban gotas de silencio...

(Son., «El sueño de los guantes negros»)

En resumen, a pesar del desarrollo muy cuidado de todas las imágenes sensoriales, las visiones sintéticas propias de la verdadera sinestesia parecen ser muy contadas en la obra de López Velarde.

LA POESÍA COMESTIBLE DE RAMÓN*

Pablo Neruda

Así por los mismos días del año de 1921 en que llegaba a Santiago de Chile desde mi pueblo, se moría en México el poeta Ramón López Velarde, poeta esencial y supremo de nuestras dilatadas Américas. Por supuesto que yo no supe ni que se moría ni que hubiera existido. Por entonces y por ahora nos llenábamos la cabeza con lo que llegaba de los trasatlánticos: mucho de lo que leíamos pasó como humo o vapor para nuestro carnívoro apetito, otras revelaciones nos deslumbraron y con el tiempo sostuvieron su firmeza. Pero no se nos ocurrió preguntar nada a México. Nada más que el eco de sus revoluciones nos despertaba aún con su estampido. No conocíamos lo singular, lo florido de aquella tierra sangrienta. Muchísimos años después me tocó alquilar la vieja villa de los López Velarde, en Coyoacán,[1] a orillas del Distrito Federal de México. Alguno de mis amigos recordará aquella inmensa casa, plantel en que todos los salones estaban invadidos de alacranes, se desprendían las vigas atacadas por eficaces insectos y se hundían las duelas de los pisos como si caminara por una selva humedecida. Logré poner al día dos o tres habitaciones y allí me puse a vivir a plena atmósfera de López Velarde, cuya poesía comenzó a traspasarme.

La casa fantasmal conservaba aún un retazo del antiguo parque, colosales palmeras y ahuehuetes, una piscina barroca, cuyas trizaduras no permitían más agua que la de la luna, y por todas partes estatuas de náyades del año 1910. Vagando por el jardín se las hallaba en sitios inesperados, mirando desde adentro de un quiosco que las enredaderas sobrecubrían, o, simplemente, como si fueran con elegante paso hacia la piscina sin agua, a tomar el sol sobre sus rocas de mampostería.

Entonces sentí con ansiedad no haber llegado a tiempo en la vida para haber conocido al poeta. No sé por qué me parece que le hubiera ayudado yo a vivir, no sé cuánto más, tal vez sólo algunos versos más. Sentí como pocas veces he

---

* *Poemas de Ramón López Velarde en Chile,* 17 de septiembre de 1963, Editorial Universitaria, S.A., Santiago, Chile.

[1] Fantasía del poeta chileno [J. L. M.].

sentido la amistad de esa sombra que aún impregnaba los ahuehuetes. Y fui también descifrando su breve escritura, las escasas páginas que escribiera en su breve vida y que hasta ahora, como muy pocas, resplandecen.

No hay poesía más alquitarada que su poesía. Ha ido de alambique en alambique destilando la gota justa de alcohol de azahar, se ha reposado en diminutas redomas hasta llegar a ser la perfección de la fragancia. Es tal su independencia que se queda ahí dormida, como en un frasco azul de farmacia, envuelta en su tranquilidad y en su olvido. Pero al menor contacto sentimos que continúa intacta, a través de los años, esta energía voltaica. Y sentimos que nos atravesó el blanco del corazón la inefable puntería de una flecha que traía en su vuelo el aroma de los jazmines que también atravesó.

Ha de saberse, asimismo, que esta poesía es comestible, como turrón o mazapán, o dulces de aldea, preparados con misteriosa pulcritud y cuya delicia cruje en nuestros dientes golosos. Ninguna poesía tuvo antes o después tanta dulzura, ni fue tan amasada con harinas celestiales.

Pero bajo esta fragilidad hay agua y piedra eterna. Cuidado con engañarse. Cuidado con superjuzgar este atildamiento y esta exquisita exactitud. Pocos poetas con tan breves palabras nos han dicho tanto, y tan eternamente, de su propia tierra. López Velarde también hace historia.

Por ese tiempo, cuando Ramón López Velarde cantaba y moría, trepidaba la vieja tierra. Galopaban los centauros para imponer el pan a los hambrientos. El petróleo atraía a los fríos filibusteros del norte. México fue robado y cercenado. Pero no fue vencido.

El poeta dejó estos testimonios. Se verá en su obra como se ven las venas al trasluz de la piel, sin trazos excesivos: pero ahí están. Son la protesta del patriota que sólo quiso cantar. Pero este poeta civil, casi subrepticio, con sus dos o tres notas del piano, con sus dos o tres lágrimas verdaderas, con su purísimo patriotismo, completa así la estatua del cantor imborrable.

Es también el más provinciano de los poetas, y conserva hasta en el último de sus versos inconclusos el silencio, la pátina de jardín oculto de aquellas casas con muros blancos de adobe de las cuales sólo emergen puntiagudas cimas de árbol. De allí viene también el líquido erotismo de su poesía que circula en toda su obra como soterrado, envuelto por el largo verano, por la castidad dirigida al pecado, por los letárgicos abandonos de alcobas de techo alto en que algún insecto sonoro interrumpe con sus élitros la siesta del soñador.

Supe que hace diez siglos, entre una guerra y otra, los custodios de la corona real de una monarquía ahora difunta, dejaron caer el objeto precioso y se quedó para siempre torcida la antigua cruz de la corona. Muy sabios, los viejos reyes conservaron la cruz torcida sobre la corona fulgurante de piedras preciosas. Y no sólo así siguió custodiada, sino que la cruz torcida pasó a los blasones y a las banderas: es decir, se hizo estilo.

De alguna manera me recuerda este antiguo episodio el modo poético de López Velarde. Como si alguna vez hubiera visto la escena de soslayo y hubiera conservado fielmente una visión oblicua, una luz torcida que da a toda su creación tan inesperada claridad.

En la gran trilogía del modernismo es López Velarde el maestro final, el que pone el punto sin coma. Una época rumorosa ha terminado. Sus grandes hermanos, el caudaloso Rubén Darío y el lunático Herrera y Reissig, han abierto las puertas de una América anticuada, han hecho circular el aire libre, han llenado de cisnes los parques municipales, y de impaciente sabiduría, tristeza, remordimiento, locura e inteligencia los álbumes de las señoritas, álbumes que desde entonces estallaron con aquella carga peligrosa en los salones.

Pero esta revolución no es completa, si no consideramos este arcángel final que dio a la poesía americana un sabor y una fragancia que durará siempre. Sus breves páginas alcanzan, de algún modo sutil, la eternidad de la poesía.

Isla Negra, agosto de 1963

LA POESÍA DE LÓPEZ VELARDE*

Juan Carlos Ghiano

El criterio habitual clasifica la poesía de López Velarde como forma novedosa de la visión lugareña («a la sabiduría del búho prefirió la misericordia de la paloma», comenta Castro Leal): sobre este provincialismo expresó las luchas complejas entre su sensualidad y una forma de espiritualismo católico. Así visto, López Velarde parece un romántico tardío que hubiera alcanzado el misterio con expresión que «encendió el color de las palabras». Pocos estudios allegan las comprobaciones de la prosa, importante por el contenido teórico –meditó mucho sobre la poesía y su expresión, juzgó a contemporáneos y recordó a creadores de su ayer– y por un desarrollo poemático que se cumplió paralelamente al de la lírica, completando sus depuraciones.

Allen W. Phillips (*Ramón López Velarde: el poeta y el prosista*) ha revisado la biografía de López Velarde y ha reconstruido con nitidez su formación intelectual. Entre los modelos que le proporcionaron un fondo de estímulos pronto conciliados originalmente, se suman algunos clásicos griegos y latinos, los poetas del vivir provincial –Jammes, Rodenbach, Verhaeren, Maeterlinck y el mexicano González León–, los ecos de maestros franceses –Baudelaire, Laforgue, Samain, Verlaine y la prosa de Anatole France– y de poetas españoles del campo –González Blanco y Gabriel y Galán–; sobre todos ellos, se imponen tres maestros hispanoamericanos: Darío, Lugones y Herrera y Reissig. El crítico analiza con criteriosa sobriedad la influencia de dos rioplatenses; las metáforas funambulescas de *Lunario sentimental* y la intensidad neologista de *La guerra gaucha* representaron para el mexicano un rumbo inestable para sus intenciones transformadoras de la realidad y para el ingenio expresivo; en planos semejantes influyeron los sorprendentes poemas del uruguayo que llevó el modernismo a lo más intenso de la lección simbólica y abrió mundos a las vanguardias posteriores.

López Velarde vivía con una intensidad lírica que le hizo percibir la realidad entre admirado e inocente, con sabia ingenuidad que renovó la poesía posmo-

---

* *La Nación*, Buenos Aires, Argentina, 4 de agosto de 1963.

dernista. Lugones escribió con insistencia que la poesía era para él «emoción» y «música»; el mexicano eligió el primero de los términos para hacerlo núcleo de su poética: «Que todos creamos en la eficacia de la emoción. Que la emoción nos mantenga. Que la emoción nos salve. La sinceridad absoluta y simple de emociones y de placeres...; he aquí el secreto.»

La preeminencia emotiva no determina una poesía fácil por primaria; lo hermético de cada emoción personal suscita la compleja profundidad de López Velarde, comprometido sólo con la poesía y voluntariamente alejado de preocupaciones sociales. De esta manera se sitúa muy cerca de los «martinfierristas» argentinos, a los cuales se adelantó en riqueza y hondura.

La soberanía del poeta marca su mundo con un tema dominante, el amoroso, donde la mujer juega sutilmente en presencias y ausencias, en lo que puede ser y en lo radicalmente imposible; el amor se fusiona con la muerte, pavorosa destrucción física, y con el miedo a la esterilidad del hombre amante. Dentro de tal temática se enfoca la realidad provinciana, contemplada y gozada en detalles minúsculos y cotidianos. Los procedimientos expresivos confirman la concepción del mundo que reitera pausadamente López Velarde; para fijarla, recurrió a la liturgia católica, a recuerdos de la Biblia, a rasgos técnicos de la medicina, la geometría y la aritmética; la modalidad intensificativa eligió metáforas de suspensión y de oscilación, la nominación de lo nimio y de lo cotidiano.

Si el poeta debe provocar sensaciones en el lector, vista, oído y olfato se afinan en las páginas de López Velarde; hombre emotivamente exaltado, buscó comunicarse con contrastes y antítesis, con enumeraciones acumulativas e imágenes centrales apoyadas en imágenes auxiliares. A tales rasgos, Phillips dedica uno de los más ricos capítulos de su estudio.

El análisis del lenguaje de un poeta no «musical» a lo Darío (López Velarde es intelectualmente musical, como nuestro Jorge Luis Borges), el rastreo de temas y procesos de la prosa artística y apretadas observaciones sobre la versificación (casi siempre regular, aunque se insinúen salidas al versolibrismo) completan el volumen de Phillips.

Phillips prueba prácticamente que la estilística, mezquina cuando no es sino recuento de formas desgajadas del texto, apoya una forma de investigación —conocimiento filológico, sensibilidad— que debe situarse dentro de las coordenadas de tiempo y espacio en que ha vivido el escritor. La base histórica de estos críticos funciona dentro de los cuadros universales y de las corrientes estéticas sin encerrar al poeta en el recinto de las palabras. López Velarde aparece, vivo y original, en el desarrollo de la poesía mexicana desde el siempre presente Gutiérrez Nájera.

En 1916 escribió López Velarde: «Confieso que viviendo aún Darío, Leopoldo Lugones se me aparecía, a las vegadas, como el más excelso o el más hondo poeta de habla castellana», y agregó en seguida: «Nunca supe cuál de los dos era superior.» Sin duda, interiormente, se había decidido por Lugones; si se releen los poemas y las prosas en que López Velarde testimonia el discipulado literario, se confirma lo que ha ocurrido con otros admiradores de talento –un Ezequiel Martínez Estrada, por ejemplo–: al acotar un aspecto dentro de la multiplicidad de Lugones, al ahondarlo y hacerlo propio, se alcanzan certezas líricas que no siempre logró Lugones, verbalmente genial pero escasamente entrañable.

EL MÁS MEXICANO DE SU GENERACIÓN*

Enrique Anderson Imbert

Ramón López Velarde escribió poco: los sencillos y sentimentales versos –con temas de la vida provinciana– de *La sangre devota;* los complejos y rebuscados versos de *Zozobra;* y, póstumo, *El son del corazón,* donde se juntan composiciones que representan las maneras de sus dos libros, incluyendo el poema más conocido, *La suave Patria.* Sus prosas no desmerecen a sus versos: López Velarde dejó a medio organizar una selección de sus prosas, *El minutero,* algunas de ellas de valor artístico. Poco a poco se ha venido recogiendo la dispersa obra en verso y prosa, pero hasta ahora estos volúmenes póstumos mezclan el oro y la ganga.

No disminuyamos a López Velarde porque su obra lírica es escasa. Y que no nos engañe el mapa aparentemente elemental de su país poético: la provincia, el catolicismo, la amada, el dolor juvenil, la muerte, el irónico comentario sobre las cosas que le enternecen... En ese país, que se ve tan sencillo en el mapa, están ocurriendo en verdad cosas extrañas, secretas, complejas, misteriosas. Por ejemplo: la religiosidad de López Velarde es de raíz erótica y su «afán temerario de mezclar tierra y cielo» podría escandalizar a los correligionarios; su amor, al que se lo declara único –amor a Fuensanta–, está esparcido en muchas mujeres; sus suaves paisajes provincianos, pintados con un lenguaje sin suavidad, en áspero rebuscamiento de palabras estrafalarias, adjetivos inesperados y metáforas agresivas; su tradicionalismo, una guerra a alaridos contra el lugar común... Sí: López Velarde tenía más complejidad espiritual de la que nos hace creer el mapa de sus temas poéticos.

Sus ideales estéticos consistían en mostrarse con sinceridad en modos originales de decir que se complacían en una estilización de temas criollos. Cobró importancia desde *La sangre devota* y sobre todo desde 1919, cuando apareció *Zozobra.* Después de la liquidación del modernismo su obra, breve e intensa, es de las más duraderas. Mostró anhelo de renovación, pero no por la superficie sino por dentro: profundizó en lo subjetivo (su alma) y en lo objetivo (la inti-

* *Historia de la literatura hispanoamericana,* México, Fondo de Cultura Económica, 1964.

midad de México). Su disposición amorosa está siempre presente. En *La sangre devota* aparecen los dos extremos del sentimiento amoroso, el puro ideal, tendido hacia Fuensanta, y el de las tentaciones carnales más patentes en *Zozobra*, su mejor libro. Aquí hay versos que muestran al poeta entregándose al amor; pero son más significativos los que revelan su desencanto y aun fracaso al no poder satisfacer ni el apetito de los sentidos ni la comunicación espiritual con la amada. En *El son del corazón* es más equilibrado puesto que el poeta parece hacer un balance de todo su desarrollo espiritual, pero es menos intenso. *La suave Patria* nos habla de su provincia mexicana, pero el poeta no se queda allí: sin salirse de su propio jardín viaja por los jardines literarios de otras literaturas. Curioso «exotismo interior». Su veneración por Leopoldo Lugones («el más excelso, el más hondo poeta de habla castellana», decía) explica su parecido con otros poetas de su época, también lugonianos.

El Lugones de *Lunario sentimental* habría abierto escuela para los hispanoamericanos nacidos en los años en que surgía el modernismo. (Claro que Lugones, como también Herrera y Reissig, fue una lente que concentraba muchos rayos de literatura europea, como los tiernos e irónicos que venían de Laforgue, por ejemplo). López Velarde, como otros, quiso inventarse un lenguaje que sorprendiera con imágenes desacostumbradas. El peligro estaba en la afectación, en la retórica, en sinuosidades que se pierden en la oscuridad. López Velarde olfateó el peligro y se apartó a tiempo: sus palabras, aunque irradiaban sorpresas, respetaron el genio tradicional de la lengua y aun el matiz de la región en que había nacido. Los humildes y aun prosaicos coloquialismos salían al encuentro de las aristocráticas invenciones verbales y se abrazaban con toda felicidad en medio del camino. Aun así López Velarde pudo haber caído en un manierismo, de no ser por las confesiones muy personales que tenía que hacernos. López Velarde dialoga consigo mismo. La voz de la carne, la voz del espíritu. La ciudad era para él la violencia y el pecado; la provincia, un mundo nostálgico. Y López Velarde escribe *La suave Patria*, que no es un poema ni de ciudadano ni de provinciano, sino de un espíritu solitario que con ternura e ironía va expresando tiernas nostalgias e irónicas distancias. En *La suave Patria,* el mejor poema cívico de México, se refugia López Velarde, el más mexicano de los poetas de su generación.

VUELVO A TI...*

Porfirio Martínez Peñaloza

No recuerdo con exactitud cómo ni cuándo llegué a López Velarde; creo que empecé por *La suave Patria* y terminé, es decir, no terminé, porque adentrarse en la obra de un poeta es viaje sin término vislumbrado, en las profundidades de toda su obra. Fue primero una contemplación. La sonorosa poesía del cántico a la patria me sedujo hasta intentar después una glosa buscando el camino que López Velarde recorrió al ascender desde la palabra y el paisaje a las esencias patrias. Buscar la conexión íntima –poética– del tropo con la realidad y analizar la génesis de la imagen; descubrir las premisas de que se parte hasta alcanzar el mensaje y el anuncio, fue la intención –ya reflexiva– con que frecuenté la lectura de *La sangre devota, Zozobra* y *El son del corazón.*

Las cuestiones iban surgiendo, muchas veces, de la lectura apresurada. El prólogo que Villaurrutia pone a la antología publicada por Cvltvra enlazaba mis preguntas con las que se plantea el crítico. Y más. Recorriendo a ojo de pájaro la poesía mexicana inmediatamente anterior a nosotros, me pareció poder fijar en ella tres poetas importantes, estrechamente relacionados entre sí: López Velarde, Renato Leduc y González Martínez, nombres que se me presentaban conviviendo y perteneciendo a un mismo ciclo, sujetos a influencias y sugerencias comunes y, sin embargo, entregándonos mensajes diferentes, cada uno de los cuales tiene un sentido propio que se puede o no referir a ideas y vivencias extrapoéticas.

Así, mientras me pareció que Leduc y López Velarde tienen angustias comunes y respuestas diversas y se mueven en un marco definible de mexicanismo, González Martínez me parece hombre señero que desafía las modas literarias y halla en sí mismo la superación, sin que las modas poéticas impriman su huella en el itinerario de *El hombre del búho*. El paisaje, en cambio, es rico en López Velarde y en Leduc. En aquél la provincia halla enternecida elaboración; paisaje rico y hondo, semejante al que admira el viajero que recorre los rumbos de

* *Algunos epígonos del modernismo y otras notas,* Edición Camelina, México, 1966.

México. Y Leduc injerta los aspectos citadinos en su poética contemplando la visión de lo externo. Este recrearse en el estudio del mundo circundante y describirlo con minucia es característico de López Velarde –aunque conquista inmediata. Ya en *La suave Patria* describe sumariamente:

...tu superficie es el maíz
tus minas el palacio del rey de oros
y tu cielo las garzas en desliz
y el relámpago verde de los loros.

Pero el sentimiento de la inmensidad del paisaje brota, como indefectible, apenas evocada la mutilación geográfica:

...tu casa todavía
es tan grande que el tren va por la vía
como aguinaldo de juguetería.

La presencia de lo externo acompaña siempre a nuestro poeta sirviéndole de escenario para la develación de lo que Villaurrutia llama «la más intensa, la más atrevida tentativa de revelar el alma oculta de un hombre, de poner a flote las más sumergidas e inasibles angustias...»

Si ahora insisto en llamar la atención acerca del goce deliberado que López Velarde halla en las cosas externas es porque esto nos ayuda a resolver –a intentar resolver, por lo menos– una cuestión capital en cualquier estudio que se emprenda sobre nuestro poeta, y es ésta: ¿En qué consiste el mexicanismo de López Velarde?

Despojado de toda preparación rigurosamente técnica, me acerco a estas cuestiones con un solo título: el de provinciano. López Velarde fue siempre un provinciano aun en medio del falso esplendor de la gran ciudad, y a la provincia dedicó muchos de sus más hondos acentos. Quizás por ello la poesía de nuestro autor me subyuga y me dice tanto. Quizá por ello también me parece menos oscura la génesis de su tropos, más densa su poesía y más accesible la respuesta a ciertas cuestiones que se desprenden de cualquiera de los poemas lopezvelardeanos...

Dos son los itinerarios que recorre nuestro poeta; el cronológico y el espiritual. No son coincidentes en modo alguno, sino al contrario se cruzan e interfieren, aunque la intersección esté siempre presidida por lo provinciano, que explica mucho de su poesía. Así, al menos visiblemente, López Velarde parte de una aspiración no realizada por completo, que se expresa en uno de los más hermosos de sus poemas: «Ser una casta pequeñez»:

Fuérame dado remontar el río
de los años, y en una reconquista
feliz de mi ignorancia, ser de nuevo
la frente limpia y bárbara del niño.

No aparece aún el sentimiento del paisaje y no aparecerá hasta la mitad de *La sangre devota*, pues hasta entonces el poeta está absorbido por lo interior. Así en «La tejedora» se hace consciente este desdén:

Noble delicia desdeñar
con un desdén que no se mide,
bajo un equívoco nublado:
alba que insinúa, tarde que se despide.

La mayor parte de este libro gira en torno de una angustia personal: el «drama lúcido» que Villaurrutia atisba en toda la obra del poeta... Y el drama es el de la dualidad trágica que vive en todo hombre, aun a pesar de que algunos la ignoran; dualidad que nos legó el primer pecado marcándonos para siempre con el signo patético de una lucha en que materia y espíritu se disputan el predominio de la voluntad. Lucha que se hace más intensa, más desgarradora, en la medida en que el alma es más fina, más límpida y tiene más elementos para desentrañar y sentir la contradicción humana. Así las páginas de *La sangre devota*, que se inician con un insatisfecho anhelo de pulcritud, se prolongan nutriéndose del mismo deseo:

Fuensanta: al amor aventurero
de cálidas mujeres, azafatas
súbditas de la carne, te prefiero
por la frescura de tus manos gratas...

Pero muy pronto aparece la angustia, la lucha, la dualidad. El casto clima provinciano se desmadeja bajo el influjo de inasibles incidentes y el drama, afinado por la exquisita sensibilidad del poeta, aparece pujante, velado por el recato que nunca se olvida, como que es la parte más entrañable del escritor:

Yo no sé si está presa
mi devoción en la alta
locura del primer
teólogo que soñó con la primera infanta,
o si, atávicamente, soy árabe sin cuitas
que siempre está de vuelta de la cruel continencia
del desierto, y en medio de un júbilo de huríes
las halla a todas bellas y a todas favoritas.

Pero el otro extremo del drama se revela en seguida:

Si mi voto es que vivas dentro de una
virginidad perenne y aromática,
vuélvese un hondo enigma
lo que de ti persigue mi esperanza.

Se reinstala con mayor firmeza el clima provinciano y pulcro; aparece la más alta esencia del amante que ama con amor cada vez más puro; del que despoja el amor de toda contaminación inferior y pide para la amada el más noble destino y exige del amante el más depurado sentimiento. Y como el deseo choque contra todo esto, el escritor se pregunta:

¿Qué me está reservado
de tu persona etérea? ¿Qué es la arcana
promesa de tu ser?...

Ya para entonces el apetito ha hecho presa del poeta y le ha descubierto abismos y tinieblas. La dualidad que nace con el hombre se revela y afirma; asciende desde los estratos inferiores y arrebata y enceguece el alma. Todo se turba y el vendaval desatado barre hasta las cumbres más altas; simultáneamente tiran del ánima anhelos contradictorios, y en mitad del combate el poeta afina la voz y confiesa con amargura recóndita:

Siempre que inicio un vuelo
por encima de todo,
un demonio sarcástico maúlla
y me devuelve al lodo...

Tal es el minuto en que López Velarde se mueve al escribir *La sangre devota*. Si el erotismo preside sus páginas, se mitiga en el tropo; límpiase en el crisol de la poesía que ennoblece la angustia. Es la aventura: la aventura que emprende el hijo pródigo que abandona sus lares y la paz de sus lares. El camino lo afrenta y lo marca. Pero vuelve: es el «primer retorno» de nuestro escritor. Que es, además, el más hondo y el que, en definitiva, sellará el futuro trascendental del poeta. Caminando a través de un mundo entenebrecido, se reconoce herido, herido y llagado con llaga que perdura y deja cicatriz. Una doble anarquía devasta el paisaje y le quita variedad reduciéndolo a sombras. Pero regresa. Vuelve a su pueblo por la ruta ascendida y vertical de las torres –lección ascendente– de un santuario de la Virgen cuya imagen acompaña siempre al poeta, aun en las peores horas, porque Nuestra Señora lo tiene «comprado en alma y cuerpo».

Leyendo la confesión no se puede reprimir un estremecimiento causado por la hondura del drama y la verdad del regreso; siempre fueron amargos los regresos y aquí lo es porque ha sido necesario un dolor, muchos dolores, para iniciar la búsqueda de la paz. Del fondo del abismo se levanta, sin embargo, la oración estremecida –asmática, la presiente el poeta– que necesita el sostén de las torres incendiadas:

Señora: llego a Ti
desde las tenebrosas anarquías
del pensamiento y la conducta, para
aspirar los naranjos
de elección que florecen
en tu atrio con una
nieve nupcial... Y entro
a tu Santuario, como un herido
a las hondas quietudes hospicianas
en que sólo se escucha
el toque saludable de una esquila.

RAMÓN LÓPEZ VELARDE*

José Emilio Pacheco

Ramón López Velarde nació el mismo año en que Darío publicó *Azul*. Como Gutiérrez Nájera, murió en sus treinta años y nunca salió del país. Empezó a escribir cuando estudiaba humanidades en el Seminario de Aguascalientes. En 1906 fundó la revista *Bohemio* con Enrique Fernández Ledesma, Pedro de Alba y otros amigos. En 1907 fue a estudiar leyes en San Luis de Potosí. Descubrió a Lugones y a González León que le ayudaron a encontrar su propia voz en las páginas que formarán *La sangre devota*. Allí mismo conoció a Madero, tuvo amistad con él y simpatía por sus ideas. Sin embargo, la violencia de la Revolución y su temperamento ortodoxo propiciaron en López Velarde una actitud de recelo. El Partido Católico lanzó su candidatura a diputado suplente por Jerez. En 1911 recibió el título profesional. En 1912 fue juez en El Venado y estuvo por algunos meses en la ciudad de México, donde se estableció definitivamente en 1914. Antes, en *El Regional* (Guadalajara) y *La Nación* había escrito la *Prosa política* recopilada por Elena Molina Ortega (1955), que significativamente se interrumpe poco antes de la Decena Trágica. Instaló su despacho de abogado en Madero 1, ocupó puestos burocráticos en Gobernación y Relaciones, dio clases de literatura en la Preparatoria y en la Escuela de Altos Estudios (hoy Facultad de Filosofía y Letras), colaboró en *Revista de Revistas, El Universal Ilustrado, Vida Moderna, México Moderno*... con prosas que intentaron ser nada más crónicas pero que en realidad forman parte de su poesía: *El minutero* (1923) y *El don de febrero* (1952) representan frente a *Zozobra* lo que es *Le Spleen de Paris* respecto a *Les fleurs du mal*. En 1917 dirigió con González Martínez y Rebolledo el semanario *Pegaso* que alcanzó unos veinte números. Vivió, en suma, el conflicto de tantos jóvenes llegados de la provincia a enfrentar su timidez y su freno religioso con la pasión de los sentidos.

Al año siguiente de que López Velarde consagró *La sangre devota* «a los espíritus de Gutiérrez Nájera y Othón», murió en el Valle de México su primer amor:

---

* *Antología del modernismo, 1884-1921*, México, UNAM, Biblioteca del Estudiante Universitario, 91, 1970, pp. 127-132.

Josefa de los Ríos, *Fuensanta* (1880-1917). López Velarde cortejaba desde que llegó a México, a Margarita, hermana de Alejandro Quijano. Margarita es la protagonista de *Zozobra* y del enigma de amor más intenso y más indescifrable de toda la poesía mexicana. La frustración de esta idolatría engendró sus mejores poemas y lo llevó a aferrarse de nuevo ya no a *Fuensanta* sino a su recuerdo espectral. Dejó de ser adolescente y su sistema poético se transformó en sistema crítico. Cuando acababa de cumplir treinta y tres años y preparaba un viaje a Europa, murió asfixiado de neumonía y pleuresía a raíz de un paseo nocturno.

López Velarde cierra espléndidamente el modernismo y, al mismo tiempo que Tablada, lo convierte en modernidad, piedra de fundación de nuestra poesía contemporánea. Sólo el concepto que identifica el modernismo con una de sus maneras, la de *Prosas profanas*, ha hecho que no se considere modernista a López Velarde, privando a esta gran época renovadora del mayor poeta que tuvo entre nosotros. Las influencias que le sirvieron para despertar su originalidad, sus gustos y afinidades son modernistas. En todo caso se parece más a los escritores del novecientos que a los vanguardistas de los veintes, quienes en primer término abandonan la rima, elemento esencial en López Velarde. Sin embargo la amplitud de su visión, algunos poemas en verso libre y la inesperada actualidad de muchas imágenes lo hacen ocupar un sitio único en esa galería de soledades que fue el modernismo. Si Julio Ruedas pudo haber ilustrado «El sueño de los guantes negros», «los gatos que erizan el ruido /y forjan una patria espeluznante» se inscriben en otro ámbito que nada tiene que ver con la *Revista Moderna* y –para citar los propios textos de López Velarde– obedecen a «la pauta de la última estética, libre de los absolutismos de la perfección exterior».

Poeta de una complejidad tal que precisaría de una exégesis verso a verso, tan minuciosa como la que se ha hecho con Góngora, López Velarde presenta una pluralidad de alusiones, reticencias, elipsis, sobrentendidos y significados subtextuales que no hay en ninguno de sus antecesores. El conflicto de base no es distinto al de Nájera ni al de Nervo («nuestra única grandeza moral consiste en la pugna que nos roe las entrañas»), pero sus dones poéticos y su voluntad de estilo son mucho mayores y añade a su innata sabiduría verbal la de quienes lo antecedieron. Con la pugna entre carne y espíritu aquéllos hicieron casi siempre retórica: López Velarde hizo casi siempre poesía.

En López Velarde el poeta deja sus máscaras sucesivas: orador, padre de la patria, demiurgo, dandy, mártir atormentado por la sociedad, y se convierte en el hombre de la calle, en el paseante, el *flâneur* de la Avenida Madero, en el conversador que da al lenguaje cotidiano la electricidad del modernismo, «la moral de la simetría». Ya no es la víctima del *Weltschmerz*, el mal del siglo: es el verdugo de sí mismo tan agobiado por su propio ser que se pone a distancia y se contempla desde fuera irónicamente.

Nutrido en toda la retórica anterior, habitante de un país pobre y desgarrado por la guerra civil, López Velarde es contemporáneo de sus contemporáneos, de quienes probablemente ni siquiera oyó hablar: Jules Laforgue y su bufonería dolorida lo aproxima al joven T. S. Eliot, su desolación y su protesta contra «la dolorosa naturaleza» lo relacionan con el primer Vallejo, su aversión a la vida familiar («taller de sufrimiento, fuente de desgracia, vivero de infortunio») y a la voluntaria prolongación del dolor en el engendramiento de un hijo es semejante a la actitud de Kafka. Pero López Velarde no se encierra en el orbe de su imaginación, no crea paraísos ni infiernos artificiales: vive «la formidable/vida de todas y de todos» en «una sorda batalla entre el criterio pesimista y la gracia de Eva».

López Velarde existe en la zozobra, oscila sin hundirse definitivamente, dividido entre el falso edén de la vida provinciana durante el porfiriato («algo de lo pasado que ahora amamos porque fue nuestro y antes no supimos querer porque era un presente o un futuro») y el porvenir sin rostro del que nada teme tanto como la progresiva norteamericanización de México; entre la sexualidad que los españoles del siglo XVI identificaron, para condenarla, con el mundo árabe, y «la sangrienta flor del cristianismo»; entre el rostro de la Virgen y el cuerpo de una tiple del Teatro Arbeu. Su liturgia es la veneración del amor; su remordimiento, la conciencia católica que diaboliza el mundo y la carne; su horror –que lo hace descender de la línea barroca de Quevedo y Valdés Leal–, la fugacidad y la corrupción de todo. Y juega a una sola carta: el poema que se nutre de la experiencia vivida por un hombre acaso débil y torpe como cualquiera de nosotros, pero que escribe con la intuición y el raciocinio crítico más despiertos, con ingenuidad y habilidad, «con la ignorancia de la nieve / y la sabiduría del jacinto».

Anterior a la divulgación de las teorías freudianas sobre la sexualidad infantil, López Velarde ama en *Fuensanta* su niñez perdida, «el sueño de la inocencia». Jerez y *Fuensanta* son la cifra de un mundo que precede a su encuentro con el verdadero mundo, el tiempo de «la primera amargura». Nadie sabe en verdad lo que fue su infancia porque sólo se tiene conciencia de ella desde la vida adulta. La infancia de López Velarde está inmóvil, inmune al cambio y a la corrupción. No morirá porque ha dejado de existir para disolverse en él mismo. *Fuensanta* y el pueblo (y por extensión la provincia) son las metáforas de la Madre y la Virgen. Para que el mito interno continúe se ha de preservar la condición virginal de *Fuensanta*. Pero el tiempo no puede detenerse: en el momento de *La sangre devota* la virgen aldeana se ha convertido en un prototipo menos romántico: la solterona.

Zozobra fluctúa entre Josefa y Margarita, el niño de un Jerez en perpetua cuaresma y el *flâneur* de la ciudad de México, el «edén subvertido» por la Revolución y la capital con sus «flores de pecado». Contiene cuarenta poemas escritos de 1916 a 1919, desde los veintisiete hasta los treintaiún años. Al ordenarlo en forma no cronológica, su autor quiso que se iniciara con la agonía de *Fuensanta* («Hoy como nunca», dedicado a González Martínez), hallase su centro en los poemas de Margarita –ciclo que comienza en «Transmútase mi alma», «Que sea para bien», «La mancha de púrpura», y culmina en «La lágrima»– y concluyera en el punto de partida: «Humildemente», el texto del regreso a Jerez con dedicatoria «A mi madre y a mis hermanas».

Todo lo que se ha dicho del mexicano, a veces considerándolo un individuo aparte de la humanidad, puede ilustrarse con citas de López Velarde. La resonancia casi unánime que ha tenido su obra, el magnetismo que atrae las admiraciones más contradictorias, sólo resulta explicable por el hecho de que alcanzó a poetizar algo que está en nosotros y nadie había logrado decir con tanta belleza, tanto misterio, tanta exactitud. Así por ejemplo la muerte –deidad femenina para aztecas y españoles en tanto que otras culturas, como la anglosajona, la representan en figura de hombres– recorre toda la poesía de López Velarde como las calaveras omnipresentes en las iglesias y en el centro ceremonial de Tenochtitlan. A semejanza de la Virgen que fue nuestro catecismo, la muerte es también Nuestra Señora. El primer abrazo y el último se confunden: la amada de López Velarde asume finalmente los rasgos de la muerte, el ritual del amor cobra sentido porque es celebrado al borde de un abismo. López Velarde vive el momento con una «intensidad incisiva» en la pasión por la mujer que es todas las mujeres y el alma del mundo, la *donna angelicata*. El mito de la caída es la realidad de la fugacidad. Hundidos en el tiempo, separados por la inexistencia, los amantes volverán a reunirse en la tumba esperando el día de la tormenta final, el dogma de la resurrección de la carne. Porque en las dos grandes ocasiones de su vida López Velarde no parece haber hecho tangible su pasión. La espada de castidad volvió a interponerse entre Isolda y Tristán. La amada –participio pasivo– no se convirtió en la amante –participio activo– quizá por miedo a destruir su aura ambigua hundiéndola en los estragos de la fecundidad y la domesticidad bajo las cuales la pasión original no podía perdurar. López Velarde realizó así lo que Denis de Rougemont llama la «posesión por pérdida», que es el núcleo secreto de su poesía.

Y aunque una parte –ha dicho Octavio Paz– nos parece

> ingenua o limitada, nada impide que veamos en ella algo que aún sus sucesores no han realizado completamente: la búsqueda, y el hallazgo, de lo universal a través de lo genuino y lo propio. La herencia de López Velarde es ardua: invención y lealtad a su tiempo y su pueblo, esto es, una universalidad que no nos traicione y una fidelidad que no nos aísle ni ahogue. Y si es cierto que no es posible regresar a la poesía de López Velarde, también lo es que ese regreso es imposible precisamente porque ella constituye nuestro único punto de partida.

LA PRIMERA EDICIÓN FALLIDA DE *LA SANGRE DEVOTA**

Emmanuel Carballo

Quiso la suerte que el primer intento editorial de Ramón López Velarde (1888-1921) ocurriera en Guadalajara. Mas el intento nunca pasó de tal. La frustrada primera edición de *La sangre devota* debió de haber aparecido en 1910, en la imprenta de *El Regional*. Hasta la fecha no se han aclarado satisfactoriamente las causas. Se han entretejido, eso sí, diversas hipótesis, todas ellas deleznables.

Luis Noyola Vázquez opina que «la causa de que no viese la luz pública esa primera edición fue, según todas las probabilidades, el hecho de haber dejado la dirección de *El Regional* don Eduardo J. Correa, principal promovente de la empresa». Mas lo cierto es que Correa no abandonó las riendas del periódico hasta 1912. Dos años fueron más que suficientes para preparar la edición. La imprenta, además, cumplía con premura los trabajos encomendados. Yo me inclino a creer que fue la severa autocrítica del poeta, en ese tiempo ya vigilante, quien impidió que apareciera la proyectada edición.

El mismo Noyola afirma que «los poemas eliminados por López Velarde en la primera edición de sus versos no eran inferiores estéticamente a los que respetó». Esta opinión carece de bases. De los 37 poemas recopilados en *La sangre devota* ninguno puede compararse con los no incluidos. Los poemas agrupados difieren en la sabia pulcritud del tono, en el aliño constante de los vocablos, en la sostenida emoción que los anima, de las «rimas atolondradas», «de los ripios venturosos» de la primera juventud del poeta, según él mismo confiesa en el «Introito» para el libro de Enrique Fernández Ledesma *Con la sed en los labios* (1919).

La diferencia de calidad entre ambos tipos de versos es palpable: el buen tino del poeta en la selección también lo es. El innato sentido crítico de López Velarde para valorar las producciones ajenas y las propias es fácilmente comprobable. Sus juicios sobre Nervo, Góngora, Lugones, Díaz Mirón, Gutiérrez Nájera, merecen el reconocimiento de lectores y críticos. También fue un crítico hábil para enjuiciar, las más de las veces, sus propias composiciones poéticas. Ya

---

* «Nuevo tratamiento del texto publicado», en: *R L V* en *Guadalajara,* 1952.–*Notas de un francotirador,* Gobierno del Estado de Tabasco, México, 1970, pp. 21-30.

en 1909 López Velarde realizaba genuinos hallazgos expresivos como «Hermana, hazme llorar», «El campanero», ambos dados a conocer en *El Regional*. Hallazgos que no le impidieron caer años después, 1912, en visibles desaciertos como «Tu voz profética». Con envidiable tacto supo omitir el desafortunado intento e incluir en cambio estos dos poemas anteriores.

Existía la creencia divulgada por Noyola de que «Hermana, hazme llorar» databa de 1913. Esta creencia, muy justificada en 1947 cuando apareció las *Fuentes de Fuensanta*, es ahora con los datos aportados por *El Regional*, de obligada rectificación. Se insertó en el periódico tapatío, el 11 de julio de 1909.

Las razones anteriores me sirven para afirmar: 1) que la fallida primera edición de *La sangre devota* se debió a la severa autocrítica del poeta; 2) que en la integración definitiva de su primer libro presidió la selección una conciencia vigilante y ecuánime del oficio, que supo advertir en cuáles poemas albergaba la belleza y en cuáles estaba excluida en mayor o menor grado.

Psicológicamente después de la desorbitada emoción que empuja a los principiantes a reunir sus primeros poemas, viene una lógica y necesaria retracción. El impulso muere antes de actualizarse. Todo un castillo de ilusiones editoriales se desmorona. La autocrítica, la misma intuición creadora sufren un violento colapso. La duda se enseñorea de la persona. Nublada la razón, la voluntad flaquea, se asilencia. La revisión se impone. En el caso de López Velarde el retardo en la aparición del libro fue un acierto. *La sangre devota* nació así en el minuto justo, más depurada la calidad, más oportuna su salida a la luz pública. Además de que la divulgación de varios de los poemas que la componían abrió brecha entre el público y los críticos para su personal manera poética. La edición se retardó seis años. En 1916 López Velarde, más afianzado en sí mismo y en los secretos de la poesía, la dio a la imprenta, ya ganado por la metrópoli. Ganancia que le hizo comprender y valorar nítidamente la provincia de su niñez y adolescencia. Su poesía posterior, *Zozobra* y *El son del corazón*, escrita en el ostracismo geográfico, oscila entre la sorpresa incesante producida por la gran ciudad y el recuerdo del amoroso dedal de su tierra nativa: «un cielo cruel y una tierra colorada».

Guadalajara perdió el pie de imprenta de su obra primigenia, mas no la parcial publicación de uno de los núcleos de poemas pertenecientes a esta obra. El 13 de mayo de 1909 apareció en *El Regional* su colaboración primera, «Domingos de provincia», tal como se le conoce en la actualidad. Sus poemas y algunas de sus prosas de aquí en adelante se insertarán con frecuencia.

El periodismo en México a principios de siglo era una lucha sin tregua entre los dos clásicos partidos antagónicos: «católicos de Pedro el Ermitaño y jacobinos de la era terciaria». *El Regional*, definido y apostólico, trataba de avivar la parte creyente de los lectores, tiñendo las colaboraciones, sin excluir las literarias, de una amable atmósfera cristiana. Así no es de extrañar que algunos versificadores signaran sus obras, más didácticas que estéticas, con iniciales de marcado simbolismo católico: AMDG (*Ad maiorem Dei gloriam*).

López Velarde si no representaba una tendencia opuesta al resto de los colaboradores, sí dejaba entrever los fermentos de su nunca total cisma religioso:

1. Hoy que la indiferencia del siglo me desola.
2. Feliz era mi alma, sin que estuviera sola:
había en torno de ella pan de hostias, el vino
de consagrar, los actos con que Jesús se inmola,
y tesis de Boecius y de Tomás de Aquino.

Las páginas literarias de los jueves, poco después transferidas a los lunes, tienen en común el tono parecido de los que en ellas colaboraban. Los poemas de López Velarde, que contaba entonces veintiún años, se diferencian en el clima que los recorre y en su manía de descubrir y achacar a las ceremonias litúrgicas estados anímicos y sensaciones aún imprecisas.

En ese tiempo ya empezaba a adquirir la diafanidad de los «perones cristalinos» el «olfato» de que nos habla en «Tenías un rebozo de seda», poema expresamente autobiográfico. El olfato aquí no juega el papel de un único sentido; se refiere a los diferentes medios de percepción. Con él quiso representar su posición pretérita de infiel, de no iniciado, respecto a la religión sensorial de la poesía. Los trabajos que publicó en *El Regional* corresponden, en la escala ascendente de su producción, a la edad de novicio, cuando aún no ligaba con votos perpetuos su vocación a la causa de la poesía.

En el soneto «Del seminario», en los tercetos, esboza la que en un futuro no lejano será una realidad manifiesta, la desbordada sensualidad. Remontándose a sus días de «estudiante de Santo Tomás» y contraponiendo al ayer repleto de dones celestes con el hoy desolado, contesta a su propia interrogación amatoria con el recuento del lento despertar de los sentidos:

¿Amar a las mujeres? Apenas rememoro
que tuve no sé cuáles sensaciones arcanas
en las misas solemnes, cuando brillaba oro

de casullas y mitras, en aquellas mañanas
en que vi muchas bellas colegialas: el coro
que a la iglesia traían las monjas Teresianas.

En *Letras Potosinas* di a conocer el poema «A un imposible» de López Velarde. El poema data de 1905 y fue escrito durante la residencia estudiantil del poeta en Aguascalientes. Cronológicamente es el texto suyo más antiguo que conozco. De ahí el interés que encierra compararlo con poemas posteriores que no hallaron cabida en *La sangre devota*, comprobando así su paulatina pero segura depuración estilística. La adjetivación de este intento primerizo peca de manida. Baste citar el vano adjetivo, por ineficaz y redundante, que usa para calificar al sustantivo invierno:

Iré muy lejos de tu vista grata
y morirás sin mi cariño tierno
como en las noches del helado invierno
se extingue la llorosa serenata.

El poema revela la brumosa sensibilidad que aún no disipaba la neblina que escondía el contorno de los seres y las cosas; neblina que impide a los principiantes dar con el adjetivo que encierra el perímetro de validez del sustantivo. Sin embargo se encuentra en este poema la comparación inusitada, plena de sugerencias, que está siempre presente en la obra del cantor de Fuensanta. Compara a ella, el «imposible amor», con las llorosas notas musicales, e identifica la muerte de ambas con un vacío sepulcral, helado, como el de los arpegios que se hunden en el compacto silencio de la noche, tras la despedida de los amantes que se miran con la mejor mirada:

y morirás sin mi cariño tierno
como en las noches del helado invierno
se extingue la llorosa serenata.

Entre los aciertos básicos de López Velarde sobresale este poder de crear personalísimas imágenes y metáforas.

Entre la coordenada espacio-tiempo de «A un imposible» (Aguascalientes, 1905) y los poemas publicados en *El Regional* (1909-1912) hay visibles adelantos en cuanto a técnica y en cuanto a la profundidad que alcanza su ingreso en el «azul valle de Fuensanta». El propio poeta lo descubre años más tarde, 1910, en el poema «Al volver», inserto en *El Regional:*

(Fuensanta: cuando ingreso a tu azul valle
la ternura de ayer se me alborota,
pero yo le aconsejo que se calle.
Mi corazón es una cuerda rota.)

Al mismo tiempo que se frena el ímpetu amoroso de los primeros días, taciturnamente asordina los vuelcos líricos de su pluma. En 1910, lejos de la iniciación desabrida y lejos aún de consolidar su voz lírica, disemina aquí y allá, en sus poemas, los hallazgos expresivos que le darán un sitio aparte en la poesía mexicana: en otras palabras, comienza a recorrer el camino que lo conduciría a la madurez.

En estas circunstancias se encuentra cuando empiezan a aparecer sus poemas en *El Regional* de Guadalajara. El López Velarde que hoy recuerdo, en los albores de la juventud, es un boceto configurado con suposiciones y realidades. Boceto sin el prestigio de la edad madura; pero eso sí, sincero y vehemente. Aquí el jerezano trata de localizar el espacio justo de la imagen insospechada, la proximidad fértil y eficaz de las palabras.

En estos poemas no es difícil de advertir el paralelismo entre la Arabia feliz y Galilea, que con tanta certeza apuntó Villaurrutia. Dualidad de ideas que convive y se acentúa en toda su producción, tanto en verso como en prosa. En el poema «Al volver», el poeta se refiere a la miel promiscua del panal de Mahoma, que con su lento gotear da sabores contradictorios a la tragedia íntima del poeta:

> En la zona en que muertas a cuchillo
> mis esperanzas yacen hoy deshechas,

aquí el símbolo musulmán que acrecienta la gracia, el cuchillo, abre de par en par las puertas rojas del cielo del amor, que a la postre es tristeza. Ni aun el Edén plácido de los árabes sin cuitas, puede dar en su gozosa utopía el amor realizado, venturoso, a este poeta de la sed constante, tantálica. Rastrear en estos poemas la presencia de Galilea por obvia resulta una tarea sencilla. En el soneto «Del seminario» el poeta relata los dones que el cielo le deparó cuando con «inaudita buena fe» creyó su vocación «la de un levita»: ejercicios de Ignacio de Loyola, tesis de Boecius y Tomás de Aquino.

Estos poemas juveniles «brotaron bajo el imperio de la primavera». Sus ingredientes una vez consolidados darán origen a poemas afines de *La sangre devota* y *Zozobra*. Para confirmarlo haré una comparación entre versos parecidos o coincidentes, por una parte de los intentos primerizos y por la otra de poemas de sus dos primeros libros:

1. «El piano de Genoveva»

> ¡Ruégala tú que al menos, pobre piano llorón,
> con sus plantas minúsculas me pise el corazón!

«Para tus pies» (*La sangre devota*)

> y ambiciona santamente la dicha de los pedales
> mi corazón, para estar bajo tus pies ideales.

2. «Una viajera»

> las tardes de los sábados, en infantil asueto
> por las calles del pueblo solíamos vagar,
> y jugando aprendimos los dos el alfabeto

«En la plaza de armas» (*La sangre devota*)
¿Qué se hizo, Plaza de Armas, del coro de chiquillas
que conmigo llegaban en la tarde de asueto
del sábado, a tu kiosco, y que eran actrices
de muñecas excesivas y exiguo alfabeto?

3. «Al volver»
Van entonando en la mañana austera
coplas de desamor los postillones.

«A la patrona de mi pueblo» (*La sangre devota*)
...y van los postillones
cantando bienandanza o desamor.

4. «Al volver»
Mi corazón es una cuerda rota.

«Hoy como nunca» (*Zozobra*)
...porque ha de quedar roto
mi corazón la noche cuadragésima.

5. «El piano de Genoveva»
Piano llorón de Genoveva, doliente piano

«El minuto cobarde» (*Zozobra*)
Fatiga incierta de un incierto piano
en que un tema llorón se decantaba.

Las anteriores comparaciones muestran cómo López Velarde conforme recorrió sus sucesivas etapas poéticas fue reduciendo a la par que profundizando el perímetro de sus temas, cercenando todo lo inútil. De ahí que nunca aprovechara en realizaciones posteriores los temas de algunos poemas primerizos que desahució.

La comparecencia de Ramón López Velarde en *El Regional* se reduce a veintiuna composiciones, sin contar las que pasado un tiempo se reprodujeron sin sufrir modificaciones.

Si se observa por lo republicado el gusto literario predominante en aquellos años, se concluye que el poeta de Jerez desde sus primeros contactos con el público fue más admirado por la sedosa transparencia de sus temas provincianos que por los hondos atisbos de su conflicto interno.

De los veintiún trabajos, diecisiete son poemas y los restantes prosas.

Entre los poemas no coleccionados, «Una viajera» presenta un interés anecdótico considerable. La misma vivencia que lo originó, «el encuentro súbito de una hermosa paisana... en el ostracismo acerbo» de la metrópoli, entrelazada con vivencias parecidas y con las crueles experiencias de los estragos producidos por la revolución, le harán profundizar el tema: las «ciudades impuras» serán, en lírica metamorfosis, «flores de pecado»; la «pobre flor provinciana» que anda «en ruidoso paseo» por metrópolis, será no ya una, sino una «parvada maltrecha..., pobres desterradas que aroman la metrópoli como granos de anís». De la «Hermosa paisana» sabemos hoy su nombre gracias a Luis Noyola Vázquez, quien se sirve de él y de ella para refutar la suposición de que López Velarde era un «tímido superviril». Su nombre y su persona estuvieron íntimamente ligados a las «primeras asiduidades amorosas» del poeta. El retrato lírico que de ella se hace en este poema, más que ofrecer los atributos sobresalientes del físico y el carácter: «unos pendientes de ámbar y un jazmín en el pelo», se reduce a identificar veladamente su progenitor y su nombre y apellido:

> En mi ostracismo acerbo me alegré esta mañana
> con el encuentro súbito de una hermosa paisana
> que tiene un largo nombre de remota novela:
> la hija del enjuto médico del lugar.

Esta «hija del enjuto médico del lugar» fue Eloísa Villalobos, nativa de Jerez. Para descubrir su nombre completo es necesario el concurso de los dos últimos versos. Por los rasgos peculiares del médico se fija el apellido. En vez de dar su nombre de pila, López Velarde cita una novela remota de largo nombre, *Julia o la nueva Eloísa* de Rousseau. El dato de Noyola peca únicamente de inexacto al afirmar que este poema, cuyos versos conoce de oído, «fragmentariamente», se publicó en la revista *Pluma y Lapiz* de San Luis Potosí. El nombre de la revista es correcto, no así la ciudad. Esta revista fue patrocinada por Eduardo J. Correa a través de *El Regional.* Alcanzó los treinta y seis números, que aparecieron cuando lo permitían las circunstancias. Su advenimiento y desaparición están comprendidos entre el 3 de enero y el 9 de septiembre de 1912.

Genoveva, la del «piano llorón..., triste porque tiene treinta años y no hay en todo el pueblo quien ronde por su calle», tornará a aparecer con su nombre propio en *Zozobra.* Su «húmedo corpiño puesto a secar ya no baila arriba del tejado» cuando pasan «las mansas acémilas que conducen al Santo Sacramento». «El piano de Genoveva» adolece del resabio de las añejas lecturas infantiles, que no encajan con el tono del resto del poema.

«Tema II», el más ceñido de todos estos poemas no coleccionados, es el que más próximo se encuentra de la producción madura. Es el desencanto impotente que no puede segar la pasión de ayer, ante la evidencia de los labios de ella que aún se tiñen «con el color sangriento de las fresas.»

En breve ojeada señalaré algunos de los rasgos definitorios de las prosas que se insertaron en *El Regional.* Menos complejas que las de *El minutero,* se caracterizan por la lenta comunicación, titubeante, rápidas ante todo, precisas en el uso de la palabra exacta, parcas en la presentación de la idea, de la emoción que se esconde entre líneas.

En «La vendedora de pájaros» se asocia la similitud que existe entre dos vendedoras: la que vende «el pájaro viviente de la realidad», buhonera y cosmopolita, y ella, la heroína de este texto, Beatriz criolla, «guía invisible que lo precede en la selva oscura» y vende «el ave retórica de la ilusión». En esta prosa se palpa un sabor insistente y difuso de Rubén Darío de «El pájaro azul», autor a quien citará en otra prosa, «Margarita».

En «Aquel día» se queja de no tener la suerte de contemplar a la amada en física descomposición como el duque de Gandía. La suya (y aquí reside el problema) será para su apetito «una preciosa carga fragante». En esta prosa no sobreviven los atributos espirituales de la amada (constante de los románticos) sino el maleficio aromático de una sonrisa, vencedora del amor, la vida y la muerte.

«Margarita» le hará recordar las viejas teatralerías vistas en provincia. Su silueta de amables veintiocho años, de ademanes tenues (visión contemplada más cerca del alma que de la retina), lo llevará de la mano a esa época en que se inició en el ensueño.

Novísima, la esposa celeste de «Mundos habitados», puede entenderse como la ideal caracterización de un ideal, la nueva Fuensanta de Fuensanta, la perfección de la imperfecta elección. Una dualidad santa: dos imágenes distintas en un solo ideal amatorio: Fuensanta, «barro de mi barro»; Novísima, «azul para mi cielo». Hemisferios irreconciliables de su personal globo terráqueo. Novísima fue inmolada al mismo tiempo que su juventud. Brotó para contrarrestar el desencanto de las consabidas mujeres terrenas. En una pasajera flor de hastío. Algunos de sus rasgos perdurarán en esa integración paciente y disímil que es Fuensanta; otros quedarán excluidos para siempre del objeto de su amor.

El López Velarde que se dio a conocer en las columnas de *El Regional*, de una juventud reflexiva, con certeras visiones anticipadas de su mediodía vital, estaba a punto de que en él se cumpliera el «prodigio» de que nos habla en el poema «Que sea para bien»:

> Ya no puedo dudar... Consumaste el prodigio
> de, sin hacerme daño, sustituir mi agua clara
> con un licor de uvas... Y yo bebo
> el licor que tu mano me depara.

Como el día sucede a la noche, así, sin daño visible, la madurez sucedió a la edad del parecido. Como Noé, matinal y sin prever las ulteriores consecuencias, bebió el licor gozoso y triste de la vida. Ya sin los «anticuados relojes del curato cuyas presas de cobre se retardaban» para aplazarle la primera amargura, iba a apoderarse de él la conciencia de la zozobra.

LA PROSA DE RAMÓN LÓPEZ VELARDE. EXÉGESIS DE UNA ESTÉTICA VITAL*

Jorge Ruedas de la Serna

La crítica que se ha ocupado, con mayor fortuna, de la poesía de López Velarde puede apreciarse en cuatro momentos: Xavier Villaurrutia, Luis Noyola Vázquez –junto a otros estudios parciales–, Allen W. Phillips y Octavio Paz. Muchos otros intentos de acercarse a este poeta ha habido; pero, o por generales han sido repetitivos, o han sido desdichados. Se han ensayado clasificaciones extrínsecas: poeta del amor y de la muerte, religioso y erótico, barroco, rebuscado, conceptista, tradicional y moderno, irónico y pesimista, etc. Se toman y se retoman sus textos, se manosean sus fragmentos excepcionales; se busca la sinestesia. Se llenan probetas y se tiñen de verde, de rojo, de amarillo. Se ven al trasluz. Se exponen en el microscopio, en la lupa, en la pantalla. El crítico se pone nervioso y aísla una de esas expresiones de nuestro poeta que parecen fundidas en la roca, la coloca sobre un yunque, y, creyendo que así descubrirá la veta, le da un martillazo. No hace más que desintegrar la roca en fragmentos de roca.

Xavier Villaurrutia, el poeta que exhumó a López Velarde de la fosa inicua en donde lo había sepultado la crítica fácil, nos explicó esa sensación de desagrado y de atracción que producen las obras más perfectas del creador de Fuensanta.[1] Esa repulsa la había previsto el mismo López Velarde, y no es sino la evidencia de que padecemos el mal de lo comodón. Sufrimos lo que en una de sus mejores prosas, «La derrota de la palabra», explica nuestro poeta: la tendencia a usar lo hecho; a seguir el camino trillado de la facilidad.

Por eso sus críticos han tropezado, hasta los más acertados, con algunas dificultades. El peligro acecha desde cualquier metáfora o alegoría. Cuando el poeta rememora su juventud y nos dice que era entonces un «seminarista sin Baudelaire, sin rima y sin olfato», Bernardo Ortiz de Montellano[2] interpreta esta últi-

---

* *Cuadernos del Centro de Estudios Literarios,* México, UNAM, 1971 (fragmento).

1 Xavier Villaurrutia, «La poesía de Ramón López Velarde», en *El león y la virgen.* México, UNAM, 1942 (Biblioteca del Estudiante Universitario, 40) p. XII.

2 *Vid.* Bernardo Ortiz de Montellano, «Baudelaire y López Velarde», en *Rueca,* Año III, nº 12 (México, otoño de 1944), pp. 22-25. Véase también: Xavier Villaurrutia, «Un sentido de Ramón López Velarde», en *México en el Arte,* nº 7 (México, primavera de 1949), pp. 60-62.

ma palabra como «malicia». Ante este desliz los que lo han sucedido en el empeño se han indignado, desde Villaurrutia hasta Paz. Este último ha recordado que toda palabra poética contiene una pluralidad de significados, y además que la expresión de López Velarde provoca «una oleada de perfumes espesos e intensos, vibración que se prolonga en resonancia que yo me siento inclinado a llamar espirituales: incienso, olor de tierra mojada y de cirios, barro, azucena, almizcle, aromas de alcoba e iglesia, de lecho y cementerio…».[3]

Por un extraño sortilegio, connatural al estilo de este poeta, la mayoría de sus críticos incurren en el mismo error. Cuando Phillips interpreta una de las prosas de *El minutero,* «Fresnos y álamos», en donde el jerezano se representa su alma como una habitación abandonada hace tiempo, que conserva en desarreglo las sillas y la cama de la «antigua señora», los candelabros con las ceras aún sin consumir del todo, las imágenes de los santos, etc., lo hace cometiendo la misma falta: «De esta habitación –dice– acaban de sacar un cadáver, su propio pasado muerto; la imagen de los *cirios aún no consumidos* parece sugerir el anhelo de recuperar lo de antes, que todavía es reciente y perdura, mientras sigue quemando el deseo erótico (*la oleada del sol como un aliento femenino*)».[4]

Frente a la poesía de López Velarde cada crítico se formula su pregunta. Unir sus respuestas, lo diremos glosando al mismo poeta, equivale a urdir un verdadero mosaico vital. El autor de *Zozobra* no quiso distinguir entre la vida del escritor y la obra del poeta. Para él, como para los místicos españoles, la poesía es la floración de una existencia, y no se sabe dónde comienza una y dónde termina la otra. Según ha observado con acierto uno de sus críticos, llegó a ciertas posturas vitales por reflexión más que por amargura o comodidad. Pero esto tendremos oportunidad de examinarlo más de cerca.

Para él como para González Martínez la emoción es el triunfo que redime al arte. Sólo que, como nota Antonio Castro Leal, «en lugar de buscar en las cosas "un alma y un sentido oculto" vivía la emoción de ellas. En su mundo el árbol, la fuente y la montaña, más que símbolos, son anécdotas. A la sabiduría del búho, prefirió la misericordia de la paloma».[5] El afán del poeta de Zacatecas no es intelectualista. Como ha demostrado Luis Noyola Vázquez, concibe el arte como una entidad ajena a la ética y a la ciencia.[6] Como la generación del Ateneo

---

[3] O. Paz, «El camino de la pasión», *Cuadrivio,* 1965, p. 74.

[4] Allen W. Phillips, *Ramón López Velarde, el poeta y el prosista.* México, Instituto Nacional de Bellas Artes, Departamento de Literatura, 1962, p. 312.

[5] Antonio Castro Leal, Estudio preliminar a *La poesía mexicana moderna.* México, Fondo de Cultura Económica, 1953 (Letras Mexicanas, 12), p. XXI.

Allen W. Phillips subraya el interés de este comentario de Castro Leal, *vid.,* Phillips, *op. cit.,* p. 32.

[6] Luis Noyola Vázquez, *Fuentes de Fuensanta. La ascensión de López Velarde,* Prólogo de Enrique González Martínez, México, 1947.

de la Juventud, eleva su protesta contra el positivismo, «aprendizajes estériles de teorías que corrompen la levadura de nuestras emociones», según dice en una de sus prosas tempranas, «El secreto» (1913). Por un deseo de especulación inútil, piensa el poeta, nuestro siglo es prosaico. Le hiere la realidad de saber que la mano contenida con fruición y amor entre las suyas no es más que un miembro huesoso como los que penden de los esqueletos colgados en las vitrinas de las boticas. Sin embargo hay un secreto que nos puede salvar de esa tortura: «la sinceridad absoluta y simple de emociones y placeres». Mas para llegar a la expresión nítida de estas emociones y placeres hay que seguir un camino casi ascético. La emoción ante lo cristalino y simple es la más difícil de lograr. Nuestro autor detesta el ripio, la garrulería abundancial de su época, el melodrama cursi, el arte mercenario encaminado a conmover a las masas. Es consciente de que crea un arte aristocrático, cuyo lenguaje «no se casa con la popularidad». ¿Hasta qué punto el espectáculo de la revolución, reflejado en las crónicas que publica entre 1909 y 1913, influye en esta idea? Apoya su tesis en un verso de Juan Ramón Jiménez, «el ruido del mar en el teléfono», y pregunta socarronamente: «¿Existe algo menos popular que la facultad de emocionarse al oír el ruido del mar en el teléfono?»[7]

En una de sus prosas más importantes, «La derrota de la palabra», expone toda una teoría del estilo. En su aspecto más trascendente la estudiaremos luego. Advierte aquí el vacío de léxico a que ha llegado el hombre de su tiempo, usando siempre de formas gastadas, de construcciones hechas. El mayor mal, que entonces descubre, es la soberbia de la palabra, que de ser esclava ha pasado a dictar sobre el espíritu. «¡Infeliz dictado –dice– de una esclava a su señor!» La palabra, que en la niñez del mundo se plegaba con docilidad a las efusiones del alma, ahora la tiraniza. El alma, que requiere de soledad y silencio, ya no puede manifestarse, porque la palabra, como una amotinada, se lo impide. Por eso es tan distante a López Velarde el tratamiento que Eduardo Marquina da a la palabra, por más que no lo haya notado Noyola Vázquez:[8]

¡Oh, lo mejor de mí, palabra mía,
milagrosa palabra!
Si un Dios pide a mis culpas redención,
pongo en ti la esperanza.
¡Oh! toda inmaterial. ¡Oh! toda viva,
mis vigilias se pasan
en encontrar las músicas mejores

[7] «El predominio del silabario» en *Vida Moderna*, México, 31 de agosto de 1916. Los artículos citados, salvo mención aparte, se encuentran recogidos en *El don de febrero y otras prosas*, prólogo y recopilación de Elena Molina Ortega, México, Imprenta Universitaria, 1952.

[8] L. Noyola Vázquez, *op. cit.*, p. 53.

con que ayudar al ritmo de tus danzas.
¡Oh! yo quisiera resolverme en ti,
fecundidad de la palabra.
¡Oh! espero, y amo, y creo, y vivo en ti,
Oh santa, santa, santa.
(Eduardo Marquina, «La palabra amorosa»).

El poeta de Jerez teme que el alma, con su odio a la palabra, le arranque la lengua de cuajo y la arroje, desde su ojiva, sobre los perros de su feudo. López Velarde no rinde culto a la palabra, quiere someterla y reducirla, dándole vuelta, a su verdadera condición de esclava. De ahí su ideal de lo concreto, no por un nuevo artificio, sino por cristalización: «Yo anhelo expulsar de mí cualquier palabra, cualquiera sílaba que no nazca de la combustión de mis huesos.»

Como el alma rechaza todos los vestidos pre-confeccionados se hace necesario descender hasta ella para plegar, «sobre sus alas de mariposa», la capa transparente que permita la visión de esos mil efluvios que constituyen la individualidad. Quienes lograron esto, dice nuestro poeta –«desde el príncipe Góngora hasta Darío y Lugones»– resultaron insospechados para los que se entretienen en hurgar las flores de la superficie; porque con proclamas superficiales o manifiestos a flor de piel, no se consigue la traducción de esta individualidad.

Entre los aciertos de López Velarde debe contarse la simpatía que siempre consagró al «príncipe Góngora», desde 1913, antes de que en la Península, con el tercer centenario, se iniciase la campaña de revalorización definitiva del culteranismo. En un artículo publicado en *El Eco de San Luis,* el 29 de septiembre, dice aspirando el olor de los recuerdos:

> ¡Ah, maestro Góngora, que no se hubiese roto mi lira a los veinte años, para arrancarle versos con calor de nido y trabajados sutilmente como un encaje!

En otra ocasión hace volar al cordobés sobre los siglos y lo sienta en el estrado de la crítica, y le pregunta ¿qué le parece a usted este poeta? Así, cuando escribe sobre Manuel José Othón, dice, asintiendo con la cabeza: «Si Góngora le hubiese conocido, le habría consagrado su devoción.» Tres años más tarde y frente a «La corona y el cetro de Lugones» nos ofrece un juicio más completo sobre el autor de *Polifemo:*

> Si reanudando su tarea, versificara en el siglo XX, yo temería que los más seguros maestros se desconcertaran y titubearan. Quienes no se desconcertarían un punto, serían los bonachones que reparten cédulas académicas y que todavía disertan, con un candor que los enaltece, sobre la buena época de Góngora y sobre la mala. Nuestros catedráticos de literatura nunca insistirán bastante en patentizar la incompetencia y la cobardía de tal distingo.

En el renglón de sus preferencias literarias las tiene, después de Góngora, y de muy especial manera por Anatole France, a quien conoce con profundidad. Al autor del *Lirio rojo,* además de constantes menciones, en una de las cuales lo llama «nuestro fetiche»,[9] le dedica una de las prosas inmaculadas de *El minutero,* porque «no atendió a otra voz que a la de la limpia Harmonía», porque «en un lenguaje sin mancilla, el melodioso censor vierte las piedades en que se cristaliza su enfado». Pero nuestro poeta no olvida los días infantiles en que las horas corrían al lado de la *Atala* de Chateaubriand.

Si son duros sus comentarios sobre figuras literarias, que considera poco auténticas, como el español Francisco Villaespesa, que «edita un libro cada dos meses»,[10] es benévolo con los escritores sinceros, como cuando sin mencionarlo se refiere a Bécquer con las siguientes palabras: «y hay que irse, dejando solos, muy solos, a los muertos, para realizar el verso de aquel portalira que si no fue un cultivador de la forma artística, ni un zahorí de las sutilezas emocionales, fue un corazón fino y generoso».[11] Como un ejemplo de su crítica rigurosa, en cambio, puede verse su artículo «El teatro confiado y perverso», en el que censura *La ciudad alegre y confiada* de Jacinto Benavente.[12] Su pensamiento sobre la literatura española moderna está de acuerdo con el consenso de la época:

> Ya las carabelas no vienen del puerto de Palos. Ahora regresan. América y Francia alimentan las raíces seculares de la encina de Garcilaso.[13]

De los cinco poetas que se mencionan como los más sobresalientes de la España de su tiempo: Machado, Marquina, Jiménez, Villaespesa y Emilio Carrère, nos dice que quizás borraría a uno. Seguramente Villaespesa, por la opinión que sobre él hemos citado antes. En todo esto estará de acuerdo Octavio Paz, cuando nos dice que hacia 1916 o 17, con excepción de López Velarde, no podía mencionarse como poeta moderno a casi ninguno de sus contemporáneos en lengua española.

En cuanto a la poesía hispanoamericana piensa que si bien descuellan como gigantes Darío y Lugones, el momento de mayor fulgor resplandece en México. En 1912 da una ardiente bienvenida al poeta peruano José Santos Chocano, porque en sus versos sonoros «está copiada y engrandecida la América, con la nota característica de su belleza propia».[14] Celebra su *Alma América* y su *Fiat lux.* Evoca la majestad de sus cóndores, y el vigor con que expresa los asuntos aun más subjetivos, ya que su espíritu emprende el vuelo, como sus águilas, con las garras abiertas.

---

[9] «La escuela de Angelita», en *El Nacional Bisemanal,* 15 de abril de 1916.

[10] «La derrota de la palabra», en *Vida Moderna,* 12 de abril de 1916.

[11] «Necrópolis», en *La Nación,* 19 de julio de 1912.

[12] En *Vida Moderna,* 27 de julio de 1916.

[13] «El momento poético español», en *Revista de Revistas,* 4 de febrero de 1917.

En su alocución ofrece a Santos Chocano una síntesis de las características esenciales de los poetas mexicanos. Los versos cincelados con aires de triunfo de Salvador Díaz Mirón, las estrofas, tejidas a la luz de la luna, de Nervo, la obra clásica y moderna de Manuel José Othón, el romanticismo cuidado con pulcritud de Urbina, el arrobo delicado de Luis Rosado Vega, y la fragilidad de María Enriqueta. Aunque advierte que el momento actual (1912) se ofrece incierto en lo que se refiere a la orientación artística. En realidad han de ocurrir aún hechos insospechados por su alma, que entonces descansaba en esa aparente bonanza del maderismo, para que nuestro poeta pueda hallar un camino de creación y recreación.

En una crónica posterior, derivada de su estancia en San Luis Potosí (1913), dedica un recuerdo a Othón. Le apena no encontrar un busto de piedra, en un jardín, consagrado a su memoria. Reputa a Othón como el más grande de los neoclásicos americanos: «Su realización consistió en aprovechar del pasado y del presente lo verdaderamente estético. Juzgó que la tradición americana no puede diluirse y que tampoco se puede inmovilizar. Su prodigio fue el enriquecer los antiguos moldes con las inquietudes actuales».[15]

Mas toda esa justificación del autor del «Himno de los bosques», cuando nuestro poeta ya ha madurado sus ideas estéticas, se traduce en un comentario sintético al hablar de Nervo, a quien –junto a Anatole France, Góngora y Saturnino Herrán– le dedica el máximo elogio crítico que puede ofrecer: «Derrotó a la palabra, ciñéndose a decir lo que nacía de la combustión de sus huesos.»[16] Es decir, Nervo logró realizar lo que constituye el ideal estético de nuestro lírico.

Sus preocupaciones no cavilaban únicamente sobre los autores encumbrados. Buscaba entre los jóvenes, y entre éstos como poeta reconoce a Carlos Pellicer Cámara (1917),[17] y como ensayista, a Julio Torri, como el que escribía sus ensayos con singular «maestría».[18]

La crítica ha señalado que la obra, en prosa y en verso, de López Velarde mantiene conductores, «vasos comunicantes», que la unifica en un fenómeno simbólico. Entre *La sangre devota* y *El don de febrero*..., se ha querido ver la misma relación que existe entre *Zozobra* y *El minutero*. Es posible que se tenga razón; pero hay que tomar en cuenta que algunas de las prosas reunidas por Elena Molina Ortega en *El don de febrero*... corresponden cronológicamente a

---

[14] «José Santos Chocano», en *La Nación*, 15 de julio de 1912.

[15] «Othón», en *El Eco de San Luis*, San Luis de Potosí, 1º de diciembre de 1913.

[16] «La magia de Nervo», en Guillermo Jiménez y José M. González de Mendoza, *Amado Nervo y la crítica literaria*, México, Eds. Botas, 1919. Se reprodujo también en *El don de febrero y otras prosas*.

[17] «Poesía y estética», en *El Pegaso*, México, 29 de junio de 1917. Antonio Castro Leal observa que la producción de ambos poetas se inicia casi de manera contemporánea, *vid.* Castro Leal, «Prólogo» a *Poesías completas y El minutero*. México, Edit. Porrúa, 1971 (Colección de Escritores Mexicanos, 68), p. IX.

[18] «La dama en el campo», en *El Nacional Bisemanal*, México, 26 de febrero de 1916.

otras que el mismo autor había seleccionado para *El minutero*. Como en el caso de Góngora se ha hablado de dos épocas en López Velarde: una, accesible, y otra, más difícil y selecta. Algunos críticos simplistas, «los provincianos» de que habla Paz, creyeron que la parte más valiosa del poeta correspondía a la primera, la del idílico poeta de provincia, mal considerado como un moderno discípulo de Sannazaro. En eso yo me atengo al criterio mismo del jerezano, pienso que esa posición es incompetente y cobarde. En López Velarde no hay dos veredas, que sería tanto como bifurcar su estética; hay sólo un camino real, una vida, un ejercicio y una amada: el alma. O como en el verso de Hernando de Acuña: «Un monarca, un imperio, una espada.»

Se han buscado sus fuentes, y en esto creo que se ha abusado un poco. No porque tema que al establecerse su parentesco con Baudelaire, o al encontrar un antecedente del «relámpago verde de los loros» en un «relámpago blanco» de Eduardo Marquina, se demerite su poesía. Los versos de las *Coplas* que se han localizado en otros de Gómez Manrique, no le restan valor a la obra de su sobrino, que ya Lope de Vega habría mandado fundir en letras de oro. El asunto de las fuentes, puede considerarse liquidado desde los estudios de Amado Alonso, quizá más que desde las consideraciones de André Gide, que cita Luis Noyola Vázquez, para justificar su trabajo. Pero lo que dudo es si este esfuerzo nos ha alejado de su poesía y de su estética.

A pesar de ello veremos cómo la crítica ha fijado sus correspondencias y sus influjos. La herejía maniquea, que como aduce con acierto Noyola Vázquez, se revela en todo poeta de genio, asume desde Baudelaire facetas dramáticas. En el autor de *Las flores del mal* el ser humano vive simbolizado por el «Albatros»; siempre a su elevación majestuosa sucede su descenso a la tierra, donde se mueve con ridícula torpeza y araña con los brezos el albo plumaje. Su espíritu oscila entre la vida ideal (*chambre spirituelle*) y la realidad más grosera. Espíritu profundamente religioso, quiere terminar con la dependencia, nunca rota, de la fe tradicional. Como López Velarde, el francés hace del cuerpo una idolatría y un templo del horror, porque es encarnación de la muerte y de la nada. Detrás de «los vertebrales espejos de la belleza», habita la presencia de la muerte. Eros desemboca siempre en la nada, pero a la vez es el único camino posible de la existencia. Quizás de aquí se deriva ese lenguaje híbrido de religión y erotismo. «En una palabra –dice Paz– hay el mismo amor por el *sacrilegio*.»

Además de Baudelaire, se han encontrado semejanzas con el poeta francés Julio Laforgue, en el estilo zigzagueante del monólogo, en la tendencia al verso suelto y a la rima inesperada y, sobre todo, en la ironía. En la búsqueda de sí mismo frente a la multitud abismal, en la persecución de la individualidad, frente a las extravagancias del arte propagandista, mercenario. Arte aristocrático el suyo, sugestivo, preñado de lo sobrenatural. Sin embargo, se han señalado también las diferencias que median entre ambos. La propensión de Laforgue es más intelectual; su ironía es más ácida; su espíritu, el de un encogido incapaz de inundarse de luz. Su mal le viene del mundo, no profesa una teoría vital. En López Velarde sucede lo contrario; su ironía es la de un joven; no solamente no reniega de la poesía y del amor (como dice Phillips) sino que apela a éstos. La conjunción del ser y del alma engendra el amor, según su pensamiento, y sin el amor no es posible la poesía. No comparto del todo la opinión de Octavio Paz de que la religión, viva en el segundo y muerta en el primero es la que los separa.[19] Lo que distingue a López Velarde de los poetas que se citan como sus fuentes, y nunca insistiremos lo bastante en esto, es que nuestro poeta fue capaz de vivir su pensamiento estético, original o no. En otras palabras, su poética fue una teoría vital.

También se han encontrado semejanzas con Amado Nervo, pero en este punto será más útil conocer lo que nos dice el mismo poeta en «La magia de Nervo» que los hallazgos de Noyola Vázquez; aunque estos últimos se reducen a tres: en el soneto de Nervo «A la católica majestad de Paul Verlaine», el crítico encuentra el planteamiento de la dualidad funesta, maniquea («dos aguijones, alma y carne»); en los poemas «No me condenes» de López Velarde y «Dominio» de Nervo encuentra la misma expresión para calificar a unos ojos («color de sulfato de cobre»); y entre el poema VII de «El panorama del estanque de los lotos» de Nervo y «A la gracia primitiva de las aldeanas» de López Velarde, Noyola observa la misma actitud de elogio a la sencillez de la mujer rústica.[20] En cuanto a las escisiones que los distancian, nuestro crítico puntualiza: en primer lugar, nos dice, «la distancia insalvable que separa la zozobra de la serenidad»; y en segundo término, el propósito de consolar, ajeno de la estética de López Velarde, y presente en la poesía de Nervo. Si bien, tendríamos que aceptar primero que la serenidad trasciende en la poesía de Nervo a más que un título de un libro, y, después, que el deseo de consolar, aunque lo cite el mismo López Velarde, es un común denominador en la poesía del nayarita.

Entre el poeta español Eduardo Marquina y el nuestro también se han encontrado similitudes. Noyola Vázquez señala fundamentalmente el ritmo interno y la predilección por determinados temas.[21]

Se ha insistido sobre todo en la influencia de Lugones. Según Octavio Paz, López Velarde se encuentra a sí mismo, a través del autor de *Lunario sentimental*, pero apenas se descubre, deja de parecerse al gran poeta argentino. Phillips ve en Lugones «lo burlesco y lo socarrón, lo festivo y lo pintoresco, lo exuberante y lo regocijado...» mientras que en el lírico de Jerez, una actitud más profunda, una tristeza auténtica que se esconde bajo la máscara de la ironía. Hay

---

[19] O. Paz, *op. cit.*, p. 77.
[20] L. Noyola Vázquez, *op. cit.*, pp. 45 y ss.
[21] *Ibidem*, pp. 49 y ss.

que recordar aquí la admiración que siempre profesó López Velarde al argentino, al punto de considerarlo, a la muerte de Darío, como el más grande de los poetas vivos en la lengua española.

Las respuestas que los críticos dan a esa incógnita que siempre entraña la obra de un gran poeta, en la proporción en que es más intensa su poesía, suelen modificarse al paso de los años. Un testimonio de que López Velarde no fue comprendido por sus contemporáneos, aparte de los que ofrece el libro de Phillips, nos lo da el «Retablo» que a su memoria le dedicó José Juan Tablada:[22]

> Y tus metales que juzgaron vanos,
> como engendros de luna, los insanos,
> cuajaron oro virgen en mis manos.
>
> Y tu poesía que dijeron rara...

[22] José Juan Tablada, «Retablo a la memoria de Ramón López Velarde», en *El minutero.* México, Imprenta de Murguía, 1923, pp. 11-16.

LA PATRIA EN TONO MENOR*

Benjamín Carrión

El provinciano, el «payo» Ramón López Velarde, era el poeta que había de hallar la entraña vital, maternal, de la patria verdadera. Una patria limpia del patrioterismo, del chauvinismo, de la épica falsa, de la épica inútil. Y así como alguien dijo: «Cuando la Revolución se bajó del caballo», así poder decir: cuando la patria dejó a un lado el morrión emplumado y el clarín sonoro, para adoptar, en su futuro, el lema de Eugenio D'Ors, el pensador catalán, objetivo y pragmático: «¡Abajo la historia, viva la geografía!», o el lema irrespetuoso, al parecer, del gran aragonés, Joaquín Costa, cuando dijo: «Hay que cerrar con doble llave el sepulcro del Cid», o lo que dijo Michelet –¿fue Michelet en verdad?–, que había que buscar un tizón para afeitar con él las barbas de Carlomagno... López Velarde nos alinda, nos hace bonita la imagen de la patria. Y entonces en el Proemio, que pareciera anunciarnos un canto épico, como lo hace nuestro gran poeta Olmedo al iniciar el *Canto a Junín*:

El trueno horrendo que en fragor revienta
y sordo retumbando se dilata...
achica la voz para empezar:

Diré con una épica sordina:
la Patria es impecable y diamantina.

¿Sordina épica, épica sordina? ¿Es esto siquiera concebible dentro de los cánones de la poética tradicional?

Una épica de tono menor, que se nos acerca más bien a la barcarola o a la canción de cuna. Una épica que, en vez de despertarnos, de quitarnos el sueño con la operación tremenda del *deus ex machina*, el estrépito de la gloria y del triunfo, la pujanza del héroe o de los héroes, toda la dinámica fonética de lo triunfal, que sabe usar hasta el Rubén Darío de «Lo fatal» o de la «Canción de otoño en primavera». Sí, señor. El mismo poeta que dice:

---

* *Calendario de Ramón López Velarde*, 1, México, SEP, enero de 1971, pp. 310-314.

Cuando quiero llorar no lloro
y a veces lloro sin querer.

Ese mismo poeta es capaz –y muy capaz– de orquestar todo el estrépito de la «Marcha triunfal» o los grandilocuentes anatemas del «Canto a Roosevelt».

Oigamos la *sordina épica* de López Velarde:

Suave Patria: permite que te envuelva
en la más honda música de selva
con que me modelaste todo entero
al golpe cadencioso de las hachas,
entre gritos y risas de muchachas
y pájaros de oficio carpintero.

La milagrería sonora empleada para cantar «esta patria» nos está situando en el lugar de la vida, al que solamente, en América, ha podido llegar César Vallejo con su canto. La patria amiga, la patria compañera, la patria familiar a la que, sin licencias poéticas, podemos tratar de tú. Una patria para la que los términos de padre, de madre, son ya términos engolados y tiesos. Una patria a la que se le puede decir confianzudamente: «Mamá».

Es la patria-provincia, la patria-aldea. La patria a la que se la conoce en los nombres de sus ríos, de sus piedras, de sus flores. Los del panadero de la esquina y la maestrita ésa...

Y entonces llegamos al Primer Acto:

Patria: tu superficie es el maíz,
tus minas el Palacio del Rey de Oros,
y tus cielos, las garzas en desliz
y el relámpago verde de los loros.

Y así está contado el cuento. El cuento de la Patria. Por allí, entre ese paisaje, puede andar confiada la Caperucita. Y por allí también, casi seguro, el lobo... que se la quiere comer. Que ya se ha comido los mejores bocados...

El niño Dios te escrituró un establo
y los veneros de petróleo el diablo.

No por católico, acaso. Sino por decir el color nutricio de la patria, la patria verde, en la que pacen los ganados y el establo, señal al abrigo con sabor de lecho, con aliento de vacas y terneros. Y la lejana reminiscencia a aquel establo del Niño Dios, allá en Belén... Pero el diablo debía entrar en esta historia, como el lobo de la Caperucita, como el Señor Diablo en los cuentos infantiles.

Hans Christian Andersen, en un extremo, Henry Miller en el otro, saben usar del diablo sin nombrarlo. El uno con divinos procesos de levitación, que nos hacen caminar por los aires, por lo menos a dos palmos de la tierra. El uno con diablos-ángeles y diablos-lobos, el otro con diablos-hombres, tan buenos los unos y los otros. Y en México, ya tenemos un «manejador del Diablo»: Juan Rulfo «Luvina» es, que me perdone El Dante, un sitio mejor para asiento permanente del infierno. Y «Comala» es, asimismo, la capital del infierno. Todos suponemos los cachos colorados y el rabo negro de Pedro Páramo...

López Velarde ve las mil bocas del infierno en los mil pozos del petróleo mexicano que se lo llevaban los gringos. Dejando, como es de rigor, no precisamente «olor de azufre» sino olor de petróleo... Para mala fortuna suya, el poeta de Zacatecas no llegó a vivir la época del gran exorcizador: el general Lázaro Cárdenas, que con consejeros como Jesús Silva Herzog espantó al diablo gringo que se llevaba el petróleo, y lo hizo mexicano...

Nosotros estamos en la hora negra: precisamente en la hora en que el Niño Dios no nos ha «escriturado un establo», pero en cambio sí nos está escriturando «los veneros de petróleo el diablo».

Ha ido, lo cuenta José Luis Martínez, a la capital. Conoce ya todo el cuerpo, toda «la piel canela» de la patria:

> Sobre tu capital, cada hora vuela,
> ojerosa y pintada, en carretela;
> y en tu provincia, del reloj en vela
> que rondan los palomos colipavos,
> las campanadas caen como centavos.

«Ojerosa y pintada», o sea la gran ciudad asustadora y sorpresiva, se le entrega, de primer intento, en la seducción anhelada y temida, de la mujer. De la mujer que no es Fuensanta, la novia provinciana, la única –ésa que los poetas, si son provincianos sobre todo, deben tener: Beatriz, Laura, Dulcinea, Anabel Lee, Rosario la del nocturno suicida. No la mujer que le sale al paso en México esa «ojerosa y pintada», como son las mujeres de las capitales... Com o fueron las mujeres del poeta, «católico y sentimental» que llegaba de la lejana provincia limpio, puro, con «la sangre devota»...

En la provincia, en cambio, «las campanadas caen como centavos». Yo, por ejemplo, provinciano incurable, después de recorrer todos los caminos y de haber, como Mallarmé, «leído todos los libros», bien entrada la tarde, a la distancia insuperable, porque están rotos todos los caminos y cegadas todas las fuentes de la vida, en las noches escucho –de verdad, escucho– las campanas de San Francisco. Esas campanas...

> Patria: tu mutilado territorio
> se viste de percal y de abalorio.

Del uno al otro océano: de Tejas a California, la patria mexicana había perdido tanto territorio, en extensión, como el que aún conserva. Con ciudades tan, pero tan grandes que nadie se ha atrevido, después del hurto, a cambiarles de nombre. Bárbaros propios, como esa Alteza Serenísima López de Santa Anna, que jugando a la grotesca tragicomedia del héroe, pierde la pierna –lo que apenas le importaba a él, porque le sirvió para hacerle, a la pierna, funerales imperiales– y pierde la mitad de la patria. Y los bárbaros extraños que mutilaron a México y a casi toda la América Española. No se han atrevido a cambiarles el nombre, y allí están acusadoras perennes. San Francisco, Los Ángeles, San Antonio, San Diego..., cien más.

El poeta siente el dolor de la Patria:
tu mutilado territorio,

pero la ve clara y luminosa, como se quisiera ver a la madre, a la mamá, que debe abandonar las tocas de viudez:

se viste de percal y de abalorio.

Y es entonces como se ve desfilar la milagrería del traje nacional: la china poblana, la yucateca, la tapatía, la oaxaqueña... Polleras y huipiles, sombreros y cintillos...

Y es cuando, sobre el mismo tema, continúa:

Suave Patria: tu casa todavía
es tan grande, que el tren va por la vía
como aguinaldo de juguetería.

El poeta sigue viéndola grande. Es el chiquillo que, ahogando en la garganta los sollozos, mira a la patria, a la suave Patria, jugando a los juguetes de latón, al trenecito de cuerda...

Es la ronda infantil jugada por la patria. No es el trágico fulgor de los disparos, ni el heroísmo, ay, el heroísmo...

Suave Patria: en tu tórrido festín
luces policromías de delfín,
y con tu pelo rubio se desposa
el alma, equilibrista chuparrosa,
y a tus dos trenzas de tabaco sabe
ofrendar aguamiel toda mi briosa
raza de bailadores de jarabe.

Vengo sosteniendo, desde hace algún tiempo –mucho tiempo–, la necesidad de luchar contra la tristeza en la música, en la danza. Yo no creo en la tristeza congénita del indio, que es la excusa que se da para explicar la tónica funeral de nuestra música popular. Al indio lo hemos hecho triste, porque le hemos quitado todo lo que tenía: la tierra, el aire, la comida, el sol. El indio es triste porque lo hemos dominado hasta la crueldad, hasta la estupidez. Más que los españoles de la conquista, rapaces y ávidos de oro y de metales, los terratenientes criollos, ociosos y voraces, que hemos exprimido al indio como un limón, para cuando se haya secado, tirarlo por bajo del barranco. Y ahora, para colmo de injusticia, tratamos de culpar al indio por esta tristeza de la cual en varios estudios míos he tratado de investigar la causa. Estando entre muchas las del *mestizaje inconcluso*, lleno de frustraciones y de negaciones, en medida tal que –incumpliendo el complejo de Edipo, se llega acaso al complejo de Electra– el mestizo niega la madre, casi siempre indígena pura o de pequeña participación extranjera; para apegarse al padre, usar su apellido, porque el padre representa aristocracia–por falsa que ella sea. Y así encontramos al *malinchismo* mexicano, estudiado por Samuel Ramos y clarificado por Octavio Paz, produciendo efectos contrarios: allá un *padrismo* muy machista; acá una quejumbrosidad desesperante:

Yo quiero que a mí me entierren
como a mis antepasados:
en el vientre puro y fresco
de una vasija de barro.

Este pedido de entierro, por muy histórico que quiera ser, es acompañado de una música de funeral, agobiante, llorosa, invitadora al suicidio.

En la suave Patria se presume de una «briosa raza de bailadores de jarabe». Y el jarabe es pinturero, enmorador, jacarandoso, vital.

Intermedio: Cuauhtémoc

Joven abuelo; escúchame loarte,
único héroe a la altura del arte.

Ya los pueblos despiertan. Y, en esto, México el primero: la exaltación del aborigen, la airosa confesión de lo que somos. La patria, en verdad, todas las patrias necesitan piedras angulares sobre las que hemos de edificar su futuro. México ha sentido eso. Por ello, sus avenidas están pobladas de monumentos a héroes indios. En el encuentro de todos, en el lugar en que se cruzan en forma de grandes avenidas, los dos momentos mayores de la vida histórica: los Insurgentes y la Reforma, allí está la señal del centro, el ombligo: Cuauhtémoc.

López Velarde invoca al «joven abuelo» y lo titula: «único héroe a la altura del arte». Es abuelo y es joven. En lo primero, se está mostrando la paternidad azteca de estos pueblos que, largo tiempo, se llamaron Nueva España.

Joven abuelo es Cuauhtémoc, como lo es para nosotros Atahualpa. Lo hermoso es que lo admitamos, que lo confesemos, que lo glorifiquemos.

En el Ecuador, un fraile casi genial. Juan de Velasco, creó la mitología de la patria.

No nos resignábamos a aceptar que toda nuestra raíz fuera originaria de los Incas del sur. La bella leyenda de Manco Cápac y el Clavo de Oro no nos tocaba muy de cerca: en efecto, los Incas, su gran héroe Huayna-Cápac, solamente nos dominaron unos setenta años antes de la venida de los españoles. Y algo había en estas tierras antes de su llegada. Por eso hubo sangre. *Yaguar-Cocha,* «lago de sangre», es el nombre trágico de la última batalla, en que el Shyri, «señor» de estas tierras, cayó vencido y muerto a manos de los invasores.

Hemos aceptado, mejor, una leyenda romántica: el vencedor se ayunta con la reina, hija del señor derrotado. Y el fruto de ese amor –que los mexicanos tildaran a «malinchismo»– es Atahualpa: el último de los Incas, pero también el último de los shyris. Atahualpa, emperador del Tahuan-tin-suyo incásico, como hijo de Huayna-Cápac. Shyri, «señor» del Reino de Quito, por su madre, Paccha.

Y este Atahualpa, que fue la víctima de la ferocidad de los hombres «pálidos y barbudos», se constituyó para nosotros en el héroe, nuestro héroe: «único héroe a la altura del arte».

Segundo Acto

Suave Patria: te amo no cual mito
sino por tu verdad de pan bendito,
como a niña que asoma por la reja
con la blusa corrida hasta la oreja
y la falda bajada hasta el huesito.

Estamos en plena provincia. Solamente allí, en la provincia –en todas las provincias de la tierra y en todos los tiempos del tiempo–, se puede pensar así, sentir así. Beata y devota virtud, que piensa en la novia –¿en Fuensanta?– «con la blusa corrida hasta la oreja y la falda bajada hasta el huesito». Ésta sí es, en verdad, la suave Patria. Para nombrarla, para bendecirla, chocan las palabras grandes, nos raspa el alma el heroísmo. Y solamente se nos vienen las palabras que pueden ser cuchicheadas, sin trompeta ni cántico. Con nombres de flores, media lengua de niños, nombres de pan y confituras hechas por manos buenas –¿las de la mamá, las de la hermana?– en la casa, el hogar y el horno encendidos con leña.

Solamente así se huye de lo cursi, de lo «huachafo» que siempre van envueltos en las palabras-que sirven-para-hacer-los-discursos en fiestas de matrimonio o conmemoraciones de batallas…

Todo puede ser López Velarde y su suave Patria, menos huachafo o cursi. Tampoco sentimental ni lloriqueante. Y, no hay por qué negarlo, mucho en la poesía latinoamericana de la época romántica es así. Es como tomar agua, respirar en el campo, pensar o sonreír.

Como la sota moza, Patria mía,
en piso de metal vives al día,
de milagro, como la lotería.
Tu imagen, el palacio nacional,
con tu misma grandeza y con tu igual
estatura de niño y de dedal.

¿Elogio? Los economistas y los sociólogos dirán que diatriba. Señalamiento de defectos. ¿Vivir al día? Nunca el poeta verdadero –López Velarde lo es– pone una base socio-económica en su poesía.

El francés es un idioma sin diminutivos. Sin embargo, acaso en ninguna lengua hallamos mayores posibilidades de expresar el cariño, la confianza, la proximidad que anteponiendo la palabra *petit* a las cosas que amamos con ternura. Es decir sintiéndolas pequeñas, pequeñitas. López Velarde realiza ese milagro: encontrándola pequeñita –pequeñita de ternura– a la patria. A eso que, generalmente, se nombra en idioma declamatorio y rimbombante. *La suave Patria* tiene esa grandeza: «estatura de niño y de dedal».

Suave Patria: vendedora de chía:
quiero raptarte en la cuaresma opaca,
sobre un garañón y con matraca
y entre los tiros de la policía.

¿Lo habéis visto? La suave Patria necesita su epopeya. Pero no con regimientos enfilados, con cañones y ametralladoras. Con soldados y tarán, tan, tan. No: la epopeya de la Patria suave es la busca del *mitote*, de la *huachafita* de los colombianos, del *chivo* de los ecuatorianos. Es la aventura de amor y de «machismo». Es la aparición del «donjuanismo» español, pero lleno de aspaviento, de jacarandosa alegría, de fuegos de artificio, colorines y música «y entre los tiros de la policía».

He allí el homenaje mayor: la suave Patria es tratada como madre –vale decir como mamá–, como niño, como niña, como enamorada, como novia. Para las más dulces palabras y el más tierno cariño.

Sé igual y fiel; pupilas de abandono;
sedienta voz, la trigarante faja
en tus pechugas al vapor, y un trono
a la intemperie, cual una sonaja:
la carreta alegórica de paja.

Igual y fiel. La ecuanimidad, suma virtud entre los hombres. Clara virtud latina. Ser igual, para ser mejor y, si conviene, ser grande. Igual, acendrando las esencias eternas. Engarfiando las uñas en la tierra propia, en la historia propia, en la propia geografía. No dejarse tentar por los descastamientos, por las extrañas influencias despersonalizadoras, ni por el poder del dinero.

México, la «Suave Patria» de Ramón López Velarde tiene deberes asignados por la fatalidad geográfica, ser la zanja divisoria entre dos culturas, dos modos de vida, dos idiomas. Y su defensa –que es el comienzo de nuestra defensa– está en el consejo paternal del poeta. «Sé igual y fiel.»

Igual a sí misma, a su destino, a su lugar en la historia y en la geografía. Como ya lo dijera Alfonso Reyes en su *Voto por la Universidad del Norte.*

Sé igual y fiel. El consejo es seguido por la «Suave Patria». En la mejor orilla de la historia en todas las tragedias que el hombre –¡el hombre!– ha desencadenado contra el hombre en el mundo. Sé igual y fiel…

He querido platicar sobre la provincia, con la iluminación lírica de Ramón López Velarde y de su poema provinciano esencial: *La suave Patria.* El reflejo de lo mexicano sobre América Latina se está haciendo cada vez más favorable. Y se va borrando la imagen falsa que no se podía alejar aún: tierra de Pancho Villa, tierra de la doble pistola, tierra del nopal que da espinas, no del ágave que da pulque. Y es, entre algunos, López Velarde con *La suave Patria* quien ha esclarecido la noción y hecho clara y translúcida la imagen de México.

Es que América Latina es un rosario de provincias. Y lo que más ha salido de México es provinciano: Benito Juárez, Lázaro Cárdenas, José Vasconcelos, Jesús Silva Herzog, Alfonso Reyes y… Ramón López Velarde. Y los provincianos de estos pueblos, que somos por millones, nos sentimos contados y cantados por el poeta de *La suave Patria.*

HISTORIA DE UN CORAZÓN PROMISCUO*

Sergio Fernández

Si cayera yo en la manía de intentar aprehender sintéticamente la poesía de Ramón López Velarde o, mejor aún, lo humano que le sirve de base, diría que hay dos tónicas que me habrían de llevar de la mano a sus propios terrenos: la carencia y la sinceridad. Se me dirá que todo ser humano es carente; que todo poeta también; que ésa no sería una línea realmente distintiva. Y sin embargo, puesto ya a contestar este diálogo hipotético, responderé que lo es por el juego que implica (fue, en verdad, un nuevo Tántalo) así como porque lo que no obtuvo no era, en sí, obtenible. Dicho de otro modo, no fue porque la fortuna le volviera la espalda, como a tantos otros que buscan, contrariamente a él, lo que sí es apresable: dinero, fama, una aventura, tantas cosas más. No. Es la de López Velarde una forma de carencia singular, no humana. Posee un sí es que no de monstruoso que ya habremos de analizar y que mucho se nutre de la esencia del arte, de la verdadera poesía. Mas si tratando de hacer luz en el asunto lo confrontáramos con el caso opuesto, ningún anillo al dedo viene mejor que el ofrecido por Garcilaso de la Vega. Carente, él sí, de situaciones humanas, nunca tuvo –si hemos de creer en la verdad vital de su poesía, merecedora, casi siempre, de grandes desconfianzas– lo que ambicionó: el amor correspondido de la mujer amada. Pero tantos hay como él, que tendríamos que recurrir a las excepciones para citar casos contrarios entre los que estaría, a no dudarlo, Ramón López Velarde. Porque su carencia no estuvo conformada de la misma pasta que la de Garcilaso o, para ir algo más lejos, como la de ningún otro ser humano, poeta o no. Él deseó, deseó tanto que su ambición –¿debería yo llamarla antológica?– trascendió el plano de lo femenino concreto, fue más allá del ideal, también; y una vez allí, frenético, enloquecido, supo que su apetito no puede ser saciado, ya lo dije, porque no es saciable: me refiero a la cúpula de amor, en todo su esplendor, con el «eterno femenino», o con ninguna otra suerte de perennidad. Sin embargo, acaso lo primitivo en él, lo «velardiano», consistió en su salirse con la suya no en el nivel de la existencia sino en el de la poesía donde, para decirlo a rajatabla... copuló.

---

* *Homenajes a Sor Juana, a López Velarde, a José Gorostiza,* Sepsetentas 36, México, Secretaría de Educación Pública, 1972 (fragmento).

La carencia está, pues, en la vida, ya que sólo en la literatura pueden usufructuarse tales y tan esplendorosas monstruosidades. Pero esta carencia existencial, llamémosla así, de algún modo opuesta a la realización poética, es a la que aludo cuando digo que es uno de los puntos de partida para conocer a este ser fatalista, lloriqueante, *feudal*, miedoso, amargo, bobalicón en ocasiones, lleno de violencia interna, a su manera casto, cursi algunas veces, aburrido en las cuatro fastidiosas paredes de su amada provincia; triste también, ¡tristísimo!, provocativo, lujurioso, sensual, sentimental, religioso de agua bendita y de golpe de pecho; misteriosísimo de corazón y alma, además de obviamente gran, grandísimo poeta.

El otro apoyo para conocerlo es la sinceridad. Si en forma nada ociosa me preguntara qué poeta es sincero, o si los hay, diría que cada uno lo es, a su manera. Pero que ésta, no expresada sino a través de la metáfora que es toda palabra, nos pone a leguas de distancia, paradójicamente, de la sinceridad. Todo poeta es, pues, no-sincero, por más que lo pretenda; aun cuando sí lo es por mucho que lo oculte. Pero es arduo, muy arduo, encontrar, por ejemplo, el meollo de vida de un Góngora en el *Polifemo*, de un Shakespeare en *Venus y Adonis*, de una Sor Juana a lo largo de toda su carrera poética. La monja jerónima es, precisamente, el ejemplo atingente de una insincera sinceridad. Yo, después de un meticuloso estudio que me llevó muchas horas de cavilaciones, concluí que de su persona humana sabía menos que antes de empezar a olfatearla. Era como si, en venganza, Sor Juana me hubiera restado, de ella misma, cada vez que yo, a través de su poesía, intentaba sumar los trozos que iban apareciendo, aquí y allá, de su ser interior. Ahora, algo más calma nuestra amistad, me conformo con lo que quiere darme, bien escaso.

López Velarde es lo contrario; su sinceridad (no me refiero a la de la poesía, claro, sino a la que refleja en parte su existencia) se da el lujo de hilvanar las dos personas –la poética, la humana– en su obra, de modo que sin llegar a la tremenda meta de que en relación de causa a efecto están vida y poesía, bien puedo decir que hay un ser de bulto, casi concreto, en cada verso, en cada situación poética; y que, a no dudarlo, tan franco es, tan decisivamente íntegro, que todo lector está tentado a poner la mano en el fuego por su sinceridad, no importa cuán literaria sea. En este sentido es poco mexicano; poco *barroco*. No se traiciona; no se da, a sí mismo, una puñalada por la espalda. Sus muchas recámaras interiores están llenas de luz, a fin de que el visitante no tropiece ni caiga. Si nos dice «amo» es la verdad. Si nos dice

> mi sufrimiento es como un gravamen de rencor

es la verdad. Si nos advierte

mas en mi pecho siguen germinando
las plantas venenosas…

es la verdad. Y la verdad es cuando nos dice

Mas hoy es un vinagre
mi alma…

No nos engaña, pues; no nos engaña (como sus congéneres, los grandes mentirosos), justamente, con la verdad. Es como si hubiera leído a Dostoyevsky y de él, sólo de él, hubiera sacado la lección, ya que para el novelista, siendo toda verdad inverosímil, necesita el hombre –para que se la crean– añadirle, sin misericordia, la mentira. Es como si lo hubiera leído y para nada estuviera de acuerdo con él. Y sin embargo, para mí Dostoyevsky tiene razón. Esta verdad-mentira (para ser más verdad) es, quiéralo o no él mismo, la suya, la de López Velarde: base con que alimenta su vida y nuestro espíritu, pero, ya lo dije, sin que el proceso linde con el engaño porque tampoco es –¡ni siquiera eso!– una máscara de cartón.

Verdad por autenticidad humana; mentira por poesía… o al revés. Da igual. Pero ¿qué más, qué menos, al mismo tiempo, podemos desear para entenderlo? Carencia y sinceridad. He aquí, ya dije, el punto de partida, sí, pero ¿de qué?, ¿de qué en concreto? ¿Acaso me sería dable intentar decir qué es lo privativo de Ramón López Velarde, por mucho que lo haya anticipado ya? ¿Acaso, como si se tratara de un personaje literario –Don Quijote, la Bovary–, podría decir: esto es lo velardiano, como puedo alegar: el bovarismo es utilizar los sentimientos; el quijotismo es escupir al cielo y tener la frente bañada de saliva?

Quizás no; quizás, por mucho que lo intente, no lo podré explicar. Tal vez se deba a que el corazón del hombre, como la palabra del hombre son, en sí, una metáfora; tal vez por eso, digo, resulta imposible conocer cordialmente, los contenidos. Pero ¿qué importancia puede tener? No llegar a la meta quizá sea una forma de la crítica, si no la más acertada sí la más sincera, para ir de acuerdo, *a priori*, con el ritmo interior de Ramón López Velarde. Veamos, pues, a qué nos conduce la monstruosa carencia del poeta; veamos, también, a dónde su escueta, implacable sinceridad.

Son tres los grandes intereses del poeta consciente: el catolicismo, la provincia (que incluiría la patria) y, ya lo dije, el *eros* femenino. Todo, absolutamente todo lo que resta de su pequeño mundo (pequeño, a fe mía, de ser *sincero*) se subordina a tal y tan recalcitrante trilogía: la infancia, el hogar, la naturaleza *exterior*, los objetos, el aplomo de su sensualidad y aun las más misteriosas zonas de la vida, así sean el amor, el sueño y la muerte. Desde sus primeros y dulzones poemas, plagados de cursilería, de lugares comunes, de obviedad, hasta *Zozobra* y *El son del corazón*, llenos de intrepidez, enigmáticos, con el alcance de toda altísima poesía, no hace sino hilvanar sobre estos temas. Un poema serían pues todos los poemas si uno se atiene a este arbitrario enfoque, no exento de una brizna de maldad. Bien sabe el lector, sin embargo, que no es así: si los temas no son sino uno, la palabra poética (en sí misma la realidad del mito de la caja de Pandora) los pulveriza, los desintegra, los hace tan distintos de poema a poema que (fuera de aquellos que son obviamente muy malos) la hermandad temática que los une acabaría, definitivamente, por no reconocerse o, al menos, por no importar la semejanza. Es más: la impertérrita trilogía, terca en su aparecer, da lugar a que el poeta teja, por así decirlo, blanco sobre blanco sin que el lector equivoque los tonos de un blanco y otro blanco. Pero no sólo el bloque persiste sino que la idea sobre él, a lo largo de todos sus libros, *mutatis mutandis*, no varía. Son integrales *su* provincia, *su* catolicismo, *su* amor por la mujer. Es como si nunca hubiera sabido, ni aun de oídas, quién fue Heráclito; como si nunca se hubiera enterado que allá en la China confusa de Lao-Tse, se dio por sentado que el ser humano *es* cambios; que su sola forma de esencialidad consiste en lo transitorio, en lo fugitivo, en lo mudable de la existencia. No todo, sin embargo, es consciente en el poeta. Y es por ello que López Velarde casi sin pretenderlo empieza a ampliar la trilogía para convertirla en una especie de abanico, en una geometría que se abre o se cierra a voluntad, si por voluntad en este caso entiendo la entrada de lo imaginativo, lo literario, lo *inconsciente*. En esta forma los temas consabidos pasan a ser ignorados, sorprendentes, *velardianos*. Sí, a pesar, quizá, de sí mismo, de lo *feudal* de su ser, de lo romo de su idea de la provincia; de lo parco y en principio maniqueo de su concepción de la moral; de lo reducido de sus miras como viandante por el mundo, atalayas —las miras— tan bajas que, a no ser por la palabra que las expresa, nadie sería capaz de detenerse a contemplarlas.

Si todo poeta —se dice— es taumaturgo, López Velarde nos asombra justamente porque la realidad de la que parte para hacer juegos de venenosa alquimia es densa, aburrida, seráfica; es monótona, poco inteligente, rasa. ¿Qué piensa, en efecto, de su propia trilogía? Si a cada una de sus individualidades, por separado, hiciéramos mención, diríamos en principio que el catolicismo es el único recurso *metafísico*. El mundo está hecho por un Dios de perdón que, si bien no interviene gran cosa en su poesía, sí en cambio la llenan otras figuras de allí derivadas: la Virgen, el Niño Dios, los ángeles, los santos y toda la suntuosidad de un rito que cubre, *con palabras*, la concepción religiosa del poeta: ¿dónde no encontrar las misas solemnes, las casullas, las mitras, el vino de consagrar, el pan de hostias? ¿dónde no a las monjas teresianas, los misales, el altar, lo bíblico, lo episcopal, la Cuaresma, lo ecuménico, el incienso y qué se yo qué tantas cosas más? El lector tropieza lo mismo con Jesucristo e Ignacio de Lóyola que con San Lucas, San Pedro e Isaías. Pero también con la Santa Patrona, con Nuestra Señora de la Soledad, con la Virgen así, a secas, amén de otras matronas santas e importantes. Aquí, insertadas, están una *Patria* y una provincia católicas a las que venera con tal celo que hablará de ellas y por ellas como si el mundo, para él, quedara reducido a Zacatecas, a Jerez y a la Plaza Mayor. Sensorialmente, sensualmente, afectivamente, fantasiosamente, topográficamente nada existe más allá. Sólo alguna mención indirecta a los Estados Unidos, por cuya presencia y ser históricos vemos, hoy, de la patria un «mutilado territorio». Y nada más. El silencio cae sobre Francia, la bienamada de Latinoamérica, y sólo alguna mención de la malquista y andrajosa España a quien tanto y tanto debe su poesía.

Con tan limitados espacios morales y vitales López Velarde queda a sus anchas, victorioso de su ingenuidad, de su falta de interés por el mundo, de su recalcitrante amor por lo propio, por lo estrictamente nativo. Y es aquí, en ellos, donde su gran fascinación, el eros femenino, va a sentar reales. Donde surgirá una mujer (una sola por muchas que fueren) provocativamente abstracta aun cuando se manifiesta a veces y a voces de sublimada sensualidad. ¿Quién es, en efecto, Fuensanta? ¿Quién es María, la prima Águeda, Sara, una novicia? ¿Quiénes las tías, las aldeanas, la paisana, la novia, aquéllas antepasadas suyas que van

del teatro a la Vela
Perpetua, ya muy lisas y muy arrebujadas
en la negrura de sus mantos?

¿Quién si no el absoluto, Eros en su forma más ambiciosa y, en última instancia, Afrodita, la diosa nacida de la espuma del mar en el signo de Piscis? ¿No es por ello –por quererlas a todas– que se queja de no tener alguna

que me sea total
y parcial
periférica y central?

Ama tanto a la mujer, tanto la sublima, que émulo de Dante, dirá de ella cosas tan altas que ningún otro poeta intentará expresar. Basta lograr un inventario de sus voces idiomáticas para a este respecto sacar, en volumen, el ideal: la mujer es lo blanco, lo pulcro, lo diáfano, lo ingrávido; lo manso, lo piadoso, lo perseverante, lo limpio; significa la virginidad, es lo perenne y al mismo tiempo lo inalcanzable. ¿Qué caballero medieval se asemeja a Ramón? Esposa o hija, novia o amante, hay, a machamartillo, una necesidad consciente y obligada de santificar a la mujer, de elevarla a tal solio que naturalmente ningún esfuerzo del varón, por grande que fuera, logrará alcanzarlo. No en vano escribirá, en sus primeros años de poeta, aquellos irritantes versos:

y así podré llamarte esposa,
y haremos juntos la dichosa
ruta evangélica del bien
hasta la eterna gloria,

Amén.

Almidonada, provinciana, pacata, esta renovada Beatriz no es una mujer de carne y hueso, como tampoco lo es la de la *Vida nueva.* se trata de una presencia femenina en la mente de un hombre, de una representación abstracta, mítica, que claramente obliga a que el enamorado languidezca y se marchite. Y nosotros con él porque a esta concepción de la vida le faltan movimiento, garra; le faltan (no sólo a la mujer, sino a la trilogía ya señalada), maleabilidad, malicia, agresividad erótica: sabor. Le sobran, en cambio, espontaneidad, atroz fidelidad, cursilería. Por eso el corazón del poeta, al referirse a Fuensanta

Está en diciembre, pero con su cántico
tendrá las rosas de un abril romántico.

Ya la cacofonía de la rima aclara por sí misma todo aquello en lo que ya no abundaré. Sí en cambio, recordando lo anterior, quiero insistir una vez más en que la realidad de la que parte es unívoca y, en ese sentido, monótona. Y en esta nada notable concepción de la vida se nos dice que el bien, lo bueno, la virtud son, en principio, la provincia, la religión católica, la mujer. Todo ello escapado, para usar sus propios términos mentales, de un Lavalle mexicano mezclado con un Carreño olvidado en el mueble de una sala particular. Pero la vida penetra con los años y, al abrir la caja de Pandora lo transformará en algo tan distinto que la trilogía, movida desde su propio centro por un mecanismo natural, mezcla de bien y mal, será al mismo tiempo ella y un sinfín de figuras, todas distintas entre sí. Figuras que van, desde los triángulos que se ensamblan, que se sobreponen en distintos niveles hasta la circunferencia producto de la vertiginosa velocidad del propio triángulo, a la propia trilogía imprimida. Es entonces cuando se cumple el *ethos*; cuando el lector, estremecido, comprende que López Velarde está entre los pocos grandes poetas que ha dado la poesía mexicana a través de su historia. Próximo está el demonio a aparecer.

LA DEUDA CON LÓPEZ VELARDE*

Salvador Elizondo

La deuda de la poesía hacia López Velarde se dirime en la expresión de su significado. No fue López Velarde el que introdujo «lo mexicano» en el ámbito de la temática de la poesía. Flaca tarea hubiera sido ésa. Ramón López Velarde supo elevar lo que de más particular había en la vida mexicana a la universalidad de la existencia poética; supo elevar lo que de universal había en los detalles a las fulgurantes generalizaciones de que es capaz la poesía y fue el primero que supo dar la nota común a todos en el instrumento que a partir de su obra había cobrado un timbre único y distintivo sin detrimento de la dignidad que el tono poético requiere y que, casi siempre, se ve disminuido por una demasiado violenta tentativa de someterlo a las exigencias de una expresión de efectos inmediatos o de documentación folklorística. Ramón López Velarde supo elevar «lo mexicano» a la altura de la poesía sin que esta prodigiosa operación entrañara para nuestras letras el riesgo de contaminación de patriotería y de chauvinismo. Si con motivo de su cincuentenario la atención se fija con demasiada insistencia pero con poca perspicacia en *La suave Patria*, poema compendioso y de circunstancia, se corre el riesgo de pasar por alto el grueso de su obra en verso y en prosa que no desdice ni de la posibilidad que Tablada practicó en términos de una vanguardia experimentalista ni de la rígida disciplina sobre las formas poéticas que la sabiduría del hombre del búho ejerció sobre el canto.

---

* *Recent Books in Mexico* (Bulletin of the Centro Mexicano de Escritores), mayo, 1971.

VISITA A LAS SIETE CASAS DE RAMÓN LÓPEZ VELARDE*

José Joaquín Blanco

El gusto por la inmoralidad o «lo maldito» del fin de siglo europeo sólo se registró realmente en Tablada (quien pronto se arrepintió y buscó la pureza hindú y japonesa) y en Efrén Rebolledo. Poetas perfectamente cosmopolitas como Nervo difícilmente alcanzarían la reprobación de sus lectoras pudibundas. Sin embargo, los poemas malditos de esos dos autores fueron suficientes para crear la idea de una perversa «poesía capitalina», insinuada un tanto por el escandaloso suicidio de Acuña y la desinhibida frivolidad de Gutiérrez Nájera. Por la otra parte, Othón había fijado un modelo insuperable de «poesía provinciana». Ramón López Velarde representa el nudo de ambas tendencias, un nudo inestable que dedica su primer libro precisamente «a los espíritus de Gutiérrez Nájera y Othón».

Es difícil precisar en qué momento la poesía mexicana muestra diferencias entre la capital y la provincia. En el romanticismo, por supuesto, hay un ideal de mexicano a caballo y rústico que se opone a los bailes y lujos de los salones, pero pronto el liberalismo-de-provincia se hizo capital y gobierno. Obras como las de Díaz Mirón (o *Astucia* de Luis G. Inclán) usan un lenguaje brusco y temas poco refinados. Sin embargo, sólo hasta Gutiérrez Nájera existe un poeta de la capital, franca y absolutamente capitalino; sólo hasta Othón, existe un poeta enemigo de la capital que se propone todo un sistema poético para engrandecer la provincia. Gutiérrez Nájera sencillamente, como buen capitalino, ignoró la provincia: cuando Puga y Acal le reprochó su desconocimiento de la naturaleza rural él respondió, sin la menor preocupación, que le bastaban los libros y la imaginación, y corrió a su esquina del Jockey Club. Othón vio y condenó metafísicamente a la capital, por artificial, inmoral, pecaminosa, etc.

López Velarde vio de otra manera este conflicto: encarnó –primera casa– el matrimonio de la provincia y la capital. En general, tanto por hechos históricos, como el Imperio de Maximiliano, como por el manifiesto malinchismo de su

---

* *Crónica de la poesía mexicana,* Gobierno de Jalisco, Departamento de Bellas Artes, Guadalajara,1977, pp. 157-168

«alta sociedad», la capital que antes no había sido sino la más bonita y la mayor de las hijas de la patria, se convirtió en la lujosa «meretriz francesa» del porfiriato. La vergüenza y la oveja negra de la patria. Los revolucionarios llegaron a caballo a abofetearla, quitarle sus vestiduras parisinas, limpiarle a golpe de estropajo los perfumes y afeites, ponerle nuevamente la ropa típica de india bonita y devolverla a sus funciones de lavar ropa a la orilla del río y palmear la masa para las tortillas. López Velarde, más bondadoso que sus hermanos revolucionarios, no quiso tanto castigarla como casarse con ella:

Suave Patria, vendedora de chía,
quiero raptarte en la cuaresma opaca,
sobre un garañón, y con matraca,
y entre los tiros de la policía.

Efectivamente López Velarde colaboró en la «purificación» de la capital –centralizazión y símbolo de la patria–, con rimas ingenuas, lenguaje pueblerino, prestigios parroquianos, etc., pero también quiso a la capital por lo que ella conservaba de la «degeneración» anterior. La poesía de López Velarde no es provinciana: inteligente, culta, lujuriosa, con exotismos orientalistas, irónica. Nada tiene que pedirle a Tablada ni a Rebolledo en sensualidad ni en astucia. La tensión siempre irresuelta entre pecado y pureza incluye la de la capital y la provincia: otras dos casas de López Velarde son las del paraíso perdido de la provincia y el apasionado paraíso del pecado de la capital.

Su primer libro, *La sangre devota*, es un recuento de los dones del paraíso perdido, el idílico primer amor de adolescencia; le dice a la provincia:

...eres a mis ósculos sabrosa
no como de los reyes los manjares,
sino cual pan humilde que se amasa
en la nativa casa
y se dora en los hornos familiares

pero no está seguro de que ella exista, de que no sea solamente una invención suya:

¿Existirá? ¡Quién sabe!
Mi instinto la presiente
dejad que yo la alabe
previamente.

Y en ambos casos, real o imaginaria, no es para él. Su temperamento moderno no se adecua fácilmente al paraíso bucólico. Cupido busca que provincia y poeta se enamoren, pero sus ensayos están cada vez más lejanos, vienen desde un tiempo anacrónico:

> ¿No miras, dulce amada,
> la pagana visión de un amorcillo
> que me dispara sus ardidas flechas
> pero que va volando en retirada?

Trata de ser tan puro y antiguo como su amada, ser una «casta pequeñez», un novio lugareño, y todo es inútil:

> Me estás vedada tú... Soy un fracaso
> de confesos y médico que siente
> perder a la mejor de sus enfermas
> y a su más efusiva penitente.

La provincia brillará «en la noche de mi vida / como la luz de la esperanza muerta», será el lugar ideal para irse a morir, a la que seguirá añorando en recuerdos joviales de sobremesa. Amar a la patria bucólica durante la revolución, que se hizo en ferrocarriles: «Y ¿qué noviazgo puede ser duradero / entre campanadas centrífugas y silbatos febriles?».

La capital aparece en un principio como una flor de pecado que no le importa: su sensualidad puede satisfacerse entre las muchachas castas de las aldeas, en las plazas y las veladas familiares. Pero ya en *Zozobra* lo ha seducido como mujer fatal. López Velarde acaricia a la Bella Otero sin dejar de recordar tiernamente a su prima Águeda, tan costurera y pura. Y la ciudad arrasa, apocalíptica e infernalmente. En un prodigioso poema que se anticipa con mucho al surrealismo y a los nocturnos de Villaurrutia –como en Brasil, Sousa Andrade había anticipado a Pound– la amada pura como provincia othoniana se vuelve *fantasma citadino* en el infierno fantasmal de la ciudad de México. Empieza como empezarío Villaurrutia alguno de sus más amargos poemas:

> Soñé que la ciudad estaba dentro
> del más bien muerto de los mares muertos.
> Era una madrugada de invierno
> y lloviznaban gotas de silencio.

Ciudad submarina, con «capilla oceánica» y «ecos» de una lúgubre llamada a misa. La mujer resucitada aparece con guantes negros y le estrecha las manos,

> ¿conservabas tu carne en cada hueso?
> el enigma de amor se veló entero
> en la prudencia de tus guantes negros.

La cuarta y la quinta casas también son simétricas: corresponden a la dificultad de la pureza y a la dificultad del pecado. Su más alto ideal cristiano no suprime sino incluye la tentación: «en tus brazos beatíficos me duermo / como sobre los senos de una santa». Es obvio que un lujurioso esencial como López Velarde no cerraría los párpados ni un minuto. Desde luego, sigue añorando la pureza perdida, ser uno más en el coro de novios lugareños que sólo platican en las esquinas. No tiene la quietud para la pureza tranquila:

> Mi única virtud es sentirme desollado
> en el templo y la calle,
> en la alcoba y el prado.

De tal modo, vive en oscilación permanente: brincando de la alcoba a la misa, de la misa a la calle, de la calle a la alcoba...

Tampoco es lo suficientemente estático para ser un pecador fijo. «Gasto mis talentos en la lucha / de la Arabia feliz con Galilea», «De mis pecados / la Lujuria toca a rebato», sí, pero cuando está a punto de perderse en el goce «pecaminoso» descubre que «en tus ojos con lumbre sobrehumana / brillan las tres virtudes teologales». El cristianismo mexicano entró en crisis en la obra de Ramón López Velarde. La sexta casa es la religión, una

> idolatría
> de los bustos eróticos y místicos
> y de los netos perfiles cabalísticos

La carne y la conciencia no combaten, se queman: es combustión y no lucha, es capaz de orgías de clara luz matinal y de danzas orientales, murciélago y canario. Cuando sucumbe a la tentación no imagina que los demonios lo están achicharrando sino simple, bondadosamente, que se asoman desde el infierno como público de teatro cuando el actor hace el ridículo:

> He oído la rechifla de los demonios sobre
> mis bancarrotas chuscas de pecador vulgar.

Sus luchas entre virtud y pecado no son torneos solemnes, sino lucha libre digna de los grabados de Posada:

> Siempre que inicio un vuelo
> por encima de todo
> un demonio sarcástico maúlla
> y me devuelve al lodo.

Hay una semejanza estrecha en la forma en que López Velarde y Placencia le rezan a Cristo.

López Velarde
Te conozco, Señor,
aunque viajes de incógnito,
y a tu paso de aromas
me quedo sordomudo,
paralítico y ciego
por gozar de tu balsámica presencia

Placencia
Deja de andarte disfrazando, deja ver
tu Majestad real, tu inmensidad de Dios
¿No piensas Tú, que el mundo, así,
pudiera ser
que viviera más en tu temor?

López Velarde ama en Cristo su «existencia gitana» y le agradece que lo haya hecho un juguete mecánico, con fina y sensual relojería:

Porque me acompasaste
en el pecho un imán
de figura de trébol
y apasionada tinta de amapola.

La séptima casa es el lenguaje, liturgia de la existencia: en la poesía López Velarde alcanza la santidad:

A pesar del moralista
que la asedia
y sobre la comedia
que la traiciona
es santa mi persona
santa en el fuego lento
con que dora el altar
y en el remordimiento
del día que se me fue
sin oficiar.

En efecto, los poemas parecen conjurar una profunda seriedad moral y una expresión chistosa. En el prólogo a su excelente edición de las *Obras completas* de López Velarde,[1] José Luis Martínez señala cómo lo cotidiano se vuelve asombro-

[1] FCE, México, 1974, pp. 20 y ss.

so mediante la combinación de elementos comunes unidos de manera inaudita: «rostro como una indulgencia plenaria» o «decía el *tú* de antaño como una obra maestra». En dos de los mejores ensayos con que cuenta la crítica literaria en México, Villaurrutia y Paz señalan aspectos como los siguientes; dice Villaurrutia: «Como a todo buen poeta le quedaba [a López Velarde] el recurso de hacer pasar los nombres por la prueba de fuego del adjetivo: de ella saldrían vueltos a crear, con la forma inusitada, diferente, que pretendía y muy a menudo alcanzaba a darles. Recobrando una facultad paradisíaca, dióse, como Adán o como Linneo, a nombrar las cosas, adjetivándolas de modo que en sus manos los párpados son "párpados narcóticos"; la cintura, "la música cintura", y el camino, "el camino rubí". Fue así como se convirtió en el creador, en el inventor, de expresiones, de "flores malditas"».[2] Octavio Paz traza el modelo estructural de los poemas de López Velarde: «La forma predilecta de Laforgue y López Velarde es el poema de líneas sinuosas que imita la marcha zigzagueante del monólogo: confesión, exaltación, interrupción brusca, comentario al margen, saltos y caídas de la palabra y el espíritu.»[3]

Las siete casas se comunican: pureza y pecado, capital y provincia, religión, patria y lenguaje. Así, por ejemplo, algunos de sus trucos verbales pueden considerarse como la invasión del lenguaje de provincia en el reino capitalino de la alta cultura. Los lingüistas denominan «ultracorrección» o cultismo a ultranza al fenómeno, abundante en los hablantes pobres y en los de zonas periféricas, que consiste en «endomingar» el discurso ingenua y erróneamente en situaciones que exigen un despliegue de cultura o elegancia por parte del hablante. Por ejemplo, en esa verdadera lucha de clases verbal que es tomar un taxi, uno puede escuchar al taxista palabras de domingo cuando amablemente rechaza el cigarro que se le ofrece: no fuma para «no deteriorar su físico», frase que tiene un aire de familia con «el perímetro jovial de las mujeres». Más evidentes son los cincunloquios que lo dicen todo tautológicamente, como la frase de Cantinflas: «Hay momentos en la vida de los pueblos que son definitivamente momentáneos», lo que sintácticamente es análogo al «vas dibujada en mí como un dibujo» de López Velarde. La invasión del lenguaje popular y de provincia en el terreno literario logró maravillas en la obra de López Velarde, de modo que sus poemas desconocen el espacio inhibitorio que los demás ejercen, a veces hasta la total escritura en clave. Otro ejemplo: es común, acaso por la etimología cultista que tienen muchas palabras de alto prestigio, como matemáticas, física, química, etc., que una palabra esdrújula sea por su solo sonido equivalente de grandeza. Gorostiza define la vanidad humana con esdrújulas:

---

[2] XV, *Obras*, p. 654.
[3] *Cuadrivio*, 1969, p. 76.

Desde su insigne trono faraónico,
magnánima,
deífica,
constelada de epítetos esdrújulos,
rige con hosca mano de diamante.

Torres Bodet señala que López Velarde usa, en lugar de palabras habituales «el esdrújulo ampuloso y más o menos indefinido. Donde alguno podría decir *universal*, apunta él, pintorescamente, *ecuménico*. Y donde otro escribiría un *niño*, él ve, inmediatamente, un *párvulo*».[4] López Velarde supo captar magistralmente el sabor lingüístico que el pueblo, desde su opresión, elabora aun en fórmulas que delatan su inhibición ante el lenguaje que, como cualquier forma cultural, es normado por la clase dirigente. Abrió de este modo el espacio de sus poemas, los ventiló con el lenguaje de la calle, y ante sus páginas no nos postramos en un templo, sino nos sentimos inundados del sabor popular que tiene «el santo olor de la panadería».

Las siete casas son una: *El son del corazón*, la totalidad dinámica de una obra que es un hombre que es un espacio concentrado de la cultura mexicana de su época:

Oh Psiquis, oh mi alma: suena a son
moderno, a son de selva, a son de orgía,
a son mariano, el son del corazón.

El modernismo se abre a todas las posibilidades con López Velarde; basta comparar los versos anteriores a otros de Darío, para ver cómo en aquél se vuelve plaza pública lo que en éste era espléndida introspección encerrada:

Entre la catedral y las ruinas paganas,
vuelas, ¡oh Psiquis!, ¡oh alma mía!
–como decía
aquel celeste Edgardo,
que entró en el Paraíso entre un son de campanas
y un perfume de nardo–.
Entre la catedral
y las paganas ruinas
repartes tus dos alas de cristal,
tus dos alas divinas.
Y de la flor
que el ruiseñor
canta en su griego antiguo, de la rosa,
vuelas, ¡oh Mariposa!,
a posarte en un clavo de Nuestro Señor.

[4] Citado por JLM, en *Obras*, pp. 22-23.

López Velarde (1888-1921) en efecto, aunque rivalizó en inteligencia, cultura y malicia literaria con los mayores escritores de su momento, prefirió no ser profesionalmente el especialista de la cultura, sino «un hombre débil, un espontáneo / que nunca tomó en serio los sesos de su cráneo». Su lectura sabe, como la de Gutiérrez Nájera, a conversación afable, sabrosa, ingeniosa y jamás a cátedra ni a sermón. La literatura mexicana, antes de él, sabía las artes de la oratoria y del canto, pero no era muy diestra en el arte de la conversación.

RAMÓN LÓPEZ VELARDE: «ME ASFIXIA, EN UNA DUALIDAD FUNESTA»*

Carlos Monsiváis

A López Velarde le ha tocado en suerte la desgracia de ser el Poeta Nacional. Esta difusión condicionada posee un gravísimo inconveniente: desea convertir a sus lectores en gambusinos de «esencias nacionales». Detente, compatriota, no has llegado a una obra poética sino a la Verdad Revelada sobre la parte más sensible de tu idiosincrasia.

Nada más ajeno a López Velarde que este carácter de «profesional de la mexicanidad». De manera deliberada, él se limitó a crear su gran personaje, ese payo sentimental que oscila entre las tentaciones y el arrepentimiento, que usa la rima para distanciarse de las costumbres literarias, que difunde una teología popular donde el pecado es el otro nombre (de ningún modo hipócrita) de la sensualidad. Con él se consuma significativamente la agonía de algo que podría denominarse el «siglo XIX mexicano», cuyo sentimentalismo se ve expresado en formas que al serle hostiles o ajenas lo desconocen y niegan. Estamos ante los primeros resultados de la Revolución Mexicana. En 1915 publica Mariano Azuela *Los de abajo* y en 1916 López Velarde *La sangre devota.* En el primer caso, un *tono* narrativo es hecho a un lado y la violencia, al ser el *otro protagonista*, es también *el otro punto de vista.* En el segundo, en la atmósfera católica tradicional actúan formas de vida que incorporan a la sensualidad y veneran tanto a la tradición que contemplan como a la que van creando obligadamente a través de esa novedad de lenguaje que expresa –y crea a su manera– la «novedad de la Patria».

Es inútil tomar como dogma el impulso declarativo del personaje poético López Velarde. Él pudo hablar –con ironía y ambigüedades hoy manifiestas– de su «corazón retrógrado», de su «íntima tristeza reaccionaria» o de sus supersticiones. Si políticamente fue conservador, su poesía es y sigue siendo fuente de revelaciones y descubrimientos.

---

* *Poesía mexicana II, 1915-1979*, México, Promexa Editores, 1979, pp. XXIII-XXV.

Cuando él declara:

> Me asfixia, en una dualidad funesta,
> Ligia, la mártir de pestaña enhiesta,
> y de Zoraida la grupa bisiesta.

o cuando dice:

> Yo, varón integral,
> nutrido
> en el panal
> de Mahoma
> y en el que cuida Roma
> en la Mesa Central

se ufana, de modo explícito, de una pertenencia a dos culturas, de una sensibilidad, concretada y formada en el lenguaje, donde las lealtades se niegan a una imposible jerarquización y en donde un ámbito feudal (que hoy llamamos «provinciano») recibe una despedida tierna y sardónica a la vez.

A López Velarde puede aplicársele lo visto por Borges en la poesía de Lugones: «Quiere incorporar a su idioma los ritmos, las metáforas, las libertades que el romanticismo y el simbolismo dieron al francés.» Esto se aplica fundamentalmente a la descripción del objeto idealizado, la provincia, la patria, o sobre todo, la amada, esa Fuensanta o esa Margarita míticas a las que dirige una pasión donde el instrumental permitido (la atmósfera religiosa) certifica la pureza de intenciones y exalta la fuerza del deseo.

Según Manuel Gómez Morín, en 1915 «López Velarde canta el México que todos ignorábamos viviendo en él». Esto es cierto si por México se entiende un todo cotidiano que incluye maneras o estilos de vivir la poesía, la nostalgia, la sociedad (el país), el amor, las costumbres a la defensiva; si por México se entiende la «Patria hacia dentro» a la que canta López Velarde en su poema más célebre. Al igual que otros extraordinarios poetas de provincia, Francisco González León y Alfredo Plascencia, López Velarde acepta que sus creencias son su fundamento cultural, y va de sus devociones al encuentro de sus obsesiones. Frente a las construcciones esplendorosas del modernismo, demoliéndolas y continuándolas, un poeta construye un espacio cuya singularidad (si bien le evita el discipulado) le permitirá a la cultura oficial construir otro paradigma: el poeta muerto a «la edad de Cristo azul» que encarnó los valores de la conservación nacional, anheló la inmovilidad de la historia y forjó una utopía evocativa.

Como obra poética y como fenómeno cultural López Velarde es definitivo. No sólo amplía y vigoriza una literatura. También le permite a una colectividad contemplarse idealizadamente aun sin haberla leído, gracias a la natural comunicación social de las grandes obras en una poesía que funde impresiones o nociones consideradas antagónicas. Se alían las impresiones mortecinas de las calles de México con las madrugadas nítidas de Jerez o San Luis Potosí, la presunción nacionalista con la mirada compasiva hacia esa suma de costumbres y vivencias que es la patria, la evocación como ritmo obsesivo con la lujuria como secreto a voces. En esta poesía se funden (se declara indivisible) grandes fuerzas opuestas que bien pueden ser el ardor sensual y la experiencia mística, o la provincia y la capital, o el sueño de la inocencia y las «flores del pecado», o la Arabia feliz y Galilea, o la carne y el espíritu, o lo hispánico y lo indígena, o la devoción y la blasfemia. Continuidad y transformismo: al engarzarse en metáforas nuevas los sentimientos típicos ya no son los mismos, el deseo insatisfecho se vuelve melancolía pública, el amor puro es también el frenético deleite, a la emoción amorosa la transforma la intensidad de un lenguaje que se flexibiliza y se desdobla en lo entrañable y cotidiano y lo ritual y ceremonial. López Velarde vuelve tradición cultural la vida de provincia, y por tanto, en vez de declarar la utopía como se ha dicho, la instala irremisiblemente en el pasado, mito no de la realidad sino de la estética.

UN SISTEMA CRÍTICO*

Guillermo Sucre

Entre el modernismo y los movimientos de vanguardia habría que situar a un grupo muy heterogéneo de poetas, que, sin embargo, tenían ciertos puntos en común. Muchos de ellos eran contemporáneos de los modernistas y habían recibido su influencia –incluso algunos provenían directa e inicialmente de su estética–, pero todos parecían haber cobrado conciencia de la necesidad de un cambio. La conciencia de este cambio libera a los mejores de ellos de ser meros epígonos o de ser restauradores de un orden anterior y los sitúa, en mayor o menor grado, con mayor o menor lucidez, como verdaderos renovadores. En efecto, no es posible dejar de percibir en sus obras coincidencias (y a veces prefiguraciones) con muchos aspectos de la vanguardia. Pero no se trata propiamente ni de una generación ni de un movimiento definido –aunque se suele hablar de ellos, un poco rutinariamente, como postmodernistas. El modernismo había suscitado un gran renacimiento verbal y creado una suerte de unidad continental; estos poetas, en cambio, no sólo se ven de algún modo aislados sino también enfrentados a una disyuntiva: no obstante la renovación que Herrera y Reissig y Lugones implicaban dentro del modernismo, sentían que debían encontrar por su propia cuenta (y riesgo) una nueva espontaneidad creadora. ¿No era, en cierta medida, la misma situación de la poesía europea y norteamericana después del simbolismo? «El estancamiento de la poesía hacia 1909 y 1910 era tal que es difícil para un joven poeta de hoy imaginarlo», escribirá Eliot, y quizá no circunscribiéndose tan sólo a la poesía de lengua inglesa.[1] Por otra parte, no es pertinente hablar de un período cronológicamente definido en relación con estos poetas. Un simple dato puede ser revelador al respecto. Entre 1916 y 1918, ya Vicente Huidobro había publicado sus primeros libros y propuesto los fundamentos de una nueva estética; es justamente en esos años cuando aparecen las obras

* *La máscara, la transparencia. Ensayos sobre poesía hispanoamericana*, Tierra Firme, México, Fondo de Cultura Económica, 1985, pp. 51-59.

[1] En introducción a *Literary Essays of Ezra Pound*, Nueva York, New Directions, 1968.

de algunos de estos poetas, cuya labor creadora, además, se prolongará hasta muy entrada la época de la vanguardia. ¿No es un claro indicio, además, de la inutilidad del celo cronológico con que a veces la crítica pretende ordenarlo todo?

Si no desde un punto de vista cronológico, Ramón López Velarde fue uno de los primeros poetas de este grupo. La brevedad de su obra se corresponde con la de su vida: murió a los treinta y tres años, en 1921. Su primer libro, *La sangre devota*, aparece en 1916; de los otros, *Zozobra* es de 1919 y dos más fueron publicados después de su muerte: *El minutero* (1923), colección de poemas en prosa, y *El son del corazón* (1932), que reúne sus poemas de los últimos tres años. No obstante ser un poeta de la pasión o quizá por ello mismo –pues pasión no equivale en él a mero sentimentalismo–, López Velarde fue un espíritu de gran lucidez: se autoanaliza y no deja de mirarse a sí mismo con ironía, comprende su dualidad y aun la dualidad de la poesía de su tiempo. Su obra es el resultado de un doble drama: el de su pasión y el de la poesía misma; esos dramas no son paralelos sino que se entrecruzan: se implican y explican entre sí. Y como uno conduce al otro, cualquiera de ellos puede ser el punto de partida para abordar su obra.

Entre los ensayos que escribió López Velarde, hay uno –y ya la crítica lo ha señalado– que resulta clave. Es de 1916 y su tema la obra de Lugones. Entre trivialidades de la época, aunque significativas (¿de quién es el cetro de la poesía hispanoamericana después de la muerte de Darío si no de Lugones?) y observaciones muy válidas sobre el poeta argentino y Góngora, llega a formular una idea de grandes consecuencias. «El sistem poético –afirma– se ha convertido en sistema crítico.» *Sistema crítico:* ¿a qué estaba aludiendo con estos términos tan ajenos a la poesía y aparentemente contra su naturaleza intuitiva y emocional? En el mismo artículo es posible encontrar, en parte, la respuesta. De seguidas de la frase anterior, López Velarde puntualizaba: «Quien sea capaz de tomarse el pulso a sí mismo, no pasará hoy de borrajear prosas de pamplina y versos de cáscara.» Unos párrafos después, añadía: «Hemos perdido la inteligencia del lenguaje usual, y el Diccionario susurra.» Así estaba situando el carácter *crítico* de la nueva poesía en dos planos: el de la conciencia y el del lenguaje. Ambos, veremos, se complementan.

«Tomarse el pulso a sí mismo»: es decir, la poesía como autoconocimiento y lucidez; como disciplina interior y no como mera expansión sentimental.[2] En el mismo artículo citado, López Velarde habla de la «reducción de la vida sentimental a ecuaciones psicológicas», con lo cual estaba aludiendo, creo, a una voluntad de rigor no sólo verbal sino también espiritual y moral. La poesía, pues,

[2] Rimbaud decía: «El primer deber del hombre que quiera ser poeta es su propio conocimiento completo; ha de buscar su alma, inspeccionarla, tentarla, conocerla» (Carta a Paul Demeny, 1871).

debía ser un acto de la conciencia individual. Aún más, su centro de incidencia era esa conciencia misma, siempre problemática; como llega a decir en otro artículo, los temas de su obra son «los pasos perdidos de la conciencia, el caer de un guante en un pozo metafísico». Continuamente en su obra, López Velarde anota sus flaquezas, sus contradicciones e ironiza sobre sí mismo («mi interno drama / es, a la vez, sentimental y cómico»); no teme, incluso, hablar de su «corazón retrógrado» y, en un pasaje memorable, de «una íntima tristeza reaccionaria».[3] La conciencia en él no interfiere la pasión para corregirla sino para dilucidarla, para hacerla más intensa; sabe también comprender su derrota: «mi carne es combustible y mi conciencia parda», dice en un poema. Tampoco la conciencia quiere proponerse como un poder invulnerable: si es crítica es también una conciencia en crisis. Ella misma, por tanto, se autocuestiona. «El pensamiento, en su fracaso, es sostenido alegóricamente por los cinco sentidos corporales», dirá en otro artículo.

Conciencia crítica y, además, crisis de la conciencia: la obra de López Velarde muy poco o nada tiene que ver con la actitud filosófica o humanística que otro poeta mexicano, Enrique González Martínez, quiso ilustrar con el símbolo del *búho* (la sabiduría, la profundidad) en oposición al *cisne* del modernismo. López Velarde no opta por ninguno de los términos de esa oposición (¿no le parecería en el fondo falsa?), pero es evidente que rechazó el nuevo símbolo que proponía González Martínez. En un artículo sobre un libro de éste (*La muerte del cisne*, 1915), le critica, aunque un poco oblicuamente, el tono «casi siempre cabal» y «la tendencia cerebral». Ambos rasgos, ¿no eran el signo de cierto conformismo? La conciencia de López Velarde actúa justamente contra todo conformismo; si bien busca una sabiduría y hasta un equilibrio, esa búsqueda pasa primero por el debate de la dualidad. Poeta católico y a la vez pagano, fascinación ante el cuerpo y su rechazo, pasión y éxtasis, la provincia como liberación y cárcel –mundo violado e intocado, por la historia («el edén subvertido que se calla / en la mutilación de la metralla»): toda su obra está dominada por esa trama de oposiciones. La suya es, pues, una conciencia dividida. En tal sentido, sus semejanzas con Baudelaire son indudables.[4] Ambos se mueven entre la nostalgia de lo paradisíaco («siente mi sed la cristalina nostalgia de la fuente») y la presencia de lo infernal («infierno en que creo», dice de la mujer). También como Baudelaire (*«Je suis la plaie et le couteau»*, *«Et la victime et le bourreau»*), López Velarde sabe que los extremos –el acto y su consecuencia, el yo y el otro– encarnan en todo hombre. En *El minutero* hay un texto revelador al respecto: la pasión

[3] «El retorno maléfico», en *Zozobra*. En este poema, habla del regreso a su ciudad natal después de la Revolución.

[4] Él mismo reconoce esta influencia; en un poema, habla de su primer libro, dice: «Entonces yo era seminarista / sin Baudelaire, sin rima y sin olfato.»

carnal vista como una oscura vocación de muerte; al final, dice: «Nuestra última flecha será milagrosa, porque seremos tan veloces que alcanzaremos a dispararla y a recibirla, desempeñando, en un solo acto, el flechador y la víctima.» Pasión carnal e intuición de la muerte: el horror ante la corrupción del cuerpo que sentía Baudelaire es igualmente una de las experiencias del poeta mexicano. En otro texto de *El minutero*, el desgaste físico es incluso calificado moralmente como «lo soez». «El gesto, convertido en mueca, me ultraja, no ya en mis raíces de poeta sino en mi propia dignidad moral», escribe. En ese texto se refiere concretamente a la mujer («¿hay alguna especie zoológica que envejezca tan trágicamente como la hembra humana?»). Pero en un poema piensa en sí mismo, en su propio cuerpo; de manera conmovedora pide a Dios: «no vayas / a querer desfigurar / mi pobre cuerpo, pasajero / más que la espuma de la mar» («Gavota», *El son...*)

Pero el erotismo no es tanto una de las manifestaciones de la dualidad en que se debate esta poesía como la dualidad por excelencia: resume todas las demás y todas las demás se originan en ella. Constituye, más que su tema, su visión central: todo en esta poesía está impregnado de erotismo. «Nada puedo entender ni sentir sino a través de la mujer», «de aquí que a las mismas cuestiones abstractas me llegue con temperamento erótico», confiesa el propio poeta. Visión del mundo y también una religión: en el mismo texto anterior ¿no explicaba cómo a través de la mujer había creído en Dios y, en un tiempo, conocido «el puñal de hielo del ateísmo»? Una religión, pero no a la manera de Darío. Si en éste triunfa finalmente el paganismo (helénico, cósmico, panteísta), en López Velarde tiende a triunfar lo católico, pero, y esto es lo crucial, un catolicismo herético. Aunque este aspecto ya lo ha estudiado Octavio Paz en un ensayo, vale la pena insistir en ello.[5]

La mujer, para López Velarde, es una dualidad en sí misma: alma y cuerpo, cielo e infierno, ella da «una tortura de hielo y una combustión de pira». Nada sería esto si el poeta pudiera optar por una u otra naturaleza; el drama es que se siente atraído por ambas sin lograr conciliarlas. Cada uno de los términos de la oposición se vuelve, a su vez, dual: el cuerpo es placer y tormento, por un instante encarna lo absoluto y luego está condenado a la corrupción, a la muerte. En vano López Velarde busca aferrarse a este instante: «el minuto perdurable», como lo llama en un poema; en otro, añade: «Uno es mi fruto: / vivir en el cogollo / de cada minuto.» Es una manera de luchar contra la fugacidad y la muerte, adonde, sabemos, lo conduce el placer mismo; en uno de sus mejores poemas, lo dice: «Voluptuosa Melancolía: / en tu talle mórbido enrosca / el Placer su caligrafía / y la Muerte su garabato» («La última odalisca», *Zozobra*). Esto no agota su experiencia erótica. La dualidad irreconciliable que

[5] «El camino de la pasión», en *Cuadrivio*.

ve en la mujer no es únicamente la proyección psicológica, ni siquiera moral, del poeta; es eso y mucho más. En ella subyace una dualidad, si pudiéramos decir, metafísica, teológica. La mujer es la *Virgen* (son innumerables sus poemas a la Virgen y a las vírgenes) y es también *Eva*; de ésta desciende el hombre con su condena original (ella es «Madre de las víctimas» y su «pecado sirve a maravilla para explicar el horror de la Tierra»); aquélla encarna el amor absoluto e incorruptible, imposible de realizar en el mundo. Ahora bien, en la obra de López Velarde el verdadero centro de la pasión es Fuensanta (según la identidad poética que él le confiere): un ser virginal, exento de «pagano sensualismo» y nacido «para subir el Calvario» que muere un año después de la aparición de *La sangre devota*, libro que, en lo esencial, ella inspira. Pero su muerte no desvanece la pasión; más bien la intensifica, la transfigura en pasión por la Muerta(a)e. La muerte, no para alcanzar a Dios sino, finalmente, despojado del obstáculo del cuerpo, para desposarse con el alma de Fuensanta. Si el placer está ligado a la muerte y conduce a ella, según hemos visto en otros poemas, la intensificación del placer ¿no será, en última instancia, buscar la Muerte y la Muerta? ¿No debe morir el cuerpo para hacer posible la verdadera unión absoluta? ¿Incluso no hay muchos poemas, como lo ha señalado Paz, en que se prefigura (¿se desea?) la muerte de Fuensanta? Así, el erotismo de López Velarde adquiere una insospechada coherencia; aun los signos más insignificantes en apariencia de su poesía se ven tocados por esa coherencia. ¿No es revelador, por ejemplo, que en algunos de sus mejores poemas la fascinación por la mujer esté ligada al color negro del traje o de la prenda? En uno, que evoca una experiencia de adolescencia, el poeta la ve llegar vestida «con un contradictorio / prestigio de almidón y de temible / luto ceremonioso» («Mi prima Águeda», *La sangre devota*). En otro, ese color tiene rasgos más eróticos; dos cosas en ella bastan para despertar la pasión: «...aquel vestido / de luto y aquel rostro de ebriedad». El color negro, además, ejerce un poder de iluminación sobre el poeta («Tu niebla guiaba mis latidos») y de transfiguración («el centelleo de tus zapatillas, / la llamarada de tu falda lúgubre»). El poema evoca el primer encuentro, fortuito, con la mujer en un día de mal presagio: un «Día 13», de ahí su título; pero, como en estos encuentros en que lo fortuito se vuelve predestinación, de que ha hablado Breton (¿no estamos, en verdad, en pleno *amour fou*?), la pasión se sobrepone al signo adverso. ¿Se sobrepone? ¿No hay algo en el nacimiento de esa pasión que también la condena? Por ello, al final el poeta se confía a los poderes extraños:

> Superstición, consérvame el radioso
> vértigo del minuto perdurable
> en que su traje negro devoraba
> la luz desprevenida del cenit.

En ambos poemas el color negro es afrodisíaco; suscita y aviva la pasión; pero es el negro del *luto*, que a su vez evoca la muerte. Hay, pues, como una secreta correspondencia y una irresistible atracción entre los dos términos. En ninguno de estos poemas, sin embargo, la mujer es Fuensanta. Ella aparece en «El sueño de los guantes negros», uno de los últimos poemas de López Velarde. Poema clave y enigmático también; en él culmina la visión erótica de esta poesía. Su tema es un sueño en el que el poeta ve resucitar a Fuensanta con sus «guantes negros»; éstos cumplen una doble y contradictoria función: sujetan al amante y lo atraen hacia ella. Pero ella ¿qué es ahora? ¿Conserva su cuerpo o es sólo hueso? El enigma no podrá ser resuelto a causa de «la prudencia de [sus] guantes negros». Esto es, la unión de los amantes prescinde o puede prescindir de los cuerpos: se alimenta del deseo y de la castidad simultáneamente. Los *guantes negros* aluden a estos dos aspectos; como lo ha indicado Paz, son el equivalente de la *espada* que separa (y une) los cuerpos de Tristán e Isolda cuando son sorprendidos durmiendo juntos en el bosque. Este poema sería para Paz la prueba final de las analogías entre el erotismo de López Velarde y el *amour courtois*, tal como ha sido estudiado por Denis de Rougemont.[6] Fuensanta es para López Velarde lo que la Dama para los poetas provenzales: el amor como una pasión tan absoluta que reemplaza a Dios y que finalmente se confunde con el deseo de la muerte.[7] De suerte que si supone un sentimiento religioso católico, esa pasión no puede ser vista sino como una pasión herética históricamente. Denis de Rougemont ha establecido las relaciones entre el amor-pasión provenzal y la secta de los cátaros, en el siglo XIII, condenada por la Iglesia.

¿Adónde nos ha llevado la conciencia crítica de López Velarde? Creo que a darle un nuevo contexto más existencial, más terrestre, más cotidiano también. También lo inverso es cierto: todo en el hombre está penetrado por lo poético, lo mítico y lo sagrado. La ironía supone, pues, la pasión; ésta, a su vez, es crítica del mundo y de la historia, de las creencias y de los dogmas. Me parece que en ello reside la diferencia esencial que separa a López Velarde de su maestro Lugones. La ironía en éste parece tener un tono «cabal» (Lugones no quería persuadir sino intimidar, decía Borges); de igual modo, su pasión –cuando accede a ella– no es una crítica sino una afirmación de la realidad. Lugones aspiraba a ser un poeta central; López Velarde era un poeta *marginal*. Fue, en gran medida, un poeta de la provincia, aunque no provinciano; la provincia no es sólo un tema biográfico en él, es también una manera de ver el mundo y de

---

[6] *L'amour et l'occident* (1939).

[7] En uno de sus últimos poemas (en *El son del corazón*), López Velarde habla de una mujer «invisible y perfecta» que lo «encumbra en cada anochecer y amanecer», y que es «a un tiempo la Ascensión y la Asunción». ¿No es la visión de Fuensanta? Aún es significativo cuando dice que tiene «corazón de niebla y teología».

estar en él: un centro excéntrico. Quizá ello lo preservó de sentirse *representativo*. Prefirió lo que él mismo definía como «la majestad de lo íntimo». Su patria –decía en un texto de *El minutero*– no era «histórica ni política, sino íntima». Y memorablemente añadía: «La miramos hecha para la vida de cada uno. Individual, sensual, resignada, llena de gestos, inmune a la afrenta, así la cubran de sal. Casi la confundimos con la tierra.» Quien haya leído al Borges de los años veinte ¿no siente acá una impresionante y misteriosa afinidad con él, hasta en la entonación de las frases?

Pero, sabemos, el sentido crítico de López Velarde no se sitúa tan sólo en el plano de la conciencia sino también del lenguaje. Su crítica del lenguaje parte de la convicción que tenía de *la derrota de la palabra*, título justamente de uno de sus artículos. Esa derrota tiene su origen en el divorcio entre la palabra y el espíritu («Ya el espíritu no dicta a la palabra», decía) y ese divorcio, a su vez, se manifiesta en dos extremos: *la palabrería* del habla cotidiana («pocas cosas son tan del gusto mexicano como hablar por hablar») y *el artificio* en que había caído la literatura misma (por ello decía: «El Diccionario susurra»). La solución para el escritor no reside, pues, ni en la mera habla cotidiana ni en el mero idioma poético. Es cierto, López Velarde busca –y escribe– una «literatura conversable», pero ésta tiene que fundarse en ciertas exigencias; una de ellas es la sinceridad, esto es, la no liberación, una suerte de espontaneidad en la que se identifiquen el ritmo (la respiración) del poeta y el ritmo mismo del lenguaje. Esa espontaneidad quiere decir, pues, no sólo autenticidad sino paralelamente compromiso ético con el lenguaje. «Yo anhelo expulsar de mí –se proponía– cualquier palabra, cualquier sílaba que no nazca de la combustión de mis huesos.» Se trata, pienso, de un rechazo de toda proliferación verbal en cuanto tal; el rechazo, como él decía, de «los Gargantúa del verso». Además, la literatura conversable no se identifica con una estética populista, ni siquiera con lo popular. «El lenguaje literario de hoy no se casa con la popularidad», afirmaba también.

¿Fue, sin embargo, siempre fiel a sus propias exigencias frente al lenguaje? El de su poesía, sabemos, fue un lenguaje coloquial; coloquial, repetimos, y no popular, mucho menos nativista. Lo coloquial no es una directa transposición del habla: caben en él no sólo los giros corrientes del lenguaje con sus frases hechas y sus refranes, las pausas prosaicas, los vocablos vernáculos, sino también lo literario, los cultismos y aun los tecnicismos. Esto último no debe ser identificado con lo que se presume es de antemano «poético»: muchas veces puede ser una negación de lo «poético»; de igual modo, lo usual y cotidiano del lenguaje no excluye destellos e intuiciones propios de la poesía como tal. Pero la combinación de uno y otro plano producen un efecto que el tono elevado y noble de la poesía no había conocido del todo. Ese efecto consiste no en la suma de los términos de la combinación sino en el desplazamiento de uno en otro: lo lírico se vuelve prosaico, lo artificial espontáneo, lo raro familiar, y la inversión es igualmente válida. El poema aparece como un espacio de continuas formaciones y transformaciones verbales; es él quien confiere o no validez poética al lenguaje. No existe, pues, un lenguaje previamente poético o antipoético, puro o impuro; lo que existe es el lenguaje del poema y que se hace en el poema. Pero la realidad del poema es mucho más exigente y a un tiempo misteriosa: impone una *necesidad* que no puede ser cumplida por el mero cálculo. La combinación de lo lírico y lo prosaico, por ejemplo, no es creadora en sí misma: la combinación puede ser el resultado de una simple superposición, o puede derivar en lo mecánico; el arte combinatorio, perderse y degenerar en un *híbrido*.

Quizá fue esto lo que le ocurrió (¿en gran o en poca medida?) a Lugones; de ahí esa impresión final que deja su obra de monotonía y aun de pobreza en medio de la exuberancia y la riqueza. López Velarde no estuvo exento de la misma contradicción. Como Lugones, tuvo el don de la imagen compleja e insólita («un encono de hormiga en mis venas voraces», «tardes como alcoba submarina / con su lecho y su tina»); así como el don del adjetivo preciso y polivalente («el edén subvertido», «su gota categórica», «las fuentes catecúmenas», «los atardeceres monacales», «vertiginosas peinetas de carey»). Aun su arte es menos abigarrado que el de Lugones; no se inclina por la «verba» de éste, sino, más bien, por la concentración y la reducción. En efecto, López Velarde tiene más sentido de la nitidez y aun de la pureza constructiva. Sus imágenes recurren con eficacia a un sistema simbólico («la ignorancia de la nieve / y la sabiduría del jacinto») o a los juegos verbales aliterativos con sentido encomiástico o sarcástico («el amor amoroso / de las parejas pares», «las ineptitudes de la inepta cultura»), sin caer en el exceso. La arquitectura de sus mejores poemas alía al virtuosismo y la espontaneidad. En «Mi prima Águeda», de su primer libro, parece emplear la técnica impresionista pictórica que los modernistas habían cultivado hasta la rutina, pero él le imprime una variante más sutil; atenúa, por una parte, el simbolismo de los colores; crea, luego, una equivalencia estrictamente plástica de textura y color. El poema, ya lo hemos visto parcialmente, evoca una escena de adolescencia: la prima que llega vestida de *luto* y cuyos ojos *verdes* y mejillas *rubicundas* crean en el joven una fascinación erótica contradictoria (esa «dualidad funesta» de la mujer que después se hará más intensa en toda su obra), fascinación no exenta de cierta picardía («yo era rapaz / y conocía la o por lo redondo»). Pero la experiencia real que inspira el poema es ya un pasado, el poeta está evocándola y aun contemplándola como la imagen de una escena; así, al final, *fija* a la muchacha como en cuadro, como una suerte de naturaleza muerta en el espacio de la casa familiar: Águeda se vuelve entonces «un cesto policromo / de manzanas y uvas / en el ébano de un armario añoso». En otros poemas, la estructura verbal (estrofas, rimas, tiempos verbales, etcétera) es un elemento más de una estructura mayor: *v. gr.*, «El retorno maléfico», donde la dualidad del tema (el pueblo natal arrasado por la guerra de la Revolución y la visión de un pasado en función de un futuro renovador) está dado por esa estructura y aun por imágenes ambiguas: «mi sed de amor será como una argolla / empotrada en la losa de una tumba», que alude a la vez a la intensidad de la pasión como renacimiento y muerte.

Pero me pregunto si muchos de los experimentos verbales de López Velarde no producen también, como en Lugones, la impresión no ya de la parodia sino de la autoparodia. Así, por ejemplo, la imagen que hace poco hemos citado del «encono de hormigas en mis venas voraces» tiende a reiterarse un poco mecánicamente a todo lo largo del poema (cuyo título es justamente «Hormigas», de *Zozobra*); aun llega a combinaciones más bien extravagantes y a una expresividad que falla por querer decirlo todo: «Antes de que deserten mis hormigas, Amada, / déjalas caminar camino de tu boca / a que apuren los viáticos del sanguinario fruto / que desde sarracenos oasis me provoca». En igual sentido, aparte de que las imágenes de la mitología musulmana no son muy afortunadas en esta poesía («funjo interinamente de árabe sin hurí»), su frecuencia es todavía más *embarrasante*. Es cierto que la dualidad católico-pagana de López Velarde no opta por el helenismo, como Darío, sino por el mundo musulmán y que ello tiene una significación en su obra (sus paraísos son el católico y el mahometano), pero tal combinación resulta finalmente una mera superposición desde el punto de vista estético; se queda en el esquematismo de lo conceptual, no logra la vivacidad de la verdadera imagen. Algo de esto tiene también las recurrencias a alusiones bíblicas, sobre todo a la Pasión de Cristo o de la liturgia católica, o de ciertas imágenes, «sacrificiales» («Todo me pide sangre: la mujer y la estrella, / la congoja del trueno, la vejez con su báculo»): el énfasis va mimando su poder persuasivo y aun su propia autenticidad. Octavio Paz opina que López Velarde es poeta poco «violento» y llega a explicar una de sus raras manifestaciones en este sentido («Desde una cumbre enhiesta yo le he de lanzar [su corazón] / como sangriento disco a la hoguera solar») como la pervivencia de un inconsciente, azteca, colectivo. Lo cual puede ser cierto. Pero no es a ese tipo de «violencia» a lo que ahora me refiero, sino al exceso de énfasis. O, para decirlo con un vocablo del propio López Velarde, a la *idolatría*. ¿No habrá cierto *fetichismo* en muchas de sus metáforas? ¿No será su poesía, en última instancia, una lucha entre el *fetiche* (humano) y la *imagen* (estelar)?

EL ALA DE MOSCA*

Gerardo Deniz

Nunca he frecuentado la prosa de López Velarde, pues, como dije ya, me fatiga y hasta me irrita un poco. Ha de haber todavía párrafos suyos por donde no he pasado jamás (sin mencionar, por supuesto, los artículos políticos). Reconozco gustoso que hay en ella textos y fragmentos inolvidables, cómo no.

Conocí *El minutero* en la edición de López Velarde de Porrúa, y *El don de febrero* en la edición de la UNAM. Ya no recuerdo cuándo hojeando *El minutero,* caí en la frase «humilde como un pelele», que reconocí como de «Odalisca». Una rápida confrontación de la prosa con el poema me reveló a grandes rasgos las simetrías que acabo de exponer con demasiado detalle. Este hallazgo lo consideré –y sigo considerando– apenas curioso. Además no era el primero:[1] sin salir de «La última odalisca» hice otros dos –tampoco sé ya cuándo; hará veinte años, veinticinco.

Escribe López Velarde en la segunda estrofa de este poema: «...el efluvio / que

---

* *La Gaceta del Fondo de Cultura Económica,* nueva época, nº 176, agosto de 1985, pp. 9-14 (fragmento).

[1] Lo cual tampoco tiene nada de nuevo: «Prosa y verso forman en su obra un sistema de vasos comunicantes. Villaurrutia escribió que el poeta "está casi siempre presente en lo que, sin hipérbole, podemos llamar las estrofas de *El minutero*"» (O. Paz, *Cuadrivio,* p. 81).

Por ejemplo, el pasaje de «Nuestra casa» citado antes (repasarlo) nos remite a la última estrofa de «Mi corazón se amerita» (Ramón López Velarde, *Obras...,* p. 145): «Así extirparé el cáncer de mi fatiga dura, / seré impasible por el este y el oeste,/ asistiré con una sonrisa depravada,/ a las ineptitudes de la inepta cultura,,/ y habrá en mi corazón la llama que le preste,/ el incendio sinfónico de la esfera celeste.»

Más adelante, en la misma prosa «Nuestra casa», se lee (*ibid.,* p. 340): «En el patio habríamos visto copiarse nuestras cabezas en el espejo que formaran en el pozo las aguas saludables» –cotejable con el poema «El viejo pozo» (*ibid.,* p. 129). Acto seguido: «Sobre el lino de los claros manteles habríamos comido el pan de la ilusión, mirando por la vidriera temblar las figuras seculares del Zodiaco...» –lo cual es paralelo al célebre «Y pensar que pudimos» (*ibid.,* p. 121), cuya versión inicial, intitulada «Rumbo al olvido» (*ibid.,* p. 78) y escrita antes que «Nuestra casa», dice: «Y pensar que pudimos,/ al acercarse al fin de la jornada,/ alumbrar la vejez en la dulce,/ conjunción de existencias, / contemplando, en la noche ilusionada, / el cintilar perenne del Zodiaco,/ sobre la sombra de nuestras conciencias.»

Se podría multiplicar el inventario de semejanzas y concordancias entre poemas y prosas de López Velarde en sus *Obras.* Como no las tengo anotadas, a mí se me olvidarían muchas, con lo cual tampoco se perdería demasiado.

ata los núafragos racimos / sobre las crestas del Diluvio». Pues bien, este lugar se enriquece un poco recurriendo a otra prosa de *El minutero*, la titulada «La necedad de Zinganol»: «Hojenado la Biblia, mi protagonista se había detenido en su niñez en las estampas del Diluvio, en las que se mira a los náufragos asidos al pico de las montañas. Zinganol estaba abrazado al amor como al pico de una montaña.»[2] Reconozco que, antes de hacer esta observación, las «crestas del Diluvio» sólo me sugerían el oleaje de las grandes aguas; después, la prosa de López Velarde me ayudó a ver los picos rocosos asomando, y la mención del amor me sirvió para concretar el erotismo de los «náufragos racimos». A alguien, por supuesto, el pequeño dato adicional puede resultarle superfluo y estorboso. Qué le vamos a hacer.

Y llegamos a la esperada ala de mosca, cuyo interés es, a lo sumo, pintoresco.

Compré la edición de Porrúa en 1957. Las prosas apenas las hojeé. Con la poesía tuve para un largo tiempo –que se prolongará lo que yo dure–. El ala de la mosca de «Odalisca» me llamó la atención en seguida. Por su calidad poética, desde luego. Pero también por un vago recuerdo: ¿no se llama así una tela? Busqué en diccionarios sin empeñarme demasiado, pero no hallé nada útil.

La prosa velardeana «Anatole France» debí de leerla más o menos pronto, en vista de que, anacrónico siempre, me agradan mucho algunas obras de este autor, repudiado desde hace muchísimo tiempo por el avance inexorable de las letras. Pues bien, en aquella prosa estaba el ala de mosca, con su sentido de género textil y en un contexto que recordaba de modo sugerente la inolvidable estrofa del poema. (Por pura cronología, se trataba esta vez de un eco del poema, anterior, en la prosa.) Aquello me ocurrió en 1962, 1965: repito que no lo tengo presente.

Cuando apareció la obra completa de López Velarde en la edición del FCE, 1971, recorrí sus notas y me enteré por una de ellas de que José Emilio Pacheco acababa de publicar (1970; en una antología que no conozco) un comentario perfectamente legítimo a la estrofa del ala de mosca, pero donde no decía que ésta fuese una tela ni citaba la prosa de *El minutero* sobre Anatole France.

Largos años más tarde, una mañana me telefoneó Ulalume González de León para preguntarme qué me sugería la famosa ala de mosca de López Velarde. Estaba haciendo una encuesta al respecto. Lo que le respondí, una pizca deformado por los alambres telefónicos, apareció impreso así (corrijo alguna errata –«apariencia» por «experiencia»– y retoco mínimamente la puntuación):

> 9. Gerardo Deniz. «Yo sabía, aunque no sé desde cuándo, ni de dónde lo saqué, que *ala de mosca* es un tejido transparente para ropa interior. Pero indagué en vano en todos los diccionarios para confirmarlo y decírselo a Pacheco. ¿Y a que

---

[2] *Ibidem*, p. 244.

no sabes dónde encontré por fin lo que buscaba...? En una prosa del propio López Velarde, "Anatole France", de *El minutero.* Hay una frase *que empieza como la estrofa* (fíjate bien) y una mujer; no es ropa interior, pero sí (está) vestida con esa tela.»

Continúa Ulalume: «Busco y leo. "Su experiencia, desencadenada y voluptuosa" (equivalente de "voluptuosa Melancolía"), "como una dama vestida de ala de mosca" (gasa o tul de odalisca); "que portase en el pecho una roja flor" (pienso en la Lujuria).» Y concluía Ulalume: «Tal vez en alguna revista de antiguas modas, o en la memoria de alguna dama mexicana o española de edad respetable, subsista el nombre de esta tela.»

Alguna confusión en mis palabras, que recibió Ulalume por teléfono, carece de importancia. Le mencioné que Pacheco tenía un comentario al respecto, pero no añadí que yo, al hallar éste en las notas de la edición velardeana del FCE, me lanzara a los diccionarios en pos del ala de mosca: cuando Pacheco escribía –y más cuando Ulalume indagaba– ya hacía mucho que yo había buscado en diccionarios y caído después en el pasaje de «Anatole France» que, para mí, liquidaba la cuestión de a qué se refirió López Velarde (en primera instancia) con el ala de mosca de su poema.

Conservo una copia Xerox de la página del suplemento dominical de *El Universal* donde aparecieron las respuestas recogidas por Ulalume. Por desgracia, quien me regaló ese papel no anotó la fecha de publicación, que por eso no sé citar.

Más años, y en *La Jornada* del 8 de mayo de 1985, Luis Miguel Aguilar vuelve al ala de mosca de López Velarde. Él conoció esa tela: «sólo me tocó ver la tela de ala de mosca –ya rumbo al desuso absoluto– en mantillas, cuando las mujeres todavía las usaban para ir a misa». No ha habido pues, que buscar a la respetable dama que pedía Ulalume. Por si esto fuera poco, Aguilar ha atrapado la referencia al ala de mosca en el «Anatole France» de *El minutero.* Aguilar está documentado, asimismo, pues escribe: «No me acuerdo cuándo ni dónde leí una encuesta con varios escritores y poetas en la que se les preguntaba qué quiso decir López Velarde con estos versos.» (Yo tampoco recordaba «desde cuándo ni de dónde» sacaba, en un principio, que el ala de mosca era una tela, *vide supra.*) Tal vez por conocer desde su infancia la tela ala de mosca, Aguilar olvidó pronto que en aquella página de *El Universal* la cuestión que él plantea en términos elementales –«qué quiso decir López Velarde– quedaba zanjada mediante la cita de *El minutero* que ahora él descubre –¿o ya la habría descubierto para entonces? Acaso no leyó hasta el final la compilación de Ulalume. Así hace uno con innumerables textos que no interesan mayormente, aunque sea para dedicar más tarde un articulito al mismo asunto.

El suplemento de *La Jornada* del pasado domingo 12 de mayo de 1985 pone los últimos puntos sobre las íes: «la interpretación de Aguilar cancela tanto la de José Emilio Pacheco… como las que aparecieron en una encuesta al respecto que hizo Ulalume González de León para el suplemento de *El Universal* en 1979». (Es grato que la misma nota nos comunique que J. E. Pacheco está conforme; también él, desde hace mucho, conocía ya el tan traído y llevado pasaje de *El minutero.* La nota concluye con breves reflexiones de mano maestra.)

Estos serios acontecimientos me sugirieron dedicar el fin de semana a escribir de cuestiones desacostumbradas para mí, como lo pude hacer veinte años atrás. Pido disculpas por sucumbir al fin, pues a decir verdad no es demasiado importante que «La última odalisca» pueda ser un poco más que un bonito poema donde es mencionada un ala de mosca.

EL CAMINO DE LA PASIÓN*

Octavio Paz

La balanza con escrúpulos

Hemos perdido la inteligencia del
lenguaje usual y el diccionario susurra...

La lectura del libro que ha consagrado el señor Allen W. Phillips a Ramón López Velarde me incitó a reflexionar nuevamente sobre el caso de este poeta.[1] Lo que primero sorprende es su fortuna literaria. Su poesía, escasa y difícil, tras un período inicial de incomprensión pública, ha logrado entre nosotros una resonancia y una permanencia que no han obtenido obras más vastas y accesibles. En vida publicó solamente dos libros de poemas: *La sangre devota* (1916), y *Zozobra* (1919); después de su muerte se han editado tres volúmenes: uno de poesía, *El son del corazón* (1932) y dos de prosa, *El minutero* (1923) y *El don de febrero* (1952); aún andan dispersos varios poemas, artículos y algunos cuentos. ¿Lo que dejó es realmente una obra? Poco se salva, para mí, de lo que escribió antes de 1915 y pienso, contra la opinión de muchos, que su muerte prematura interrumpió su creación precisamente en el momento en que tendía a convertirse en una contemplación amorosa de la realidad, tal vez menos intensa pero más amplia que la concentrada poesía de su libro central, *Zozobra.* Al mismo tiempo, López Velarde nos ha dejado unos cuantos poemas en verso y en prosa —no llegan a treinta— de tal modo perfectos que resulta vano lamentarse por aquellos que la muerte le impidió escribir. Ese manojo de textos provoca en todo lector atento varias preguntas. La crítica, desde hace más de treinta años, se esfuerza en contestarlas: poeta de la provincia, poeta católico, poeta del erotismo y de la muerte y aun poeta de la Revolución. Y hay otras preguntas, más decisivas que las puramente literarias... Yo me propuse, una vez más, interrogar a esos poemas —como quien se interroga a sí mismo—. Las páginas que siguen

* *Cuadrivio,* Joaquín Mortiz, México, 1965.—Ampliado en 1986, *Generaciones y semblanzas, Escritores y letras de México,* FCE, México, 1987, pp. 346-347, 382-399 y 403-407 (fragmento).

[1] *Ramón López Velarde, el poeta y el prosista,* INBA, México, 1962.

son mi respuesta. Pero antes debo decir algo del libro que me animó a escribir de nuevo sobre López Velarde.

El estudio del señor Phillips me parece lo más completo que se ha escrito sobre nuestro poeta. Es un resumen inteligente, quiero decir: una exposición crítica de todo lo que se ha dicho acerca del tema; asimismo, es una verdadera exploración de una obra singularmente compleja. En la historia de la crítica sobre López Velarde hay, a mi juicio, tres momentos: el ensayo de Xavier Villaurrutia que, literalmente, desenterró a un gran poeta sepultado bajo los escombros de la anécdota y el fácil entusiasmo; algunos valiosos estudios sobre aspectos parciales de su vida y su obra, entre los que destacan los de Luis Noyola Vázquez; y este libro del crítico norteamericano, que nos da al fin la posibilidad de una comprensión más cabal.[2] Me interesaron sobremanera los capítulos sobre la formación de López Velarde. No creo que nadie, en su tiempo, se haya dado cuenta enteramente del sentido de su tentativa, excepto José Juan Tablada. Aunque la crítica se obstina en desdeñar tanto su influencia como el valor de su poesía, Tablada fue un estímulo y un ejemplo para López Velarde.[3] Con esta salvedad, la vida literaria de nuestro poeta transcurrió entre la reserva del grupo del Ateneo –que tampoco mostró entusiasmo por Tablada– y la devoción cordial, pero limitada, de sus compañeros de generación. Poco antes de su muerte los jóvenes que más tarde se unirían en la revista *Contemporáneos*, descubrieron en él, ya que no un guía, un espíritu afín, otro solitario. Y uno de ellos, Villaurrutia, escribió años después un ensayo sobre su obra que, por su estricta geometría y su ritmo amplio y hondo, hace pensar en ciertos textos de Baudelaire.

Acerca de la influencia de varios poetas hispanoamericanos en López Velarde, el libro de Phillips dice casi todo lo que hay que decir.[4] A reserva de volver más adelante sobre el caso de Lugones, señalo que el ejemplo de Herrera y Reissig lo estimuló en dos dominios: afinó su sensibilidad y fecundó

---

[2] En 1971 José Luis Martínez publicó las *Obras* de López Velarde. Excelente trabajo; verdadera edición crítica. El volumen comprende un esclarecedor prólogo de Martínez, una cronología biobibliográfica, los poemas, la prosa, la correspondencia y una sección de notas abundante, informativa y rica en acertadas interpretaciones. [Colección «Biblioteca Americana» del FCE.]

[3] Un testimonio curioso son las cartas cruzadas entre ambos, hacia 1919, a propósito de Apollinaire. *Calligrammes* aparece en 1918, pero el primer poema-ideograma, como al principio llamó Apollinaire a esas composiciones, fue publicado en 1914: *Lettre-Océan*. Escrito –¿o debo decir: dibujado?– sobre una «Carta Postal de la República Mexicana», contiene varias pintorescas alusiones a nuestro país y está dedicado a su hermano Albert Kostrowitzky, que vivía en México desde 1913 (murió en 1919, sin haber regresado a Francia). José María González de Mendoza lo trató. Frecuentaban el gimnasio de la YMCA y hablaban a veces de poesía. Un día tropezó con él en la calle de Balderas; Albert le mostró un telegrama de París y le dijo: «Ayer murió mi hermano. Era el mejor poeta de Francia, aunque pocos lo sabían...»

[4] He ampliado los párrafos consagrados a la influencia que distintos poetas españoles, hispanoamericanos y franceses tuvieron en la obra de López Velarde (1986).

su fantasía verbal. Los sonetos de *Los éxtasis de la montaña*, sorprendente desfile de imágenes, deben de haberlo impresionado. Phillips percibe ecos de los «Nocturnos» de *Cantos de vida y esperanza* en ciertos poemas de *La sangre devota*. Es verdad y su observación nos ayuda a definir su linaje poético. Yo agregaría algo: quizás hay que volver a leer al olvidado Efrén Rebolledo; algunos de sus sonetos eróticos hacen pensar vagamente en los poemas de *Zozobra*. Es acertada la opinión de Phillips acerca de las afinidades entre López Velarde y González León; sin embargo, yo iría más lejos: se trata de una evolución paralela, debida no sólo a la cercanía de las sensibilidades sino a la comunidad de las fuentes. Uno y otro debieron leer con avidez lo mismo a los poetas hispanoamericanos y españoles que cultivaron el «provincianismo» que a sus maestros franceses. Por otra parte, la semejanza entre los dos poetas no debe ocultarnos la distancia que hay entre López Velarde y el talento más bien modesto de González León.

Amado Nervo fue, entre los poetas mexicanos, la influencia mayor en López Velarde, especialmente durante sus años de formación. Sobre eso me hubiera gustado que Phillips dijese algo más. Es conocido el juicio de López Velarde: «Amado Nervo es el máximo poeta nuestro.» Admiración honda que no excluía ciertas reservas frente al Nervo de los «versos catequistas, alejados de la naturaleza artística y, en ocasiones, en pugna con ella... De la confusión de estas dos normas surgieron sus renglones postreros...» Alfonso Méndez Plancarte tuvo el mérito de mostrar las huellas de Nervo en la poesía de López Velarde; la célebre línea: «ojos inusitados de sulfato de cobre» aparece antes en Nervo: «unos ojos verdes, color de sulfato de cobre». López Velarde transfiguró el verso con la simple substitución de un adjetivo redundante (*verdes*) por otro que nos advierte de la rara belleza de unos ojos. Así volvió misteriosa una observación banal.

Más tarde, al comentar un poema que alude a la decoración de los altares durante la Cuaresma, José Luis Martínez recordó que ya Nervo había hecho una descripción semejante. Pero tal vez se pueda ahondar un poco más en el tema. *Los jardines interiores* (1905) es uno de los mejores libros de Nervo y el que marca el ápice de su periodo simbolista. En ese libro hay una sección compuesta por once poemas escritos bajo la advocación de una figura femenina: Damiana. ¿Quién es Damiana? Nervo responde con una cita de Dante Gabriel Rossetti que le sirve de epígrafe: *My name is might have been*. En los once poemas de esta colección se combinan dos motivos: la provincia en sus manifestaciones devotas y un amor ardiente pero casto a una mujer ideal, «prócer y aldeana». Extraña pero no infrecuente mezcla del amor infantil y del adulto, la inocencia y la conciencia del pecado.

No es temerario ver en Damiana a una prefiguración de Fuensanta, no sólo por la unión de catolicismo y provincia, sensualidad y castidad, sino porque la iglesia fue, para los dos poetas, simultáneamente el lugar de la consagración y del sacrilegio, la devoción y el deliquio erótico. Varios de los poemas a Damiana anuncian los temas de *La sangre devota* y, especialmente, el *tono* de ese libro. Dos ejemplos: el sabor «del primer beso que, de improviso –dice Nervo– le dejé a una muchacha que me quiso / cierta noche de abril, entre los labios»; otro: «la enorme custodia / como un sol de nieve / dentro de un sol de fuego». Estas expresiones aparecen más tarde en varios poemas de López Velarde pero transfiguradas por su lenguaje hecho de asombrosas invenciones verbales.

La relación con los poetas españoles de esa época ha sido poco estudiada. Phillips cita a Azorín, al que admiraba nuestro poeta, a los Machado y a Juan Ramón Jiménez. Estos nombres, más que influencias, evocan la atmósfera de una época. Phillips recuerda a Marquina, leído con atención por López Velarde pero del que se sentía lejos. Aquí hay que tocar un punto sobre el que apenas si se ha detenido la mayoría de los críticos. Me refiero al ejemplo de algunos poetas españoles que, inspirados por ciertos simbolistas franceses, escribieron en esos años poemas acerca de la provincia y sus misterios pueriles y recónditos. No pienso en Gabriel y Galán –nada más opuesto a la estética de López Velarde que el academicismo de ese escritor– sino en Andrés González Blanco. El primero y, realmente, el único que se ha ocupado del tema con la extensión que merece, ha sido Luis Noyola Vázquez.[5]

Numerosos ejemplos ilustran el extraordinario parecido entre el poeta y crítico de Cuenca y el de Jerez de Zacatecas. Escojo unos pocos. La lluvia, que acentúa el tedio y la melancolía de la provincia, la sensualidad de las muchachas encerradas en sus casonas, el bisbiseo de los rezos y de la llovizna, son motivos frecuentes de González Blanco:

Novenas de provincia,
novenas
que amenguaban el tedio
de aquella población tan soñolienta...

Y la lluvia caía
fuera
con un rumor de sílabas
de letanía lenta...

Dificultoso el tránsito
por las calles en cuesta...
Tintineo de lluvia,
conversaciones sueltas

---

[5] *Fuentes de Fuensanta. La ascensión de López Velarde*, México, 1947.

de las niñas que en grupos
narraban sus tristezas...

La misma escena, los mismos sentimientos y, como subraya Noyola Vázquez, «casi el mismo léxico» en López Velarde:

En las noches profanas
del novenario...
estrados de señoritas
sobre la regada banqueta...

Altas
y bajas del terreno que son siempre
una broma pesada...
Tardes de lluvia en que se agravan
al par que una íntima tristeza
un desdén manso de las cosas
y una emoción sutil y contrita que reza.

Evocación de nombres femeninos: «Se llamaba Natalia. Tenía un sortilegio...» (González Blanco) «Llamábase María, vivía en un suburbio...» (López Velarde). El poder mágico de la fecha:

¿Por qué extraño portento yo revivo mi vida
en esta serenata tantas veces oída
que estaba de moda en 1850?

Como si se tratase precisamente de un eco concéntrico, López Velarde dice:

...su estrofa concéntrica en el agua
y que dio fe del ósculo primero
que por 1850 unió las bocas
de mi abuelo y mi abuela...

No es necesario prolongar esta demostración. Finalizaré con un ejemplo más entre los que cita Noyola Vázquez. Dice González Blanco: «aquel coro en que alzaba / su voz dorada de impúber soprano / bajo el compás de las misas de Eslava...»; y López Velarde: «Unas voces núbiles / y lentas ensayaban / en un solfeo cristalino y simple / una lección de Eslava.»

Los poemas de González Blanco fueron imitados por muchos poetas de España y América. Él lo dice, con cierta amarga vanagloria, en un escrito de 1910: «Algún día, si escribo la historia de mis libros, citaré los nombres de los líricos contemporáneos que me han leído con aprovechamiento.» Hoy Andrés González

Blanco es más recordado por sus estudios críticos que por sus poemas. Ha sido una víctima más de la estética que impuso en España la Generación de 1927. Como poeta fue prolijo, monocorde y reiterativo; sin embargo, no sólo introdujo ciertos temas en nuestra poesía sino una nueva sensibilidad, un vocabulario original y una imaginación más fresca. Andrés González Blanco estuvo en México al comenzar el siglo; su hermano Pedro también vivió entre nosotros, participó en la Revolución Mexicana y escribió sobre ella. González Blanco se extiende y amplifica mientras que López Velarde se concentra y ahonda; no obstante, sin el español la aventura poética del mexicano hubiera sido quizá muy distinta. No es exagerado decir que la poesía de González Blanco fue su punto de partida.

Hacia 1910 comienza, primero en España y después en América, una tendencia que podríamos llamar provinciana o criollista y que continuó durante más de 15 años. El origen de este movimiento, que coincide con el fin del modernismo y que es tanto su prolongación como su réplica, se encuentra en la poesía simbolista francesa. En América los representantes más destacados de esta corriente, además de López Velarde, fueron Vallejo (*Los heraldos negros*, 1918), Borges (*Fervor de Buenos Aires*, 1923, *Luna de enfrente*, 1925 y *Cuaderno de San Martín*, 1929) y Molinari (*El imaginero*, 1927 y *El pez y la manzana*, 1927).[6] En España el movimiento se inició un poco antes con González Blanco, al que pronto lo siguió otro olvidado poeta, Fernando Fortún, que murió muy joven. Sus últimos poemas muestran también afinidades con los de López Velarde. Es difícil saber si el poeta mexicano conoció los poemas de Fortún pero sí es indudable que leyó sus traducciones de los simbolistas franceses.

También en la poesía de los jóvenes españoles de entonces fue determinante y profunda la influencia de varios poetas franceses y belgas, sobre todo la de Francis Jammes. En la *Antología de la poesía francesa moderna* (1913) de Enrique Díez-Canedo y Fernando Fortún, en la breve nota consagrada a Jammes, dice Díez-Canedo: «su influencia se ha difundido hasta el punto de que raro es el poeta joven que no le deba algo. Recordemos en España la prosa antigua de Azorín, los versos de Pérez de Ayala y de Andrés González Blanco, los *sonetos criollos* de este último, especialmente...» Esos sonetos fueron escritos, sin duda, después de su estancia en México. Otro poeta que influyó en López Velarde fue Rodenbach, que también marcó a González Blanco. Oigamos de nuevo a Díez-Canedo: «En España Rodenbach ha influido bastante en los jóvenes, especialmente en Pérez de Ayala y en Andrés González Blanco.»

¿López Velarde leyó a esos poetas en francés? No es fácil saberlo. En todo caso, conoció las traducciones que circulaban en esa época. Noyola Vázquez señala que en la *Revista Moderna* se publicaron, en 1905, trece poemas de

[6] En Borges el criollismo postsimbolista se une al ultraísmo.

Rodenbach traducidos por González Blanco. Hay que recordar, además, las espléndidas traducciones que hizo González Martínez de muchos de los simbolistas franceses y belgas. Todo esto, sin duda, fue leído por López Velarde. Esas lecturas fecundaron su imaginación y pulieron su gusto. Por último, no hay que olvidar el fervor con que fue leída la *Antología* de Díez-Canedo y Fortún. Hace años Neruda me confió que ese libro fue su primer contacto con la poesía francesa y subrayó: «como ocurrió con casi todos los poetas hispanoamericanos de esos tiempos…». Phillips cita también a Verhaeren y Maeterlinck. Su influencia fue real pero menos profunda.

Antes de pasar a otro punto importante –la relación con Baudelaire, Lugones y Laforgue– reitero que la literatura francesa es mucho más determinante en López Velarde de lo que parece a primera vista. Si su poesía recoge tantas y tan diversas influencias –aunque todas ellas afines a su espíritu y a su temperamento– ¿qué decir de la influencia que ha ejercido en los que vinieron después? En México tuvo imitadores sin mucha originalidad pero también fecundó a verdaderos poetas, como Xavier Villaurrutia. Aunque escasamente conocido en España y en casi toda la América hispana, López Velarde logró el reconocimiento de los mejores, como Neruda y Borges. En fin, hay ecos suyos en la obra juvenil de dos notables poetas argentinos: Ricardo Molinari y Silvina Ocampo.

El tema de las relaciones entre Baudelaire y nuestro poeta es capital. Aquí tampoco coincido enteramente con el señor Phillips. En un artículo sobre López Velarde, escrito en 1950, puse en duda esa semejanza, sostenida con gran sutileza por Villaurrutia. Hoy no diría lo mismo. En aquel artículo destacaba las diferencias entre ambos: el «abismo», para emplear la expresión de Xavier, que atrae a Baudelaire es el de la conciencia autosuficiente y, simultáneamente, desvalida –de ahí la identificación dcl mal con la libertad humana y de éstos con la nada–; López Velarde, en cambio, siente la fascinación de la carne, que es siempre, fascinación ante la muerte: al ver «el surco que deja en la arena su sexo», el mundo se le vuelve «un enamorado mausoleo». La visión del cuerpo como presencia adorable y condenada a la putrefacción se acerca, pero no es idéntica, al vértigo del espíritu «celoso de la insensibilidad de la nada». Estas diferencias no deben ocultarnos muchas y profundas semejanzas. Los dos son «poetas católicos», no en el sentido militante o dogmático sino en el de su angustiosa relación, alternativamente de rebeldía y dependencia, con la fe tradicional; su erotismo está teñido de una crueldad que se revuelve contra ellos mismos: al *Je suis la plaie et le couteau* responde el mexicano con el *ser en un solo acto el flechador y la víctima*; ambos aman los espectáculos del lujo fúnebre: la cortesana, encarnación del tiempo y la muerte, las bailarinas, los payasos, la domadora, los seres al margen, imágenes de fasto y miseria. Hay en los dos la misma continua oscilación entre la realidad sórdida y la vida ideal («edén provinciano» o *chambre spirituelle*); la idolatría por el cuerpo y el horror del cuerpo; la sistemática y voluntaria confusión entre el lenguaje religioso y el erótico, no a la manera natural de los místicos sino con una suerte de exasperación blasfema... En una palabra, hay el mismo amor por el *sacrilegio.*

Baudelaire es un espíritu incomparablemente más rico y profundo pero López Velarde es de su estirpe. Para comprobarlo basta enfrentar algunos poemas en prosa de *El minutero* (entre otros «José de Arimatea», «El bailarín», «Obra maestra») con ciertos textos de *Le Spleen de Paris*, por ejemplo: «L'Horloge», «La Chambre Double», «Mademoiselle Bistouri»... ¿Pero es necesario insistir? Tenemos la confesión de López Velarde: «seminarista sin Baudelaire, sin rima y sin olfato». Por cierto, Phillips cita una descichada interpretación de Ortiz de Montellano («olfato aquí quiere decir malicia») que ya en su hora provocó la razonada indignación de Villaurrutia. En efecto, aparte de que Montellano olvida que toda palabra poética contiene una pluralidad de significados, la poesía de López Velarde suscita una oleada de perfumes espesos e intensos, vibración que se prolonga en resonancias que yo me siento inclinado a llamar espirituales: incienso, olor de tierra mojada y de cirios, barro, azucena, almizcle, aromas de alcoba e iglesia, de lecho y cementerio... El catálogo es impresionante no sólo por el número sino por la complejidad de las sensaciones. Y en el centro de esa constelación sensual, como un ojo fijo, el nombre de Baudelaire; la conciencia sacrílega.

Las afinidades entre López Velarde y Laforgue me parecen indudables. Sobre esto sigo pensando todo lo que dije en mi artículo de 1950. Leída en francés, en traducción o conocida por intermedio de Lugones, la poesía de Laforgue es central en López Velarde. El poeta francés le revela el secreto de la fusión entre el lenguaje prosaico y la imagen poética, o sea, la receta de la incandescencia y el hielo verbales. No la oposición entre vida cotidiana y poesía sino su mezcla: las situaciones absurdas, las revelaciones oblicuas, los apartes, la alianza de lo grotesco, lo tierno y lo delirante. La luna y la ducha fría. Laforgue le enseña, sobre todo, a separarse de sí mismo, a verse sin complicidad: el monólogo, desdoblamiento del yo que habla en el yo que escucha. Rostro que se contempla en el espejo convexo de la ironía, el monólogo introduce el prosaísmo como un elemento esencial del poema. Pero no debe confundirse el uso deliberado de prosaísmos con el empleo de lo que llaman lenguaje popular o folklórico. En España, por esos años, Machado pretende volver al habla del pueblo; y más tarde, aunque dentro de una estética más próxima a Jiménez, García Lorca y Alberti lo intentaron también. Cualquiera que sea nuestra opinión sobre estos poetas, no creo que nadie pueda ver en sus poemas algo que se parezca al lenguaje popular. No es difícil saber la razón: ese lenguaje es más bien una vaga noción filosófica, heredada de Herder y el romanticismo alemán, que tiene poca sustancia real.

El llamado lenguaje popular de la poesía española no viene del habla del pueblo sino de la canción tradicional; el prosaísmo de López Velarde y de otros poetas hispanoamericanos procede de la conversación, esto es, del lenguaje que efectivamente se habla en las ciudades. Por eso admite los términos técnicos, los cultismos y las voces locales y extranjeras. Mientras la canción a la manera tradicional es una nostalgia de otro tiempo, el prosaísmo enfrenta el idioma del pasado con el de ahora y crea así un nuevo lenguaje. Uno acentúa el lirismo; el otro tiende a romperlo: su función, dentro del poema, es la crítica de la poesía. López Velarde lo dice de una manera insuperable: «El sistema poético se ha convertido en sistema crítico.» Sonambulismo y examen de conciencia. El tiempo, la famosa temporalidad, es abismal y discontinuo. La canción lo recubre, como el reloj que, al medir las horas, nos oculta al verdadero tiempo. La canción nos lleva a otros tiempos; el poema que intenta López Velarde abre la conciencia al tiempo real. Operación violenta, pues el hombre, que vive en el tiempo y que quizá sólo sea tiempo, cierra los ojos y nunca quiere verlo, nunca quiere verse.

La forma predilecta de Laforgue y López Velarde es el poema de líneas sinuosas que imita la marcha zigzagueante del monólogo: confesión, exaltación, interrupción brusca, comentario al margen, saltos y caídas de la palabra y del espíritu. El monólogo es tiempo: canto y prosa. Por eso no se acomoda a la canción tradicional, con sus metros fijos y sus rimas previstas, y prefiere el verso suelto y la rima inesperada. La ironía es su freno y el adjetivo su espuela. De una manera aún más acusada que Laforgue y siguiendo en esto a Lugones –al que repetidamente compara con Góngora– nuestro poeta se propone que cada uno de sus poemas sea una «ecuación psicológica» y un organismo sensual, un objeto insólito. Imágenes barrocas, prosaísmos, confidencias y las adivinaciones de la sangre. Un estilo de sorpresas y un estilo combustible: el poema ha de ser fuego de artificio en el que se incendia realmente el poeta.

Aquí debo repetir que la influencia de Lugones en nuestro poeta fue decisiva. El lenguaje del *Lunario sentimental*, en el sentido más radical y amplio de la palabra lenguaje, es una de las claves del estilo de López Velarde. Gracias a Lugones, se descubre; pero apenas se encuentra a sí mismo, deja de parecerse al gran poeta argentino. Phillips observa con precisión: «en Lugones predominan lo burlesco y lo socarrón, lo festivo y lo pintoresco, lo exuberante y lo regocijado... En Laforgue y López Velarde la actitud es más profunda: los dos esconden una inherente tristeza bajo la máscara de la ironía». Yo diría que en Lugones no hay esa dimensión moral, herencia de Baudelaire, que es la conciencia de sí; tampoco el sentimiento de la soledad en la multitud urbana; ni, en fin, el sentido de lo sobrenatural. Lugones jamás habría escrito esta frase de López Velarde, que Laforgue hubiera firmado y que es, simultáneamente, la cifra de su estilo y la definición de sí mismo: «los pasos perdidos de la conciencia, el caer de un guante en un pozo metafísico...» Hay en estas líneas un presentimiento de algo que nunca vio: los cuadros de Chirico. Y otras cosas más... Ahora bien, aunque la afinidad es mayor entre el francés y el mexicano, Laforgue es más seco e intelectual; hay en su sonrisa un rictus mundano que delata un alma marchita. López Velarde es más ingenuo, serio y viril; se burla pero no reniega de la poesía y el amor. Algo decisivo los separa: la religiosidad, viva en uno, muerta en otro.

Valdría la pena situar a López Velarde no sólo, como en uso y abuso, en el ámbito de la poesía mexicana sino en el campo más vasto de la literatura hispanoamericana y (¿por qué no?) universal. En aquellos años el joven Huidobro, en Santiago o en París, prepara una irrupción que desconcertará e irritará, entre otros, a Antonio Machado; en México (o más exactamente: en Bogotá), Tablada escribe *Un día*, delgado libro que López Velarde encontró «perfecto» y que nuestra crítica aún no digiere... ¿Y en el resto del continente y la península? Para encontrar un equivalente de la tentativa de López Velarde hay que ir a la lengua inglesa. Pound publica *Lustra* en 1916 y *Hugh Selwyn Mauberley* en 1920; esos mismos años son los de la iniciación de T. S. Eliot. Hay cierta semejanza entre el primer Eliot (hasta *The love song of J. Alfred Prufrock*) y el último López Velarde. Se trata, por supuesto, de un lejano aire de familia: ambos tienen algunos antepasados comunes. Esta semejanza es pasajera (puede decirse que Eliot principia donde termina López Velarde), pero revela hasta qué punto es superficial encerrar a nuestro poeta en el marco de la provincia. Su obra participa de las corrientes de la época, a pesar de la lejanía geográfica e histórica en que vivió. No, López Velarde no es un poeta provinciano, aunque el terruño natal sea uno de sus temas: los provincianos son la mayoría de sus críticos. Poemas como «El mendigo», «Todo», «Hormigas», «Tierra mojada». «El candil», «La última odalisca», «La lágrima» y otros cuantos más –en verso y en prosa– lo hacen un poeta moderno, lo que no podía decirse, en 1916 o 1917, de casi ninguno de sus contemporáneos en lengua española.

Hay que repetirlo: la poesía moderna nace en Hispanoamérica antes que en España (con la única y gran excepción de Gómez de la Serna) y uno de sus iniciadores es López Velarde. Con él empieza una *visión* de las cosas que todavía seduce a espíritus tan opuestos como Jorge Luis Borges y Pablo Neruda. La mirada que se mira, el saber que se sabe saber, es el atributo (la condenación, sería más justo decir) del poeta moderno. López Velarde vive una compleja situación moral –y sabe que la vive, al grado que ese saber se le vuelve más real que la realidad vivida–. En un artículo dice: «Aquel que sea incapaz de tomarse el pulso a sí mismo no pasará de borrajear prosas de pamplinas y versos de cáscara.» Conciencia de su fatalidad y conciencia de esa conciencia: de ahí brotan la ironía y el prosaísmo, la violencia de la sangre y el artificio pérfido del adjetivo. Juego mortal de la reflexión: la transparencia de la palabra ante la opacidad de las cosas, la transparencia de la conciencia ante la opacidad de las palabras, el reflejarse sin fin de una palabra en otra, de una conciencia en otra... Este conflicto tiene un nombre: pluralidad. La conciencia anda perdida entre la dispersión de objetos, almas y cuerpos femeninos. La mujer es la llave del mundo, la presencia que reconcilia y ata las realidades disgregadas; pero es una presencia que se multiplica y así se niega en infinitas presencias, todas ellas mortales. Multiplicidad femenina: duplicidad de la muerte. Una y otra vez el poeta intenta reducir a unidad la dispersión. Una y otra vez la mujer se convierte en las mujeres y el poema en el fragmento. La unidad sólo se da en la muerte o en la conciencia solitaria. Poesía de solitario y para solitarios.

Concentrado y complejo, el estilo de López Velarde triunfa en lo que podría llamarse la *intensidad fija*: ese momento en que la sangre se agolpa, el pensamiento se suspende o el ánimo se arroba. El instante de frenesí que alcanza la cima y se inmoviliza para después anularse. Estética del corazón y sus latidos. Y también: estilo de la desmesura –no hacia afuera sino hacia adentro. Su tentación no es la inmensidad exterior sino lo infinitesimal; y su peligro es la afectación retorcida, no la vaguedad ampulosa. Muchas de sus frases, más que de la perfección, nos dan la sensación de la tortura del idioma. Hay que confesar que con frecuencia López Velarde es alambicado y que a veces es cursi. Una considerable porción de sus escritos de juventud, en prosa y en verso, me parecen sentimentales, artificiosos y, lo diré con franqueza, insoportables. Su gusto era exigente pero no impecable. La atmósfera literaria de aquellos días estaba contaminada por el «modernismo» agonizante y sus epígonos habían degradado su retórica en una feria de rarezas estereotipadas. El mismo Juan Ramón Jiménez no se libró del contagio sino años después. López Velarde nunca abandonó por completo algunos tics de la poesía anterior. Gorostiza insinúa que su condición de «payo» podría explicar algunas de esas afectaciones. Cualquiera que haya sido el origen de su actitud, la novedad esencial de su imaginación fue más poderosa que las equivocaciones de su gusto.

Poeta escaso, concentrado y complejo. A estos tres adjetivos hay que agregar otro: limitado. Sus temas son pocos; sus intereses espirituales, reducidos. La historia está ausente de su obra. Al escribir «historia», me refiero a la general o universal. No hay otra: lo que se llama «historia patria» es espejo del hombre –y entonces es también universal– o es una anécdota de sobremesa. Tampoco aparece el conocimiento y sus dramas: jamás puso en duda la realidad del mundo o la del hombre y nunca se le hubiera ocurrido escribir *Muerte sin fin* o *Ifigenia cruel.* Las relaciones entre la vigilia y el sueño, el lenguaje y el pensamiento, la conciencia y la realidad –temas constantes de la poesía moderna, desde el romanticismo alemán– apenas tienen sitio entre sus preocupaciones. Sentó a la belleza en sus rodillas pero ¿la «encontró amarga»? En todo caso, no la maldijo. No renegó ni profetizó. No quiso ser Dios ni sintió nostalgia por el estado bestial. No adoró a la máquina ni buscó la edad de oro entre los zulúes, los tarahumaras o los tibetanos. Excepto en un poema de hermosa violencia («Mi corazón se amerita...») la rebeldía no lo conmovió. Su poesía no quiere «cambiar al hombre» ni «transformar al mundo». Insensible al rumor de futuro que en esos años se levanta por todos los confines del planeta, insensible a los grandes espacios que se abren al espíritu, insensible al planeta mismo, que emerge, por primera vez en la historia, como una realidad total... ¿sospechó que el hombre moderno, desde hace más de cien años, está desgarrado entre utopía y nihilismo? Lo que desveló a Marx, Nietzsche o Dostoievski, a él no le quita el sueño. En suma, es ajeno a casi todo lo que nos agita. Es una paradoja que un espíritu de tal modo impermeable a las angustias, deseos y temores de los demás, se haya convertido en esa figura equívoca que designa la frase: «poeta nacional». No sé si lo sea; sé que no quiso serlo. El secreto de esta paradoja está en su lenguaje, creación inimitable, fusión rara de la conversación y de la imagen insólita. Con ese lenguaje descubre que la vida cotidiana es enigmática.

Prosa y verso forman en su obra un sistema de vasos comunicantes. Villaurrutia escribió que el poeta «está casi siempre presente en lo que, sin hipérbole, podemos llamar las estrofas de *El minutero*». Phillips completa esta observación, que nos sirve para leer mejor los textos en prosa, con otra que nos ayuda a comprender más enteramente los poemas: en su prosa López Velarde nos da, aunque nunca como demostración, ciertas claves de su estética. La unidad es orgánica, no intelectual. La lectura simultánea de prosa y verso nos permite someter a prueba tanto la lucidez de sus ideas sobre el mundo y el lenguaje como la autenticidad de sus poemas. El resultado, según ocurre con todos los verdaderos poetas, comprueba la coherencia entre instinto creador y conciencia crítica. Para López Velarde el mundo se nos entrega como sensación y emoción: «la naranja no es, en la lira, positiva o aristotélica; es, simplemente, naranja. Una sola cosa sabemos: que el mundo es mágico». Proclamar que el mundo es mágico quiere decir que los objetos y los seres *están animados* y que una misma energía mueve al hombre y a las cosas. Toca al poeta nombrar esa energía, aislarla y concentrarla en el poema. Cada poema es un orbe diminuto de simpatías y repulsiones, un campo de relaciones mágicas y, así, un doble del mundo real. La fuerza que une y separa a las cosas se llama Eros:

> En mi pecho feliz no hubo cosa
> de cristal, terracota o madera
> que abrazada por mí no tuviera
> movimientos humanos de esposa.

Las cosas no se ordenan conforme a las jerarquías de la ciencia, la filosofía o la moral. El valor de los objetos no reside en su utilidad ni en su significación mundana (lógica o histórica) sino en su vivacidad: aquello que los une a los otros objetos en una suerte de copulación universal y los transforma en cosas nunca vistas. La metáfora es el agente del cambio y su modo de acción es el abrazo. Las cosas diarias –la tina, el teléfono, el pabilo, el azúcar y su lenta disgregación, los armarios y su queja– contienen una carga mayor de energía mágica que las nombradas tradicionalmente por los poetas. Expresiones coloquiales, utensilios y situaciones cotidianas sufren una dichosa metamorfosis. La redención alcanza también a los desperdicios, como en las líneas de «El perro de San Roque»:

> Mi carne es combustible y mi conciencia parda;
> efímeras y agudas refulgen mis pasiones
> cual vidrios de botella que erizaron la barda
> del gallinero contra los gatos y ladrones.

López Velarde no se propone tanto conquistar lo maravilloso –la creación de otra realidad– como descubrir la verdadera realidad de las cosas y de sí mismo. Su empresa es mágica; quiere obligar a las cosas, por medio de la metáfora, a volver sobre sí mismas para que sean lo que realmente son. El mundo no es nunca plenamente lo que es –López Velarde tuvo una conciencia muy aguada de nuestra falta de ser– excepto en algunos momentos privilegiados y que no es exagerado llamar eléctricos. Esos instantes son las sensaciones, las emociones, las iluminaciones que nos dan ciertas contadas experiencias. La metáfora debe ser el equivalente, es decir: el doble analógico, de esos estados de excepción y de ahí su concentración, su aparente oscuridad y sus paradojas. Pero ¿cómo pueden las cosas ser ellas mismas si la metáfora, el abrazo universal, las cambia en otras cosas? López Velarde no concibe al lenguaje como vestidura. O más bien, es una vestidura que, al ocultar, descubre. La función de la metáfora es desnudar: «para los actos trascendentales –sueño, baño o amor– nos desnudamos». El arte poético es la ciencia de la iluminación. Su claridad desnuda y, a veces, desuella. Su luz es insoportable: «la suprema nitidez obliga a las buenas gentes a quedarse en tinieblas, como les ocurriría si en lugar de un foquito eléctrico tuviesen a Sirio al lado de la cama. Casi todos los que han pedido claridad literaria en el curso de los siglos, han pedido, realmente, una moderación de luz, a fin de guardarse la retina sin choques, dentro de una penumbra rutinaria...» Así pues, la poesía no sólo es revelación sino deslumbramiento.

La provincia es uno de sus temas. O mejor dicho: es un campo magnético, al que vuelve una y otra vez, sin jamás regresar del todo. Pero no sólo lo mueven sus sentimientos; la provincia es una dimensión de su estética. La vida de las ciudades y villorrios del interior –«cielo cruel y tierra colorada»– le ofrece un mundo de situaciones, seres y cosas no tocado por los poetas del «modernismo». Cierto, la Revolución Mexicana, que despobló lugares, repobló otros, dispersó y reunió a las gentes y reveló a todos una patria desconocida, contribuyó a su descubrimiento. En sus manos esa materia en bruto sufre la misma transformación que el lenguaje cotidiano y los objetos de uso diario. Sometida a la doble presión de la alquimia verbal y de la ironía, la sencillez aldeana se convierte en un condimento raro, una extrañeza más que se incrusta en el discurso de la poesía tradicional. El ejemplo más notable de esta metamorfosis es «El retorno maléfico». Ante el «hijo pródigo» que regresa a la casa paterna, los medallones de yeso de la puerta entornan «los párpados narcóticos», se miran y se dicen: «¿qué es eso?». En el patio hay «un brocal ensimismado, con un cubo de cuero goteando su gota categórica». En el jardín: «el amor amoroso de las parejas pares». Arte de contrastes: la irrupción del «gendarme que pita» o los gorjeos de la solterona cantando un aria pasada de moda, acentúan el carácter sonámbulo de la evocación. Las muchachas que aparecen, unos versos después, «frescas y humildes como humildes coles», podrán ser todo lo simples que se quiera (ya se verá que no lo son tanto) pero la imagen que ha escogido el poeta para mostrarlas, «a la luz de dramáticos faroles», es de una sencillez endiablada.

«Humildemente» ofrece una serie de «vistas fijas» de las calles del pueblo, a la hora en que pasa el Santísimo Sacramento. Seres y cosas se inmovilizan, como «juguetes sin cuerda»:

Mi prima, con la aguja
en alto, tras sus vidrios,
está inmóvil, con un gesto de estatua…

El húmedo corpiño
de Genoveva, puesto
a secar, ya no baila
arriba del tejado.

El viático y el corpiño. No dos símbolos: dos realidades. Del cuadro pintoresco e irónico, el poema pasa a la veneración: las naranjas «cesan de crecer», todo «está de rodillas y en el polvo las frentes…» No de un salto sino con un movimiento imperceptible, la descripción se vuelve canto y el canto silencio. Esta visión de la provincia no es costumbrista sino mágica. La estética de López Velarde desciende del arte barroco –¿es necesario recordar al Góngora de *Hermana Marica*…?– y tiende a un expresionismo muy español. (Él me corregiría, diciendo: «y criollo».) Su nacionalismo brota de su estética –y no a la inversa. Es parte de su amor a esa realidad que todos los días vemos con mirada desatenta y que espera unos ojos que la salven. Su nacionalismo es un *descubrimiento*, mientras que el de sus imitadores es una complaciente repetición de lo ya dicho. En un artículo muy citado habla de «la novedad de la patria». Un nacionalista común y corriente habría escrito: «la antigüedad (o la eternidad o la grandeza) de la patria». Lo que él llama «criollismo» es una actitud estética: debemos usar las palabras que todos decimos porque son palabras nuevas, *nunca dichas* por la poesía.

La provincia tiene, además, un significado espiritual. Si se piensa en términos de espacio, es lo distante y lo cerrado. Si de lo físico se pasa a lo moral, es lo intacto y lo intocable: la virginidad femenina, la entereza masculina. Su pueblo, mutilado por la metralla de la contienda civil, es un «edén subvertido», un paraíso arrasado al que «será mejor no regresar». Pero la guerra y la dispersión, que han desfigurado al pueblo, también han hecho un desterrado y un inválido de López Velarde. También hay «aciagos mapas» en su cuerpo y en su espíritu: las cicatrices de los amores, las dudas, las cóleras, las resignaciones, todos los actos y las omisiones de una conciencia a la intemperie. Conoce las ciudades, es el pródigo que entra con «pies advenedizos» a la casa de su infancia y encuentra que nadie lo reconoce. Paraíso infantil o reino de la pasión adolescente, la provincia no es tanto un punto en el espacio como la nostalgia de un bien irrecuperable. Él lo sabe, aunque se defiende con la ironía: por las callejuelas de Zacatecas —altas y bajas del piso que son «una broma pesada» —desfilan «católicos de Pedro el Ermitaño y jacobinos de la era terciaria». Y sin embargo, el encanto persiste. La ciudad natal lo «tienta con un mixto halago de fósil y de miniatura». Se ve caminando por sus calles: «yo no soy más que una bestia deshabitada que cruza por un pueblo ficticio. Metido ya en el lecho, como en un sarcófago, el reloj del Santuario deja caer las doce. El trueno rueda y todo se vuelve nugatorio.» Amarga visión: ¿ha muerto la provincia o López Velarde es el muerto? Símbolo de la lejanía física y de la inocencia perdida, la provincia pertenece al *antes* y al *después*. Es una dimensión temporal: encarna el pasado pero igualmente prefigura lo que volverá a ser. Ese futuro se identifica con la muerte: el edén sólo se abrirá para el agonizante. La relación entre López Velarde y la provincia es la misma que lo une a Fuensanta. Son una distancia que sólo la muerte puede abolir:

> Cuando me sobrevenga
> el cansancio del fin,
> me iré, como la grulla
> del refrán, a mi pueblo...

Es difícil hablar de «La suave Patria». En primer lugar: el título. Más que una falta de gusto o un error de juicio, me parece un engaño piadoso, una ilusión. Ni nuestra geografía ni nuestra historia ni nuestro temperamento son blandos, delicados o pacíficos, que eso es lo que quiere decir *suave*. Si el adjetivo es impreciso, no lo fue la intención del poeta. Aborrecía los tambores y las trompetas: quiso escribir, al margen de la historia, un poema en voluntario tono menor.

Lo consiguió y de modo admirable. Pero la seducción que ejerce sobre nosotros este poema no debe cerrarnos los ojos ante ciertos lunares y flaquezas. Como en otros poemas suyos, no siempre fue afortunado en su búsqueda del adjetivo único y la expresión original: hay versos inútilmente complicados y aun grotescos («la hora actual con su vientre de coco» o «desde el vergel de tu peinado denso»), inexactos y que revelan ignorancia del mundo natural («la noche que asusta a la rana»), ripiosos («suave Patria, en tu tórrido festín / luces policromías de delfín» o, un poco después, «y con tu pelo rubio (*sic*) se desposa / el alma equilibrista chuparrosa»), mal acentuados («suave Patria, vencedora de chía»), retóricos, tiesos a lo Núñez de Arce («inaccesible al deshonor, floreces»), etc. Al mismo tiempo, también como en muchos de sus poemas, abundan las felices combinaciones verbales, los adjetivos inusitados y que dan siempre en el blanco, las imágenes como un continuo y fastuoso fuego de artificio y, en fin, esa íntima música suya, levemente desentonada, que invariablemente nos cautiva.

Este hermoso y desigual poema no merecía haber sido manoseado con tanta torpeza. ¿O su destino público es la suerte de toda belleza provocativa y demasiado evidente? En todo caso, «La suave Patria» tolera las complicidades sentimentales, no las ideológicas. Cualesquiera que hayan sido sus opiniones políticas, y nunca fueron muy ardientes, López Velarde no confundía el arte con la prédica ni el poema con la arenga.[7] Tenía una aversión natural por los sistemas y a las ideas prefería los seres y las cosas: «la patria no es una realidad histórica o política sino íntima.» Con esta declaración, contemporánea de la redacción del poema, López Velarde se sitúa, sin proponérselo, en el antípoda de la pintura mural mexicana, que, precisamente, se iniciaba en esos años. Así pues, por comodidad verbal o por apego a las clasificaciones históricas, se le puede llamar poeta de la Revolución –nunca poeta revolucionario. Su actitud, por otra parte, ha sido casi constantemente la de toda la poesía mexicana moderna. Aunque hoy han cedido las presiones, los insultos y los halagos –nuestros peligros son otros–, es bueno recordar esta tradición de integridad moral.

«La suave Patria» no es un canto a las glorias o desastres nacionales. Al iniciar su poema, López Velarde nos advierte: «navegaré por las olas civiles con remos que no pesan…» Y lo cumple: no hay apenas alusiones a la historia política o social de México, ni a sus héroes, caudillos, tiranos y redentores. El único episodio que le parece digno de mención separada, lo seduce por su carácter legendario. Los diez versos que evocan a Cuauhtémoc atravesando la laguna, en

---

[7] Los textos recogidos por José Luis Martínez en *Obras* revelan un aspecto poco conocido de López Velarde. Aunque siempre distinguió claramente entre la creación poética y las ideas políticas, no fue insensible a las luchas políticas: entusiasta partidario de la revolución democrática de Madero, quizá participó en la redacción del Plan de San Luis y fue candidato a diputado (suplente) por el Partido Católico Nacional.

la piragua, para entregarse a Cortés, contienen imágenes memorables: el «sollozar de las mitologías»; el rey que se desprende del «pecho curvo» de la reina «como del pecho de una codorniz»; y esos «ídolos a nado» en los que veo toda la catástrofe –agua y fuego– de Tenochtitlan. El resto del poema es una estampa del paisaje y la vida mexicana de esa época. ¿Realismo? Sí, a condición de llamar realistas a nuestros pintores anónimos del siglo XIX y a los que, desde el aduanero Rousseau, se llama con cierta impropiedad «primitivos modernos». Sucesión de colores, sabores, perfumes y sensaciones: no un fresco sino un «documental», en el sentido cinematográfico, de imágenes poéticas.

El verdadero equivalente de «La suave Patria» no está tanto en la pintura o en el cine como en el teatro. Ni lírico ni heroico –su tono: la «épica sordina»–, es un poema dramático, dividido en dos actos, con un proemio y un intermedio. El proemio participa del prólogo de la comedia romántica y de la obertura por la orquesta de la ópera: declaración de las intenciones del autor, sin descuidar la autoironía, y entrada en materia de los instrumentos, con predominio de los de cuerda y percusión. El intermedio es un solo en el que el vocalista, aquí y allá acompañado por un lejano murmullo de chirimías, canta el suplicio de un héroe. Los dos actos, a cargo de toda la compañía, están compuestos por una serie de cuadros escénicos: no hay diálogo, pero los bailes y pantomimas lo suplen con ventaja. La acción es nula. Hay un fin de fiesta: la aparición de «la carrera alegórica de paja», trono rústico de Pomona-Guadalupe-Tonantzin. Espectáculo para la vista y el oído, «La suave Patria» se parece, más que a la pintura mural, a la música de Silvestre Revueltas. El poema, en su género, es perfecto. Hay fragmentos que no es fácil olvidar: el trueno del temporal que enloquece a la mujer y «sana al lunático»; la mirada de esa mestiza que pone «la inmensidad sobre los corazones»; la «cuaresma opaca»; los «pájaros de oficio carpintero» y tantos otros. Nadie sino López Velarde podía haber escrito estas líneas. El poema es, en cierto modo, el mediodía de su estilo. Digo: el mediodía de su estilo, no de su poesía. La maestría vence con frecuencia a la inspiración, la receta suplanta a la invención y el hallazgo al verdadero descubrimiento. La mirada del poeta no penetra en la realidad de sí mismo ni en la de su pueblo. Es un poema exterior.

López Velarde es un poeta difícil y proclama una estética difícil. Su odio a «la crasa dicción de la ralea» es el reverso de su amor por la expresión que nos ciega a fuerza de evidencia. Así, no busca tanto la sorpresa como lo genuino. Su originalidad es un ir hacia el origen, hacia lo más antiguo: descubrir la raíz. El poema no es un objeto recién manufacturado sino un talismán recién desenterrado. La novedad y la sorpresa son las dos alas del poema y sin ellas no hay poesía; pero el cuerpo del poema es el descubrimiento de una realidad sin fecha. Para López Velarde expresión es sinónimo de exploración interior y ambas de creación de sí mismo. No quiere decir lo que siente; quiere descubrir quién es él y qué es aquello que siente –para sentirlo más plenamente, para ser lo que es con mayor albedrío. Esa búsqueda de sí mismo desemboca en la búsqueda de «otra realidad» porque el hombre nunca es él mismo enteramente; siempre inacabado, sólo se completa cuando sale de sí y se inventa. La pasión artística de López Velarde posee un sentido espiritual. Su conciencia crítica no es únicamente estética. O lo es con tal rigor que se confunde con su vida misma. Pule infinitamente –no como artíficie: como enamorado– cada sustantivo y cada verbo porque en cada uno de ellos se juega su identidad. Perder el juego es olvidarse, desconocerse, perder algo más que gloria espiritual de nuestra poesía, López Velarde es la «balanza con escrúpulos». Cuida los adjetivos porque cuida su alma.

RAMÓN LÓPEZ VELARDE VISTO POR JULIO TORRI*

Marco Antonio Campos

Con finísima sensibilidad para apreciar la prosa, Torri no tuvo demasiada para la poesía. De todas las obras poéticas que analizó ninguna comprendió menos que la de Ramón López Velarde.

Atemos cabos. Torri escribió una mínima reseña sobre *La sangre devota* en el único número que se editó de la revista *La Nave* (1916). En ella, luego de hablar del «excelente amigo» y de anotar características generales de los poemas, dijo y predijo: «López Velarde es nuestro poeta de mañana, como lo es González Martínez de hoy, y como lo fue de ayer, Manuel José Othón».

No volvería a elogiarlo y lo peor, cuando el tiempo confirmó la grandeza de López Velarde, Torri, sin reprobarlo ostensiblemente, adoptó dos actitudes que ilustran su rechazo desdeñoso: el silencio y la ironía lateral.

El arrepentimiento por lo escrito en *La Nave* fue inmediato, si sabemos leer entre líneas una carta que le envió a Pedro Henríquez Ureña. No se conserva, o no ha aparecido aún, la carta previa del crítico dominicano, pero se entrevé el latigazo quemante. Torri, en prosa indigna de él, escribió al principio de la misiva (23 de agosto de 1916): «Tus apreciaciones sobre el único número de *La Nave*, justísimas, hasta en pormenores (como los versos –tributo al momento histórico, la inexactitud crítica sobre el seudo-poeta de mañana, etcétera).» El despreciativo latigazo de seudo-poeta es de Henríquez Ureña, pero Torri acepta la sentencia condenatoria a su intuición, la que, paradójicamente, hubiera sido la más asombrosa y plausible en el terreno de la poesía.

Cuando su leal Alfonso Reyes publica cuatro años más tarde *El plano oblicuo*, López Velarde, en una reseña publicada el primero de diciembre en el número 5 de la revista *México Moderno*, reconoce, con adjetivos desconcertantes (por decir un adjetivo benévolo), que Reyes, dentro de la joven generación de entonces, es «modelo de perspicacia, de ondulación, de seso y de lectura», pero lo prefiere (y el tiempo le dio la razón) en la prosa y no en la lírica, y se atreve a recomendarle entre líneas que salga un poco de la biblioteca y se airee. En una

* *Periódico de Poesía*, nº 3, México, septiembre-octubre de 1987.

carta del 26 de diciembre de 1920, Torri, otra vez en prosa indigna de él, le escribió a Reyes: «¿Leíste una nota de López Velarde?, de López Velarde, acertijos, notas chirriantes, como buen lugareño autodidacto.» Reyes responde a su vez el 30 de enero de 1921: «Sí, leí la notita de López Velarde. Tanto él, como un amable endémico de *El Universal*, como Teja Zabre en *El Demócrata* (yo creía que era más amigo "tuyo") quieren dar a entender que han vivido más que yo: no los envidio. Y les quedo agradecido, naturalmente.» Lo de «excelente amigo» ya sonaba entonces, si sonaba, como insulto.

El rechazo desdeñoso de Torri nunca cesó. Todavía en el 1960, en la nota necrológica sobre su reciente ex amigo Alfonso Reyes, recuerda que éste fue «amigo de todos los miembros del Ateneo de la Juventud, incluyendo a los poetas Roberto Argüelles Bringas y Rafael López, hoy injustamente preteridos por la boga de López Velarde.» Y en el primer párrafo de la nota sobre Rafael López: «El culto exclusivo a López Velarde ha arrojado cierta sombra de olvido para el bardo guanajuatense.»

Lo que puede ayudarnos a esclarecer más estas irónicas alusiones, es una contestación que Julio Torri le hizo a Emmanuel Carballo en una entrevista hecha en el 1958. A la pregunta de Carballo si conoció a López Velarde, Torri responde: «Lo conocí cuando era abogado de la Secretaría de Gobernación. Era muy concentrado y cordial, le divertía la buena conversación. Al hablar y al escribir poseía depurado sentido crítico. Tanto él como Rafael López admitieron influjo de Baudelaire. Admiró más su prosa que su poesía. En 1915, en una de las cien revistas de González Martínez (*La Nave*, pagada por Martínez del Río), dije al referirme a uno de sus libros: "El poeta de ayer es Gutiérrez Nájera, el de hoy González Martínez, el de mañana es López Velarde".» Por desgracia Carballo no insistió más.

Leamos esta respuesta entre líneas. La opinión clave, y que nos abre ampliamente el panorama es: «Admiro más su prosa que su poesía.» Es decir, para Torri, López Velarde es más prosista que poeta. Sin embargo, en líneas siguientes, retoma sorpresivamente su dictamen antiguo en el que profetizaba que sería «el poeta del mañana». Es una absurda y flagrante contradicción inmediata. Fuera de que freudianamente la memoria lo traicione y no cite bien (el poeta de ayer en su nota es Manuel José Othón y no Gutiérrez Nájera y el único número de *La Nave* es del 1916), ¿cómo dice admirar su prosa y volver a destacar lo de «poeta de mañana»? ¿No hubiera sido mejor haber dicho –haberse rectificado– que era el «prosista de mañana»? Pero, ¿qué prosa admiraba de López Velarde? ¿Se refería a las páginas de *El minutero* (que es poesía) o a las de sus crónicas y su crítica literaria? ¿Por qué, si gustó más su prosa, no hizo *una sola* referencia a ella en toda su obra? ¿Por qué, si ya en el 1960 era el poeta que vaticinó, se quejaba del «culto exclusivo» al zacatecano? «El poeta de mañana» a decir, del hoy en el que hablaba, no lo fue para él.

Lo que más se colige en esto: poco gusto, o muy poco, tuvo por la poesía de López Velarde. No sólo nunca la estimó (recuérdese la aprobación tácita en la carta a Henríquez Ureña en aquel año de 1916) no alcanzó a comprender por qué los demás lo hacían. Sus santos de la década de los diez muestran, por el contrario, un gusto sospechoso, o al menos, congelado en aquella época: Amado Nervo, Rafael López, Roberto Argüelles Bringas, aun Efrén Rebolledo... El recordatorio de la nota a Carballo es mera cordialidad, una cortesía extemporánea al «excelente amigo», que no lo fue tanto.

Con finísima sensibilidad para la prosa Torri no tuvo demasiada para la poesía.

EL ZENZONTLE IMPÁVIDO Y LOS PODERES DE LA NEGACIÓN (LA POESÍA DE RAMÓN LÓPEZ VELARDE)*

Evodio Escalante

¿Qué es lo que singulariza al trabajo poético? ¿Se le puede entender como el frotamiento de unos signos contra otros, a efecto de propiciar la redistribución de los mismos? ¿Se le puede pensar como la creación de una cadena significante autónoma, autosuficiente, de la que es posible eliminar la noción del sujeto? ¿Es acaso una máquina solipsista que segrega significaciones sin otro control que las limitaciones impuestas por la sintaxis o la casualidad? Una conocida afirmación de Heidegger *–no hablamos el lenguaje, el lenguaje nos habla–* podría apoyar esta forma de entender el asunto. Y, sin embargo, contra esta *poda* a la que el estructuralismo nos ha acostumbrado, habría que decir que el sujeto continúa incrustado, como siempre, por otra parte, en el orden de los signos, y que explorar la relación de la cadena sígnica con el sujeto sigue siendo una de las vías privilegiadas para adentrarse en la comprensión de los textos.

No se trata, por supuesto, de *revivir* al sujeto ni de retornar a épocas ya superadas de la crítica. Primero, porque lo que no ha muerto no puede revivirse. Segundo, porque en el ejercicio de la crítica no hay épocas pasadas. La crítica será actual o de otra forma no será. Esto sí: habría que eliminar de entrada cualquier prejuicio naturalista. Menos que entender al sujeto como una entidad fisiológica, provista de carne, nervios y huesos, lo tomamos aquí como una construcción sígnica que es posible ubicar en el armazón de los textos. Menos entonces que un *factotum* incondicionado, que una materia hermética al funcionamiento de los signos, que le serían por lo tanto enteramente exteriores en la medida en que sólo se serviría de ellos para expresarse, el sujeto que nos interesa está constituido por palabras. La carne de que hablamos, si se nos permite la expresión, es una *carne gramatical.* Imposible disociarla del entramado de los signos, que no sólo cuadriculan la realidad como parece evidente desde la hipótesis de Sapir-Whorf; también crean el ámbito para que exista lo subjetivo, la interioridad de los entes.

---

* *Periódico de Poesía*, nº 3, México, septiembre-octubre de 1987 (fragmento).

Encajada en el vértice inestable de un modernismo que había agotado ya sus posibilidades creativas y de una vanguardia que todavía no iniciaba su trabajo revalorador, la poesía de Ramón López Velarde suscita como ninguna otra en nuestro medio este retorno al sujeto de la enunciación. Entre otras causas, porque en sus textos el arco de la subjetividad alcanza tensiones inauditas, abismos insuperados. Habrá que esperar la aparición de Xavier Villaurrutia y de Gilberto Owen para acceder a formas aproximadas de esta interiorización poética. Escritores como López Velarde, podría decirse, no sólo exploran el ámbito de la conciencia opaca; de hecho, inventan este ámbito en el momento mismo en que fijan sus límites. De cualquier forma, no es la introspección por sí misma la que interesaría. Ella es sólo el resultado, según creemos, de un proceso centrado en el sujeto y que se sustenta en una decisión de naturaleza eminentemente negativa. Pareciera que López Velarde advierte que la condición de poeta sólo se alcanza a través de una serie de renuncias o de restricciones que lo separan de los hombres comunes y corrientes. A tal grado, que la peculiar economía de su yo poético, entre otras cosas, su exacerbado sentido del tiempo, su búsqueda de una intensidad minuciosa que compense al ser de su paso fugaz sobre la tierra, sólo será entendible a partir de estas renuncias fundamentales. Veremos de qué forma la crispada negatividad del poeta no sólo modela su personaje lírico, sino que incluso lo convierte de algún modo en émulo de la divinidad.

Su propia obra maestra

Afirma Cyril Connolly, al principio de *La tumba sin sosiego*: «Cuantos más libros leemos, mejor advertimos que la función genuina de un escritor es producir una obra maestra y que ninguna otra finalidad tiene la menor importancia.»[1] Podría decirse que López Velarde se atiene a esta simbología, pero que al respetarla introduce un desplazamiento digno de atención. Menos que en los textos, menos que en los signos escritos, el poeta cifrará la consecución de este fin en la instancia del sujeto lírico. Debatiéndose entre *la tesis reseca* y *las cabelleras vertiginosas*, entre *el criterio pesimista* y *la gracia de Eva*, vemos emerger en los textos del poeta un personaje lírico que se constituye a partir de una negación esencial: la de tener hijos. «Vale más la vida estéril a prolongar la corrupción más allá de nosotros», sostiene en uno de los textos de *El minutero*.

Hay algo consustancial y que no puede evitarse en la procreación (monótona) de la especie: «las mujeres grávidas hacen pensar a nuestro pesimismo en la diaria procreación de seres que se destinan a la vida, a la muerte, a la asfixia con

[1] Cyril Connolly, *La tumba sin sosiego*. Trad. de Ricardo Baeza. Premià Editora, México, 1981, p. 13.

que la tierra, por desconocidos modos, atormenta a la carne, los huesos y el polvo de los muertos.» En un texto mucho más temprano, firmado todavía por Tristán, el poeta se pregunta si nuestros sueños podrán salvarnos de la brutalidad y de la corrupción de la carne. El horror a la tumba, que él atribuye a una herencia paterna, engendra en su ser la aversión genésica. Este horror lo define y lo constituye. No tendrá hijos. Mejor dicho: se esforzará en engendrar un *hijo negativo*. Como lo dice la prosa más conocida de *El minutero*: «Hecho de rectitud, de angustia, de intransigencia, de furor de gozar y de abnegación, el hijo que no he tenido es mi verdadera obra maestra.»

Dicho en un lenguaje que no tiene por qué serle extraño: es la fascinación del cero. Pero hay también en esta decisión negativa una extraña soberbia que parece emparejar por un momento al poeta y al Dios. Con la animosidad de un ateo, el poeta arremeda a la creación, pero en lugar de agregar un símbolo a la prolijidad de los seres, en lugar de prolongar o de enriquecer lo ya existente, su creación tiene un sentido negativo, es la creación de una nada. En esta inyección de nada, sin embargo, el sujeto sale fortalecido. Su declaración roza con la soberbia: «La ley de la vida diaria parece la ley de mendicidad y de asfixia; pero el albedrío de negar la vida es casi divino.» ¿Casi divino? Digamos que el adverbio no hace sino subrayar con su modestia la monstruosidad de su tentativa.

¿De dónde arranca esta decisión que pareciera emparejar al hombre con la divinidad? ¿Qué hermenéutica de las pulsiones habría que convocar para explicarla? Creo que esto importa menos, en dado caso, que los resultados literarios. A partir de una obstinada negación que se prolonga concienzudamente, a partir de un ascetismo disciplinario cuyo objetivo es mantener la abstención o la ausencia, López Velarde logra construir lo que podría llamarse un *sujeto célibe*. La obra maestra, si se nos permite, es doble. La encontramos, por un lado, en el hijo negativo, en ese *ángel absoluto, prójimo de la especie humana*; pero está también en el padre, en este asceta de la negación que sabe de algún modo que este hijo del anonadamiento también lo transforma a él, y lo convierte, por decir algo, de sujeto contingente, de sujeto plegado a su circunstancia, en un *sujeto célibe*, hijo de su propia y obstinada determinación.

En hermosas páginas metafóricas, Elías Canetti ha hablado del poeta como el *custodio de las metamorfosis*.[2] Habría que decir que lo notable de López Velarde es que la metamorfosis la encontramos, antes que nada, en su propio personaje. Y que, como se afirmó, esta metamorfosis estriba en las potencias de lo negativo. Si algo define al sujeto célibe es precisamente su capacidad para producir la nada y para sostenerse en ella como si tratara de su logro más alto y más perfecto.

---

[2] Elías Canetti, *La conciencia de las palabras*. Trad. de Juan José del Solar. Fondo de Cultura Económica. México, 1981, p. 357.

Y, de hecho, lo es. No creo que exista otro poeta mexicano que haya fincado su trabajo poético en una forma tan crispada de la negatividad. En *La revolución del lenguaje poético*, Julia Kristeva dedica un amplio capítulo a este asunto. Al distinguirla de la negación, que es el interior al juicio, o digamos, al enunciado, y siguiendo en esto a Hegel, Julia Kristeva entiende que la negatividad es una fuerza que comunica al sujeto con la realidad objetiva y que por su propio impulso tiende a disolver las contradicciones sustituyéndolas por otras en un proceso interminable. «Expresión lógica del proceso objetivo, la negatividad no puede producir sino un sujeto en proceso. En otros términos, el sujeto que se constituye según la ley de esta negatividad, por lo tanto según la ley de una realidad objetiva, sólo puede ser un sujeto atravesado por esta negatividad, abierto sobre y por la objetividad misma, móvil, no sujeto, libre.»[3]

En estricto sentido, López Velarde no podría atenerse a esta formulación radical. El sujeto célibe, tal y como aquí lo entendemos, no tiene este estado de apertura que es propio del sujeto en proceso; al contrario, su negatividad, lejos de quedar libre, parecería una *negatividad acorazada*, cerrada sobre sí misma, que impediría un desplazamiento de las contradicciones. De una vez y para siempre, sin desarrollos pero sin involuciones, un sujeto ha tomado una decisión en la que funda su singularidad y su sentido de autovaloración: no engendrar. Crear, pero negativamente. Es suya la libertad negativa, la libertad del no.

Si es cierto que «la paternidad asusta porque sus responsabilidades son eternas», como se lee en *El minutero*, asumir esta abstención puede ser una forma de revestir en la actualidad del tiempo presente una infinitud que se despeña en el abismo de los tiempos que están por venir. Así funciona, al menos, en López Velarde. Adquiere así su propia vida una intensidad sobrecargada. Sobrecargada de infinito. Es esta intensidad la que lo hace decir, como orgulloso de su astucia: «Uno es mi fruto: / vivir en el cogollo / de cada minuto.» Todavía más: el sujeto célibe *vale* precisamente por esta responsabilidad retrógrada, por esta cadena infinita de hijos no nacidos que será volcada sobre una conciencia que se complace en los jeroglíficos del vacío, y que encuentra en esta negación infinita la potencia para energizar hasta el límite cada momento, cada minuto de su vida. Es el cogollo de la intensidad lo único que cuenta. «¿Para qué abastecer el cementerio?», se pregunta López Velarde. Él mismo contesta como para terminar de convencerse: «Viviré esta hora de mediodía, de calma y de luz, por mí y por mi descendencia. Así la viviré con *una intensidad incisiva, la intensidad del que quiere vivir él solo la vida de su raza.*»[4]

---

[3] Julia Kristeva, *La révolution du langage poétique*. París, Du Seuil, 1974, p. 103.

[4] Ramón López Velarde, *Obras*. México, Fondo de Cultura Económica, 1971, pp. 252-53. Edición de José Luis Martínez. Todas las referencias provienen de esta edición. Los subrayados son míos.

Imposible, en esta lógica, que le nazca un hijo «que valga más que yo». ¿Cómo puede valer ese hijo concreto, particular, más que lo que vale ese sujeto fabuloso que se alimenta con el pesado plomo de una masa de fantasmas que él y sólo él es capaz de suscitar como si se tratase de una sesión mutitudinaria de espiritismo, como si se tratase de una sesión de espiritismo a la que acudiese de golpe toda la vida de la raza? Valer o no valer. Lo más terrible es que nadie puede hacerle la competencia, pues se alimenta de signos virtuales, de articulaciones en el vacío. Vampiriza los hijos no nacidos. Fortalece su alma con una turba de fetos inexistentes, dispersos o extraviados en el torbellino de las generaciones. Sólo en esta imaginación tormentosa adquiere la certeza de su libertad. Sólo así logra elevarse sobre la monotonía y el fastidio de la vida gregaria. Sólo a través de este laberinto quimérico alcanza esa aristocracia del espíritu que distinguirá su palabra poética de «la crasa dicción de la ralea».

INVENTARIO. LAS ALUSIONES PERDIDAS (PARA UN GLOSARIO DE LÓPEZ VELARDE)*

José Emilio Pacheco

A Luis Noyola Vázquez por Fuentes de Fuensanta
y para Araceli Andón por su premio «Rosario Castellanos»

La otra noche, en la redacción de *Proceso*, Miguel Ángel Flores dijo que él, como habitante de la capital en este año y día no entiende «La suave Patria» y que los niños de hoy no han visto ya no digamos «las garzas en desliz / y el relámpago verde de los loros», sino ni siquiera las «compotas».

Poco después, en diálogo con Ricardo Rocha, Emmanuel Carballo insistió en el tema de las alusiones perdidas. Hace cuarenta años Francisco Monterde había escrito: «Contemporáneos del autor, percibimos totalmente el mensaje; pero sus metáforas y reminiscencias ya intrigan a los extraños; mañana, cada frase requerirá una exégesis...»

En las ejemplares notas a su edición de las *Obras* (1971) apuntó José Luis Martínez: «No es posible aclarar los significados de todas las imágenes de López Velarde, porque algunas de ellas son sólo capricho, juegos verbales. Pero muchas otras, o bien son transparentes, o bien, si son oscuras, podemos intentar desarmarlas para adivinar su sentido».

Algunos escritores, en tiempos más recientes, polemizaron sin acritud en torno al «clima de ala de mosca». Resultó una tela gris semitransparente con que la moda de 1910-20 volvió a insinuar los senos en vísperas de descubrir las piernas mediante las faldas cortas de los años veinte.

Si López Velarde estuviera vivo acaso respondería a nuestras perplejidades con tanta impaciencia como Neruda y Eliot. «Señor Neruda, ¿qué simbolizan en su poema el caballo y la guitarra? El caballo es un animal llamado caballo, la guitarra un instrumento musical llamado guitarra». «Mister Eliot, ¿qué significan los tres leopardos blancos sentados al pie de un junípero? Significan tres leopardos blancos sentados al pie de un junípero».

El propósito de estas notas no es «interpretar» a López Velarde, sino proponer un glosario de lo que sus contemporáneos sabían y nosotros ya ignoramos.

* *Proceso*, 608, México, 27 de junio de 1988 (fragmento).

George Steiner se quejaba del aparato ortopédico en que tienen que apoyarse los textos del pasado y temía: Pronto habrá una nota al pie para informarnos: «Venus, diosa griega del amor».

Un hecho bien conocido en la teoría de la lectura es que la ignorancia de un término clave hace incomprensible un párrafo entero. Por ejemplo, la frase «Gran parte de los problemas políticos y culturales de México se debe a que en la Nueva España no tuvimos Ilustración», requiere para su entendimiento tener una idea, aunque sea vaga del Siglo de las Luces y no confundir la Ilustración con mayúscula y la ilustración con minúscula.

Sin embargo, la poesía apela a algo más que a nuestro intelecto. Una búsqueda positivista de lo que (suponemos) tuvo en mente López Velarde ¿no acorrala nuestras posibilidades de lectura en un marco de estrecha literalidad? El famoso ejemplo de Borges y Quevedo es ilustrativo: después de la vanguardia el verso quevediano «Y su epitafio la sangrienta luna» tiene para nosotros resonancias que se perdieron sus contemporáneos. Para ellos Quevedo simplemente quiso decir, señala Borges, que don Pedro Téllez Girón, el difunto a quien recuerda el soneto, había derrotado en un encuentro a los turcos.

Tomemos para no ir más lejos las primeras líneas del Quijote: «los duelos y quebrantos» de los sábados no son lo que hoy entendemos por «duelos y quebrantos» sino una modesta comida de huevos con entrañas, cabeza o pata de res. La lectura ortopédica no sólo impide el placer del texto: también demuestra que los libros son tan perecederos como sus autores y quienes los leen muchos años después en realidad vuelven a inventarlos.

Aquí van sólo unos cuantos ejemplos de las dificultades y estímulos que tornan fascinante el leer a López Velarde en 1988:

Arabia feliz

(«Y gasto mis talentos en la lucha / de la Arabia Feliz con Galilea», «Treinta y tres».) En el segundo siglo de nuestra era el gran astrónomo y geógrafo alejandrino Tolomeo (Claudius Ptolomaeus) dividió Arabia en tres partes: Arabia pétrea (Hejaz, donde hoy se encuentran las ciudades sagradas de La Meca y Medina), Arabia *Felix* (Oman y Yemen), Arabia desierta (el Negev). En la segunda acepción del término latino *Felix*: fértil, fructífera, feraz, propicia al cultivo o en jerga tecnocrática de hoy, «con vocación agrícola».

Azafata

(«Azafatas súbitas de la carne», «Cuaresma».) No, por supuesto, la *stewardess* que atiende a los pasajeros de un avión sino la «camarera que servía a la reina».

Correo Chuan

(«Como los brazos del correo chuan / que remaba la Mancha con fusiles», «La suave Patria».) Monterde: «el poeta civil recuerda una página de Barbey D'Aurevilly, cuando habla del correo de los chuanes; toque de exotismo, singular en el postmodernista». La *Antología del modernismo* (1970) da el nombre de la novela: *Le chevalier Destouches* (1864). Y en una muestra de que la literatura y la investigación resultan labores más cooperativas que competitivas, la respuesta final la proporciona David Huerta (*Proceso* 407, agosto 20, 1984).

En *El caballero Destouches* (SEP / Siglo XXI, pp. 55 y 56) aparecen estas palabras: «...había venido desde Guernesey a la costa de Francia en aquella canoa de Destouches que no podía admitir más que un solo hombre, y que estuvo a punto de zozobrar cien veces bajo el peso de los dos. ¡Para suprimir toda la carga inútil remaron con los fusiles!»

Ligia

(«Me asfixia, en una dualidad funesta. / Ligia, la mártir de pestaña enhiesta, / y de Zoraida la grupa bisiesta», «Treinta y tres».) Ligia es la protagonista de *Quo Vadis?* (1895), la novela del escritor católico y nacionalista polaco Henryk Sienkiewicz (1846-1916) que obtuvo el premio Nobel 1905. Mucho antes de su versión hollywoodense en los cincuenta, *Quo Vadis?* ya era popular en México. Podría decirse que, aun sobre *Fabiola, Quo Vadis?* ha sido La Novela por excelencia y con mayúscula para el catolicismo mexicano.

En tiempos de Calles (ajenos a López Velarde) *Quo Vadis?* inspiró la resistencia cristiana y llenó de catacumbas las colonias Santa María, Roma, Juárez y San Rafael.

En la novela de Sienkiewicz Marco Vinicio, sobrino de Petronio, se enamora de la huérfana cristiana Ligia y la lleva a una orgía en el Palatino. Vinicio intenta violarla; se lo impide Ursus, el gigantesco, fiel y casto sirviente de Ligia. Más tarde Ursus la rescata de quienes la habían secuestrado para entregarla a Vinicio por órdenes de Nerón.

Entre mil peripecias más Vinicio es convertido al cristianismo por San Pedro y San Pablo; la emperatriz Popea se enamora de él y aborrece a su rival Ligia; en el circo romano Ursus vence al toro que lleva entre sus cuernos a Ligia desnuda; la multitud pide su indulto; los enamorados dan las gracias a Ursus y marchan a Sicilia a consumar sus nupcias.

Como demuestran Ligia y los chuanes, López Velarde era gran lector de novelas, aunque no se interesó por practicar el género. Quizá a alguna desconocida u olvidada novela francesa debamos la alusión a Zoraida; o tal vez a algún cuento entre el mar de historias que forman *Las mil y una noches*. Enigmática para este redactor, la referencia puede ser transparente a los ojos de otras personas. Se acepta y agradece toda clase de ayuda para Zoraida y el «refrán» de «Humildemente» («Cuando me sobrevenga el cansancio del fin, / me iré, como la grulla / del refrán, a mi pueblo…»).*

Respecto a la «grupa»: si bisiesto es todo año designado por un número que puede dividirse en cuatro, excepto los terminados en doble cero, y en ellos febrero tiene un día más (el 29), las medidas de Zoraida en esa parte de su cuerpo eran un poco mayores que las habituales.

Tebaida

(«El cuervo legendario que nutre la cenobia / vuela por mi Tebaida sin dejarme su pan…», «El mendigo».) La Tebaida es la región del algo Egipto, a la orilla izquierda del Nilo, cercana a Tebas y frente a los grandes templos de Luxor y Karnak. Durante la Edad Media en la Tebaida se establecieron los anacoretas cristianos para aislarse de toda relación social y entregarse a la penitencia. El más celebre de los anacoretas es San Antonio Abad, quien repartió sus bienes entre los pobres y se fue a vivir al desierto de la Tebaida por espacio de ochenta años. El Palemón de Guillermo Valencia y el Simeón de Buñuel se llaman «estilitas» (no «estilistas») porque extremaron la penitencia viviendo en lo alto de una columna (*stela*).

A diferencia del anacoreta, el cenobita oró y sufrió apartado del mundo pero en la comunidad religiosa de un cenobio o monasterio. La identificación de la sexualidad con el mal y el pecado llevó a cenobitas y anacoretas a una obsesión erótica que se tradujo en acidia, acedia o acedía. Enfermedad y pecado, de la acedia derivamos términos como acedo, acedarse, acre, agrio, austero, avinagrado. Su equivalente moderno sería la depresión en el sentido clínico del término.

La Tebaida, antípoda del harén, obsesionó a López Velarde. En su homenaje a la bailarina *Anna Pawlowa* (Pavlova) compara sus piernas con las de Thais. Su escritor predilecto, Anatole France (1844-1924), publicó en 1890 *Thais*, que cuatro años después inspiró la ópera de Massenet. France cuenta la historia de Pafnuncio, anacoreta que en la mejor tradición de nuestros santos llevó una vida de crápula antes de retirarse a la Tebaida. En un acceso depresivo Pafnuncio recuerda a la hermosísima cortesana Tais (como se escribe en español) y siente que debe redimirla de sus pecados.

Cuando Pafnuncio llega a Alejandría encuentra que Tais ha regresado también a la fe cristiana gracias a que su esclavo Ames (equivalente al Ursus de *Quo*

---

* Véanse las «Notas explicativas» a estos poemas. [E]

Vadis?) ya está canonizado como San Teodoro. En un festín ambos dialogan con los incrédulos sectarios para quienes ser bueno en este mundo corrupto resulta una estupidez que acarrea los mayores sufrimientos. Sin embargo, Pafnuncio convence a Tais para que entre en el convento de Albina. El anacoreta regresa a la Tebaida y, a pesar de todas sus penitencias, lo consume el deseo por su antigua amante. Al fin reniega de Dios y de la esterilidad de su vida. Pafnuncio llega al convento enloquecido de amor y dispuesto a poseer a Tais, pero ella agoniza en olor de santidad y Pafnuncio sólo puede abrazarse a su cadáver. Sobra aludir a los ecos de esta novela en la poesía de López Velarde.

Antes hubo otra Tais: la cortesana ateniense que enmedio de una orgía indujo a Alejandro Magno de Macedonia a incendiar el palacio de los reyes persas de Persépolis. Muerto Alejandro, Tais se casó con Ptolomeo y se convirtió en la reina de Egipto.

El perro de San Roque

(En el poema del mismo título recogido en *El son del corazón.*) San Roque es el santo invocado para protegerse contra la cólera y todas las epidemias y enfermedades infecciosas. Nació en Montpellier en 1293, vendió sus inmensas posesiones para ayudar a los pobres y a los enfermos y marchó en peregrinaje a Roma. Encontró Italia asolada por la peste y se dedicó a atender a las víctimas de la plaga. Contagiado, se retiró al bosque y hubiera muerto de hambre de no ser por un perro que día tras día le llevó comida. Así en nuestras iglesias San Roque es representado con bordón de peregrino y a sus pies siempre aparece el fiel perro.

Al efectuar su «retorno maléfico» a Montpellier San Roque estaba en tales condiciones que lo tomaron por un espía y lo encerraron en una prisión donde, se dice, los ángeles lo consolaron, San Roque murió a los 34 años, casi a la misma edad que López Velarde, pero tuvo tiempo de escribir en la cárcel el relato de su vida. Este manuscrito hizo que sus coterráneos lo rehabilitaran, se arrepintieran del trato infame que le habían dado y lo enterraran con grandes honores en el equivalente medieval de la Rotonda de los Hombres Ilustres.

Las vidas de santos, que en su conjunto forman la *Leyenda Dorada*, fueron parte importantísima de la educación de la niñez católica. Su contraparte laica son las vidas de próceres que toman muchos elementos de la *Leyenda Dorada*; por ejemplo la isla flotante que aparta de su rebaño al pastorcito Juárez entretenido en tocar su caramillo según la mejor tradición eglógica; o las aguas de los lagos que se levantan para lavar la sangre mártir de Morelos en Ecatepec.

LA PASIÓN RISIBLE*

Felipe Garrido

I

«A un imposible» es la poesía más temprana de Ramón López Velarde que conocemos. Publicada por primera vez en 1949, en el número 7 de la primera versión de *México en el Arte*, la revista del entonces recientemente (1946) fundado Instituto Nacional de Bellas Artes. Al parecer fue escrita en 1905, poco después de que el poeta, en ese tiempo un adolescente de diecisiete años, dejó el Seminario Conciliar de Aguascalientes –al que había ingresado en octubre de 1902– para pasar al Instituto Científico y Literario de esa misma ciudad, donde el licenciado José María Gonzales cometió la humorada histórica de reprobarlo en literatura. Reparemos en que los balbuceos de un artista suelen ya ofrecer un repertorio de sus obsesiones. Así en el caso de las tres cuartetas endecasílabas que forman esta poesía:

Me arrancaré, mujer, el imposible
amor de melancólica plegaria,
y aunque se quede el alma solitaria
huirá la fe de mi pasión risible.

Iré muy lejos de tu presencia grata
y morirás sin mi cariño tierno,
como en las noches del helado invierno
se extingue la llorosa serenata.

Entonces, al caer desfallecido
con el fardo de todos mis pesares,
guardaré los marchitos azahares
entre los pliegues del nupcial vestido.

---

* *Minutos velardianos,* Ensayos de homenaje en el centenario de Ramón López Velarde, México, Universidad Nacional Autónoma de México, 1988, pp. 99-106.

Gozamos en estos versos primerizos, ecos de voces ya gastadas, una obertura más bien convencional de la gran obra por venir. Aparecen allí virtualmente todos los temas lopezvelardianos: la mujer, la imposibilidad del amor, el desgarramiento entre la carne y el espíritu que se concreta en el uso del lenguaje litúrgico (la «melancólica plegaria») con fines eróticos: la soledad del alma, el peso de la desdicha, las flores marchitas; la constante muerte-abandono-amor; el aliento de la provincia en «la llorosa serenata»; la virginidad preservada por una muerte que entraña un goce helado... Basta uno de los doce versos para presentir el genio: «huirá la fe de mi pasión risible»; línea, esa sí personal, hallazgo del poeta, que presenta otro de sus temas recurrentes: la conciencia de que en toda pasión hay un fondo paradójico que la hace risible.

«Risible» no es el adjetivo que el lector espera para el sustantivo «pasión». Imagina, supone, anticipa otros adjetivos, y sufre las consecuencias y los deleites de la sorpresa –que después López Velarde cultivará en sus versos con maestría creciente, perfeccionando su «adjetivación de signo contrario», según la llama José Luis Martínez.

Esta «pasión risible» es no sólo el meollo de un verso afortunado –el primero que conservamos de López Velarde–, sino una más de las constantes de su poesía: el efecto de una actitud irónica hacia su persona y sus sentimientos que en ocasiones los relativiza, les resta importancia; una de las causas profundas de la fascinación que ejerce su obra. La capacidad de convertirse en un espectador escéptico y crítico de su propio corazón; de juzgarlo a la distancia, como si fuera ajeno, otorga a López Velarde un rango superior entre nuestros poetas. Abundan las confesiones de su flaqueza esencial:

Entré a la vasta veleidad del piélago
con humos de pirata...
Y me sentía ya un poco delfín
y veía la plata
de los flancos de la última sirena,
cuando mi devaneo
anacrónico vióse reducido
a un amago humillante de mareo.

Dice «En el piélago veleidoso», uno de sus numerosos intentos de definirse, incluido en su primer libro, *La sangre devota*, de 1916. Y más adelante, en la misma obra, entre otros ejemplos, cuatro versos de «Por este sobrio estilo»:

esta manera de decir mi nombre
con mofa y mimo, en homenaje y burla,
como que sabe que mi interno drama
es, a la vez, sentimental y cómico;

En *Zozobra*, de 1919, nuevamente entre otras muestras semejantes, hay dos de eficacia especial. La primera en «Todo...»:

A pesar del moralista
que la asedia
y sobre la comedia
que la traiciona,
es santa mi persona,

La segunda en «El perro de San Roque»:

He oído la rechifla de los demonios sobre
mis bancarrotas chuscas de pecador vulgar.

Hay además, en este libro, dos poemas, «No me condenes...» y «Como las esferas...», en que domina enteramente esta perspectiva humorística que hace risible la pasión del poeta. «No me condenes...» es la historia del noviazgo fracasado con la celebérrima María Magdalena Nevares Cázares, muchacha de «tierra adentro», «ojos inusitados de sulfato de cobre». Vivía –dicen los versos– a un lado de la estación de los ferrocarriles, «y ¿qué noviazgo puede ser duradero entre / campanadas centrífugas y silbatos febriles?» El gendarme que termina por ser forzoso confidente; el clima de diciembre, inhóspito para el galán que echa reja «bajo la limpidez glacial de cada estrella»; la desconfianza de los perros noctívagos que refuerza la suspicacia de la propia María son todos rasgos trabajados con delicada y deliciosa ironía. Pero en nada se encuentra tan desolado sentido del humor como en la conciencia que tiene el poeta mismo de su falsedad:

¿Olvidarás acaso, corazón forastero,
el acierto nativo de aquella señorita
que oía y desoía tu pregón embustero?

«Como las esferas...», menos leído que el poema anterior, raramente estudiado es, sin embargo, una obra maestra de sarcasmo y vale la pena reproducirlo completo:

Muchachita que eras
brevedad, redondez y color,
como las esferas
que en las rinconeras
de una sala ortodoxa mitigan su esplendor...
   Muchachita hemisférica y algo triste
que tus lágrimas púberes me diste,
que en el mes del Rosario

a mis ojos fingías
amapola diciendo avemarías
y que dejabas en mi idilio proletario
y en mi corbata indigente,
cual un aroma dúplice, tu ternura naciente
y tu catolicismo milenario...
En un día de báquicos desenfrenos,
me dicen que preguntas por mí; te evoco
tan pequeña, que puedes bañar tus plenos
encantos dentro de un poco
de licor, porque cabe tu estatua pía
en la última copa de la cristalería;
y vives redonda, castiza y breve
como las esferas
que en las rinconeras
del siglo diecinueve,
amortiguan su gala
verde o azul carmesí,
y copian, en la curva que se parece a ti,
el inventario de la muerta sala.

El aspirante a pirata amenazado por el mareo, el interno drama «sentimental y cómico», la comedia que lo traiciona, las «bancarrotas chuscas de pecador vulgar», la sensata novia de «tierra adentro», el recuerdo «en un día de báquicos desenfrenos» de la muchachita «redonda, castiza y breve» que le brindó «lágrimas púberes» y que semejaba «amapola diciendo avemarías», podrían bien señalar el perímetro –no siempre jovial– de la pasión risible de Ramón López Velarde, pero no arrojan luz sobre las razones que justifican el adjetivo.

II

Ninguna pasión, ninguna devoción fue practicada por ese «sacristán fallido» que reconoce ser Ramón López Velarde con tanto gozo ni con tanto dolor, con tanta intensidad como el culto a la mujer, visible en la totalidad de su obra:

> Pero es que nada puedo entender ni sentir –escribe López Velarde en «Lo soez»– sino a través de la mujer. Por ella, acatando la rima de Gustavo Adolfo, he creído en Dios; sólo por ella he conocido el puñal de hielo del ateísmo. De aquí que a las mismas cuestiones abstractas me llegue con temperamento erótico.

O, puesto en verso, en «La Ascensión y la Asunción»:

Dios, que me ve que sin su mujer no atino
en lo pequeño ni en lo grande, dióme
de ángel guardián un ángel femenino.

Y, desde un punto de vista opuesto, «En mi pecho feliz»:

En mi pecho feliz no hubo cosa
de cristal, terracota o madera,
que abrazada por mí no tuviera
movimientos humanos de esposa.

¿Cómo puede semejante latría ser considerada risible?

Una primera razón sería, «en la simultaneidad sagrada y diabólica del universo», el peso de la carne, el vértigo de la caída, que burla todo impulso superior («Un lacónico grito…»):

Siempre que inicio un vuelo
por encima de todo,
un demonio sarcástico maúlla
y me devuelve al lodo.

Una segunda causa: la menguada capacidad, la tibieza que sufren –así lo cree López Velarde– sus contemporáneos lo mismo para el bien que para el mal. Una vez que ha manifestados su admiración por los

> Varones penitentes que sufristeis de heroica mortificación; bravos libertinos que sin miedo os ibais a la aventura carnal; monjas expertas en ver el cielo cada día en la perspectiva de éxtasis; abuelas que con todo y vuestros años luengos y vuestros hijos innúmeros parecíais entre los cuatro cirios, por la beatitud del rostro, novias y difuntas antes del tálamo…

el poeta concluye en «La madre tierra», entre otros asuntos, que

> nuestros huesos de siglo vigésimo, [son] perezosos para la virtud e impotentes para el mal.

En «Malos réprobos y peores bienaventurados» desarrolla el tema y, de paso, justifica su apego a cantar solamente «la exquisita partitura del íntimo decoro», como diría después en «La suave Patria»; a ocuparse sólo de su propia intimidad, de lo que llama aquí «la pugna que nos roe las entrañas»:

> Confesémoslo: todas nuestras obras, las buenas y las malas, son miserables […] Muerta la edad heroica a manos de los enciclopedistas, hoy las gentes apenas se

> salvan y apenas se condenan. El infierno echa de menos a los grandes réprobos y el paraíso suspira por los ilustres bienaventurados [...] ¿Puede aspirar a otro destino una generación menguada y tibia? [...] Hoy por hoy, quizá nuestra única grandeza moral consiste en la pugna que nos roe las entrañas.

Las pasiones de tales hombres y mujeres –López Velarde incluido– tendrán un cariz ridículo. Se ha perdido la capacidad heroica de la entrega. El mundo ha perdido vigor.

> El gusano –escribe López Velarde, de nuevo en «Lo soez»– roe virginidades y experiencias. Unos ingenuos blasfeman, otros se destrozan con el cilicio. El maniqueo proclama la eternidad del mal. El teólogo ortodoxo pone en silogismos la omnipotencia y la bondad infinita del Increado. Mejor que en imaginar un poder sin límites, me complazco en ver, detrás de la rosa de los vientos, la magna faz de Jesús, afligido porque en la obra del Padre se mezcló un demonio soez.

Hay un tercer motivo, que de alguna manera comprende a los otros dos y forma la esencia de ese fondo paradójico que explica el carácter risible de la pasión: nuestras pasiones, sin que importe su intensidad, son siempre efímeras. López Velarde lo dice con toda claridad en «De mis días de cachorro»:

> Anhelo que la señorita a quien dirigí palabras trascendentes en esa entrevista conserve de ella un recuerdo meramente cómico. Tuve la debilidad de querer convertir lo efímero en permanente. Me indujeron a ello el desmayo de la luz, los ramajes indecisos entre la primavera y el invierno, y el haz de la luna confidente que quiso ser testigo de mi flaqueza...

«La debilidad de querer convertir lo efímero en permanente». He aquí la raíz trágica de las ironías de López Velarde sobre su propia pasión; la causa de que sus sentimientos finalmente tengan un carácter cómico. Lo confirma en «Dichosa miseria»:

> Todo se va, es cierto, en una fuga melancólica: juguetes y fama, oro y belleza; [...] no podemos poseer un don de inmortalidad mientras vayamos soportando el peso de la carne bruta. Porque tal vez nuestro tormento consiste en querer proyectar sobre el infinito la luz de nuestras pobres dichas...

En estas «pobres dichas» que intentamos vanamente «proyectar sobre el infinito» hay un quejumbroso y a la vez resignado tono de ironía. Aspiramos a un don de inmortalidad, pero somos testigos de cómo pasa y se pierde todo bien, todo afán, toda ilusión. Si finalmente la tumba cobijará toda belleza y la atmósfera «densa y húmeda del ataúd» será testigo de su corrupción –imagen que aterra y fascina a López Velarde–, ¿no es ciertamente risible la necedad de empeñarse en el sentimiento? La lúgubre «Meditación en la Alameda» lo expone con detalle:

> Sobre estas bancas rústicas, bajo estos álamos, se sentarán parejas en júbilo y en salud, y yo estaré enfermo. Me enterrarán en el cementerio en que los artífices lugareños han ido poniendo lápidas y lápidas mordidas por un cincel novato. Mis ojos, que se recrearon en las tapias en que se desborda la rosa te, se corromperán velozmente. Mis pies, que quiebran estas hojas de álamo con placer, hasta con liviandad, como si pisasen una alfombra galante, serán pasto del gusano. Y también mi pecho. Y también mis manos que dieron limosna y sostuvieron la lira, y se apoyaron en los árboles como en un semejante y resbalaron por colinas más blandas que las frecuentadas por Salomón. ¿A qué inquietud? ¿A qué labor?

La naturaleza fugaz del hombre y de sus sentimientos hace risible la pasión. La muerte, terror final, certeza absoluta, es una fuente especial de voluptuosidad y, paradójicamente, la oportunidad única de preservar en los amantes una misma felicidad. López Velarde exploró este terreno minuciosa y repetidamente. Desde el puro calosfrío de morboso placer:

> en las extremaunciones –escribe en «El capellán»–, sus dedos gozaban al deshacerse entre ellos una vida, con el goce destructor con que se frota el oropel de una ala de mariposa;

al horror álgido que provoca la seguridad de que la amada y sus encantos tendrán que perecer:

> Alguna vez –escribe en «El secreto»– al aprisionar en vuestra mano la de la dama que vuestra fantasía decora con los más finos y etéreos hechizos, ¿no os ha irritado la representación de los esqueletos colgados de un tornillo, por el cráneo, en las vitrinas de los colegios y museos?

a la urgencia vital que, por contraste, produce siempre una atmósfera fúnebre:

> Yo nunca –escribe en «La dama en el campo»– la he mirado vestida de negro, por más que lo he deseado. Imaginarla de luto en lo raso de una llanada, entre maíz o entre paja, bajo el resplandor metálico de la tarde, vale tanto como imaginar mi propia tristeza en medio de caricias sensuales.

A descubrir, por último, la patética cercanía del amor y la muerte; que se goza con aniquilar lo que se adora:

Pero aún hay más –escribe en «Dichosa miseria»–: lo efímero de las cosas placenteras refina nuestras sensaciones [...]

Muchos románticos han gemido con sincera efusión al ver morir entre sus brazos a las idolatradas heroínas, pero junto con ese dolor habrán experimentado un gratísimo halago de sentir exhalarse el alma de las Julietas y las Virginias, como si éstas al morir les ofreciesen un presente de la más terrible emotividad [...]

¡Dichosa miseria humana que prende en los amantes el deseo de confundirse en la misma felicidad y... de morir a un tiempo: La Muerte y la Vida se dan la mano sobre el negro abismo.

Habrá de perecer la amada; fenecerá el poeta que celebra sus dones («Un lacónico grito...»):

Mas mi labio, que osa
decir palabras de inmortalidad,
se ha de pudrir en la húmeda
tiniebla de la fosa

Hay, sin embargo, una terca –y quizá cómica– esperanza de burlar a la muerte y trascender: la palabra del poeta, su verso alado («Tus dientes»):

Porque la tierra traga todo pulcro amuleto
y tus dientes de ídolo han de quedarse mondos
en la mueca erizada del hostil esqueleto,
yo los recojo aquí, por su dibujo neto
y su numen patricio, para el pasmo y la gloria
de la humanidad giratoria.

28 de febrero de 1988

LÓPEZ VELARDE: EL FUROR DE GOZAR Y DE CREER*

Carlos Monsiváis

Es muy conocida la breve trayectoria de Ramón Velarde: nace el 15 de junio de 1888 en Jerez, Zacatecas, en donde vive hasta octubre de 1900, cuando su padre lo envía al Seminario Conciliar de Zacatecas. En 1902 se traslada a la ciudad de Aguascalientes, en donde estudia en el Seminario Conciliar de Santa María de Guadalupe y desde 1905, en el Instituto de Ciencias. En 1908 cursa Derecho en el Instituto Científico y Literario de San Luis Potosí (se recibe de abogado en 1911). La situación revolucionaria lo presiona (la provincia pierde su estabilidad, un hermano de su padre, sacerdote, es asesinado en Zacatecas), y López Velarde viaja a la ciudad de México en 1914 y allí muere el 19 de junio de 1921.

En el proceso de López Velarde son decisivos y notorios los elementos de la cultura conservadora del porfiriato. Cito algunos:

> El amor por las tradiciones, novohispanas, que el siglo XIX seleccionó y preservó.
>
> El catolicismo, considerado la moral única y obligatoria, que no soporta las actitudes liberales, y cuya interpretación única es la voluntad de los obispos.
>
> La lejanía del centro (los poderes de la capital) que intensifica entre los provincianos el odio a las «perversiones de la urbe», que es recelo ideológico, desconfianza a lo que no se conoce y disgusto por la existencia de un espacio de mínima tolerancia.
>
> La identificación de *lo nacional* con el ordenamiento rígido y el cumplimiento forzado de las costumbres (sociales y religiosas).

Y algo esencial: el culto por la estética novohispana (arte religioso, la «hidalguía» como forma de vida que se complementa con el gusto por la estética cotidiana de la burguesía francesa del siglo XIX (muebles, trajes), y el estudio atento del conservadurismo hispánico. A este mundo tan gozosamente autosuficiente, tan cerrado a las novedades del exterior, algo lo cohesiona: el sueño de volver a los ámbitos perdidos por la Iglesia, que por fin cese el acoso del liberalismo.

---

* *Minutos velardianos.* Ensayos de homenaje en el centenario de Ramón López Velarde, México, Universidad Nacional Autónoma de México, 1988, pp. 157-169.

De manera no tan paradójica, el triunfo de los liberales da la oportunidad de reconquistar posiciones, toda sociedad estable tiende al conservadurismo y al implantamiento de jerarquías ansiosas de distinción, prosapia y, si se puede, la vida eterna que la religión garantiza. Desde 1870, en plena República Restaurada, el plan se afina, hay que reestructurar la instrucción religiosa, y a cada diócesis se le adjunta un seminario, con la misión de poner al día a los clérigos entre visitas episcopales y conferencias. A los laicos se les instruye a través de misiones, catecismo, predicación, escuelas, peregrinaciones, cofradías. Se quiere un catolicismo hábil, que gane la paz, se promueve la meta de un país «regenerado en lo espiritual», abstracción que es crítica implícita a la Reforma liberal. Aumentan las vocaciones, crece el número de sacerdotes provinciales.

Con Porfirio Díaz en el poder, la Iglesia negocia el acatamiento político a cambio de numerosas concesiones. En la provincia impera la cultura católica, resistida tan sólo por pequeños bastiones liberales. Cunde la nueva religiosidad, transferida de los clérigos a los laicos, y el odio al liberalismo deviene reconsideración de las virtudes de una sociedad donde no tenía cabida el debate ideológico y la modernidad.

A la tradición se le precisa: es el resultado de los «sentimientos puros», de terror a las ideas que disuelven la sociedad y la familia. En Zacatecas, Aguascalientes, San Luis Potosí, Puebla, Guanajuato, y alrededor de los seminarios, se implantan con celo renacentista las formas de vida que ven en la represión moral un camino seguro al paraíso. Moralizar es vigilar, detallar lo permitido es castigar, y catalogar dictatorialmente fiestas, preceptos religiosos, leyendas y adoraciones, es unificar en un solo paisaje la fe, la vida familiar, la gastronomía, la vida comunitaria, el sentido de las diversiones permitidas y las expediciones punitivas contra lo prohibido. El confesionario es el sitio óptimo para dirigir la batalla y tal estrategia les asegura a los conservadores el control de la paz.

López Velarde responde ideológicamente a esta formación y a sus reglas que identifican lo social con lo restrictivo, y ven en el ateísmo un pecado contra Dios y la nacionalidad. Como lo reiteran sus crónicas (*El minutero, Don de febrero*) y su periodismo político, él, de modo explícito sólo acepta el pensamiento tradicional, adverso por entero a la revolución. Sin embargo, su poesía expresa algo muy distinto a la «íntima tristeza reaccionaria», y el conservadurismo ortodoxo. Allí, López Velarde trasciende las limitaciones formativas, busca en los textos su propia modernidad, amplía sus libertades internas, modifica las reglas que dice acatar, y le da sitio al deseo sexual desde las posiciones de la cultura católica y provinciana. Su osadía es incomparable, pero no está solo en el intento de incursiones heterodoxas desde la ortodoxia. Un impulso similar lo une, entre otros, con el músico Manuel M. Ponce, el pintor Saturnino Herrán, y los poetas Alfredo Placencia y Francisco González León.

El atavismo y la fe de bautismo

Alfredo R. Placencia (1873-1930) es un cura de pueblo. Francisco González León (1862-1945), ex-seminarista, «renuncia al mundo» a los 50 años de edad y opta por el apostolado laico. Ambos comparten con López Velarde la decisión vocacional: «revelar lo negado a los *ojos profanos*, la hermosura oculta a los sabios y revelada a los humildes». Se exalta lo que la modernidad desprecia, ignora, hace a un lado, y se detallan las ventajas del tiempo sin tiempo, que le opone al progreso la perfección ética y estética de las costumbres pueblerinas. En estos sitios, en estos poemas, y a lo largo de estas existencias se busca objetivar la virtud y aportarle a cada imagen el contexto forzoso de cualidades bíblicas y devociones caseras. El lirio en el campo y la rendición deslumbrante del alma a la Naturaleza y la religión por sobre las sujeciones de la moda.

La ambición de González León y Placencia es nítida: fijar poéticamente a la provincia, engrandecer la versión local de los valores de la cristiandad, la melancolía gozosa que infunde la religión vivida desde el aislamiento. En los pueblos de Jalisco, regidos por la monotonía, sólo hay un espectáculo permanente: el de las emociones. Si son *legítimas* (piadosas/familiares) tenderán, según los poetas, a revelarnos vidas armoniosamente sedentarias, voluntad de hallazgo de lo diverso en lo mismo que engrandece el tedio, selección de objetos y colores predilectos, horas del día donde el ánimo se transfigura, mientras «están callados todos los ruidos».

Placencia nutre su estética del impulso místico que recupera la hermosura discreta del mundo. No obstante su condición eclesiástica, Placencia no es un católico profesional, y no declama ni impone su religiosidad, por lo demás, tanto más creíble por inesperada. En medio de la versificación previsible de la época, la suya es casi una provocación. Por eso increpa a Cristo:

Así te ves mejor, crucificado.
Bien quisieras herir, pero no puedes.
Quien acertó a ponerte en ese estado
no hizo cosa mejor. Que así te quedes.

De «Ciego Dios»

Hay aquí semejanzas con la propuesta cristiana de López Velarde. En «El cofrade de San Miguel» escribe:

> Recuerdo que al mostrarme Herrán este cuadro, le dije mi resistencia a los crucifijos del populacho... Yo no puedo con estos Cristos, hazmerreír y trasgo, que se coordinan, en ultramar, con la pifia mesiánica refugiada bajo las faldillas de Guillermina. Reverente y reverencial, adoro a un Cristo sin guardarropa, cuyo cuerpo bendecido irradia de una dignidad limpia y traslúcida, como la de un nardo que hubiese padecido por la salvación de las rosas.

(Elegir la forma del objeto venerado, desdeñando con ahínco otras representaciones, es trasladar de algún modo el impulso de la religiosidad a los objetos, *personalizar* al extremo la fe.)

Placencia se aparta del tono y los temas de los poetas católicos de su tiempo. Él no se ejercita en retórica alguna, ni habla desde el autoritarismo del dogma, ni cede a la banalidad. Se limita a contar lo infrecuente, la experiencia límite de una práctica religiosa, que no corresponde al ritmo de las festividades, las instituciones y la carrera eclesiástica.

Los misterios del llanto son los mismos
que los solemnes del Amor. El llanto
sabe salvar o ciega los abismos
tal como aquel, y sana y melifica.
El amor puede tanto,
que a un tiempo lava y cura y deifica.
Así lo voy a hacer, por ver si puedo
con este libro que me causa miedo.
Me sentaré a raíz, sobre la tierra,
mientras la vida calla y la luz duerme,
y el dique romperé que el llanto encierra.
Voy a desmorecerme
y a sentarme en la tierra.
Tan sólo aguardo que tu amor enferme.

De «El libro de Dios»

Placencia y González León pertenecen a una «vanguardia secreta» que rompe con esquemas de la cultura católica y con moldes de la cultura metropolitana. ¿Pero quién advierte su ruptura tajante con galas idiomáticas o devociones prefabricadas? No hay, ni en la Iglesia ni en la sociedad literaria de entonces, espacio para ellos. Su aventura es única. Placencia, sostenido por la desnudez de estilo, se aparta de los goces verbales al uso, y se reconcentra en escenas cuya poesía es, primero, un golpe visual. Por ejemplo: en el curato perdido un sacerdote llora, librado a su esperanza y su desesperanza místicas. Eso es todo. Y al recurrir estampas tan desoladas, se aparta del «kitsch» religioso tan omnipresente en la época. Y González León, amigo de López Velarde, trueca el «show» de sentimiento devocional por el respeto a la sencillez emotiva. Él construye su estética reivindicando lo cotidiano y repitiendo el Sermón del Monte: la vida es más que el alimento, y el cuerpo más que el vestido. Lo pequeño es hermoso, y no hay caso en renegar de gustos ancestrales. Los lugares sin fama albergan tesoros no negociables que benefician la mirada y el alma:

Fue mi libro de texto un amor escolar;
fue una muchacha triste, la que llegó a quererme
tan hondamente, que dejó al pasar
por sobre mi vida, todo su atardecer.
Aún de la colegiala traía la manteleta
azul de las internas, allá cuando en la escueta
sala de dibujo, en la gran sala,
fue nuestra primera, recóndita estafeta
una violeta.
esbeltez de gacela,
sabiduría de abuela,
arranques de Graciela,
y los dulces resabios de la escuela.

Sus manos, lenidades de paloma,
sus manos escolares que me empeñé en besar;
sus manos que exhalaban el aroma
de un lápiz acabado de tajar!

Ante una poesía sin adornos, cuyo valor se inicia en la resistencia a la moda, la respuesta de la crítica se aproxima a la indiferencia. Los contemporáneos de González León leen en sus astucias de la rima reiterada y en su apego a las metáforas de «origen humilde», el localismo que no deriva en gloria alguna. Quienes se rinden ante el esplendor de la fe en lo Actual no le conceden razón de ser a una poesía tan conservadora en lo temático y tan escueta en lo retórico. Y no se entiende tampoco el esfuerzo por incorporar a contextos distintos o, en cierto sentido, por democratizar las imágenes religiosas, que es parte de la renovación literaria que precisa esta recreación de lo sensual equidistante de la castidad y de la impiedad. Pero en la polarización de la vida literaria, no se perciben las propuestas originales, y se juzga a la poesía por las intenciones expresas de sus autores. Durante más de medio siglo, y entre otras cosas por la falta de ediciones críticas de su obra, se olvida a González León o se le relega al casillero de la «poesía religiosa y costumbrista». Y se desdeña su afán de generar otro punto de vista sobre lo tradicional que, de modo inevitable, se inicia en la comparación del pueblo con el paríso oculto, y de la amada, con la Virgen (si se deifica a la mujer, es más fácil acercarse a ella):

Con mis negras aflicciones cien pecados, ¡oh Cristiana!
Tú estás hecha con la exangüe carne blanca
de los lirios moribundos.

Tú eres rosa que cultiva Jesucristo el hortelano.
¡Quién me diera el asomarme a tus ojos tan profundos!
¡Quién me diera en comuniones esas hostias de tu mano! [...]

Me he engreído a las iglesias porque buscas sus asilos.
Tienes nombre de la Virgen y a la Virgen te asemejas.
El dualismo de tus ojos es espada de dos filos,
y es de espaldas acombadas el dualismo de tus cejas.

De «Cristiana»

Salvar lo vivido, proteger lo reverenciado, darle a los recuerdos la calidad de premoniciones. Para González León, la estética es parte de las funciones de la fe, y la fe es inamovible porque es bella. En su obra, la creencia es omnipresente: la poesía es el registro de la emoción que uno encuentra en el pueblo y en los templos, la emoción a la que vigoriza estar consciente de que igual cosa sintieron los antepasados y sentirán los descendientes. No hay amor más punzante que contemplar lo que siempre ha estado a la vista desde la perspectiva del poema:

Liturgia que lo canta,
fe que lo eterniza,
sol que lo abrillanta,
luna que lo melancoliza:
de mi pueblo aquel Templo Parroquial
con el atrio nemoroso
tras el férreo barandal.

De «Parroquial»

En la pintura, Herrán imagina la raza bellísima que debió poblar Aztlán y Manuel M. Ponce en su famosísima canción *Estrellita*, condensa sus experiencias en las calles provincianas. Sin una estrategia conjunta, se han puesto de acuerdo. En México –esta es la idea general– la provincia, por intocada, por apenas vista, por hurtada al golpe civilizatorio, es el surtidor primordial de la nueva estética.

Castellana y morisca, rayada de azteca

Ramón López Velarde es, de seguro, el poeta mexicano *más nacional*, lo que entre otras cosas quiere decir el más injustamente desconocido en el mundo de habla hispánica y, por eso, más reservado al disfrute de sus compatriotas. También, *más nacional* significa la presunción ideológica de que una obra poética concentra la esencia de la comunidad, lo que jamás desaparecerá o aquello cuya desaparición comportará tragedias psíquicas, demoliciones del alma colectiva. Y esta mitificación se ha interpuesto de diversas maneras entre una obra y sus lectores. *Suave Patria* es el poema que estimuló la cauda de incensarios cívicos, y a partir de ello, no obstante la sucesión de lecturas inteligentes, de Xavier Villaurrutia a Octavio Paz, *la condición nacional* de López Velarde resulta muy cómoda. Ahorra la interpretación crítica.

Estoy convencido de que, entre otras cosas, López Velarde se propuso construir una nueva estética con los elementos de su herencia evidente: la tradición católica y criolla de provincia. En su visión laica la extrema religiosidad sirve a los fines del extremo erotismo, y es todo menos casual la utilización de las «dualidades funestas». El ir y venir entre sensualidad y prácticas devocionales es en rigor un programa, la convivencia organizada de la devoción y la lujuria, el voto de castidad y la sexualización de todo lo que le rodea:

En mi pecho feliz no hubo cosa
de crista, terracota o madera,
que abrazada por mí no tuviera
movimientos humanos de esposa.

De «En mi pecho feliz»

López Velarde es, en rigor, la vanguardia, pero nunca lo reconocen como tal quienes sólo otorgan el rango de *vanguardia* a los que exhiben con estrépito sentimientos disonantes. De hecho, no son más radicales ni más profundas las innovaciones de los estridentistas, con su gusto por las máquinas y la provocación. Pero a López Velarde, por su temática, lo ve con sospecha el medio cultural. Y él, apoya la confusión con su prédica ideológica. Así, por ejemplo, fuera de los poemas, sin duda el texto más conocido de López Velarde es «Novedad de la patria», incluido en *El minutero*, celebración de la «épica sordina», y rechazo de la «patria externa». Allí, López Velarde exalta una «patria íntima... hecha para la vida de cada uno. Individual, sensual, resignada, llena de gestos, inmune a la afrenta, así la cubran de sal. Casi la confundimos con la tierra». «Novedad de la patria» no consiente la duda. Al finalizar la violencia revolucionaria, debe negarse la adoración del Progreso, darle a la vida íntima las dimensiones de la ciudadanía, y exigir la permanencia de las costumbres en medio de la metamorfosis estética. Por eso, se acrecienta la animosidad contra los que rompen la armonía. «El país se renueva ante los estragos y ante millones de pobladores que no tienen otros ejercicios que los de la animalidad... A veces creemos que va a morir el primor del mundo. Que la turbamulta famélica aniquilará los diamantes tradicionales, los balances del pensamiento, los finiquitos de la emoción.»

El cambio no es inevitable. Y la identidad deberá preservarse en el dominio de la estética. Así lo recomienda López Velarde en «La suave Patria»:

Patria, te doy de tu dicha la clave.
Sé siempre igual, fiel a tu espejo diario;

cincuenta veces es igual el *Ave*
taladrada en el hilo del rosario,
y es más feliz que tú, Patria suave.

Tal utopía no pretende consumarse en la realidad, sino en la literatura. Asumida desde 1921 como la suma del costumbrismo, y de las impresiones hogareñas del nacionalismo intimista, «La suave Patria» es, creo, un catálogo entrañable de las atmósferas que López Velarde venera y que ya están siendo abolidas por el impulso del Progreso, las carreteras, la radio, el cine, las migraciones masivas, la industrialización, la sociedad secularizada en suma. «La suave Patria» es el escenario de los *tableau vivants* de lo tradicional, cuyo fin ya se avisora. Museo involuntario, cuya magnificencia crece al ir desapareciendo lo allí nombrado, «La suave Patria» suele dar pistas engañosas en el acercamiento a una obra que es todo menos añorante, y que, antes de glorificar el costumbrismo, amplía los territorios de lo permitido.

El cura y las armonías impropias

En López Velarde es obsesión casi omnímoda la identidad entre el culto religioso y la pasión sensual. O mejor, en la poesía de López Velarde es muy profunda la unidad entre la contemplación mística de lo sexual, y la sexualización del mundo de las alegorías y los símbolos religiosos. Por eso, a él le fascina la cuarteta de Herrera y Reissig:

Rezar un avemaría
rimados por la cintura,
y sorprendernos el cura
en esa impropia armonía.

Piedad y licencia... Idolatría de los bustos eróticos y místicos. Si esto se entiende como enfrentamiento entre la Carne y el Espíritu, se pierde el sentido de la poética velardiana. Lo suyo no es dicotomía, sino integración. Él, en tanto personaje poético, se ve a sí mismo como el recipiente y el muestrario de su cultura:

Mi espíritu es un paño de ánimas, un paño
de ánimas de iglesia siempre menesterosa;
es un paño de ánimas goteando de cera,
hollado y roto por la grey astrosa.

No soy más que una nave de parroquia en penuria,
nave en que se celebran eternos funerales,
porque una lluvia terca no permite
sacar el ataúd a las calles rurales.

Fuera de mí, la lluvia; dentro de mí, el clamor
cavernoso y creciente de un salmista;
mi conciencia, mojada por el hisopo, es un
ciprés que en una huerta conventual se contrista.

De «Hoy como nunca»

El personaje poético en su clímax teológico. Él es el edificio derruido, el árbol simbólico, el trapo ajado, el abandono en la miseria organizada en torno al ritual. No se trata de un catolicismo triunfal ni de otra versión del gozo cristiano. Más bien, López Velarde va a fondo para extraer las sensaciones de la hermosura entre las ruinas. Pero ésta no es su actitud frecuente, aunque a todo le confiera las dimensiones de la penumbra y el alba eclesiástica («Mi única virtud es sentirme desollado / en el templo y la calle, en la alcoba y el prado»). Lo que él prefiere es la aplicación secular del vocabulario litúrgico, la canonización por vía de los endecasílabos sentimentales, la incorporación de la imaginería religiosa a la turbulencia pasional. Incapaz de renunciar a su cultura (la forma literaria de su creencia), y a su inclinación polígama (la disponibilidad sensual como el pecado que lleva el perdón adjunto), él las une en la poesía de manera incesante. En él, dice, late un pontífice que todo lo posee y todo lo bendice:

y mi papal instinto
se conmueve
con la ignorancia de la nieve
y la sabiduría del jacinto.

Si todo es religión, nada es pecado. Si todo es sensualidad, nada puede ser herético. Amparado en la fe, que no es coartada sino espacio de incorporación, López Velarde usa de modo reiterado la técnica de veneración de lo mundano con lenguaje devoto, que en otros sería blasfemia:

Y soy el suspirante cristianismo
al hojear las bienaventuranzas
de la virgen que fue mi catecismo.

De «El son del corazón».

La plena integración no es equilibrio de los extremos, ni lleva al espectáculo del «alma dividida». El punto de partida de López Velarde es la unidad a través de la cultura católica. En este sentido, es un místico tardío o prematuro. Si Placencia «insulta» a Cristo para mejor venerarlo («Así te ves mejor crucificado»), López Velarde acude a su repertorio terrenal (el modernismo,

Baudelaire, Laforgue, Lugones, la «inversión de valores» del paisaje revolucionario), y a su repertorio provinciano y feligrés, y nivela el conjunto con la intensidad de su temperamento. El proyecto literario se aclara en el despliegue de un temperamento que, fiado en el *Cantar de los cantares* y en San Juan de la Cruz, es libremente erótico por cristiano, febrilmente cristiano por erótico. Así lo muestra casi en cada poema. Véase por ejemplo «La Ascensión y la Asunción»:

Vive conmigo no sé qué mujer
invisible y perfecta, que me encumbra
en cada anochecer y amanecer.

Sobre caricaturas y parodias,
enlazado mi cuerpo con el suyo,
suben al cielo como dos custodias...

Dogma recíproco del corazón:
¡ser, por virtud ajena y virtud propia,
a un tiempo la Ascensión y la Asunción!

El «desafuero teológico» se consuma de nuevo. Dios, afirma López Velarde, «que sabe que sin mujer no atino / en lo pequeño y en lo grande...», le da al poeta un ángel guardián femenino, el complemento platónico que es la compañía en el horario del placer. Gracias a la fusión de cuerpos, ella y él suben al cielo vueltos objetos de culto, y en el acoplamiento vertical, el deseo del hombre se representa por la Ascensión y la participación de la mujer por la Asunción. No hay distancias entre el goce físico y el deliquio ultraterreno. Imposible ir más lejos en materia de «herejías». Imposible ceñirse más a la omnipresencia de lo sagrado, que asimila incluso la fuerza interruptora de la gana sexual.

López Velarde no es, desde luego, el «cantor de la Provincia». Él intenta la metamorfosis que sintetice la vida de los pueblos, y condensa la tradición en imágenes verbales y visuales, sostenidas por una profesión de fe. Y no es tampoco López Velarde el creyente agobiado por los dilemas morales que le causa el deseo. Desde sus primeros poemas, su ambición se define: la alianza orgánica de lo divino y lo profano, la indistinción entre las pasiones. Ya en 1908, en su poema «Elogio a Fuensanta», está presente la confusión deliberada:

Nardo es tu cuerpo y su virtud es tanta
que en tus brazos beatíficos me duermo
como sobre los senos de una Santa.

Las metas simultáneas de una poesía: trasladar el idioma litúrgico a la vida cotidiana: explorar las interminables relaciones entre el pecado fragmentario y la gracia totalizadora; mostrar la vida sexual como un sacramento inesperado; extirpar el lugar común a base de una adjetivación inesperada y un estilo equivalente al despliegue del rito católico; triunfar sobre el pecador que es uno mismo a través de la belleza orgiástica, puesto que el ideal de castidad es inaccesible; reconciliar los extremos mediante «la moral de la simetría» («Yo reconozco mi osadía / de haber vivido profesando / la moral de la simetría»).

Establecido el personaje poético, los procedimientos se dan por añadidura. Uno de ellos es identificar la sexualización de la realidad («la infinidad de mi deseo») con el ámbito de la permisividad musulmana, la Arabia Felix, el paraíso de las huríes, Zoraida, la de la grupa bisiesta. Y el control de los sentidos se llamará «Galilea», donde mora el espíritu. Ya con el perdón y la reconciliación garantizados, el personaje desnuda sus apetencias. Él quiere, por ejemplo, ser el responsable del fin de la virginidad colectiva:

¡Vírgenes fraternales: me consumo
en el álgido afán de ser el humo
que se alza en vuestro aceite
a hora y a deshora,

y de encarnar vuestro primer deleite
cuando se filtra la modesta aurora,
por la jactancia de la bugambilla,
en las sábanas de vuestra vigilia!

De «A las vírgenes»

Aquí el tono es casi parroquial, el lenguaje corresponde a la estética de la recuperación del pasado, sin tribulaciones, y el sentido del texto es francamente inaugural: el personaje anhela la primicia de poner fin a la virginidad universal. Es tan poderoso el influjo del tono idiomático, de las seguridades que distribuye un habla consagrada, que pasa de hecho inadvertido uno de los textos más «escandalosos» de López Velarde, «La flor punitiva», dedicado a la enfermedad venérea, en el que se ven comparadas con la diosa, mientras se les otorga a las prostitutas el papel de maestras y orientadoras, y se les disculpa de su carácter de portadoras del mal:

> Pasajera de Puebla, pasajera de Turín, lo mismo da. El frenesí masculino, sin caer en estulticia o en bajeza, no puede exigir legalidad a las distribuidoras de experiencia, provisionalmente babilónicas. Estimemos, al contrario, que sazonando nuestra persona la libren de lo insulso y le inculquen el vital sentido de que toda raíz es amarga.
>
> Los rectores de la multitud, llámense políticos, sabios o artistas producirían obra más ilustre si se repartiese entre ellos un prudente número de contagios.

Si pagar es lo propio del hombre, paguemos nuestras supremas dichas, abominando de esa salubridad que organiza las islas del Mar Egeo en compañía de seguros.

«Envenenado en el jardín de los deleites... El furor de gozar gotea su plomo derretido sobre nuestra hombría...» No hay duda sobre el tema de «La flor punitiva», por lo demás una de las escasas aproximaciones literarias a lo entonces *indecible.* Pero a López Velarde el estilo lo cubre de cualquier acusación de heterodoxia. Las piernas son parodia de los Atributos divinos, y «para volar a ti le dio su vuelo / el Espíritu Santo a mi esqueleto», y sin embargo nunca nadie se llama a ofensa. Lo que le importa a los primeros lectores de López Velarde –que impondrán el modo de aproximarse a esta obra– no es lo que dice, sino el ánimo tranquilo que corresponde a un vocabulario infrecuente, respetuoso, cuaresmal.

EL FANTASMA DE LA PRIMA ÁGUEDA*

Vicente Quirarte

Lo que todo el mundo puede y quiere –casarse y tener hijos– eso ya no lo quiere ni lo puede el poeta. Busca en cambio realizar su visión por medio de la fuerza de la imaginación. De esta decisión nace la gran poesía erótica. También ella es un fruto del sufrimiento. El gran arte plasma lo que el hombre echa de menos, no lo que posee.

WALTER MUNSCHG

Amar a una sola es muy poco; amar a todas es ser superficial; pero conocernos a nosotros mismos y amar a cuantas nos sea posible, saber ocultar en nuestra propia alma las potencias del amor, de modo que ésta se alimente de ellas, que nuestra conciencia abrace el todo, ¡eso sí es el placer, eso sí es la vida!

SÖREN KIERKEGAARD

«Yo anhelo expulsar de mí cualquier palabra, cualquier sílaba que no nazca de la combustión de mis huesos.» En principio, todo poeta aspira a hacer suya la consigna fiel de Ramón López Velarde; escasos los que pueden, como él, lograr que esa combustión se transforme en creaciones que reproduzcan, con fidelidad y permanencia, el fuego primario que les dio origen. Misterio permanente de la escritura es la aparición de textos donde lo autobiográfico es inevitable y escapa al propio poeta: su intuición lo guía, pero hay una zona de contenidos latentes que él será incapaz de deducir. La razón triunfa en la construcción científica del poema, pero la victoria es del delirio porque entre líneas las palabras le dicen a su propio autor los mensajes que él no puede articular. El intérprete –equivocado o no– se llama simplemente lector.

---

* *Minutos velardianos.* Ensayos de homenaje en el centenario de Ramón López Velarde, México, Universidad Nacional Autónoma de México, 1988, pp. 209-214 (fragmento).

«Mi prima Águeda» transita por esta zona de neblina. Se trata de uno de los poemas por varios motivos fundamentales de *La sangre devota.* Si bien es uno de los que demuestra mayor maestría técnica –paralelismos, correlaciones, sentidos y sinestesias en contrapunto– y el verso libre fluye con libertad,[1] por otra parte proporciona gran cantidad de elementos para comprender la intimidad de López Velarde, su poética del seductor y su afán por permanecer como un tigre solitario, trazando ochos en el piso de una soledad buscada y defendida a pesar del propio poeta.

MI PRIMA ÁGUEDA

A Jesús Villalpando

Mi madrina invitaba a mi prima Águeda
a que pasara el día con nosotros,
y mi prima llegaba
con un contradictorio
prestigio de almidón y de temible
luto ceremonioso.

Sentidos de la
vista y del oído

Blanco y negro

Águeda aparecía, resonante
de almidón, y sus ojos
verdes y sus mejillas rubicundas
me protegían contra el pavoroso
luto...

Sentidos de la
vista y del oído

Verde, rojo, negro

Yo era rapaz
y conocía la o por lo redondo,
y Águeda que tejía
mansa y perseverante en el sonoro
corredor, me causaba
calosfríos ignotos...
(Creo que hasta le debo la costumbre
heroicamente insana de hablar solo.)

Sentidos del oído
y del tacto

A la hora de comer, en la penumbra
quieta del refectorio,
me iba embelesando un quebradizo
sonar intermitentemente de vajilla
y el timbre caricioso
de la voz de mi prima.

Sentidos de la
vista y del oído

[1] Debemos a Allen W. Phillips, además de su ya clásico libro *Ramón López Velarde, el poeta y el prosista.* México, INBA, 1962, el texto «Un poema de Ramón López Velarde», donde el crítico norteamericano observa en el «Mi prima Águeda» «un tono conversacional y un lenguaje en el que se mezcla, con la imagen poética, un intencionado prosaísmo. Han desaparecido del léxico las palabras prestigiosas de antaño, para dejar lugar a un vocabulario en general cotidiano y alejado de todo modernismo de escuela.» En *Cinco estudios sobre literatura mexicana moderna*, México, SPE, Sep-Setentas 133, 1974.

Águeda era	
(luto, pupilas verdes y mejillas	
rubicundas) un cesto policromo	Sentido de la vista
de manzanas y uvas	
en el ébano de un armario añoso.	negro, verde, rojo
	rojo, negro

En el poema participan activamente los sentidos, para confirmar la idea de Rilke: todo el niño es erotismo porque los sentidos del yo creativo no se encuentran reprimidos por el yo social. Águeda entra en escena con el ambiguo término *aparición*, para inspirar un dinamismo inesperado en los seres y las cosas. La sombra del corredor se vuelve sonora por el almidón resonante; la severidad del luto es interrumpida por el verde de las pupilas y las mejillas cuyo rubor polivalente –el sol, la juventud, el cosmético– acentúa el carácter biofílico que vence la severidad del negro. A manera de una Penélope inocente, Águeda teje y otorga sonoridad al corredor, para despertar sensaciones desconocidas en el niño que, ahora sin verla, la *mira* a través del oído. La «penumbra / quieta del refectorio», de atmósfera casi monacal, es iluminada por la voz de la prima en consonancia perfecta con el despliegue cantarino de la vajilla.

Nótese además que la estrofa final, en gradación lenta, insiste en la idea de permanencia que proporciona la imagen plástica de la prima como un bodegón. Sin embargo, nombrar a Águeda «un cesto policromo / de manzanas y uvas / en el ébano de un armario añoso» es más que un paralelo pictórico: el colorido real y simbólico de Águeda, su existencia y juventud pasajeras como la de los frutos, son el triunfo momentáneo, el «hiperbólico minuto» en el que la muerte es derrotada, tema obsesivo en la vida y la escritura de López Velarde.

El hombre de 28 años acude a la «emoción recordada en la tranquilidad» que aconsejaba Wordsworth, para objetivar un fragmento de su edad temprana. Para contar y cantar esta imagen, acude al copretérito (diez acciones de Águeda están en este tiempo). El copretérito es un tiempo de rescate empeñado en conservar lo que ha partido. Relicario que guarda celosamente los cabellos del primer corte, fotografía que interroga los secretos de una alquimia de plata y gelatina, manojo de cartas que al conjuro de la nueva mirada recuperan su fuego original, el «yo tenía» es más piadoso que el «yo tuve», como si merced a la evolución progresiva el tiempo fluyera y regresara. Evocamos la infancia con esa sensación de pasado no cumplido. Su calidad de compromiso latente motiva su permanencia, para que de cuando en cuando tratemos de asirlo y no estar tan solos en nuestro destierro.

«Mi madrina *invitaba* a mi prima / a que pasara el día con nosotros», escribe el poeta en un intento por dar sentido eterno a la inminencia de todo lo ajeno, promisorio y vedado que tiene la entrada de una mujer en escena. La prima

Águeda *llegaba, vestía, tejía,* y el niño, lleno de una sensualidad total pero sin dirección precisa, graba las imágenes para que las acciones pretéritas no pierdan su presente en el cuerpo futuro del poema y en el más sensible aún de la memoria.

Sin embargo, el poeta ya sabe autointerrumpirse a la mitad del foro y, a la manera del monólogo en la tragedia, recordarnos que el poema se está articulando para el presente inmediato del lector que de nuevo experimenta los «calosfríos ignotos». La evocación copretérita de Águeda –en la que intervienen todos los sentidos–, el retrato que el poeta traza meticulosamente, añadiendo una pincelada de color para las mejillas rubicundas, otra para la blancura hiperbólica del cuello, una más para el verde de los ojos; las sinestesias que nos hacen *sentir* el «aroma del estreno» invadiendo hasta el último rincón de la casa; el conjunto armónico y perfecto que José Luis Martínez ha llamado «un Cézanne sonoro», se interrumpe por el famoso paréntesis *en tiempo presente.*

> (Creo que hasta le debo la costumbre
> heroicamente insana de hablar solo.)

En el plano del contenido manifiesto, el poeta no se atreve a garantizar. Defendiéndose más de él mismo que del posible reproche del lector, López Velarde escribe «Creo». A la prima Águeda le atribuye la costumbre de hablar consigo mismo, porque su enamoramiento sin nombre preciso está dirigido a una mujer vedada por motivos sociales, en este caso de parentesco: el verbo del amante jamás podrá volverse carne en ella. Idéntica búsqueda de imposibilidad amorosa lo guía cuando encuentra a Josefa de los Ríos, ocho años mayor que él. «Me estás vedada tú», escribe López Velarde a manera de manifiesto amoroso en *La sangre devota.* Entre líneas leemos: me estás vedada tú y por eso te quiero, porque me dejas en la frontera indecisa entre la proximidad y la consumación, porque por ti quedo azorado y trémulo, porque la veda me otorga la tregua necesaria para «no mirarte en días y días» y verte de nuevo deslumbrante, solar, inalcanzable para mis cacerías furtivas. De ahí que el tigre permanezca finalmente, solo, en un monólogo que es el combustible único e imprescindible de una tormenta cuyo único alivio será la transmutación en poemas.

De temible luto ceremonioso

El negro es el color de Ramón López Velarde. Negra la levita y la corbata, tan lejanas a las multicolores de Enrique Fernández Ledesma y los chalecos optimistas de Rafael López; negro el borsalino de alas cortas con el que se hace retratar afuera de su casa en la entonces avenida Jalisco; negro el color de su mirada, «dos bruñidas uvas negras»; negro el vestido que Águeda adorna con sonidos y colores; negro el color de los guantes de la «prisionera del Valle de México» que desde un sueño lo llama; en una página de evocación infantil, el poeta recuerda a Isabel Suárez, «toda de negro, hasta los pies, vestida»; negro el atuendo con el que Margarita Quijano entra un día 13 –precisamente– en la vida del poeta, prófuga «de una redoma de alquimia o de una asamblea de vitrales oblongos». ¿Por qué insiste en esa negación del color este poeta que se sabe dueño de un corazón de dos mitades, una ávida de luz y otra que ama la sombra propia de toda profundidad? ¿Por qué lleva luto y quiere que sus mujeres –reales e imaginarias– lo imiten?

La prima Águeda aparece vestida «de temible luto ceremonioso». La imagen queda fija en el niño que la siente llegar. El negro se convierte en un fetiche, como lo serán los dientes que en más de un instante recuerdan la obsesión del personaje de «Berenice» de Poe. Pero si los dientes, como emblema de la blancura, como «resúmenes del sol» simbolizan el triunfo solar sobre las tinieblas de la muerte que habrá de ser su dueño final, el negro es la ostentación del viudo anticipado que López Velarde se empeñó en ser. Lector fervoroso de Montaigne, sabe que al vivir llevamos la muerte a cuestas; vestir siempre de negro es una aceptación y un homenaje a la verdad inevitable.

Imaginar a sus mujeres de negro, *vestirlas* de negro, recortar los trajes para su galería de imágenes, es una vanidad inconsciente por convertirlas en viudas, obligarlas a ser la primera novia del poeta y jamás la última. En cartas, poemas y crónicas, la enumeración de nombres propios es abrumadora: Elisa Villamil, Isabel Suárez, Sofía Elizondo, María González, Lupe Azcona, Natalia Pezo, Teresa Toranzo, Genoveva Ramos Barrera, Susana Jiménez. Hablar de las mujeres de su vida mencionando sus apellidos, ¿no es también una prueba de que él no les quitará el nombre de familia, de que no las volverá esposas, porque su única esposa posible es la muerte, como lo dice al campanero en el poema del mismo título?

En el texto en prosa «La dama en el campo», compañero del poema «Día 13» –ambos dedicados a Margarita Quijano, la protagonista de gran parte de los poemas de *Zozobra*– el poeta insiste en el luto:

> Usted, tan urbanizada, ¿cómo se vería vestida de negro, en el tablero amarillo de la cosecha? Yo nunca la he mirado vestida de negro, por más que lo he deseado. Imaginarla de luto en lo raso de una llanada, entre maíz y paja, bajo el resplandor metálico de la tarde, vale tanto como imaginar mi propia tristeza en medio de caricias sensuales.

Como en «La prima Águeda», aquí reaparece la oposición entre los colores vivos y el negro, entre la biofilia del amor a pleno sol y la necrofilia del amor en la ciudad. Si las acciones de Águeda tienen lugar entre los muros de la casa, en el ámbito de un «lugar pequeño», como es el ideal del poeta en *La sangre devota*, «La dama en el campo» plantea la oposición campo/ciudad que causa la *Zozobra*. En la radical utopía lopezvelardiana, la ciudad es tinieblas y el campo la luz; los esponsales de Dafnis y Cloe pueden ser puros, posibles e inocentes en la Arcadia; en la ciudad sólo puede darse el encuentro sórdido, fortuito e inaplazable de Baudelaire y Juana Duval.

«Que sea para bien», escribe el título en el poema que puede considerarse la poética de *Zozobra*. Que sea para bien la experiencia de saber imposible una relación en la que no surja el obstáculo del matrimonio. De ese modo, la soledad defendida por el poeta es el escenario propicio para el monólogo.

UN REPASO A LA ESTÉTICA DE LÓPEZ VELARDE*

María del Carmen Ruiz Castañeda

La niñez y la juventud de Ramón López Velarde, nacido el 15 de junio de 1888 en Jerez (hoy Ciudad García, Zacatecas), transcurren en el ambiente plácido de la provincia. Estudia las primeras letras en su pueblo natal. Apenas «ha estrenado el primer pantalón largo», según sus palabras, su padre lo inscribe en el Seminario Conciliar de la Capital Zacatecana; allí pasa dos años, cursa humanidades en el Seminario de Santa María de Aguascalientes (1902-1905) y termina el bachillerato en el Instituto de Ciencias de la propia ciudad (1905-1907). En 1908 pasa a la Escuela de Leyes del Instituto Científico y Literario de San Luis Potosí.

En 1910 el país sale del prolongado marasmo de la dictadura porfirista y la revolución lo incendia por los cuatro costados.

López Velarde logra terminar su carrera y obtener el título de abogado a fines de 1911. Por breve espacio ocupa el puesto de juez en la pequeña población de El Venado, en San Luis Potosí.

Su etapa inicial como poeta y prosista consta en la prensa provinciana de la época. En Aguascalientes había fundado con algunos condiscípulos la revista estudiantil *Bohemio*, de la cual sólo aparecieron dos números en 1906.

Sucesivamente escribe en la revista *Kalendas* de Lagos de Moreno, Jalisco (1908-1909); en *El Debate* (1908-1909) y *Nosotros* (1909), *Pluma y Lápiz* (1912) y *La Gaceta* (1909) de Guadalajara. En *El Regional* de la capital jalisciense quedan algunos artículos suyos, en los que consta su adhesión al caudillo revolucionario Francisco I. Madero.

En 1912 una breve estancia en la ciudad de México le permite darse a conocer en la prensa metropolitana. En *La Nación*, órgano del Partido Católico Nacional fundado ese mismo año, el poeta provinciano reproduce poemas y prosas ya editados por la prensa e incluye otros recientes. Su producción política, más copiosa, aparece en este diario bajo los seudónimos de «Esteban Marcel» o de «Marcelo Estébanez». Vuelve a San Luis Potosí y escribe una serie de prosas

* *Minutos velardianos.* Ensayos de homenaje en el centenario de Ramón López Velarde, México, Universidad Nacional de México, 1988, pp. 243-254.

poéticas para *El Eco de San Luis* (1913), con el seudónimo de «Tristán». Al propio tiempo envía colaboraciones a *El Mundo Ilustrado* y *La Ilustración Semanal* de la ciudad de México. Cuando regresa a la capital del país en 1914 para radicarse en ella definitivamente, trae consigo todos los poemas que van a integrar *La sangre devota*.

En México vive modestamente, trabaja como abogado postulante, desempeña humildes puestos burocráticos, da clases de literatura en la Preparatoria Nacional y en la Escuela de Altos Estudios (hoy Facultad de Filosofía y Letras); se relaciona con los grupos literarios más activos y participa en la bohemia capitalina. José Juan Tablada, quizá el primero en advertir la valía de López Velarde, lo presenta al público en una prosa de *El Mundo Ilustrado*, en junio de 1914. El recién llegado multiplica sus afanes: escribe para *Revista de Revistas* (1914-1917), *El Nacional Bisemanal* (1915-1916), *Vida Moderna* (1915-1916), *El Universal Ilustrado* (1917-1920), *México Moderno* (1921). En 1917, con Enrique González Martínez y Efrén Rebolledo, dirigen la revista *Pegaso*. Es redador fundador de *El Maestro* (1921), importante órgano cultural universitario, creado durante la gestión de José Vasconcelos al frente de la Secretaría de Educación Pública. Allí aparecerán su «Novedad de la Patria» (prosa) y, póstumamente, «La suave Patria» (poema), dos de sus piezas más notables y conocidas.

La primera edición de sus poesías, frustrada quizá –como ha apuntado algún crítico– por la severa autocensura de su autor, se preparaba para 1910 y contenía 20 composiciones primigenias. Aparecerá en 1916, reorganizada, bajo el título de *La sangre devota*, con dedicatoria a los espíritus de Gutiérrez Nájera y de Othón: 37 poemas escritos entre 1909 y 1915, aproximadamente, que dejan de lado otros que las ediciones póstumas han ido recogiendo unciosamente. En 1919 publica *Zozobra*, segundo y último libro que el poeta pudo dar a la estampa, con 40 poesías compuestas entre 1916 y 1919. Cuando la muerte, el 19 de junio de 1921, siega su vida a los 33 años, preparaba un tercer libro de poemas y una edición de *Páginas críticas*, y pensaba ya en reunir sus *Obras completas*. Sus amigos publican *El son del corazón* –17 poemas, incluida «La suave Patria»– en 1932. Antes, en 1923, había visto la luz *El minutero*, colección de prosas breves que por su calidad rivalizan con sus poesías, ejecutadas entre 1916 y 1921.

Las llamadas *Obras completas*, editadas en 1944, en rigor no lo son; como tampoco recoge todos sus poemas dispersos el tomo de *Poesías completas* y *El minutero* publicado en 1953 por Castro Leal. La prosa velardiana, injustamente olvidada hasta hace pocos años, fue reunida por Elena Molina en dos tomos: *El don de febrero y otras prosas* (90 piezas y cierto número de notas bibliográficas escritas entre 1909 y 1919) y *Prosa política* (piezas polémicas, de desigual calidad, que datan de 1909 a 1913). Por otra parte, la labor prácticamente exhaustiva de críticos e investigadores como Emmanuel Carballo, Luis Noyola, Allen Phillips y otros aparte de los anteriormente citados, ha ido redondeando la obra de López Velarde con piezas inéditas u olvidadas, primeras versiones, variantes sucesivas, y ha permitido fijar hasta cierto punto la cronología, bastante imprecisa, de su producción literaria. Contribuciones importantes para la biografía y la recopilación de piezas poéticas sueltas, son los libros de Elena Molina *Estudio biográfico* y *Poesías, cartas, documentos e iconografía* de López Velarde, publicados en 1952.

Ramón López Velarde queda enclavado en la generación posmodernista que dotó a las letras mexicanas de nuevas orientaciones, junto con González Martínez y José Juan Tablada, entre los más conspicuos. Con el primero coincide en el rechazo a la frialdad parnasiana y en general a la retórica modernista; con el segundo, en la curiosidad renovadora y la búsqueda de una expresión singular. Signo de la modernidad de su pensamiento es su actitud revisionista ante los valores nacionales, terreno en el que se encuentra con los más connotados miembros del Ateneo de la Juventud: Antonio Caso, Alfonso Reyes, Pedro Henríquez Ureña, bien que manteniendo su radical individualidad. La urgencia de un cambio en las orientaciones formales e ideológicas de la literatura mexicana flotaba en el ambiente mismo del país, sacudido por una prolongada revolución que quizás López Velarde no fue capaz de entender en sus causas y en sus consecuencias político-sociales –como parece revelarlo su prosa polémica–, pero que preparó su espíritu para descubrimientos más entrañables.

En su «Novedad de la Patria», estupendo ensayo recogido en *El minutero*, dice: «Han sido precisos los años de sufrimiento para concebir una patria menos extensa, más modesta y probablemente más preciosa...»; nuestros padecimientos

> nos han revelado una patria, no histórica ni política, sino íntima... Hijos pródigos de una patria que ni siquiera sabemos definir, empezamos a observarla. Castellana y morisca, rayada de azteca, una vez que raspamos de su cuerpo las pinturas de olla de sindicato ofrece... el café con leche de su piel.

Su concepción de lo nacional es subjetiva e intimista, y esto debe tenerse en mientes para captar plenamente el mensaje del artista, a quien la crítica superficial identificó en un primer momento con un poeta «civilista» o con un poeta «provinciano», en la acepción más enjuta de los términos.

Ramón López Velarde sobrepasa a la mayoría de sus contemporáneos por su originalidad, por su verismo mágico y por haber iniciado un estilo no sólo personal sino nacional –corrobora Rafael Cuevas.

> Es un libertador que da el grito de independencia y demuestra que nuestra poesía se basta a sí misma y hace arte elevado con los guijarros que pisamos todos los días...

Octavio Paz añade que la esencia de su obra está en

> la búsqueda y el hallazgo de lo universal a través de lo genuino y lo propio. La herencia de López Velarde es ardua: invención y lealtad a su tiempo y su pueblo, esto es, una universalidad que no nos aísle ni ahogue…

Para encontrar un equivalente a la tentativa estética del mexicano, según el propio Paz, hay que ir a la literatura inglesa, con Pound y T. S. Eliot;

> Hay cierta semejanza entre el primer Eliot… y el último López Velarde… Esta semejanza es pasajera…, pero revela hasta qué punto es superficial encerrar a nuestro poeta poeta en el marco de la provincia.

López Velarde, en lo formal se adelanta al vanguardismo europeo y al creacionismo de Huidobro. ¿Cuáles son las raíces de poeta tan complejo y singular? Según José Luis Martínez no tiene antecedentes claros. Fue su presencia en las letras mexicanas, dice,

> tan inexplicablemente milagrosa cuanto fulminante. Es cierto que todo lo condicionaba, pero no lo es menos que ocurrió en quien exteriormente parecía más rudimentario.

Hay que reparar en que Martínez dice que *parecía* rudimentario, no afirma que lo fuese. El catálogo de las creaciones del jerezano y la madeja de las influencias por él percibidas –devanada cuidadosamente por sus críticos más acuciosos–, han destruido la falaz caracterización del poeta intuitivo, incontaminado y enemigo de la información erudita: del «escritor lego», según la frase de Phillips. Por otra parte los ensayos del mismo Phillips, de Villaurrutia, Rivas Sainz, Fernández Mac Gregor y Paz, destruyeron para siempre la imagen del escritor plano y unilateral.

Según el propio dicho del escritor, su poesía debe considerarse como remate o corolario del modernismo, antes de cuyo advenimiento no logra descubrirse en las letras hispanoamericanas «más que lo sandio y lo ripioso», salvedad hecha de Sor Juana Inés de la Cruz, culminación del barroquismo español; de Gutiérrez Nájera «a quien tanto debemos y a quien amamos más cada día»; Díaz Mirón, Othón, Urbina, Nervo y aun quizá Rebolledo, quienes forman los puntales de su inclinación estética, fincada en la escuela moderna.

Conoce a fondo la estética de los máximos modernistas de Hispanoamérica, en especial Darío y Lugones, armoniosamente colocados el uno en el cenit y el otro en el nadir de sus preferencias. Muerto Darío, Lugones se le representa como el poema sumo, a cuyo lado «todos resultan acólitos», según dice el ensayo dedicado al argentino. En él admira la «lujuria» y la «morbidez del estilo», la astucia del creador, el dinamismo y la facultad de «bucear» en los interiores más abstrusos de la conciencia para obtener «ecuaciones psicológicas». López Velarde aprendió en Lugones diferentes efectos técnicos y ciertos métodos para dar con la expresión precisa a la vez que inusitada. Se ha enfatizado también la influencia de Julio Herrera y Reissig en López Velarde, sobre todo en la etapa formativa del segundo; pero estimamos como Villaurrutia que, si en una primera lectura las coincidencias hablan de un influjo directo –léxico abstruso, adjetivación insólita, imágenes novedosas, contrastes y dualidades–, un examen atento establece más bien una afinidad de espíritu, y da la primacía al mexicano, cuyo buen gusto lo aparta a tiempo de lo chillante y lo puramente decorativo.

En cuanto a los autores españoles, López Velarde es sumamente selectivo. Aparte de Góngora, a quien confirió el rango de poeta máximo en lengua castellana, quien «abrió una senda para los elegidos» y a quien los modernistas no habían hecho sino continuar, no consideraba sino a sus contemporáneos españoles, casi sin tocar etapas intermedias, con la sola excepción de Bécquer. «Hablando de la poesía española –corrobora Alfonso Camín–, saltaba siempre desde Bécquer hasta Lorca y nosotros» (las últimas promociones). Estaba familiarizado con la obra de Villaespesa y de Marquina, de Valle-Inclán y de Azorín, de Machado y de Juan Ramón Jiménez, con quienes se le han señalado ligeras afinidades de temas y de tono. Más aparente es su similitud con los regionalistas, como Gabriel y Galán y Andrés González Blanco –sus *Poemas de provincia* se leían frecuentemente en las revistas mexicanas de su tiempo–, cuyo impacto en la obra del jerezano se registra sobre todo en su época inicial, más conectada en los temas provincianos.

Mucho más determinante para la obra velardiana es la literatura en lengua francesa. Los simbolistas y postsimbolistas franceses y belgas –Verlaine, Samain, Jammes, Rodenbach, Verhaeren, Maeterlinck– frecuentemente comentados por él en su prosa crítica, contribuyeron a su fecundación inicial, aun reduciendo su influjo a lo epidérmico, como quiere Octavio Paz.

Capítulo aparte merece la influencia de Baudelaire en el mexicano, arduamente controvertida por sus críticos. Una cita del jerezano en el poema «Tenías un rebozo de seda…», de *La sangre devota*, donde evoca su primera juventud, dice:

> En abono de mi sinceridad
> séame permitido un alegato:
> entonces era yo seminarista
> *Sin Baudelaire, sin rima y sin olfato.*

El último verso ha dado lugar a múltiples especulaciones; obviamente Baudelaire reveló al mexicano la complejidad de su propio espíritu y el valor poético de uno de los sentidos, expresamente mencionado. Xavier Villaurrutia, en su luminoso ensayo sobre la poesía velardiana, tras un inventario impresionante de las resonancias baudelerianas en los poemas de López Velarde –aun reconociendo que entre la forma del francés y del mexicano media «un abismo»– establece la identidad de sus espíritus y

> la afinidad de atmósferas, de obsesiones y aun de expresiones que López Velarde no fue a buscar, sino a reconocer como suyas en Baudelaire... La agonía, el vacío, el espanto y la esterilidad, que son temas de Baudelaire, lo son también de nuestro poeta. Y si la religiosidad de López Velarde se resuelve en erotismo, siguiendo un camino inverso, pero no menos dramático, el erotismo de Baudelaire se convierte, en último extremo, en plegaria.

Octavio Paz, por su parte, finaliza: «Baudelaire es un espíritu incomparablemente más rico y profundo pero López Velarde es de su estirpe». Los poemas de éste «La lágrima», «Hormigas», «Te honro en el espanto», no admiten vuelta de hoja, así como infinidad de versos aislados y párrafos de su prosa.

Otra influencia capital proviene de Jules Laforgue. Octavio Paz ha examinado atentamente los paralelismos: la fusión de lo prosaico y lo poético, el ir y venir entre lo metafísico y lo cotidiano, el desdoblamiento del yo poético, la tristeza y la ironía, y ha marcado agudamente la principal diferencia: «La religiosidad, viva en uno (López Velarde), muerta en el otro.» Lo característico en la obra de nuestro poeta, tan ricamente matizada, es la peculiar intuición estética que le permite descartar las influencias incorporándose sólo los elementos que no desdecían de su propia manera de sentir la belleza, y asimilándolos de tal forma que el resultado fuera una obra inconfundiblemente suya.

Otro problema de influjos y precedentes se planteó con respecto a la obra de Francisco González León, poeta provinciano con quien López Velarde presenta más de una analogía. El crítico Allen Phillips, en sendos estudios, ha demostrado la consanguinidad literaria y establecido la similitud de fuentes poéticas de ambos autores, a la vez que su radical diferencia técnica. López Velarde escribió cierta vez a González León: «le digo con verdad que su manera de concebir y de producir la belleza se adecua singularmente a mi temperamento», y en su prólogo para *Campanas de la tarde* del poeta laguense, añade que su originalidad es «la verdadera originalidad poética: la de las sensaciones», incluyéndolo entre los poetas –como él mismo– atentos «al misterio de la emoción».

Llama la atención la ausencia de referencias humanísticas en la poesía de López Velarde, a pesar de su formación en dos seminarios y de su conocimiento del latín. Uno de sus críticos menciona el humanismo como una «fuente de repulsión» en la obra velardiana. Efectivamente, nuestro poeta repudió

> la infecunda tarea de esos académicos acartonados que huronean por anaqueles y anaqueles, juzgando que crear equivale a sobar menguadamente la herencia de los siglos.

En cambio los años de seminario dejan en su espíritu y en su obra un sedimento bíbilico inagotable. López Velarde abrevó copiosamente en el Libro de los libros,

> mas no como una fuente de imágenes decorativas a las que los poetas modernistas fueron tan afectos –dice Xavier Villaurrutia–, sino como un alimento indispensable para la nutrición del espíritu y para la expresión de la personalidad.

Imágenes, símbolos y alusiones espigados sobre todo en el *Antiguo testamento* aparecen constantemente en su poesía referidos a estado de ánimo del poeta o a datos de su realidad circundante. Así, por ejemplo, cuando se confiesa susceptible al / manzano terrenal, o cuando expresa: Ya mi lluvia es diluvio, y no miraré el rayo / del sol sobre mi arca, porque ha de quedar roto / mi corazón la noche cuadragésima... Villaurrutia subraya también la familiaridad de su poesía con los misterios de la religión y con los objetos y símbolos de la liturgia católica. Ilustra su dicho con una estrofa, entre otras reveladora de la técnica de correspondencias entre objetos del culto y el ser o la experiencia del poeta:

> Mi espíritu es un paño de ánimas, un paño
> de ánimas de iglesia siempre menesterosa;
> es un paño de ánimas goteado de cera,
> hollado y roto por la grey astrosa.

Otras veces los objetos litúrgicos se refieren al mundo exterior: «el cíngulo morado de los atardeceres», «la estola de violetas en los hombros del alba», «el nardo canónico», el «rondel de palomas capuchinas», hasta desembocar en el abstruso lenguaje de las sensaciones: ya que tu abrigo rojo me otorga una delicia / que es mitad friolenta, mitad cardenalicia...; Piernas / en las cuales / danza la Teología / funerales / y epifanía; su corazón de niebla y teología, / abrochado a mi rojo corazón, / traslada, en una música estelar, / el Sacramento de la Eucaristía. La *Biblia*, la teología, la liturgia, la hagiografía, la mitología cristiana se entretejen armoniosamente y documentan el mundo de las sensaciones del poeta.

La poesía de López Velarde habla principalmente de sí mismo, y se apoya en objetos tan fácilmente reconocibles, por cotidianos y aun vulgares, que produce una inicial apariencia de sencillez y explica en parte su seducción. Su primer mandamiento estético, hasta donde puede deducirse de las palabras de quien se declaró «enemigo de explicar mis procedimientos», es la autenticidad. «Aquél que sea incapaz de tomarse el pulso a sí mismo, no pasará de borrajear prosas de pamplinas y versos de cáscara», dice en un ensayo. Su credo se confirma en varios poemas: «Mi única virtud es sentirme desollado / en el templo y la calle, en la alcoba y el prado.

En mi pecho feliz no hubo cosa / de cristal, terracota o madera, / que abrazada por mí, no tuviera / movimientos humanos de esposa.

Todo me pide sangre: la mujer y la estrella, / la congoja del trueno, la vejez con su báculo, / el grifo que vomita su hidráulica querella, / y la lámpara, parpadeo del tabernáculo.»

Por otra parte, su poesía, aunque oscura en algunas de sus expresiones y reservada para minorías, se trasciende a sí misma para expresar no sólo el sentir del poeta sino toda experiencia humana:

Vivo la formidable / vida de todas y de todos...

Mis hermanos de todas las centurias / reconocen en mí su pausa igual, / sus mismas quejas y sus propias furias.

Para López Velarde la primera y última obligación del poeta es reproducir y provocar sensaciones. Lo cerebral, lo intelectivo dañan la fantasía creadora: «sólo por la corazonada nos aproximamos al acierto», expresa. Así lo entiende Octavio Paz: «Para López Velarde el mundo se nos entrega como sensación y emoción... proclamar que el mundo es mágico –como él lo hace–, quiere decir que los objetos y los seres *están animados* y que una misma energía mueve al hombre y a las cosas. Las cosas diarias... contienen una carga mayor de energía mágica que las nombradas tradicionalmente por los poetas... Su empresa es mágica: quiere obligar a las cosas, por medio de la metáfora, a volver sobre sí mismas para que sean lo que realmente son». Así los objetos –frecuentemente humildes– que ingresan en su poesía se cargan de contenidos íntimos y adquieren categoría de símbolos. No otro es en su obra el sentido de la provincia. López Velarde parte de la provincia y a ella vuelve frecuentemente; pero en su obra aparece cargada de significados espirituales, acorde con su concepción de la patria «hacia dentro», producto de una introspección emotiva. Por eso elude los temas históricos, la descripción naturalista y lo anecdótico. «La suave Patria», al aceptar una decoración más externa, pero aún así muy personalmente ordenada e interpretada, constituye una excepción, y se la ha considerado como un poema de transición entre una manera personal y otra «nacional», que no alcanzó pleno desarrollo.

Su anhelo de sinceridad integral abarca por supuesto la forma. López Velarde elude la retórica en uso para encontrar una expresión propia:

> Yo anhelo expulsar de mí cualquiera palabra, cualquiera sílaba que no nazca de la combustión de mis huesos.

De ahí los tormentos de la búsqueda y la novedad final de su expresión, refractaria a la popularidad. Un sector de la crítica de su tiempo censuró su técnica arbitraria.

> Habituados a la insensibilidad de los adjetivos elocuentes –dice Jaime Torres Bodet–, los lectores de 1918 nos sentíamos ofendidos ante los poemas de *La*

sangre devota y los de *Zozobra*, aún no coleccionados, por algo que era, precisamente, un triunfo de la sensibilidad.

Siguiendo el camino inverso, la crítica posterior ha desmenuzado sus procedimientos –contrariando el propósito del poeta, uno de cuyos preceptos técnicos era «encubrir arduos mecanismos»– y ha realizado un recuento casi estadístico de su vocabulario sorprendente, que no elude los prosaísmos; de la refracción de significados de una sola palabra, de la novedad adjetival; así como de sus frecuentes aliteraciones y otros juegos sonoros, las metáforas inusitadas, asociaciones complejísimas y elementos imaginativos libremente perseguidos y ensamblados. Toda esa complejidad, que a voluntad del poeta podría transformarse en un poema deliberadamente terso y llano como «Humildemente» –uno de los últimos que escribió–, no es sino el reflejo de la dualidad espiritual, la discordia y la oscilación del ánima del escritor, admirablemente captada por Villaurrutia y Paz.

> Todos los que se han acercado a la poesía de López Velarde –dice el segundo– destacan la frecuencia de las imágenes de flujo y reflujo, ida y venida: el péndulo, la balanza, el columpio, el trapecio. La sensación de vacío y vértigo generalmente se alía a estas evocaciones. Y la muerte está presente siempre, como fondo del eterno vaivén…

Una de las estrofas de «La última odalisca», poema clave de *Zozobra*, dice así:

> Y aunque todo mi ser gravita
> cual un orbe vaciado en plomo
> que en la sombra paró su rueda,
> estoy colgado en la infinita
> agilidad del éter, como
> de un hilo escuálido de seda.
> ……………………………………
> soy un harem y un hospital
> colgados juntos de un ensueño.

El juego de los contrarios en la poesía velardiana se da sobre todo en el tratamiento del tema amoroso, tema capital, «preocupación tiránica» (Paz). Ya el poeta confesaba: «nada puedo entender ni sentir sino a través de la mujer.» «Dios, que me ve que sin mujer no atino / en lo pequeño ni en lo grande, diome / de ángel guardián un ángel femenino.» *La sangre devota* y *Zozobra* representan dos fases del amor y del arte de López Velarde, aunque entre ambos no hay una línea divisoria tajante sino una ascensión lírica gradual. Rige el primer libro la imagen de Fuensanta (Josefa de los Ríos), la amada provinciana, inaccesible más por voluntad del amante que por escollos externos. «Me estás vedada tú» sintetiza, acaso mejor que cualquiera de los muchos poemas que consagra a su amada ideal, la peculiarísima urdimbre de sus sentimientos, hechos de contradicciones. La enfermedad incurable de Fuensanta es un pretexto para la total idealización de la mujer tangible, que inspira «Hoy como nunca», recogido en *Zozobra*. Este segundo libro fue inspirado en gran parte por «la dama de México» (Margarita Quijano), quien logró infundir en el poeta un amor más sensual pero igualmente complejo. «Que sea para bien...», simboliza la aceptación del prodigio:

> Ya no puedo dudar... Diste muerte a mi cándida
> niñez, toda olorosa a sacristía, y también
> diste muerte al liviano chacal de mi cartuja.
> Que sea para bien...
> ....
> ¡Oh, tú, reveladora, que trae un sabor
> cabal para mi vida, y la entusiasmas:
> tu triunfo es sobre un motín de satiresas
> y un coro plañidero de fantasmas!

«La mancha de púrpura», «Tu palabra más fútil...», «Día 13», «Despilfarras el tiempo», «Mi corazón se amerita», «La lágrima», entre otros poemas, detallan la transmutación de su alma ante la presencia de la nueva deidad; la momentánea derrota de «los espectros de su rito»; la embriaguez pasional que se resuelve en tósigo / que en la raíz del corazón prospera, suspendiéndolo en un combate de fuerzas de signo contrario, hasta desembocar en la identificación de la pasión amorosa con la muerte, palpable en dos poemas cimeros: «Tus dientes» y «Hormigas».

Después de la liquidación de su segundo amor, López Velarde se refugia definitivamente en la soledad. Reaparece entonces Fuensanta, fallecida desde 1917, «realidad metafísica» presente en «La Ascensión y la Asunción», «¡Qué adorable manía...!», «Mi villa», y especialmente en «El sueño de los guantes negros», este último poema póstumo e inconcluso. *El son del corazón*, libro al cual pertenecen los últimos poemas citados, abunda en premoniciones sobre su próxima muerte, a la vez que constituye una vuelta a sus orígenes y cierra poéticamente su ciclo vital.

Enero de 1988

V. DOSSIER

Sobre la vida y la personalidad de López Velarde

ORACIÓN FÚNEBRE PRONUNCIADA EN REPRESENTACIÓN DE LA UNIVERSIDAD NACIONAL*

Alfonso Cravioto

En un maravilloso elogio que el poeta *La sabiduría y del destino* ha hecho de ese otro grande muerto prematuro que se llamó Julio Laforgue, Mauricio Maeterlinck ha escrito estas palabras esplendorosas e inmortales: «A todo poeta que avanza, el guardián del templo sagrado debe de hacer estas preguntas: ¿Eres de los que crean con las palabras o de aquéllos que sólo repiten los nombres? ¿Qué cosas nuevas has visto en su verdad o en su belleza, o bien, con qué belleza y verdad nuevas te has encontrado en esas mismas cosas que todos los otros han visto? Si el poeta no responde enseguida, si se turba o vacila un instante, seguid vuestro camino, sin volver el rostro. Ese poeta no es de los que vienen de los lugares santos en que existen las fuentes venerables. Pero si en el rumor más humilde cree recordar haber mirado acaso, en su verdad o en su belleza, una flor o una lágrima, o una sonrisa, entonces, deteneos, aproximaos, escuchadle: ese hombre de seguro, os lo envía un dios que necesita ser admirado de manera nueva.»

Ramón López Velarde, el infortunado poeta que navega ya en su ataúd prematuro, a través de las ondas del enigma formidable, pudo responder gloriosamente a las preguntas de Maeterlinck. Nunca en la literatura patria, ojos de artista tuvieron tal acuidad de visión, tan grande intelecto de amor para penetrar en las cosas cada vez más allá, hasta el fondo, al empuje de una sinceridad efervescente, que a veces desconcierta con la singularidad del hallazgo o con la magnificencia de la revelación, pero siempre nos deslumbra con sus prestigios sensibles, desbordados en perfumes, en sonidos o en colores sobre las ondas cálidas de sensaciones abundosamente ingenuas, que se entrecruzan con las magias de la imaginación y del sentimiento, dirigidas no nada más a los sentidos, sino a la simpatía viviente que resucita entre nosotros el alma secreta del misterio.

López Velarde ha sido llamado en los cenáculos el Príncipe de las Tinieblas. Bella ironía, que castiga nuestros ojos insinceros. Él vio muchas cosas diversamente que los otros, y ver diversamente que los otros, es casi siempre ver mejor que los demás. Las pupilas de López Velarde, estas pupilas adámicas, ingenuas, primitivas, que supieron explorar la

---

* *México Moderno*, año 1, 11 y 12, 1° de noviembre de 1921, pp. 251-254.

Provincia amada, purificándola de lo vulgar y dándole vastedades de Universo menor, esas pupilas brillarán en los fastos de la poesía nacional, con mágicas fulguraciones de lámpara de Aladino. Yo no conozco tan intensa fuerza de expresión juntada con tan prístina sencillez de sentimiento, ni mayores contrastes espirituales que los que hubo en este hombre que fue medularmente provinciano hasta lo *payo*, y heroicamente refinado hasta lo delicuescente. Y de estos choques, sin duda, nacieron esas aparentes obscuridades en lo que él mismo llamara la *derrota de la palabra* no porque las palabras lo hayan traicionado nunca, las palabras hicieron lo que podían, pero no lo pueden todo y por eso a ocasiones hay que leer a López Velarde, por transparencia y por intuición.

Él, tan gustador de las rarezas y de los misterios, ha dejado, naturalmente, una obra rara y misteriosa, pero no con más misterio que una flor, ni con mayor rareza que un astro. Él, que sistemáticamente rehuía el lugar común y la expresión trivial, nos hizo admirar inmensamente las bellas exquisiteces que hay en las cosas más vulgares. Y acaso sea esto su más alta lección y su huella más indestructible. Así como Víctor Hugo en verso memorable, encuentra la inmensidad de la humilde gota de agua, que sedienta bebe la alondra, así López Velarde, de las palabras más sencillas referidas a las cosas más conocidas, arranca las asociaciones más sutiles, las armonías más singulares, mezclándolas con intenciones e impresiones que se estrechan en mallas apretadas e indefinidas y que van a estrellar su arcanidad en los limbos obscuros de lo subconsciente. Sinceridad y sinceridad, esto es su fuerza y esto es su enseñanza. Admiro sobre todo, dice Camile Mauclair, a los que no se preocupan por inventar facultades hiperfísicas, forzando hasta el rompimiento sus medios naturales, sino que se contentan con emplearlos en su más plena acción. Saben que esto basta para ser extraordinario y que en nuestras sociedades hay más audacia y originalidad en su más plena acepción. Saben que esto basta para ser extraordinario ni disculpan el desarrollo plenamente individual entre hombres que nunca se atrevieron a ser completamente ellos mismos, pero hay muchos que sí aplauden y corren a ver las contorsiones clownescas de aquél que sólo desea aparecer como distinto de los demás.

López Velarde ha creído, como Ruskin, que el arte es adoración, y que toda obra bella debe consagrarse a glorificar algo que amamos. Él pudo dedicar su obra, como la Eureka de Edgar Poe, a los que sienten más que a los que piensan, pues fue de los elegidos para quienes el hecho de escribir no es una habilidad ni es un honor, sino un acto expresivo de caridad espiritual.

López Velarde, como André Chenier, debió exclamar al morir, golpeándose la frente: «Aquí había algo»; y ese algo era gran parte del porvenir de la literatura de México. Nos deja una tradición que hay que desarrollar, un esfuerzo que hay que desenvolver, y una estela que hay que seguir. Será en lo venidero, al igual que Keats y que Laforgue, como Cuauhtémoc en su bello verso póstumo: *Un joven abuelo*, López Velarde pudo decir con sinceridad la frase altiva del Mariscal Lefebre: «yo no soy un descendiente, sino un antepasado». Y nosotros clamamos frente a esa obra inconcluida: ¡qué gran vino cuando lo beban nuestros nietos! Porque López Velarde, mejor que un poeta de presente, fue un gran poeta de futuro, un luminoso obrero de quién sabe qué repliegues de eternidad, que se agitan entre las lobregueces del porvenir insondable; y en esta perspectiva ideal que se abre sobre los horizontes de su obra, con audaz golpe de alas y con esplendor de aurora presagiosa, López Velarde, paciente, desinteresado y fervoroso, consagrando gran parte de su alma al desconocido mañana, como la antigüedad consagraba altares a los dioses ignorados, aparece más alto todavía, pues ya ha predicho el maestro de *Ariel* que la obra mejor es la que se realiza sin las impaciencias del éxito inmediato; el esfuerzo más glorioso es el que pone su esperanza por más allá de los horizontes del mundo visible; y la abnegación más pura es la que se niega en lo presente, no ya la compensación del lauro y del honor ruidosos, sino hasta la voluptuosidad moral de solazarse en la contemplación de la obra consumada y del término seguro.

Y este botón de gloria que acaba de caer por el zarpazo aleve de una muerte estúpida, ha deshojado sus últimos pétalos líricos sobre la *Suave Patria*, en una poesía póstuma estupenda, que tiene el frenesí de las vibraciones geniales y la armonía dulce de las realizaciones definitivas, y que oculta, entre suavidades cariciosas, durezas perennes de granito y relieves indestructibles de mármol y de bronce. Yo evoco esta poesía grandiosa y única, al despedir a nuestro gran poeta, para que ella quede aquí, sobre esta tumba, como un monumento perdurable, y porque ella sola justifica este homenaje de la Universidad Nacional de México, en cuyo nombre he hablado, de la Universidad que acaba de transformar transcendentalmente su lema poniendo: *Por mi Raza hablará el Espíritu*, y la raza mexicana acaba de hablar gloriosamente en el espíritu alado de Ramón López Velarde, en una suprema afirmación de vida, en una fuerte realización de belleza, y en un fecundo grito de amor.

RAMÓN LÓPEZ VELARDE*

Enrique González Martínez

Le chemin dont l'épine insulte mes lambeaux,
Comme une voie antique est bordé de tombeaux.

HÉGÉSIPPE MOREAU

Como Signoret, como Laforgue, como Herrera y Reissig y Saturnino Herrán, Ramón López Velarde tenía que morir joven, antes que la madurez impositiva y segura precisara las líneas del esbozo genial y arrancara de las sienes del poeta el halo divino revelador de una germinación inquietante. Acaso el correr de la vida le hubiera refrenado las alas púgiles y temblorosas; acaso la sobriedad definitiva y el dominio perfecto hubieran amortiguado el fulgor desconcertante de su audacia...

No puedo imaginármelo con los cabellos grises, dueño de esa maestría serena y reposada que asume a veces formas de cansancio. No lo concibo sin rebeldías, sin avidez de

* *México Moderno*, año 1, 11 y 12, 1° de noviembre de 1921, pp. 255-256.

ser nuevo, sin las nobles huellas del insomnio creador, sin la tortura íntima que lucha con la seguridad del propio numen, esa seguridad que es don de predestinados y que sólo en ellos no toma el cariz agresivo de la mediocridad suficiente. Porque aquel mancebo de viril belleza un poco campesina y al desgaire, sano y fuerte, con rostro de niño grande, con modales delatores de cierta timidez provinciana, y que evocaba la figura del ángel que acompañó a Tobías, era consciente de su estirpe y caminaba por su senda solo, tal vez para guiar y nunca para ser conducido.

Lo evoco en charlas familiares, suave y apacible, pero convencido y sin flaquezas; cediendo en la discusión por huir de la polémica agria, mas dispuesto a dar por prenda y garantía de sus opiniones el verbo que él forjaba en la fragua de su sinceridad fervorosa.

Yo, que tanto lo quería, que lo admiraba tanto, puse alguna vez reparos en su obra. La malignidad fracasó y nuestra amistad quedó incólume, porque ella se fundaba en cosas más hondas y más altas que la miseria humana. Pero aun esos reparos minúsculos dichos con la simplicidad desnuda a que es acreedor el hombre fuerte, y perdidos en el torrente impetuoso de mis alabanzas, quiero borrarlos hoy para que el homenaje de mi espíritu vaya a su sepulcro sin la leve apariencia de una sombra. Si no lo hiciera, creería escuchar su tierno y fraternal reproche lanzado desde allá donde la crítica es vana y sólo está el dolor de la muerte: «¿para qué, pobre amigo, triste hermano, si sabías que iba a morir?...».

Ayer, Herrán; ayer, Nervo; ayer, Jesús Urueta. Hoy, Ramón López Velarde... ¡Cómo se alarga esa fila de tumbas!...

Es imposible asomarse a la obra del poeta con los ojos llenos de lágrimas. Ya iremos descubriendo poco a poco lo que adivinaron sus pupilas y no logró ver la ceguedad; ya iremos oyendo a pausas su mensaje lírico que los oídos torpes no escucharon. Pero en esta ocasión, no dejaremos que nuestros prestigios se nos impongan desde afuera, sino que encenderemos nosotros mismos la llama y la vivificaremos con nuestro soplo.

Su provincia le llorará huérfana. La Santa Patrona no le permitió entrar, cardíaco y trémulo, en la nave donde una vez soñó en castos desposorios. Rezará por él la novia ingenua cuyas excelencias anotó al día en la urdimbre preciosa de sus versos... Y en las calles desoladas del villorrio lejano, aullará lastimeramente a la luna aquel perro que en un viaje primaveral *ladraba sin motivo*...

Santiago de Chile, a 31 de julio de 1921

RAMÓN LÓPEZ VELARDE*

José Vasconcelos

Me interesó siempre López Velarde, por su afán de cosas recónditas; en su conversación se notaba que tenía muy vivo el sentimiento del misterio; a veces no acababa de expresar del todo sus ideas porque el sentido se le iba. Esto ocurre a menudo al que está obseído de algo profundo e inefable. Era un profeta profundo que no llegó a desarrollar su mensaje; traía cosas nuevas y se llevó su misterio consigo, porque ni para sí mismo llegó a definirlo.

A RAMÓN LÓPEZ VELARDE, Q.E.P.D.**

ELEGÍA APASIONADA

José Gorostiza Alcalá

Solo, con ruda soledad marina,
se fue por un sendero de la luna,
mi dorada madrina,
apagando sus luces como una
pestaña de lucero en la neblina.

El dolor me sangraba el pensamiento
y en los labios tenía
como una rosa negra mi lamento.

Las azules canéforas de mi melancolía
derramaron sus frágiles cestillos
y el sueño se dolía
con la luna de lánguidos lebreles amarillos.

---

* *México Moderno*, año 1, 11 y 12, 1° de noviembre de 1921, p. 272.
** *México Moderno*, año 1, 11 y 12, 1° de noviembre de 1921, p. 299.

Se pusieron de púrpura las liras;
las mujeres en hilos de lágrimas suspensas,
cortaron las espiras
blandamente aromadas de sus trenzas.

Y al romper mis quietudes vesperales
el gris destas congojas,
las oí resbalar como si las hojas
en los rubios jardines otoñales.

Apaguemos las lámparas, hermanos...
De los dulces laúdes
no muevan los cordajes nuestras manos.
Se nos murieron las Siete Virtudes
al asomar
los labios finos del amanecer.

¡Ponga Dios una lenta lágrima de mujer
en los ojos del mar!

RAMÓN LÓPEZ VELARDE*

Rafael López

Me parece verlo todavía, con sus treinta y tres años ricos de salud espiritual y física, hondamente plantado en el corazón de la vida, como un joven encino en el corazón de la selva.

Me parece verlo desgarbado y risueño, enlutado y cordial, con su juventud recoleta echada como una hija de María en el lecho concupiscente de la ciudad. Una hija de María que tuviese el pecho cubierto de escapularios y los ojos suspensos de todas las curiosidades, aun de las más acerbas.

Me parece verlo con su plumaje de pájaro obscuro, posado en la ilusión de la hora, hasta hundir en ella el pico agudo y antojadizo, todavía endulzado con la miel de las frutas que el señor Cura bendijo en las huertas de la provincia.

No era masón, ni Caballero de Colón. Aunque arquitecto, no usó otra escuadra y compás, que los que con un gesto irónico puso en sus manos el destino para levantar

* *México Moderno*, año 1, 11 y 12, 1° de noviembre de 1921, pp. 292-294.

adoratorios a Nuestra Señora de la Muerte. Gesto irónico, porque la Virgen que priva en los altares de este máximo enamorado de la vida, acólito de sus inquietudes y catecúmeno de sus placeres, es la muerte; la todopoderosa y la pontifical, la amante incorruptible e inmóvil, que lo esperaba en la noche de junio para desposarse con él y que, llevada de una coquetería cruel, cortaba azahares de una luna de jueves santo, para la fiesta de las bodas.

Tampoco era Caballero de Colón. Tenía la lírica para las sociedades y los ateneos. Se reservaba su religión de católico para saborear mejor la voluptuosidad del remordimiento, cuando ceñía desoladamente las ánforas eternas de Afrodita con ásperos cilicios de penitencia. Como el rudo monje del desierto, cuántas veces azotaría con el hisopo los flancos de la reina de Saba, después de haberla acariciado.

No era frívolo, y la flor de las elegancias bulevarderas, corría riesgo de marchitarse a la sombra de su borsalino. Nunca habría necesitado para sus guantes, dos obreros como Brummel que exigía uno sólo para el pulgar. Se escandalizaba de mis corbatas vivaces y de mis chalecos optimistas. Los contemplaba con cierto curioso asombro, semejante al que sintiera un misionero de la Conquista, viendo por primera vez un quetzal. Indignado contra su lúgubre pergeño, que me parecía amortajar prematuramente el mérito de su corazón florido, le decía yo entre amistosas bromas: prende a tu juventud un manto real, como si fuera hija de rey; mímala como a la amante más hermosa, por fugaz, de la vida; cómprate un canotier, córtate un terno claro, ponte un diente de oro. Él se reía de mis consejos. Su lujo era más profundo y su elegancia menos superficial. Estaba en la aristocracia de su pensamiento, burlador de las cuadrículas vigentes y en el exquisito son de su lira, desdeñosa de lisonjear al vulgo letrado. Cada vez que la mano de López Velarde empujaba un poema a la plaza pública, aparecía un lucero en el cielo del arte, entre el espanto de los literatos moderados y el desconcierto de las literaturas asustadizas. Los cenáculos babeaban, los críticos caían enfermos de ictericia y cambiaban de forma algunos rocallosos cráneos académicos. No; no era un frívolo este «payito» de paso cancino, que atravesaba las avenidas apretando contra su pecho una estampa de la Virgen de su pueblo, mientras enaltecía y glorificaba el trivial paisaje provinciano, con la sutil paleta de Góngora y los endiablados pinceles de Licofrón.

Venía de la provincia; de la provincia ubérrima en virtudes donde está encajada la espina dorsal de la patria. Generalmente hablando, en la provincia se forjan los mejores ciudadanos, los hombres más útiles, los más conscientes artistas y los poetas más grandes. Las lámparas del hogar provinciano está cargada con aceites más limpios para alumbrar los deberes y hacer visible la señal del misterioso destino. De la provincia vino Herrán a incorporar en sus telas de sombra el dolor de los indios y a engastar en sus bermellones ilustres, el cuerpo caliente de las criollas, doradas como la piel de los pumas bajo la gloria de nuestro sol. De la provincia vino Díaz Mirón como desprendido del regazo de Onfalia, a sacudir en el Pindo nacional su armoniosa cabellera de color de jacinto. De la provincia vino Nervo, a aplacar las marejadas del mundo con su gesto franciscano, aprendido en el aula mansa de su colegio de Jacona. Y de la provincia vino López Velarde, todavía con el pie juvenil de su musa, enrojecido por las bravas puntas de la peña zacatecana.

Musa complicada y sencilla, ingenua y paradójica, periférica y central, como él mismo decía. Con la ansiedad de Margarita de Borgoña para extenuar a innumerables amantes y con castidades de la Virgen María para salvar a todos los pecadores. Musa que aunque pasara por la fiebre de la ciudad, pintada y ojerosa, extendiendo las manos ávidas y en ademán irrefrenable al rosal de la vida, llevaba en los cabellos olientes a flor de durazno, la bendición de la provincia. Viéndolo bien, el arrebol de sus mejillas pertenecía al tocador de las auroras, de aquellas que besan con santa luz el campanario del terruño. Y las ojeras sólo eran un reflejo de las hiedras que no pudieron profesar y que se quedaron esperando su turno en las tapias del convento, ya con los cabellos cortados bajo sus tocas azules. Y todavía, la musa provinciana, a través de la falda y el refajo de seda, hacía crugir las blancas ropas almidonadas y fieles a la pulcritud de los arcones solariegos.

Por eso le bastó la evocación de la provincia en todos sus aspectos, para dejarnos su *Suave Patria*, en que con las cosas más íntimas, más nuestras, más puras y más profundas de la mexicana vida, hizo un canto bendito de belleza y de amor, que a mí me gustaría repetir como un himno guerrero en los momentos supremos de nuestro vivir nacional.

Los que lo quisimos, tenemos que consolarnos con haberlo integrado a la tierra dignamente. Gracias al corazón alerta y a la inteligencia de Vasconcelos, le hicimos funerales de príncipe, como lo que era, dejándolo amorosamente dormido en los brazos fríos de Fuensanta.

VENGANZA LITERARIA*

Alfonso Reyes

Los primeros objetos que descubrieron mis ojos –lámpara ingrata de las dos y media de la mañana, insomnio que sigue a la pesadilla, ganas de aullar, ganas de huir– fueron, olvidados sobre el sillonzote de la chimenea, el gorro de dormir y las antiparras del Maestro.

El Maestro se había pasado la noche diluyendo un granito de anís folklórico en cien calderos de agua tibia. El piso estaba encharcado de octosílabos. «Habrá que llamar al encerador», reflexioné. Y me levanté de un salto, me vestí en un santiamén, y cátame en un dos por tres llamando a la puerta de la Academia: «¿Aquí limpian, fijan y dan esplendor?»

Tanto ejercicio de frases hechas me dejó como despernancado. El espíritu de asociación verbal me rechinaba en el cuerpo. Los cotarelos me hervían casi en la garganta. Y cruzó dentro de mí –¡qué bien lo recuerdo!– una de esas ideas sin pasaporte que de repente se nos cuelan por la conciencia: la convicción firme, la profética visión de que nunca se acabaría en México el Palacio Legislativo comenzado por el arquitecto Boyri,[1] y

---

* *Árbol de pólvora* [1925-1927], *Obras completas*, t. XXIII, FCE, México, 1989, p. 279.

[1] Émile Benard. [E].

que un día, entre silbidos de marina catástrofe, se hundiría en olas de cemento el Palacio de Bellas Artes. Ideas a deshora, pájaros que cruzan de ventana a ventana, sobre la espantada familia congregada en el comedor.

El instante era propicio. Se abrieron las ponderosas puertas. A los tres años, ya están nuestros muertos en su punto. Podemos pacer tranquilamente en los cementerios. La Academia estaba poblada de poetas cilindristas o cilindreros –reacción contra el cubo– y Modigliani y Picasso, colgados del techo, se balanceaban majestuosamente, como aquel caimán del patio de los Canónigos, Catedral de Sevilla.

Aquí salió cantando en falsete nuestro Apollinaire, que si no le daban caviar todas las noches, como a los viajeros mimados de la Holland-America Line, era capaz de hacer esto y lo otro. Yo, que sentía la necesidad de crear absurdos, lo alcancé por el cuello, lo enjerté en los poetas de campanario, y me puse a cosechar, en mi nuevo árbol evolutivo, primaveras almidonadas en faldas de percal y servilletas duras como cartones, del tiempo de Don Simón.

Así, así me las pagarán todos ésos del Ángelus, ésos del Toque de Queda, ésos de las muchachas de la retreta, ésos de las virtudes aldeanas, ésos del incienso de la parroquia, ésos de las tardes de la granja, las veladas de la quinta y hasta Don Catrín el Calavera: poetas pepitos, poetas rotos para decirlo a la mexicana. Traen raídos los traseros del alma y lo andan tapando como pueden, y dicen que es por meditabundos y por pasear manos a la espalda.

Y los dejé convertidos en papel de moscas, olor de sín-sín, aguaflorida barata, mucílago y panal de América en dulzor de pegajosas pepitorias. ¡Fuchi!

1926

EL POETA DE LA PROVINCIA*

Carlos González Peña

La bizarra capital de su Estado se apresta a consagrar la gloria de Ramón López Velarde inscribiendo el nombre del poeta en la más alta peña del cerro de la Bufa.

No salió esta iniciativa de los «católicos de Pedro el Ermitaño» ni de los «jacobinos de época terciaria» avecindados en aquella noble y vetusta ciudad que «es un cielo cruel y una tierra colorada». Fue obra de un grupo de compañeros y amigos del bardo. Pero acogióla con beneplácito el señor gobernador, ¡y loado sea este raro y casi heroico funcionario que no se muestra reacio a la divina poesía!

---

* *Gente mía*, México, Stylo, 1945, pp. 127-133.

Dos líneas en un crestón de la montaña. Y comprenderéis que no es esto, precisamente, un monumento. Pero aquí, en nuestro país, donde los monumentos no parece que se hicieron sino para los hombres de la política y del machete, algo es algo el honrar a un poeta en esta forma original y agreste. Después de todo, es justo que la política y la espada gocen entre nosotros de la prerrogativa, un tanto exclusivista, del mármol; pues, si así no fuera, ¡qué peligro tan serio no correría la memoria de muchos militares y políticos veinte años después de muertos!

El monumento, obra de un inmenso artífice: la Naturaleza, y de otro humildísimo: el buril de ignorado cantero; ese bello monumento a López Velarde, quedará, pues, en la Bufa; en la misma Bufa que él pintó:

> Una típica montaña
> que, fingiendo un corcel que se encabrita
> al dorso lleva una capilla, alzada
> al Patrocinio de la Virgen…

Yo no dudo que el poeta, al saber de todo esto en las azules y misteriosas regiones donde ahora canta la infinita música del silencio, sonreirá. Acaso levemente, con aquella su dulce y afable cortesía, su espíritu ascienda a la hosca montaña, en la clara mañana luminosa, siguiendo a los amigos ebrios de la embriaguez incomparable del recuerdo.

¡Oh, Ramón, mi caro y buen Ramón! Pero yo sé que mejor te gustaría verte en efigie, sentado y meditativo, en la plaza principal de tu refugio provinciano: en la plaza donde descubren las mozas las lindas cabezas, y, en el kiosko, toca la banda lánguidos valses. Allí, frente a frente del rudo soportal que en los años juveniles viste, estarías. Los domingos, las caras hermosas que no se quedan sin misa, te mirarían al pasar. Y tu figura de muchacho robusto, pensativa bajo los laureles de la India, resaltaría, ingenua y escéptica, en aquel ambiente

> …en que se confunden un obstinado aroma
> lírico y una cierta prosa municipal.

Mas, para esto, amigo mío –tú bien lo sabes–, requeriríase que las costumbres dieran un vuelco, y que resurgiera la bonanza remota de las minas de Zacatecas.

Porque fue la provincia la fuente de inspiración de López Velarde. La provincia, no en lo que tiene de rural y selvático, sino en sus encantos urbanos, en su apacible y a la vez profundamente inquieta serenidad.

Si algún título tiene él a la gloria, es por eso. Introdujo en nuestra lírica esa nota, siempre hasta antes de él ausente: la del provincianismo. Trajo a la poesía mexicana la sensación de olor y de color, el ritmo austero y la queja en sordina, el sentimiento uncioso, y la gracia, y la melancolía de las gentes y paisajes de su tierra nativa. Aledaña al Bajío –es decir, al corazón de México, a la «sancta sanctorum» donde se guarda la esencia de la Patria–, está esa tierra. Y por eso en las maravillosas acuarelas, y en las músicas, plenas de secretos y nuevos ritmos, de *La sangre devota*, todos barruntamos desde el primer momento que palpitaba no algo local ni regional, sino algo tan grande y consonante con el país entero.

Hallábanse aquellos primeros poemas henchidos de sinceridad. En técnica arcana y sabia supo expresar en ellos López Velarde su modo de ser primero... y segundo... y de toda la vida, hasta que bajó a la tumba. Evocaba los tiempos en que «era seminarista, sin Baudelaire, sin rima y sin olfato»; pero ¡de qué manera!: con maestría que revelaba olfato y rima, y algo más que Baudelaire: ¡él, López Velarde, sin asomo de ajenas literaturas, dándose todo entero!

Se complacía en el escenario de la vida pueblerina. ¡Qué amplio, por su profundidad misteriosa, para el vuelo de su alma que ansiaba «ser una casta pequeñez» y envidiaba «la frente limpia y bárbara del niño!»

Helo allí, en una ventana. Tras de sus rejas, gusta de ver recortarse sobre cegador azul «los fresnos del jardín de enfrente», en que hay «un escándalo de aves en los nidos». Más tarde, requiriendo aquellos anchos –negros o cafés– sombreros de fieltro que obstinadamente usó, si se echa a vagar por las callejas silenciosas y crepusculares, sus ojos sorprenden, con cariño, a las tejedoras que se ganan el pan eternamente sentadas en los quicios de las puertas; y escuchando entonces retiño son de campanas distantes, su musa piensa que una de estas mujeres –tal vez la más linda– debería tejer «la fluida voz del Ángelus».

Su ánima trémula entonces estaba rebosante de religiosidad y amor; ya se expresara éste en sensuales y contenidos deseos o en extáticas contemplaciones, pero siempre con timidez y recato. En primavera, sentía florecer «la eclesiástica unción de la cuaresma»; «el alivio dulce de las almas enfermas, cuando abril les va dando la sensación de la convalecencia». Suaves esencias de melancolía aroman sus versos. Y aun en los momentos en que está alegre, «su alegría es como la de las palomas que huyen del convento en que estaban prisioneras».

Y adora –era natural que las adorase– a las muchachas de los pueblos:

Vasos de devoción, arcas piadosas
en que el amor jamás se contamina;
jarras cuyas paredes olorosas
dan al agua frescura campesina.

Le gustan todas. Quisiera beber agua en el hueco de sus manos. En aquellas «recatadas señoritas con rostro de manzana» admira la dulce voz; le place descubrir «un rebozo en que lo blanco va sobre lo gris con gentileza». Y hambriento de amores y sediento de ensueño, resístiese a «los turbadores gozos de la ciudad»; pues ante tales hambres y sed querría satisfacerlas «en el ignorado grupo de muchachas de un hogar pequeño».

¡Sin embargo, Águeda, Fuensanta –las dos heroínas–, cómo sois las preferidas, y cómo representáis los dos encontrados polos de la pasión de amor en *La sangre devota*!

Fuensanta es la amada. La prefiere el poeta «por la frescura de sus manos gratas». Sospecha que sus pies diminutos, al apoyarse en el pedal del piano, saben de «las notas sangrientas de la pasión»; pero está convencido de que en ella se alberga «la cristiana paz de la mujer fuerte», y por eso, a ella, «el primer amor; el postrero», querría casarla con su pena,

entre vasos de cebada
la última noche de novena.

Pero allí estás tú, Águeda, para quebrantar esas ansias. Allí estás tú, la de ojos verdes y mejillas rubicundas; la prima que llega

> con un contradictorio
> prestigio de almidón y de temible
> luto ceremonioso.

Mansa y perseverante, acostumbras tejer en el sonoro corredor; y el poeta, que te mira como a «cesto policromo de manzanas y uvas en el ébano de un armario añoso», no sabe, en verdad, prendado como está de Fuensanta, si sus perennes afanes de feminidad lo son «de franciscano o de polígamo».

¡Encantador cuadro de la vida provinciana –único en nuestra lírica– el que ofrece el primero y admirable libro de López Velarde!

Otros caminos ensayó el poeta; pero sin encontrar el fin de la ruta.

Cuando la publicación de *Zozobra*, recuerdo que indiscretamente le dije:

–Ramón, ¿por qué no vuelves a *La sangre devota*?

Nadie se repite; pero, sin repetirse, después de la «experiencia fúnebre y licenciosa» acaso él hubiera vuelto. Guareciéndose en «la vetusta casa de sus nobles abuelos», nos habría dado quizá el poema de su madurez o de su vejez cuando ya Águeda y Fuensanta peinaran canas y se escuchasen en el corredor soleado risas de niños.

Mas, ya que así no fue, quede su nombre en lo alto de la montaña, bajo el claro sol y los libres vientos, como reconocimiento de un señorío que conquistó la lira.

1926

RAMÓN LÓPEZ VELARDE*

José D. Frías

Para referirme a la obra de López Velarde sólo puedo pensar en Mallarmé, o en Baudelaire, o en el despreciado por sus compatriotas, Edgar Allan Poe.

Larra, el suicida, preguntábase con angustia, al borde insondable de la tumba que él mismo cavó: «¿No se escribe porque no se lee, o no se lee porque no se escribe?»

La obra de arte responde a estas dos exigencias elementales: seducir sin simpatías, o dominar captando las similitudes de las congregaciones humanas. Aquí tenemos ejemplos magníficos: Diego Rivera imponiendo su visión a todo un mundo, que va del ministro hasta la última taquígrafa o maestro de escuela que goza tratando de echar a perder sus frescos en la Secretaría de Educación Pública.

* *Crisol*, México, junio de 1931.

Así López Velarde, desconocido, incomprendido por la mayoría, escribió los mejores poemas de nuestra literatura. Mejores por sugestión. El más necio académico crítico advertirá que nunca tuvo el sentido de la estrofa, pero Laforgue tampoco lo tuvo. Lo que en su ritmo titubeante nos cautiva es esa síntesis maravillosa, por la cual conjúganse los vocablos para decirnos en un primitivo arte poético su misión especial: la de abrirnos, sin ritmos penosamente aprendidos en las escuelas, una ventana hacia los horizontes antes no explorados.

Buen cruzado de su causa, nunca se arrancó del pecho la cruz de Santiago, de Calatrava o de San Luis. Los ardores de Arabia le habrían dejado sudoroso y herido frente a los muros de Jerusalén. En el acorde máximo de su lira –que en él era un orfeón aterido por ausencia de Palestrina o de Victoria– sólo escuchamos un latido isócrono, en el que el diástole y el sístole del corazón combatían, como Jacob, durante una noche entera, con el Ángel.

Su obra tiene esta cualidad, única quizá entre nuestros poetas: sin discontinuidad, no fallece, y desde aquel poema «A la patrona de mi pueblo», hasta «La suave Patria», es la misma flecha en el arco siempre tendido la que toca el blanco difícil, deseado y solo, en el pulso regular del gran artista Ramón López Velarde. Su respiración obligólo a singulares frases expresivas; su aliento nada oratorio nos explica el ritmo, relativamente desordenado, de sus versos; mas todo él es música interior, y cuando la idea incrusta en ella un nuevo dato nos hallamos todos en presencia del prodigio.

El instinto poético de López Velarde fue excepcional en nuestra literatura; este provinciano, mejor dicho: aldeano, halló no sabemos dónde las más egregias complicaciones rítmicas de la corte y de la geometría, la línea serpentina de Leonardo. Él, fundamentalmente sordo, oyó todo; desesperadamente desdeñoso prestó oídos a las más difíciles músicas humildes, y tomando su fe como un venero llegó a decirnos su último mensaje, declarando en «La suave Patria» que es necesario amar, venerar, regenerar la tierra en que nacimos.

RAMÓN LÓPEZ VELARDE*

Manuel Maples Arce

Hay un lenguaje estático y uno dinámico. Una serie de formas agotadas que nada expresan y otra de formas increadas que esperan la mano del poeta para salir del caos. López Velarde profundizó este poder de las palabras: sintió la reserva de contenido en cada vocablo y alteró, pura y simplemente las reglas, volviendo a crear un mundo que estaba

* *Antología de la mexicana moderna*, Roma, Poligráfica Tiberiana, 1940, p. 191.

destruido y vacío. Parecía que un espíritu infernal acompasaba los adjetivos dentro de una música desconcertante. «Las lascivas soledades», «la zurda ciencia», «mi brizna heteróclita», «brazos sacramentales». Pero un algo angélico y hondo conmovía en realidad este ramaje poético y lo ponía a temablar.

Sin embargo, aunque de trascendencia, es incidental este aspecto de López Velarde. No es el más importante ni el único de su obra. Tras sus poemas respira una realidad humana verdadera. Existe una correspondencia entre esta apariencia desquiciante, entre esta huida de los cánones y su propio yo. Es como un índice de su desorden interno, del conflicto del hombre religioso que se halla oprimido por la vivencia de los remordimientos mientras la inteligencia despedaza su fe. El drama de quien peca y llora su pecado con igual transparencia y pasión. Pero este problema lo vive en las lejanías de su conciencia, en aquellos momentos en que ya nada dicen las palabras.

Poeta erótico, platónico en el sentido fiel, conoció por el amor. Él mismo lo declara así. Una venus universal presidió su vida y su obra, encubierta de telas provincianas. Fue el poeta del «íntimo decoro», subjetivo e individual siempre. Un clásico de nuestra parva historia. Quizás nuestro más grande poeta.

LÓPEZ VELARDE ERA UN NIÑO GRANDE*

Andrés Henestrosa

Ramón López Velarde, que era un niño grande, cuya arma mayor era su inteligente ingenuidad, caminaba por las anochecidas calles de México en un perenne evocar la provincia que había abandonado pero que cargaba consigo mismo. Fuensanta era como una síntesis de la sencilla mujer mexicana, olorosa a campo, a lucero y a palabra inocentemente dicha. «La suave Patria» era la visión no sólo de la patria que nacía sino de esa otra que nunca había muerto pero que el oropel no dejaba ver, pero que el barullo no dejaba oír. Es absurdo, y a veces absurdo y tonto, analizar la obra de López Velarde desde el punto de vista de la mecánica de su metáfora, cuando en realidad el punto de partida, el impulso de su originalidad no estaba en la retórica que solía usar, sino en el estado de alma del hombre provinciano que guardaba sacramente. López Velarde nunca pudo haber sido un colaborador de la *Revista Azul*, ni menos un nuevo corifeo de Díaz Mirón, ni tampoco un glosador tardío de Rubén. Había demasiada originalidad interna en su pasión poética para que la desperdiciara en esos trajines de sastrería.

---

* «Veinticinco años de poesía mexicana», *Letras de México*, año V, vol. III, 16, 15 de abril de 1942 (fragmento).

SOMBRA Y LUZ DE RAMÓN LÓPEZ VELARDE*

Bernardo Ortiz Montellano

Entre los poetas mexicanos modernos conocí a los dos que, en mi adolescencia, me impresionaron más hondamente: Nervo y López Velarde. No me atrajo nunca la conversación brillante y ególatra, de semidiós en el destierro, famosa ya por entonces, de Salvador Díaz Mirón; Othón había muerto y otros poetas del «modernismo» –como el viejecito Urbina– alejados de México soportaban las consecuencias de la Revolución por aquellos años de 1917-1920.

José Gorostiza y yo visitábamos a López Velarde en su despacho de la calle de Madero 1, para leer nuestros versos y conversar con el grande y cordial amigo que nos presentó al público en la página literaria de *El Universal*. Sus palabras, que revelan la seriedad apostólica –ajena a juego o superficialidad– de su concepto de la poesía moderna, fueron nuestro bautismo.

Lo veo sentado en un sillón, vuelto de espaldas al escritorio de cortina, vestido de jaquet, todo de negro, con zapatos altos de botones. Cuerpo macizo, tez pálida, cara rolliza de labios sensuales recortados por un bigote a la moda; gesto recatado, maneras corteses sin afectación, manos distinguidas y elocuentes que unía a menudo con toda naturalidad por las yemas de los dedos en actitud de meditación religiosa; voz pausada y lenta de consciente decir. Recuerdo de su conversación dos inquietudes constantes: en la poesía por las palabras cargadas de expresión (nos hablaba con entusiasmo de Lugones y de Díaz Mirón); en la vida, el amor (se interesaba tanto por nuestros versos como por nuestras aventuras juveniles); también recuerdo que su trato era para nosotros, unos adolescentes, cordial y sencillo, sin la menor afectación y sin esfuerzo para ser admirado.

Alguna vez lo encontré en una esquina, en espera de un camión –los primeros camiones, pequeños e incómodos, que conoció nuestra ciudad en aquellos días de la Revolución, en donde se apretujaban diez o doce personas tocándose las rodillas los de este lado con los de enfrente– y permanecí con él, charlando, en espera del vehículo. Pasó uno, después otro y López Velarde no se decidía a abordarlo. Espero –me dijo– hasta que llegue alguno con asiento vacío junto a una dama de mi gusto. No ocultaba su temperamento erótico. Orgulloso y contrito de su masculinidad se le veía a menudo entrar y salir, a la hora del crepúsculo, siempre recatado, por aquellas pequeñas puertas de «boudoir» a la calle y al público servicio que, cerca del Correo, se abrían a los encantos de aquellas damas francesas, jóvenes y bellas, y de quienes se decía, entre los estudiantes, que estaban reuniendo en América la dote para ir luego a casarse a su inolvidable Francia. Creo que no disgustaría al poeta, si las leyese, estas indiscreciones de mi memoria, ya que su palabra luchó tanto para expresar, sin ofender, minuciosamente, situaciones erótica lacerantes para el «hipócrita lector», como por ejemplo:

---

* *Papel de Poesía*, Época II, nº 35, junio de 1946.

Y das, paralelamente,
una tortura de hielo y una combustión de pira;
y si en vértigo de abismo tu pelo se desmadeja,
todavía, con brazo heroico
y en caída acelerada, sostienes a tu pareja.

Gran parte del elíptico barroquismo de la expresión velardeana se debe a este deseo suyo de expresar, con delicadeza, situaciones eróticas e intimidades indecibles tan apremiantes para el claro obscuro de su sinceridad arrebatada y manifiesta –en su poesía– entre lo impuro del amor conocido y la pureza del amor virginal que alienta en su obra.

En 1921, México celebró el Centenario de su Independencia. Año de bonanza material y espiritual; año clave en mi vida. El cielo de México se poblaba de luces y de fiesta, pasada la tormenta revolucionaria, y el redescubrimiento de la esencia vital de nuestra Patria se verificaba por dos cauces: los hijos pródigos, Vasconcelos, Diego Rivera, Gómez Robelo, repatriados después de algunos años de exilio en Europa y Estados Unidos descubrían, por contraste, su tierra sensible y madura; nosotros los jóvenes la descubríamos como el paraíso de nuestra juventud. Encontré su olor, su sabor y su gracia en el aroma de las cabelleras y la carne moreno-mate de nuestras mujeres tan parecidas a la Virgen de Guadalupe. Descubrí el paisaje, la luz y el mediodía del goce; la fruta y la embriaguez de poseerla.

Ramón López Velarde recogió en los versos de su *Suave Patria* todas aquellas tenues inquietudes y alegrías en las que participaba nuestra sensibilidad sin expresión y que él tan hondamente trajo oculta desde su infancia en la provincia. En 1921, cuando conocimos el poema, antes de su publicación en *El Maestro*, descubrimos que flotaba en el aire nacional, sin ser visto, el mundo de imágenes sensibles y sensuales que el genio de Ramón plasmó –entre protestas académicas– en las esdrújulas de sus versos.

No cabe duda que López Velarde representa hasta ahora, mejor que ningún otro de nuestros poetas, la sensibilidad del mexicano, ni crepuscular ni de tono menor, sino más bien oculta y subterránea como los minerales y los aceites de su tierra; sensibilidad de raíz duramente protegida por la delicadeza de los sentidos, finos instrumentos de precisión.

Había yo recorrido, por entonces, el Estado de Zacatecas –en la gira de un candidato a gobernador– y conocido la ciudad de Jerez, cuna del poeta. Veinticinco años más tarde he vuelto a recorrer no sólo Zacatecas y Jerez, los sitios donde transcurrió su infancia, sino también Aguascalientes y San Luis Potosí en donde vivió su juventud.

Zacatecas, fiel a la consigna del poeta («sé siempre igual a ti, Patria Suave») se conserva intacta. Sin cambio alguno su calle principal que asciende ondulando desde la Estación del Ferrocarril hasta las puertas del sagrario, al piel del cerro de la Bufa. Igual su aspecto de calle vista en sueños, interminable y ascendente, en donde, de pronto, aparecen grupos de mineros –caras de bronce– con el «tercer ojo» apagado sobre la frente –la linternilla que usan en su gorra de hule para el trabajo. Caras dramáticas las de estos cirujanos de la madre tierra. Hombres y mujeres vestidos de negro. La misma viejecita –siempre la misma– que vende puñaditos de fruta a las puertas de la iglesia. Portada y torre –la otra torre es posterior imitación de la primera– maravillosas en su composición y proporciones. Y la luz, la luz de Zacatecas, tierra imantada y luminosa, sin oriente ni occidente, que enloquece a los pájaros que ilumina el interior oscuro de las almas!

LÓPEZ VELARDE*

Ermilo Abreu Gómez

Como he referido varias veces, a López Velarde le conocí en la librería de don Francisco Gamoneda y de don Joaquín Ramírez Cabañas. Esta librería, que primero estuvo en la calle 16 de septiembre y luego en la de Bolívar, tenía la particularidad de ser, al mismo tiempo, almacén de libros, mostrador, estrado de escritores y taller de pintores. Es claro que por esto sus dueños tuvieron que cerrar semejante academia. Allí había más tertulios que parroquianos. Ramón López Velarde llegaba a esta librería al caer la tarde. Venía casi siempre sonriente. Era hombre bueno Ramón. Inspiraba confianza desde el primer momento. A mí me tomó especial afecto, tal vez porque yo me sabía (cosas leídas en *Pegaso*, de González Martínez) no sé cuántas poesías suyas. No era vanidoso Ramón, pero le placía que un muchacho, que venía de la provincia, casi con el pelo de la dehesa, supiera de corrido parte de su obra. Ramón, como digo, era hombre bueno. Bueno y también ingenuo. Hablaba con naturalidad provinciana. Pedía consejo hasta a un desconocido. No presumía de lo que venía escribiendo. No había en él falsa modestia cuando decía que las cosas le salían así y que luego no se explicaba por qué gustaban tanto. Algunas noches, en compañía de Saturnino Herrán, del escultor Tovar y del ingeniero Teodoro Ramírez, salíamos de la librería y nos íbamos a caminar sin rumbo fijo por esas calles de Dios. El rumbo predilecto de Ramón era el de Santo Domingo. Acaso se debía a que las callejuelas, y las luces, y los edificios coloniales, y cierta penumbra que se esparcía por todas partes le recordaba los rincones de su pueblo zacatecano. Por allí íbamos. Solíamos comer *enchiladas* y *quesadillas* en los puestos de las calles o en los tugurios establecidos en los portales de aquel rumbo, junto a las mesas de los *evangelistas* o amanuenses que por entonces abundaban. López Velarde se entendía bien con las gentes sencillas. Hasta creo que le cargaban los que llegaban a él con aires de suficiencia y hasta con resuello de maestros.

Ésta es la frase que muchas veces le oí:

–Parece mentira que sean así tan pretenciosos. Olvidan que hacemos las cosas como de acuerdo con los demás. La originalidad no existe; acaso sólo consiste en afinar la voz de los otros. Esto es todo. Lo que hago ya lo han hecho muchos. A mí me sale así y se acabó.

Y no hablaba más de estos temas. Entrábamos luego en conversaciones lisas y llanas. Yo que era sin duda el más joven y apenas si unos cuantos sabían algo de mis precoces hazañas como autor de teatro, casi no tomaban parte en las conversaciones literarias. Yo más bien hablaba de lo que sucedía y de lo que soñaba. A Ramón, por otras causas (acaso de descanso) le pasaba otro tanto. Ramón conversaba con entusiasmo de los

---

* *El Hijo Pródigo*, nº 39, México, 15 de junio de 1946, pp. 149-150.

sucesos políticos y de los líos sociales. Daba su opinión sin ánimo de coincidir con la verdad única; decía lo que decía como si jugara.

Las carpas le encantaban. Entonces había carpas de mucha prosapia; quiero decir de mucho sabor. Eran carpas auténticas, no simulación de teatro ni de centros de espectáculo superior. Los cómicos que allí trabajaban eran, de tan malos, casi buenos. Cómicos de la legua, se dice. Ponían obras (que hoy nadie aborda) como *La llorona, Los polvos de la Madre Celestina, Chucho el Roto* y no sé cuántas más. Eran dramas mal cosidos, al modo de Echegaray. Era un teatro hemorrágico, en donde la honra estaba puesta al descubierto, como ropa íntima puesta en el secadero. A Ramón le hacían gracia tamañas barbaridades. En cierta ocasión fuimos a una carpa que estaba por la Plaza de Garibaldi. Ponían una obra de mucho aparato. En ella se quemaban fuegos artificiales y se daba de gritos durante casi toda la representación. Entramos y nos sentamos. Gustamos el primer acto; el segundo ya nos pareció menos acertado; en el tercero unos petardos, lanzados por equivocación contra el público, nos obligaron a salir. El personaje, desde el escenario, nos llamaba a gritos... Fue aquello, ahora lo pienso, como una anticipación de esos dobles juegos que acostumbra el señor Pirandello.

Celebramos el fracaso de nuestra visita teatral en un restaurancito que ya no existe y que se llamaba, si no me equivoco, *Atzimba*, cerca del teatro *Lírico*. Ramón gozó la ocurrencia.

A la noche siguiente fue esto materia para una gran charla en el estrado de la librería, donde estaban presentes don Luis González Obregón, Cabildo, López, Estrada, Villalpando, Torres Ovando y sepa Dios quiénes más. Yo hablaba con Agustín (futuro yerno de Gamoneda) en un rinconcito, y Agustín me hacía contar, por milésima vez, la historia de la Xtabay.

LAS ÚLTIMAS JORNADAS DE LÓPEZ VELARDE. OFRENDA EN SU XXV ANIVERSARIO*

Pedro de Alba

Desde años atrás hubo en Ramón López Velarde un vago presentimiento de su muerte prematura. Su catolicismo que a veces tiñó de pagana sensualidad fue centro de rotación de su existencia. Los místicos de otras edades a los que conociera en su época de estudiante del seminario le dejaron el sabor de ceniza y le dieron la sensación de inestabilidad en todo goce terreno.

Los que vivimos cerca de él en sus últimos días y lo acompañamos casi a todas horas,

* *Ensayos*, México, INBA, 2ª ed., 1988, pp. 29-34.

éramos sorprendidos por algunas evasiones y ausencias del poeta. A veces en el curso de una charla animada se detenía de improviso en el cruce de alguna calle céntrica de la capital y se despedía de sus amigos con cierta premura. Con frecuencia emprendía a pie la vuelta a su casa situada en la colonia Roma. Noches oscuras y lluviosas servían de fondo a esas escapatorias. Caminaba lentamente y por senderos poco transitados, ponía en práctica aquella «costumbre heroicamente insana de hablar solo», a que alude en «Mi prima Águeda». Al llegar a su domicilio ya se perfilaba en su memoria algún poema íntegro, compuesto al amparo de la soledad y aconsonantado con el ritmo de sus pasos. Así nacieron páginas que participan de sentido esotérico y nocturna divagación, rimadas en diálogos con los muertos y visiones de eternidad.

Algunos de esos poemas los retenía en la memoria por varias semanas, eran tan consustancialmente suyos que no los confiaba al papel. Solía escribirlos más tarde en el reverso de cartas o sobres que traía en el bolsillo. Tal ocurrió con sus versos «El sueño de los guantes negros», «Si soltera agonizas» y «Qué adorable manía», cuyos originales fueron encontrados en la bolsa de pecho de su saco después de su muerte; algunos renglones escritos con lápiz aparecían ilegibles.

Esos poemas concebidos lejos del ruido cotidiano, en comunión y coloquio consigo mismo y en fuga de la hora y hasta del planeta se descubren en todas las etapas de la ascensión lírica de López Velarde. «Hermana, hazme llorar», «En las tinieblas húmedas» y «La tejedora», aparecen en su libro *La sangre devota*; «Hoy como nunca», «La lágrima», «Ánima adoratriz» y «Todo» en *Zozobra*; y «Treinta y tres», «Gavota», «La Ascensión y la Asunción», «Si soltera agonizas», «¡Qué adorable manía!» y «El sueño de los guantes negros» en *El son del corazón*. Quien quiera descubrir la vibración cósmica del espíritu de López Velarde debe repasar esos poemas de tono elegíaco y decoración de medianoche, en ellos más que otro alguno encontrará la huella de su paso por la tierra, la clave de sus quebrantos amorosos y las confidencias de una alma que oía el llamado de sus muertos.

Poemas extensos unos y otros breves, todos ellos trazados en la oscura pizarra de la soledad, mantenidos en la memoria hasta que tomaban su esencia como si se tratara del buen vino en odres de barro. Cuando sus confidentes más fieles recibíamos las primicias de ellos no acertábamos a pronunciar palabra, nos embargaba una respetuosa emoción frente al poeta que vivía la vida de todos y de todas en estado de gracia y en perpetua combustión interior.

Fue Ramón López Velarde un hombre estoico y medido; ni ruidosa alegría, ni lamentaciones o quejas figuraban en su modo de ser. Sus tragedias mínimas o sus grandes dolencias espirituales apenas se vislumbraban en su obra lírica; allí quedaron sus confesiones articuladas en un lenguaje en que se descubre el respeto para sí mismo y para los demás. No permitía que se hicieran comentarios sobre sus conflictos amorosos; cuando algún compañero desaprensivo quiso hacer frases más o menos oportunas alrededor de la heroína de uno de sus libros no volvió a dirigirle la palabra.

En estos poemas en que hay premoniciones de muerte y de despedidas angustiosas para las mujeres que amó se encuentra la clave de toda su vida y la marca de sus últimos pasos en la tierra. De la patria se despidió como un gran señor que deja una herencia capaz de multiplicarse y de pasar de una a otra generación.

La mexicanidad de López Velarde fue sustantiva y concéntrica, la patria era para él la suma de las virtudes de sus mujeres, algo que es principio y fin en sí mismo.

El renacimiento de México después de la Revolución lo enaltece en un ensayo que se titula «Novedad de la Patria». Hubo en él apremiante urgencia de enaltecer a su patria antes de despedirse para siempre, había que cantar la epopeya en sordina, había que escribir el trasunto de México de carne y hueso. Tal fue la génesis de «La suave Patria».

Él había visto partir la mujer amada; «yo estoy en la ribera y te miro embarcarte», escribió en ese trance; ahora era él quien subía a la barca pero antes le dice su mensaje a la patria, no con «dramáticos adioses» sino «entre risas y gritos de muchachas» que se dibujan en una lontananza en la que se funden las melodías del México entero.

A Fuensanta la vio en sus últimos días como a un «sonoro esqueleto peregrino» que le daba el «santo y seña» para el gran viaje, en tanto que a su México le dice adiós con el recuerdo de la tierra mojada que anuncia la fecundación de las espigas del maíz. Cuando exclama «con tu mirada de mestiza, pones la inmensidad sobre los corazones», escribe esas líneas con la misma intención con que invoca a la dulce sombra de «El sueño de los guantes negros»; «y nuestras cuatro manos se reunieron –en medio de tu pecho y de mi pecho– como si fueran los cuatro cimientos de la fábrica de los universos». Inmensidad y lejanía en el horizonte, música de las esferas en el espacio infinito, amor incorruptible y sublimado se prenden en el espíritu de López Velarde cuando habla de la amada que se fue y de la patria que revive en cada amanecer.

«La suave Patria» quedó fundida en su molde permanente dos meses antes del tránsito del poeta. Por las fechas en que sufrió la agresión de la implacable enfermedad, Ramón estaba corrigiendo las pruebas de su poema.

Fiebre, cansancio y sensación de asfixia agobiaban a nuestro paciente; se prohibieron las visitas porque la angustia respiratoria se agravaba cuando tenía que hablar por algún tiempo. Una de sus últimas conversaciones fue con Agustín Loera y Chávez. Agustín me pidió que yo lo introdujera a la estancia de Ramón, quería no solamente saludarlo sino al mismo tiempo hacerle entrega de su sueldo devengado como redactor en la revista *El Maestro*. Fue el último empleo que tuvo Ramón, lo aceptó gracias a la insistencia afectuosa del licenciado José Vasconcelos. Él no quería puesto visible en el gobierno, tenía sus razones de orden político.

Con gesto amigable Vasconcelos lo comisionó en la redacción de *El Maestro* para que se dedicara a escribir sobre lo que él quisiera. Loera y Chávez, jefe de redacción de la revista, gran amigo y fiel admirador de López Velarde, le dispensó no solamente el trato considerado, sino que con todo respeto lo dejó en libertad para hacer su trabajo.

Ramón era hombre de profunda delicadeza, lejos de ver su comisión como una canonjía se dedicó a su tarea con constancia ejemplar. Permanecía en su oficina hasta las horas del atardecer, allí, en aquella casona de las calles de Gante o San Juan de Letrán, solíamos buscarlo el generoso y grande amigo nuestro don Ignacio Gastéllum, además de Jesús B. González, Rafael Heliodoro Valle, Rafael López y Guillermo Castillo Tapia; con frecuencia citábamos allí a Jesús López Velarde, el hermano inseparable, gran animador de nuestras charlas del café.

Al vernos a Loera y Chávez y a mí, Ramón se puso de pie y se acomodó en un sillón. Durante casi todo el curso de su enfermedad se opuso a guardar cama, como se dice en

México... Le hicimos señas de que no hablara... Tengo presente como si esto hubiera sido ayer que las palabras que dirigió a Loera y Chávez fueron para «agradecerle su eficacia, y para preguntarle: ¿Ya vamos a salir?», se refería al número de la revista que estaba en prensa; él era como un artesano en la tarea y necesitaba saber si el trabajo iba en marcha... Esta escena ocurrió la víspera de su muerte; pocos días después apareció por primera vez «La suave Patria» en el número de turno de la revista *El Maestro*. Vasconcelos nos había pedido a Jesús B. González y a mí que lo tuviéramos al tanto de la marcha de la enfermedad de Ramón. Cuando le comunicamos el desenlace nos pidió que solicitáramos permiso de la familia de López Velarde para que fuera velado en el Paraninfo de la Universidad y se le hicieran honras fúnebres como tributo del Estado. El gobierno tiene obligación de rendir este homenaje al poeta más grande de México contemporáneo, nos decía el licenciado Vasconcelos. Su madre y sus hermanas se resistieron un poco, querían tenerlo todavía bajo el techo de su casa de la avenida Jalisco número 71. Algunas horas después dieron su consentimiento para que fuera trasladado a la Universidad.

El duelo de los intelectuales y de los poetas de México fue unánime. Profesores y estudiantes de la Escuela Nacional Preparatoria en la que él había sido profesor, redactores de los periódicos en los que él había colaborado, maestros suyos en la Facultad de Altos Estudios desfilaron ante sus restos con emocionada reverencia.

En el Panteón Francés, Alfonso Cravioto, a quien Ramón tanto quería, dijo una soberana oración fúnebre; en esa hora Cravioto glosó las propias palabras que López Velarde dedica a Cuauhtémoc, cuando le llama el joven abuelo. El amigo que hoy nos arrebata la muerte artera, dijo el oficiante, será para siempre el joven abuelo de los poetas mexicanos.

En esa época era yo miembro de la Cámara de Diputados. Al concurrir a la sesión de la misma tarde del sepelio de Ramón López Velarde encontré a Juan de Dios Bojórquez muy activo recogiendo firmas en un pliego redactado por él, era una iniciativa para que se enlutara la tribuna por la muerte del poeta. Con aquella cordial exuberancia y compañerismo generoso muy suyos, Bojórquez me invitó para que yo fundara la moción. El diputado por Sonora argüía de esta manera: La Universidad le ha hecho honores, Cravioto, que es senador, ha dicho su magnífica oración fúnebre, ahora en nombre de todo el pueblo de México la representación nacional debe rendirle tributo –la perturbación de ánimo por la que yo pasaba no era poco propicia para intentar un discurso como la ocasión merecía–. Juan de Dios se impuso con su amistosa actitud para conmigo y subí a la tribuna para decir unas palabras inválidas y entrecortadas por la emoción.

Al terminar mi ofrenda verbal todos los miembros de la Cámara de Diputados se pusieron de pie en conmovido silencio. Ellos comprendieron que se había apagado para siempre la voz del más fiel cantor de su patria.

1946

LA PATRIA CHICA DE RAMÓN LÓPEZ VELARDE*

Rafael Solana

El poema «La suave Patria», aparecido originalmente en la revista *El Maestro*, más tarde en el libro póstumo *El son del corazón* y por fin en casi todas las recolecciones y antologías de Ramón López Velarde y de la poesía mexicana moderna, desvió durante algún tiempo la atención de la crítica y de los lectores hacia un falso López Velarde, que se hacía aparecer como poeta civil y patriótico, a quien se citaba como ejemplo del camino a seguir en busca de un pintoresquismo nacionalista, tendiente a imprimir a la poesía mexicana un barniz de colorido y sabor folkloristas, considerando más importante el que fuese mexicana que el que fuese poesía. Y como patriarca y penate de los falsos poetas, versificadores de hechos y sucedidos en la popular forma del corrido, o estampistas de objetos, animales, cháchara o costumbres nacionales, todo floreado, pulido y abrillantado en el estilo de «las lacas que bruñe Michoacán», era falsamente mencionado el autor de «La suave Patria», que de este modo, por un momento, vino a participar en el fomento de un sarampión nacionalista que llegó a amenazar seriamente la existencia misma de la poesía mexicana contemporánea.

Felizmente, muy pronto los críticos agudos, inteligentes y de criterio más profundo, y, sobre todo, que realmente habían leído a López Velarde, reaccionaron en contra de esta interpretación ridícula, que ponía en manos del poeta una bandera que él jamás agitó. Jorge Cuesta, Xavier Villaurrutia, Antonio Castro Leal, Arturo Rivas Sáinz, Rafael Cuevas, insistieron en llamar la atención del público sobre la falsedad de la idea que acerca de López Velarde se había venido fomentando durante la era aciaga de la poesía nacionalista, patriótica y social. López Velarde no fue el cantor de la patria. López Velarde ni siquiera conoció su patria, ni quiso abrir los ojos a sus trágicas realidades. Ni es el poeta de México, ni siquiera el de la provincia mexicana, sino, apenas, el de un rincón de esa provincia, un solo y pequeño pueblo al que incesante ocurre y menciona en la mayor parte de sus escritos, no concediéndole la representación del país, sino únicamente reflejándolo como lo que rodeaba de inmediato su intimidad de poeta, de poeta tan íntimo que no se ocupó sino de sus propios personales problemas, y sólo trató acerca de lo que miraron sus ojos y de lo que tocaron sus manos, y mucho se cuidó de no ir más allá de lo que alcanzaban sus narices, fuese la fragancia de las rosas que pueblan después de la Cuaresma su jardín cuadrado de Jerez, o el perfume de las compotas de guayabas dentro de las alacenas de la casa paterna, o el santo olor de las panaderías, en la calleja pueblerina.

---

* *El Hijo Pródigo*, nº 39, México, 15 de junio de 1946, pp. 151-155.

Localidad de López Velarde

Una lectura de las obras de López Velarde nos revela que su mundo fue un mundo pequeño, en que incidían siempre los mismos objetos, las mismas personas, el mismo paisaje y el mismo mobiliario. Podría trazarse el mapa geográfico en que viven las obras de Ramón, y ese mapa tendría la figura de las ondas concéntricas de un estanque, cada vez menos intensas a medida que van siendo más amplias. El centro de esos círculos sería el santuario dedicado a Nuestra Señora de la Soledad en Jerez, Zacatecas; ante su altar, el poeta invoca a la alta Señora y se declara comprado por ella en cuerpo y alma, porque la «pesarosa / dueña ideal de mi primer suspiro» «recurre desolada / a tus plantas, y llora mansamente»; es en esa nave donde el poeta se siente un candil, un bajel, ante el altar; es allí donde ha visto entrar a sus paisanas, en la mano el Lavalle, «con la blusa corrida hasta la oreja y la falda bajada hasta el huesito», cuando «en los días festivos / no hay una cara hermosa que se quede sin misa». Las alusiones a los naranjos, verdes, floridos, cargados de frutos, que al atrio de esta iglesia ostenta, perfuman muchas de las páginas de López Velarde, olorosas a azahar siempre que no domina en ellas la fragancia de las rosas y los jazmines de la plaza o el tufillo del pan que se dora en los hornos familiares. Y las torres gemelas del Santuario revelan al viajero la proximidad del pueblo, cuando atraviesa el valle y sus polvosos caminos, en diligencia, seguido por el perro. En una de las repetidas ocasiones en que insiste el poeta sobre esta visión dice textualmente:

Como níveo relicario
que ocultan los naranjales,
del coche por los cristales,
¿no distingues el Santuario?

A Jerez

Es una impresionante experiencia ir al pueblo de López Velarde, llevando su libro en las manos, a reconocer cada uno de los lugares en que puso los ojos, a tocar los barandales, las puertas y las ventanas que tocó él, a sentir sobre los hombros las sombras de las torres protectoras y de los árboles que él conoció; charlar con las personas que fueron sus amigas, caminar por las calles que él recorría. Es sorprendente descubrir cuánta exactitud de realidad objetiva hay en sus descripciones, que imaginábamos muy libres por la soltura y la audacia de sus rimas y de sus imágenes. Una amiga dilecta del poeta nos ha acompañado, entrecerrando los ojos para recordar, como si fuera ayer, los pasos y las voces de Ramón. Cuando salía del Santuario, nos dice Susanita Jiménez, su confidente, Ramón atravesaba hacia la esquina de la casa de «La Norma»... «La Norma» ya no existe... ese camino conduce a la plaza de armas, la plaza del jardín, cantada en una poema conmovido,

plaza de armas de musicales nidos,
frente a frente del rudo y enano soportal
......
plaza frente a la cárcel lóbrega y frente al lúcido
hogar en que nacieron y murieron los míos...

esa plaza en que uno vuelve a ver exactamente a las mismas jerezanas, paisanas, tantas veces descritas, hasta por sus nombres, Carmen García, Susana, Rosa, Virginia, especialmente en los primeros libros... donde vuelve uno a respirar ese olor de rosas que siempre está íntimamente relacionado con la fecha de la feria del pueblo, después de la Cuaresma, en abril o en mayo. Sigue allí el soportal enano y todavía está allí la cárcel... pero en la casa donde nacieron los suyos ya no se encuentran los párpados narcóticos del medallón, ni el pozo con su cubo de cuero. Eso ha desaparecido. El actual propietario, don Isidro de Santiago, ha convertido el evocador recinto en un expendio de gasolina... Sin embargo, la tristeza que se experimenta no es tan honda, porque no es ésa la casa evocada por el poeta en sus más bellos poemas, el de «Retorno maléfico», el del «Viejo pozo». La casa poética de López Velarde no es la de sus padres, sino la de sus abuelos, en la calle que hoy se llama con el nombre del ilustre poeta, y que cuando él vivía se llamaba calle de la Parroquia. La Parroquia... ¿por qué esta iglesia, más importante que el Santuario, desde el punto de vista eclesiástico, no aparece en los versos de López Velarde, y sólo viene mencionada, en prosa, como referencia para la ubicación de una casa de dos pisos en la calle del Espejo? ¿Fue la devoción de Fuensanta por el triángulo sombrío de Nuestra Señora de la Soledad lo que desvió tan notablemente la preferencia del poeta de un templo hacia el otro? Sin embargo, en el atrio de la Parroquia encontramos, en una tosca escultura, a un santo que conocimos en los versos de *El son del corazón*, el santo del perro, San Roque, que sugirió al atormentado una de las más felices expresiones de la dualidad místico-carnal en que se debatía:

como el can de San Roque, ha estado mi apetito
con la vista en el cielo y la antorcha en las fauces!

La continuación del paseo por Jerez nos revela más citas de sus versos. Todavía otra iglesia, la pequeña de María Auxiliadora, advocación de la que fue devota Fuensanta. «Las ventanas floridas que miran al oriente», «los balcones de vetusta madera», «las frutales tapias», la Alameda romántica, de fresnos y álamos, el Jardín Brilanti, y luego, al irse extendiendo el radio de nuestras ondas, la orilla del caserío, donde las ruedas del carruaje, entre mudas alamedas, rompen el cristal del río; la salida a los campos que la diligencia atravesaba; la luz de los crepúsculos del valle azul y la azul sierra:

por las tapias, la verdura
del jazmín, cuelga a la calle

los jardines lugareños

el caserón solariego

y desde lejos, otra vez, como un recuerdo obstinado, las torres hermanas, vigías del pueblo, que despiden o saludan a los viajeros:

del esbelto campanario
salen y rayan los cielos
las palomas con sus vuelos

cual si las torres, mi vida,
te dieran la bienvenida
agitando sus pañuelos.

Fragmentos de la provincia

Medio centenar de kilómetros de verde paisaje separan el pueblo natal de López Velarde de «la capital bizarra de su estado», evocada por el poeta en su primer libro como «un cielo cruel y una tierra colorada» y «altas y bajas de terreno que son siempre una broma pesada». Aquí es donde podemos escuchar claramente «la vibración metálica» de ese «reloj en vela» que «las campanadas caen como centavos». Sabemos que son éstas y no las de ninguna otra torre, porque a ellas dedica el poeta un elogio especial:

Y una Catedral, y una campana
mayor que cuando suena, simultánea
con el primer clarín del primer gallo,
en las avemarías me da lástima
que no la escuche el papa.

Es aquí, en la ciudad de Zacatecas, donde López Velarde pudo ver que «el tren va por la vía / como aguinaldo de juguetería». Y puede suponerse que fuera aquí donde habitase aquella novia, María («ojos inusitados de sulfato de cobre») que «vivía en un suburbio»: «su domicilio estaba / contiguo a la estación de los ferrocarriles, / y, ¿qué noviazgo puede ser duradero entre campanas centrífugas y silbatos febriles?»

¿O vivía, tal vez, en Aguascalientes? López Velarde no menciona esta ciudad en sus obras, como cita, por ejemplo, a la capital potosina, cuando, en prosa, habla de Chucho Urueta. Pero en muchos de sus versos se percibe el sabor de las fiestas anuales de Aguascalientes, en el mes de abril. He visto la feria de Jerez, y la feria de San Marcos... ¿cuál de ellas le mostró esos «días feriales / en que el pueblo se alegra con la Pascua, / hay cohetes sonoros, / tocan diana las músicas triunfales / y la tarde de toros / y la mujer son una sola ascua»? ¿Dónde conoció esas cantadoras que, «con el bravío pecho / empitonando la camisa, han hecho / la lujuria y el ritmo de las horas»? ¿En cuál de las partidas vio las columnas de metal, el Rey de Oros, la sota moza, el siete de espadas que ocurren en sus poemas? ¿Dónde captó la imagen «y oigo en el brinco de tu ida y venida, / oh trueno, la ruleta de mi vida»?

De la intimidad de la nave de iglesia y del interior de la casa, con cuyas mesas, alacenas, compoteras, ropas de cama, nos hemos familiarizado en los versos de López Velarde, pudimos pasar al pueblo entero de Jerez, al valle en que se halla, a la capital del estado, y a una visión somera de dos ciudades más de la provincia: Aguascalientes y San Luis Potosí, aunque Toluca y Morelia vienen mencionadas, al paso, en un poema. Rápidamente hemos tocado en esos hoteles

con el heterogéneo concurso divertido
de yanquis, sacerdotes, quincalleros infieles,
niñas recién casadas y mozas del partido.

La capital y el valle de México

Ya sólo nos falta llegar al valle de México, prisión de la mujer de los guantes negros, y a la metrópoli, con su Palacio Nacional, «estatura de niño y de dedal», y pasear por esta ciudad sobre la que «cada hora vuela, ojerosa y pintada, en carretela». Esto completa y cierra el mundo de López Velarde. Todo lo que vio, lo que sintió, lo que amó y lo que cantó está en estos puntos encerrado, o lo apuntó al pasar, «en el barullo de las estaciones»; «en piso de metal»; «patria, tu mutilado territorio»; «tu superficie es el maíz / y tu cielo las garzas en desliz». No vale el que media docena de veces mencione puntos geográficos del globo que solamente conoció por sus nombres impresos en los libros de religión: el Nilo, la Pirámide, Sión, el Mar Egeo... (suenan falsos los nombres del Danubio, el Tajo, Bélgica, cuando consiguen meter la cabeza en los artículos en prosa de *El minutero*). Sólo un fragmento, un pequeño jirón de México... ni siquiera una mención, ni una imagen, ni una idea de lo que es el resto del país y de cómo es el resto de su gente. No conoció al indio, sino solamente a las «señoritas con rostros de manzanas» que se reblandecen «bajo / el redoble del agua en la azotea». Su sociedad fue la de niñas pueblerinas acodadas a los balcones de la aldea natal. El movimiento revolucionario que en sus días sacudió intensamente al país quedó retratado en sus versos, apenas de pasada, como «aquellas intempestivas griterías»; y «la mutilación de la metralla» sólo le hizo pensar, con «íntima tristeza reaccionaria», en «alguna señorita / que canta en algún piano / alguna vieja aria». La transformación social que el país sufría, sacudido de norte a sur por una violenta revolución, no atrajo su atención siquiera como lograron hacerlo las piernas de la Pavlova o las axilas de Tórtola Valencia. Ignoró la extensión misma de la nación, desconoció completamente personas y costumbres que no fuesen las de las mujeres de la clase media de su pueblo, «buenas mujeres y buenas cristianas», con un prestigio de almidón y en su tápalo los dobleces de la tienda. Ni siquiera supo que tuviese su patria montañas, desiertos, como los que cantó Othón, costas, como las que describió Díaz Mirón, ríos y selvas como los que ha copiado Pellicer. Las únicas dos veces que cita el mar, lo hace para comparar su hondura con la del pesar, o para ver, «en el piélago veleidoso», «la plata de los flancos de la última sirena».

Un poeta de intimidad

No, nunca fue Ramón López Velarde un poeta civil, un cantor de la patria, un patriarca fundador del nacionalismo poético que afortunadamente no aqueja ya a nuestras letras, y que pretendió en un tiempo agitar como estandarte el poema «La suave Patria» para invocar el auxilio de la autoridad de nuestro poeta más grande del siglo. Ramón López Velarde fue un poeta eminentemente íntimo, obstinadamente cerrado al mundo que no veía con sus ojos y tocaba con sus manos, que no era el de sus problemas personales; aferrado al pequeño cosmos de sus afectos familiares, de sus amores escondidos, de su alondra y su zenzontle, de su casa, de su pueblo, de su ambiente y de sus amigos. Uno de los poetas más cortos, más encerrados en sí mismos, más personales y personalistas, que sólo vio de la patria lo que dentro de él significaba, para sus sentidos de más inmediato alcance, como de las religiones sólo sintió lo más punzante en su propia carne: el espectáculo diario de la católica, que le ofreció de su liturgia abundante manantial de imágenes y de expresiones, y el espejismo de la musulmana, que le prometía un paraíso con huríes. Si Ramón López Velarde perdura y vale, no es como exaltado cantor de la patria, «a la manera del tenor que imita / la gutural modulación del bajo», sino por todo lo demás que no es eso, por su exaltación lírica, por su tortura interior, por la dramática dualidad con que en él luchaban alma y cuerpo, religión y sentidos, carne y espíritu; por la valiente novedad de su expresión, por la riqueza fertilísima de su vocabulario audaz, y por la deslumbrante variedad de sus imágenes; por la certeza de su expresión en lo íntimo; por el apasionamiento de su dedicación a un tema que siempre es el mismo y al que la diversidad de tratamientos hace aparecer siempre diferente. No necesita para su grandeza de una leyenda que es falsa y que equivoca a quienes pretendan acercarse a él buscando lo que no hallarán. El poema «La suave Patria» no es sino un incidente en la poesía de López Velarde, un poema más, tal vez de los más brillantes; pero no de los más hondos y, desde luego, uno de los menos significativos y característicos de la personalidad lírica del gran poeta.

¡ESAS GENTES DE JEREZ...!*

Eugenio del Hoyo

El fruto extraordinario y magnífico de aquella sociedad lo fueron sus mujeres, claro espejo de aquellas mujeres mexicanas que, por sus virtudes, merecieran el cálido elogio del barón de Humboldt: mujeres piadosas, honestas, recatadas, hacendosas; mujeres que, como la «Mujer fuerte» del Libro de los Proverbios, «Ciñó de fortaleza sus lomos y fortaleció su brazo... Fue como navío de mercader, que de lueñe trae su pan... y, levantáronse sus hijos y loáronla, y alabóla también su marido». Cristianas mujeres que, como *La perfecta casada* de que nos habla fray Luis, gobernaban con sabiduría la casa y la hacienda, y educaban en la religión cristiana y en la superior cultura hispánica a sus hijos y a sus criados. En las casas por ellas gobernadas habitaban verdaderas familias, familias a la buena usanza española: cristianas, unidas, jerárquicas, disciplinadas. La verdadera, la auténtica mujer jerezana, nunca fue motivo de escándalo. En mis indagaciones para la preparación de este trabajo, sólo supe de un adulterio durante un larguísimo lapso de tiempo entre personas conocidas. De ellas pudo decir López Velarde:

---

* *Jerez, el de López Velarde*, México, Gráfica Panamericana, 2ª edición, 1956, pp. 12-22. Primera edición, Zacatecas, 1949 (fragmento).

Jerezanas, paisanas,
institutrices de mi corazón,
buenas mujeres y buenas cristianas…
Jerezanas,
os debo mis virtudes católicas y humanas,

Vasos de devoción. arcas piadosas
en que el amor jamás se contamina;
jarras cuyas paredes olorosas
dan al agua frescura campesina…

Y pensando en ellas, en grito de jubilosa esperanza, exclama:

Suave Patria: tú vales por el río
de las virtudes de tu mujerío

Desafortunadamente no podemos decir lo mismo de los varones. Eran muchos los hombres ordenados y de ejemplar conducta, casi todos lo eran al tramontar de la vida; pero la juventud y no pocos hombres en la plenitud de los años, solteros o casados, llevaban una vida disipada y azarosa: la embriaguez, el juego, la ira y la lujuria los arrastraban en su vértigo y los conducían al despilfarro, al escándalo, a la riña, al asesinato. Toda la región estaba sembrada de hijos naturales y de pobres víctimas de aquellos rijosos varones. A pesar de esto –¡extraña paradoja!–, el respeto al hogar era general, constante y muy grande: uno era el jerezano en el seno de la familia y muy otro en la disipación y la parranda. Conocí a un viejo ranchero jerezano cuya cabeza venerable parecía haberse desprendido de «El entierro del conde Orgaz» de Domenico Théotocopuli: austeridad y nobleza eran los signos de aquel rostro; lo conocí en su casa, comí a su mesa y, viéndolo rodeado de cariño y respeto de la esposa y los hijos, viendo cómo impetraba el auxilio de la providencia divina frente al blanco mantel y cómo bendecía al hijo que salía de viaje; observando el bienestar y la abundancia de aquel hogar, lo tomé como ejemplo del varón justo y cristiano espejo de los bíblicos patriarcas. Días después nos encontramos en un rodeo que se celebraba en un rancho vecino. Era el segundo día de la fiesta: al llegar encontré a mi ranchero muy pasado de copas, sobre un caballo ligero y brioso, corriendo toros con la agilidad de un mozo y contemplé cómo, por una cola que le arrebataron, desenfundó el machete y entre injurias soeces y gritos de reto se lanzó sobre el contrario encabritando el caballo y blandiendo el arma. A raíz de esto supe que en copas era provocador y peligroso, que debía dos muertes y que por aquellos ranchos muchos niños y muchachas llevan su apellido sin llevar como segundo el de la esposa; que las peleas de gallos y «la sota moza» en varias ocasiones lo habían puesto al borde de la ruina. Y entonces fue para mí la imagen del centauro inmoral, iracundo y rijoso. Por la «cuaresma opaca», en el Santuario, durante unos ejercicios espirituales lo vi contrito y humillado –la vista empañada por las lágrimas, fija en la imagen de la Virgen de la Soledad–, pedir la graciosa intercesión para alcanzar el ansiado perdón. Y entonces ya no supe qué pensar: yo era un muchacho.

Sí, a pesar de todo había respeto al hogar, aunque debo decir que algunos ricachos, muy pocos, ciertamente, tenían dos casas: la «grande» y la «chica», aquélla el hogar respetado, decente y cristiano; techo que cobijaba ilegal unión, esta última. Había también hombres borrachos y jugadores habituales que hacían de sus mujeres unas mártires.

Por ellos dice el poeta:

Jerezanas,
cuyo heroico destino
desemboca en la iglesia y lucha con el vino,
vistiendo santos
o desvistiendo ebrios, con la misma
caridad de los cantos
que os hinchan las arterias en el cuello.

Este aspecto de la idiosincrasia del jerezano choca profunda, absurda y desagradablemente con su auténtica fe religiosa y su efectiva piedad y daría motivo a interesante problema psicológico: problema que a mi ver es piedra clave para una correcta interpretación de la obra de Ramón López Velarde, y del cual algún día me ocuparé. Problema que, a mi juicio, tiene sus hondas raíces hispánicas y que Enrique Larreta analiza acusiosamente en su maravillosa novela *La gloria de don Ramiro*. El mismo problema que ofrecen la vida y la obra de Lope de Vega, de don Francisco Quevedo, de don Hernán Cortés, del emperador Carlos V. ¿Para qué complicarlo innecesariamente con singulares y oscuras teorías? Es el problema eterno del compuesto del alma y cuerpo que es el hombre; la eterna lucha del espíritu que nos lanza hacia Dios y la materialidad gravitante de los golosos sentidos que nos humilla y nos rebaja ahincándonos con tremenda fuerza en el pecado [...]

Es el jerezano hombre de agudo ingenio, ironía fácil y burla lacerante. Pasa con facilidad de la broma ligera y graciosa a la mordacidad y la difamación. Es la murmuración su vicio capital y fuente de discordias. Hay en todos los zaguanes jerezanos una larga y cómoda banca y se llama «la murmuradora». Se dice en broma que su Santidad el Papa expidió una bula concediendo a los jerezanos media hora diaria de murmuración como necesario desahogo. Como en todos los pueblos de la hispanidad, existe la costumbre del apodo un tanto hiriente; pero los apodos jerezanos se distinguen por su acertada gracia. Citaré sólo un ejemplo: había una vez, en una oficina pública, cuatro empleados que, siguiendo el orden de categoría, eran: el primero, renco, bizco el segundo, prieto y chaparro el tercero y el cuarto un muchacho desgarbado y larguirucho de largas piernas y que caminaba a saltitos. Surgieron los apodos certeros e ingeniosos: «Malpaso», «Buena Vista», «Encino Mocho» y «Los Tildíos», nombres de tres haciendas y un ranchito de las cercanías, con el mérito enorme de que las haciendas conservaban la misma categoría que los empleos.

La broma, en muchas ocasiones, alcanza caracteres macabros. Dos señores tuvieron un altercado; desde entonces dieron en difamarse uno y otro; un buen o mal día, en que llegaba el uno a su casa en compañía de varios amigos, lo recibieron con la noticia de que su contrincante le suplicaba encarecidamente que fuese a verlo, pues se hallaba gravemente enfermo; por comodidad les llamaré don Juan y Don Luis. Don Luis, solemne y conmovido, se dirigió a sus amigos diciéndoles: me van a disculpar, señores míos, pero no podría negarme a la petición de don Juan, seguramente arrepentido por todo el mal que me ha hecho con sus murmuraciones, quiere pedirme perdón y, frente a la muerte, entre gente cristiana, no existe el rencor: de todo corazón yo lo perdono. Adiós, señores. Con cara de circunstancias cruzó la calle, pues don Juan vivía frente a su casa. Lo pasaron a la recámara del enfermo, quien en realidad estaba agonizando. Don Luis –dijo don Juan–, como usted ve me encuentro en las últimas. No piense usted eso, le interrumpió don Luis, esperamos en Dios que pronto se recobre. No, don Luis, no, ya de ésta me llevó «patas de cabra», y como he sido tan malo, hasta al infierno no voy a parar. Don Luis, desagradablemente impresionado y molesto por aquella actitud, replicó con cristianas y consoladoras razones; pero don Juan, quitándole la palabra, le dijo con profunda ironía: no, señor, yo sé que me muerto y que voy al infierno, y por esta certeza es que lo he mandado llamar: quiero saber qué se le ofrece para con su papá, su mamá y su hermano don Torcuato.

Abundan en Jerez las personas de amena y pintoresca charla sembrada de refranes y decires; y las hay habilísimas en la improvisación de coplas humorísticas y satíricos epigramas. Famoso por su ingenio y su verso fácil es don Jesús Llamas del Hoyo, a quien sus amigos llaman cariñosamente «La Pirrucha», y sus «calaveras» son ejemplos magníficos de la poesía humorística mexicana, donosos sus «golpes» y «salidas» y llenas de regocijo y travesura sus bromas excesivas.

¿Cómo resumir lo que era aquella sociedad? Se cuenta de un frailecito del Colegio de Propaganda Fide de Guadalupe, Zacatecas, quien después de una visita misional al pueblo de Jerez, en lugar del informe, amplio y detallado, que prescribe la regla, ante la orden conminante del prior, le entregó unos versillos que dicen así:

Esas gentes de Jerez,
miel y veneno a la vez;
todos son nobles sin título,
todos ricos sin «haber»,
«tododitos» son parientes
y no hay dos que se puedan ver...

SU ÁNIMA Y SU ESTILO*

Antonio Acevedo Escobedo

Resulta un exceso atrevido señalar, con entonación dogmática, que las características espirituales del hombre de la altiplanicie, en quien se conjugan las vivencias criollas, representan la síntesis del modo de ser mexicano. La rudeza de los habitantes del Norte,

* *Alcance*, México, junio de 1952 (fragmento).

originada en la lucha contra inclemencias y desiertos, y la vivaz indolencia de los del Sur, mimados por una naturaleza que convoca a la molicie, son factores que nadie podrá eludir para obtener el diagnóstico preciso; pero nadie, igualmente, se atreverá a negar que la aspiración del hombre del altiplano se dirige –para bien o para mal, no vamos a dirimirlo– hacia metas que cuentan poco en las otras regiones de la patria: la serenidad, el silencio, la melancolía, a pesar del océano de ruidos que se agita sobre nosotros.

Ramón López Velarde, apegado a su «sangre devota», no se sustrae a esos imperativos. Siempre en el 1912 que nos depara sus perfiles más remotos, se refiere a la tristeza como «...inspiradora, compañía y alivio nuestro. Los que buscamos consonantes y medimos renglones, creemos en ti como un dogma de venturanza perpetua.» Y luego, con patentes resabios de la época en torno, aún no superados por su finura vigilante, piensa «en la fundación de una casa a que daríamos el nombre de una Orden de religiosos pesimistas, acaso la Venerable Orden Tercera de Nuestra Madre la Melancolía». Alcanzar la gracia restauradora del silencio también le conturba y le lleva a escribir: «El mortal que sabe encerrarse en el silencio, como en una esfera de oro, posee el secreto de la dicha más honda... En el recinto grave de los aposentos inaccesibles a la algarabía callejera, el espíritu se siente como en su patria, saboreando el mutismo de la eternidad.» Y en cuanto a la predilección por los dones de la serenidad, anhelados por el poeta, se encuentra expresivo testimonio. En el mediodía de la juventud, durante un episódico retorno a la comarca de la infancia, le impresionó cómo, «cuando entrábamos a los suburbios; se divisaban, tras las vidrieras de las casas próximas, los quinqués que alumbraban alguna cabeza rubia que se desvelaba sobre Bécquer, o la cofia de alguna abuela solícita que tejía para los hijos de su hija».

Estos matices anunciadores en el Ramón López Velarde que apenas se disponía a avanzar por el sendero mayor de la poesía mexicana, camino por el que luego discurrió nueve años, fijan una lealtad aleccionadora hacia «su ánima y su estilo» privativos. Como si se acogiera al emblema elegido por su fraternal Enrique Fernández Ledesma –suaviter et fortiter–, mantuvo erguida en su etapa creadora, «inaccesible al deshonor» de las claudicaciones, una verdad que fue el sello de su salvación: «sé igual y fiel». Y otra vez, por último, en un vuelco de precedencias vaticinadoras, nos parece hallar la confesión decisiva en cierta página localizada al fondo del tiempo: «Que cada cual, pagano o místico, apure su copa de vino rojo o se entregue a su éxtasis, sin dudar de la bondad de la tierra o de la efectividad del Paraíso. Que todos creamos en la eficacia de la emoción. Que la emoción nos mantenga. Que la emoción nos salve. La sinceridad absoluta y simple de emociones y de placeres... he aquí el secreto.»

TODOS LOS ELEMENTOS DEL ALMA MEXICANA*

Rafael Aguayo Spencer

Barroco y clásico, sensual y religioso, provinciano y citadino, Ramón López Velarde parece contener todos los elementos del alma mexicana. Hombre bien plantado en el mundo, aspira a conocerlo cabalmente lo mismo con los sentidos que con el espíritu. Ávido de apurar todos los placeres, no quiere renunciar a su mundo religioso y a las certidumbres que le entrega la fe; y por no «dejar de ver», quisiera, al mismo tiempo, tener la experiencia del cielo y la del infierno.

Claro está que en este mundo tumultuoso los conflictos se suceden sin cesar. Y es este modo de ser lo que López Velarde convierte en poesía.

Desde poco después de su muerte hasta nuestros días, los críticos se afanan por encontrar los hilos conductores que nos lleven a la esencia de su lirismo. El lujo diazmironiano, todo conocimiento exacto de los secretos del idioma, ha sido sustituido por un tumulto verbal en que las palabras, sin perder su significado universal, cobran esos matices familiares e íntimos con que el mexicano ha adaptado el lenguaje castellano a su propia personalidad.

RAMÓN LEÍA FRANCÉS...**

Manuel Gómez Morín

Ciertamente Ramón leía francés. Era de los asiduos asistentes al magnífico curso sobre literatura francesa que estuvo a cargo del doctor González Martínez en la vieja Escuela de Altos Estudios.

La búsqueda de influencias es tarea fácil aunque no muy útil. La admiración por Baudelaire, por Jules Laforgue, por Verlaine, no puede dudarse; pero tampoco estaba limitada a ellos y no sería difícil hallar influencias de otros muchos poetas franceses, desde Villon. Y también, por supuesto, de Herrera y Reissig, de Valencia, de Lugones.

Además de seguir las extraordinarias enseñanzas de Enrique González Martínez, Ramón seguía otros cursos en Altos Estudios. Lo recuerdo en las clases de estética del

* Del «Prólogo» a *Flor de moderna poesía mexicana*, Biblioteca Mínima Mexicana, 1955.

** Carta a Porfirio Martínez Peñaloza, el 5 de marzo de 1958.

maestro Caso y en aquellas prodigiosas conferencias sobre los héroes del cristianismo que dieron origen al libro *La existencia como economía y como caridad.* Lo recuerdo en algunos cursos de don Balbino Dávalos y casi estoy seguro de que era uno de los pocos inscritos en los cursos del maestro Díaz de León.

Además, Ramón fue un lector extraordinario. Leía y releía con peculiar disfrute. Y comentaba luego, sabrosamente, con entusiasmo que no borró jamás su agudo sentido crítico.

La atribución de influencias, en esas condiciones y con la universalidad de fuentes a las que él tuvo acceso –especialmente después de *La sangre devota*–, hace ya que la asignación de influencias pierda mucho de su sentido y que, en cambio, pasen más al primer lugar la personalidad del hombre y del poeta, su sensibilidad específica, los datos capitales de sus años de formación y los correspondientes a su ambiente familiar –que fue en el caso importantísimo– al ambiente y al momento intelectual de México en esos años.

RAMÓN LÓPEZ VELARDE, EL PROVINCIANO EN LA CAPITAL*

Pedro de Alba

Una de las grandes pasiones de López Velarde fue su amor a la ciudad de México. Él y yo nos identificábamos en ese culto. Cuando Ramón llegó a la capital a mí ya me eran familiares los rincones más castizos y sabía hacia dónde apuntaban las agujas de la rosa de los vientos en el valle de la vieja Tenochtitlan.

Nuestro trato se había interrumpido por varios años; al concluir la preparatoria en nuestro muy amado Instituto de Aguascalientes, él fue a estudiar derecho a San Luis Potosí, en tanto que yo seguí mi carrera en la Escuela Nacional de Medicina.

En las vacaciones solíamos encontrarnos en Aguascalientes y reanudar nuestras charlas, lecturas y paseos. Con ingenua y tal vez cargante insistencia, tomaba a Ramón y a Enrique Fernández Ledesma como obligado auditorio para que supieran de mis experiencias y hazañas en la capital.

López Velarde se mostraba desdeñoso y un poco irónico frente a mi rendida admiración metropolitana; él vivía en esa época bajo los suaves influjos de Jerez, su tierra natal, de Zacatecas, y de San Luis Potosí, su centro universitario. Andando el tiempo, la capital iba a tomar su desquite.

Cuando llegó Ramón a la ciudad de México con su recién adquirido título de abogado, traía en el bolsillo cartas de don Francisco I. Madero y de Pedro Antonio Santos, sus correligionarios y amigos, en las que lo invitaban a venir a la capital. Ramón, que

* *Ensayos*, México, UNAM, 1958; 2ª ed., INBA, 1988, pp. 15-20.

disfrutaba entonces de sus veintitrés años, adquiría para mí el prestigio del escritor consagrado por haber visto reproducciones de sus versos en revistas y diarios de la capital. Poemas o pequeños ensayos líricos de López Velarde aparecieron en la página literaria de *El Imparcial* a cargo de José Juan Tablada, en *El Entreacto* de don Manuel Caballero y en *El País* de don Trinidad Sánchez Santos.

Cuando descubría esas páginas de Ramón en la prensa de la metrópoli, festejaba el triunfo de mi compañero de colegio como si fuera propio. López Velarde nunca buscaba notoriedad ni ofrecía sus originales; los publicistas de la ciudad de México solían encontrar en periódicos de los estados aquellas primicias de su ingenio; algunos de ellos no acertaban con la identidad del autor.

Recuerdo que Tablada publicó el poema «A la gracia primitiva de las aldeanas», uno de los grandes aciertos iniciales de Ramón, con una nota en la que lo presentaba como exponente de la nueva poesía de la España peninsular.

Una vez que Ramón encontró alojamiento en una castiza casa de asistencia se dispuso a ver a sus amigos que figuraban en la vida pública para asegurarse un modesto empleo; él siempre resolvió sus problemas económicos sin dificultad porque no fue hombre de exigencias, según se dice en la lengua de la provincia mexicana.

En cuanto deshizo las maletas se dedicó a recorrer la ciudad con un parsimonioso recato y una precavida mesura. Yo no pude despertar en él aquella euforia exuberante que me invadió en los primeros meses que pasé en la capital. Ramón imponía un cierto ritmo lento a sus andanzas por el mundo, iba despacio para saturarse poco a poco de la esencia de cuanto le rodeaba, su mirada descubría lo que muchos no habíamos visto en nuestras precipitadas y afanosas correrías. Le propuse un programa de visitas, lo invité a espectáculos de moda, le hice un itinerario de paseos; todo fue aceptado por él con ciertas limitaciones.

Nos interesaba conocer a los escritores consagrados; Ramón tenía conquistado el derecho para que se le abrieran las puertas, él ya se había hecho sentir en el mundo literario.

En la casa de pensión en que se alojaba López Velarde, vivía en esa época don Balbino Dávalos, el traductor impecable de parnasianos y simbolistas franceses, magnífico poeta y experto diplomático. Don Balbino nos hizo la gracia de su amistad y de su conversación y nos ilustró sobre rasgos de carácter, señas y domicilios de algunos escritores que nos interesaba conocer.

«A José Juan Tablada hay que verlo en su casa de Churubusco, allí se entrega al cultivo de las letras y también al de flores y frutas raras», nos dijo don Balbino. Me interesaba conocer a José Juan; pensé que al presentarle a López Velarde, tan castizamente mexicano, rectificaría él la información sobre el origen y procedencia de nuestro poeta provinciano.

Allá nos encaminamos por la entonces maravillosa calzada de Tlalpan, en uno de aquellos días en los que desde el tren eléctrico se ven en el oriente los volcanes teñidos de cobalto.

La tarde diáfana, las soberbias arboledas y los campos cultivados, fueron digna antesala para llamar a la puerta del artista José Juan Tablada.

José Juan era enemigo de la mediocridad. Como tantos poetas «que en el mundo han sido», fue acosado por limitaciones económicas, pero nunca se rindió al asedio.

Él sabía que la compañía de las musas no era la más válida para conquistar alguna bonanza y alguna vez se embarcó en actividades mercantiles. Vendió vinos a sus amigos acaudalados y obtuvo un contrato del Ministerio de Instrucción Pública para fundar el Club Olímpico, establecimiento de educación física al que los estudiantes de las escuelas profesionales teníamos libre acceso. Por el camino del atletismo y del jiu-jitsu se convirtió en admirador del Japón y de los japoneses. Un noble mecenas mexicano –creo que fue don Jesús Luján– le brindó la oportunidad para que pasara un año en el Japón. A su vuelta trajo no solamente sedas y estampas, sino bellos poemas de sabor oriental y compuestos durante su permanencia en Tokio. Rafael López le llamó desde entonces poetachino.

Introdujo en México el hai-kai, que dentro de su brevedad y su pulimento de piedra preciosa, se avenía bien con su modo de ser. Tablada fundía en una sola frase las esencias de un gran poema. José Juan era fastuoso y decorativo, tenía una colección de kimonos de seda y preciosos grabados de artistas chinos y japoneses. Por aquella época se daba el lujo de tener un ayuda de cámara japonés.

Su casa de rústica apariencia, se veía rodeada de un huerto minuciosamente cultivado; el ayuda de cámara también era su jardinero y había conseguido aclimatar variedades de rosas y crisantemos fantásticos. Ramón y yo le seguimos por los vericuetos de tierra apisonada, en tanto que él nos iba dando los nombres de aquellas flores raras.

Después nos instalamos en su estudio. El bibliófilo tenía preciosas ediciones y el coleccionista de *Bric a Brac* se ufanaba de sus estatuillas griegas y renacentistas. También figuraban en sus estanterías valiosos ejemplares de urnas, máscaras y jades labrados por nuestros indios de América.

Su asistente le trajo uno de sus kimonos historiados; le quitó las botas de goma con las que trabajaba en el jardín y le puso unas sandalias de seda. En seguida nuestro anfitrión, dirigiéndose a su ayuda de cámara en lengua japonesa, le dio las instrucciones para que sirviera el té a la manera oriental. El entrenamiento de José Juan en la gimnasia calisténica le permitió sentarse en el piso con toda soltura y elegancia, en tanto que nosotros nos acomodábamos en un diván de bambú.

El poeta nos reconocía beligerancia literaria y nos invitaba a hablar; nos interrogó en forma delicada sobre nuestros planes y nuestros problemas. Con su gracia maliciosa y muy salpimentada, hizo referencias a los escritores y poetas de su tiempo, algunos de ellos compañeros suyos en la secretaría de don Justo Sierra o en la redacción de *El Imparcial* y de *El Mundo Ilustrado*. Tablada fue muy exigente, eran pocos los escritores de su tiempo a quienes veía con acatamiento.

Antes de despedirnos le llamé la atención sobre la hoja del suplemento literario arreglado por él, en donde presentaba a López Velarde como poeta español. Él no se atrojó por el escamoteo; con toda naturalidad nos dijo que había encontrado en el poema «A la gracia primitiva de las aldeanas» un sabor muy castizo y que al no tener referencias precisas sobre el autor, lo creyó español: «por supuesto –agregó dirigiéndose a López Velarde–, que sus versos son mejores que los que escriben los poetas peninsulares de hoy...»

En un apretón de manos iniciamos con José Juan Tablada una amistad perdurable. Ramón y yo siempre le fuimos fieles y él nunca nos falló. Para López Velarde, el influjo de José Juan fue estimulante; Tablada por su parte declaró a Ramón López Velarde el príncipe de los poetas mexicanos y no negaba que mucho había aprendido de él; su admiración para el poeta de la provincia se hace verbo imperecedero en el «Retablo» que le dedicó como epitafio, obra en la que funde el estilo de los dos poetas.

Aquella tarde de nuestra visita a José Juan, volvimos los dos provincianos con la embriaguez de quien se asoma a un mundo mágico; en el viaje del tren eléctrico que ahora se considera lento y entonces nos pareció muy rápido, repasamos los episodios de la jornada con candorosa y profunda gratitud para el poeta que nos había recibido señorialmente.

«Si no fuera por sus aficiones orientales –me decía Ramón–, podríamos decir que hemos conocido a un príncipe del Renacimiento...» Tablada participó de la mentalidad de los príncipes y condotieros que fueron protectores de las letras y de las artes. Fue burlón, refinado y a veces sardónico y desdeñoso para el vulgo y la mediocridad artística o literaria; pero cuando negaban valores que él consideraba auténticos, se convertía en el más entusiasta y convencido animador del recién llegado al torneo de las bellas artes. No solamente López Velarde le debió palabras de aliento, hay que recordar sus crónicas en las que enaltecía desde sus comienzos a Diego Rivera, a Clemente Orozco, a Fernández Esperón, a Carlos Chávez; casi nunca falló en sus vaticinios.

En el estudio de Saturnino Herrán que se había vuelto nuestro remanso y nuestro ateneo, conocimos algunos meses después a Efrén Rebolledo. Le contamos al poeta hidalguense los episodios de nuestra primera entrevista con José Juan Tablada. El socarrón y al mismo tiempo agudo poeta, nos dijo con un tono de elegante escepticismo: «José Juan es un gran señor desde luego, pero le gusta deslumbrar a los desconocidos y a los participantes. Yo he vivido más de diez años en el Japón y por más que tomé empeño, nunca pude tener dominio del idioma japonés, esas conversaciones de José Juan con su ayuda de cámara eran diálogos sobreentendidos...»

Tablada fue un actor afinado y elegante en el tabladillo de la vida. A despecho de sus evasiones «estelares» nunca perdió el contacto con la realidad mexicana; en juego de agudeza e ironías hubo siempre lugar para una tierra y candorosa alabanza para su México. En Nueva York lo visité varias veces; solía invitarme a su casa del Bronx, a la que fui cierta vez en compañía de Laurita y Jorge, mis hijos mayores; en tales ocasiones, para mejor recibir a sus huéspedes, él mismo iba a la cocina a preparar platillos mexicanos.

Múltiple y contradictoria personalidad de José Juan Tablada, fue uno de nuestros poetas grandes, conversador ingenioso, irónico comentarista, crítico sagaz, se vio envuelto en las inquietudes de su tiempo y sus pecados y sus cualidades estuvieron a tono con el clima político y moral de toda una época. En sus crónicas y hasta en sus versos hay un hilo conductor en el que se engarzan los días y las noches de medio siglo de historia del arte en México.

PERFIL HUMANO Y ESENCIAS LITERARIAS DE RAMÓN LÓPEZ VELARDE*

José Gorostiza

Habría que haberlo visto recorrer en aquellos años, entre 1916 y 1921, la estrecha calle principal de la ciudad de México, andando en sentido inverso la ruta del Duque Job, desde la esquina de la Casa de los Azulejos, hasta, seguramente, la de Madero y Gante, y en ocasiones hasta «El Globo» en el cruce con la calle de Bolívar. En las tres esquinas se anudaban y deshacían continuamente pequeños mentideros de gentes amigas o enemigas entre sí –políticos, militares, artistas, estudiantes y petimetres– mientras en el paseo de la una de la tarde, y en el de las siete de la noche, cada hora volaba «ojerosa y pintada, en carretela». De cuando en cuando un intempestivo tiroteo despoblada la escena como por arte de magia, pero a los pocos minutos, pasado el transitorio espasmo, la ciudadanía se ocupaba nuevamente de hacer correr la vida de nuestra capital por la encumbrada y prestigiosa arteria.

Habría que haberlo visto. Alto, no encorvado, sino derecho, con una tímida verticalidad que apuntaba a lo majestuoso, lento en el andar, acompasado y digno en los ademanes, la sonrisa encantadora, el habla cortés y recatada, y los traicioneros ojos oscuros que, oscilando entre la mera vivacidad y la franca picardía, parecían subrayar todo lo que calaba su lengua. Era un vigoroso ejemplar de virilidad y nada había en su figura que hubiese podido proporcionar el menor indicio de la angustia que lo desgarraba. La misma discretísima elegancia con que llevaba el chaqué gris o el traje negro (que la pobreza de sus últimos años iban ludiendo con la paciencia de un roedor inexorable), y el sombrero de hongo, los guantes amarillentos ¿qué era sino el estudiado disfraz con que el poeta, en el martes de carnestolendas que fue su corta vida, se escondía tras la apariencia de un pulido caballero provinciano, orgulloso de su estirpe decente y de su minúscula casa solariega?

En 1916 publicó *La sangre devota.* En los nerviosos círculos literarios, unificados a la sazón bajo los signos de Amado Nervo y de Enrique González Martínez, en una especie de simbolismo ceremonial y sentencioso, la aparición de este libro amargo, lleno de sinceridad y de aspereza, había causado en unos admiración y en otros, los más, desasosiego. Quienes por su nombre le conocían lo mismo que aquellos que nada sabían de él, al verlo venir calle abajo, tan ensimismado a veces como a a veces cordial y extrovertido, debían reconocer que se hallaban frente a un enigma. Había algo en él que irradiaba misterio. Entre él y su espectador, franco o furtivo, saltaba como una chispa la duda de si, a pesar de la lozanía de su juventud, no nos hallábamos frente a un hombre completamente destrozado. ¿Quién era Ramón López Velarde? ¿De dónde venía? ¿Hacia dónde se

* *México en la Cultura,* Suplemento de *Novedades,* nº 743, 16 de junio de 1963, pp. 1 y 10.

encaminaba? Todavía no sabemos, pese a los muchos años transcurridos, quién era. ¿Un ángel o un demonio? Él venía de su casa natal en Jerez de Zacatecas, a través de los años de seminario en la «bizarra» capital de su Estado y de los estudios superiores en Aguascalientes y San Luis Potosí, en un viaje directo hacia su muerte prematura. De una flecha se sabe con certidumbre el punto de partida. Cuando se pierde no es caso fácil, aunque tampoco imposible, conjeturar las circunstancias que hubieron de concurrir en su extravío. Cuando da en el blanco, empero, como sucedió con la obra de López Velarde, éste es su término y su fin. No tiene más allá. Formada por dos libros fundamentales a los que en vísperas de morir añade, como un alcance y un sumario perfecto, las estrofas sensacionales de «La suave Patria» su obra es ejemplo incomparable de un ciclo poético cerrado, concluido, sin antecedente ni descendencia ostensibles y que el mismo poeta no hubiera podido acaso prolongar. «Hecho de rectitud –decía en *El minutero*–, de angustia, de intransigencia, de furor de gozar y de abnegación, el hijo que no he tenido es mi verdadera obra maestra.»

Críticos eminentes señalan como fuentes probables de su poesía a Francisco González León, el poeta de Lagos; al colombiano Luis Carlos López, y a Leopoldo Lugones, el admirable argentino del *Lunario sentimental*. Las coincidencias entre él y González León parecen más bien superficiales –ni siquiera profundamente temáticas– en cuanto a que el ambiente lugareño ejercía un encanto semejante en el ánimo de los dos provincianos. Luis Carlos López fue un excelente poeta pueblerino, lleno de bullicioso buen humor, republicano y municipal, que sabía ahogar la conseja, el chisme y la intriga en el agua serena de los acordes sentimentales. La bonhomía de López Velarde, que la tenía a carretadas, solía irse rápidamente a pique en un mar de repentina lobreguez hasta alcanzar la profundidad de lo fúnebre y lo macabro. La relación con el argentino es más clara y Xavier Villaurrutia la pone de manifiesto con indudable certidumbre en el precioso ensayo que abre la antología velardiana publicada bajo el título de *El León y la Virgen*. El propio Ramón, en una de sus escasas referencias a otros escritores, elogia a Tórtola Valencia (de quien Lupe Rivas Cacho hacía una sangrienta imitación) diciendo que la bailarina española era «acreedora de prosas cual doblones y del verso patricio de Lugones». Pero aun aquí no existe elemento para concluir que de López Velarde a Lugones hubiese habido algo más que una admiración irrestricta hacia la excelente versificación de *Lunario sentimental*, en donde la libertad de la técnica y la precisión de la palabra se conjugan con el propósito –que también López Velarde perseguía– de elevar lo consuetudinario a la categoría de lo poético. Los orígenes literarios de nuestro bardo se remontan así a la nebulosa que, al condensarse, cristalizó en su estrella solitaria.

Es lástima que la crítica no disponga de más datos sobre su formación cultural que aquellos que se pueden desprender de un riguroso análisis de su obra. Tenía una especie de desdén hacia la clase de escritor metropolitano que se ostentaba como un refinado producto de la erudición y escribía: «asistiré con una sonrisa depravada a las ineptitudes de la inepta cultura»; mientras por otro lado, contradictoriamente, registraba en un tono humorístico su queja de no poder citar en latín para que no se le juzgara pedante.

Gustaba de la danza con «el fervor de un lego que no sabe bailar». Alaba a Antonia Mercé («y tus talones tránsfugas que se salen del mundo por la tangente dócil de un celaje profundo»); a Tórtola Valencia («no merecías las loas vulgares que te han escrito los peninsulares»), y a la exquisita Anna Pavlowa, «melómano alfiler sin fe de erratas, que yendo de puntillas por el globo, las libélulas atas y desatas». No es una mera coincidencia que también aquí en el gracioso mundo del esparcimiento artístico, se aplicara aquello de que López Velarde no podía entender ni sentir nada sino a través de la mujer. No tenemos información segura –digo, que el poeta nos hubiese facilitado de su puño y letra– de cómo se definía frente a otras expresiones artísticas como la pintura o la música. Todo su ser aparece concentrado en el diminuto frasco y las apretadas esencias de la poesía.

Mucho se ha dicho que no fue un gran lector e inclusive se llegó a afirmar, aunque sin ánimo de regatear su grandeza, que era un zagal destinado a tañer la zampoña en la paz pueblerina. No deseo contradecir a nadie, pero está claro, porque su poesía y su prosa lo revelan, que nuestro poeta –ex seminarista y abogado– conocía a fondo las letras latinas y las castellanas y manejaba el idioma con una maestría que no pudo adquirir sino como corolario de estudios y reflexiones inusitadas. «Aunque pertenezco a la clase ingenua que cultiva la poesía –escribe una vez– no me he confiado a los puntos de partida que es preciso aceptar gratuitamente para comenzar a saber.» Debió tener tanta confianza en sus capacidades que no sólo se propuso huir de la Academia y del lugar común, sino iniciar en México la primera reacción importante contra el modernismo y tallar a pequeños, finos, pacientes golpes de cincel, la estatua de su propia originalidad. Hombre de mucha modestia e infinita discreción, pudo sin embargo desdeñar con mal disimulado disgusto a «los que –según decía– no comprenden la función real de las palabras ni sospechan el sistema arterial del vocabulario».

El centro motor en la poesía de López Velarde –¡qué duda cabe!– fue su angustia, la indecible angustia que provocaba en él un conflicto interno, con profundas raíces en la niñez y la juventud, y complejas ramificaciones en la edad madura, entre la religiosidad de su alma y las pecaminosas iniciativas de su cuerpo. Hubiese querido ser un santo, pero era un pecador. De la espantosa batalla que libraron entre sí estas dos potencias, el pecador y el santo, surgió el poeta como una armoniosa transacción que le permitía tolerar sus sufrimientos, y aun amarlos, ya que, como buen católico, no podía dejar de advertir en el don de la poesía una señal de la condescendencia y el perdón divinos.

Toda su obra, inclusive la mayor parte de *El minutero*, está destinada a narrar los accidentes de aquella tremenda lucha, y no conforme a los métodos de la historia que requieren exactitud en la cronología y hondura en la interpretación, sino de acuerdo con los cánones más flexibles de la poesía y de la música, que consienten el uso de la imagen, los claroscuros, la sordina, así como el de la exageración en todas sus formas, para que el relato adquiera el «color» –por así decirlo– con que su autor desea presentarlo. La vida de López Velarde está irremediablemente disuelta en la substancia de su poesía, pero aun así, ningún error más serio podría cometerse, al enjuiciarlo, que considerar su obra como una simple hazaña autobiográfica.

Toda batalla presupone la existencia de un teatro, un escenario real –no sólo el anímico– en donde puede desarrollarse. Es así como, para no caer en una abstracción incomprensible, los poetas se apoyan con frecuencia en la descripción de un ambiente externo, a veces en nada más que un paisaje, para que el tema central de la composición salte fuera de este artificio y se vuelva tangible. Entramos ahora en algo que, para mí cuando menos, desempeña un papel insustituible en López Velarde: el ambiente de su poesía, la provincia mexicana.

Sus imágenes más conmovedoras, sus renglones mejor dibujados, su inspiración más cierta, todo ello emana de la contemplación y del ambiente. Sólo para este panorama, y para el amor, tenía los ojos completamente abiertos. La casa de Jerez, el brocal del pozo, la torre de la iglesia (que luego vio duplicarse en la catedral zacatecana y en todas las iglesias, desde cuyas torres las campanadas «caen como centavos»); los fresnos que en la alameda pueblerina levantan su magnífica estatura sobre una alfombra de rosas; las esquilas; todo, pero en primer lugar las bonitas, indemnes y gárrulas muchachas que él había visto escapar secretamente de las ilustraciones de las cajas de pasas; todo, pero también los fantasmas abuelos y el mobiliario fin de siglo en el que repentinamente vuelven a cobrar vida los párpados amarillentos del quinqué y la tos del reloj destartalado... Todo esto –me pregunto–, ¿no era nada más que un artificio, un escenario que el poeta imaginaba para representar el drama inacabable de su angustia? ¿Qué era, si un artificio no? Quiero responder –permitídmelo– que esta aparente utilería, a la que muchos no han querido conceder sino el valor de una parafernalia insignificante, formaba parte intrínseca del poeta, como su sangre, como su religión, como su patria.

El Presidente de la República, Adolfo López Mateos, por decreto del 16 de abril de 1963, dispuso que los restos de Ramón López Velarde reposen, a partir del día de hoy, septuagésimo quinto aniversario de su nacimiento, en la Rotonda de los Hombres Ilustres de ese Panteón Civil de Dolores, «en reconocimiento –así se dice con verdad– al prestigio que su obra ha dado a la poesía mexicana».

López Velarde tenía ciertamente un ideario político como todo ciudadano cívicamente responsable. Fue antirreeleccionista y gran admirador de don Francisco I. Madero. Durante el gobierno constitucional de don Venustiano Carranza, trabajó en el Departamento Jurídico de la Secretaría de la Gobernación y, lastimado profundamente en sus sentimientos por el asesinato del bien querido Primer Jefe del Ejército Constitucionalista, se negó desde entonces a colaborar en ningún puesto con el gobierno de la República. Sus amigos, que veían azorados crecer su silenciosa pobreza, lo obligaron materialmente a aceptar una clase de literatura en la Escuela Preparatoria y alguna magra remuneración que le daba la Revista Mensual *El Maestro*. Éstos fueron, hasta donde yo sé, los méritos civiles de López Velarde, el noble varón que no había sido creado ni para la tribuna ni para la trinchera, sino –como reza el decreto– para dar lustre a la poesía mexicana.

Estamos otra vez, en consecuencia, dentro del territorio de la poesía. No basta, empero, con ser un gran poeta. Grandes artistas hubo a quienes sus biógrafos más condescendientes reconocen a la vez como grandes bellacos. Para ganar el título de ilustre y entrar en el círculo de las glorias ciudadanas, se necesita que el poeta, por gracia de la poesía, añada una hoja a la corona de laurel de la patria. La flecha de López Velarde, acaso sin que él se lo propusiera, dio de lleno en este blanco. La provincia –que es como decir el corazón de México– había estado durante siglos a la vista de todos los mexicanos, pero sólo a él, en pago del amor que le ponía, le tocó en suerte poderla ver con una mirada nueva, observarla, rondarla, acariciarla, hasta que sus primeros apuntes sobre el pueblo natal, entremezclados con los jóvenes ayes de un amor imposible, alcanzaron perfección y grandeza en el último de sus poemas, *La suave Patria*, menospreciado por la crítica, pero predilecto de ese «seminarista sin Baudelaire, sin rima y sin olfato», el pobre pueblo, que nunca se equivoca. En términos de poesía había logrado lo que Clemente

Orozco y Diego Rivera, sus compañeros de tumba en esta Rotonda, maduraron con el pincel.

Estoy seguro, porque López Velarde tuvo la obsesión de la muerte y se refirió mucho a ella, que en su primera juventud hubiese preferido yacer para siempre en el cementerio de Jerez o en el propio pequeño patio de su casa, bajo un monumento en donde la malicia del escultor habría cincelado un alegre coro de muchachas entrelazadas; pero sé también que no habría eludido ¡tan consciente y responsable como era! este homenaje nacional en que su patria, su segunda y postrimera Fuensanta, le sonríe agradecida.

RLV*

Guadalupe Dueñas

Ramón López Velarde, noble juglar, señor y príncipe, en esta tarde de lluvia he venido a tu sepulcro, con un ramo de violetas cortadas en el alba. Estoy aquí, vestida de negro, con el luto de Águeda y Fuensanta. De la plomiza eternidad me separa tu lápida, y la impotente amargura de estar vedada, como la llovizna y el viento. Te he traído esta ofrenda porque, aunque lo ignoras, tomé parte en algún profano sueño de tu atávica continencia. He venido a buscar tus palabras remotas, tu ilusorio fantasma, para poder gritar las cinco letras de tu nombre, que he dibujado en mí, con un dibujo de escarcha.

¡Cenobita frustrado!, ¡galán de provincia!, ¡qué no daría por escucharte tras la reja de un viejo balcón, enjoyado con rústicos tiestos floridos, y oír tu voz, sobre la penumbra inválida, de los jardines de tu pueblo! ¡Verte pasar a la hora del ángelus, con tus imaginarias hormigas, con tus arañas lúbricas y tus salmos israelitas!

Lugareño genial, plañidero devoto, que amasaste el amor y el espanto y el placer y la muerte. Pagano y cristiano, bíblico señor, ¡quién fuera Águeda y Ruth y Mireya y tu musa Fuensanta –que en los claros domingos la llamabas diáfana y bella y olorosa a fragancia!

Imagino que la invitarías a recorrer los atrios de los templos, el altar del santuario, los retablos del viacrucis humosos de incienso, y sin tocarse las manos, recorrerían los jardines en esa primavera que le tocó vivir y que yo envidio, porque si me hubiesen dado a escoger mi tiempo, y mi ración de amor sobre la tierra, de todos los infieles habitadores del mundo, a ti te escogería, a ti únicamente.

Me gustas así, teñido de cuaresmas anacrónicas, de cilicios y de incendios, con los labios repletos de oraciones y eróticas plegarias y de embriagadores éxtasis.

Ramón López Velarde, ¡cómo me hubiese gustado ser la novia perpetua de tu canto!

---

* *Imaginaciones*, México, Editorial Jus,1977, pp. 47-48. *Calendario de Ramón López Velarde*, México, Secretaría de Educación Pública, julio de 1971, t. 2, p. 460

Tu ánima me persigue, tu ánima impoluta, y es que te pareces a mí en esa erizada angustia de tu lucha con el ángel, o tal vez te pareces al personaje de mis sueños: o estoy como tú tejida de lujuria y de un anhelo santo.

HOMENAJE A LÓPEZ VELARDE*

María del Carmen Millán

José Juan Tablada y José de Jesús Núñez y Domínguez tuvieron la suerte o el honor o el destino de presentar a Ramón López Velarde al público mexicano. El primero destacando su importancia en un artículo periodístico; el segundo animando su capacidad creadora, impulsándolo a publicar el primer libro, a escribir las primeras prosas. Otros intelectuales lo nutrieron también de palabras, de ritmos e ideas, y así el talento se desarrolló no en la soledad sino en la interesante inquietud de un grupo cultural, en un ambiente del que surgirían los complejos matices de sus íntimas preocupaciones.

Pero Ramón López Velarde, así como fue enriquecido, engrandeció a esos grupos de la misma manera como nos enriquece, suave y contradictorio, familiar y definitivo. Evoco su imagen pero también su literatura, su búsqueda elocuente y desesperada de un lenguaje. Está con nosotros aquí y ahora, en la historia viva y en los volúmenes de las bibliotecas, en el recuerdo y el proyecto, en el paisaje y en las más disímbolas costumbres. Nos toca festejar esa vigencia. Nuestro grupo no es muy distinto del que recibía a López Velarde en casa de González Martínez o en la redacción de los periódicos de la época. Nuestra ventaja, de existir, consiste en conocer su obra en vez de intuir lo que prometían sus primeros poemas, en reconocer su grandeza ya no a distancia, sino con la más franca de las simpatías y dejando de lado cualquier estilo de prudencia. Su muerte fue su nacimiento. Por eso, más que conmemorar el cincuentenario de un hecho luctuoso, estamos aquí para dejar constancia de un homenaje nacional, más que a su memoria, a su fuerza, símbolo y magia insólitos de un poeta que logró como pocos, la conquista de la palabra.

---

* Palabras pronunciadas en Jerez, Zacatecas, el 19 de junio de 1971.

RECUERDOS DE CARLOS PELLICER*

Guadalupe Appendini

Fue en el año de 1971, cuando el poeta Carlos Pellicer recordó al poeta jerezano y dijo: «Mi amistad con Ramón López Velarde duró menos de un año, pero fue muy estrecha. Nos unieron muchos lazos, entre ellos el catolicismo... Además, como contraparte una gran admiración por dos grandes bailarinas, a quienes ambos les hicimos poemas: Antonia Mercé «La Argentina» y Tórtola Valencia.

»Mi trato con López Velarde duró algo menos de un año, porque yo regresé a mitad de 1920 de Sudamérica, donde fuimos cinco estudiantes mexicanos a crear un contacto con las juventudes de esas tierras.

»Al regresar a la ciudad de México tuve el honor de conocer a don José Vasconcelos, a quien en gran medida debe nuestro país la cultura que ahora tiene.

»Fue entonces –refirió Pellicer– en una reunión a la que asistió Vasconcelos, que era Rector de la Universidad, en donde conocí a López Velarde y desde entonces lo frecuenté cada ocho o quince días, con un grupo de gente mayor, en el que no faltaban el maestro Manuel M. Ponce, Pedro de Alba, Jesús B. González, Enrique Fernández Ledesma y algunos más.

»En estas reuniones, que fueron muchas y en las que tuve la suerte de caer bien a nuestro poeta, nació una verdadera amistad.

»Recuerdo con orgullo –señaló el poeta– que, en cierta ocasión a petición de alguno de los asistentes, leí un pequeño poema que escribí en Colombia, y le gustó mucho a López Velarde, tanto que me pidió una copia y días después me conmovió al recitarme de memoria alguno de sus trozos... yo tenía veinte años, fue un inmenso honor recibir esa muestra de simpatía de tan gran poeta, que aunque muy joven había publicado ya *Zozobra*.

»Recuerdo también que muchas veces lo llegué a encontrar después del mediodía en la esquina de Madero y Bolívar, siempre vestido de oscuro, cordial dentro de su timidez.

»Sabe usted –dijo Pellicer– Ramón López Velarde era un hombre en cierta manera introvertido, y esto me parece natural, en un poeta tan hondo, tan lleno de problemas interiores como creo que él tuvo siempre.

»La última vez que lo vi –dice con tristeza– fue dos días antes de su muerte, cuando regreso de una comida con Enrique González Rojo, Bernardo Ortiz de Montellano, Joaquín Méndez y yo, nos salió un vendedor de magnolias y fue entonces cuando a Ortiz de Montellano se le ocurrió que compráramos dos y se las lleváramos a Ramón... Tomamos un coche y fuimos a saludar al poeta, sin saber su extrema gravedad.

---

* *A la memoria de Ramón López Velarde*, Gobierno del Estado de Zacatecas, Jerez, Zacatecas, 15 de junio de 1988, pp. 201-204 (fragmento).

»Nos recibió uno de sus hermanos, en el modestísimo departamento que ocupaba la familia en la que entonces se llamaba avenida Jalisco y ahora Álvaro Obregón. Cuando entramos al recibidor, salía el médico de la recámara de Ramón, y como oyera el propósito de la visita, que era saludarlo y entregarle dos magnolias, nos dijo que lo podíamos ver por un par de minutos y que las flores sólo se las enseñáramos desde la puerta, ya que su respiración estaba muy afectada por la bronconeumonía y que le haría daño absorber el perfume de las magnolias que era muy intenso.

»Estaba sentado Ramón en una silla de madera cerca de su cama, tenía una colcha sobre las piernas y apenas hablaba... nos agradeció la visita y las flores y nos marchamos...

»Al día siguiente no pude acudir a preguntar cómo seguía y al otro día murió...

»El maestro José Vasconcelos, con permiso de la familia López Velarde, llevó su cuerpo a la rectoría de la Universidad, que estaba entonces en un edificio porfiriano en las calles de Licenciado Verdad, y allí lo velamos.»

Continuó hablando el poeta Carlos Pellicer y dijo:

«Como ya mencioné, además de muchas cosas nos unió la admiración por esas dos grandes bailarinas. En esa época era yo todavía estudiante preparatoriano y él ya había publicado, tanto *La sangre devota*, como *Zozobra*.

»Entonces yo sólo conocía a López Velarde de vista, pero los dos les escribíamos poemas, primero a Antonia Mercé «La Argentina», la bailarina española de fama universal. Esto ocurrió en plena primera guerra mundial, y si no hubiera sido por tan espantoso desastre, ni ella ni Tórtola Valencia, habrían venido a México.

»Antonia Mercé bailó en el Teatro Colón; Tórtola Valencia en el Arbeu; cuando ésta última vino a México, López Velarde era secretario particular del ministro de Gobernación, y con cierta frecuencia iba en compañía de este personaje a un palco a verla.

»En los entreactos se podía ver que también allí estaba el gran pintor mexicano Saturnino Herrán, que muy joven, muy pobre, y muy apasionado por la deslumbrante Tórtola Valencia, iba al teatro a galería.

»Entre el maestro Manuel M. Ponce y Ramón López Velarde, existía un gran afecto, que yo noté durante las reuniones a las que asistíamos. Años después, ya muerto Ramón, durante una comida en la casa del maestro Ponce y a la cual asistimos solamente el genial guitarrista Andrés Segovia y yo, haciendo recuerdos de Ramón, nuestro anfitrión contó que en Aguascalientes, siendo muy jóvenes, se reunían con gran frecuencia ellos dos y Saturnino Herrán.

»Hace unos años le contaba yo esta anécdota a un muy estimado y culto abogado mexicano y se me ocurrió sugerirle que en el jardín de San Marcos, se erigiera una estela en recuerdo de tres grandes artistas mexicanos que cumplieron el deseo de hacer sentir a México en sus propias creaciones. Más tarde, el abogado me comunicó que mi ocurrencia de la estela se había realizado.

»Sobre la poesía de López Velarde no hay nada que agregar ya. Es para mí, con Díaz Mirón, el más grande poeta de México.

»A raíz de su muerte –dijo Carlos Pellicer– publiqué mi primer ligro que he dedicado a su memoria.»

MARGARITA QUIJANO: MI SECRETO ME LO LLEVARÉ A LA TUMBA*

Guadalupe Appendini

Una de las mujeres excepcionales dentro de la historia cultural de México fue Margarita Quijano, el gran amor de Ramón López Velarde, e inspiradora de *Zozobra*.

Margarita, la maestra de varias generaciones –se graduó en 1899– fue muy querida y respetada: desde Amado Nervo que la llamaba «Mi hermanita menor», hasta los actuales académicos de la Lengua, quienes la frecuentaron hasta los últimos días de su vida –falleció el 30 de marzo de 1975–. Don Francisco Monterde, ya fallecido, quien fue presidente de la Academia Mexicana de la Lengua, nos refirió un día que «Margarita debería ocupar un lugar preferente entre los académicos mexicanos».

El nombre de la «Dama de la Capital», a quien López Velarde dedicó tantos poemas, permaneció oculto. Sólo el poeta lo recordaba constantemente al escribir para ella: *«Me impongo la costosa penitencia de no mirarte en días y días, porque mis ojos, cuando por fin te miren, se aneguen en tu esencia como si naufragasen en un golfo de púrpura, de melodía y de vehemencia.»*

Margarita, la «admirable y excepcional mujer en quien se conjuntaban las dotes intelectuales y los encantos femeninos», como escribiera el doctor Pedro de Alba, dedicó su vida al estudio y la enseñanza. Desde que se graduó hasta 1935 impartió cátedra en la Escuela Normal. Ya jubilada, continuaba recibiendo a sus alumnos y amigos, a los que transmitía sus enseñanzas, y dirigía sus tesis y libros.

La maestra Quijano permaneció alejada de la vida mundana, no le interesaba la publicidad y se molestaba cuando alguna persona elogiaba su talento y conocimientos.

Margarita, la incomparable mujer de la «sonrisa férvida» –cuyo nombre guardaba celosamente López Velarde (*«Mi dicha es hermética. Yo llevo mi dicha para mí solo, como una herida cubierta con una capa»*)–, se llevó a la tumba el secreto de su rompimiento con el poeta. «Fue un mandato divino», nos dijo la «Dama de la Capital».

La primera entrevista que concedió Margarita Quijano en su vida, tuve el honor de que fuera para mí: «Será la primera y la última», me dijo, y a los cuatro años murió. Tenía 97 años cuando falleció.

«Tendremos una charla de amigas... Nos une la admiración y estimación que tuve por tu tía Ida.»

Margarita estaba muy triste y molesta porque su nombre se había revelado, después de más de medio siglo que había permanecido oculto. Yo fui la culpable al buscar, le dije, los rostros desconocidos de López Velarde. «Usted lo hizo y no la culpo: es su trabajo; la admiro y respeto. Pero las personas que supieron de ese gran amor no conocen la historia y la desvirtúan. Cada uno la acomoda según su criterio, su fantasía, su buena o

* *Ramón López Velarde. Sus rostros desconocidos,* Tezontle, México, FCE, 1990, pp. 114-118.

mala fe. Y aquel secreto de dos que se amaron con el amor más puro, es ventilado y ahora será tema de una proyección, que seguramente no estará apegada a la verdad, porque esa verdad sólo la conocemos Dios, el poeta y yo.»

La maestra, cuando la conocí, era una ancianita linda; muy compuesta, de mente clara, talento y muchos años de preparación y estudio.

En la sala de su casa había un Cristo, y volteando a verlo, dijo: «Dios ha sido mi guía, siempre, recibo sus mandatos y los acepto con resignación. Al no casarme con el poeta, que fue mi único amor, como él mismo lo aseguró en "El don de febrero", lo eterno se había posado sobre su vida, y ofrecí el sacrificio de ese amor.» («El don de febrero» fue el primer escrito que le dedicó él, en 1915).

Agregó Margarita con tristeza e indignación: «Nadie tiene derecho de conocer la vida de los demás y mucho menos de publicarla. La vida íntima es sagrada, máxime cuando no se externa por boca propia.»

Con el cariño y respeto que nos merecía, y por haber sido yo quien reveló por primera vez su nombre al entrevistar a varias personas sobre la vida de Ramón López Velarde, pedí a la maestra nos hablara del poeta para que por su boca se conociera la versión exacta de su noviazgo.

«Antes de hacerlo –dijo– evocaré un pasaje de mi vida: cuando fui sinodal en un examen profesional que nunca olvidaré: el de Ida Appendini Dagasso; linda, inteligente, con un enorme don de simpatía. Al hablar ella, se enmudeció la sala. Fue una emoción unánime al presentar un examen tan brillante. Después fui amiga de ella y seguí con satisfacción su carrera, tan brillante como su examen. Guadalupe Appendini: deposito en usted mi confianza porque sé de antemano que no va a defraudarme.

»Dijo el poeta mayor de Francia que "para juzgar de un acto o de un destino se necesita conocer hasta su fondo más secreto", y eso no lo ha intentado nadie. Y si lo hubieran hecho, yo me habría rehusado a hablar. Pero ante su insistencia y al ver cómo han mancillado mi nombre con historias erróneas, por primera vez contaré la historia de ese amor: Yo vivía en Córdoba 87, muy cerca de la casa de él –Jalisco 71–; y para ir a la Normal, en donde impartía clases de literatura, tomaba el tranvía que pasaba en avenida Jalisco. El poeta –como le llamaban siempre– me conocía a través de unas cartas que escribí yo a una amiga, Manuela Torres, quien más tarde se cambió de nombre por el de Eugenia. Después supe que, al leerlas, se había enamorado de mí.

»Esto ocurrió a mediados de 1914. Me esperaba en la parada del tranvía, así como a la salida de la Normal. No nos dirigíamos la palabra. Con discreción se concretaba a verme. (A mí también me gustaba.) Pasaron tres años y medio en ese asedio, hasta que un día se atrevió a darme una carta en la que, en bellas y delicadas líneas, me decía: "Al fin no hago sino devolverle algo de lo que de usted me viene, un efluvio de perfume, una onda lírica, una voz superior."»

Era ella la Magdalena del poeta: «Margarita, conozco que te amo en que la más trivial de tus acciones es pasto para mí, como la miga es la felicidad de los gorriones.»

«En aquella "absurda espera" de tres años y medio, el poeta me dedicó algunos de sus bellos poemas: "El minuto cobarde", "Día 13", "Mi corazón se amerita", "Despilfarras el tiempo..."»

«Dentro del tiempo mencionado, en una ocasión me habló por teléfono. Había escuchado su voz algunas ocasiones y lo reconocí de inmediato: "¿Sabe usted quién soy?,

¿hay alguna persona que tenga más interés que yo en hablar con usted?, y otras preguntas que me hicieron temblar el corazón, porque yo ya lo quería. Pero... sin pensar le contesté: "No señor, no sé quién habla". Aquello le dolió. Tenía razón. Se eclipsó temporalmente y escribió "La necedad de Zinganol"».

«De aquel amor sólo tenía conocimiento Pedro de Alba, íntimo amigo de él y también mío.»

Escribe el doctor Pedro de Alba que, una noche, Ramón le hizo la confesión de que se sentía «anclado para siempre» en el amor de la mujer incomparable de la «sonrisa férvida», que aquella noche había hablado de eternidad. *«También yo, Magdalena, me deslumbro en tu sonrisa férvida; y mis horas van a tu zaga, hambrientas y canoras, como va tras el ama, por la holgura de un patio regional, el cortesano séquito de palomas que codicia la gota de agua azul y el rubio grano.»*

«Después de la llamada por teléfono, pasaron tres o cuatro semanas, y volvió a seguirme como la sombra. A fines de 1917, una tarde, saliendo de clases, fui con Pedro de Alba y Laura su esposa al hotel Del Jardín a comer, y más tarde se presentó el poeta (yo nunca le llamé por su nombre: primero el poeta y después mi amor...). Fuimos presentados e iniciamos una amistad hermosa, diáfana, limpia, sublime.

»Todos los días me hablaba por teléfono. Nuestros diálogos eran interminables, cada día se prolongaban más. Teníamos muchas cosas en común y una de ellas era nuestro gran cariño. Pasaba por mi casa a la hora señalada, y me asomaba al balcón. En algunas ocasiones nos encontrábamos en un lugar cerca de mi casa, siempre a la luz del día.

»El poeta nunca me habló de matrimonio. Generalmente nuestras charlas eran de libros, de escritores, de sus inquietudes literarias. Baudelaire y Laforgue despertaron en él un eco simpático con su actividad creadora. Gutiérrez Nájera y Bécquer fueron sus dioses. De los clásicos españoles prefirió a Góngora. A los ingleses no pudo leerlos en su idioma.

»Nuestra amistad sólo duró seis semanas. Aquel inefable diálogo de almas terminó a mediados de junio de 1918. De aquel corto lapso son los dos poemas que prefiero, que más quiero: "La niña del retrato", que me trae muchos recuerdos. Una vez íbamos en el travía y me preguntó si no tenía un retrato. Le mostré uno que guardaba en el bolso, lo vio con vehemencia, lo guardó en la bolsa de su chaleco y me lo devolvió con ese poema: "La lágrima". (*[...] lágrima con que quiso / mi gratitud salar el Paraíso; / lágrima mía, en ti me encerraría, / debajo de un deleite sepulcral, / como un vigía / en su salobre y mórbido fanal.*)

»Después de nuestra separación, por el motivo que Dios, el poeta y yo sabemos, me dijo: "Lo entiendo, pero no lo abarco." Pasó algún tiempo y fue a mi casa a hablar con mi papá, quien no sabía nada de nuestro amor, como nadie en mi familia. Quería casarse conmigo. Y fue la primera vez que yo lo supe. Pero mi decisión estaba tomada.

»"El sueño de los guantes negros" no fue hecho para mí. Se lo dedicó a "Fuensanta", dolido porque no lo había aceptado en matrimonio. Él sabía que aquello me apenaría y posiblemente por eso lo hizo.»

Margarita nos refirió que no había conocido personalmente a «Fuensanta», primer amor en la adolescencia del poeta, que «sabía de su experiencia por los versos y tenía noticias que vivía atrás de la botica de don Salvador Berumen, tío del poeta casado con una hermana de Josefa de los Ríos. La botica estaba en contraesquina de mi casa».

«¿Que cómo era el poeta? Tenía muy buena figura. No era presuntuoso. Al contrario, era sencillo, modesto y a la vez altivo y orgulloso.

«A los tres años de que nos separamos supe de su gravedad y de su fallecimiento. Fue muy doloroso para mí. Me sentí muy cerca de él. Desde allá iba a comprender mi enorme sacrificio.»

Cuando hicimos la entrevista la ancianita de 93 años recordó aquella época de verdadera alegría. Recitó algunos de los poemas que le dedicó López Velarde, y dijo: «Mi secreto, lo llevaré a la tumba. Nadie sabe el porqué de nuestro rompimiento. Fue un mandato divino, una promesa que hicimos de no revelarlo. Sólo Dios, el poeta y yo lo sabemos.»

Y agregó Margarita: «Mi pena más grande, la tristeza que me esperaba en la vejez: que mi nombre se mancillara sin piedad, se hablara de aquel sagrado amor con ligereza: el amor que debería haberse mantenido en el secreto.»

LA ZOZOBRANTE ZOZOBRA*

Elisa García Barragán y *Luis Mario Schneider*

De nuevo la añoranza del terruño hace que se agolpen en su mente vivencias de la infancia, como aquellas «Memorias del circo», en donde también recoge sus pretéritos antojos sensuales, además de transmitirnos la magia del espectáculo y su conmovedora fantasmagoría. Deleite para la risa, la ansiedad del exotismo y la exhibición de los cuerpos ondeantes en las gimnastas del trapecio.

Los circos trashumantes
de lamido perrillo enciclopédico
y desacreditados elefantes,
me enseñaron la cómica friolera
y las magnas tragedias hilarantes.
…
¡Oh remoto payaso: en el umbral
de mi infancia derecha
y de mis virtudes recién nacidas
yo no puedo tener una sospecha
de amazonas y almendras prohibidas!

---

* Elisa García Barragán y Luis Mario Schneider, *Ramón López Velarde. Álbum*, México, Universidad Nacional Autónoma de México, 1988, cap. VIII, pp. 157-183 (fragmentos).

Otro dolor afincado en la memoria de tiempos ya idos le atenaza: el que siente al ver la destrucción que las luchas revolucionarias han dejado en Jerez, y se conduele de «Las desterradas».

Un grito más desgarrado se escapa en el poema «El retorno maléfico», en él se transporta al paisaje en que creció, en un afán de comparar la aterradora visión de lo que es ya en ese momento su querido Jerez, destrozado por la cólera revolucionaria, con el de ayer: sosegado y límpido.[1]

Las tristes experiencias del retorno a su pueblo devastado en la Revolución, ya habían sido manifestadas en aquella prosa de *El minutero*, «En el solar». Sin embargo, en este poema, la dramática alegoría del segundo verso de la segunda estrofa conmueve tanto, que Jaime Torres Bodet comenta que, al leerlo,

> Un extraño malestar, de devoción mística, nos sobrecoge. Y, como toda expresión poética, cuando es realmente acertada, nos parece también misteriosa y difícil como un milagro, buscamos con inquietud los orígenes de una adivinación que, a mi juicio, reside sólo en el juego de estos dos términos: la evocación significativa de la Torre y la calidad de la palabra *dignatarios* que, aplicada a los fresnos amputados por la metralla y reunida a la *cúpula oronda* del final del verso comentado, les da en seguida una solemnidad y una resignación de sacerdotes cristianos de martirologio.[2]

López Velarde se divide entre lo real y alegórico; pero además de esas dos vertientes, deambula en una tercera, que es el entrecruzamiento de las otras dos. Este dividirse en esos ámbitos para dar rienda suelta a sus obsesiones, como acontece en «Hormigas», hace que tales composiciones sean para Xavier Villaurrutia la muestra de la influencia de Baudelaire, si no en la forma, sí en el espíritu, por lo que «Hormigas» es para este poeta una de las composiciones que «comunican en calofrío baudelariano la expresión de un espíritu atormentado».[3]

En efecto, en este poema, la movilidad de la fantasía velardeana se puede casi hermanar con la de Baudelaire, pues, en el poeta de Jerez coexisten las dos tendencias opuestas de la naturaleza humana, ampliamente explicadas por Baudelaire, y que son

> dos tendencias simultáneas: la una hacia Dios, o a la espiritualidad es el deseo de ganar altura; la invocación a Satanás, o a la animalidad, es el deleite del descenso.[4]

Este dualismo entre espíritu y carne, ya destacado en López Velarde, en «Hormigas» se inclina más bien hacia el deseo.

En 1917, la facultad creadora de López Velarde se halla en su plenitud; las poesías que escribe entonces formarían su segundo libro, *Zozobra*. De ellas, «Día 13» es, para Octavio Paz, una de las composiciones más perfectas, y «desde cierto punto de vista quizá la más lograda». Esta poesía está inspirada en Margarita Quijano, a quien el mismo Paz considera como «su verdadera pareja», la que le revela «el diálogo del alma y el monólogo del cuerpo, no la plenitud» [...]

---

1 En el original se citan completos los poemas mencionados que aquí omito. JLM.
2 Jaime Torres Bodet, 1971, p. 118.
3 Xavier Villaurrutia, 1971, p. XVI.
4 Baudelaire, cit. en Leo Bersani, 1988, p. 9.

El año 1917 fue de muy intenso trabajo: sus clases en la Preparatoria y en la Escuela de Altos Estudios más el nombramiento en la Secretaría de la Gobernación, donde, según afirma la que fuera su secretaria, Luz Pruneda,

> don Manuel Aguirre Berlanga... le encargaba al poeta algunos asuntos relacionados con diplomáticos y gobernadores y todos los días iba de 4 a 7, en su pequeño privado con una mesa y una máquina de escribir... tenía extraordinaria facilidad para dictar, y no era raro que dictara hasta 6 y 10 cuartillas de un solo viaje. Dictaba con gran tranquilidad y con una eficiencia verdaderamente extraordinaria. De ahí salían todos los escritos para la Secretaría General.[5]

No obstante, sus tareas le dejaron tiempo para dar a conocer sus impresiones acerca de dos escritores; el 1º de agosto termina su prólogo a *Campanas de la tarde* de Francisco González León, que se publicaría en 1922 en edición de *México Moderno*. La afinidad sentimental que unía a los dos poetas hace que este prólogo, a pesar de su brevedad, profundice en la esencia de la creación del poeta de Lagos. Habla de la simplicidad de la obra de González de León, «simplicidad con paréntesis laberínticos». Al considerar su originalidad, piensa que la de González León «es la verdadera originalidad poética: la de las sensaciones... la originalidad, en mi concepto, es el sexo mismo del poeta...» López Velarde se detiene, sobre todo, en el nacionalismo que campea en el libro:

> La aristocracia de González León se aplica a cosas nuestras, a cosas patrias. Él ha puesto su alcurnia al servicio de lo mejicano, acaso sin deliberación especial. De cualquier modo, su tarea se suma al esfuerzo del arte criollo, tema en que yo he insistido, en diversas prosas. Quienes alimenten prejuicio verán en más de una página de este libro, cómo lo típico puede tratarse por un estro linajudo. La inopia no está en los asuntos, sino en la mente de muchos que lo han abordado en el verso, en la novela, en el teatro [...]

Finaliza un año difícil, torturante, en el que asombra ver con cuánta lucidez analiza el poeta en su propia creación los matices del ambivalente sentimiento que siempre le ha angustiado: su religiosidad y su extrema sensualidad. Tal esfuerzo consolida su autoridad como creador y como crítico. Ya ha conseguido pleno reconocimiento de sus colegas, como puede verse en el poema que en ese año le dedica Rafael López.

Escasa información se tiene sobre las actividades de López Velarde en 1918. Sus biógrafos coinciden en señalar colaboraciones para el periódico *El Pueblo*, «órgano del gobierno de Carranza»;[6] sin embargo, ese diario, que por primera vez se publica en la heroica ciudad de Veracruz en 1914, parece que expira en 1916.

En las páginas de *El Pueblo* escribió Jesús Urueta, gran amigo de López Velarde, y posiblemente en una segunda época, la misma que no se ha podido encontrar, estén los escritos de éste.

---

[5] Luz Pruneda, «Entrevista» para *Mujeres*, sección cultural en las artes, 1971, p. 25.

[6] Mario Rojas Avendaño afirma: «Lo conocí en 1918, cuando yo era jefe de redacción del periódico *El Pueblo*, órgano del gobierno de Venustiano Carranza... Me indicó que colaboraría en *El Pueblo*, lo cual se efectuó días después. El periódico publicó editoriales de López Velarde y otras colaboraciones. Guadalupe Appendini, 1971, p. 50.

A lo largo del año, la producción para *Zozobra* aumenta con poesías de un lenguaje nuevo, moderno, que se había perfilado ya en poemas como «El candil». De 1918 son las siguientes poesías: «La niña del retrato» (*Universal Ilustrado* 1° de mayo), «El mendigo», «A las vírgenes» y «Fábula dística para Tórtola Valencia».

Del dístico «Y vives la única vida segura: / la de Eva montada en la razón pura», Luis Noyola afirma que:

> recuerda inevitablemente una genial viñeta de Julio Ruelas en la *Revista Moderna*, que muestra a Sócrates cabalgado por una bella mujer.[7]

Por su parte, José Luis Martínez piensa que esta imagen es el resultado de

> una caprichosa trasposición de *Le lai d'Aristote*, el precioso cuento francés de Henri d'Andeli, de la primera mitad del siglo XVIII, cuya intención es probar, a costa de Aristóteles, la omnipotencia del amor contra el que no prevalece ninguna humana sabiduría. [Agrega que] Juan José Arreola [«El Lay de Aristóteles», *Confabulario*, Fondo de Cultura Económica, 1952] ha vuelto a contar admirablemente el cuento: «Una noche Aristóteles soñó que caminaba en la hierba a cuatro pies, bajo la primavera griega, y que la musa cabalgaba sobre él.»[8]

Muchos otros poemas escribió en ese tiempo, aunque no es posible fecharlos con exactitud; casi todos ellos quedarían reunidos en *Zozobra*.

En 1918, varios sucesos le tocan profundamente. El 15 de junio López Velarde cumple treinta años. Elena Molina Ortega afirma que «llegaba a la cumbre de su destino», y al hablar de esa fecha relata la manera en que el poeta quiso pasar la tarde de ese día –anéctoda que ya se mencionó– sólo frente a la naturaleza y en contemplación de su propia alma. En tal comunión de alma y naturaleza se puede observar que esa religión cristiana a la que él creía estar atado, era sobre todo un cristianismo más filosófico que dogmático, nutrido de esencias universales y rayando en el panteísmo, mismo que se refleja en poemas donde el traslape entre citas católicas y menciones a símbolos de creencias orientales no es extraño.

No obstante, esa solitaria catarsis no hubiera sido completa si no hubiera comunicado sus sentimientos a algún amigo, alguien que, como Pedro de Alba, siempre le había escuchado y comprendido.

Éste relata que en 1918, en uno de los viajes que hizo de Aguascalientes –ciudad en la que entonces residía– a la capital, se reunió con un grupo de amigos en el Hotel Jardín, donde se hospedaba, para acudir a una cena de bienvenida a la que invitaba López Velarde, con sus «amigos entrañables, Artemio de Valle-Arizpe, Jesús B. González, Rafael López y don Ignacio Gastélum», y que después de la cena volvieron al hotel, en donde charlaron hasta la media noche, hora en que todos se despidieron, a excepción del poeta quien, con «eufórica determinación», dijo que estaba muy contento «bajo este árbol en el centro de la ciudad, contemplando el cielo de otoño y en compañía de un amigo con

---

[7] Luis Noyola Vázquez, 1947, p. 38.
[8] José Luis Martínez, 1971, p. 789.

quien hace tiempo no converso». De Alba cuenta que las horas transcurrieron en una charla íntima en la que «Ramón quería confiarme sus problemas sentimentales».

De igual manera, refiere que López Velarde solía usar ciertas palabras que se avenían con su carácter:

> ...quien recorra su obra las encontrará con frecuencia en sus poemas y en sus crónicas y ensayos. Suavidad, clemencia, sobriedad, eficacia, recato, honradez, renunciación... él participaba de tales atributos y el recato fue una de sus virtudes esenciales.
>
> Aquella noche él sentía la necesidad de hacerme partícipe de sus proyectos... Por otra parte, yo cultivaba amistad con la elegida que inspiró varios poemas de *Zozobra*...
>
> Conocía como nadie la génesis de aquel amor al mismo tiempo arrebatado y discreto, agorero y luminoso, turbulento y sedante.
>
> [Ramón] retardó el momento para abordar directamente el tema...
>
> Le despejé el camino hablándole de sus últimos versos... como aquellos... en los que junto a una invocación reverente, se tocan las cuerdas profundas de un amor que calcina... poemas en los que alternan un culto casi místico con el vigilante sentido pagano, como aquellos que López Velarde dedica a la mujer que descubriera en el agorero «Día 13»... [en ellos] las palabras adquieren una significación inesperada... las imágenes participaban de un complicado sensualismo de un trovador oriental sin que falten las místicas expresiones de un devoto de Jesús de Galilea.[9]

Añade que, en esa noche memorable, el poeta dio lectura a sus últimos versos, los que eran «la clave de su estado de ánimo», y además le confesó que «se sentía anclado para siempre» en el amor de una mujer:

> ...hasta me habló de un enlace canónico sin formas convencionales y dentro del «más sobrio estilo», de acuerdo con su recato interior y su miedo de exhibirse en ceremonias oficiosas.

Después de esas confidencias y en plena madrugada, el poeta caminó desde el centro de la ciudad hasta su casa en la colonia Roma, lo que no era raro, ya que De Alba asevera que ese mismo recorrido lo hizo varias veces «como un peregrino de la noche», y además indica que en muchos de esos paseos nocturnos

> compuso íntegramente algunos de sus poemas, como aquel que se llama «En las tinieblas húmedas»; grababa los versos en su memoria fiel y al llegar a su alcoba escribía cabalmente al reverso de un sobre o de una carta, sentado al borde de su lecho. Así se generaron algunas estrofas de la «Suave Patria» y aquel poema de íntima y dolorosa desgarradura que se titula «La lágrima». (1919)[10]

Sin embargo esa mujer, Margarita Quijano, la que él sentía que lo amaba con un amor «más activo, complejo y lúcido que Fuensanta», lo rechaza. Para Octavio Paz,

---

[9] Pedro de Alba, 1958, pp. 12, 13.

[10] *Idem.*, p. 15.

> cualesquiera que hayan sido las razones externas de su negativa, al obrar así ella fue fiel, acaso sin saberlo, a la índole de su mutua pasión. Pasión de combustión, no de encarnación... La plenitud, para López Velarde, será desde entonces un más allá: la poesía o la muerte. Con amargura pero sin rencor, se instala definitivamente en su soledad. Vuelve a ser «el mendigo cósmico»... Si el hombre no es dueño de su destino tampoco es enteramente su víctima... López Velarde *sabía* de antemano que aquel amor era irrealizable... Además, dos hechos prueban que su elección fue voluntaria: durante toda su vida profesó aversión al matrimonio y, lo que es más grave y decisivo, nunca ocultó su repugnancia por la paternidad.[11]

De nuevo, ese amor, que hacía pensar a Pedro de Alba que sería eterno, se volvió otro amor malogrado.

> Quizás por mínimas discrepancias o pequeños malentendidos [hizo] en Ramón un efecto corrosivo y disolvente. Una vez que se resignó a la renuncia no volvió a intentar acercamiento alguno, y aun a sus familiares y amigos más cercanos les vedaba con un gesto categórico que le hablaran de ese idilio que él consideró terminado para siempre.[12]

Ramón López Velarde trató de resguardarse en su poesía y en ella da rienda suelta a su frustración en un lenguaje de mayor erotismo y más agresivo, expresión novedosa que no fue comprendida, sobre todo por los jóvenes como aquellos estudiantes de preparatoria Luis Enrique Erro, Octavio G. Barreda, Guillemo Dávila, Fernando Velázquez Subikurski, quienes publicaron una burlona e irrespetuosa revista *San-ev-ank*. José Luis Martínez dice:

> ...aparecían en ella toda clase de bromas y sátiras contra los escritores del momento... al lado de los primeros poemas o estudios de escritores que luego serían notables. Una de estas raras colaboraciones de 1918, y en ella un poeta fervoroso, que firma «Sub-y-Baja», escribe que la juventud de México no concuerda con la actitud espiritual de López Velarde y que «ha llegado el momento» de que «dejando de lado todo malabarismo de la forma noblemente haga su labor...» Aquella era típicamente la reacción de un poeta adicto a la línea grave y meditabunda de González Martínez... en contra de una nueva poesía más libre, personal e imprevisible.[13]

No obstante, los principales redactores de *San-ev-ank* no estuvieron de acuerdo con la apreciación de *Sub-y-baja* (Jaime Torres Bodet), y mediante el seudónimo de *Gabriel David* (Guillermo Dávila) aclararon:

> No es atributo de la juventud, como presuntuosamente opinaron *Sub-y-Baja*... juzgar a los poetas que, como López Velarde, pasaron ya el período de gestación y han entrado al de la madurez. López Velarde es un poeta, entre nosotros, raro, penetrado eso sí hasta lo más hondo de la tenaz influencia de *El lunario sentimental*. Para juzgarlo, son

---

[11] Octavio Paz, 1972, p. 106.
[12] Pedro de Alba, 1958, p. 15.
[13] José Luis Martínez, 1971, p. 47.

> necesarias una límpida serenidad de espíritu y una percepción finísima y clara, muy difíciles de obtener a los veinte años.[14]

La actitud de respetuosa admiración de ese grupo duró pocos meses. Después, en la misma revista, se publicó una parodia de unos «versos de López Velarde», y en un recuadro decía: «Del libro en preparación *Lo que Sobra*, original del autor de *La Sangre Rebota*.» José Luis Martínez señala al respecto:

> Aquella era una parodia medianamente feliz, de uno de los aspectos más débiles de la poesía de López Velarde y que, precisamente por su cómica exageración, exhibía los riesgos del «provincianismo».
>
> El crítico incluye lo que denomina el curioso *pastiche*:[15]

A LAS GATAS ANÓNIMAS DE MI PUEBLO

...No os dejéis, mondas gatas de mi pueblo
Jerez de Zacatecas,
de histéricas mansedumbres cóncavas
y herederas de ímpetus aztecas.

Saturadas de pachuli y amponas
como auténticos globos terrestres
en este Cosmos consuetudinario
de animales silvestres...

San-ev-ank, México, nº 13, 24 de octubre de 1918

Octavio Barreda contaba que la parodia no molestó a López Velarde y que, por el contrario, a partir de entonces inició una amistad con aquellos traviesos jóvenes de *San-ev-ank*. Puede ser verdad, pero lo más probable es que en esos días el poeta, que había perdido a su amigo Saturnino Herrán, poca atención pusiera a esa broma.

López Velarde acompañó a su amigo el pintor de sus últimos días hasta el 8 de octubre, fecha de su fallecimiento. López Velarde se refiere a esos últimos momentos del artista en su opúsculo «Las santas mujeres».

Probablemente de este mismo año sea otro de sus escritos breves, «Noviembre», que fue publicado póstumamente; el tono pesimista y lúgubre así lo hace sentir, pues habla de ese mes como el del reinado de la muerte, actitud que se avenía a su circunstancia, la real, la física, la muerte de su propio amigo Herrán, y la más dolorosa, la más negativa, el rechazo sufrido por parte de Margarita Quijano.

En 1919 y como avance de *Zozobra, El Universal Ilustrado* de 11 de abril publica «La última odalisca», una de sus poesías más comentadas. El primero que atiende a esa composición es Tablada, quien en una carta a Rafael López, exclama emocionado: «¡qué

[14] *Ibid.*, p. 48.
[15] *Ibid.*

pasmosa simultaneidad de cerebro y de corazón, cómo supo hacer que convergieran el pasado y el futuro en los latidos de mi corazón!»

Octavio Paz profundiza en el proceso circular que ha movido la inspiración de López Velarde –«siempre la unión de lo opuesto»– y afirma:

> López Velarde nos revela en qué consiste esa fascinación [el amor y la muerte]: en el talle de la «voluptuosa Melancolía»... el placer escribe su «caligrafía» y la muerte su «garabato». Placer y muerte son las dos caras de una misma medalla... La muerte lo aterra como fin o extinción del hombre; y simultáneamente, lo seduce porque *es el elemento abismal del abrazo.*[16]

Xavier Villaurrutia atribuye a las lecturas infantiles esa reiterada alusión a mundos orientales, a los «paraísos que la fantasía musulmana creó para los bienaventurados». Por su parte, Allen W. Phillips, al destacar el uso frecuente de palabras que evocan el ámbito árabe, cree que éstas «le sirven a menudo para simbolizar su sensualidad y otras facetas eróticas». A su vez, Miguel Capistrán piensa que el conocimiento que el poeta tiene de esos exóticos lugares está en la lectura de *Las mil y una noches*. José Emilio Pacheco hurga aún más en el ánimo de López Velarde. Dice:

> Pero tal vez la obsesión del harén –y por contagio la abundancia de imágenes de Arabia– no responde en López Velarde a un simple anhelo promiscuo de poligamia. Quizá tenga un sentido más espiritual. Sólo el harén –pluralidad en que cada mujer sigue siendo única– puede reconciliar en su imaginación la pasión casta –hacia Fuensanta y hacia Margarita– con la avidez que le despiertan las otras, las consabidas «Náyades arteras». Como tantos hombres que llevan dentro de sí la noción cristiana de culpa, López Velarde no ama a las que desea y no desea a las que ama. Sigue creyendo que el deseo es pecado y profanación de la inocencia original... No encontró a la «hurí» (el término es suyo: la criatura de un paraíso en que los bienaventurados pueden, sin culpa, dar rienda suelta a la sexualidad) capaz de permitirle conocer el absoluto amor que vuelve a los opuestos complementarios... De esta indigencia del hombre, de esta fatalidad, nació la plenitud del poeta.[17]

Una curiosa imagen visual en *La última odalisca*, «y un clima de ala de mosca», que algunos críticos toman en el sentido de sugerir calor y sensualidad, a José Emilio Pacheco le trae a la mente lo dicho por Paul Valéry, que no existe verdadero sentido de un texto, y añade:

> supongo que el «clima de ala de mosca» es una imagen auditiva para indicar frenesí, exasperación. La estrofa se compone de líneas ascendentes que van de la pasividad («Voluptuosa melancolía» seguida del lento verbo «enroscar») a la actividad, del zumbido al estruendo: «La lujuria toca a rebato».[18]

---

[16] Octavio Paz, 1972, p. 102.
[17] José Emilio Pacheco, 1970, p. 162.
[18] *Ibid.*, p. 163.

En «Todo», poema de ese tiempo, el Islam sigue presente, estimulando como siempre con alegorías que reflejan su diario sentir, su deseo de apurar al máximo la vida, de aprovechar cada instante, sea o no doloroso, y así lo expresa:

Uno es mi fruto:
vivir en el cogollo
de cada minuto.

Que el milagro se haga,
dejándome aureola
o trayéndome llaga.

El lenguaje y su simbolismo, se vuelven más herméticos en estas composiciones, por ejemplo en otro fragmento del mismo poema:

En mis andanzas callejeras
del jeroglífico nocturno,
cuando cada muchacha
entorna sus maderas,
me deja atribulado
su enigma de no ser
ni carne ni pescado.

Francisco Monterde señaló en 1946: «Sus metáforas y reminiscencias ya intrigan a los extraños: mañana cada frase requerirá una exégesis»,[19] y José Emilio Pacheco aclara al comentar que esos versos «cuando cada muchacha entorna sus maderas»:

> ...resultan particularmente enigmáticos si no se toma en cuenta que por 1920 (según le informa Usigli) existía la «zona roja» de Cuauhtemotzin, donde las prostitutas solían acodarse a sus medias puertas para atraer a los transeúntes y entornar la mitad superior cuando estaban descansando entre dos faenas, para anunciar que seguían de guardia pero que se concedían lo que ahora se llama un *coffee break*.[20]

Indica también y con gran razón, que para entender muchas de las imágenes de López Velarde, es necesario «un conocimiento mínimo de la iconografía mexicana de 1914 a 1921».

Según narra Enrique Fernández Ledesma, esas poesías desconcertaron a mucha gente, y hablaron de ello con Ramón López Velarde una noche de sobremesa en El Globo, y al insistir particularmente en «la torpeza y necesidad» con que un personaje literario había comentado «La última odalisca», el poeta se encogió de hombros y con sonrisa escéptica exclamó:

> ¿Es posible que tales hombres, con tal ceguedad, intenten depurar el mundo? Por sonreírme de su asombro, he de escribir un poema tan simple, tan cristalino, tan llano,

---

[19] Francisco Monterde, 1971, p. 35.
[20] José Emilio Pacheco, 1970, p. 163.

que los desconcierte. Dirán que he vuelto a lo que juzgan mi sencillez de expresión; pero nunca sabrán que en este poema no les dejé ver sino lo que yo quise que vieran..[21] [...]

Fernández Ledesma asevera que a raíz de esa conversación nació «Humildemente», que para él es «obra maestra de emoción, de vigor y de técnica». Añade que el poema, a pesar de su sencillez, conserva lo que López Velarde llama garra:

> ...esto es, la virtud mágica de emoción y de expresión para zarpar en la conciencia. Sus arbitrariedades, o sea su rebeldía a ser complaciente con los ojos de la multitud, se afincan en las exploraciones de su universo que, como he dicho, eran los accidentes de su ser y de su vida.[22]

Y que en esa poesía, López Velarde sublima su emoción hermética, transforma los pasajes más elementales del momento para dar mayor fuerza a la palabra y, mediante esa magia, lo ve deambular de una hiperestesia a «intensidades expresivas de perfección única». Así pues, gracias a esa sabia prestidigitación, la reiterada, «la prodigiosa dualidad de su espíritu» está patente en dicha poesía.

Según Fernández Ledesma, el hechizo del arte de López Velarde está en la manera como llega:

> depurando los valores expresivos del idioma, transformando su fisonomía con un malicioso «maquillaje» y libertándola así del entusiasmo académico.
>
> Con una extraordinaria probidad íntima consagró en cada renglón de sus poemas el fulgor de sus prismas vitales...
>
> Su obra acogió, con frecuencia, materiales tan íntimos, tan personales, tan ocultos del ser y de la vida... que no bastaría una inteligencia sagaz y un decidido temperamento de crítica para desentrañar el tumulto de enigmas que trepidan en sus poemas.[23]

Ahora bien, en ese lenguaje ilusionista con el que el poeta encubre y descubre toda índole de sentimientos, se publica su segundo libro, *Zozobra*. El tono conserva la inspiración «pesimista» del modernismo, pero el lenguaje es ya de vanguardia; en él «presenta una pluralidad de alusiones, reticencias, elipses, sobreentendidos y significados subtextuales que no hay ninguno de sus antecesores».

Como tanto se ha insistido, *Zozobra* está entre Josefa de los Ríos y Margarita Quijano. Se inicia con el adiós a Fuensanta agonizante, hay varios poemas inspirados en Margarita que muestran un completo dominio de sus dotes poéticas y el libro concluye con el retorno a su ciudad natal «Humildemente». José Emilio Pachezo sintetiza el casi siempre doloroso recorrido del poeta al decir que en el libro se sienten:

> ...el niño de un Jerez en perpetua cuaresma y el *flâneur* de la ciudad de México, «el edén subvertido» por la Revolución y la capital con sus «flores de pecado».[24]

---

[21] Enrique Fernández Ledesma, 1971, p. 479.
[22] *Ibid.*, p. 481.
[23] Enrique Fernández Ledesma, en Guadalupe Appendini, 1971, pp. 52 y 53.
[24] José Emilio Pacheco, 1970, p. 131.

La aparición del libro provocó críticas controvertidas; al mismo tiempo sorprendió y deslumbró a sus lectores. Había un cambio conceptual marcado en relacion con *La sangre devota*; se trataba de un libro de una gran audacia expresiva tanto en sus imágenes como en la adjetivación. Enrique González Martínez publicó entonces una nota crítica «henchida de alabanzas», y también fue uno de los primeros en escribir sobre *Zozobra*:

> López Velarde posee, al par que una emoción dedicada y profunda que ya hemos apuntado, el don de la imagen nueva y de la expresión atrevida. Es raro que en algunos de sus poemas no se encuentre, cuando menos, una expresión bella y novedosa, una emoción que no sea a la vez suya y encantadora, una imagen que no sea un hallazgo de fina sutileza.[25] [...]

En una crítica anónima aparecida en *Biblos* (10 de enero de 1920) el incógnito juez, intranquilo por el rumbo que va tomando la poesía, adopta una actitud cautelosa que sintetiza lo que se había dicho del libro:

> *Zozobra* ha hecho que se reanuden las discusiones sobre la personalidad literaria de Ramón López Velarde, y aunque se le ataca y enaltece con igual apasionamiento, todos los críticos que de él se ocupan están acordes en apreciar que se trata de la obra de un poeta verdadero, y sólo discrepan al juzgar sus inusitados medios de expresión y sus metáforas atrevidas que unos aplauden y los más rechazan... A nuestro parecer, López Velarde, si prosigue escribiendo, habrá de evolucionar mucho todavía. Su manera actual es de transición, porque se extravía en complicaciones y extravagancias, y el arte supremo, el arte de escribir, «es algo más que un arte y algo más que escribir», tiene como final aspiración la sencillez.

Con mayor comprensión, Genaro Fernández Mac Gregor hace una cabal exégesis de *Zozobra* en *El Universal* (1° de enero de 1920). Más adelante afinaría sus opiniones al afirmar que aquella poesía inicial instalada en lo objetivo, se torna en *Zozobra* en el reflejo de lo subjetivo dándole mayor lirismo, y que aunque en esa poesía se encuentran las mismas imágenes familiares, los temas de provincia, etcétera, todo ese mundo exterior ahora va representado por medio de símbolos, debido a que:

> ...la Ciudad de los Palacios ha destilado al poeta un veneno más letal que los de Medea. Al correr por sus venas lo ha metamorfoseado... en sus versos modernos –ásperos y túrgidos como el deseo de un egipán– su voluntario hermetismo, lo haría digno de ser incluido por Verlaine en su galería de poetas malditos.[26]

Al pasar el tiempo, las opiniones van siendo más penetrantes, y así, para Jorge Cuesta (*El Universal*, 27 de agosto de 1920), la poesía del jerezano, en su segunda época:

> ...«después de Baudelaire», se hace maliciosa y artística, difícil y complicada. Es entonces cuando se enriquece y se hace verdadera... es cuando se vale de conjuros mágicos y de la más intrincada y misteriosa ciencia de la palabra. El niño no suplanta allí al

---

[25] Enrique González Martínez, en Allen W. Phillips, 1962, p. 48.
[26] Genaro Fernández Mac Gregor, 1971, p. 198.

hombre maduro y atormentado; lo acompaña con una fidelidad que no retrocede ni ante la tumba y que le hace decir: «Soy un harem y un hospital colgados juntos de un ensueño».

Antonio Castro Leal piensa que este libro es una obra cimera, digna de colocarse con la de los grandes poetas mexicanos en los «momentos más brillantes de su carrera», por sus diversas calidades:

> ...por su arrebatada entonación lírica, por su unidad y riqueza psicológica, por su tono de confesión a la que el arte no ha quitado su valiente frescura, por la novedad de introspección y dibujo, por la habilidad y finura poética con que expresa los más delicados matices de sus sentimientos y emociones...
>
> Es *Zozobra* el libro de un alma apasionada y canta el amor en su «insaciable voluptuosidad» y en sus más castas consolaciones. A las antiguas delicias sentimentales del provinciano... se han agregado ahora las placenteras experiencias que ofrecen las grandes ciudades...
>
> Quien quiera conocer las ricas variaciones de este drama en una versión en la que ha puesto sus encantos y temblores un género de poesía que nadie había ensayado antes en México, que lea este espléndido libro o, por lo menos, sus poemas más característicos: «Hoy como nunca», «La mancha de púrpura», «Mi corazón se amerita», «Tierra mojada», «A las vírgenes», «El mendigo», «Hormigas», «Idolatría», «La lágrima» y «La última odalisca».[27]

Al analizar la poesía de López Velarde, Xavier Villaurrutia se detiene en la insistencia de algunos en señalar la influencia que tuvo en ella Baudelaire, sobre todo en *Zozobra*, y establece las afinidades y diferencias entre la creación de ambos:

> Sería injusto y artificial establecer un paralelo entre ambos poetas, e imposible anotar siquiera una imitación directa o señalar una influencia exterior y precisa. Entre la forma de uno y otro no media más que... un abismo. Pero si un abismo separa la forma del arte de cada uno, otro abismo, el que se abre en sus espíritus, hace de Baudelaire y de Ramón López Velarde dos miembros de una misma familia...
>
> La agonía, el vacío, el espanto y la esterilidad, que son temas de Baudelaire, lo son también de nuestro poeta. Y si la religiosidad de López Velarde se resuelve en erotismo, siguiendo un camino inverso, pero no menos dramático, el erotismo de Baudelaire se convierte, en último extremo, en plegaria... Ciertos versos de nuestro poeta, los versos más ciertos, comunican un indefinible calosfrío baudelariano cuando son la expresión de un espíritu atormentado...[28]

En ese erotismo se detiene Sergio Fernández:

> La sinceridad de López Velarde –la que tanto se liga a su biografía espiritual–, expresada en el verso, en la prosa exotérica y en la alegoría nos conduce rápidamente... pero en forma concatenada, a saber que su temática fundamental, la mujer, se conecta

[27] Antonio Castro Leal, 1953, p. XVII.

[28] Xavier Villaurrutia, 1971, p. XVI.

a la naturaleza… un panteísmo femenino podría ser, entre muchas, la clave para entender la obra velardiana.[29]

Por su parte, Allen W. Phillips indica que en ese libro se encierra lo mejor de López Velarde, tanto en el campo estético como en el estilístico:

el poeta se dedica con afán a explorar todos los recursos expresivos del lenguaje, para objetivar con sinceridad las violentas conmociones de su alma.[30]

Octavio Paz, a su vez, afirma que *Zozobra* es un libro capital, y ante algunos de los poemas que lo integran, declara:

No, López Velarde no es un poeta provinciano, aunque el terruño natal sea uno de sus temas; los provincianos son la mayoría de sus críticos. Poemas como «El mendigo», «Todo», «Hormigas», «Tierra mojada», «El candil», «La última odalisca», «La lágrima» y otros cuantos más… lo hacen un poeta moderno…

Hay que repetirlo: la poesía moderna nace en Hispanoamérica antes que en España… y uno de sus iniciadores es López Velarde.[31]

Los enigmas que propone y la emoción estética que *Zozobra* produce en el lector, llevaron a Arturo Rivas Sáinz a estudiar el rico simbolismo de la obra en *El concepto de la Zozobra* (1944) y en *La redondez de la creación* (1915), aproximándose así a aquella exégesis que Francisco Monterde había considerado necesario hacer, de cada frase hermética de los poemas lopezvelardeanos. Así por ejemplo, al interpretar algunas palabras del poema «Hormigas», escribe:

…las «hormigas»… pierden su sentido entomológico, para convertirse en el bullicioso hervor de la sangre; la «harina», sinecdóquicamente, es tomada por el pan que, a su vez, simboliza el doble trofeo de los labios y los senos; el «paño de ánimas» deja de serlo, para trocarse en la imagen-signo de espíritu… Así, las cosas van perdiendo realidad en la medida en que van poco a poco introduciéndose en el sueño, en la poesía.

El Hijo Pródigo,
Año 1, vol. III, núm. 10
15 de enero de 1944

Los poemas de *Zozobra* representan, pues, una nueva etapa en la creación de López Velarde y reflejan también las vicisitudes de su vida. Por ejemplo, en «La lágrima» expresa el dolor que el rechazo de Margarita Quijano le produjera, pero poco después se prende de otra mujer. Octavio Paz indica: «La identificación de alma y amada [es] constante en López Velarde»; asegura también que «la fidelidad absoluta a la Dama… no se altera, inclusive si intervienen otros amoríos».

---

[29] Sergio Fernández, 1980, p. 169.
[30] Allen W. Phillips, 1962, p. 47.
[31] Octavio Paz, 1971, p. 78.

La nueva musa bien pudo ser Fe Hermosillo. El pianista Raúl Barragán Sierra, quien conociera al poeta, le contó a Guadalupe Appendini que, durante la gravedad de Saturnino Herrán, López Velarde conoció a esa mujer, cuñada del doctor Rivero Borrel, el médico de Herrán, y Fe acudía también con gran asiduidad a la clínica:

> Parece que Ramón se impresionó mucho con Fe, ya que la pidió en matrimonio, pero su amor no fue correspondido.
>
> ...Fe era una mujer de gran sensibilidad. Tenía esos poderes de clarividencia extraordinarios, que por desgracia se acabaron con el tiempo. Yo la traté en Europa... y allá me contó de su amistad con el gran poeta...
>
> Era una criatura muy dulce, con gran capacidad mental para percibir cosas extraordinarias. Fue una niña enfermiza y consentida, con una cultura muy elemental. No se casó nunca.[32]

La señora Rivero Borrel confirma lo dicho por Raúl Barragán, y añade que después de la muerte de Herrán, Fe y Ramón continuaron viéndose durante casi tres meses, y que el enamoramiento de ambos fue inmediato. Pero el destino, de nuevo, fue adverso al poeta:

> Fue en esos días cuando llamaron a mi esposo para ocupar un cargo diplomático en París y tuvimos que partir.
>
> ...mi madre [cuya] salud se quebrantó... como no podía viajar sola, Fe tuvo que acompañarla. Ramón le pidió que se casara con él, pero ella le suplicó que esperara dos años... el tiempo que nosotros estaríamos fuera. Esto sucedía en 1919.[33]

Añade que aunque Fe, al partir, quiso dejar en libertad a Ramón, éste se negó a romper la relación, que continuó por carta.

López Velarde decide ejercer otra vez su profesión y abre un bufete, asociado con el licenciado Francisco Martín del Campo. El despacho se instala en la avenida Madero número 1. Los clientes no han de haber sido muchos, pues tenía tiempo para seguir colaborando en la prensa, y para cartearse con sus amigos.

Desde esa oficina, el 18 de junio de 1919, escribe a José Juan Tablada, para darle las gracias por la «propaganda que ha hecho usted allá de nuestras cosas. Todos hemos recibido los periódicos que usted afectuosamente nos envía». Pero lo sustancial de esa carta es la afirmación que López Velarde hace de afincar su fe literaria siempre en trabajos en los que la inspiración surja de veneros emotivos, y, en cordial disparidad de ideas, critica la nueva faceta de la escritura de Tablada, aquella que se inscribe dentro de la poesía ideográfica. [...]

Ese año de 1919, la muerte de Amado Nervo le inspira un ensayo en el que hace un balance de lo que admira en la obra del poeta desaparecido, y de lo que considera su obra de menor interés. [...]

A un año de la muerte de Saturnino Herrán, él es el encargado de escribir su oración fúnebre. Las afinidades que los unieran en la vida y en la obra, el innegable parentesco

---

32 Raúl Barragán Sierra, en Guadalupe Appendini, 1971, pp. 107 y 108.

33 María Hermosillo de Rivero Borrel, en Guadalupe Appendini, 1971, p. 109.

entre su propio vocabulario estético y el de Herrán, hace que en ese homenaje profundice más en el espíritu del pintor y en el numen que nutrió su imaginación, que en el análisis formal o estético de su pintura. Él mismo apunta que presentará a sus oyentes el «retrato moral del pintor».

Destaca también cómo la «sensualidad fundamentó la obra del artista», el que estaba despojado de toda vanidad, pero, eso sí, «salvado de orgullo», era un «hombre sumiso, y altivo» a la vez. La pasión fecundó su obra, y esa pasión que le hizo amar a su país, lleva a López Velarde a afirmar:

> puedo asentar que la amante de Herrán fue la ciudad de México, millonaria en el dolor y en el placer. Ella le dio paisaje y figura, él la acarició piedra por piedra, habitante por habitante, nube por nube…
>
> En la solemne y copiosa obra de Herrán, apologética de la ciudad, blanquean la cal y la flor de la metrópoli.

En seguida se refiere a su carácter bromista e irónico; alude a sus inclinaciones supersticiosas, que ocultaba tenazmente, y a sus miedos: «Los duendes y los trasgos se confabulaban para tomar venganza en él de los registros positivos de su paleta.» Y acerca de su creación dice:

> La herencia con que nos enriqueció se ostenta sellada por esa universalidad accesible únicamente a los reactivos mitológicos que acallan la pacotilla de las cosas y les extraen la entonación pitagórica. Encima de las modas, la euforia de su mito le permitió convertir el universo en el balneario interminable en que todo se desviste para jugar el juego eterno de la desnudez de los arquetipos. En los creadores, el mito se desdobla, personificándose dentro de las vísceras, en la intengible doncella filarmónica, y por las playas exteriores en la marcial deidad que con sus flancos de borrasca, sus pupilas de belladona y sus perfumes clorofórmicos, desfila entre las bayonetas del Deseo.
>
> Murió significativamente en este mes de octubre que, gracias al tornasol de su clima, finge el concordato de las posturas espirituales.[34]

Por lo que toca al quehacer poético de López Velarde, después de la publicación de *Zozobra*, el 15 de enero de 1920, *El Universal Ilustrado* reprodujo las siguientes poesías: «Humildemente», «Te honro en el espanto», «Todo» y «El retorno maléfico».

De esos días es otro poema excepcional, «El sueño de los guantes negros», acerca del cual Manuel Horta cuenta la siguiente anécdota:

> Lo recuerdo muy bien. Vivíamos en Atenas 60, en una casa de huéspedes, Ernesto García Cabral, Octavio Amador y otros amigos. Una vez llegó el pintor guatemalteco Carlos Mérida a ver a Cabral y le dijo que tenía necesidad de exponer sus acuarelas –estaba muy escaso de fondos– y éste le dijo: «La única galería que tengo es mi cuarto, el número dos», y allí se expusieron.
>
> Invitaron a varias personas, entre otras a Ramón, que le dijo al pintor: «No conocía

[34] R. López Velarde, *Obras*, edición de José Luis Martínez, FCE, México, 1971, pp. 260-264.

sus obras, me parecen estupendas... usted tampoco conoce mis poemas.» Y sacó de la bolsa del chaleco ese manuscrito de «El sueño de los guantes negros».[35]

Enrique Fernández Ledesma, a su vez, relata que en una inolvidable noche, en la «amplísima y alegre» sala del Ministerio de Gobernación, Ramón le mostró el poema que había terminado horas antes. «Era la incomparable obra de arte y de emoción que tituló "El sueño de los guantes negros":

> Lo tenía escrito a lápiz, en el reverso de un sobre de oficio, pero la plombagina era tan suave, que la parte final del manuscrito, borrado por el roce del bolsillo, apenas podía leerse. Le advertí que el poema acabaría por desaparecer si no lo fijaba con tinta o mandaba copiarlo a la máquina. Él hizo uno de aquellos mohínes que le eran peculiares y que querían decir: ¿Para qué?, añadiendo a manera de transcripción: «¿Y mi memoria? Todavía tengo buena memoria...»[36]

El poema no estaba escrito en un sobre sino en un papel con membrete del periódico *Excélsior*, y a la muerte del poeta quedó en poder de su hermano Jesús, pero el vaticinio de Fernández Ledesma se hizo verdad y en pocos días, al querer leerle «El sueño de los guantes negros» a José Juan Tablada, que se hospedaba en el Hotel Regis, López Velarde se encontró con que varias partes eran ilegibles y ya no lo reescribió, por lo que quedó incompleto.

El poema, sin fecha, bien pudo ser escrito en 1920; Pedro de Alba dice que esa composición fue redactada poco antes de morir, pero en esto no se han puesto de acuerdo los biógrafos de López Velarde. De Alba cree que en esa poesía Fuensanta renace, «la amada que se había vuelto para él una sombra de ultratumba» surge de nuevo, y que a partir de ese momento las llamadas a la muerte se vuelven agudas y perentorias en su poesía, «como si hubiera recibido un mensaje urgido de Fuensanta».

Octavio Paz nos da una interpretación original y muy lúcida del poema. Piensa que López Velarde

> ...ama a la muerte porque está enamorado de un ser incorruptible: ese espíritu del cual su alma es un fragmento. Sólo el amor de la muerte, que es la Muerta, podrá salvarlo de la corrupción de la vida mortal.
>
> La resurrección de la carne significa, entre otras cosas, la redención del cuerpo. López Velarde creía apasionadamente en ese dogma... Ahora bien: ¿creía en la resurrección de la carne o creía que creía? Tal vez «El sueño de los guantes negros», que es el poema de la resurrección, podría responder a esta pregunta. El núcleo de esa composición, su línea cardinal, no es una respuesta sino una interrogación... Y no puede contestarla: «el enigma de amor se veló entero...» La respuesta es un misterio indescifrable. No se percibirá el sentido de esta duda terrible si no se sabe qué y quién es Fuensanta en la mitología del poeta.[37]

A fines del año, López Velarde conoce a Margarita González, de Lagos de Moreno,

---

35 Manuel Horta, en Guadalupe Appendini, 1971, p. 47.
36 Enrique Fernández Ledesma, 1971, p. 686.
37 Octavio Paz, 1972, p. 114.

con la cual a veces compartía una de sus diversiones favoritas: el cine. Cuando la nueva amiga regresa a su tierra, le escribe por lo menos una vez al mes, en un tono muy afectuoso, a ratos paternal:

> He seguido frecuentando el cine de la Ribera. Ayer me dijo Miguel Anaya que yo no había olvidado el camino, ¿allá no tienen cine ahora?
>
> ...
>
> Si viera Margarita cómo me acuerdo de usted, particularmente los domingos en el cine.

Margarita es también un lazo con González León, su viejo amigo de Lagos. El beneficio que le produce ese afecto se refleja en una de esas cartas:

> ¿Qué haría yo sin el bien de su amistad, sin la mejor de mis amigas, sin la linda laguense que vino a gorjear en mi navidad de 1919, sin mi sobrinita?

Margarita González es de igual manera su confidente, y por eso le confía su adhesión a Carranza, al decirle que pensaba acompañar al Presidente en su retirada de la ciudad de México:

> El día 7 del pasado [mayo] salí con los trenes del gobierno... pero no pase de este lado de la Villa, pues el enemigo nos rodeó. Pude dejar mi equipaje en la casita de un ferrocarrilero y presentarme en mi casa a las 6 de la tarde...[38]

Otras preocupaciones, menos elevadas pero necesarias, ocupaban su atención. Pedro de Alba relata que a la caída de Carranza

> ...Ramón López Velarde tomó la derrota como suya y se impuso un huraño alejamiento de la vida pública. No quería aceptar empleos o comisiones porque creía que con aquello traicionaba la memoria de «su padrino»; que así llamaba a don Venustiano. Después de haber ocupado puestos públicos de importancia, contaba Ramón con un capital de quinientos pesos, con los que pensaba poner una planta avícola. Cuando le comunicó aquel plan a José Juan Tablada, éste hizo una de sus famosas frases: «Hombre, Ramón, en México todo el mundo quiere hacerse rico con las gallinas... usted no tiene otro camino que volver a la vida pública en donde tanta falta hace.»[39]

Agrega que él y Jesús B. González estaban colaborando con el nuevo gobierno, que durante las gestiones de De la Huerta y de Obregón eran diputados, y que además frecuentaban al licenciado José Vasconcelos, a quien ayudaban en los trámites para la aprobación de la Ley de la nueva Secretaría de Eduación.

Los dos amigos, deseosos de apoyar a López Velarde, lo presentaron con Vasconcelos; el ministro, que admiraba y conocía la obra del poeta, lo recibió con entusiasmo y le dijo:

> Lo he andado buscando, lo necesito para que me ayude en la Secretaría como lo hizo en la época de la Convención. Ya sé de la resistencia que usted tiene para servir a

[38] Luis Noyola Vázquez, 1949, pp. 46-50.
[39] Pedro de Alba, 1958, p. 92.

> este régimen; pero le advierto que no es usted el que viene a ofrecerse, nosotros le buscamos porque nos hace falta. Usted tiene obligación de servir a México y de no negarnos su cooperación.[40]

López Velarde se conmovió ante el ofrecimiento; sin embargo, fiel a sus principios, rechazó tan señalada proposición. Ante esta negativa, Vasconcelos le pidió que formara parte del cuerpo de redacción de la revista *El Maestro* y tajantemente terminó su propuesta:

> Ya que usted no quiere servir un puesto de los que se consideran políticos, acepte una comisión, para que escriba descansadamente y haga lo que quiera, le repito, que usted es el que nos hace un favor dándonos las primicias de sus escritos para nuestra revista, la que dirigirá Agustín Loera y Chávez, que también es amigo suyo.[41]

El poeta aceptó el nombramiento y empezó a dividir su tiempo entre su bufete de la calle de Madero y la oficina de la revista, en Gante. El doctor de Alba relata que allí lo visitaban él y Jesús B. González, que luego iban los tres a merendar y finalmente lo acompañaban hasta su casa. Añade que ésta fue una época de desbordante creación poética de López Velarde y de añoranza del terruño, a la que la compañía de González le estimulaba aún más. «Entonces escribió «La suave Patria»; la que Jesús y yo vimos nacer estrofa por estrofa.»

LÓPEZ VELARDE REACCIONARIO*

Gabriel Zaid

Lecturas judiciales

No le ha faltado buena prensa a López Velarde y, quizá por eso, en plena celebración del ciencuentanario de su muerte, hubo quien lo pusiera en su lugar:

> López Velarde, escritor de «corazón retrógrado», militante del partido católico, representó el papel encomendado a los candorosos. Creyó en Madero y en la revolución democrático-burguesa, porque creía que el problema de México era solamente político y moral, y que el día en que se respetara en el país el sufragio acabarían nuestras des-

40 *Ibid.*, p. 94.

41 *Ibid.*, p. 95.

* *Sábado,* suplemento de *Unomásuno,* México, nº 558, 11 de junio de 1988.– *Tras poetas católicos,* México, Océano, 1997, pp. 182-193 (fragmento).

gracias. No entendió a Zapata, ni a Villa, ni al «populacho» que exigía reivindicaciones básicas, porque no figuraba entre sus ideas la noción de que, para que exista un auténtico proceso revolucionario, es preciso que los medios de producción pasen de los explotadores a los explotados [Emmanuel Carballo, «¿Revolucionario o reaccionario?», *Excélsior,* 18 de febrero de 1971; reproducido en el *Calendario de Ramón López Velarde,* septiembre de 1971].

Era llamar a cuentas el honor del poeta en el santoral revolucionario, no porque su vida o su obra hubiesen cambiado, sino porque en 1968 cambiaron los modelos de santidad. Ya no era chic decir que la Revolución mexicana se había anticipado a la rusa, sino que estaba retrasada con respecto a la cubana. Un gesticulador, que hablaba como si fuera un estudiante del 68, había subido a la presidencia.. Todavía no llegaban los halcones del 10 de junio de 1971. Eran los nuevos tiempos de la Apertura: tiempos en que era el rollo omnipotente y Echevarría presidente. Los rollos estudiantiles contra la cultura oficial servían como banderas de la nueva cultura oficial. Era el momento de celebrar a López Velarde, a los cincuenta años de muerto, pero también de acusarlo, desde una especie de materialismo ahistórico, por haber sido un estudiante revolucionario de 1910, no de 1968.

Como se sabe, Rubén Darío corrió la misma suerte. Entre 1959 (triunfo de la Revolución cubana) y 1979 (triunfo de la nicaragüense), fue ensuciado desde la pureza que lo veía como un lacayo del imperialismo. El verdadero genio emancipador de nuestras letras era Martí, prefiguración de Castro. Darle ese lugar a Darío (prefiguración de Somoza) era optar por el capitalismo dependiente. La práctica poética de Rubén Darío, como se demostró científicamente, nunca pasó de ser una

> «rebelión simbólica» que, por lo mismo, no estaba dirigida contra el dinero y la riqueza en sí, que el propio vate nicaragüense veneraba abiertamente, sino contra su forma actual constituida por el ciclo dinero-mercancía-dinero (D-M-D) que el capitalismo imponía como ley cada vez más decisiva del desarrollo histórico de América Latina [Françoise Perus, *Literatura y sociedad en América Latina: el modernismo,* Siglo XXI, 1976, p. 131].

Ya en 1967, los cubanos habían organizado en Varadero un Encuentro con Rubén Darío, para ponerlo en su lugar, que fue la lona, por knock out científico, a pesar del muy poco científico valor civil de Carlos Pellicer, que lo defendió. Pellicer, que fue presidente del Comité Mexicano de Solidaridad con el Pueblo de Nicaragua, veía a Darío como un Sandino, no como un Somoza. Pero, según el rollo, hasta Sandino había quedado en la rebelión simbólica, incapaz de radicalizarse y expropiar los medios de producción. Cuando vino a México, nuestros rolleros lo acusaron de lacayo del imperialismo (*El Machete,* junio de 1930 y 8 de marzo de 1934).

Afortunadamente, después del triunfo sandinista, se produjo un gran descubrimiento. Los últimos avances de la Ciencia mostraron que Darío era el Martí de Nicaragua: no un burgués cosmopolita y decadente, que adoptaba modelos extranjeros, sino todo un revolucionario, antiimperialista, profundamente original y expropiador de los medios de producción artística de los países explotadores. Pellicer tenía razón: Darío prefiguraba a Sandino.

Hay frases de López Velarde que han servido para sentarlo en el banquillo de los acusados. Un trabajito cómodo: a candorosa confesión de parte, relevo de pruebas. Pero lo candoroso está en leer poesía como si fuera una declaración judicial. Veamos, por ejemplo, unos pasajes del poema

«Día 13»

Mi corazón retrógrado
ama desde hoy la temerosa fecha
en que surgiste con aquel vestido
de luto y aquel rostro de ebriedad.

[...]

Desde la fecha de superstición
en que colmaste el vaso de mi júbilo,
mi corazón oscurantista clama
a la buena bondad del mal agüero;

[...]

Superstición, consérvame el radioso
vértigo del minuto perdurable

[...]

En la prensa sectaria, llegan a salir noticias donde los enemigos declarados comunistas, vendepatrias o mercenarios dicen (para mayor comodidad de los lectores) cosas como: los mercenarios tuvimos que retroceder ante el fuego implacable del pueblo en armas. Pero, fuera de esos casos maravillosos, no es común encontrar oscurantistas que se llamen a sí mismos oscurantistas. Ya no digamos por razones tácticas, sino porque hace falta luz crítica para ver la propia oscuridad. El rechazo de la crítica (el oscurantismo) también rechaza la autoconciencia. Por el contrario, si alguien ha perdido la inocencia de creerse bueno (identificado con el Bien, la Verdad, el Progreso, el Triunfo sobre el Mal), ya no es oscurantista. Hasta se puede desdoblar irónicamente: acusar a su corazón de retrógrado, supersticioso, oscurantista. Hasta puede tener el humor cariñoso de encomendarse a la superstición, como si fuera una tía difunta.

El retorno maléfico

Lo mismo sucede en «El retorno maléfico», un poema de extraordinaria conciencia artística, desde los adjetivos insuperables: el cubo que gotea

su gota categórica

O los adjetivos que parecen nada en

el amor amoroso
de las parejas pares

y, así precisamente, en la pobreza de la reiteración, se dan el lujo de crear metáforas por la forma del sintagma: parejas de palabras que por su enlace evocan parejas enamoradas.

Hay en el poema pasajes alucinantes, de superrealidad y al mismo tiempo de suspenso cinematográfico: la vuelta del hijo pródigo (que soñó con la Revolución) a la casa paterna abandonada, ametrallada, poblada de espantos y de espanto, para ver

a la luz del petróleo de una mecha
su esperanza desecha.

Cuando la tosca llave enmohecida
tuerza la chirriante cerradura,
en la añeja clausura
del zaguán, los dos púdicos
medallones de yeso,
entornando los párpados narcóticos,
se mirarán y se dirán: «¿Qué es eso?».

Sorprendentemente, es un poema que logra culminar, en vez de arruinarse, con una expresión política:

...Y una íntima tristeza reaccionaria.

¡Cómo se la han mentado a López Velarde, esta tristeza reaccionaria! ¡Cuánta necesidad de ponerla lejos, de ponerse a salvo, ante una «confesión» que puede salpicar y ensuciarnos! Para eso también son los poetas. Para «confesar» lo inconfesable en la conciencia del lector, y cargar con sus acusaciones; para crear lo no vivido y hacerlo vivible (o todavía rechazable); para desatar la imaginación crítica de la vida, y también para exponerse a la crítica falta de imaginación.

El proceso catártico, señalado por Aristóteles para la poesía dramático, también se da en la lírica, pero con cierta confusión. En una tragedia griega, el coro puede hacer comentarios «novelísticos» sobre lo que siente el protagonista; puede hablar como si fuera el narrador, el espectador. Y aunque es verdad que los parlamentos del coro, del protagonista y de los otros personajes fueron todos escritos por el autor, está claro que Electra no es Eurípides. Pero el poema se presta a suponer que el personaje, el narrador y López Velarde son la misma persona. Todo el sutil desdoblamiento, todos los recursos artísticos que dependen de ese desdoblamiento, todo el proceso catártico que deriva de esos recursos, se anulan. Para el acusador, estamos ante la confesión de un pobre diablo, no ante la obra de un gran artista que despliega sus dones, que se arriesga, que se deja llevar por su imaginación autocrítica para crear la vivencia del hijo pródigo revolucionario. Se fue soñando en mejorar las cosas, y ahora teme regresar al pueblo, el edén subvertido que se calla en la mutilación de la metralla. Teme que ese callar se vuelva voz, y que lo increpe en los espantos, los crujidos, los murmullos de la casa paterna (su Comala). Que los fantasmas familiares le pregunten: ¿Y para esto fue la Revolución?

Eso es lo que no quiere escuchar el acusador. Por eso grita: ¡Reaccionario, grandísimo reaccionario! Con tanta prisa, que ni siquiera se da cuenta de que el poema está escrito desde la posición del acusador. ¿Quién llamaría a su tristeza «reaccionaria»? ¿Desde dónde puede ser llamada así? El acusador se apodera de la acusación como si fuera suya, incapaz de leer el sarcasmo del autor de la acusación: de la persona que, precisamente, puso ahí el epíteto. Es una inocentada suponer que López Velarde, tan artista del adjetivo, iba a dejar inadvertidamente ése, como una especie de confesión que se le escapa, para mayor comodidad de los que creen prenderlo ahí convicto y confeso. Por el contrario, seguramente vio venir a los fariseos, seguramente titubeó.

Si lo dejó es porque resulta un hallazgo admirable. Parecería difícil que un adjetivo político le conviniera a un poeta tan íntimo, aunque hay preparativos léxicos para ese desenlace: *el edén subvertido* y los *vientos de fronda*, que son vientos de la cúpula frondosa al mismo tiempo que *vents de fronde* (de motín, de revuelta, de la Fronda, como lo recuerda Eugenio del Hoyo, *Glosas a «La suave Patria»*, Zacatecas, 1988).

Pero el adjetivo culminante no sólo tiene ese mérito literario (una integración difícil de materiales de muy distinta índole): resuelve simultáneamente la dualidad de contextos (íntimos/políticos) y la dualidad de perspectivas de la conciencia (la tentación del protagonista/la acusación del narrador). Expresa el desdoblamiento, la descarga final de la catarsis.

«El retorno maléfico»

Mejor será no regresar al pueblo,
al edén subvertido que se calla
en la mutilación de la metralla.

Hasta los fresnos mancos,
los dignatarios de cúpula oronda,
han de rodar las quejas de la torre
acribilllada en los vientos de fronda.

Y la fusilería grabó en la cal
de todas las paredes
de la aldea espectral,
negros y aciagos mapas,
porque en ellos leyese el hijo pródigo
al volver a su umbral
en un anochecer de maleficio,
a la luz de petróleo de una mecha
su esperanza deshecha.

Cuando la tosca llave enmohecida
tuerza la chirriante cerradura,
en la añeja clausura
del zaguán, los dos púdicos

medallones de yeso,
entornando los párpados narcóticos,
se mirarán y se dirán: «¿Qué es eso?».

Y yo entraré con pies advenedizos
hasta el patio agorero
en que hay un brocal ensimismado,
con un cubo de cuero
goteando su gota categórica
como un estribillo plañidero.

Si el sol inexorable, alegre y tónico,
hace hervir a las fuentes catecúmenas
en que bañábase mi sueño crónico;
si se afana la hormiga;
si en los techos resuena y se fatiga
de los buches de tórtola el reclamo
que entre las telarañas zumba y zumba;
mi sed de amar será como una argolla
empotrada en la losa de una tumba.

Las golondrinas nuevas, renovando
con sus noveles picos alfareros
los nidos tempraneros;
bajo el ópalo insigne
de los atardeceres monacales,
el lloro de recientes recentales
por la ubérrima ubre prohibida
de la vaca, rumiante y faraónica,
que al párvulo intimida;
campanario de timbre novedoso;
remozados altares;
el amor amoroso
de las parejas pares;
noviazgos de muchachas
frescas y humildes como humildes coles,
y que la mano dan por el postigo
a la luz de dramáticos faroles;
alguna señorita
que canta en algún piano
alguna vieja aria;
el gendarme que pita…
…Y una íntima tristeza reaccionaria.

El autor del poema se desdobla en el narrador que se desdobla en el protagonista. La primera estrofa es un parlamento del protagonista, que se dice a sí mismo: Mejor no regresar. Las tres siguientes son un relato del narrador, que fantasea sobre el posible retorno y se refiere al protagonista en tercera persona. En las dos que siguen, continúa el fantaseo pero a cargo de otra voz. El protagonista se apodera del relato del cual era objeto, volviéndose sujeto: fantasea sobre el retorno en primera persona. La estrofa final parece un cuerpo extraño en el poema. Está compuesta por una sola oración anómala, llena de puntos y comas, rota con puntos suspensivos. La oración misma es una ruptura de la secuencia narrativa: es un excurso descriptivo que acumula escenas de una cámara que ya no sigue al protagonista mientras recorre la casa paterna, sino que parece tomar prestados sus ojos mientras recorre el pueblo. Pero las imágenes son neutras, casi turísticas, como una serie de postales. No son un parlamento del protagonista; no continúan el relato del narrador en tercera persona; tampoco en primera. El tiempo del relato y la acción del personaje quedan suspendidos en un limbo extraño: la oración larguísima no tiene verbo, y la ruptura temporal queda subrayada por los puntos suspensivos. Después de los cuales viene el famoso verso final. Pero ¿quién lo dice? ¿López Velarde? ¿El narrador? ¿El protagonista?

López Velarde crea la acusación, válida desde ambos. Desde el narrador, la íntima tristeza reaccionaria es la escena final que cierra la serie descriptiva. Pero no es una postal: es una imagen de los sentimientos del protagonista. Implícitamente, el narrador vuelve a apoderarse del relato que dejó en el limbo de los recuerdos del protagonista, para convertirlo en objeto final de la acusación. Como si dijera: el retorno termina en la tristeza reaccionaria de recordar qué bonita era la paz porfiriana: como de postal.

Pero no se puede ignorar la simetría del parlamento inicial con la frase final; que como cierre de ese parlamento, se la diría a sí mismo el protagonista: mejor no regresar al pueblo que me haría sentir una íntima tristeza reaccionaria.

En cuanto el poema confluye a una integración catártica (íntima/política, subjetiva/objetiva) y en cuanto el narrador es un desdoblamiento del protagonista, la frase final integra ambos sentidos. Es un cierre perfecto.

El poema no se entiende desde la posición de que todo tiempo pasado fue mejor. No es un poema escapista, es un poema cruel. Es el poema de alguien que creyó en un futuro mejor y se enfrenta al futuro que llegó. De alquien que, todavía en ese momento, se prohíbe la regresión: el retorno es maléfico, la tristeza es reaccionaria, mejor no regresar.

Lo mismo dice un héroe del realismo socialista. Pero ¡cómo lo dice! Sin asumir la esperanza deshecha, sin escuchar los murmullos soterrados, sin correr el más mínimo riesgo pecaminoso; sin desdoblarse con la buena conciencia de una sola pieza que se identifica con el Bien, y no puede siquiera imaginarse que el deseo de Bien produzca Mal.

VELARDIANAS*

Gonzalo Celorio

A la memoria de Gabino Calma

Una

1888 es el año del nacimiento de Ramón López Velarde y es, también, el año del nacimiento del Modernismo según lo consideraba Ernesto Mejía Sánchez, quien, por determinar la cronología de Rubén Darío, estaba dispuesto a perder la suya propia. Ciertamente, Mejía Sánchez atribuía a la publicación de *Azul*... en el año 88 el papel inaugural del movimiento literario que el tiempo acabó por identificar con la obra del enorme poeta nicaragüense, no obstante que en años anteriores Martí hubiera publicado el *Ismaelillo* y sus *Epístolas y poemas*, Gutiérrez Nájera *Cuentos frágiles* y el tan porfiriano poema «La duquesa Job» y Salvador Díaz Mirón sus primeras poesías. Como quiera que sea, Ramón López Velarde nace en el Modernismo y escribe sus versos de adolescencia y gran parte de los que habrán de integrar su primer libro en el transcurso de este movimiento, que en el caso de México no habrá de detenerse –como lo precisa José Emilio Pacheco con una imagen casi cinematográfica– sino hasta 1914, cuando las tropas zapatistas irrumpen entre los bambúes del jardincito japonés que José Juan Tablada, a manera de *haikú* ecológico, había cultivado en Coyoacán.

En efecto, durante los años comprendidos entre 1905, cuando López Velarde escribe sus primeros poemas, y 1916, cuando publica *La sangre devota*, es decir durante los años primigenios de su expresión poética, el Modernismo goza de cabal salud a pesar de la fatalidad que el doctor González Martínez le pronostica al cisne interrogante: Darío publica entonces *Cantos de vida y esperanza*, Leopoldo Lugones *Lunario sentimental*, Manuel José Othón el «Idilio salvaje» y el propio González Martínez los libros que no rompen con el Modernismo por más que se le haya practicado la traqueotomía al cisne de «engañoso plumaje» sino sólo con sus modelos paranasianos a favor de los simbolistas: *Silenter*, *Los senderos ocultos*, *La muerte del cisne*.[1]

No obstante la circunscripción de Ramón López Velarde a la cronología modernista, su poesía no se identifica totalmente con la estética de este movimiento, es más, se siente ajena al Modernismo a pesar de que ostenta algunos rasgos modernistas. Más joven que

---

* *Minutos velardianos*, Ensayos de homenaje en el Centenario de Ramón López Velarde, México, Universidad Nacional Autónoma de México, 1988, pp. 27-42.

[1] José Emilio Pacheco considera que «cuando en 1911 González Martínez se dice a sí mismo "Tuércele el cuello al cisne", no está reaccionando contra el modernismo, como afirman tantos manuales: se despide de los elementos parnasianos y opta por los rasgos simbolistas». *Poesía modernista. Una antología general.* Selección, prólogo, notas y cronologías de... México, Secretaría de Educación Pública/Universidad Nacional Autónoma de México, 1982 (Clásicos americanos, 39), p. 5.

los poetas mencionados, López Velarde parecería ir adelante de ellos trazando el camino hacia la modernidad –en el sentido de vanguardia. Alejado, empero, de la urbe hasta 1914, cuando abandona la provincia para instalarse definitivamente en la ciudad de México, parecería ir atrás de un movimiento autocomplaciente en su cosmopolitismo. Ciertamente, de inusitada modernidad –prefiguración vanguardista– son sus desplantes poéticos: la audacia de la adjetivación, la beligerante ruptura del lugar común, la experimentación formal, etcétera; sus temas, sus ámbitos referenciales, sus preocupaciones ontológicas y metafísicas, en cambio, provienen de la más rancia tradición provinciana y del rigor religioso del seminario en cuya austeridad fue formado.

Acaso de esta contraposición entre su referencialidad, que se antoja premodernista, y su formalización poética, que es a todas luces posmodernista, brotan los valores originales de la poesía de Ramón López Velarde –aquéllos que lo aíslan y que lo hacen dueño absoluto de su ínsula.

Dos

En el prólogo a la amorosa edición de las *Obras* de Ramón López Velarde, José Luis Martínez se refiere a las influencias literarias que recibe la poesía velardiana. Habla naturalmente de Baudelaire y un tanto artificialmente de Virgilio, de quien el poeta sólo toma por modelo la primera estrofa de la *Eneida* para legitimar, en el inventario de sus temas líricos, la excepcional presencia del tema civil de «La suave Patria». Actitud semejante a la de López Velarde, por cierto, había adoptado el primer poeta mexicano de lengua española, Francisco de Terrazas, cuando hubo de interrumpir su inefable lirismo para cantar hazañas ajenas en su extenso e inconcluso poema épico *Nuevo mundo y conquista*, cuyos mejores momentos son aquellos en que predomina la sensibilidad lírica –correspondiente a la «sordina» que el poeta aplica a la épica de «La suave Patria». Y como de paso, José Luis Martínez dice una cosa que me parece de gran importancia: que no se referirá a la influencia de los poetas modernistas en la poesía de López Velarde porque «sólo nos muestran las fuentes de su vocabulario.»[2]

Con la excepción de *Lunario sentimental*, que afecta de manera más profunda la poesía de López Velarde –tal vez porque ahí Lugones exacerba las posibilidades del Modernismo–, ciertamente la influencia modernista se reduce a una cuestión de léxico: interesa la piel, mas no los órganos vitales.

Jaime Torres Bodet en un artículo temprano –1930– ya había señalado la tendencia de López Velarde a utilizar en su poesía palabras cultas y prestigiosas, que podrían responder al gusto del Modernismo por la elegancia y la exquisitez: «Donde alguno podía decir *universal*, apunta él, pintorescamente, *ecuménico*. Y donde otro escribiría *un niño*, él ve, inmediatamente, *un párvulo*».[3] José Luis Martínez llegó a contar hasta trece esdrújulos –*retrógrado, fúlgido, letárgico, fulmíneas, lúgubre, vértigo* y *bólido* entre ellos– en un solo poema.

---

[2] José Luis Martínez, «Examen de Ramón López Velarde» en *Obras* de Ramón López Velarde, Fondo de Cultura Económica, México, 1986 (Biblioteca americana. Literatura moderna), p. 27.

[3] Jaime Torres Bodet, «Cercanía de López Velarde» en *Contemporáneos*, México, septiembre-octubre de 1930.

Puede verse en el origen provinciano de López Velarde la causa de su sobrada admiración por el vocabulario sofisticado y aristocrático que emanaba de los cenáculos modernistas y que se identificaban con la «alta cultura» metropolitana; como si el poeta de Jerez tuviera algún temor de que su poesía, que tanto se entretiene en temas de provincia, fuera tildada con los baldones que reductoramente suelen impugnarse a la gente de pueblo –rústica, inculta, rudimentaria, paya– y tratara de curarse en salud mediante el empleo de un léxico prestigioso. De ser así, el vocabulario modernista, más que encubrirlo, habría de delatarlo. Alfonso Reyes definió la poesía de López Velarde como «arte aldeano y arte complicado» a un tiempo y no entendió el entusiasmo que en la joven crítica –la de los años treinta– despertaba un poeta que «conquistó la fama de una vez con una sola poesía: *La suave Patria*»[4] y a quien a fin de cuentas consideró «estrella fugaz en nuestro cielo poético».[5]

Uno de esos jóvenes críticos, Jaime Torres Bodet, veía –en el artículo citado de 1930– que esta actitud, efectivamente provinciana, de López Velarde no era signo de la timidez sino de la audacia:

> Un hombre de la ciudad no necesita dar voces especialmente violentas para seducir la atención de su público. Con detenerse unos minutos, en un momento dado, en el cruce de dos avenidas congestionadas por el tráfico, habrá violado tantos complicados mecanismos de la sociabilidad que esta sola lentitud tomará, casi, las proporciones de una verdadera rebeldía. En cambio, en provincia, ¡qué sucesión de delirios ha de fingir el hombre de talento para que los parientes de su familia! –por el solo hecho de haberle visto nacer– no lo desprecien indefinidamente.[6]

Por lo que toca al vocabulario, la audacia de Ramón López Velarde consistió en disponer de la brillantez, el lujo, la sonoridad, la riqueza, la elegancia del léxico modernista para liberar a la provincia mexicana de los lugares comunes que la habían reducido al tamaño de las tarjetas postales. Lenguaje que se impone sobre el pintoresquismo vernacular sin perder aquellas voces que más hondamente articulan el espíritu de la provincia, las que proceden de la conversación de todos los días, y que se mezclan, en inusitada simbiosis, con las que sólo se pronuncian en día domingo. Gracias a que se detiene en la superficie del léxico modernista, López Velarde se salva del riesgo de restringir su poesía a lo meramente escenográfico en que se quedó buena parte de la estética del Modernismo. Xavier Villaurrutia dice que

> el amor a lo decorativo por lo decorativo, que es un vicio de la poesía modernista, no aparece, por fortuna, en la poesía del mexicano López Velarde.[7]

Justamente porque la provincia no es en su poesía un mero decorado sino un referente que la energía poética transforma para entregárnoslo en su esencia más honda y en su

---

[4] Alfonso Reyes, «Pasado inmediato», en *Obras completas* de..., Fondo de Cultura Económica, 1ª ed. México, 1960, vol. XII. Letras mexicanas, pp. 269-270.

[5] *Ibid.*, p. 215.

[6] Jaime Torres Bodet, *op. cit.*, pp. 128-129.

[7] Xavier Villaurrutia, «Ramón López Velarde» en *Obras* de..., Fondo de Cultura Económica, 2ª ed., México, 1974. Letras mexicanas, p. 652.

más amplia dimensión, Ramón López Velarde no es un poeta provinciano –en el sentido pacato del término–,

> aunque el terruño natal sea uno de sus temas –como dice Octavio Paz–; los provincianos son la mayoría de sus críticos.[8]

Por debajo de la superficie esmerilada y bruñida de tantas palabras domingueras, se abre el socavón de la poesía y sus infinitas galerías; por debajo de la piel, el corazón se amerita.

Tres

Una estrofa de «El minuto cobarde» dice:

> Obesidad de aquellas lunas que iban
> rodando, dormilonas y coquetas,
> por un absorto azul
> sobre los árboles de las banquetas.

Si en lugar de la palabra *banqueta* hubiera usado *acera* o *cordón de la vereda*, tal estrofa habría podido formar parte del *Lunario sentimental* de Leopoldo Lugones.

Ramón López Velarde leyó con devoción el *Lunario sentimental*. Gracias a Lugones –piensa Octavio Paz– López Velarde «se descubre; pero apenas se encuentra a sí mismo, deja de parecerse al gran poeta argentino».[9] Este paralelismo tiene que ver más con la poesía que con la historia de la poesía; Lugones y López Velarde son poetas afines y éste es deudor de aquél, al menos por lo que hace a la primera etapa de su producción, mas no son poetas equivalentes para la historia de la poesía: Lugones no es a la poesía argentina lo que López Velarde a la mexicana. Para la historia de la poesía se me ocurre aventurar una equivalencia diferente y acaso temeraria: Ramón López Velarde y Jorge Luis Borges. Sí.

Como López Velarde, Borges veneró a Lugones, si bien en un momento diferente de su historia literaria personal: recuérdese la reconquista que hace de su literatura en el prodigioso cuento-dedicatoria que abre el volumen de *El hacedor*. Y como López Velarde, hubo de romper con Lugones para articular su propia voz. Entiendo que el mérito mayor de *Fervor de Buenos Aires* no consiste en haber introducido en nuestro continente la vanguardia ultraísta, que Borges había compartido en Sevilla con Gerardo Diego y Rafael Cansinos Asséns, sino en haber roto con el Modernismo: en esa trascendental ruptura estriba la modernidad del primer libro de Borges, publicado, por cierto, el mismo año de la temprana muerte de López Velarde. En él, Borges, como el poeta mexicano, pone los recursos de la modernidad al servicio de los temas locales: barrios, arrabales, carnicerías, patios, calles,

---

[8] Octavio Paz, «El camino de la pasión (Ramón López Velarde)» en *Cuadrivio*, Joaquín Mortiz, 5ª ed., México, 1984. Serie del volador, p. 78.

[9] *Ibid.*, p. 76.

plazas de la ciudad porteña. Sus preocupaciones son diversas como diversas son sus poéticas; sus funciones en las historias nacionales de la poesía, en cambio, son semejantes.

Cuatro

En un soneto alejandrino, que se incluye a manera de prólogo en las páginas preliminares de *Zozobra*, Rafael López le dice a Ramón López Velarde:

> Has burlado al solemne dios, el lugar común.

Cierto. López Velarde burla el lugar común. No lo evade sino que lo enfrenta. Su mérito no estriba en evitarlo sino en redimirlo. Un ejemplo: *soltero empedernido*. Si la metáfora que se me viene a la cabeza no contradijera la sustancia del ejemplo, diría que el adjetivo *empedernido* se ha casado irrenunciablemente con el sustantivo *soltero* y que, muy bien avenidos, van a todas partes juntos como la más institucional de las parejas. López Velarde, que se empeña cada vez más en subvertir los convencionalismos, no rehúye su visita; antes bien la procura aunque con el ánimo sacrílego de disolver su sacrosanta unión. Entre uno y otro cónyuges, introduce, cual amante adúltero, otro sustantivo que separa a la feliz pareja, que modifica sus papeles originales y que la somete a sus designios implacables: *dolor*. *Soltero dolor empedernido*, dice el poeta en un verso:

> encima
> del soltero dolor empedernido
> de yacer como imberbe congregante

¡Ah, qué felicidad poética a expensas del dolor del poeta! ¡Qué espléndido verso en el que reconocemos nuestra propensión al lugar común, felizmente subvertida!

Cinco

«El adjetivo, cuando no da vida, mata», reza el conocido apotegma de Vicente Huidobro.

Acaso como todos los poetas, Ramón López Velarde parte del presupuesto de la felicidad de la adjetivación. Como si se tratara de un hallazgo, de un descubrimiento, el poeta se da a la tarea de buscar en el infinito arsenal de las palabras el adjetivo brillante, oportuno, pertinente, original, exacto, insustituible, único que concuerde *felizmente* con el sustantivo –que le dé vida. Tal es el epíteto de la retórica clasica, que no pretendía determinar al sustantivo sino caracterizarlo. Y tal es la felicidad, en la poesía de López Velarde, de los «ojos inusitados de sulfato de cobre», «el viudo oscilar del trapecio» o la «gota categórica» que de un cubo de cuero gotea sobre el «brocal ensimismado». Sin embargo, con creciente frecuencia a lo largo de su obra, el poeta rebasa este presupuesto elemental para disponer del adjetivo con otras finalidades: violentar al sustantivo, apremiarlo, retarlo, subvertirlo, corromperlo –esto es modificarlo en su esencia para entregarnos, como producto de semejante pugna, una imagen absolutamente inédita, que ya no procede del descubrimiento afortunado sino de la creación temeraria. A semejante recurso, José Luis Martínez lo denomina «adjetivación de signo contrario» y lo ejemplifica con el entusiasta verso que habla del «perímetro jovial de las mujeres», en el cual se realiza «un contraste entre la naturaleza física del sustantivo (*perímetro*) y la naturaleza sentimental del adjetivo (*jovial*)».[10] Recuerdo, por mi parte, las «cataratas enemigas», «los fresnos mancos» o «la orgía matinal» –que roza el oxímoron. Estos adjetivos no sólo no determinan al sustantivo, sino que tampoco lo caracterizan, a la manera del epíteto: nombran lo no nombrado. Y esa es, precisamente, la misión del poeta: poner nombre a las cosas. Dice Xavier Villaurrutia que a López Velarde,

> como a todo buen poeta, le quedaba el recurso de hacer pasar los nombres por la prueba de fuego del adjetivo: de ella salían vueltos a crear, con la forma inusitada, diferente, que pretendía y muy a menudo alcanzaba a darles. Recobrando una facultad paradisíaca, dióse, como Adán o como Linneo, a nombrar las cosas adjetivándolas...[11]

Si mi aseveración no corriera el riesgo de ser leída como un delito de lesa gramática, diría sencillamente que en la poesía de Ramón López Velarde los adjetivos son sustantivos.

Seis

La relación entre un adjetivo y el sustantivo al cual se aplica y que no parece aceptarlo de modo natural sino casi a su pesar no es más que un ejemplo mínimo de lo que ocurre en la poética de Ramón López Velarde: la combinatoria inusitada de elementos que proceden de paradigmas diversos cuando no opuestos. La crítica se ha entretenido morosamente en las polaridades que imantan la poesía velardiana, entre ellas, lo litúrgico y lo erótico como signos específicos de lo sacro y lo profano. Más allá de la perfidia de la adjetivación, símiles, metáforas e imágenes establecen relaciones promiscuas –por llamarlas de alguna manera– entre ambos extremos. Así, por ejemplo, el «rostro como una indulgencia plenaria» o aquel verso de «Te honro en el espanto» que dice:

> ya que tu abrigo rojo me otorga una delicia
> que es mitad friolenta, mital cardenalicia.

José Luis Martínez destaca un verso ejemplar en el que se concitan elementos provenientes de tres paradigmas rectores de la poesía de López Velarde: el amoroso, el litúrgico y el aldeano o rural:

> tus dientes, cónclave de granizos.

[10] José Luis Martínez, *op. cit.,* p. 25.
[11] Xavier Villaurrutia, *op. cit.,* p. 654.

Semejantes asociaciones, cada vez más libres –o cada vez más audaces y sofisticadas– hacen que la poesía de López Velarde cuando menos roce la modernidad de las vanguardias y que de algún modo sutil prefigure el movimiento surrealista.

Jaime Torres Bodet nos ofrece una imagen descriptiva de la poesía velardiana que no dista mucho de la iconografía del surrealismo:

> La primera impresión que produce, a la lectura, una poesía de Ramón López Velarde es precisamente la de haber penetrado, de pronto, en una casa saqueada. Pero inmediatamente, del desorden visible, las incoherencias mismas van tranquilizando nuestro sentido de la propiedad. Sí, ha habido violencia, pero los saqueadores no se han llevado consigo nada de lo que habían venido a robar. La cortina ha desaparecido de la puerta que protegía, pero no ha desaparecido de la casa: ahora vibra, como una túnica, sobre el busto de una Minerva, estilo Imperio, de 1810. El espejo no ha huido del marco que lo encerraba. Se ha vuelto de espaldas, cara al muro, acaso para no presenciar la escena del robo que nuestra llegada al salón –es decir, nuestra curiosidad en la lectura– ha conseguido evitar.[12]

Octavio Paz, por su parte, relaciona la poesía de Ramón López Velarde con la pintura de uno de los más grandes artistas plásticos del surrealismo, a partir de una frase del poeta zacatecano, que es cifra de su estilo: «los pasos perdidos de la conciencia, el caer de un guante en un pozo metafísico» –imágenes éstas ubicadas en una larga enumeración de percepciones a las que se debe el poeta y que podrían formar parte de un catálogo de la imaginación surrealista–:

> Hay en estas líneas –dice Paz– un presentimiento de algo que nunca vio: los cuadros de Chirico.[13]

Más que considerar a la poesía de López Velarde como una prefiguración del surrealismo –lo que sería objeto de otro estudio–, me interesa señalar por ahora que su similitud con ciertos aspectos que habrá de ofrecer este movimiento de vanguardia es indicio claro de su modernidad.

Paz piensa que uno de los iniciadores de la poesía moderna en Hispanoamérica es López Velarde porque

> con él empieza una *visión* de las cosas que todavía seduce a espíritus tan opuestos como Jorge Luis Borges y Pablo Neruda. La mirada que se mira, el saber que se sabe saber es el atributo (la condenación, sería más justo decir) del poeta moderno.[14]

El poder asociativo de la imaginación velardiana al que he venido haciendo referencia –su capacidad de hilvanar metáfora tras metáfora o mejor imagen tras imagen sin poner un pie en la realidad– lleva a su obra poética a esta suerte de tautología verbal a la que alude Paz como señal de modernidad: «el reflejarse sin fin de una palabra a otra».[15] Esta tendencia a la autorreferencialidad, más o menos perceptible a lo largo de toda su obra, se hace explícita en poemas como «La estrofa que danza» o «El son del corazón».

---

[12] Jaime Torres Bodet, *op. cit.*, p. 117.

[13] Octavio Paz, *op. cit.* p. 77.

[14] *Ibid.*, p. 78.

[15] *Ibid.*, p. 79.

José Luis Martínez señala que en el recorrido por los tres libros poéticos de Ramón López Velarde

> es posible ir descubriendo, junto a composiciones en que predomina la necesidad de una expresión espiritual, otras cuya preocupación más franca son los misterios de la palabra.[16]

Interesante observación sobre un poema que se declaró enemigo de la palabra por la palabra y que llegó a decir, como declaración de principio, la frase con la que quisiera que se significara su poesía: «yo anhelo expulsar de mí cualquier palabra, cualquier sílaba que no nazca de la combustión de mis huesos». No obstante, José Luis Martínez considera que

> a partir de *Zozobra* y entusiasmado con las infinitas posibilidades de la palabra, el poeta emprenderá una exploración que, si imprimiese modernidad a la última parte de su obra, no podría asegurarse con certeza que la llevara a una mayor plenitud lírica.[17]

Esta aguda consideración de José Luis Martínez corrobora el planteamiento de que la poesía de López Velarde se hace moderna por el camino de la autorreferencialidad, esto es de la experimentación de la palabra por la palabra misma con relativa independencia de sus referentes, como lo fueron, en muy buena medida, las tribulaciones espirituales del autor. Pero lo que más interesa de ella es que la modernidad alcanzaba por López Velarde no necesariamente ampara a su mejor y más representativa expresión poética.

La modernidad, como lo ha planteado Paz insistentemente en diversos ensayos que van de *Poesía en movimiento a Los hijos del limo*, estriba, otra vez tautológicamente, en el deseo, en la voluntad de ser moderno, en el impulso por romper la tradición y hacer de esa ruptura no sólo un lenguaje propio sino el más alto valor artístico. En efecto, desde las vanguardias por lo menos parece haber una identificación entre lo nuevo y lo bueno. Y aquí me gustaría retomar una idea que dejé botada en mi tercera velardiana, a saber: que lo importante para la historia de la poesía no necesariamente es lo importante para la poesía misma. Ramón López Velarde es excepcionalmente importante para ambas si bien por motivos diferentes: es importante para la poesía por el valor intrínseco de sus poemas, y entre ellos, acaso los mejores no sean precisamente los más audaces o los más innovadores; y es importante para la historia de la poesía por la modernidad de muchos de ellos, aun los que resbalan por la pendiente de la experimentación infortunada, pero que abren a la poesía mexicana, no obstante, el camino de la renovación.

Siete

Si algo salta a la vista en la obra de Ramón López Velarde desde la primera lectura –la más ingenua, la más fresca– es la sórdida lucha en que el poeta se debate, hasta el

[16] José Luis Martínez, *op. cit.,* p. 22.
[17] *Ibid.,* pp. 21-22.

desgarramiento, entre la gracia y el pecado. Léanse, como signos de tal antinomia: bien y mal, «ángel guardián» y «demonio estrafalario», virginidad y deseo carnal, Fuensanta y la última odalisca, vida canora y hormigas voraces, virgen y león, pueblo provinciano y ciudad capital, tradición y modernidad, corazón e «ineptitudes de la inepta cultura»:

> Siempre que inicio un vuelo
> por encima de todo
> un demonio sarcástico maúlla
> y me devuelve al lodo.

Y esta lucha incesante es la materia prima de su poesía:

> ¡Oh Psiquis, oh mi alma: suena a son
> moderno, a son de selva, a son de orgía,
> a son mariano, el son del corazón!

Genaro Fernández Mac Gregor, Antonio Castro Leal, Jaime Torres Bodet, Xavier Villaurrutia, Allen W. Phillips, José Luis Martínez, Octavio Paz, Sergio Fernández, Carlos Monsiváis, Gabriel Zaid, José Joaquín Blanco en sus ensayos relativos a la poesía de Ramón López Velarde han destacado esta dramática oscilación de movimiento perpetuo, esta contradicción irresoluble entre la gracia y el pecado.

A pesar de la inagotabilidad del discurso poético de Ramón López Velarde, me es difícil agregar dos palabras a los sesudos trabajos de tales estudiosos. Qué añadir, por ejemplo, al inteligentísimo ensayo «El camino de la pasión» en el que Octavio Paz relaciona la poesía de López Velarde con la de Baudelaire y Laforgue, con Góngora y Lugones, con Eliot y el surrealismo; determina el carácter trascendente de sus referencias provincianas; la despoja de los lugares comunes con la que fue ataviada prematuramente; precisa sus rasgos nacionales; la ubica en la modernidad de la poesía hispanoamericana; señala sus alcances y sus limitaciones; ve sus complejidades, sus desviaciones heréticas y maniqueas, sus problemas teológicos; la inscribe en la secular tradición del amor cortés proveniente de los cátaros y los trovadores y la vincula con la filosofía sufí; estudia su universo erótico y el papel protagónico que en ella desempeña la mujer; esclarece, en fin, la significación profunda de la lucha del poeta entre el amor y la imposibilidad de realizarlo. López Velarde –dice– «no se enfrenta a un amor imposible; su amor es imposible porque su esencia es ser permanente y nunca consumada posibilidad».[18]

Yo sólo quiero decir, con «épica sordina», que las contradicciones en principio irreductibles a las que aluden los especialistas, me parecen referenciales, esto es prepoéticas; que la lucha atroz en que el poeta vive y cree morir encuentra un espacio de distensión –de sosiego, de apaciguamiento–: el poema mismo, donde se resuelven los contrarios por la redención de la palabra poética.

---

[18] Octavio Paz, *op. cit.,* p. 93.

Ocho

Cómo saber qué habría pasado en el quehacer poético de Ramón López Velarde si la muerte no lo hubiera sorprendido tan temprano. Acaso su obra sería enorme y lo que hoy constituye una buena proporción de versos torpes y vergonzantes quedaría reducida a la amnesia, perdida en la inmensidad memorable de su universo verbal; se habría convertido –según la hipótesis de Octavio Paz–

> en una contemplación amorosa de la realidad, tal vez menos intensa pero más amplia que la concentrada poesía de su libro central, *Zozobra*;[19]

habría llegado a la plenitud de su expresión merced al empleo maduro y no frívolo ni superficial de las técnicas de vanguardia; habría sido puente transitable entre ella misma y la poesía de la generación de Contemporáneos, síntesis entre el nacionalismo a ultranza y la vocación universal. O tal vez no: acaso se habría acomodado en el ejercicio mecánico de la retórica que también generaron los vanguardismos a pesar de sus denodados esfuerzos por combatirla; se habría vuelto convencional, superadas con la madurez –o con el psicoanálisis, ¿por qué no?– las dicotomías que atormentaron a su autor de por vida; se habría olvidado de Jerez de Zacatecas y de sus mujeres –y de «la novedad campestre de sus nucas»– después de medio siglo de transcurrir por Londres, París o Nueva York; o se habría puesto al servicio militante de la oficialidad, ensoberbecida por la coronación institucional de «La suave Patria» de no haber muerto el poeta.

Cómo saberlo. A qué saberlo. A qué conjugar tiempos verbales inútiles.

Por lo que toca a la poesía de Ramón López Velarde, sobre la sabiduría impecable y diamantina, prefiero, sin lugar a dudas, la combustión de los huesos. Por eso me quedo con el juicio de Xavier Villaurrutia –cuya obra poética, por cierto, a Octavio Paz también le parece escasa–:

> Desaparecido en el medio día de su vida, la muerte
> no vino a derribar esperanzas, ni a segar promesas
> en flor, porque Ramón López Velarde había realizado
> ya las primeras y cumplido las segundas. Su viaje
> fue el perfecto viaje sin regreso.[20]

Nueve

Si la forma de la poesía es inalterable; si no es el mero envoltorio de una idea, el mero transporte de un pensamiento sino que, inseparable del contenido, no distinta de él, no desechable, es la propia sustancia poética... algo tiene que ver la poesía con la memoria que la retiene y la mantiene viva. Imposible citar un verso sin el rigor insobornable de la textualidad.

---

[19] *Ibid.*, p. 69.

[20] Xavier Villaurrutia, *op. cit.*, p. 644.

Eduardo Casar, cuyos tránsitos inductivos y deductivos se aproximan cada vez más a los de Macedonio Fernández, dice no sólo que la poesía ha de memorizarse necesariamente sino que todo aquello que se guarda textualmente en la memoria es, por ese solo hecho, asunto poético. Si traigo a cuento semejante idea, que se antoja un despropósito, es porque la poesía de Ramón López Velarde es altamente susceptible a la memorización. No me refiero, por supuesto, a la memoria deliberada con la que un niño de sexto grado de primaria se aprende «La suave Patria» para destrozarla, según la «incurable tendencia a situar el vigor poético en la laringe» de la que ya se quejaba López Velarde, en las fiestas escolares de septiembre, sino a la memoria involuntaria; a la que, sin proponérselo, se llena de adherencias verbales. Y en esa memoria textual de tantos versos velardianos opera esta especie de latrocinio poético al que se refiere Gaston Bachelard cuando habla de la *inter-subjetividad*. En efecto, merced a la memoria, el verso de López Velarde deja de ser patrimonio de su exclusiva jurisdicción para hacerse nuestro en tanto que empezamos a pronunciarlo con nuestra propia voz.

Sentados en la sobremesa de mi terraza mixcoaquita, que se abre como paréntesis provinciano en el atropellado discurso de la urbe, Enrique López Aguilar y yo recordamos, sin que nunca nos hubiéramos propuesto retenerlo en la memoria, diversos versos del portentoso poema «Hormigas», que ciertamente se había enconado en nuestras venas voraces. Cómo no recordar, de entrada, el último terceto alejandrino, cuya demanda es el paradigma de lo irrevocable:

> Antes de que tus labios mueran, para mi luto,
> dámelos en el crítico umbral del cementerio
> como perfume y pan y tósigo y cauterio.

La página 160 de las *Obras* de López Velarde, como red circense, aguardaba nuestra caída porque algunos versos –supongo que los más arduos– se nos escapan. Pero nos rehusamos a consultarla. ¿Por qué? ¿Qué significa decir un verso de memoria? ¿Qué significa arrebatarse la palabra con celo de posesión de pertenencia y con entusiasmo de complicidad? No lo sé bien a bien, pero con arrogancia de autoría lo reconstruimos en su totalidad y vana fue la espera de la página 160 de las *Obras*.

Si la memoria es un detector de nuestro patrimonio poético, la antología *Ómnibus de poesía mexicana* preparada por Gabriel Zaid es, en principio, un acierto. El criterio que rigió la selección de los poemas es, a fin de cuentas, el de la memoria de la colectividad, que prevalece sobre otros valores intrínsecos, de todos modos también tomados en cuenta.

De los poemas de Ramón López Velarde seleccionados por Zaid, sólo echo de menos «La prima Águeda». Lo extraño, claro, porque me lo sé de memoria. Es el poema que más me gusta de *La sangre devota*, aunque tal vez no sea el mejor, pero a estas alturas de mis velardianas ya sólo quiero hablar de lo que me gusta y sólo porque me gusta. Cuánto me gustará «Mi prima Águeda» que me gustan, incluso, su deficiencias. Sí: me encanta que los tres primeros versos realmente no lo sean, que más bien pertenezcan al lenguaje de la prosa:

Mi madrina invitaba a mi prima Águeda
a que pasara el día con nosotros,
y mi prima llegaba...

Y me gustan así, dignos del inicio de una mala novelita de costumbres, porque los tres versos subsecuentes, con sus espléndidos adjetivos, los redimen gracias a una suerte de retroactividad poética que mucho le favorece a nuestro poeta:

...con un contradictorio
prestigio de almidón y de temible
luto ceremonioso.

Pero el poema me gusta por otras muchas cosas.

Me gusta la sonoridad del verso, que reproduce y produce la sonoridad de los referentes: «sonoro corredor», «quebradizo sonar intermitente de vajillas», y la risueña sinestesia del «timbre caricioso de la voz de mi prima». Me gusta que no se vea el almidón, oculto bajo el temible luto ceremonioso de Águeda; sólo se oye en el íntimo roce de sus piernas contra las enaguas: «resonante de almidón» aparecía Águeda. Cómo no recordar la «sábana de almidón y de estruendo» a la que ansiaba llegar, como esposo soldado, el Miguel Hernández encarcelado en Alicante.

Me gusta la palabra *refectorio* con todas su connotaciones conventuales, que le imprimen a la presencia de la prima, capaz de causar «calosfríos ignotos», la discreta perversión de lo prohibido, de lo sacrílego, de lo profano.

Me gusta, en fin, que la imagen primigenia, la que desencadenó el poema –el paralelismo entre los ojos verdes y las mejillas rubicundas de la enlutada prima, por un lado, y el cesto de uvas y manzanas sobre el armario de ébano, por otro–, lo concluya con la belleza de un cuadro de Cézanne. Me atrevo a pensar –y a decir– que esta imagen es cubista: el poeta descompone la imagen de la prima para disfrutar por separado las similitudes con el cesto de frutas sobre el mueble, una por una, como quien come uvas:

Águeda era
(luto, pupilas verdes y mejillas
rubicundas) un cesto policromo
de manzanas y uvas
en el ébano de un armario añoso.

Diez

Mi joven amigo Fernando Fernández, asiduo y enamorado lector de Ramón López Velarde, hizo un viaje a Jerez de Zacatecas con ese espíritu de sacralidad y veneración que anima todas las peregrinaciones. Regresó desencantado.

–Es un pueblo inmundo –dijo.

Buscar en el referente lo que se ha encontrado en la poesía podría significar desconfianza en la transmutación que el lenguaje poético hace de la realidad para crear un mundo propio, independiente y aun autorreferencial. Regresar desilusionado de la realidad, empero, podría significar que se ha recuperado la confianza en esa autonomía del lenguaje poético, en su habitabilidad. Es más fácil habitar la poesía velardiana que Jerez de Zacatecas.

–Qué difícil estar ahí –continúa Fernando– sin tener una tía que nos hospede, que se asome por los visillos y nos ofrezca calabazate.

Cierto: sin una tía no hay golondrinas nuevas ni vacas faraónicas ni campanarios de timbre novedoso ni muchachas frescas y humildes como humildes coles ni postigos ni pianos ni gendarmes ni dramáticos faroles.

Fernando dice que las calles de Jerez tienen nombre de poemas de López Velarde. Asegura que la avenida principal –la única– se llama de *La suave Patria*.

A mí me gustaría vivir en una calle, cercana a la farmacia, que llevara por nombre *Párpados narcóticos*, aunque preferiría instalarme, como lo he hecho por largas temporadas, entre la estrofa cuarta y la quinta de «El retorno maléfico».

Pienso que la casa solariega del poeta ha de estar ubicada en la calle –o callejón más bien– de la *Íntima tristeza reaccionaria*. Sin número, claro, porque el de Ramón López Velarde es domicilio conocido.

Mixcoac, febrero de 1988

EL DÍA DE LA MUERTE*

Luis Mario Schneider

En un bar de segunda categoría la gitana se enmarca entre las puertas de vidrios emplomados. Ofrece la buenaventura, pero al divisarlo se dirige a él y entonces el poeta, el de las más bellas manos las extiende:

> –¡Amas mucho, mucho, a las mujeres, pero les temes! ¡Tienes miedo también de ser padre! ¡Esta línea me dice que morirás de asfixia!

El vate palidece lentamente. Al poco tiempo, después de una cena en «La Mallorquina» a la que era *habitué* y desafiando al fresco nocturno que dejó el aguacero, llega a su departamento de la avenida Jalisco número 71 y comienza a entristecerse y a decaer. Día a día va empeorando y recluido en sus habitaciones está obligado a guardar cama al declarársele completamente la neumo-pleuresía.

---

* Esta crónica fue armada con la pluralidad de noticias que los principales periódicos de la capital dieron al día de la muerte y al entierro de Ramón López Velarde. Igualmente utilicé el artículo de Jesús B. González «Cómo murió López Velarde», aparecido en *Revista de Revistas* en su número 1,362 de 1936, que se editó como Homenaje a los quince años del fallecimiento del poeta. Al concluir este texto, tengo la sensación de que sólo fui un amanuense. (*Minutos velardianos.* Ensayos de homenaje en el centenario de Ramón López Velarde, México, Universidad Nacional Autónoma de México, 1988, pp. 255-270).

Día a día la respiración violenta se vuelve angustiosa y la medicina no logra aliviarlo.

Familiares y amigos lo rodean y por supuesto fingen no notar la gravedad. Jesús su hermano comenta en la víspera:

> Todas sus palabras nos quieren anunciar que está en la conciencia del paso trascendental. Hoy al amanecer me hizo abrir la ventana para que entrara la luz tenue del alba. Pasaban los primeros trenes, llegaba el verbo multiforme de los madrugadores, un lejano pregón y suspirando profundamente, musitó «¡La vida!»

Pedro de Alba anunció con voz rota y amarga a su madre doña Trinidad Berumen viuda de López Velarde; a sus hermanas Guadalupe y Aurora; a sus hermanos Jesús, Pascual, Trinidad, Leopoldo y Guillermo; a sus amigos el pintor Garduño, el licenciado Alfonso Cravioto, el diputado Jesús B. González, a Rafael López y a Enrique Fernández Ledesma, «El caso es desesperado, tal vez no pase la noche».

El poeta reclinado entre almohadones, pero heroico, apegado a la asfixia, balbucea también. Patético pidió al sacerdote que lo auxiliaba, le dijese si no haría mal en solicitar que su cuerpo fuera incinerado. Recibió contestación en sentido negativo por cuanto a la religión tocaba, pero además que a la señora su madre causaría honda pena obedecer su disposición. Entonces, suplicó se le depositara en el Panteón Francés.

El poeta llorando amargamente dijo a su madre:

> Ven Madre mía y llora en mis manos, que quiero llevarme tus lágrimas.

Doña Trinidad de hinojos al borde de la cama dejó caer desconsolada su cabeza sobre las manos abiertas del hijo moribundo y lloró silenciosamente. Al incorporarse, Ramón llevó sus manos a la boca y se bebió las lágrimas amargas como el último y más preciado don...

A Jesús B. González le hizo esta confidencia: «Que temía horriblemente que lo fueran a enterrar con vida, y sentir las mordidas de los gusanos.»

Los minutos se acercan y el ritual entre cirios sigue implacable su lenguaje:

> ¡Recíbelo, Señor, en tus amantes brazos; tú me lo diste y tú me lo quitas; que se te haga tu santa voluntad!

A la una y veinte minutos de la madrugada se apagó la vida del poeta. La noticia corrió por el medio intelectual y artístico de la metrópoli y a las primeras horas del día diecinueve comenzaron a llegar a su domicilio familiares, amigos, compañeros, discípulos y funcionarios.

En cuanto la noticia fue conocida por el licenciado José Vasconcelos, Rector de la Universidad Nacional, un funcionario de la misma se apersonó en el domicilio del desaparecido para dar el pésame a la familia y hacer los arreglos necesarios para que el cadáver fuera trasladado al Paraninfo de la alta Casa de Estudios, para recibir los honores póstumos.

El enviado aclara a la familia que todos los gastos de los funerales se harían por cuenta de la Máxima Casa de Estudios, tanto por ser catedrático de la misma, como por la alta estimación que el licenciado Vasconcelos guardaba al poeta.

La mañana, el mediodía y hasta la mitad de la tarde el poeta fue velado en su domicilio. Pasadas las siete por medio de una carrosa automóvil fue conducido a la esquina de las calles de Guatemala y licenciado Verdad, para recibir los honores correspondientes.

La magnífica caja de cinc fue instalada en la cámara ardiente en el hemiciclo que se halla en los altos. Un jardín se vuelve el recinto. Entre las numerosas ofrendas florales se advierten las de:

> El licenciado don José Vasconcelos, Rector de la Universidad Nacional; del licenciado don Alejandro Quijano, Director de la Facultad de Jurisprudencia; del profesor Francisco César Morales, Director General de Educación Pública; del general don Francisco Serrano, Subsecretario de Guerra y Marina; de la señora Carmen P. de Andrade, de la señora Clotilde Villa de Pamieso, de la señora Clotilde G. Vda. de González, de doña Rosario A. de Herrán, de Carlos González Peña, de Fiacro Quijano, de Enrique Monteverde, de Emilio Soto Peimbert, de Antonio Ávila Monteros, de Gervasio San Germán, de Juan Goldman, de Ignacio Gastelum, de Juan Pablo Escobedo, de Alberto Garduño, de José Víctor Etchart, del licenciado Manuel Gómez Morin, de la señora Ángela B. de Díaz de León, de Rafael Orozco, de Andrés Meza, de José Meza, de Carlos Meza, de Agustín Loera y Chávez, de J. Díaz de León, de la señora Vda. de Guzmán, de la señora Medellín, de Jesús B. González, de Carlos Pellicer y muchas otras.

Llamó la atención una en especial: en su ancho listón se leía la palabra «Fuensanta». Juan de Dios Bojórquez que había tomado «con exquisito acierto» aquel nombre para rendir homenaje al poeta que tanto le cantaba en sus poemas de provincia.

También estuvieron presentes en el funeral:

> Dr. Jesús López Velarde y sus hermanos Guillermo, Pascual y Leopoldo; Lic. Rafael Medina, su excelencia Pedro Erasmo Callorda, Encargado de negocios del Uruguay; Juan de Dios Bojórquez, Jesús B. González, José Gamoneda, el poeta Manuel de la Parra, el poeta Rafael Heliodoro Valle, Ricardo Gómez Robelo, Roberto C. Alcántara, Manuel Loera y Chávez, Arq. Federico Mariscal, maestro Julián Carrillo, Alfredo Ramos Martínez, Carlos González Peña, Lic. Antonio Caso, Guillermo Yáñez, Carlos Toussaint, Lic. Manuel Aguirre Berlanga, Manuel Gómez Morín, Roberto Heberman, Prof. Eliseo García, Honorato Bolaños, Jaime Torres Bodet, Genaro Fernández Mac Gregor, Ing. Mariano Moctezuma, José Gorostiza, Alfonso Camín, Martín R. Cárdenas, M. Coto, Prof. Manuel M. Ponce, Nicolás Rangel, Mtro. Leandro Izaguirre, Lic. Luis G. Sánchez, Arnulfo Domínguez Bello, Lic. Rafael López, Martín Gómez Palacio, Ezequiel y Samuel Chávez, Roberto Montenegro, Julio Torri, Mariano Silva, Dr. Enrique Aragón, Francisco César Morales, Bernardo Ortiz de Montellano, Prof. Daniel Huacuja, Xavier Villaurrutia, Salvador Novo, Jorge Enciso, Francisco Borja Olado, Luis Castillo Ledón, Gabriel Fernández Ledesma, además concurrieron comisiones de las escuelas de la Corregidora, Preparatoria, Normal y otras muchas.

Una vez que arribó el Rector, se procedió a nombrar un cuerpo de guardias para velar el cadáver, las que quedaron constituidas de la manera siguiente:

1ª. 8:30 a 9 p.m. of.
José Vasconcelos
Alfonso Cravioto
Rafael López
Jesús B. González.
2ª. 9 a 9:30 p.m.
Pedro de Alba
Manuel Aguirre Berlanga
Eugenia Torres de Meléndez
Alejandro Quijano.
3.ª 9:30 a 10 p.m.
Enrique Monteverde
Agustín Loera y Chávez
Alberto Garduño
Roberto Casas Alatriste.
4.ª 10 a 10:30 p.m.
Javier Díaz de León
Enrique Fernández Ledesma
Luis de la Torre
Joaquín Méndez Rivas.
5ª. 10:30 a 1 p.m.
Ignacio Gastelum
Alfonso Garduño
Alfonso Priani
Carlos Pellicer.
6.ª 11 a 11:30 p.m.
Germán Lobaum
Gabriel Fernández Ledesma
Enrique Meza
Francisco Escobedo.
7.ª 11:30 a 12 p.m.
José Vasconcelos
Joaquín Méndez Rivas
Luis G. Moreno
Miguel A. Velasco.
8.ª 12 a 12:30 p.m.
Jesús Villalpando
Ricardo Preciado
Rafael Pimentel
Manuel Gómez Morín.
9.ª 12:30 a 1 a.m.
Gabriel Alfaro
Manuel de la Torre
Manuel Horta.
10.ª 1 a 1:30 a.m.
Jaime Torres Bodet
Rafael Heliodoro Valle
Ricardo Gómez Robledo
Ricardo Arenales.

Los periódicos mañaneros del día veinte se hacen eco de la fatal noticia, el *Excélsior* da cuenta del deceso con el título de «El poeta Ramón López Velarde falleció ayer en esta ciudad». Incluye una foto tamaño postal y además de dar la noticia, resume una biografía del poeta con comentarios alrededor de su labor literaria:

> El poeta López Velarde se dio a conocer desde muy joven como una fuerte personalidad artística, pero su nombre no empezó a figurar sino hasta los últimos años, destacándose bien pronto como una de las figuras de mayor relieve entre la moderna generación intelectual del país.
>
> La aparición de su primer libro de versos, *Sangre devota*, causó una enorme sensación en todos los centros artísticos de la República, y rápidamente su nombre cundió por todo el Continente de habla castellana y llegó a España.
>
> Puede asegurarse que López Velarde fundó una escuela dentro de un fuerte personalismo, a pesar de la influencia de la literatura hispana, a la que se impuso por la fuerza de su originalidad, por la novedad de las imágenes poéticas, y desde luego esta renovación tuvo una poderosa influencia no solamente en México y en la América Española, sino hasta en el espíritu de los nuevos versificadores hispanos, López Velarde puede considerarse con toda justicia como un verdadero innovador de la lengua castellana.
>
> López Velarde, como todos los artistas que están llamados a producir una obra de renovación artística, ha sido violentamente censurado por cierta crítica apegada a los

viejos procedimientos, y sus censuras iban especialmente dirigidas a su estilo lleno de exquisitas complicaciones y a la original rareza de sus imágenes. López Velarde, como todos los grandes artistas de raza, huía sistemáticamente de lo trillado, del lugar común, de los procedimientos en uso, y procuraba ante todo y sobre todo, dentro del verdadero arte hallar su propia personalidad, de siempre «él», y de ahí seguramente que su obra no estuvo al alcance de todas las mentalidades.

El segundo libro del poeta, *Zozobra*, confirmó plenamente su personalidad artística y lo colocó a la vanguardia de los poetas de la actual generación mexicana. Desventuradamente, su obra, de un exquisito refinamiento ha sido corta. El poeta preparaba una obra en prosa, una colección de poemas estilizados, plenos de admirable emoción, de finas observaciones y de la más exquisita factura. Este libro iba a constar de cuarenta y cinco trabajos, de los cuales el poeta sólo había terminado treinta y dos. No obstante que la muerte vino a interrumpir la conclusión de este libro, que está destinado a causar una gran sensación en nuestro mundo intelectual, el compañero de Ramón López Velarde, el poeta Enrique Fernández Ledesma, hará el arreglo de los trabajos que existen, en su mayor parte inéditos, y próximamente los dará la la publicidad. El libro llevará por título *El minutero.*

No corresponde a nuestra pluma hacer el estudio crítico de la obra de este poeta, cuya desaparición tiene una tan alta dolorosa significación para las letras patrias. Su muerte, cuando el arte esperaba de él los más sazonados frutos, causará sin duda alguna el mayor pesar en todo el Continente, donde López Velarde estaba considerado ya como uno de los más altos representantes de la moderna lírica americana.

Entre nosotros, su muerte es una pérdida irreparable, todos los que trataron al poeta saben que era uno de los hombres de más pura bondad, de una modestia admirable, aun cuando artísticamente sabía y tenía la plena conciencia de su alto valer. López Velarde tenía el corazón infantil, el alma diáfana, se hizo admirar y amar de todos los que lo rodearon, y que ahora lloran con la más profunda cordialidad su dolorosa y prematura desaparición.

EXCÉLSIOR se une con la más honda sinceridad en este duelo general que ha despertado la muerte del poeta López Velarde, uno de los más altos representantes de nuestra actual generación literaria, cuya desaparición nunca será lo suficientemente lamentada.

Por su parte *El Universal* bajo el título de «Ayer murió el culto poeta Ramón López Velarde», avisa del deceso e inserta un retrato del escritor y una fotografía de la cámara mortuoria, en donde en primer plano aparecen José Vasconcelos y Alfonso Cravioto. Una sentida semblanza completa la noticia:

Un doloroso acontecimiento ha venido a llenar de luto a las letras patrias. Luto prematuro es ese y, por lo mismo, tanto más doloroso: Ramón López Velarde, ha muerto. Si de los hombres juzgamos no por lo que han hecho, sino por lo que están en vísperas de hacer, la muerte de Ramón López Velarde tiene una doble significación angustiosa. México pierde con él a un gran poeta por lo que hizo, y llora sobre su tumba también la esperanza fallida de un poeta genial.

Pasó por las letras patrias como un meteoro. No conoció López Velarde las debilidades del principiante; o, si las tuvo, supo ocultarlas con gentil pudor. Llegó a la justa de las letras armado de punta en blanco, con la espada bien forjada, el áureo casco y la coraza reluciente, paladín listo para ganar victorias. Y las ganó. Su primera victoria fue *La sangre devota.*

Libro por todos conceptos admirable, *La sangre devota* fue para nosotros la revelación de un nuevo género de poesía. Asomándose a su propia alma, y asociándola íntimamente con el ambiente provinciano. López Velarde nos ofreció nunca vistos paisajes espirituales de la patria. Era en poesía lo que Saturnino Herrán fue en pintura; lo que es en música Manuel M. Ponce. A la sombra de los campanarios pueblerinos del Bajío; en el ajetreo familiar de la plaza de armas; ante la reja de la ventana adonde se asomaba la novia eterna, o junto a los arcaicos muros coloniales de su vetusta Zacatecas, por boca de la musa de Ramón habló el alma de México.

Ramón López Velarde era, sin embargo, un espíritu fuerte. Su fuerza resolvíase en inquietud, en ansia perdurable de construir, vino y venció, y, sin embargo, la victoria parecióle fácil y hubo de aspirar a otras constantes renovadas. El poeta creía no haberse encontrado a sí mismo, allí donde nosotros le habíamos encontrado. Penetraba más y más hondo en su alma, ansioso de arrancar de ella una divina luz. Y de ahí nació *Zozobra*. Los poemas de *Zozobra* representaban en la vida literaria de López Velarde el comienzo del viaje por nuevas rutas. ¡Quién sabe adónde hubiera él ido a parar! ¡Quién sabe qué misteriosos horizontes hubiera acabado por descubrirnos! En las páginas de *Zozobra* veíamos, como en encrespado mar, el esquife de oro del bardo enderezando la proa hacia playas ignotas a las que apuntaba la brújula inquieta de su genio...

Y con el poeta corría parejas el hombre. Pocos espíritus tan llenos de unción y de bondad como el suyo. Aquella corporal envoltura recia encerraba un corazón abierto a todas las solicitaciones del amor y del dolor. Quien estrechó la mano de Ramón López Velarde tuvo siempre la sensación de que la animaba un noble calor de sinceridad. Era un gran muchacho. Hombre fuerte con alma ingenua y diáfana de niño. Apartado de toda miseria, lejano de toda ruindad, huyó siempre de la cadena imperativa de los cenáculos. Jamás pontificó. Era complicado y sencillo a la vez en su arte, de igual suerte que solía serlo en la vida. A su paso no nacieron en el sendero cardos de inquina: florecieron rosas, y la memoria que deja es la de una perenne, adorable, magnífica sonrisa... EL UNIVERSAL se asocia, con profunda pena, al dolor de la familia del ilustre desaparecido; y siente –porque es también suyo– el luto de las letras patrias que acaba de perder, arrebatado en plena juventud, en una maravillosa primavera de talento y de vida, al gran poeta a quien tanto empezaba a deber y de quien tanto esperaba México.

Únicamente dos esquelas se repiten en todos los diarios. La de la familia dice:

Ayer, a la una y veinte a.m. falleció en el amoroso seno de Nuestra Santa Madre iglesia Católica, Apostólica, Romana, a la edad de treinta y tres años, el señor licenciados don

RAMÓN LÓPEZ
VELARDE

Su madre, hermanos, tíos, primos, demás parientes y amigos, lo participan a usted con profundo dolor y le ruegan eleve al Todopoderoso las oraciones que su piedad le dicte por el eterno descanso del alma del finado.
México, D.F., junio 20 de 1921.
El cortejo partirá de la Universidad Nacional (esquina av. Guatemala y Lic. Verdad) hoy, a las diez y media (hora oficial), y se despide en el Panteón Francés.

Por su parte el texto enviado por la Universidad manifiesta:

> La Universidad Nacional de México, participa a usted, con profunda pena, el fallecimiento del insigne poeta
>
> DON RAMÓN LÓPEZ VELARDE
>
> Profesor de la Facultad de Altos Estudios y de la Escuela Nacional Preparatoria. Redactor de *El Maestro* y gloria de las letras patrias.
>
> Se ruega dé asistencia a los funerales, que se verificarán hoy lunes 20, a las 10:30 hora oficial, debiendo partir el cortejo del Edificio de la Universidad.
> México, junio de 1921
> El Rector, José Vasconcelos.

Poco después de las nueve de la mañana de ese día veinte, comienzan a llegar las personas que acompañarán al cadáver del poeta hasta su última morada rindiéndole de este modo el postrer homenaje. Lo más conspicuo del mundo de las letras y las artes se halla reunido:

> Señor licenciado don José Vasconcelos, Rector de la Universidad Nacional; licenciado don Alejandro Quijano, Director de la Facultad de Jurisprudencia; don Alfredo Ramos Martínez, Director de la Facultad de Bellas Artes; Diputados Jesús B. González, Pedro de Alba y Roberto Casas Alatriste, Alfonso Cravioto, Rafael Heliodoro Valle, Eliseo García, Rafael Montes, Agustín Loera y Chávez, doctor Enrique Aragón, Roberto Montenegro, Joaquín Gamoneda, Antonio Castillo, Antonio García, Rafael López, Lic. Mariano Silva, Lic. Genaro Fernández Mac Gregor, Ignacio Gastelum, Ricardo Gómez Robelo, Julio Torri, Nicolás Rangel, Dr. Francisco Medina, Lic. Hilario Medina, Lic. Manuel Aguirre Berlanga, Lic. Manuel Espeleta, Roberto Núñez Domínguez, Federico Mariscal, Jesús Zavala, Erasmo Callorda, Encargado de Negocios del Perú; Carlos Pellicer y Cámara, Enrique Fernández Ledesma, diputado Juan de Dios Bojórquez, Lic. Ezequiel A. Chávez, Jaime Torres Bodet, José María González de Mendoza, Gabriel Alfaro, Casas Alatriste, Alberto Garduño, Alfonso Camín, Martín Gómez Palacio, J. Felguérez Pani, Arnulfo Domínguez Bello, señorita Carlota Jasso, comisión de profesoras y alumnas de la Escuela Normal para Maestras, señora Vda. de Saturnino Herrán, señora de Garduño, Armando Cuevas, Miguel Aguillón Guzmán, Emigdio Martínez Adame, Eleuterio del Valle, Manuel Lebrija (alumno de la cátedra de literatura castellana, a cargo del desaparecido), Lic. don Luis Vega M., Guillermo Yáñez, etc., etc. Descanse en paz uno de nuestros más preclaros escritores para quien la Belleza no guardó secretos, y cuya muerte deja un vacío en las letras patrias, bien difícil de llenar.

También acuden comisiones de las escuelas y muchos discípulos del poeta.

A las once de la mañana el féretro fue conducido a hombros hasta el carro fúnebre, «Tepeyac». El cortejo encabezado por los familiares se ubicó en el gabinete anexo, en los demás carros eléctricos el resto de la comitiva y en una plataforma fueron colocadas las numerosas ofrendas florales.

La caja del poeta fue colocada al borde de la tumba y en unos instantes solemnes y verdaderamente conmovedores el licenciado Alfonso Cravioto se adelantó para pronunciar la oración fúnebre en nombre de la Universidad Nacional de México. Visiblemente conmovido, pero con voz clara y firme dijo las siguientes palabras [texto ya reproducido].

Luego, hizo uso de la palabra el licenciado Alejandro Quijano, Director de la Escuela Nacional de Jurisprudencia quien a nombre del Ateneo de Abogados legó los siguientes párrafos [texto ya reproducido].

Al terminar Alejandro Quijano, el poeta Enrique Fernández Ledesma leyó unas palabras de adiós para el que fuera su compañero de arte y su hermano en la amistad. Las palabras de Fernández fueron acaso la nota más íntima, el homenaje de un dolor supremo en una hora definitiva, las flores y las lágrimas de un afecto fraterno derramadas en una tumba próxima a cubrirse para siempre:

> Ramón López Velarde: la copa de tu barro no pudo contener tu espíritu. Lo habías derramado hasta el heroísmo, dándolo al mundo. Los hombres lo recogen ahora estupefactos y sobrecogidos en tus dádivas de belleza y de dolor.
>
> Tu patria ha estado en quiebra con la justicia que te debió como a tu hijo preclaro, te dejó vivir pobre y se desentendió de tus altas prerrogativas. Te ve morir en la modestia, pero al menos, siquiera sea por este bello gesto de equidad universitaria te honra en tus despojos.
>
> Ramón López Velarde: tú y yo hablamos de nuestro país, de esa patria amada y cruel que estilizaste en tu egregio poema póstumo... apoderándote del idioma, ornamentaste su decoro, exaltaste sus virtudes mínimas y máximas y lanzaste al mundo el concepto exclusivo, entrañable y único de la patria cívica, moral y cordial.
>
> Esa patria te llorará dentro de diez años. Sus generaciones de entonces se asombrarán de que los hombres de hoy te hayamos dejado pasar, recogiendo, a medias, la luz de tus luceros; esos hombres ahondarán en tus abismos y encontrarán tu idea pura y tu palabra límpida; esos hombres, destilando la exégesis de tu arte, fijarán sus destellos en la gran página continental en que han estampado sus nombres Lugones y Darío... Pero también esos hombres se interrogarán, conturbados, por qué, siendo el amo del idioma novísimo, por qué siendo el revelador de los misterios de una emoción insospechada, por qué siendo aquel que arrojó, hacia los soles y los astros el discóbolo de su palabra, no hirió la conciencia de su generación... Esos seres se interrogarán, amargados, por qué el hombre puro, por qué el poeta de América que impuso tutelas de Arte a la lengua española, vivió pobre y murió pobre, en una casa decimal y en una alcoba de diez metros cuadrados.
>
> Ramón López Velarde: Mi nave está maltrecha y sólo se cobija bajo el paño de ánimas de una iglesia menesterosa. El fragor de los salmos azota «mi nave en penuria», y mi espíritu más humilde que nunca, se echa a los pies de mi dolor. Pero ya se acercan la intención definitiva y las palabras tremendas: es preciso despedirte, echarle a tu huesa un puñado de tierra que lleve el temblor de mis manos y ofrecerte, como una oración, el estupor tremendo de mi conciencia.
>
> Ramón López Velarde, compañero y guía espiritual: quiero decirte que mi sangre te es fiel, y que si mi llanto no cayó en la cauda de estrellas de tu alma, fue porque escondí mi dolor para no atormentarte.
>
> Un coro de virtudes femeninas te dieron sus bálsamos en la agonía; las lágrimas de tus mujeres evangélicas cayeron en tus manos, porque tú quisiste llevarte esas lágrimas.
>
> Ramón López Velarde, amigo de mi corazón: Mi llanto no regó tus manos ni mojó tu frente, pero cae ahora en la tierra que ha de envolverte en tu Noche sin Fin... Ya

oíste, con los míos, los lamentos de los hombres, luego, que el dolor enmudezca para respetarte.[1]

Las últimas palabras de Fernández Ledesma casi se perdieron ahogadas por su sollozos. Inmediatamente el profesor Eliseo García leyó unos sentidos hermosísimos versos escritos para este triste acontecimiento:

Canta un ruiseñor en la fronda
un caracol surto en la onda
dice la epopeya del mar.
Una ala mide el horizonte
y por las jorobas del monte
viaja la riqueza sola.

Una sonora espada brilla
salva y limpia de todo mal.

Echad tierra, sepultureros
sobre tus huesos pasajeros,
mientras golpea el azadón,
la cuerda de la lira invicta,
justa, cordial, honda y estricta
dio ya la suprema canción.

Pero es la partida tan triste
que el alma mísera se viste
de negro como se vestía él.
Pero es la desgracia tan plena
que se ha angustiado la verbena
y se ha puesto mustio el laurel.

Cantó un ruiseñor en la fronda.
Un caracol surto en la onda
dijo las músicas del mar:
Una ala midió el horizonte,
se quedan ciegos llano y monte
en la hora crepuscular.

Acto seguido se procedió a descender el féretro a la sepultura habiendo arrojado Fernández Ledesma los primeros puñados de tierra. La tumba del malogrado poeta, ubicada en la avenida 24, número 124 del Panteón Francés, quedó cubierta por una infinidad de coronas de flores.

A moción de los diputados doctor Pedro de Alba, Jesús B. González y Juan de Dios Bojórquez a partir de la sesión del día veinte en la tarde, la Cámara de Diputados permaneció durante tres días enlutada en señal de duelo. El encargado de leer la moción fue el doctor de Alba quien de riguroso luto y haciendo un gran esfuerzo para vencer la emo-

[1] Este texto es diferente al que se publicó en *México Moderno* del 1° de noviembre de 1921.

ción que lo enmbargaba, solicitó se le rinda un homenaje al más egregio de los poetas mexicanos de esta época. Finalmente agregó:

> Yo, que lo acompañé en su marcha triunfal por la vida y en el trance final de la muerte, tengo derecho a pensar que el dolor producido por su desaparición no pertenece sólo a su familia, sino a toda la Nación, porque él forma parte ya de la teoría luminosa de los grandes hombres de la patria.
>
> Patriota por excelencia –siguió diciendo– supo comprender a su pueblo a través de su temperamento de artista, y así, como cantor de la provincia, ennobleció y dignificó a los mexicanos, sin emplear «mexicanerías», y se distinguió como el más ardiente trovador de nuestras mujeres.
>
> La crítica supo comprenderlo desde luego, y lo declaró un orientador, un innovador, un revolucionario, como en efecto lo fue, ya que ha dejado establecida una escuela poética que responde a sus aspiraciones; hacer que México empuñe el cetro de la poesía lírica en los países de habla española.
>
> En la capital, López Velarde sufrió una trascendental evolución: olvidó a su prima, la bella muchacha de la provincia, para cantar a todas las mujeres, pero en poemas dolorosos llenos de honda filosofía y de profundo conocimiento de la vida.
>
> Y ahora que la patria ha disminuido de valor con la ausencia de Nervo, de Herrán, de Urueta y de López Velarde, justo es que esta Cámara testimonie su dolor por medio de un crespón de luto en su tribuna.
>
> El doctor de Alba fue aplaudido y la moción quedó aprobada. En consecuencia, a los pocos momentos la tribuna aparecía enlutada ya.

El día veintiuno los periódicos de la ciudad hacen la crónica del entierro de López Velarde y publican fotos del acontecimiento que conmovió la cultura nacional.

López Velarde murió físicamente, pero el mismo día de su muerte comenzó su merecida eternidad.[2]

FUENSANTA*

Guillermo Sheridan

Ahora le voy a decir esto: fue a mediados de octubre del año de 1902, cuando Ramón se fue a pasar sus vacaciones a Jerez, a los catorce años cumplidos, cuando se enamoró de

---

[2] Vale la pena aquí recordar el breve y macabro cuento escrito por López Velarde, titulado: «*Caro data Vermibui*» escrito en 1916 y recogido en *El minutero* donde tres gusanos panteoneros dialogan racialmente sobre sus más crecientes devoraciones.

* *Un corazón adicto: La vida de Ramón López Velarde,* Tezontle, México, Fondo de Cultura Económica, 1989, pp. 57-62 (fragmento).

Fuensanta, o más bien, de Pepa de los Ríos. Lo que es más: ya llevaba tiempo enamorado de ella, o, mejor, víctima de un devaneo que la tenía a ella como objeto. Él volvió, como el año anterior, pensando que se iba a pasar unas vacaciones agradables en el pueblo y se encontró con la nota discordante de que su padre no había podido reponerse ni de su fracaso como notario, que, usted sabe, no fue culpa suya sino de los abogados locales, ni del cierre de su escuela a causa de aquel gobernador anticlerical. Don Lupe había invertido todo lo que tenía en esa escuela y, cuando se la cerraron, tuvo que someterse a la vergüenza de vivir con la herencia de su mujer, que no tardó en consumirse. Se había convertido en un hombre asustadizo e hipocondriaco, paralizado por aquellos reveses y por la presión social y familiar. Ramón no lo sabía, pero el edén de su infancia se desmoronaba rápidamente. Él volvía con el deseo de revivir en su imaginación los sitios y personas que su lejanía y apartamiento ya habían mistificado. Y Pepa de los Ríos representaba ya un papel sancionador de ese mundo perdido. Él mismo lo presintió así en un poema que escribiría más tarde.

Para empezar, Pepa ya no estaba de luto. Había cambiado al luto de años de muertes familiares por los vestidos claros de una mujer de veintidós años en el trance de quedarse soltera y yo creo que ya estaba un poco preocupada por eso. El único novio que había tenido, que siempre había vivido lejos, se había arrepentido. Yo soy de la idea de que, en ese verano, Pepa de los Ríos estaba desplegando sus últimas velas. Ramón no sabía esto ni podía entenderlo en todo caso, por su edad y por su vigorosa mistificación. Pensaba quizá que Pepa no tardaría en casarse con aquel fuereño. Diría después que iba en la diligencia sintiendo que su corazón era una cuerda rota. Ramón tuvo que enterarse al llegar de que Pepa de los Ríos había terminado aquella relación. El fácil acceso a su cercanía estaba garantizado por la relación familiar, así que Ramón comenzó a verla apenas regresó. Yo supongo que inició también los mismos rituales un poco secretos y ciertamente privados que, respecto a las mujeres, le conocí después, ya en México. Podía pasarse horas enteras parado cerca de la casa de una mujer, atisbando el movimiento de la puerta, o de las luces, o de las cortinas.

Los fines de semana, Pepa se iba al rancho de su familia, acompañada de Susana Jiménez, su amiga íntima. Se llevaba su equipaje, la máquina de coser y hasta la jaula de sus canarios favoritos. Y detrás del carro de mulas, a caballo, la acompañaban los muchachos por si tenían problemas al cruzar el río. Pepa había estado muy cerca de Ramón cuando éste era un niño de pantalón corto y siempre se había divertido un poco con él cuando, en los años anteriores a su salida hacia el seminario él la galanteaba torpemente con unos tanteos pueriles que ella suponía un juego.

De todos modos, en esas vacaciones ella tuvo que darse cuenta de que ni ya Ramón era un niñito ni ella era la semitía candorosa; que esos papeles se modificaban con el tiempo transcurrido. Las miradas habían cambiado. ¡Qué sorpresa no se habrán llevado ambos al advertir que ahora era Ramón el que tenía que mirar hacia abajo para verla!

Porque Pepa de los Ríos era pequeña, no tanto como Susana Jiménez, pero sí pequeña. Y ella, acostumbrada a llevarlo de la mano y a mirarlo hacia abajo, se habrá ruborizado al presentir en él a un muchacho que, por su estatura, había invertido los papeles. Por otro lado, Pepa de los Ríos no era una mujer bonita. La foto más conocida de ella, esa que tiene usted en la pared, pudo ser tomada en ese verano, cuando ella deja el luto. A mí no me parece bonita; no sé a usted. Claro que todo el mundo pretende haberla conocido, y por eso debe usted tener cuidado. Yo sí la conocí. Y claro que todo mundo concede que no era bonita sólo para agregar después que sin embargo esto y aquello. Usted sólo dispone de esa foto. Quizá vea lo mismo que yo. Quizá no. Yo veo a una mujer que sería insignificante de no ser por dos cosas: unos ojos extraños y un aura intensa que a destiempo la rodea desde la veneración de Ramón López Velarde. La actitud solícita y resignada de su amiga Susana Jiménez colabora a darle a toda la imagen un tono tristón que sería excesivo de no ser por esos ojos disparejos y melancólicos, contraditorios y hasta un tanto turnios. Son los ojos con los que va a entrar al proceso deificante de Ramón; los ojos que él miraría *tristes, de mirar incierto*, negros blasones de las virtudes teologales; los ojos que, sin sospechar la hondura de la emoción que provocaban, habrán seguido mirando pasar un mundo antagónico e incómodo.

Pero usted apenas ve una fotografía, que no captó por cierto todo lo que había en esos ojos. Y lo que había era miedo. Miedo de no estar comprometida a una edad que las provincianas de entonces ya temían, puesto que las mujeres se casaban adolescentes. Miedo también de que su corazón enfermo se convirtiera en un depositario del pánico más que de un amor que legitimara su destino de mujer casadera. Otra cosa que no se ve en esa foto es su cabello, un cabello lacio y negro que le daba para una sola, larga trenza; ni sus dientes que eran muy bonitos; parejos y con la consistencia de la leche. Tenía la piel mucho muy blanca, con esa palidez traslúcida de los enfermos, y jamás la decoraba con polvos de arroz ni coloretes. En realidad, toda su apariencia parecía querer negar su femineidad, disimularla y acallarla detrás de una modestia excesiva que incluso se siente presente en esa fotografía, en la que sus ojos casi delatan el desacato contra su modestia de novicia, abrumados por el camafeo, los olanes y los bandós en la cabeza. Si mira usted esas manos, podrá figurarse lo que le quiero decir: la izquierda se esconde como si estuviera cuidando ese secreto que, siempre que nos tomamos una fotografía, deseamos preservar de nuestra propia imagen; la derecha se decide a avanzar sobre el regazo hacia unas rodillas tensas y apretadas como dos bisagras. Es muy curiosa fotografía, ¿no le parece? Si mira usted esa cara durante un rato, parece modificar su expresión de modo imperceptible pero total. O mejor: mírela de pronto, sin que ella se dé cuenta, y la sorprenderá diciendo diferentes cosas cada vez. A veces está divertida, a veces taciturna, en unas ocasiones enigmática, en otras condescendiente. Pero, eso sí, siempre con su aura trágica. ¡Y esa Susana Jiménez, parada allá atrás, ladina, mustia, como un ángel negro de la guarda, con su enormes manos de carnicero!

Pepa de los Ríos es esa materia prima que la poesía y la veneración de Ramón vestirán de misterio. Yo creo que hay que suponer que si él la revistió de todos esos enigmas y cifró en ella una representación más del inútil combate, y habló de toda esa belleza, es también porque algo habría en ella de todo eso. Usted no puede abrir una mina, ni reclamarla ni explotarla, si no ha visto primero el brillo del filón allá adentro.

Además, creo que no podremos evitar que donde nosotros vemos sólo a una mujer fotografiada él haya visto a Fuensanta, todo aquello que se llama Fuensanta. Sobre esto también discuten mucho los que creen saberlo todo de Ramón. Hay unos que dicen que si sacó el nombrecito de un cuento de Rubén M. Campos, que se llamó así y que se publicó en 1902 en la *Revista Moderna*. Yo, no lo creo. Para empezar porque sería muy difícil explicar qué hacía un seminarista zacatecano con las manos sobre una revista que olía a chamusquina. Después, porque la Fuensanta de ese relato es rubia, niña, neurótica y con una notable tendencia a lo macabro (que es por lo que termina como termina). Lo mismo podría decirse de la protagonista de *El loco dios*, un drama «simbolista» de Echegaray que probablemente haya visto Ramón en San Luis un par de años más tarde, que es una mujer enamorada y dulce, casada con un sujeto que está convencido de que es Dios.

Yo lo que creo es que el nombre de Fuensanta le gustó, quizá por las mismas razones que les gustó a los demás. Creo que lo eligió del santoral poético por sus resonancias religiosas, eróticas y líquidas, y por la necesidad, dictada por el decoro, de ocultar a su amada bajo un nombre privado. Punto. *Fuensanta.* Y suena a fuente secreta, que mana y corre, como la de San Juan de la Cruz. A fuente bendita, nutricia y milagrosa, como las muchas *Fuensantas* que registran las enciclopedias españolas: tres casitas y un manantial benéfico. Suena a venero puro o a frescor inmaculado. Lo compuesto del nombre nos remite, por un lado, a una metáfora del origen (y más aún si, como el seminarista, sabe usted etimologías: *fons*) y, por el otro, a la culminación de un destino. Entre una fuente que nace, y hace nacer, una santidad merecida al morir, avanza el manantial del deseo. Entre una fuente de promesas, henchidas de posibles, de latente futuro, y una santidad sancionada. ¿No fue Wilde quien dijo que una santa sólo tiene pasado y una pecadora, futuro? De cualquier modo, hay que suponer que ese nombre es más el de una pasión que el de una mujer, si bien sólo gracias a ella esa *pasión* se dio.

El nombre goza de una extraña autonomía, pues entre que brota y se santifica parece tener la imagen de un círculo ya cerrado: sea lo que sea el brote de esa fuente, ella es santa. A esa fuente acude un sediento en pos de un agua que no tienen Dios ni el seminario. Un vector de su carácter, del de Ramón, necesita el hilo líquido de este manantial que prolifera en él y busca su representación. No hay manera de saber qué fue primero, si la sed o la fuente ni, en todo caso, si las bondades de la fuente fueron amplificadas por la dimensión de la sed. El hecho es que se cristalizó en ella y que la sed es una *sed no saciada*. En la santificación de esa fuente, Ramón significó su origen. Fuensanta, en el silencioso murmullo de su gruta, manando su hilo de voz y de agua, no deja de ser parte de un paisaje más amplio, hecho de sentimientos previos e intuiciones inarticuladas hasta entonces: un paisaje materno (como todos los paisajes). Si el mar es el más maternal de los paisajes, para este Ramón bastó esta fuente de leche inaugural que se derrama en la soledad de la mañana, y a cuya ribera acude su sediento, *aunque es de noche*.

Fuente tan inaugural, por otro lado, como la letra *a*, germen del habla, la letra del agua, la letra de la sed que se sacia, la letra que, materia prima del lenguaje, era la letra íntima de Ramón, las *aes* de la santa, *la* a *colmada de presentes, la* a *impregnada del licor de un banquete espiritual*, la *a* del *ara*, del *alma*.

(Por cierto que, hablando del mar, ¿sabía usted que Ramón nunca vio el mar? Pudo haberlo escuchado, pero nunca lo vio. Y si alguien viene y le dice a usted que sí lo vio, que una vez estando en Guadalajara –las *aes*– se fue a no sé dónde y a no sé cuándos, no lo crea. A mí me lo dijo antes de morir: «Nunca fui al mar, fíjate», me dijo. Pudo haberlo escuchado en los caracoles que había en el vano de la ventana de Fuensanta, y eso fue todo. No haber visto el mar convierte a Ramón en uno de esos ciegos parciales, víctimas de esa forma singular de la ceguera que viene de no haber visto el mar.)

Pero usted quería hablar de un adolescente. Bueno, pues es un adolescente. Es decir, violentamente enamorado, como es privilegio de los adolescentes. Un enamorado total, enérgico, sin atenuantes y sin experiencias. Yo pienso que ese otoño fue cuando sucedió la devastadora cristalización de un amor que, durante la infancia, se había suscitado en la camaradería, en la amistad y en las transferencias previsibles del mundo familiar. Como todos los enamoramientos juveniles, o infantiles, buena parte de esa energía bisoña brota por la convocatoria del amor mismo, sin menoscabo de quién o qué lo causa. Sin embargo, en el caso de Ramón, el objeto del amor se manifiesta desde el principio con una notable singularidad. Fuensanta es demasiado corpórea, su carne y su sangre tienen un peso demasiado inmediato. Aparece como una mujer fragante, concreta, tridimensional, densa. Administra con eficacia lo que de sí deja ver y lo que oculta. Vive, se traslada, cose, reza, se ríe, sale, se burla y se transfigura sin saberlo ante los ojos de su niño. Ramón describe sus manos, alaba sus pies, se imagina sus pechos *de santa* dentro de una contención ascética siempre. Hay en él un doble empeño de caracterizar este cuerpo como un cuerpo vivo a la vez obliterado por la castidad, una castidad que se contagia a todo el gineceo jerezano, a todo ese mundo femenino que Ramón se dedicará a sublimar en la imagen de Fuensanta, mujer-hermana, mujer-virgen. Pero, además, como si hubiera decidido encarnar uno de los lugares más comunes del romanticismo, es una mujer en agonía, un triunfo vulnerado, una apoteosis carcomida. Ramón no pudo dejar de oír los diagnósticos del doctor Villalobos debidamente sazonados en las murmuradoras de los zaguanes por las habladurías locales: *la pobre de Josefa de los Ríos está pero que si bien enfermita del corazón y es capaz de quedarse en una pura tos.* En sus lecturas, Ramón no tardará en toparse con las más variadas heroínas —desde Blanca de Castelo hasta Renata Mauperin— que, bellas, jóvenes y buenas, están a punto de convertirse en ceniza, y en establecer esta relación un tanto morbosa entre el amor y la muerte, entre el deseo y la calaca. Lo que sí es difícil es decir si la conciencia de la enfermedad de Josefa de los Ríos fue un ingrediente en la pasión del muchacho, o si ésta brotó a pesar de esa conciencia y la asumió luego como una fatalidad.

Sea como haya sido, lo que es un hecho es que, por la diferencia de edades, por la vocación sacerdotal que Ramón ha asumido o por la enfermedad de ella —o por una combinación de todos esos elementos— Ramón reconoció desde luego que su amor era *un amor imposible*, y, por lo tanto, —como suele suceder en estos casos— que era el único que le interesaba. Helo ahí: un muchacho con las mangas siempre un poco cortas, tusado a la káiser por algún cura, vestido de negro, con las uñas manchadas de tinta, enamorado como un galán de zarzuela de una mujer ocho años mayor que él, cardiaca, que se pasa el día cosiendo y tocando el piano, rodeada de zenzontles y jilgueros y alimentando la ilusión de que un día se aparezca aquel señor que la requebró una tarde hace dos años en plenas fiestas de Nuestra Señora.

VI. BIBLIOGRAFÍA

Establecida por
José Luis Martínez

BIBLIOGRAFÍA*

1. Obras de Ramón López Velarde

La sangre devota, «Revista de Revistas», México, 1916; 2ª ed., R. Loera y Chávez, México, 1941.

Zozobra, «México Moderno», México, 1919.

El minutero, Imprenta de Murguía, Méjico, MCMXXIII.

El son del corazón, Bloque de Obreros Intelectuales, México, 1932.

Poemas escogidos con un estudio de Xavier Villaurrutia, «Cvltvra», México, 1935.

El león y la virgen, Prólogo y selección de Xavier Villaurrutia, México, Biblioteca del Estudiante Universitario, 40, Universidad Nacional Autónoma de México, 1942.

Obras completas, Colección Atenea, 11, Nueva España, México, 1944.

La suave Patria, con nota crítica de Francisco Monterde, Imprenta Universitaria, México, 1944.

Poesías completas y *El minutero*, Edición y prólogo de Antonio Castro Leal, Colección de Escritores Mexicanos, 68, Porrúa, México, 1953.

MOLINA ORTEGA, Elena, *Poesías, cartas, documentos e iconografía*, Imprenta Universitaria, México, 1952.

– *El don de febrero y otras prosas*, Prólogo y recopilación de..., Imprenta Universitaria, México, 1952.

– *Prosa política*, Prólogo de..., Imprenta Universitaria, México, 1953.

Obras, Edición de José Luis Martínez, Biblioteca Americana, 45, Fondo de Cultura Económica, México, 1971; 2ª ed. FCE, corregida y aumentada, Edición del Centenario, México, 1990.

Poesías completas, El minutero, Don de febrero, Prólogo de Margarita Villaseñor, Promexa, México, 1979.

La suave Patria y otros poemas, Lecturas Mexicanas, 8, SEP-FCE, 1983.

Novedad de la patria y otras prosas de RLV, Asociación Nacional de Libreros, México, 1987.

Poesía. LV para jóvenes, Selección de textos Felipe Garrido, Gobierno del Estado de Zacatecas, Universidad de Zacatecas, INBA, 1988.

---

* Aprovecho aquí las bibliografías antes publicadas (y trato de ponerlas al día): Anónimo, *México en el Arte*, nº 7, primavera de 1949. Elena Molina Ortega, al fin de: *RLV, Estudio biográfico*, México, 1952. Allen W. Phillips, al fin de *RLV, el poeta y el prosista*, 1962. *Diccionario de escritores mexicanos*, UNAM, 1967, pp. 201-203 y Aurora M. Ocampo, «RLV. Bibliografía, hemerografía y referencias críticas», *Minutos velardianos*, 1988, pp. 171-287.

Prosa. LV para jóvenes, Selección de textos Felipe Garrido, Gobierno del Estado de Zacatecas, Universidad Autónoma de Zacatecas, 1988.

RLV, *Correspondencia con Eduardo J. Correa y otros escritos juveniles* (1905-1913), Edición de Guillermo Sheridan, Letras Mexicanas, FCE, México, 1991.

La suave Patria, Apología de «La suave Patria», de José de Jesús Sampedro, Actualidad de «La suave Patria» de Marco Antonio Campos, Dosfilos editores, México, 1996.

2. Homenajes

México Moderno, 11 y 12, 1º de noviembre de 1921. Colaboraciones de José Vasconcelos, Alejandro Quijano, Rafael López, Luis Augusto Kegel, Pedro de Alba, Enrique González Martínez, Alfonso Cravioto, Antonio Castro Leal, Ricardo Arenales, Alfonso Camín, Juan E. Coto, José D. Frías, José Gorostiza Alcalá, José Juan Tablada, Rafael Heliodoro Valle, Genaro Fernández Mac Gregor y Enrique Fernández Ledesma.

El Universal, domingo 22 de junio de 1924. Página literaria «Museo de las Letras» a cargo de Enrique Fernández Ledesma. Colaboran: EFL, Alejandro Quijano, Samuel Ruiz Cabañas, Manuel Horta, Francisco Monterde, J. de J. Núñez y Domínguez, Martín Gómez Palacio, Xavier Villaurrutia y J. G. [Jorge de Godoy o José Gorostiza].–Continuación, 29-VI-1924, colaboran: Manuel Gómez Morín, Alejandro Quijano, Samuel Ruiz Cabañas y Enrique Fernández Ledesma. Iconografía, carta a Margarita González en Lagos, el inédito «Sueño de los guantes negros», autógrafo de RLV adolescente, «Anecdotario» y «Juicios sobre RLV».

Revista de Revistas, «Nuestro homenaje a RLV», XVII, 856, 3 de octubre de 1926. Colaboran: Xavier Villaurrutia, Samuel Ruiz Cabañas, J. de J. Núñez y Domínguez, Francisco Monterde, Manuel Horta, José Gorostiza Alcalá, Carlos González Peña, Martín Gómez Palacio y Enrique Fernández Ledesma.

Juegos Florales, Glorificación del poeta jerezano RLV, Zacatecas, 1927. Iconografía, poesías premiadas, discurso del mantenedor Enrique Fernández Ledesma y reproducción de estudios ya conocidos.

Dedicación del aula RLV, Homenaje de la Escuela Nacional Preparatoria, 1930.

Crisol. Órgano del Bloque de Obreros Intelectuales, México, 1931. Ilustraciones de A.P. Gallien, L. Chávez y Fermín Revueltas. Colaboran: Jesús S. Soto, Miguel D. Martínez Rendón, Enrique Fernández Ledesma, Rafael López, Samuel Ruiz Cabañas, J. de J. de Núñez y Domínguez, Rafael Lozano, Héctor Pérez Martínez, José D. Frías, Alfonso Cravioto, Francisco Monterde y Martín Gómez Palacio.

Revista de Revistas, XXVI, 1,362, 21 de junio de 1936. Colaboran Jesús B. González, Jesús Zavala, Enrique Fernández Ledesma, José Luis Velasco, R. A. Sosa Ferreyro, Xavier Sorondo, Roberto Núñez y Domínguez, José Juan Tablada, Manuel Horta, Genaro Fernández Mac Gregor, Eduardo Colín y Rafael Cuevas. Antología de poemas de RLV.

Papel de Poesía, Saltillo, Coahuila, II, agosto de 1941. Colaboran: Xavier Villaurrutia, Arturo Rivas Sáinz, Rafael del Río y Federico Berrueto Ramón.

El Hijo Pródigo, México, IV, XII, 39, 15 de junio de 1946. Colaboran: José Luis Martínez, Francisco Monterde, Alí Chumacero, Ermilo Abreu Gómez, Rafael Solana y Arturo Rivas Sáinz. Collage-homenaje de Agustín Lazo, iconografía y selecciones de versos y prosas.

México en el Arte, 7, primavera de 1949. Colaboran: Francisco de la Maza, Carlos Villegas, J. M. González de Mendoza, Luis Noyola Vázquez, Xavier Villaurrutia, Vicente T. Mendoza y Francisco Díaz de León. Poesías, crónicas y cartas inéditas, reproducción de manuscritos, iconografía y bibliografía. Ilustraciones de Julio Prieto.

Alcance. Dirigido por Emmanuel Palacios, México, 1951. 15 números de la A a la L, dedicados a recoger noticias y textos de R.L.V.

Letras Potosinas, San Luis Potosí, 97, mayo-junio de 1951. Colaboran: Rodolfo Carlos Elías, Emmanuel Carballo, Luis Noyola Vázquez y Manuel Ramírez Arriaga.

El Nacional. Suplemento cultural. México, 225, 22 de julio de 1951. Colaboran: Alfonso Reyes, Enrique Fernández Ledesma, Pedro de Alba, Fernando Sánchez Mayáns, Andrés Henestrosa, Miguel Álvarez Acosta, Juan Macedo López, José Mancisidor, Ricardo Arenales, Ricardo Cortés Tamayo, Enrique González Martínez, Luis Noyola Vázquez y Gerónimo Baqueiro Fóster.

Presencia de Ramón López Velarde, Santiago de Chile, 1963. Colaboran: Pablo Neruda, Gustavo Ortiz Hernán y Guillermo Atías. (En la inauguración del Refugio RLV ofrecido por México a la Sociedad de Escritores de Chile. Contiene selección de versos y prosas de RLV, preparada por Neruda).

Semana RLV en Zacatecas y Jerez, organizada por el Gobierno del Estado, la UNAM, y el Seminario de Cultura Mexicana, del 29 de marzo al 4 de abril de 1971. Intervinieron: Mauricio Magdaleno, Salvador Azuela, Francisco Díaz de León, Pablo Castellanos, Alejandro Topete del Valle, Amalia C. de Castillo Ledón, Francisco Monterde, J. Jesús Reyes Ruiz y Eugenio del Hoyo. Hubo números musicales y Juan de Santiago Silva leyó poemas de RLV.

Universidad Nacional Autónoma de México, Biblioteca Nacional. *Homenaje a RLV*, el 23 de junio de 1971, en los 50 años de la muerte del poeta. Intervienen: Allen W. Phillips, Joaquín Antonio Peñalosa y Luis Noyola Vázquez. Exposición alusiva montada por Othón Lara Barba.

Academia Mexicana de la Lengua, sesión pública el 25 de junio de 1971 en la que hablaron el director Francisco Monterde, Allen W. Phillips y Carlos Pellicer que leyó poemas de RLV.

Calendario de RLV, coordinado por María del Carmen Millán, con la colaboración de Alí Chumacero, Fedro Guillén, Huberto Balis y Gustavo Sáinz, Secretaría de Educación Pública, México, 1971, 2 volúmenes con 12 cuadernos. Antología de textos, estudios e imágenes de RLV y sus ambientes.

Minutos velardianos. Ensayos de homenaje en el Centenario de RLV, Instituto de Investigaciones Estéticas, UNAM, México, 1988. Colaboraciones de Luis Miguel Aguilar, José Joaquín Blanco, Gonzalo Celorio, Clementina Díaz y de Ovando, Rosario Dosal, Beatriz Espejo, Elisa García Barragán, Felipe Garrido, Jesús Gómez Serrano, Arnulfo Herrera, Sergio Monsalvo, Aurora M. Ocampo, Vicente Quirarte, Fausto Ramírez, María del Carmen Ruiz Castañeda y Luis Mario Schneider.

Homenajes en el centenario del nacimiento de RLV en 1988. Jornadas López Velarde en el Museo Pedro Coronel, en Zacatecas, con la participación de Elsa Cross, Merlin H. Foster, Elisa García Barragán, Enriqueta Ochoa, José María Pino Méndez, José Luis Martínez, Gonzalo Celorio, Víctor Muñoz, Howard Quackenbusch, Vicente Quirarte, Filiberto Soto Solís, Jorge Von Ziegler, Armando Adame, Griselda Álvarez, Juan José Arreola, Carmen de la Fuente, Vicente Magdaleno, Luis Mario Schneider, Felipe Garrido, Hermann Bellinghausen, Roberto Cabral del Hoyo, Jorge Esquinca, Raúl Renán, Guillermo Samperio y Víctor Sandoval. Estas Jornadas se repitieron en el Palacio de Bellas Artes y en el Palacio de Minería de la ciudad de México, con las intervenciones adicionales de Emannuel Carballo, Beatriz Espejo, Pavel Grushko –poeta soviético que tradujo al ruso «La suave Patria» y comparó la obra del mexicano con la de S. Essenin–, Eduardo Lizalde, Clementina Díaz de Ovando, Fernando Curiel, Evodio Escalante, David Huerta, Alejandro Sandoval y Alejandro Toledo.

El rostro benéfico. Homenaje a RLV 1888-1988, Universidad Autónoma Metropolitana, México, 1988. Colaboran: Vicente Quirarte, J. Francisco Conde, Blanca Rodríguez, Edelmira Ramírez, Margarita Alegría, Severino Salazar y Josefina Morales.

Números de homenaje de revistas en el centenario de 1988:

Gaceta del Fondo de Cultura Económica, México, 208, abril de 1988.
Vuelta, 141, México, agosto de 1988.
Universidad de México, México, 451, agosto de 1988.
Sábado, México, 11 de junio de 1988.
La Jornada. Libros, México, 11 de junio de 1988.
La Jornada Semanal, México, 3 de julio de 1988.
El Semanario Cultural, de *Novedades*, México, 300, 17 de enero de 1988.
Proceso, México, 608, 27 de junio de 1988.
Tierra Adentro, México, 45, octubre-noviembre de 1988.

3. Estudios sobre Ramón López Velarde

ABREU GÓMEZ, Ermilo, «Ramón López Velarde» *El Hijo Pródigo*, 39, junio de 1946.
– «RLV», *Sala de retratos*, Leyenda, México, 1946.
ACEVEDO ESCOBEDO, Antonio, «Su ánima y su estilo», *Alcance*, México, junio de 1952.
– «LV en su mediodía», *Universidad de México*, 67, julio de 1952.
– «Letras de antier», *El Sol de Puebla*, 24 de junio de 1981.
AGUILAR, Luis Miguel, «Una carta robada de RLV», *La Jornada*, 8 de mayo de 1985.
ALBA, Pedro de, «RLV. El poeta del amor y de la muerte», *México Moderno*, 11 y 12, 1° de noviembre de 1921.
– «La ofrenda lírica de RLV», *Juegos Florales* de Zacatecas, 1927.
– «Cuatro poetas de sangre provinciana», *El Nacional*, 11 de enero de 1942.
– «Magia andaluza en la poesía de LV», *Homenaje a don Francisco Gamoneda*, Imprenta Universitaria, México, 1946.

– «Últimas jornadas de RLV. Ofrenda en el XXV aniversario de su muerte», *El Nacional*, 16 de junio de 1946.
– «RLV, el provinciano en la capital», *Papel de Poesía*, Saltillo, 2ª época, 35, julio de 1946.
– «RLV visita a José Juan Tablada», *Ibid.*
– «RLV a treinta años de distancia», *El Nacional*, 225, 22 de julio de 1951.
– «La patria, la mujer y la muerte en la poesía de RLV», *El Nacional*, 1° de julio de 1956.
– *RLV. Ensayos*, Imprenta Universitaria, México, 1958. Recoge la mayor parte de los estudios anteriores. 2ª ed., México, INBA, 1988.
– «Las mujeres y los amigos de RLV», *Novedades, México en la Cultura*, 617, 8 de enero de 1961.

ALVARADO, José, «Cuando el poeta es víctima de la política», *Siempre!*, 929, 14 de abril de 1971.

ÁLVAREZ ACOSTA, Miguel, «Triunfo de una voz apasionada», *Revista Mexicana de Cultura, El Nacional*, 22 de julio de 1951.

ANDERSON IMBERT, Enrique, «RLV», en *Historia de la literatura hispanoamericana*, Breviario, 156, 4ª ed., FCE, México, 1964, t. II.
– y FLORIT, Eugenio, *Literatura hispanoamericana*, Antología e introducción histórica, Holt, Rinehart and Winston, New York, 1960. RLV en pp. 555-558.

«ANGEL ABE», «La llama de RLV», *Chicomoztoc*, 20, 26 de febrero de 1944.

ANÓNIMOS, «Un nuevo libro de versos. *La sangre devota*», *Revista de Revistas*, 30 de enero de 1916.
– Reseña de *Zozobra*, *Biblos*, 52, 10 de enero de 1920.
– «Los funerales del poeta RLV», *Boletín de la Universidad Nacional de México*, 5, julio de 1921.
– Reseña de *El minutero*, *El Universal*, 26 de julio de 1923.
– «RLV. Biografía», *El Nacional*, 17 de enero de 1943.
– «Homenaje a RLV ante su tumba», *Chicomoztoc*, 24, junio de 1944.
– «Los restos de LV en la Rotonda», *Chicomoztoc*, 17, 15 de enero de 1944.
– «Homenaje a RLV» (fragmento de una carta), *Papel de Poesía*, Saltillo, 28, septiembre de 1945.
– «Hace 36 años. La muerte del poeta RLV», *Vida Universitaria*, 327, 1957.
– «Inter-secciones» (Charla de Juan José Arreola sobre RLV) *Revista Mexicana de Cultura. El Nacional*, 438, 26 de junio de 1977.
– «*Novedad de la Patria*, obra teatral de Luis de Tavira basada en RLV», *Gaceta de la UNAM*, 75, 21 de octubre de 1982.
– «RLV: el ángel absoluto», *Excélsior*, 3 de julio de 1983.
– «RLV», *Enciclopedia de México*, director José Rogelio Álvarez, Edición especial, 3ª, Secretaría de Educación Pública, México, 1988, t. VIII, pp. 4,807-4,808.
– «RLV», *Diccionario Porrúa de historia, biografía y geografía de México*, 6ª ed. corregida y aumentada, Porrúa, México, 1995, t. III, pp. 2048-2049.

APPENDINI, Guadalupe, *A la memoria de RLV*, Gobierno del Estado de Zacatecas, Jerez, Zacatecas, 15 de junio de 1988.
– *RLV, sus rostros desconocidos*, Liminar de Agustín Yáñez, Novaro, México, 1971; 2ª ed., Tezontle, FCE, México, 1990.

ARENALES, Ricardo, «Canción de la noche diamantina...», *México Moderno,* 11 y 12, 1° de noviembre de 1921.

ARNÁIZ Y FREG, Arturo, «Palabras en Jerez, la de RLV», *Boletín La Bufa,* 7, Zacatecas, 17 de septiembre de 1948.

– «RLV y la pequeña propiedad», discurso de entrada en la Academia Mexicana de la Historia: 17 de junio de 1961, *Memorias de la Academia Mexicana de la Historia,* XX, 2, 1961.

ARREOLA, Juan José, *RLV. Una lectura parcial,* Fondo Editorial BANCEN, México, 1988.

– *RLV, el poeta, el revolucionario,* Alfaguara, México, 1997.

ARRIAGA, Antonio, «RLV y la provincia», *Excélsior,* 17 de septiembre de 1963.

ARTEAGA PEDROZA, José, «El mensaje de RLV», *La Provincia,* Zacatecas, 8 de enero de 1955.

ATTOLINI, José, «Adjetivo y zozobra», *Crisol,* 79, 1° de julio de 1935.

AVILÉS, Alejandro, «RLV», *La Nación,* 3 de febrero de 1935.

AZUELA, Salvador, «A propósito de RLV», *El Universal,* 12 de abril de 1952.

– «A propósito de RLV», *América,* 69, marzo de 1954.

– «Un libro sobre RLV» (el de P. de Alba), *El Universal,* 3 de mayo de 1958.

– «Voz y entraña de LV», *El Universal,* 6 de febrero de 1960.

– «La revolución de RLV», *Novedades,* 14 de junio de 1971.

BAQUEIRO FÓSTER, G., «La suave Patria en la música sinfónica mexicana», *El Nacional,* 225, 22 de julio de 1951.

BÁRCENAS, Ángel, «Género epistolar en RLV», *El Nacional,* 13 de marzo de 1981.

– «Curiosidades en la obra literaria en RLV», *El Nacional,* 23 de marzo de 1981.

BARREDA, Octavio G., Alusiones a RLV en *Obras,* UNAM, 1985, pp. 29, 122, 173, 174, 189, 241, 257 y 271.

BARRERA, Carlos, «Suave Patria: ritmo y medida. Única y multánime», *Vida Universitaria,* Monterrey, 290, 294, 296, 302, 306, 309 y 313, 1° de octubre de 1956-20 de marzo de 1957.

BARRIOS, Roberto, «RLV. El hombre de los espejos cóncavos y convexos», *El Universal Ilustrado,* junio de 1921.

BECKETT, Samuel, traduce al inglés once poemas de RLV en *An Anthology of Mexican Poetry,* Octavio Paz, Unesco, Indiana University Press, 1958.

BERMÚDEZ, María Elvira, «La poesía paradójica de LV», *La República,* 189, 15 de junio de 1956.

– «Las paradojas de RLV», *El Rehilete,* 8 de mayo de 1963.

BERRUETO RAMÓN, Federico, «La huella de Fuensanta: Notas de un ensayo», *Papel de Poesía,* Saltillo, 11, agosto de 1941.

– «De la intimidad de la provincia a la perennidad de la vida», *Letras Potosinas,* 108, 1953.

– *Entraña y voz de LV,* Escritores Coahuilenses, Saltillo, 1958.

– «Problemas humanos en la obra de RLV», *Armas y Letras,* Monterrey, septiembre-noviembre de 1971.

BLANCO, José Joaquín, «Visita a las siete casas de RLV», *Crónica de la poesía mexicana,* Guadalajara, 1977.

– «La carreta alegórica de paja», *La Jornada,* 22 de octubre de 1984.

BOJÓRQUEZ, Juan de Dios, «La semana lírica», *Juegos florales*, Zacatecas, 1927

BÓRQUEZ, Djed», «Mis encuentros con el buen Ramón», *El son del corazón*, BOI, México, 1932.

BRADU, Fabienne, «RLV entre códigos», *unomásuno*, 27 de noviembre de 1982.

BREHM, Mauricio, «Recuerdos de RLV», *Revista de la Semana, El Universal*, 16 de junio de 1968.

BUSTOS CERECEDO, Miguel, «El mejor poeta de México», *Ruta*, 4ª época, 4, 15 de septiembre de 1948.

CABRAL DEL HOYO, Roberto, «RLV a los setenta y cinco», *México en la Cultura, Novedades*, 745, 30 de junio de 1963.

CABRERA, Rafael, «Tórtola Valencia y LV», *Alcance*, 6, mayo de 1952.

CABRERA DE DEL HOYO, Carmen, *La cocina jerezana en tiempos de LV*, Recetas de..., compiladas por Eugenio del Hoyo Cabrera, 1ª ed., 1972; 2ª ed. Tezontle, FCE, 1988.

CAILLET BOIS, Julio, «RLV», en *Antología de la poesía hispanoamericana*, Aguilar, Madrid, 1958, pp. 1115-1123.

CALDERÓN SALAZAR, «RLV, un sacerdote de la poesía», *Excésior*, 22 de diciembre de 1978.

CALVILLO MADRIGAL, Salvador, «LV», *El Nacional*, 15 de junio de 1955.

CAMÍN, Alfonso, «RLV», *Castillos y Leones*, 1° de junio de 1920.

– «En el XXV aniversario de la muerte de RLV», *Norte*, 101, junio-julio de 1946.

– «Tórtola Valencia y RLV», *Todo*, 800, 6 de enero de 1949.

CAMPOS, Marco Antonio, «RLV visto por Julio Torri», *Periódico de Poesía*, 3, septiembre-octubre de 1987.

CANTÓN, Wigberto, L., Selección y prólogo de *Antología de RLV*, Secretaría de Educación, México, 1946.

– «Aniversario de LV», *Letras de México*, 124, 15 de junio de 1947.

– «La provincia y el amor en RLV», *Posiciones*, Imprenta Universitaria, México, 1950.

CARBALLO, Emmanuel, «LV en "El Regional"», *Ariel*, Guadalajara, 4, septiembre-octubre de 1949.

– «Sinceridad y vehemencia en el RLV juvenil», *Ariel*, Guadalajara, 7-8 marzo-junio de 1950.

– «Juventud y parecido: LV, González León y Amando J. de Alba», *Letras Potosinas*, San Luis Potosí, 97, mayo-junio de 1951.

– «Índice literario del periódico "El Regional"», *Ariel*, Guadalajara, 2ª época, 4, octubre de 1951.

– «Dos poemas no coleccionados», *Ariel*, Guadalajara, 2ª época, 12, julio de 1952.

– *RLV en Guadalajara*, Sobretiro de la revista *Et Caetera*, 9-10, Guadalajara, 1952.

– «Ideas políticas de LV», *Las Letras Patrias*, 2, 1954.

– *Visiones y versiones. LV y sus críticos 1914-1987*, Compilación de Emmanuel Carballo, Varios editores, México, 1989.

– «La primera edición fallida de *La sangre devota*», *Notas de un francotirador* (I), Gobierno del Estado de Tabasco, Villahermosa, 1990.

– «Neruda habla de LV», *Notas de un francotirador* (II), IPN-SOGEM-DINAMO, México, 1996.

CARDOÑA PEÑA, Alfredo, «Había una vez...», *El Nacional*, Suplemento Cultural, 11, 2 de junio de 1968.

– «Oda a la poesía de RLV, *El Heraldo Cultural*, 286, 2 de mayo de 1971.
– «En el cumpleaños del novio de Fuensanta» (poema), *Excélsior*, 17 de junio de 1984.
CARNIADO, Enrique, «Epístola a Fuensanta», *México en la Cultura, Novedades*, 1160, 20 de junio de 1971.
CARRIÓN, Benjamín, «La patria en tono menor», *Calendario de RLV*, 5 de mayo de 1971.
CASTAÑÓN, Adolfo, «Rubén Darío y RLV», *La Cultura en Mexico, Siempre!*, 834, 13 de febrero de 1978.
CASTRO LEAL, Antonio, «La sangre devota. Libro de versos de RLV», *El Nacional*, 24 de febrero de 1916 (primera recensión).
– «RLV», *México Moderno*, 11 y 12, 1° de noviembre de 1921.
– Edición y prólogo de RLV, *Poesías completas y El minutero*, Colección de Escritores Mexicanos, 68, Porrúa, México, 1953.
CERVERA, Juan, «A RLV», poemas, *El Universal*, 16 de junio de 1971.
–«El nacimiento de tres poetas» (Othón, RLV e Ignacio Ramírez), *El Nacional*, 12 de junio de 1979.
CHARRY LARA, Fernando, «Tres poetas mexicanos», *Revista de la UNAM*, noviembre de 1958.
CHESAL, Luis, *Zacatecas, relicario de «La suave Patria»*, Patronato Estatal, Zacatecas, 1971.
CHUMACERO, Alí «RLV. El hombre solo», *El Hijo Pródigo*, XII, 39, junio de 1946.
COHEN, J. M. «RLV», *The Penguin Book of Spanish Verse*, 1956, pp. XXII y 359-362.
– «The Eagle and the Serpent», *The Southern Review*, 2, Spring, 1965.
COLÍN, Eduardo, «El verdadero RLV», *Revista de Revistas*, 858, 1926.
– «Notas bibliográficas, RLV», *El Libro y el Pueblo*, X, 8, octubre de 1932.
– «RLV», *Rasgos*, México, Imprenta de Manuel León Sánchez, 1934.
CORDERO AMADOR, Raúl, «Presencia de la patria en la obra de RLV», *La Provincia*, Zacatecas, 27, 18 de julio de 1953.
CORONADO, Juan, «RLV en épica sordina», *unomásumo*, 1° de agosto de 1984.
CORREA, Eduardo J., «Cómo perdió su curul RLV», *Diario de Yucatán*, Mérida, 21 de mayo de 1945.
– «RLV», *Revista de Veracruz*, III, 4, 31 de julio de 1946.
– «RLV», *Excélsior*, 6 de julio de 1952.
– «Evocaciones. RLV», *c.* 20-25 de abril de 1961.
CORTÉS TAMAYO, Ricardo, «La letras y los días», *El Nacional*, 2ª época, 225, 22 de julio de 1951.
– «Marcha Zacatecas», *Revista Mexicana de Cultura*, 22 de agosto de 1954.
COSTA-AMIC, Bartolomé, *Antología mínima de RLV*, 1971.
COTO, Juan E., «Flor silvestre, en la tumba de RLV», *México Moderno*, 11 y 12, 1° de noviembre de 1921.
COVARRUBIAS, Miguel, «La prosa de RLV», *Armas y Letras*, Monterrey, 2, junio de 1965.
CRAVIOTO, Alfonso, «RLV», *Biblos*, 127, 25 de junio de 1921.
– «Oración fúnebre», *México Moderno*, 11 y 12, 1° de noviembre de 1921.
CRUZ, Salvador, «RLV, águila y sol de México», *México en la Cultura*, 1160, 20 de junio de 1971.
– «El maleficio de la madreselva», *Nivel*, 116, 31 de agosto de 1972.

– «Lugones en la obra de RLV», *Revista Mexicana de Cultura*, 10, 30 de diciembre de 1979.

CUÉ CÁNOVAS, Agustín, «En torno a LV», *El Nacional*, 17 de abril de 1952.

CUESTA, Jorge, «RLV» en *Antología de la poesía mexicana moderna*, México, UNAM, 1928.

– «El clasicismo mexicano», *El Libro y el Pueblo*, 8 de agosto de 1934, y en *Poemas y ensayos*, México, 1964, t. II.

– «La provincia de LV», *El Universal*, 27 de agosto de 1935 y en JC, *Poemas y ensayos*, México, 1964, t. II.

– «Dos apuntes» (RLV y Diego Rivera), *Gaceta del FCE*, 117, septiembre de 1980.

CUEVAS, Rafael, «El verso inolvidable», RLV, *El son del corazón*, B01, México, 1932.

– «RLV», *Panorámica de las letras*, México, 1956.

DAUSTER, Frank, *Breve historia de la poesía mexicana*, México, Ediciones de Andrea, 1956, pp. 139-142.

DAVID, Gabriel, «Juzgar a LV», *San-Ev-Ank*, México, 8, 29 de agosto de 1918.

DÁVILA, Óscar, «LV y La suave Patria», *Papel de Poesía*, Saltillo, 5, febrero de 1941.

DENIZ, Gerardo, «Curiosidades velardianas», *La Gaceta del FCE*, agosto de 1985.

DERBEZ, Alain, «LV. Preguntas de un día de vida», *Reforma, Cultura*, 14 de junio de 1997.

DÍAZ PLAJA, Guillermo, «El tratamiento de la realidad en la poesía de RLV», *Poesía y realidad*, Revista de Occidente, Madrid, 1952.

DÍEZ-CANEDO, Enrique, «RLV», *Índice*, Madrid, septiembre de 1921.

DROMUNDO, Baltasar, *Vida y pasión de LV*, Editorial Guaranía, México, 1954.

DUEÑAS, Guadalupe, «RLV», *Calendario de RLV*, México, Secretaría de Eduación Pública, 1971, t. 2.

DURÁN ROSADO, Esteban, «Error de apreciación en la poesía lopezvelardiana», *El Nacional*, 9 de marzo de 198?

DUVALIER, Armando, «En la tierra de LV», *Chicomoztoc*, II, 22, 1° de abril de 1944.

ECHEVERRÍA DEL PRADO, Vicente y GÁLVEZ, Ramón, «RLV», *Novedades*, 21 de septiembre de 1947.

ELÍAS, Rodolfo Carlos, «RLV», *Letras Potosinas*, San Luis Potosí, IX, 97, mayo-junio de 1951.

ELIZONDO, Salvador, «RLV», *Recent Books in México, Bulletin*, mayo de 1971, y en *Calendario de RLV*, 8 de agosto de 1971.

ESCALANTE, Evodio, «El zenzontle impávido y los poderes de la negación. (La poesía de RLV)», *Periódico de Poesía*, 3, México, septiembre-octubre de 1987.

– «Un poema de RLV», *Sábado*, 534, 26 de diciembre de 1987.

ESPARZA MARTÍNEZ, Reinaldo, «RLV, el poeta de la provincia», *El Universal*, 26 de junio de 1921.

ESPARZA SÁNCHEZ, Cuauhtémoc, «RLV, cantor por antonomasia de la provincia», *Letras Potosinas*, San Luis Potosí, 102-103, marzo-junio de 1952.

ESPEJO, Beatriz, *El trasfondo biográfico en la obra de RLV*, tesis, Facultad de Filosofía y Letras, UNAM, 1963.

ESPINOSA ALTAMIRANO, Horacio, «Meditaciones en torno a RLV», *Boletín Bibliográfico de la Secretaría de Hacienda*, 296, 1° de junio de 1964.

ESPINOSA LAGUNA, Tomás, «Evocaciones: Posada, RLV, Gutiérrez Nájera y Rulfo», *Revista Mexicana de Cultura*, 431, 8 de mayo de 1977.

ESQUIVEL, Fernando, «La mujer en la poesía de LV», *Ábside*, XXIV, 2, 1960.

ESTRADA, Genaro, «RLV», *Poetas nuevos de México*, Porrúa, México, 1916 (recoge juicios de A. Castro Leal y Jesús Villalpando y presenta seis poemas de LV).
EZCURDIA VÉRTIZ, Manuel de, «En el XXV aniversario de la muerte de RLV», *Armas y Letras*, Monterrey, III, 6, 30 de junio de 1946.
FERNÁNDEZ, Sergio, «Historia de un corazón promiscuo», *Homenajes*, Sep-setentas, 36, 1972.
FERNÁNDEZ LEDESMA, Enrique, «RLV», *México Moderno*, 11 y 12, 1° de noviembre de 1921.
– «La agonía de Fuensanta», *El Universal*, 22 de junio de 1924.
– «Un nuevo poeta», *El Universal*, *Ibid.*
– «Anecdotario de RLV», *Ibid.*
– «*Nuestro homenaje a RLV*», *Revista de Revistas*, 3 de octubre de 1926.
– «RLV. Boceto de crítica», *Revista de Revistas*, XXVI, 1,362, 21 de julio de 1936.
– «Cuatro anécdotas de RLV», *El Nacional*, 23 de junio de 1946.
FERNÁNDEZ MAC GREGOR, Genaro, «RLV», *Biblos*, 127, 25 de junio de 1921.
– «RLV», *México Moderno*, 11 y 12, 1° de noviembre de 1921 y en *Carátulas*, Botas, México, 1935.
FLORES, Ernesto, «Un tema y dos poetas (la primera inquietud amorosa)» *Ovaciones*, Suplemento 123, 3 de mayo de 1964.
FLORES, Jesús Sansón, «Carta lírica a RLV», *Siempre!*, 671, 4 de mayo de 1966.
FLORES, Óscar, «La provincia en la poesía y la prosa de RLV», *México en la Cultura*, 1171, 5 de septiembre de 1971.
FLORES AGUIRRE, Jesús, «La poesía mestiza de RLV», *El Nacional*, 9 de marzo de 1952.
FRÍAS, José D., «Máscaras». RLV, *Vida Moderna*, 12, 8 de diciembre de 1915.
– «RLV», *Revista de Revistas*, XI, 581, 26 de junio de 1921.
– «RLV. In Memoriam», *México Moderno*, 11 y 12, 1° de noviembre de 1921.
– «La tierra de LV», *Juegos Florales*, Zacatecas, 1927.
– «La calle de RLV», *El Nacional*, 12 de junio de 1931.
– «RLV», *Crisol*, junio de 1931.
FUENTE, Carmen de la, «RLV, producto genuino de la cultura mexicana», *El Nacional*, 2ª época, 239, 28 de octubre de 1951.
– «Relectura de LV», *La Provincia*, Zacatecas, 28 de mayo de 1955.
– *LV y su mundo intelectual y afectivo*, 2ª ed., México, 1988.
GÁLVEZ, Ramón, «El sentido de lo nimio en RLV y Ángel de Campo», *Novedades*, 16 de febrero de 1950.
GÁLVEZ MONROY, Concepción, *RLV*, tesis, Facultad de Filosofía y Letras, UNAM, 1970.
GÁLVEZ DE TOVAR, Concepción, *RLV en tres tiempos y un apéndice sobre el ritmo velardeano*, Porrúa, México, 1971.
GARCÍA ARROYO, Raziel, «Zacatecas en la historia: 1888, natalicio de RLV», *La República*, 15 de junio de 1984.
GARCÍA BARRAGÁN, Elisa y SCHNEIDER, Luis Mario, *RLV. Álbum*, Instituto de Investigaciones Estéticas, Universidad Nacional Autónoma de México, 1988.
GARCÍA CÁLIX, Abel, «RLV», *El Universal Ilustrado*, VII, 323, 26 de julio de 1923.
GARCÍA MARÍN, José, «La zozobra de LV», *Letras de México*, IV, 17, 1° de mayo de 1944.
GARIBAY K., Ángel María, «Utilidad de los poetas», *El Porvenir*, Monterrey, 23 de enero de 1963.
GHIANO, Juan Carlos, «RLV poeta completo», *La Nación*, Buenos Aires, 4 de agosto de 1963.

GODOY, Jorge de, «Anecdotario de RLV», *El Universal*, 22 de junio de 1924.

GÓMEZ MORÍN, Manuel, «Un juicio sobre LV», *El Universal*, 22 de junio de 1924.

– «Carta a Porfirio Martínez Peñaloza», 5 de marzo de 1958, *Calendario de RLV*, 2 de febrero de 1971.

GÓMEZ PALACIO, Martín, En «Juicios sobre RLV», *El Universal*, 22 de junio de 1924.

– «Nuestro homenaje a RLV», *Revista de Revistas*, 3 de octubre de 1926.

GÓMEZ ROBLEDO, Antonio, «RLV, notas para una interpretación», *Arte*, 9, Guadalajara, 1° de enero de 1933.

GONZÁLEZ, Jesús B., «Cómo murió RLV», *Revista de Revistas*, XXVI, 1362, 21 de junio de 1936.

– «La familia de LV», *Ibid.*

– «La última hora de RLV», *Chicomoztoc*, I, 3, 26 de junio de 1943.

– «RLV. Su iniciación literaria», *Boletín Cultural*, Instituto de Ciencias de Zacatecas, I, 3, mayo-junio de 1951.

GONZÁLEZ, Luis, *Los artífices del cardenismo, Historia de la Revolución Mexicana*, t. 14, El Colegio de México, 1979, pp. 116, 119 y 134.

GONZÁLEZ, Otto Raúl, «Las Obras completas de RLV», *Revista de Guatemala*, I, 2, 1945.

GONZÁLEZ, Otto Raúl, «La poesía de LV», *Revista Mexicana de Cultura*, 126, 27 de junio de 1971.

– «En su 95 aniversario. Permanencia de RLV», *Excélsior*, 17 de junio de 1983.

GONZÁLEZ CALZADA, Manuel, «Investigaciones sobre RLV» (las de Elena Molina Ortega), *Hombres y libros*, Robredo, 1954.

GONZÁLEZ CASANOVA, Henrique, «La poética lopezvelardiana», *México en el Arte*, 10-11, diciembre de 1950, y en *Alcance*, I, mayo de 1952.

GONZÁLEZ GUERRERO, Francisco, «La revolución en Jerez», *El Universal Gráfico*, 17 de abril de 1950.

– «LV, cuentista», *Las Letras Patrias*, 3, julio-septiembre de 1954.

GONZÁLEZ DE LEÓN, Ulalume, «En torno al poema "Todo" de RLV», *El Semanario Cultural. Novedades*, 163, 2 de junio de 1985.

GONZÁLEZ MARTÍNEZ, Enrique, «Zozobra, por RLV», *El Heraldo de México*, sección «Hombres, Libros, Ideas», 28 de diciembre de 1919.

– «RLV», *México Moderno*, 11 y 12, 1° de noviembre de 1921.

– «Prólogo» a Luis Noyola Vázquez, *Fuentes de Fuensanta*, 1947.

– «Recuerdo de RLV», *El Nacional*, 2ª época, 225, 22 de julio de 1951, y en EGM, *La apacible locura*, Ediciones de Cuadernos Americanos, México, 1951.

GONZÁLEZ DE MENDOZA, José María, «Las tendencias de la literatura joven mexicana», (?), julio-septiembre de 1925.

– «Añorando a RLV», *Revista de Revistas*, 23 de junio de 1946.

– «LV en su tiempo», *México en el Arte*, 7, primavera de 1949.

– «Tablada y LV», *Rueca*, 20, invierno de 1951-1952.

GONZÁLEZ DE LA PARRA, Julio, «RLV comentado sin erudición», *Chicomoztoc*, II, 20, 26 de febrero de 1944.

GONZÁLEZ PEÑA, Carlos, «Cómo ve y cómo siente la provincia al poeta LV», *Vida Moderna*, I, 24, 1° de mayo de 1916.

– «LV, el poeta de la provincia», *Juegos florales*, Zacatecas, 1927, y en CGP, *Gente mía*, Stylo, México, 1946.

– «RLV», *Historia de la literatura mexicana*, 6ª ed. 1958, p. 425.

GONZÁLEZ RAMÍREZ, Manuel y TORRES ORTEGA, Rebeca, *Poetas de México*, 1945; RLV en pp. 16-18.

GONZÁLEZ ROJO, Enrique, «Un discípulo argentino de LV», *Contemporáneos*, 2, julio de 1928.

GONZÁLEZ SALAS, Carlos, «RLV», *Antología de poesía religiosa del siglo XX:* RLV en pp. 14-17, 32-33 y 151-153.

GOROSTIZA ALCALÁ, José, «A RLV, Q.E.P.D. Elegía apasionada», *México Moderno*, 11 y 12, 1º de noviembre de 1921.

– «RLV y su obra», *Revista de Revistas*, XIV, 738, 29 de junio de 1924, y en J. G., *Prosa*, Universidad de Guanajuato, 1969.

– «Perfil humano y esencias literarias de RLV», *México en la Cultura, Novedades*, 743, 16 de junio de 1963, y en JG, *Prosa*, Universidad de Guanajuato, 1969.

GUARDIA, Miguel, «LV, primer angustiado», *El Nacional*, 9 de enero de 1949.

– «De la soledad al optimismo en la poesía mexicana», *Filosofía y Letras*, XXI, 40-42, enero-junio de 1951.

GUERRERO MUSSACHIO, Gabriel, «RLV y la novedad de la patria», *El Nacional*, 17 de diciembre de 1982.

GUILLEN, Fedro, «El día de RLV», *El Nacional*, 18 de junio de 1971.

– «Pellicer-RLV, magnolias y agonías», *Revista Mexicana de Cultura*, 342, 24 de agosto de 1975.

– «El alma de RLV en la cuaresma opaca», *Excélsior*, 5 de marzo de 1986.

GUILLÉN, Nicolás, «RLV, poeta del alma mexicana», *Excélsior*, 11 de abril de 1984.

GUTIÉRREZ VEGA, Hugo, «RLV», *El erotismo y la muerte*, Océano, México, 1987.

HÄHN, Dorotea, «RLV, Neruda, Villaurrutia y García Lorca, los poetas más importantes del español», *unomásuno*, 23 de junio de 1984.

HAYS, H. R., «A Mexicam symbolist», *Poetry*, LVII, 1, octubre de 1940 (incluye traducciones al inglés).

HENESTROSA, Andrés, «Veinticinco años de poesía mexicana», *Letras de México*, V, III, 16, 15 de abril de 1942.

– «Alacena de minucias», *El Nacional*, 2ª época, 225, 22 de julio de 1951.

– «A los diez años cabales de su muerte», *Alcance*, L, agosto de 1952.

HENRÍQUEZ UREÑA, Max, *Breve historia del modernismo*, FCE, México, 1954.

HENRÍQUEZ UREÑA, Pedro, *Las corrientes literarias en la América hispánica*, FCE, 1949, 1954, pp. 192, 268-269.

– *Obra crítica*, FCE, 1960, p. 616.

HERNÁNDEZ, Efrén e IBÁÑEZ, Roberto, «RLV», *La Nación*, 625, 4 de octubre de 1953.

HERRERA RUIZ, Edmundo, «Homenaje a RLV», *El Nacional*, 30 de diciembre de 1980.

– «RLV y la cuaresma», *El Nacional*, 17 de abril de 1981.

HERRERA ZAPIÉN, Tarsicio, RLV *nuestro Horacio y nuestro Virgilio*, UNAM, 1979.

– «Con la falda hasta el huesito», *Diorama de la cultura*, 8 de febrero de 1981.

– *LV y Sor Juana, feministas opuestos*, México, 1984.

– Traducción al latín de «La suave Patria», en THZ, *Poemas mexicanos universales*, Facultad de Filosofía y Letras, UNAM, 1989.

HINOJOSA, Juan José, «RLV, Vasconcelos...», *Proceso*, 401, 9 de julio de 1984.

HORTA, Manuel, «Juicios sobre RLV», *El Universal*, 22 de junio de 1924.

– «Anecdotario de RLV», *Ibid.*

– «Letras sobre la roca viva», *Revista de Revistas*, XXVI, 1362, 21 de junio de 1936.

– «Siluetas en la neblina en el crestón de la Bufa: RLV», *Diorama de la Cultura*, 12 de junio de 1977.

HOYO, Eugenio del, *Jerez el de LV*, México, 1ª ed. 1949; 2ª ed. 1986; 3ª ed., FCE, 1988.

– *Glosas a La suave Patria*, Zacatecas, Institudo Superior de Cultura. Religiosa, 1988.

HUERTA, David, «La nieve y el jacinto», *Proceso*, 379, 6 de febrero de 1984.

– «5 + 7 lopezvelardiano», *El Seminario Cultural*, 220, 6 de junio de 1986.

HUERTA, Efraín, «Libros y antilibros», *El Gallo Ilustrado*, 936, 25 de mayo de 1980.

IBARGÜENGOITIA, María, *La poesía de LV*, Editorial Cvltvra, México, 1936.

– «La poesía de LV», *Universidad*, III, mayo de 1937.

– «Un juicio femenino sobre Ramón», *Chicomoztoc*, I, 5, 24 de julio de 1943.

IBARRA DE ANDA, Fortino, «LV y su Suave Patria», *Vida Universitaria*, VI, 271, 30 de mayo de 1956.

JARNÉS, Benjamín, «Lo plástico en LV», *Romance*, I, 20, 15 de enero de 1941.

«JEKYLL, HENRI»,<VELA, Arqueles>, «La muerte de LV», *El Universal Ilustrado*, V, 217, 23 de junio de 1921.

JIMÉNEZ, José Olivio, «RLV», en *Antología de la poesía hispanoamericana contemporánea*, 1971, pp. 52-53.

JIMÉNEZ MONTELLANO, Bernardo, «RLV», *Letras de México*, V, 15 de junio de 1946.

– «Baudelaire y RLV», *Revista Iberoamericana*, XI, 22, octubre de 1946.

JIMÉNEZ RUEDA, Julio, *Historia de la literatura mexicana*, Botas, México, 7ª ed., 1960, pp. 331-332.

KEGEL, Luis Augusto, «RLV», *México Moderno*, 11 y 12, 1º de noviembre de 1921.

KRAUZE, Enrique, «Antonio Caso, el filósofo como héroe» (Caso y ṘLV), *Revista de la Universidad*, 29 de septiembre de 1983.

KURI BREÑA, Daniel, «Notas en torno a la poesía de LV», *Ábside*, XI, 3, julio-septiembre de 1947.

– «Los temas de LV: el poeta de la entraña mexicana», *El Universal*, 6 de julio de 1952, y en *Alcance*, L, agosto de 1952.

L.T.S., Reseña sobre *Zozobra* de RLV, *El Heraldo de México*, 23 de diciembre de 1919.

LABASTIDA, Jaime, «¿La patria suave?», *Excélsior*, 5 de enero de 1982.

LABRADOR RUIZ, Enrique, «Lamparilla por LV», *El Nacional*, 15 de julio de 1956.

LAROUSSE ILUSTRADO, EL PEQUEÑO, *Diccionario Enciclopédico Larousse*, 1996, «RLV», p. 1470.

LASCARI, José «RLV vivo», *Diorama de la Cultura*, 22 de octubre de 1961.

LEIVA, Raúl. *Imagen de la poesía mexicana contemporánea*, Imprenta Universitaria, México, 1959, pp. 34-47 y 360.

– «Magia, color y dolor en su cincuentenario», *México en la Cultura*, 1143, 21 de febrero de 1971.

– «Sobre la poesía y la estética de RLV», *Revista de la Universidad*, 10 de junio de 1971.

– «Exaltación de RLV en su tierra», *Mexico en la Cultura*, 27 de junio de 1971.

– «RLV y El minutero», *Revista Mexicana de Cultura*, 27 de junio de 1971.

– «Oda a Fuensanta y Elegía a RLV», *Cuadernos Americanos*, 5, septiembre-octubre, 1971.

– *La prosa de RLV*, UNAM, Cuadernos del CEL, México, 1971.

LERÍN, Manuel, «Al releer a RLV», *México en la Cultura*, 27 de junio de 1971.

LÉVIS MANO, Guy, traduce once poemas de RLV al francés que aparecen en: Octavio Paz, *Anthologie de la poésie mexicaine*, Unesco, Nagel, París, 1952.

LIGUORI, Francisco, «RLV y Salvador Díaz Mirón», *Letras Potosinas*, San Luis Potosí, XII, 112-113, abril-septiembre de 1954.

LIST ARZUBIDE, Germán, *RLV y la Revolución Mexicana*, Prólogo de Ermilo Abreu Gómez, Conferencias, México, 1963.

LOERA Y CHÁVEZ, Agustín, «RLV». (Nota necrológica), *El Maestro*, 4, 1921.

– «Cómo vi a RLV», *Novedades*, 8 de mayo de 1960.

LOEZA, Guadalupe, «Ojos de una novia triste», *Reforma, Cultura*, 15 de junio de 1997.

LÓPEZ, Rafael, «A RLV» (soneto), al frente del RLV, *Zozobra*, 1919.

– «RLV», *México Moderno*, 11 y 12, 1° de noviembre de 1921.

– «Colofón» (soneto), al fin de RLV, *El minutero*, 1923.

– «Recordando a LV», *Rumbos Nuevos*, 8, 30 de junio de 1960.

LÓPEZ CHIÑAS, Gabriel, «Jerez de LV», *Alcance*, E, enero de 1952.

LÓPEZ GONZÁLEZ, Aralia, «El erotismo de la muerte», *El Día*, 30 de noviembre de 1967.

– «RLV y su mundo político», *El Día*, 9 de julio de 1970.

LÓPEZ DE LARA, Guillermo, *Hablando de LV*, Ilustraciones de José Narro, Ateneo, México, 1973.

LÓPEZ MORENO, Rafael, «RLV», *El Centavo*, 42, Morelia, febrero de 1961.

LÓPEZ MORENO, Roberto, «El RLV que nadie ha querido ver», *Crónicas de grupo*, 1984.

LÓPEZ TRUJILLO, Clemente, «Tinta en el tiempo», *La Provincia*, Zacatecas, 19 de enero de 1952.

LOZANO, Rafael, «La poesía criolla de RLV», *Prisma*, junio de 1922.

– «Homenaje a RLV», *Crisol*, VI, julio de 1931.

– «RLV», *El Nacional*, 16 de junio de 1946.

M.A.M. <Marco Antonio Millán>, «Un descubridor de RLV», *Revista América*, 6 de septiembre de 1943.

MACEDA, Elda, «RLV será recordado a los cien años de su nacimiento», *El Universal en la Cultura*, 26 de abril de 1988.

MACEDO LÓPEZ, Juan, «Poesía y nacionalidad de RLV», *El Nacional*, 2ª época, 225, 22 de julio de 1951.

MACÍAS Y PÉREZ, Salvador, «Cincuenta años de poesía velardiana», *Revista Mexicana de Cultura*, 20 de junio de 1971.

– «La señorita Virginia de RLV», *México en la Cultura*, 18 de julio de 1971.

MACMASTER, Merry, «Solemne reencuentro con RLV en la segunda semana Zacatecas en la Cultura», *El Nacional*, 28 de marzo de 1988.

MAGAÑA ESQUIVEL, Antonio, «LV accesible», *Letras de México*, V, 108, 1° de febrero de 1945.

– «RLV y su trono a la intemperie», *El Nacional*, 2, 9 y 23 de junio de 1955.

– «La mujer en la poesía de RLV», *Revista de la Universidad de Yucatán*, julio-agosto de 1961.

– «La patria y la mujer en la poesía de RLV», *México en la Cultura*, 16 de junio de 1963.

– «Infierno y purgatorio en RLV», *El Nacional*, 9 de noviembre de 1967.

– «RLV, crítico teatral», *Revista Mexicana de Cultura*, 23 de junio de 1974.

MAGDALENO, Mauricio, «El homenaje a LV», *Chicomoztoc*, II, 19, 12 de febrero de 1944.

– «La casa de LV», *El Museo LV*, Editorial Ruta, México, 1951.

– «Noticia de Jerez para un turista», en MM, *Agua bajo el puente*, FCE, 1968.

MAGDALENO, Vicente, «LV elegiaco», *Alcance*, B, octubre de 1951.
– «RLV lago de lágrimas y río de respeto», *El Día*, 21 de junio de 1971.
MAILLEFERT, Alfredo, «RLV, el aroma del estreno», *Universidad*, IV, 21, octubre de 1937.
MANCISIDOR, José, «El poeta y su tiempo», *El Nacional*, 2ª época, 225, 22 de julio de 1951.
MAPLES ARCE, Manuel, RLV en *Antología de la poesía mexicana moderna*, Roma, Poligráfica Tiberiana 1940: RLV en p. 191.
«MARÍA IDALIA», «El museo RLV, en Jerez, 61 años después de la muerte del poeta», *Excélsior*, 27 de junio de 1982.
MARINELLO, Juan, «Notas sobre RLV», *Novedades*, 7 y 14 de julio de 1957.
MÁRQUEZ CAMPOS, Alfredo, «Esta semana», *Novedades*, 9 de noviembre de 1987.
MARTÍNEZ, José Luis, «Examen de RLV», *El Hijo Pródigo*, XII, 39, junio de 1946, y en JLM, *Literatura mexicana. Siglo XX*, Robredo, México, 1949, t. I y en *Obras* de Ramón López Velarde, México, FCE, 1986.
– «La vida literaria», *Novedades*, 27 de abril y 4 de mayo de 1952 (sobre las investigaciones de Elena Molina Ortega).
– «LV, hombre de letras», *Novedades*, 4 de mayo de 1952, y en *Alcance*, H, abril de 1952.
– «Huellas de RLV», *Universidad de México*, VI, 65, mayo de 1952.
- «El taller poético de LV», *Vuelta*, 150, mayo de 1989.
MARTÍNEZ, Uriel, «Muerte perpetua, novedad de la patria» (espectáculo), *Revista Mexicana de Cultura*, 1º de julio de 1984.
MARTÍNEZ PEÑALOZA, Porfirio, «Nota sobre un retorno», *Viñetas de Literatura*, Morelos, junio de 1944.
– «La cultura literaria de RLV», *El Nacional*, 1º de julio de 1962.
– «Recados literarios», *Revista Mexicana de Cultura*, 13 de junio de 1965.
– «Vuelvo a ti...», en PMP, *Algunos epígonos del modernismo y otras notas*, Edición Camelina, México, 1966.
MARTÍNEZ SOLÓRZANO, Adolfo, «Insípido homenaje a RLV en la Universidad Tecnológica de México», *El Nacional*, 25 de noviembre de 1987.
MATUS, Macario, «Dos poemas de RLV al zapoteco», *El Nacional*, 21 de diciembre de 1987.
MEJÍA SÁNCHEZ, Ernesto, «Luto por RLV», *Novedades*, 3 de junio de 1971.
MELÉNDEZ DE ESPINOSA, Juana, *La suave Patria de RLV*, San Luis Potosí, 1971.
– *La suave Patria*, Ediciones del Departamento de Bellas Artes, Guadalajara, 1971.
MÉNDEZ PLANCARTE, Alfonso, «Nervo en LV», *El Universal*, 7 y 14 de marzo de 1949.
– «Las Fuentes de Fuensanta», *El Universal*, 28 de marzo, 4 y 25 de abril y 2 de mayo de 1949 (a propósito del libro de Luis Noyola Vázquez, *Fuentes de Fuensanta*).
– «La Fuensanta celeste», *El Universal*, 9 de mayo de 1949.
– «El cantar de Fuensanta en la península», *El Universal*, 23 de mayo de 1949.
MENDOZA, María Luisa, «Permanencia de la poesía», *Excélsior*, 29 de diciembre de 1957.
MENDOZA, Miguel Ángel, Reseña de RLV, *Antología* por W. L. Cantón, *Letras de México*, V, 127, 15 de septiembre de 1946.
MENDOZA MOCIÑO, Arturo, «Escucha donde estés, López Velarde...» (entrevista con Gabriel del Río), *Reforma*, *Cultura*, 21 de septiembre de 1996.
MEYER-MINNERMANN, Klaus, *Avantgarde und Revolution*, 1987, pp. 11-23, 186-191.
MIAJA, Teresa, «Novedad de la patria» (la poesía de RLV llevada al teatro), *Revista Mexicana de Cultura*, 30 de septiembre de 1984.

MILLÁN, María del Carmen, Comentarios al estudio de Allen W. Phillips «RLV y Francisco González de León, ¿Influencia o coincidencia?», en *Literatura Iberoamericana*, Memoria del X Congreso de Literatura Iberoamericana, 1965, pp. 221-223.
– «RLV» en *Literatura mexicana*, Editorial Esfinge, México, 1962, p. 303.
– Homenaje a López Velarde. Palabras pronunciadas en Jerez, Zacatecas, el 19 de junio de 1971, *Calendario de RLV*, México, Secretaría de Educación Pública, 1971, p. 768.
MOIRÓN, Sara, «Sobre el autor de La suave Patria», *El Día*, 26 de diciembre de 1970.
MOLINA GARCÍA, Arturo, *Lo mexicano y lo universal en RLV*, Universidad Michoacana de San Nicolás de Hidalgo, Morelia, 1979.
MOLINA ORTEGA, Elena, *RLV, Estudio biográfico*, UNAM, 1952.
– RLV, *Poesías, cartas, documentos e iconografía*, UNAM, 1952.
– RLV, *El don de febrero y otras prosas*, UNAM, 1952.
– RLV, *Prosa política*, UNAM, 1952.
– «El valor civil de RLV en su prosa política», *México en la Cultura*, 13 de junio de 1971.
– «El ambiente familiar y social de RLV», *Calendario de RLV*, México, 1971, pp. 340-343.
MONGUIÓ, Luis, «Poetas postmodernistas mexicanos», *Revista Hispanoamericana Moderna*, 3-4, 1946.
MONSIVÁIS, Carlos, *La poesía mexicana del siglo XX. Antología*, México, Empresas Editoriales, 1966, pp. 29-31, 243.
– «Mejor será mitificar al pueblo (notas sobre la idea de provincia)», *La Cultura en México*, 4 de febrero de 1976.
– «RLV, me asfixia, en una dualidad funesta», *Poesía mexicana*, II, *1915-1979*, 1979.
– «LV. El furor de gozar y de creer», *Minutos velardianos*, 1988.
MONTAÑO, Vicente, «RLV», *El Nacional*, 10 de enero de 1981.
MONTEJANO Y AGUIÑAGA, Rafael, «Una carta de RLV», *Fichas de Bibliografía Potosina*, enero-junio de 1961.
MONTERDE, Francisco, «Biografía de RLV», *Biblos*, 127, 25 de junio de 1921.
– «Juicio sobre RLV», *El Universal*, 22 de junio de 1924.
– «Nuestro homenaje a RLV», *Revista de Revistas*, 3 de octubre de 1926.
– «RLV», *Crisol*, junio de 1931.
– Comentario final a «La suave Patria», Edición especial de la UNAM, 1944.
– «El autógrafo perdido», *El Hijo Pródigo*, 39, junio de 1946.
– «RLV. Revalorización poética, influencias, otros libros, su prosa», *Historia de la literatura mexicana*, 2ª ed., México, Porrúa, 1960, pp. 599-600.
– «Cincuentenario de *Zozobra*», *Gaceta del FCE*, marzo de 1969.
– «Elaboración de La suave Patria», *Calendario de RLV*, México, 1971, pp. 528-531.
– «RLV y la provincia», *Cuadernos Americanos*, mayo-junio de 1974.
– «La suave Patria de RLV» en FM, *Aspectos literarios de la cultura mexicana*, prólogo de Evodio Escalante, México, UNAM, 1987.
MONTES DE OCA, Francisco, «RLV», *Ocho siglos de poesía*, México, Porrúa, Col. «Sepan cuantos...», 1961, pp. 524-525.
MONTES DE OCA, Marco Antonio, «Ofrendas de canto y de perfil», poema, *El Día*, 18 de junio de 1971.
MORENO, José G., «Religiosidad y erotismo en RLV», *Retablo*, 4 de mayo de 1967.

MORQUECHO GUERRERO, Benjamín, «Una vocación poética», *Letras Potosinas*, San Luis Potosí, mayo-junio de 1971.

MUÑOZ COTA, José, «Recado en primera intención a RLV», *El Nacional*, 22 de junio de 1946.

– «RLV, embajador en Chile», *El Nacional*, 868, 17 de noviembre de 1963.

MURILLO REVELES, José Antonio, «RLV, canto de México», *Boletín Cultural* del Instituto de Ciencias de Zacatecas, 3, mayo-junio de 1951.

MURO, Elvira, «RLV, héroe de la palabra», *Excélsior*, 30 de enero de 1988.

MURRAY, Frederik W., *La imagen arquetípica en la poesía de RLV*, (?).

MUSACCHIO, Humberto, «RLV», *Diccionario enciclopédico de México*, ilustrado, Andrés León, editor, México, 1989, t. II, p. 1079.

NANDINO, Elías, «A la memoria del poeta RLV», poema, *Nivel*, 232, 30 de abril de 1982.

NERUDA, Pablo, *Presencia de RLV en Chile*, Santiago de Chile, 1963.

NORIEGA, Alfonso, «La propaganda ideológica y RLV», *Norte*, 215, diciembre-enero de 1966-1967.

NOULET, Emile, traduce al francés «La suave Patria», en *Les Poésies Mexicaines*, de Jean-Clarence Lambert, Seghers, París, 1961.

NOVARO, Octavio, «Una carta a RLV», *México en la Cultura*, 1161, 27 de junio de 1971.

NOVO, Salvador, «Una placa...», *El Gallo Ilustrado*, 417, 21 de julio de 1970.

NOYOLA, Juan F., *El contenido social en la poesía de RLV*, Tenzontle, FCE, México, 1989.

NOYOLA VÁZQUEZ, Luis, «Omnicromía o teoría de los colores en RLV», *Bohemia*, 39-50, San Luis Potosí, diciembre-enero de 1946-1947.

– «La ascensión de RLV», *Letras de México*, 130, enero de 1947.

– *Fuentes de Fuensanta. La ascensión de RLV*, Prólogo de Enrique González Martínez, Turanzas del Valle, México, 1947, 2ª ed. aumentada con «Tensión y oscilación de RLV», y prólogo de Félix Dahuajare Torres, Zacatecas, 1976, 3ª ed., corregida y aumentada, México,FCE, 1988.

– «Datos para una biografía crítica sobre RLV», *Letras Potosinas*, San Luis Potosí, septiembre de 1948.

– «El epistolario de RLV» y otros estudios, *México en el Arte*, 7, primavera de 1949.

– «Una probable poesía desconocida de RLV: "Muerta"», *Alcance*, G, marzo de 1952.

– «Las dualidades funestas», *Calendario de RLV*, México, 1971, pp. 516-525.

NÚÑEZ MATA, Efrén, «RLV», *Chicomoztoc*, 19 de febrero de 1944.

– «RLV en la Rotonda de los Ilustres», *El Universal*, 3 de julio de 1963.

NÚÑEZ Y DOMÍNGUEZ, José de J., *Los poetas jóvenes de México y otros estudios literarios*, París-México, Bouret, 1918.

– «RLV», *Biblos*, 127, 25 de junio de 1921.

– «Juicios sobre RLV», *El Universal*, 22 de junio de 1924.

– «Nuestro homenaje a RLV», *Revista de Revistas*, 3 de octubre de 1926.

NÚÑEZ Y DOMÍNGUEZ, Roberto, «La sonrisa de la piedra», *Revista de Revistas*, 21 de junio de 1936.

– «RLV, prosista», *Semáforo*, Botas, 1938, pp. 157-160.

OCAMPO DE GÓMEZ, Aurora M. y PRADO VELÁZQUEZ, Ernesto, «RLV», *Diccionario de escritores mexicanos*, UNAM, Centro de Estudios Literarios, México, 1967, pp. 200-203, con bibliografía y referencias.

OCAMPO RAMÍREZ, Mauricio, «RLV o el alma en el verbo», *Novedades*, 10 de octubre de 1948.

OLIVARRI, Nicolás, «RLV el de La suave Patria», *México en la Cultura*, 11, Buenos Aires, octubre-diciembre de 1951.

ONÍS, Federico de, «RLV», *Antología de la poesía española e hispanoamericana*, Madrid, 1934; RLV en pp. 967-968.

OROSA DÍAZ, Jaime, «RLV, hombre de letras», *El Nacional*, 18 de mayo de 1952.

ORTEGA, Antonio, «El pueblo de RLV se volcó en teatro, calles y plazas a rendir homenaje a su poeta», *Excélsior*, 20 de junio de 1971.

ORTIZ HERNÁN, Gustavo, «Presencia de RLV en Santiago de Chile», *México en la Cultura*, 16 de febrero de 1964.

ORTIZ DE MONTELLANO, Bernardo, «Esquema de la literatura mexicana moderna», *Contemporáneos*, 371, junio de 1931.

– «Sombra y luz de RLV», *Papel de Poesía*, Saltillo, 35, junio de 1946.

P. DE FERNÁNDEZ DE CASTRO, Carmen, «Anécdota de RLV», *El Universal*, 26 de junio de 1963.

PACHECO, José Emilio, «RLV: la moral de la simetría», *La Cultura en México*, 23 de julio de 1969.

– «RLV», *Antología del modernismo*, UNAM, Biblioteca del Estudiante Universitario, 1970, t. II.

– «50 años de "La suave Patria": Fantasmagonia de lo que no vivimos», *Excélsior*, 24 de abril de 1971.

– «RLV, poeta de la ciudad», *Excélsior*, 19 de junio de 1971.

– «Notas sobre una enemistad literaria, Reyes y RLV», *Texto crítico*, 2, julio-diciembre de 1975.

– «Amado Nervo y RLV», *Proceso*, 213, 1° de diciembre de 1980.

– «La patria espeluznante», *Proceso*, 345, 13 de junio de 1983.

– «Inventario. Las alusiones perdidas. (Para un glosario de LV)», *Proceso*, 27 de junio de 1988.

PALACIOS, Emmanuel, «RLV», *Calendario de RLV*, p. 448.

PALACIOS MARTÍNEZ, Isaac, «RLV y un...», *El Universal*, 25 de agosto de 1987.

PALOMAR DE MIGUEL, Juan, «RLV», *Diccionario de México*, Panorama Editorial, México, 1991, t. 3, K-R, pp. 987-988.

PANIAGUA OLVERA, Jorge, «Deslinde de "La suave Patria"», *México en la Cultura*, 4 de julio de 1971.

PAZ, Octavio, «Estela de José Juan Tablada», *Letras de México*, 116, 1° de octubre de 1945.

– «El lenguaje de LV» (1950), *Las peras del olmo*, 1957, pp. 86-94.

– «El camino de la pasión», *Revista Mexicana de Literatura*, 11-12, noviembre-diciembre de 1963, y en OP, *Cuadrivio*, México, Joaquín Mortinz, 1965.

– «RLV» en Paz, Octavio *et al*, *Poesía en movimiento*, México, FCE, 1966, pp. 426-443. Nueva versión aumentada en *Generaciones y semblanzas, México en la obra de Octavio Paz*, II, México, FCE, 1987.

– «Fuensanta: imán y escapulario», *Vuelta*, 125, abril de 1987.

PAZ PAREDES, Margarita, «RLV», *Revista de la Universidad*, febrero de 1953.

PENDEN, Margaret Sayers, *Song ot the Heart*, Selected poems by RLV, Ilustrations by Juan Soriano, Translated by..., University of Texas Press, Austin, 1955 (traduce 29 poemas, incluida «La suave Patria»).

PEÑALOSA, Joaquín Antonio, «Presencia de RLV», *Lecturas*, 1º de enero de 1947.
– «El humanismo de RLV», *Vas Electionis*, Revista del Seminario de San Luis Potosí, 3 de enero de 1947.
– «Sobre las fuentes de Fuensanta», *Estilo*, San Luis Potosí, julio-septiembre de 1947.
– «Emmanuel Carballo, *RLV en Guadalajara*», *El Heraldo*, 28 de diciembre de 1952.
– «La novia potosina de RLV», *Letras Potosinas*, San Luis Potosí, mayo-junio de 1971.
PÉREZ MARTÍNEZ, Héctor, «Velarde sí, Tablada no», *El Nacional*, 1 de junio de 1931.
PHILLIPS, Allen W., «Nuevos estudios sobre RLV», *Revista Hispánica Moderna*, enero-diciembre de 1953.
– «Poesías completas y El minutero», *Revista Iberoamericana*, octubre de 1953.
– «RLV en Guadalajara», *Revista Hispánica Moderna*, enero-abril de 1954.
– «La redondez de la creación», *Revista Hispánica Moderna*, 1954.
– «RLV y su concepto de poesía en el postmodernismo», *La literatura del Caribe y otros temas, Memorias del VIII Congreso del Instituto de Literatura Iberoamericana*, 1961, pp. 205-221.
– «Notas sobre un poema de RLV», *Revista Hispánica Moderna*, abril de 1961.
– «Una amistad literaria: Tablada y RLV», *Nueva Revista de Filosofía Hispánica*, 3-4, 1961.
– «Reproducción y comentario de algunas prosas olvidadas de RLV», *Revista Iberoamericana*, 51, 1961.
– *RLV, el poeta y el prosista*, Instituto Nacional de Bellas Artes, Prólogo de Francisco Monterde, México, 1962; 2ª ed., 1988.
– «RLV y Francisco González León. ¿Influencia o coincidencia?», *Literatura Iberoamericana. Memorias del X Congreso de Literatura Iberoamericana*, UNAM, 1965, pp. 35-49.
– «Otra prosa desconocida de RLV», *Revista Mexicana de Cultura*, 1º de septiembre de 1963.
– «Otra vez RLV», *Cuadernos de Bellas Artes*, octubre de 1963.
– «González León y RLV», *El Nacional*, 3 de noviembre de 1963.
– «Dos prosas no coleccionadas de RLV», *Cuadernos de Bellas Artes*, julio de 1964.
– «Primer recado literario a Porfirio Martínez Peñaloza», *Revista Mexicana de Cultura*, 7 de noviembre de 1965.
– «Segundo recado literario a PMP», *Revista Mexicana de Cultura*, 28 de noviembre de 1965.
– «RLV en el cincuentenario de *Zozobra*», *Nivel*, 25 de enero de 1970.
– «Los ideales estéticos de RLV», *Calendario de RLV*, 1971, pp. 532-541.
– «Otra vez Fuensanta: despedida y reencuentro», *Revista Iberoamericana*, abril-junio de 1972.
– «RLV en la poesía hispanoamericana del postmodernismo», en *Cinco estudios sobre literatura mexicana moderna*, Sep-setentas, 133, SEP, México, 1974.
– «Novedades y lenguaje de tres poetas: Laforgue, Lugones y RLV», en *El simbolismo*, Ed. de José Olivio Jiménez, Taurus, Madrid, 1979.
– *Retorno a RLV*, Gobierno del Estado de Zacatecas, Universidad Autónoma de Zacatecas, Instituto Nacional de Bellas Artes, México, 1988.
PILLEMENT, G., «RLV», *Revue de l'Amerique Latine*, 111, marzo de 1931.
PINEDA, Salvador, «Jerez de RLV», *Excélsior*, 16 de enero de 1951.
– «Evocación de RLV», *La República*, 79, 28 de abril de 1952.
PINO CÁMARA, José A., «Una fecha aciaga», *La Provincia*, Zacatecas, 21 de junio de 1952.
– «Las ideas estéticas en la obra de RLV», *La Provincia*, Zacatecas, 20 de junio de 1953.

POLIDORI, Ambra, «Dos poetas del amor: Rebolledo y LV», *unomásuno*, 21 de mayo de 1985.

PONCE, Bernardo, «El mayor homenaje» (difundir sus obras), *El Sol de México*, 28 de junio de 1971.

PONCE, Manuel, «Angustia de la vida y zozobra de la muerte» (sobre Riva Sáinz, *Concepto de la zozobra*), *Ábside*, julio-septiembre de 1944.

POZOS, Joel, «Jerez, solar de RLV», *Chicomoztoc*, 24 de julio de 1943.

PRIETO, Raúl, «El poeta y el pintor», *unomásuno*, 30 de octubre de 1978.

QUIJANO, Alejandro, «RLV», *México Moderno*, 11 y 12, 1° de noviembre de 1921.

– «Juicios sobre RLV», *El Universal*, 22 de junio de 1924.

QUINTERO REYES, Pedro, «RLV y la Rotonda de los Hombres Ilustres», *Chicomoztoc*, 12 de febrero de 1944.

QUIRARTE, Vicente, «Para comenzar el centenario de RLV», *unomásuno*, 21 de enero de 1988.

– «Tras las huellas de RLV», *unomásuno*, 1° de abril de 1988.

RAMÍREZ ARRIAGA, Manuel, «Perfil de RLV», *Letras Potosinas*, San Luis Potosí, mayo-junio de 1951.

RAMÍREZ Y RAMÍREZ, Enrique, «RLV», fragmento de la conferencia en la Universidad Obrera en 1953, *Calendario de RLV*, pp. 637-639.

RANGEL FRÍAS, Raúl, «Apuntes sobre RLV», *Armas y Letras*, Monterrey, 31 de abril de 1944.

RANGEL GASPAR, Eliseo, «RLV, poeta nacional», *Boletín Bibliográfico de la Secretaría de Hacienda*, 274, 1° de julio de 1963, y en *Excélsior*, 6-10 de enero de 1988.

– «Donde el México nuevo se forja. Evocación de RLV», *Excélsior*, 25-29 de junio de 1966.

– «Suave Ramón», *Diorama de la Cultura*, 1° de noviembre de 1981.

– «RLV político», *Diorama de la Cultura*, 22 de noviembre de 1981.

REAL ESPINOSA, Federico, *Entrevista con RLV*, Sindicato Nacional de Trabajadores del Seguro Social, 1971.

REYES, Alfonso, «Venganza literaria», 1926, *Árbol de pólvora*, México, 1953.

– «Croquis en papel de fumar», *Revista Mexicana de Cultura*, 22 de julio de 1951; *Marginalia* (1ª serie, 1946-1951), México, FCE, 1952.

REYES, Aurora, «Epístola a Fuensanta», *Letras Potosinas*, San Luis Potosí, mayo-junio de 1971.

REYES NEVARES, Salvador, «RLV, poeta de provincia», *La República*, 15 de noviembre de 1951.

REYES RUIZ, Jesús, «Antología de provincia», *Revista de la Semana*, *El Universal*, 9 de mayo de 1971.

RIESTRA, Rutilo, «La mujer en la poesía de RLV», *Estilo*, San Luis Potosí, julio-septiembre de 1957.

RÍO, Marcela del, «Borges envía saludos a Arreola a la sombra de Reyes, RLV y Othón», *Excélsior*, 11 de agosto de 1984.

RÍO, Rafael del, «RLV, patrono de la provincia», *Letras de México*, 15 de mayo de 1939.

RIUS FACIUS, Antonio, «Elogio de RLV», *El Universal*, 18 de julio de 1971.

RIVAS SÁINZ, Arturo, «Concepto de la zozobra», *El Hijo Pródigo*, 10, enero de 1944.

– *El concepto de la zozobra*, EOS, Guadalajara, 1944.
– «La grupa de Zoraida», *El Hijo Pródigo*, 39, julio de 1946.
– «La primera suave Patria. Notas sobre RLV», *Revista Guadalajara*, 1° de octubre de 1948.
– «Música en la poesía de LV», *Ariel*, 4, Guadalajara, septiembre-octubre de 1949.
– «La háptico en la poesía de LV», *Et Caetera*, 1, Guadalajara, enero-marzo de 1950.
– *La redondez de la creación, Ensayos sobre RLV*, México, Jus, 1951.
RODRÍGUEZ CHICHARRO, César, «Libros. RLV», *Revista Mexicana de Cultura*, 8 de junio de 1958.
ROJO, José, «RLV», *Chicomoztoc*, 11 de marzo de 1944.
ROLDÁN, Dolores, «RLV», *Novedades*, 12 de junio de 1987.
ROMERO CERVANTES, Arturo, «El joven revolucionario RLV», *El Nacional*, 1° de octubre de 1969.
– «Un dios de la poesía mexicana. Último soldado de Madero», *El Nacional*, 8 de octubre de 1969.
– «El autor de "La suave Patria" con José M.ª Pino Suárez», *El Nacional*, 15 de octubre de 1969.
– «Un artículo de RLV: "Fuentes contra Madero"», *El Nacional*, 26 de abril de 1971.
RUEDAS DE LA SERNA, Jorge, «RLV: exégesis de una estética vital», *Diorama de la Cultura*, 11 de julio de 1971.
– «La prosa de RLV», *Revista Mexicana de Cultura*, 22 de agosto de 1971, y en *Cuadernos del CEL*, 3, 1971.
RUIZ, Águeda, «Lo vivo y lo muerto en la obra de RLV», *Ovaciones*, 2 de junio de 1963.
RUIZ CABAÑAS, Samuel, «RLV», *Crisol*, junio de 1931.
– «Juicios sobre RLV», *El Universal*, 22 de junio de 1924.
– «Nuestro homenaje a RLV», *Revista de Revistas*, 3 de octubre de 1926.
– «In memoriam», *Juegos florales*, Zacatecas, 1926.
– «Eugenio del Hoyo, Jerez el de LV», *El Universal Gráfico*, 13 de marzo de 1950.
SALAZAR MALLÉN, Rubén, «Germán List Arzubide, *RLV y la Revolución Mexicana*», *Mañana*, 25 de mayo de 1963.
SÁNCHEZ, Luis Alberto, RLV en *Nueva historia de la literatura americana*, Buenos Aires, 1954, y en *Calendario de RLV*, p. 384.
SÁNCHEZ FAJARDO, Jorge, «Cartas a... Velarde, Othón», *Siempre!*, 27 de enero de 1971.
SÁNCHEZ MAYÁNS, Fernando, «A la doble sombra de RLV», *Revista Mexicana de Cultura*, 22 de julio de 1951.
SANDOVAL, Alejandro, «¡Oh prisionero del Valle de México!», *Excélsior*, 15 de junio de 1984.
SANDOVAL, Víctor M., «El provincialismo universal de RLV», *México en la Cultura*, 18 de julio de 1971.
SAPIÑA, J., «RLV», González Porto-Bompiani, *Diccionario de autores literarios*, Planeta-Agostini, Barcelona, 1988, t. III, p. 1632-1663.
SCHNEIDER, Luis Mario, «RLV», en *La muerte joven*, 1984, p. 25.
– *RLV en La Nación. Dieciocho textos desconocidos*, Comisión conmemorativa del Centenario de RLV, México, 1988.
– «El día de la muerte», *Minutos velardianos*, UNAM, 1988, pp. 255-270.
– y GARCÍA BARRAGÁN, Elisa, *RLV, Álbum*, Instituto de Investigaciones Estéticas, UNAM, 1988.

SCHWARTZ, Perla, «RLV»: una vuelta a "La suave Patria"», *El Universal en la Cultura*, 4 de mayo de 1986.

SELVA, Mauricio de la, «¿Es posible decir algo nuevo de RLV?», *Diorama de la Cultura*, 21 de noviembre de 1971.

SERNA MAYTORENA, Manuel Antonio, «RLV: la redondez de la creación...», *Cuadernos Americanos*, enero-febrero de 1973.

SHERIDAN, Guillermo, *Un corazón adicto: La vida de RLV*, Investigación iconográfica de Xavier Guzmán Urbiola, Fondo de Cultura Económica, México, 1989.

SIERRA, Carlos J., «Una página política de RLV», *El Libro y el Pueblo*, 4 de mayo de 1965.

SILVA HERZOG, Jesús, RLV, *Biografías..., Cuadernos Americanos*, 1980, pp. 219-221.

SOLANA, Rafael, «La patria chica de RLV», *El Hijo Pródigo*, 39, junio de 1946.

– «Más diferencias que simpatías. Torres Bodet y RLV», *Revista Mexicana de Cultura*, 1000, 29 de mayo de 1966.

–«Tres aniversarios», *Siempre!*, 915, 6 de enero de 1971.

SORONDO, Xavier, «El adjetivo en RLV», *Revista de Revistas*, 1362, 21 de junio de 1936.

SOSA FERREYRO, Roque Armando, «RLV», *Revista de Revistas*, 21 de junio de 1936.

SOTO, Jesús S., «RLV», *Crisol*, junio de 1931.

SOTO CAMPOS, Elías, «RLV», *Papel de Poesía*, Saltillo, 7, noviembre-diciembre de 1942:

SOTO SOLÍS, Filiberto, «El olor en la poesía de RLV», *Apolodionis*, Monterrey, estío, 1960, y en *México en la Cultura*, 1161, 27 de junio de 1971

SUARDÍAZ, Luis, «El son de RLV», *Revista de la Universidad*, 2, Universidad Juárez Autónoma de Tabasco, diciembre de 1983.

SUÁREZ, Bernardo, «El impresionismo en la prosa de RLV», *Cuadernos Americanos*, julio-agosto de 1974.

– «Facetas en la estética de RLV», (?), marzo de 1976.

«SUB-Y-BAJA», «RLV», *San-Ev-Ank*, 7, 22 de agosto de 1918.

T. F. (FERNÁNDEZ, Teodosio), «RLV», *Diccionario de literatura española e hispanoamericana*, dirigido por Ricardo Gullón, Alianza Editorial, Madrid, 1933, t. I, p. 921.

TABLADA, José Juan, «...un nuevo poeta», *El Mundo Ilustrado*, 7 de junio de 1914.

– «La nueva poesía de México: RLV», *El Nuevo Tiempo*, Bogotá, 31 de marzo de 1919.

– «Retablo a la memoria de RLV», *México Moderno*, 11 y 12, 1º de noviembre de 1921, y en RLV, *El minutero*, 1923.

TEJA ZABRE, Alfonso, «Memoria de RLV», *México en la Cultura*, 16 de octubre de 1947.

TEJEDA DE TÁMEZ, Altair, «*El péndulo*». *El mundo interior de López Velarde a través de su poesía y otros ensayos*, Universidad Autónoma de Tamaulipas, Ciudad Victoria, Tamaulipas, 1980.

TERÁN, Luis, «RLV: la transparencia radiante», *El Gallo Ilustrado*, 21 de junio de 1970.

– «El misterioso caso de la placa de RLV», *El Gallo Ilustrado*, 19 de julio de 1970.

TORRE, Luis de la, «Anecdotario en torno a RLV», *México en la Cultura*, 20 de junio de 1971.

TORRE, Manuel, «Biopsia y raíz de RLV», *El Nacional*, 30 de julio de 1944.

– «Angustia y metáfora en RLV», *El Nacional*, 22 de julio de 1951.

TORRES BODET, Jaime, RLV en «Perspectiva de la literatura mexicana actual. 1915-1928», *Contemporáneos*, septiembre de 1928; y en *Contemporáneos*, Notas de crítica, Herrero Hno., México, 1928.

– «Cercanía de RLV», *Contemporáneos*, septiembre-octubre de 1930, y en *Atenea*, enero de 1931, y en *Calendario de RLV*, México, SEP, 1971, pp. 598-605.

TORRES RIOSECO, Arturo, RLV en *La poesía lírica mexicana*, Imprenta Universitaria, Santiago de Chile, 1933.

– «RLV», *El Libro y el Pueblo*, 6 de junio de 1933.

TORRI, Julio, «La sangre devota», *La Nave*, 1, mayo de 1916, y en *Calendario de RLV*, p. 442.

TOSCANO, Salvador, «Las ideas políticas de RLV», *Taller*, 3, mayo de 1939; *Calendario de RLV*, pp. 90-94.

TREJO MEDINA, José, «RLV», *Boletín Cultural* del Instituto de Ciencias de Zacatecas, mayo-junio de 1951.

URANGA, Emilio, «El mexicano en la poesía de RLV», *Análisis del ser del mexicano*, Porrúa y Obregón, México, 1952.

– «La mujer, el mundo y la patria en la poesía de RLV», *Revista de la Semana. El Universal*, 21 de marzo de 1971.

VALDÉS, Octaviano, «El barroco y RLV», *El barroco, espíritu y forma del arte en México, Ábside*, México, 1956.

– «Original de un poeta», *México en la Cultura*, 20 de junio de 1971.

– «Catolicismo poético de RLV», *Ábside*, julio-septiembre de 1973.

VALENZUELA RODARTE, Alberto, «RLV», *Los siete poetas mayores del Mexico moderno*, Trillas, México, 1960.

– «El último de los siete grandes», *Historia de la literatura mexicana*, Jus, México, 1961, pp. 405-424.

VALLE, Rafael Heliodoro, «Elegía juvenil», *México Moderno*, 11 y 12, 1° de noviembre de 1921.

– «RLV», *Revista de Revistas*, 27 de septiembre de 1936.

– «Pretérito perfecto», *Cuadernos Americanos*, julio-agosto de 1952.

VASCONCELOS, José, «RLV», *México Moderno*, 11 y 12, 1° de noviembre de 1921.

VÁZQUEZ, Luis Manuel, «El humanismo de RLV», *La Provincia*, Zacatecas, 10 de enero de 1953.

VECA Y KECEL, «Consanguinidad poética de González León y RLV», *Letras Potosinas*, San Luis Potosí, enero-marzo de 1953.

VELA, Arqueles, «RLV, poeta del altiplano», *Teoría literaria del modernismo*, Botas, México, 1949.

VELASCO, José Luis, «En la conmemoración de RLV», *Revista de Revistas*, 21 de junio de 1936.

VERA, Melchor, «Recuerdos de RLV en San Luis», *Estilo*, San Luis Potosí, I, 1945.

– «El poeta al trasluz de la anécdota», *Letras Potosinas*, San Luis Potosí, mayo-junio de 1971.

VILLALOBOS FRANCO, José, «Grafo-análisis: Nervo, RLV, Vasconcelos», *Ábside*, 1958.

VILLALPANDO, Jesús, «Un libro integralmente personal» (*La sangre devota*), *Vida Moderna*, 29 de marzo de 1916.

VILLARELO VÉLEZ, Ildefonso, *El México de RLV* y *Raíz y presencia del Saltillo*, Saltillo, Coah., Ediciones de la Universidad de Coahuila, 1972.

VILLAURRUTIA, Xavier, *La poesía de los jóvenes de México*, Antena, México, 1924.

– «Árabe sin hurí», *Fábula*, 3, marzo de 1934.

– «La poesía de RLV», Prólogo a *Poemas escogidos*, Cvltvra, México, 1935; Nueva edición aumentada, 1940, y en prólogo a *El león y la virgen*, Biblioteca del Estudiante Universitario, 40, México, 1942, y en XV, *Textos y pretextos*, La Casa de España en México, 1940.

– «Un sentido de RLV», *México en el Arte*, 7, primavera de 1949.
– «Prólogo a *El minutero* de RLV», *Rueca*, 20, invierno de 1951-1952.
– «Encuentro con RLV», *México en la Cultura*, 16 de junio de 1963.
– «Ángel y demonio», *México en la Cultura*, 20 de junio de 1971.
– «RLV» en *Obras* de..., México, FCE, 2ª ed., 1974. Letras mexicanas.
VILLEGAS, Carlos, «RLV», *Armas y Letras*, Monterrey, 30 de junio de 1945.
– «Dos poemas desconocidos de RLV», *Universidad*, julio de 1950.
– «Nueva investigación sobre RLV» (la de E. Molina Ortega), *Cuadernos Americanos*, septiembre-octubre de 1952.
– «La lectura literaria de RLV», *Revista de la Universidad*, mayo de 1955.
– y MEJÍA SÁNCHEZ, Ernesto, «Bibliografía mexicana: RLV», *Suma Bibliográfica*, agosto-septiembre de 1948.
VILLEGAS, Guillermo, «RLV, facetas desconocidas», *Revista Mexicana de Cultura*, 16 de mayo de 1970.
WALLACE, Elizabeth, «RLV», *Some Modern Mexican Poets. Renasent Mexico*, New York, Codici-Friede Publs., 1935.
WARD, Phillip, «RLV», *The Oxford Companion to Spanish Literature*, Clarendon Press, Oxford, 1978, p. 341.
WONG, Óscar, «Semana cultural en Jerez, Zacatecas, para conmemorar el centenario de RLV», *Excélsior*, 5 de junio de 1987.
YÁÑEZ, Agustín, «La gloria de RLV», *El Universal*, 16 de junio de 1963.
– «Corona órfica», liminar al libro de Guadalupe Appendini, *RLV, sus rostros desconocidos*, 1971.
ZABRE, Solón, «En el ámbito de RLV», *Vida Universitaria*, 31 de octubre de 1956.
ZAID, Gabriel, RLV en *Ómnibus de poesía mexicana*, México, Siglo XXI, 1971, pp. 496-511.
– *Un amor imposible de RLV*, México, Deslinde, UNAM, 1986, y en *Vuelta*, 110, enero de 1986.
– «RLV y el Plan de San Luis», *El Semanario Cultural*, *Novedades*, 17 de enero de 1988.
– «LV reaccionario», *Sábado*, 588, *Unomásuno*, 11 de junio de 1988.
– «LV civilista», *Vuelta*, 141, julio de 1988.
– «LV contra el doctor Cepeda», *La Cultura en México*, *Siempre!*, 1872, 10 de mayo de 1989.
– «Aclaraciones sobre LV, *Vuelta*, 175, junio de 1991.
– «Otras aclaraciones sobre LV», *Vuelta*, 176, julio de 1991.
– «Recuadro sifilítico», *Vuelta*, 178, noviembre de 1991.
– «LV ateneísta», *Vuelta*, 180, noviembre de 1991.
– «*La Jeune Belgique* y LV», *Vuelta*, 200, julio de 1993.
– *Tres poetas católicos* (*RLV, C. Pellicer y M. Ponce*), en *Ensayos sobre poesía*, en *Obras*, 2, El Colegio Nacional, México, 1993, RLV en pp. 347-465, y en Océano, México, 1997.
ZAVALA, Jesús, «La vida estudiantil y revolucionaria de RLV», *Revista de Revistas*, 21 de junio de 1936; *Calendario de RLV*, México, Secretaría de Educación Pública, 1971, pp. 213-214.
– «Un prólogo olvidado de RLV» (a Jorge Adalberto Vázquez, *Senda uraña*), *Revista Mexicana de Cultura*, 18 de mayo de 1952.
ZAVALA ABASCAL, Antonio, «Reminiscencias de RLV», *Revista Mexicana de Cultura*, 19 de junio de 1966.

ZELAYA, A., «RLV», *Diario de Costa Rica*, San José, 13 de marzo de 1924.
ZENDEJAS, Francisco, «Multilibros. Poesías completas», *Excélsior*, 30 de octubre de 1979.
– «Obras», *Excélsior*, 24 de mayo de 1980.
ZENDEJAS, Josefina, «RLV, renovador, innovador», *El Nacional*, 16 de junio de 1946.

EL PROGRAMA ARCHIVOS

COEDITORES

ALLCA XX
Université de Paris X-Nanterre, Bât F. 411-412
200, avenue de la République
92001 NANTERRE CEDEX - FRANCE
Tel.: 33 1 40 97 76 61 - Fax: 33 1 40 97 76 15
E-mail: ALLCA@u-paris10.fr

EDICIONES UNESCO
1, rue Miollis
75732 PARIS CEDEX 15 - FRANCE
Téls.: 33 1 45 68 49 30 / 33 1 45 68 87 34
Fax: 33 1 42 73 30 07

FONDO DE CULTURA ECONÓMICA (FCE)
Carr. Picacho Ajusco, 227
Col. Bosques del Pedregal
14200 MÉXICO DF - MÉXICO
Tel.: 52 5 227 46 25 - Fax: 52 5 277 46 29

CONSEJO NACIONAL PARA LA CULTURA Y LAS ARTES DE MÉXICO (CNCA)
Dirección General de Publicaciones
Av. México-Coyoacán 371 (Col. Xoxo)
03330 MÉXICO DF - MÉXICO
Tel.: 52 5 605 40 80 - Fax: 52 5 605 87 31

SCIPIONE CULTURAL
Praça Carlos Gomes, 46
01501-040 SÃO PAULO - SP - BRASIL
Tel.: 55 11 239 22 55 - Fax: 55 11 607 85 11

SECRETARÍA DE CULTURA. PRESIDENCIA DE LA NACIÓN ARGENTINA - CONABIP
Ayacucho 1578
1112 BUENOS AIRES - ARGENTINA
Tel.: 54 1 803 65 45 - Fax: 54 1 803 65 45

BIBLIOTECA NACIONAL DEL PERÚ
Av. Abancay 4ta. Cuadra
LIMA 01 - PERÚ
Tel.: 51 14 28 76 90 - Fax: 51 14 27 73 31

UNIVERSIDAD DE COSTA RICA (CIICLA)
Facultad de Letras - Oficina 121
Universidad de Costa Rica
SAN JOSÉ - COSTA RICA
Tel.: 506 207 54 33 - Fax: 506 207 45 35

MINISTERIO DE CULTURA Y DEPORTES DE GUATEMALA
Dirección de Arte y Cultura
11 Calle 11 - 54, Zona 1
CIUDAD DE GUATEMALA - GUATEMALA
Tel.: 50 2 211 07 - Fax: 50 2 33 461 35

EDITORIAL UNIVERSITARIA S. A.
María Luisa Santander, 1447
Casilla Postal 10220
SANTIAGO DE CHILE - CHILE
Tel.: 56 2 223 45 55 - Fax: 56 2 209 94 55

CÍRCULO DE LECTORES DE ESPAÑA
Valencia, 344
08009 BARCELONA - ESPAÑA
Tel.: 34 93 458 76 00 - Fax: 34 93 458 74 49

GALAXIA GUTENBERG
Paseo Picasso, 16
08003 BARCELONA - ESPAÑA
Tel.: 34 93 268 88 00 - Fax: 34 93 319 26 51

Círculo de Leitores
CÍRCULO DE LEITORES DE PORTUGAL
Horta, 1
1500 LISBOA - PORTUGAL
Tel.: 351 1 762 60 00 - Fax: 351 1 726 61 50

PARA LA EDICIÓN EN INGLÉS

UNIVERSITY OF PITTSBURGH PRESS
3347 Forbes Avenue
PITTSBURGH, PA 15261 - U.S.A.
Tel.: 1 412 383 24 56 - Fax: 1 412 383 24 66

PARA LA EDICIÓN EN FRANCÉS

EDITIONS STOCK
27, rue Cassette
75006 PARIS - FRANCE
Tel.: 33 1 42 84 87 00- Fax: 33 1 42 84 87 15

PARA LA EDICIÓN EN CD-ROM

UNIVERSIDAD NACIONAL AUTÓNOMA DE MÉXICO (UNAM)
Torre de Rectoría 9.° piso
Ciudad Univeristaria. Coyoacán
044510 MÉXICO DF - MÉXICO
Tel. 52 5 665 14 51 - Fax: 52 5 665 39 18

ORIGEN

■ En 1971, Miguel Ángel Asturias decidió legar sus manuscritos a la Biblioteca Nacional de Francia, con la condición de que el Centro Nacional de Investigaciones Científicas francés dispusiera el estudio y la edición crítica de los mismos. Este gesto individual desembocaría, años más tarde, en una iniciativa multilateral, que asociaría organismos internacionales y nacionales de investigación de doce países: la Colección Archivos.

■ El estudio de los borradores de Miguel Ángel Asturias, de las variantes y de las etapas de su escritura modificó la imagen canónica del Premio Nobel 1967 e impuso una revisión dinámica, internacional y pluridisciplinaria de su obra, cuya edición emprendieron las editoriales Klincksieck de París y el Fondo de Cultura Económica de Madrid. Las lagunas del fondo Asturias y su dispersión *post mortem* incitaron a la Asociación que el escritor había fundado a ampliar la reflexión sobre el destino —material y crítico— de los manuscritos literarios del siglo XX y estudiar una acción multilateral de salvaguarda y valoración de estos testimonios reveladores de la identidad latinoamericana.

■ A estos efectos, se reunieron en varios coloquios internacionales especialistas de distintas disciplinas, de todas las tendencias metodológicas y de la mayor parte de los países de América y Europa. Constatando que el momento era propicio para evaluar, fundir y enriquecer el discurso historiográfico de varias experiencias de colecciones —no solamente de literatura latinoamericana, sino de otras áreas lingüísticas—, los participantes elaboraron un esquema tipo para los volúmenes de la nueva colección y establecieron una lista de autores y de coordinadores que pudieran realizar las ediciones de los clásicos latinoamericanos del siglo XX, en los cuatro idiomas de comunicación continental.

■ En esta fase inicial del programa, la UNESCO jugó un papel esencial, sosteniendo financieramente las reuniones y coloquios preparatorios, introduciendo la temática del programa entre las preocupaciones de la Organización, movilizando Grupos regionales y, sobre todo, eliminando toda connotación de obediencia ideológica y política que hubiera podido encasillar la iniciativa como una manifestación de orientaciones extracientíficas.

Objetivos

■ Desde sus orígenes, Archivos se propuso instaurar una nueva manera de leer los textos latinoamericanos (e inclusive, los de otras literaturas), modelando cada uno de sus volúmenes como una síntesis exhaustiva y rigurosamente articulada de diferentes enfoques.

■ *El enfoque textual,* que realiza las exigencias complementarias de establecer un texto fiable y completo —correspondiente a la voluntad del autor—, y de presentar y evaluar su itinerario de producción.

■ *El enfoque crítico que,* a través de las contribuciones de los especialistas contratados y de la historia de la recepción, dan cuenta al lector de un repertorio hermenéutico vasto, tanto por los parámetros críticos desarrollados, como por la cronología y la procedencia internacional de sus testimonios.

■ *El enfoque historiográfico-cultural,* para lograr que los textos publicados sean reconocidos como patrimonio común de todos los países del continente, favoreciendo un conocimiento mutuo, la integración de diferentes herencias culturales y una ósmosis innovadora en los proyectos de la comunidad científica de este sector específico de estudios.

■ *El enfoque editorial,* que realiza una modalidad inédita de cooperación y producción técnica entre Europa y América Latina, estableciendo coediciones permanentes con instituciones de todos los países signatarios del Acuerdo, y garantiza la difusión simultánea y completa de la colección.

Actores, fechas y resultados

■ En 1983, el CNRS de Francia y el CNR de Italia, junto con la UNESCO, organizaron en París, un Coloquio que reunió a 80 especialistas de América Latina, Europa y Estados Unidos para discutir los objetivos críticos generales de la Colección Archivos, sus criterios metodológicos, sus autores y coordinadores.

■ El 28 de septiembre de 1984, se reunieron en Buenos Aires los representantes de cuatro países de Europa (España, Francia, Italia y Portugal) y cuatro de América Latina (Argentina, Brasil, Colombia y México) para coincidir en un Acuerdo que preveía la edición de ciento veinte títulos en las cuatro lenguas del Continente, siguiendo las pautas y finalidades indicadas en el Coloquio de París.

■ En 1984, los Profesores Giuseppe Tavani, Louis Hay, Manuel Alvar y Jean-Louis Lebrave, entre otros, dictaron un Seminario en la Biblioteca Nacional de París, sobre los aspectos filológicos, lingüísticos y genéticos de la nueva Colección. En 1985, los coordinadores de los primeros títulos de la Colección volvieron a reunirse —en un seminario realizado en la ciudad de Oporto— para exponer las dificultades encontradas y sugerir soluciones, formulando un *Esquema tipo* que regiría la estructura científica de todos los volúmenes de la Colección.

■ En septiembre de 1987, la UNESCO y la Asociación Archivos reunieron en la Biblioteca Nacional de París a los responsables de veinte Bibliotecas Nacionales de Europa, América y Asia, para discutir el problema de la salvaguarda y acceso a los manuscritos literarios del siglo XX, uno de los aspectos fundadores del programa.

■ En septiembre de 1988, el CNR de Italia reunió a los Signatarios del Acuerdo Archivos en Roma, donde se presentaron y discutieron los primeros resultados tangibles del Programa y se renovó el Acuerdo por cinco años más.

■ En diciembre de 1993, los Signatarios se reunieron en París y decidieron renovar por diez años la colaboración científica, técnica y financiera establecida en 1984 en Buenos Aires, proponiendo, además de la continuación del programa científico y editorial iberoamericano hasta el 2003, abrir la Colección, en cumplimiento de sus postulados de origen, a los autores de lengua inglesa y francesa del Caribe. En esa oportunidad, decidieron también establecer una centralización de la producción de la Colección Archivos, para permitir que la misma llegara a sus usuarios simultáneamente, sin omisiones, con características gráficas y precios similares.

■ El 1° de enero de 1995, el CNRS de Francia creó un laboratorio (URA 2007), integrado por Archivos y el Centro de Investigaciones Latinoamericanas de la Universidad de Poitiers e instalado en la nueva Maison des Sciences de l'Homme et de la Société, con sede en esta ciudad, con la finalidad de reforzar la estructura científica permanente del Programa Archivos, asegurar su coordinación científica y coproducir versión electrónica (CD-Rom hipermedia) de la Colección.
El Instituto de Filología y Literatura Hispánicas de la Universidad de Buenos Aires asume —en lo que a los títulos de la Argentina se refiere— las mismas responsabilidades, al igual que el Instituto de Estudios Brasileños de la Universidad de São Paulo, para los títulos de ese país. Por su parte, España tomó a su cargo,

desde 1996, la coordinación editorial de la Colección, a través del Plan Nacional de I + D de la Oficina de Ciencia y Tecnología de la Presidencia de Gobierno de España.

■ El 18 de septiembre de 1995, se firmó en México un acuerdo entre el Programa Archivos y la Universidad Nacional Autónoma de México, para la realización de la Colección Archivos en CD-Rom hipermedia. El 27 de junio de 1996, fueron presentados en la sede del CNRS de París, los tres primeros prototipos de CD-Rom hipermedia, dedicados a obras de Juan Rulfo, Carlos Pellicer y Ricardo Güiraldes. A partir de 1998, la URA 2007 de Poitiers asumió la coordinación de la Colección en soporte electrónico.

■ En noviembre de 1996 se incorporaron al Acuerdo Archivos el Ministerio de Cultura y Deportes de Guatemala y la Universidad de Costa Rica, cuya membresía se hizo efectiva en 1997.

■ El 13 de diciembre de 1996, la Biblioteca Nacional del Perú se incorporó al Acuerdo Archivos como miembro signatario por los Países andinos, y su membresía es vigente desde 1996.

■ En noviembre de 1997 se incorporó al Acuerdo Archivos la Editorial Universitaria de Chile.

■ En enero de 1998 se incorporaron al Acuerdo Archivos la Secretaría de Cultura de la Nación Argentina, como Signatario, y la CONABIP, como Coeditor.

■ En 1998, la Editorial Universitaria de Chile, el Círculo de Lectores de España, la Galaxia Gutenberg y el Círculo de Leitores de Portugal se sumaron a los coeditores de la Colección.

■ Hasta la fecha, Archivos ha publicado 34 títulos de trece países, ha firmado 70 contratos de coordinación, que involucran 500 especialistas de 32 países, y ha preparado un plan de producción que prevé la publicación de ocho títulos por año, hasta el 2005.
En coedición con University of Pittsburgh Press y Ediciones UNESCO, Archivos está publicando una versión en inglés de la Colección (seis títulos editados) y una versión en francés (tres títulos publicados), coeditada con Editions Stock y Ediciones UNESCO. Ambas ediciones gozan de una ayuda financiera de la Cancillería Española para la traducción.

Esquema tipo de los volúmenes de la Colección Archivos

1. **Introducción**
   — Liminar
   — Introducción del Coordinador
   — Nota filológica y estudio genético

2. **El texto**
   — La obra
   — Variantes y notas críticas
   — Glosario

3. **Cuadro cronológico**

4. **Historia del texto**
   — Génesis y circunstancia (Producción de la obra)
   — Destinos

5. **Lecturas del texto**
   — Temática
   — Intra-textual
   — Estructuras, formas y lenguajes

6. **Dossier de la obra**
   — Dossier de recepción
   — Correspondencias
   — Manuscritos y documentos fotográficos e iconográficos

7. **Bibliografías**

8. **Índices**

Directivo

COORDINACIÓN CIENTÍFICA CNRS

Centre de Recherches Latino-Américaines - Archivos (URA 2007 - Maison des Sciences de l'Homme et de la Société de Poitiers): Jean-Pierre Clément (Director), Fernando Colla (Secretario General), Sylvie Josserand, Ria Lemaire, Fernando Moreno, Maryse Renaud, Amos Segala, Alain Sicard.

EDICIÓN EN INGLÉS

Coedición: ALLCA XX / Ediciones UNESCO / University of Pittsburgh Press / Ministerio de Asuntos Exteriores de España
Coordinación: Julio Ortega - Gerald Martin

EDICIÓN EN FRANCÉS

Coedición: ALLCA XX / Ediciones UNESCO / Éditions Stock / Ministerio de Asuntos Exteriores de España
Coordinación: Claude Fell

EDICIÓN EN CD-ROM HIPERMEDIA

Coedición: ALLCA XX / U.N.A.M. / C.N.C.A. / F.C.E.
Coordinación: Dirección General de Servicios de Cómputo Académico de la U.N.A.M. - URA 2007 de Poitiers

COORDINADOR PARA LA UNESCO

Fernando Ainsa

DIRECTOR INTERNACIONAL DEL PROGRAMA

Amos Segala (CNRS - U.R.A. 2007 - Maison des Sciences de l'Homme et de la Societé de Poitiers).

ASESOR EDITORIAL

Ricardo Navarro

COORDINADORES EDITORIALES

Fernando Colla, Sylvie Josserand. Asistente: Aurore Baltasar

ASESORES DE LA DIRECCIÓN

Claude Fell, Javier Fernández, Rafael Gómez López Egea, Élida Lois, Gerald Martin, Julio Ortega, Telê Porto Ancona Lopez, Carmen Ruiz Barrionuevo, Silviano Santiago, Jorge Schwartz, Giuseppe Tavani, Paul Verdevoye.

ASISTENTES DE LA DIRECCIÓN

Barbara Angerer, Patricia Roa.

TÍTULOS PUBLICADOS

1

Miguel Ángel Asturias

PARÍS: 1924-1933

PERIODISMO Y CREACIÓN LITERARIA

Amos Segala, coordinador

CVIII + 972 p. - ISBN 84-89666-00-8

EQUIPO: Manuel José Arce *(Guatemala)*; Marie Françoise Bonnet *(Francia)*; Jean Cassou *(Francia)*; Marc Cheymol (Francia); Claude Couffon *(Francia)*; Aline Janquart *(Francia)*; Gerald Martin *(Gran Bretaña)*; Paulette Patout *(Francia)*; Georges Pillement *(Francia)*; Amos Segala *(Italia)*; Arturo Taracena Arriola *(Guatemala)*; Paul Verdevoye *(Francia)*.

ILUSTRACIÓN DE CUBIERTA: Rudy Cotton, pintor guatemalteco.

2

Ricardo Güiraldes

DON SEGUNDO SOMBRA

Paul Verdevoye, coordinador

LXIII + 538 p. - ISBN 84-89666-01-6

EQUIPO: Alberto Blasi *(Argentina)*; Nilda Díaz *(Argentina-Francia)*; Noé Jitrick *(Argentina)*; Gwen Kirkpatrick *(Estados Unidos)*; Élida Lois *(Argentina)*; Francine Masiello *(Estados Unidos)*; Hugo Rodríguez-Alcalá *(Paraguay)*; Elena M. Rojas *(Argentina)*; Eduardo Romano *(Argentina)*; Ernesto Sábato *(Argentina)*; Beatriz Sarlo *(Argentina)*; Patricia Owen Steiner *(Estados Unidos)*; Paul Verdevoye *(Francia)*.

ILUSTRACIÓN DE CUBIERTA: Juan Carlos Langlois, pintor argentino.

3

José Lezama Lima

PARADISO

Cintio Vitier, coordinador

XL + 790 p. - ISBN 84-89666-02-4

EQUIPO: Ciro Bianchi Ross *(Cuba)*; Raquel Carrió Mendía *(Cuba)*; Roberto Friol *(Cuba)*; Julio Ortega *(Perú)*; Benito Pelegrín *(Francia)*; Manuel Pereira *(Cuba)*; José Prats Sariol *(Cuba)*; Severo Sarduy *(Cuba)*; Justo C. Ulloa *(Cuba-Estados Unidos)*; Leonor A. Ulloa *(Cuba-Estados Unidos)*; Cintio Vitier *(Cuba)*; María Zambrano *(España)*.

ILUSTRACIÓN DE CUBIERTA: Mariano Rodríguez, pintor cubano.

4

César Vallejo

OBRA POÉTICA

Américo Ferrari, coordinador

XLI + 760 p. - ISBN 84-89666-03-2

EQUIPO: Américo Ferrari *(Perú)*; Jean Franco *(Gran Bretaña)*; Rafael Gutiérrez Girardot *(Colombia)*; Giovanni Meo Zilio *(Italia)*; Julio Ortega *(Perú)*; José Miguel Oviedo *(Perú)*; Alain Sicard *(Francia)*; José Ángel Valente *(España)*.

ILUSTRACIÓN DE CUBIERTA: Alberto Guzmán, escultor y pintor peruano.

5

Mariano Azuela

LOS DE ABAJO

Jorge Ruffinelli, coordinador

XLIII + 355 p. - ISBN 84-89666-04-0

EQUIPO: Carlos Fuentes *(México)*; Luis Leal *(Estados Unidos)*; Mónica Mansour *(Argentina-México)*; Seymour Menton *(Estados Unidos)*; Stanley L. Robe *(Estados Unidos)*; Jorge Ruffinelli *(Uruguay-Estados Unidos)*.

ILUSTRACIÓN DE CUBIERTA: Juan Soriano, pintor mexicano.

6

Mário de Andrade
MACUNAÍMA

Telê Porto Ancona Lopez, coordenadora

LXIII + 589 p. - ISBN 84-89666-05-9

EQUIPE: Raúl Antelo *(Argentina)*; Alfredo Bosi *(Brasil)*; Haroldo de Campos *(Brasil)*; Rômulo Fialdini (Brasil); Ettore Finazzi-Agrò *(Itália)*; Maria Augusta Fonseca *(Brasil)*; Šárka Grauová *(República Checa)*; Telê Porto Ancona Lopez *(Brasil)*; Diléa Zanotto Manfio *(Brasil)*; Marlene Gomes Mendes *(Brasil)*; Héctor Olea *(México)*; Darcilene de Sena Rezende *(Brasil)*; Darcy Ribeiro *(Brasil)*; Pierre Rivas *(França)*; Silviano Santiago (*Brasil*); Tatiana Maria Longo dos Santos *(Brasil)*; Gilda de Mello e Souza *(Brasil)*; Eneida Maria de Souza *(Brasil)*

ILUSTRAÇÃO DA CAPA: Vera Café, artista plástica brasileira.

7

José Asunción Silva
OBRA COMPLETA

Héctor H. Orjuela, coordinador

LXVI + 747 p. - ISBN 84-89666-06-7

EQUIPO: Germán Arciniegas *(Colombia)*; Eduardo Camacho Guizado *(Colombia)*; Ricardo Cano Gaviria *(Colombia)*; María Mercedes Carranza *(Colombia)*; Juan Gustavo Cobo Borda *(Colombia)*; Gabriel García Márquez *(Colombia)*; Bernardo Gicovate *(Colombia)*; Rafael Gutiérrez Girardot *(Colombia)*; Gustavo Mejía *(Colombia)*; Álvaro Mutis *(Colombia)*; Héctor H. Orjuela *(Colombia)*; Alfredo A. Roggiano *(Argentina)*; Mark I. Smith-Soto *(Estados Unidos)*.

ILUSTRACIÓN DE CUBIERTA: Luis Caballero, pintor colombiano.

8

Jorge Icaza
EL CHULLA ROMERO Y FLORES

Ricardo Descalzi y Renaud Richard, coordinadores

XXIII + 323 p. - ISBN 84-89666-07-5

EQUIPO: Ricardo Descalzi *(Ecuador)*; Gustavo Alfredo Jácome *(Ecuador)*; Antonio Lorente Medina *(España)*; Renaud Richard *(Francia)*; Theodore Alan Sackett *(Estados Unidos)*.

ILUSTRACIÓN DE CUBIERTA: Oswaldo Guayasamín, pintor ecuatoriano.

9

Teresa de la Parra
LAS MEMORIAS DE MAMÁ BLANCA

Velia Bosch, coordinadora

XLIII + 327 p. - ISBN 84-89666-08-3

EQUIPO: José Balza *(Venezuela)*; Velia Bosch *(Venezuela)*; Isabelle Marie Domenger de Jiménez *(Francia)*; Ivan Drenikoff *(Venezuela)*; Gladys García Riera *(Venezuela)*; Elizabeth Garrels *(Estados Unidos)*; José Carlos González Boixo *(España)*; Juan Liscano *(Venezuela)*; Sylvia Molloy *(Argentina)*; Nélida Norris *(Estados Unidos)*; Nelson Osorio *(Chile)*; Paulette Patout *(Francia)*; Doris Sommer *(Estados Unidos)*.

ILUSTRACIÓN DE CUBIERTA: Antonio Eduardo Monsanto, pintor venezolano.

10

Enrique Amorim
LA CARRETA

Fernando Ainsa, coordinador

LVII + 491 p. - ISBN 84-89666-09-1

EQUIPO: Fernando Ainsa *(Uruguay)*; Kenrick E. A. Mose *(Trinidad y Tobago)*; Wilfredo Penco *(Uruguay)*; Huguette Pottier Navarro *(Francia)*; Mercedes Ramírez de Rossiello *(Uruguay)*; Walter Rela *(Uruguay)*; Ana María Rodríguez Villamil *(Uruguay)*.

ILUSTRACIÓN DE CUBIERTA: Eugenio Darnet, pintor uruguayo.

11

Alcides Arguedas
RAZA DE BRONCE
WUATA WUARA

Antonio Lorente Medina, coordinador

XXXVI + 574 p. - ISBN 84-89666-10-5

EQUIPO: Juan Albarracín Millán (Bolivia); Carlos Castañón Barrientos (Bolivia); Teodosio Fernández Rodríguez (España); Antonio Lorente Medina (España); Julio Rodríguez-Luis (Cuba-Estados Unidos).

Ilustración de cubierta: Gil Imana, pintor boliviano.

12

José Gorostiza
POESÍA Y POÉTICA

Edelmira Ramírez, coordinadora

XLVII + 538 p. - ISBN 84-89666-11-3

EQUIPO: Alí Chumacero *(México)*; Samuel Gordon *(Israel-Uruguay)*; Mónica Mansour (México); Humberto Martínez *(México)*; Elías Nandino *(México)*; Silvia Pappe *(Suiza)*; Edelmira Ramírez *(México)*; Guillermo Sheridan *(México)*; Anthony Stanton *(Estados Unidos)*.
ILUSTRACIÓN DE CUBIERTA: Francisco Toledo, pintor mexicano.

13

Clarice Lispector
A PAIXÃO SEGUNDO G. H.

Benedito Nunes, coordenador

XXXIX + 389 p. - ISBN 84-89666-12-1

EQUIPE: Benjamín Abdala Júnior *(Brasil)*; Olga Borelli *(Brasil)*; Samira Youssef Campedelli *(Brasil)*; Antonio Candido *(Brasil)*; Glória Maria Cordovani *(Brasil)*; Nádia Battella Gotlib *(Brasil)*; Valéria Franco Jacintho *(Brasil)*; João Cabral de Melo Neto *(Brasil)*; Benedito Nunes (Brasil); Olga de Sá *(Brasil)*; Affonso Romano de Sant'Anna *(Brasil)*; Norma Tasca *(Brasil)*.
ILUSTRAÇÃO DA CAPA: Emmanuel Nassar, pintor brasileiro.

14

José María Arguedas
EL ZORRO DE ARRIBA Y EL ZORRO DE ABAJO

Eve-Marie Fell, coordinadora

XXXI + 465 p. - ISBN 84-89666-13-X

EQUIPO: Sybila Arredondo de Arguedas *(Chile-Perú)*; Rubén Bareiro Saguier *(Paraguay)*; Antonio Cornejo Polar *(Perú)*; Eve-Marie Fell *(Francia)*; Roland Forgues *(Francia)*; Edmundo Gómez Mango *(Uruguay-Francia)*; Martin Lienhard *(Suiza)*; José Luis Rouillón *(Perú)*; William Rowe *(Gran Bretaña)*.
Ilustración de cubierta: Gerardo Chávez, pintor peruano.

15

José Revueltas
LOS DÍAS TERRENALES

Evodio Escalante, coordinador

XXXVII + 482 p. - ISBN 84-89666-14-8

EQUIPO: Philippe Cheron *(Francia)*; Evodio Escalante *(México)*; Théophile Koui *(Costa de Marfil)*; Edith Negrín *(México)*; Florence Olivier *(Francia)*; Marta Portal *(España)*; Andrea Revueltas *(México)*; Leopoldo Zea *(México)*.
ILUSTRACIÓN DE CUBIERTA: Jazzamoart, pintor mexicano.

16

Julio Cortázar
RAYUELA

Julio Ortega y Saúl Yurkiévich, coordinadores

XXXV + 857 p. - ISBN 84-89666-15-6

EQUIPO: Jaime Alazraki *(Argentina)*; Gladis Anchieri *(Argentina)*; Ana María Barrenechea *(Argentina)*; Alicia Borinsky *(Argentina)*; Sara Castro-Klarén *(Estados Unidos)*; Haroldo de Campos *(Brasil)*; Milagros Ezquerro *(España)*; Graciela Montaldo *(Argentina)*; Julio Ortega *(Perú)*; Flor María Rodríguez-Arenas *(Colombia)*; Saúl Yurkiévich *(Argentina)*.
ILUSTRACIÓN DE CUBIERTA: Antonio Seguí, pintor argentino.

17

Juan Rulfo
TODA LA OBRA

Claude Fell, coordinador

XLVI + 1044 p. - ISBN 84-89666-16-4

EQUIPO: José Pascual Buxó *(México)*; Evodio Escalante *(México)*; Milagros Ezquerro *(España)*; Claude Fell *(Francia)*; José Carlos González Boixo *(España)*; Samuel Gordon *(Israel-Uruguay)*; Yvette Jiménez de Báez *(Puerto Rico)*; Norma Klahn *(Estados Unidos)*; Sergio López Mena *(México)*; Mónica Mansour *(México)*; Gerald Martin *(Gran Bretaña)*; Walter D. Mignolo *(Argentina)*; Aurora Ocampo *(México)*; Florence Olivier *(Francia)*; José Emilio Pacheco *(México)*; Hugo Rodríguez-Alcalá *(Paraguay)*; Jorge Ruffinelli *(Uruguay)*.
ILUSTRACIÓN DE CUBIERTA: José Chávez Morado, pintor mexicano.

18

Lúcio Cardoso
CRÔNICA DA CASA ASSASSINADA

Mario Carelli, coordenador

XXXVII + 820 p. - ISBN 84-89666-17-2

EQUIPE: Consuelo Albergaria *(Brasil)*; Teresa de Almeida *(Brasil)*; Guy Besançon *(França)*; Alfredo Bosi *(Brasil)*; Sonia Brayner *(Brasil)*; Mario Carelli *(Brasil-França)*; Octávio de Faria *(Brasil)*; Júlio Castañón Guimarães *(Brasil)*; José Geraldo Nogueira Moutinho *(Brasil)*; Eduardo Portella (Brasil).

ILUSTRAÇÃO DA CAPA: do mesmo autor Lúcio Cardoso.

19

Ezequiel Martínez Estrada
RADIOGRAFÍA DE LA PAMPA

Leo Pollmann, coordinador

XXIV + 586 p. - ISBN 84-89666-18-0

EQUIPO: Rodolfo A. Borello *(Argentina)*; Dinko Cvitanovic *(Argentina)*; Peter G. Earle *(Estados Unidos)*; Roberto Fuertes Manjón *(España)*; Miguel Alberto Guérin *(Argentina)*; Leo Pollmann *(Alemania)*; Elena M. Rojas *(Argentina)*; León Sigal *(Argentina);* David Viñas (Argentina); Gregorio Weinberg *(Argentina)*; Liliana Irene Weinberg de Magis *(Argentina)*.

ILUSTRACIÓN DE CUBIERTA: Marcela Gómez, pintora y escultora argentina.

20

Rómulo Gallegos
CANAIMA

Charles Minguet, coordinador

XXIV + 562 p. - ISBN 84-89666-19-9

EQUIPO: Pilar Almoina de Carrera *(Venezuela)*; José Balza *(Venezuela)*; John S. Brushwood *(Estados Unidos)*; Gustavo Luis Carrera *(Venezuela)*; Rafael Castillo Zapata *(Venezuela)*; François Delprat *(Francia)*; Pedro Díaz Seijas *(Venezuela)*; Roberto González Echevarría *(Cuba-Estados Unidos)*; Gustavo Guerrero *(Venezuela)*; Juan Liscano *(Venezuela)*; Charles Minguet *(Francia)*; Françoise Perus *(Francia)*; Janine Potelet *(Francia)*; Maya Shärer *(Suiza)*; Efraín Subero *(Venezuela)*.

ILUSTRACIÓN DE CUBIERTA: Alejandro Obregón, pintor colombiano.

21

Miguel Ángel Asturias
HOMBRES DE MAÍZ

Gerald Martin, coordinador

XXXIII + 764 p. - ISBN 84-89666-20-2

EQUIPO: Arturo Arias *(Guatemala)*; Gordon Brotherston *(Gran Bretaña)*; Luis Cardoza y Aragón *(Guatemala)*; Ariel Dorfman *(Chile)*; Dante Liano *(Guatemala)*; Martin Lienhard *(Suiza)*; Gerald Martin *(Gran Bretaña)*; Giovanni Meo Zilio *(Italia)*; Dorita Nouhaud *(Francia)*; René Prieto *(Estados Unidos)*.

ILUSTRACIÓN DE CUBIERTA: Rudy Cotton, pintor guatemalteco.

22

Agustín Yáñez
AL FILO DEL AGUA

Arturo Azuela, coordinador

3XVI + 406 p. - ISBN 84-89666-21-0

EQUIPO: Arturo Azuela *(México)*; Adolfo Caicedo Palacios *(México)*; Ignacio Díaz Ruiz *(México)*; Antonio Gómez Robledo *(México)*; Sun Hee Byun *(Corea)*; Pura López Colomé *(México)*; José Luis Martínez *(México)*; Carlos Monsivais *(México)*; Françoise Perus *(Francia)*.

Ilustración de cubierta: Águeda Lozano, pintora mexicana.

23

Ricardo Palma
TRADICIONES PERUANAS

Julio Ortega y Flor María Rodríguez-Arenas, coordinadores

XXIX + 658 p. - ISBN 84-89666-22-9

EQUIPO: Alfredo Bryce-Echenique (Perú); Merlin D. Compton *(Estados Unidos)*; Anibal González *(Puerto Rico)*; Julio Ortega *(Perú)*; Flor María

Rodríguez-Arenas (Colombia); Roy L. Tanner (Estados Unidos); Fernando Unzueta (Bolivia). Ilustración de cubierta: Joaquín Roca Rey, pintor peruano.

24

Miguel Ángel Asturias

EL ÁRBOL DE LA CRUZ

Aline Janquart y Amos Segala, coordinadores

XLV + 330 p. - ISBN 84-89666-23-7

EQUIPO: Christian Boix *(Francia)*; Roger Caillois *(Francia)*; Claude Imberty *(Francia)*; Aline Janquart *(Francia)*; Amos Segala *(Italia)*; Alain Sicard *(Francia)*; Daniel Sicard *(Francia)*. Ilustración de cubierta: Rudy Cotton, pintor guatemalteco.

25

Macedonio Fernández

MUSEO DE LA NOVELA DE LA ETERNA

Ana María Camblong y Adolfo de Obieta, coordinadores

LXXIX + 591 p. - ISBN 84-89666-24-5

EQUIPO: Alicia Borinski *(Argentina)*; Ana María Camblong *(Argentina)*; Jo Anne Engelbert *(Estados Unidos)*; Waltraut Flammersfeld *(Alemania)*; Mario Goloboff *(Argentina)*; Adolfo de Obieta *(Argentina)*; Nélida Salvador *(Argentina)*. Ilustración de cubierta: Fernando Cánovas, pintor argentino.

26

Horacio Quiroga

TODOS LOS CUENTOS

Napoleón Baccino Ponce de León y Jorge Lafforgue, coordinadores

LIV + 1460 p. - ISBN 84-89666-25-3

EQUIPO: Napoleón Baccino Ponce de León *(Uruguay)*; Martha L. Canfield *(Uruguay)*; Abelardo Castillo *(Argentina)*; Carlos Dámaso Martínez *(Argentina)*; Milagros Ezquerro *(España)*; Guillermo García (Argentina); Jorge Lafforgue *(Argentina)*; Dario Puccini *(Italia)*; Jorge B. Rivera *(Argentina)*; Eduardo Romano *(Argentina)*; Beatriz Sarlo *(Argentina)*. ILUSTRACIÓN DE CUBIERTA: José Gamarra, pintor uruguayo.

27

Domingo Faustino Sarmiento

VIAJES

Javier Fernández, coordinador

XXIX + 1108 p. - ISBN 84-89666-26-1

EQUIPO: Rubén Benítez *(Argentina)*; Vanni Blengino *(Italia)*; Javier Fernández *(Argentina)*; Olga Fernández Latour de Botas *(Argentina)*; William H. Katra *(Estados Unidos)*; Santiago Kovadloff (*Argentina*); Marcelo Montserrat *(Argentina)*; Jaime O. Pellicer *(Argentina)*; Dardo Pérez Guilhou *(Argentina)*; Leo Pollmann *(Alemania)*; Elena M. Rojas *(Argentina)*; Juan José Saer *(Argentina)*; Paul Verdevoye *(Francia)*; Félix Weinberg *(Argentina)*. ILUSTRACIÓN DE CUBIERTA: Eduardo Lozano, pintor argentino.

28

Fernando Pessoa

MENSAGEM

POEMAS ESOTÉRICOS

José Augusto Seabra, coordenador

LIII + 531 p. - ISBN 84-89666-27-X

EQUIPE: Onésimo Teotónio Almeida *(Portugal)*; José Édil de Lima Alves *(Brasil)*; José Blanco *(Portugal)*; Y.K. Centeno *(Portugal)*; Dalila Pereira da Costa *(Portugal)*; Maria Aliete Galhoz *(Portugal)*; Teresa Rita Lopes *(Portugal)*; Eduardo Lourenço *(Portugal)*; Maria Helena da Rocha Pereira *(Portugal)*; José Caro Proença *(Portugal)*; António Quadros *(Portugal)*; Américo da Costa Ramalho *(Portugal)*; Clara Rocha *(Portugal)*; Adrien Roig *(França)*; José Augusto Seabra *(Portugal)*; Luís Filipe B. Teixeira *(Portugal)*. ILUSTRAÇÃO DA CAPA: António Costa Pinheiro, pintor português.

29

Rafael Arévalo Martínez

EL HOMBRE QUE PARECÍA UN CABALLO
y otros cuentos

Dante Liano, coordinador

XLIII + 660 p. - ISBN 84-89666-28-8

EQUIPO: Ramón Luis Acevedo *(Puerto Rico)*; Francisco Albizúrez Palma *(Guatemala)*; Arturo Arias *(Guatemala)*; Daniel Balderston *(Estados Unidos)*; Sophie Feral *(Francia)*; Dante Liano *(Guatemala)*; Gerald Martin *(Gran Bretaña)*; José Mejía *(Guatemala)*; Lucrecia Méndez de Penedo *(Guatemala)*; Mario Monteforte Toledo *(Guatemala)*; Francisco Nájera *(Guatemala)*; Arturo Taracena Arriola *(Guatemala)*; Ana María Urruela de Quesada *(Guatemala)*.
ILUSTRACIÓN DE CUBIERTA: Magda Eunice Sánchez, pintora guatemalteca.

30

Lima Barreto

TRISTE FIM DE POLICARPO QUARESMA

Antonio Houaiss e Carmem Lúcia Negreiros de Figueiredo, coordenadores

XXXV + 655 p. - ISBN 84-89666-29-6

EQUIPE: Francisco de Assis Barbosa *(Brasil)*; Carmem Lúcia Negreiros de Figueiredo *(Brasil)*; Antonio Houaiss *(Brasil)*; J. Ronaldo Lima Lins *(Brasil)*; Robert J. Oakley *(Inglaterra)*; Dirce Cortes Riedel *(Brasil)*; Francisco Venceslau dos Santos *(Brasil)*; Nicolau Sevcenko *(Brasil)*; Luiz Antônio de Souza *(Brasil)*.
ILUSTRAÇÃO DA CAPA: Heloísa Novaes, artista plástica brasileira.

31

Leopoldo Marechal

ADÁN BUENOSAYRES

Jorge Lafforgue y Fernando Colla, coordinadores

XXXIX + 978 p. - ISBN 84-89666-30-X

EQUIPO: Fernando Colla *(Argentina)*; Maria Teresa Gramuglio *(Argentina)*; Jorge Lafforgue *(Argentina)*; Javier de Navascués *(España)*; Ángel Núñez *(Argentina)* Teresa Orecchia Havas *(Argentina)*; Ricardo Piglia *(Argentina)*; Jean-François Podeur *(Francia)*; Eduardo Romano *(Argentina)*; Patricia Vila *(Argentina)*.
ILUSTRACIÓN DE CUBIERTA: Xul Solar, pintor argentino.

32

Julio Herrera y Reissig

POESÍA COMPLETA Y PROSAS

Ángeles Estévez, coordinadora

XVII + 1178 p. - ISBN 84-89666-31-8

EQUIPO: Manuel Alvar *(España)*; Ángeles Estévez *(España)*; Eduardo Espina *(Uruguay)*; Américo Ferrari *(Perú)*; Vicente Granados *(España)*; Enrique Marini Palmieri *(Paraguay)*; Carmen de Mora *(España)*; Arcadio Pardo *(España)*; Madeleine Pardo *(Francia)*; Wilfredo Penco *(Uruguay)*.
ILUSTRACIÓN DE CUBIERTA: Eduardo Darnet, pintor uruguayo.

33

Manuel Bandeira

LIBERTINAGEM - ESTRELA DA MANHÃ

Giulia Lanciani, coordenadora

LVII + 781 p. - ISBN 84-89666-32-6

EQUIPE: Davi Arrigucci Jr. *(Brasil)*; Vania Pinheiro Chaves *(Brasil)*; Ettore Finazzi-Agrò *(Itália)*; Giulia Lanciani *(Itália)*; Diléa Zanotto Manfio *(Brasil)*; Marlene Gomes Mendes *(Brasil)*; Marcos Antonio de Moraes (*Brasil*); Silviano Santiago *(Brasil)*; Gilberto Mendonça Teles *(Brasil)*; Roberto Vecchi *(Itália)*;
ILUSTRAÇÃO DA CAPA: Renina Katz, artista plástica brasileira.

34

Haroldo Conti
SUDESTE-LIGADOS

Eduardo Romano, coordinador

LVIII + 736 p. - ISBN 84-89666-33-4

EQUIPO: Roberto Fernández Retamar *(Cuba);* Mónica Ferraro *(Argentina);* Roberto Ferro *(Argentina);* Aníbal Ford *(Argentina)*; Miriam Goldstein *(Argentina);* Mario Goloboff *(Argentina)*; Marta Morello-Frosch *(Argentina);* Julio Premat *(Argentina)*; Abel Posadas *(Argentina);* Jorge B. Rivera *(Argentina);* Eduardo A. Romano *(Argentina);* Marta Speroni *(Argentina).*
ILUSTRACIÓN DE CUBIERTA: Gorriarena, pintor argentino.

35

Pedro Henríquez Ureña
ENSAYOS

José Luis Abellán y Ana María Barrenechea, coordinadores

XXXII + 935 p. - ISBN 84-89666-34-2

EQUIPO: José Luis Abellán *(España);* Gonzalo Aguilar *(Argentina);* Soledad Álvarez *(República Dominicana);* Raúl Antelo *(Argentina)*; Ana María Barrenechea *(Argentina);* Roberto González Echevarría *(Cuba)*; Alfredo Grieco y Bavio *(Argentina);* Francisco López Estrada *(España);* Guillermo Piña-Contreras *(República Dominicana)*; Óscar Terán *(Argentina);* Enrique Zuleta Álvarez *(Argentina).*
ILUSTRACIÓN DE CUBIERTA: Radhamés Mejía, pintor dominicano.

36

Ramón López Velarde
OBRA POÉTICA

José Luis Martínez, coordinador

LIX + 841 p. - ISBN 84-89666-35-0

ESTUDIOS: Enrique Ánderson Ímbert, Arturo Arnáiz y Freg, José Joaquín Blanco, Marco Antonio Campos, Emmanuel Carballo, Benjamín Carrión, Antonio Castro Leal, Eduardo Colín, Alí Chumacero, Pedro de Alba, Federico de Onís, Gerardo Deniz, Enrique Díez Canedo, Salvador Elizondo, Evodio Escalante, Genaro Estrada, Sergio Fernández, Enrique Fernández Ledesma, Felipe Garrido, Juan Carlos Ghiano, Martín Gómez Palacio, Henrique González Casanova, José María González de Mendoza, Carlos González Peña, Enrique González Rojo, José Gorostiza, Max Henríquez Ureña, Pedro Henríquez Ureña, Julio Jiménez Rueda, José Luis Bernardo Ortiz de Montellano, José Emilio Pacheco, Octavio Paz, Allen W. Phillips, Vicente Quirarte, Alfonso Reyes, Arturo Rivas Sáinz, Jorge Ruedas de la Serna, María del Carmen Ruiz Castañeda, Alberto Sánchez, Guillermo Sucre, José Juan Tablada, Jaime Torres Bodet, Arturo Torres Rioseco, Julio Torri, Emilio Uranga, Jesús Villalpando, Xavier Villaurrutia.
ILUSTRACIÓN DE CUBIERTA: Rodolfo Nieto, pintor mexicano.

FUERA DE SERIE

PUBLICADOS

Léxico argentino-español-francés/ Lexique argentin-espagnol-français

Paul Verdevoye, coordinador científico
Fernando Colla, coordinador técnico

XLVII + 271 p. - ISBN 84-00-07230-8

EQUIPO: Françoise Aubès *(Francia)*; Esperanza F. de Barril *(Argentina)*; José Castro Escudero *(España)*; Fernando Colla *(Argentina)*; François Delprat *(Francia)*; Nilda Díaz *(Argentina)*; Yvonne Dony *(Bélgica)*; Lola F. de Fraga *(Argentina)*; Daniel Maurice *(Francia)*; Elena Mélega *(Argentina)*; Alfred Melon *(Francia)*; Raymond Mockel *(Francia)*; Teresa Daputa Mozejko *(Argentina)*; Ida Reutemann *(Argentina)*; Jean-Paul Vidal *(Francia)*; Laura Zanada *(Argentina)*; Paul Verdevoye *(Francia)*.
ILUSTRACIÓN DE CUBIERTA: Manuscrito de Domingo Faustino Sarmiento·

Littérature Latino-Américaine et des Caraïbes du XXème siècle. Théorie et pratique de l'édition critique

Amos Segala y Giuseppe Tavani, coordinadores

COLABORADORES: Fernando Ainsa *(Uruguay)*; Manuel Alvar *(España)*; Ruben Bareiro Saguier *(Paraguay)*; Cleonice Berardinelli *(Brasil)*; Mario Carelli *(Francia)*; João Conde *(Brasil)*; Fernando Alves Cristóvão *(Portugal)*, Celso Ferreira da Cunha *(Brasil)*; Américo Ferrari *(Perú)*; Maria Aliete Galhoz *(Portugal)*; Gérard Genot *(Francial)*; Louis Hay *(Francia)*; Giulia Lanciani *(Italia)*; Jean-Louis Lebrave *(Francia)*; Antonio Lorente Medina *(España)*; Gerald Martin *(Gran Bretaña)*; José Guilherme Merquior *(Brasil)*; Josué Montello *(Brasil)*; Carlos Montemayor *(México)*; António Braz de Oliveira *(Portugal)*; Julio Ortega *(Perú)*; José Augusto Seabra *(Portugal)*; Amos Segala *(Italia)*; Léopold Sédar Senghor *(Senegal)*; Bernard Sesé *(Francia)*; Paul Verdevoye *(Francia)*.
ILUSTRACIÓN DE CUBIERTA: Manuscrito de Gabriele D'Annunzio.

Títulos en preparación

(1998-2001)

Oswald de Andrade
Obra incompleta
Coordenador: Jorge Schwartz

Roberto Arlt
Los siete locos - Los lanzallamas
Coordinador: Mario Goloboff

Aurelio Arturo
Obra completa
Coordinador: Rafael Humberto Moreno Durán

Rosario Castellanos
Balún-Canán
Coordinadora: Elena Poniatowska

Léon-Gontran Damas
Œuvres Complètes
Coordinateur: Sergio Zoppi

Carlos Drummond de Andrade
Poesía
Coordenador: Silviano Santiago

José María Eguren
Poesía
Coordinador: Ricardo González Vigil

Joaquín García Monge
Escritos en Repertorio Americano
Coordinadora: María Salvadora Ortiz

Oliverio Girondo
Obra completa
Coordinador: Raúl Antelo

João Guimarães Rosa
Grande Sertão: Veredas
Coordenadora: Walnice Nogueira Galvão

Martín Luis Guzmán
La sombra del caudillo
Coordinador: Rafael Olea Franco

José Hernández
Martín Fierro
Coordinadores: Élida Lois y Ángel Núñez

Jorge Ibargüengoitia
Relámpagos de agosto
Coordinador: Juan Villoro

José Lezama Lima
Oppiano Licario
Coordinador: Enrico Mario Santi

Jose Lins do Rego
Fogo morto
Coordenador: José Aderaldo Castello

Leopoldo Lugones
La guerra gaucha
Coordinador: Tomás Alva Negri

Joaquim Maria Machado de Assis
Os contos
Coordinador: John Gledson

Juana Manso
Los misterios del Plata
Coordinadores: Elvira Arnoux y Paul Verdevoye

José Carlos Mariátegui
Ensayos (1923-1930)
Coordinadores: Antonio Melis
e Isabelle Tauzin Castellanos

José Martí
En Estados Unidos,
Periodismo de 1881 a 1891
Coordinador: Roberto Fernández Retamar

César Moro
Obra completa
Coordinador: André Coyné

Rafael F. Muñoz
Los cuentos
Coordinador: Antonio Saborit

Pedro Nava
Beira Mar, Mémorias
Coordenadora: Eneida Maria de Souza

Gilberto Owen
Obra completa
Coordinador: Vicente Quirarte

Pablo Palacio
Obra completa
Coordinador: Wilfrido H. Corral

Manuel Puig
El beso de la mujer araña
Coordinadores: José Amícola y Jorge Panesi

Graciliano Ramos
Memórias do cárcere
Coordenadores: Godofredo de Oliveira Neto e Wander Melo Miranda

José Antonio Ramos Sucre
Obra completa
Coordinadora: Alba Rosa Hernández Bossio

Alfonso Reyes
Textos sobre México
Coordinadores: Adolfo Castañón y Carlos Enrique Verdura

Florencio Sánchez
Teatro completo
Coordinador: Jorge Ruffinelli

Severo Sarduy
Obra completa (2 vols.)
Coordinadores: Gustavo Guerrero y François Wahl

José Vasconcelos
Ulises Criollo
Coordinador: Claude Fell

Títulos en preparación para conmemorar el centenario del nacimiento de Miguel Ángel Asturias (1999)

El Señor Presidente
Coordinador: Gerald Martin

Mulata de Tal
Coordinador: Arturo Arias

Maladrón
Coordinadores: Aline Janquart y Amos Segala

Cuentos y Leyendas
Coordinador: Mario Roberto Morales

Teatro
Coordinador: Lucrecia Méndez de Penedo

Plan General de Edición

* Títulos ya publicados

ARGENTINA

ROBERTO ARLT
Los siete locos - Los lanzallamas
(Gerardo Mario Goloboff)

ADOLFO BIOY CASARES
El sueño de los héroes
(Daniel Martino/Alfredo Grieco y Bavio)

* JULIO CORTÁZAR
Rayuela
(Julio Ortega / Saúl Yurkievich)

* HAROLDO CONTI
Sudeste - Ligados
(Eduardo Romano)

* MACEDONIO FERNÁNDEZ
Museo de la novela de la Eterna
(Ana Camblong /Adolfo de Obieta)

BALDOMERO FERNÁNDEZ MORENO
Poesía
(Mario Benedetti)

MANUEL GÁLVEZ
Escenas de la guerra del Paraguay

ALBERTO GERCHUNOFF
Los gauchos judíos
(Saúl Sosnowski)

OLIVERIO GIRONDO
Obras completas
(Raúl Antelo)

* RICARDO GÜIRALDES
Don Segundo Sombra
(Paul Verdevoye)

JOSÉ HERNÁNDEZ
Martín Fierro
(Élida Lois y Ángel Núñez)

LEOPOLDO LUGONES
La guerra gaucha
(Tomás Alva Negri)

JUANA MANSO
Los misterios del Plata
(Elvira Arnoux / Paul Verdevoye)

* LEOPOLDO MARECHAL
Adán Buenosayres
(Jorge Lafforgue / Fernando Colla)

* EZEQUIEL MARTÍNEZ ESTRADA
Radiografía de la Pampa
(Leo Pollmann)

MANUEL MÚJICA LAINEZ
Misteriosa Buenos Aires

HÉCTOR A. MURENA
El pecado original de América
(Walter Mignolo)

SILVINA OCAMPO
Los cuentos
(Edgardo Cozarinsky)

VICTORIA OCAMPO
Testimonios literarios
(Noé Jitrik/Cristina Iglesias)

MANUEL PUIG
El beso de la mujer araña
(José Amicola / Jorge Panesi)

ERNESTO SÁBATO
Sobre héroes y tumbas
(María Lojo)

* DOMINGO FAUSTINO SARMIENTO
Viajes
(Javier Fernández)

BOLIVIA

* ALCIDES ARGUEDAS
Raza de Bronce - Wuata Wuara
(Antonio D. Lorente Medina)

AUGUSTO CÉSPEDES
Sangre de mestizos
(Renato Prada Oropeza)

RICARDO JAIMES FREIRE
Poesía
(Óscar River-Rodas)

MARCELO QUIROGA SANTA CRUZ
Los deshabitados
(Concha Reverte)

BRASIL

JORGE AMADO
Capitães de areia

CARLOS DRUMMOND DE ANDRADE
Poesía
(Silviano Santiago)

* MÁRIO DE ANDRADE
Macunaíma
(Telê Porto Ancona Lopez)

OSWALD DE ANDRADE
Obra incompleta
(Jorge Schwartz)

JOAQUIM MARIA MACHADO DE ASSIS
Os contos
(John Gledson)

* MANUEL BANDEIRA
Libertinagem - Estrela da manhã
(Giulia Lanciani)

* LIMA BARRETO
Triste fim de Policarpo Quaresma
(António Houaiss / Carmem Lúcia Negreiros de Figueiredo)

* LUCIO CARDOSO
Crônica da casa assassinada
(Mario Carelli)

EUCLIDES DA CUNHA
Os Sertões
(Leopoldo Benucci)

GILBERTO FREYRE
Casa grande e senzala
(E. Nery da Fonseca/G. Giucci/ E. Rodríguez Larreta)

GILBERTO FREYRE
Sobrados e mucambos
(E. Cabral de Mello/G. Giucci/ Enrique Rodríguez Larreta)

SERGIO BUARQUE DE HOLANDA
Raízes do Brasil
(Fernando Novaes)

* CLARICE LISPECTOR
A Paixão segundo G. H.
(Benedito Nunes)

* PEDRO NAVA
Beira Mar, Memórias 4
(Eneida Maria de Souza)

CAIO PRADO JR.
A formação do Brasil contemporáneo
(José Jobson de Andrade Arnuda)

GRACILIANO RAMOS
Memórias do cárcere
(Wander Melo Miranda / Godofredo de Oliveira)

JOSÉ LINS DO REGO
Fogo Morto
(José Aderaldo Castello)

JOÃO GUIMARÃES ROSA
Grande Sertão: Veredas
(Walnice Nogueira Galvão)

COLOMBIA

AURELIO ARTURO
Poesía
(Rafael Humberto Moreno Durán)

PORFIRIO BARBA JACOB
Obra periodística
(Eduardo García Aguilar)

EDUARDO CARRANZA
Poesía

TOMÁS CARRASQUILLA
Los cuentos
(Juana Martínez Gómez)

LEÓN DE GREIFF
Obra completa
(Armando Romero / Rafael Gutiérrez Girardot)

LUIS CARLOS LÓPEZ
Poesía

JOSÉ EUSTASIO RIVERA
Obra completa
(Hernán Lozano / Françoise Perus)

BALDOMERO SANÍN CANO
Escritos políticos y periodísticos
(Juan Gustavo Cobo Borda)

* JOSÉ ASUNCIÓN SILVA
Obra completa
(Héctor Orjuela)

GUILLERMO VALENCIA
Poesía
(Trinidad Barrera López)

COSTA RICA

JOAQUÍN GARCÍA MONGE
Escritos en Repertorio Americano
(María Salvadora Ortiz)

CUBA

EMILIO BALLAGAS
Poesía

REGINO BOTI
Poesía

JOSÉ LEZANA LIMA
Oppiano Licario
(Enrico Mario Santi)

* JOSÉ LEZAMA LIMA
Paradiso
(Cintio Vitier)

JUAN MARINELLO
Ensayos

JOSÉ MARTÍ
En Estados Unidos.
Periodismo de 1881 a 1891
(Roberto Fernández Retamar)

FERNÁNDEZ ORTIZ
Contrapunteo cubano del tabaco y del azúcar

VIRGILIO PIÑERA
Teatro

SEVERO SARDUY
Obra completa
(Gustavo Guerrero / François Wahl)

CHILE

MARÍA LUISA BOMBAL
La última niebla - La amortajada - Los cuentos
(Sonia Mattalía)

CARLOS DROGUETT
Los asesinos del seguro obrero
(Fernando Moreno)

JUAN EMAR
Un año-Ayer-Miltin 1934-Diez
(Alejandro Canseco Jerez)

VICENTE HUIDOBRO
Poesía
(Cedomil Goic)

MARIANO LATORRE
Los cuentos
(Osvaldo Rodríguez Pérez)

GABRIELA MISTRAL
Poesía
(Teodosio Fernández Rodríguez)

MANUEL ROJAS
Hijo de ladrón

DOMINICA

JEAN RHYS
Wide Sargasso Sea

ECUADOR

DEMETRIO AGUILERA MALTA
Siete lunas y siete serpientes
(Antonio D. Lorente Medina)

JORGE CARRERA ANDRADE
Edades poéticas y otros textos

BENJAMÍN CARRIÓN
Ensayos
(José Carlos Rovira)

JOSÉ DE LA CUADRA
"Los Sangurimas" y otros relatos
(Diego Araújo)

GONZALO ESCUDERO
Poesía
(Gustavo Alfredo Jacome)

* JORGE ICAZA
El Chulla Romero y Flores
(Ricardo Descalzi / Renaud Richard)

PABLO PALACIO
Obras completas
(Wilfrido H. Corral)

GONZALO ZALDUMBIDE
Ensayos

EL SALVADOR

ROQUE DALTON
Poesía
(Claire Pailler)

SALARRUÉ
Los cuentos
(Carmen de Mora Valcárcel)

GUADALUPE

ST. JOHN PERSE
Éloges

SONNY RUPAIRE
Cette ignorance brisée

GUATEMALA

* RAFAEL ARÉVALO MARTÍNEZ
El hombre que parecía un caballo
(Dante Liano)

* MIGUEL ÁNGEL ASTURIAS
Periodismo y creación literaria. París 1924-1933
(Amos Segala)

* MIGUEL ÁNGEL ASTURIAS
Hombres de maíz
(Gerald Martin)

* MIGUEL ÁNGEL ASTURIAS
El árbol de la Cruz
(Aline Janquart / Amos Segala)

MIGUEL ÁNGEL ASTURIAS
El señor Presidente
(Gerald Martin)

MIGUEL ÁNGEL ASTURIAS
Cuentos y Leyendas
(Mario Roberto Morales)

MIGUEL ÁNGEL ASTURIAS
Mulata de Tal
(Arturo Arias)

MIGUEL ÁNGEL ASTURIAS
Teatro
(Lucrecia Méndez de Penedo)

MIGUEL ÁNGEL ASTURIAS
Maladrón
(Aline Janquart/Amos Segala)

LUIS CARDOZA Y ARAGÓN
Poesía y poética

GUAYANA FRANCESA

LÉON-GONTRAN DAMAS
Oeuvres complètes
(Sergio Zoppi)

JACQUELINE MANICOM
Mon examen de blanc

GUY TIROLIEN
Balles d'or

GUYANA

EDGAR MITTHELHOLZER
A Morning at the Office

HAITÍ

JEAN PRICE MARS
Ainsi parla l'oncle
(Alessandro Costantini)

JACQUES ROUMAIN
Oeuvres complètes
(Léon-François Hoffman)

JACQUES STEPHEN ALEXIS
Compère Général Soleil

JAMAICA

ROGER MAIS
Brother Man

CLAUDE McKAY
Banana Bottom

MARTINICA

SALVAT ETCHAND
Les nègres

RAPHAEL TARDON
La Caldeira

VINCENT PLACOLY
La vie et la mort de Marcel Gonstran

MÉXICO

* MARIANO AZUELA
Los de abajo
(Jorge Ruffinelli)

ROSARIO CASTELLANOS
Balún-Canán
(Elena Poniatowska)

JORGE CUESTA
Obra completa
(Luis Mario Schneider)

FEDERICO GAMBOA
Santa
(Álvaro Uribe)

* JOSÉ GOROSTIZA
Poesía y poética
(Edelmira Ramírez)

MARTÍN LUIS GUZMÁN
La sombra del caudillo
(Rafael Olea Franco)

JORGE IBARGÜENGOITIA
Relámpagos de agosto
(Juan Villoro)

* RAMÓN LÓPEZ VELARDE
Obra poética
(José Luis Martínez)

RAFAEL F. MUÑOZ
Los cuentos
(Antonio Saborit)

SALVADOR NOVO
Obras
(Carlos Monsivais)

GILBERTO OWEN
Obra completa
(Vicente Quirarte)

MANUEL PAYNO
Los bandidos de Río Frío
(Margo Glantz)

CARLOS PELLICER
Poesía
(Samuel Gordon)

* JOSÉ REVUELTAS
Los días terrenales
(Evodio Escalante)

ALFONSO REYES
Textos sobre México
(Adolfo Castañón / Carlos Enríquez Verdura)

* JUAN RULFO
Toda la obra
(Claude Fell)

JOSÉ VASCONCELOS
Ulises Criollo
(Claude Fell)

XAVIER VILLAURRUTIA
La poesía
(Guillermo Sheridan)

* AGUSTÍN YÁÑEZ
Al filo del agua
(Arturo Azuela)

NICARAGUA

RUBÉN DARÍO
Azul - Prosas profanas - Cantos de Vida y Esperanza
(Bernard Sesé)

JOAQUÍN PASOS
Poesía

PANAMÁ

RAMÓN H. JURADO
Desertores
(Francisco Tovar)

PARAGUAY

GABRIEL CASACCIA
La Babosa
(Rubén Bareiro Saguier)

AUGUSTO ROA BASTOS
La trilogía: Hijo de Hombre, Yo el Supremo, El Fiscal
(Milagros Ezquerro)

PERÚ

MARTÍN ADÁN
Poesía y prosa

CIRO ALEGRÍA
El mundo es ancho y ajeno
(Jorge Cornejo Polar)

* JOSÉ MARÍA ARGUEDAS
El zorro de arriba y el zorro de abajo
(Eve Marie Fell)

JOSÉ MARÍA EGUREN
Poesía
(Ricardo González Vigil)

MANUEL GONZÁLEZ PRADA
Ensayos y poesías
(Ève-Marie Fell)

JOSÉ CARLOS MARIÁTEGUI
Ensayos (1923-1930)
(Antonio Melis)

CÉSAR MORO
Obra completa
(Andre Coyné)

* RICARDO PALMA
Tradiciones peruanas
(Julio Ortega / Flor María Rodríguez Arenas)

* CÉSAR VALLEJO
Obra poética
(Américo Ferrari)

PUERTO RICO

JULIA BURGOS
Poesía
(Yvette Jiménez de Báez)

EUGENIO MARÍA DE HOSTOS
La peregrinación de Bayoán y otros textos
(María Caballero Wangüemert)

LUIS PALES MATOS
Poesía

ANTONIO S. PEDREIRA
Insularismo

REPÚBLICA DOMINICANA

PEDRO HENRÍQUEZ UREÑA
Ensayos
(José Luis Abellán / Ana María Barrenechea)

TRINIDAD

SEEPERSAD NAIPUL
Fireflies

URUGUAY

EDUARDO ACEVEDO DÍAZ
Ismael
(Fernando Ainsa)

DELMIRA AGUSTINI
Poesía
(Martha Canfield)

* ENRIQUE AMORIM
La carreta
(Fernando Ainsa)

* JULIO HERRERA Y REISSIG
Poesía completa y Prosas
(Ángeles Estévez)

JUAN CARLOS ONETTI
Novelas cortas
(Daniel Balderston)

* HORACIO QUIROGA
Todos los cuentos
(Napoleón Baccino Ponce de León / Jorge Lafforgue)

JOSÉ ENRIQUE RODÓ
Ariel - Motivos de Proteo
(Belén Castro)

FLORENCIO SÁNCHEZ
Teatro completo
(Jorge Ruffinelli)

VENEZUELA

RUFINO BLANCO FOMBONA
Diarios
(François Delprat)

* TERESA DE LA PARRA
Las memorias de Mamá Blanca
(Velia Bosch)

* RÓMULO GALLEGOS
Canaima
(Charles Minguet)

JULIO GARMENDIA
Los cuentos

GUILLERMO MENESES
El falso cuaderno de Narciso Espejo
(José Balza / Gustavo Guerrero)

MARIANO PICÓN SALAS
Ensayos

JOSÉ ANTONIO RAMOS SUCRE
Obra completa
(Alba Rosa Hernández Bossio)

ARTURO USLAR PIETRI
Las lanzas coloradas - Cuentos
(François Delprat)

ESPAÑA

MIGUEL DE UNAMUNO
Escritos sobre América
(Carmen Ruiz Barrionuevo)

RAMÓN DEL VALLE INCLÁN
Tirano Banderas
(María del Rocío Oviedo Pérez de Tudela)

PORTUGAL

* FERNANDO PESSOA
Mensagem - Poemas esotéricos
(José Augusto Seabra)

FUERA DE SERIE

* ***Littérature latinoaméricaine et des Caraïbes du XXème siècle - Théorie et pratique de l'édition critique***
(Amos Segala / Giuseppe Tavani)

* ***Léxico argentino-español-francés Lexique argentin-espagnol-francais***
(Paul Verdevoye / Fernando Colla)

Esta edición de
OBRA POÉTICA
de Ramón López Velarde
se terminó de imprimir
el día 27 de octubre de 1998
en Marco Gráfico, S.L.,
Polígono Industrial de Leganés,
Madrid